공자철학과
서구 계몽주의의 기원

지은이 _ **황태연**(黃台淵)

서울대학교 외교학과를 졸업하고, 같은 학과 대학원에서 「헤겔의 전쟁 개념」으로 석사학위를 받았다. 이어 독일 프랑크푸르트 괴테대학교에서 『지배와 노동 (*Herrschaft und Arbeit*)』(1991)으로 박사학위를 받았다. 1994년 동국대학교 정치외교학과 교수로 초빙되어 현재까지 동서양 정치철학과 정치사상을 연구하며 가르치고 있다.

공자철학과 서구 계몽주의의 기원(상)
유교문명의 서천西遷과 계몽사상의 태동

초판 1쇄 인쇄 2019년 4월 05일
초판 1쇄 발행 2019년 4월 10일

지은이 | 황태연
펴낸이 | 이요성
펴낸곳 | 청계출판사
출판등록 | 1999년 4월 1일 제1-19호
주　소 | 경기도 파주시 교하읍 문발리 560번지 301-501
전　화 | 031-922-5880　팩 스 | 031-922-5881
이메일 | sophicus@empal.com

ⓒ 2019, 황태연

ISBN 978-89-6127-078-6 (세트)
ISBN 978-89-6127-079-3 93150

이 저서는 2017년 대한민국 교육부와 한국연구재단의 지원을 받아 수행된 연구임 (NRF-2017S1A3A2066492).

공자철학과
서구 계몽주의의 기원

유교문명의 서천西遷과 계몽사상의 태동

황태연 지음

上

by Tai-Youn Hwang

Confucian Philosophy and the Origin of the Western Enlightenment

The Westward Spread of the Confucian Civilization and the Beginning of Enlightenment Thoughts

청계

머리말

    유교문명은 13세기 말 마르코 폴로가 동방을 견문하기 전부터 이미 육로로 서천西遷하기 시작했고, 1499년 희망봉을 도는 동방 항로가 개척되면서부터는 해로로 더욱 물밀듯이 서천하기 시작했다. 그리하여 유교문명의 도도한 서천 과정은 13세기 말부터 18세기 말 프랑스대혁명 때까지 약 500년간 지속되었다. 이 책은 일단 마르코 폴로 직전부터 17세기 말 또는 18세기 첫 10년까지 약 400년간 진행된 유교문명의 1단계 서천 과정과, 이를 통해 흥기한 르네상스와 초창기 계몽주의를 다룬다.

    극동제국諸國의 정치제도와 문화는 이미 16세기 중반부터 서양인들의 진지한 관심거리가 되어 각광을 받기 시작했다. 이 영향 아래 벌써 새로운 진보적 정치사상, 이른바 '바로크 정치사상'의 싹들이 조지 부캐넌, 로버트 벨라르민, 프란시스코 수아레즈 등 '성인급' 신학자들을 중심으로 발아하기 시작한다. 17세기 중·후반부터 태동한 '초창기 계몽주의'는 바로 이 '바로크사상'을 계승해 일어난 것이다. '초창기 계몽주의'는 음양으로 극동의 정치문화를 애호하고 공자를 연호連呼했던 프란시스 베이컨, 라 모트 르 베예, 아이작 보시어스, 존 웹, 바루흐 스피노자, 리처드 컴벌랜드, 윌리엄 템플, 나다나엘 빈센트, 사무엘 폰 푸펜도르프, 피에르 벨, 존 로크, 고트프리트 라이프니츠 등 당대의 가장 유력한 서구 철학자들에 의해 주도되었다.

이 책의 초반부는 공자의 정치·경제·복지철학과 역대 중국의 여러 정치경제사상의 이론적 분석과 정리, 그리고 송대 이래 19세기 청대까지의 중국과 극동제국의 정치경제적·사회문화적 발전과 융성에 대한 정확한 경제사적 규명으로부터 출발한다. 역대 중국의 정치·경제이론은 '자연지험自然之驗'의 자유시장 가격메커니즘을 처음 밝힌 사마천, 송대의 보편사적 근대를 개창한 대개혁가 왕안석, 사공학파 엽적(섭적), 수정주의 성리학자 구준, 개신유학자 황종희 등의 저작을 중심으로 분석된다. 그리고 중국의 근대유학은 왕도곤·이탁오·고헌성·고반룡·고염무·왕부지·대진 등 근세중국의 계몽유학자들을 중심으로 탐구된다.

이 책 초반부의 다음 주제는 송대에 이룩된 '중국적 근대'의 동천東遷 과정으로서 세종·영조·정조가 추진한 조선의 유교적 근대화 개혁이다. 이와 함께 일본에서 '중국적 근대'의 동천이 1,000년 동안 좌절되었고, '서구화'를 기치로 내걸었던 명치유신을 통해서야 비로소 이 '중국적 근대'를 만회하게 되었다는 역사적 사실도 심층적으로 탐구된다. 그리고 이 책의 하이라이트라고 할 수 있는 중·후반부는 16세기 중반부터 18세기 초까지 유교문명의 서천 과정과 초기 계몽주의의 태동을 규명한다.

포르투갈·스페인·이탈리아의 정복자·모험가·약탈자·선교사들은 동방 항로가 개척된 16세기 중반부터 극동의 유교문명과 공자철학을 유럽에 전하기 시작했다. 이 책에서 '중국적 근대'의 서천 과정에 대한 분석은 극동의 유교문화와 공자철학을 실어 나른 이베리아 사람들과 이탈리아인들의 중국 관련 저서와 중국보고서들을 중심으로 수행된다. 여기서 분석되는 서적과 보고서는 마르코 폴로의 『동방견문록』(1300년경) 외에 포르투갈 무명씨의 중국보고(1555), 페르남 멘데스 핀토의 중국보고들(1556)과 『핀토의 편력』(1614), 갈레오테 페레이라의 중국보고(1564), 가스파르 다 크루즈의 『중국풍물론』(1569-1570), 라다의 공식 중국보고서(1575), 에스칼란테의 『중국항해론』(1577), 멘도자의 『중국제국의 역사』(1585), 발리냐노·산데의 『로마교황청 방문 일본사절단』(1590) 등이다. 발리냐노·산데 신부의 이 책은 역사상 최초로 유럽에 공자('Confucius')의 이름을 알리고 공자철학을 "본성의 빛(the light of nature)"의 철학으로 소개하고 있다. 이 '본성의 빛'은 이후 "계몽(the Enlightenment)"의 그 '빛(light)'이 되어 — 세상을 밝힌답시고 오히려 어둡게 만들던 — '신의 빛', '계시의 빛', '신앙의 빛'을 갈아치운다. 이베리아 사람들과 이탈리아인들은 각종 보고서와 저서를 통해 최초로, 명대 중국제국이 '본성의 빛'의 철학에 의해 번영하는 자유·평등국가이자 시장경제· 복지국가이고, 동시에 종교적 관용·자유국가라는 놀라운 사실을 신·구교 갈등 으로 사분오열된 유럽에 전했던 것이다.

16세기 말엽과 17세기 초에 이르면, 이렇게 전해진 유교적 정치문화와 공자 철학의 영향 아래에서 새로운 정치사상이 출현하게 된다. 조지 부캐넌의 급진 적 왕권민수론王權民授論과 폭군방벌론(1579), 로버트 벨라르민의 자연적 자유· 평등론과 절충적 왕권민수론(1581-1593), 프란시스코 수아레즈의 왕권민수론과 이단군주방벌론(1612, 1613) 등이 그것이다. 이 책은 역사상 최초로 이 바로크적 '정치신학'의 '유교적 본질'을 규명한다.

14세기부터 16세기까지 유교문명의 물질적 요소들과 과학기술의 서천으로 서양은 중세의 어둠에서 벗어나 경제적으로 소생했고, 이 소생한 물질적·경제 적 토대 위에서 '문예부흥'이라 불리는 '르네상스' 운동이 일어났다. 그러나 이 르네상스는 16세기 중반부터 명대 중국제국의 문화적·예술적·생활양식적· 풍류적 요소들과 도자기·칠기·벽지·세공품 등 각종 공예품들이 쏟아져 들어온 결과로 17세기에 '바로크' 예술사조에 자리를 내주게 된다. 중국적 풍미와 문화· 예술취향이 중세 유럽의 무거운 정조와 뒤섞여 생겨난 '바로크'는 르네상스의 가벼운 인문적·풍자적 정조와 확연하게 구별되는 어둠침침하고 육중한 질감과 심각한 기질의 새로운 예술풍조였다. 하지만 17세기 말부터 18세기 중반까지 중국풍의 미감에 대한 유럽인들의 애호가 대중화되면서 '시누아즈리(chinoiserie)' 라고 불리는 — 직수입되거나 모조된 — 중국·극동의 공예·예술품과 생활가구 들이 유럽의 왕궁과 귀족의 궁택, 그리고 중산층의 저택과 정원을 석권하게 된다. 이 '시누아즈리'에 조응해 나타난 서양의 새로운 예술사조는 유쾌하고 이완된 무드와 연푸른 자기瓷器색조의 '로코코'였다. 이 책에서는 '시누아즈리'

와 함께 바로크에서 로코코로의 서양 예술사조의 변동도 상세하게 분석된다.

거의 다 포르투갈·스페인·이탈리아 출신이었던 16세기 중반 이후의 저 유교문명 전달자들에 이어서 17세기 초부터 18세기 초까지 유교문명을 유럽에 전한 유럽인들은 영국·프랑스·네덜란드·벨기에 출신 신부·선교사들이 압도적으로 많았는데, 퍼채스(1613), 마테오리치·트리고(1615), 세메도(1643), 마르티니(1659), 키르허(1667), 니우호프(1665), 나바레테(1676), 마젤란(1688), 르콩트(1696), 뒤알드(1735) 등이다. 1662-1687년에는 인토르케타, 다 코스타, 헤르트리히, 루지몽, 쿠플레 등에 의해 공자경전 중『논어』,『대학』,『중용』이 라틴어로 완역되어 파리에서 출판되었고, 1711년에는 프란시스 노엘에 의해 이 3서書와『맹자』,『효경』,『소학』을 합본한 경전 6서가 라틴어로 완역되어 프라하에서 출판되었다.

이후 서양의 유교문명연구와 공자연구가 더욱 심화되면서 서양제국의 정치·사회현상을 비판하고 새로운 미래를 기획하는 계몽주의운동이 꿈틀대기 시작했다. 앞서 베이컨에서 라이프니츠까지 열거한 저 12명의 걸출한 철학자들은 공자와 유교문명에 열광하며 새로운 정치사상적 논변과 기획을 쏟아냈는바, 이들의 논변과 기획으로부터 초창기 계몽주의가 태동했다. 이런 의미에서 17세기 중·후반에 태동한 '초창기 계몽주의'가 일종의 '정치철학적 시누아즈리'였다면, 18세기의 '절정기 계몽주의'는 일종의 '정치철학적 로코코사조'였던 셈이다. 16-17세기 중국 정치문화와 공자철학의 충격 속에서 유교적 자유·평등의식과 반정反正(폭군방벌)·역성혁명론이 확산되고 다양한 계몽기획이 우후죽순처럼 나타난 것이다. 영국의 청교도혁명과 명예혁명은 이런 사상변동과 새로운 정치기획을 바탕으로 유럽에서 최초로 시연試演된 대변혁이었다.

이 모든 것에 대한 탐색을 뒷받침하기 위해서는 방대한 양의 1·2차 문헌과 무수한 옛 사료들이 요구되었다. 대부분 지금은 잊히거나 멸실되고 있는 이 옛 문헌과 사료에 대한 추적은 '치명적 성실성'과 근면으로도 감당하기 힘든 작업이었다. 하지만 그 판독과 독해는 더욱 힘든 작업이었다. 고대·중세·근세 중국과 영국·프랑스·독일·네덜란드·스위스 등의 옛 문헌과 사료들은 대개

한문 외에도 가끔 고대 희랍어가 섞인 라틴어, 16-18세기 영어·불어·독일어 등으로 쓰여 있는 데다, 당시 서양 인쇄술의 수준이 조선과 중국에 비해 형편없이 뒤떨어져 있어서 판독하기 어려운 자료도 적지 않았다. 따라서 옛 서양 사료와 문헌의 시각적 판독은 종종 거의 암호해독과 같이 어려웠고, 어의적 독해 작업은 더욱 어려웠다. 이 독해 작업은 6-7개국의 언어에 대한 능란한, 또는 적어도 떠듬거릴 정도의 어지간한 어학지식은 말할 것도 없고 우선 정확한 문법의 정교한 한문 독해력과, 폐기된 16-18세기 영어·불어·독일어에 숙달된 어학실력을 요구했다. 따라서 라틴어와 16-18세기 옛 프랑스어 및 옛 일본어의 해독에는 나정원 교수, 고희탁 박사 등 다른 학자들의 도움도 받아야만 했다. 떠듬거리는 라틴어지식과 '현대프랑스어' 지식만으로는 라틴어와 16-17세기 프랑스어의 독해를 당해낼 수 없었고, 일본어에는 필자가 '고집스럽게도' 까막눈이었기 때문이다.

그러나 서양 계몽철학자들이 공자철학과 극동문화를 계몽주의의 '본질구성적(*integral*)' 요소로 받아들인 것이 아니라 단지 자기들의 '독창적' 사상을 검증하는 '사례'나 이 사상을 비춰 보는 '거울'로만 이용했다고 보는 일부 서양 학자들의 주장을 근저로부터 무너뜨리기 위해서는 이런 험난한 문헌추적과 해독, 그리고 정교한 사료판독이 필수적이었다. 그러므로 지난 10년 동안 무수히 밤을 지새운 추적과 정밀해독의 '고행'은 피할 수 없었다. 그리고 이 '고행'은 오늘날 제2·제3·제4 외국어 지식과 한문 지식이 학계에서 거의 다 사라지고 있는 상황에서 이 연구를 대신 떠맡을 정도로 여러 언어에 능한 다른 철학자를 찾을 수 없는 까닭에 그만큼 더 불가피했다.

극동에서 '근세近世'라고 부르는 보편사적 차원에서의 '초기근대(*Early Modernity*)' 또는 '낮은 근대(*Low Modernity*)'는 10-13세기 송대 중국에서 공자철학적 혁신과 발전, 그 사상적 결실로서의 정치사회적 국가개혁에 의해 최초로 개막되었다. 이후의 세계사는 송대 이후 원·명·청대로 이어지는 '유교적 근대'의 계승·발전 및 이 '유교적 근대'의 조선·대만·유구·일본으로의 동천東遷과 몽고·만주·시베리아로의 북천北遷, 동남아제국으로의 남천南遷, 극서 11개국(미국·영국·프랑스·

독일·네덜란드·이탈리아·오스트리아·스위스·덴마크·벨기에·스웨덴)으로의 서천西遷 과정으로 전개되었다. 즉, '서구적 근대' 또는 보편사적 차원에서의 '높은 근대(High Modernity)'의 모태는 '유교적 근대'였던 것이다. 이『공자철학과 서구 계몽주의의 기원』은 동서남북 여러 나라의 이런 '유교적 근대화' 과정 전반을 세계사적 또는 세계사상사적 차원에서 추적한 책이다.

이 책은 동서 간의 철학·사상·문화교류만을 다루는 것이 아니다. 공자철학 자체와 서양의 초창기 근대철학에 대한 심층적 독해와 새로운 정리, 중국문화 예술론과 바로크·로코코·고딕·네오클래식의 발생론 등 동서양 문화·예술론과 동서양 정원이론 및 조원술造園術, 영국 낭만주의의 중국적 기원, 중국·한국·일본의 정치·경제사 등도 세계사적 조감鳥瞰시각에서 포괄적으로 해명한다. 따라서 누구든 이 책을 읽는다면 동서양의 정치철학·도덕철학·경제철학·정치경제사·문화예술철학 및 예술사 등에 대해서도 해박해질 것이라고 확언하는 바다.

18세기 초부터 18세기 말까지 약 100년간 '절정기 계몽주의'와 18세기의 유명한 계몽철학자들, 그리고 '서구문명의 중국화와 새로운 근대이론'에 대한 탐구는 다른 저작들에서 수행된다. 이 '절정기 계몽주의'를 주도한 철학자들은 섀프츠베리, 트렝커드, 고든, 틴들, 흄, 아담 스미스, 볼테르, 케네, 루소, 다르장송, 보도, 르클레르, 실루에트, 푸아부르, 디드로, 엘베시우스, 크리스티안 볼프, 프리드리히 2세, 유스티, 알브레히트 폰 할러 등이었다. 이들에 대한 탐구는 범위가 너무 넓고 각국의 동향이 아주 달라서 세 권의 저작에 나라별로 분설分說할 수밖에 없었다. 『근대 영국의 공자숭배와 모럴리스트들』, 『근대 프랑스의 공자열광과 계몽철학』, 『근대 독일과 스위스의 유교적 계몽주의』가 그것이다. 그리고 '서구문명의 중국화와 새로운 근대이론'에 대한 탐구는 순수한 이론화 작업으로서 『서구문명의 유교화와 근대적 재구성』에서 수행된다. 이 저작도 오래전 이미 탈고되어 편집 일정에 올라 있으므로 늦어도 2020년 7월까지는 출간될 것이다.

17세기 중반부터 18세기에 이르는 150년 동안 서양을 휩쓴 계몽주의 사조는 유럽인들을 미신과 무지, 종교적·전통주의적 인습, 억압적 봉건성채와 교회체제로부터 해방시키고 세속적 질서를 확립함으로써 인간본성을 회복하는 탈脫종교적·탈희랍적·탈봉건적 인간해방의 기획이었다. 중국적 모델은 "신적 계시 없이 어떤 도덕도 없다"는 유럽전통의 기독교윤리학과 봉건적 특권체제에 대한 대안으로 절실하게 요구되었다. 이 계몽주의운동에 의해 확립된 서양의 근대적 자유와 평등 이념, 계몽군주정, 중농주의와 근대적 자유시장론, 근대적 관료제, 필기시험에 의한 공무원임용고시와 탈신분제적 공무담임제, 근대적 권력분립제, 내각제, 혁명권 또는 저항권 이론, 세속적 정치문화와 정교분리, 보통교육과 3단계 학교제도, 근대적 관용 이념과 세계주의적 인도주의 및 인권사상, 복지국가론 등 수많은 사상적·제도적 근대성의 아이콘들은 모두 서구 계몽사상가와 계몽군주·계몽주의적 치자들이 극동의 유교문화에서 받아들여 유럽적 견지에서 패치워크(짜깁기·접붙이기)하고 '재창조'해 근대적 형태로 다듬은 것들이다.

이런 까닭에 극동의 유교국가들은 19세기 말엽 서세동점기에 극서제국極西諸國의 근대적 사상·제도를 접하고서 그 수용 여부를 두고 처음에 잠시 내적 갈등과 조정을 겪었을지라도 이 '양물洋物'을 세밀함과 정교함에서 극동의 문물보다 더 발전된, 그러나 유교문화와 동질적·공통적인 것이라고 여겼다. 이것은 필자의 역사적 상상력으로 짜낸 단순한 추정이 아니다. 이는 대한제국 광무제 고종의 구본신참론舊本新參論에서도 명확하게 정식화되었다. '구본신참론'은 옛것을 근본으로 삼고 새것을 — 직수입하는 것이 아니라 — '참조'해 취사선택하고 '한국화'함으로써 근대화를 이룩하는 중도개혁적 근대화론이다. 고종은 가령 1903년 3월 15일 징병제 도입 조칙에서 "(서양) 각국의 징병제도는 옛날의 군제와 상당히 합치되는데 그것의 세밀한 측면은 더해진 것이 있다"고 말하고, "육군과 해군의 군제는 그것의 장점을 참작해 취하고 대오편성은 또한 이미 정비되었으니 우리의 법규를 참작하라"고 명하고 있다. 이것은 고종이 서양제도의 — 전통제도와의 — '동질성("상당한 합치")과 세밀한 요소들에서의 발전("세밀한 측면의 더해짐")', 이 양면을 둘 다 얼마나 정확하게 파악하고 있었는지를 보여주는 사료다. 극동제국은 곧 '양물들'을 '참작'해 한국화·중국화·일본화하고 자국의 기존 제도와 사상들을 서양의 '세밀한' 형태로 손질하고 고쳐 쉽사리 '높은 근대'에 도달할 수 있었던 것이다.

10세기 이후 세계사는 송대부터 이미 '보편사적 근대'에 도달해 있었던 중국의 '초기근대'가 동서로 확산되는 과정이었다는 의미에서 극동제국은 '초기근대국가'(이른바 '근세국가', '낮은 단계의 근대국가'), 또는 적어도 '준비된 근대국가'(일본)였다. 극동제국이 이미 '낮은 단계의 근대국가 또는 '준비된 근대국가 단계에 도달해 있었기 때문에만 일본이 100년 사이에 영국·프랑스·독일을 능가하고, 한국이 개항 30여년 만에 남구의 스페인·포르투갈·그리스를 능가하고 이후 80년 만에 러시아·동구제국과 중남미제국을 능가하고 11개 극서제국과 대등한 발전을 이룩했으며, 그간 서양에서 들어온 플라톤·마르크스적 공산주의로 인해 많은 시간을 허송했던 중국조차도 개혁·개방정책을 채택한 지 30년 만인 2010년부터 제조업 생산에서 미국을 앞지를 수 있었던 것이다. 1900년경 중국이 영국과 미국에 뒤지게 된 지 100년 만의 일이었다.

그리하여 세계제국에서 오직 극동과 극서의 두 지역만이, 즉 유교의 본산지인 극동지역의 5개국(한국·중국·일본·싱가포르 등)과 ― 17-18세기에 유교문명을 열심히 모방해 패치워크한 ― 극서지역의 11개 국가만이 '높은 근대화'에 성공한 반면, 유교를 거의 또는 전혀 모르는 아프리카·이슬람·동유럽·남유럽·중남미 등지의 기타 국가들은 극동제국들보다 지리적으로 극서지역에 훨씬 더 가깝더라도 모두 다 '전근대'나 '낮은 근대'의 초입단계에 머물러 있다. 우리는 특히 근대화의 이런 세계적 분단 상황에 주목해야 한다. 왜냐하면 '높은 근대'의 이 지리적 분포도에서 '근대'의 공통 DNA가 공자철학이라는 것이 명확하게 드러나기 때문이다.

지난 시기 근대화 과정에서 '양물洋物'깨나 먹은 지식인들은 서양숭배주의적 열등의식에서 문화적 자기소외에 빠진 나머지 『아큐정전阿Q正傳』(1923)을 써서 공자와 유자儒者를 모독한 노신魯迅(1881-1936)처럼 공자를 죽인 '성리학'을 공자철학으로 오해해 "공자가 죽어야 나라가 산다"는 광언狂言들도 서슴지 않았다.

이런 지식인들은 일본과 중국에 많았지만, 한국에도 적지 않았다. 그러나 같은 말로 되갚아준다면, '이런 자들이 죽어야 극동백성들과 세계인류가 다 잘 살게 될 것'이다.

이 책『공자철학과 서구 계몽주의의 기원』으로 개시되는 서양 근대문명의 유교적 기원에 대한 탐색과 규명은 서구 계몽주의, '근대유럽', 그리고 보편사적 근대가 공자철학과 극동의 정치문화에서 유래한 역사적 사실을 밝히고 기존의 마르크스주의적·베버주의적 근대이론의 오류를 극명해 '새로운' 근대이론을 수립하는 출발점이다. 이 책으로 시작되었으나 언제 끝날지 알 수 없는 이 연구가 완결되어 「공산당선언」에서 "부르주아지 상품의 저렴한 가격이 모든 중국장벽들을 철저히 파괴하는 중重대포"라고 외친 마르크스의 협소하고 덧없는 공장제자본주의론, 막스 베버의 허무맹랑한 개신교적 자본주의기원설, 새뮤얼 헌팅턴의 기독교적 민주주의론과 문명충돌론 등이 "공자가 죽어야 나라가 산다"는 저 광언과 함께 '극장의 우상'과 같은 사설邪說로서 완전히 분쇄되기를 바라 마지않는다. 그리고 이로써 동서문명의 근대화에 대한 유교문명과 공자철학의 세계사적 공헌과 그 우월한 사상적·문화적 보편성이 명명백백히 규명되어 극동 사람들과 한국인들의 역사적·문화적 자존심이 회복되고 한국인의 극동아시아적·한국적 정체성이 더욱 강화되기를 바라마지 않는다.

필자는 극동의 수천 년 유교국가들이 잠시 공자철학의 근대적 활용에 게을렀던 일시적 과오와 실책으로 인해 겪은 역사적 징벌로는 지난 100년의 치욕으로 충분하고, 이후 분발을 통해 극서국가들과 맞먹을 정도로, 심지어 그들을 능가할 정도로 '높은 근대'로의 도약에 성공함으로써 그 잘못을 다 털어버렸다고 생각한다. 극동 유교문화권의 경제력은 10-20년 전부터 한국·중국·일본 3국의 GDP 합계가 유럽연합을 2배 능가하는 수준에, 그리고 이제는 미국도 능가하는 수준에 도달했다. 그리하여 2030-40년대, 늦어도 2050년대에는 서양제국에서 자문명우월주의가 해체되고 국민의 아이큐를 높인답시고 극동의 '젓가락질'을 배우자는 새로운 계몽운동이 벌어질지도 모를 일이다. 이런 세계사적 대전환기에 극동제국은 이제 가슴을 펴고 도덕적·문화적·경제적·정치적으로 더 높이 비상해야 한다. 이 책의 출간이 극동제국의 자존심 회복과 새로운 비상에 조금이나마 이바지할 수 있다면 극동의 일개 정치철학자로서 더 이상 바랄 것이 없을 것이다.

2019년 2월
서울 바람들이에서
죽림竹林

목 차

§하권§
제3장 시누아즈리와 로코코의 흥기

제4장 공자철학의 충격과 유럽의 변동: 청교도혁명과 명예혁명

서 론

　오늘날도 대부분의 동서양 학자들은 서양제국의 언필칭 '선진성'과 극동에 대한 서양의 근대적 '우월성'이 서양문명의 두 기둥인 헬레니즘과 히브리이즘에 기인하는 내적 동학動學과 내재적 가치체계로부터 일직선적으로 비롯되었다고 생각한다. 그들은 극동이 제조업 생산에서 미국보다 앞서고 국민총생산에서 유럽연합을 2배 이상 능가하며 정치·경제·사회·문화 수준에서 극서제국極西諸國과 대등해진 사실을 알지 못한 채 각주구검刻舟求劒하듯이 역사적 시각을 19세기에 고정시키고 근대의 세계사를 유럽중심적으로 이해한다. 따라서 그들은 송대宋代 이후 극동문명과 공자철학이 15-16세기 서양의 르네상스와 17-18세기 계몽사상의 형성 및 발전에 '본질구성적(integral)' 영향을 미쳤다는 사실史實도 전혀 알지 못한다. 이러저러한 무지 때문에 그들은 아직도 저 허무맹랑한 헬레니즘·히브리이즘적 문명담론에 사로잡혀 유럽중심주의적 (포스트)식민주의 담론, 산업혁명담론, '서구화'로서의 근대화 담론을 반복하고 있는 것이다. 그러나 이 유럽중심주의적 문명담론은 19세기에야 비로소 등장한 것에 지나지 않는다.

　인문·사회과학에서 이 같은 짜증나는 식민주의 문명담론과 서구화담론의 반복은 한심스러운 일이다. 그런데 더욱 한심스러운 것은 서양 유학을 갔다온, 아니 심지어는 서양에서 유학하지도 않은 극동의 학자들도 대부분 저런 유럽중심주의적 식민주의 문명담론에 사로잡혀 있다는 것이다. 대부분의 극동 학자들의 이런 '꼬락서니'는 오늘날 일련의 서양 학자들이 저런 유럽중심주의적 식민담론을 비판하고 이미 탈피해 있음을 감안하면 더욱 한심스럽게 느껴진다.

■ 15-18세기 극동문물과 공자철학의 서천西遷

문헌학자 로버트 마클리(Robert Markley)에 의하면, 많은 학자들에게 15-18세기 극동제국과 서양제국 간의 접촉·교류의 역사는 오늘날 어슴푸레하고 모호한 선입견과 오해의 영역이 되었다. '문명'이 비非서구지역으로 확산된 것을 자축하는 전통주의 진영과, 유럽제국주의의 폭력과 사회경제적 황폐화를 비난하는 수정주의 진영 간에 정치적 의견차이가 명백할지라도, 두 진영은 초기근대 역사를 이해하는 데 있어 원리적 유럽중심주의 관점을 공유하고 있다. 둘 다 옛 스토리를 재再구술하는 역사 이야기와 분석적 모델, 즉 식민주의 또는 포스트식민주의 모델에 의거하고 있다. 동양문명들의 기술적 열등성, 경제적 낙후성, 정치적 보수주의가 동양의 패배와 식민주의를 자초했다는 것이다. 이 점에서 많은 학자들은 19세기 식민주의의 선입견들을 1600년대까지 소급해 집어넣어 읽으면서 영국인들과 다른 유럽인들이 모든 비서구 민족들에 대해 민족적·인종적 우월성을 가진다는 점을 당연한 사실로 간주한다. 그리하여 유럽의 기술력과 군사력으로 미주와 아프리카에서 지배력을 확립한 것과 동일한 정치동학이 아시아에서도 작동했다고 생각한다. 유럽중심주의자들은 근세에 활발하게 벌어졌던 극서유럽과 극동아시아 간의 사상적·문화적·경제적 교류와 영향관계를 잘 알지도 못하고, 중요하게 여기지도 않는다. 마클리는 이에 대해 "이런 선입견은 모조리 그릇된 것"이라고 잘라 말한다. 이 선입견을 물리치는 것은 곧 16·17·18세기의 유럽 중상주의를 전 세계 경제변동의 엔진으로 설정하는 전통적 역사를 몽땅 물리치는 것이다.[1]

'유럽적 근대성'이 마치 헬레니즘과 기독교로부터 일관되게 도출되어 나온

---

1) Robert Markley, *The Far East and The English Imagination, 1600-1730* (Cambridge: Cambridge University Press, 2006·2009), 1-2쪽.

것인 양 생각하는 착각은 칸트·마르크스·베버 이래 유럽 철학자들이 날조하고 제2차 세계대전 승리 이후에 미국 교육학자들이 확산시킨 허구의 산물에 지나지 않는 것이다.[2] 이 착각과 허구는 인류역사상 가장 기만적인 허위논변이다. 정작 심각한 문제는 이 착각과 허구가 오늘날도 횡행하고 있다는 것이다.

유럽사회를 탈脫주술화시키고(disenchant) 세속화시켜 근대화한 사상운동은 17세기 말에서 18세기 말까지 유럽을 지배한 계몽주의 운동이었다. 그런데 이 계몽주의는 르네상스시대의 헬레니즘 지향과 기독교 제일주의를 청산한, 본질적으로 탈脫희랍적·탈기독교적(탈헬레니즘·탈히브리이즘적)인 사상조류였다. 따라서 가만히 생각해보면, 이 탈희랍적·탈기독교적 사상조류가 희랍문화에 대한 르네상스적 열광과 기독교 전통으로부터 자생自生했을 것이라는 추정은 애당초 '선이 악에서 자생했다'는 주장만큼 어리석은 발상이다. 유럽을 근대화한 서구 계몽주의는 본질적으로 "반反유럽적(Anti-Europa)" 사상조류였고,[3] 그것은 극동의 자유평등하고 인애롭고 관용적이고 세속적인 유교문명과의 충격적 조우 속에서 형성된 것이다. 이런 의미에서 '근대유럽'은 '공자의 충격'의 소산이었다.

아무튼 17-18세기 유럽인들의 세계이해는 지금의 허무맹랑한 허구적 문명담론, 그리고 이로 인한 역사적 착각과 정반대였다. 청교도혁명의 이론논객 존 밀턴, 존 드라이든, 조나단 스위프트의 문예적 텍스트들, 마테오리치, 마르티니, 니우호프, 라 모트 르 베예, 보시어스, 웹, 빈센트, 템플, 벨, 로크, 르콩트, 뒤알드, 트렝커드, 고든, 흄, 볼테르, 케네, 루소, 아담 스미스 등의 각종 보고서와 연구서들은 16-18세기 극동제국의 정치·경제·문화적 장기번영에 놀라면서 그 문명적 우위성을 인정하고 선망하며 '유럽문명의 반反유럽화와 유교화'를 기도했다.

그러나 일부 기독교원리주의적·귀족주의적 유럽 지식인들은 극동제국들이

---

2) David Gress, *From Plato to Nato. The Idea of the West and its Opponents* (New York·London: The Free Press, 1998), 1, 29-31쪽.

3) Lee Eun-Jeong, *Anti-Europa: Die Geschichte der Rezeption des Konfuzianismus und der konfuzialnischen Gesellscjaft seit der frühen Aufklärung* (Münster: Lit Verlag, 2003) 참조.

지배하는 세계경제 안에서 "유럽의 주변화"를 심리적으로 감내하기 위해 다양한 "보정補整방법" 또는 자위自慰논법을 투입했다. 이들은 아시아를 "개종"시켜야 할 "이교도들의 방대한 지역"으로 무시하거나 묘사하면서, 유럽제국이 미주에서 이룩한 기술적·군사적·정치적 권력이 극동에서 유럽제국이 겪고 있는 수모를 상쇄할 수 있을 것이라고 자위한 것이다. 그러나 신세계 식민화의 이야기가 민족적 위대성, 보편적 군주정, 기독교 승리주의에 대한 유럽중심주의적 확신을 강화시켰다면, 유럽인들이 극동에서 겪은 체험은 이 모든 이데올로기적 허구를 여지없이 무너뜨렸다.[4]

서구 지식인들은 가령 영국과 중국 간의 영토규모의 격차, 중국의 국부, 자연자원 등에 대해 알지 못함을 변명으로 내놓을 수 없었다. 17세기 중반에 이미 중국은 다양한 영역에서 심각한 논쟁과 사변적 추리의 땅이 되었다. 중국의 역사는 구약성서의 마소라 텍스트(*Masoretic text*)에 나오는 대홍수의 날짜를 미심쩍게 만들었고, 『성경』의 탄생 시기에 대한 무한한 논쟁을 불러일으켰다.[5] 중국은 이 대홍수에서 무사했는가? 무사했다면 중국은 원죄가 없었기 때문인가? 중국어는 아담의 언어를 보존하고 있는가? 아담의 윤리가 중국에 남아 있는가? 아담의 윤리가 아니라면 노아의 윤리? 노아의 윤리가 아니라면 에녹(카인의 장남)의 윤리? 아니면 고대신학(*prisca theologia*)? 의문은 꼬리에 꼬리를 물고 이어졌다.[6]

그리고 1644년 명나라의 멸망, 그리고 이어서 벌어진, 명나라를 정복한 만주족의 '중국화'와 만주 땅의 중국영토 편입은 유럽인의 눈에 실로 신비스러운 사건들이었다. 중국이 '지고도 이긴' 이 정복사건, 볼테르가 '여진족이 칼을 들고 중국문화에 항복했다고 표현한 이 기가 막힌 사건은 중국문화의 포용적 유연성과 신축성에 대한 찬사를 한껏 고조시켰고, 중국제국의 영토적 방대성과

---

4) Markley, *The Far East and The English Imagination*, 3쪽.

5) Markley, *The Far East and The English Imagination*, 3쪽.

6) Mark Larrimore, "Orientalism and Antivoluntarism in the History of Ethics: On Christian Wolff's Oratorio Sinarum Philosophia Pratica", *The Journal of Religious Ethics*, Vol. 28, No. 2 (Sommer, 2000), 190쪽.

국부는 그 나라의 자연적 부와 그 국민의 근면성에 대한 의례적 찬양을 불러일으켰다. 가장 현저하게도 그 나라의 국부는 중국문물과 상업적 거래물목들에 대한 채워질 수 없는 욕구를 동動하게 했다. 중국문화·중국어·공자도덕의 수천 년 계속성은 부계적父系的 정통성의 상징이 되었다. 17·18세기의 많은 중국애호가들에게 중국은 정치사회적 안정성과 – 유럽 엘리트들이 철학적·보편적 논변의 근거로 중시하는 – 초超문명권적 도덕가치의 바로 그 원칙들을 상징했던 것이다.7)

보수적 집계에 의하더라도 1500년에서 1800년 사이에 유럽에서 출판된 아시아 관련 서적들은 1,500종에 이른다.8) 이 중 1750년까지 여러 판이 인쇄된 극동 관련 저서들만 쳐도 북미와 남미의 식민화에 관해 출판된 자료의 양을 무색케 한다.9) 그만큼 유럽인은 15-18세기에 극동을 배우기 위해 다방면으로 열성이었던 것이다. 이 400년 동안 송대에 개시되어 계속 확산된 '유교적 근대성'은 꾸준히 서천西遷했고, 특히 17-18세기에는 중국의 공자철학과 극동제국의 유교적 정치사상·국법제도·경제이념·사회문화가 서양으로 쇄도해 들어갔다.

그러나 공자철학과 유교문명은 15-18세기만이 아니라 기원전에도 차마고도茶馬古道를 넘고 인도를 거쳐 힌두이즘과 함께 그리스와 지중해연안으로 전해졌다. 이에 대한 서양 학자들의 논의를 잠시 먼저 살펴보자.

■기원전 공자철학의 서천西遷

동양문명은 세계사의 단계마다 서양에 큰 영향을 미쳐왔다. 기원전에도 동양의 철학사상과 문물은 중동과 이집트, 그리고 서양 지중해지역으로 전파되었었다. 기원전 서양문명은 거의 야만적이었다. 이런 까닭에 기원전에 서양이 어떤 식으로든 동양에 영향을 끼친 것은 인도 서부지역까지 진출한 알렉산더의 동방원정이 유일했다. 반면, 기원전 선진적 동양문명은 서양에 지대한 영향을

---

7) Markley, *The Far East and The English Imagination*, 3쪽.

8) Donald F. Lach & Edwin J. Van Kley, *Asia in the Making of Europe*, III (Chicago: Chicago University Press, 1993) 참조.

9) Markley, *The Far East and The English Imagination*, 3-4쪽.

미쳤었다. 동방의 여러 곳을 방문하고 인도에서 오랫동안 유학생활을 했던 피타고라스의 수학과 기하학적 정리, 소크라테스와 플라톤의 윤회설과 상기설 적想起說的 인식론,10) 알렉산더의 동방원정에 종군해 인도에 장기 체류하며 인도철학을 배운 퓌론의 회의론 등은 힌두이즘이나 불교와 중국문화의 영향을 빼면 이해할 수 없는 것이다. 그리하여 일찍이 윌리엄 템플(William Temple, 1628-1699), 쇼펜하우어(Arthur Schopenhauer, 1788-1860) 등은 중국철학과 인도철학이 고대 그리스 철학과 기독교에 커다란 영향을 끼쳤다는 사실을 예리하게 추적해 상세히 밝혔다.

윌리엄 템플에 의하면, 중국의 기론氣論과 공자의 지인론知人論·사덕론四德論·군자치국론君子治國論도 소크라테스 이전에 – 차마고도를 넘고 인도를 거쳐 – 고대 그리스로 전해졌다. 그리고 템플은 피타고라스와 데모크리토스가 인도 에까지 가서 사덕론·윤회사상 등의 중국·인도철학을 들여왔고 리쿠르고스의 법제도 모조리 인도에서 왔다고 말한다.11) 소크라테스의 '너 자신을 알라'는 지인론과 플라톤의 사덕론 및 철인치자론은 그들의 천재적 창작물이 아니라, 공맹의 지인론·사덕론·군자치국론의 왜곡된 복제품이었다. 소피아(지혜) 위주 의 인식론으로 편향된 소크라테스의 지성주의적 지인론은 분명 공자의 공감적·덕성론적 지인론을 잘못 표절한 것이고, 소피아(지덕)를 상석에 두는 플라톤의 사덕론(지혜·용기·정심·정의)과 지성주의적 애지자愛知者로서의 철인哲人 개념 및 철인치자론은 인덕仁德을 상석에 두고 지덕을 말석에 두는 공맹의 사덕론(인·의·예·지), 인의仁義의 대덕과 호지자好知者·낙지자樂知者의 지덕을 체현한 군자

---

10) 플라톤은 『파이돈』(70c, 71a-e, 72e-73a, 73c-76a, 82c, 83a-c), 『파이드로스』(245b-e, 246a-249d, 249d-251b), 『국가론』 제10권에서 윤회설('카르마'의 설), 그리고 이에 입각한 상기설과 환생, 해탈(뤼시스), 정화(카타르모스) 등에 관해 설명하고 있다. 서양 학자들은 플라톤의 이 학설이 힌두이 즘에서 온 것에 대해 한결같이 침묵한다. 오늘날 '마야부인의 베일'의 비유인 '동굴의 신화'까지 포함함 이것을 솔직히 인정한 서양 학자는 – 필자가 아는 한 – 마이클 에드워디스가 유일한 것으로 생각된다. Michael Edwardes, *East-West Passage: The Travel of Ideas, Arts and Interventions between Asia and the Western World* (Cassell·London: The Camelot, 1971), 14쪽.

11) William Temple, "An Essay upon the Ancient and Modern Learning"(London: First printed by J. R. for Ri. and Ra. Simpson under the title *Miscellanea. The second part in four essays*, 1699), 456-457쪽. *The Works of William Temple* (London: Printed by S. Hamilton, Weybridge, 1814).

개념, 군자치국론 등을 표절해 거꾸로 뒤집어놓은 것으로 보인다.

쇼펜하우어는 심지어 기독교의 '사랑' 또는 '인간애'도 인도에서 왔다고 주장한다.

> 이 기독교 도덕이 단지 덜 강렬하게 표현되고 끝까지 완결되지 않았을 뿐이지, 동물 관련 도덕을 제외한 나머지 측면에서 브라만교·불교 도덕과의 최대의 일치성을 보여주는 만큼, 기독교 도덕의 이 결함(동물사랑의 결여 – 인용자)에 대해 사람들은 그만큼 더욱 경악하지 않을 수 없다. 그러므로 우리는 기독교 도덕이 '아바타'(Avatar, 인간적 화신化身의 신)의 이념도 그렇듯이 인도에서 유래하고, 이집트를 경유해 유대왕국으로 도래할 수 있었다는 것을 거의 의심할 수 없다. 그리하여 기독교는 이집트 폐허의 인도적 원광源光이 남긴 잔영일 것이지만, 이 잔영이 안타깝게도 유대 땅에 떨어졌다.12)

여기서 쇼펜하우어는 분명 "아바타" 이념과 함께 "기독교 도덕이 인도에서 이집트를 경유해 유대왕국으로 도래했다"고 말하고 있다.13) 쇼펜하우어는 동물사랑까지 포괄하는 힌두교와 불교의 사랑(자비) 이념이 동물 도살로 얻은 육류를 주식으로 하는 유대 땅에 떨어진 통에 기독교에 인간파시즘적 '사람사랑'만 남고 '동물사랑'은 탈락한 것을 안타까워하고 있다.

쇼펜하우어는 피타고라스·소크라테스·플라톤의 철학이 인도철학의 영향을 받았다는 사실도 언급한다. 이로써 그는 그리스철학이 간접적으로 공자철학의 영향을 받았다는 것도 함의하는 셈이다. 기원전 인도와 중국 사이에는 사상 교류가 활발히 벌어졌기 때문이다. 이어서 쇼펜하우어는 "신화적 설명의 저 극치"로서의 윤회사상은 "이미 피타고라스와 플라톤이 인도나 이집트로부터 전해 들었고, 경탄 속에 이해했고, 숭배했고, 적용했으며, 그들이 얼마만큼

---

12) Arthur Schopenhauer, *Preisschrift über die Grundlage der Moral* (1840·1860), §9 (709쪽). *Arthur Schopenhauer Sämtliche Werke*, Band III (Frankfurt am Main: Suhrkamp, 1986).

13) Schopenhauer, *Die Welt als Wille und Vorstellung* I, §63 (467쪽).

믿었는지 몰라도 그들 자신들이 윤회사상을 믿었다"고 말한다.14)

쇼펜하우어는 다른 곳에서 플라톤의 윤회설과 이데아론이 인도에서 유래했
다는 것에 대해 더욱 분명하게 말한다.

> 플라톤의 저 윤회신화는 칸트가 그 추상적 순수성 속에서 이지적 성격과 경험적 성
> 격의 학설로서 제시한 저 위대하고 심오한 인식의 비유로 간주될 수 있다는 사실과,
> 따라서 이 인식이 본질적으로 플라톤보다 이미 수천 년 전에 획득되었다는 사실,
> 아니 이보다 훨씬 더 높이 거슬러 올라간다는 사실을 독자는 인식할 것이다. 왜냐하
> 면 포르퓌리오스(Porphyrios, 232-305)는 플라톤이 이 인식을 이집트로부터 넘겨받았다
> 는 견해를 갖고 있기 때문이다. 그러나 이 인식은 브라만교의 윤회설 속에 이미 들어
> 있고, 이집트의 성직자들의 지혜는 지극히 개연적으로 이 브라만교로부터 유래하는
> 것이다.15)

그러나 쇼펜하우어의 이런 말은 19세기에 그리 충격적이지 않았을 것이다.
윌리엄 템플만이 아니라 피에르 벨도 이미 17세기 말에 고대 희랍철학이 인도
에 가서 유학생활을 했던 피타고라스, 데모크리토스, 아낙사르코스, 피론 등을
통해 인도와 중국에서 유래했다고 공개적으로 말한 적이 있기16) 때문이다.

하지만 쇼펜하우어의 이 주장은 '하느님의 아들'인 '인간 예수'라는 관념과
예수재림설이 인도산 아바타(화신) 개념과 윤회설에 기초한 것이고, 또 예수
그리스도가 인도에 가서 '부처의 제자'가 되었거나 브라만교도가 되어 유학생
활을 했다는 '충격적 의미'를 가질 수 있다. 또한 쇼펜하우어는 "기독교가 이집
트 폐허가 남긴 인도적 잔영"이라는 것을 입증하는 근거로 기독교 도덕이

---

14) Schopenhauer, *Die Welt als Wille und Vorstellung* I, §63 (467쪽).

15) Schopenhauer, *Preisschrift über die Grundlage der Moral*, §9 (709쪽 주해).

16) 피에르 벨은 아낙사르코스(Ανάξαρχος, 기원전 약 380-320년경)와 피론(Πύρρων, 기원전
약 360-270년경)이 알렉산더 대왕을 수행해 인도에 가서 체류하며 회의론(龍樹의 中論으로 보임)
을 배워 그리스로 들여왔다고 말한다. Pierre Bayle, *Historical and Critical Dictionary* (1697), selections
(Indianapolis·Cambridge: Hackett, 1991), 'Pyrrho' 항목 (194-209쪽).

"동물 관련 도덕을 제외한" 모든 측면에서 "브라만교·불교도덕과의 최대의 일치성을 보여주는" 인간애(자비) 도덕이라는 사실을 들고 있다. 인도의 보편적 자비론과 동정심 교설이 그 그림자를 "안타깝게도" 사람과 동물에 대한 사랑을 모르고 정의제일주의에 빠진 유대 땅에 떨어뜨렸다는 것이다. 그래서 인도의 자비 이념이 메마른 유대 땅에서 제대로 꽃필 수 없었다는 말이다.

쇼펜하우어에 의하면, 인도의 자비 개념이 담긴 기독교 신약성서는 사랑을 가르친다는 것을 상기시키면서 사랑을 모르고 동해보복적同害報復的 정의만 아는 유대교적 구약성서와 사랑을 제일로 치는 신약성서 간의 모순을 지적한다. "정의와 인간애로부터 총체적 덕목들이 발원하고, 따라서 이 두 덕목은 윤리학의 초석이 도출되어 정초되는 근본덕목이다. 정의는 구약성서의 전 윤리적 내용이고, 인간애는 신약성서의 전 윤리적 내용이다. 인간애는, 바울「로마서」13:8-10)에 의하면, 모든 기독교적 덕목이 담겨 있는 새로운 계명($\kappa\alpha\iota\nu\grave{\eta}\,\grave{\epsilon}\nu\tau\sigma\lambda\acute{\eta}$; 카이네 엔톨레)이다「요한복음」13:34)."17) 그러나 신약성서의 이 새로운 '사랑' 계명은 이성의 정의를 내세우며 이성이 없는 동물을 우습게 아는 구약성서의 유대주의에 의해 실천적으로 형해화된다. 이런 까닭에 쇼펜하우어는 기독교에 동물 사랑의 덕목이 결여된 것을 단도직입적으로 유대교 탓으로 돌리고 있다.

구약은 "땅을 정복하라, 바다의 물고기와 하늘의 새와 땅의 움직이는 모든 생물을 다스리라", "온 지면의 씨 맺는 모든 채소와 씨 있는 열매를 맺는 모든 나무를 너희의 먹을거리로 가져라"라고 가르침으로써「창세기」1:28-29), 동물사랑을 말하는 것이 아니라, 오히려 땅을 정복대상으로, 그리고 모든 동식물을 '통치' 대상으로 못 박는다. 그러면서 사랑을 말하기는커녕 "생명은 생명으로, 눈은 눈으로, 이는 이로, 손은 손으로, 발은 발로, 덴 것은 덴 것으로, 상하게 한 것은 상함으로, 때린 것은 때림으로 갚는" 동해同害보복법의 정의(「출애굽기」21:23-25)만 가르치는 구약성서! 이에 대항해 신약은 "이웃을 네 자신같이 사랑하라"고만 가르치는 것(「마태복음」22:39)이 아니라, "네 이웃을 사랑하고 네 원수를 미워하라 했다는 것을 너희가 들었으나 나는 너희에게 이르노니 너희 원수를

---

17) Schopenhauer, *Preisschrift über die Grundlage der Moral*, §18 (764쪽).

사랑하라"(「마태복음」 5:43-44)고 하여 원수도 '이웃'으로 사랑하라고 가르친다. 따라서 쇼펜하우어는 유럽의 도덕적 낙후성과 동물학대 관습을 유대교 탓으로 돌리는 것이다.

> 우리는 모든 시대와 모든 나라가 도덕성의 원천을 잘 인식했지만, 유럽만이 그렇지 못했음을 본다. 이에는 여기 유럽에서 만물만사에 미만해 있는 유대교적 악취(foetor Iudaicus)에 죄책이 있다. 여기에서는 단적으로 의무계명, 도덕법칙, 명령, 간단히 말해서, 순종해야 할 지시와 호령만이 존재해야 한다. 유럽인들은 이것을 떠나지 못하고, 그와 같은 것이 언제나 이기주의만을 기초로 삼고 있다는 것을 보지 않으려고 한다.18)

그리하여 쇼펜하우어는 '유대교적 악취' 때문에 예수의 사랑 가르침도 동물사랑을 빼놓는 쪽으로 축소되고 왜곡되었다고 지적한다.

> 그리하여 유대교화된 서구적 동물경멸자와 이성우상숭배자(Vernunftidolater)에게 우리는 동물경멸자가 그의 어미에 의해 젖 먹여 길러졌듯이 개도 그의 어미에 의해 젖 먹여 길러졌다는 사실을 상기시켜야 한다. (…) 나는 칸트조차도 동시대인들과 동포들의 저 오류에 빠졌다고 비판한 바 있다. 기독교 도덕이 동물을 고려치 않는다는 것은 기독교 도덕의 결함이고, 이 결함은 영구화시키기보다 자백하는 것이 더 좋다.19)

쇼펜하우어에 의하면, 기독교 도덕이 인도 도덕과의 커다란 일치성에도 불구하고 안고 있는 – 방금 비판한 – 결함에 대한 은근한 상징으로서 이해될 수 있는 것은 세례자 요한이 완전히 인도 사냣시(Saniassi; 미치광이 흉내를 내는 인도 축제) 방식으로 등장하면서 여기서 동물가죽을 뒤집어쓰고 나타난다는 사실이다! 동물가죽을 뒤집어쓰고 나타나는 것은 어떤 힌두교도에게든 전율을 일으킬 것이다. 왜냐하면 캘커타의 왕립협회조차도 베다경전의 인쇄본을 유럽방식으

---

18) Schopenhauer, *Preisschrift über die Grundlage der Moral*, §19 (786쪽).

19) Schopenhauer, *Preisschrift über die Grundlage der Moral*, §19 (776쪽).

로 가죽 끈으로 묶지 않을 것이라는 약속 아래서만 얻을 수 있었고, 그리하여 왕립협회 도서관에서 이 인쇄본은 비단으로 묶여 있기 때문이다. 유사하게, 구세주가 배들이 가라앉을 정도로 물고기로 가득 채워지는 식의 기적으로 축복하는 베드로의 고기잡이에 관한 복음 이야기(「누가복음」 5장)는 이집트의 지혜를 비전적으로 전수받은 피타고라스의 이야기와 특징적 대조를 제공한다. 이것은 인도에서 유학생활을 한 것으로 알려진 피타고라스의 '방생' 이야기다.

> 피타고라스는 어부들에게서 그들이 한 번 그물을 끌어 잡는 물고기를 그물이 아직 물속에 있을 때 몽땅 산 다음, 잡힌 모든 물고기에게 자유를 선물했다(Apuleius, *De magia*, 36쪽, Bipontini판).[20]

이에 잇대서 쇼펜하우어는 "동물들에 대한 동정심"이 "성격의 선량함과 아주 정확하게 연관된 것이라서, 동물들에 대해 잔학한 자는 선한 인간일 수 없다"고 힘주어 주장한다. 또한 "이 동정심은 인간들에게 발휘되는 덕성과 동일한 원천으로부터 생겨나는 것"이다. 그는 "동물세계 전체를 물건으로 취급하도록 만드는, 인간들의 이익과 기쁨을 위해서만 그 존재를 인정하는" 유럽의 "기이한 개념들"은 유럽에서 "동물을 거칠게, 완전히 무자비하게 취급하는 짓의 원천"이고, 이 '기이한' 개념들은 "구약성서적 기원을 갖는다"는 것이다.[21]

쇼펜하우어는 이 '기이한' 개념을 칸트에게서도 그대로 발견한다. 그는 "이성 없는 존재자들(따라서 동물들)이 '물건'이고, 따라서 수단임과 동시에 목적이기도 한 것으로서가 아니라 단지 '수단'으로서만 취급해도 된다는 칸트의 명제는 진짜 도덕을 모욕한다"고 비판한다. 그리고 그는 이 명제와 합치되는 『덕성론의 형이상학적 시발근거』(§16)의 명시적 문장을 들이댄다. "인간은 단지 인간들에 대한 의무만 있고 이외에 그 어떤 존재자들에 대해서도 의무가 있을 수 없다." 그리고 이어서 바로 다음 구절(§17)을 인용한다. "동물들을 잔학하게

---

20) Schopenhauer, *Preisschrift über die Grundlage der Moral*, §19 (776-780쪽).

21) Schopenhauer, *Preisschrift über die Grundlage der Moral*, §19 (776-780쪽).

대하는 것은 자기 자신에 대한 인간의 의무와 대립된다. 왜냐하면 이런 학대로 인해 동물들의 고통에 대한 공감이 인간 안에서 무뎌지고 이 때문에 다른 인간과의 관계에서 도덕성에 아주 쓸모 있는 본성적 자질이 약화되기 때문이다." '이성우상숭배자' 칸트가 공감을 운위하는 것도 우습지만 쇼펜하우어는 칸트의 이 논변에 대해 "그의 말에 따르면 사람은 단지 자기훈련을 위해서만 동물들에게 동정심을 가져야 한다"고 말하는 셈인데, 이것은 동물들을 "흡사 인간에 대한 동정을 훈련하기 위한 정리적情理的 실습모형"으로 취급하는 것 같다고 신랄한 비판을 가한다.22) 그의 통렬한 비판은 이것으로 그치지 않는다.

> 나는 이슬람지역을 뺀 전 아시아와 함께 이 명제들을 불쾌하고 혐오스럽게 느낀다. 동시에 여기서, 상술했듯이 단지 변복한 신학적 도덕에 불과한 이 철학적 도덕이 어떻게 본래 성서도덕에 매여 있는지가 다시 한 번 드러난다. 말하자면 (…) 기독교적 도덕은 동물들을 고려하지 않기 때문에, 동물들은 철학적 도덕 안에서도 즉시 들새 밥으로 내던져지고, 단순한 '물건', 즉 임의적 목적을 위한 수단에 지나지 않으며, 따라서 가령 생체해부, 힘으로 하는 사냥, 투우, 경주, 움직이지 않는 석재수레 앞에서 죽도록 채찍질당하는 것 등을 위해 있는 것이다. 생명을 가진 모든 것 안에 현존하고 또 햇빛을 보는 모든 눈으로부터 규명될 수 없는 함의를 갖고 비춰 나오는 영원한 본질을 보지 못하는 이러한 파리아-찬달라-믈레차 도덕은 다 '제기랄!'이다. 그러나 저 도덕은 오로지 자기의 가치 있는 종족만을 알고 고려할 뿐인데, 이 종족의 징표인 이성은 어떤 존재자가 이 종에게 도덕적 고려의 대상이 될 수 있는 조건이다.23)

"이슬람지역을 뺀"이라는 말은 '유대교화된 지역을 뺀다'는 말이다. 쇼펜하우어는 이슬람교를 유대교의 한 변형으로 보기 때문이다. 데카르트에서 칸트를 잇는 이성우상숭배적 서양철학에 대한 범애론적 비판을 쇼펜하우어는 칸트로부터 거슬러 올라가며 일반화한다. 그는 자기가 제시한 도덕적 동인動因이

---

22) Schopenhauer, *Preisschrift über die Grundlage der Moral*, §8 (690-691쪽).

23) Schopenhauer, *Preisschrift über die Grundlage der Moral*, §8 (691쪽).

"다른 유럽적 동물체계 안에서 아주 무책임할 정도로 불량하게 배려되는 동물들도 그 보호 속에 받아들인다는 사실에 의해 진정한 도덕적 동인"이라고 스스로 확인한다. "동물들은 권리가 없다는 그릇된 관념, 즉 동물들에 대한 우리의 행동은 도덕적 의미가 없다"는 망념, 또는 "저 도덕의 언어 속에서 그렇듯이 동물들에 대해서는 의무가 존재하지 않는다는 망념"은 바로 "그 원천이 유대교에 있는 서구의 격분케 하는 조야성과 야만성"이다. 철학에서 이 그릇된 관념은 "인간과 동물 간의 전적인 상이성" 테제에 근거한다.

인간과 동물 간의 상이성은 주지하다시피 데카르트에 의해 그의 오류의 필연적 귀결로서 가장 단호하고 가장 귀청이 떨어질 듯이 크게 천명되었다. 말하자면 데카르트-라이프니츠-볼프 철학이 추상적 개념들로 합리적 영혼론을 수립하고 불멸의 '이성적 영혼(anima rationalis)'을 구성했을 때, 동물세계의 자연적 요구들은 인간종족의 이 배타적 특권과 불멸성 특허장에 대립해서 등장했고, 자연은 이러한 모든 기회에 그렇듯이 조용히 항의를 제기했다. 자기들의 지성적 양심에 의해 불안해하던 철학자들은 합리적 영혼론을 경험적 영혼론으로 뒷받침하려고 시도하지 않을 수 없었고, 따라서 온갖 자명성에도 불구하고 인간과 동물을 근본으로부터 상이한 것으로 서술하기 위해 인간과 동물 사이에 엄청난 간극, 헤아릴 수 없는 간격을 벌리려고 노력했다.[24]

쇼펜하우어는 사랑이 아니라 이성을 도덕의 기초로 들이밀고 내세우며 온갖 미사여구로 치장하는 합리주의적 서양철학을 유대전통의 '사변적 신학'으로 경멸한다. 이 '사변적 신학'은 철학의 옷으로 변복하고 "이성을 그럴싸하게 꾸며대며", 바로 "유대교화하는 현대적 낙관주의 기독교의 근본교리들"을 "직접 계시한다".[25]

쇼펜하우어에 의하면, 합리주의적 서양철학의 비극은 이 '사변적 신학'을 대변하는 무능한 철학자들이 철학의 참된 진보를 방해해왔다는 데 있다. "참되

---

24) Schopenhauer, *Preisschrift über die Grundlage der Moral*, §19 (773-774쪽).

25) Schopenhauer, *Die Welt als Wille und Vorstellung* I, Vorrede zur 2. Auflage (1844), 24쪽.

고 진실한 것은 이런 것을 산출할 능력이 없는 자들이 이런 것을 흥기하지 못하게 하려고 일제히 작당하지 않는다면 보다 수월하게 세상 안에 터를 잡을 것이다."26) 그러나 서양철학은 지금까지도 대강 이런 '작당作黨' 철학이다. 그리하여 서양문명에 고유한 잔인한 동물학대는 동물학대로만 그친 것이 아니라, '동물적' 인간들로 지목된 '열등한 백성(대중)'과 '열등민족'에 대한 계속된 대학살과 홀로코스트로도 참담하게 징험되었다.

동물학대를 이성의 이름으로 공식화하는 서양 합리주의 철학에 대한 통렬한 비판은 동정심을 도덕성의 토대로 삼은 '자칭 불교신자' 쇼펜하우어에게 당연한 것이고, 필자의 공자주의적 도덕철학에서도 당연한 것이다. 쇼펜하우어는 '우리는 모든 시대와 모든 나라가 도덕성의 원천을 잘 인식했지만, 유럽만이 그렇지 못했음을 본다'는 자신의 입장을 입증하기 위해 브라만·불교경전 외에 멀리 공맹경전도 끌어다 댄다.

> 학파로부터 벗어나 권위가 없는 상태에서 나는 중국인들이 동정심(sin, 仁)을 최상석에 두는 다섯 가지 근본덕목들을 상정한다는 사실을 인용한다. 나머지 네 덕목은 의義, 예禮, 지智, 신信이다.27)

쇼펜하우어는 이 대목에다 당시 아시아전문 학술지 *Journal Asiatique* (Vol. 9, 62쪽)에서 맹자철학을 참조하라는 각주를 달고, 맹자의 저서로는 『맹자(*Meng-tse*)』 (Stanislas판 Julien, 1824, lib. 1, §45)와 기욤 포티에(Guillaume Pauthier, 1801-1873)의 『동양의 경전들(*Livres sacrés de l'orient*)』(281쪽)의 「맹자」를 보라고 소개하고 있다. 쇼펜하우어는 위 인용문에서 '인仁'을 뜻하는 '동정심' 뒤의 괄호 속에 '*sin*'을 발음으로 표기해 놓고 있는데, 이는 '*jen*' 또는 '*yen*' 또는 '*ren*'이라고 표기해야 할 곳에다 '*sin*'이라고 오기한 것으로 보인다. 쇼펜하우어는 예수의 '사랑' 개념이 인도의 자비 개념으로부터 유래했다고 말하고 있지만, 동시에 인도의 자비 개념과

---

26) Schopenhauer, *Die Welt als Wille und Vorstellung* I, Vorrede zur 3. Auflage (1859), 27쪽.

27) Schopenhauer, *Preisschrift über die Grundlage der Moral*, §19 (785쪽).

공자의 인仁 개념의 상통성에 대한 지적도 잊지 않고 있다.

이렇듯 고대세계에서도 중국과 인도의 철학은 서양으로 직접 또는 이집트를 우회로로 해서 간접적으로 전해졌다. 공자철학은 인도를 통해 고대 그리스로 전해졌다. 그러나 당시 공자철학은 '공자의 이름으로 전해진 것이 아니라 '인도철학'의 이름으로 전해졌고 또 소크라테스와 플라톤의 그릇된 4덕론에서 보듯이 정확하거나 본격적인 내용도 아니었다. 공자철학이 실로 본격적으로 '공자의 이름으로 서양에 전해진 시기는 17-18세기였다.

■**17-18세기 서양으로의 공자철학과 극동문화의 서천西遷**

14-16세기 르네상스시대와 17-18세기 계몽주의시대에 극동의 문물이 유럽에 미친 영향은 교통통신이 어려웠던 고대의 저런 영향과 비교할 수 없는 엄청난 수준이었다. 르네상스는 송·요·원나라의 풍요와 총포·화약·나침반으로 특징지어지는 극동의 선진적 '물질문명'을 배경으로 꽃피었다. 반면, 17세기 말과 18세기 계몽주의는 명·청대 중국과 여타 극동제국의 철학적·문화적·제도적·무신론적 '정신문명'의 충격 속에서 공자철학을 패치워킹(짜깁기)함으로써 발생했다.

극동의 철학적·사상적 영향은 멘도자가 중국을 소개하는 16세기 말부터 시작되었고, 17세기부터 이 수용은 음양으로 진행되었다. 공공연하게 공자를 옹호하고 표방한 17세기 철학자들은 라 모트 르 베예, 베르니에, 보시어스, 존 웹, 윌리엄 템플, 나다나엘 빈센트, 피에르 벨 등이었고, 공자에 열광하지 않았더라도 중국을 찬양하고 공자를 언급한 철학자는 로크, 중국철학과 공맹철학을 암암리에 수용해 써먹은 17세기 철학자들은 스피노자, 컴벌랜드 등이었다. 따라서 암암리에 공자철학과 중국사상을 표절하고도 독창적 사상을 전개한 척하는 철학자들도 모두 분석대상으로 삼아야 한다. 가령 스피노자(Baruch de Spinoza, 1632-1677)의 독창적 범신론철학도 중국 기론을 수용했거나 적어도 표절한 것이다. 피에르 벨(Pierre Bayle, 1647-1706)에 의하면, 스피노자는 "유럽과 동양의 여러 고대·현대철학과 동일한" 이론적 토대를 "완전히 새로운 방법"으로 가공한 "체계적 무신론자"다.[28] 그런데 벨은 스피노자가 중국의 기론을 완전하게 다 수용하지 않은 것을 아쉬워한다. "스피노자가 중국인들 사이에서 많이 유행 중에 있는 — 내가 이 항목의 두 번째 보충설명에서 말한 이론(불교철학 — 인용자)과 아주 다른 — 이론을 해명하는 데 자신의 온 힘을 쏟았더라면, 그는 더욱 난공불락이었을 것이다."[29] 이 "중국인들 사이에서 많이 유행 중에 있는" 이론은 중국의 기氣철학을 말한다. 벨은 이 기철학이 "중국인들 사이에 일반적으로 퍼져 있는 무신론이 서 있는 기초"라고 밝혔다.[30] 중국의 기론氣論은 스피노자의 존재론과 범신론신학에 그야말로 '본질구성적' 역할을 하고 있다.

　17-18세기 공자철학과 중국 정치문화의 본격적 수용은 르네상스 때 동방무역에서 맹활약을 보이며 공자철학과 중국문화를 받아들이기는 했지만 이보다 세계 도처에 가톨릭을 전파하기 위해서 광신도들처럼 더 '광분'했던 스페인·포르투갈·이탈리아 등 남유럽국가들이 아니라, 새로이 동방무역과 동방선교의 주도권을 다툰 네덜란드·영국·스웨덴·덴마크·벨기에·프랑스·스위스·독일·오스트리아·이탈리아 등 유럽국가와 미국 등 11개 극서제국極西諸國(Far Western countries)에 의해 주도되었다. 스웨덴·덴마크·네덜란드·벨기에·이탈리아의 당시 사상적 동향에 대해서는 여기서 상론할 수 없지만 이 다섯 국가도 공자열광과 시누아즈리(17-18세기의 중국풍 예술·공예·문예 사조)는 다른 극서국가들과 다름없었다.[31] 이 11개 극서국가들은 신·구 종파구분 없이 오늘날도 번영하고 있다. 프랑스·벨기에·네덜란드·이탈리아·오스트리아 등 5개국은 가톨릭국가이고, 스위스와 독일은 가톨릭과 개신교 신앙이 반반인 나라다. 11개 극서국가들 가운데 개신교도가 비교적 우세한 국가는 미국·영국·덴마크·스웨덴 등 4개국 뿐이다.

---

28) Pierre Bayle, *Dictionnaire historique et critique* (2 vols., 1697; 4 vols., 1702). Bayle, *Historical and Critical Dictionary*, selected English translation by Richard H. Popkin (Indianapolis: Hackett Publishing Company, 1991), 228쪽("Spinoza" 항목).

29) Bayle, *Historical and Critical Dictionary*, 301쪽(Remark X to the entry "Spinoza").

30) Bayle, *Historical and Critical Dictionary*, 323쪽(Remark X to the entry "Spinoza").

31) 이에 대한 간략한 기술은 참조: 황태연, 『서구문명의 유교화와 근대적 재구성』(파주: 청계, 2020), "제3장 2절 2.3. 미국·네덜란드·스웨덴·덴마크·이탈리아의 유교화의 차등성".

반면, 중국문화를 열심히 전하던 16-17세기와 달리 18·19세기 내내 공자철학과 극동문화를 받아들인 것이 아니라 거꾸로 세계 도처에 단지 가톨릭을 전파하는 데만 혈안이 되었던 스페인과 포르투갈, 그리고 그리스정교와 가톨릭에 빠져 있던 그리스 등 남유럽국가들과 동유럽국가들, 또 17-19세기 내내 공자철학의 세례와 근대화의 시대적 요청을 등지고 가톨릭만 믿던 남미제국諸國과 개신교만 믿는 아프리카제국은 거의 다 정치·경제·사회적으로 후진성을 면치 못하고 있다.

반면, 극동의 과거 유교국가들 중 공산화 이후 근대화 궤도에서 이탈하고 탈脫근대화(de-modernization) 속으로 자폐自閉한 북한과 개혁·개방에 지각한 공산국가 월남을 제외하고 한국·중국·일본·타이완·싱가포르·홍콩 등 6개 국가는 극동의 정치문화와 철학사상을 더 세련되게 발전시켜 근대화에 먼저 성공한 극서국가들의 근대적 제도와 근대이념을 받아들여 정치경제와 사회문화를 '높은 근대문화'로 도약시킴으로써 그 자유·평등·경제·사회 측면에서 웬만한 서구제국을 능가한 지 오래다. 중국은 미국에 추월당한 지 100년 만에 미국의 제조업 생산량을 다시 추월했다. 이미 2018년 명목상의 GDP에서 중국(14조 달러)은 미국(20조 4,000억 달러)의 70% 수준에 도달했고 구매력 평가(PPP)로 치면 이미 미국을 앞질렀다. 2030년이면 명목 GDP 면에서도 중국이 미국을 앞지를 것으로 전망되고 있다. 전 세계를 둘러보면, 극서제국 바깥에서는 오로지 극동제국만이 '서구화를 통한 근대화', 즉 '서구적 근대화'에 성공한 것이다.

유교적 생활문화 속에서 자라난 극동 사람들은 서양인들과 마찬가지로 '반민주적' 정부와 '부당한' 권위를 비판하고 모든 민주정부와 합법적·합리적 권위를 존중한다. 따라서 차제에 17-18세기에 유럽으로 건너가 계몽주의를 흥기시키고 유럽을 근대화한 극동아시아의 유교적 가치이념과 제도들을 미리 개략해 보자.

우선 서양 계몽주의자들과 계몽군주들의 '계몽군주론'은 중국의 '제한군주론'의 서양 버전이다. 그리고 영국의 내각제와 권력분립제는 1679년 찰스 2세와 윌리엄 템플이 처음 도입한 명대 중국의 내각제와 군림권·의정권·집행권의 삼권분립제도를 발전시킨 것이다. 로크가 대변하고 옹호한 서양의 근대적 자유 개념은 여러 채널을 통해 전해진 공자의 '무위이치無爲而治(강제적 작위 없는 정치)와 백성칙군이자치百姓則君以自治(백성은 임금을 표준으로 삼아 자치한다)의 이념으로부터 발전되었다. '무위이치'는 이른바 "*freedom from* …"을, "백성칙군이자치"는 "*freedom to* …"를 뜻한다. 로크가 처음으로 정식화한 근대적 평등론은 여러 경로로 전해진 '천하무생이귀자天下無生而貴者(천하에 나면서부터 귀한 놈 없다)'라는 공자의 태생적 평등 이념과 중국 신사紳士제도의 탈脫신분적 평등주의를 수용한 것이다. 도시국가와 같은 소국이 아니라 광역국가의 근대적 '국민자치' 민주주의와 인민주권은 뒤에 상론하겠지만 데이비드 흄(David Hume, 1711-1776)이 민유방본론民惟邦本論(민본주의), 백성자치론, 그리고 영토적 광역성 덕택에 다수의 횡포가 불가능한 중국의 중도적 절제와 자유(moderation and freedom)의 정치를 영국 전통의 의회제도와 패치워크(짜깁기)해서 발전시킨 것이다.

나아가 근대경제학으로서의 케네의 중농주의는 극동의 농본주의에서 나온 것이고, 근대적 자유시장론은 공맹과 사마천의 '무위無爲시장' 이념과 중국의 유구한 자유교역철학(농·상 양본주의)에서 나온 것이다. 그리고 서양의 복지국가론은 공자의 양민養民·교민敎民국가론(맹자의 인정仁政국가론), 고대 중국과 왕안석王安石 이래 극동제국의 구빈제도와 농민·상공인 지원제도 등으로부터 발전된 것이다. 그리고 서양의 관료제는 극동국가들의 관료제를 수용한 것이다. 필기시험에 의한 공무원임용고시제와 탈신분제적 공무담임제는 과거제로부터 발전시킨 것이다. 혁명권 또는 저항권 이념은 로크가 "나라를 가진 자는 편벽되면 천하에 의해 죽임을 당한다(有國者辟 則爲天下僇矣)"는 인민혁명론, "민중을 얻으면 나라를 얻고 민중을 잃으면 나라를 잃는다(得衆則得國 失衆則失國)"는 득중득국론得衆得國論 또는 "제후가 사직을 위태롭게 하면 제후를 갈아치우고 가뭄과 큰물이 나면 사직을 갈아치운다(諸侯危社稷 則變置 […] 旱乾水溢 則變置社稷)"는 맹자의 반정反正·역성혁명론과 극동국가의 폭군방벌과 혁명의 무수한 역사적 사례로부터 발전된 것이다.

그리고 서양의 세속적 정치문화와 정교분리 원리는 "아직 사람도 잘 섬기지 못하는데 어찌 귀신을 잘 섬기겠느냐? 아직 삶도 잘 모르는데 어찌 죽음을 잘 알겠느냐(未能事人 焉能事鬼 未知生 焉知死)"는 공자의 철저한 현세주의와 극동의 세속적 정치문화로부터 나온 것이다. 보통교육과 3단계 학교제도도 "천자로부터 서인에 이르기까지 하나로 다 수신을 본으로 삼는다(自天子以至於庶人 壹是皆以修身爲本)"는 원칙 또는 "교육에는 유별(類別)이 없다(有敎無類)"는 공자의 만민평등교육 이념과 하·은·주 삼대 이래의 중국 서당·향교·대학(太學)의 3단계 교육제도를 받아들인 것이다.

서양의 근대적 관용 이념은 스피노자, 로크, 피에르 벨, 볼테르 등이 공자의 인仁사상과 "이단을 공격하는 것은 재해다(攻乎異端斯害也已)" 또는 "천하는 같은 데로 돌아가도 길을 달리하고 일치해도 생각을 백 가지로 하는데 천하에서 무엇을 근심하고 무엇을 걱정하랴(天下同歸而殊塗 一致而百慮 天下何思何慮)"라는 무제한적 관용론과 중국의 사상적·종교적 관용정책에서 발전시킨 것이다. 그리고 보편적 인권사상과 세계주의적 인도주의는 공자의 대인적(大仁的) 범애·박애론과 "사해의 안이 다 형제인데 군자가 어찌 형제 없음을 걱정하랴(四海之內 皆兄弟也 君子何患乎無兄弟也?)"라는 『논어』의 사해형제론(四海兄弟論)을 다듬고 발전시킨 것이다. 이것들에 대해서는 뒤에서 틈나는 대로 상론할 것이다.

■ 동서문명의 패치워크를 통한 근대화

10세기 이후 세계사는 송대에 이미 '보편사적 근대'에 도달해 있었던 중국의 '초기근대(early modernity)'가 동서남북으로 확산되는 과정이었다는 의미에서 극동제국은 '준비된 근대국가' 또는 '초기근대국가'(이른바 '근세국가', '낮은 단계의 근대국가')였다. 극동제국이 이미 '낮은 단계의 근대국가'에 도달해 있었기 때문에만 한국이 남구의 스페인·포르투갈·그리스, 그리고 러시아·동구제국과 중남미제국을 능가하고, 일본이 100년 사이에 영국·프랑스·독일을 능가하고, 중국이 1·2차 아편전쟁 패전 후 40년 만인 1910년대에 다시 세계 무역대국으로 부상했고 중일전쟁과 서양에서 건너온 공산주의로 인해 많은 시간을 허송했던 현대 중국조차도 개혁·개방정책을 채택한 지 30년 만인 2010년부터 제조업 생산에서 미국을 앞지를 수 있었던 것이다. 중국의 제조업이 미국을 앞지른 것은 1900년경 중국이 제조업 생산에서 영국과 미국에 차례로 뒤진 지 100여 년 만의 일이었다.

17-18세기에 공자는 극서제국을 계몽했고, 극동으로부터 공자철학과 송·명대 이래 중국의 근대적 정치제도를 도입해 먼저 근대화를 달성한 극서는 19-20세기 공자철학의 연고지인 극동을 계몽했다. 그리고 극동과 직간접적 관계를 가졌던 남구와 남미제국은 극서와 극동의 영향 아래서 근대로 나아가려고 노력해왔다. 또한 극동과 극서를 잇는 통행로에 위치한 중동·인도·동남아시아 제국 등 이른바 '통과국가들(transit states)'은 극서·극동국가들로부터 직간접적 혜택을 많이 입었고 지금도 입고 있다. 이런 의미에서 공자는 동서 문명 전체를 차례로 계몽하고 발전시킨 것이다. 다만 공자철학을 아예 몰랐던 아프리카국가들과 일부 이슬람원리주의국가, 그리고 힌두국가만이 극서·극동의 문물을 둘 다 거부하거나 이에 무관심한 채 전근대·저低근대·반半근대 상태에 처해 있을 뿐이다.

합리주의와 경험주의가 갈등하는 서양철학은 본질적으로 이중적이다. 소크라테스와 플라톤의 합리적 공산주의와 아리스토텔레스의 합리적 형이상학으로부터 데카르트·루소·칸트·헤겔·마르크스·니체·베버·롤스에 이르기까지 서양의 모든 합리주의 철학은 지금까지 인류를 형이상학적 몽매 상태(Obscurantism) 속으로 몰아넣고 자의적 '정의正義'를 내걸어 서로 학살하게 만들고 자연을 무참하게 파괴하게 하는 '사이코패스적 만행'만을 자행해왔다. 반면, 서양에서 공자철학과 극동문화를 은연하게 수용한 가운데 베이컨과 홉스의 경험철학을 계승하고 발전시킨 로크·섀프츠베리·허치슨·흄·스미스, 공자철학과 영국경험주의를 부분적으로 수용한 스피노자·벨·볼테르·푸아부르·케네·루소·다르장송·미라보·디드로, 공자철학과 중국문화를 동경하고 받아들인 라이프니츠·볼프·유스티·알브레히트 폰 할러 등 계몽철학자들의 경험주의적·비판주의적·회의주의적 도덕·정치철학과 자유시장·복지철학은 인류를 종교적·도덕적·합리적 몽매주의로부터 깨어나게 하는 데 이바지했다. 서양의 계몽철학자들은 - 베이컨과 홉스를 포함하여 - 많든 적든 모두 다 공맹과 중국문화의 영향을 받은 철학자들이었다. 실로 공자는 도덕적·정치적·시장경제적·복지국가적 계몽의 측면에서라면 예수와 마호메트를, 심지어 부처도 능가하는 인류의 가장 위대한 스승이었던 것이다.

우리는 공자철학을 잘 알았던 영국·미국·프랑스·네덜란드·덴마크·스웨덴·벨기에·독일·오스트리아·스위스·이탈리아 등 극서지역의 11개국만이 '유럽적 근대성'을 대표한다는 사실과, 세계에서 오로지 극서와 극동, 이 두 지역만이 충분히 세속화되고(secularized) 근대화되어 정치·경제·사회적으로 번영해왔다는 사실에 주목할 필요가 있다. 그리고 이 사실들을 근거로 우리는 극서와 극동의 두 근대문명 간 '공자철학적 공통성(Confucian commonness)' 또는 '유교적 유전자(Confucian DNA)'의 동서 공유에 관해서도 입론立論할 수 있는 것이다.

번영하는 극서지역과 대조적으로, 기독교만 알고 공자철학에 무지한 비非극서 기독교국가들, 즉 남유럽·동유럽·남미의 모든 기독교국가는 저발전 상태에 있거나 경제·정치발전과 거리가 먼 상태에 처해 있다. 이 세 지역의 백성들은 기독교(가톨릭·개신교·정교) 주술에 걸린(verzaubert) 몽매 상태를 아직 완전히 탈피하지 못하고 있거나 종교탄압을 받던 구舊공산권 국가들의 경우에는 공산체제가 붕괴된 뒤 종교인구가 오히려 폭발적으로 증가함으로써 되레 '재再주술화'되었다. 아무튼 이 광대한 지역들의 백성들은 아직 충분히 '세속화'되지 않았다.

그리하여 이 세 지역의 기독교국가들 중에서 가장 발달된 나라인 스페인조차도 대한민국보다 경제적으로만이 아니라 정치적·사회적으로도 낙후하다. 스페인을 위시한 남·동유럽과 중남미는 오랜 세월 좌·우익 독재에 시달려왔고 1970년대에 민주화된 뒤에도 그 민주주의는 한국보다 훨씬 더 취약하고 부실하기 때문이다. 극동문화와 아예 아무런 접촉도 없었던 모든 아프리카 기독교국가(12개 개신교국가 포함)와 공자철학을 철저히 외면해온 이슬람국가들은 지극히 궁핍하고 - 예외적으로 오일달러를 벌어 부유해진 이슬람 산유국들의 경우에도 - 제도적 신분차별과 극단적 남존여비, 그리고 종교적 불관용, 따라서 유혈낭자한 종파 간 종교전쟁이 여전하고 심각하게 비민주적·반민주적·전근대적이다. 공자와 중국문화를 모르고 거부했던 인도도 비록 영국의 200년 식민통치하에서 영국문화의 영향을 많이 받았음에도 여전히 카스트제도에 묶여 있는 등 유사한 전근대적 상황에 처해 있다.

그리하여 "동서차이와 종파차이를 가리지 않고 어떤 나라든 공자를 많이 알면 알수록 발전된 나라가 된 반면, 공자를 모르면 모를수록 저발전국가로 전락했다" 또는 "어떤 나라든 공자철학을 배우면 배울수록 근대화된 반면, 공자철학을 외면하면 외면할수록 前前근대 또는 低低근대 상태에 처했다"는 '근대화법칙'을 새로이 입론할 수 있을 것이다.[32] 지난 800년간 극동·극서문명 간의 교호적 패치워킹(짜깁기)을 통한 근대화 과정을 음양으로 규제해온 이 근대화 법칙은 악명 높은 개신교적·기독교적 근대화론, 오리엔탈리즘, 또는 어떤 동서이분법적 문명이론도 분쇄할 수 있는 타당성이 있는 것으로 보인다.

한편, 11개 극서제국이 공자철학과 극동문화를 패치워크하는 데에 가장 열성적이었다고 해서 이 나라들이 다 한결같이 '완전무결하게' 패치워크했다고 할 수 있는가? 필자가 보기에는 반드시 그런 것 같지는 않다. 19세기 근대화 이래 극서제국의 서구문명은 계몽시대 이래 극동에서 온 신사(군자)다운 계몽주의적 근대문명의 표층요소들과 전래된 호전적 기독교·그리스문명(히브리이즘·헬레니즘)의 심층요소들이 서로 뒤섞여 공고하게 짜깁기되지 못한 채 허술하게 '중첩된' 중층구조를 보여주는 측면도 없지 않기 때문이다. 이로 인해 서구문명은 19-20세기 내내 자유·평등·관용·인권·세계주의 등 표층의 '신사 행태'와, 서양의 저류底流문화로 흐르는 호전주의·식민주의·제국주의·파시즘·나치즘 등 심층의 '야만 행태'를 번갈아 보여왔다. '신사 행태'는 공자철학으로부터 유래한 '군자의 거동'이고, '야만 행태'는 원래 "금욕적 전쟁종교"였던 기독교(베버)의 정신에 따라 1,000년간 마녀사냥을 일삼고 십자군 이래 이교지역을 무력으로 침공하던 호전적 기독교정신(히브리이즘)의 저류문화적 본세이며, 제국주의적 정복과 '정의로운' 전쟁국가를 이상국가로 여기는 전투적 그리스·로마정신

---

32) 이 유교적 근대화 법칙은 참조: 황태연, 『서구문명의 유교화와 근대적 재구성』, "제3장 2절 동서문명의 교호적 패치워크와 유교적 근대화 법칙".

(헬레니즘)의 발로다. 20세기 서양의 야만은 식민주의적·제국주의적·마르크스베버주의적 유럽중심주의, 플라톤주의적·합리주의적인 '과학적 공산주의', 파시즘과 나치즘의 '과학적 인종주의' 등으로 터져나왔다. 근현대 서양문명의 이 야누스적 이중성은 미국의 경우에도 마찬가지였다. 유럽의 간섭을 배제하고 중남미의 제국주의적 지배를 노린 먼로독트린, (시어도어 루스벨트의) 제국주의적 우등·열등민족관, KKK, WASP(백인·앵글로색슨·프로테스탄트), 뉴라이트의 신자유주의와 신보수주의 등이 미국적 심층문명의 헬레니즘적·히브리이즘적 야만과 호전주의를 대변했다. 하지만 극서제국의 이런 야누스적 중층구조 속에서 면면히 전해지는 심층문화가 저류로 흐르다가 오늘날도 불뚝불뚝 불거지는 정치적 경련현상이 사라지지 않았지만 제2차 세계대전 이후 크게 약화되어왔다고 말할 수 있을 것이다.

아무튼 유럽을 계몽하고 '신사화'한 공자철학과 송대 이후 중국문명은 서양문명과의 패치워킹을 다루기 전에 그 자체로서 먼저 고찰되고 분석되어야 한다. 공자철학과 유교문명의 역사적 발전이 제대로 이해되어야만 서양문명에 대한 극동의 '본질구성적' 영향과 패치워킹을 깊이 이해할 수 있을 것이기 때문이다. 공자철학부터 정밀하게 독해·분석해보자.

제1장 11-18세기 극동과 '보편사적 근대'

19-20세기에 서양 학자들 사이에서는 중국에는 혁명이 없고 왕조교체만이 반복되었다는 무식한 동양정체론東洋停滯論이 판을 친 적이 있었다. 그러나 이런 정체론적 중국관은 일각에 여전히 부분적으로 남아 있을지라도[1] 오늘날 전반적으로 사라졌거나 사라지고 있다.

정체론적 왕조교체사관과 반대로 중국은 왕조교체와 동시에 정부형태와 경제적 토대, 그리고 사회구조에서 심층적 변화를 거쳐 12세기경 송대에 '보편사적 근대'를 시작했다. 주나라의 정치체제는 천하의 통치권과 봉토를 황족과 측근신하들에게 분봉分封한 봉건제였고, 정부형태는 삼공三公제도와 육부를 두는 것이었고, 주실周室을 받드는 각 봉건국가의 토지제도는 정전제井田制였다. 사회구조는 미분화되어 아직 귀족제도 공고화되지 않았다. 그러나 봉건제와 정전제는 1,000여 년이 흐르는 사이 점차 무너지면서 춘추전국시대로 들어갔다. 전국시대를 종식시키고 천하를 통일한 진나라는 정치적 봉건제를 타파하고 군현제도를 도입하고 정부형태를 독임제적 재상宰相(승상)제도로 바꾸고 호

---

1) 가령 2016년 6월 3-4일 홍콩 시립대학교의 한 연구소에서 개최된 "Political Theory in the East Asian Context" 제하의 학술회의에서 필자가 발제한 「공자, 잠든 유럽을 깨우다: 유럽적 근대성의 공자주의적·동아시아적 기원(Confucius Woke Sleeping Europe: The Confucian and Far Eastern Origins of European Modernity)」에 맞서 홍콩시립대의 '아이반호'라는 미국인 중국철학 교수는 동일한 정체론적 주장을 반복했다.

족들의 대토지제도를 방치했다. 한나라는 진대의 이 제도를 거의 그대로 물려
받았으나 상공업도 높이 발전시켰다. 진나라와 한나라가 멸망하고 육조시대와
수·당대로 넘어가면서 사회구조는 천거제도와 과거제도를 통해 기존의 귀족
층이 몰락했지만 각 지방의 호족들로부터 자라난 귀족들이 새로이 성장해
귀족정치와 귀족·평민의 신분제가 확립되었다. 중국의 상고시대는 씨족정치
가 지배적이었던 반면, 육조六朝로부터 당나라 중엽까지 이르는 중국의 '중세'
시대는 귀족정치가 지배적이었던 것이다. 이 귀족정치는 "주나라의 봉건제도
와도 관계가 없는 특별한 종류"의 귀족정치였다. "이 시대 중국의 귀족은 천자
로부터 영토·인민을 부여받은 제도가 아니라 그 집안이 자연스럽게 지방의
명망가로서 영속해온 관계에서 발생한 것"이기 때문이다.2) 이 시대 토지소유제
도는 정전제의 변형태인 균전제(당나라의 반전제班田制)로 변화되었으나 토지겸병
의 일반화로 다 망가지고 지주-소작 관계의 반半·봉건제가 지배했다.

　당·송대 사이에 끼어 있는 오대십국 시대에 유력한 귀족가문들은 궁극적으
로 소멸되거나 파괴되었다. 960년 송태조 조광윤趙匡胤(927-976)이 일어나 송조宋
朝의 패권 아래 이 오대십국을 통일했을 때 이룩된 변화는 단순한 왕조교체가
아니었다. 왕권의 본성이 '절대군주제'로 변혁된 것이다. 서양 절대군주제의
출현보다 무려 600년 앞선 일이었다. 이제 정부의 관직을 채우고 정부를 통제하
던 귀족층이 사라지자 중앙권력은 한 사람, 즉 황제를 중심으로 통합되었고,
황제가 만민 위에 올라선 '초월적' 존재자가 되었다. 황제의 지위가 변하자
그 아래 배치된 관리층의 지위도 변했다. 이때부터 황제는 제국을 '천가天家'로

---

2) 內藤湖南(본명: 內藤虎次郎), 「包括的唐宋代觀」(1922), 191-192쪽. 內藤湖南(礪波 護 編輯),
　『東洋文化史』(東京: 中央公論社, 2004). 그러나 진환장은 거꾸로 알고 있다. "중국은 한나라
　왕조의 천거제도(기원전 134년)로써 귀족층을 파괴했었고, 수나라의 진사 과거시험(606년) 이래
　귀족층을 멸종시켰다." Chen Huan-Chang(陳煥章), *The Economic Principles of Confucius and His
　School* [1904 written] (New York: Columbia University Longmans, Green & Co., Agents; London:
　P. S. King & Son, 1911), 92쪽. 천거제도와 과거제도는 기존의 귀족층을 해체시켰지만 '사대부'를
　산출했다. 사대부제도는 어떤 사람이 과거에 급제해 출사하면 4-5세대까지의 그의 후손들이
　과거시험을 준비한다는 구실로 귀족적 특권을 누리는 새로운 귀족제도다. 진환장은 사대부제도
　와 － 특권을 과거급제자 한 세대에 한정시킨 － 신사제도 간의 차이를 모르기 때문에 저런
　그릇된 기술을 하고 있는 것이다.

영유했다. 그런데 근세에 들어서서 귀족층이 몰락하자 군주라는 기구는 백성 전체를 직접 대하는 존재로서 "신민 전체의 공적 소유물"이 되었다. 이제 이런 군주는 "더 이상 귀족단체의 사유물일 수 없었다".3) 황제가 제국을 유력한 씨족가문들과 연계해 공유하던 전통적 형식이 사라진 것이다. 송대 이전에 관료기구를 채운 귀족가문들은 군주의 권위를 견제했고 필요하면 군주를 갈아 치웠다. 귀족제 정부가 종말을 고하자 군주의 권위는 입법을 승인하고 반포하는 어떤 정규적 과정에 의해서도 견제받지 않게 되었다. 고대·중세의 유력한 장관들은 국가정책의 수립에서 상당한 권력을 행사했지만, 송대부터 장관들은 귀족가문에서 파견된 사복私僕이 아니라 절대군주의 공복이 되었다. 그리하여 이제 더 이상 황제와 장관 사이에는 단순히 서열 구분만이 존재하는 것이 아니게 되었다. 송조로부터 황제는 말로만 신성한 존재가 아니라 넘을 수 없는 지위격차에 의해 실제로 그의 장관들과 구분된 '신성한 존재였다.4)

백성은 백성과 황제 사이에 위치하던 귀족층이 사라지자 황제와 일군만민一君萬民의 직접관계를 맺으면서 그 사회적 지위가 현격히 고양되었다. 송나라로 왕조가 교체되면서 귀족정이 몰락하고 절대군주정이 성립하는 심원한 정치변혁이 일어나고 동시에 사회구조는 사대부제도가 신사제도로 교체되고 백성의 지위가 현격히 높아진 것이다.5) 또 이에 더해 상업이 고도로 발달하면서 귀족과 상민의 신분차별이 완전히 소멸하고 평민의 지위가 더욱 상승했다. 송대에 인류역사상 최초로 정치사회적 평민사회가 도래한 것이다.

그러나 명대로 왕조가 교체되면서 재상제도가 폐지되고 중앙정부는 의식적意識的 권력분립·균형·견제에 기초한 내각제·육부상서제도로 변화되었다. 신사제도는 그대로 계승되고, 토지제도는 토지사유제와 소농체제 및 지주-소작

---

3) 內藤湖南, 「包括的唐宋代觀」(1922), 194쪽.

4) Joshua A. Fogel, *Politics and Sinology: The Case of Naito Konan* [1866-1934] (Cambridge, Mass.: Harvard University Asia Center, 1984), 171-172쪽.

5) 內藤湖南, 「包括的唐宋代觀」(1922), 191쪽. 이 글에서는 '절대군주제'를 "군주독재정치"라고 표현하고 있다. 그러나 「근대중국의 문화생활」이라는 글에서는 "군주전제"라고 표현한다. 內藤湖南, 「近代支那の文化生活」(1928), 206쪽. 內藤湖南(礪波 護 編輯), 『東洋文化史』(東京: 中央公論社, 2004).

제로 넘어갔다. 상공업은 더욱 높이 발전했다. 청나라는 명대의 내각제·신사제
도·토지제도를 계승해 순화시켰고 노비반란을 통한 (유사)노비해방을[6] 추인
해 지주-소작 관계를 해체하고 소농체제를 확립했으며, 상공업과 근대적 시장
경제를 고도로 발전시키고 몇몇 항구를 개항해 대서방 수출을 일정한 수준에서
제도화했다.

총괄하자면, 중국은 이렇게 정부형태가 삼공제 → 재상제 → 내각제로 변화·
발전했고, 정치사회구조는 고대의 씨족제도 → 중세의 귀족제 → 근세의 신사
제도로 변화·발전했다. 이에 따라 송·명대에 탈신분적 평민사회(노비잔존)로
변혁되고, 청대에는 명실상부한 근대적 평등사회(노비해방)로 변혁되었다. 역대
소유제도는 정전제 → 균전제 → 토지의 자유매매가 가능한 사유재산제에
기초한 소농체제로 발전되었다. 이와 같이 4,000년 동안 20여 번에 걸친 중국의
보편적 혁명은 단순히 왕조교체의 반복이 아니라, 정치·경제·사회·문화 등
모든 측면에서 인간해방의 방향으로 근본적 변화·발전을 가져왔던 것이다.
다음에서는 이런 혁명적 발전을 정치·경제철학과 역사로부터 상론한다.

제1절 공맹의 정치철학과 극동의 정치발전

1.1. 공맹의 정치철학: 민주적·권력분립적 제한군주정

■극동을 보는 여러 관점들의 역사적 부침

서양 철학자들은 17세기 말부터 18세기 초반까지 진보적·급진적 계몽철학
자와 보수적·반동적 위정척사파衛正斥邪派로 나뉘어 공자철학의 성격과 중국
제국의 정치적 위상을 두고 치열한 논쟁을 벌였다. '위정척사파'는 서양의 기독

---

6) 명대에 노비는 소수였던 반면, '유사노비'는 대중이었다. '유사노비'는 반봉건적 소작관계에서
   소작농과, 가사노동 분야에서 '양아들'·'양딸'로 위장된 하인·하녀를 가리킨다. 명대의 '소작농'과
   '양아들'·양딸'은 원래 단순한 평민이었으나 시간이 갈수록 그 종속성은 유럽의 '예농'과 유사해졌
   다. 이에 대해서는 뒤에 다시 상론한다.

교정통적 '위정척사론'을 대변했다. 여기서 서양의 기독교정통적 '위정척사론'은 먼젤로(David E. Mungello)가 말하는 고루한 '도협적島狹的 유럽중심주의(insular Eurocentrism)'를 가리킨다. 이 '도협적 유럽중심주의'는 '세계주의적 유럽중심주의(cosmopolitan Eurocentrism)'와 대립적 의미로 쓰인 것이다. "18세기 전반前半에 북·서 유럽문화의 지배적 관점은 '내향적 유럽중심주의'로부터 '세계주의적 유럽중심주의'로 변동하고 있었다. 그 결과, 세계의 다른 쪽으로부터 온 철학들에 대한 유럽적 해석들은 덜 피상적이게 되었지만, 여전히 구심력이 강했고 뚜렷한 유럽적 관심에 의해 제한되었다. 이 관점 변동의 중요성과 한계는 중국철학에 대한 유럽 계몽주의의 관심을 이해하는 데 중요하다. 이 세계주의적 유럽중심주의의 요소들 가운데 하나는 중국에 대한 (높은) 관심이었다."[7] 따라서 '세계주의적 유럽중심주의'는 '도협적 유럽중심주의'에 비하면 극동을 바라보는 관점의 획기적 변화를 의미했다.

그러나 18세기 중반 이후에 지배적이 된 '세계주의적 유럽중심주의'는 견실한 관심에서 중국문화와 공자철학에 열광했을지라도 극동을 여전히 '유럽의 관점'에서만 해석하는 나름의 (유럽중심주의적) 한계를 안고 있었다. 즉, 타문화에 대한 '공감'을 결한 자기중심주의에 빠져 있었던 것이다. 그래서 먼젤로는 이를 '세계주의적 유럽중심주의'라고 명명한 것이다. 물론 적잖은 자유사상가적 계몽철학자들이 공감능력을 발휘해 '유럽문화가 보편타당하다'는 유치하고 우스꽝스러운 수준의 유럽중심주의를 걷어냈지만, 이들도 부지불식간에 유럽적·기독교적 정서에 젖은 표현과 사고방식을 보이거나, 어떤 글을 쓸 때든 무의식적으로 이 정서에 '조공'을 바쳐야 했다. 이런 점에서 세계주의적 유럽중심주의가 도협적 유럽중심주의와 "완전히 다른 것은 아니다".[8] 서양에서 이런 '세계주의적 유럽중심주의'의 흐름은 19세기로부터 20세기 중반까지 '제국주의적 유럽중심주의'로 퇴락했다가 오늘날 다시 회복되었지만, 세계주의

---

7) David E. Mungello, "Malebranche and Chinese Philosophy", *Journal of the History of Ideas*, Vol. 41, No. 4 (Oct.-Dec. 1980), 551쪽.

8) Mungello, "Malebranche and Chinese Philosophy", 577쪽.

의 표방 속에서도 그 유럽중심주의적 한계는 오늘날도 떨쳐버리지 못하고
있다.

그러나 18세기 계몽주의자들을 몽땅 '세계주의적 유럽중심주의자들'로 보는
먼젤로의 이 관점도 문제가 있다. 이 관점은 유럽 지식인들이 동양을 '타자
자체'로 보지 않고 단지 '유럽의 타자'로만 보고 유럽의 정당성을 뒷받침하는
보충물로만 취급했다는 사이드(Edward W. Said)의 '오리엔탈리즘' 테제와 상통하
게 되기 때문이다. 사이드의 이 테제는 진실한 뜻을 가진 동양연구와 중국연구
에 포스트모던적 냉소를 보냄으로써 파멸적 영향을 끼쳤다.

온건한 계몽주의자들은 공자와 중국을 인정하고 평가하지만, 공자의 경험론
적 도덕철학을 합리주의적 '자연신학·자연종교'로 오해하고 공자철학을 유신
론 또는 무신론의 틀 속에 집어넣거나 중국의 훌륭한 국가제도들도 자기들이
줄곧 추구해온 개념들의 실현으로 간주함으로써 '유럽의 안경'을 통해 중국을
현재적 의미에서든, 미래적 의미에서든 '유럽의 재현'으로 여겼다. 그리하여
그들에게 중국은 기존의 유럽 또는 그들이 바라는 유럽을 '재현적'으로 실증하
는 타자적 존재였고 자기들이 집착하던 개념과 이론들을 비춰 보고 정당성을
확인하는 '거울'이었다. 즉, 중국은 유럽에 대해 하나의 '예증' 또는 '사례'에
지나지 않았다. 이들에게 중국은 그냥 '타자 자체'가 어디까지나 '유럽의 타자'
로 남은 것이다. 중국을 '유럽의 타자'로만 보고 '유럽의 재현'의 패러다임에
끼워 맞춰 이해한 온건한 계몽주의자들은 '세계주의적 유럽중심주의자들'로
불릴 만하다.

반면, 주류 계몽주의자들은 중국을 '유럽의 타자'로 본 것이 아니라 거꾸로
공자와 중국 그 자체에 매료되어 유럽을 '중국의 타자'로 보고 중국을 유럽에서
'재현'해 진실로 유럽을 '중국화·유교화(Sinicizing & Confucianizing)'하려고 했다. 한
마디로, 중국의 관점에서 유럽을 바라봄으로써 방법론적으로 유럽을 '소격화疏
隔化(verfremden)'해서 유럽을 '타자화'했던 주류 계몽철학은 유럽을 '중국의 눈으
로 보고 비판하는 이른바 '중국중심주의(Sinocentrism)'를 대변했던 것이다. 중국
철학자를 유럽 여행자로 등장시켜 유럽의 정치·제도·사회풍조를 그의 눈으로

비판하게 하는 수많은 가상적 중국인 유럽여행자의 기행서한 소설들이 등장해서 인기리에 읽혔던 것은 이것을 반영하는 것인 한편, 공자를 예수보다 월등히 훌륭한 위인으로 놓고 유럽을 중국화하려고 한 웹·빈센트·벨·트렝커드·고든·틴들·볼테르·케네 등의 철학적 기도는 같은 취지를 가진다. 따라서 사이드의 오리엔탈리즘 테제는 이들에게 적용불가하고, 또 '세계주의적 유럽중심주의'라는 먼젤로의 개념도 이들에게 가당치 않은 것이다. 따라서 사이드와 먼젤로의 '무자비한' 개념들은 18세기 계몽주의의 진의眞意를 완전히 왜곡하고 파괴할 위험이 큰 것이다.

가령 데이비드 흄은 중국 유자들을 "우주 안에서 유일한 이신론자理神論者 정규집단"으로 유일시하며 극찬하고 교회조직을 갖지 않은 중국 유자들을 부러워하면서, 교회조직과 사제司祭를 둘 다 미신적 제도로 부정하는 상식적 퀘이커들을 중국 유자들과 유사한 종교집단으로 평가했다.9) 흄은 말하자면 영국의 '상식적 퀘이커'를 기준으로 중국 유자를 평가한 것이 아니라, 중국 유자를 기준으로 영국의 '상식적 퀘이커'를 평가한 것이다. 말하자면, 흄은 중국을 '도협한 유럽의 색안경'으로 본 것이 아니라, 거꾸로 유럽의 도협한 현상들을 '보편적 중국의 투명안경'으로 본 것이다. 따라서 흄의 계몽주의는 급진적이었고 그의 철학에 대한 공자철학과 중국문화의 영향은 '예증적'인 것이 아니라 '본질구성적'이었다. 따라서 그의 철학, 특히 그의 종교철학은 스미스가 종교론적 원고를 유작으로 출판해달라는 그의 유언을 겁나서 이행하지 않았을 정도로 아주 급진적이었다. 그의 급진적 종교이론이 바로 여호와 유일신을 무엄하게도 무수한 종족들에 대한 정복전쟁에서 승리해 다른 종족들의 신을 청소한 또는 그렇게 하고 싶은 일족—族의 신으로 풀이한 『종교의 자연사』다.10)

---

9) David Hume, "Of Superstition and Enthusiasm"(1741), 49쪽. David Hume, *Political Essays* (Cambridge·New York·Melbourne: Cambridge University Press, first Published 1994. Fifth printing 2006).

10) David Hume, *The Natural History of Religion* [1757] (London: A. and H. Bradlaugh Bonner, not-dated [1779]), 17쪽. 국역본: 데이비드 흄(이태하 역), 『종교의 자연사』(서울: 아카넷, 2004).

17세기 말에서 18세기 초에 걸친 시기는 극동을 바라보는 관점에 변동이 일어나면서 '도협적 유럽중심주의', '세계주의적 유럽중심주의', '중국중심주의' 사이에 과도기적 갈등이 치열한 때였다. 베르니에, 보시어스, 존 웹, 윌리엄 템플, 피에르 벨, 틴들, 트렝커드, 고든, 볼테르, 흄, 케네, 볼프, 유스티 등 주류 계몽철학자들은 공자를 진실로 '숭배'하고 유럽에서 중국을 '재현'하려고 했다. 한편, 라 모트 르 베예, 스피노자, 빈센트, 라이프니츠, 로크, 스미스 등 온건한 계몽철학자들은 '세계주의적 유럽중심주의'의 안경으로 중국을 자유국가·관용국가·법치국가·번영국가로 보았고 은근히 중국문화와 공자철학을 수용했지만 이 과정에서 공자철학과 중국문화를 유럽중심주의적으로 뒤틀어 수용했다. 따라서 이들의 중국이해에는 중국에 대한 긍정적 평가에도 불구하고 유럽중심주의로 인해 야기된 오류들이 종종 끼어 있었다. 가령 라이프니츠는 중국철학을 자기의 합리주의적 이해 속에서 왜곡했다. 또 아담 스미스는 중국을 '세계에서 가장 잘사는 나라'로 인정하면서도 이와 모순되게 수백 년 정체된 나라로 보았고, 유럽에 대해 무역을 제한했지만 나름대로 동아시아의 국제무역 중심국가였던 청대 중국의 국민경제를 국제무역 없는 쇄국경제로 보았다. 그리고 로크는 추상적으로는 중국식의 자연적 자유·평등을 대변했지만 영국의 신분제를 비판하지 않고 그대로 두었고, 중국식 관용사상을 수용했지만 가톨릭과 무신론자에 대한 관용을 거부했다.

한편, 서양의 '위정척사론자들'은 '도협적 유럽중심주의' 관점에서 중국을 미개·전제국가로 격하하거나 공자철학을 무신론적 이교철학으로 적대시했다. 가령 영국의 박스터(신학자)·워튼(신학자)·버클리(주교)·말브랑쉬(신학적 철학자) 등은 공자철학을 무신론·이교철학으로 위험시하고, 페넬롱 등 반동적 성직자들은 공자철학을 소크라테스철학보다 열등한 것으로 폄하했다. 그리고 앤슨(해군 제독)·디포(노예상인·소설가) 등 위정척사적 중국비방자들은 중국을 '미개'국가로, 몽테스키외 등 위정척사파들은 '전제'국가로 비하했다. 이 위정척사파들의 공격은 양방향이었다. 첫째는 중국문화나 공자철학을 먹칠하는 것이고, 둘째는 중국에 열광하고 공자를 숭상하는 계몽주의자들의 철학, 당시의 용어로 표현하자면 이른바 '자유사상가들(freethinkers, libertines)'의 철학을 통박하는 것이었다.

하지만 18세기 중반 이후에는 도협적 유럽중심주의(서양 위정척사론)에 대해 '중국중심주의'와 '세계주의적 유럽중심주의'가 완전한 승리를 거두었다. 모든 위정척사론은 자취를 감추거나 중앙무대로부터 완전히 밀려나 루소처럼 중국에 대한 찬양과 비방을 종잡을 수 없이 뒤섞는 '자아분열증'에 빠졌다. 그러나 몽테스키외 계열의 중국전제주의론은 19세기 중국이 역사적으로 쇠락하면서 당대의 대표적 지식인 마르크스에 의해 계승되었고, 20세기 초에는 베버·비트포겔·발라쉬(Etienne Balázs) 및 마르크스-레닌주의적 중국 전문가들, 20세기 전반의 마르크스주의 중국 지식인들, 일본의 일부 중국문화사가들에 의해 더욱 뒤틀려 과장되었다.

이들의 견해에 의하면, 중국제국은 거의 제어장치 없이 작동하는 '폭정기제'다. 전제주(depot)와 그의 도구인 관료들은 전체 공동체를 빈틈없이 통제하고 좌지우지할 수 없을지라도 원칙적으로 법과 신분적 대항권력에 의해 방해받지 않은 채 신민의 재산·신체·생명에 손댈 수 있었다는 것이다. 국가로부터 자유로운 영역은 존재하지 않았다. 사회적 결속력, 특히 사회계급들은 미약했다. 국가 밖의 공간에서의 자율적 동력, 가령 사적 자본축적은 지속적으로 국가의 전제적 간섭의 위협 아래 들어 있었다. 중국은 이런 시각에서 서방의 자유주의적 입헌국가와 지극히 반대되는 것, "설익은 '전체주의' 체제(totalitäres System avant la lettre)"였다. 중국의 근대화의 실패는 서양의 제국주의적 침략에 기인하는 것이 아니라 "폭정의 무거운 쇠고랑"에 기인한다는 것이다.[11]

반면, 계몽주의시대의 주류철학자들인 흄·볼테르·케네 등의 중국관을 계승하는 모스(Hosea B. Morse)·오스터함멜(Jürgen Osterhammel)·도슨(Raymond Dawson) 등은 베버·비트포겔·발라쉬 등과 완전히 다른 중국관을 대변했다. 따라서 이 현대적 논란으로 발전한 중국의 국가와 사회의 정체正體, 그리고 무엇보다도 이 중국사회를 빚어낸 공자철학의 본질에 관한 본격적 논의가 필수적인 것으로

---

11) Jürgen Osterhammel, *China und die Weltgesellschaft: Vom 18. Jahrhundert bis in unsere Zeit* (München: C. H. Bech'sche Verlagbuchhandlung, 1989), 70쪽.

보인다.

공자는 "무위이치無爲而治", "임금은 천하를 영유하나 이에 간여하지 않는다 (有天下而不與焉)" 또는 "백성은 임금을 본보기로 삼아 자치한다(百姓則君以自治)" 는 군주의 무위이치론과 백성자치론을 피력했고, 명·청대 중국정부도 공자의 테제와 근사치적으로 황제와 국가를 정사에 간여하지 않는 '본보기'의 지위에, 백성을 '자치권자'의 지위에 위치시켰다.

모스에 의하면 "중국에서 정부는 민주주의 위에 덧씌워진 전제적 지배체제 다. 그러나 '동양은 동양이고 서양은 서양이다'. 서양의 술어를 동양체제에 적용했기에 술어를 정의하는 것이 필요해진다'.12) 여기서 '민주주의'는 이중적 사실로 정의된다. 그것은 한편으로 출생특권을 도외시하고 중앙에서 통제하는, 원칙적으로 기회균등한 시험을 통해 권력엘리트를 능력주의로 충원하는 것을 뜻하고, 다른 한편으로는 중앙관료기구의 손이 닿는 단계 아래의 사회를 가족· 친족·마을공동체·동직조합·사당공동체 및 비밀결사와 같은 전前 국가적 사회 단체들이 자율적으로 조절하는 것을 뜻한다. 국가는 "마을주민의 삶 속으로 띄엄띄엄 개입해 들어갔지만 결코 체계적 규제를 통해 개입하지 않았다. 중국 의 마을은 지방 신사계층이 주도하는 자율조직으로 남아 있었다. 이 견해에 의하면 중국의 국가는 진흙으로 빚은 발로 서 있는 거상巨像이었다'.13)

그리하여 모스는 중국의 국가와 사회의 총괄적 관계와 그 특징을 이렇게 요약한다.

중국은 수세기 동안 전제권력에 의해 임명될지라도 많은 점에서 전제권력과 독립적 이고 백성으로부터 뽑혔을지라도 더 이상 백성과 접촉하지 않는 관료체제를 통해 작동하는, 이론적으로 전제적인 정부를 가졌다. 한편, 백성들은 세금을 적당하게 납 부하는 동안, 그리고 어떤 심각한 혼란이 없는 동안, 상인과 농부의 삶을 민주적 평등

---

12) Hosea B. Morse, *The Trade and Administration of the Chinese Empire* (London: Longmans, Green, and Co., 1908), 46쪽.

13) Osterhammel, *China und Weltgesellschaft*, 69쪽.

속에서, 그리고 삶의 모든 본질적인 것에 있어서 자유 속에서 살아왔고 오직 관료체
제가 그들을 홀로 놓아두기만을 요청하고 오직 두 가지 – 관리들의 작위·부작위
행위에 대한 보호나 항의와 반란 – 만을 위해 정치적으로 조직했다.14)

'이론적' 전제정부의 관료체제 아래서 백성들은 민주적 평등과 자유의 삶을
구가했다는 의미에서 모스는 중국의 국가체제를 "민주주의 위에 덧씌워진
전제적 지배체제"라고 표현한 것이다. 그리고 여기서 이 의례적·수사적으로만
전제적인 지배체제는 '형식적' 절대군주정을 가리킨다.

이런 까닭에 18세기 중반 데이비드 흄은 "아마 이런 종류의 순수한 군주정은
(…) 왕권에 수반되는 평온(tranquillity)과 인민결사체들의 중도적 절제 및 자유
(moderation and freedom)를 둘 다 가진 만큼 모든 정부 중에서 최선의 정부"이기
때문에 "중국정부는 순수한 군주정일지라도 정확히 말하면 절대군주정이 아니
다"라고 천명함으로써 중국군주정에 대해 절대군주정의 성격을 부정했던 것이
다.15)

그러나 15-18세기 중국의 국가와 정부는 명·청대에 발전된 '내각제적 제한
군주정'으로 구조화되어 있었다. 찰스 2세 때 영국으로 수출된 바 있는 중국의
내각제는 중국의 황제권을 내각권으로 견제해 의례화儀禮化하고 중앙권력을
얼마간 민주화시켰다. 따라서 이 내각제적 제한군주정을 떠올리면, 모스처럼
단순히 중국정부를 민주주의 위에 덧씌워진 "전제적" 지배로 보는 것도 상당히
어폐가 있는 것이다.

한편, 모스는 황제의 불간여론不干與論에 따라 중국의 정부를 "과세·양호養護
기구(taxing and policing organism)"에 불과한 것으로 파악하기도 한다. "사업세계의
일들에 대한 정부의 간섭은 관리들에 대한 개인적 이익의 동기에서 발생하지
않는 한 경제적 근거나 사업상의 근거에 기초한 것이 아니라 윤리적 원칙에

---

14) Hosea B. Morse, *The Gilds of China* (London: Longsman, Green and Co., 1909), 21쪽.

15) David Hume, "Of the Rise and Progress of the Arts and Science"(1742), 66쪽 각주c. David Hume,
   Political Essays (Cambridge·New York·Melbourne: Cambridge University Press, 1994·2006).

기초해 있었다. 무역동직조합들은 정부와 별도로 그리고 독립적으로 성장했다. 그것들은 그들 자신의 조직을 만들고 그들 자신의 목적을 찾고 그들 자신의 규정을 강구하고 그들 나름의 방식으로 그리고 그들 자신의 방법에 의해 이 규정들을 집행했다."[16]

그러나 이런 중국학 전문가들의 중국정치론은 중국의 관용철학과 내각제적 제한군주정을 잘 이해하지 못했기 때문에 그 핵심논점은 다분히 모호하다. 이런 까닭에 다음에서는 공자의 무위이치적無爲而治的·백성자치적(민주적) 정치철학과 이에 기초한 중국의 내각제의 생성과 발전을 상론하고자 한다.

■ 공자의 정치적 공감장 개념과 무제한적 관용사상

- 예치의 이념

공자에 의하면 '인자仁者'는 권도와 형벌을 뜻하는 '정政'(권력)과 '형刑'(형벌)을 최소화하고도 백성과 교감·공감하는 예양禮讓의 도덕적 규범력만으로 천하를 잘 다스릴 수 있다. 그래서 공자는 "예양으로 능히 나라를 다스릴 수 있을까? 무슨 문제가 있겠느냐? 예양으로 나라를 다스릴 수 없다면, 예를 해서 뭐하랴?"라고 자문자답한다(子曰 能以禮讓爲國乎? 何有? 不能以禮讓爲國 如禮何?).[17] 이것은 정형政刑의 권력과 처형 없이도 예양 또는 읍양揖讓의 – 인간의 타고난 시비지심에서 생겨나는 – 도덕적 규범성만으로 천하를 다스릴 수 있다는 말이다.

공자가 말하는 '예禮'는 '예법禮法'을 말한다. '예법'은 예의와 법률을 포괄한다. 따라서 예법에 의한 통치, 즉 '예치'는 오늘날의 언어로 표현하면 '법치'와 통한다. 법가의 '법法'이 '엄벌'을 말하는 반면, 유가의 예법은 형법을 제외한 국법과 예의를 말하는 것이다. 그런데 오늘날의 국법은 국민과 위정자의 권리와 의무를 규정한 헌법·정치법·경제법·사회법만이 아니라 국경일 관련법, 국기·애국가·국화에 관한 법률, 국가원수에 대한 예법과 존경의무 규정 등

---

16) Morse, *The Gilds of China*, 20-21쪽.
17) 『論語』 「里仁」(4-13).

예의·예양의 요소들도 포함하고 있다. 그러므로 공자의 '예법'은 형법을 뺀 오늘날의 '법'과 거의 일치한다. 따라서 공자의 '예치주의'는 오늘날 민주주의 법학의 '법치주의'를 말하는 것이다. 공자가 말하는 왕과 위정자의 예치는 곧 왕과 모든 위정자가 법을 지켜 다스려야 한다는 것을 뜻한다.

한편, 예법은 사람의 마음과 정서를 순화시키는 좋은 음악과 협동하면 더욱 효과적이고 정형을 최소화할 수 있다. 즉, 예법과 음악은 '예악'으로 통합되어야 한다.

> 읍양으로 천하를 다스리는 것을 예악이라고 한다(揖讓而治天下者 禮樂之謂也).[18]

더구나 예양으로 천하를 다스리는 이 예치禮治는 장기적으로 '정형의 치治'보다 더 효과적일뿐더러, 공감적 감화력으로 백성을 격조 높게 만든다. "정치권력으로 이끌고 형벌로 다스리면 백성은 모면하려고만 하여 수치심이 없어지고, 덕으로 이끌고 예로 다스리면 수치심도 격조도 갖추게 된다(子曰 道之以政 齊之以刑 民免而無恥 道之以德 齊之以禮 有恥且格)."[19]

그렇다면 정치에 쓰이는 예와 음악은 그렇게 번잡한 것인가? 아니다. 공자는 말한다.

> 예란 사치스러운 것보다 차라리 검소한 것이니 상례喪禮는 능하게 하는 것보다 차라리 슬퍼하는 것이다(禮與其奢也 寧儉 喪與其易也 寧戚).[20]

그리고 중국은 상례 등이 검약했다. 이것은 나다나엘 빈센트도 이미 『영예의 바른 개념』에서 공자가 "그의 찬탄할 만한 철학의 가르침에 의해 백성들의 예의범절의 완벽한 개혁을 수행했고, 도량형의 사용, 상례의 검약, 곤궁한 부모

---

18) 『禮記』「樂記」.
19) 『論語』「爲政」(2-3).
20) 『論語』「八佾」(3-4).

에 대한 자식의 부양, 그리고 업무에서의 상인들의 정직성을 회복시켰다"고 쓰고 있다.21) 나아가 사람들이 남의 일을 자기 일처럼 느끼고 행동과 감정의 중화(적절성과 적합성) 여부를 가릴 수 있는 공감적 동조·거부감의 시비지심만 있다면, 임금은 '예악'만으로도 천하를 다스릴 수 있다.

한마디로, 간소한 예는 다스림을 가능하게 한다. 그러나 반대로 "예가 번거로우면 어지럽힌다(禮煩則亂)".22) 쉽고 간소한 대악·대례大樂大禮에 임금이 하늘의 소명을 다하는 '위인爲仁'(인의 실행)이 담겨 있다면, 천하의 변경에 사는 백성도 대악·대례를 매개로 그 인심仁心을 공감할 수 있다.23) 그래서 공자는 "대악, 즉 큰 음악은 반드시 평이하고, 큰 예는 반드시 간소하다(大樂必易, 大禮必簡)"고 잘라 말한다.24)

이 때문에 대악은 평이하다 못해 소리도 없고, 대례는 간소하다 못해 형체도 없어 그 움직임이 보이지 않고, 뭇 백성의 상喪에 상복을 입지 않고도 충심으로 슬픔을 다한다. 그리하여 공자는 갈파한다.

'이른 새벽부터 밤까지 그 소명이 관유하고 그윽한 것'은 소리 없는 음악이고, '위의가 안온해 가려 뽑을 수 없는 것'은 형체 없는 예다. '아무 백성이나 상을 당해도 사람들이 힘을 다해 구제하는 것'은 상복을 입지 않은 상이다.25)

그리하여 공자는 무성지악無聲之樂·무체지례無體之禮·무복지상無服之喪의 이 '삼무三無'를 다하는 임금을 '백성의 부모(民之父母)'로 묘사한다.26) 음악은 사람

---

21) Nathanael Vincent, *The Right Notion of Honour: as it was delivered in a sermon before the King at Newmarket*, Oct. 4. 1674, Published by His Majesties Special Command (London: Printed for Richard Chiswell, 1685), "Annotation", 19-21쪽.

22) 『書經』「說命中」.

23) 임금의 禮樂은 仁을 전제한다.『論語』「八佾」(3-3): "子曰 人而不仁 如禮何? 人而不仁 如樂何?" 참조.

24) 『禮記』「樂記」.

25) 『禮記』「孔子閒居」: "'夙夜其命宥密.' 無聲之樂也. '威儀逮逮, 不可選也.' 無體之禮也. '凡民有喪, 匍匐救之.' 無服之喪也." '夙夜基命宥密'은『詩經』「周頌·淸廟之什·昊天有成命」에서, '威儀棣棣 不可選'은「邶·柏舟」에서, '凡民有喪 匍匐救之'는「邶·谷風」에서 따온 것이다.

을 기쁘게 하지만, 임금이 천명대로 불철주야 인심仁心을 다하는 것을 표현하는 이 '소리 없는' 큰 음악, 즉 '무성지악無聲之樂'이야말로 기氣와 뜻이 부합해서(氣志不違) 백성을 가장 기쁘게 하는 음악이고, 예는 사람들을 서로 친하게, 그리고 알맞게 만들어주는 것이지만, 임금이 어진 마음을 전달하는 이 '보이지 않는 무형무체無形無禮'의 큰 예, 즉 '무체지례無體之禮'야말로 상하를 화동和同케 하는 편안하고 항구적인 위의(威儀遲遲)로써 가장 친하게, 가장 알맞게 만들어주는 예다. 그리고 상喪은 슬퍼하는 것이지만, 뭇 백성의 상에 임금이 상복을 입지 않고도 마음을 다하는 '무복지상無服之喪'이야말로 "마음속에서 공감해 크게 슬퍼하는(內恕孔悲)" 상례喪禮다.27)

- 정치적 공감장으로서의 민심의 바다

따라서 공자에 의하면, 임금과 백성이 예악으로 서로 공감하는 천하는, 아무도 서로 오가지 않고 서로 소통하지 않는 '노자' 식의 두절된 적막강산이 아니라, 무성·무형無聲無形의 마음들이 빛과 소리보다 빠른 속도로 감정을 주고받는 '보이지 않는' 거대한 공감장, 또는 '민심의 바다'다.

공자는 말한다. "군자가 그의 안방에 거하더라도 그의 말을 냄이 선하면 (그늘에서 학이 울면 그 새끼가 화답하듯이 – 인용자) 천리바깥도 그에 응하는데 하물며 가까운 사람들이랴! 그의 안방에 거하더라도 그 말을 냄이 불선하면 천리바깥도 그를 거스르는데 하물며 가까운 사람들이랴!"28)

군주가 안방에서 언동으로 드러내는 선하고 불선한 의도조차도 백성의 공감·교감 능력으로 말(馬·言)보다 빨리 천리를 오간다. 하물며 공론장에서 주고받는 말은 그 뜻이 얼마나 멀리 미치겠는가! 아마 동서양의 온 천하를 빛보다 빠른

---

26) 『禮記』「孔子閒居」.
27) 『禮記』「孔子閒居」. "無聲之樂, 氣志不違. 無體之禮, 威儀遲遲. 無服之喪, 內恕孔悲."
28) 『易經』「繫辭上傳」(8): "子曰 君子居其室 出其言善 則千里之外應之 況其邇者乎! 居其室 出其言不善 則千里之外違之 況其邇者乎!"

속도로 휘감을 것이다.

따라서 천명에 따라 불철주야 박시제중의 큰 인심을 베풀기 위해 애쓰는 임금의 인심仁心에 백성은 순식간에 호응하고 이 때문에 임금은 거대한 공감대의 중심적 '존위'를 맡아 지킬 수 있는 것이다. 그러나 임금의 마음이 불인不仁하면 백성은 임금을 등지고 임금은 보위를 잃는다. 그래서 공자는 "성인은 무엇으로 보위를 지키는가? 그것은 인仁이다(何以守位? 曰仁)"라고 갈파했다.29)

백성이 군주의 말에 호응하고 거스르는 것은 백성이 군주의 치국을 비평하는 것이다. 이를 위해서는 천리 밖, 만리 밖의 백성과 가까운 관리들에게 언론과 사상의 자유를 보장하는 것이 전제다. 언론·사상의 자유가 가능하려면 특정국민들의 사상과 신앙이 국가의 특정한 공식 이데올로기(이른바 '정학正學)로부터도 '이단異端'으로 공박당하거나 탄압당하지 않아야 한다. 자유와 관용을 반대하는 학문과 사상에까지도 미치는 학문·사상·표현의 '무제한적' 자유와 사상적·종교적 무한無限관용이 필수적이라는 말이다.

- '무제한적 관용': '과학'으로서의 유학과 '시민종교'로서의 유교

상호교감에 의해 자율조절되는 공감적 민심의 세계에서는 기탄없는 언론과 사회활동으로 백가가 쟁명하더라도 결국 이들의 취지는 저절로 하나로 귀결된다. 따라서 공자는 아무리 '이견'과 '이단'이 많아도 걱정할 필요 없다고 말한다.

천하가 무엇을 근심하고 무엇을 걱정하랴? 천하는 같은 것으로 귀결되면서도 길을 달리하고, 하나로 합치되면서도 생각을 백 가지로 하는데, 천하가 무엇을 근심하고 무엇을 걱정하랴(子曰 天下何思何慮. 天下同歸而殊塗 一致而百慮 天下何思何慮.)30)

등산로가 아무리 많이 갈라지더라도 서로 만나고 흩어지다가 결국 다 산정山頂에서 만나듯이, 도를 달리하는 학파들과 교파들이 아무리 많이 나와 '백가쟁명'

---

29) 『易經』 「繫辭下傳」(1).

30) 『易經』 「繫辭下傳」(5).

하더라도 헤어짐과 만남을 반복하다가 결국 같은 데(잘 삶의 한 목적)로 귀결되기에 걱정하고 근심할 것 없다는 이 말은 '사상·학문·언론·종교의 무제한적 자유'와 '관용'을 의도하고 있다. 이 관용사상의 기저에는 이단으로 여겨지는 교파와 학파들이 수적으로 많으면 많을수록 더욱 빈번하게 일어나는 결별과 분화, 견제와 균형, 조화와 협력, 절충과 융화, 그리고 상호적 마찰과 상호적 절차탁마를 통해 자기변화와 자기발전을 이룩해서 궁극적으로 같은 데로 귀결된다는 공감적 민심천하의 거시적 세계관이 깔려 있다. 그리고 이 사상적·학문적·언론적·종교적 자유와 관용은 사상·학문·언론·종교 등이 공감적 민심에 따라 저절로 흥해서 상호 분리되고 조절되고 융화되는 공감적 예치·덕치에 대한 확신을 전제하는 한에서 '무제한적'이다.

진환장陳煥章의『공자와 그 학파의 경제원리(The Economic Principles of Confucius and His School)』(1904)에 의하면,『시경』은 고대의 '무제한적 언론자유'를 보여주는 책이다. 예치·덕치국가에서 공감장을 통해 맺어지는 치자와 신민 간의 상호교감과 상호공감은 시문과 노래로 실현되는 자유언론과 자유예술에 의해 이루어졌다. 공자의 정전제에 따라 10번째 달부터 이듬해 첫 번째 달까지는 사람들이 읍내에 살면서 서로 어울렸다. 그리하여 불만이 있으면 남녀는 그들의 불만을 시문으로 표현하며 함께 노래했다. 배고픈 자는 식량에 대해 노래하고, 피곤한 자는 바쁨에 대해 노래했다. 경제상황은 주요 화제였다. 화제의 선택은 그것이 궁궐에 관한 것이든, 정부에 관한 것이든 '절대적 자유'에 속했다. 시문에는 교묘한 방식으로 정치비판이 스며들어 있었다. 따라서 시문은 가해加害할 의도가 없지만, 이 시문의 노래를 듣는 치자들은 이를 경고로 느꼈다.[31]

자식이 없는 60세 이상의 남자와 50세 이상의 여자는 정부로부터 부양을 받는데 정부는 시문을 수집하는 수집관으로 이들을 고용했다. 백성들이 농사를 지으러 들녘으로 떠나는 첫 번째 달에 시문수집관들은 가로를 따라 나무통 소리가 나는 종을 울리며 백성들로부터 시문을 수집했다. 수집된 시문은 마을에서 읍내로, 읍내에서 성도省都로, 성도에서 황도皇都로 올려 보내졌다. 중앙의

---

31) Chen Huan-Chang(陳煥章), *The Economic Principles of Confucius and His School*, 80쪽.

음악담당관은 시문들을 스타일과 음률에 따라 정리한 뒤 황제에게 바쳤다. 이를 통해 황제는 문밖으로 나가지 않더라도 제국의 모든 불평불만을 알 수 있었다. 시문을 읽는 것은 통치의 기초였다. 공자가 편찬한 『시경』의 시 305편은 고대시문의 일부다. 고대에 시문의 기능은 오늘날의 신문방송의 기능이었다. 고대의 시문과 오늘날의 언론은 둘 다 백성들의 일상생활에 대한 기술과 여론의 표현이다. 시문이 고대에 이런 기능을 수행했다는 것은 고대의 절대적 언론자유에 대한 증거다.[32]

그런데 언론의 자유가 아무리 절대적이라고 하더라도 남의 잘못된 말이나 사특한 말도 관용해야 하는가? 아니면, 공박해야 하는가? 아니면, 침묵해야 하는가? 남의 말과 생각에 대한 공박은 쉽사리 남의 언론과 사상에 대한 박해로 통한다. 그래서 공자는 잘못을 고치기 위해 공박할 대상은 남이 아니라 나 자신이라고 말한다. '수특脩慝', 즉 '사특함을 고치는 것'에 대한 제자 번지樊遲의 물음에 공자는 이렇게 답한다.

자기의 악을 공박하고 남의 악을 공박하지 않는 것이 사특함을 고치는 것이 아니겠느냐(攻其惡 無攻人之惡 非脩慝與)[33]

이 논지의 연장선상에서 공자는 어떤 경우든 군자는 '이단'을 공박해서는 아니 된다고 천명한다.

이단을 공박하는 것은 재해일 따름이다(子曰 攻乎異端 斯害也已).[34]

이것이 18-19세기 서양까지도 종교적 도그마로부터 해방시킨 공자의 '무제한적 관용' 명제다. "자기의 악을 공박하고 남의 악을 공박하지 않는 것이 사특함

---

32) Chen Huan-Chang(陳煥章), *The Economic Principles of Confucius and His School*, 80-81쪽.

33) 『論語』「顔淵」(12-21).

34) 『論語』「爲政」(2-16).

을 고치는 것이 아니겠느냐?"라는, 앞서 말한 테제는 위 명제의 대구對句다.

사상적 이단에 대한 과학적 유학의 이러한 무제한적 관용은 유학이 본래적·서양적 의미에서의 종교가 아니라 현세주의 철학이기 때문에 가능했다. 제자 계로季路가 귀신을 섬기는 것에 대해 묻자 공자는 "아직 사람도 잘 섬기지 못하는데 어찌 귀신을 잘 섬기겠느냐?(未能事人 焉能事鬼)"라는 반문으로 답했다.35) 그리고 '지인知人'이라는 인문사회과학적 지식을 "사람의 의미를 찾으려고 힘쓰고 귀신을 공경해 멀리하는 것(務民之義 敬鬼神而遠之 可謂知矣)"으로 정의했다.36) 이 두 명제를 합치면, 이것은 "사람의 의미"를 알려는 지인知人의 학문에서 종교와 미신을 배제하고 '귀신 섬김'보다 '사람 섬김'을 앞세우는 현세우선주의를 대변한 것이다.

유학은 동시에 '유교'로서 사자死者를 장사 지내고 고인의 귀신을 섬기는 제사를 올리더라도 이것을 철학적 삶과 현생의 제2선, 즉 주변에 위치시킨 것이다. 그리하여 앞서 소개한 진환장은 이렇게 주장한다.

우리는 중국의 유교(Chinese religion)가 신보다 사람을 지향해왔다는 것을 알 수 있다. 진정, 공자의 종교는 신학보다 사회과학에 기초해 있다. 따라서 중국은 백성들에게 신앙의 완전한 자유를 부여해왔다. 성령숭배는 유교의 본질이 아니었기 때문이다. 근대(서양)에 종교와 과학 간의 갈등이 있지만, 유교에서는 그렇지 않다. 유교는 과학적 원리에 기초한다. (…) 이러한 과학적 본성에서 유학은 다른 모든 종교와 다르고, (혹시 그것이 종교라면) 최고단계의 종교다. 이런 까닭에 중국인들은 종교를 교육과, 교회를 학교와 동일화할 수 있다. 그리고 유교 자체가 과학이기도 하기 때문에 과학과 유교 간에는 어떤 갈등도 결코 존재하지 않을 것이다.37)

귀신과 성령숭배를 주변으로 밀어내고 '현세의 삶'과 '인간의 의미'를 우선

---

35) 『論語』 「先進」(11-12).

36) 『論語』 「雍也」(6-22).

37) Chen Huan-Chang(陳煥章), *The Economic Principles of Confucius and His School*, 85-86쪽. "sociology"는 이 맥락에서 '사회과학'으로 옮겼다.

알려고 힘쓰는 유학은 자신의 사특함을 비판해서 자신을 바로잡을지언정 남의 사상적·종교적 주장을 '사특한 이단'이라고 비판하지 않는 것을 '철학함'의 근본원칙으로 삼는다. 나에게도 고쳐야 할 사특함이 있기에 내가 타인들의 이견異見을 사특한 '이단'으로 규정할 자격이 없는 한에서 나의 입장에서는 '이단'에 대한 객관적 개념정의조차 아예 불가능하기 때문이다.

따라서 어떤 의견도 '이단'으로 규정하지 않고 어떤 의견도 배제하지 않고 무제한적으로 관용하는 유학은 어떤 과학도, 어떤 종교도 배격하거나 탄압하지 않는다. 유교는 동시에 그 자체가 과학이라는 이유에서도 과학과 갈등하지 않는다. 유교는 오히려 과학과 하나다.

서양의 기독교는 교회를 짓고 교회사제단을 만들어 신도를 지배하는 것을 통해 스스로를 권력화하고 국가와 충돌해왔다. 하지만 진환장에 의하면, 유교는 스스로를 권력화하지 않기에 국가나 정치와 분리되어 있을 필요도 없고, 분리되어서도 아니 된다.

(서양의) 근대에는 종교와 정치의 갈등이 있지만, 유교에서는 그렇지 않다. 로마가톨 릭은 황제로서 정치권력을 쥐는 교황이 있고, 교회집단은 평민들 위에서 그리고 이 들에 대해 정치권력을 행사하는, 특별히 애호되는 계급을 형성한다. 그러므로 교회 와 국가 간에 갈등이 일어나고, 유럽과 미국의 정치가들은 교회를 국가로부터 분리 시켰다. 이것은 공자의 종교에서 어떤가? 사실, 유교는 민주적 종교이고, 그런 군주적 아이디어를 어떤 것이든 갖지 않는다. 유교는 특별한 계승자를 선택하지 않고, 아무 도 감히 자신을 공자의 유일한 계승자라고 부르지 못한다. 공자는 그의 추종자들을 평민과 구별하지 않았고, 추종자들은 사제집단과 같은 특별한 계급을 결코 형성하지 않았다. 그러므로 유자儒者들은 정치적 특권을 갖지 않는다. 유생 부류가 언제나 평 민보다 정부에 대해 더 많은 접근기회를 가질지라도 그것은 교육적 자격을 통해서이 지, 종교적 특권을 통해서가 아니다. 그러므로 유자들이 결코 국가로부터 어떤 국가 권력도 빼앗지 않았기 때문에 국가는 유교와 전혀 말썽을 빚지 않았고, 유교를 국가 로부터 분리시킬 필요도 없었다. (…) 공자 자신의 선교사업은 대부분 궁궐에 있다.

그는 백성들에게 신학의 주제에 관해 가르친 것이 아니라, 사회적 관계의 주제에 관해 가르쳤다. 그는 제자들을 사제가 아니라 정치가와 교사로 만들기 위해 가르쳤다. 그의 가르침은 적어도 절반이 정치적 주제에 관한 것이다. 그리고 전 중국사회는 그의 가르침들 중 최선의 것 아래 건설되거나 그의 가르침들의 몇몇 가르침과 대립될지라도 그의 가르침 아래 건설되어 있다. 한마디로, 중국은 중국의 전 문명을 파괴하지 않는다면 결코 유교를 국가와 분리시킬 수 없다. 그것은 지혜롭지 않고 불필요할 뿐만 아니라 불가능하기도 하다.[38]

국가가 유교와 분리된다면, 그것은 국가가 사회과학과 분리되는 것과 같은 것이 된다. 유교는 과학에 기초하고 과학과 하나이기 때문이다. 따라서 국가는 유교와, 유교는 국가와 분리될 수 없다. 그리하여 국가는 유교화된다. 중국과 극동의 국가들은 이렇게 유교화됨으로써 '유교국가'가 되었다. 유교가 사상과 종교에 대해 무제한적으로 관용적이고 무제한적 자유를 허용하는 만큼 유교국가도 무제한적 관용과 자유를 베푼다. 유교국가는 사상적 백가쟁명을 방임하고, 다종교를 관용하고 보호한다. 극동의 국가들은 사상·종교의 자유와 관용의 측면에서 '이유식법以儒飾法'(유가로 법가를 장식함)의 방식으로 유교국가를 표방하고, 유교·법가·도가·불가를 공히 존중하고 제자백가를 자유방임한 한대漢代에 이미 '보편사적 근대'에 도달했으며, 이후에도 이런 식으로 '유교'의 틀 속에서 점차 '근대화'되었다.

　"공자의 추종자들은 사제집단과 같은 특별한 계급을 결코 형성하지 않았고" 또 "공자는 그의 추종자들을 평민과 구별하지 않았다"는 진환장의 비교종교학적 인식은 매우 중요한 것이다. 유교는 서양식으로 이해하자면 무신론과 이신론 사이에 위치하기에 신도를 거느리고 일반신도들에게 교리를 주입하고 젖어들게 만드는 교회당과 교회조직이 필요가 없다. 따라서 유자들은 성직자들이 아니다. 이 점에서 데이비드 흄은 '공자의 제자들'로서의 유자들을 부러워했었다. 앞서 시사했듯이 그는 "중국의 유자들, 즉 공자의 제자들(the literati, or the

---

38) Chen Huan-Chang(陳煥章), *The Economic Principles of Confucius and His School*, 86-87쪽.

disciples of CONFUCIUS in CHINA)"이 "우주 안에서 유일한 이신론자 정규집단(*the only regular body of deists in the universe*)"이라고 극찬하며,39) "중국 유자들(*the CHINESE Literati*) 은 사제도, 교회조직도 없다"고 말하며 부러워한다.40) 이 대목에서 흄은 공자· 중국·중국유자를 모두 영자英字 대문자로 크게 표기해서 그 찬미의 정도를 더욱 극화하고 있다. 여기에 유럽의 교회와 사제집단의 권력이 중국에서처럼 약화·소멸하기를 바라는 그의 간절한 마음이 표현되어 있다. 서양에서 교회와 사제집단의 완전한 권력 상실은 18세기 말과 19세기에 일어난 일련의 유혈혁명 을 통해서야 달성되었다.

중국은 한·당·송대의 유교국가를 거치면서 사상·양심·학문·예술·출판· 종교의 자유와 관용, 그리고 종교 일반의 정치적 무無권력 상태 등의 측면에서 이미 '보편사적 근대'에 도달해 있었던 것이다. 서양은 이런 수준의 근대에 18세기 말 또는 19세기에야 도달한다. '보편사적 근대'란 전 세계에 영향을 미쳐 동서양의 근대화를 이끈 '세계사적 표준의 근대'를 뜻한다. 중국은 9세기 에서 13세기에 걸친 명실상부한 유교국가 송나라 시대(960-1279)에 심원한 변혁 을 겪었다. 송나라는 최초의 유교국가였던 한나라나 한나라를 계승했던 당나라 보다 더욱 순수하게 유교적인 국가였다. 송대의 심층적 변혁을 나이토고난(內藤 湖南)·맥닐(William H. McNeill)·포겔(Joshua A. Fogel)·조운스(Eric I. Jones)·오스터함멜 (Jürgen Osterhammel) 등 여러 세계사 사가들과 중국학 전문가들은 "보편사적 근대 의 발단"으로 규정한다.41) 특히 윌리엄 맥닐에 의하면, 표준적 시장경제원리는 송대 중국에서 세계역사상 최초로 등장했다.42) 이 상공업의 자유에 더해 사상·

---

39) David Hume, "Of Superstition and Enthusiasm"(1741), 49쪽.

40) Hume, "Of Superstition and Enthusiasm", 49쪽 각주.

41) 참조: William H. McNeill, *The Pursuit of Power: Technology, Armed Force, and Society since A.D. 1000* (Chicago: University of Chicago Press, 1982), 24-54쪽; 內藤湖南, 「包括的唐宋代觀」 (1922), 191-202쪽; Fogel, *Politics and Sinology: The Case of Naito Konan*, 168-210쪽. 포겔은 1920-30 년대 일본제국주의 동양사가 나이토고난(內藤湖南)의 중국론을 논하고 있다. 그리고 참조: Eric I. Jones, *Growth Recurring: Economic Change in World History* (Oxford: Blackwell, 1988), 73-84쪽; Osterhammel, *China und die Weltgesellschaft*, 50쪽.

42) McNeill, *The Pursuit of Power*, 30쪽 이하.

학문·출판·종교의 자유와 관용도 송대에 최고조에 달하고 행정체계의 발달도 능력주의적 관료제인 신사제도의 도입으로 최고조에 달했으며, 이 여파로 중국은 아직 노비는 잔존했으나 귀족·평민의 신분차별이 없는 사상 초유의 평민사회를 창출했다. 이런 토대 위에서 명대 중국은 정부체제를 내각제로 발전시켜 최초로 3권이 분립된 '내각제적 제한군주정'이라는 근대적 정부형태를 만들어냈다. 생산력의 폭발적 증대에 바탕을 둔 이 일련의 변혁은 그야말로 '보편사적 근대'의 시작이었다. 이런 전제 위에서 청대 중국에서는 이른바 '유사노비들'마저 사회적·법률적으로 완전히 소멸함으로써 17세기 말 또는 18세기 초에 인류 역사상 최초로 '완전한' 평등사회를 이루었다.

유생들은 신적 선견지명을 구하는 역학易學과 귀신 섬기는 제사를 부정하지 않고 오히려 이를 가르치고 제2선에서 이것을 실행하는 한편, 조상신과 국가영웅과 위인들에게 대대로 제사를 지내고 공자의 사당에 석전제釋奠祭를 올린다. 이 점에서 '유학'이 '유교'로서 종교라면, 유교는 그것을 초월적 유일신을 신봉하고 이단박멸을 외치며 교단을 조직한 주술적 '강성剛性종교(rigid, or rigorous religion)'가 아니라, 탈脫주술적·탈조직적·세속적 '시민종교(civil religion)'에 속한다. 중국의 유학은 '유교'의 모습을 취하더라도 유럽인들이 아는 조직적 강성종교가 아니라 교회도, 교권도 없는 '시민종교'의 측면을 곁들인 철학일 따름이다.

'시민종교'는 시민들이 사회공동체에 거룩한 권위를 부여하고 공동체를 튼튼하게 결속시키는 것을 돕는 '정신적 접합제' 또는 시민적 믿음을 가리킨다. '시민종교'라는 말은 루소가 『사회계약론』에서 모든 근대사회의 도덕적·정신적 토대로 간주되는 것을 나타내기 위해 주조한 말이다. 루소는 시민종교를 "훌륭한 시민이나 충성스러운 신민이 되도록 만드는 것을 가능하게 하는 사회성의 정서"로 정의한다. 그리고 그는 "시민종교의 도그마들은 간단하고, 수가 적고, 정밀성으로 개진되고, 설명이나 주석이 없어야 한다"고 말하고 이렇게 덧붙인다.

강력하고 지성적이고 인혜롭고 예지적이고 섭리적인 신(deity)의 존재, 사후세계, 정의

로운 자의 행복, 사악한 자의 처벌, 사회적 계약과 법률의 신성함, 이것들이 긍정적
도그마다. 부정적 도그마에 관한 한, 나는 이것을 단 하나로, 즉 불관용으로 제한한
다. 이것은 우리가 배격해온 숭배의 일 측면이다. (…) 이제 더 이상 국교가 존재하지
않고 또 더 이상 존재할 수 없기에 우리는 남들의 도그마가 시민의 의무에 배치되는
것을 전혀 포함하지 않는 한에서 남들을 관용하는 모든 사람을 관용해야 한다. 그러
나 국가가 교회가 아니고 군주가 교황이 아니라면, 감히 '교회 밖에서는 어떤 구원도
없다'고 말하는 자는 누구든 국가에서 추방해야 한다.43)

루소가 이 시민종교 논의에서도 시민종교의 긍정적 도그마로 '사후세계'를
운위하는 것은 그의 기독교적 편향성을 보여준다. 또한 관용의 범위를 "남들을
관용하는 모든 사람"으로만 국한하고 있다. 이것은 다른 종교를 관용하지 않는
가톨릭교도를 관용하지 않고 추방한다는 말이다. 또 여기에다 "감히 '교회
밖에서는 어떤 구원도 없다'고 말하는 자"도 "국가에서 추방해야 한다"고 말하
고 있다. 따라서 이 두 범주의 사람들은 관용의 대상이 아니라 불관용의 대상이
다. 이런 한에서 루소의 관용론은 기독교적 불관용성을 아직 탈피하지 못했다.
그럼에도 루소는 '시민종교'의 개념에 의해 국가에 성스러운 권위를 제공함으
로써 시민국가를 통합하는 것을 돕는 사회적 접합제를 의도하고 있다.

　일종의 '시민종교'로서의 유교는 강한 유일신을 신봉하고 이단배격의 신앙조
목을 사수하는 일체의 교단조직적·초월적·주술적 '강성종교'와 거리가 멀 뿐
만 아니라 이것과 상반되는 탈주술적·세속적 믿음이다. 이런 까닭에 유학은
다른 사상과 종교를 질시해 이단으로 몰거나 박해하지 않고 모든 종교와 학문
사상을 관용하며 기독교 같은 '이단불관용의 강성종교'들도 마찬가지로 관용한
다. 이런 의미에서 수사洙泗의 공자유학, 즉 공자의 원형原型유학은 '무제한적'
관용을 추구한다. "이단을 공격하는 것은 재해일 따름이다"라는 공자의 명제는
바로 극동에서 수천 년 동안 시행되어온 '무제한적 관용' 정책의 원천이다.

---

43) Jean-Jacques Rousseau, *The Social Contract* [1762], 150-151쪽(Bk. IV, Ch. 8). Rousseau, *The Social Contract and Discourses* (London: Orion Group, 1993).

공자의 무제한적 관용론만이 '관용자'만 관용하고 '불관용자'는 불관용하는 스피노자·로크·루소 등의 제한적 관용론의 딜레마에서 벗어난다. 관용자만 관용하고 불관용자를 불용하는 관용론은 실은 관용론이 아니라 불관용론일 뿐이다. 기독교와 이슬람교는 유일신적 강성종교도 불관용하고 다신론적 힌두교나 무신론적 불교와 같은 온화한 관용적 종교도 불관용하는 전형적 '불관용종교'다. 그리고 전투적 무신론체계인 공산주의도 모든 종교를 탄압하는 불관용적 '과학주의 미신'이다.

그런데 유교가 모든 불관용도 관용하지만 유일하게 관용하지 않는 불관용 유형이 있는데, 그것은 이단을 불관용하고 도덕적 잘못을 저지르는 '자기 자신'에 대한 불관용이다. "공호이단사해야이攻乎異端斯害也已"는 앞서 시사했듯이 "자기의 악을 공박하고 남의 악을 공박하지 않는 것이 사특함을 고치는 것이다(攻其惡 無攻人之惡 脩慝也)"라는 명제와 대구를 이루는 명제다. "공호이단사해야이"는 바로 '타인'의 임의적 견해를 이단으로 지적하거나 배격하는 불관용에 대한 '자기비판', 즉 이단에 대한 '자신의' 불관용만을 불관용하는 것을 함의한다. 따라서 유교는 "관용하는 자"만을 관용하고(즉, 불관용자를 불관용하고) "감히 '교회 밖에서는 어떤 구원도 없다'고 말하는 자는 누구든 국가에서 추방하는" 루소의 시민종교보다 훨씬 더 관대하다. 따라서 극동제국의 정부는 루소의 민주국가와 달리 오늘날까지도 '교회 밖에서는 어떤 구원도 없다'고 큰소리치는 신·구 기독교인들조차도 ─ 다른 종교를 '불관용'하는 것을 넘어 '탄압'하는 범죄를 저지르지 않는 한 ─ 유교국가에서 추방한 적이 없는 것이다.

맹자도 공자의 무제한적 관용론을 이어 이단에 대한 관용을 논변한다. 그는 공자의 무제한적 관용론을 정교화하고 좀 더 구체화했다. 맹자는 이단비판보다 "자기의 악을 공박하고 남의 악을 공박하지 않는 것이 사특함을 고치는 것이다"라는 공자의 원칙을 우선시했다. 같은 취지에서 맹자는 "군자는 떳떳한 도리를 돌이킬 따름이니, 도리가 바르면 백성이 흥하고, 백성이 흥하면 이 백성이 사특함을 없앨 것이다"라고 주장한다.[44] 그러나 그는 '부득이한 이단비판'을

---

44) 『孟子』「盡心下」(14-37): "君子反經而已矣, 經正 則庶民興, 庶民興 斯無邪慝矣."

부득이하게 인정했다. '부득이한 이단비판'이란 단순한 이단비판의 호변好辯(비판을 좋아해서 하는 현학적 논변)이 아니라 '국민을 도탄에 빠뜨리는' 이단에 대한 비판을 말한다. 하지만 이 '부득이한 이단비판'의 경우에도 금도襟度를 지켜야 한다고 말한다. 가령 양묵楊墨의 사상이 백성을 도탄에 빠뜨리자 맹자는 부득이 하게 양묵을 비판했는데, 그는 이것을 '호변'이 아니라 '부득이한 논변이라고 말한다. "어찌 호변했겠느냐? 나는 부득이했다(予豈好辯哉? 予不得已也)."45)

그러나 동시에 맹자는 이 '부득이한' 비판도 금도가 있어야 한다고 선을 그었다.

> 묵적에서 달아나면 양주에게로 돌아가고, 양주에게서 달아나면 유가로 돌아온다. 돌 아오면 받을 따름이다. 그런데 오늘날 양주·묵적과 논변하는 자들은 돼지를 내쫓아 이윽고 제 우리에 몰아넣고 쫓아가 묶듯이 한다.(孟子曰 逃墨必歸於楊 逃楊必歸於儒. 歸 斯受之而已矣. 今之與楊墨辯者 如追放豚 旣入其苙 又從而招之.)46)

"돼지를 내쫓아 이윽고 제 우리에 몰아넣고 쫓아가 묶듯이 하는 것"은 물리적 사상탄압, 종교탄압을 말하는 것이다. 여기서 맹자는 '부득이한 이단비판'도 '정론적' 비판으로 그쳐야지, 이단에 대해 '탄압'을 가해서는 안 된다고 못 박고 있다. '탄압'은 이견을 인격적으로 모욕하고 허위사실 유포로 이견자의 명예를 훼손하고 권력으로 입을 막고 이견을 범죄화하고 생계와 신체에 위해를 가하는 온갖 '정치적·경제적·물리적' 박해를 말하는 것이다.

'천하동귀수도天下同歸殊塗 일치백려一致百慮 천하하사하려天下何思何慮'와 '공 호이단사해야이攻乎異端斯害也已'로 정립된 공자의 무제한적 관용 명제와 맹자 의 부득이한 이단비판의 금도론은 극동제국에서 실제로 언론·출판의 무제한 적 자유와 이단적 학문·사상·종교의 무제한적 관용 및 언론의 자유와 비판적 언로를 보장하는 데 있어 늘 정치적 지침이었다.

---

45) 『孟子』「滕文公下」(6-9).
46) 『孟子』「盡心下」(14-26).

중국에서만 그런 것이 아니라 유교국가 조선에서도 그랬다. 가령 정조는 "공호이단사해야이"를 당시 천주교도들에 대한 정치적·종교적 관용에 적용했다. 그는 일단 "(정학正學을) 천명해 펴고 (사설을) 둘러쳐 멀리하게 하는 책임이 우리 무리의 소자들에게 있지 않겠는가?(其所闡發廓闢之責 不在於吾黨之小子乎)"라고 하여[47] 백성들로 하여금 천주학을 멀리하게 하는 방도를 정학의 천명과 발양으로 제시했다. 이것은 "군자는 도리를 돌이킬 따름이니, 도리가 바르면 백성이 흥하고, 백성이 흥하면 이 백성이 사특함을 없앨 것이다(君子反經而已矣, 經正 則庶民興, 庶民興 斯無邪慝矣)"라는 맹자의 교설을[48] 적용한 지침이다.

동시에 정조는 이에 바로 잇대서 "자기의 악을 공박하고 남의 악을 공박하지 않는" 공자의 자기비판 원칙에 따라 평소 정학을 선양하지 못한 자신의 잘못을 공박한다. "내가 군사君師의 지위에 있으면서도 일이 일어나기 전에 바른길로 인도해서 교화가 행해지고 풍속이 아름답게 만들지 못했으니, 경(채제공)이야 무슨 책임이 있겠는가?"[49] 이어서 정조는 『논어』의 '공호이단사해야이' 명제를 직접 인용하며 관용을 역설한다.

'공호이단사해야이攻乎異端斯害也已'에서 성인의 숨은 뜻을 볼 수 있다. 중국은 이적을 섬기지 않으니, 비록 오랑캐로 하여금 관내管內로 들어오지 못하게는 하더라도 진시황이나 한무제처럼 오랑캐를 모질게 다그쳐 전쟁을 끝장 보고 나라를 병들게 하는 것(窮兵病國)도 당치 않은 것이다. (…) 이단은 오랑캐와 같은 것이니, 이단도 역시 어찌 궁치窮治할 수 있겠는가?[50]

여기서 정조는 공자의 '공호이단사해야이'의 뜻에 따라 이단과 오랑캐를 동렬

---

47) 『正祖實錄』, 정조 15년(1791) 10월 24일조
48) 『孟子』「盡心下」(14-37).
49) 『正祖實錄』, 정조 15년(1791) 10월 24일조
50) 『正祖實錄』, 정조 15년(1791) 10월 25일조 이런 것을 보면, 다산이 주희를 비판했다고 해서 그가 주희를 완전히 버린 것으로 여기는 것도, 정조가 성리학을 신봉했다고 해서 그가 성리학에 늘 동조한 것으로 여기는 것도 둘 다 그릇된 것이다.

로 놓고 자기의 잘못을 바로잡고 자기의 관내를 잘 다스려 이단을 오랑캐처럼
막으면 되지 '탄압·박해'해서는 아니 된다고 말하고 있다. 오랑캐를 끝까지
궁치·박해하는 것은 관내를 침범한 오랑캐와 같은 야만적 행동이다. 이단을
궁치·박해하는 것도 오랑캐와 같은 야만이다. 정조는 유교국가가 타 종교에
대해 오랑캐와 같은 야만적 행동을 하는 것을 '중국이 이적을 섬기는 꼴'로
비판한 것이다.

또 정조는 공자의 '공호이단사해야이' 명제를 '천주교' 문제에 관련해 거듭
자신의 관용의지를 밝힌다.

> 어찌 성인이 '이단을 공격하면 재해일 따름이다'라고 말하지 않았으랴! '공攻'이란 말
> 은 전치專治를 일컫는 것인데, (오랑캐들이나 하는) 전치를 일삼는 것은 도리어 '중국
> 은 오랑캐를 섬기지 않는다는 뜻에 어긋남이 있는 것이다.(聖人豈不言 '攻乎異端 斯害
> 也已'乎! 攻之爲言 專治之謂也, 以專治爲事 反有違於中國不事夷狄之意.)51)

정조는 여기서 '전치專治'를 '전공(전심으로 갈고닦는 것)'이 아니라 '궁치窮治(궁지로
몰아 모질게 다그쳐 다스림)'의 오랑캐 짓으로 이해하고 있다. 이렇게 보면 '공호이단
攻乎異端'은 오랑캐나 하는 짓이 된다. 따라서 이단을 '공격'해 '궁치'하는 짓을
저지르는 것은 오랑캐를 추종하고 섬기는 꼴이다. 그러므로 '공호이단'은 '중국
은 오랑캐를 섬기지 않는다는 원칙에 반한다는 말이다. 이런 해석을 견지함으
로써 정조는 당시 '천주쟁이'에 대한 단호한 박멸조치를 요구하는 유생들의
빗발치는 상소를 '오랑캐 짓'으로 보고 모두 물리쳤다.

정조를 숭모했던 고종도 정조의 종교적 관용정책을 계승했다. 고종은 1890
년대 동학탄압을 요구하는 양반 신하들의 빗발치는 상소에도 불구하고 줄곧
관용과 포용의 자세를 견지했다. 1893년 2월 25일 부사과 윤긍주가 동학과
예수교를 배척할 것을 상소하고, 부사과 이재호와 의녕원수봉관 서홍렬 등도
모두 상소를 진달해 동학의 괴수를 죽일 것을 청했으나, 고종은 세 상소에

---

51) 『正祖實錄』, 정조 15년(1791) 10월 23일.

대해 모두 비답을 내리지 않고 단지 계자인만 찍어주었다.[52] 또 같은 날 지방유생 박제삼 등이 상소를 올려 동학무리들을 반역무리로 성토하며 효수를 요구했다.[53] 이 상소에 대해 고종은 앞서 소개한 맹자의 말을 인용해 "경전에도 이르지 않았는가? '도리를 돌이킬 따름이니, 도리가 바르면 백성들이 흥해 사특함을 없앨 것이다(反經而已 經正 則庶民興而斯無邪慝矣)'라고 했으니 그대들은 물러가서 경전을 연구해 밝히는 데 더욱 힘써라"라고 비답한다.[54] 고종은 정조처럼 주희의 소인유학을 물리치고 이처럼 공자철학적·군자유자적 종교관용정책을 고수했다. 이로써 1880년대와 1890년대 초에 동학은 교세를 크게 확장할 수 있었다.

그리고 고종은 '공호이단사해야이' 명제에 대한 정조의 이 관용론적 해석도 계승했다. 독립협회의 변란이 극에 달했을 때 윤치호의 '효수'를 주장하는 성리학자 이문화 등의 상소에 대해 이렇게 비답한다.

그대들의 말은 이단을 치라는 것과 거의 가깝지 않은가?(爾等之言 不幾近於伐異乎)[55]

적어도 정조와 고종으로 대표되는 조선의 군주들은 이처럼 공자철학에 충실하게 '무제한적 관용'의 정신을 대변했고, 그리하여 이단의 사상과 종교에 대해 성리학유생들과 달리 늘 관대했던 것이다.

그리하여 조선과 중국을 비롯한 극동은 유불선의 다수종파를 비롯한 수많은 소수종교와 철학이 진시황 치세 15년 반을 제하고 수천 년 동안 제자백가가 쟁명하고 수천 개의 종파가 평화적으로 공존할 수 있었다. 중국과 조선에서만 그런 것이 아니라 극동제국이 다 그랬다. 시마바라(島原) 지방의 천주교도들이 1637년 스페인·포르투갈 선교사들의 배후조종으로 '시마바라의 난(가톨릭농민

---

52) 『高宗實錄』, 고종 30년(1893) 2월 25일조

53) 『高宗實錄』, 고종 30년(1893) 2월 25일조

54) 『高宗實錄』, 고종 30년(1893) 2월 25일조. 또 고종은 동학의 수괴를 엄하게 신문해 처벌하라는 호남유생 김택주의 2월 27일 상소에 대해서도 "사설과 정학을 엄격히 구분하려면 응당 덕으로 인도하고 형벌로 바로잡는 방도를 강구해야 할 것이니, 그대들은 그렇게 알고 물러가서 학업에 힘쓰도록 하라"고 비답한다. 『高宗實錄』, 고종 30년(1893) 2월 27일조

55) 『高宗實錄』, 고종 35년(1898) 12월 11일.

반란)을 일으키기 전까지는 일본도 종교적으로 아주 관용적이었기 때문이다. 오랜 유교국가였던 월남도 1858년 기독교 선교사들의 반역행위와 불법난행을 불가피하게 진압해야 했던 때까지 관용적이었다. 그리하여 가령 나바레테 (Domingo F. Navarrete, 1618-1686)는 1681년 중국에 "3,000개의 종파들"이 평화공존했다고 기록하고 있다.56)

■ 권력분립적 제한군주정에서 민주적 대동공화국까지!

극동의 모든 유교국가는 기원전부터 사상·학문·출판·종교의 자유와 사상적·종교적 관용 측면에서 이미 '보편사적 근대'에 도달해 있었다. 이것은 정부형태와 통치체제에서도 마찬가지였다.

앞서 시사한 바와 같이 유학의 군주는 지혜(소피아)를 앞세우는 플라톤의 '철인치자'가 아니라 '인자무적仁者無敵'의 일념에 따라 인덕을 앞세우는 '군자'로서 인仁을 베풀어 보위를 지킨다면 이로써 천하를 영유·군림하기에 충분하다. 그러므로 인덕 군주는 친히 백성을 통치하는 관직(벼슬)이나 기능적 업무(구실)를 맡을 필요가 없다. 임금은 '위位'를 가질 뿐이고 '관官'을 갖지 않는다. 말하자면 "대덕은 불관不官하고 대도는 불기不器한다".57) 즉, 대덕을 갖춘 군주는 '벼슬(官)'을 맡지 않고 기능적 '구실(器)'도 맡지 않는다. '벼슬'은 정치하는 군자선비인 '벼슬아치'가 맡고, '구실'은 전문적 실무인 '구실아치'가 맡는다.

따라서 대덕자로서 군주는 '불관·불기不官不器'하니 '친정親政'하지 않는 것이다. 모든 벼슬아치(의정·집행자)와 구실아치(행정실무자)는 현신과 능력자들로 채우고 군주 스스로는 백성을 친히 부리지도, 이 현신들의 통치행위에 간여하지도 않는다. 중심의 '보위'를 지키는 임금은 신민들로 하여금 무엇을 하도록 강제하지도 않고 무엇을 못하게 강제로 막지도 않는 이른바 '무위無爲' 상황에서 대도(大仁+大義)로써 대덕(인의예지)을 베풀어 만천하의 표준이 되고 만천하를 영유한

---

56) Dominick F. Navarrete, *An Account of the Empire of China* [Spanish: 1676] (London: Lintot, Osborn, 1681), 81쪽.

57) 『禮記』「學記」: "大德不官 大道不器."

다. '천하를 영유한다'는 것(有天下)은 '천하에서 군림하는 것'이다. 군림권은 천하에 예악禮樂과 법령을 발하는 궁극적 명의, 상벌과 위복威福을 내리는 위권威權, 대내외적으로 백성을 대표하는 위권 등으로 구성된다. 모든 벼슬과 구실을 맡는 현신들도 일반백성들에 대해 가급적 '무위의 차'를 극대화하고 유위有爲의 통치와 정형政刑을 극소화한다. 말하자면 '가장 적게' 다스리는 것이 '가장 잘 다스리는 것이다.

그러므로 공자는 치국의 '벼슬'(관직)과 '구실'(기능적 실무)을 둘 다 맡지 않고 공감의 '인덕仁德'과 '읍양'만으로 만천하에 군림하고 이로써 천하를 화동케 한 순임금과 우임금의 '무위지치無爲之治'를 극찬한다.

무위이치자無爲而治者는 순임금이리라! 무엇을 했는가? 자기를 공손히 하고 바르게 남면南面했을 뿐이다(子曰 無爲而治者其舜也與! 夫何爲哉 恭己正南面而已矣).58)

여기서 '무위'는 군주가 친정을 하지 않고 통치권을 현명한 신하들에게 맡기고 '대덕불관 대도불기'의 이념에 따라 벼슬과 구실을 내려놓고 진정으로 천하의 영유자로서 만천하에 제대로 군림하는 지존의 지위(寶位)로 올라선다는 뜻이다. 또 '자기를 공손히 하고 바르게 남면했다'는 것은 북극성처럼 신하들에게 벼슬을 주고 방향을 잡아주고 이들의 활동상을 – 남쪽은 밝은 곳이기에 – 살펴 밝게 알고, 읍양하며 신하들의 조례를 받거나, 천하순행을 통해 제후들의 조례를 받으며 군림한다는 뜻이다. 북극에서는 어느 쪽을 봐도 남쪽을 향하듯이, 북쪽을 정의해주는 북극성에서도 어디를 보든 '남면'한다. 마찬가지로 북극성처럼 백성의 향도가 되는 성인군주도 어디를 보아도 밝은 남쪽을 향해 '남면'하는 것이다. 따라서 공자는 덕치를 중심에 위치한 북신北辰(북극성)을 뭇별이 공전하는 것에 비유했다.59)

또 공자는 이런 이념의 연장선에서 순·우임금의 '무위지치'를 '천하를 영유

58)『論語』「衛靈公」(15-5).

59)『論語』「爲政」(2-1).

하되 이에 간여하지 않는' 이른바 '유이불여有而不與'의 이상정치로 극찬한다.

> 높고 높도다! 순임금과 우임금은 천하를 영유하고도 이에 간여하지 않았다(子曰 巍巍
> 乎 舜禹之有天下也而不與焉).[60]

'임금은 영유하나 이에 간여하지 않는다'는 "유이불여有而不與"는 임금의 영유·
군림권과 — 벼슬(官)과 구실(器)을 맡은 — 현신의 통치권의 분리, 즉 왕권과
신권의 분리가 이루어져 임금은 신하의 통치행위에 간여하지 않았다는 것을
말하고 있다. 즉, '친정親政'을 하지 않고 의상을 드리우고 지켜보기만 해도
잘 다스려졌다는 말이다.[61] 이것은 하늘과 땅이 — 부모가 자식을 길러주고
조용히 지켜보듯이 — 인간과 산천초목을 조용히 길러주고 보살펴 주면서도
그 삶과 움직임에 간여하지 않음으로써 이들을 편안하게 살찌우는 이치와
같다. 순우의 '무위지치'는 하늘과 땅에서 그 이치를 구한 것이다. 그러므로
「계사하전」은 "황제와 요순은 (옷을 걷어붙이고 일에 달라붙지 않고, 반대로)
옷을 드리우고 가만히 있어도 천하가 다스려졌는데, 이는 무릇 건과 곤(하늘과
땅)에서 그것을 취한 것이다"라고 말한다.[62] 하늘은 고명하게 만물을 덮어주고
땅은 박후하게 만물을 실어주되, 이에 간여하지 않고 "드러나지 않으면서도
빛나고 움직이지 않으면서도 바꿔서(不見而章 不動而變) 작위 없이 이룬다(無爲而
成)". 이것은 무왕이 공경대부에게 영토를 분봉分封하고 친정을 그치고 옷을
드리우고 팔짱을 끼고 천하를 다스렸다는 무왕의 '수공지치垂拱之治'와도 상통
한다.[63] 자기가 믿고 공감하는 신하들로 하여금 천하의 통치를 관장케 하여

---

60) 『論語』「泰伯」(8-18).

61) 하안(何晏)·형병(邢昺)·정약용의 해석에 대한 비판적 논의는 참조: 황태연, 「공자의 공감적
무위·현세주의와 서구 관용사상의 동아시아적 기원(上)」, 『정신문화연구』, 2013 여름호(제36권
제2호 통권 131호), 24쪽 각주.

62) 『易經』「繫辭下傳」(2): "黃帝堯舜垂衣裳而天下治 蓋取諸乾坤."

63) 『書經』「周書·武成」: "작위는 다섯으로 벌리고, 땅은 셋으로 나누고, 관직에는 현인을 세우고,
일에는 능력자를 임하게 했다. (…) 그러니 의상을 드리우고 팔짱을 끼고 있어도 천하가 다스려졌
다.(列爵惟五 分土惟三 建官惟賢 位事惟能. […] 垂拱而天下治.)"

천하에 진정으로 군림하며 무위의 '읍양만으로 다스릴 수 있기 때문이다.

임금의 '무위이치無爲而治'와 '유이불여有而不與'는 현신과 백성들에게 자치의 공간을 넘겨주는 것을 뜻한다. 따라서 임금의 '무위·남면'에는 백성의 '자치'가 상응하는 것이다. 따라서 공자는 '백성이 임금을 본보기(표준)로 모시고 자치하는' 백성자치론을 전개했던 것이다.

> 백성은 임금을 표준으로 모셔 자치하고, 임금을 먹여서 자안自安하고, 임금을 섬겨서 자현自顯한다(百姓則君以自治也 養君以自安也 事君以自顯也).[64]

'임금을 표준으로 모신다는 것'은 임금을 나침반이 가리키는 북극성을 방향의 기준으로 삼듯이 모신다는 말, 즉 '북면北面'한다는 말이다. 그리고 '백성자치'는 곧 오늘날의 말로 '민주주의'를 뜻한다. 이것은 천하를 '공기公器', 즉 'res publica공화국'로 정립하는 요순의 '대동大同' 이념과 결합하면 '민주공화정'으로까지 전연展延될 수 있다. 주지하다시피 공자는 『예기』에서 요순시대의 '대동'과 관련해 다음과 같이 천명한다.

> 대도가 행해짐에 천하는 공기公器가 되고 (공기로서의 천하는) 현자와 능력자를 선출한다(大道之行也 天下爲公 選賢與能).[65]

'공기로서의 천하'는 공화국으로서 임금을 표준으로 모시고 자치하는 백성이다. 나라를 자치하는 백성은 곧 '국민'이고, '국민은 곧 국가(L'État, ce nation)'이기 때문이다. 그래서 대동시대에는 주권자 국민이 임금을 비롯한 현명한 능력자를 선출해 치자와 벼슬·구실아치로 쓴다. 이것이 바로 '대동'의 '민주공화국' 이념이다. '다수의 횡포'를 배제하고 중도와 자유를 유지해온 방대한 중국제국에서 형성된 백성자치와 대동의 유교 이념에 기초한 이 민주적 '대동공화국'은 서양

---

64) 『禮記』 「禮運」 (9-19).

65) 『禮記』 「禮運」 (9-1).

에서 '귀족공화국'을 무너뜨리고 '민주공화국'을 가능하게 했고, 또 극동에서는
'민주공화국'을 유산계급을 배제하는 '인민공화국'으로부터 지켜냈다.

천자와 군주의 '천하국가 영유권'은 순·우임금의 저 '유이불여' 외에도 경전
의 여러 곳에서 언급된다.66) 순임금과 우임금의 이 '영유권'의 본질은 과연
무엇일까? 천하의 영유권은 '소유권'일까, 소유의 파생권리인 '점유권'일까?
임금은 ― 시쳇말로 ― 천하의 '오너'일까, '최고경영자(CEO)'일까?

『서경』은 "하늘은 총명하기 그지없고, 성군은 이것을 본받으니, 신하는 공경
해 따르고, 백성은 순종하고 평안하다"고 말한다.67) 또 공자는 『중용』에서
"『시경』에 '군자는 (…) 하늘에서 천록을 받아 백성을 보우하고 백성에게 명해
하늘로부터 이 명을 펴도다'라고 하고 있으므로, 대덕자는 반드시 천명을 받는
다"고 말했다.68) 이 '왕위천여론王位天與論'을 보면 임금이 '오너' 같다. 그러나
동시에 『서경』은 '민유방본民惟邦本'을 말하고,69) 익히 알다시피 "하늘은 우리
백성이 보는 것을 통해 보고, 우리 백성이 듣는 것을 통해 들으며(天視自我民視
天聽自我民聽)",70) "하늘은 백성을 궁휼이 여겨, 백성이 원하는 것을 반드시 따른
다(天矜于民 民之所欲天必從之)"고도 말한다.71) 그러므로 민심은 곧 천심이다. 따라
서 대덕자가 받는 '천명'이란 실은 '민심', 즉 '국민명령'인 것이다. 나아가 공자는
『대학』에서 "국가를 영유하는 자"는 "편벽되면 천하에 죽임을 당한다"고 전제
하고 "덕을 갖추는 것은 뭇사람들을 얻는 것이고, 뭇사람들을 얻는 것은 땅을
얻는 것이다"라고 하여72) 이를 더욱 분명하게 말한다. 군주는 덕을 갖추고
이 덕으로 백성을 얻어야만 나라를 영유할 수 있다는 말이다. 주지하다시피
맹자도 "제 백성을 얻으면 천하를 얻고 (…) 제 백성의 마음을 얻으면 백성을

---

66) 참조 『論語』「顏淵」(12-22)의 '舜有天下'와 '湯有天下', 『論語』「季氏」(16-1)의 '有國有家者' 등.

67) 『書經』「說命中」: "天聰明 惟聖時憲 惟臣欽若 惟民從乂."

68) 『中庸』(17章): "詩曰 (…) 受祿于天 保佑命之 自天申之 (…) 故大德者 必受命." 詩는 『詩經』
「大雅·假樂」이다.

69) 『書經』「第二篇 夏書」「夏·五子之歌」.

70) 『書經』「周書·泰誓中」.

71) 『書經』「周書·泰誓上」.

72) 『大學』(傳10章): "有國者 (…) 辟則爲天下僇矣." "有德此有人 有人此有土".

얻는다"고 하며,73) "천여지天與之 인여지人與之하는 것이지(하늘이 천하를 주고 뭇사
람들이 천하를 주는 것이지), 천자가 천하를 남에게 줄 수 있는 것이 아니다"라고
잘라 말하며74) 왕위천여·민여론王位天與民與論, 즉 왕권민수론王權民授論을 논
변한다. 또 이를 바탕으로 맹자는 주지하다시피 민귀군경론民貴君輕論·폭군방
벌론·역성혁명론을 전개한다.75)

진환장은 공자와 맹자의 이 논변들을 '외적 군주제 아래의 원리적 민주정'으
로 종합한다.

> (공자가 말하는) 정부의 외적 형태는 군주정이지만 그것의 근본적 원리는 민주적이
> 다. 『시경』의 4개 부분은 모두 입헌군주정을 대표하는 문왕으로 시작한다. 『서경』은
> 공화정 유형을 대표하는 요순임금으로 시작한다. 『춘추』는 은공으로 시작해서 애공
> 으로 끝난다. 이것들은 공자의 이상적 정부에서 주권이 백성들의 손에 있다는 것을
> 보여주기에 충분하다. 물론 공자는 백성들에게 자기의 치자에게 충성스러워야 한다
> 고 가르치지만 그가 치자로 의미하는 것은 최선의 인품과 능력을 갖춘 인간이다.
> 『대학』은 공자의 가정家庭비유적 정부의 아주 좋은 정의를 제시하고 있다. 그것은
> '백성이 좋아하는 것을 좋아하고 백성이 싫어하는 것을 싫어한다. 이것을 일러 백성
> 의 부모라고 하는 것이다(民之所好 好之 民之所惡 惡之 此之謂民之父母 — 인용자)'라는
> 대목이다. 백성이 치자에게 등을 돌리자마자 그는 더 이상 치자가 아니라, 단순한
> 사내일 뿐이다. 『대학』에 의하면, 그가 악인일 경우에 그는 천하의 백성에 의해 처형
> 된다(아마 "辟則爲天下僇矣" — 인용자). 폭군살해는 모든 위대한 공자주의자들에 의해
> 위대한 행위로 인정되었다. 그들은 폭군을 치자로 인정하지 않기 때문이다.76)

여기에 저 언론·출판의 무제한적 자유와 학문·사상·종교의 무제한적 관용과
자유를 더해야만 공자의 권력분립적 제한군주정 또는 대동공화정의 주권재민

---

73) 『孟子』「離婁上」(7-9): "得其民 斯得天下矣 (…) 得其心 斯得民矣."

74) 『孟子』「萬章上」(9-5): "天與之 人與之 (…) 天子不能以天下與人."

75) 『孟子』「盡心下」(14-14).

76) Chen Huan-Chang(陳煥章), *The Economic Principles of Confucius and His School*, 77-78쪽.

적·민주적 성격이 보다 완전히 드러날 것이다.

따라서 '왕위는 하늘이 준다'는 저 '왕위천여론王位天興論'의 권위로운 레토릭에 포함된 참뜻은 '왕위는 백성이 준다'는 '왕위민여론王位民興論' 또는 '왕권민수론王權民授論'이다. 서양의 왕권신수설이 왕위민여론, 즉 주권재민론을 배격하고 억압한 반면, 공맹의 왕위천여론은 오히려 주권재민론을 정초해주는 것이다. 군주는 '천민天民', 즉 '하늘이 낳은 하늘 같은 백성'으로부터 '왕위'를 수여받는다. 따라서 천자는 천하의 '오너'가 아니라, 백성이 고용한 'CEO'일 뿐이다. 천하의 주권자는 이 '왕권민수론'에 따라 '군주'가 아니라 '국민'이기 때문이다.

이렇게 보면 '오너'로서의 백성의 '주권', 최고경영자로서의 군주의 '영유권', 현신의 '통치권'의 분리라는 3단계 권력분립이 부각되어 나온다. 이 3단계 권력분립 속의 천자의 지위는 천하의 '최고경영자'일 뿐이고, 소유권자, 즉 전제적 주권자가 아닌 것이다. 천자의 영유권은 구체적으로 무엇인가? 천자의 영유권은 군림권(천하지존의 위광을 떨치고 상복賞福의 영예를 내릴 '위복威福'의 권위), 감독권, 현신등용권(대신들의 발탁·인사권), 정책과 법령에 대한 최종비준권 등이다. 그런데 왕의 이 감독권, 인사권(현신등용권), 비준권 등은 실질적일 수도 있으나, 시간이 가면서 기관이나 제도에 이양되어 순전히 형식적 절차로 축소·의례화될 수도 있다. 왕이 덕스러우면 덕스러울수록 왕은 지존至尊하고, 왕이 지존하면 지존할수록 모든 실권을 털어버리고 순수하게 '불관不官'하기 때문이다.

실제의 역사에서 '인사권'과 같은 군주의 '잔여 실권'도 현신들의 '회추會推(조정회의를 통한 추천)나 '권점圈點(조선의 경우, 조정 내 투표)의 형태로 신하들에게 넘어갔다. 그리하여 '영유권'은 순전히 '군림권'으로 단순화되어 '군림권'과 등치된다. 이렇게 되어 '임금은 천하를 영유하나 간여하지 않는다'는 뜻의 '유이불여'는 '임금은 군림하나 친정하지 않는다'는 것을 뜻하게 된다. 이 명제는 바로 '왕은 군림하나 통치하지 않는다(The king reigns, but does not govern)'는 영국 입헌군주제의 불문율과 상통한다.[77] 그리고 영국에서 이 헌법적 불문율은 찰스 2세와 윌리엄

---

77) 에임스는 '有而不興'를 "The king reigns, but does not govern"으로 번역한다. 참조: Roger T. Ames, *The Art of Rulership* (Albany: State University of New York Press, 1994), 29쪽.

템플이 명대 중국의 내각제를 영국에 도입한 뒤부터 생겨난 명제라는 데 주목
할 필요가 있다.

그렇다면 치국의 권한, 즉 통치권을 위임받는 치자로서의 '현신'은 누구이고,
이 '통치권'은 무엇인가? 현신은 천하가 알아주는 솔선수범의 리더십으로 '굽은
자'를 바르게 할 수 있는 '곧은' 현자다. 세상이 알아주는 '현신'은 요임금이
등용해 '굽은 자들'을 곧게 만든 순, 순임금이 등용해 치국정무를 분장分掌케
한 고요皐陶·우禹·설契·기棄·백이伯夷 등 5인이고, 우임금이 발탁한 고요·익
益, 탕왕이 등용한 이윤, 무왕이 발탁한 태공망(군사)·주공단旦(보신)·소공·필공·
굉요·산의생·태사 등 10인이었다.78) '치국'의 활동은 벼슬(官)과 구실(器)의 기
능으로 구성된다. 당상관의 치자(벼슬아치)들이 맡는 '벼슬'은 다시 60대 치자가
맡는 '지사指使'와, 50대 치자가 맡는 '관정官政'의 권한으로 나뉜다.79) '지사'는
심의·의결·입법·집행지시와 관련된 '정치'의 권한으로서의 의정권議政權이다.
'의정권'은 고대의 삼공(조선의 삼정승 의정부 포함), 주대周代의 봉건제후, 훗날 진·
당·송·원대의 중서성中書省 승상(재상), 명·청대의 내각 등에 귀속되었다. 여기
서 승상제(재상제)는 '독임적 결정(monocratic decision-making)' 제도인 반면, 삼공제와
내각제는 둘 다 '집체적 결정(collegia decision-making)' 제도다. 한편, '관정'은 결정된
정책을 집행하는 '행정권'이다. 이 행정권은 훗날 중국의 육부 또는 조선의
육조에 귀속되었다. 그리고 비정치적 구실아치(실무자)들이 맡는 '구실'은 당하
관의 40대 선비들이 맡는 실무적 행정기능(정서·문서작성·문서정리·서적정리·기록·
창고보관·물품관리 등)이다.

이렇게 보면, 무위덕치가 구현된 공자의 '이상적理想的 군주정'은 백성의

---

78) 순임금과 무왕의 현신들에 대해서는 참조 『論語』 「泰伯」(8-20) "舜有臣五人而天下治. 武王曰
予有亂臣十人."

79) 치자의 '관(官)'은 다시 '관정(官政, 행정)'과 '지사(指使, 의정)'로 분리된다. 비정치적 '구실'은
군자가 맡지 않는다(君子不器). 군자는 정치적 '관정'과 '지사'를 맡는다. 『예기』에 의하면 '구실아
치'로 복무하는 것은 '사(仕)'라고 부르고, 강한 40세 이하의 사람들이 맡았다. 그리고 천명을
아는 50세 이상의 군자는 '예인(艾人)'으로서 구실아치들을 데리고 '관정'에 복무했고, 60대의
군자는 '기유(耆儒)'로서 관정을 '지사'했다. 『禮記』 「曲禮上」: "四十日强而仕 五十日艾 服官政
六十日耆 指使."

방본적邦本的 주권과 현신의 분립된 통치권에 의해 위아래로 이중적으로 제약되고 견제받는 '민주적·분권적 제한군주정'이다. 이것은 다름 아니라 백성으로부터 왕위를 받은 '군주'와 고명한 '현신'의 '분권적 군신공치'와 백성자치의 결합물이다. '무위지치'와 '유이불여'의 이념에 기초한 이 분권적 군신공치의 제한군주정은 오랜 세월 동아시아 제국의 정치 이념으로 기능했다. '무위지치'는 구체적 현실 속에서 경제적 양민養民정책의 일환인 '무위시장(자유시장)' 정책으로 구현되었는가 하면,80) 전통적 군주정에서는 조선 초 정도전鄭道傳의 '재상제적 신권정치론臣權政治論'(왕의 군림권과 재상의 통치권의 분립)이나 세종 이래의 '의정부제'(왕권과 의정권[署事權]과 육조판서의 집행권 간의 삼권분립)로 나타나기도 했고, 명나라와 청나라에서는 '내각제적 제한군주정'(황제의 군림권과 내각의 의정권과 육조상서의 집행권의 삼권분립)으로 구현되기도 했다. 그리고 '백성자치'는 중국의 지방자치(도시자치와 향촌자치)로 나타났다. 조선에서 이 '백성자치'는 향회와 민회의 단계적 발전을 보였다.

공자는 임금·현신·백성이 각자의 위치에서 소리도 없고 보이지도 않는 대덕·대례의 상호관심과 규범력에 의해 서로 공감하는 이 '무위천하'와 이상적 제한군주정의 작동원리를 제자리에 가만히 있는 무위無爲의 북극성과 이를 중심으로 공전公轉하는 뭇별 간의 공감적 감응작용에 비유한다.

> 덕으로 정치를 하는 것은 비유컨대 북극성이 제자리에 거하고, 뭇별들이 다 이 북극
> 성을 공감하는 것과 같다(子曰 爲政以德 譬如北辰居其所而衆星共之).81)

덕으로 정치하는 '덕치'는 '제자리에 거하는 북극성'의 '무위지치無爲之治'의 다른 표현이다. 북쪽을 정의하는 북극성이 어디 있든 뭇별을 바라보는 것은 '남면'이고, 북극성에 감응하며 공전하는 뭇별들은 북극성을 바라봐야 하는 한에서

---

80) 이에 대한 상론은 참조: 황태연, 『공자와 세계(2)』 제1권 「공자의 지식철학(중)」(파주: 청계, 2011), 795-890쪽. 황태연, 「서구 자유시장론과 복지국가론에 대한 공맹과 사마천의 무위시장 이념과 양민철학의 영향」, 『정신문화연구』, 2012 여름호(제35권 제2호, 통권 127호), 320-354쪽.
81) 『論語』 「爲政」(2-1).

'북면'하는 것이다.82) 북극성과 뭇별 간의 남·북면의 공감관계는 군주와 신민 간의 덕치적 남·북면의 공감관계에 대응한다.

소리도 움직임도 없이 백성을 기쁘게 하고 화동케 하는 '정중동靜中動'의 성군, '동중정動中靜'의 현신, '동중동動中動'··'무기탄無忌憚'의 역동적 백성 간에는 조용히 공감적 감응이 작용하고, 신하·백성들 간에도 중심의 임금을 매개로 공감적 감응이 작용해 한 공동체로 결속된다. 따라서 우주가 소리 없는 만유인력의 장場이듯이, 공감적 '무위천하'는 토의와 쟁론으로 시끄러운 공론장, 즉 말 잘하는 지식인들과 정객들이 설치는 하버마스 식의 언어행위적 유위有爲의 '토의적 공론장'이기에 앞서, 오히려 평범한 백성들이 성군의 무성의 '대악과 무체의 '대례' 속에서 성군과 현신들의 의도와 행동을 느끼고 말없이 시비(동조·거부)하는 무위의 조용한 '공감장共感場', 즉 소리 없는 거대한 '민심의 공감대'로 현상한다. 유위의 언설이 소란스럽게 난무하는 각종 '공론장'은 이 말없는 무위의 거대한 '공감장' 위에 떠 있는 '배들'일 뿐이다. 공론장은 민본정치에 근본적으로 중요하지만, 공감장의 밑받침 없이는 작동할 수 없다. 공감이 없으면 언어행위 일반이 실패하듯이 이 공감대, 즉 민심의 뒷받침 없이는 어떤 공론장도 실패하기 때문이다. 따라서 일반대중의 '조용한 공감장은 지식인들의 '시끄러운' 공론장에 앞서는 것이다. 공론장은 공감장 또는 민심을 하늘처럼 받들어 논의 속에 반영해야 한다. 공감장에서 형성되는 백성들의 여정輿情과 공심公心으로서의 민심이 속속 공론장 속으로 반영되지 않고 수면 아래에 체증되어 쌓이면 공감장의 억압된 여정과 공심은 어느 날 폭발하기 마련이다. 공감대의 민심이 공분 속에서 폭발하는 날, 가식적으로 뒤틀린 공론장은 공감장의 폭발하는 민심에 의해 혁명적으로 분쇄되고 말 것이다.

무위천하의 '공감장' 안에서 임금의 덕스러운 마음에 대한 감응··교감·공감은 그야말로 순식간에 광대무변의 원방에까지 도달한다. "오로지 덕만이 하늘을 감동시키고 아무리 멀어도 이르지 않는 곳이 없기(惟德動天 無遠弗屆)" 때문이

---

82) 정약용은 '北辰'과 '無爲'의 연관성을 극구 부정한다. 참조: 丁若鏞, 『國譯與猶堂全書』「經集 II論語古今註」(전주: 전주대학교출판부, 1989), 37-41쪽.

다.83) 덕스러운 마음은 자기 안에 깊이 숨겨도 드러나기 마련이고 결국 천리 밖에서도 느껴지는 법이다. 이 대목에서 앞서 제시한 공자의 어록을 다시 음미하는 것이 적절할 것이다. "군자가 자기의 방 안에 앉아서 자기의 말을 표출하는 것이 선하면 천리 밖에서도 그의 말에 감응하는데, 하물며 그 가까운 데서는 어떻겠는가?"84) 방 안에서 머금은 마음도 순식간에 천리를 가니, 옥외에서 드러나는 군자의 마음은 얼마나 멀리 가겠는가?

시비지심(도덕적 평가감정과 도덕감각)의 빠른 교감에 의해 자율 조절되는 이런 공감적 '무위천하' 속에서는 백성들의 기탄없는 감정표현과 사회활동이 벌어지더라도 이견들이 공감적 인력引力과 상호마찰을 통한 절차탁마에 의해 결국 모나지 않은 둥글둥글한 하나의 같은 취지로 귀결된다. 백성을 공감적으로 끌어당기는 치자(국가)의 '덕치'가 있고, 인의도덕의 공감적 규범력을 지닌 '시비지심'과 '예양'이 있으며, 모두가 먹고살 정의로운 '재화'가 있기 때문이다. 이를 공자의 말로 확인하면, "천지의 대덕은 생生이고, 성인의 큰 보물은 (벼슬이나 구실이 아니라) 위位다. 성인의 이 '위'는 무엇으로 지키는가? 인仁으로 지킨다. 사람들은 무엇으로 모으는가? 재화로 모은다. 재화를 잘 관리하고 말을 바르게 하고 백성들이 비행을 저지르지 않게 금하는 것을 의義라고 한다".85)

공자는 주지하다시피 생산·분배의 효율성 면에서 무위천하의 원리를 "해가 중천에 뜨면 시장을 열어 천하의 백성을 초치하고 천하의 재화를 모으며, 교역하고 물러나 각기 제 것을 얻는"86) '무위시장', 즉 자유시장으로 제시했다. 그리고 다른 한편으로 사회정의·양민복지를 위한 '분배균제'를 "재화가 (소수에게) 모이면 백성은 분산되고, 재화가 분산되면 백성은 모인다(財聚則民散 財散則民聚)"는 원칙에 따른87) 국가의 '유위有爲'의 보완책으로 제시했다.88)

---

83) 『書經』「虞書·大禹謨(3)」.

84) 『易經』「繫辭上傳(8)」: "子曰 君子居其室 出其言善 則千里之外應之 況其邇者乎?"

85) 『易經』「繫辭下傳(1)」: "天地之大德曰生 聖人之大寶曰位. 何以守位? 曰仁. 何以聚人 曰財. 理財正辭禁民爲非曰義."

86) 『易經』「繫辭下傳(2)」: "日中爲市 致天下之民 聚天下之貨 交易而退 各得其所."

87) 『大學』(傳10章).

따라서 공자는 무위지치의 무위천하를 정치와 경제의 분화에 따라 무위덕치의 '공감장과 무위의 '자유시장'으로 이중화한 셈이다. 무위의 자유시장이 만능이 아니라서 매점매석과 독점의 자기모순과 자기파괴를 막는 최소한의 정부개입, 복지정책 등 국가의 인위적 양민養民·교민敎民정책이 필요하듯이, 다양한 감정에 대한 만인의 공감·교감능력과 시비지심의 도덕감각과 도덕감정으로 자율 조절되는 공감장도 마찬가지로 국가에 의한 최소한의 인위적 '정형政刑'작용이 필요하다. 따라서 공자의 '무위천하는 말없는 공감작용(시비지심)과 시장법칙(맹자와 사마천의 '자연지험')이라는 두 가지 무위의 '보이지 않는 손'과, 국가의 정형·정책작용과 언어적 공론장이라는 두 가지 '보이는 손'의 유위적 보완으로 운용된다. 그래서 공자는 노자처럼 '무위자연'이 아니라, '무위이치'를 말한 것이다. '무위이치'는 '부동이변不動而變 무위이성無爲而成'하지만89) 최소한의 치治를 포기할 수 없다. 아무튼 공자의 무위천하는 '보이지 않는' 공감적 시비지심과 가격법칙의 두 손길로 다스려지는 '공감장과 '자유시장'으로 이루어지고, 주권·영유권·통치권의 삼권분립에 기초한 국가는 불가피한 최소의 정형과 구빈·복지정책 등의 유위정책으로 이 두 장場의 한계문제들을 해결한다.

최소한의 이 '유위의 치'를 행하는 이상적 국가제도가 다름 아니라 '군주'와 '현신'의 '분권적 군신공치'에 기초한 제한군주정인 것이다. 여기서 '군주'란 '왕위천여론'='왕위민여론'에 따라 '하늘 같은 백성'으로부터 왕위를 수여받은 '대덕의 성군'이고, '현신'은 온 백성이 그 최고의 현능賢能을 인정해주는 '대인군자들'이다. (다만 오늘날 '대덕의 성군'은 '절차화'되어 국민을 대의하는 국회기제로 나타나고, '현신'은 대통령·총리·장관과 기타 고위공무원들로 나타난다. 국회의원과 이 관리들이 공자가 말하는 '대덕의 성군'과 '현신'의 이상에 합당한지는 별개의 문제다.) 명대의 내각제는 이 '분권적 군신공치'를 구현하는 여러 통치제도들 중 가장 발전된 것이다. 명대의 내각제는 17세기 말엽 찰스 2세와

---

88) 공맹이 '유위(有爲)의 보완정책'으로 제시한 일련의 복지정책에 대해서는 참조: 황태연, 「서구 자유시장론과 복지국가론에 대한 공맹과 사마천의 무위시장 이념과 양민철학의 영향」, 327-338쪽.
89) 『中庸』(26章).

윌리엄 템플의 추밀원 개혁을 통해 '영국화'되었고, 이후 영국으로부터 유럽대륙으로 전해지고 유럽으로부터 다시 전 세계로 확산되었다.

1.2. 송대의 절대군주정과 명대의 내각제적 제한군주정의 확립

■송대의 절대군주정과 일군만민―君萬民체제의 확립

송나라는 정치적으로 과거제의 철저한 시행으로 귀족층과 귀족정치를 몰락시키고, 과거시험으로 선발된 유능한 관리들에 의해 구성된 능력주의적 관료제의 뒷받침에 의해 군주에게 실질적 권력을 보장하는 "군주독재정치"[90] 또는 "군주전제체제"로서의[91] 절대군주제를 확립했다. 이 새로운 군주체제에서 군주는 세습귀족들이 소멸한 상태에서 명실상부한 최고권력자로 등극한 점에서 '동등한 자들 간의 제1인자(*primus inter pares*)'라는 귀족정에서의 군주 지위와 판연하게 다른, 명실상부한 절대군주였다. 이 '절대군주제'에는 이전의 의례적·명목적 존왕의식과 판이하게 다른 실질적 존왕의식이 조응했다.[92]

중국에서 귀족정은 육조부터 오대십국시대를 거쳐 왕안석의 신법확립까지 850년 이상의 중세시대(220-1076)에 가장 강력하게 발전했다. 이 귀족정은 상고대의 씨족정치와 완전히 다른 것이고, 또 주나라의 봉건제도와도 관계가 없는 특별한 종류의 것이었다. 중세 중국의 귀족은 천자로부터 봉토와 인민을 부여받은 분봉제도에서 발생한 것이 아니라 그 집안이 자연스럽게 지방 명망가로서 영속해온 관계에서 발생한 것이다. 따라서 귀족가문은 모두 족보를 중시했다.[93] 당대의 유명한 귀족가문은 정치적 위상에서 거의 "초월적"이었다. 제일

---

90) 內藤湖南, 「包括的唐宋代觀」(1922), 191쪽.

91) 內藤湖南, 「近代支那の文化生活」(1928), 206쪽.

92) 절대군주제와 동의어인 이 '실질적 존왕주의'는 근대에 주권확립과 국민국가 건설을 위해 봉건귀족세력이나 세도가문에 의해 사라지거나 무력화된 왕권을 되살리는 '신존왕주의'와 다르다. 이 신존왕주의에 대해서는 참조: 황태연, 『갑오왜란과 아관망명』(파주: 청계, 2017), 152-190쪽; 황태연, 『백성의 나라 대한제국』(파주: 청계, 2017), 284-362쪽, 황태연, 『한국 근대화의 정치사상』(파주: 청계, 2018), 395-511쪽.

93) 內藤湖南, 「包括的唐宋代觀」(1922), 191-192쪽.

류의 귀족이 반드시 천자·재상이 되는 것은 아니었을지라도 귀족만이 높은 관직에 오를 수 있었기 때문에 당시의 정치는 "귀족의 전유물"이었다. 천자의 지위는 귀족 중 실력자 집안에서 장악하는 경우가 보통이었지만, 천자가문이 반드시 제일류의 귀족은 아니었다. 당태종 치하를 보면 북방에서 제일류의 귀족집안은 박릉博陵 최崔씨, 범양范陽 노盧씨 등이었고, 당태종의 집안은 농서隴西 이李씨로서 삼류귀족이었다. 가문 간의 위계는 천자의 위력으로도 바꿀 수 없었다. 남조에서도 왕王씨·사謝씨 등의 귀족가문이 천자가문보다 훨씬 더 중시되었다. 이 가문위계로 귀족 간에 혼인관계를 규제하고 귀족가문들이 사회의 중심을 형성했으며, 가장 좋은 관직은 모두 귀족가문들이 독점했다.[94]

따라서 귀족정치시대의 군주의 위치는 때로는 실력자가 위계를 뛰어넘어 군주의 지위를 장악하는 일이 있더라도 이미 군주가 되면 귀족계급 가운데 하나의 기관이라는 성격을 벗어나기가 어려웠다. 군주는 귀족계급의 공유물로서 그 정치는 귀족의 특권을 인정한 위에 실행할 수 있었고 한 사람이 절대권력을 가질 수는 없었다. 군주는 일족, 즉 외척·종복까지도 포함한 일가의 전유물이어서 일가의 뜻에 반하는 경우에는 폐위가 실행되거나 죽임을 당하는 경우도 있었다. 육조부터 당에 이르기까지 시해·폐위가 잦은 것은 이런 사정 때문이었다. 하지만 귀족일가의 이런 사정은 다수의 서민과 거의 무관한 일이었다. 그리고 서민은 국가의 요소에서 아무런 중요성도 갖지 못했고 정치와는 무관한 존재였다.[95]

중세 중국의 귀족정에서는 귀족이 권력을 장악하는 것이 관례였으므로 당대의 정치적 중요기관인 상서성·중서성·문하성 중 문하성이 실질적 권력기관이었다. 중서성은 천자의 비서기구로서 조칙·명령의 초안을 만들고 신하의 상주上奏에 대해 비답을 작성하는 역할을 맡고 있었는데, 이 조칙이 확정되려면 문하성의 동의가 필요했다. 문하성은 문서검토의 권리를 갖고 있어서 만일 중서성의 문안이 부당하다고 생각할 때에는 그것에 대해 공박하고 문안을

---

94) 內藤湖南, 「包括的唐宋代觀」(1922), 192쪽.
95) 內藤湖南, 「包括的唐宋代觀」(1922), 193-194쪽.

되돌려 보낼 수도 있었다. 따라서 중서성과 문하성이 정사당政事堂에서 모여 의정회의를 갖고 협의해 결정하는 것이 통례였다. 중서성은 천자를 대표하고 문하성은 귀족관리층의 여론을 대표했기 때문이다. 상서성은 이 결정을 받아들여 집행하는 부서였다. 그런데 중서·문하·상서 삼성의 고위관리도 모두 다 귀족들이었다. 이 때문에 귀족들은 천자의 명령에 대한 절대복종을 몰랐다. 그리하여 신하의 상주에 대한 천자의 비답은 결코 명령이 아니라 늘 극히 우의적友誼的인 의견 표명, 즉 '지낳'로 나타났다.96)

그러나 이 중세식 귀족정이 당 말기부터 오대까지의 과도기에 전부 몰락하고 이를 절대군주정이 대체한 것이다. 귀족정치가 몰락한 결과, 군주와 백성이 이전보다 가까워지는 일군·만민 직통체제가 발생했고, 관리출사와 고위관직의 승진에서 귀족가문의 특권이 없어졌다. 이제 모든 관직은 전적으로 천자가 실시하는 과거제로 선발된 급제자들로 채워졌다. 이렇게 채워진 능력주의적 관료제도는 송대 이후에 점차 발달해 신사계층의 형성을 가져오면서 중국 국가제도의 기반이 되었다.97) 송대에 귀족정의 몰락과 절대군주정의 확립을 제도적으로 보여주는 대표적 변화는 중서성과 문하성을 통합한 중앙관서인 '중서문하성'의 출현이었다. 조칙·명령의 초안을 만들고 상주문에 비답을 작성하는 역할을 맡은 천자의 비서기구 '중서성'이 귀족층의 대표기구라고 할 수 있는 '문하성'을 흡수해서 '중서문하성'이 된 것이다. 과거에 까다롭던 '문하성 동의'가 필요 없게 된 것이다.

중세 귀족정에서 "군주는 단순히 귀족의 대표 위치에 있는 존재였다"는 테제가 중세 중국의 정치적 본질을 요약하는 것이다. 그런데 근세에 들어서 귀족층이 몰락하자 군주라는 기구는 신민 전체를 직접 대하는 존재, "신민 전체의 공적 소유물"이 되었다. 이제 이런 군주는 "더 이상 귀족단체의 사유물일 수 없었다".98) 일군만민一君萬民체제가 들어선 것이다. 그렇다고 군주가

---

96) 內藤湖南, 「包括的唐宋代觀」(1922), 194-195쪽.

97) 內藤湖南, 「包括的唐宋代觀」(1922), 193쪽.

98) 內藤湖南, 「包括的唐宋代觀」(1922), 194쪽.

"신민 전체의 대표자"가 된 것은 아니고, 다만 백성들을 직접 마주하는 "절대권력의 주체"가 된 것이다. 군주의 위치는 귀족시대에 비해 상당히 안전해졌고, 이에 따라 폐위도 용이하게는 실행될 수 없었고, 군주시해도 거의 없어졌다.[99]

물론 원대元代에 씨족정치적 귀족이 다시 등장한 것은 중국역사에서 특별한 예외였다. 그것은 후진적·씨족정치적 몽고문화의 유입에 따른 것이었다. 그리하여 원대 황실에는 여전히 "귀족정치의 잔해"가 남아 있었다. 원대에는 단지 "민정民政"에서만 "근세적 색채"를 띠었다.[100]

나아가 송대에 절대군주정(일군만민체제)과 과거제·관료제의 확립과 동시에 화폐·시장경제가 촉진되면서 백성들이 귀족정으로부터 해방되고 자유와 기회균등을 누릴 수 있게 되었다. 백성의 지위가 향상된 '백성의 시대'가 열린 것이다. 송조가 인민의 지위를 일의적으로 정의한 바는 없지만 인민의 사회경제적 지위와 사유재산상의 권리가 과거 귀족정시대와 달리 크게 확대되었다.

귀족정치시대에 인민은 원래 "귀족 전체의 노예"였다. 수隋·당唐시대에 중국 정부는 인민을 귀족의 손에서 해방시켜 국가가 직접 관리하는 존재로 바꾸고, 특히 농민을 '국가의 소작인'과 같이 취급하는 제도를 도입했다. 하지만 귀족이 사실상 정치권력을 쥐고 있었기 때문에 인민은 다시 "군주를 떠받드는 귀족단체의 소작인"과 같은 상태가 되었다.[101] 그러나 국가토지에 할당된 인민은 국가에 대한 각종 요역徭役, 토지에 대한 긴박 등 아직도 봉건적 구속이 잔존하고 있었을지라도 '귀족장원의 소작인(佃戶)'보다 자유로웠다.

수·당시대 토지분배제도도 조세의 성질을 통해 그 특징이 잘 드러나듯이 인민의 이런 지위와 밀접한 관계가 있었다. 당대 중기부터 조租·용庸·조調 제도가 자연스럽게 무너지고 (여름과 가을에 두 번 내는) 양세兩稅제도가 도입되어 인민의 거주가 제도상 자유로워지게 되어 지조 수납도 화폐로 대납하게 되었다. 이 때문에 인민은 토지에 긴박된 노예·소작인과 같은 위치에서 자연스

---

99) 內藤湖南, 「包括的唐宋代觀」(1922), 194쪽.

100) 內藤湖南, 「包括的唐宋代觀」(1922), 194쪽.

101) 內藤湖南, 「包括的唐宋代觀」(1922), 196쪽.

럽게 해방될 단서가 마련되었다. 그리고 이어서 송대에는 왕안석의 신법新法에 따라 인민의 지위가 토지소유권자로서 점점 더 확실해졌다. 청묘전靑苗錢과 같은 저리의 자금융자제도도 농민에게 토지수확물의 자유처분권을 전제로서 확립하는 결과를 가져왔다. 또한 종래의 부역을 고역雇役(임노동)으로 바꾸는 고역제雇役制 또는 모역제募役制는 당시의 노동관계에 가장 적합한 것이었다.

"귀족계급을 소멸시켜 군주와 인민이 직접적으로 상대하게 된 것은 근세적 정치의 상황이 조성된 것을 의미한다."[102] 또한 이 "군주독재시대에 관리의 지위는 일반서민에게 분배되었다는 점에서 기회균등을 허용했다".[103] 명실상 부한 일군만민의 '실질적 존왕체제'가 들어선 것이다.

이런 의미에서 노비와 전호(장원소작인)를 제외한 모든 인민의 자유와 기회균 등이 확립된 송대는 "평민발전의 시대"였다. "중국에서 평민발전시대"는 곧 "군주전제시대"(절대군주시대)이고,[104] 왕안석의 새로운 과거제도가 시행되던 시 대였다. 귀족가문이 지배했던 중세시대는 귀족가문이 정치적 권력을 독점하고 평민을 억압했기 때문에 귀족에 대해 실제로는 권력이 없었던 군주처럼 평민도 어떠한 권력도 갖지 못했다. 동일한 처지에 놓여 있었던 군주와 평민은 귀족정 치가 무너지면서 귀족으로부터 해방된 것이다. 군주와 평민 사이의 권귀權貴(권 력귀족)들이 사라져 평민이 해방된 시대가 곧 군주도 해방된 시대인 것이다. 군주는 정권을 독점하고, 평민은 중간의 귀족가문의 억압·수탈 없이 군주에 의해 직접 지배되었다. 이 때문에 군주전제시대, 즉 절대군주시대는 곧 평민발 전시대였던 것이다.[105] 절대군주제는 귀족층이 소거된 일군만민체제이기 때문 이다.

신법의 청묘법은 평민에 의한 토지의 사유를 전제하는 것으로 결국 농민의 토지소유를 인정하는 효과를 가져오고, 또 고역(묘역)제는 자유노동을 인정함으 로써 자기 임의로 제공하는 노동의 대가로 임금을 받는 "노동의 자유" 또는

---

102) 內藤湖南, 「包括的唐宋代觀」(1922), 196-197쪽.

103) 內藤湖南, 「包括的唐宋代觀」(1922), 198쪽.

104) 內藤湖南, 「近代支那の文化生活」(1928), 205-206쪽.

105) 內藤湖南, 「近代支那の文化生活」(1928), 206-207쪽.

"노동의 권리"를 백성들에게 인정해주는 효과를 가져왔다.106) 동시에 "상공업 생산품의 자유"도 대체로 송대에 인정되었다. 정부가 인민과의 화매和賣(자유매매)방식으로 전지田地·비단 등을 저당 잡고 정부로부터 2할의 이자로 돈을 빌려주는 왕안석의 시역법市易法은 사인들 간의 자유합의에 입각한 '화매'를 확산시킴으로써 상공인의 물건소유권을 확립했다.107) 나아가 자기 재산을 신고하고 2할의 세금을 내는 왕안석의 수실법手實法에 의해 인민의 "전반적 재산의 자유"도 확립되었다.108)

종합하면, 송대 절대군주정 치하에서 백성이 귀족지배, 봉건적 토지긴박, 부역 등으로부터 해방되고 재산권과 임노동의 주체로서 거주이전의 자유와 계약의 자유를 향유하게 됨으로써 '근대적' 사회경제관계가 확립된 것이다. 자기의 토지, 자기의 노동, 자기의 재산 등에 대한 소유권 일반의 확립을 통해 정부가 보호하는 국민의 근대적 사유재산권이 확립되었다.109) 이런 것들은 세계사 초유의 변혁이었다. 이렇게 하여 송대 절대군주제와 일군만민체제하에서 노비제도까지 소멸한 것은 아닐지라도 '백성의 시대'가 열린 것이다. 이 일군만민적 절대군주제는 명대에 내각제가 발달함으로써 내각제적 제한군주제로 변화·발전한다.

■ 명대 내각제의 기원과 내각제적 제한군주정의 확립

중국정부는 새로운 왕조를 세우는 초기단계에서 여느 혁명기구와 마찬가지로 혁명독재적이었던 것이 사실이다. 그러나 왕조수립 작업이 끝난 뒤 명·청대의 중국정부는 황제가 '본보기'의 의례적 지위로 물러나고 명실상부하게 6-10인의 내각대학사가 다스리는 '내각제'의 집체적 통치(collegial government)로 전환되었다. 그리고 지방도 유사하게 성省·현縣 단위에서 성·현 차원의 내각정부의 집체적 지배로 전환되었다. 마을은 향촌의 신사들과 일반백성이 참정하는 자치

106) 內藤湖南, 「近代支那の文化生活」(1928), 207-208쪽.
107) 內藤湖南, 「近代支那の文化生活」(1928), 208-209쪽.
108) 內藤湖南, 「近代支那の文化生活」(1928), 209쪽.
109) 內藤湖南, 「近代支那の文化生活」(1928), 209쪽.

향정鄕政체제로 넘겨졌다.

주원장朱元璋(1328-1398), 즉 명태조 홍무제洪武帝(재위 1368-1398)는 개국 초에 송대의 절대군주정을 계승해서 진시황이 도입한 재상제도로 중앙정부를 구성했다. 홍무 6년에 임명된 초대 재상(승상)은 호유용胡惟庸이었다. 그러자 즉각 중서성中書省을 장악한 호유용의 권한이 지나치게 커져 승상독재체제로 변질되면서 황제권과 충돌했다. 재상제에서 일체의 장주章奏는 중서성의 논의를 경유해야만 어전에 도달할 수 있었다. 따라서 "내외 제 기관의 장주는 입주入奏되면 호유용이 먼저 보았고, 자기를 헐뜯는 말이 들어 있는 것은 잽싸게 감추어 황제가 듣지 못하게 했으니, 다투어 벼슬을 구한 무리는 그 문하로 달려갔다".110) 그리하여 호유용의 '탐회농권貪賄弄權'이 극에 달했다.111) 황제친정의 독임제적(monocratic) 결정이 초래하는 독단·독재의 문제가 재상제에서도 재상의 독임제적 결정권으로 그대로 반복된 것이다.

이에 태조는 홍무 13년(1380) 친정親政을 결단하고 '탐회농권'을 일삼은 호유용을 모반으로 몰아 처형한 후 혁명독재체제를 수립했다.112) 태조는 호유용의 배신으로 통한痛恨이 극심한 나머지 치죄를 승상제도에까지 확대해 "중서성을 혁파하고 옛 육경제도를 모방해 육부를 승격시켜 각 관청으로 하여금 나누어 일하게 하노니, 이와 같으면 업무가 한 관청에 전담되지 않아 일이 옹폐에 처하지 않을 것이다"라고 유시하고113) 스스로 육부를 직접 지휘하는 '친정'체제 구축을 단행했다. 육부상서의 품계를 정2품으로 높이고, 대도독부를 좌·우·중·전·후의 오군도독부로 고쳤다.114) 그리하여 "1380년 이후 명조의 정부는 어떤

---

110) 谷應泰, 『明史紀事本末』 卷一三 第一二七頁: "內外諸司封事入奏, 惟庸先取閱之, 有病己者 輒匿不聞 由是奔競之徒 趨其門下." 杜乃濟, 『明代內閣制度』(臺北: 臺灣商務印刷書館, 1967), 一〇쪽에서 재인용.

111) 谷應泰, 『明史紀事本末』 卷一二八三 劉基傳 第五頁. 杜乃濟, 『明代內閣制度』, 一〇쪽에서 재인용.

112) 夏燮(著), 『明通鑑』(北京: 中華書局, 1959) 卷七 洪武十三年(庚申 1380), 三六九쪽.

113) "革去中書省 陞六部仿古六卿之制 俾各司所事, 更置五軍都督府, 以分領軍術, 如此則不事 傳於一司, 事不留於壅蔽." 『昭代典則』 第一章 第一頁. 杜乃濟, 『明代內閣制度』, 一〇쪽에서 재인용.

114) 夏燮(著), 『明通鑑』 卷七 洪武十三年(庚申 1380), 三七二쪽.

단 한 명의 임명자도 군대에 대해서든, 일반행정에 대해서든, 감찰체계에 대해서든 결코 총괄적 통제권을 얻을 수 없도록 구조화되었다".115) '균형과 견제'의 권력분립제가 도입된 것이다. 그리고 황제 직속으로 환관들이 담당하는 비밀정보·테러기관 '동창東廠'을 신설했다. 이리하여 관료기구에 대해 우월적 지위를 갖는 새로운 권력중심은 황제·환관·비밀경찰로 구성되었다.116)

승상을 폐한 뒤에도 황제는 승상폐지를 대대로 확실히 하기 위해 「조훈祖訓」을 내렸다. 다음은 「조훈」의 요지다.

> 옛적 삼공이 도를 논하고 육경이 분직分職한 이래 일찍이 승상을 설립한 적이 없다. 진시황 때부터 승상을 설치했다가 돌이키지 못하고 이를 따르다가 나라가 망했다. 이런 까닭에 한·당·송은 현명한 승상이 있었을지라도 그간에 이 제도를 쓰는 경우에 역시 소인들의 전권난정專權亂政이 많았다. 이제 나는 승상을 혁파하고 오군·육부·도찰원·통정사·대리사 등의 관서를 설치해 천하서무를 분리 처리케 하고, 대권은 하나로 조정에 귀속시키며, 입법을 모두 다 상서롭고 좋아지게 하노라. 이후 황위를 잇는 군주들은 승상설치를 논의하지 말며, 신하가 감히 이런 주청을 하는 경우에는 중죄로 다스려라.117)

여기서 중죄는 "범인을 능지처참하고 전 집안을 사형에 처하는" 것이다.118) 태조의 이 혁파의 목적은 그 뜻이 권력을 분산·견제시켜 권신의 전횡을 억지하고, 다시 대권을 황제에 귀일시킴으로써 황제가 만기를 친정해 '국치민안國治民安'을 기하고 나라의 복을 영구히 보존하려는 것이었다. 그리고 유교경전, 특히 『맹자』에서 황제권의 제한을 언급한 구절을 모조리 삭제케 했다.119) 그야말로

---

115) Charles O. Hucker, "Ming Government", in: Denis Twitchett and Frederick W. Mote (ed.), *The Cambridge History of China*, Volume 8, The Ming Dynasty, 1368-1644, Part 2 (Cambridge: Cambridge University Press, 1998; Reprinted 2007), 76쪽.

116) Osterhammel, *China und Weltgesellschaft*, 71쪽.

117) 夏燮(著), 『明通鑑』 卷七 洪武十三年(庚申 1380), 三七二쪽.

118) 杜乃濟, 『明代內閣制度』, 一○쪽에서 재인용.

119) Osterhammel, *China und Weltgesellschaft*, 71쪽.

황제가 만기를 친람(친정)하는 혁명독재였다.

그러나 '만기친람'이란 말이 그렇지, 황제 1인으로서는 '죽어도' 불가능한 일이었다. 천하의 일은 너무 많고 번잡해 몸소 일일이 처리할 길이 없었다. 당시 업무량 통계를 보면 "홍무 17년 9월, 급사중 장문보張文輔가 말하기를, 14일부터 21일까지 8일간 내외 제 관청의 장주는 약 1,160건에 달하고, 일은 도합 3,291건에 달한다고 했다. 이에 주상은 칙유하기를, 짐이 하늘을 대리해 만물을 다스리고 만기를 총람한다고 조정신하들이 말하는데, 어찌 일일이 두루 미치겠는가? (…) 라고 했다".[120] 이것은 홍무제가 하루에 평균 145건의 장부를 읽고 응신하고 조치해야 했고, 업무는 하루에 411건을 처리해야 했다는 말이다.

이런 이유에서 승상을 폐한 해인 1380년 9월 태조 홍무제는 기유耆儒들 중에서 황제의 국무를 보좌할 '비고문備顧問'을 뽑아 춘하추동春夏秋冬의 사보관四輔官을 설치했다.[121] 그러나 태조는 '호유용의 옥사' 때 너무 많은 인재를 죽여 기유들이 부족했던 까닭에 홍무 15년(1382) 사보관제를 다시 폐지할 수밖에 없었다.

태조 홍무제는 사보관 대신에 과거시험 장원급제자들이 모여 있는 한림원으로 관심을 돌리고 이곳의 젊은 인재들을 중용해 보좌를 받기 시작했다. 태조는 한림원 관원들을 '고금에 박통하고 자기 몸이 이미 수신되어 있으며 자기 집이 이미 다스려져 있는' 선비들로 여기고 자문에 대비케 했다. 한림원 관원은 수적으로 많았고, 품계가 낮아서 전권專權을 쥘 수 없었다. 이것은 태조의 의도에 알맞은 조건이었다. 그런데 그들은 '비고문備顧問'에 그친 것이 아니었다. 태조는 홍무 14년(1381) 10월부터 이미 한림원 관원들을 시켜 형사사건을 논결論決케 하고 제諸 관청의 장주를 비평·논박하도록 했다. 따라서 엄격히 말하면 이때부터 한림원 관원들은 정사에 참여한 것이다. 한림원 관원의 이런 기무機務 참여로 이미 내각제도의 싹이 트기 시작한 것이다.[122]

---

120) 孫承澤(撰),『春明夢餘錄』(珍本: 1883; 影印本: 香港: 龍門書店, 1965), 289쪽(卷二五 第二項). 또 참조: Hucker, "Ming Government", 76쪽.

121) 曺永祿,『中國近世政治史硏究』(서울: 지식산업사, 1988), 43쪽.

122) 참조: 杜乃濟,『明代內閣制度』, 一八쪽.

다만, 정사正史에만 '내각대학사' 제도가 홍무 15년(1382) 11월에 시작된 것으로 기록되어 있을 뿐이다. 이때 화개전·무영전·문화전·문연각·동각 등 '3전2각'이 등장했다.123) 이렇게 하여 명·청조에 길이 이어지는 5전각 또는 6전각의 내각제가 기틀을 잡았다. 그러나 대학사의 품계는 육부의 낭중郎中 벼슬에 상당한 5품에 지나지 않아 승상 1품, 사보관 3품에 비해 아주 낮은 편이었고, 이 내각을 설치하는 법령도 없었다. 그리고 그 직무는 대개 비서·고문에 머물러 있었다. 홍무제는 대학사 설치 초기에 '호유용의 화'를 거울삼고 또 이런 일이 있은 지 얼마 되지 않았으므로, 다만 대학사들에게 "좌우에서 시중들고, 고문顧問에 대비하고, 군국軍國의 일은 집행하지 말도록" 명했다.124)

그러나 한림원의 직무는 왕의 고문에 대비하는 것 외에도 조칙을 찬의撰擬하고, 장주를 고찰해 논박하는 데까지 자연스레 확장되었다. '조칙찬의'로 인해 장주를 고찰·논박하는 것은 능히 왕의 교지인 '지旨'라고 칭할 수 있었다. 그리고 아직 이때는 '내각'이라는 말도, 내각 내부의 위계조직도, 그 직급도 생기지 않았지만, 한림원 관원들은 이 고찰·논박을 대행하면서 이 일에 숙달되었고, 이로써 이들이 승진해 대학사가 되는 길도 열렸다.

전각대학사들이 일상적으로 기무에 참예參預(참여)하는 내각제는 문연각을 '내각'이라고 부르기 시작한 제3대 태종 영락제(재위 1402-1424) 때부터 관습적으로 고정되어 가시화되었다. 제2대 혜종 건문제建文帝의 제위를 즉위 4년 만에 무력으로 찬탈한 영락제는 한림원 시독侍讀들을 발탁해 황회黃淮, 양사기楊士奇, 호광胡廣, 김유자金幼孜, 양영楊榮, 호엄胡儼 등과 함께 모두 다 문연각에 입직시켜 '기무참예'하게 했다. 내각의 기무참예는 이로부터 시작되었다.125) 이때부터 천자를 전각 아래서 늘 모시고 '기무참예'하는 이들을 — '재상'이라는 이름을 피하기 위해 — '내각'이라고 불렀다.126) 따라서 '내각'이라는 말은 '전각대학사

123) 『續文獻通考』 卷三二 第三二五八頁. 杜乃濟, 『明代內閣制度』, 一八쪽에서 재인용.

124) 傅維鱗(纂), 『明書』 卷六五 職官一 第一三〇八頁. 杜乃濟, 『明代內閣制度』, 一八쪽에서 재인용.

125) 張廷玉 等(撰), 『明史』(乾隆四年刻本, 中華民國24年 즈음 影印) 卷一百十七 列傳第三十五, 四一二〇쪽. 다음도 참조: 杜乃濟, 『明代內閣制度』, 二〇~二一쪽.

라는 말보다 뒤에 생겨났다. 원래 '문연각'을 가리키는 '내각'이라는 명칭은 문연각이 오문午門(자금성의 제4문인 정문) 안의 동남쪽 모퉁이에 위치해 있고[127] 청사출입이 외부에 대해 엄중히 통제되었기에 붙여졌다.

영락제는 한림원 시독들 중에서 "해진解縉 등 7인을 간택해 내각에 들어와 문연각을 맡아 육부의 대정大政을 평장하라는 조칙을 내렸다".[128] 각신閣臣들은 "앞에 칸막이를 세우고 황제와 밀착된 자리에서 기무를 기획했다造膝前 密勿謨劃".[129] 그리하여 황제의 전단專斷친정은 종식되었고, 전각대학사의 역할이 급속히 커졌다. 그러다가 제4대 홍희제 인종(1424-1425)과 제5대 선덕제 선종(1425-1435) 대에 이르면 내각제가 '완비'되기에 이른다. 이런 변화 과정에서 내각대학사의 그룹인 '내각'은 집단적으로 '정부'라는 명칭으로도 불렸다.[130]

내각제는 다음 3단계를 거쳐 완성되었다. 첫째, 대학사들이 분야를 나누어 정사를 분업적으로 처리했다. 영락제 때 '내각'은 곧 문연각을 가리켰고, 기타 전각은 다 '내각'이라는 명칭이 없었다. 그런데 영락 20년(1424) 8월에 즉위한 제4대 인종 홍희제는 '근신전謹身殿'과 '근신전대학사'를 증설해 4전2각을 만들어 내각대학사를 6명으로 늘렸다. 내각의 기밀정무의 직책은 동각·문연각·문화전·무영전·화개전·근신전의 6개 전각으로 나뉘고, 전각마다 대학사를 두었다.[131] 내각의 모든 전각이 이것에 준해서 변하고 규정을 갖추게 되었다. (제11대 세종 가정제嘉靖帝 41년 때, 화재 뒤에 '화개전'은 '중극전中極殿'으로, 근신전은 '건극전建極殿'으로 개명되었다.[132])

둘째, 내각의 지위가 제고되었다. 영락제 때 내각대학사의 지위는 그 품계가 겨우 5품이라서 상서와 시랑의 뒤에 놓였지만, 홍희제 때에 양영 등이 시랑으로

---

126) 참조: Hucker, "Ming Government", 77쪽; 杜乃濟, 『明代內閣制度』, 二〇쪽.

127) 孫承澤(撰), 『春明夢餘錄』, 243쪽(卷二十三 第一項).

128) 『官制備考』上卷 第二頁. 杜乃濟, 『明代內閣制度』, 二〇쪽에서 재인용.

129) 『明政統宗』卷七 第四頁. 杜乃濟, 『明代內閣制度』, 二〇쪽에서 재인용.

130) Hucker, "Ming Government", 77쪽.

131) 참조: 杜乃濟, 『明代內閣制度』, 二二쪽.

132) 참조: 杜乃濟, 『明代內閣制度』, 四九쪽.

서 대학사를 겸임함으로써 내각이 3품 직함을 달았고, 양사기 등이 '소보少保' 등의 관직을 더해 내각의 지위가 소위 삼호관三狐官(소사少師·소부少簿·소보)에 이르렀다. 내각대학사는 '삼양(양영·양사기·양부楊簿)을 비롯해 동궁 구관으로서 노고의 연수年數가 쌓여 상서로 승진해 삼호를 겸임한 뒤에 관직 품계가 5품에서 1·2품으로 뛰어올랐다. 이것은 명대 내각 지위의 일대 변혁이었다. 각신의 지위는 비록 높았을지언정 명태조 이래 내각대학사가 다 불변적으로 5품에 머물러서, 사보·상서의 관직 등을 겸임케 함으로써 품계를 간접적으로 높이는 편법을 쓴 것이다.[133] 그러나 내각대학사가 삼호·상서·시랑을 겸임해도 그들은 전적으로 내각업무만을 처리했고, 삼호·상서·시랑의 일은 보지 않았다. 즉, 내각대학사의 삼호·상서·시랑의 벼슬은 단지 관품만을 높이는 기능을 하는 '산관散官'(명예벼슬)이었던 것이다. 지위가 제고된 '삼양'은 20년간 삼인동심으로 천자를 보좌했다.[134]

셋째, 내각의 권력이 날로 증가했다. 제3대 태종 영락제 때 내각은 육부와 삼원의 제諸 관청의 장주를 전일하게 통제하지 못했고, 또한 육부·삼원의 일에 상관하지 못했다. 그러나 제4대 인종 홍희제는 "자신의 유학자 보좌진에 대해 전대미문의 존경심을 품었기" 때문에,[135] 내각으로 하여금 제 관청의 장주를 내각의 관할하에 두고 전일하게 통제하게 했다. 육부는 이제 다 내각에 품신해 내각의 '지旨'를 받아 집행해야 했다. 이것은 내각의 지위가 제고됨에 따라 내각의 권력이 점차 커진 결과였다. 그리하여 내각대학사는 송·요·금·원나라의 삼성三省(문하·중서·상서성)장관이나 다름없는 지위와 권위를 얻었다.[136] 그러나 내각이 장주만이 아니라 모든 기무까지도 독점적으로 관할하에 둔 것은 더 훗날의 일이다. 제4대 인종 홍희제 시기와 제5대 선종 선덕제 초기에는 이부상서 건의蹇義와 호부상서 하원길夏元吉도 기무에 참예하고 있었기 때문이다.[137]

---

133) 참조: Hucker, "Ming Government", 77쪽.

134) 참조: Hucker, "Ming Government", 78쪽; 杜乃濟, 『明代內閣制度』, 二二~二三쪽.

135) Hucker, "Ming Government", 78쪽. 홍희제는 "유학자 관원들에 의해 주도면밀하게 통치를 위해 훈육된 최초의 황제"였다.

136) 참조: 杜乃濟, 『明代內閣制度』, 二三쪽.

내각권력이 날로 증가한 원인은 앞서 말한 대로 제3대 태종 영락제 때 백관이
정사를 필하고 조정에서 퇴청한 후에 천자가 각신들과 더불어 앞에 칸막이를
세우고 밀착된 자리에서 기무를 기획한 데 있었다. 심야까지 황제가 각신들과
얼굴을 마주하고 정사를 의논하니 대권이 자연스럽게 각신들의 손으로 넘어갔
다. 제4대 인종 홍희제에 이르러서는 기무를 두고 꼭 계획하고 의론해야 하는
경우가 있을 때마다 필히 임금이 친필로 양영 등의 이름을 쓰고 어보御寶를
찍어 표시하거나, 혹은 어압御押으로 봉인해 내려보내서 그들로 하여금 기획하
게 했다. 양영 등은 조목조목 답변해 아무도 볼 수 없게 그것을 문연각 도장으로
봉인해 올렸다. 그리하여 황제는 이 '쪽지판단', 즉 '첨판簽辦'에 정사를 위임할
수 있었다.138)

이런 관행으로부터 이내 이른바 '표의票擬제도' 또는 '조지條旨제도'가 발전되
어 나왔다.139) "제5대 선종 선덕제宣德帝 3년, 황제가 내각에 거둥하는 것을
번거롭게 여기므로 대학사들이 무릇 중외의 장주를 다 보고 소표小票에 작은
글씨로 써서 각 상소문의 지면에 붙여 진상하니 이를 '표의' 또는 '조지'라
일컬었다. '표의' 또는 '조지'라는 명칭은 이렇게 시작되었다."140) 이 '조지' 또는
'표지票旨' 또는 '표의'는 황제가 각신들과 얼굴을 마주 보고 정사를 의논하는
'면의面議'를 대체한 것이다. 중외의 모든 장주는 이제 다 대신들의 '쪽지판단'에
일임되었다. 그리고 각 아문의 장주는 다 내각에 보내지고 내각은 '표의'했다.
이 표지권·표의권을 바탕으로 '내각권', 즉 내각에 고유한 의정권(정책심의·의결
권)이 형성된다. 의정이 있는 곳은 그 권세가 부득불 중할 수밖에 없다. 후에
삼양이 내각에 있은 지 오래되고 점차 상서를 겸했고, 그러고 나서는 산관이
소보·소부에 이르러 비록 재상의 명名이 없을지라도 재상의 실實이 있었다.141)

---

137) 孫承澤撰),『春明夢餘錄』, 250쪽(卷二十三 第十五項).

138) 참조: 杜乃濟,『明代內閣制度』, 二三~二四쪽.

139) 曺永祿,『中國近世政治史研究』, 43쪽, 尹貞粉,「正統·天順年間의 經史講論과 정국운영」,
     『中國史研究』第61輯(2009. 8.), 84쪽.

140)『續通典』卷二五 職官 第一二六九頁. 杜乃濟,『明代內閣制度』, 二四쪽에서 재인용. 다음도
     참조: 崔晶姸,「明朝의 統治體制와 政治」, 서울大學校東洋史學硏究室 編,『강좌중국사(IV)』(서
     울: 지식산업사, 1989), 20쪽.

그러나 각신은 그럼에도 '재상' 또는 '승상'과 본질적으로 달랐다. 1인 '승상'은 독임적 결정권자이고 동시에 육부의 행정권과 인사권을 장악한 집행권자였지만, 6인의 내각대학사들은 황제와의 분업에 더해 표의권의 업무별로 권한을 나눈 분업에 처해 있어 큰 국사의 경우에는 단독으로 처리할 수 없고 서로 협의해야 하는 '집체적' 결정권자들인 데다, 육부의 집행부서와 분리된 순수한 의정권자로 남아 있었기 때문이다.

각신임명은 처음에 황제가 피임용자의 '문학·행실·학식·직책(文學行誼才識而授職'을 고려해 친히 발탁하는 황제 '특간特簡'으로 시작되었으나 점차 '회추會推' 또는 '정추廷推'로 변해갔다. '회추'(정추)란 수백 명의 조정대신大臣들이 모여 대신 중에서 적임자를 선거해(會擧) 황제에게 간용簡用의 황지皇旨를 내려줄 것을 청하는 것을 말한다. 명초 영락제 때에는 각신을 뽑아 쓸 때 주로 특간을 이용했다. 이때는 많은 각신이 한림원 출신이었다. 제4·5대 홍희·선덕까지도 이 특간방법을 답습했다. 그러나 삼양 이후 각신을 황제가 친히 특간하는 경우는 극소화되었다. 이 시기에는 팽시彭時와 구정丘正만이 예외적으로 특간되었을 뿐이다. 명대 중엽에는 '회추'를 많이 이용했다.142) 『명서明書』에 의하면, 황제는 '회추'로 추천된 자를 그대로 대학사직에 임명했다.143) '회추'는 명대의 내각제도가 이미 공고하게 확립되어 높은 궤도를 달리고 있음을 보여준다. 명대 중엽 이미 회추는 관례가 되었고, 예외는 거의 없었다.

그런데 제6대 천순제 때 이현李賢(1408-1466)이 자연발생적으로 내각의 '수보首輔' 또는 '수상首相'으로 칭해지고 대우받았는데, 이때부터 조정의 각신회추권은 의례적 명칭이 되고 – 훗날 명조의 내각제를 받아들인 영국에서 수상의 장관임명권처럼 – 수보의 각신임명권으로 변했다. 조정을 실제로 조종하는 자가

---

141) 참조: 杜乃濟, 『明代內閣制度』, 二四쪽.

142) 참조: 杜乃濟, 『明代內閣制度』, 六九~七十쪽.

143) 『明書』 卷一三一 第二六〇四頁: "10대 정덕치세 중에 각신이 결원이 있음을 알고 조정대신들에게 회추하도록 명했다. 황상(皇上)의 뜻은 새로운 귀인을 쓰고자 하는 것인데, 황상은 다 이미 치사(致仕)한 늙은 석학들을 추천한 것을 보고 언짢아하며 다시 회추를 명해 처음으로 적난(翟鸞)에 이르니 황상은 그를 쓰지 않을 수 없었다." 杜乃濟, 『明代內閣制度』, 七十쪽에서 재인용.

수보였기 때문이다. 가령 제13대 신종 만력제 때는 황제가 임명한 대학사는 실은 다 장거정에 의해 추천推選된 바였다.[144] 수보가 천거하는 대학사 후보는 회추를 거쳤지만, 회추는 수보에 대한 신임 속에서 '의전화'되고, 황제의 최종 임명비준도 '의전화'되었다.

조정중신들의 회추권과 수보의 각신인사권의 확립은 표의권과 함께 중국의 내각제도가 황제의 비서기구가 아니라 황제로부터 독립해 황제권을 제한·견제하는 자립적 권력기관으로 발전하고 제정帝政은 '내각제적 제한군주정'으로 전환되었음을 뜻한다. 환언하면, 명대의 황제군주정은 애초에 '혁명독재'의 절대군주정으로 출발했지만, 내각이 표의제도로 모든 의정권을 장악하고 회추와 수보체제를 통해 완전한 각신인사권을 행사하게 됨으로써 황제의 주도적 의정권과 각신인사권이 소멸하고 명조 중엽부터 황제가 의례적 지존至尊으로만 군림할 뿐인 '내각제적 제한군주정'으로 변화·발전한 것이다. 그리하여 공자의 이상대로 "임금은 천하를 영유하나 이에 간여하지 않는다"는 통치체제가 명실상부하게 확립된 것이다.

명대 관리들도 이 내각제적 제한군주정이 공자의 무위이치無爲而治 철학과 부합된다고 해석했다. 가령 사경국司經局 세마洗馬 양수진陽守陳은 황태자에 대한 경연에서 『서경』「주서·무성武成」편을 진강進講하면서 순임금의 '무위지치'와 무왕의 '수공지치'를 거론하며 내각제를 공자의 무위지치 철학으로 정당화한다.

일찍이 순임금은 '무위지치'를 했다고 논칭論稱했고, 또 「주서」에는 무왕이 '수공지치'를 했다고 칭했습니다. (…) 이것이 무엇입니까? 무릇 순임금이 '무위'한 이유는 산과 깊은 내를 봉하고 상공相公들을 등용하고, 흉액을 제거함으로써 이들이 하나라도 그 도를 다하지 않는 일이 없게 한 때문입니다. 무왕이 '수공垂拱'한 이유는 열작분토列爵分土함으로써 덕을 높이고 공에 보답해 하나라도 그 마음을 다하지 않는

---

144) 수보체제 확립 이후 '회추'라는 이름은 공적(公的)이었을지라도 주도자는 한두 명에 그쳤고, 나머지 대신들은 감히 다 발언하지 못했다. 발언하면 공연히 화를 입었을 따름이다. 참조 杜乃濟, 『明代內閣制度』, 七十쪽.

일이 없게 한 때문입니다. 이 황제들은 둘 다 정무에 힘쓰고 유위有爲하는 것을 염려하며 이로써 마침내 능히 느긋하게 무위할(무엇을 하게 하지도 않고, 못 하게 하지도 않을) 수 있었던 것입니다.[145]

양수진은 이와 같이 황제의 '유위'를 염려하며 '무위지치'를 권하면서 이것이 경전에 부합된다고 논하고 있다.

1578년 중국에 입국해 30여 년을 중국에서 산 예리한 중국 관찰자 마테오리치는 16세기 말엽 명대 중국의 내각제적 제한군주정의 실질적 권력관계와 독립적 내각권을 철저히 조사해 정밀하게 기술해 놓고 있다.

우리가 중국의 통치형태가 군주제라고 이미 말했을지라도 그것이 얼마간 귀족정 (aristocracy)이라는 것이 말한 것으로부터 분명하지 않을 수 없고, 앞으로 기술하는 내용에 의해 더 분명해질 것이다. 행정관들에 의해 기안되는 모든 법규가 황제에게 제출된 재가신청서에 글을 씀으로써 황제에 의해 확인될지라도 황제 자신은 행정관들에게 자문하거나 이들의 조언을 고려하지 않는다면 중요한 국사에서 최종결정을 내리지 못한다. 우연히 어느 사적 시민이 황제에게 청원을 제출한다면 - 이런 모든 문서는 황제 앞에 도달하기 전에 행정관들에 의해 먼저 정사精査되어야 하기 때문에 이런 일은 거의 일어나지 않을 것이다 -, 그리고 그가 이 청원에 개인적 숙고를 부여하고 싶다면, 황제는 청원서에 다음과 같이 표기해야 한다. '이 특별한 문제를 담당하는 부처로 하여금 이 청원을 살펴보게 하고 내게 최선의 처리방법에 관해 조언케 하라.' 나(마테오리치)는 그것에 대한 철저한 조사를 수행했기 때문에 다음과 같은 것을 확실한 것으로 단언할 수 있다. 황제는 행정관들 중 한 사람의 청구에 따른 경우가 아니라면 아무개에 대한 금전수여를 늘리거나 아무개에게 관직을 수여하거나 이 관직의 권한을 늘릴 권한이 없다.[146]

---

145) 孫承擇(撰), 『春明夢餘錄』, 95쪽(卷九 第五~六).

146) Nicolas Trigault, *De Christiana expeditione apud Sinas* (Augsburg, 1615), Chap. V. 영역본: Luis J. Gallagher, *China in the Sixteenth Century: The Journals of Matthew Ricci* (New York: Random House, 1942·1953), 45쪽.

'황제 자신이 자문하거나 조언을 고려해야 하는 행정관'은 물론 내각의 대학사다. 이탈리아 출신 신부 마테오리치는 중국의 내각제적 제한군주정을 서양 정치철학의 '엉성하고 어눌한 어법으로 '귀족정'이라고 부르고 있다. '각로들'이 '귀족'이라면 귀족정이겠지만, 중국은 세습귀족제가 없었기 때문에 각로들은 물론 '귀족'이 아니었다. 따라서 중국정부 형태를 '귀족정'이라고 부르는 것은 턱없는 소리다. 하지만 이 규정은 그래도 중국 군주정의 내각제적 제한성과 내각제의 존재를 확실하게 밝혀주고 있다. 중국내각제의 실존과 실제적 작동, 그리고 중국군주정의 내각제적 제한성은 외국인의 눈에도 이렇게 분명했던 것이다. 마테오리치의 이 기술들이 1615년에 출판된 니콜라 트리고(Nicholas Trigault)의 『중국인들 사이에서의 기독교 선교(De Propagatione Christiana apud Sinas)』에 몽땅 실려 나왔기 때문에 중국의 내각제는 17세기 초부터 이미 서양에 파다하게 알려져 유럽사상계에 일대 충격을 가하고 있었다.

이런 분위기 속에서 중국내각제는 1679년 찰스 2세와 윌리엄 템플을 통해 영국으로 도입되게 된다.

'내각제적 제한군주정'이라는 이 정체政體는 청대에 황제의 친정권이 다시 조금 강화되는 쪽으로 미세한 변화를 겪었지만 청대 중국에서도 그 근본골격이 계승되었다.147) 이런 청대 중국을 두고 몽테스키외는 황제가 법치도 없이 그의 자의와 변덕으로 다스리는 '전제정'이라고 비난했다. 그러나 명·청대 중국의 완성된 내각제적 제한군주정에 대해서 몽테스키외의 '중국전제정' 비난은 아예 입 밖에 낼 수 없었다. 영국의 내각제 발전에도 이바지한 명·청대 중국의 내각제 정부제도에 대해 몽테스키외가 늘어놓은 '중국황제의 전제정'이라는 말은 어불성설이었다. 또한 최근에 서양 학자들이 만지작거려 만들어낸 "약한 전제정(die schwache Despotie)"이라는 규정도148) 어폐가 있다.

147) 참조: 황태연, 「공자의 분권적 제한군주정과 영국 내각제의 기원(1)」, 『정신문화연구』, 2014 여름호 제37권(통권 135호), 258-265쪽.

148) Osterhammel, *China und Weltgesellschaft*, 82-83쪽.

1.3. 군주에 대한 신사의 자립성과 지방자치의 수준

칸트는 중국황제가 무제한의 절대적 권력을 휘두르는 전제군주라는 데 하등의 의심도 없었다. 황제는 신하들에 대해 생사여탈권을 가졌다. 신하들은 부모에게처럼 법률상 관청에 대해서도 복종과 공손의 의무가 있다. 이것이 중국인들의 최고의 법률이다. 1764년 칸트는 부모에 대한 자식들의 복종의 법은 "정치적으로 황제에 대한 복종을 공고화하기 위한 것"이라고 말하고, "부모에 대한 자식들의 이 굴복은 관청에 대한 예종으로 직통한다"고 잘라 말한다. 또 그는 부연한다.

> 중국인들의 법에 관한 한, 그것은 백성이 조용하게, 그리고 황제에게 복종하게 만드는 목적에만 기여하고, 그것에서 아무런 도덕성도 볼 수 없다. (…) 자식들은 부모에게 복종하는데 도덕성 때문이 아니다. 부모는 자식들에 대해 절대권력을 가지고 있고, 자식들을 내버려 죽일 수 있거나 그 밖에 마음대로 할 수 있다. (…) 이 권력은 부모들이 자식들을 전제적 지배의 시대에 익숙해지게 만들기 위해, 그리고 부분적으로는 황제가 자기의 제국諸國의 인구를 늘리고 싶기 때문에 혼인상태를 용이하게 만들기 위해 관청에 의해 부모에게 주어진 것이다.149)

칸트의 중국비방, 아니 유교국가 일반에 대한 이 비방은 실로 '무식'하기 짝이 없다. 가령 유가儒家에서 "부모가 자식들에 대해 절대권력을 가지고 있고, 자식들을 내버려 죽일 수 있거나 그 밖에 마음대로 할 수 있다"는 칸트의 비방은 잘못하는 부모에 대한 자식들의 간쟁諫爭 의무를 모르는 무식한 말이다. 또한 부모에 대한 자식들의 복종의무가 "정치적으로 황제에 대한 복종을 공고화하기 위한 것"이라는 말도, "부모에 대한 자식들의 굴복이 관청에 대한 예종으로 직통한다"는 말도 완전히 그릇된 것이다. 왕을 '아버지'로 의제擬制하는 것은

---

149) Immanuell Kant, *Physischer Geogarphie* [Vorlesungs-Manuskripte xwischen 1756-1796]. Lee Eun-Jeong, *Anti-Europa: Die Geschichte der Rezeption des Konfuzianismus und der konfuzialnischen Gesellscjaft seit der frühen Aufklärung*, 270-271쪽에서 재인용.

어디까지나 비유일 뿐이고 사실이 아니기 때문이다. 부모에 대한 효도의무와
왕에 대한 충성의무는 실제에서 정면으로 배치될 수 있고, 그럴 때면 의례히
효도의무가 충성의무에 앞선다. 중국과 조선에서 가령 어떤 관리가 부모의
상喪을 당하면 그 관리는 국왕에 대한 충성을 그치고 삼년상을 치르러 즉시
낙향하고, 이것을 허락하지 않는 군주는 신하들로부터 간쟁당해왔기 때문이다.
이런 까닭에 효도의 의무는 군주에 대한 충성의무를 비유적으로 강화시켜주는
측면이 있을 수 있지만, 경우에 따라 효도의무는 충성의무로 "직통"하기는커녕
이렇게 왕권을 제한하는 요소가 되기도 했던 것이다. 따라서 유교국가에서
'전제정'은 효도의무론의 관점에서도 근원적으로 불가능한 것이었다. 칸트의
저 효도론적 중국전제정 비난은 실로 무식의 극치라 아니할 수 없다. 이런
까닭에 역사학자 마르틴 숀펠드(Martin Schönfeld)는 칸트에 대해 이렇게 지적한다.
가령 "그들은 확실히 대립적 모습을 그린다. 공자는 옛 동방의 우월한 이교적
훈계자인 한편, 칸트는 근대서양의 유사기독교적 비판가였다. 칸트는 유교를
좋아하지도 않았다. 중국인들과 그들의 '소크라테스'에 대한 그의 판결은 냉혹
하고 철저한 배격이다".150) 칸트의 무식한 중국비방은 훗날 헤르더, 칼 마르크
스, 비트포겔 등으로 전해지면서 객관적인 유럽인들의 중국학(Sinologie)에 파멸적
영향을 미친다.

참고로, 공자철학과 중국에서 부자관계와 군신관계는 상호 비유되었지만,
개념적으로는 엄밀하게 구별되었다. 지시권도 형벌권도 없는 단순한 '선후관
계', 지시권은 있지만 형벌권은 없는 '상하관계', 명령권과 형벌권을 가진 '지배·
피지배 관계'를 엄밀하게 구별하는 차원에서 공자는 남녀관계는 존비尊卑가
없는 '선후관계'이고, 부자관계는 부모의 자애와 자식의 효경이 쌍무적으로
맺어지는 '상하관계'인 반면, 군신관계는 인애와 공경이 쌍무적으로 맺어지는
'지배·피지배 관계'다. 따라서 "부모에 대한 자식들의 이 굴복은 관청에 대한
예종으로 직통한다"는 칸트의 말은 무지의 극치를 보여준다.

---

150) Martin Schönfeld, "From Socrates to Kant — The Question of Information Transfer", *Journal of
Chinese Philosophy* 67-69 (2006), 33쪽.

그리고 중국에서 황제의 중앙정부와 지방정부의 관료체제에 의한 국가사회의 빈틈없는 전제적 장악과 신민의 무조건 복종은 현실적으로나 정치철학적으로나 운위될 수 없다. 공자의 '무위이치'와 '백성자치' 이념에 따라 향촌과 중소도시의 지방공동체 차원에서 정치는 모두 주민 자치에 맡겨졌기 때문이다. 가령 중앙과 지방정부의 관료체제는 18세기에 부역이 사라진 상황에서151) 중앙은 세금·전매·치안업무만을 관장했고, 나머지 모든 일은 주민 자치에 맡겨졌다. 또 세율(4-8%)도 서양(5-8%)보다 낮았고,152) 전통적 전매제도의 유일한 잔재인 소금전매도 민간상인들에게 위탁해 운영되었다.153) 따라서 효율적 관료체제에도 불구하고 모든 자치노력을 질식시키는, 모든 것을 장악하는 전제정에 대해서는 언급할 수 없었다.

"중국제국의 국가체제는 일석주적 실체가 아니었다. 경제가 시간이 흐르면서 진화한 것처럼 국가와 국가제도도 진화했다. 국가의 이재理財기능과 더 광범한 경제 간의 변증법은 다양한 역사적 상황과 다양한 이데올로기적 공약 아래서 다양한 결과를 낳았다." 그리고 "중국의 치자들은 (신고전파 경제학의 그것과 다르지 않은) 신유학의 이데올로기에 따라 사경제에 대한 정부간섭을 깊이 혐오했다". 그리하여 유교의 경제철학에 입각한 "가벼운 과세와 최소의 국가간섭에 대한 공약 - 서양의 사회이론가들이 상상한 '동양적 전제주의'와 거리가 먼 외침 - 은 아담 스미스가 말한 경제확장의 동학을 고무하는 데 긍정적 효과를 미쳤다".154)

국가에 대한 중국사회 전반의 정치적·사회적 자립과 자율의 성격은 황제국가와 관료들 간의 인격적 관계에서도 이미 드러난다. 신사로서의 관원은 무조건적 복종과 예종의 존재가 아니라 황제에 대해 '자립적 존재'였다. 이것은 세 가지 이유에서 그러했다.

---

151) Osterhammel, *China und Weltgesellschaft*, 75쪽.

152) Osterhammel, *China und Weltgesellschaft*, 77쪽.

153) Osterhammel, *China und Weltgesellschaft*, 75쪽.

154) Richard von Glahn, *The Economic History of China — From Antiquity to the Nineteenth Century* (Cambridge: Cambridge University Press, 2016), 9, 10쪽.

첫째, 신사로서의 관리는 제도적으로 황제에 의존하지 않고 스스로 학덕과 인덕仁德을 닦아 시험을 통해 뽑힌 학자이자 자기완성적 덕자라는 공중된 지위를 얻어 인격적으로 자립화되었다. 이런 관점에서 명덕을 체득한 고령의 고명한 기유耆儒들은 군주와 분리된 독자적 도학세계를 전개했고, 이런 고명한 기유는 대개 임금이 '오라 가라' 할 수 없고 임금이 찾아가야 하는 신하이자 임금이 사부로 모시고 배워야 하는 신하였다. 맹자는 이를 "불소지신不召之臣"이라고 불렀다.155) 이를 두고 맹자는 탕왕과 환공의 고사를 든다. "그러므로 탕왕은 이윤에게서 배운 뒤에 그를 신하로 삼았고 그래서 힘들이지 않고 왕 노릇을 했다. 환공도 관중에게서 배운 뒤에 신하로 삼았고 그래서 힘들이지 않고 패자 노릇을 했다. (⋯) 따라서 탕왕은 이윤을 부르지 못했고, 환공은 관중을 부르지 못했다.(故湯之於伊尹 學焉而後臣之 故不勞而王 桓公之於管仲 學焉而後臣之 故不勞而覇. [⋯] 湯之於伊尹 桓公之於管仲 則不敢召.)"156) 임금은 "보세장민輔世長民(세상을 돕고 백성을 다스리는 것)에서 덕성만한 것이 없기(輔世長民莫如德)" 때문에 임금은 덕자에게 의존할 수밖에 없는 것이다. 덕자가 임금에게 의존하는 것이 아니다. "덕은 외롭지 않고 반드시 이웃이 있다(德不孤必有隣)."157) 그러므로 덕자로서 신사는 자립적이다.

둘째, 신하에게 간쟁을 의무화하고 군주에 대한 신하와 신민의 반정과 혁명을 정당화하는 유교적 가르침 덕택에 중국의 관원은 일찍이 황제를 견제하고 훈도訓導할 권리와 의무를 가진 자립적 지위로 올라섰다. 임금은 의전적으로 신사 신하보다 높이 대우받았지만, 정치적으로 신사에 의해 충고·항의·저항을 받는 상대적 존재였던 것이다.

셋째, 지방의 관원들은 방대한 제국에서 중앙의 황제가 결코 전국을 다 장악할 수 없어 상대적으로 자립적 존재가 된다. 황제 직할지(직예성) 외에 중국

---

155)『孟子』「公孫丑下」(4-2): "天下有達尊三 爵一 齒一 德一. 朝廷莫如爵 鄕黨莫如齒 輔世長民 莫如德. 惡得有其一以慢其二哉? 故將大有爲之君 必有所不召之臣 欲有謀焉 則就之. 其尊德 樂道 不如是 不足與有爲也."

156)『孟子』「公孫丑下」(4-2).

157)『論語』「里仁」(4-25).

의 성省들은 자치적이었다. 그리고 청대에 향촌은 공식적으로 향신들과 백성들의 자치공동체였고, 중소도시의 행정도 신상紳商(신사상인)들의 자치로 넘어갔다. (이에 대해서는 뒤에 상론한다.)

간단히 말하자면 신사는 특히 ① 과거제로 입증되는 실력과 덕성, ② 황제를 견제하는 신하의 간쟁 의무, ③ 황제와 중앙관청이 전국 방방곡곡을 장악할 수 없는 국가의 방대성으로 인해 자연스럽게 정치적·사회적 자립성을 얻었다. 이 점에서도 황제가 비자립적 관원들을 자기의 수족으로 부리고 이 관료체제를 수단으로 법률도 없이 자의적으로 백성을 지배한다는 몽테스키외의 중국전제정론은 전혀 근거가 없는 것이다.

■과거제와 관원의 자립성

모든 관리의 충원은 2-3년마다 치러지는 과거시험을 통해 이루어졌다. 18세기의 과거시험도 대체로 객관적이고 공정했다. 과거급제자들 중 3% 미만의 인원만이 관직에 임용되었고, 그것도 최고등급의 과거급제자(진사)들만이 임용되었다. 18세기 관리의 총원은 약 2만 명이었다. 진사의 10분의 1만이 당상관 이상의 최고관리로 승진할 수 있었다. 최고위직으로의 승진 여부는 황제에게 달려 있었지만, 과거제도는 황제에 대해 선택의 여지를 제한했다. 더구나 중하급 관리들에게는 황제가 거의 개입할 수 없는 경력코스가 제도적으로 보장되었다. 대부분 동향同鄕 출신에 기초한 관료체제 내부의 후원망은 황제의 감독체제 밖에서 작동했다. 관료충원의 전통이 된 절차적 정규성과 관리들의 문화적 품위는 과거제도를 황제의 간섭으로부터 보호했다.158)

중국의 거대한 관료기구는 몽테스키외가 말한 '공포'로 작동될 수 없는 것이었다. 중국의 관료체제는 수동적으로 "황제의 눈짓"을 기다리는 도구가 아니었기 때문이다.159) 또한 홈이 관찰한 대로 중국처럼 방대한 국가 안에서 그 영토적 광대성으로 인해 중앙정부와의 연락이 어렵기 때문에 관리들은 '자기 주도로

---

158) Osterhammel, *China und Weltgesellschaft*, 73쪽.

159) Osterhammel, *China und Weltgesellschaft*, 73쪽.

일을 하지 않을 수 없었다. 또 상피제와 같은 절차규칙 외에 관료체제를 결속시
키는 규범적 요소들이 있었다. 관리들은 자기 가족의 이익이나 동향同鄕의
이익과 같은 자기 자신의 물질적 이익을 전적으로 염두에 두고 있었다. 게다가
관리는 '군자'의 이상적 생활양식 속에서 자기완성을 바라는 것과 같은 문화적·
도덕적 동기에 의해 움직였다. 그리고 유교적 '선비관료'로서의 '신사'는 군주의
관직카리스마, 관리官吏로서의 유가적 전범典範, 법가·유가사상에서 유래하는
절차구속성, 내적 조직목표(과업분배, 중앙집중, 합리적 책임, 실용주의적 문제해결전략)
등 보편주의적 관점들에 대해서도 의무감을 가졌다.160)

　황제권과 관료체제의 자립성 간의 모순적 교차지점에서는 개개 관리들이
갈등상황에서 극적으로 경험하는 긴장이 조성되었다. 이것은 황제권의 지나친
간섭에 대한 관료체제 전체의 저항의 원인이 되었다. 중국 관리들은 그들의
교양과 덕성에 기인하는, 황제에 대한 그의 지위와 무관하고 위계질서 안에서
독립적인 사회적 위신을 향유했다. 이와 같이 중국 신사는 단순한 전문가가
아니었고, 지시에 순응하는 기능인 이상의 존재였다. 관직이나 목숨을 잃는
것도 그들의 품위와 명망을 파괴할 수 없었다.

　　교양(Bildung)이 의미하는 것과 공자의 수신이 의미하는 것은 군주가 수여하는 것이
　　아닌, 일종의 품위의 성취와 증거물이었다. 순수한 전제주의에서는 정부 피용자가
　　사람들 중에서 가장 다치기 쉬운 자이고 법적 지위와 사회적 위상에서 전적으로 불
　　안전한 자다. 그러나 유학적 관리는 비非직업적으로 교육된 자로서 단순한 '피용자'
　　가 아니다. 그는 즉시 물러나도 되고, 자기거부로 물러나도 되지만, 그의 존엄과 사회
　　적 지위는 파괴되지 않았다. 왜냐하면 정규적 관직은 관직의 보유와 무관하게 존재
　　하는 자질(직업적 전문성만이 아니라 높은 문화)의 표지로 받아들여졌기 때문이다. 유자
　　는 자질을 관직으로 만들지만, (군주의 선물로서의) 관직은 자질을 유자로 만들지
　　못했다. 군주가 품위를 부여하는 유일한 권력이 아니기에 군주는 품위를 철회한다고
　　위협함으로써 관료층을 노예화할 수 없는 것이다. 그리하여 귀족정의 소멸은 유교적

---

160) Osterhammel, *China und Weltgesellschaft*, 73-74쪽.

관료층에게 관료층의 자질을 주었다.161)

따라서 귀족층이 소멸하더라도 그 대신 등장한 '신사'는 황제를 견제할 수
있는 정치사회적 집단이었다. 몽테스키외가 망상하듯이 귀족이 없는 군주정이
라고 해서 다 견제세력 없이 전제정으로 전락하는 것이 아닌 것이다. 유교국가
의 관리는 결코 술탄체제의 총신처럼 지배자의 피조물인 적이 없었다. 유가적
신사는 황제의 팔이 닿지 않는, 문화적으로 취득되고 승인된 뒷받침이 있었다.
부당하게 처벌받은 관리나 상소를 하다가 자발적으로 목숨을 내놓은 관리들은
유교국가 중국에서 반反폭군적 '문화영웅들'로 대우받았다.162)

■ 신하의 간쟁 의무와 신민의 반정·혁명권
유교국가에서 선비관료는 공맹의 가르침에 따라 왕권을 견제하는 권리와
의무를 가진 지위에 있다. 공자는 '간쟁諫諍'을 신하의 의무로 규정했다. 공자철
학과 극동의 전통사상은 절대자(절대적 무한자)의 존재를 인정하지 않는다. 하늘
도 아무리 인간보다 우월하고 위대하더라도 과실 없는 절대자로 보지 않는다.
공자는 오히려 하늘의 불완전성을 지적한다.

하늘은 오히려 불완전하고, 그래서 세상은 집을 지으면서 기와 세 장을 붙이지 않고
늘어놓아 하늘에 응한다. 그러므로 천하에는 등급이 있고 사물은 불완전한 채로 생
겨나는 것이다.163)

"집을 지으면서 기와 세 장을 붙이지 않고 늘어놓아 하늘에 응한다"는 말은
하늘을 맞바라보는 기와지붕을 기와로 다 덮으면 불완전한 하늘을 능가하려는

---

161) Joseph R. Levenson, *Confucian China and Its Modern Fate* (Berkeley/Los Angeles: University of
California Press, 1958-1968), Vol. 2, 48쪽.

162) Osterhammel, *China und Weltgesellschaft*, 74쪽.

163) 사마천, 『사기열전(下)』「귀책열전」, 1153쪽: "天尙不全 故世爲屋 不成三瓦而陳之 以應之天.
天下有階 物不全乃生也."

것으로 비칠까 봐 겸양의 의미에서 기와 세 장을 아무렇게나 늘어놓아 하늘이 불완전하더라도 하늘에 대해 인간을 낮춘다는 의미다. 그리고 군자는 마치 사람이 불완전하게 태어난 동식물의 품종을 개량하고 의사가 유아의 태생적 기형을 고치듯이 인지人智와 신지神智로써 인도와 천도를 알아 세상에 밝게 드러내고 덕행으로 그 왜곡된 도를 바로 세움으로써 하늘과 신을 도와야만 천지운행이 정상화된다. 그러므로 『역경』 「계사상전」은 성인聖人이 『주역』을 통해 "도를 드러내고 덕행을 신묘하게 하므로 신과 소통하고 더불어 신을 도울 수 있는 것이다"라고164) '우신론祐神論' 또는 '천인상조론天人相助論'을 피력하고 있다.

따라서 공자는 인간들 중 뛰어난 성인聖人이 신을 돕는 이 천인상조론의 관점에서 '천지화육찬참론天地化育贊參論'을 피력한다.

> 인성人性을 다할 수 있으면 물성物性을 다할 수 있고, 물성을 다할 수 있으면 천지화육을 도울 수 있고, 천지화육을 도울 수 있으면 천지와 더불어 참여할 수 있다.165)

인간이 과실이 없지 않은 불완전한 '상대적 무한자'로서의 하늘과 땅을 도와 그 운행과 진화 과정에 참여해 천지의 운행을 완전하게 만든다는 것이다. 이것은 응당 천지의 결함과 한계에 대한 인정認定과 동시에 하늘의 실책에 대한 인간의 비판·탄핵·교정·보완을 요한다.

이 논리의 연장으로서 공자는 부모를 하늘처럼 공경하더라도 효도는 부모에 대한 간쟁諫爭으로 완성된다고 가르친다. 공자는 "아버지의 명령을 좇으면 효라고 할 수 있습니까?"라는 물음에 이렇게 답한다.

> 이게 무슨 말인고? 이게 무슨 말인고? (…) 아비에게 간쟁하는 자식이 있으면 몸이

---

164) 『易經』 「繫辭上傳」: "顯道神德行 是故可與酬酢 可與祐神矣."

165) 『中庸』(22章): "能盡人之性 則能盡物之性 能盡物之性 則可以贊天地之化育 可以贊天地之化育 則可以與天地參矣."

불의에 빠지지 않을 것이다. 그러므로 불의에 당하면 아들은 아비에게 간쟁하지 아
니하면 아니 되는 것이다. (…) 그러니 아비의 명령을 따르기만 하는 것이 어찌 효일
수 있겠는가?166)

공자는 이와 같이 효를 가르쳤지만 효를 아비에 대한 무조건적 복종으로 말하
지 않고 아비에 대한 '간쟁의 효'를 동시에 의무화했다.

또한 이것은 군주의 경우에도 마찬가지다. 임금을 하늘이 세운 '군사君師'
또는 '천자天子'로 관념하더라도 하늘이 불완전한 상대적 무한자에 지나지 않는
것처럼 임금도 하늘처럼 높더라도 불완전해서 실수와 결함이 있을 수 있기
때문에 신하들은 임금의 정사에 찬참贊參하고(찬조·참여하고) 임금에게 간쟁하고
여의치 않으면 임금을 갈아치우는 반정과 혁명도 할 수 있고, 또 그래야만
하는 것이다. 그래서 공자는 신하들의 '충간忠諫'에 대해 말한다.

옛날에 천자가 간쟁하는 신하가 일곱 명이 있으면 무도한 시대에도 천하를 잃지 않
고 제후가 간쟁하는 신하가 다섯 명이 있으면 무도한 시대에도 나라를 잃지 않았다.
대부가 간쟁하는 신하가 세 명이 있으면 무도의 시대에도 가문을 잃지 않았다. 선비
가 간쟁하는 벗이 있으면 몸이 아름다운 이름과 떨어지지 않았다. (…) 그러므로 불
의에 당하면 (…) 임금에게 간쟁하지 않으면 아니 되느니라.167)

따라서 공자는 충간을 '신하의 의무'로 규정하고 간언의 방도에 대해서도 자세
하게 설파한다.

충신으로서 임금을 섬김에 있어 간쟁하는 것보다 앞서는 것은 없다. 아래에서 말을

---

166) 『孝經』「第十五 諫爭」: "子曰 是何言與 是何言與. (…) 父有爭子 則身不陷於不義 故當不義
   則子不可以不爭於父 (…) 從父之令又焉得爲孝乎."
167) 『孝經』「第十五 諫爭」: "子曰 (…) 昔者 天子有爭臣七人 雖無道 不失其天下. 諸侯有爭臣五
   人 雖無道 不失其國. 大夫有爭臣三人 雖無道 不失其家. 士有爭友 則身不離於令名. (…) 故當
   不義 則 (…) 臣不可以不爭於君."

할 수 있고 위에서 들어주면 왕도가 빛나느니라. 아직 형태화되지 않은 것에 대해 간언하는 것이 상등이고, 이미 윤곽이 드러난 것에 대해 간언하는 것이 다음이고, 이미 행해진 것에 대해 하는 것이 하등이다. 어긋나는데도 간하지 않으면 충신이 아니다. 무릇 간언은 순한 말로 시작하고, 중간에는 항의하고, 마지막에는 절의를 죽음으로써 지켜 임금의 아름다운 덕을 이루고 사직을 안녕케 한다. 『서경』(「상서·열명상」)에 이르기를 "나무가 먹줄을 따라 깎이면 반듯해지고 임금이 간언을 따르면 거룩해진다"고 했다.168)

'충간'은 충신의 의무다. 간하지 않으면 충신이 아니다. 이런 취지에서 극동의 모든 유교국가는 간언을 전문적 직무로 삼는 '언관言官'(명대의 과도관科道官, 조선의 삼사三司)까지도 제도화했던 것이다. 유교국가에서 신하는 이런 의미에서 '임금의 노예'가 아니라 '임금의 간쟁자'였던 것이다. 오늘날 이런 '간쟁'은 언론이 수행하고 있다.

또한 군주가 신하의 간쟁과 백성의 민심을 유린하는 포악한 폭군이나 백성을 분열시키는 위험하고 어리석은 암주暗主라면, 정신正臣은 폭군을 방벌하는 '반정反正'을 해야 하고, 심지어 신민은 천리天吏를 찾아 폭군을 타도하고 아예 왕조(사직)를 바꾸는 '역성혁명'에 나설 권리가 있다. 맹자는 반정과 역성혁명에 대해 입론한다.

백성이 가장 귀중하고 사직은 그다음이고 임금은 가장 가볍다. 그러므로 들녘의 백성을 얻으면 천자가 되고 천자를 얻으면 제후가 되고 제후를 얻으면 대부가 된다. 제후가 사직을 위태롭게 하면 제후를 갈아치운다. 희생이 살찌고 제물이 풍성하고 깨끗하며 제사를 때맞춰 지냈는데도 한발과 큰물이 지면 사직을 갈아치운다.169)

---

168) 『忠經』「第十五 忠諫」: "忠臣之事君也 莫先於諫. 下能言之 上能聽之. 則王道光矣. 諫於未形者 上也. 諫於已彰者 次也. 諫於旣行者 下也. 違而不諫 則非忠臣. 夫書諫始於順辭 中於抗議 終於死節 以成君休 以寧社稷. 書云 '惟木從繩則正 后從諫則聖'."

169) 『孟子』「盡心下」(14-14): "孟子曰 民爲貴 社稷次之 君爲輕. 是故得乎丘民而爲天子 得乎天子爲諸侯 得乎諸侯爲大夫. 諸侯危社稷 則變置. 犧牲旣成 粢盛旣絜 祭祀以時 然而旱乾水溢 則變置社稷."

왕(제후)을 갈아치우는 것은 '반정'이고, 사직(왕조)을 갈아치우는 것은 '(역성)혁
명'이다. '반정'과 '역성혁명'은 폭군살해도 포함하는 과정이다. 이미 공자는
"위정자가 편벽되면 천하에 의해 죽임을 당한다(有國者 不可以不愼 辟則爲天下僇
矣)"고170) 말함으로써 역성혁명을 말하고 주역의 혁革괘에 붙인 「단전彖傳」에서
'탕무혁명湯武革命'을 '역성혁명'의 모델로 제시했던 것이다.171)

혁명의 경우에 소위 폭군살해는 일개 '잔적자殘賊者'의 주살일 뿐이므로 '시군
弑君(regicide)'이 아니다. 맹자는 말한다.

> 인仁을 해치는 자를 '적賊'이라 하고 의義를 해치는 자를 '잔殘'이라 한다. 잔적殘賊한
> 사람은 '한 놈'이라고 한다. 주紂라는 한 놈을 주살했다는 말은 들었어도 시군했다는
> 말은 듣지 못했다.(賊仁者謂之賊 賊義者謂之殘 殘賊之人謂之一夫. 聞誅 一夫紂矣 未聞弑
> 君也.)172)

잔적자는 인의를 해친 필부, 즉 인의의 천명을 거스른 역천逆天죄인에 지나지
않는다.

그러나 아무리 일개 '잔적자'라지만 백성이 떼로 몰려가 사법적 판단과 절차
도 없이 주살하는 소위 '인민재판'과 '떼거리정치'를 해도 되는가? 맹자는 혼란
스러운 혁명상황에서도 아무나 폭군을 죽이는 것이 아니라 민심(천명)을 얻은
'천리天吏', 즉 '하늘의 관리'만이 적법한 사법절차에 따라 그를 처형할 수 있다고
말한다. "그가 만약 '그것(연나라)을 정벌할 수 있는가'라고 물었다면 나는 천리라
면 그것을 벌할 수 있다고 응답했을 것이다." 그러나 "가령 사람을 죽인 자가
있는 경우에 어떤 사람이 '이 자를 죽여도 되는가'라고 묻는다면 나는 '그렇다'고
응답할 것이고, '누가 그 자를 죽일 수 있는가'라고 묻는다면 나는 법관(士師)이
라고 말할 것이다".173) 그렇다면 이 법관을 임명할 수 있는 '천리'는 누가 되는

---

170) 『大學』(傳10章).

171) '역성혁명', 정확히 '역성수명(易姓受命)'이라는 말은 주희가 처음 사용했다. "王者易姓受命爲
一世(왕다운 자가 역성수명하면 일세다)." 『論語集註』, 「爲政」(2-23).

172) 『孟子』「梁惠王下」(2-8).

가? "(민심을 얻어) 천하에 적이 없는 사람이 천리다. 천리이면서도 왕 노릇하지 못한 자는 없었다.(無敵於天下者 天吏也. 然而不王者 未之有也.)"[174]

이와 같이 공자와 맹자는 유교국가의 신하와 신민이 군주를 충성으로 보필하는 공순한 신하일 뿐만 아니라 군주에게 충성으로 간쟁하고, 항의적 간언을 해도 듣지 않으면 죽음으로 절개를 다하는 신하이며, 충간을 듣지 않는 폭군이면 '천리'를 세워 폭군을 갈아치우고 타도해 죽일 수도 있는 '자립적 존재'임을 정교하게 논했던 것이다.

공맹의 유교국가에서 반정과 혁명은 백성과 신하의 권리이자 의무다. 반대로 군주는 '인정仁政'을 베풀어야 할 의무가 있는 것이다. 군주의 인정과 신민의 충성은 쌍무적인 것이고, 이 충성에는 임금에 대한 공경만이 아니라 간쟁·반정·혁명의 권리와 의무도 포함되어 있는 것이다. 따라서 신사로서의 중국의 관원은 이 공맹의 가르침에 의해서도 군권을 상시로 간쟁에 의해 견제하고 폭군일 경우에 군주를 갈아치우는 정치적 권리와 의무를 가진 독립적 지체가 있었던 것이다.

■ 지방행정의 자율성과 지방관리의 자립화

지방관원은 방대한 중국제국에서 황제와 중앙관청이 전국 방방곡곡을 장악할 수 없어 상대적으로 자립적 존재가 된다. 비트포겔이 전제주의의 원천으로서 문제 삼는 소위 '수력水力사회'와 관련된 중국의 수리水理업무도 비트포겔이 상상한 것과 완전히 다르게 수행되었다. 수리업무가 중국 왕조의 정통성과 연결된 과업에 속하긴 했으나, 중국에서 수리업무의 수행은 일석주적一石柱的 전제체제와 거리가 멀었다.

중국의 생태적 조건하에서 관개灌漑는 보통 국가의 조절을 통해서만 수행할 수 있는 기술을 요하지 않았다. 상대적으로 복잡한 수리시설도 마을공동체나

---

173) 『孟子』「公孫丑下」(4-8): "彼如曰 孰可以伐之? 則將應之曰 爲天吏 則可以伐之. 今有殺人者 或問之曰 人可殺與? 則將應之曰 可. 彼如曰 孰可以殺之? 則將應之曰 爲士師 則可以殺之."
174) 『孟子』「公孫丑上」(3-5).

상호부조단체 같은 작은 집단들에 의해 수립되고 보수될 수 있었기 때문이다. 대부분의 관개시설 계획에서 지역관리들은 중심적인 감독관의 지위를 넘겨받지 않은 채 안내하고 고취하는 것으로 족했다. 물론 포괄적 기술을 요하는 수방水防시설 설치공사에서는 좀 달랐다. 이 경우에는 전적으로 중앙의 기안과 지도가 이루어졌다. 청조 초기에 왕조교체기의 혼란 속에서 발생한 훼손을 메꾸기 위해 중앙정부의 재정적·조직적 지원이 요구되었다. 황하와 양자강 강둑에 대한 보수공사가 긴급했다. 17세기 말경 중앙정부는 황하의 수리에만 세수稅收의 10분의 1을 쏟아부었다. 그럼에도 이 공사는 수력사회이론이 주장하는 것처럼 국가에 사회 제諸 세력의 수력사회적 예속화의 계기를 제공하지 않았다. 오히려 수리사업에도 다른 국가활동의 영역에서와 마찬가지로 '행정적 효율성의 시기구분'이 존재했다. 수력 시기의 초기에는 요임금의 수리사업과 같은 국가 수리사업의 역사적 위업에 대한 기억이 있었다. 하지만 이런 고대의 모델은 17-18세기에는 더 이상 현실적 모방대상이 아니었다. 무지불 부역노동을 가급적 회피하고 공사의 재정을 지역주민들에게 부담시키지 않은 청조는 이전 왕조들보다 더 강력하게 해당 지역 지주들과의 '합의'와 지역공동체들과의 '합의'를 추구했다. 관리들의 이상理想은 투자와 기술자문의 최초 발기 이후에 가급적 빨리, 그리고 가급적 멀리 물러나 시설의 설치와 보수를 지역향신들에게 넘기는 것이었다. 그리하여 '이기심들의 원심적 작용', 환언하면 "그렇지 않아도 밀도 높게 거주하는 강 유역의 부족한 토지에서 인구가 폭발하는 조건 아래 거듭 분명한 형태를 취하는 조정되지 않은 사익들의 무정부 상태"가 판쳤다.175)

이런 방향의 새로운 해석을 처음 내놓은 학자는 피에르-에티엔느 윌(Pierre-Etienne Will)이었다.176) 윌에 의하면, 동남아시아의 델타평야에서 농업·인구발전을 조건 짓는 수리시설의 건설과 관리에서의 국가기구의 역할은 비트포겔

---

175) Osterhammel, *China und Weltgesellschaft*, 78-79쪽.

176) Pierre-Etienne Will, "On State Management of Water Conservancy in Late Imperial China", *Papers on Far eastern History* 36 (Canberra, 1987).

등 잘 알려진 몇몇 이론가들이 대부분의 아시아지역 국가와 사회가 둘 다 정당하게 "수력적"이라고 묘사할 정도로 일반적으로 중대한 것으로 간주되지만, 이러한 일반화가 중국처럼 방대하고 다양하고 구분되는 지리적 실체의 경우에 지탱될 수 있을지는 결단코 불확실한 것이다. 더구나 중앙집권화된 중국은 그 기원에서도, 마지막 발전단계에서도 비록 다양한 관개灌漑와 수력적 보호공사가 많은 지역에서 필수적일지라도 이것들의 관리 외의 많은 기능과 계획들에 의해 정의될 수 있다. 그리고 마지막으로 '수리水理'라는 이 유일한 기능이 고려되더라도 국가와 그 관료체제는 문제의 유일한 요소, 유일한 결정권자, 유일한 집행자가 아니었다. 공사는 반드시 통합되어 있는 것도 아니고 종종 상호 모순되는 선택들과 이익들을 대표하기도 하는 여러 차원에서 벌어졌기 때문이다.177)

사실, 중국의 국가와 수리학水理學에 관해 이론화하는 것은 한편으로 관료기구의 동질성·표준화·집중화와, 다른 한편으로 중국제국의 지형적·풍토적·수로적·사회적 사정들의 극단적 다양성 사이의 대비를 완전히 고려함으로써만 수행될 수 있을 뿐이다. 지방에 따라 다양한 시기에 도달한 최종단계에서 국가와 사회는 둘 다 증가하는 위험에 직면해 무능한 것으로 나타났고, 제방건축과 담장건설의 보상이 급격히 줄어들거나 심지어 마이너스로 뒤집히기 시작했을 때 국가는 향촌으로부터 완전히 후퇴했다. 국가가 "더 수력적·치수적治水的"이었더라면, 환언하면 국가가 보다 더 개입주의적이고 모든 차원에서 더 많이 대표되며 더 큰 행정적 밀도로부터 이익을 얻었더라면 결과가 다를 수 있었을까? 결코 아닐 것이다. 이전보다 더 많이 생산성의 요구에 의해 묶인 백성들의 마을공동체와 작업단들이 땅에 굶주려 호수들을 침범해 가능한 모든 수단을 써서 벼농사를 지을 땅 면적을 늘리려는 공동체들의 충동을 넘겨받아 왔다는 의미에서 중앙권력과 지방공동체의 모순적 이익이나 선택은 전통적 제국보다

177) Pierre-Etienne Will, "State Intervention in the Administration of a Hydraulic Infrastructure: The Example of Hubei Province in Late Imperial Times", 295, 346쪽. S. R. Schram (ed.), *The Scope of State Power in China* (London·Hong Kong: School of Oriental and African Studies University of London/The Chinese University Press The Chinese University of Hong Kong, 1985).

훨씬 더 통합된 "전체주의적·편재적" 구조의 내부로 간단히 이전되어왔기 때문이다.178)

현실에 부딪혀 거듭거듭 결딴난 '완벽한 국가의 이상'은 비트포겔이나 발라쉬가 무고하는 '전체주의적' 규제의 이상도 아니고, 숙명론적 무작위도 아니었다. 그것은 공자의 '무위이치無爲而治' 이념에 따라 '최소의 작위로 최대의 효과'를 노리는 '최적화 이상'이었다. 이런 정치의 결과적 특징은 결코 수력(치슈)국가의 승리가 아니라 백성의 사리私利와 인구적·생태적 발전에 대한 관료층의 굴복이었다. 사회와 자연본성이 중앙집권적 국가를 극복한 것이다.179) 청대 중국은 상공업에 있어서도 거의 자유방임적 정책으로 일관했다. 이로써 18세기는 민간기업의 주도권이 광범하게 만발하는 시대였다.180)

중국국가의 진상이 이러함에도 불구하고 오스터함멜은 오히려 '약한 전제주의'로부터 청대 중국의 멸망의 원인을 도출한다.

18세기 중국에서 국가는 - 자유주의가 흥기하기 전 유럽과 북미의 모든 정치체제에서 그랬던 것처럼 - 다양한 방식으로 사회를 관리하고 구속하긴 했지만, 철제 감옥으로 모든 자율적 사회세력들을 질식시키지 않았다. 차라리 중국국가가 그 상대적 취약성과 질서·안정·체제유지에 대한 보수적 목표지향으로 인해 근세 초 유럽의 '중상주의국가들'과 달리 근대적 경제성장의 구조적 조건을 창출하는 것을 소홀히 한 것이 아닌가 하는 물음이 제기되어야 한다. 19세기에 이 문제는 해독을 끼쳤다.181)

이것은 가경嘉慶 이전부터(아담 스미스의 중국정체론을 참조하면 늦어도 1770년대부터) 개시된 가경·도광道光 연간(1796-1850) 청대 중국이 중국 제품에 대한 서유럽의

---

178) Will, "State Intervention in the Administration of a Hydraulic Infrastructure", 346-347쪽.

179) Osterhammel, *China und Weltgesellschaft*, 80쪽.

180) Osterhammel, *China und Weltgesellschaft*, 80-83쪽. 일찍이 도슨도 "중국사회의 덜 중앙집권적이고 더 분열적인 측면들'에 "훨씬 더 많은 관심"을 부여하는 연구에 주목했다. Raymond Dawson, *The Chinese Chameleon - An Analysis Conceptions of Chinese* Civilization (London: Oxford University Press, 1967), 64쪽.

181) Osterhammel, *China und Weltgesellschaft*, 82-83쪽.

수입이 격감·소멸한 마당에 서구문물을 비롯한 다른 문명의 선진적 요소들을 받아들여 패치워킹하는 것을 소홀히 한 거만한 중화주의(sinocentrism) 때문에 쇠락한 것이 아니라, 국가의 중앙권력이 취약해서 쇠락했다는 말이다. 그러나 중국정부는 19세기 말까지도 비록 전제적이지 않을지라도 충분히 강력했다. 그리고 특권대상인을 특대하는 유럽의 절대주의적 중상주의국가도 결코 "근대적 경제성장의 구조적 조건"을 "창출한" 촉진자라기보다, 차라리 ─ 중국에서는 이미 달성된 ─ 근대적 경제성장의 한 조건인 자유교역의 최대 걸림돌이었을 뿐이다. 아담 스미스를 낳은 영국에서도 자유교역이 1846년에야 허용될 지경이었다. 이를 보면 유럽 중상주의국가는 '근대적 경제성장의 기여자이기는커녕 '자유교역의 적'이었다는 것을 알 수 있다. 오스터함멜은 자신의 잘못된 유럽중상주의 인식을 중국에 잘못 적용하고 있다.

아무튼 중국은 '절대군주국'을 뜻하는 '전제국가'도 아니었고, 또한 수력사회에 기초한 '전체주의 국가'도 아니었다. 중국은 황제가 백성들에게 폭넓은 자치공간을 남겨주고 내각에 통치권을 넘기고 의례적 격식의 '본보기(표준)'로 인퇴한 '내각제적 제한군주정'의 나라였다. 중국제국이 '전제주의·전체주의 국가'나 '수력사회'였다는 망발은 모두 다 몽테스키외의 위정척사론적 중국전제주의론을 계승한 일부 서양 지식인들의 문명적 시기심과 교만, 그리고 사변적 무지가 3중주를 이루어 빚어낸 키메라였던 것이다.

1.4. 명말·청초 사상 초유의 완전한 평등사회의 확립

960년 극동에서는 귀족정치를 청산한 송나라의 절대군주제와 과거제 관료체제가 수립되었다. 이것은 유럽 절대군주정의 출현에 비해 900년 앞선 대사건이었다. 송대 중국정부는 건국과 동시에 당나라 과거제보다 더 완전한 과거제와 과거를 통한 관리임용제를 시행하고 관료제를 확립함으로써 세습귀족층을 제거했다. 과거제를 통해 배출된 관료들은 '신사'로 불리고 거듭된 과거시행과 전현직 관료, 급제자, 수험생 등의 수적 누증을 통해 하나의 시한부 계층으로 자리를 잡았다. 이 과거제의 확대·강화 추세는 북송 후기 왕안석의 과거·학교제도의 획기적 개혁을 통해 더욱 실용적인 성격을 갖추고 더할 나위 없이 공고하게 확립되었다.

■ 전반적·예비적 이해

평민은 송대 절대군주제와 관료제도·신사제도의 확립으로 신분제로부터 완전히 해방되어 과거의 귀족가문 출신들과 평등해졌다. 이전 시대의 유제로 노비신분이 잔존했을지라도 귀족과 평민 간 신분차별의 완전한 소멸로 인류역사상 최초로 '평민사회'가 개막된 것이다.

'평민의 해방'은 절대군주제·과거제도·신사제도의 확립으로 제도개혁에 의해 이미 송대에 관철되었지만, 노비계층은 이후 오히려 평민을 능가하는 새로운 주력생산자로 확대되었다. 명대에도 신사는 합법적으로 노비를 수십, 수백 명씩 보유할 수 있었을 뿐만 아니라, 이에 따라 전호佃戶(소작농)가 '유사類似노비'로 전락해갔고, 많은 평민들이 각종 부세를 피하기 위해 요호부민饒戶富民들에게 양자·양녀로 자기 자신을 투탁해 '유사노비'로 전락해갔기 때문이다.

'유사노비'의 사회적 처지는 유럽의 예농이나 예속적 하인과 비슷했다. (유사)노비가 계속 확대되는 이 사회적 예속 상태는 명말明末에 이르자 노비들이 더 이상 참을 수 없는 지경에 이르렀다. 그리하여 (유사)노비들은 유교적 정치문화 속에서 뻔질나게 암송되는 "민유방본民惟邦本(백성은 나라의 근본)", "천하무생이귀자天下無生而貴者"(천하에 나면서부터 귀한 놈 없다, 즉 왕후장상의 씨가 따로 있는 것이 아니다), '민심즉천심民心卽天心'이라는 공맹의 가르침을 기치로 내걸고 혁명적 반란을 일삼아 스스로를 해방해나갔다. 노비해방은 먼저 왕정 쪽의 제도개혁을 통해서가 아니라, 도처에서 수많은 혁명적 민란을 통해 관철된 것이다. 노비보유를 금한 청대의 법제들은 노비 스스로의 이런 혁명적 해방추세에 영합해 이를 반영한 법제들이었을 뿐이다.

한마디로, 명말·청초에 노비들은 전국 각지에서 동시다발로 '혁명적 민란의 시대'를 개막하고 사회혁명을 관철시켜 사실상 스스로를 사회경제적으로 완전히 해방시킴으로써 사상 초유의 완전한 '평등사회'를 개막한 것이다. 이 사회혁명 기간에 신사들과 부자들은 노비를 소유하는 것이 위험한 일이라는 것을 통감했고, 중국의 새 주인이 된 청국황제들도 (유사)노비제가 정치사회적 취약성의 원천이라는 것을 지실知悉했다. 1681년 강희제(1654-1722)는 지주들이 토지를 사고팔 때 전호(소작인)들을 토지에 딸려 보내는 것을 금하고 토지매매 시 전호들이 제 갈 길을 선택하도록 해야 한다는 안휘성 지방관의 상소문을 비준했다. 그리고 1720년대 옹정제(재위 1722-1735)는 모든 세습적 직업집단(공역貢役의 무 집단)과 일정한 유형의 노비들을 해방하는 칙령을 발령했다.182) 링컨의 노예해방선언(1863)보다 140년 앞서 전면적으로 노비제와 각종 공역제도를 혁파하고 '직업선택의 자유'를 광포한 것이다.

이어서 1750년대에 건륭제(재위 1735-1795)는 국가법제를 총체적으로 정비하면서 인격적 부자유의 마지막 잔재들마저 중국법전에서 완전히 소거掃去했다.183) 건륭제는 이 전반적 법률정비 조치로써 1681년과 1720년 해방령 이래의 정치현실, 즉 귀족도, 노비도 없는 '완전한 탈신분적 평등사회'를 법적으로 재확인한 것이다.

■과거·신사제도와 평민의 해방: 12세기 이래 평민사회의 확립

왕안석의 송대부터 귀족의 완전한 소멸로 모든 평민은 과거 응시자격이 있었지만 각급 학교 입학시험인 '동시童試'(부학府學·주학州學·현학縣學의 입학시험)와 감시監試(국자감 입학시험), 각급 향시鄕試 및 중앙의 회시會試·전시展試 등 각급 과거시험을 통과해야만 '신사紳士'로 상승했고, 신사의 자제에게도 다시 동일한 시험통과 조건이 적용되었다. '신사'의 '신紳'은 원래 왕으로부터 하사받아 벼슬아치가 허리에 두르는 혁대인 반대鞶帶를 뜻했고, '신사'는 과거에 급제해 이 '반대'를 두른 '사士'를 가리켰다.

그리하여 보통 '신사'의 '신'은 전현직 관리(휴직관리, 퇴직관리)와 각종 산관(명예관리)을 뜻하고, '사'는 아직 벼슬자리로 나아가지 못한 학위소지자(未入仕學位所

---

182) Mark Elvin, *The Pattern of the Chinese Past* (Stanford: Stanford University Press, 1973), 247-248쪽.

183) Osterhammel, *China und die Weltgesellschaft*, 54쪽.

持者), 즉 생원生員(수재秀才)·거인擧人·감생監生(공생貢生)·진사(과거최종합격자) 등
의 선비를 가리켰다.184)

생원: 부학府學·주학州學·현학縣學의 입학시험인 '동시童試'에 합격한 학생. 생원은
     '수재'라고도 불렸다. 생원에게는 명초 홍무연간에 9품관에 준하는 요역면제특
     권 등 종신우면優免특권이 부여되었다. 생원은 부학·주학·현학 등의 학교를
     졸업하면 대학(국자감)에 진학할 수도 있고 향시에 응시할 수도 있었다.

거인: 향시합격자. '거인'은 그 자격으로서 관직에 임명될 수 있었고 국자감 입학자격
     이 부여되었으며, 종신우면특권을 누렸다.

감생: 생원 중에서 대학(국자감) 입학시험에 합격해 국자감에서 공부하는 국자감 학
     생. '감생'도 그 자격만으로 입사入仕가 가능했다. 명대 중하급 관리의 과반이
     감생 출신이었다. 감생은 명초부터 향시 응시자격과 함께 생원과 유사한 종신
     우면특권을 부여받았다.

진사: 국자감졸업생으로서 회시會試와 전시殿試를 둘 다 통과한 최종급제자. 국자감
     졸업생은 회시(중앙의 최종과거시험) 응시자격이 있었고, 회시를 통과하고 황제
     가 주관하는 전시까지 통과한 과거최종합격자에게는 '진사'의 자격과 칭호가
     부여되었다.185)

멀리 북송대 왕안석의 과거제 개혁으로부터 형성되어 명대에 확립된 '신사'는
명대 말기에 인구 5%에 육박하는 사회계층으로 성장했고, 이때 '신사'로 불리면
서 명실상부한 사회계층으로서 '신사층'을 이루었다.186) 19세기 초 '태평천국의
난'(1850-1864) 이전 신사층의 가족 포함 총인구는 약 550만 명에 달했고, 이
난 이후에는 약 720만 명에 달했다. 신사층의 전국적 분포도는 지역적으로
큰 차이를 보였다. '태평천국의 난 이전과 이후 산동山東지방 인구 대비 신사층

---

184) 오금성, 『국법과 사회관행』(서울: 지식산업사, 2007), 182, 203쪽; 오금성, 「신사」, 349-350쪽.
    오금성 편저, 『명청시대 사회경제사』(서울: 이산, 2007).

185) 참조: 오금성, 『국법과 사회관행』, 183-184쪽; 오금성, 「신사」, 350쪽.

186) 참조: 오금성, 『국법과 사회관행』, 184쪽.

의 비율은 0.9%/1.0%, 강소江蘇는 1.3%/2.5%, 절강浙江은 1.4%/5.0%, 복건福建은 1.1%/1.7%, 광동은 1.8%/1.8%, 안휘安徽 0.7%/1.7%, 강서 1.5%/2.4%, 산서 2.5%/1.7%, 하남河南 1.2%/2.0%, 호북 0.9%/2.2%, 호남 1.6%/2.2%, 감숙 1.2%/5.0%, 사천 1.2%/0.6%, 귀주 2.7%/1.8%, 광서 2.4%/4.7%, 운남 3.5%/2.0% 였다. 전체적으로 비율이 낮은 곳은 최저 0.6%, 높은 곳은 최고 5%에 달했다.[187] '태평천국의 난 전/후 전체 인구 대비 8개 지방 신사층의 비율은 1.3%/1.9%였다.[188] 명대 말에 비해 이 비율이 감소한 것은 신사의 수적 감소가 아니라 청대 인구의 폭발적 팽창으로 인한 것이다.

말하자면 명·청대 중국에서는 전 인구의 5%대를 넘지 않는 '신사' 신분만이 각종 특권을 누리는 '상층신분'이었다. 청나라는 명나라에서 개시된 이 '신사화' 경향을 정책적으로 더욱 강화했다.[189] '신사'는 관冠·혁대·관복 등 평민과 다른 의상을 차려입었고, 요역徭役을 면제받고, 형법상으로도 예우받았고, 지방관을 보좌할 권한과 사법적 영향력을 행사했다. 그러나 과거시험에 응시해 신사가 될 수 있는 자격은 기존의 신사에게만이 아니라 모든 양민에게도 일반적으로 부여되었고, 과거 응시자격의 이러한 보편적 개방은 과거제를 운영하는 모든 동아시아국가의 공통원칙이기도 했다.[190]

■ '신사'란 무엇인가?

유가의 제1경전인 『서경』에 의하면, 무왕은 혁명선언문인 「태서泰誓」에서 주왕村王이 범한 11개 죄목 중 네 번째로 "관인을 세습시켰다(官人以世)"는 죄를 들고 있다.[191] 이 전통 속에서 공자도 이렇게 관작 불세습 원칙을 입론하고 있다.

---

187) Chang Chung-li, *The Chinese Gentry: Studies on Their Role in Nineteenth Century Chinese Society* (University of Washington Press, 1968), 113-114쪽.

188) Chang, *The Chinese Gentry*, 164쪽(Table 32).

189) 참조: 최정연·이범학,『明末·淸初 稅役制度改革과 紳士의 存在 形態』(서울: 歷史學會, 1987); 오금성,「明·淸時代의 國家權力과 紳士의 存在刑態」,『동양사학연구』 제30호(1989. 5.); 오금성,『국법과 사회관행』, 181-241쪽, 오금성,「신사」; 조동일,『동아시아 문명론』(서울: 지식산업사, 2010), 284쪽.

190) 참조 오금성,『國法과 社會慣行』, 183-199, 222-242쪽, 조동일,『동아시아 문명론』, 287-288쪽.

제후의 세자는 나라를 세습하나 대부는 관작을 세습하지 않고, 부림(使)은 덕으로써 하고 관작은 공으로써 하는 것이니, (…) 제후의 대부는 작록을 세습하지 아니한다(諸侯世子世國 大夫不世爵, 使以德, 爵以功 […] 諸侯之大夫 不世爵祿).192)

"관작은 공으로써 한다'는 것은 바로 관리임용의 실력주의 원칙을 천명함으로써 세습귀족의 여지를 아예 잘라버리는 말이다. 이에 부응해서 맹자도 오패五霸가 '규구葵丘'의 회맹에서 약정한, "선비는 벼슬을 세습하지 말라(士無世官)"는 제4명命을 포함한 5개 항의 금법을 어긴 제후들을 '오패의 죄인'으로 탄핵했다.193)

그리고 공자는 천자의 장자長子인 '원자元子'를 두고도 태생적 평등론을 피력한다.

천자의 원자도 일개 선비일 따름이다. 천하에 나면서부터 귀한 자는 없다(天子之元子 士也. 天下無生而貴者也).194)

공자가 원자(천자의 장자)에게도 이렇게 말했으니 그 이하의 사람들도 당연히 귀하게 태어난 자는 없다. 만인은 귀천 없이 태어나는 것이다. '선비(士)'가 되려고 피땀을 흘려 공부하고 수신해서 국가 차원에서 일정한 자격을 공인받아 스스로를 고귀하게 만든 자만이 비로소 후천적으로 고귀한 지위를 누릴 수 있다. 송대 이후 중국의 신사제도는 바로 공자의 '무생이귀자無生而貴者'의 대원칙에 근거한 '불세작록不世爵祿' 또는 맹자의 '사무세관士無世官' 원칙을 구현한 것이다.

'신사'는 '사士'(선비)라는 점에서 '사대부士大夫'와 같았으나, 대개 세습귀족 출신이었던 당대唐代의 '세습적 사대부'나 아래로 4대代까지 양반신분을 물려줄 수 있었던 조선의 '시한부 사대부'와 달리 그 신분을 아래로 물려줄 수 없었

---

191) 『書經』 「周書·泰誓(上)」.

192) 『禮記』 「王制 第五」(59).

193) 『孟子』 「告子下」(12-7).

194) 『禮記』 「郊特生 第十一」(11-16).

다.195) 당나라 때 등장해 확고하게 자리 잡은 세습적 '사대부'는 자손이 과거
급제를 통해 이어가는 것을 원칙으로 삼되, 아직 과거에 급제하지 못한 과거시
험 준비생, 즉 '포의布衣의 독서인'에게도 전대가 과거를 통해 얻은 신분을
세습적으로 물려줄 수 있었다. 그리하여 이 과거시험 준비생들이 평생 낙방하
더라도 요역 면제의 특권을 누렸던 것이다.196) 또 당대에 사대부의 자손에게는
과거를 거치지 않고 '음서蔭敍' 또는 '음보蔭補'와 '진납進納'의 절차로 출사하는
길도 열려 있었다. 조선에서도 과거 응시자격은 천민을 제외한 모든 국민에게
개방되었다. 그럼에도 조선은 4대조 안에 실직현관實職顯官이 있는 자에게 양반
신분을 인정해주었다. 시한부 귀족제도인 셈이다. 그리하여 조선의 양반제도는
송대의 신사제도가 아니라 당대의 세습적 '사대부' 제도에 더 가까웠다.197)

　　당나라에서는 과거제가 있었지만 대부분 귀족신분의 음보로 관직에 진출하
는 것이 관행이었고 과거제도 귀족 자제들만이 응시자로 천거되었기 때문에
세습귀족은 과거를 통해 오히려 더욱 강화되었다. 과거제는 송의 건국과 동시
에 좀 더 개선되어 모든 계층에 개방되었으나 그래도 관리의 충원은 주로(관리의
60-70%) 음보제에 의해 이루어졌다. 3품 이상의 당상관 관료나 그 출신은 20여
년 동안 20명의 친인척을 음보로 출사시킬 수 있었다.198) 이런 까닭에 당대
이래 새로운 '관료귀족'이라고 할 수 있는 '사대부'의 시대가 연장되었다. 관원
중에서 이 음보가 거의 사라지고 거의 전원이 과거급제자와 태학졸업자로
충원되기 시작한 것은 송대의 개혁가 왕안석의 1070-71년 과거제·학교제 개혁
이후의 일이었다.

　　음보를 최소화하고 과거시험 급제자를 관리로 채용하는 것을 원칙으로 삼은
이 개혁조치로 관원의 우면특권이 1대에 한정됨으로써 '사대부'는 '신사'로
변모했다. 신사의 자제는 비록 그 아비가 재상이라도 다시 과거시험을 통해
등과해야만 관원이 될 수 있었다. 왕안석은 「인종황제에게 언사를 올리는 글上

---

195) 참조: 오금성, 『國法과 社會慣行』, 183-199쪽; 조동일, 『동아시아 문명론』, 284쪽.
196) 참조: 梁鐘國, 『宋代士大夫社會硏究』(서울: 三知院, 1996), 61쪽.
197) 조동일, 『동아시아 문명론』, 285쪽.
198) 이근명 편저, 『왕안석자료 역주』(서울: 한국외국어대학교 지식출판원, 2017), 240쪽 역주44.

仁宗皇帝言事書」(1058)에서 이 음보의 폐풍弊風을 이렇게 비판했다.

은택자제恩澤子弟는 학교에서 도학과 육예六藝를 가르치지도 않고 관청에서 그 재능
을 고시考試로 묻지도 않으며 부형은 그 행의行義를 보증하지도 않습니다. 그런데도
조정에서는 갑자기 그들에게 관직을 주고 일을 맡깁니다. 무왕이 주紂의 죄를 헤아리
기를, "관인을 세습시켰다"고 했습니다. 무릇 관인을 세습시키고 그 재능과 행위를
계고計考하지 않습니다. 이것은 곧 주가 난으로 망한 길이니, 이는 치세에는 없는
것입니다.199)

이 음보(음서)배제 원칙을 지향하는 왕안석의 과거제·학교제 개혁과 관료제
개선은 당대唐代 이래 전통이 된 '사대부'를 '신사'로 전변시키는 역사적 전기가
되었다. 이 개혁은 1070-71년에 완료되었다.

그리하여 세습적 '사대부' 제도를 없앤 송·명대 중국과 노비·천민까지도
없앤 청대의 중국은 만인에게 기회가 균등한 개방적 공무담임제도와 비세습적
'신사'제도를 운영한 것이다. 신사의 면세·면역免役 및 정치사회적 우대의 특권
은 종신적이었으나, 과거에 급제한 당사자 1대에 한했다. 그리하여 '신사'의
아들도 다시 과거에 급제해야만 이 신분을 재생산할 수 있었다. 3품 이상
고위관리의 자손에 한해 여전히 음서제도가 허용되기는 했으나, 그 활용도는
미미했다.200)

그리하여 명·청대에 양민이 과거에 급제해 신사로 상승한 비율이 오늘날
미국에서 서민과 중산층의 자손이 엘리트층으로 상승하는 비율보다 훨씬 더
높았다.201) 이것은 명·청대 등과자登科者의 사회적 분포를 보면 바로 알 수

---

199) 왕안석, 「上仁宗皇帝言事書」(1058), 240쪽. 이근명 편저, 『왕안석자료 역주』, 240쪽 역주44.

200) 참조: 오금성, 『國法과 社會慣行』, 183-199쪽; Ho Ping-Ti, *The Ladder of Success in Imperial China: Aspects of Social Mobility, 1368-1911* (New York: Columbia University Press, 1962). 何柄棣(조영록 외 역), 『중국과거제도의 사회사적 연구』(서울: 동국대학교출판부, 1987), 170-171쪽.

201) 참조: Wolfram Eberhard, "Social Mobility and Strafication in China", 179쪽. Reinhard Bendix and Seymour Martin Lipset (ed.), *Class, Status, and Power: Social Strafication in Comparative Perspective* (New York: The Free Press, 1966).

있다. 순수양민 출신은 명·청대 등과자 전체의 36.2%를 차지했고, 직계조상 중에 과거급제자가 일부 있던 집안 출신은 11.6%, 과거급제자 집안 출신은 57.3%, 3품 이상 고위관리를 지낸 과거급제자 집안 출신은 5.7%를 차지했다.[202]

그리하여 "공자의 영향 아래서 중국정부는 줄곧 제국적 민주주의의 정부였고, 만인은 황제가 되는 야심까지는 가질 수 없었을지라도 수상(수보)이 될 기회는 있었다. 중국에서는 '포의布衣수상(linen prime minister)', '백가白家공작(white house duke)'과 '백가상서尙書'(육부상서 – 인용자)라는 말이 대중적 술어가 되었다. '포의'와 '백가'는 그들의 출발점이었던 평민 지위를 가리킨다. 진정으로, 중국은 이 점에서 줄곧 세계에서 가장 민주적인 나라였다".[203]

명·청대 중국사회의 이 평등화 및 공무담임권의 탈세습화(세습귀족 불용), 국가권력제도의 정치적 선진성과 사회적 진보성은 17-18세기에 서양에 알려지면서 유럽의 귀족제도 철폐와 신분해방의 혁명적 동력이 되었다. 그리고 20세기 초까지 중국은 신분해방의 민주주의 면에서 미국도 앞질렀다. 1904년 진환장은 미국과 세계의 여전한 신분제 상태를 이렇게 확인해준다. "미국 공화정부에서도 (흑인이 배제되고 백인만 모인 – 인용자) 두 큰 정당 중 하나의 활동적 당원이 아니라면 높은 벼슬이든 낮은 벼슬이든 선출직 공직을 보유하는 것은 어렵다. 이것은 많은 훌륭한 사람들이 정부로부터 배제되고 정부가 사람들의 인품을 상실하게 만들며 공무수행에서 사람들이 자신의 정치적 능력을 보여줄 기회를 부정하는 경향이 있다는 것을 뜻한다. 미국의 정부형태가 공화정일지라도 이 점에서 그것은 아주 참주적이다. 또는 최소한 그 어떤 귀족정이다. 세계의 군주제적 정부는 얼마나 더 나쁜가! 모든 근대국가와 일본은 단지 지금 귀족정을 그만두고 있는 중일 따름이다. 그리고 이 대부분의 국가에서 귀족층은 여전히 정부 안에서 커다란 요소다."[204]

202) 참조: Eberhard, "Social Mobility and Strafication in China", 128-130쪽.
203) Chen Huan-Chang(陳煥章), *The Economic Principles of Confucius and His School*, 92쪽.
204) Chen Huan-Chang(陳煥章), *The Economic Principles of Confucius and His School*, 92쪽.

■ 향촌자치와 신사의 정치적 역할

여러 종류를 망라하는 신사들 중에서 낙향해 향촌이나 향촌도읍에 터를 잡고 사는 이들을 '향신鄕紳'이라고 불렀다. '향신'은 낙향한 고위·하급의 전직 관료, 국가관직의 부족으로 출사하지 못한 각급 과거의 등과자, 국자감과 각급 학교(부학·주학·현학)의 졸업생 등으로 이루어졌다. 유사노비('전호)를 쓰는 장원莊園제도가 유지되던 17세기 이전 시대에는 향촌 차원의 수세收稅기능은 요호부민饒戶富民(장원지주들)이 수행했으나, 지주·소작 관계에 기초한 장원제도가 붕괴되고 노비가 해방된 17세기 이후에는 향촌 차원의 수세·토목사업 등의 주도기능이 향신에게로 이동했다. 그리하여 18-19세기에 향신은 청대 중국에서 '향정鄕政'을 도맡게 되었고, 중앙에서 파견된 지방관들은 '향정'에서 인퇴해 제언자·고무자·진흥자 등의 소위 '고문관' 역할만 했다.

향촌권력의 이러한 근본적 구조변동은 장원제도가 붕괴되었을 때 개시되었다. 변동의 핵심은 향촌권력이 지주로부터 대부분 향촌의 읍내와 도시에 기반을 둔 경영적 신사와 하급관료들로 이동한 것으로 특징지을 수 있다. 질서유지, 수세, 또는 국가가 개입하지 않아도 될 만큼 작은 규모의 치수사업 등과 같은 토목공사 프로젝트는 17세기까지 유력한 지주들의 책임이었다. 이후에는 이런 일을 할 만한 향촌거주 대지주가 존재하지 않았고, 토지소유의 분할과 지리적 산재散在 및 이로 인한 장원의 해체는 지주들을 특별하게 그 어떤 행정구역에 할당하는 것을 어렵게 만들었다. 그리하여 지방정부의 서기들과 다양한 관리자들, 그리고 읍·면장들에 의해 임명된 촌장들이 이 일들을 넘겨받았다. 18세기에 관리서열을 가지고 있지만 고향에 낙향해 사는 신사들과 과거급제로 학위를 얻었지만 출사하지 못한 각급 향촌 신사들(휴직관리, 퇴직관리, 출사하지 못한 채 대기하는 진사, 생원, 거인·학교졸업생 등의 선비),205) 즉 '향신들은 수세조정관, 지방공사경영자, 구휼기구와 같은 지방기관 독판 등을 맡았다. 지방 구휼기구는 1800년경, 그리고 이후에 수적으로 폭증했다. 이런 의미에서의 '향신'은 물론 행정적 공무

---

205) 오금성, 『국법과 사회관행』(서울: 지식산업사, 2007), 182, 203쪽; 오금성, 「신사」, 349-350쪽. 오금성 편저, 『명청시대 사회경제사』(서울: 이산, 2007).

를 맡지 않고 있을지라도 이전에 지주로서 지방업무에서 활동한 적이 있었다. 이제 그들은 자기 소유의 토지가 적거나 없을지라도 전문적 관리자로서 관청의 감독 아래 활동했다. 이 변화는 중국의 전통적 향촌사회구조의 발전에 근본적인 의미를 가지는 것이었다.206)

14-15세기 명대 향촌권력은 장원소유자인 지주에게 있었다. 명태조 주원장은 많은 양곡과 전호를 보유한 요호부민 지주들 중에서 1인을 10가구의 양곡관리자로 선발해 이 가구들에 세수를 독려·시행하는 기능을 맡기고 양곡관리자에게 광범한 특권을 부여했다. 양곡관리자는 극형과 유배를 당한 중범죄를 짓더라도 곤장을 맞는 것으로 그칠 정도였다. 제방보수·관리도 제방관리자를 선발해 관리하도록 했다. 이로 인해 15세기에는 양곡·제방관리자들의 권력남용에 대한 하소연이 많았다.207)

그러나 16-17세기에 명대의 기존 지방행정구조는 해체되었다. 1667년 상해지역에서 양곡관리자의 지휘에 따른 10가구의 집단적 납세제도를 폐하고 각 가구가 자기 가구의 세금을 납부하게 하는 세제개혁이 실시되었다. 제방관리자는 폐지되었다. 개혁의 직접적 이유는 우려스러울 정도로 커져가는 읍면관청의 서리·아전들의 부패였다. 양곡관리자들은 그간 이들의 온갖 부당하고 부조리한 요구를 들어주어야 했다. 그리하여 향촌지주들은 한때 양곡관리자의 지위로서 존경받던 지위를 회피하기 위해 온갖 짓을 다했다. 가정제(세종, 1522-1566)는 유력자들에게만이 아니라 "강자를 누르고 약자를 지원하는" 방식으로 덜 부유한 자들에게도 양곡관리자 직책을 줌으로써 오히려 서리들의 약탈을 무심코 진작시켰다. 약자들은 물론 서리들을 감당할 수 없었다. 하지만 전통적 향촌권력의 구조가 붕괴한 근본적 이유와, 만주족들이 옛 제도를 복구하지 않은 것은 옛 제도의 직책들을 맡을 만한 적절한 자격을 가진 지주들이 지속적으로 줄어들었기 때문이다.208)

---

206) Elvin, *The Pattern of the Chinese Past*, 260쪽.
207) Elvin, *The Pattern of the Chinese Past*, 261쪽.
208) Elvin, *The Pattern of the Chinese Past*, 263쪽.

몇 가지 가장 뚜렷한 변화들은 지방 치수사업의 경영에서 볼 수 있다. 치수사업 경영은 전국 향촌권력 변화패턴의 모델로 이바지할 수 있다. 1678년 상해 출신인 한 관리가 향촌의 하천준설을 경영하기 위해 향촌에 부副행정관을 "향신과의 연관 속에서 대표자로 파견해야 한다"고 상소했다. 그리하여 1681년 경 '향신과 유생'들이 처음으로 치수사업에 참여했다. 하지만 이것은 일회적 사건이었고, 제방보수사업의 경영관리는 18세기 초반에도 내내 주로 공식 대표자(어사)와 읍면서리의 손아귀에 남아 있었다. 그러다가 1720년 제방보수사업을 맡은 관원은 그 읍면 출신 향신과 유생들 중에서 바르고 유능한 구성원들을 선발해 이들의 도움을 받아 자기의 영향력이 아래로 내려가도록 해야 한다는 취지의 상소문을 올렸고, 1753년에는 향신이 이런 도움을 주는 제도가 실시되었다. 1763년에는 이 새 제도가 한 지방파견 대리관리의 상소에 따라 실현되기 시작했다. 1775년 최초로 향신과 유생들이 향촌관청 소재지의 크고 작은 수로水路의 청소를 위해 기금부과와 준설작업의 지도를 수행했다. 이후부터 읍면소재지의 강에서 수행되는 모든 작업은 이런 방식으로 이루어졌고, 이것이 전국으로 확산되었다. 19세기 초가 되자 공식 파견관을 도와서든, 독자적으로든 수치사업을 관리하는 향신들은 '신사독판'으로 불렸다. '신사독판'은 이해관계가 있거나 책임 있는 지주들이라기보다 전문적 조직자로서의 역할을 인정받았다.209)

이 '신사독판'은 징발된 양곡관리자들과 달리 수리사업을 관리하도록 강제되지 않았다. 그렇게 할 그들의 권한은 국가의 공식적 후원을 누릴지라도 실은 '개인적 의무들의 네트워크'에 의존했다. 이런 이유에서 그들은 어려움이 생길 때면 상호상의(자기들이 구성한 제방위원회의 토의)나 지방관과의 상의를 통해 일했다. 지방관도 수리사업에 관한 향정鄕政결정에서 향신회의체를 활용했고, 향신회의의 제언은 무조건 받아들여졌다. 향정의 정책결정에서 향신의 발언권은 상해에 한정된 것이 아니라 전국적이었다. '향촌공론위원회' 등으로 명명된 협의절차는 지방관이 임명한 낮은 지위의 촌장과 관리자들도 포함했다. 원래

209) Elvin, *The Pattern of the Chinese Past*, 263-265쪽.

교양강좌를 제공하는 것을 도맡았던 공론위원회가 읍면향정의 보좌기구를
겸한 것이다. 읍면 지방관과 신사독판들이 일정 지역을 정규 방문할 때 유생들
과 일반인들은 공론위원회에서 지방의 공익업무를 토의하기 전에 강좌가 끝나
기를 기다려야 했다. '향촌공론지도자들'로 알려진 낮은 지위의 전문가들과
향신 간의 연결은 나중에야 생겨났다.210)

향신은 수세收稅에서도 중요한 역할을 수행했다. 많은 양곡창고를 가진 부유
한 곡물 상인도 수세를 위해 계약을 맺었다. 향촌의 권력은 이제 더 이상
토지소유권에만 소재하지 않았다. 권력은 상업, 금융, 교육, 그리고 중요성의
등급에 따른 행정제도적 직책에 소재했던 것이다.

이 향신들의 '향촌자치'는 18-19세기 신상紳商들의 '도시자치'의 본보기가
되었다. 19세기 중반 이후에야 중국내륙을 여행할 수 있었던 외국인들의 눈에
이 향촌자치는 중국제국을 전제정과 거리가 먼 '자유국가'로 비치게 했다. 가령
19세기 중반 내내 중국을 여행한 레지-에바리스트 위크(Régis-Evariste Huc)라는
가톨릭 선교사는 중국황권이 영향력 있는 신사계층과, 촌락민들이 자기 촌장을
선출하는 촌락 단위까지 내려가는 권한위임제도에 의해 완화된다고 논변하면
서, 중국황제의 권력이 '절대적'이지만 '전제적'이지는 않다는 소견을 피력했다.
그는 이것이 "자유헌정을 가졌다고 주장하는 유럽제국의 인민이 향유하는
자유보다 더 큰 자유를 허용한다"고 설파했다. 여기에 더해 그는 그 이상의
자유의 증거로 중국에 백화제방의 다양성과 차이, 새로운 사상과 믿음에 대한
중국백성들의 개방성이 있어왔다는 점도 함께 지적했다.211)

■17-18세기 노비해방과 사상 초유의 완전한 평등사회의 확립

중국에서 '노비의 해방', 즉 '노비의 평민화'는 관료제도·학교제도·과거제도
의 개혁과 같은 제도개혁이 아니라 노비 자신들의 혁명운동을 통해 관철되었다.

210) Elvin, *The Pattern of the Chinese Past*, 265-266쪽.

211) Père Évariste Huc, *L'Empire Chinois* (Paris: Par Pierre Palpant, 1854), 9-10, 12, 306-307쪽. 다음도
참조: Paul Bailey, "Voltaire and Confucius: French Attitudes towards China in the Early Twentieth
Century", *History of European Ideas*, Vol. 14, Issue 6 (Nov. 1992), 820-821쪽.

명말·청초에 집중된 노비의 혁명적 민란 과정에서 "민유방본民惟邦本", "천하무생이귀자天下無生而貴者", '민심즉천심民心卽天心' 등의 공맹 교설과 유교적 정치문화는 노비들의 자기해방을 위한 모든 혁명적 봉기의 결정적 사상동력이었다. "천하에 나면서부터 귀한 자는 없다天下無生而貴者"는 공자의 교설은 극동제국의 무수한 노비반란 속에서 "왕후장상의 씨가 따로 없다"는 말로 바뀌어 무던히도 연호連呼되던 혁명구호였다. 이것은 '포의布衣수보'와 '백가白家공작', '백가상서'라는 관념의 민중혁명적 버전이었다.

- 명대 장원제와 유사노비의 만연

강희제가 토지를 매매할 때 전호들을 토지에 얹어 사고파는 것을 금한 1681년 이전, 또는 옹정제가 모든 세습적 직업집단과 일정한 유형의 노비들을 해방하는 칙령을 발령한 1720년대 이전 노비계층의 규모와 상태를 알려면 명대의 노비상황을 먼저 알아야 할 것이다. 명대(1368-1644)의 전 기간(276년) 동안, 그리고 청대 초기에도 한동안 노비나 이와 유사한 전호를 부리는 장원체제는 세월이 흐르면서 약화되었을지라도 향촌을 지배했다. 그러나 18세기가 경과하면서 장원이 최종적으로 사라졌고, 새롭고 판이한 향촌질서, 즉 상론된 향신들의 향촌자치체제가 형성되었다. 이와 동시에 지주와 전당업자들이 장원주들을 대신하고 금융·재정관계가 신분관계를 대체했다. 향촌 토목공사를 운영하는 향신들은 이제 자기들의 노동의 결과에 직접적 이해관계를 가진 토지소유자가 아니라 '전문경영자'였다. 농민들의 계급의식이 높아지고 사회적 이동성이 증가하면서 사회는 개개인으로 분할되어 맹렬하게 경쟁하는 사회로 변했다.

하지만 명대는 달랐다. 명조에 의한 몽고왕조의 축출은 새로운 대토지 소유주들의 시대를 개막했다. 그러나 이것은 지주-소작 경영체제(tenure system)에 큰 영향을 미치지 않았다. 명태조 홍무제는 장원토지의 대부분을 그가 창설한 귀족(왕족)과 공훈관리들에게 분배하고 세금을 면제해주었다. 주원장은 나중에 이 장원토지 소유가 국가재정에 끼치는 손해와, 그것이 제기하는 장기적 정치위협을 잘 알고 이 토지소유를 줄이려고 애를 썼다. 그러나 그도, 그의 계승자들도 이것을 이루지 못했다. 장원토지는 황제의 하사, 구입, 겸병, 투신投信 관행 등을 통해 더 커졌다. '투신'은 힘없는 농민이 세금을 피하려고 자기 토지를 면세특권을 가진 지주에게 신탁하는 것을 가리킨다. 이로써 형성된 토지 중 어떤 것은 엄청난 규모였다. 15세기 초에 불법적으로 농민 토지를 횡탈한 환관의 장토莊土는 그에게 매년 쌀 9,078톤과 4,000온스의 은을 가져다주었다.212)

그런데 명조에 귀족이나 고위관리 장토의 소작인이라는 것은 유럽의 예농처럼 '인격적 종속'을 뜻하는 '유사노비'가 되는 것을 의미했다. 이것은 가령 1371년 한 고위관리가 은퇴했을 때 황제가 상당한 토지만이 아니라 1,500가구의 소작인도 함께 하사한 것에서 짐작할 수 있다. 정부는 분명 '투신'이 노비와 유사한 종속 상태로 떨어지는 것임을 당연시했다. "군인과 민간인이 유력한 가문에 투신해 그 가문의 노비가 되는 것은 금지된다"고 밝히고 있는 만력제(재위 1572-1620) 법전의 금제법규는 오히려 이 금령발령 이전에 '투신'이 곧 '노비'가 되는 길이었음을 분명히 알도록 해준다.213)

명대에 수많은 대토지 소유자들은 노비들을 몸소 이끌었고 아침에 이들을 몰고 들녘으로 나갔다. 한 유명한 고위관리는 대토지를 경작할 수많은 노비들을 사들였다. 어떤 토지는 간간히 임금노동자를 쓰기도 했지만, 이것이 대세는 아니었다. 그리고 이 임금노동자도 고용주와 신분적으로 대등한 것이 아니었다. 1588년 수정된 대명률은 "관리와 평민의 집안에서 1년 노무계약에 의해 고용된 모든 사람은 '고공雇工'으로 취급되고, 몇 달 또는 며칠만 단기간 고용되어 어떤 큰 액수의 임금도 받지 않는 사람들만이 '범인凡人'으로 취급되어야 한다"고 하고, 고공이 고용주를 때렸을 때는 고용주가 고공을 때렸을 때보다 더 크게 처벌하도록 규정하고 있다.214) 이렇게 법적으로 1년 장기 고용된 고공들, 조선으로 치면 '머슴(年雇)'은 노비와 동일한 처지는 아니었지만 노비 지위에 상당히 근접해갔다.

---

212) Elvin, *The Pattern of the Chinese Past*, 235쪽.

213) Elvin, *The Pattern of the Chinese Past*, 235-236쪽.

214) Elvin, *The Pattern of the Chinese Past*, 238쪽; 박일원, 『추관지秋官志(2)』[1781](서울: 법제처, 1975), 446-448쪽.

청대 초에도 주인과 노비의 차이는 아주 엄격하게 지켜졌다. 당시 노비의 규모는 소작인이 장원시대의 '전호'로 불리며 토지에 구속된 '유사노비'로 취급되고, 또 관리 외에 노비를 소유하는 것은 기술적으로 불법이었으므로 양자·양녀의 형태로 위장하고 있었기 때문에 정확하게 타산하기 어려웠다. 대명률은 평민이 처벌의 한 방편으로서 관리들의 가정에 들어가 노비가 되는 것을 허용했지만, 관리가 아닌 유생이나 일반인이 '노비'를 소유하는 것은 법으로 금했다. 이런 이유에서 관리가 아닌 부자들이 하인을 쓸 경우에 빈곤이나 채무로 인해 자신을 팔아 가내 하인으로 들어간 평민들을 '양자'라 부르고, 하녀를 '며느리'라 불렀다. 그리고 어리거나 젊은 여성하녀는 '양녀'라 불렀다. 당연히 이들을 개나 돼지처럼 노비로 취급하는 것은 금기시되었다.

물론 중국 평민들에게도 자기를 팔거나 자식을 파는 일은 결코 기꺼운 일이 아니었다. 그들은 극단적 빈곤을 겪을 때도 자기 자식과 딸을 하인이나 하녀로 팔려고 하지 않았다. 그러나 이따금 극한적 흉년이 들어 아사지경에 내몰렸을 때는 어쩔 수 없이 자기 자식을 팔았다. 그렇지 않으면 자기 자신을 팔았다. 부잣집은 이들을 양자로 받아들일 여유가 있었다. 하지만 이런 일은 당시 사람들에게도 충격적인 일로 받아들여졌다.[215]

'노비'와 '양자' 사이에는 경미하지만 끈질긴 차이가 있었다. 양자와 양녀를 들인 유력가문은 때로 이들에게 자기의 성을 부여해 진짜 '양자'로 대했다. 물론 이들의 성을 바꾸고 이들을 거의 노비처럼 부려먹는 부자들도 있었다. 어떻든 양자·양녀들은 이런 유사노비가 됨으로써 부세의 의무를 피했다. 따라서 이들은 기꺼이 유사노비로 복무했고, 아무도 이것을 문제 삼지 않았다. 그리고 지방관들이 양자·양녀의 명의로 은폐된 이 유사노비들의 처지에 대해 늘 신경 썼기 때문에 '양자·양녀' 명의가 노비와 구별되는 일말의 실實이 있었다. 법은 공훈관리들의 가정에 노비를 하사하는 것을 제한하고 있었다. 그러므로 평민인 요호부민의 가정은 일日·월月 단위로 일하는 고인雇人이나, 부양받기를 애걸한 양자들이 있었다. 양자들은 부민의 자식과 같았으므로 그들 사이에

---

215) Elvin, *The Pattern of the Chinese Past*, 256쪽.

형제의 서열이 부과되었다. 이들이 다른 사람들과 똑같이 사랑받는 것은 불가능했을지라도 그들의 의식주, 혼례와 장례는 부민의 자녀의 그것들과 많이 다르지 않았다. 이것이 법에 부합되는 것이었다. 그렇지 않고 진짜 노비처럼 대하는 경우는 지방관이 개입했다. 양자·양녀라는 혈족 가칭은 이와 같이 약간의 실질적 내용이 있었던 것이다.216)

1552년 중국 해안지역을 방문하고 1년여 기간 동안 체류한 적이 있는 포르투갈 도미니크회 탁발승 가스파르 다 크루즈(Gaspar da Cruz, 1520-1570)가 1569년 출간한 『중국풍물론(Tratado das Cousas da China; Treatise on Things Chinese)』을217) 보면 이 사실관계를 좀 더 잘 알 수 있다. 초기 중국-포르투갈 관계의 골칫거리는 포르투갈 사람들이 중국 어린이들을 노예화해서 포르투갈의 다양한 식민지나 포르투갈로 끌고 가 팔아먹는 노예무역이었다. 광동의 많은 중국인들은 "그들이 채무 보증으로 주었던 많은 중국 어린이들"이 포르투갈 사람들에 의해 "약취되어 끌려가 노예가 되는 것"을 알고 이들을 경계하고 있었다.218) 크루즈도 이 노예무역을 알았고 『중국풍물론』의 제15장(Chapter XV)에서 포르투갈 노예상인들이 이미 중국에서 노예인 어린이들을 구입할 뿐이라고 주장함으로써 그들이 노예무역을 정당화하려는 기도를 들었다고 암시하고 있다. 크루즈는 자신이 본 중국의 노비상황을 묘사하고 있다. 중국의 법률에 의하면 궁핍한 과부들의 경우에 자기 자식을 파는 것을 허용하되, 노비로 팔린 소년소녀들이 잡혀 있을 수 있는 조건은 법률과 관습에 의해 규제되고, 일정한 나이가 되면 그들을 해방해야 했다는 것이다. 소녀노비는 '뮈차이(mui-tsai)', 즉 '매자妹仔'라고 불렸다.

---

216) Elvin, *The Pattern of the Chinese Past*, 239-240쪽.

217) Gaspar da Cruz, *Tractado em que se cõtam muito por estêso as cousas da China, cõ suas particularidades, e assi do reyno dormuz, em casa de Andre de Burgos* (The original 1569 edition of da Cruz' book, in black letter, digitized by Google), 제15절. Charles R. Boxer (ed), *South China in the sixteenth century: being the narratives of Galeote Pereira, Fr. Gaspar da Cruz, O.P. [and] Fr. Martín de Rada, O.E.S.A. (1550-1575)*, Issue 106 of Works issued by the Hakluyt Society (Printed for the Hakluyt Society, 1953·2017).

218) Donald Ferguson, "Introduction", 14-15쪽. Donald Ferguson (ed. & trans.), *Letters from Portuguese captives in Canton*, written in 1534 & 1536 (Bombay: Educ. Steam Press, 1902).

이러한 노비의 재再판매도 법에 의해 규제되었는데, 노비를 포르투갈 사람들에게 파는 것은 중죄로 다스려졌다. 그러므로 크루즈가 보기에도 포르투갈 사람들은 매자를 구입할 합법적 권리가 없었다. 따라서 포르투갈 사람들이 보유한 어린 노예들은 모두 중국의 시한부 유사노비들을 약취한 것이었다. 그리하여 크루즈는 말한다.

이제 이것을 읽은 각 사람들로 하여금 어떤 중국인들이 어떤 포르투갈 사람들에게 이 노비들 중 하나를 파는 경우에 이 노비가 합법적으로 얻은 것인지, 그리고 어떻게, 더구나 언제 팔리는지를 판단하게 하라. 그러면 흔히 포르투갈 사람들에게 팔려온 모든 이들은 훔친 것이고, 포르투갈 사람들은 그들을 속여 비밀리에 포르투갈 사람들에게 데리고 가서 그들에게 판다(는 것이 드러날 것이다). 그들은 이 도둑질에서 발각되거나 붙잡히면 사형을 당할 것이다. 그리고 어떤 포르투갈 사람이 중국에서 어떤 사법부의 허가로 중국노예를 샀다고 말하는 일이 발생하면, 이것도 그에게 노예를 소유할 합법적 권한을 주지 않을 것이다. 왜냐하면 사법부에 그런 관리가 있다면 그는 뇌물을 받고 그 짓을 했을 것이기 때문이다. 중국의 법률은 자신의 자식을 팔 권한을 남편이 아니라 부인에게만 준다. 왜냐하면 남편들은 자신과 자식들의 생계를 구해야 할 의무가 있는 만큼 어떤 남편이 생계수단을 결하면 그것은 그의 잘못이라고 생각하기 때문이다.[219]

그리고 크루즈는 스스로 자문한 "중국에 노예가 있는가?"라는 질문에 대해 결정적 답변을 제시하며 보고를 결론짓는다.

중국은 완전히 노예인 노예를 보유하는 것과 아주 거리가 멀어서, 전시에 징집된 사람들도 노예화되지 않을 정도다. 오직 그들만이 왕에게 구속당해 있고 그들이 징집된 자기 고향으로부터 먼 지방에 군인으로 배치되지만, 그들은 왕으로부터 받는 임금으로 먹고 산다.[220]

---

219) Cruz, *Treatise in which the things of China are related at great length* [1569], 152쪽.

상론한 대로, 명대 중국 법률에서 노비는 오직 신사만이 보유할 수 있었고, 따라서 자식을 파는 것이 허용된 가난한 과부도 오로지 신사 가정에만 자식을 일정한 기간 후에 해방되는 '유사노비'로 보낼 수 있었다. 따라서 공식적으로는 국초부터 대대로 과거시험에 계속 급제해서 신사신분을 대이어 획득한 예외적 '천재 신사가문'만이 합법적으로 세습노비를 보유할 수 있었을 뿐이다. 따라서 법대로 한다면 명대 중국에서도 당대 유럽에서 볼 수 있던 '세습'노비는 존재하지 않았다. 이런 상황에서 포르투갈 사람들은 중국 청소년들을 '납치'해서 다른 식민지들에다 팔아먹은 것이었다. 이 때문에 이 사실을 잘 알았던 중국정부는 포르투갈과의 공식 교역을 끝내 허용하지 않았던 것이다.

따라서 법률로 엄격하게 규제되는 중국 유사노비의 양자·양녀 가칭假稱을 사실상의 노비에 대한 단순한 '법적 포장'으로 보는 것은 당시의 중국 현실의 이해를 오도하게 한다. 16세기 말 또는 17세기 초 적잖은 외국인들은 바로 채무나 빈곤으로 부양扶養을 의탁한 이 양자·양녀들을 '진짜 노비'로 보는 오류를 범했다. 1600년경 명대 중국을 관찰한 마테오리치(1552-1610)는 트리고에 의해 1615년 라틴어로 공간된 『중국인들 사이에서의 기독교 선교』에서 양자· 양녀 종복들의 처지를 노비신분으로 기술하고 있다.

> 그들 중 많은 이들은 여성 배우자를 포기할 수 없어 자신을 부유한 후원자에게 팔아서 여성 하인들 사이에서 아내를 얻고, 이럼으로써 그들의 자식들도 영구적 노비로 복속시킨다. 다른 이들은 아내를 살 만큼 충분한 돈을 저축하면 아내를 사고, 그들의 가족이 너무 수가 많아서 부양될 수 없으면 돼지나 싼 작은 당나귀에 지불하는 것과 같은 가격에 ─ 약 1크라운, 또는 아마 1크라운 반의 가격에 ─ 자식들을 노비로 판다. 종종 이것은 실제로 아무런 필요가 없을 때도 벌어지며, 어린이들은 부모로부터 영원히 분리되어 매입자의 노비가 되고 그가 원하는 용도로 쓰인다. 이 관행의 결과는 전국이 실제로 노비로 가득 채워진다는 것이다. 이런 노비들은 전쟁에서 사로잡힌 것도 아니고 해외로부터 데려온 것도 아니고, 그 나라 안에서, 심지어 그들이

살고 있는 같은 도시나 마을에서 태어난 노비들이다. (…) 자식교역에서의 유일한 개량적 측면은 그것이 비참한 삶을 살아나가기 위해 이마에 땀을 흘리며 부단하게 노동해야 하는 극빈자들의 엄청난 수를 줄인다는 사실이다. 우리는 중국인들 사이의 이 노비제가 세계의 어떤 다른 백성 사이에서의 그것보다 덜 엄혹하기 때문에 보다 견딜 만하다고 덧붙일 수 있다. 중국인 노비는 가까스로 그에게 지불되었던 그 액수의 돈을 마련할 수 있다면 그와 동일한 가격에 자신의 자유를 되살 수 있다.[221]

아내감을 얻으려고 여성하인을 많이 거느린 유력자에게 자신을 가사노비로 의탁하거나 노비로 팔았다가 자신의 자유를 다시 사서 노비상태로부터 벗어날 '자유'가 있는 사람은 자신의 자유를 되살 수 없었던 조선시대의 '자매自賣노비'나 '타매他賣노비'(아비나 친인척이 팔아서 노비가 된 자)보다[222] 자유로운 지위에 있는 만큼 정확한 의미에서의 진짜 '노비'가 아니다. 마테오리치는 이들이 양자·양녀의 가칭을 쓰고 있는 것을 전혀 인지하지 못했고, 이들을 그저 '노비'로 묘사하고 있는 것이다. 그리고 "그들 중 많은 이들은 (…) 자신을 부유한 후원자에게 팔아서 (…) 그들의 자식들도 영구적 노비로 복속시킨다"는 구절은 1550년대 명조 중국의 가정제嘉靖帝 치세에 중국의 유사노비제를 면밀히 관찰·분석한

---

221) Gallagher, *China in the Sixteenth Century*, 86쪽.

222) 조선시대 자매노비나 그 변형태인 채무노비, 그리고 타매노비는 1886년 4월 고종이 노비해방 절목을 반포·시행함으로써야 비로소 신규매매 및 노비신분의 세습이 금지되었다. 그러나 이 해방절목은 타매노비가 주인 허락 없이도 금전으로 해방될 수 있는 것으로 해석될 수 있었지만 기존 자매노비는 주인 허락이 없으면 자유를 살 수 없었고 주인에게 면천을 강요하는 자를 엄벌하는 조항을 설치해두고 있다. 다음은 노비절목이다. "1. 먹고살기 위해 노비가 된 구활(救活)노비와, 빚에 자신을 팔아 노비가 된 자매노비, 세습으로 노비가 된 세전(世傳)노비는 모두 다만 자신 한 몸에 그치고 대대로 부리지 못한다. 2. 구활·자매노비의 소생은 매매할 수 없다. 3. 세전노비로서 이미 사역 중인 자도 그 한 몸에 그치며, 만약 소생이 있는데 의탁할 곳이 없어서 사역을 자원하는 경우에도 신매례(新買例, 임금제)로 값을 치러준다. 4. 자매노비는 비록 하루 동안 사역을 당하더라도 명분이 이미 정해진 뒤에는 쉽게 모면할 수 없으며, 집주인이 몸값을 갚으라고 허락하기 전에는 몸값을 갚겠다고 청할 수 없다. 5. 단지 자신 한 몸에 그치고 대대로 부리지 못하게 하는 만큼 매입한 돈 문제는 자연히 제기할 수 없으며, 본인이 죽은 뒤에 절대로 소생에게 징출할 수 없다. 6. 숙채(宿債) 때문에 양인을 억눌러서 강제로 종으로 삼는 것은 일체 금지한다. 7. 노비 소생으로서 스스로 면천하겠다고 하면서 분수를 업신여기고 기강을 위반하는 자는 특별히 엄하게 징계한다." 『高宗實錄』, 고종 23년(1886) 3월 11일(양력 4월 14일).

가스파르 다 크루즈의 기록과 모순된다. 크루즈는 팔려온 소년이 성년이 되어 혼인하면 자유로워지고 그의 자식도 자유롭다고 보고하고 있기 때문이다. "(과부가 부자에게 판 자식이) 아들이면 그는 일정한 시간 동안 주인을 섬긴다. 그리고 그가 혼인할 나이가 되면 주인은 그에게 아내를 주며 그에게 태어나는 자식들은 모두 자유롭게 남고 아무런 의무도 지지 않는다. (…) 혼인 후 이 노비는 자신의 가계를 꾸리고 (…) 자신의 생계를 벌기 위해 장사에 종사하든지, 자신의 근면에 의해 일한다."[223] 가정의 유사노비는 혼인과 동시에 자유를 얻고 그 자식도 "영구적 노비"가 아니라 주인에 대해 "아무런 의무도 지지 않는" 자유인인 것이다. 1588년의 개정 대명률은 양자·양녀로 불리며 1년 이상 장기 고용된 가사노동자들에게 노비가 아니라 '고공雇工'이라는 법적 지위를 부여했다. 마테오리치가 중국에 들어가 산 것은 1583년부터 1610년까지 도합 27년, 이 기간 중 북경에 상경해 산 것은 1601년부터 1610년까지 약 9년간이었다. 따라서 중국의 사회관행에 대한 그의 한시적 관찰과 딜레탕트적 판단은 불가피하게 개인적 한계가 있음에 유의해야 할 것이다.

그럼에도 불구하고 마테오리치의 그릇된 기술은 중국에서 노비가 완전히 사라진 시점에도 서구 지성계 안에서 계속 유전되어 심지어 18세기 후반에도 반복된다. 중국의 자매노비에 대한 기록은 프랑수아 케네의 『중국의 계몽군주정』에서도 다시 등장하기 때문이다.

빈곤은 중국에서 엄청난 수의 노비, 즉 자기의 자유를 언젠가 되찾는 조건으로 스스로 도제살이를 하는 사람들을 낳는다. 어떤 사람은 때로 그의 아들이나 심지어 자신과 그의 가족을 아주 헐한 값에 판다. 정부는 다른 문제에서 그토록 친절하더라도 이 곤경에 대해 눈을 감고, 이 끔찍한 광경은 매일 반복된다(『여행의 일반적 역사[Histiore générale des voyages]』). 노비에 대한 주인의 권위는 일상적 의무에 제한되고, 그들은 노비들을 그들 자신의 자녀처럼 대한다. 주인에 대한 노비들의 충성은 불가침적이다. 어떤 노비가 그 자신의 근면으로 돈을 번 경우에 주인은 노비의 부를 앗아

223) Cruz, *Treatise in which the things of China are related at great length* {1569}, 151쪽.

갈 어떤 권리도 없고, 노비는 그의 주인이 동의하는 경우에 또는 그의 도제계약서에 그렇게 할 권리를 유보해둔 경우에 자신의 자유를 되살 수 있다.[224]

"자기의 자유를 언젠가 되찾는 조건으로 스스로 도제살이를 하는 사람들"을 '노비'라고 부르는 것은 가당치 않을 것이다. 이들은 조선시대의 자매노비와 비슷하고, 아버지에 의해 헐값에 팔린 "그의 아들이나 심지어 자신과 그의 가족"은 조선시대의 '타매노비'와 비슷하다. 그러나 둘 다 "자기의 자유를 언젠가 되찾는 조건"이 붙어 있고 "노비에 대한 주인의 권위는 일상적 의무에 제한되는" 점에서 완전한 인신구속 상태에까지는 추락하지 않았다. 이들은 장기 노무계약하에서 일하는 임금노동자와 비슷하다. 그러나 이 노동자의 지위는 자유에 대한 대가를 지불하지 않고 언제나 떠날 수 있는 완전한 자본주의적 임노동자와 다르다. 따라서 "자기의 자유를 언젠가 되찾는 조건으로 스스로 도제살이를 하는 사람들"은 천재지변과 흉년으로 인해 장기실업·빈곤층이 대중적으로 누적될 때면 어디에서나 나타날 수 있는 '임금노동자의 영락형태'라고 봐야 할 것이다. 게다가 위 이야기는 청대가 아니라 명대 중국에 대한 이야기다. 케네가 위 구절의 근거로 대고 있는 『여행의 일반적 역사』는 중국에 가본 적이 없는 프레보 신부(Abbé Prévost, 1697-1763)가 17세기 초엽부터 전해오는 낡은 여행기들을 수집해 1746-1759년에 걸쳐 발간한 잡록雜錄이다. 케네가 전하는 '중국의 노비'는 청대의 건륭제 시기의 중국과 관련된 것이 아니라, 마테오리치가 관찰한 명대 말엽의 중국사회와 관련된 것이다. 그리고 그 기술 내용도 마테오리치의 보고와 아주 흡사하다. 결국, 마테오리치와 케네가 이야기하는 '중국 자매·타매노비'는 둘 다 양자·양녀로 복속된 가내 유사노비들을 잘못 기술한 것으로 결론지을 수 있다. 이들이 진짜 노비가 아니라는 것은 마테오리치의 글만이 아니라, 케네의 글을 정밀하게 판독해도 바로 드러난다.

---

224) François Quesnay, *Le Despotisme de la Chine* (Paris: 1767). Lewis A. Maverick의 영역본: *Despotism in China*, 169-170쪽. Lewis A. Maverick, *China - A Model for Europe*, Vol. II (San Antonio in Texas: Paul Anderson Company, 1946). 국역본. 프랑수아 케네(나정원 역), 『중국의 계몽군주정』(서울: 엠-애드, 2014), 59-61쪽.

"노비에 대한 주인의 권위는 일상적 의무에 제한되고 그들은 노비들을 그들 자신의 자녀처럼 대한다"는 케네의 기술은 이 '노비들'이 실은 진짜 '노비'가 아니라 '양자·양녀로 복속된 가내 하인과 하녀들이라는 것을 간접적으로 드러내고 있기 때문이다. 이들은 '고공'과 다름없지만 '고공'보다 지위가 더 안정된 과도기적 신분들, 즉 '유사노비들'이었다.

- 혁명적 노비반란

명말·청초에 노비와 각종 유사노비들은 저항을 통해 자신들을 해방해나감으로써 수적으로 격감하기 시작했다. 명말에 신사계층은 수많은 세습노비들을 보유했다. 상해를 비롯한 지역에서는 평민이 거의 없을 정도였다. 하지만 주인의 권력이 지속적으로 약해진다면 노비들은 목줄을 걷어차고 떠나버릴 판이었다. 종종 그들은 주인의 농토를 반란 방식으로 차지한 뒤 주인의 소유물들을 장악하고, 그들의 충성을 고위직을 획득한 다른 신사에게로 이동시켰다. 원래의 유력가문은 이에 대해 소송을 걸었지만 관청은 강한 자의 편을 들었다. 그러나 사태가 극단에 이르면 반동이 있기 마련이다. 가령 한 노비반란 지도자가 궐기를 외치자 노비들이 그를 따라 봉기했다. 그리하여 나중에 신사들에게 상당한 자존自尊을 지키라고 하는, 즉 노비를 갖지 말라는 제국의 칙령이 떨어졌다. 그리하여 적폐가 청산되었다. 하지만 양자·양녀·양손자, 그리고 향촌의 유사노비(전호)들은 아직 지위 변화가 없었다.225)

노비지위의 변화는 이미 16세기부터 점차 나타났다. 장원주와 노비 간의 관계가 위태로워지기 시작했기 때문이다. 장원주는 전호들이 안전한 생계를 얻도록 신경 써야 했다. 그들은 전호들을 작업 시에 고무하고 수확의 일부를 그들에게 떼어주었다. 그들은 전호의 불행에 슬픔을 표하고 행복한 사건이 있으면 축하해야 했다. 주인들이 이렇게 행동하면 전호들은 대대로 그에게 봉사했다. 그러나 주인이 그들에게 호통만 치고 그들을 개나 소처럼 대하면, 잘못되는 것은 주인이었다. 이러한 상황에서 관리는 주인을 꾸짖고 그의 고소

---

225) Elvin, *The Pattern of the Chinese Past*, 240쪽.

장을 기각했기 때문이다.226)

노비들은 갈수록 불복종적이고 반란적으로 변해갔다. 문화적 업종들이 번성하고, 인구가 늘고, 음모심이 많아졌다. 문자 기술이 공식 결정을 왜곡하고 어리석은 백성들은 궁지에 몰렸다. 1520년대 이후 상인과 장사치들은 조금만 노력을 기울여도 많은 돈을 벌었다. 전호(유사노비)와 노비의 불복종은 이런 상업의 성장과 시장 네트워크의 확산과 긴밀히 연관되어 있었다. 명말 만력제(1572-1620) 치세에 한 지방 관보에 의하면, 전호들은 아침에 들녘으로 나가고 저녁에는 시장에서 장사를 했다. 그들은 시장에서 서로 만나 대지주들에게 지대를 내지 말자는 협정을 맺었다. 영리한 노비들은 관청의 서리들과 갈등을 빚어 이 서리들을 자기들의 보호자로 만들었다. 지대로 먹고사는 지주들에게 어려운 시대가 다가오고 있었던 것이다. 16-17세기에 지방시장의 네트워크는 갈수록 조밀해졌다. 이 시장들에서 노비와 전호들의 정기적 만남은 계급의식을 고취했고, 불만자들은 그들의 불만이 단순히 개별 가문이나 주인만이 아니라 노비제 자체를 겨냥해야 한다는 것을 알게 되었다.227)

17세기 이전의 노비·전호반란, 가령 1448년 복건성에서 일어난 '수평왕水平王(the Levelling King)'의 반란은 노비와 전호들의 계급의식 수준에서 결정적 진보를 상징해주는 사건이었다. 이 민란은 영국의 1645년 수평파(the Levellers)보다 200년 앞선 혁명적 민란이었다. 이 혁명적 민란의 지도자는 처음에 지대부담의 삭감을 위해 합법적 방식으로 노력했으나 관청이 그에게 체포영장을 발부했고, 그는 불가피하게 봉기를 선창했다. 이런 유형의 반란은 이후 종종 일어났다. 그러다가 명말·청초 1630-1640년대에 일어난 수많은 반란들은 기존의 신분질서를 전복하는 것을 명시적 기치로 내걸었다. 이 반란들의 충격파는 노비제도를 종식시키기에 충분히 의미심장한 것이었다.228)

당시 강서지방의 한 작은 민란에 대한 다음의 보고는 이 시대 민란의 일반성

226) Elvin, *The Pattern of the Chinese Past*, 241-242쪽.

227) Elvin, *The Pattern of the Chinese Past*, 244쪽.

228) Elvin, *The Pattern of the Chinese Past*, 244-245쪽.

격을 잘 예시해준다.

> 1644년과 1665년 치쥬(Chichou)라는 지역에 이전에 큰 난이 있었다. 노비들은 떼로 들
> 고 있어났고, 전호집단과 미천한 천민들의 군중들이 그들을 따랐다. 그들은 백정들
> 과 결사해서 파렴치한 약탈에 참여했다. 마을마다 여러 민란지도자 아래 수백, 수천
> 명의 노비들이 조직되었다. 그들은 바짓가랑이를 찢어 깃발로 썼고, 괭이를 갈아 칼
> 로 만들었으며, "수평왕들"이라는 칭호를 달고 그들이 주인과 노비, 칭호가 있는 자
> 와 평민, 부자와 빈자의 차이를 수평화한다고 선언했다. 전호들은 주인의 가장 좋은
> 옷을 빼앗고, 중요한 가문의 집 안으로 난입해 그들의 저택을 주인들과 나눠 썼다.
> 그들은 창고를 열어 양곡을 나눠주었다. 그들은 주인들을 기둥에 붙들어 매고 채찍
> 과 곤장으로 때렸다. 그들은 주연을 열면 주인들로 하여금 무릎 꿇고 그들에게 술을
> 따르게 했다. 그들은 주인들의 뺨을 후려치며 "우리는 모두 똑같이 인간이다. 무슨
> 권리로 너희는 우리를 노비라고 부르느냐? 지금부터 세상은 달리 돌아갈 것이다"라
> 고 말하고 싶었을 것이다.229)

노비적 구속관계의 보상이나 혁파에 대한 요구는 이 시대 민란의 공통된 측면
이었다. 노비와 전호들의 민란은 전국 각지를 휩쓸었다.230) '혁명의 시대'가
개막된 것이다. 혁명민란들은 노비제 폐지를 성공시킨 결정적 동력이었다.
    이 노비민란들이 성공적이었던 첫 번째 이유는 민란들이 중국 북서지역에서
이자성李自成(1605-1645)과 장헌충張獻忠을 필두로 한 다양한 지도자들이 이끈
유동적 노상강도 집단들의 봉기와 동시에 일어났기 때문이었다. 이 약탈자들은
사회정의의 주의주장을 대변하지 않았다. 이들은 단지 명조 통치구조의 점증하
는 취약성의 징후였다. 그러므로 북서강도들의 반란을 농민반란으로 특징지을
정당한 이유가 없었다. 하지만 명조를 무너뜨리고 노비반란의 확산 조건을

---

229) 傅衣凌, 『明淸農村社會經濟』(1961), 109쪽. Elvin, *The Pattern of the Chinese Past*, 245-246쪽에
    서 재인용.

230) Elvin, *The Pattern of the Chinese Past*, 247쪽.

창출한 것은 만주족들이 동북 방면에서 가한 군사적 압력과 더불어 이 강도집
단들의 약탈행각들이었다. 나아가 노비들이 들고 일어나 관청을 공격하고 노비
소유주를 살해하는 사건들의 빈발은 상층계급에게 "노비소유가 위험한 일"이
라는 것을, 그리고 만주에서 온 청나라 정부에게는 "노비소유가 사회정치적
취약성"이라는 것을 분명하게 깨닫게 했다.231) 강희제와 옹정제는 이 각성에
따라 노비해방령들을 제정·정비했던 것이다.

노비반란이 노비해방에 성공적이었던 두 번째 이유는 심원한 경제사회적
변화발전이 장원체제를 약화시킨 것이었다. 가장 중요한 변화는 투자패턴의
변화였다. 돈 있는 사람들은 그것을 더 이상 이전 수준으로 토지에 재투자하지
않았다. 상업, 전당업, 도시부동산 투자가 훨씬 더 많은 보상을 제공했기 때문이
다. 가령 명대의 강남 상인들은 대부분 '토지가 이윤은 적고 세금은 무겁기'
때문에 토지를 소유하지 않았다.232)

농업에서는 한 겹의 이윤이 있고, 아주 큰 노동을 요한다. 공업에서는 두 겹의 이윤이
있고, 큰 노동을 요한다. 기술이 있는 손가락을 가진 사람들은 이것을 한다. 상업에서
는 세 겹의 이윤이 있고, 적은 노동이 필요하다. 현명하고 사려 깊은 사람들은 상업을
한다. (불법적) 소금판매에서는 다섯 겹의 이윤이 있고, 노동이 필요 없다. 악하고
힘센 사람들은 이 짓을 한다.233)

18세기가 개막되면서 농토는 대부호 서열에서 낮은 등급에 속했다. 당연히
당시 상공업에 대한 투자가 농업투자를 현저히 압도하고 있었고, 상인들의
권력은 극성하고 있었다.234) 지주는 대부호의 비율 안에서 최하위(2-20%)로
추락했다. 토지의 가치가 아직 있다면 단지 언제든 식량을 대준다는 것, 화재나

---

231) Elvin, *The Pattern of the Chinese Past*, 247쪽.

232) Elvin, *The Pattern of the Chinese Past*, 248쪽.

233) Elvin, *The Pattern of the Chinese Past*, 248쪽.

234) John M. Hobson, *The Eastern Origins of Western Civilization* (Cambridge·New York: Cambridge University Press, 2004·2008), 72쪽.

강도로부터 지켜질 수 있다는 것, 지키기 위해 많은 힘을 쏟지 않아도 된다는 것 등 '안전성의 가치'밖에 남지 않았다. 이와 같이 "토지에 대한 투자의 열정이 퇴조하면서"235) 18세기 한 남경 상인은 "우리는 상업을 써서 가족을 일으키고, 농업을 써서 가족을 보존한다"고 말하곤 했다.236) 이것은 사마천의 "이말치재以末致財 용본수지用本守之(상업으로 재물을 모으고 농업으로 재물을 지킴)"와237) 같은 취지의 구호였다.

토지가 빈약한 소득원이 된 또 다른 이유는 전호들이 지대를 납부하는 것을 거부하는 성향이 점점 커졌다는 것이다. 18세기 중엽 전호가 지대납부를 거부하는 것은 '고착된 습관'이 되었다. 그리하여 지주가 세금을 내기 위해 돈을 빌려야 하는 경우도 종종 생겨났다. "지대를 걷으러 가는 길은 두려운 길이다"라는 말이 종종 나돌았다. 다른 한편으로, 장원질서의 붕괴는 농민들을 착취하는 새로운 수단을 타개했다. 그것은 토지보다 더 가볍게 납세하는 매력을 가진 저당 또는 전당업이었다. 농경에서의 긴 자본회전율 때문에 춘궁기에 고생하는 경작자들에게 이자를 받고 자금이나 곡물을 미리 입체해주는 것은 이전에도 장원기구에서 운영하던 업무였다. 이제는 이 업무가 새로운 확장을 맞은 것이다. 그리하여 18세기에 수많은 저당업체들이 나타났다. 이미 17세기 관찰자는 전호들이 다음 해에 다시 빌릴 수 없을 것을 염려해서 감히 곡물임대자에게 빚을 갚지 않는 것보다 차라리 지대납부를 하지 않는 길을 택했다. 그리하여 18세기에 지주들의 활동은 농자금대부를 전업화하는 경향이 굳어졌다. 이와 같이 금융수단이 향촌에서도 토지소유권보다 더 중요한 사회경제적 권력원천이 되었던 것이다.238)

■ 노비해방과 이중소유권: 소농경제와 경자유전 원칙의 확립
노비반란, 토지투자의 낮은 수익성, 여러 형제간의 분산상속, 이 세 가지

---

235) Elvin, *The Pattern of the Chinese Past*, 250쪽.
236) Elvin, *The Pattern of the Chinese Past*, 248-249쪽.
237) 사마천, 『史記』 「貨殖列傳」, 1197쪽.
238) Elvin, *The Pattern of the Chinese Past*, 249-250쪽.

요인의 결합은 장원체제를 더욱 급속히 해체시키고 소농체제로 전환시켰다.[239] 상업활동의 성장과 도시의 생활편의시설 때문에 중요한 지주들은 도읍지나 도회지로 이사했다. 그리하여 전호들은 읍소재지와 도시를 지주권력의 중심지로 생각했다.

1645년 한 지방의 사건은 이런 현상을 잘 보여준다. 향촌의 전호들은 도시의 부재지주 대가문들을 증오했다. 그리하여 그들은 도시에 사는 부재지주들의 아비나 조상의 묘를 파괴하고 주검의 뼈를 망가뜨렸다. 그리고 도시로 가는 모든 식량과 땔감 수송을 끊어버렸다. 그리고 얼마 뒤 도시성곽의 북문을 뚫고 침입해 부재지주들을 살해하고 부자들을 약탈했다. 그들은 모든 성채를 불사르고 성곽과 엄청난 재산들을 파괴했다. 향촌으로부터 지주들이 혁명적·물리적으로 제거되자 향촌전호들에 대한 지주들의 통제력은 급격히 약화되었다. 도회에서 먼 곳에 사는 농민들은 명말·청초부터 토지를 자기 땅인 것처럼 갈아먹었다. 이로 인해 소작의 성격이 변하기 시작했다.[240]

소작관계는 이제 신분관계가 아니라, 인격적 계약과 무관한 '경제적' 관계가 된 것이다. 대지주들은 추수 때 외에는 농촌에 나타나지 못했다. 이런 세월 속에서 소작계약기간은 길어지고 결국 영구화되었다. 이에 따라 지주는 토지의 하층토(subsoil), 즉 '전골田骨'을 소유하고 소작인은 농토의 표층, 즉 '전피田皮'를 소유한다는 '이중 또는 다중소유권' 관념, 소위 '일전양주一田兩主' 관념이 생겨났다. 또한 '소작권은 기간이 길어지면 소유권이 된다'는 관념도 굳어졌다. 소작인은 자기가 소작하는 땅을 다시 다른 사람에게 소작을 주기도 했다. 이때 표층에 대한 지대는 하층토에 대한 지대의 2배나 되었다.[241] 전호가 표층토의 소유자가 되었고, 이로써 지주는 사실상 사라진 것이다. 일전양주제는 전국적

---

239) von Glahn, *The Economic History of China*, 324쪽; Elvin, *The Pattern of the Chinese Past*, 250쪽.

240) Elvin, *The Pattern of the Chinese Past*, 250-254쪽; von Glahn, *The Economic History of China*, 324쪽.

241) Elvin, *The Pattern of the Chinese Past*, 250-254쪽; von Glahn, *The Economic History of China*, 324쪽. 글란은 '일전양주제'는 송대에도 맹아가 있었다고 한다. 그런데 글란은 '전피'와 '전골'을 거꾸로 이해하고 있다.

으로 확산되었으나, 특히 부재지주, 강한 토지수요, 경작자본의 비교적 큰 투자 등에 의해 특징지어지는 복건성 해안지역과 양자강 삼각주에서 가장 풍요롭게 발전되었다. 가령 천주에서는 1600년부터 1900년까지 418건의 계약 중 23%가 전피양도계약이고, 휘주에서는 30%가 전골양도계약, 29%가 전피양도계약이 었다. 기업가적 지주의 경우에는 이 이중소유권 계약이 더 빈번했다.242)

이렇게 하여 중국은 16-17세기에 전국적으로 전호가 '농민'으로 상승하고 지주가 소멸했다. 이로써 18세기에는 중국의 농업이 거의 자유로운 소농들의 '경자유전耕者有田' 원칙이 실현된 이른바 '소농경영체제'로 이행했다. 농민의 75%가량이 3,000평(15마지기) 정도를 소유한 소농이었던 것이다. 1790년경 인구 (3억 명)는 1685년경 인구(1억 명)보다 3배 늘었음에도 경작면적이 2배밖에 늘지 않았다. 그럼에도 불구하고 평균 경작면적 3,000평의 소농가구체제도 신세계 로부터 명·청대에 들어온, 메마른 땅에서도 잘 자라는 고구마·감자·옥수수· 땅콩 등의 새로운 작물들 덕택에 인구의 가파른 증가에 대처할 수 있었던 것이다.243)

강희제가 1681년 노비를 토지구속으로부터 해방해야 한다는 안휘 총독의 상소문을 비준한 것은 이런 흐름을 반영한 조치였던 것이다. 이 상소문의 취지는 이렇다. "지주들이 토지를 사고팔 때 그들은 자기 전호들에게 그들 마음대로 행동할 것을 허용해야 한다. 그들은 그들의 전야와 함께 그들을 팔거나 노역을 수행하도록 강요해서는 아니 된다." 그리고 18세기 초에 옹정제(재위 1722-1735)는 잔존하는 모든 세습적 공역貢役집단과 일정한 유형의 노비들을 해방함으로써 해방과업을 완결하고,244) 1720년대에는 전 인민의 완전한 평등을 확인하는 칙령 을 발령했다. "신사, 농민, 노동자, 상인은 직업이 다를지라도 모두 한 가족(국가 – 인용자)의 자식들이고, 그러므로 그들은 평등하게 대우받아야 한다."245) 나아가

---

242) Glahn, *The Economic History of China*, 324-325쪽.

243) Jonathan D. Spence, *The Search for Modern China*, Vol. 1 (New York: W. W. Norton, 1990). 국역본: 조너선 D. 스펜스, 『현대중국을 찾아서(1)』(서울: 이산, 1998·2016), 128-129쪽.

244) Elvin, *The Pattern of the Chinese Past*, 247-248쪽.

245) 沈大明, 『'大淸律例'與淸代的社會控制』(上海: 上海人民出版社, 2007), 85쪽. Harriet T.

1750년대 건륭제는 인격적 부자유의 마지막 잔재들마저 중국법전에서 완전히 소거掃去함으로써246) 명실상부한 평등사회의 확립을 법적으로 확정지었다. 그리하여 옹정·건륭제 치세(1723-1796)의 평균적 중국 농민들의 법적 지위는 의심할 바 없이 동시대의 프랑스와 러시아 농민보다 훨씬 더 좋았고, 소농체제의 확립으로 사회 전반에 걸쳐서 농노나 노비는 아예 존재하지 않게 되었다.247)

17-19세기에 걸쳐 지주가 거의 소멸하고 경자유전 원칙이 완전히 관철된 중국의 소농경영체제는 20세기 초에 '지주·부농 타도'를 혁명기치로 내건 중국 공산당을 황당한 상황에 빠뜨리게 된다. 1930년대 초 북중국에서 농토의 5분의 4 이상은 그것을 소유한 농민들에 의해 경작되었고, 양자강 유역은 5분의 3, 광동과 사천은 2분의 1일 이상이 토지를 소유한 소농들에 의해 경작되었다. 평균 농지면적은 3.31에이커(4,052평)였다. 스스로 경작하지 않는 지주들이 소유한 토지의 면적은 너무 적어서 사회적으로 판이한 계급의 적절한 기반으로서 역할을 할 수 없었다. 그리고 지주와 부농들은 거의 다 오래된 가구가 아니라, 최근 수십 년 사이에 근면으로 그런 경제적 위치에 오른 가구들이었고, 대대로 대토지를 소유한 대지주들은 거의 없었다. 따라서 지주와 부농도 걸핏하면 중·소농으로 추락할 수 있는 취약농가들이었다. 그리하여 동일한 시기에 가령 강서지역의 공산당 토지개혁문서에서는 지주, 부농, 중농, 빈농의 범주적 간격을 아주 협소하게 설정하지 않을 수 없었다. 그리하여 한 지역에서는 최초의 조사에서 지주와 부농이 1,576가구로 나타났으나, 모택동이 추적조사를 했을 때는 536여 가구밖에 되지 않았다. 다수 범주들을 늘려 잡아 새로 산출한 2,112가구의 지주·부농 중 941가구는 지주·부농의 지위를 요령껏 청산했다. 그리하여 모택동도 "많은 지역에서 다수 또는 대다수의 지주·부농은 발견되지

Zurndorfer, "Cotton Textile Production in Jiangnan during the Ming-Qing Era and the Matter of Market-Driven Growth", 87쪽에서 재인용. Billy K. L. So (ed.), *The Economy of Lower Yangzi Delta in Late Imperial China* (Oxford: Routledge, 2013).

246) Osterhammel, *China und die Weltgesellschaft*, 54쪽.

247) Gilbert Rozman, *The Modernization of China* (New York: The Free Press, 1981), 139쪽; Osterhammel, *China und die Weltgesellschaft*, 57쪽.

않았다"고 불평했다. 모택동의 이런 논평은 오로지 17-19세기 소농체제로의 사회변동을 전제할 때만 말이 되는 것이다.248)

■ 노비해방과 인구폭발

17세기 말부터 18세기 초에 걸친 유사노비의 완전한 소멸은 중국 노비제도의 숨겨진 인구증가 저지기제를 소거시켜 중국인구의 대폭발을 가져왔다. 1680년 약 1억 5,000만 명이었던 중국인구는 1850년 무려 4억 3,600만 명으로 급증해 3배가 된 것이다.249) 동시에 소농체제는 농업생산성을 고도화시켰다. 농업은 생물을 돌보고 보살피는 작업의 특성상 '정성스러운 노동'을 필요로 했다. 가족노동을 위주로 하는 소농체제는 '정성스러운 노동'을 상시적으로 가능하게 했다. 여기에 영농방식과 영농기술의 발전이 더해졌다. 그리하여 소농체제는 노동생산성을 고도화시켜 급팽창하는 인구를 먹여 살렸다. 명백히 이것은 풀뿌리 차원에서의 향촌권력의 본질적 구조변동을 반영하는 것이었다. 사회적 권력은 향촌에서 토지소유로부터 이완되어 제도적 지위나 금융력으로 이동하면서 시장읍면과 도시에 소재하게 되었다. 지주의 향촌권력의 약화 또는 소멸은 노비와 유사노비의 자녀양육에 커다란 변화를 초래해 인구폭증의 제동장치를 소거했다.250)

향촌의 노비제도에는 중국의 인구증가를 저지하던 비밀기제가 숨겨져 있었다. 그것은 장원 소작인이 딸을 낳으면 이 딸에게 이름을 지어주기 전에 그들의 지주에게 은화를 상납해야 하는 관습이었다. 이런 까닭에 가난한 전호 소작인들은 딸을 낳자마자 물에 빠뜨려 죽였다.251) 그리하여 명대 중국에서는 가임여성의 수가 상대적으로 적을 수밖에 없었다. 그러나 명말·청초 장원체제와 노비제가 소멸하자 소작인이 자기의 딸을 기르기 위해 은을 상납해야 하는 관습적 의무로부터 해방되었고, 가난한 소작인이 은 상납을 피하기 위해 딸을

---

248) Elvin, *The Pattern of the Chinese Past*, 255쪽.
249) von Glahn, *The Economic History of China*, 322쪽.
250) Elvin, *The Pattern of the Chinese Past*, 255-256쪽.
251) Elvin, *The Pattern of the Chinese Past*, 256쪽.

물에 빠뜨려 죽여야 하는 불행한 영아살해 행각을 무릅쓸 필요도 없어졌다.[252] 소작인 가구들과 소농가들은 이제 딸아이도 낳는 대로 다 기르게 되었다. 이렇게 되자 가임여성들의 수가 자연적 비율로 회복되었고, 이와 함께 인구도 폭발적으로 증가하기 시작했다. 그리고 소농체제에서 고도화되는 노동생산성은 이 급증하는 인구를 먹여 살렸다.

청대 인구의 폭발 현상은 노비해방의 직접적 결과였던 것이다. 물론 노비해방을 통한 여아살해 관행의 소멸이 17-18세기 중국인구의 폭발적 증가의 유일한 원인이라는 말은 아니다. 다른 유력한 요인으로는 17-18세기 청대 중국의 번영 및 세계 최고 수준의 생활복지·건강복지 향상에 기초한 중국의 세계 최고 수준의 수명 연장을 들 수 있다. 중국인의 영아생존 비율이 낮은 때에도 인구증가가 계속된 것은 성인들의 수명이 유럽보다 길었기 때문이다. 한 살 이상에 이른 중국인들의 수명은 18세기 말엽 40세 이상이었는데, 이것은 유럽에서 가장 잘사는 지역의 평균수명과 비견되었다.[253]

물론 이후에 여아女兒에 대한 영아살해 풍조가 완전히 자취를 감춘 것은 아니다. 18세기 초반부터 서양제국의 중국제품 수입이 점차 줄어 18세기 말부터 중국경제의 쇠락 기미가 하층들로부터 느껴지기 시작하자 새로이 형성되기 시작한 도시 빈민가에서 여女영아살해가 다시 시작되었다. 빈민가의 여아들은 이후에도 25% 정도 탄생 즉시 살해되었다. 영아살해가 오늘날의 '낙태' 대신 가족계획의 일환으로 광범하게 활용된 것이다. 케네스 포머란츠(Kenneth Pomeranz)는 여성영아살해가 18세기에 절정을 이루었다가 18세기 말에 점멸漸滅했다고 말하지만,[254] 오히려 19세기 전반기에 빈민들의 가족계획의 방법으로 재도입되어 절정을 이루었다. "비록 인구통제의 기술로서 여영아살해가 무자비할지라도 이것은 중국의 가정이 경제상황의 변동에 직면해 재생산전략을 변경했다는 것을 보여준다."[255]

---

252) Elvin, *The Pattern of the Chinese Past*, 256-257쪽.

253) Kenneth Pomeranz, *The Great Divergence: China, Europe, and the Making of the Modern World Economy* (Princeton: Princeton University Press, 2000), 38-39쪽.

254) Pomeranz, *The Great Divergence*, 38쪽.

본래의 논지로 돌아가면, 명말·청초 유사노비들의 해방으로 가임여성들이
늘어 인구가 급증하기 시작한 인구증가 추이는 명말 1680년 1억 5,000만 명이
던 것이 1776년 3억 1,100만, 1820년 3억 8,300만, 1850년 4억 3,600만 명으로
급증한 데서 명증된다.256) 뒤에 상론하는바, 18세기 중국의 농업생산성은 그
증가율이 세계 최고 수준이었기 때문에 이 급증하는 인구를 충분히 먹여 살릴
수 있었다. 이런 농업생산성의 빠른 증가에도 불구하고 노비해방이 없었다면
인구의 급증은 불가능했을 것이다. 따라서 17세기 초 이래 중국인구의 가파른
증가는 경제발전과 결부된 중국 농민의 사회적 해방과 중국사회의 문명적
선진성 및 근대성에 기인한 것이라고 말해야 할 것이다. 19세기 초 쇼펜하우어
가 "중국인구의 믿을 수 없는 머릿수만큼 그렇게 직접적으로 중국 문명의
높은 수준을 나타내주는 것은 없다"고 말했는데,257) 이는 실로 지당한 말이다.
19세기 중국의 인구급증은 노비해방으로 확립된 자유로운 소농체제가 가져온
'노동생산성 향상'이 여아살해 관행의 소멸로 가능해진 '가임여성의 증가현상'
과 맞물려 나타난 것이기 때문이다.

　아무튼 중국은 송대에 평민해방을 이룬 데 이어 명말·청초에는 노비해방도
이룸으로써 세계 최초로, 아니 인류역사상 초유로 명실상부한 '평등사회'를
이룩했다. 중국은 정치사회적으로도 서양을 200-300년 이상 앞질러 갔던 것이
다. 이것은 다 공맹경전에서 방출되는 정치철학과 유교문화 덕택이었다.

　그리하여 18세기 영국의 위대한 역사가 에드워드 기번(Edward Gibbon, 1737-1794)
은 평민과 노비가 둘 다 해방된 중국이 완전한 평등사회임을 지실知悉하고

---

255) von Glahn, *The Economic History of China*, 364쪽.

256) 曹樹基, 『中國人口史』, 卷4 「明時期」(上海: 復旦大學出版社, 2000), 704쪽, 표16-2. von Glahn,
　　The Economic History of China, 322쪽에서 재인용. 오스터함멜은 명말 1600년경 1억 6,000만
　　명이던 중국인구가 150년 뒤인 1750년경 2억 6,000만 명으로, 1811년에는 3억 5,700만 명으로
　　2배 이상 급증한 것으로 제시한다. Osterhammel, *China und Weltgesellschft*, 34쪽. 조너선 스펜스는
　　1573년 1억 5,000만, 1685년 1억, 1749년 1억 7,700만, 1767년 2억 900만, 1776년 2억 6,800만,
　　1790년 3억 100만 명으로 제시한다. 조너선 D. 스펜스, 『현대중국을 찾아서(1)』, 128쪽.

257) Arthur Schopenhauer, *Über den Willen in der Natur*, 'Sinologie', 459쪽. Arthur Schopenhauer,
　　Kleine Schriften. Sämtliche Werke, Band III (Frankfurt am Main: Suhrkamp, 1986).

중국제국의 평등을 "거대한 평등(the vast equality)"이라고 불렀다.258) 심지어 중국과 유교를 그토록 우습게 알았던 막스 베버도 중국에 대해 "노예의 거의 완전한 결여",259) "거주이전의 자유", "자유로운 직업선택" 등을260) 재확인하고 있다. 중국이 인류역사상 최초로 완전한 정치적·사회적 자유·평등국가를 이루었다 는 역사적 사실은 이처럼 동서고금에 의심할 바 없는 것이다.

1.5. 중국 부르주아지 '신상'의 형성과 개신유학의 융성

16세기에 들어서면서 중국에서 상공업은 새로운 무역로의 개방, 밀무역의 번창, 해외시장의 확장 등으로 점차 성숙했고, 자본주의도 발아했다. 그리하여 16세기 이후 상공인계급은 중국에서 가장 진보적인 사회적 동력이 되었다. 상공인들의 사업활동은 전통사회의 근간을 흔들고, 이 사회의 변화를 가져왔 다.261) 16세기 말과 17세기 말 사이의 시기에는 상업화된 경제로 인해 전통적 의례와 관행이 붕괴되었다.262) 나아가 17-18세기 중국에서는 상업과 시장의 발달 및 중국정부의 상공업 진흥정책으로 인해 이미 사농공상의 직업차별이 크게 완화되어갔다. 그리하여 18세기 청대 중국에서는 상인 부자들이 관함官銜 이나 학위를 돈으로 사서 신사가 되는 '연납제捐納制'가 공식화되었다. 역으로 "신사는 백성과 이익을 다투지 않는다(紳士與民不爭利)"는 명분에서 상행위를 꺼리던 신사들이 몰래 상업을 경영하기도 했다. 이와 함께 청초 옹정연간에 '신사'와 '상인'을 합쳐 연칭連稱하는 '신상紳商'이라는 새로운 계층과 칭호가 나타나 정착했다. '상인'이 '신사'와 연칭될 정도로 그 지위가 높아진 것이다.

---

258) Edward Gibbon, *Memoirs of Edward Gibbon*, 3쪽. Edward Gibbon, *Memoirs of the Life and Writings of Edward Gibbon*, Esq., Vol. 1 in Two Vols. (London: Whittaker, Treacher, and Arnot, 1825).

259) Max Weber, *Konfuzianismus und Taoismus*, 530쪽(VIII: Resultat: Konfuzianismus und Puritanismus). Max Weber, *Die Wirtschaftsethik der Weltreligion. Gesammelte Aufsätze zur Religionssolziologie I* (Tübingen: Mohr, 1986).

260) Weber, *Konfuzianismus und Taoismus*, 390, 530쪽.

261) Tang Lixing, *Merchants and Society in Modern China. From Guild to Chamber of Commerce* (London/New York: Routledge, 2018), viii쪽.

262) Tang, *Merchants and Society in Modern China*, 1쪽.

■중국 부르주아지 '신상'의 형성

중국 부르주아지 '신상'의 절대다수는 상인에서 신사가 되는 '유상위신由商爲紳'의 무리였고, 일부는 신사에서 상인이 되는 '유신위상由紳爲商'의 무리였다. ① 관료와 향신들은 암암리에 상업을 경영했고, ② 강남 상인들은 명말부터 학교·과거·연납제를 통해 신사로 상승하고 상적商籍을 부여받아 유학에 입학할 기회를 가졌고, ③ 대상인은 대개 장사하면서 유학을 즐기는(賈而好儒) '유상儒商'으로서의 자부심을 가진 식자층이었고, ④ 여러 아들이 있으면 아들의 직업을 사·농·공·상에 나누어 배치하는 신상도 나타났다.263) 멘도자의 『중국제국의 역사』(1585)를 리프린트한 하클류트(Hakluyt)판에 붙인 1853년의 '서론'에서 메이저(R. H. Major)도 유사한 기록을 보이고 있다.

(중국의) 모든 사람은 관리와 고관대작의 아들이라도 직업을 얻고 관직을 보유하는 것에 익숙해 있다. 모두는 어떤 조건에서라도 자기 아들들을 고용해서 그들이 일반적으로 할 줄 아는 읽고 쓰는 업무에 배치한다. 그리하여 그들은 일반적으로 읽고 쓸 줄 안다. 다른 이들은 아들을 장사하도록 두고, 또한 섬기는 방법을 배우도록 자기 아들들을 관리·신사들과 어울리게 하는 습관이 있기도 하다.264)

메이저가 옮긴 이 글은 1550-60년대에 중국에서 6년간 포로로 감옥살이를 한 포르투갈 무명씨의 기록이다. 이것은 16세기 명대 중국의 사회상을 그린 것으로 보인다. 명대 말의 사회상이 이런 정도였기 때문에 청초에는 광동지역에서는 "관인으로서 상인이 아닌 사람이 없었고, 상인으로서 관인이 아닌 사람이 없게 되었으며", 그 결과 광동지역의 경우에 명예관직이 없는 순수한 민상民商은 광동인구의 3할에 불과한 반면, 신상은 무려 7할에 달했다.265) 산동성

---

263) 오금성, 「신사」, 357, 359-360쪽.

264) R. H. Major, "Introduction", xlix쪽. Juan Gonzalez de Mendoza, *The History of the Great and Mighty Kingdom of China and The Situation Thereof* [1585], with an Introduction by R. H. Major (London: Printed for the Hakluyt Society, 1853).

265) 오금성, 「신사」, 357쪽.

제령濟寧시에서 1776년부터 1949년 국유화될 때까지 170여 년 동안 사기업으로 존속했던 '위탕상사(玉堂醬園)'를 기록으로 추적한 케네스 포머란츠는 이 회사를 운영한 '신상'을 'gentry merchant'로 영역했다.266)

이와 동시에 관리의 지위와 상인의 지위는 서로 어울리는 것으로 생각하는 풍조도 일반화되었다. 관직생활로 들어가는 상인들 중에는 상업에 대한 관심을 버리는 이들도 있었지만, 이에 못지않게 관리들이 그 지위를 이용해 사업에 손을 댔다. 가장 흔한 방법은 잘 알려진 사업가를 통해 사업을 하는 것이었다. 상업적 배경이 전혀 없는 관리는 중요한 상인들에게 돈을 위탁관리하게 했다. 이 관행은 청대에 아주 일반적이었다. 관료와 상인이 공생관계를 맺게 된 것이다.267)

그리고 18세기 말 또는 19세기 초가 되자 많은 유력 상인들이 각급 과거시험에 합격하거나 국자감에 입학함으로써 신사가 되었고, 또는 관함을 구입해 신사가 되었다. 신사의 관함을 살 수 있는 기회는 특별한 경우에 대개 상인들에게만 허용되었다. 가령 1750년경 곡물가격이 오르자 중국정부는 해외로부터 곡물수입을 장려했고, 이 곡물수입에 탁월한 능력을 발휘한 상인에게는 생원(수재)·거인·공생·감생·진사 등의 학위를 수여했다.268) 당연히 과거급제를 통해 학위를 얻는 것을 선호했겠지만, 과거시험 준비는 시간과 돈이 많이 들었다. 그리하여 17세기부터 장원지주들이 사라지고 나서 부유한 상인들이 자기 자식이나 친척들 중 과거시험을 준비하는 과거응시자들을 뒷받침하는 새로운 상황이 벌어졌다.269)

사농공상의 차별과 경계가 희미해지다가 사라지면서 상인을 유자와 동등한 지위로까지 높이고 상업을 유업儒業과 동등한 수준으로 높이는 이러한 사회적

---

266) Kenneth Pomeranz, "'Traditional' Chinese Business Forms Revisited: Family, Firm, and Financing in the History of the Yutang Company of Jining, 1779-1956", *Lated Imperial China* 18:1 (June 1997), 8쪽.

267) Elvin, *The Pattern of the Chinese Past*, 308쪽.

268) Elvin, *The Pattern of the Chinese Past*, 308쪽.

269) Elvin, *The Pattern of the Chinese Past*, 191-292쪽.

추세는 이미 명대 말엽부터 시작되었다. 상공업과 상공인의 지위를 높이는 이런 정세와 사회풍조는 명초부터 상세商稅를 30분의 1로 낮추고 폭력배로부터 상업과 무역을 보호하는 중국정부의 상업진흥책의 자연스러운 귀결이었다.270)

■신상의 도시자치행정

신상의 수적 확대와 권력기반의 강화는 18-19세기에 신상들의 "분권적 도시 자치(urban devolution)"로 귀결되었다. 황제가 직할하는 북경·남경 등 대도시를 제외한 지방 중소도시들에서 시민자치의 행정체제가 수립된 것이다. 이에 따라 중소도시가 대도시와 향촌의 인구를 흡수하며 급성장했다.271) 이것은 '중국에 는 부르주아지도, 시민자치도 없었다'고 비판한 베버주의자 데이비드 포어 (David Faure)도 부득이 인정하는 바다. "베버가 깨닫지 못한 것은 중국도시들이 실로 유학자 관리(scholar officials)로 가장假裝한 상인들에 의해 운영되었다는 사실 이다."272) 여기서 포어가 말하는 "유학자 관리로 가장한 상인"은 바로 '신상'을 가리킨다. 향촌에서 향신들의 향촌자치권이 확립된 것과 발맞춰 중국의 중소도 시에서는 전국적으로 신상들의 '도시자치권'이 확립되어갔던 것이다.

상인들의 도시지역 자치행정은 그들의 조직적 정치권력의 강화를 반영했다. 조직적 정치권력의 가장 명확한 형태는 '회관會館' 또는 '공소公所'라고 부른 '동향인상인단체들'의 연합체들이었다. 이 회관은 서양식 길드와 상공회의소의 결합기능을 수행했다. 한 도시의 '회관연합체'는 자연스럽게 시장경제와 긴밀 히 관련된 업무에서 '시정책임(civic responsibilities)'을 떠맡았다. 회관들이 이 시정책 임을 맡아 도시에서 자치하는 관행은 1748년 건륭제의 유시諭示로 승인되어 공식화되었다.

---

270) 오금성, 「신사」, 349-350쪽.

271) Mark Elvin, "Chinese Cities since the Sung Dynasty", 81-82쪽. P. Abrams and W. A. Wrigley (ed.), *Towns in Societies* (Cambridge: Cambridge University Press, 1978).

272) David Faure, *China and Capitalism: A History of Business Enterprise in Modern China* (Hong Kong: Hong Kong University Press, 2006), 20쪽.

시장업무와 관련해서는 대부분 백성들로 하여금 유통을 독자적으로 수행하도록 놓아두어야 한다. 정부가 한번 그것을 관리하기 시작한다면 원래 백성에게 유익하도록 의도되었던 것은 불만족스러운 집행으로 인해 방해들로 가득한 것으로 입증될 것이다.[273]

1748년 건륭제의 이 유시가 있은 후, 회관들 또는 회관연합체의 도시 자치행정은 중국의 법제가 되었다. 그리하여 19세기에 '회관연합체'는 전국적으로 수많은 도시의 자치정부를 도맡았다.

이 상인자치정부는 두 가지 길로 발생했다. 타향에서 온 이주자들이 만든 회관은 회원 수가 늘면서 여러 개의 지부 회관들로 분화되었다. 이를 통해 기존의 회관이 여러 지부 회관들을 거느린 대회관이 되었다. 다른 길은 여러 회관들이 연합해 하나의 큰 회관으로 올라서는 것이었다. 이 두 가지 길로 생긴 큰 회관들이 중소도시의 정부기능을 떠맡았다. 태평천국의 난 때에도 많은 정부가 상인회관의 정부로 남아 있었다. 중경, 귀수歸綏, 사시沙市, 산두汕頭 등 수많은 도시들이 대형 상인회관의 통치를 받았다. 이와 같이 회관은 단순히 상인기관이 아니라, 거의 모든 유력한 상인들이 신사인 한에서 이러한 자격을 갖고 행정을 담당했다.[274]

이와 함께 객지에서 온 상인과 토착거주 상인의 구분도 희미해졌다. 회관은 19세기에 이미 유력한 국외자들의 조직이 아니었다. 그리하여 회관의 기능이 상인회원들의 봉사기능에서 사회 일반의 공부기능으로 확대되었다. 회관은 토지보유에 기초하는 신사에 비견되는, "상업에 기초한 도시엘리트"였다. "청대 중국의 상인은 불리한 카스트가 아니라 존경받고 영향력 있는 시민이었던 것이다."[275]

---

273) Susan Naquin and Evelyn S. Rawski, *Chinese Society in the Eighteenth Century* (New Haven·London: Yale University Press, 1987), 26쪽.

274) Elvin, *The Pattern of the Chinese Past*, 292쪽.

275) Elvin, *The Pattern of the Chinese Past*, 292-293쪽.

■ '신상'의 자본주의적 상업문화와 성리학 간의 괴리

'신상'의 사회경제적·정치적 성장 과정에서 명·청대에 성공한 상인을 출세한 신사와 하나로 통합하거나 대등하게 여기는 '신상문화'가 출현했다. 그리고 이 문화변동은 신상과 자본주의적 상업사회를 뒷받침하는 '새로운' 근대적 공맹철학과 근대적 사회사상의 출현과 나란히 진행되었다. 신상계층의 '계몽유학'으로서 이 새로운 유학은 '개신유학'으로 부를 수 있다. 대한제국기에 『황성신문』, 『대한매일신보』 중심의 한국 유자들은 중국의 양계초·강유위 등의 유학을 '개신유학'이라고 불렀고, 자신들의 근대화유학도 '개신유학'이라고 불렀다. 여기서는 신상들의 근대적 유학사상을 특징짓기 위해 이 '개신유학'이라는 용어를 신상들의 '계몽유학'이라는 뜻으로 채택해 한국의 '실학'과 구별하고자 한다.

'개신유학'은 주자학 또는 성리학이 쇠락하며 주변화되는 것과 반비례해서 주자학으로부터 완전히 해방된 공자경전의 수사학적洙泗學的·고증학적 해석,276) 이 해석의 경세철학적 확장과 실용적 활용, 그리고 이전에 공맹·사마천·왕안석·엽적·구준 등이 전개한 유학전통의 시무론적時務論的 경세철학(정치·경제학)이 각광을 받게 된 것이다. 명대 중엽부터 이미 이구동성으로 "상인과 신사는 경영하는 바가 다르지만 마음은 같다", "옛날에는 유업儒業을 높이고 상업을 낮췄으나 우리 부府에서는 상업을 높이고 유업을 낮추기도 한다", "훌륭한 상인이 어찌 큰 유학자보다 못할쏘냐"라고 주장하는 소리가 도처에서 쟁쟁하게 울려 퍼졌다.277)

이런 사회문화적 담론의 변화는 유가사상의 심층적 변동으로 창출된 수사학

---

276) '수사학적(洙泗學的) 해석'은 공맹경전의 이해에서 주희의 왜곡된 주석과 경전변조를 배제하고 공맹경전을 원의(原意)에 충실하게 풀이하는 해석을 말한다. 이것은 공자의 고향인 곡부(曲阜)가 수수(洙水)와 사수(泗水) 사이에 있기 때문에 생긴 말이다. 이 두 강은 산동성 사수현 북쪽에서 합류해 아래로 흐르다가 곡부 북쪽에서 다시 두 강으로 나뉘어 흐른다. 수수는 곡부 북쪽으로 흐르고, 사수는 곡부 남쪽으로 흐른다. 공자는 이 수수와 사수 사이의 땅인 곡부에서 제자를 모아 강학했다. 이로 인해 이후 '수사(洙泗)'는 공자나 유가(儒家)를 대칭했다. 곡부에는 '곡부수사서원'이 있다.

277) 오금성, 「신사」, 360쪽.

적·고증학적 '개신유학'을 반영하고 또 추동했다. 수천 년 동안 중국문화의 계속성은 세계사에서 희귀한 일이다. 중국문화를 안정시킨 내부기제는 유가의 '예禮'였다. 주희는 "삼강오상은 예의 대체로서 삼대가 서로 이어왔고 대개 이로 인해 바뀔 수 없는 것이다(三綱五常 禮之大體 三代相繼 皆因之而不能變)"라고 주장했다.[278] 예는 중국 문화양식의 기본내용으로서 사회구성원들 간에 그 생활에서 귀천·존비尊卑를 엄격히 차별하는 체계다. 예의 준수 여부는 자원의 분배 규칙과 도덕·부도덕의 규범일 뿐만 아니라, 법적 기반이다. 명초에 예는 성리학자들이 강조하듯이 불변적 천리天理가 되었다. 대명률은 "의관과 주택에 관한 사치금지규정을 어겨" 부적절하게 복장·수레·주옥·비품을 사용한 자들을 처벌하거나 심지어 처형하는 규정을 명시했다. 명태조 주원장은 이 규정을 상세하게 정했다. 농민은 옥양목과 비단옷을 입는 것이 허용되고, 상인은 면직물 옷을 입는 것이 허용된다. 상업에 종사하는 농민 출신이 있다면 전 가족은 옥양목 옷을 입는 것이 금지된다. 국가가 이렇게 사회질서의 공공안전을 유지하는 데 예를 이용하려고 했다.[279]

송·원대와 명·청대 초기에 성리학 또는 주자학은 중국문화의 주류로서 한때 독점적 지위를 누렸다. 휘주徽州는 주희의 고향이었다. 주자학은 이곳에서 특별히 인기가 있었다. 청대의 「흡풍속예교고歙風俗禮教考」는 이에 대해 이렇게 쓰고 있다.

휘주는 불교와 도교를 받들지 않는다. 불교·도교 승려들은 의례를 거행하도록 고용되었지만, 어떤 신자도 끌어들일 수 없었다. 그들의 소재지는 차를 대접하는 집이고 향대와 촛불이 켜져 있는 사원에 지나지 않았다. 웅장한 절과 도교사원을 들여다보면 아무도 없었다. 우리는 이곳이 사람들이 헤매다 길을 잃지 않는 주희의 성리학의 영토라는 것을 알 수 있다. 그 가르침이 얼마나 사람들에게 영향을 미쳤는가![280]

---

278) 朱熹, 『四書集註』 「論語·爲政(2-23)」.

279) Tang, *Merchants and Society in Modern China*, 1쪽.

280) 許承堯, 「歙風俗禮教考」. 『歙事閑譚』 卷18. Tang, *Merchants and Society in Modern China*, 4쪽에서 재인용.

휘주는 이렇게 주희의 성리학에 의해 통일된 영토로 묘사되었다. 휘주는 이른 바 '성리학의 홈그라운드'였던 것이다. 휘주에서 성리학이 솟아 있는 아치 기념물들과 함께 번성한 것은 사실이다.

그러나 중국을 대표하는 상인들과 신상이 휘주문화를 주도하면서 휘주문화는 점차 성리학이 아니라 상인문화와 반反성리학적·탈脫성리학적 '계몽유학'으로 규정되어갔다.281) 이러한 상인문화와 개신유학은 근대 중국사회에 전형적이었고, 이 상인문화와 개신유학을 주희의 고향인 휘주의 신상들이 주도한 것이다. 성리학은 명대 중기로부터 상인문화에서 자라난 개신유학에 의해 휘주에서도 점차 추방되었던 것이다.282) 인욕人慾을 억압하는 주희의 도덕론은 상인문화와 상극이었기 때문이다.

주희는 천리와 인욕의 관계를 다룬 유명한 논변에서 "천리를 보존하고 인욕을 없애야 한다"고 주장했다.

대개 기氣는 꼭 물을 것이 아닌데, 마음이 평탄하면 기도 스스로 온화하다. 오로지 마음이 한 가지 일로 거친 것은 학자의 통상적 병이다. 장횡거는 "안회가 성인에 이르지 못한 것은 이 마음의 거칢과 같다"고 말했다. 일순이라도 마음을 보존하지 못하면 거칠어 병이 된다. 요체는 정사精思·명변明辨에 있으니, 이理를 밝게 하고 의를 정치하게 하고 붙들어 보존하고 모름지기 잠깐이라도 떨어짐이 없고 가는 머리카락 크기라도 간격이 없으면 천리가 상존常存하고 인욕은 소거된다. 그것이 바라는 것이다! 사람은 능히 이 마음을 조존操存해 탁연하고 불란不亂하면 역시 스스로 더불어 도道에 들어갈 수 있다.283)

281) Tang, *Merchants and Society in Modern China*, 5쪽.

282) 탕리싱(Tang Lixing)은 이것을 성리학이 양명학적·수사학적·한학파적·고증학적 개신유학에 의해 추방된 것으로 이해하는 것이 아니라, "성리학이 양분된 것(bifurcation of Neo-Confucianism)"으로 오인하고 있다. Tang, *Merchants and Society in Modern China*, 4, 7쪽. 그러나 이것은 성리학의 '양분'이 아니라 본질적으로 성리학의 '배격'이다.

283) 朱熹, 『朱子語類』, 卷12 「學六(54-55)」. 中國哲學書電子化計劃: "大凡氣欲不必問, 心平則氣自和. 惟心粗一事 學者之通病. 橫渠云 顔子未至聖人 猶是心粗. 一息不存 卽爲粗病. 要在精思 明辨 使理明義精 而操存涵養無須臾離 無毫髮間 則天理常存 人欲消去 其庶幾矣哉! 人能操存 此心 卓然而不亂 亦自可與入道."

그리고 또 주희는 강조한다.

> 성현의 천언만어千言萬語는 단지 사람들에게 천리를 밝히고 인욕을 멸하는 것(明天理滅人欲)을 가르치는 것이었을 뿐이다. 천리는 밝아서 스스로 강학을 행하지 않는다. 인성은 본래 밝으나 보배 구슬이 물속에 가라앉아 흐려져 밝게 보이지 않는 것과 같은 것이다.[284]

요지는 천리를 밝혀 보존하고 인욕을 제거하거나 멸하라는 것이다. 이렇게 하여 천리와 인욕이 적대관계로 정립되었다. 이 명제는 휘주를 비롯한 상업사회의 관점과 정면으로 배치되었다.

송대 상업사회에서도 주희의 이런 논변은 이미 먹힐 수 없었다. 따라서 주희의 이 논변은 그가 강론하던 당시에 이미 논란을 일으킨다. 주희는 자신의 논변을 다시 이렇게 자세히 부연한다.

> 천리와 인욕의 나눔은 수적으로 다소가 있다. 천리는 본래 많고, 인욕이야 다시 이 천리의 이면裏面에서 나온다. 이런 인욕일지라도 인욕 중에는 스스로 천리가 들어 있다.[285]

주희가 이렇게 말하자 제자가 "이것(인욕)은 본래 전부 천리가 아닌 것이 없다(莫是本來全是天理否)"고 대든다. 그러자 주희는 "사람의 삶은 모두 다 천리이고 인욕은 나중에 와서 근거 없이 생겨나는 것이다(人生都是天理 人欲卻是後來沒巴鼻生底)"라고 말하고[286] 이렇게 부연한다. "사람의 한 마음에 천리가 보존되면 인욕은 사라지고 인욕이 승하면 천리는 멸한다. 아직 천리와 인욕이 끼고 섞이는 경우는

---

284) 朱熹, 『朱子語類』, 卷12 「學六(71)」: "聖賢千言萬語 只是敎人明天理滅人欲. 天理明 自不消講學. 人性本明 如寶珠沉溷水中, 明不可見."

285) 朱熹, 『朱子語類』, 卷13 「學七·力行六(16)」: "天理人欲分數有多少. 天理本多 人欲便也是天理裏面做出來. 雖是人欲 人欲中自有天理."

286) 朱熹, 『朱子語類』, 卷32 「學七·力行六(16)」.

없었다. 학자는 반드시 이것을 인식하고 성찰해야 한다. 대저 사람이 천리와 인욕의 경계 위에 발을 딛고 살 수 있다면 다함과 오래감과 나아감이 있다. 천리와 인욕은 미세하게 구분되기 때문에 주돈이 선생은 단지 '기幾'자만을 말했다. 그러나 두 가지를 구분하는 일은 서두르지 않을 수 없기 때문에 장횡거는 매번 '예豫'자를 말했다. 천리와 인욕의 나눔은 기미幾微의 간극이다."287) 그러자 다른 사람이 의문을 제기하며 비꼰다. "선생은 천리와 인욕을 벼루의 윗면이 천리이고 아랫면이 인욕인 것처럼 말하고 있다先生言天理人欲 如硯子上面 是天理 下一面是人欲." 그러자 주희는 당황한 듯 "천리와 인욕은 항상 서로 대한다 (天理人欲常相對)"고 답한다. 상하·표리관계가 아니라 대립관계라는 말이다. 그러자 혹자가 다시 "음식지간에는 무엇이 천리이고 무엇이 인욕이냐(飮食之間 孰爲天理 孰爲人欲"고 따진다. 그러자 주희는 치명적 오답을 한다. "마시고 먹는 것은 천리이고 맛있는 맛을 요구하는 것은 인욕이다(飮食者天理也, 要求美味人欲 也)." 그리고 말도 되지 않는 말을 덧붙인다. "천리가 자연스럽게 안정됨이 있으면 인욕이 함닉陷溺할 위험이 없다(有天理自然之安 無人欲陷溺之危)."288)

주희는 서양의 합리주의적 도덕철학에서처럼 자연필연성과 도덕성을 무차별적으로 싸잡는 혼합 관념을 '천리'로 보는 암묵적 전제에서 '천리와 인욕'을 대립시킴으로써 모든 논변을 망치고 있다. 주지하다시피, 자기의 음식으로 배고픈 사람을 먹이고 마시게 하는 것은 도덕감정(측은지심)의 발로로서 '도덕성' 이지만, 자기가 살기 위해 자기가 먹고 마시는 이기적 행동은 '자연필연성'이다. 그리고 배고픈 자가 남의 것을 빼앗아 먹는 것은 부도덕(범죄)이다. 그런데 주희는 자의적으로 '도덕성'도, '자연필연성'도 둘 다 천리로 보면서 '배고픈 자가 남의 것을 빼앗아 먹는 경우'를 생각지 못하고 있다.

그런데 '도덕성으로서의 천리'는 때에 따라 비도덕적 방식으로 충족되는

---

287) 朱熹,『朱子語類』, 卷13「學七·力行六(17-20)」: "人之一心 天理存 則人欲亡. 人欲勝 則天理 滅. 未有天理人欲夾雜者. 學者須要於此體認省察之. 大抵人能於天理人欲界分上立得脚住, 則 儘長進在. 天理人欲之分只爭些子. 故周先生只管說'幾'字. 然辨之又不可不早. 故橫渠每說'豫' 字. 天理人欲 幾微之間."

288) 朱熹,『朱子語類』, 卷13「學七·力行六(21-23)」.

인욕과 대립하는 반면, '자연필연성으로서의 천리'는 생존에 필요한 인욕의 지향과 동일한 것이다. 그렇기 때문에 주희는 슬그머니 천리를 도덕적 천리로 전제하고 천리와 인욕의 '대립성'을 반복해서 말하다가, 다시 슬그머니 천리를 자연필연성과 동일한 것으로 전제하고 '인욕 속에 천리가 있다'거나 '먹고 마시는 것이 천리'라고 말하며 천리와 인욕의 '동일성'을 말한다. 그리하여 논변이 전체적으로 '궤변'이 되고 말았다. "이런 인욕일지라도 인욕 중에는 스스로 천리가 들어 있다"는 주희의 주장이 그런 것이다. 그렇다면 인욕의 충족에서 나타나는 자연필연적 중도성中度性도 천리일 것이다. 인욕은 충족이 미진하면 '안달'하고 너무 많으면 '넌더리'를 낸다. 이 '안달과 넌더리'는 인욕이 스스로 중도적 충족에 이르게 하는 호모스타시스(항상성 유지, homeostasis)의 자연적 본성이다. 인욕은 왜곡되고 도착되지 않는 한 늘 저절로 중도적 안정을 찾고 유지하려고 한다. "천리가 자연스럽게 안정됨이 있으면 인욕이 함닉할 위험이 없는 것"이 아니다. 오히려 거꾸로 인욕은 자기 고유의 천리(자연필연적 중도성)에 따라 저절로 안정된다. 이런 관점에서 인욕과 천리는 서로 대립적인 것이 아니라 상호 통일적·통합적이다. 그리고 중도는 미세한 간격('幾微之間')으로 무너지고 회복되는 위태로운 변덕이 아니라, 일정한 폭과 양量을 가진 신축적 정도定度다. 정확히 한 그릇을 먹는 것이 중도이지만, 3분의 2그릇의 밥을 먹는 것도, 한 그릇 반을 먹는 것도 때에 따라, 사람에 따라 적절한 중도일 수 있다는 말이다. 따라서 어떤 편협한 관점을 가진 자가 '산술적 중간'을 넘어간 인욕을 사치나 과욕過慾으로 보는 경우에도 그것은 때에 따라, 사람에 따라 '중도'일 수 있는 것이다. 이 중도의 자연필연성도 주희에 의하면 '천리'다. 그러나 여기에는 '자연필연성'만 있을 뿐이고 아무런 '도덕성'이 없다.

이와 같이 주희의 '천리' 개념은 자연필연성과 동일시될 경우에 도덕성을 전혀 내포하지 않는다. 그리하여 "음식지간에는 무엇이 천리이고 무엇이 인욕이냐?"라는 질문에 '배고픈 사람에게 자기 음식을 주는 것은 도덕적 천리이고, 배고플 때 밥 한 그릇을 먹는 것은 일상적 인욕(욕구)이며, 남들이 굶주릴 때 자기만 맛있는 옥반가효玉盤佳肴와 금준미주金樽美酒를 사치스럽게 먹고 마시

는 것 또는 배가 좀 고프다고 남의 것을 빼앗아 먹는 것은 탐욕이다'라고
말해야 할 것이다. 그러나 주희처럼 "먹고 마시는 것은 천리이고 맛있는 맛을
요구하는 것은 인욕이다'라고 말한다면, '먹고 마심'의 이 천리에는 자연필연성
외에 아무런 도덕성이 들어 있지 않다.

그리고 여기서 더 나아가 주희가 단순히 맛있는 음식을 먹고 싶은 '미학적
음식취향의 욕구'를 '멸滅천리'의 '인욕'으로 단죄한다면 이것도 가당치 않은
그릇된 도덕판단이다. '맛있는 맛(美味)'은 인간의 미학적 음식취향이다. 이것을
추구하는 것은 맛있고 아름다운 것을 좋아하는 인간의 당연한 미학적 천성(천리)
이다. 주희는 음식의 용도와 의미를 배고픔을 가시게 하는 것으로 국한시킴으
로써 웬만한 맛있는 음식섭취를 다 사치로 본 묵자의 투박하고 거친 공산주의
를 따르고 있다. 주희가 이런 식의 논변을 고수한다면 그는 맹자가 말한, 가장
맛있는 음식을 만든 중국 최고의 요리사 역아易牙도 인욕을 조장해서 천리를
멸하는 자로 비판하고, 역시 맹자가 말한 중국 최고의 음악가 사광師曠도 그런
자로 비판하며, "소韶를 지극히 아름답고 또 지극히 선하다고 하고 무武를
지극히 아름다우나 지극히 선하지는 않다고 하며(謂韶盡美矣 又盡善也. 謂武 盡美矣
未盡善也)" 이 악곡들의 여운에 취해 3일간이나 밥맛을 잃은 공자의 음악적
취향을 '극한의 사치'나 '멸천리'의 '인욕'으로 비난해야 할 것이다.

결론적으로, 주희는 '말 같지 않은 궤변'을 무슨 '철학적 논변'이랍시고 설파
하는 주리론적主理論的(합리론적) '주접'을 떨며 '욕망의 억압을 획책한 것이라고
말할 수 있다. 당연히 휘주를 비롯한 전국 각지 상업도시의 상인문화 속에서
자라난 16-18세기 유자儒者들과 신상紳商들은 주자의 이 성리학적 궤변을 매섭
게 비판하게 된다. 그리고 공맹의 본의로 돌아가는 개신유학의 출현은 주희에
대한 이런 준열한 비판을 동반했다.

예법을 어기는 움직임은 명대 중엽에 동력을 얻어 귀천의 위계질서를 동요시
켰다. 부자와 영향력 있는 상인들은 화폐의 힘에 의거해 사치스럽고 방탕한
생활에 탐닉하고 사치품을 갖추려 애썼다. 그들이 만든 분위기는 사치를 자랑
하는 일반인들에게도 영향을 미쳤다. 그리하여 백성들이 정해진 영역에 머무는

것을 거부하고 예법체계로부터 일탈하는 것이 일반화되었다. 백성들의 처지를 가장 잘 보여주는 복장을 보면, 명초에 귀족과 관리만이 뱀의 용틀임 무늬, 진주, 옥, 금장식이 있는 문직紋織 공단 예복을 입는 것을 허용하는 칙령이 반포되었으나, 가정-만력제 연간(1521-1620)에는 평민들도 종종 일상생활 속에서 상인이나 관리와 유사한 의복을 착용했다. 모든 사람이 사치스럽고 부유한 생활을 누렸고 명초에 반포된 금령을 알지 못했다. 만인은 다 남이 하는 대로 따라했다. 지위와 위계의 차별을 공격하는 문화풍조와 풍요로운 물질적 생활은 전통적 성리학 윤리와 반대되는 새로운 유가사상을 창조하는 것으로 귀결되었다. 예법을 위반하는 것은 일상에서 자연스러운 일로 치부되었다. 그러므로 호화로운 생활로 가는 통로를 확보한 사람들은 그것을 위반으로 생각하지 않고 자랑으로 삼았다. 호화로운 생활에 실패한 사람들은 편히 느낀 것이 아니라 부끄럽게 느꼈다. 백성의 가치·행동·에토스는 모두 다 명초의 예법과 반대되었다. 이렇게 하여 예법에 집중된 문화양식은 극적으로 몰락했다. 이러한 문화변동은 상인문화를 육성해 전통적 문화와 성리학에 반란을 일으키게 했다.[289]

상업화된 경제의 발전이 낳은 상인문화는 자본주의 맹아와 동일한 성격의 것이었다. 계몽의 첫 불빛이 이 상인문화 안에서 생겨나서, 성리학적 색안경 없이 공자원전을 받아들여 꽃피운 서양의 계몽사상과 유사한 '중국 부르주아지 신상의 개신유학'을 예고했다. 이데올로기적으로 신상들은 초기에 계몽의 깃발을 휘날리며 욕구와 사익을 설교하고, 상공업이 둘 다 사회의 근본이라는 테제를 옹호하고 사회변동을 위해 지식을 현실에 적용하는 경세치용經世致用을 강조함으로써 송·명대의 군주독재와 성리학에 대해 혹독한 비판을 가했다. 이들이 일으킨 상인문화와 개신유학사상은 전통적 문화와 사상의 단순한 부정이 아니라 유학의 수사학적洙泗學的 재창조와 성리학적 유학해석의 혁파였다. 이런 변화는 중국에서 가장 전형적으로 상인문화를 발전시킨 '주희의 고향 휘주가 선도先導했고 국내시장의 확장에 따라 다양한 지역에서 개신유학과 상인문화를 연쇄적으로 받아들이기 시작했다.[290]

---

289) Tang, *Merchants and Society in Modern China*, 3쪽.

이런 변화는 이미 상업화 경제가 번성한 송대에 시작되었다. 송대부터 상인의 지위는 향상되었다. 청대 문필가 심요沈垚는 유자와 상인을 융합하는 송대의 추세에 주목했다. "송태조는 전국 각지에서 오는 모든 이익을 집중시켜 관리들에게 주었다. 그리하여 관리들은 가족을 부양하기 위해 경작과 양잠에 참여하기 시작했다. 이것은 이전 시대와 완전히 다른 풍속이었다. 관리들이 이利를 두고 평민들과 다투는 한편, 관리를 지망하는 자들은 자기들을 부양하고 과거 시험을 준비하기 위해 먼저 경작과 양잠에 종사해야 했다. 그리하여 상업은 보다 절박하게 되었고 상인의 힘은 보다 의미심장해졌다. 아비와 형들이 이전에 상업에 종사하지 않았다면, 젊은 세대는 급제해 고귀해지기 위해 공부할 여유가 없었다. 그러므로 사민의 구분은 명백했지만, 나중에 흐릿해졌다. 옛날에는 유자는 언제나 유자였지만, 최근 세대들에서는 상인의 아들들만이 유자일 수 있었다. 이것이 원대와 명대 이후부터는 가장 중요한 변화였다."291) 심요의 말대로 송대 이후 유자들은 점차 대부분 상인가문 출신이어서 유자와 상인의 경계선의 선명성이 500년에 걸쳐 점차 퇴색하기 시작했다.

이것은 휘주에서 특히 사실이었다. 휘주는 산중에 위치했고 휘주의 생산은 한 달 식량으로도 충분하지 않아서 식량의 90%는 외지에서 들어왔다. 남송 조정이 임안에 도읍했을 때, 휘주는 지역적 근접성 때문에 계속 지방에서 생산된 목재와 차를 새로운 수도로 신안新安 강을 따라 선박으로 실어 날랐다. 상업경제의 발전은 관리집안과 상인집안의 융합을 낳았다. 주희의 어머니 쪽 가문인 축祝씨는 영향력 있는 가문이었다. 송나라에서 진사 학위를 딴 축씨는 2명으로 주朱씨와 같았다. 그러나 축씨는 장사에 뛰어났다. 축씨는 두 세대 동안 굉장한 부와 장사능력으로 유명했다. 그러므로 주희 자체가 유자와 상인의 융합을 상징했다.292) 그러나 실로 칸트만큼 위선적이었던 주희는 그의 글의 어디에서도 상업을 긍정하거나 중시하는 대목이 없다.

---

290) Tang, *Merchants and Society in Modern China*, 3-4쪽.

291) 沈垚, 「費席山先生七十双壽序」『落帆樓文集』卷14. Tang, *Merchants and Society in Modern China*, 5쪽에서 재인용.

292) Tang, *Merchants and Society in Modern China*, 5-6쪽.

휘주는 문화적·지리적 환경 때문에 개신유학의 융성에 적격인 도시였다. 휘주는 교육을 엄청나게 강조했다. 명대에 서원이 휘주를 휩쓸었고, 청대에는 휘주의 여섯 현에 54개소의 서원이 있었다. 동림東林, 강소江蘇, 관중關中(현 섬서성 위하渭河평원)도 휘주만큼 서원들이 많았다. 휘주에는 도회와 산간벽지를 가리지 않고 가문서당, 사설서당, 서점이 있었다. 휘주 상인들은 거의 다 유학을 공부했다. 명·청대에 휘주 상인들은 보통 스스로를 다투어 '신상'으로 양식화했다. 유자에서 상인으로 전환한 사람들은 유업儒業을 중단했다. 한 상인은 상인으로 전신하기 전에『자치통감강목』,『가언家言』과『성리대전』을 읽었다. 그는 과거시험 수험생보다 경서에 밝았다. 휘주 상인들은 공자경전을 경제적 이익을 얻기 위해서도 활용했다. 수많은 휘주 상인들은 천리와 인욕을 위요한 성리학을 수정해서 상인의 경제적 이익에 기여하고 그들의 가치와 미학적 취향을 구현하는 휘주 상인문화 속으로 통합했다.293)

상인과 유자, 상인과 관리의 상호연관과 문화적 통합은 명대 초의 문화에 대비하면 놀라운 변화였다. 가령 명대 초엽에 예부·이부시랑을 역임한 엽성葉盛(1420-1470)이 쓴『수동일기水東日記』에 실린「육방옹가훈陸放翁家訓」에는 이런 당부가 나온다.

오! 벼슬길에 나아가 공경에 이르는 것은 운명이고 물러나 농사를 짓는 것도 역시 운명이다. 만약 절개를 구부러뜨려 부귀를 구하고 시장의 도로써 이利를 만든다면 이는 우리 가문이 심히 부끄러워하는 바다. 자손은 이를 경계할지라.294)

명대 초 '육방陸放'이라는 신사는 시장에서 영리추구를 하지 말라는 이 경계에도 안심할 수 없었는지 다시 시장에 나가 소인들과 어울리지 말 것을 자손들에게 당부한다.

293) Tang, *Merchants and Society in Modern China*, 8-9쪽.
294)「陸放翁家訓」: "嗚呼! 仕而至公卿命也 退而爲農亦命也. 若夫撓節以求貴 市道以營利 吾家之所深恥 子孫戒之." 葉盛,『水東日記』, 卷十五. 中國哲學書電子化計劃.

벼슬을 하는 것은 항상적일 수 없는바, 벼슬길에 나가지 않으면 농사짓고, 그래도 유감이 없다. 단지 결코 생계의 핍박에 내몰려 시정 소인배의 일을 해서는 아니 된다. 경계하고 경계할지어다.295)

명대 초 육방노인의 거듭된 경계에 명대 중반 이후에 제기된 저 '상인과 신사의 동일성 내지 통일성' 명제를 비교해보면 우리는 가장 봉건적·보수적인 가훈조차도 발달된 상업경제에서 새로이 형성된 상인문화에 의해 얼마나 상전벽해가 될 정도로 전변했는지를 알 수 있다. 명·청대 중국사회에서는 주희의 보수적·가식적·위선적 성리학을 분쇄하는 일대 격변이 일어나고 있었던 것이다.

■ 성리학에 대한 개신유학의 공격과 전개

- 천리와 인욕은 배타적이지 않다

신상들 또는 신상을 대변하는 계몽유자들이 성리학을 수정하는 첫 번째 방법은 천리와 인욕의 관계를 '인욕이 천리를 포함한다면 천리와 인욕은 상호 배타적이지 않다'고 해석하는 것이었다. 송대 이후 근세에 예법을 위반하는 풍조의 한복판에서 휘주 신상들은 천리와 인욕의 합치론을 신사와 상인 간의 관계로 확장해 양자 간의 동질성의 신개념을 개진했다. 겉으로 보면 신사는 고명한 명상을 평가하는 반면, 상인은 높은 이익을 추구한다. 그러나 실은 신사와 상인은 같다.

직예성(안휘성) 흡현歙縣(휘주부 부성府城 소재지) 출신 오장공吳長公은 어렸을 때 유자로서의 경력을 시작했으나 그의 아버지가 장사를 나가 객사한 뒤 그의 어머니가 그에게 유업을 그만두고 아버지를 이어 장사를 하라고 청했다. 이에 오장공은 물러나 제안을 심사숙고했다. 이틀 뒤 그는 어머니에게 이렇게 말했다. "유자는 고명한 명성을 위해 힘들여 공부합니다. 명성도 이利입니다. 내가 어머니에게 순종하지 않는다면, 나는 아들일 수 없습니다. 그러면 내가 어찌

---

295) "仕宦不可常 不仕則農 無可憾也. 但切不可迫於衣食 爲市井小人事耳 戒之戒之."

유자일 수 있겠습니까? 이제 나의 어머니는 사업을 하라는 결정을 내리셨습니다. 내가 어떻게 감히 거절할 수 있겠습니까?"296) 오장공은 "이利가 명성임"과 "명성이 이利임" 간의 심리적 균형을 획득했고 그러므로 기꺼이 어머니의 명을 따랐던 것이다.

- 의義와 이利는 통일적이다

신상과 계몽유자들이 성리학을 수정하는 두 번째 방법은 의義와 이利의 통일성을 논증하는 것이었다. 이利를 추구하는 상인은 의義를 강조하는 유자와 대립되는 것으로 보였다. 그러나 인仁에 '안인安仁'과 '이인利仁'이 있듯이 의義에도 '안의安義'와 '이의利義'가 있다. 그래서 『대학』은 "백승지가百乘之家는 취렴지신聚斂之臣을 기르느니 차라리 도신盜臣을 둔다. 이것을 일러 국가가 이利를 이利로 여기는 것이 아니라 의義를 이利로 여긴다고 하는 것이다".297) 이 "이로 여겨지는 의"가 바로 '이의利義'인 것이다. 이 '이의'는 '이'를 위해 추구하는 '의'다. 그것은 '의'로써 장기적으로 '이'를 추구하는 것이다. 목전의 이해利害에 일희일비하지 않는 '이의', 즉 '이로운 정의'는 더 큰 장기이익을 보장하기 때문이다. 그리하여 휘주 상인들은 신사(유자)라면 '안의安義'를 추구해야 할지라도 신사와 상인 간의 구분이 직업의 구분일 뿐이라고 생각했다. 상인도 『대학』의 '이의'의 관점에서 '의'를 지지할 수 있는 것이다. 휘주의 이현黟縣 출신 상인 서준강舒遵剛은 친구들에게 말했다. "성현은 의義를 이利로 여김으로써 돈을 만드는 대도大道가 있다고 말했다. 이것은 국가에 대해 참이지만, 개인이나 가족을 두고 말하는 것이 아니다." 그러나 그는 이 명제가 상인에게도 타당하다고 여겼다. 이어서 그는 말했다. "나는 어릴 적 시간이 있을 때 사서오경을 읽어야 했다. 나는 밤마다 사서오경을 암송했고 아침 다섯 시까지 멈추지 않았다. 이 책들에 포함된 심오한 의미들은 평생 사용을 위해 다함이 없었다."298)

---

296) 汪道昆, 「明故處士谿陽吳長公墓誌銘」, 『太函集』, 卷414. Tang, *Merchants and Society in Modern China*, 9쪽에서 재인용.

297) 『大學』(傳10章): "百乘之家 不畜聚斂之臣 與其有聚斂之臣 寧有盜臣. 此謂國不以利爲利 以義爲利也."

흡현 상인 황현석黃玄錫은 공자가 살았던 '예의 땅인 산동에서 상업에 종사했는
데, "의를 이로 여긴다(以義爲利)"는 명제에 따라 돈을 보고 부패하지 않았고
이를 의로써 추구했다. 그는 산동에서 훌륭한 상인일 뿐만 아니라 훌륭한 유자
로서도 갈채를 받았다.299) 흡현 상인 포해점鮑解占은 머리가 좋고 공부를 좋아
해 육경, 철학저서, 역사서들을 수십 부 필사했다. 그러나 그의 아버지가 절강성
에서 염상鹽商을 했기 때문에 그도 이 사업을 경영했다. 그는 상인들이 쓰는
기회주의적 방식을 폐하고 유자의 도를 실천했다. 그는 사람들을 정직으로만
대했고 사람들은 그를 속이지 않았다. 나중에 그는 재산을 모았다. 휘주 상인들
은 의를 이로 여기고 유자의 도를 실천했는데, 이것은 장기적 상업이익에 이로웠
고 또한 의를 평가하는 유자와 대등한 지위를 얻는 데도 도움을 주었다.300)
그래서 그들은 이렇게 말했다. "유자와 상인은 다른 접근을 하지만 공동목적을
공유한다. 어떤 상인이 유자로서의 훈육을 갖췄고 신사의 행동을 옹호한다면
유자가 되기 위해 관계官界에 들어가는 것이 왜 필요하겠는가?"301)

- 상인과 유자는 이익이 같다

신상과 계몽유자들이 성리학을 수정하는 세 번째 방법은 상인과 유자의
이익 통일성을 부각시키는 것이었다. 상업에 종사하는 것은 관리 노릇을 하는
데 도움이 되었다. 휘주 상인 부황곡父黃谷은 이렇게 말했다. "나는 통상 유생들
이 그들의 생을 경영하지 못하기 때문에 그들의 편협함을 비웃었다. 그들은
한번 정부 안에서 관직을 얻으면 자유롭게 행동을 취하는 방법을 몰랐다. 유자
라는 것은 상인이라는 것과 유사하다. 계연計然, 상홍양, 공진의 정책은 과거에
의심할 바 없지 않았던가?"302) 유자라는 것도 상업경력에 이로울 수 있다.

---

298) Tang, *Merchants and Society in Modern China*, 10쪽.

299) Tang, *Merchants and Society in Modern China*, 10쪽.

300) Tang, *Merchants and Society in Modern China*, 10쪽.

301)「弘號南山行狀」.『汪氏統宗譜』卷冊116. Tang, *Merchants and Society in Modern China*, 10쪽에
서 재인용.

302) 吳吉祐,「從父黃谷公六十序」.『豊南志』冊4. Tang, *Merchants and Society in Modern China*,
10쪽에서 재인용.

어릴 적 공자경전을 공부했던 또 다른 휘주 상인은 『춘추』의 세 주석서를 배웠고 그 비전적 의미를 이해했다. 그는 커서 과거시험을 보았지만 그의 재능을 보여줄 수 없었다. 나중에 그는 장사에 종사했다. 그는 장사하면서 큰 문제에 봉착할 때마다 판단을 내리기 위해 공자경전들을 인용했다. 그는 가슴으로 가장 많이 전해진 '성현들의 도道'로부터 이익을 얻었다. 또 어떤 휘주 상인은 유교적 방식으로 상업에 종사했고, 사람들은 그를 격찬했다. 그는 '상인 복장을 한 유자'로서 행동했다.303)

- 신사와 상인은 목적이 같다

신상과 계몽유자들이 성리학을 수정하는 네 번째 방법은 씨족의 명예를 크게 선양하기 위해 명성을 추구하는 신사와 상인의 유사한 목적을 강조하는 것이었다. 휘주 상인 수계상壽季常은 100명의 손자와 증손자가 있었는데, 그중 일부는 유자였고 일부는 상인이었다. 그런데 이들은 모두 씨족의 명예를 선양했다. 흡현 상인 방중공方仲公의 아버지는 중주中州(하남의 옛 이름)에서 상업에 종사했는데 돈을 잃어버려 돌아올 수 없었다. 큰 아들은 향교의 유생이었다. 이런 상황에서 둘째 아들은 자기 이름과 그 의미를 생각했다. 그는 일어나 말하기를 "나의 형은 유자로서 우리의 씨족을 위해 명성을 얻었고, 이것은 효행이다. 내가 가장으로서의 형을 대신해 아버지의 사업을 잇는다면, 이것은 동생의 의미를 이행하는 행동이다"라고 했다. 이렇게 그는 중주에서 사업에 종사하러 집을 떠났다. 그는 돈을 번 뒤에 수천 온스의 은을 의연해 조상의 사당을 수리했다. 효도의 일에서 유업과 상업은 동일하게 중요했던 것이다. 휘주 상인들의 관점에서 부유해진 뒤에 조상 사당 건축과 족보 편찬 노력은 공부해서 정부관리가 되는 것과 동일한 것이었다. 양자는 항구적 영예를 얻는 목적을 달성할 수 있었다.

- 신사와 상인의 영예는 호환적이고 동질적이다

---

303) Tang, *Merchants and Society in Modern China*, 10-11쪽.

신상과 계몽유자들이 성리학을 배격하고 수정하는 다섯 번째 방법은 두 유형의 영예의 상호전환가능성으로 표현되는 신사와 상인의 동질성을 강조하는 것이었다. 청대 문필가 심요가 말했듯이 아비와 형들이 이전에 상업에 종사하지 않았다면, 젊은 세대는 급제해 고귀해지기 위해 공부할 여유가 없었다. 명대 문필가 왕도곤汪道昆(1525-1593)은 같은 취지에서 이렇게 말한다.

> 양자강 남쪽 신도新都는 그 문화와 제도로 유명했다. 그곳에서는 사람들이 유자든가 상인이든가 둘 중 하나를 하는 것이 풍속이었다. 양자는 호환가능했다. 일반적으로 훌륭한 상인들은 위대한 유자보다 낮지 않았고, 양자의 훌륭한 행동은 둘 다 타인들에게 알려져 있었다.304)

유업을 떠나 상업으로 전신하는 무원婺源(강서성江西省 상요현上饒縣) 상인 이송봉李松峰의 정서는 "사람들은 자신의 열망을 전국 어디에서든 실현할 준비가 되었지만 나는 무엇을 할 것인가? 내가 관리가 되어 부모를 영예롭게 할 수는 없을지라도 사업을 시작해 내 가정을 확립하고 나의 은택이 나의 자손들에게 내려가게 할 수 있다"는 한 문장으로 종합될 수 있다. 그는 큰 재산을 모은 뒤 아들들을 열심히 공부하도록 재촉했다. "그는 평생 그의 사업을 개업하기 위해 그의 경력을 유자에서 상인으로 바꿨다. 그다음, 그가 죽은 뒤 자식들의 이익을 위해 그의 자식들을 상인에서 유자로 바꾸었다."305)

사람들이 대를 이어 유자와 상인 사이를 오가는 것은 휘주에서도 보편적인 일이었다.

> 사람들은 유학의 공부에 헌신했으나 성공하지 못했을 때 공부를 떠나 상업에 종사하고 싶어 했다. 상업에 종사하고 이利를 누릴 때 자식들을 건사했다. 이와 같이 사람들

---

304) 汪道昆, 「誥贈奉直大夫戶部院外郞程公曁贈宜人閔氏合葬墓志銘」, 415쪽. 『太函集』. Tang, *Merchants and Society in Modern China*, 11쪽에서 재인용.

305) 「三田李氏統宗譜」. 婺源의 『环田明處士松峯李公行狀』. Tang, *Merchants and Society in Modern China*, 11-12쪽에서 재인용.

은 상업보다 유업을 우위에 두었다. 그들의 정체성은 진퇴를 반복하지만 양자는 둘
다 유용했다. 엄청난 돈을 얻을 수 없다면 승乘마차를 몲으로써 정치적으로 걸출해지
기를 열망했다. 이 진퇴는 바퀴가 도는 것과 같았다. 사람들은 계연計然을 모방하려
고 애썼을 뿐만 아니라 계연의 접근방법을 채택하기도 했다.[306]

휘주에서는 영예의 전환가능성과 ‘유업과 상업의 동질성’ 관점에서 상인의
아들이 유자가 되고, 유자가 유업을 계승하지 않고 상인이 되는 일은 흔한
일이었던 것이다.

신상과 계몽유자들이 ‘신사로서의 영예’와 ‘상인으로서의 영예’를 추구하는
데서 ‘유자와 상인의 동질성’을 전면에 드러낸 것은 성리학을 배격하고 수정함
으로써 신상의 정체성을 확립하는 한 방법이었다. "회남과 회북에서 염상鹽商
을 한 흡현 사람들은 대부분 영향력 있는 신사집안 출신이었다. 많은 이들이
공익에 대한 열성에서 관리로서의 경력을 택했을 때, 공자경전을 공부해서
과거시험에 급제하거나 한림원에서 공부함으로써 관리로 임명되는 사람들의
수는 헤아리기 어려웠다. 유명하고 덕스러운 유자들은 보통 이 염상들로부터
나왔다. (…) 그들은 상인이면서 동시에 유자였다. 이익을 얻기 위해 점포를
하는 사람들이나 짐을 지는 행상들은 그들과 비교할 수 없었다."[307] 이 "상인이
면서 동시에 유자"인 사람들은 "공익에 대한 열성"을 가진 사람에 국한되지
않았다. 많은 보통 휘주 상인들이 경력을 관리로 바꿀 수 있는 것은 아니었으나,
그들은 문화적으로 세련되었다. 그러므로 그들은 상인이었을지라도 유자의
품세를 취했다. 그들은 유자의 의관을 하지 않았을지라도 사회에서 천한 태도
를 씻어냈다. 그들은 "신사의 매력적인 분위기"를 풍겼다.[308]

---

306) 汪道昆, 「海陽處士金仲翁配戴氏合葬墓誌銘」. 『太函集』. Tang, *Merchants and Society in Modern China*, 12쪽에서 재인용.

307) 「萃峰孫公傳」. 婺源의 『湖溪孫氏宗譜』. Tang, *Merchants and Society in Modern China*, 12쪽에서 재인용.

308) 「萃峰孫公傳」. 婺源의 『湖溪孫氏宗譜』. Tang, *Merchants and Society in Modern China*, 12쪽에서 재인용.

휘주 상인 정방산鄭方山의 정신 상태는 이 점에서 전형적이었다. "그는 산중에서 공부했었다. 그다음 그곳을 떠나 상인이 되었다. 그는 서적을 가지고 다니면서 작은 선박을 팔았고, 소금小鹽과 검을 매고 하남, 호남, 호북을 여행했다. (⋯) 그를 아는 사람들은 '정씨는 상인이지만 실은 상인이 아니다'라고 말했다."309) '상인이지만 실은 상인이 아니다'라는 말은 휘주 상인들의 공통된 멘털리티였고, 그들이 추구하는 두 영예를 실현하는 그들의 이상화된 영역이었다.310)

상인과 유자의 영예론적 동질성 테제는 전통적 사농공상의 위계 관념에 대한 "배격"이고 성리학 예법질서의 내적 핵심에 대한 "격렬한 공박"이었다.311) 왕도곤은 말한다. "우리의 풍속은 유자가 되거나 상인이 되는 것이었다. 상인과 유자가 병치되는 것은 일반적으로 논의되어왔다. 상신商紳보다 차라리 신상紳商이 되는 것이 더 나을 것이었다. '신상'이라는 것은 늑대처럼 탐욕스러워 보일지라도 '신사'를 '상인'의 형용어로 사용함으로써 철저한 변신을 표시하는 것이 아닌가?"312) '상신'보다 '신상'을 선호하는 이 주석은 그 조상이 상인이었던 명대 거유巨儒 왕도곤의 주석이다. 이 주석은 휘주지방 사회정서의 변동을 반영하기 때문에 주목할 필요가 있다. 휘주에서 유자와 상인은 서로 유사한 것으로 간주되기도 했지만, 정직하게, 의롭게 '이利'를 추구하는 상인은 탐유貪儒보다 도덕적으로 우월했다. '이利'는 공자윤리에서의 효행과 형제애, 의리(가치의 척도), 명성과 연결될 수 있었다. 이것은 천리와 인욕의 관계를 "인욕이 (도덕성을 뜻하는) 천리를 내포한다"는 명제로 풀이한 신상들의 새로운 해석을 표현한 것이다.

여기서 신상들은 주희가 "인욕 중에는 스스로 천리가 들어 있다"거나 "마시고 먹는 것은 천리이고 맛있는 맛을 요구하는 것은 인욕이다"라고 말할 때

---

309) 「明故詩人鄭方山墓圖志」. 歙縣의 『鄭氏宗譜』. Tang, *Merchants and Society in Modern China*, 12쪽에서 재인용.

310) Tang, *Merchants and Society in Modern China*, 13쪽.

311) Tang, *Merchants and Society in Modern China*, 13쪽.

312) 汪道昆, 「海陽處士溪陽吳長公墓誌銘」. 『太函集』, 卷415. Tang, *Merchants and Society in Modern China*, 13쪽에서 재인용.

무無도덕적 '자연필연성'의 의미로 사용한 '천리'를 '도덕성'으로 탈바꿈시켜 완전한 혁신적 명제, 즉 '도덕과 인욕의 동일성' 명제 또는 '도덕적 인욕' 명제를 산출한 것이다. 여기서 주희의 성리학을 배격함과 동시에 개신유학을 선양하는 것이 분명해진다.313)

- 천리와 인욕의 연결과 주희의 궤변

도덕적 천리와 인욕, 유자와 상인의 연결은 휘주 상인들의 상업활동에서 실천적으로 중요했다. 첫째, 도덕화된 '천리와 인욕의 연결', 즉 인욕의 도덕화는 상인과 유자의 덕스러운 순환을 가능하게 했다. 휘주 상인가문은 돈을 많이 벌어 번영한 뒤에 보통 "가정교사를 고용해 자식들을 가르쳤다". 휘주의 한 거대한 염상은 유명한 선생을 초빙하고 서적을 구입하는 데 돈을 아끼지 않았다. 그는 "교육은 내가 부유할 때 미루어서는 아니 되는 것이다. 부를 유지하는 것의 혜택이 뭐란 말인가?"라고 말하곤 했다. 유자의 길을 택해 국가의 고위직에 오른 휘주 상인들의 후예들은 모두 상인들의 이익에 관심을 표했다.314)

가정·만력제 치세의 '후오사後五師'의 1인인 왕도곤과 문예계의 권위자인 왕세정王世貞(1526-1590)은 병부에서 차례로 관직을 지냈다. 당시 사람들은 이들을 가리켜 "천하의 두 대장군"이라고 불렀다.315) 대를 이은 염상의 후손인 왕도곤은 황제에게 올린 상소문에서 농업과 상업을 둘 다 동시에 중시하는 원칙을 제시하고 양자를 차별 없이 동등하게 대하고 상인들을 우대하는 정책을 펼 것을 요청함으로써 전통적 중농억상주의重農抑商主義에 대해 통렬한 비판을 가했다.316) 청대 강희제 치세에 흡현 상인의 아들인 허승선許承宣도 공부의 감독관 직책을 맡았을 때 상소를 올려 상세를 낮춰줄 것을 요청했다. "어려운

---

313) 참조: Tang, *Merchants and Society in Modern China*, 13쪽.

314) Tang, *Merchants and Society in Modern China*, 13쪽.

315) 「汪道昆傳」, 「王世貞傳」 첨부. 『明史』, 卷287. Tang, *Merchants and Society in Modern China*, 13쪽에서 재인용.

316) 「汪道昆傳」, 「王世貞傳」 첨부. 『明史』, 卷287. Tang, *Merchants and Society in Modern China*, 13쪽에서 재인용.

농민에게 구제를 주고 잃는 상인들에게 구원을 주기 위해 부디 기본세 외에 잡세를 금하고 규정된 부역 외에 잡역을 금하고 합당한 병역 외에 추가 병역을 금하고 정해진 관세를 넘어가는 추가관세를 금해주십시오."317) 휘주 상인의 많은 후예와 씨족, 동향인들의 거대한 수는 관리가 되어 다양한 곳에서 백성을 다스렸다. 나라의 절반에 자신들의 발자국을 남긴 휘주 상인들에게 이것은 우산을 제공하기에 부족하지 않았다. 이익은 너무 많아서 열거할 수 없었다. 상인과 유자의 상호연결과 상호지원은 휘주 상인들과 유자들의 공동발전의 이유였다.318)

둘째, 천리와 인욕의 도덕적 연결, 즉 '인욕의 도덕화'는 신상들에게 경쟁 기제를 창출했다. 사회분업이 다양화된 명·청대 중국사회에서 상업 네트워크 는 점점 확장되었다. 상품과 화폐의 운동은 서로 얽히고설키고, 사회적 집중은 더 복잡해졌다. 문화적·철학적으로 세련된 상인은 시장상황, 자연적·사회적 요인들의 충격, 수요와 공급의 관계를 분석할 수 있어서 기회를 놓치지 않고 많은 이윤을 얻기 위해 적시에 정확한 판단을 내릴 수 있었다. 그들의 유학적 교양은 그들이 정치세력들에게서 피난처를 찾는 데 도움을 주었다. 휘주 상인 들의 대들보는 국가전매 상품인 소금을 교역하는 염상들이었다. 명·청대에 회남과 회북은 최대량의 소금을 생산해서 최대 이익을 창출하는 두 곳이었다. 그러므로 회남과 회북에서 산출된 소금의 독점판매권은 다양한 상인그룹들에 게 열띤 경쟁목표물이었다. 하지만 모든 상인집단 중에서 오로지 휘주 상인들 만이 정부로부터 호의를 얻어 유리한 위치를 확보했다. 왜냐하면 휘주 상인들 이 정부가 필요로 하는 은을 가장 많이 축적하고 정부관리들과 가교가 될 수 있는 유학 지식을 가장 많이 쌓았기 때문이다. 이 점에서는 휘주 상인그룹과 비교할 만한 그룹이 없었다.319)

휘주 상인들은 천리와 인욕의 관계에 관한 주희의 교설을 비판하고 혁신적으

---

317) 許承宣, 「賦差關稅四弊疏」, 698쪽. 『淸經世文編』, 1部, 卷28(賀長齡 外 編, 1992). Tang, *Merchants and Society in Modern China*, 13-14쪽에서 재인용.

318) 참조: Tang, *Merchants and Society in Modern China*, 14쪽.

319) 참조: Tang, *Merchants and Society in Modern China*, 14쪽.

로 수정했다. 인욕과 천리의 차이는 단지 사회분업상 상인과 유자의 다른 위치를 말할 뿐이라는 것이다. 이 경우에 휘주 상인들은 그들의 자본축적의 필요성으로서 인욕과 천리의 대립성을 강조했다. 주희는 천리를 슬그머니 도덕과 등치시킬 때면 충성과 효도의 윤리도덕으로부터 천리를 도출했다. 주희는 이렇게 논단한다.

> 만물은 다 이 리理가 있고 리는 다 하나같이 일원一原에서 나온다. 단지 거居하는 위치가 같지 않아서 그 리의 용用이 하나가 아닐 뿐이다. 군자라면 반드시 인애仁愛해야 하고, 신하라면 반드시 충경忠敬해야 하고, 아비라면 반드시 자애로워야 한다. 사물마다 각기 이 리를 갖추고 있고 사물마다 각기 그 용을 달리하지만 어떤 것도 '하나의 리'의 유행流行이 아닐 것은 아무것도 없다. 그래서 성인이 "리를 궁구하고 성性을 다해 명命에까지 이른 것(窮理盡性而至於命)"이다. 무릇 세간이 소유한 물건 중에 제 리를 궁극까지 다하지 않은 것은 아무것도 없으니, 처處하고 두고 얻는바, 사물마다 각기 그 장소를 얻고 일사일물一事一物이 제 마땅함을 얻지 않음이 없다. 이것을 제하고 이 사물을 없앤다면 바야흐로 이 리도 없다. 이미 이 사물이 있어 성인이 그 리를 다하지 않음이 없는 것이다. '오로지 지성스러운 자만이 천지화육을 돕고 그러면 천지와 더불어 참여할 수 있는 자다(惟至誠贊天地之化育 則可與天地參者也)'라고 일컫는 바다.[320)]

주희의 이 뒤죽박죽 논리를 이용해 휘주 상인들은 충성과 효도를 실천하는 것이 천리이지만 상인들과 유자는 "터 잡은 위치가 같지 않다"고 강조한다. 그러므로 "리의 용用은 다르다". 명·청대의 거대한 수량의 역사자료들은 휘주 상인들이 부로父老를 예찬하고 씨족을 영예롭게 하는 것을 상업활동의 목적과

---

320)『朱子語類』,「大學五或問下·傳五章(28)」: "萬物皆有此理 理皆同出一原. 但所居之位不同 則其理之用不一. 如爲君須仁 爲臣須敬 爲子須孝 爲父須慈. 物物各具此理 而物物各異其用 然莫非一理之流行也. 聖人所以 '窮理盡性而至於命' 凡世間所有之物 莫不窮極其理 所以處置 得物物各得其所 無一事一物不得其宜. 除是無此物 方無此理. 旣有此物 聖人無有不盡其理者. 所謂 '惟至誠贊天地之化育 則可與天地參者也'."

사명으로 기록하고 있다. 부유해진 뒤에 휘주 상인들은 막대한 이윤을 관직 칭호를 얻고, 조상사당을 짓고, 묘지를 재건하고, 문중 회관會館을 건립하고, 사당 살림살이를 설치하고, 문중 농지를 사들이고, 족보를 편찬하고, 서원과 제대로 된 서당을 여는 데 투자해 효도를 행했다. 이런 거만금을 축적하기 위해 검약을 강조할 때만 그들은 주희의 "존천리存天理 거인욕去人欲"을 끄집어 내되 단지 '검약'을 부의 축적을 위해 추리하는 수단으로만 썼다.321)

고증학자이자 경세치용론자 고염무顧炎武(1613-1682)는 『조역지肇域志』에서 이렇게 말한다.

신도新都의 검약은 전국적으로 비길 데 없었다. 따라서 신도의 부도 전국적으로 비길 데 없었다. (…) 유생들은 집에서 머문 다음, 먼 거리를 걸어서 황도로 올라갔다. 그들은 거친 옷을 입었는데, 그 옷은 아주 짧아서 다리를 가까스로 덮을 정도였다. 그들은 버선 없이 짚신을 신었다. 우산 하나 들고 그들은 마차와 말 경비를 아꼈다. 사람들이 물어보면 그들은 수천 온스의 은을 가진 집안 출신들이었다. 휘주의 모든 사람은 검약했다. 그들의 가정은 이웃에서 가장 부유했다. 수백, 수천 온스의 은을 갖지 않은 사람들은 부자라고 할 수 없었다. 이것은 오랜 세월 사실이었다.322)

"전국적으로 비길 데 없는 검약"은 전체 휘주 상인들에게 전혀 과장이 아니었 다. 휘주 상인들이 마음을 바꿔 검약해지고 검약의 습관을 평생 유지하며 아들 과 손자를 검약으로 이끄는 것에 관한 이야기들은 넘쳐났다. 휘주 사람들에게 절약은 부를 얻는 합리적 방법이었다. 부는 "하늘에 의해 신탁된 육중한 과업" 이자 "사람의 일생의 사업"이었다. 휘주 상인들은 또한 "사람은 검약 없이 사업을 할 수 없다"는 확신도 품고 있었다. 그리고 "훌륭한 상인은 부를 전혀 갖지 않은 것처럼 숨기고 사치스러운 생활양식의 영향을 받지 않았다".323)

---

321) 참조: Tang, *Merchants and Society in Modern China*, 15쪽.

322) 顧炎武, 『肇域志』. Tang, *Merchants and Society in Modern China*, 15쪽에서 재인용.

323) 吳吉祜, 「從嫂王行狀」. 『豊南志』, 5冊. Tang, *Merchants and Society in Modern China*, 15쪽에서 재인용.

그러나 휘주 상인들은 주희가 인욕으로 단죄한 '맛있는 맛, '고운 옷'의 사치
스러운 요구는 억압하지 않았다. 이것은 사치품들을 입수하려고 노력하는 휘주
상인들과, 사치와 상업활동 간의 불가분성을 시사하는 휘주 염상들에 관한
많은 기록이 입증하고 있다. 그리고 휘주 상인들은 검은 망사 갓과 빨간 금수
신발을 선호했다. 일평생 그들은 다른 모든 것에 인색했을지 모르지만 이 두
가지 것에 대해서는 은전을 아끼지 않았다. 그들은 상업활동에서 이 검은 망사
갓을 쓴 자들과 실랑이를 벌여야 했다. 그러므로 문사관리들을 사귀고 넓은
사교범위를 유지하려 애썼으며, 당대의 유명한 신사들과 훌륭한 관리들을 충심
으로 대접했다. 빨간 금수 신발, 축첩畜妾, 기생들의 관리는 고명한 신사들을
불러들이는 수단들이었다. 이것은 국가전매 상품인 소금을 거래하는 염상들의
공적 상업활동의 일부였다. '존천리 거인욕'은 단순한 검약의 원칙으로서 이런
부와 자본을 축적하는 데 기여했다. 절약의 개념 자체가 유교국가의 전통문화
에서 도출되었던 것이다.324) 휘주 신상들과 계몽유자들은 천리와 인욕을 대립
시키는 주희의 '존천리 거인욕' 철학을 단순히 상업적 이윤추구 활동에서 검약
에만 이용하고, 축적된 부를 쓰는 소비활동에서는 이 논리를 철저히 무시했다.

공맹은 '인간 욕망의 해방'을 추구했다. 공자는 "부귀는 사람들이 욕구하는
바다(富興貴是人之所欲)"라고 언명하기도 하고, "좋은 색을 좋아하고 나쁜 색을
싫어하는 것(好好色如惡惡臭)"이 "자기기만이 없는 것(毋自欺)"이라고 말하는가
하면, "희로애락을 절도에 맞게 발동하는 것을 화和라 하고(喜怒哀樂之 […] 發而皆
中節謂之和)", "소인의 중도는 소인답게 기탄없어야 한다(小人而無忌憚)"고 말했다.
맹자는 "색을 좋아함을 질병으로 여기지 말고(無以好色爲疾也)" 또 "재물을 좋아
하는 것을 질병으로 여기지 말라(毋以好財爲疾也)"고 말하고 "그 좋아함을 뭇사람
과 같이 하고 그 싫어함을 뭇사람과 같이 하면 이것이 왕도정치인 것이다(與人同
其好 與人同其惡 便是王政了矣)"라고 주장하며 "여민동락與民同樂"과 "낙민지락樂民
之樂"만을 요청했을 뿐이다. 휘주의 신상들은 이처럼 '솔직한 욕망의 해방'을
중화적中和的·연대적으로 추구하는 수사학적洙泗學的 공맹철학의 관점에서 주

---

324) Tang, *Merchants and Society in Modern China*, 15-16쪽에서 재인용.

희의 철학을 철저히 파괴해버린 것이다.

그러나 주희는 이처럼 자기 고향 사람들도 철저히 무시·파괴하는 궤변적 논리를 강변한다.

> 각 사람은 다만 천리와 인욕이 있을 뿐이다. 이것이 승하면 저것이 물러나고, 저것이 승하면 이것이 물러나니, 중립해서 나아가지도 물러나지도 않는 리理는 없다. 무릇 사람은 나아가지 않으면 즉시 물러난다. 유비와 항우가 형양滎陽과 성고成皋 사이에 서 서로를 막고 저쪽이 나아가 일보를 얻으면 이쪽이 일보를 물러나고 이쪽이 일보 나아가면 저쪽이 일보를 물러난다.325)

주희의 이 논리에 의하면, 천리와 인욕 사이에는 영원히 대립만이 존재하고 화해할 여지가 전무하다. 그러나 휘주 신상들에게 천리와 인욕의 대립은 상호 지원하고 통합하는 두 실체로 탈바꿈한다. 성리학의 혁파에서 휘주 상인들은 주희의 천리·인욕 개념들을 변혁시키고 부합시키고 혼합시켜 양자의 대립을 희석하고 제거해버렸다. 주희가 부적절하고 과도한 것으로 여긴 '생의 욕구'는 정상적 욕구로 간주되었다. 휘주 상인들은 자기들의 가치관과 사회관을 성리학의 철저한 파괴로부터 산출했다.326)

상인이 사민의 바닥에 있던 위계관계를 부정하는 관점에서 휘주 상인들은 "상인이 농민보다 열등하지 않다"327) 또는 "훌륭한 상인은 위대한 유자보다 열등하지 않다"는 명제와328) 같이 사민평등을 수립하고 견지하는 새로운 사회 관을 제시했을 뿐만 아니라, 확신에 차서 새로운 가치를 개진했다. 황산의 휴녕休寧현 출신 신상 왕신汪新은 "우리 지방에서 덕스러운 영웅들은 미천한

---

325) 朱熹,『朱子語類』, 卷13「學七·力行(26)」: "人只有箇天理人欲 此勝則彼退 彼勝則此退 無中立不進退之理. 凡人不進便退也. 譬如劉項相拒於 滎陽成皋間 彼進得一步 此退一步. 此進一步 則彼退一步."

326) Tang, *Merchants and Society in Modern China*, 17쪽.

327)『新安歙北許氏支世譜』, 卷8. Tang, *Merchants and Society in Modern China*, 17쪽에서 재인용.

328) 汪道昆,「誥贈奉直大夫戶部院外郎程公曁贈宜人閔氏合葬墓志銘」, 415쪽.『太函集』. Tang, *Merchants and Society in Modern China*, 17쪽에서 재인용.

데서 일어났지만, 현의 절박한 필요에 응했다. 정부에서 경력을 시작하기를 접은 사람들은 공훈관리와 다르지 않다'고 말했다.[329] 휴녕 출신의 다른 상인 정씨는 건창현에서 전당포를 했고 남창에서 소금을 교역했다. 그는 사업을 열고 그의 자손에게 물려주었다. 모든 가족이 행복하게 살았다. 흡현 출신 상인 허씨는 말했다. "어떤 사람은 전국을 다스릴 야심을 안고 태어났다. 이것은 높은 열망을 분명히 하는 것이다. 내가 상인에 불과할지라도 어떻게 치자의 지위와 동등한 지위를 추구하는 자공의 야심을 갖지 않을 수 있겠는가? 나아가 내가 어떻게 호미를 쓰고 콩을 밀과 구별하는 것 외에 아무것도 할 수 없는 농부를 흉내 낼 수 있겠는가?"[330] 왕신, 정씨, 허씨 등은 가정·만력 제 치세에 모두 상인이었다. "공훈관리와 다르지 않다", "사업을 열어 자식들에게 물려주 었다", "치자의 지위와 대등한 지위를 추구한다"는 그들의 논변은 자기들의 경제적 지위와 부합되기 위해 자기들의 정치적 지위를 높이기를 요청하는 휘주 상인들의 의도를 요약적으로 잘 시사해주고 있다. 이들의 사회관과 가치 관은 상인문화와 개신유학의 핵심이다. 휘주 상인의 가치관과 사회관을 만드는 것은 개신유학적 이데올로기의 성취를 상징했다. 이것은 명·청대의 맹아적 자본주의의 흥기와 신상계급(부르주아지)의 형성에 부응하는 것이다. 그 내용은 상업사회의 발달과 함께 계속 풍요로워졌다. 성리학과 개신유학의 분화와 대립 은 선진적 상업경제가 발달한 다른 지방들에서도 일어났다. 가령 복건성은 해외무역이 번창하는 곳이자 성리학의 전통이 강한 곳이었다. 16세기 이후 복건 상인들, 특히 천주와 장주 출신 상인들은 천리와 인욕의 대립 문제에 관한 성리학 논리를 혁파했다.[331]

근세의 중국 상인들은 상인의 경제적 이익에 이바지하고 그들의 가치관을 구현하기 위해 상인문화를 확립할 엄청난 기금에 의존했다. 상인문화는 공맹철

---

329) 「揮僉新公墓誌銘」. 『休寧西門汪氏宗譜』, 卷6. Tang, *Merchants and Society in Modern China*, 17쪽에서 재인용.

330) 「平山許公行狀」. 『許氏世譜』, 5冊. Tang, *Merchants and Society in Modern China*, 17쪽에서 재인용.

331) 참조: Tang, *Merchants and Society in Modern China*, 17-18쪽.

학의 수사학적 해석들과 융합되었지만 호족들의 문중문화와 민중의 대중문화도 혼합했다. 그 내용은 기술, 산술, 예술, 음식으로부터 건축에까지 지극히 풍요로웠다. 계몽사상으로서의 신상들의 새로운 유교사상은 무엇보다 본업(농업)과 말업(상업)의 전통적·법가적·성리학적 구분에 대한 기각과 양명학, 또는 수사학, 한학파적 공맹이해, 고증학 등 '개신유학'으로 응결되었다.

■개신유학자들

강소성 태주泰州 출신 왕간王艮(1483-1541)이 이끈 태주학파(양명학좌파), 상인유자 왕도곤汪道昆(1525-1593), 공맹도 뛰어넘으려고 했던 자유사상가 이지李贄(이탁오, 1527-1602), 주자학의 독점적 지배풍조를 깨고 부분적으로 양명학을 수용한 고헌성顧憲成(1550-1612)과 고반룡高攀龍(1562-1626)의 동림서원(강소성 무석無錫 소재) 및 여기에 모인 강남 출신 신사집단, 그리고 동림당운동의 이데올로기를 계승한 청초의 3대 사상가 황종희黃宗羲(1610-1695), 고염무顧炎武(1613-1682), 왕부지王夫之(1619-1692) 등은 모두 양명학의 발전에 기여하며 개신유학의 중요한 요소들을 구성했다. 특히 청대의 대진戴震(1724-1777)은 개신유학을 정점으로 끌어올렸다. 이들은 이지와 대진을 제외하면 학문을 최고 경지로 끌어올리지는 못했지만, 상인문화를 반영한 근대적 부르주아 이데올로기를 형성하는 데 결정적역할을 한 인물들이었다.

- 태주학파 왕간(왕심재)

왕문좌파의 영수로서 태주학파의 시조가 된 양명학자 왕간王艮(심재心齋, 1483-1541)은 염전에서 염수를 끓이는 일꾼이었고, 열아홉 살부터 장사에 종사했다. 그는 왕양명의 치양지致良知이론을 발전시키면서 상인의 자세를 취했다. 왕간은 "백성이 일용하는 조리와 처신이 곧 성인의 조리와 처신이다. 성인은 알고 다시 잃지 않지만, 백성은 알지 못하고 다시 잃어버릴 수 있다(百姓日用條理處 卽是聖人之條理處. 聖人知便不失 百姓不知便會失)"고 언명했다.[332] 또 그는 "성인의

---

332) 王艮, 「語錄上(29)」. 『王心齋全集』. Chinese Text Project.

도는 백성의 일용과 다름이 없으니, 무릇 이것과 다름이 있는 것은 다 이단이라고 한다(聖人之道 無異於百姓日用 凡有異者皆謂之異端)"고 단언한다.333) 그리고 "그런데 왜 사특하게 생각하고 왜 망령되이 생각하는가? 백성은 (도를) 일용할 뿐이고 알지 못하니, '군자는 도를 보존하고 서민은 없앤다'고 말한 것이다(何邪思何妄念? 惟百姓日用而不知 故曰 君子存之 庶民去之)"라고334) 부연한다.

주희의 성리학을 통째로 분쇄하는 개신유학의 발단을 제공한 왕간의 이 파격적 사상은 그의 특이한 생각이 아니라, 모두 주희가 무시한 공맹경전의 원의原義에서 분출된 것이다. "백성은 도를 일용할 뿐이고 알지 못한다"는 말은 『역경』「계사상전」의 명제를 반복한 것이다. 「계사상전」은 밝힌다. "한 번 음陰이고 한 번 양陽인 것을 도(=중도)라고 하는데, 이 중도를 보태고 돕는 것이 선善이고 이 중도를 완성한 것이 성性이다. 인자는 이를 보고 '인'이라 하고 지자는 이를 보고 '지知'라고 한다. 백성은 일용하나 알지 못한다. 그러므로 군자의 도가 드문 것이다."335)

그리고 "군자는 도를 보존하고 서민은 없앤다"는 왕간의 주장은 "사람이 금수와 다른 점은 아주 적은데 서민은 이를 없애고 군자는 보존한다(人之所以異於禽獸者幾希 庶民去之 君子存之)"는 맹자의 말에서336) 따온 것이다. 이와 같이 주희에 도전하는 개신유학자들은 다 공맹경전의 원의를 살리는 수사학적·고증학적 해석에 근거했던 것이다.

- 왕도곤

가정·만력제 치세 동안 상인가문 출신 왕도곤汪道昆(1525-1593)은 태주학풍의 영향을 받아 마찬가지로 공맹의 원전으로 돌아가는 수사학적 견지에서 이런

---

333) 王艮, 「語錄上(101)」.

334) 王艮, 「語錄上(87)」.

335) 『易經』「繫辭上傳」(5): "一陰一陽之謂道. 繼之者善也. 成之者性也. 仁者見之謂之仁 知者見之謂之知 百姓日用而不知. 故君子之道鮮矣." '계지자(繼之者)'의 '계(繼)'자는 『논어』「옹야」(6-4)의 "군자주급불계부(君子周急不繼富)" 또는 『삼국지』「위지·임준전」의 "주급계핍(周急繼乏)"의 '계'자와 같이 '보태주다', '도와주다'의 뜻으로 풀어야 한다.

336) 『孟子』「離婁下」(8-19).

개신유학을 계승했다. 왕도곤은 상론했듯이 농·상 양자를 둘 다 중시하고
치자에게 양자를 차별 없이 동등하게 대우할 것을 요청한 사람이다. 왕도곤의
이 농·상 양본주의 경세론은 휘주 상인들의 직접적 영향을 받은 것이다. 정덕正
德연간(1506-1521)에 이미 휘주 상인들은 "상인들이 왜 농부보다 열등한가?"라고
외쳤다. 그러나 왕도곤의 새로운 이론은 이전에 오랫동안 무시되었다.

사실, 왕도곤은 공맹과 사마천의 논지에 따라 황종희보다 1세기 앞선 시점에
농·상 양본주의를 설파한 것이다.337) 법가적·성리학적 가치관과 사·농·공·
상의 전통적 직업위계질서에 대한 왕도곤의 공박은 명대의 맹아적 자본주의와
동기적同機的인 것으로 중국의 초기 계몽주의 사상의 선례를 세웠다.338)

- 이지(이탁오)의 주자학 비판과 시대 비판

성리학에 대한 비판과 분쇄 면에서 복건성 출신 유자들 중 가장 현저한
인물은 명말 천주泉州의 역대 상인가문 출신 자유사상가 이지李贄(탁오卓吾, 1527-
1602)였다. 회족回族 출신 이지의 저작들은 조선의 허균도 애독한 것을 보면339)
당대의 다른 유교국가의 유자들에게도 음양으로 상당한 영향을 미친 것을
알 수 있다. 이탁오는 25년 동안 명조 정부의 관리를 역임했으면서도 성리학적
세계관을 걷어차버리고 새로운 자유유학을 전개하기 시작했다. 이 자유사상가
는 태주학파 왕간의 개신유학적 발단을 새로운 차원으로 발전시켰다.

40대부터 양명학에 심취한 이지는340) 개인적 인욕人慾과 사익私益을 적극적
으로 긍정했다. 그는 "주색탐오酒色貪傲는 물성物性으로 가는 길을 막지 않는다"

---

337) 참조: Tang, *Merchants and Society in Modern China*, 20쪽.
338) 참조: Tang, *Merchants and Society in Modern China*, 20쪽.
339) 허균은 1614·1615년(광해군 6·7년) 천추사·동지사로 명조에 갔을 때 이지의 『장서』와 『분서』
를 입수해 읽었다. 참조: 이현규, 「許筠이 도입한 李贄 저서」, 『中語中文學』 제46집(2005-12).
허균은 『분서』를 읽고 난 뒤 이런 시(「讀李氏焚書」)를 읊었다. "淸朝焚却禿翁文 其道猶存不盡
焚 彼釋此儒同一悟 世間橫議自紛紛.(맑은 조정에서 독옹[이지]의 글을 불살라 없앴어도 그
도는 오히려 남아 다 타지 않았도다. 저 석가 이 유가는 동일한 깨달음인데 세간은 횡의로
스스로 분분하구나.)" 이현규의 위 논문, 311쪽에서 재인용.
340) 참조: 신용철, 『이탁오』(서울: 지식산업사, 2006), 74-83쪽.

는 도발적 슬로건으로 "위선적 성리학에 대한 준열한 비판"을341) 개시했다.

옷을 입고 밥을 먹는 것은 인륜과 물리物理다. 옷을 입고 밥을 먹는 것을 제거하면
윤리와 물리가 없다. 세간의 온갖 것은 옷·밥과 비슷한 것이다. 그러므로 의식주를
거론하면 세간의 온갖 것이 자연히 그 속에 있다. 의식주 외에 다시 온갖 것을 일컬어
백성과 절대 서로 같지 않은 것이 있는 것이 아니다.342)

이지는 윤리와 물리를 의식주를 위요한 세간의 살림살이와 다른 것이 아니라고
생각한다. 이로써 인륜과 물리를 세간의 살림살이를 초월한 '천리'로 높이는
주희의 고답적 논변을 일거에 분쇄하고 있다.

그러므로 이지는 인욕을 충족시켜 천하의 백성들이 자기 방식으로 생계를
만들고 그들 자신의 열망을 실현시키는 것을 절대 중요시하고 뜻을 자기기만
없이 진실하게 하는 것(誠意)이라고 주장했다. 그래서 『대학』의 '성의' 절이
있다는 것이다.

『대학』은 성의를 해석하면서 수장首章에서 "좋은 색을 좋아하는 것처럼, 나쁜 냄새를
싫어하는 것처럼" 뜻을 진실하게 하라고 말함으로써 이것으로 호오의 진실과 자기를
속이지 않는 처신을 빗대고 있다. (…) 그래서 맹자는 제선왕에게 이렇게 말했다.
"왕이시여, 호색을 병으로 여기지 마십시오. 오로지 왕께서 '내가 색을 좋아한다'는
것을 진실로 알기만 한다면 일국의 남녀들이 다 제짝을 얻을 것입니다. 재물을 좋아
하는 것을 병으로 여기지 마십시오. 왕께서 '내가 재물을 좋아한다'는 것을 진실로
알기만 한다면 일국의 의식주가 다 여유가 있을 것입니다. (…) 무릇 사람들은 이
진실한 뜻이 있고 진실한 지식이 있음에 바르게 의지합니다. 그러므로 이를 뭇사람
에게 미루어 뭇사람과 좋아함을 같이 하고 뭇사람과 싫어함을 같이 하니, 이것이

---

341) Tang, *Merchants and Society in Modern China*, 22쪽.
342) 李贄, 『焚書』, 卷一「書答·答鄧石陽」. 이지(김혜경 역), 『분서 I』(파주: 한길사, 2004-2015),
   87-88쪽(원문 451쪽): "穿衣吃飯卽是人倫物理. 卻穿衣吃飯 無倫物矣. 世間種種皆衣與飯類耳.
   故擧衣與飯而世間種種自然在其中. 非衣食之外更有所謂種種絶與百姓不相同者也."

바로 왕도정치인 것입니다."[343]

'왕도정치'는 백성과 뭇사람의 욕구를 이른바 '천리'나 '도심道心'으로 부정하거나 억제하는 데 있지 않고 욕구를 '같이' 충족하는 데 있다는 말이다. 욕구를 다른 사람들과 연대적으로 충족하느냐, 혼자서만 충족하냐가 선악을 가르는 도덕의 관건이고, 왕도의 관건인 것이다.

나아가 이지는 "공자의 기준을 우리의 기준으로 채택하지 말라"고 주장함으로써 공자의 권위와 경전도 신격화하지 말라고 경계했다. "사람마다 본성에 따라 움직일 뿐이니 성인의 행위라고 해서 지나치게 높이지 않는 것이 옳기(人但率性以爲 勿以過高是聖人之爲可也)" 때문이다.[344] 그리고 공자도 일관성을 잃을 때가 있기 때문이다. 공자가 부귀를 뜬구름처럼 여기라고 가르쳤지만 부귀해지자 원래부터 부귀했던 것처럼 걸치는 옷가지 하나도 지나치게 세심하게 챙겨 입었던 사실을 들고 있다. 이지는 이런 기탄없는 논변 때문에 극단적 이단으로 몰려 감옥에 갇혔고 결국 감옥에서 자결할 수밖에 없었지만, 그렇다고 이지가 공자를 존숭하지 않은 것은 아니었다.

누구보다도 이지는 공자를 '지성至聖'으로 받들었다. "누가 공자 선생님을 존경하지 않으랴. 누가 그분을 친애하지 않으랴! 지금부터 억만년 나중까지도 그분은 존경받고 또 사랑받아 그 빛이 더해지는 것만 보일 뿐이고 쇠하는 일은 없을 것이다. (⋯) 이러니 공자의 은택은 장구하고도 광대할 따름이다. 공자의 말씀은 지극히 옳고 또 부절처럼 딱 들어맞는다. 이 때문에 그분을 '지성至聖'이라고 호칭하는 것이다. 이런 연유로 나는 천고에 '지성'이라는 말을 들을 만한 분을 선생님이라고 일컫는다. 선생님은 비록 '지성'이라는 말을 남에

---

343) 李贄, 『明燈道古錄』. 이지(김혜경 역), 『명등도고록』(파주: 한길사, 2016), 上卷 제18장, 157-160쪽: "大學釋誠意. 卽首言如好好色如惡惡臭 盖卽此以比好惡之眞實不欺處 (⋯) 孟子告齊宣曰 王毋以好色爲疾也. 王唯眞知吾之好色, 則一國之男女皆得所矣. 毋以好財爲疾也. 王唯眞知吾之好財 則一國之衣食皆有餘矣. (⋯) 夫人正賴有此實意 有此眞知. 故能推以及人 與人同其好 與人同其惡 便是王政己矣."

344) 李贄, 『明燈道古錄』. 이지(김혜경 역), 『명등도고록』, 상권 제11장, 127쪽.

게 미루었어도 기실은 자신을 두고 한 말이라고들 하는 것이다."345)

그러면서 이지는 공자의 예를 들어 이기적 동기와 욕구를 공개적으로 중시하고 정당화했다.

성인은 부귀를 '뜬구름처럼' 여긴다고 말씀했어도 부귀를 얻고는 원래부터 그런 것처럼 하기도 했다. 비록 '제대로 된 방도로 그것을 얻지 않으면 그것에 처하지 않는다고 말씀했으면서도 역시 '부귀는 사람들이 욕구하는 바'라고 말씀하기도 했다. 그분이 노나라 재상인 적을 보면 겨우 3개월이니 얼마나 그럴 수 있었을지 모르겠으나 흰옷에 새끼사슴 갖옷을 걸치고 노란 옷에 여우가죽 갖옷을 걸쳤다. (…)「향당」편에는 이와 같은 것이 많이 실려 있다. 성인께서 부귀를 욕구하지 않았다는 말은 아직 없다. 부당하게 추구하면 아니 된다고 말했으니, 이것도 역시 지나치지 않은가?346)

재부를 축적하려는 보통사람들의 열망과 성인 공자의 관직추구 및 부귀향유 욕구는 둘 다 윤리법전에 부합되는 '이기적 동기'에 의해 추동되었다는 것이다.

그리하여 이지는 주희와 주자학자들이 멸하려고 하는 인욕의 '사私'가 실제로 없다면 '자아'도 없다고 주장했다.

무릇 사私는 사람의 마음이다. 사람은 필히 사가 있은 뒤에 그 마음이 이내 나타난다. 만약 사가 없다면 마음도 없다. 밭에 복무하는 자는 사적으로 가을의 수확이 있기에 반드시 밭 가는 데 힘을 다하고, 집에 사는 자는 사적으로 적창積倉의 수확이 있기에 반드시 집안을 다스리는 데 힘을 다하며, 학문을 하는 자는 사적으로 출사의 수확이

---

345) 李贄, 『明燈道古錄』. 이지(김혜경 역), 『명등도고록』, 하권 제18장, 248-249쪽: "夫孰不尊夫孰不親! 從今以後以至萬億年載 其尊且親 但見其有加而不替矣. (…) 則夫子之澤遠矣廣矣. 夫子之言至是又若符契矣. 故稱之曰 至聖焉. 吾以謂千古可以語至聖者夫子也. 夫子雖以推之至聖 其實盖自許云."

346) 李贄, 『明燈道古錄』. 이지(김혜경 역), 『명등도고록』, 상권 제9장, 107-108쪽: "聖人雖曰視富貴 '如浮雲', 然得之亦若固有. 雖曰'不以其道得之則不處' 然亦曰'富與貴是人之所欲'. 今觀其相魯也僅僅三月 能幾何時 而素衣麑裘 黃衣狐裘 (…) 凡載在鄉黨者此類多矣. 謂聖人不欲富貴 未之有. 而謂不當求 不亦過乎?"

있기에 반드시 학업을 닦는 데 힘을 다한다. (…) 이것은 자연지리自然之理이고 필지의 부신(必至之符)이니 가공억설일 수 없다. 그렇다면 무사지설無私之說을 말하는 것은 모두 다 그림 속의 떡 이야기다.347)

따라서 각종 사욕과 사익추구 활동은 인간의 존재를 긍정하는 한 적극 긍정되어야 하는 것이다.

재물을 좋아하고 색을 좋아하고 배움에 부지런하고 벼슬하고 금은보화를 많이 쌓고 전택을 많이 사들여 자손의 미래를 도모하는 것처럼 풍수를 널리 구해 아이들의 행복과 음덕을 만든다면, 무릇 세간 일체는 삶과 산업 등을 다스리는 일이며 다 같이 좋아하고 다 같이 익히는 바다.348)

왕의 호색, 호재好財와 마찬가지로 백성의 호색과 호재도 지극히 정상적인 욕구라는 말이다. 이지는 "이利를 좇고 손해를 피하는 것은 사람마다 동심이다 (趨利避害 人人同心)"라고 갈파하며 "이를 하늘의 성취라고도 하고 중교衆巧라고도 한다(是謂天成 是謂衆巧)"고 부연한다.349)

『서경』「우서」에 전하는 바에 따르면, 순임금은 어느 날 우禹에게 이렇게 훈화한다.

인심이 위태로우니 도심이 미약하다. 그러니 (인심을) 정제精製하고 통일시켜 진실로 그 중도를 붙잡아라!(人心惟危. 道心惟微. 惟精惟一. 允執厥中.)350)

---

347) 『藏書』, 卷32, 德業儒臣後論: "夫私者人之心也 人必有私而後其心乃見. 若無私則無心矣. 如服田者私有秋之獲, 而後治田也必力. 居家者, 私積倉之獲, 而後治家必力. 爲學者私進取之獲, 而後擧業之治必力. (…) 此自然之理, 必至之符 非可以架空臆說也. 然則爲無私之說者, 皆畫餅之談."

348) 李贄, 『焚書』, 卷1, 「書答·答鄧明府」. 이지(김혜경 역), 『분서 I』, 188쪽(477쪽): "如好財 如好色 如勤學 如進取 如多積金寶 如多買田宅爲子孫謀 博求風水爲兒孫福蔭 凡世間一切治生産業等事 皆其所共好而共習."

349) 李贄, 『焚書』, 卷1, 「書答·答鄧明府」. 이지(김혜경 역), 『분서 I』, 193쪽(478쪽).

요임금도 이와 비슷한 훈화를 순임금에게 해준 바 있다. "요임금은 '아! 그대 순이여, 하늘의 역수가 네 자신에게 있으니 진정으로 그 중도를 붙잡아라'고 말했다[堯曰 咨! 爾舜 天之曆數在爾躬 允執其中]."351) 여기서 붙잡아야 할 중도가 무엇의 중도인지가 문제다. '인심의 중도'인가, '도심의 중도'인가? 공자는 『중용』에서 이 문제를 풀 단서를 제시하고 있다. "순임금은 크게 지혜로우셨다. 순임금은 묻기를 좋아하시고 속언들을 살피기를 좋아하셨다. 악을 감추고(누르고) 선을 선양宣揚해서 그 양단(과소와 과다 – 인용자)을 붙잡고 백성들에게 그 중도를 시행하셨다. 이 때문에 순임금이신 것이다."352) 여기서 '그 양단'은 '속언의 양단'이고, '그 중도'는 '속언의 중도'인 것을 알 수 있다. 순임금이 "묻기를 좋아하고 속언을 살피기를 좋아한 것"은 속언의 '인심'을 알기 위해서다. 따라서 '그 중도'가 '도심의 중도'가 아니라 '인심의 중도'임을 알 수 있다. 그러므로 저 순임금의 말은 "인심이 위태로우니 도심이 미약하다. 인심을 정제精製하고 통일시켜 진실로 인심의 중도를 붙잡아라"는 뜻으로 풀이되어야만 한다. 따라서 '도심'은 인심과 별도로 존재하는 마음이 아니라 '중도적 인심'을 뜻한다. '중도적 인심은 선善이다. 왜냐하면 과소와 과다, 두 극단의 양단 감정과 이것을 부추기는 것은 악인 반면, 극단으로 갈라지는 인심(감정)을 중화中和(중도화)시켜 도심에 접근시키는 것은 선이기 때문이다. 인간 개개인의 감정들 중에서 도덕 감정들은 모두 그 자체가 이미 중도를 회복하고 싶어 하는 감정이다. (도덕감정 중 가령 나보다 처지가 어려운 사람에 대한 동정심, 즉 측은지심은 나보다 어려운 자와 나 사이의 불균형을 해소해 균형과 중도를 회복하려고 돕고 싶어 하는 감정이고, 제3자의 정당한 몫을 침해한 자에 대한 사회적 복수심, 즉 정의감은 제3자와 침해자 간의 균형과 중도를 회복시키고 싶어 하는 마음이며, 말하고 행동하는 자가 자기를 낮추고 남을 높이는 것은 말하는 것을 듣고 행동하는 자와 균형과 중도를 맞추고 싶어 하는 마음이다.)

---

350) 『書經』 「虞書·大禹(2)」.

351) 『論語』 「堯曰」(20-1).

352) 『中庸』(6章): "子曰 舜其大知也與 舜好問而好察邇言 隱惡而揚善 執其兩端 用其中於民 其斯以爲舜乎."

인심에서도 중도의 지향은 선이다. 인심에서 '악을 누르는 것'은 양단의 과소와 과다를 붙잡아 해소하는 것이다. '악'은 별개의 실체가 아니라, 마음(인간감정)의 양극적 과소·과다이기 때문이다. '선을 선양하는 것'은 인심의 중심을 잡아 시행해(집행執行해) 인심을 도심에 맞춰 중화中和시켜 양극화를 해소하는 것이다. 이것은 인심을 양극분해로부터 중심으로 모은 것으로서 '인심의 위태로움(양극화위험)으로 미약해지는 도심'을 강화하는 것이다. '도심'은 인심 속의 '도덕심'(도덕감정)이다.

『서경』의 위 구절은 공맹경전 전체에서 '도심'이라는 단어가 나오는 유일한 곳이다. 반면, '인심'이라는 술어는 여러 군데에서 나오는데, 그것은 결코 '도심'과 대립되는 악심惡心이 아니다. 오히려 ① 맹자는 "인은 인심이다(仁 人心也)"라고 말하고,353) ②『역경』은 "성인이 인심과 교감하니 천하가 화평하다(聖人感人心而天下和平)"고 하며,354) ③『예기』는 "예禮란 (…) 인심에 합해 만물을 정리整理하는 것이다(禮也者 […] 合於人心 理萬物者也)"라고 하기도 하고, ④ "무릇 음音이 일어나는 것은 인심으로 말미암아 생긴다(凡音之起 由人心生也)"고 말하기도 한다.355) 여기서 ①과 ③의 '인심'은 '도덕적 인심'(사단지심, 즉 도덕감정과 도덕감각)이고, ②의 '인심'은 모든 감정과 정서를 포괄하는 '민심'과 상통하며, ④의 '인심'은 '미감적美感的 인심'이다. '도심'과 대조적으로 쓰인 저 '인심'은 ②의 '인심'(민심=대중의 마음)과 같다.

남송의 사공事功학파 엽적葉適(1150-1223)은 '도심'과 대비되는 '인심'을 ②의 '인심'(민심=대중의 마음)과 등치시켜 두 마음의 의미를 밝혀 순임금의 이 훈화를 이해할 수 있는 단서를 이렇게 개진한다.

인심은 중인衆人의 동심同心이요, 이利를 좇고 해害를 멀리하고 삶을 기르고 죽음을 보내는 일을 이룰 수 있는 소이所以다. 이 인심은 성할 수 있어도 안정될 수 없다.

---

353) 『孟子』「告子上」(11-11).
354) 『易經』「澤山咸·大象傳」.
355) 『禮記』「禮器 第十」 및 「樂記 第十九」.

이것을 안정시킬 수 있는 것은 도심道心으로서, 이해利害와 생사生死의 일을 중도와
어긋나지 않게 하는 것이다.356)

여기서 일단 '인심'은 한 사람의 마음이 아니라 '중인의 동심'으로서의 '인간
일반의 마음', 즉 '민심'이다. 또 '중인의 동심'인 인심이 '위태롭다'는 것은 '인심
이 불안정하다'는 의미다. 인심의 이 불안정은 이를 좇고 해를 멀리하고 양생하
고 상喪을 치르려는 중인의 마음이 왕성해서 안정될 수 없는 데 기인한다.
'중인의 마음이 왕성해서 안정될 수 없는 이유는 중인이 이를 좇고 해를 멀리하
고 삶을 기르고 죽음을 보내는 일을 하면서 그 마음이 좌우로 흔들리고 위아래
로 뜨고 가라앉기를 반복하며 종종 양극단으로 흘러가 악해지기 때문이다.
엽적의 이 해석은 인심을 선심과 동일시하지도 않지만 – 주희나 정약용처럼
– '악심'과 등치시키는 것과도 거리가 먼 점에서, 즉 중인의 평상심으로 보는
점에서 탁월한 면이 있다.

그러나 엽적의 이 해석은 가공학파답게 '인심'을 순전히 공리주의적으로
해석해 취리원해就利遠害·양생송사養生送死하려는 마음으로만 한정시켜 푼 것
이 한계라고 할 수 있다. '인심'에는 중인의 ① 쾌감(기쁨)을 좇고 통감(아픔)을
완화하려는 취리원해·양생송사의 쾌통快痛(이해利害) 심리만 아니라, ② 유희적
재미 추구 심리, ③ 미학적 미감美感 추구 심리, ④ 도덕감정(道心)이 다 들어
있다. 물론 이 중 대중을 가장 세차게 몰아붙여 불안정하게 만드는 것은 쾌통(이
해) 심리와 재미 추구 심리다.

엽적의 인심 해석은 저런 공리주의적 한계의 약점에도 불구하고 인심의
이해利害 심리를 나쁘게 보지 않고 좋은 평상심으로 여길 뿐만 아니라, 늘
"성盛함"으로 인해 이해利害가 지나치게 양극화되어 불안정해지는 인심을 중도
화·안정화시키는 것을 도심의 역할로 보는 점에서 탁월하다. 즉, 대중과 각인의

---

356) 葉適, 『習學記言序目』(北京: 中華書局, 1977), 「尙書·禹書」, 52쪽: "人心 衆人之同心也.
所以就利遠害 能成養生送死之事也. 可以成(=盛)而不可以安 能使之安者 道心也, 利害生死
不膠于中者也."

도심은 대중의 이 불안정한 인심을 중도화시켜 안정시킬 수 있는 것이다. 그러나 도심도 인심이 지나치게 위태로우면 미약해진다! 하지만 비록 도심이 인심의 지나친 불안정으로 인해 미약해지는 일이 있더라도 '도심'이란 "이해와 생사의 일을 중도와 어긋나지 않게 하는 것"이니 중인衆人의 지도자가 우뚝 서서 위태롭게 양극화되는 인심의 '중도'를 꽉 붙잡음으로써 중인의 미약한 도심을 다시 굳세게 만들 수 있다. 순임금의 훈화의 요지는 미약한 도심을 정제하고 통일시켜 그 중심을 틀어쥐어 도심을 강하게 하고, 이 강화된 도심으로 양극단의 악을 누르고 선(중도)을 발양해 인심을 중화·안정시키는 방도를 말해주는 것이다. 도심은 인심과 별개가 아니라 정일화精一化된 중화의 인심이거나 '정일화'로 청결해지고 강화된 중인의 도덕심(도덕감정)일 뿐이다. 따라서 미약하던 도심도 양극단으로 쏠려 위태로운 인심을 정일화하면 자연히 강화되고 청결해진다.

여기서 논의를 한 단계 더 높이면, 백성의 인심은 이를 좇고 해를 멀리하고 생을 기르고 상喪을 슬퍼하는 칠정과 기타 공감감정 등 인간본성적 비非도덕감정들과 도덕감정들로 구성되어 있다. 앞서 시사한 것을 다시 확인하면 도심은 인심 중 '도덕감정'의 정일화된 중도적 경지' 또는 '정일화된 중도적 도덕감정'이다. '도심'은 궁극적으로 따지고 보면 인심 속에 들어 있는 도덕심(도덕감정)의 — 과소하지도 과다하지도 않은 — 중도적 상태다. 측은·수오·공경·시비지심 등의 도덕감정이라고 해서 무조건 선한 것이 아니기 때문이다. 칠정 등 단순감정들은 그 자체로서 선하지도 악하지도 않지만, 과소하거나 과다하면 악이 된다. 그런데 유의해야 할 것은 그 자체로서 선한 '도덕감정'도 과소하거나 과다하면 마찬가지로 악이라는 것이다. 가령 '악어의 눈물', 즉 '과소한' 동정심은 악이고, 과다한 동정심도 타인의 의타심을 부추겨 결국 타인을 도덕적으로 망치는 악이다! 반면, 중도적 동정심은 선이다. 미약하지도 않고 지나치지도 않으며 사단지심(측은·수오·공경·시비지심) 간의 균형과 조화를 잃지 않는 도덕감정들, 즉 적당히 강하게 중도화된 '도덕적 인심'은 바로 '강화된 도심'이다. 도덕적 인심의 중도화는 인심 전체를 극단적 상하·좌우 동요, 즉 극저極低와 극고極高, 과소와 과다의 위태로운 양극분화로부터 중도로 이끌어 정일하게 조절·평정平正함으로써 뭇사람들의 공동생활을 가능하게 한다. 도덕감정(도덕적 인심)은 인간의 마음이 다른 인간 및 동식물과의 사회적 관계 속에서 20만 년 이상 진화한 끝에 유전자로 침착沈着한, 따라서 칠정七情과 같은 단순감정에 못지않게 강렬한 '의무적 구속력의 감정'이다.357)

그러나 주희는 인심을 칠정과 도심을 포괄하는 '중인衆人의 심정'(=민심)으로 이해한 것이 아니라 '일인一人의 심정'으로 오해하고 '도심'을 일인의 심중에서 '인심'과 대립하는 별개의 또 다른 심정으로 곡해함으로써 인심과 도심을 불구대천의 원수관계로 대립시킨다. 즉, 그는 이 '인심'과 '도심'을 '인욕'과 '천리'로 바꿔치기함으로써 '인심'을 '도심'과 대립시켜 '악심惡心'과 동일시하고 '인심'과 '도심'을 대결관계의 두 마음으로 변조하고 있다. 바로 여기에 성리학의 가장 참담한 철학적 파멸과 궤변철학으로의 퇴락이 기인한다.

주희는 인욕이 '형기形氣의 사私'에서 나오는 반면, 천리는 '성명性命의 정正'에서 나오는 것이라고 단정해 천리와 인욕을 '정正'과 '사私'로 대결시키고, 이에 따라 인심과 도심도 '정'과 '사'로 대결시킨 것이다.

마음의 잡되지 않은 신령한 지각은 하나일 따름이다. 그러나 인심과 도심의 차이가 있다고 여기는 것은 하나가 형기지사形氣之私에서 생기고 다른 하나가 성명지정性命之正에서 생기는 것이 부동不同하기 때문이다. 이런 까닭에 하나는 위태롭고 불안하고, 다른 하나는 미묘해서 보기 어렵다. 그러나 사람이면 이 형태를 갖지 않은 이는 아무도 없으므로 상지자上智者라도 인심이 없을 수 없고 역시 이 성性을 갖지 않은 자는 아무도 없으며, 그러므로 하지자下智者라도 도심이 없을 수 없다. 이 둘은 마음 사이에 섞여 있다. 그러므로 이것을 다스릴 줄 모르면 위태로운 것은 더욱 위태로워지고 희미한 것은 더욱 희미해져, 천리天理의 공公은 끝내 인욕人欲의 사私를 이기지 못한다. '정精'은 두 가지 사이를 살펴 섞이지 않게 하는 것이고, '일一'은 본심지정本心

---

357) 도덕감정과 그 진화에 관한 본격적 논의는 참조: 황태연, 『감정과 공감의 해석학(1)』(파주: 청계, 2014), 375-622쪽; 『감정과 공감의 해석학(2)』, 1495-1688, 1812-1879, 1889-1910쪽.

之正을 지켜 떨어지지 않게 하는 것이다. 이것에 종사해서 작은 틈새도 없게 하고 반드시 도심이 일신의 주재자가 되게 만들며 인심이 매양 이로부터 명을 듣게 하면 위태로운 것은 안정되고 희미한 것은 현저해져 동정動靜과 운위云爲에 과불급의 차이가 없게 된다.358)

주희는 여기서 '인심과 도심'을 슬그머니 '인욕과 천리'로 변조하고 '사私'와 '정正'으로 대립시키고 있다. 그런데 '도심'이라는 말은 공자경전에서 딱 한 번 나오며 '천리'와 '인욕'이라는 말도 공자경전에서 딱 한 번(『예기』「악기」) 나오고 다른 곳에서는 찾아볼 수 없다. 주희는 이런 유일한 사용에 국한된 공자의 술어들(도심·천리·인욕)을 지나치게 부풀려 잘못 일반화하고 있는 것이다.

상론했듯이 인심은 (칠정 등과 같이 선악과 무관한) 인간본성적 감정들과 도덕감정들로 구성되고, 도심은 이 도덕적 인심의 중도적 경지일 뿐이다. '도심'은 곧 인심 속의 중도화된 도덕심이다. 그럼에도 불구하고 주희의 논변에서는 인심은 무조건 형기形氣에서 나오는 '사私'의 마음이고, 다시 이 '사'는 무조건 '공정公正'과 대립되는 '사특邪慝'이다. 그리하여 인심과 도심은 마음속에서 섞여도 타협적 공존이나 합일의 여지가 전무한 불구대천의 대립자로 정립된다. 이런 풀이는 심각한 경전변조로 직통한다. '인심과 도심'을 슬그머니 '인욕과 천리'로 바꾼 것도 '용납할 수 없는' 경전변조인데, 그 까닭은 '인심'이 '천리'와 대립되는 '인욕'보다359) 더 넓은 개념이기 때문이다. '인심人心', 즉 인간감정은 이를 좇고 해를 멀리하는 '인욕'을 비롯한 '칠정' 등의 단순감정만이 아니라 — 공자와 맹자가 말하듯이 — 음감音感·미미美味 등의 미감美感, 생을 기르는

---

358) 朱熹, 『中庸章句』「序」: "心之虛靈知覺, 一而已矣, 而以爲有人心 道心之異者, 則以其或生於形氣之私, 或原於性命之正, 而所以爲知覺者不同, 是以或危殆而不安, 或微妙而難見耳. 然人莫不有是形, 故雖上智不能無人心, 亦莫不有是性, 故雖下愚不能無道心. 二者雜於方寸之間. 而不知所以治之, 則危者愈危, 微者愈微, 而天理之公卒無以勝夫人欲之私矣. 精則察夫二者之間而不雜也, 一則守其本心之正而不離也. 從事於斯 無少間斷 必使道心常爲一身之主而人心每聽命焉 則危者安 微者著 而動靜云爲自無過不及之差矣."

359) 『禮記』「學記 第十八」: "夫物之感人無窮 而人之好惡無節 則是物至而人化物也. 人化物也者 滅天理而窮人欲者也."

즐거움과 사랑, 죽음을 보내는 괴로움, 타인의 돌출적 우월과 부당한 불평등에 대한 질시와 위화감 등의 긍정적·부정적 공감감정, 그리고 인애(측은지심)·정의 감·공경지심·시비지심과 같은 도덕감정 등 인간의 '모든' 감성과 '모든' 지성(오성과 순수이성)을 다 포괄하기 때문이다. 물론 앞서 여러 번 시사했듯이 '도심'은 단순한 도덕감정이 아니라 '중도적' 도덕감정이다. 따라서 "인심유위도심유미 人心惟危道心惟微"는 "인심이 위태로우니 도심이 미약하다"는 인과적 연관문장 으로 풀이해야 한다. 전통적으로 그랬듯이 "인심은 위태롭고 도심은 희미하다" 는 식으로, 즉 열거식으로 풀이하면 도심이 인심과 별도로 있는 또 다른 마음인 것으로 여기는 착오를 피하기 어렵다. 이 풀이와 관련해서 이제 더 이상 그 어떤 개념조작도 용납되어서는 아니 될 것이다.

상론했듯이 임금은 개인적·당파적·계급적 이해利害에 따라, 또는 유행에 따라 좌우·상하로 불안정하게 흔들리는 위태로운 민중의 '인심'을 동요하지 않게 안정시키기 위해 미약한 도심을 정제하고 통일시켜 이익을 좇고 손해를 멀리하며 생사를 챙기려는 인심의 중도를 꽉 붙잡음으로써 도심을 강화해야 한다. 그러나 주희는 도덕적 인심을 중도화해 미약한 '도심'을 '강화'하라는 말을 도심으로 하여금 인심을 지배하게 만들라고 말한 것으로 완전히 변조하고 있다. 또 도심의 '미약함'을 '현저함'에 대립되는 '희미함'으로 오해해 "보기 어렵다"라고 오독하고 있다. 그러나 여기서 '미微'는 '미약하다', '아주 적다'는 것을 뜻하고, '중도를 붙잡는다'의 '중도'는 '도심의 중도'가 아니라 '인심의 중도'를 뜻한다. 도심에서 '희미함'과 '현저함' 사이의 '중간', 즉 '중도'는 난센스 이기 때문이다. 따라서 희미한 도심의 중도를 잡아 도심을 '보이도록' 현저하게 한다는 논변이 아니라 인심을 정일화精一化하고 도덕적 중도를 다잡아서 미약 한 도심을 공고하게 강화한다는 논리구조여야 의미론적으로 통한다. 도심의 '미微'가 '미약함'을 뜻해야만 대중의 미약한 도심을 정일화해 군세게 함으로써 인심의 악심을 누르고 인심의 선심을 선양하며, 이익을 좇고 손해를 멀리하며 생을 기르고 사死를 보내려는 인심을 상하좌우로 치우침 없이 안정시킨다는 말이 의미론적으로 성립할 수 있는 것이다. 인심의 '중도·중심'을 꽉 잡는다는 것은 결코 '희미한' 도심을 인심과 섞이지 않게 해서 도심을 '현저하게' 만드는 것도 아니고, '현저한' 도심으로 사특한 인심(=인욕)을 제압해 소거하는 것도 아니다. 따라서 인심·도심을 인욕·천리와 동일시하는 주희의 인심·도심론은 술어체계상으로나 의미론상으로나 그의 습관적 경전변조의 한 극악한 대표사례인 것이다.

나아가 주희는 이런 경전변조를 통해 날조한 '인심과 도심의 비타협적 대립관계'를 주리론적 이기이원론의 틀 속으로 집어넣어 인심과 도심을 존재론적·절대적 이분대립二分對立 관계로 경직시키고 있다. 즉, 인심을 '형기지사形氣之私'에, 도심을 '성명지정性命之正'에 나눠 귀속시켜 마음을 양분·대결시키고 있다. 주희의 심리론에서 인심과 도심, 인욕과 천리로 분열·대립하는 인간의 마음은 둘인 것이고, 인간의 심사는 이 두 마음의 결투 상태다. 마음의 지각이 하나인 경우는 '성명지정'의 도심(천리)이 '형기지사'의 인심(인욕)을 멸하고 단독으로 지배하는 '허령지각虛靈知覺'('잡되지 않은 신령한 지각')일 때뿐이다. 주희는 '인심'을 '인욕'과 동일시하므로 "천리는 상존하고 인욕은 소거되어야 한다(天理常存 人欲消去)"는 자신의 다른 명제에 따라360) 인심도 소거대상이다. 그러나 공자경전에는 '인욕'이라는 말이 딱 한 번 나올 뿐만 아니라, "천리는 상존하고 인욕은 소거한다(天理常存 人欲消去)"는 말, 또는 "천리를 밝히고 인욕을 멸한다(明天理滅人欲)"거나 "천리가 보존되면 인욕은 사라진다(天理存 則人欲亡)"는 말은 아예 존재하지 않는다. 이런 말들은 공자철학의 본지本旨와 정면으로 상치되기 때문이다.

이지는 그의 논변이 반드시 다 옳다거나 성리학적 오염에서 완전히 해방되었다고 할 수 없을지라도 도심·인심과 관련된 주희의 이 극악하고 심각한 경전변조를 나름대로 분쇄한다.

마음은 하나다(心一也). 다만 그 지각·운동에서 각 사람에 의해 발용發用되는 것을 일러 '인심'이라고 한다. 이 지각·운동을 주재하는 것에서 하늘·땅·사람·사물의 보

---

360) 朱熹, 『朱子語類』, 卷12 「學六(54-55)」.

편적 근본(大根柢)이 되는 것을 일러 '도심'이라고 한다. 인심이 부동不同한 것은 그 얼굴이 부동함과 같은 것이 있다. (…) 칠정의 발동에 이르면 그 부동함이 더욱 심해진다. 그러므로 한번 기쁘면 온갖 초목이 생색이 돌고 한번 노하면 군웅이 간담을 상한다. 또 한번 기쁘면 나라를 기울게 하고 성을 무너뜨린다. 한번 노하면 시체를 엎고 피가 흐르는 경우가 있으니 그 위험함과 두려울 만함이 인심만큼 심한 것이 없으니 어찌 '위태롭지' 않으랴! 무릇 나 자신의 안위와 국가의 흥망이 실로 여기에 매인 것이다. 도심이라면 소리도 냄새도 없고 보지도 듣지도 못하는데, 어찌 이것이 지극히 미묘해서 엿보고 헤아릴 수 없는 리理가 아니랴? 하나는 위태롭고 다른 하나는 희미하니, 인심과 도심이 이에 따라 마침내 나뉘는 것이다. (…) 그런즉 어떠해야 하는가? 인심은 과연 두 개가 있는가? 천하에 어찌 두 마음을 가진 사람이 있으랴! 인심은 과연 둘일 수 없는가? 그러나 위태로움과 희미함이 부동不同하고 성인과 범인이 지별自別한데 또 어찌 그것을 둘이라고 말할 수 없겠는가? 둘이라고도 할 수 없고 또 둘이 아니라고도 할 수 없다. 오! 성인은 희미한 것에 정성을 쏟는 데 공을 들인다. 희미한 것에 정성을 쏟는 데 공들이는 일(精微之功)에서 생지자生知者(나면서 아는 자)는 자별하지만, 이런 생지자는 절대 희소하다. 그러므로 그다음은 학지學知(배워서 앎)다. 학지자學知者는 생지生知보다 10배 많다. 배워도 알지 못하면 그다음은 곤지困知(곤란해서 앎)다.[361]

이지는 여기서 '도심'을 부당하게도 "지각·운동을 주재하는 하늘·땅·사람·사물의 보편적 근본"으로까지 넓히는, 즉 '범유화汎有化'하는 성리학적 오류를 범하고 있다. 그리고 도심은 "소리도 냄새도 없고 보지도 듣지도 못하며 지극히

---

361) 李贄, 『明燈道古錄』. 이지(김혜경 역), 『명등도고록』, 상권 제9장, 66-68쪽: "心一也. 自其知覺運動而爲各人所發用者 謂之人心. 自其主宰此知覺運動而天地人物大根柢者謂之道心. 人心不同 有如其面. (…) 至於七情之發 其爲不同也益甚. 故有一喜則百草生色 一怒則群雄喪膽者. 亦有一喜則傾國傾城, 一怒則伏屍流血者. 其爲危險可畏 莫如人心之甚, 豈不唯危也哉! 盖身之安危 國之興亡 實係之矣. 若夫道心則無聲無臭 不睹不聞. 豈不是極微妙不可窺測之理乎? 一危一微 而人心道心從此遂分. (…) 然則當如何? 人心果有二乎? 天下安得有兩心之人也! 人心果無二乎? 而危微不同 聖凡自別 又安得而不謂之二? 二之不得 不二又不得. 於是乎! 聖人有精微之功. 精微之功 生知者自別而生知者絶少. 故其次爲學知. 學知者十倍於生知. 學知不得 故其又次爲困知."

미묘해서 엿보고 헤아릴 수 없는 리理"라는 표현에서는 주희의 말버릇("미묘")과 경전변조('희미해서 듣지 못한다')를 반복하고 있다. 하지만 이지는 이런 오류와 결함에도 불구하고 인심과 도심을 주희처럼 형기形氣와 성명性命에 분속分屬시키지 않음으로써 하나의 마음을 불구대천의 절대대립으로 양분시키지 않고 '합일合一'의 경지로까지 접근시키고 있다. 이지는 마음이 인심과 도심의 '불일불이不一不二' 관계로 복합된 '하나("心一也")라고 못 박고 있기 때문이다. 마찬가지로 성인과 범인도 '불일불이'하지만 둘 다 인간이라는 동종同種에 속할 뿐이다. 이지의 마음은 하나가 나뉘었다가 다시 만나는 '불이합일不二合一'의 경지에 있는 반면, 주희의 마음은 태생적으로 다른 도심(천리)이 인심(인욕)을 소거할 때까지 싸우는 '불일부동不一不同'의 적대敵對상황에 있는 것이다.

주희는 도심과 인심을 대체한 천리와 인욕 중 "이것이 승하면 저것이 물러나고, 저것이 승하면 이것이 물러나니, 중립해서 나아가지도 물러나지도 않는 리理는 없다"고 하여 천리와 인욕, 도심과 인심을 반비례 관계로 설정하고 "나아가지도 않고 물러나지도 않는 중립"(중도)을 '리理'로 바꿔치기함으로써 양자가 합일할 여지를 아예 없애버렸다. 그러나 도심과 인심을 망라하는 인간 감정 일반에서 '중도'란 '이성'이나 수리적으로 계산된 중간수치가 아니라, 모자람과 지나침을 싫어하는 느낌(안달과 넌더리, 안타까움과 과분감)이고 적당함을 좋아하는 정감일 따름이다. 따라서 '도심'을 '천리'와 동일한 것으로 정립해놓고서 다시 도심과 인심이 '리'에서 중립하고, '리'에 의해서가 아니면 천리와 인욕, 도심과 인심이 항구적으로 반립反立한다고 논변하는 것은 어불성설이다. 이것은 '리'와 '기氣'를 대립시켜 놓고 이 대립을 다시 '리'로써 해결하는 식의 주리론적 반복논리에 불과하기 때문이다. 하지만 애당초 이치·사리·조리에 따른 명확한 '분별'을 뜻하는 '리理'는362) 천리와 인욕, 도심과 인심을 분리·대립시킬

---

362) 공자경전에서 '리'는 몇 번 나오지 않는데, 그것은 단지 사리에 따른 '분별'(나눔)을 뜻할 뿐이다. "地理"(『역경』「계사상전」), "禮也者 […] 理萬物者也", "禮也者 理之不可易者也"(『예기』「禮器 第十」) 등이 '분별·나눔'을 뜻하는 용례다. '이치·사리·조리'는 "天下之理"(「계사상전」), "窮理", "性命之理"(「설괘전」), "天理", "倫理"(『예기』「樂記 第十九」) 등의 경우다. '관리'를 뜻하는 '리'는 "理財"(「계사하전」)의 경우다.

지언정 양자를 중간지점에 타협·합일시킬 능력이 없다.

반면, 인간감정으로서의 인심과 도심(도덕감정)은 애당초 둘이 아니라서 어느 계기에 둘로 나뉘는 일이 있더라도 반드시 화동和同을 향해 움직일 수밖에 없다. 그러므로 이지는 인심과 도심을 '불이합일不二合一' 관계에서 하나였다가 나뉘어도 다시 만나서 하나가 되는 것을 반복하는 것으로 파악해 양자합일의 경지를 개창한 것이다.

복건성 상인문화를 배경으로 이지는 수사학적 경전해석을 통해 비록 그리 정밀한 논변은 아닐지라도 천리(도심)와 인욕(인심)을 상호 연결시킴으로써 창끝을 주희의 '리理'로 돌린 것이다. 이지는 힘써 일하는 상인들을 위해 사민四民평등의 확신을 기반으로 성리학적 논리를 분쇄한다.

또 상인들이라도 무슨 천시당할 만한 것이 있는가? 그들은 수만금의 재물을 끼고 폭풍과 파도의 위험을 겪으며 관문의 관리들에게 욕을 당하고, 시장에서 교역 중에 꾸지람을 참고, 만상萬狀에 신근辛勤한다. 낀 것은 무겁지만 얻는 것은 쥐꼬리만 하다. 하지만 그들은 반드시 경대부의 문에서 교유를 맺은 뒤에 이익을 거두고 피해를 멀리할 수 있으니 어찌 오만할 수 있고 경대부의 윗자리에 앉아 있을 수 있겠는가![363]

이지는 상인이 신사보다 열등한 자가 아닐뿐더러, 이보다 더 우월한 존재라고 논단하고 있다.

그리고 동남아시아 대양을 오가던 해양무역상의 자손인 이지는 해양무역의 재허용과 해금海禁철폐를 적극 주장했다. 이런 열망에서 그는 가정·만력제 치세(1521-1620)에 광동·복건·타이완과 태국 푸타니를 주름잡은 해적으로 유명한 조주인潮州人 임도건林道乾을 칭송했다.

예전에 황안에 근무할 때, 대두건大頭巾[364](크게 부패한 두건 쓴 유생 – 인용자) 오소우

---

363) 李贄, 『焚書』, 卷2 「書答·又與焦弱侯」. 이지(김혜경 역), 『분서 I』, 218쪽(원문 484쪽): "商賈亦何可鄙之有? 挾數萬之貨 經風濤之險 受辱於關吏 忍詬於市易 辛勤萬狀. 所挾者重 所得者末. 然必交結於卿大夫之門 然後可以收其利而遠其害 安能傲然而坐於公卿大夫之上哉!"

吳少虞가 나를 희롱해서 물었다. "당신은 임도건을 알 만한데 아닌가요?" 무릇 임도건
이 복건과 광동 사이에 살았기 때문에 복건 사람을 놀릴 때면 필히 임도건을 운위했
다. 나는 "당신의 그 말이 나를 매도하는 것이냐, 나를 찬양하는 것이냐?"라고 물었
다. 그 말이 칭찬이라면, 임도건은 대도大盜이고 나는 청백리다. 나는 저간에 대두건
이 결코 이와 같이 칭해 사람을 찬양할 리가 없다는 것을 알고 있었다. 그 말이 매도
라면 나는 어떤 사람인가, 감히 임도건의 만분의 일이라도 바라겠는가?365)

이어서 이지는 임도건이 비할 데 없이 '용감무쌍하다'는 것을 지적했다.

임도건은 30년 동안 해상을 횡행했다. 절강·남직예로부터 광동·복건성에 이르기까
지 근해 지역에서 재화가 많이 난다고 이름났거나 사람과 물산이 몰려드는 지역들은
해마다 그에게 노략질당했다. 성을 공격해 읍을 함락하고 관리들을 살육해서 조종에
서는 임금조차 제때 식사를 못하는 판국이었다. 정형과 도총통 같은 문무대신을 제
외하고 그를 잡아들이라는 명을 받고 파견되었다가 길에서 잡혀 죽는 사람이 또 부
지기수였지만 임도건은 진실로 자연자약하게 횡행했다. 지금은 요행히 성군께서 윗
전에 계시어 형벌이 적절히 시행되고 왜구는 멀리 쫓겨나 백성들이 편안히 잠을 잔
다. 하지만 임도건은 오히려 이전과 같이 걱정 없다. 왕이라 칭하고 패자라 칭하는데
도 사람들은 그에게 귀의하기를 바라고 아무도 등 돌리고 이반하지 않는다. 그의
재주와 식견은 보통사람을 뛰어넘고 담력과 기상이 무리를 압도할 것임은 말하지
않아도 알 수 있다.366)

---

364) 당시 부패한 유생을 '두건(頭巾)'이라고 부르며 폄하했다고 한다. 따라서 '대두건(大頭巾)'은
'크게 부패한 유생'이라는 뜻이다.

365) 李贄, 『焚書』, 卷4「因記往事」. 이지(김혜경 역), 『분서 II』(파주: 한길사, 2004-2015), 82-83쪽
(원문 474): "向在黃安時 吳少虞大頭巾曾戲余曰 公可識林道乾否? 蓋道乾居閩廣之間 故戲閩
人者必曰林道乾云. 余謂爾此言是罵我耶 是贊我耶? 若說是贊 則彼爲巨盜 我爲淸官 我知爾這
大頭巾決不會如此稱贊人矣. 若說是罵 則余是何人, 敢望道乾之萬一乎?"

366) 李贄, 『焚書』, 卷4「因記往事」. 이지(김혜경 역), 『분서 II』, 83-84쪽(원문 474쪽): "夫道乾橫行
海上 三十餘年矣. 自浙江·南直隸以及廣東·福建數省近海之處 皆號稱財賦之産 人物奧區者
連年遭其荼毒. 攻城陷邑 殺戮官吏 朗廷爲之旰食. 除正刑·都總統諸文武大吏外 其發遣囚系
逮至道路而死者 又不知其幾也. 而林道乾固橫行自若也. 今幸聖明在上, 刑訪中 倭夷遠遁 民人

이지는 나라가 도착倒錯되어 있었기 때문에 "저런 용기 있고 유식한 사람들을 내버렸다"고 비판했다. "그러므로 영웅들은 부당한 대우에 분노를 품고 적절하게 쓰이지 않음에 대해 슬픔을 느꼈으며, 그래서 강도로 내몰렸다." 그는 임도건이 해적일지라도 실은 "200퍼센트 재능과 200퍼센트 담력이 있다고 할 만한可 謂有二十分才 二十分膽者也" 인물이라고 선언했다.367) 해적 임도건에 대한 이지의 이런 평가는 실제로 자유로운 해상무역을 바라는 상인들의 진심 어린 소망을 대변하는 것이었고 복건성 상인들의 사회관과 가치관을 상징하는 것이었다. 이지 위로 4-5대 조부 세대, 즉 1450년대 이전 조부들은 해양무역에 종사하며 유구와 일본까지 자주 오갔었기 때문이다. 그러나 명대 중국정부는 1433년 정화의 대원정을 폐지하고 1436년에는 새로운 해양항해용 선박의 건조를 금하는 칙령과 함께 해금령海禁令을 발령했다. 선박건조기술은 곧 사라졌고 16세기 중반경 중국수군은 연안 해적도 막지 못할 정도로 영락했다.368) 1522년 천주는 해적들로 인해 무역항구로서 문을 닫아야 했고 해금령은 1567년까지 130여 년간 계속되었다. 이로 인해 대양을 항해하며 해양무역을 할 수 있는 자는 해적밖에 없었던 것이다.

이지의 '경세치용經世致用' 사상은 초기 개신유학의 의미심장한 요소였다. 그리하여 동림서원의 학자들은 이지의 '경세치용' 이념을 적극 대변했다. 이들은 "상인을 사려 깊게 대할 것"을 요구함으로써 상인의 이익을 옹호했다. 이들은 광산감독관과 징세관들에 반대하고 신종황제를 그칠 줄 모르는 탐욕으로 탄핵했다. 그들은 황제의 절대권위에도 도전했으며, 나라에 해롭고 백성에게 이로운 어떤 것이든 백성이 더 중요하므로 백성의 필요를 충족시켜야 한다고 주장했다. 이 민본사상은 흥기하는 상공업자들의 요구를 반영한 재기발랄한 계몽사상이었다.369)

安枕. 然林道乾猶然無恙如故矣. 稱王稱霸 衆願歸之 不肯背離. 其才識過人 膽氣壓乎群類 不言可知也."

367) 李贄, 『焚書』, 卷4「因記往事」. 이지(김혜경 역), 『분서 II』, 85쪽(원문 474쪽).

368) McNeill, *The Pursuit of Power*, 46쪽.

369) 참조: Tang, *Merchants and Society in Modern China*, 22-23쪽.

청초 황종희·고염무·왕부지와 같은 유자들은 사고방식과 사상에서 동림당의 영향을 많이 받았다. 그들은 사회정책, 학문, 철학적 세계관의 관점에서 송·명대의 군주제와 성리학에 대해 격렬하고 심오한 공격을 가했다.370) 명대에 태동한 이 반反성리학적 개신유학은 다른 여러 곳에서도 연이어 형성되었고 여러 지역의 상인들은 상호 문화와 사상을 교류하고 중국의 상인문화와 개신유학 속으로 융해되었다.371)

- 황종희의 농·상 양본주의

특히 절강성 여요餘姚현 출신 황종희黃宗羲(1610-1695)는 동림당의 이데올로기를 대변하며 상업문화를 반영한 유학을 전개했다. 그는 명말·청초에 쓴『명이대방록明夷待訪錄』(1663)에서 개인들의 가치와 권리를 보호하는 관점에 기초해 백성의 사익을 죽이는 군주는 강도이자 독재적 반역자로 간주되어야 하고 모든 백성에 의해 성토되어야 한다고 지적했다. 이 격렬한 황제독재 비판은 동림당의 명사였던 그의 아버지 황존소黃尊素가 위충현 일파에 의해 처형당한 것에 대한 울분의 표현이기도 했으나, 대체로 올바른 것은 아니었다. 그는 명국멸망을 내각제 탓으로 돌리고 황제독재에 대한 비판을 재상제의 부활과 연결시켰다. 그러나 명국의 번영은 황제독재체제를 제한군주정으로 전환시킨 내각제의 발달 덕택이었던 반면, 그 멸망은 내각제의 탓이 아니라 내각제의 쇠락 탓이었다. 또 위충현은 내각대학사가 아니라 환관이었고, 황존소 등 동림당이 당한 사화史禍는 '황제독재'가 아니라 '환관독재'에서 비롯되었다. 이처럼 황종희의 정치비판은 그의 경제비판에 비해 편파적이고 허무맹랑하게 들린다.

따라서 황종희의 정치비판을 먼저 좀 더 자세히 살피고 이 부분을 그의 경제비판과 분리시킬 필요가 있다.『명이대방록』의 내각제론 논의는 그의 황당한 내각제 이해를 잘 보여준다.

---

370) 참조: Tang, *Merchants and Society in Modern China*, 23쪽.
371) 참조: Tang, *Merchants and Society in Modern China*, 20쪽.

혹자는 재상을 폐한 뒤 내각에 들어가 정사를 보는 것이 재상의 명은 없지만 재상의 실이 있다고 말하는데, 나는 그렇지 않다고 말한다. 입각해 정사를 보는 것은 그 직이 비답에 달렸으므로 공경의 집에 열린 관부官府의 서기나 다름없다. 그 관직이 워낙 가볍고, 비답의 뜻도 또한 안으로부터 받은 뒤에 그것을 본뜨는 것이다. 이러니 그 실권이 있다고 하겠는가.372)

앞서 간략하게 논했듯이 표의권이란 황제가 구술하는 비답을 받아 외워서 글씨로 문서화하는 홍무제 때의 내각대학사의 '비고문備顧問' 기능이나 영락제 때의 '전지당필'을 뛰어넘어 모든 장주에 황제를 대신해 비답을 만들어 형식적 '비홍(비준)'과 함께 시행하는 내각의 고유한 능동적 내각권이었다. 황제는 내각의 표의 없이 주도적으로 비답할 수 없다. 그러나 황종희는 내각대학사의 기능이 홍무제 때의 '비고문'이나 영락제 때의 '전지당필'에 머물러 있었던 것으로 착각하고 있다. 이것이 그의 일시적 실언이 아니라 본질적 착각인 것은 같은 책의 「엄환閹宦」편에서도 각신을 '재상'이라고 잘못 부르면서 "오늘날 무릇 재상과 육부가 조정이 나오는 곳인데 본장의 비답은 먼저 황제의 구술로 전하는 것이 있고 나서 각신의 표의가 있다今夫宰相六部 朝廷所自出也 而本章之批答 先有口傳 後有票擬"고 말하는 것으로373) 보아 분명하다. 황종희는 표의권의 핵심을 전혀 파악하지 못한 것이다.

황종희는 심지어 내각제의 긍정적 발달현상을 명대 말기에 극성을 부린 '환관의 권력절취'라는 망국적 현상과 등치시키고 양자를 수평적으로 대비함으로써 내각제의 장점을 무시하는 논변을 피력한다.

내각대학사들 중 현자는 제 능력을 다해 일하려면 조종을 본받는다. 조종이 꼭 본받

---

372) 黃宗羲, 『明夷待訪錄』(原本: 1663; 浙江梨洲文獻館 保管 慈溪鄭氏二老閣 初刻本), 「置相」. 황종희(김덕균 옮김), 『명이대방록』(서울: 한길사, 2000; 재판 2003년). "惑謂後之入閣辦事 無宰相之命 有宰相之實也. 曰不然. 入閣辦事者 職在批答 猶開府之書記也. 其事旣輕 而批答之意 又必自內授之而後擬之. 可謂有其實乎."

373) 黃宗羲, 『明夷待訪錄』, 「閹宦」.

기에 족하기 때문은 아니다. 제 관직의 지위가 워낙 가벼워서 조종을 빌려 후대의 왕을 누르고 궁노(궁궐노비 - 인용자)인 환관을 막지 않을 수 없었던 것이다. 조종의 소행이 다 꼭 합당한 것도 아니었다. 그러나 궁노들 중 약삭빠른 자도 또한 다시 왕들의 하자 있는 소행을 들어 역시 조종을 본받는다고 말하니, 조종을 본받는다는 논변은 황당할 따름이다. 재상이 혁파되지 않았다면, 재상이 스스로 옛날의 거룩하고 명철한 왕의 행적으로 자기의 군주를 갈고닦고, 그 군주도 역시 두려움을 갖고 감히 그 행적을 좇지 않을 수 없었을 것이다.[374]

황종희는 여기서 암주와 환관 때문에 명나라가 망한 것이 아니라, 마치 내각제 때문에 망한 것처럼 말하고 있다. 그러나 실제의 역사에서 암주暗主와 환관이 내밀한 구중심처에서 결탁하지만 않았다면 내각제는 암주의 '광패狂悖'를 막는 가장 유력한 견제기구였고, 환관에 대한 가장 효과적인 억지제도였다. 각신들이 내각권을 존중한 조종의 오랜 관습을 들어 '절대군주'를 견제·제약해 '제한군주'로 변화시킨 것이 하나의 위대한 근대적 '발전'이라면, 환관들이 옛 황제들의 사소한 인간적 실수와 잘못을 들어 황권절취를 정당화하고 이를 바탕으로 내각권을 탈취한 것은 어디까지나 명대의 '망조亡兆'이고 '퇴행'인 것이다. 양자는 상극의 현상이다. 환관과 내각은 수평적으로 비교될 수 없는 것이다.

그럼에도 황종희는 명대의 내각대학사를 몽땅 환관의 걸인이나 노리개로 폄하하는 극언도 서슴지 않는다.

나는 재상의 실권을 가진 자는 지금의 궁노라고 말한다. 대권이란 다 기댈 곳이 없을 수 없는 법인데, 저 궁노라는 자는 재상의 정사가 땅에 떨어져도 줍지 않는다고 보고, 이에 맞춰 법조항을 만들고 자기 직책을 늘려 재상에게서 나오는 생사여탈권의 경우도 차제에 다 자기의 손에 귀속시켰다. 명조 각신 중에 현자가 있다면, 그는 남은 살코

---

374) 黃宗羲, 『明夷待訪錄』, 「置相」: "閣下之賢者 盡其能事則曰法祖. 亦非爲祖宗之必足法也. 其事位旣輕 不得不假祖宗以壓後王 以塞宮奴. 祖宗之所行未必皆當. 宮奴之黠者又複條擧其疵玷 亦曰法祖 而法祖之論荒矣. 使宰相不能 自得以古聖哲王之行摩切其主 其主亦有所畏而 不敢不從也."

기를 구걸해 향내를 풍기고, 현명치 못한 자는 기쁜 웃음과 화난 욕설을 가장했다. 항간에서는 이를 전하고 국사가 이것을 쓰면, 그 사람들의 재상다운 업적으로 여겼다. 따라서 궁노가 재상의 실권을 가졌다면, 그것은 승상을 혁파한 과오 때문이다.375)

황종희는 여기서 명말의 개탄스러운 정국현실을 명사明史 전체로 과장하는 오류를 범하고 있다. 따라서 내각권의 발전 과정을 환관의 권력탈취 과정과 등치시키는 저 그릇된 비교와 이 그릇된 과장에 근거한 그의 '치상론置相論', 즉 '재상복원론'은 하등의 설득력도 없는 반동적 사고다.376)

명조의 복원운동에 몸을 바쳤던 학자가 승상을 폐한 명태조의 유지를 부정하고 또 명나라를 발전과 번영으로 이끈 핵심적 헌정제도인 내각제를 부정한 것은 실로 매우 자기파괴적인 주장일 뿐이다. 황종희는 공자가 역설한 '무위이치'와 '유이불여'의 분권적 군신공치와 제한군주정을 가능하게 한 내각제의 탁월성을 이해하는 데도 실패했고, 홍무제가 누누이 강조한 독임제적 승상제의 권력집중·독재 위험과, 이 위험을 분권적 견제체제로 해소하려고 했던 홍무제의 견제균형론을 이해하는 데도 실패한 것이다. 그의 정치비판은 거의 허무맹랑하고 황당무계한 주장들로 가득하다.

반면, 황종희의 경제비판과 경제관은 매우 선진적인 것이었다. 그는 『명이대방록』에서 중국 상업사회의 '신상의 이데올로기'로서 상공업을 농업과 함께 '본업'이라고 주장했다. 그는 명나라 정부의 자유상업·대외무역 금지 조치의 '명분'을 진짜로 알고 이에 부화뇌동해 상공업을 '말업'으로 천시하는 성리학적 세류유자世流儒者들을 비판하며 상공업도 농업과 대등한 '본업'으로 격상시켰다. "세류유자들은 불찰해 상공업을 말업으로 망령되이 의론하고 억압한다.

---

375) 黃宗羲, 『明夷待訪錄』, 「置相」: "吾以謂有宰相之實者 今之宮奴也. 皆大權不能無所寄 彼宮奴者 見宰相之政事墜地不收 從而設爲科條 增其職掌 生殺與奪出自宰相者 次第而盡歸焉. 有明之閣下賢者貸其殘膏孕馥 不賢者假其喜笑怒罵. 道路傳之 國史書之 則以爲其人之相業矣. 故使宮奴有宰相之實者 則罷丞相之過也."

376) 나이토고난(內藤湖南)은 "그들(고염무와 황종희)의 저작은 고대에 대한 중국적 존숭의 영향을 피하기 어려워서 봉건제와 귀족통치의 복고를 꿈꾸는 것과 같은 결함에 의해 결딴나 있다"고 비판한 바 있다. Fogel, *Politics and Sinology: The Case of Naito Konan*, 179쪽.

그러나 무릇 공업은 진실로 성왕이 오게 하고 싶은 것이고 상업도 또한 길가에 나오기를 바라는 것으로서, 둘 다 본업인 것이다.(世流不察 以工商爲末 妄議抑之. 夫工固聖王之所欲來 商又使其願出於途者 蓋皆本也.)"[377] 이것은 사마천의 공자주의적 농·상 양본주의의 확인이고 선언이다. 그리고 황종희는 상업유통을 수월하도록 하기 위해 지폐紙幣 위주의 화폐정책을 주창하기도 했다.[378]

황종희의 '농·상 양자본업론'은 공맹과 사마천의 농·상 양본주의를 가장 명확하게 표현한 것으로서, 그의 지폐론은 실로 매우 미래지향적인 '근대경제론'이라고 아니할 수 없다. 이 점에서 황종희는 고염무·왕부지와 함께 청초 삼학사로서 상업화 경제가 더 번창하고 맹아적 자본주의가 확대된 18세기에 휘주 상인문화와 개신유학의 새로운 사상적 정점을 대표하는 인물이었다.

동림서원과 3대 사상가의 개신유학은 중국 부르주아지 '신상'의 이데올로기로 범주화될 수 있다. 동림당이 전현직 관리 유자들로 구성되었을지라도 그들의 본향은 과반이 양자강 삼각주와 산서·섬서성에 있었다. (13개 성에서 온 309명 중 101명은 양자강 삼각주 출신, 57명은 산서·섬서 출신이었다.) 양자강 삼각주는 휘주·강소·절강 상인들이 활동하는 땅이었다. 산서·섬서 상인들은 중국 북부지방의 최대 상인집단이었다. 산서·섬서성 출신 동림당원의 상당수는 염상가문 출신이었고, 또 상당수는 당시에 상공업에 종사하는 관료적 지주가문 출신이었다. 나머지 일부가 지주 출신이었지만, 산서·섬서 상인들의 고향에서 태어난 사람들이었다. 이들은 산서·섬서 상인들과 셀 수 없는 방식으로 연결되어 있었다. 대다수의 산서·섬서 동림당원들은 정부 관직에 있었으나, 절강·강소 출신 당원들은 전직 관리들이었다. 이들은 정부 안팎에서 서로 잘 호응하고 협력했다. 따라서 동림당원들의 개신유학과 황종희·고염무·왕부지의 사상은 상인들의 일반이익을 대표했고, 상인들을 대변할 수밖에 없었다.[379]

---

377) 黃宗羲, 『明夷待訪錄』「財計 三」.

378) 黃宗羲, 『明夷待訪錄』「財計 二」.

379) 참조: Tang, *Merchants and Society in Modern China*, 23쪽.

- 개신유학의 완성자 대진

동림당을 이은 개신유학 사조에서 최고봉을 이룬 대표적 학자는 청대의 건가乾嘉(건륭·가경)학파의 영수 대진戴震(1724-1777)이었다. 대진은 특히 고염무를 잇는 한학파·고증학파에 속한다. 대진의 아버지는 무명상인(면직물상)이었다. 대진 자신은 상인으로 경력을 시작했고, 상인으로 변신한 선비이자, 유학과 상업을 연결시킨 유자였다.

대진의 가장 유명한 책『맹자자의소증孟子字義疏證』에서 대진은 초기 계몽사상을 새로운 차원으로 고양시켰다. 천리와 인욕의 이론은 대진의 이 저작에서 승화되었다. 대진은 인욕의 존재가 지당한 것이라고 믿었다.『맹자자의소증』에서 그는 "사람이 태어난 뒤에 욕구가 있고 감정이 있고 지식이 있는바, 이 셋은 혈기血氣와 심지心知의 자연적 소산이다(人生而後有欲 有情 有知 三者血氣心知之自然也)"라고 말했다.380) 그리고 '천리와 인욕은 상호 적대적이다'라는 주희의 개념에 맞서 대진은 주희가 '실체화'한 '리理'를 감정과 혈기의 흐름에 부수되는 특정한 존재양태(modi)로 규정해 그 '실체성實體性(Substanzialität)'을 완전히 제거해 버렸다.

리理란 감정이 망실되지 않음이니, 감정이 얻어지지 않는데도 리가 얻어지는 경우는 아직 없었다(理也者 情之不爽失也, 未有情不得而理得者也).381)

자기와 남에게 있는 것을 둘 다 감정이라 하고, 과한 감정도 없고 불급한 감정도 없는 것을 일러 리理라고 한다(在己與人皆謂之情, 無過情無不及情之謂理).382)

대진은 여기서 '리'를 "과한 감정도 없고 불급한 감정도 없는" 양태로 이해하고 있다. 이로써 대진은 과한 감정도, 불급한 감정도 없게 만드는, 또는 "중립해서

---

380) 戴震,『孟子字義疏證』, 下卷 才. 대진(임옥균 역),『맹자자의소증·원선』(서울: 홍익출판사, 1998), 114쪽(원문: 252쪽).

381) 戴震,『孟子字義疏證』, 上卷 理. 대진(임옥균 역),『맹자자의소증·원선』, 32쪽(211쪽).

382) 戴震,『孟子字義疏證』, 上卷 理. 대진(임옥균 역),『맹자자의소증·원선』, 35쪽(212쪽).

나아가지도 물러나지도 않게" 하는 '실체적 원리'를 '리'로 논단하는 주희의 주리론을 물리치고 있다. 대진은 이 논지를 "욕구가 실물이고, 리는 그 규칙이다 (欲其物 理其則也)"라는 명제로383) 요약함으로써 보다 선명한 입장을 정립한다.

대진에 의하면 '천하의 알'이란 단지 '욕구를 따르게 하고 감정을 달성하게 하는 것'에 불과하다.

> 욕구가 있고 감정이 있고 지식이 있고 난 뒤 욕구를 따를 수 있고 감정을 달성할 수 있다. 천하의 일은 욕구를 따를 수 있게 하고 감정을 달성할 수 있게 하는 것이 전부다. 오로지 사람의 지식은 작게 하면 미추의 극치를 다할 수 있고 크게 하면 시비의 극치를 다할 수 있다. 그런 뒤에 자기의 욕구를 따르는 것은 넓히면 남의 욕구를 따를 수 있다. 자기의 감정을 달성하는 것은 넓히면 남의 감정을 달성할 수 있다. 도덕의 성盛함은 남의 욕구를 따르지 않게 함을 없애고 남의 감정을 달성하지 못하게 함을 없애는 것이 전부다. 욕구의 실수는 '사私'이고, '사'는 탐사貪邪가 이를 따른다. 정의 실수는 '편偏'이고 '편'은 어그러짐이 그것을 따른다. 지식의 실수는 폐蔽 (가림)이고, '폐'는 착오가 따른다. 사적이지 않으면 그 욕구는 다 인仁이고 다 예의禮義 다. 편향되지 않으면 그 감정은 반드시 화이和易롭고 평서平恕롭다. 가리지 않으면 그 지식은 이내 총명하고 거룩하게 지혜롭다고 일컫는다.384)

여기서 대진은 천하의 일에서 '리' 또는 '천리'를 완전히 제거해버리고 있다. 미진한 점이 있다면 비도덕적 감정과 도덕감정(사단지심)의 구분에 대한 의식이 보이지 않는다는 것이다.

그럼에도 대진은 거듭 욕구와 감정의 전체성과 우위성을 확인한다. "천하에

---

383) 戴震, 『孟子字義疏證』, 上卷 理. 대진(임옥균 역), 『맹자자의소증·원선』, 48쪽(218쪽).
384) 戴震, 『孟子字義疏證』, 下卷 才. 대진(임옥균 역), 『맹자자의소증·원선』, 116-117쪽(252쪽): "惟有欲有情而又有知, 然後欲得遂也, 情得達也. 天下之事 使欲之得遂 情之得達 斯已矣. 惟人之知, 小之能盡美醜之極致, 大之能盡是非之極致 然後遂己之欲者 廣之能遂人之欲. 達己之情者 廣之能達人之情. 道德之盛 使人之欲無不遂 人之情無不達 斯已矣. 欲之失爲私, 私則貪邪隨之矣. 情之失爲偏, 偏則乖戾隨之矣. 知之失爲蔽, 蔽則差謬隨之矣. 不私則其欲皆仁也, 皆禮義也. 不偏 則其情必和易而平恕也. 不蔽 則其知乃所謂聰明聖智也."

반드시 생양生養의 도를 버리고 존재할 수 있는 것은 없고 모든 행위는 다 욕구에 의해 있는 것이니, 욕구가 없으면 행위가 없다. 욕구가 있은 뒤에 행위가 있는 것이니, 행위가 있고 지당함에 맞아 불가역不可易한 것을 리理라고 한다. 욕구가 없고 행위가 없는데 어찌 또 리가 있겠는가!"385)

나아가 대진은 주희가 추동한 '존천리 거인욕'의 관념을 '무자비한 살인도구' 라고 비난했다.

리理로써 책하는 데 이르면 어렵지 않게 세상의 고절高節을 들어서 의리를 현저하게 드러내 죄준다. 높은 사람들은 리理로 낮은 사람들을 책하고, 손윗사람은 리로 젊은 사람들을 책하고, 귀한 사람은 리로 천한 사람들을 책한다. 실失이 있더라도 그것을 순順이라고 이른다. 낮은 사람들, 젊은 사람들, 천한 사람들이 리로 다투면 득得이 있더 라도 그것을 역逆이라고 부른다. 이에 아랫사람들은 천하의 동정을 쓸 수 없고 천하가 같이 욕구하는 바를 윗사람에게 도달하게 할 수 없다. 윗사람이 리로 아랫사람을 책하 면 아랫사람에게 있는 죄는 사람마다 손가락으로 셀 수 없다. 사람이 법에 죽으면 오히려 그를 가련히 여기는 자가 있지만, 리에 죽으면 그 누가 가련히 여기겠는가!386)

상인이었던 대진이 주자학을 공격한 것은 "이理로 사람을 죽이기(以理殺人)" 때문이었다. 그의 상인적 경험은 그의 견해를 고취했다. 그러므로 대진은 치자 들에게 "백성의 상황에 동정하고 백성의 욕구를 충족시키라"고 외쳤다. 이것이 그 당시 역사적 조건에서 상인의 가장 큰 목소리였다. 대진이 성리학의 체계적· 심층적 비판과 인욕의 전면적 긍정에서 청초의 3대 사상가(고염무·황종희·왕부지) 를 능가했다는 것은 주목할 만한 대목이다. 이것은 휘주의 상업화 경제의 발달

---

385) 戴震, 『孟子字義疏證』, 下卷 權. 대진(임옥균 역), 『맹자자의소증·원선』, 156-157쪽(269쪽): "天下必無舍生養之道而得存者 凡事爲皆有於欲 無欲則無爲矣. 有欲而後有爲, 有爲而歸於至 當不可易之謂理. 無欲無爲又焉有理!"

386) 戴震, 『孟子字義疏證』, 上卷 理. 대진(임옥균 역), 『맹자자의소증·원선』, 51쪽(220쪽): "及其責 以理也 不難擧曠世之高節著於義而罪之. 尊者以理責卑, 長者以理責幼, 貴者以理責賤. 雖失 謂之順. 卑者 幼者 賤者以理爭之 雖得 謂之逆. 於是下之人不能以天下之同情 天下所同欲達 之於上. 上以理責其下而在下之罪 人人不勝指數. 人死於法 猶有憐之者 死於理其誰憐之!"

과 긴밀한 관계가 있다.

대진의 사회철학의 대요大要는 불편부당성과 무사심無私心을 획득하고 남의 감정을 같이하기 위해 나의 감정을 이용하는 데 있다. 일단 대진은 '라'를 '분리分理'로 이해한다.

리理는 그것을 살펴 조그만 기미라도 필히 구별하는 것을 이름하는 것이다. 그러므로 리를 분리分理라고 이른다. (…) 그 구분을 얻으면 조목들을 갖추게 되어 어지럽지 않은데, 이를 조리라고 한다(理者 察之而幾微必區以別之名也 是故謂之分理 […] 得其分 則有條而不紊 謂之條理).387)

나아가 대진은 '자타自他 분리'도 '리'로 이해하고 천리를 '자연의 분리(自然之分理)'로 규정해 놀랍게도 이 '자연의 자타분리'로부터 공감의 원리를 도출한다.

자아로써 그 타인을 헤아리면 리理가 밝아진다. 천리라고 하는 것은 자연의 분리分理를 말하는 것이다. 나의 감정으로 타인의 감정을 헤아리면(以我之情絜人之情) 반드시 (천하의) 평정平定을 얻는데, 자연의 분리는 바로 이것이다.388)

대진은 여기서 『대학』의 '혈구지도絜矩之道'를 '타인의 감정'에 대한 '나의 감정'의 '공감 관계'로 해석하고 있다. '혈구지도'는 원래 정·직사각형을 그리는 곱자(矩)로 측정하는 방도를 뜻하는데, 『대학』은 이를 '이 감정을 미루어 저 감정을 아는 방법'의 의미로 쓰고 있다. "위에서 싫어하는 바를 가지고 아래를 부리지 않고, 아래서 싫어하는 바를 가지로 위를 섬기지 않으며, 앞사람에서 싫어하는 바를 가지고 뒷사람을 앞서지 않고, 뒷사람이 싫어하는 바를 가지고 앞사람을 뒤따르지 않으며, 오른쪽에서 싫어하는 것을 가지고 왼쪽과 사귀지 않고, 왼쪽

---

387) 戴震, 『孟子字義疏證』, 上卷 理. 대진(임옥균 역), 『맹자자의소증·원선』, 31쪽(216쪽).
388) 戴震, 『孟子字義疏證』, 上卷 理. 대진(임옥균 역), 『맹자자의소증·원선』, 32-33쪽(211쪽). "以我絜之人 則理明. 天理云者 言乎自然之分理也. 自然之分理 以我之情絜人之情 而無不得其平 是也."

에서 싫어하는 바를 가지고 오른쪽과 사귀지 않는 것, 이것을 혈구지도라고
이른다."389) 여기서 저 사람이 '싫어하는 것'은 이 사람도 '싫어할 것'이라는
인간감정의 보편성의 전제 위에서 줄곧 호오감정에 대한 인간의 보편적 공감능
력을 '치국·평천하'의 수단으로 활용하고 있다. "나의 감정으로 타인의 감정을
헤아린다"는 대진의 공감 논변은 국가와 천하의 보편적 평정에 대한 그의
갈망을 증언해준다.

대진은 공자의 '인仁'도 인간적 욕구와 무관한 고답적 천리나 도심의 관점에
서가 아니라 음식을 일용하는 천하 인간들의 '연대적' 욕구충족의 관점에서
이해한다.

> 인仁이란 삶을 살리는 덕(生生之德)이다. '백성의 본연은 음식의 일용이다.' 이러니
> 인도는 삶을 살리는 것이 아님이 없다. 한 사람이 제 삶을 따르고 이것을 미루어
> 천하와 공히 그 생을 따르는 것이 인仁이다. 이것은 인이 의義를 갖춰야 함을 말한다.
> 친애와 어른을 봉양하는 것이 정대한 감정에 부합되지 않으면 의義는 미진하고 인仁
> 의 실천도 역시 미달함이 있는 것이다.390)

한 사람이 제 욕구를 충족시키는 데 충실하고 이것을 천하로 확장해 천하와
더불어 제 욕구를 천하의 만인과 '더불어' 충족시키는 것을 추구해야 한다.
이 만인의 삶을 살리는 정대한 욕구충족을 위해 신경 쓰는 것은 곧 진정한
'인仁', 즉 '범인汎仁'(박애)이다. 대진은 욕구를 천하와 '더불어' 충족시키는 것을
'인'으로, 인의의 천리로 규정하고 있다. 음식을 일용하는 만인의 삶을 더불어
살리는 '생생生生의 덕'으로서의 이 '인' 개념에서는 천리가 사람을 죽이는 것이
아니라 살리는 것이다. 이렇게 이해된 '인' 개념은 주희의 천리와 반대로 곧

389) 『大學』(傳10章): "所惡於上 毋以使下 所惡於下 毋以事上 所惡於前 毋以先後 所惡於後
毋以從前 所惡於右 毋以交於左 所惡於左 毋以交於右 此之謂絜矩之道也."
390) 戴震, 『孟子字義疏證』, 下卷 仁義禮智二條 대진(임옥균 역), 『맹자의소증·원선』, 132쪽259쪽:
"仁者 生生之德也. '民之質矣 日用飮食 無非人道所以生生者. 一人遂其生 推之而與天下共遂
其生 仁也. 言仁可以賅義. 使親愛長養不協於正大之情 則義有未盡 亦卽爲仁有未至."

'고답高踏'을 거부하는 경세철학으로 직통한다.

대진은 인간의 욕구와 감정을 중시하는 개신유학만이 아니라 수학·지리학에도 밝았다. 이 두 학문은 실무적 차원에서 상공업에 긴요했다. 따라서 이두 학문은 대진 이전에 이미 발달하기 시작했다. 명대 중국에서 정대위程大位(1533-1592)는 상업용 산술 서적『산법통종算法統宗』을 발간했다. 그리고 명말휘주 상인 황변黃汴은 주로 상인들이 이용하는 수로水路를 정확하게, 그리고상세히 수록한 수로지리학 서적『일통로정도기一統路程圖記』를 편찬했다. 이책은 북위의 여도원酈道元(466-527)이 편찬한『수경주水經注』를 보완한 것이다.대진은 이『수경주』를 다시 바로잡고 완벽화한『교수경주校水經注』를 편찬하고, 보다 전문적 산술 서적인 전래의『산경算經』을 보완한 방대한 수학 서적『산경십서算經十書』를 찬술했다. 이 시무적 저술들은 대진의 경세치용 정신을증명해준다.

그리하여 대진에 이르러 경세치용의 개신유학이 중국 신상의 근대적 정치철학과 정치경제적 수학·지리학으로서 완성된 것이다. 서양에서 도시의 상공업자본가들(수공업자들과 선대제 관계를 맺고 있는 대상인들과 매뉴팩처자본가들)은 시민적덕성과 시민문화, 그리고 탈脫스콜라철학적 계몽철학을 갖추고 자기가 사는도시에서 시민자치(시민민주주의)를 실시하며 법복귀족과 삼부회(신분제 의회) 의원으로서 중앙정치와 중앙행정에도 참여하는 시민계급, 즉 '부르주아지'로 발전하면서 17-18세기에 자기들의 신新사상인 계몽주의를 공맹철학의 '재창조(remake)'에 의해 개발해냈다. 이와 유사하게 중국의 상공업자본가들도 단순한상공업자에서 새로운 시민유교적(수사학적·고증학적) 덕성과 공맹적·경제철학적교양문화, 그리고 탈脫성리학적·수사학적 공맹철학을 갖추고 각기 연고緣故도시에서 시민자치권을 확보하고 중앙정부의 정치와 행정에도 참여하는 '신상'으로 발전했다. 17-18세기 이래 전국적으로 광범위하게 형성되어 중소도시의자치권을 획득하고 중앙정계에 참여하는 새로운 근대적 계급으로 떠오른 '신상'은 바로 유럽의 '부르주아지'에 대응하는 중국의 시민계급이었던 것이다.391)

---

391) 그러나 탕리싱은 신상의 시민자치(중소도시 민주정치)를 모르고 신상의 중앙정계 진출의 정치

이들은 명대 중엽부터 자기들의 고유한 정치경제사상을 공맹의 새로운 해석, 즉 수사학적·한학파적·고증학적 해석에 의해 발전시켜 경세치용의 ‘개신유학’을 개발했다. 필자가 경세치용의 이 신新공맹철학을 ‘실학實學’이라고 부르지 않고 ‘개신유학이라고 부른 것은 이 철학이 반동복고적·반反근대적이었던 조선실학과 반대로 공맹경전을 더욱 깊이 연구해 그 원의原義를 정밀하게 해석하고 이를 바탕으로 ‘근대적’ 사상을 전개했기 때문이다.

상인을 신사화한 신상들의 이 개신유학은 이미 16-17세기부터 천민 상인을 신사로 격상시키고 상공업을 농업과 대등한 ‘본업’으로 만든 점에서, 그리고 윤리도덕적으로 완전한 점에서, 18세기 서양인들 가운데 중국을 가장 증오했던 영국 노예무역상 다니엘 디포가 『완전한 영국 상인』(1726)에서392) ‘영국 상인의 젠틀맨화’를 기도한 것과 대비될 수 있다. 디포는 당시 가장 천시받던 상인을 국가의 부를 이루는 근본계급으로 추켜세우고 중국의 신사(만다린) 또는 군자를 본받아 한창 스스로를 도덕화하던 젠틀맨을 ‘사치스러운 난봉꾼’으로 격하하면서도 상인을 젠틀맨으로 끌어올리려는 자가당착적 시도를 하고 있다.393) 그러나 디포의 이런 시도는 중국 신상들의 개신유학보다 100-200년 뒤진 것인데다 영국의 노예상인·노예사역자(플랜테이션 농장주)·식민주의자들을 젠틀맨의 이미지로 ‘세탁하려던 부도덕한 기도였다. 따라서 디포의 영국판 ‘신상론紳商論’은 신사를 끌어내리지 않고 상인을 유교적으로 끌어올려 신사와 상인을 통합한 중국의 개신유학적 신상론과 대비할 바가 못 되는 것이다.

적 의미를 무시하며 이렇게 말한다. “중국 상인들은 서구의 등가적 존재와 비교해 심리적 통합을 피상적으로 완성했다. 그들의 정치적 견해는 전통적 민본의식에 한정되었지, 백성을 중심에 놓는 민주주의가 아니었다.” 그는 이 때문에 ‘중국 부르주아지의 출현 시점을 매우 늦게 잡는다. “아편전쟁” 이후에야 비로소 중국에서 “자본주의 맹아”가 “성숙” 단계에 도달해 “부르주아지”가 “흥기”했고, “1902년 상해 상업회의소의 설립과 기능”을 통해서야 비로소 “중국 부르주아지의 흥기”가 알려지고 “하나의 계급으로서의 부르주아지의 의지와 이익”이 “구현”되었다는 것이다. Tang, *Merchants and Society in Modern China*, viii쪽.

392) Daniel Defoe, *The Complete English Tradesman* (London: Printed for Charles Rivington, 1726), 382-383쪽.

393) 이에 대한 상론은 참조: 황태연, 『영국의 공자숭배와 모럴리스트들』(파주: 청계, 2019).

제2절 공맹과 역대 중국의 경제철학과 극동의 풍요

한국 지식인들은 1791년 정조의 신해통공辛亥通共(상업자유화)조치로 조선이 영국보다도 60여 년 앞서 상공업을 자유화했음에도 불구하고 조선이 왕조창건 이래 19세기까지 줄곧 자유상공업을 억압했다고 믿는다. 그리고 흔히 공맹철학을 사농공상의 신분차별과 중농억상重農抑商 사상의 출처로 오해한다. 만약 공맹철학을 이렇게 상공업을 억압하는 사상체계로 오해한다면 11-18세기 극동에서 이룩된 세계 최고 수준의 상공업 발전과 경제적 풍요는 이해할 수도, 설명할 수도 없을 것이다. 따라서 이런 오해를 불식시켜 18세기까지의 극동의 '800-900년 대번영'을 이해하기 위한 전제로서 먼저 공자·맹자·사마천·엽적·구준·황종희 등의 경제철학을 알아두는 것이 필수적이다.

2.1. 공맹의 시장경제론과 복지·환경보호론

■ 부민富民·족식足食의 경제철학

우선 공맹과 사마천의 경제관 및 중국의 역사를 통해 중국의 전통적 경제철학을 살펴보자. 공자는 도학주의적 성리학자·실학자 또는 오늘날도 일부 학자들이 오해하듯이394) 백성의 물적 욕망을 억제하는 금욕주의적 견해를 말한 적이 없다. 반대로 백성을 부자로 만드는 양민정책을 국가 존립의 3대 요소, 즉 민신民信·족식足食·족병足兵 중 두 번째 요소로 중시했고, 국가의 2대 정책인 양민養民과 교민敎民 중 첫 번째 정책으로 특화했다. 일단 공자의 치국관의 근저에는 상업 촉진을 위한 정확한 도량형과 교역상의 신의성실, 그리고 백성

---

394) 소공권은 공자의 경제사상을 부의 증대 없이 오직 분배만으로 빈부격차를 줄이는 평등주의 사상으로 오해한다. 蕭公權(최명 역), 『中國政治思想史』(서울: 法文社, 1994), 97쪽. 또한 리쩌허우(李澤厚)도 "원형적 공자학은 생산 수준이 매우 낮은 고대의 조건 속에서 탄생했기 때문에 생산 발전이나 생활수준을 높이려는 문제에는 주의를 기울이지 않고 있는데", 이는 "다만 어떤 평균적 빈곤에 만족하며 정신적 승리 또는 인격적 완성을 얻어 보존, 획득하고 일깨우는 것에 만족하려는 사실과 관련된다"고 평한다. 李澤厚, 『中國古代思想史論』(北京: 人民出版社, 1985). 리쩌허우(정병석 역), 『중국고대사상사론』(서울: 한길사, 2007), 105쪽. 그야말로 천박한 유학이해다.

의 의식주가 늘 우선했다. 정확한 도량형과 신의성실은 원활하고 자유로운 상품교역에 필수적인 것이고, '양민', 즉 백성의 경제적·물질적 부양은 '위인爲 仁(인의 실천)'으로서의 박시제중의 물적 측면이기 때문이다.395)

그런데 이것은 하·은·주나라 이래 중국의 전통에 속했다. 『논어』에 의하면, 주나라 무왕은 "도량형을 정확히 하고 (…) 백성과 양식, 상사와 제사를 소중히 했다"고 한다.396) 이 점에서 공자는 정鄭나라 대부 자산子産(公孫僑)을 "그의 양민은 은혜로웠다"고 칭찬했다.397) 앞서 시사했듯이 공자는 국가 존립의 3대 요소를 민신民信(백성의 믿음), 족식足食(풍족한 양식), 족병足兵(풍족한 병력)으로 보고 백성을 먹여 살리는 '족식'을 '족병'보다 더 중요한 국정의 제2요소로 지목했다.

> 자공이 정사에 대해 묻자 공자는 "풍족한 식량, 풍족한 병력, 그 정사에 대한 백성의 믿음이니라"라고 답했다. 자공이 "부득이 필히 제한다면 이 세 가지 중 무엇을 우선 제하겠습니까"라고 물었다. 공자가 "족병이니라"라고 말했다. 자공이 "부득이 필히 제한다면 이 두 가지 중 어떤 것을 우선 제하겠습니까"라고 다시 물었다. 공자는 "족식이니라. 예로부터 죽음은 항상 있어왔다. 그런데 백성의 믿음이 없다면 나라가 존립하지 못하느니라"라고 말했다.398)

'족병'은 경제력, 즉 '족식'에 달려 있다. 따라서 '족식'은 '족병'보다 더 중요하다. 여기서 국가의 존립기반인 '민신民信'을 잠시 제쳐놓을 때, 공자가 국사國事의 2대 요소 중 첫 번째를 '족식', 즉 '잘 먹고 잘사는 것'이라고 말하고 있다. 이런 까닭에 공자는 치자들에게 백성의 물적 욕망을 해방하고 '족식'을 보장할 것을 요구한 것이다. (반면, 치국을 담당한 군자들에게는 '과욕寡欲' 및 '빈이낙

---

395) 이하 공자와 맹자의 무위양민론은 필자의 논문 「서구 자유시장론과 복지국가론에 대한 공맹과 사마천의 무위시장 이념과 양민철학의 영향」, 『정신문화연구』, 2012 여름호(제35권 제2호 통권 127회)의 해당 부분을 업그레이드한 것이다.

396) 『論語』「堯曰」(20-1): "謹權量 (…) 所重民食喪祭."

397) 『論語』「公冶長」(5-16): "其養民也惠" 참조.

398) 『論語』「顔淵」(12-7): "子貢問政. 子曰 足食 足兵 民信之矣. 子貢曰 必不得已而去 於斯三者 何先? 曰 去兵. 子貢曰 必不得已而去 於斯二者何先? 曰 去食. 自古皆有死 民無信不立."

도貧而樂道[가난하면서도 도를 즐김]'와 '부이호례富而好禮[부유하면서도 예를 좋아함]'가
요구된다.399) 백성의 '족식'은 풍족하게 먹고사는 것으로 그치는 것이 아니라,
궁극적으로 백성을 부자로 만드는 '부민富民'을 뜻한다.

> 공자가 위나라에 갔을 때 염유가 마부를 했다. 공자가 "사람이 많구나!"라고 감탄하
> 자, 염유가 "이미 사람이 많으면 여기에 또 무엇을 더해야 합니까?"라고 물었다. 이에
> 공자는 "그들을 부유하게 만드는 것이니라"라고 말했다.400)

따라서 치국을 맡은 군자의 제일 책무는 백성을 근근이 먹여 살리면서 인의와
안빈낙도라는 군자의 도리를 강요하는 데 있는 것이 아니라, 백성들을 부자로
만드는 데 있다.

나아가 공자가 국가의 존립을 위해 궁극적으로 '백성의 믿음(民信)'이 있어야
한다고 말하지만, 다시 '백성의 믿음'을 얻기 위해서는 인덕을 베풀어 사람들을
모아야 한다. 그런데 "무엇으로 사람들을 모으는가? 그것은 재財다(何以聚人?
曰財)."401) '민신'과 '족식'은 꼬리에 꼬리를 무는 순환관계에 있다. 따라서 일단
민심을 얻기 위해서는 군자가 백성의 족식을 보장하는 덕치를 해야 하는 것으
로 정리하자. 공자는 "군자가 덕을 마음에 품으면 소인들은 땅을 마음에 품고(그
땅에 살 마음을 먹고 – 인용자) 군자가 정형을 마음에 품으면 소인들은 덕혜를 마음에
품는다(덕혜를 베푸는 나라를 찾아 그 땅을 떠날 마음을 먹는다)"고 말했다.402)

덕성의 으뜸은 인덕仁德이므로 덕치는 궁극적으로 '인정仁政'으로 귀결된다.

---

399) 맹자는 마음을 기르는 방도로 '과욕(寡欲)'을 강조한다. "마음을 기르는 양심(養心)에는 과욕(寡
　　欲)보다 좋은 것이 없다. 그 사람됨이 과욕하다면, 이 때문에 생존하지 못하는 경우도 있을지
　　모르겠으나 이런 경우는 (실상) 드문 것이다. 그 사람됨이 다욕(多欲)하다면, 이 때문에 생존하는
　　경우도 있을지 모르겠으나 이런 경우는 (실상) 드문 것이다(孟子曰 養心莫善於寡欲. 其爲人也寡
　　欲 雖有不存焉者 寡矣. 其爲人也多欲 雖有存焉者 寡矣)." 『孟子』「盡心下」(14-35). 공자는
　　『논어』에서 '貧而樂道 富而好禮'를 강조한다. 참조: 『論語』「學而」(1-15).
400) 『論語』「子路」(13-9): "子適衛 冉有僕. 子曰 庶矣哉! 冉有曰 旣庶矣 又何加焉? 曰 富之."
401) 『易經』「繫辭下傳」(1).
402) 『論語』「里仁」(4-11): "子曰 君子懷德 小人懷土 君子懷刑 小人懷惠."

인정은 '양민養民'과 '교민敎民'으로 나뉜다. 여기서 '양민'이 '교민'보다 선차적으로 중요하다. 따라서 결국 '백성의 믿음'을 얻는 문제도 다시 양민, 즉 '족식'으로 돌아오고 '족식'으로부터 비롯되는 것이다. 경제가 국가의 토대이고 정치발전과 문화발전의 기초라는 말이다. 백성이 치자를 믿고 모이게 하는 것은 재화다. 따라서 재화의 관리, 즉 국가의 이재理財(경제)업무는 정치와 사법·경찰업무에 앞선다. 다시『역경』의 말에 귀 기울여 보자.

> 성인의 대보大寶는 위位라고 한다. 그러면 성인은 무엇으로 보위寶位를 지키는가? 그것은 인仁이다. 그러면 무엇으로 사람들을 모으는가? 그것은 재財다. 이재와 정치와, 백성이 잘못하는 것을 금하는 것은 정의다.(聖人之大寶曰位 何以守之? 曰仁. 何以聚人? 曰財. 理財正辭禁民爲非曰義.)[403]

여기서 '이재'는 정치(正辭=正名)와 사법(禁民爲非)에 앞서 있다. 『서경』의 「홍범구주」에서 말하는 '팔정八政'에서도 '식·화食貨'(식량과 상품)는 나머지 6정政을 제치고 가장 먼저 열거되어 있다.[404]

한마디로, 경제는 국가의 토대다. 그러므로 치자는 민생의 부족 상태와 경제의 저조한 생산성을 개선하기 위해 부단히 노력해야 하고 이에 성공하지 못하면 수치감을 느껴야 하는 것이다.

> 땅이 넉넉한데도 백성이 풍족하지 않다면 군자는 이를 부끄러워하고, 백성의 수가 많고 적음이 균등한데도 다른 편이 우리보다 갑절을 이룬다면 군자는 이를 부끄러워한다.[405]

그런데 생산을 늘리는 데도 '도道'가 있다. 이 도를 시행하면 백성을 부자로

---

403)『易經』「繫辭下傳」(1).
404)『書經』「周書·洪範」(3): "八政 一曰食 二曰貨 三曰祀 四曰司空 五曰司徒 六曰司寇 七曰賓 八曰師."
405)『禮記(中)』「雜記下」, 302쪽: "地有餘而民不足 君子恥之 衆寡均而倍焉 君子恥之."

만들 수 있다. "재財를 생산하는 데는 대도大道가 있으니 생산하는 자가 많고 이를 먹어치우는 자는 적으며, 생산을 하는 자들이 빠르고 재물을 써 없애는 자들이 느리면, 재물이 항상 풍족한 것이다."406) 이것이 나라경제의 목표다.

■ 중산층이 잘사는 '중용지국中庸之國'

공자는 백성을 잘 먹고 잘살게 하는 '은혜로운 족식'을 위해, 그들을 부자로 만드는 절대적 증산·성장정책과 함께 부의 '균형' 분배정책, 즉 나라의 부를 '균제均齊'하는 상대적 정책도 중시했다. 제일 먼저 사회적 계층구조의 균제가 필요하다. 재산과 소득 면에서 상·하층의 격차가 극심하면 백성의 대다수가 가난해 나라는 불화와 불안(계층갈등과 민란)에 빠진다. 반대로 인구 가운데 중간 계층이 두터워지고 부자와 빈민이 소수집단으로 줄어드는 식의 계층 간 안정적 균형이 이루어져 인구의 사회적 배분이 조화롭다면, 백성의 가치관과 문화적 정서는 중화中和를 이루고 나라는 정치안정과 사회적·대외적 안전을 이룩한다.

그러므로 여기서 경제적 균제를 역설하는 공자의 다음 명제를 깊이 성찰해볼 필요가 있다.

적음을 걱정하지 말고 불균등함을 걱정하고, 가난을 걱정하지 말고 불안(불안정)을 걱정해야 한다. 균등하다면 대개 가난할 리가 없으며, (균등해서) 국민이 화합한다면 사람이 적을 리가 없고, 안정된다면(백성이 안심한다면) 나라가 기우는 일이 없다. 정치의 이치는 이와 같은 것이다. 그러므로 먼 곳에 사는 사람들이 따르지 않으면 문덕文德을 닦아 오게 하고, 이미 왔으면 안정시키면(안심하게 하면) 되는 것이다.407)

백성들이 경제적으로 균등하다면, 빈곤층이 적고 중산층이 많을 것이다. 그러면 백성들 간의 사회적 갈등이 적을 것이다. 갈등이 적으면 국민이 화합한다.

---

406) 『禮記』「大學」傳10章: "生財有大道 生之者衆 食之者寡 爲之者疾 用之者舒 則財恒足矣."
407) 『論語』「季氏」(16-1): "不患寡而患不均 不患貧而患不安. 蓋均無貧 和無寡 安無傾. 夫如是 故遠人不服 則修文德以來之 旣來之 則安之."

국민이 화합하면 인구와 인력이 늘 것이다. 국민화합은 국민의 안심과 국가의
안정을 가져온다. 국민이 안심하고 국가가 안정된다면 국가안보는 튼튼해지고
국운은 융성할 것이다. 이러한 국민편안과 국가안정은 국가의 보전保全을 달성
하기만 하는 것이 아니라 역으로 한 나라의 재용財用('족식')도 풍족하게 해준다.
『예기』는 말한다. "사직(국가)을 중시하는 까닭에 백성을 사랑하고, 백성을 사랑
하는 까닭에 형벌을 적중케 하고, 형벌이 적중한 까닭에 백성이 편안하고,
백성이 편안한 까닭에 재용이 풍족해진다. 재용이 풍족한 까닭에 모든 목적이
달성된다."408) 공자는 여기서 분명히 "백성이 편안하면 재용이 풍족해진다"고
말하고 있다. 경제적 균등과 국민화합에 바탕을 둔 국민편안과 국가안정은
역으로 경제력의 한 요소인 것이다. 반면, 국민의 불안과 국가의 혼란은 경제적
쇠락과 인구감소를 초래한다. 국민편안과 국가안정을 위해서는 훌륭한 정부와
좋은 법률의 입법도 필요하다. "좋은 법률이 없다면 큰 산업들이 있을 수 없다.
그러므로 좋은 정부는 경제발전을 위해 필요하고, 정치는 경제를 위한 길을
깔아준다."409)

국가 존립의 3대 요소에 관한 공자의 위 논변에서 '적음(寡)'은 '인구와 인력(노
동력)의 적음'을 말하고, '균등'은 '산술적 평등'이 아니라 토지·물자·부역·세금
등의 배분과 '부의 분포'에서 능력·노력·조건·상황의 차이를 비례적으로 반영
하는 '비례적 평등', 즉 이런 차이에 따라 일정한 소득과 부의 분배의 균등을
말한다. 이것은 소득과 부를 고르게 만드는 정부의 '균제'(재분배)정책을 요한다.

북송 중엽 왕안석王安石(1021-1086)의 국가개혁에서 이른바 '신법新法'의 전범
으로 쓰인 『주례』를 보면, 대사도大司徒는 토지균제법으로 산림·천택·구릉·분
연墳衍·원습原濕 등 다섯 부류의 토지와 9등급의 토질을 변별해 가구의 능력에
따라 이를 분배하고 이에 비례해 천하의 토지세를 제정하고 백성의 직업을
만들며 (제후들에게) 토지공납貢納을 명하고 재부財賦를 거두어 천하의 정사를

---

408) 『禮記』「大傳」(16-12): "重社稷故愛百姓 愛百姓故刑罰中 刑罰中故庶民安 庶民安故財用足
財用足故百志成."

409) Chen Huan-Chang(陳煥章), *The Economic Principles of Confucius and His School*, 77쪽.

균제한다.410) 특히 토질을 잘 변별하고 식구 수의 많고 적음을 고려해 정전법井田法에 따라 토지를 분배하는 토균土均(토지균제)은 평천하의 균제의 첫걸음이다. 또한 소사도小司徒는 "토지를 균제하고 그 인민을 헤아려 그 수를 두루 알아야 한다. 그리하여 상지上地는 7인 가족용인데 일에 임할 수 있는 자는 한 가구당 3인이다. 중지中地는 6인 가족용인데 일에 임할 수 있는 자는 두 가구당 5인이다. 하지下地는 5인 가족용인데 일에 임할 수 있는 자는 가구당 2인이다'라고 하였다.411) 맹자도 토지균제의 근본적 중요성을 역설했다. "인정仁政은 토지의 경계로부터 시작하는데 경계가 바르지 않으면 경지가 고르지 않고 세곡稅穀이 공평하지 않다. (…) 경계가 바르면 경전의 배분과 세곡의 제정을 앉아서도 정할 수 있다."412)

또한 토지균제를 넘어 국정 전반의 균제를 기하기 위해 '균인均人'을 설치한다. "균인은 지정地政(토지세)을 균제하고, 지수地守(산림세)를 균제하고, 지직地職(농포세)을 균제하고, 인민·우마·수레의 부역을 균제한다. 무릇 부역을 균제하여 해마다 올리고 내린다. 풍년이면 공사公事에 3일을 고루 쓰고, 중년中年(하루 세끼 먹는 해)이면 공사에 2일을 고루 쓰고, 무년無年(하루 두 끼 먹는 해)이면 공사에 1일을 고루 쓴다. 흉년이거나 돌림병이 돌면 부역과 재부財賦를 없애고 지수와 지직도 걷지 않으며 지정도 균제하지 않는다. 3년마다 크게 대비하여 크게 균제한다."413)

또한 '부의 분포'에서의 '균제'는 부를 사회적으로 고르게 분배해 백성의 상층·중층·하층 계층구조의 균형과 조화를 이룩하는 것을 말한다. 백성의

---

410) 『周禮』「地官司徒·大司徒」: "以土均之法辨五物九等 制天下之地征 以作民職 以令地貢 以斂財賦 以均齊天下之政."

411) 『周禮』「地官司徒·小司徒」: "乃均土地 以稽其人民 而周知其數 上地家七人 可任也者家三人 中地家六人 可任也者二家五人 下地家五人 可任也者家二人."

412) 『孟子』「滕文公上」(5-3): "孟子曰 夫仁政 必自經界始, 經界不正 井地不均 穀祿不平. (…) 經界既正 分田制祿可坐而定也."

413) 『周禮』「地官司徒·均人」: "均人 掌均地政 均地守 均地職 均人民牛馬車輦之力政 凡均力政 以歲上下 豐年則公旬用三日焉 中年則公旬用二日焉 無年則公旬用一日焉. 凶札則無力政無財賦. 不收地守地職不均地政. 三年大比則大均."

사회적 구성을 균제한다는 것은 상·하층이 적고 중산층이 많다는 뜻이다. 이와 같이 '고른' 사회적 구성은 토지, 물자, 부역, 세금 등의 배분과 빈부의 분포에서 '비례적 평등'을 달성하려는 의식적 '균제'정책의 성과다. (이 균제정책이 강력히 그리고 꾸준히 시행되지 않는다면, 빈익빈부익부와 약육강식이 자연스러운 귀결일 것이다.) 사회적 계층구성에서 이처럼 균제되면 백성의 대부분은 중산층과 상층에 속하므로 '대개 가난할 리 없는 것'이다. 또 소수의 하층과 이 중 자활능력이 없는 절대빈곤층도 별 문젯거리가 아니다. 수적으로 훨씬 더 많은 중·상층이 십시일반으로 이 빈곤층을 어렵지 않게 구휼할 수 있기 때문이다.

이처럼 인구의 사회적 구성의 균제는 전체적으로 나라를 부강하게 만들고 계층갈등을 완화하며 정치를 안정시켜 국가안보를 강화하고 인구의 증가(출산증가와 인구유입)를 가져온다. 이것은 다시 부를 증대시키고 국방력과 국가안보를 강화하는 선순환을 낳는다. 부를 키우기만 하고 균제하지 않아도, 부를 균제하기만 하고 키우지 않아도 나라는 빈약해진다. 부의 절대적 증대와 동시에 균제를 기해야만 나라를 부강하게 만들 수 있는 것이다. 그러므로 "옛 임금 문왕과 무왕은 부富를 키우고 균평하게 했던 것이다(昔君文武조平富)".[414]

천하의 백성들은 재물이 균형 있게 분산되어 안팎이 안전한 나라로 몰려든다. 반면, 나라에 재물이 편중되어 있으면 백성은 조국을 떠나 타국으로 뿔뿔이 흩어진다. 그러므로 『대학』에서는 "재물이 (소수에게) 모이면 백성은 분산되고, 재물이 (만인에게) 분산되면 백성은 모인다"고[415] 하고 있다.

동시에 정부는 정부비용을 줄이고(절용) 부역과 병역을 경감하고 때를 맞춰야(가령 농번기에 부역과 병역을 피해야) 한다.[416] 국가재정의 '절용節用'에는 단순히 비용절약도 포함되지만 탐관오리를 쓰지 않는 것이 중요하다. 『대학』은 이 점을 강조하고 있다. "채읍을 가진 백승지가百乘之家는 재물을 긁어모으는 신하

---

414) 『書經』 「康王之誥」.

415) 『禮記』 「大學」, 傳10章: "財聚則民散 財散則民聚."

416) 『論語』 「學而」(1-5): "節用而愛人 使民以時."

를 기르지 않는다. 재물을 긁어모으는 신하를 기르느니 차라리 도둑질하는 신하를 두는 것이 낫다." 따라서 "나라는 이利를 이로 여기는 것이 아니라 의義를 이로 여겨야" 한다.417) '이'를 '의'로 여기는 것, 즉 식화와 수세에 능하지만 의롭지 않은 탐관오리를 쓰느니 덜 유능하더라도 의로운 청백리를 쓰는 '이의利義'의 인사人事원칙은 단기적으로 작은 손해가 날지 모르지만 중장기적으로 나라에 더 큰 이익을 가져다줄 것이다. 군주가 눈앞의 손익에 눈이 어두워 소인탐리들에게 나라와 가문을 맡겼다가는 국고손실과 재앙을 동시에 당하게 된다. 따라서 정부는 청백리들의 '깨끗한 이의利義정부'이어야 하는 것이다.

경제균제와 부세균제·경감은 공자의 양민정책에서 매우 중요한 것이다. 특히 과세의 균제와 경감은 공자에게 타협할 수 없는 경제철학적 원칙이었다. 공자는 제자 염구가 계강자의 뜻을 받들어 새로운 전부법田賦法(균제 없이 땅의 크기에 따른 일괄과세에 관한 법)에 대해 묻자 말문을 닫았다. 그러고 나서 염구를 개인적으로 불러 힐난했다.

> 군자의 행동은 예에 맞춰 헤아린다. 베푸는 데는 후하게 하고, 일에는 중中을 행하며, 세금을 거두는 데는 가벼운 것을 따른다. 이같이 한다면 세대수로 거두는 종래의 구부법丘賦法으로도 족하다. 만약 예를 헤아리지 않아 탐욕이 한없는 것을 무릅쓴다면 전부법으로도 부족할 것이다. 또 만약 계손씨가 세법을 시행함에 본받고자 한다면 주공의 법전(『주례』 – 인용자)이 있다. 만약 구차하게 미봉으로 시행하고자 한다면 왜 이 사람에게까지 묻는 것이냐?418)

그러나 계씨는 공자의 경고를 듣지 않고 전부법 시행을 강행했다. 계씨는 이미 주공보다 부유했는데, 염구는 그를 더 부자로 만드는 일에 가담한 것이다.

---

417) 『禮記』 「大學」, 傳10章: "百乘之家 不畜聚斂之臣 與其有聚斂之臣 寧有盜臣. 此謂國不以利 爲利 以義爲利也."

418) 『左傳』 哀公 11年. 『春秋左氏傳(下)』, 474-475쪽: "君子之行也 度於禮 施取其厚 事擧其中 斂從其薄. 如是 則以丘亦足矣. 若不度於禮 而貪冒無厭 則雖以田賦 將又不足. 且子季孫若欲 行而法 則周公之典在 若欲苟而行 又何訪焉?"

이에 공자는 노해 "염구는 내 제자가 아니다! 너희는 북을 울리며 그를 공격해도 좋다"라며 그를 파문했다.[419] 제자를 파문할 정도의 이 노기에서 균제된 가벼운 과세가 공자에게 얼마나 중요한 문제였는지를 알 수 있다.

맹자는 이를 다음과 같이 평한다. "염구는 계씨의 재宰가 되어 자신의 덕행을 고치는 데는 무능했으면서도 세금을 그 전보다 2배로 거두었다. 이에 공자께서 '염구는 나의 제자가 아니다. 너희는 북을 치고 그를 공격해도 좋다고 하셨다. 이것으로 보면 임금이 인정仁政을 하지 않는데도 그 임금을 부유하게 만드는 자들은 다 공자에 의해 버림받은 자들이다. 하물며 그런 임금을 위해 전쟁을 강행함에라!"[420]

또한 공자는 불필요하거나 경제활동을 방해하는 모든 세금의 폐지와 자유로운 경제활동의 보장에 대해서도 말한다.

> 옛적에 공전公田은 나라에서 그 수확을 거두어들이고 별도로 세금을 과하지 않았다. 관문에서는 기찰만 하고 관세를 징수하지 않았다. 산림과 천택은 때맞춰 들어가고 출입을 금하지 않았다. 그리고 규전圭田(제수祭需를 경작하는 땅)에 대해서는 과세하지 않았다(古者公田藉而不稅. 市廛而不稅. 關譏而不征. 林麓川澤以時入而不禁. 夫圭田無征).[421]

불요불급하지 않은 세금의 폐지와 무관세와 자유로운 경제활동의 진작은 모두 다 상인의 왕래와 상품의 자유유통을 진흥하는 것으로 귀결된다.

나아가 공자는 가벼운 과세에 이어 백성의 부역도 경감시키고자 했다. "백성의 힘을 쓰되 1년에 3일을 넘지 않고(用民之力歲不過三日)"[422] 또 "땅의 원근을 헤아려서 일을 일으키고 역역力役을 맡겼다(量地遠近 興事任力)".[423] 그리고 "무릇

---

419) 『論語』「先進」(11-17): "子曰 非吾徒也 小子鳴鼓而攻之可也."
420) 『孟子』「離婁上」(7-14): "孟子曰 求也爲季氏宰 無能改於其德 而賦粟倍他日. 孔子曰 求非我
徒也 小子鳴鼓而攻之可也. 由此觀之 君不行仁政而富之 皆棄於孔子者也 況於爲之强戰?"
421) 『禮記』「王制」(5-36).
422) 『禮記』「王制」(5-37).
423) 『禮記』「王制」(5-39).

백성을 부리되 백성들에게 노인이 할 수 있는 쉬운 일을 맡기고 장년의 식사를 대접한다(凡使民, 任老者之事 食壯者之食)".424) 부역 일수를 1년에 3일로 한정하며 노인도 할 수 있는 일을 맡기고 장년의 식사를 대접한다면, 백성이 부역을 피하는 것을 도모하지 않을 것이다.

■ 공자의 자유상공업론

물자와 재물의 자유로운 유통과 재생산에 대해서는 공자가 직접 말한 것은 많지 않지만, 후학들이 발전시킬 만한 대목은 적지 않다. 공자가 정리한 『서경』 「주서周書」 중 지금은 유실된 부분을 사마천이 전하는데 여기서 바로 이 유통과 재생산을 다루고 있다.

> 「주서」는 말한다. "농부가 내오지 않으면 농산물이 결핍되고, 공인이 내오지 않으면 공산품이 결핍되고, 상인이 내오지 않으면 삼보(농산물, 공산품, 임수산물 - 인용자)가 다 끊어지고, 산지기와 어부가 내오지 않으면 임수산물이 적어지고, 임수산물이 적어지면 산택은 다스려지지 않는다."425)

사마천은 이 말을 거시적 시각에서 주석한다. "이 네 가지(농·공·상업과 임수산업)는 백성이 입고 먹는 것의 근원이다. 그 근원이 크면 부유해지고, 근원이 작으면 가난해진다. 근원이 크면 위로는 나라를 부유하게 만들고 아래로는 가정을 부유하게 만든다. 이 빈부의 도는 아무도 빼앗거나 줄 수 없다. 기교가 있는 자는 여유 있게 되고 졸렬한 자는 부족하게 된다. 태공망은 영구營丘에 봉해졌을 때 땅이 소금 개펄이고 인민이 적었다. 그래서 태공망이 여공女功(부녀의 길쌈)을 장려하고 기술을 극히 발전시키고 어물과 소금을 유통시키니, 사람들과 물건이 돌아와 줄지어 몰려들었다. 그리하여 세상에 제나라의 관대와 의복, 신발이

---

424) 『禮記』「王制」(5-39).

425) 사마천, 『사기열전(下)』「화식열전」, 1173쪽: "周書曰 農不出則乏其食 工不出則乏其事 商不出則三寶絶 虞不出則財匱少. 財匱少而山澤不辟矣."

있게 되었고, 동해와 태산 사이에 있는 제후들(산동지방 제후들 – 인용자)은 옷깃을 여미고 제나라에 조회하게 되었다."426) 사마천의 이 주석도 중요하지만, 「주서」가 농·공·상·임어업의 순서로 업종을 나열하고 있음에도 이것이 농업을 제일로 치는 '농본주의'와 무관한 것도 중요하다. '유통이 없다면 재생산도 없다'는 '재생산의 관점에서 '상인이 내오지 않으면 삼보가 다 끊어진다'고 말하는 것으로 미루어 보아 재생산 과정에서 바로 '상업'에 결정적 지위를 부여하고 있기 때문이다. 말하자면, 여기서 나타나는 원리는 거시경제적 관점에서 농본農本과 상본商本을 결합한 '농·상 양본주의農商兩本主義'다.

공자가 상공업을 농업과 동등하게 중시하는 것은 그가 어느 경우에는 공업을 풍요의 원천으로 말하지만 다른 경우에는 상업만을 양민養民의 방법으로 말하는 데서 나타난다. 『중용』은 일단 '백공百工'을 풍요의 원천으로 말한다.

백공을 오게 하면 재용이 풍족하다(來百工則財用足).427)

그러나 앞서 시사했듯이, 공자는 『역경』에서 '상업', 즉 자유교역을 양민의 기본원리로 제시했다.

해가 중천에 뜨면 시장을 열어 천하의 백성을 초치하고 천하의 재화를 모으며, 교역하고 물러나 각기 제 것을 얻는다.428)

---

426) 사마천, 『사기열전(下)』「화식열전」, 1173-1174쪽. "此四者 民所衣食之原也. 原大則饒 原小則鮮. 上則富國 下則富家. 貧富之道 莫之奪予 而巧者有餘 拙者不足. 故太公望封於營丘 地潟鹵 人民寡. 於是太公勸其女功 極技巧 通魚鹽 則人物歸之 繦至而輻湊. 故齊冠帶衣履天下 海岱之間斂袂而往朝焉."『주례』에서, 비단과 삼을 다스려 만드는 자를 '婦功'이라 한다고 했다. 『周禮』「冬官考工記」. 따라서 '女功'은 '부공'과 동일한 기능인으로 보인다.

427)『中庸』「哀公問(20)」. 진환장은 이 구절을 근거로 공자가 공업을 농업이나 상업보다 더 중시했다고 해석한다. "자연과 완전히 독립적으로 새로운 부를 생산할 수 있는 것은 공업뿐이기" 때문이라고 한다. Chen Huan-Chang(陳煥章), The Economic Principles of Confucius and His School, 398-399쪽. 그러나 상업을 중시하는 공자의 다른 말씀들이 있다. 게다가 공업이 생산하는 부는 자연자원과 농산물을 가공하는 것이고, 이 물건들의 공급과 제품의 판매에서 상업에 의존해야 한다. 그러므로 공업은 자연과 농업과 상업에 종속적이다. 따라서 공자가 공업을 농업이나 상업보다 더 중시했다는 진환장의 해석은 지나친 것이다.

이 구절은 자유시장을 천하의 재화를 모아 자유교역을 통해 개인에게 분배하는 경제기제로 이해하고 있다.

또한 공자는 "시장을 열어 천하의 백성을 초치하고 천하의 재화를 모으는" 정책을 더 적극화해 자유시장과 자유상업을 진흥하는 방책에 대해서도 논한다.

> 이달(추석날이 있는 달 – 인용자)에는 관문과 시장을 드나드는 것을 쉽게 하고, 상단들
> 을 오게 하여 재화와 물건을 시장에 납품하게 하며, 이를 통해 백성을 편하게 한다.
> 이리하여 사방에서 와서 모이고 먼 타향에서 다 오면 재물은 바닥나지 않고, 조정도
> 소비품이 모자라지 않아, 온갖 일들이 이내 성취된다.(是月也 易關市 來商旅 納貨賄
> 以便民事. 四方來集 遠鄉皆至 則財不匱 上無乏用 百事乃遂.)[429]

공자의 자유상업론은 대내적인 것으로 그치지 않는다. 공자는 국제무역도 염두에 두고 이를 진흥하는 것에 대해서도 말한다.

> 중국과 이만융적夷蠻戎狄은 다 안거安居, 조화로운 입맛, 적합한 의복, 유용한 기구들을
> 가지고 있다. 이 오방五方의 백성은 언어가 불통하고 기호가 같지 않다. 그 뜻을 전달
> 하고 그 욕망을 통하게 함에 동방의 통역자는 '기寄'라 하고, 남방의 통변자는 '상象'이
> 라 하고, 서방의 통역자는 '적제狄鞮'라 하고, 북방은 '역譯'이라 한다.[430]

중국은 동이·서융·남만·북적 등 사방의 이민족과 무역하기 위해 그들의 언어를 담당하는 '기寄'·'상象'·'적제狄鞮'·'역譯' 등의 통역관들이 존재해왔고, 이 일은 사공司空이 담당해 국제무역을 순조롭게 하여 진흥했다. 공자는 이를 기록함으로써 국제무역에도 경제적 중요성을 부여하고 있다. 따라서 상업억압과 경제적 쇄국은 공자의 자유경제론에 반하는 것이다.

---

428) 『易經』「繫辭下傳(2)」: "日中爲市 致天下之民 聚天下之貨 交易而退 各得其所."

429) 『禮記』「第六 月令」.

430) 『禮記』「王制」: "中國夷蠻戎狄 皆有安居 和味 宜服 利用備器. 五方之民 言語不通 嗜欲不同.
達其志 通其欲 東方曰寄 南方曰象 西方曰狄鞮 北方曰譯."

그리고 공자는 출사해 공무를 수행할 때 물자유통을 원활히 하고 유통속도를 가속화하는 데 필수적인 정확한 도량형과 '신의성실'의 교역 원칙을 중시했다. 그리하여 공자가 노나라에서 정식으로 대사구와 재상을 겸직하고 국정을 맡은 지 석 달이 되자 양과 돼지를 파는 상인들이 저울눈과 가격을 속이지 않았다.[431]

공자가 시장과 자유상업을 진흥하는 입장에 섰기 때문에 공자의 시장경제론에서는 상공인의 지위가 당연히 높았다. 『주례』에서도 공인과 상인을 농부에 앞서 열거하고 있다.

> 나라에는 6직職(천·지·춘·하·추·동관)과 백공이 있는데 더불어 하나다. 혹자는 앉아서 도를 논하고, 혹자는 도를 일으켜 행하고, 혹자는 곡면曲面을 잘 알고 근육으로 다섯 재료를 붙잡아 백성의 기물器物을 갖춘다. 또 혹자는 사방의 진기한 것을 통하게 해서 이를 취하고, 혹자는 근력으로 땅의 재물을 키우고, 혹자는 명주실과 삼을 다스려 뭔가를 만든다. 앉아서 도를 논하는 것은 왕공이라 하고, 도를 일으켜 행하는 것은 사대부라 하고, 곡면을 잘 알고 근육으로 다섯 재료를 붙잡아 백성의 기물器物을 갖추는 것은 백공이라 하고, 사방의 진기한 것을 통하게 해서 이를 취하는 것은 상려商旅 (타향을 떠돌며 교역하는 상인)라 하고, 근력으로 땅의 재물을 키우는 것은 농부라 하고, 명주실과 삼을 다스려 뭔가를 만드는 것은 부공婦功(길쌈·바느질 여공)이라 한다.[432]

여기서 백공과 상려는 "근력으로 땅의 재물을 키우는 농부"와 "명주실과 삼을 다스려 뭔가를 만드는 부공婦功"에 앞서 있다.

『춘추좌씨전』은 '농민' 다음에 '공인'과 '상인'을 열거하는 경우도 있지만,[433]

---

431) 사마천, 『사기세가』「공자세가」, 430쪽.

432) 『周禮』「冬官考工記」: "冬官第六 國有六職百工與居一焉. 或坐而論道 或作而行之 或審曲面執以飭五材以辨民器 或通四方之珍異以資之 或飭力以長地財 或治絲麻以成之. 坐而論道謂之王公. 作而行之謂之士大夫. 審曲面執以飭五材以辨民器謂之百工. 通四方之珍異以資之謂之商旅. 飭力以長地財謂之農夫. 治絲麻以成之謂之婦功."

433) 『春秋左氏傳』「桓公 2년 9월 초」: "士有隸子弟 庶人工商 各有分親(선비는 복예 자제를 두고, 서인과 공인·상인은 각기 친분이 있다)." 여기서 공인과 상인에 대비해 쓰인 '서인'은 농민을 가리킨다. 또 『春秋左氏傳』「閔公 2년」: "衛文公 (…) 務材 訓農 通商 惠工(재용에

상인을 농민과 공인 앞에 두기도 한다.434) 『춘추곡량전』도 고대의 4대 직업군
에서 상인을 농민에 앞서 열거하고 있다.

> (성공成公 원년) 3월에 구갑제丘甲制를 만들었다. (…) 구갑은 나랏일이다. 구丘(농촌마
> 을)에서 갑옷을 만드는 것은 바른 것이 아니다. 구에서 갑옷을 만드는 것이 바른 것이
> 아님은 왜냐? 옛적에 국가를 세움에 백관이 갖춰지고 농부와 공인이 다 직업을 가짐
> 으로써 위를 섬겼다. 옛적에 네 가지 백성(四民)이 있었는데, 사민士民과 상민商民과
> 농민農民과 공민工民이 있었다. 무릇 갑옷은 사람마다 만들 수 있는 것이 아니므로
> 구에서 갑옷을 만들라는 것은 바르지 않은 것이다.435)

이 공양전의 춘추주석을 보면 상민이 농민 앞, 사민士民 다음 자리를 차지하고
있다. 따라서 공자가 상민을 농민이나 공인보다 낮춰 보았다는 해석은 전혀
근거 없는 소리다.

중국인들이 전통적으로 '사농공상'이라고 하여 상인을 네 직업군의 마지막
자리에 위치시키는 것은 단순히 농민이 원자재를 생산하고, 공인이 제조된
재화를 생산하고, 상인이 원자재와 제조된 재화를 교역하기 때문이다. 이것은
재생산 과정의 순서이지, 사회적 지위나 도덕적 차별의 순서가 아니다. 여기에
는 상공업이나 상인에 대한 하등의 경멸이 들어 있지 않은 것이다.436)

주周나라 때 상인들의 지위는 이렇게 아주 현저했다. 당시 그들은 대부분

힘써 농업을 가르치고 상업을 통하게 하고 공업에 혜택을 주었다)." 또 『春秋左氏傳』「襄公
9년 여름」: "其士競於教, 其庶人力於農穡, 商工皁隸不知遷業(그 나라 선비들은 교지를 받기를
다투고, 그 서인들은 농사에 힘쓰고, 상공인과 조례[皁隸, 관노비]는 직업을 바꿀 줄 모른다)."
또 「襄公 14년 여름」: "士有朋友 庶人工商皁隸牧圉皆有親暱 以相輔佐也(선비는 붕우가 있고
농민·공인·상인·조례·목부·마부는 다 친구가 있어 서로 보좌한다)."

434) 『春秋左氏傳』「宣公 12년 여름 6월」: "莉尸而擧, 商農工賈不敗其業(초나라가 무왕이 창안한
시[尸]라는 진법으로 전쟁을 하니 상려·농민·공인·행상이 그 업을 폐하지 않았다)."

435) 『春秋穀梁傳』「成公元年」: "三月, 作丘甲. (…) 丘甲國之事也. 丘作甲 非正也. 丘作甲之爲非
正, 何也. 古者立國家 百官具 農工皆有職以事上. 古者有四民, 有士民有商民有農民有工民.
夫甲非人人之所能爲也. 丘作甲非正也."

436) Chen Huan-Chang(陳煥章), *The Economic Principles of Confucius and His School*, 412쪽.

자기 교역을 하는 개인적 상인들이었으나, 여러 상인들이 연합한 상업기업도 존재했다. 대표적 사례는 기원전 694년 이전 동업으로 상업을 했던 관중管仲(기원전 약 723-645)과 포숙鮑叔이다. 이후에 이들은 둘 다 제나라의 장관이 되었다. 그러나 관중은 재상이 된 뒤에 중농억상책을 썼고, 이 중농억상책은 훗날 상앙·이사 등 법가의 억상책의 시발이 된다. 중농억상책은 공맹의 사상이 아니라 법가의 사상인 것이다.

고대에는 이미 상인길드도 존재했다. 『주례』에 "무릇 백성이 자본을 공동으로 소유하는 경우는 국법으로 명령해 행해지고 영을 어길 시에는 형벌을 가한다(凡民同貨財者令以國法行之犯令者刑罰之)"고[437] 규정하고 있는 것을 보면 상인길드가 존재했다는 것을 알 수 있다. 공자의 벗이었던 정나라 재상 자산子産이 기원전 526년에 한 이 말에서도 그것을 확인할 수 있다.

> 우리의 전 치자 환공께서는 주나라에서 전 상인들과 같이 왔다. (…) 매 세대마다 우리의 치자는 상호신의를 위해 상인들과 규약을 만들어왔다. 그 명문은 이렇다. "당신이 나로부터 이반하지 않으면 나는 당신의 교역을 폭력적으로 간섭하지 않을 것이다. 나는 당신으로부터 아무것도 구걸하지도, 앗아가지도 않을 것이다. 내가 아는 것 없이 당신은 당신의 이윤 많은 시장과 귀중한 물건들, 그리고 자산을 소유할 것이다." 이 보증된 규약을 통해 우리의 치자들과 상인들은 그들의 상호관계를 오늘날까지 보존해왔다.[438]

이 말로써 자산은 진晉나라 재상에게 옥반지를 팔도록 강요당하는 것으로부터 상인을 보호했다. 치자와 규약을 맺는 상인들은 길드로 조직되어 있음을 전제한다. 동시에 이것으로부터 우리는 상인들의 권력이 아주 컸다는 것을 알 수 있다. 상인들은 황제의 삼촌으로서 가장 강력한 공작이었던 정나라 환공을

---

437) 『周禮』 「秋官司寇·朝士」.

438) Chen Huan-Chang(陳煥章), *The Economic Principles of Confucius and His School*, 455쪽에서 재인용.

도와 새 나라를 건국했고 매 세대마다 치자들과 규약을 맺을 정도였다. 환공부터 자산까지 약 248년 동안 국가는 이 규약을 위반하지 않았다. 이것은 어떤 민주적 움직임과 상업자유, 계약사회를 증명한다. 이런 일들은 결코 개인적 상인들에 의해 이루어질 수 없었다. 상인들은 하나의 법적 단체로 조직화되었던 것이다. 사실, 정나라는 상업국가였고, 동직조합(길드)은 거기에서 강력한 토대를 잡고 있었다.[439)]

상인조합만이 아니라 개인적 상인도 그 지위가 높았다. 이것은 역사적 사례에서 분명히 드러난다. 기원전 627년 진나라의 군대가 정나라를 침공했다. 이때 정나라의 한 상인이 도중에 이 군대를 만났다. 그는 정나라 군주가 자신을 파견한 것으로 꾸미고 무두질한 4장의 가죽을 들고 12마리의 소를 끌고 나아가서 군인들에게 나눠 주고 장군들을 아첨으로 지체시켰다. 동시에 그는 사람을 몰래 보내 최대한 빨리 정나라 정부에 진나라 군대의 침공 소식을 알렸다. 이로써 정나라는 구조되었다. 이것은 상인이 나라를 구한 경우다.[440)] 또 사마천이 「화식열전」에서 다루고 있는 자공은 공자의 제자로서 거만금을 굴리는 대상인이었지만, 수많은 군주들에게서 군주와 대등한 영접을 받았다. 그리고 그는 후에 위나라의 재상이 되었다. 상인이었던 전력이 정치적 진로에 아무런 장애가 되지 않았던 것이다.

공자는 이와 같이 상업을 다른 직업과 대등하게 중시하는 가운데 생산·공급·교역·소비 등 경제 과정 전체에 대한 정치적 관리의 원칙을 자연의 물성과 인성에 따르는 '무위이차'로 보았다. 따라서 공자는 그 과정에 가급적 간여하지 않고 과정의 운행에 필요한 제도적 부대조건을 마련해주고 도로와 항만, 운하, 도량형, 신의성실 등의 물적·사회적·도덕적 조건을 유지하고 기술을 진흥하며 유통을 외적으로 촉진하는 것으로 그친 것이다. 치자는 국민경제의 내적 유통 과정에 간여하지 말고 하늘이 물성과 인성을 한번 명한 후 이 천성을 통해 우주와 천하가 저절로 돌아가도록 놓아둔 채 지켜보고 나중에 그 결과에 대해

---

439) Chen Huan-Chang(陳煥章), *The Economic Principles of Confucius and His School*, 455쪽.

440) Chen Huan-Chang(陳煥章), *The Economic Principles of Confucius and His School*, 456쪽.

상벌을 내리듯이 '무위이치'를 행한다.

공자는 '무위이성無爲而成(작위 없이 이룸)'으로 하늘의 고요하고 그침 없는 도를 묘사하고 인간이 하늘의 이 고요하고 그침 없는 천도를 귀히 여겨 하늘을 섬기는 것을 어버이를 섬기는 효도와 비교한다. 어버이는 고요하게 그침 없이 일하고 자식을 시키지 않고 지켜보며 오래 기다리고 한없이 사랑하며 길러준다. 보통 어버이의 이런 심성 속에는 하늘의 천도가 작용하고 있는 것이다. 따라서 어버이를 섬기는 것을 하늘 섬기듯이 하고, 하늘 섬기기를 어버이 섬기듯이 해야 한다는 것이다. 어버이 섬기는 것을 하늘 섬기듯이 하고 하늘 섬기기를 어버이 섬기듯이 하는 이 효성스러운 인자仁者의 삶은 사물 속에 구현된 '무위물성無爲物成의 천도', 즉 중용에 부합되는 삶이다. 천도는 사물 안에서도 조용히 작동하고 부모의 심성 안에서도 조용히 작동한다. '군자가 왜 천도를 귀히 여기느냐는 노나라 애공의 질문에 공자는 이렇게 답한다.

군자는 천도의 그 그침 없음을 귀하게 여기는 것입니다. 해와 달처럼 동서를 서로 따라가면서 그침이 없는 것, 이것이 천도입니다. 막히지 않고 오래가는 것, 이것이 천도입니다. 작위함이 없이 사물이 이루어지는 것(無爲而物成), 이것이 천도입니다. 이미 이루어져 밝은 것, 이것이 천도입니다. (…) 인자는 사물의 이치를 지나치지 않고, 효자는 사물의 이치를 지나치지 않습니다. 그러므로 인자가 어버이를 섬기는 것은 하늘을 섬기는 것 같고, 하늘을 섬기는 것은 어버이를 섬기는 것 같습니다. 그러므로 효자(와 인자)는 성신成身(자기완성)하는 것입니다.[441]

인자는 사람과 사물에 대해 중도를 실행해 천도에 부합한다. 여기에는 이미 인자(인애하는 치자)는 사람(백성) 섬기기를 하늘 섬기듯이 한다는 의미도 아울러 들어 있다. 백성의 움직임과 민심 속에는 천도가 조용하게, 그리고 쉴 새 없이

---

441) 『禮記(下)』 「哀公問」, 27-28쪽. "公曰 敢問君子何貴乎天道也? 孔子對曰 貴其不已. 如日月東西相從而不已也 是天道也. 不閉其久 是天道也. 無爲而物成 是天道也. 已成而明 是天道也. (…) 仁人不過乎物 孝子不過乎物. 是故仁人之事親也如事天 事天如事親. 是故孝子成身."

작동하고 있기 때문이다.

그러므로 성인은 '무위이성無爲而成'하는, 즉 '강제작위를 하지 않고도 이루어지게 하는' 하늘에 근본을 두고 하늘을 우러르는 땅을 본받아 다스린다.

> 지성至誠은 쉼이 없음이고, 쉬지 않으면 오래간다. 오래가면 징후로 드러나고, 징후는 유원悠遠하며, 유원하면 박후博厚하다. 박후하면 고명高明하다. 박후하므로 사물들을 실어주고, 고명하므로 사물들을 덮어준다. 유구하므로 사물들을 완성한다. 박후는 땅과 짝하고, 고명은 하늘과 짝한다. 유구함은 무강無疆하다. 이와 같은 것들은 드러내지 않아도 빛나고(不見而章), 움직이지 않아도 변하고(不動而變), 작위함이 없어도 이루어지게(無爲而成) 한다. 천지의 도는 한마디로 다할 수 있으니, 그 물성이 변하지 않는다는 것이다. 변하지 않으면, 그것이 물건을 생산함을 헤아릴 수 없다.[442]

요·순임금 같은 위대한 치자인 성인聖人은 하늘과 땅을 본받아 고명하고 박후해 백성을 '실어주고, 덮어주고, 완성하며', '불현이장不見而章, 부동이변不動而變, 무위이성無爲而成'한다. 그러므로 천지·부모·성인은 일체인데, 그들은 '무위이성' 또는 '무위이치'를 공통분모로 한다.

'무위이성' 또는 '무위이치'는 천지의 도, 자연의 도다. 그렇다면 정치경제에 '무위이성' 또는 '무위이치'를 적용하면 그것은 무엇인가? 그것은 백성의 이익을 따르는 것이고, 이것은 다시 은혜를 허비함이 없이 베푸는 것이다. 전손사顓孫師 자장子張이 정사에 종사하는 방법을 묻자 공자는 다섯 가지 선행(五美)을 말하면서 처음 두 가지를 "군자가 은혜를 베풀되 허비하지 않는 것(君子惠而不費)"과 "일을 시키되 원망을 사지 않는 것(勞而不怨)"으로 든다. 이어서 공자는 "백성이 이롭게 여기는 것으로 백성을 이롭게 해주는 것, 이것이 역시 은혜롭지만 허비하지 않는 것이 아니랴? 일할 만한 것을 택해 일을 시킨다면 또 누가 원망하랴?

---

442) 『禮記』「中庸」, 제26장: "至誠 無息. 不息則久 久則徵. 徵則悠遠 悠遠則博厚 博厚則高明. 博厚 所以載物也. 高明 所以覆物也. 悠久 所以成物也. 博厚配地 高明配天. 悠久無疆. 如此者 不見而章 不動而變 無爲而成. 天地之道 可一言而盡也 其爲物不貳 則其生物不測."

(因民之所利而利之 斯不亦惠而不費乎 擇可勞而勞之 又誰怨)"라고 설명해준다.443) 여기서 '무위이치'의 핵심은 "백성이 이롭게 여기는 것으로 백성을 이롭게 해주는 것"이다. 백성이 상공업으로 돈을 벌고자 하면 이를 진흥하고 지원하는 것이 경제적 '무위이치'다.

따라서 동중서董仲舒(기원전 170-120)는 "그러므로 성인이 나라를 다스림에 천지의 성정과 감관感官의 이로움을 따른다(故聖人之治國也 因天地之性情 孔竅之利)"고 말하고 "백성이 거취할 바를 알고 나서 다스림에 이를 수 있는 것은 법칙(象則)이므로 남들의 임금 된 자는 무위의 지위에 앉아 말없는 교시를 행하고 소리 없이 적막하고 형체 없이 고요하고 극단極端 없이 하나를 붙잡는 것을 나라의 원천으로 삼는다(民之所去就然後可以致治 是爲象則 爲人君者居無爲之位 行不言之敎 寂而無聲 靜而無形 執一無端 爲國源泉)"고 설파한다.444) 성인은 천지의 도, 자연의 도를 따라 백성의 영리활동을 자유롭게 해주는 것을 임무로 삼는다.

그렇다면 하늘은 늘 완전한 것인가? 공자는 하늘도 불완전한 구석이 있고 때로 오류와 과실을 피할 수 없음을 '신귀神龜(신령스러운 거북)'의 예로 간접적으로 인정한다. 열 번 점쳐 열 번 적중시키고 송나라 원왕元王에게 연전연승과 부강을 안겨준 신귀도 등딱지가 발리고 태워지는 우환을 피하지 못하고, 땅의 기둥이 무너지고 하늘의 서까래가 없어져 하늘도 동남쪽으로 기우니 사람을 책망할 수 없다는 말이 있었다. 공자는 이 말을 듣고 다음과 같이 말했다.

신귀는 길흉을 알지만, 제 뼈는 말라 없어진다. 해는 가장 덕스러워 천하에 군림하지만 삼족오三足烏에게 일식의 욕을 당하고, 달은 가장 모범적이고 서로 돕지만 두꺼비에게 월식을 당한다. (…) 일진도 불완전해 고孤·허虛의 나쁜 날이 있다. 황금도 흠이 있고 백옥에도 타가 있다. (…) 사물은 우리를 구속하는 바가 있고, 우리가 의거하는 바가 있다. (…) 어찌 적중할 수만 있겠는가? 어찌 사물이 완전할 수만 있겠는가? 하늘은 오히려 불완전하고, 그래서 세상은 집을 지으면서 기와 세 장을 붙이지 않고

---

443) 『論語』「堯曰」(20-2).

444) 董仲舒, 『春秋繁露』 제20편.

늘어놓아 하늘에 응한다. 그러므로 천하에는 등급이 있고 사물은 불완전한 채로 생겨나는 것이다.[445]

천지의 도가 이렇게 기와집의 기와 세 장만큼 불완전한 구석이 있어 인간과 성인이 하늘을 도와 추가로 해야 할 일이 있는 것이다.

기독교 교리에 사로잡힌 17-18세기 서양에서도 개명된 지식인들은 하늘과 자연의 이 불완전성과 비정상성을 부인하지 않았다. 베이컨은 자연상태를 '자연의 자유', '자연의 오류', '자연의 구속' 상태로 나누고 '자연박물지'도 이에 따라 '자연적 발생의 박물지', '불가사의한 발생의 박물지', '기술의 박물지(역학기술의 박물지와 실험기술의 박물지)'를 모두 다 대상으로 삼고 있다.[446] 디드로와 달랑베르(Jean Le Rond d'Alembert)의 『백과전서』도 베이컨과 유사하게 '지식의 줄기나무'를 그리면서 자연박물지의 대상을 '한결같은 자연', '자연 속의 비정상성', '자연의 이용'으로 나누고, '자연 속의 비정상성'을 '하늘의 기적' 외에 '기적적 별똥별', '비정상적 광석', '비정상적 식물', '비정상적 동물', '요소의 기적' 등으로 열거하고 있다.[447] 성인은 하늘의 비정상적 움직임과 현상을 예측해 피하거나 기형적 형상들을 기술적으로 고치고, 피하지도 고치지도 못하면 이에 적응하는 길을 밝히고 개척함으로써 하늘의 불완전함에 대비한다.

그러므로 성인은 이러한 하늘과 땅의 특이한 현상을 제하고 천지자연을 본받아 신하와 백성들의 일에 간여하지 않고 억지로 시키지 않으며 신하와 백성들이 자유롭게 스스로 행하도록 놓아둔 채 지켜보지만 나중에 반드시 상벌을 내리고

---

445) 사마천, 『사기열전(下)』 「귀책열전」, 1153쪽. "孔子聞之日 神龜知吉凶, 而骨直空枯. 日爲德而君於天下 辱於三足之烏, 月爲刑而相佐 (…) 日辰不全 故有孤虛. 黃金有疵 白玉有瑕. (…) 物有所拘, 亦有所據 (…) 何可而適乎? 物安可全乎? 天尙不全 故世爲屋 不成三瓦而陳之 以應之天. 天下有階 物不全乃生也."

446) Bacon, The New Organon, Bk. I, Aphorism I: "Preparation for a Natural and Experimental History. Outline of a Natural and Experimental History, adequate to serve as the basis and foundation of True Philosophy."

447) 참조: Jean Le Rond d'Alembert, Denis Diderot u.a., Enzyklopädie (Frankfurt am Main: Fischer Verlag, 1989), 28-29쪽.

뒷일을 보살핀다. 천지가 관리하는 세상의 자연스러운 운행이 기왓장 세 장만큼 불완전해서 자연스러운 가이드라인과 신상필벌信賞必罰은 반드시 필요하다. 그러나 성인의 국가도 하늘처럼 관대해 언제나 상은 후하고, 벌은 가볍다.

앞서 논했듯이 공자는 "작위 없이 다스린 분無爲而治者은 순임금이리라! 무엇을 했는가? 몸을 공손히 하고 똑바로 남면했을 뿐이다"라고 갈파했다.448) '무위이치자無爲而治者'가 '몸을 공손히 하는 것'은 고요한 하늘처럼 본보기가 되는 것이고, '남면'은 신하의 활동상과 백성의 흐름을 정관하고 신상필벌로 평가해 좋은 것을 촉진하고 나쁜 것을 억제하는 것이다. 또 공자는 "높고 높도다! 순임금과 우임금이 천하를 영유하고도 이에 간여하지 아니함이여!"라고 환언換言했다.449) 따라서 덕스러운 치자는 백성의 경제와 삶에 간여하지 않고 경제에 장애가 되는 세금이나 부역, 규제들을 모조리 철폐해 자유화하는 '무위이치'와 '유이불여有而不與(영유해도 간여하지 않음)'의 자유방임과 군신분권 정치를 행하고 수범적인 덕치와 후상관벌厚賞寬罰 등 최소한의 '유위이치有爲而治'를 행한다.

이 최소한의 '유위이치'는 무위이치에 맡겨진 자유시장에 대해서도 요청된다. 공자는 시장에 대한 '유위이치'로서 ① 시장에서 팔아서는 아니 되는 물품의 출하를 금지하는 것과 ② 시장의 양극화 추세를 완화하는 복지정책을 제시한다. 복지정책은 뒤로 미루고 불가물품 출하금지 정책을 보자. 이 '유위이치'는 미풍양속, 국위, 안보, 규격과 품질, 윤리도덕, 법규범, 농업보호, 생태보전 등의 이유에서 시장에 팔아서는 아니 되는 물품들의 출하를 금지하는 조치다. 이는 자유시장 자체의 무분별성에 기인하는 각종 반사회적, 역기능적 폐해를 막기 위한 인위적 규제조치들이다.

규벽과 금장(일월성신에 대한 제사용 구슬과 사방의 신에 대한 제사용 구슬)은 지니고 있어야 하고 시장에 내다 팔아서는 아니 되고, 왕명으로 지어진 관복과 관용수레는 시장에 내다 팔아서는 아니 되고, 종묘의 제기는 (훔쳐) 시장에 내다 팔아서는 아니 되고,

---

448) 『論語』「衛靈公」(15-5): "無爲而治者 其舜也與! 夫何爲哉 恭己正南面而已矣."
449) 『論語』「泰伯」(8-18): "巍巍乎! 舜禹之有天下也而不與焉."

(사당이나 묘지에 제수용으로 진열된) 희생은 시장에 내다 팔아서는 아니 되고, 병장기는 시장에 내다 팔아서는 아니 된다. 규격에 맞지 않는 용기는 시장에 내다 팔아서는 아니 되고, 규격에 맞지 않는 병거는 시장에 내다 팔아서는 아니 되고, 곱고 거침이 정해진 수에 맞지 않고 넓고 좁음이 규정량에 맞지 않는 포목과 비단은 시장에 내다 팔아서는 아니 된다. 또 정색正色을 어지럽히는 간색姦色의 물품(가령 춘화, 성매매, 장물, 도굴품 등)은 시장에 내다 팔아서는 아니 되고, 한낱 도구장식으로 오용되는 금문錦文과 주옥珠玉은 시장에 내다 팔아서는 아니 되고, 남의 의복과 음식은 내다 팔아서는 아니 되고, 때 이른 오곡과 익지 않은 생과일은 시장에 내다 팔아서는 아니 된다. 벌목하는 때에 맞지 않는 나무는 내다 팔아서는 아니 되고, 죽이는 때에 맞지 않는 금수, 물고기, 자라는 시장에 내다 팔아서는 아니 된다.450)

또 "마을 공동지는 내다 팔아서는 아니 되고, 묘지는 팔기를 청할 수 없다(田里不粥 墓地不請)".451)

도덕과 미풍양속, 국가안보와 국위, 상품의 규격과 표준, 자연생태 등을 해치는 무위시장의 무분별한 상품화를 막는 이 금지조치들은 오늘날도 유효성을 갖는 항목들이다. 시장은 스스로 알아서 이런 물품들을 판매와 유통에서 걸러낼 능력이 없다. 따라서 이 대목에서 정부의 '유위이치'가 필수불가결한 것이다.

■ 공맹의 자본 개념

고대에 자유시장과 상공업의 자유가 장려된 만큼 자연스럽게 상공업자본과 농축산자본이 형성되었다. 공자는 상공업의 자유를 인정하는 만큼 농민과 상공

---

450) 『禮記』 「第五 王制」: "有圭璧金璋 不粥於市, 命服命車 不粥於市, 宗廟之器 不粥於市, 犧牲不粥於市, 戎器不粥於市. 用器不中度 不粥於市, 兵車不中度 不粥於市, 布帛精麤不中數 幅廣狹不中量 不粥於市. 姦色亂正色 不粥於市. 錦文珠玉成器 不粥於市. 衣服飲食 不粥於市. 五穀不時 果實未熟 不粥於市, 木不中伐 不粥於市, 禽獸魚鼈不中殺 不粥於市." 본문 번역문의 괄호 내용은 인용자.

451) 『禮記』 「第五 王制」.

업자의 '자본'을 알고 있었고 또 이를 승인했다.

당시 '자본'은 '자資' 또는 '자부資斧', '화재貨財', '화자貨貲', '재財' 등으로 불리고 또 그렇게 표기되었다. '자資'는 임금노동자(童僕)를 고용할 만큼 '축적된 재財'를 뜻했고, 정확히 오늘날의 '자본'을 의미했다. '자본'의 뜻으로서의 '자資'와 '자부資斧'는 『주역』의 여旅괘 효사에 등장한다. "상려商旅가 숙소에 들어제 자본(資)을 안고 있으니 충실한 동복을 얻는다(旅卽次 懷其資 得童僕貞)." 그리고 "상려가 처소에 들어 자본(資斧)을 얻었다(旅于處 得其資斧)". 이런 뜻의 '자'는 『시경』에도 등장한다. "혼란으로 자본(資)이 멸실되었는데 우리 백성을 걱정하지 않네(喪亂篾資曾莫惠我師)"452) 또는 "나라 형편은 자본(資)이 멸실되었는데 하늘은 우리를 돕지 않네(國步滅資 天不我將)"453) 등이 그것이다. 자본을 뜻하는 '화재貨財'는 『중용』에서 볼 수 있다. "지금 무릇 물은 한 잔의 물이 많아진 것인데 헤아릴 수 없게 되어서는 악어·교룡·물고기·자라가 이곳에서 생장하고 자본(貨財)도 이곳에서 증식한다(今夫水一勺之多 及其不測 黿鼉蛟龍魚鼈生焉 貨財殖焉)."454) 맹자도 자본의 뜻으로 '화재'를 사용한다. "전야가 개간되지 않고 자본(貨財)이 모이지 않는 것은 나라의 (진정한) 위해가 아니다(田野不辟 貨財不聚 非國之害也)."455) '화재'의 글자 그대로의 의미가 '상품재산'이므로 '화재'는 '상품(유동자본)과 '재산(고정자본)의 형태를 바꿔가며 끊임없이 회전하는 오늘날의 '자본'을 뜻하기에 안성맞춤이다. 유사하게 사마천은 자본의 뜻으로 '화자貨貲'를 썼다. "자공은 폐하고 일으키는 것을 좋아해 때와 더불어 자본(貨貲)을 돌렸다(子貢好廢擧 與時轉貨貲)."456) 한편, 관중은 『관자管子』에서 자본의 뜻으로 '본本'을 썼다.457) 오늘날 '자본'이라는 말은 저 '자'가 이 '본'과 결합해 생긴 말이다.

이미 고대에 선보인 자본은 춘추전국시대에 이르면 각 부문의 큰 자본가들이

---

452) 『詩經』「大雅·生民之什·板」.

453) 『詩經』「大雅·蕩之什·桑柔」.

454) 『中庸』(26章).

455) 『孟子』「離婁上」(7-1).

456) 사마천, 『사기열전(上)』「중니제자열전」.

457) Chen Huan-Chang(陳煥章), *The Economic Principles of Confucius and His School*, 355쪽.

등장하면서 일반적 현상이 된다. 뒤에 상론하는 바와 같이 한대에 이르면 수백, 수천 명을 임금노동자로 고용한 수많은 '소봉素封'들이 등장한다. 이들은 각국의 군주들과 벗할 만큼 사회적 지위가 높았다. 그러다가 송·원·명·청대에 이르면 국내외 무역과 상공업에 종사하는 수많은 대자본가들이 등장한다.

■ 맹자의 자유경제론

공자의 이러한 경제관과 이재론은 맹자에게서 더욱 치밀하게 구체화된다. 맹자는 2000년 뒤의 아담 스미스처럼 분업의 이점을 강조한다. "백공百工의 일도 실로 농사를 지으면서는 할 수 없다. 그런데 천하를 다스리는 일만 유독 농사지으면서 할 수 있겠는가? 그래서 대인의 일이 있고 소인의 일이 있는 것이다. 일신에 백공의 일을 다 갖추고 반드시 스스로 만들어 써야 한다면 이는 천하를 괴롭히는 쪽으로 이끄는 것이다. 그러므로 아무개는 노심勞心하고 (마음을 쓰고) 아무개는 노력勞力한다(힘을 쓴다)고 하는 것이다. 노심자는 사람을 다스리고, 노력자는 다른 사람에 의해 다스려진다."[458]

나아가 맹자는 인정仁政의 구체적 구현 방안을 공자의 취지에 따라 양민養民, 교민敎民, 사법司法정의, 반전反戰평화 등 네 가지로 나누고 이 중 양민을 기본으로 보았다. 그의 기본테제는 '백성을 부자로 만들고 백성과 함께 즐기는 것'이다. 그의 양민·부민론은 세 가지 취지에서 주창된다. 첫째는 전국시대 도탄에 빠진 백성을 구하기 위한 소극적 취지다. 둘째는 백성을 부유하게 만들기 위한 적극적 취지다. 셋째는 교민을 가능하게 하는 물적 토대를 만들기 위한 궁극적 취지였다.

- 자유시장론

맹자의 첫 번째 경제정책은 일단 정부의 지나친 시장간섭과 독점에 반대하는

---

458) 『孟子』「滕文公上」(5-4): "百工之事 固不可耕且爲也. 然則治天下 獨可耕且爲與? 有大人之
事 有小人之事. 且一人之身而百工之所爲備 如必自爲而後用之 是率天下而路也. 故曰 或勞心
或勞力. 勞心者 治人. 勞力者 治於人."

'무위이치'의 자유시장정책이었다. 자유시장정책의 핵심은 자연의 본성과 자연
질서에 반하는 정부의 억지스러운 시장개입 행동(경제적 작위)과 대大상공인의
탐욕스러운 독점을 폐지하는 것이다. 그리하여 그는 자연질서에 반하는 억지스
러운 온갖 '조장助長' 행위를 비판한다.

꼭 노력이 있어야 하되 정벌하지 말고, 마음으로 잊지 않되 조장하지 말라. 송나라
사람이 했듯이 하지 말라는 것이다. 송나라 사람 중에 모가 크지 않는 것을 가엾게
여겨 그것을 뽑아 올린 사람이 있었다. 그는 황급히 돌아와 자기 사람들에게 일러
말하기를, "오늘 힘들었다, 내가 모를 도와 키웠다"라고 했다. 그의 아들이 달려가
보니 모들이 말라죽어 있었다. 천하에 모를 도와 키우는 일은 거의 없다. 무익하게
여겨 버리는 것은 모를 가꾸지 않는 것이고, 그것을 도와 키우는 것은 자라는 모를
뽑아 올리는 것이다. 이런 짓은 단지 무익할 뿐만 아니라 해롭기까지 하다.[459]

'모를 조장하는 것'의 비유는 '모를 키운답시고 죽이는 것', '돕는답시고 정벌하
는 것'을 뜻한다. '조장하지 말라'는 것은 시장에 적용하면 마음으로 잊지 않고
시장의 발전에 애쓰되 시장에 지나치게 개입해서는 안 된다는 뜻으로, 시장을
시장의 가격법칙에 순응해 '무위로 다스린다'는 말이다. 이것은 경제정책으로
말하면 정부가 자유로운 경제활동의 자연법을 따르고 강제적으로 간섭하지
않는 것이다. 시장의 가격법칙과 자연스러운 흐름에 반한 정부의 시장개입은
"무익할 뿐만 아니라 해롭기까지 한 것"이다.[460]

　　동시에 맹자는 부상대고富商大賈의 시장농단壟斷(독점이익 추구), 즉 사私자본의
시장독점을 정부독점만큼 시장의 자연적 경쟁질서와 가격메커니즘의 정상적
작동에 해로운 것으로 여겨 농단하는 부상대고에 대해 세금을 과해 농단을
규제해야 한다고 생각한다.

---

459) 『孟子』「公孫丑上」(3-2): "必有事焉而勿正(=征), 心勿忘 勿助長也(無若宋人然. 宋人有閔其苗
　　之不長而揠之者. 芒芒然歸 謂其人日 今日病矣. 予助苗長矣. 其子趨而往視之 苗則槁矣. 天下之
　　不助苗長者寡矣. 以爲無益而舍之者 不耘苗者也, 助之長者 揠苗者也. 非徒無益 而又害之."
460) 참조: Ma Tao, "Confucian Thought on the Free Economy", 156쪽.

역시 사람이라면 누가 부귀를 바라지 않겠는가? 그러나 홀로 부귀한 사람들 가운데는 사적으로 이익을 농단壟斷(獨占)하려는 자가 있다. 옛적에 시장을 이룸에 자기가 가진 것을 자기가 없는 것과 바꾸었고, 관원이 있어도 이를 다스리기만 했을 뿐이다. 그런데 어떤 천박한 사나이가 높은 언덕(壟斷)을 찾아 올라가 좌우를 둘러보고 시장의 이익을 모조리 쓸어갔다. 사람들은 이를 천박하다고 여겼고 이에 따라 이런 짓에 대해 세금을 물렸다. 상업에 세금을 물리는 것은 이 천박한 사나이로부터 시작되었다.461)

맹자는 자유시장의 관점에서 시장경쟁을 북돋우되 독점행동에 대해서는 엄한 비판을 가하며 이 '천박한' 행위를 억제하고 진압하기 위한 세법과 시장균제법, 즉 균시법均市法의 제정을 논하고 있다. 동시대에 집성된 『주례』는 '사시司市'에서 공정거래를 위한 균시조치들을 좀 더 상세히 규정하고 있다.

사시는 시장의 치교治敎·정형政刑·도량형을 관장하고 금령으로 차례로 땅을 나누고 시장을 다스리고 물건을 진열하고 변별해 시장을 화평하게 하고 정령으로 안 좋은 물건을 금하고 시장을 균제均齊한다(均市). 상인들의 풍부한 재화로 화폐를 유통시키고 도량형으로 가격을 매겨 사고팔게 하고 어음으로 신용을 맺고 다툼을 그치게 한다. 매매에서 백성의 속임수를 금하고 사기를 없애고 형벌로써 흉포한 짓을 금하고 도둑을 제거한다. 천부泉府(재정경제부)는 동일한 재화를 거두고 빌려준다. 대시大市는 오후에 시장을 여는데 백성이 위주고, 조시朝市는 아침때 시장을 여는데 상인이 위주고, 석시夕市는 저녁때 시장을 여는데 물건을 사는 지아비와 지어미가 위주다.462)

'균시'를 위한 '사시'는 오늘날 공정거래위원회와 유사한 관청으로서 하대부下大

---

461) 『孟子』「公孫丑下」(4-10): "人亦孰不欲富貴? 而獨於富貴之中有私壟(=壟)斷焉. 古之爲市也 以其所有易其所無者 有司者治之耳. 有賤丈夫焉 必求龍斷而登之 以左右望 而罔市利. 人皆以 爲賤 故從而征之. 征商自此賤丈夫始矣."

462) 『周禮』「地官司徒(下)」, '司市': "司市掌市之治敎政刑量度禁令. 以次敍分地而經市. 以陳肆 辨物而平市. 以政令禁物靡而均市. 以商賈阜貨而行布. 以量度成賈而徵償. 以質劑結信而止 訟. 以賈民禁僞而除詐. 以刑罰禁虣而去盜. 以泉府同貨而斂賒. 大市日昃而市百族爲主朝市朝 時而市商賈爲主夕市夕時而市販夫販婦爲主."

夫 2인, 상사上士 4인, 중사中士 8인, 하사下士 16인, 부府 4인, 사史 8인, 서胥 12인, 도徒 120인 등 도합 174명으로 구성되었다.463) (부·사·서·도는 직역職役으로 징발된 민간인이다.) 따라서 '사시'는 비교적 큰 관청이었다.

- 부세경감과 부당한 세금의 폐지

맹자의 두 번째 양민정책은 부세경감과 부당한 세금의 폐지다. 맹자는 조세의 원칙을 이렇게 논한다. "베와 실에 대한 과세, 곡식과 쌀에 대한 과세, 노역의 징발이 있는데, 군자는 이 중 하나만 쓰고 다른 두 가지는 완화한다. 이 중 두 가지를 쓰면 백성이 굶주리고 그 셋을 다 쓰면 아비와 아들이 헤어진다."464) 제나라 선왕이 왕도정치에 대해 묻자 맹자는 일사천리로 문왕의 조세경감, 관세와 시장세 폐지, 자유상업, 경제활동의 자유 등 경제자유화정책을 언급한다.

옛날 문왕이 기산에서 다스릴 때는 경작자가 9분의 1의 세금만 냈고, 벼슬한 자는 대대로 녹을 받았고, 관문과 시장에서는 규찰만 하고 세금을 받지 않았고, 연못에서는 (고기잡이 통발과 살의 설치를) 금하지 않았습니다.465)

세금을 없애거나 경감하고 경제활동의 금법을 폐지하는 것은 경제적 측면에서 대표적 인정仁政정책이다.

따라서 맹자는 제선왕에게 시장의 진흥이 인정仁政에 달려 있다고 말한다.

지금 왕께서 정사를 펴고 인仁을 베풀어 천하의 벼슬아치로 하여금 왕의 조정에 서고 싶게 하고, 경작자들로 하여금 왕의 들녘에서 농사짓고 싶게 하고, 천하의 상인들로 하여금 왕의 시장에 출하하고 싶게 하고, 여행객들로 하여금 왕의 도로로 나오고 싶게 하십시오.466)

---

463) 『周禮』 「地官司徒(上)」, 직제편성.

464) 『孟子』 「盡心下」(14-27): "孟子曰 有布縷之征 粟米之征 力役之征. 君子用其一 緩其二. 用其二而民有殍 用其三而父子離."

465) 『孟子』 「梁惠王下」(2-5): "昔者文王之治岐也 耕者九一 仕者世祿 關市譏而不征 澤梁無禁."

여기서 '인정'은 "경작자들로 하여금 왕의 들녘에서 농사짓고 싶게 하고, 천하의 상인들로 하여금 왕의 시장에 출하하고 싶게 하는" 전제로 입론되고 있다.

맹자는 부포夫布(부역세)·이포里布(비단·삼베 생산에 대한 세금) 폐지와 동시에 기원 전 350년경에 이미 가격조절을 위한 수매收買조치 등을 주장했다.

> 시장에서 가게를 내주되 세금을 물리지 않고 안 팔린 물품은 나라에서 법으로 수매 해 쌓여 있지 않게 하면 천하의 상인들이 다 기뻐하면서 이 시장에 물품을 내놓고 보관하기를 바랄 것이다. 관문에서 검문만 하고 세금을 징수하지 않는다면 천하의 여행상단들은 다 기뻐하며 그 길로만 출입하기를 바랄 것이다. 농사짓는 일에서 조助 만 받고 세를 받지 않으면 천하의 농민들이 다 기뻐하며 그 들에서 농사짓기를 바랄 것이다. 사는 터전에서 부포와 이포를 없앤다면 천하의 백성들이 그 이주민이 되기 를 바랄 것이다.467)

정부수매를 통한 물가안정 조치는 정부의 '천부泉府'(=錢府) 관청에서 맡았다. 맹자가 살던 시대(전국시대)에 집성된 『주례』에서 말하는 '천부'는 오늘날 재정경 제부와 유사한 관청이다. 『주례』의 「천부」는 시장과 관련된 법제를 비교적 상세하게 규정하고 있다.

> 천부는 시장의 징세를 관장한다. 천부는 시장의 팔리지 않은 재화 중 민용民用을 적체 시키는 것을 거두어 상인이 사갈 물건을 목록 푯말에 적고 불시의 구매자를 기다린다. 물건을 사는 경우에는 각기 그 물건의 본래 가격(從其抵)에 따른다. (…) 무릇 물건을 외상으로 사는 경우는 제사를 위한 것이면 열흘을 넘기지 않아야 하고 상사喪事를 위한 것이면 3개월을 넘기면 아니 된다. 무릇 백성이 자금을 빌리는 경우에는 주무관

---

466) 『孟子』 「梁惠王上」(1-7): "今王發政施仁 使天下仕者皆欲立於王之朝 耕者皆欲耕於王之野 商賈皆欲藏於王之市 行旅皆欲出於王之塗."

467) 『孟子』 「公孫丑上」(3-5): "市 廛而不征 法而不廛 則天下之商皆悅 而願藏於其市矣 關 譏而 不征 則天下之旅皆悅 而願出於其路矣 耕者 助而不稅 則天下之農皆悅 而願耕於其野矣 廛 無夫里之布 則天下之民皆悅 而願爲之氓矣." '조(助)'는 9구획 정전제에서 8가구가 공동 경작하 는 중앙의 1구획의 공전(公田)에서 난 소출을 뜻한다.

의 변별과 더불어 그것을 주고 국가복역을 그 이자로 삼는다(以國服爲之息).468)

"시장의 팔리지 않은 재화 중 민용이 막힌 것을 거두어 매매물건을 목록 푯말에 적고 불시의 구매자를 기다린다"는 '천부'의 구절은 맹자의 '수매를 통한 물가안정법'과 일치한다. 물가가 지나치게 치솟을 때 물가를 잡기 위해 정부물자를 도로 방매하는 경우에는 물건을 사들였을 때의 싼 가격으로 팔아야 한다. 그래야만 정부가 상업이윤을 좇지 않고 물가를 안정시켜 중소상인과 소비자 대중이 부상대고와 고리대부자들에게 희생당하는 것을 막을 수 있다. 반대로 물가가 곤두박질칠 때는 물건을 수매함으로써 재화의 수량을 줄여 물가를 끌어올린다. 이로써 생산자들의 부도를 막는다. 그리하여 훗날 북송의 개혁가 왕안석王安石(1021-1086)은 "선왕이 겸병을 억제하고 빈약자를 균제均濟하며 재부를 변통시키던 이권利權을 천부의 관청이 한곳에서 나오게 할 수 있었던 것은 천부의 관리가 있었기 때문이다"라고 주석한다.469) 천부의 관리는 상사上士 4인, 중사中士 8인, 하사下士 16인, 부府 4인, 사史 8인, 고賈 8인, 도徒 80인 등 도합 128명으로 구성되었다.470)

정부의 여러 조치를 통한 자유시장의 확립으로 천하의 백성들이 몰려오는 나라는 부강한 나라고 '무적'의 나라다. 시장에 대한 불필요한 규제와 세금을 없애 시장거래를 자유화해 백성들 각자의 물욕을 해방하고 그 충족을 극대화하도록 만들면, 자유시장기제의 자율적 작동에 의해 개인의 이기적 이익 추구와 개인적 재부의 축적으로부터 저절로 경제의 발달과 국가의 부강이라는 '공동선'이 달성된다. 맹자는 자유시장의 확립을 위해 특히 관세와 시장세의 폐지를 시급한 것으로 여겼다. 대영지戴盈之라는 송나라 대부가 십일조(정전제의 助)를

---

468) 『周禮』「地官司徒(下)」, '泉府': "泉府掌以市之征布. 斂市之不售貨之滯於民用者以其賈買之物楬而書之以待不時而買者. 買者各從其抵. (…) 凡賒者祭祀無過旬日 喪紀無過三月. 凡民之貸者與其有司辨 而授之以國服爲之息."

469) 『楊龜山先生集』卷73. 이범학,「王安石 改革論의 形成과 性格 – 新法의 思想的 背景에 관한 一研究」.『동양사학연구』제18집(1983), 55쪽에서 재인용.

470) 『周禮』「地官司徒(上)」, 직제편성.

거두고 관세와 시장세를 경감하며 그 폐지는 1년 뒤로 미루는 방안에 대해 묻자 맹자는 "그것이 의롭지 않음을 알았다면 속히 그쳐야지 어찌 내년을 기다립니까?"라고 핀잔했다.[471]

맹자의 이런 치국원리는 실로 공자를 계승해 더 구체화한 것이다. 그도 치국의 근본원리를 '무위'로 언명하기 때문이다. 맹자는 "그들이 하지 않는 것을 하게 하지 않고, 그들이 바라지 않는 것을 바라지 않는다. 이와 같이 할 따름이니라(無爲其所不爲 無欲其所不欲 如此而已矣)"라고 말한다.[472]

- 양민정책과 민생안정정책

맹자의 세 번째 정책은 양민養民과 민생안정을 위한 경제정책이다. 맹자는 전국시대에 도탄에 빠진 민생에 대한 정확한 시대인식과 진단을 가지고 당시 가가호호의 구체적 상황과 관련해 백성의 경제사정과 예의의 관계에 대해서 양혜왕에게 다음과 같이 말한다. "오늘날 백성의 산업을 제도함이 위로는 부모를 모시기에 부족하고 아래로는 처자를 키우기에 부족하니 풍년에는 내내 고생하고 흉년에는 죽음을 면치 못합니다. 이것은 죽음에서 구명되는 것을 생각하고 넉넉하지 못함을 두려워하는 것입니다. 그러니 어느 겨를에 예의를 닦겠습니까?"[473] 전국시대의 민생은 이만큼 처절했다.

그러므로 맹자는 양민養民·민생안정을 위한 경제정책으로서, 양혜왕에게 이런 기아·동한冬寒을 타개하는 농업, 특용작물, 임업, 어업 등 산업진흥과 노인·가족 부양을 위한 효제교육을 역설한다.

농사철을 어기지 않는다면 곡식을 다 먹어치울 수 없을 만큼 수확할 것이고, 촘촘한

---

471) 『孟子』「滕文公下」(6-8): "戴盈之曰 什一 去關市之征 今玆未能 請輕之 以待來年 然後已 何如? 孟子曰 今有人日攘其鄰之雞者 或告之曰 是非君子之道 曰 請損之 月攘一雞 以待來年 然後已. 如知其非義 斯速已矣 何待來年?"

472) 『孟子』「盡心上」(13-17). 이 구절에 대한 기타 다른 해석들은 모두 물리친다.

473) 『孟子』「梁惠王上」(1-7): "今也制民之産 仰不足以事父母 俯不足以畜妻子 樂歲終身苦 凶年不免於死亡. 此惟救死而恐不贍, 奚暇治禮義哉?"

그물을 연못에 넣지 않는다면 물고기와 자라를 다 먹을 수 없을 만큼 잡을 것이고, 도끼를 때맞춰 산림에 들이밀면 나무를 다 쓸 수 없을 만큼 가질 수 있을 것입니다. 곡식과 물고기·자라가 다 먹을 수 없을 만큼, 나무가 다 쓸 수 없을 만큼 있다면 이것은 섭섭한 감정 없이 백성이 산 자를 먹여 기르고 죽은 자를 상 치르게 할 정도가 됩니다. 산 자를 먹여 기르고 죽은 자를 상 치르는 데 섭섭함이 없음은 왕도의 시작입니다. 5무畝(500평)의 택지에 뽕나무를 심으면 50대 장년들이 비단을 입을 수 있고, 닭·돼지·개 가축들을 기르는 데 때를 놓치지 않으면 일흔 살 노인들이 고기를 먹을 수 있습니다. 100무(10,000평)의 밭에서 그 농사짓는 시간을 빼앗지 않으면 여러 가구가 굶지 않을 수 있습니다. 상庠·서序의 교육을 신중히 하여 효제의 의리로 이 교육을 거듭 베풀면 반백 노인들이 도로에서 짐을 이고 지지 않을 것입니다. 일흔 살 노인들이 비단을 입고 고기를 먹고 백성들이 굶주리지 않고 얼지 않는데도 왕답지 않은 경우는 없었습니다.[474)

양민을 위한 맹자의 경제정책은 이처럼 농업지도와 교육시정까지 포함할 만큼 매우 포괄적이고 구체적이다.

- 정전제

맹자의 네 번째 양민정책은 바른 경지정리耕地整理와 주공의 정전제井田制의 도입이다. 정전제는 사방 1리 총 900무 중 800무를 8가구에 사전私田으로 배정하고 정전井田의 중앙에 위치한 100무는 공전公田으로 삼아 맨 먼저 공동으로 경작해 거기서 나는 소출을 나라에 바치는 제도다. 이 공전 소출이 바로 '조助'다. 맹자는 말한다.

---

474) 『孟子』 「梁惠王上」(1-3): "不違農時 穀不可勝食也 數罟不入洿池 漁鼈不可勝食也 斧斤以時 入山林 材木不可勝用也. 穀與漁鼈不可勝食 材木不可勝用 是使民養生喪死無憾也. 養生喪死 無憾 王道之始也. 五畝之宅 樹之以桑 五十者可以衣帛矣. 雞豚狗彘之畜 無失其時 七十者可 以食肉矣. 百畝之田 勿奪其時 數口之家可以無飢矣. 謹庠序之敎 申之以孝悌之義 頒白者不負 戴於道路矣. 七十者衣帛食肉 黎民不飢不寒 然而不王者 未之有也焉."

인정은 반드시 경지의 경계를 정리하는 데서부터 시작됩니다. 경지정리가 바르지 않으면 경지가 균형 잡히지 않고 세곡과 녹이 공평하지 않습니다. 이런 까닭에 폭군은 반드시 탐관오리로 하여금 경지정리 업무를 게을리하도록 합니다. 경지정리가 이미 바르게 되어 있으면 경지를 나누고 녹을 제정하는 일은 앉아서 정할 수 있습니다. (…) 부디 들에 9분의 1로 조助하고 나라 중앙에서는 10분의 1로 하여 스스로 세를 내도록 합니다. 경卿 이하는 반드시 (제수로 쓸 깨끗한 곡식을 얻는) 규전圭田을 가집니다. 규전은 50무입니다. 여부餘夫(처자가 없는 장정)는 25무입니다. 그러면 죽거나 이사해도 고향마을을 떠나는 경우가 없습니다. 고향마을에서 정전이 같으면 드나들며 서로 벗이 되고 지키고 바라보며 서로 돕게 되고 병이 나면 서로 부지해 주니 백성들이 친목할 것입니다. 사방 1리가 1정井이면 1정은 900무이고 그 중앙이 공전입니다. 8가구가 다 100무를 사유하고 공동으로 공전을 가꾸며 공전의 일이 끝난 뒤에 사전의 일에 손을 댑니다.475)

제수로 쓸 곡식과 과일은 자손이 손수 기른 것이어야 했다. 따라서 경 이하는 손수 규전을 갈았고, 임금도 사직과 선조의 제사에 쓰일 제수를 얻기 위해 궁궐에 딸린 논밭에서 손수 농사를 지었다. 정전제는 가구의 식구 수를 고려한 '균제'를 이미 포함하고 있다.

서양의 중농주의자들에게 중요한 시사를 준 정전제의 세법을 맹자는 역사적으로도 고찰한다.

하후씨는 땅 50무에 공법貢法을 시행했고, 은나라 사람들은 70무에 조법助法을 실시했으며, 주나라 사람들은 100무에 철법徹法을 시행했습니다. 그러나 이 세법들의 기실은 다 10분의 1조租였습니다. 철법의 '철徹'은 '통한다'는 뜻이고 조법의 '조助'는 일손을 '빌린다, 꾼다(藉)'는 뜻입니다. 상고대의 현인 용자龍子는 "땅을 다스리는 데

---

475) 『孟子』 「滕文公上」(5-3): "夫仁政 必自經界始 經界不正 井地不均 穀祿不平. 是故暴君汚吏 必慢其經界. 經界旣正 分田制祿 可坐而定也. (…) 請野九一而助 國中什一使自賦. 卿以下必有圭田 圭田五十畝 餘夫二十五畝. 死徙無出鄕 鄕田同井 出入相友 守望相助 疾病相扶持 則百姓親睦. 方里而井 井九百畝 其中爲公田 八家皆私百畝 同養公田 公事畢 然後敢治私事."

는 어떤 것도 조법보다 좋은 것이 없고 어떤 것도 공법보다 나쁜 것이 없다"고 말했습니다. 공법은 수년을 비교한 중간치를 불변의 조세로 삼는 세제입니다. 풍년에는 곡식이 남아돌아 많이 거두어도 학정이 되지 않는데 적게 거두고, 흉년에는 밭에 거름을 주기에도 부족한데 반드시 가득 차게 거두는 것입니다. (…) 오직 조법에만 공전이 있습니다. 이렇게 보면 주나라도 역시 조법이었습니다.476)

이처럼 백성의 민생을 위해 맹자는 '공법'을 반대하고 정전제와 10분지 1 또는 9분지 1의 '조법'을 강력히 주장했다. 부양가족 수와 때를 고려해 균제된 10분지 1세를 내는 이 세법은 정전제가 당대唐代 균전제 이후 완전히 포기되었더라도 한나라 이후 중국 조세정책의 통의가 된다.477)

- 의식주를 물·불처럼 풍족케 하고 욕망을 풀고 여민동락하라!

맹자의 농·공·상업 진흥정책의 목표는 일단 의식주가 물과 불처럼 흔하게 넘쳐날 정도로 백성을 경제적으로 번영하고 풍요롭게 만드는 '부민富民'이었고, 그 이상적 목표는 이를 바탕으로 백성을 어질고 인자하게 교화하는 것이었다. 맹자는 말한다.

경지를 정리하고 세금을 가볍게 하면 백성을 부유하게 할 수 있다. 때맞춰 먹게 하고 예의에 맞게 쓰게 하면, 재물을 이루 다 쓸 수 없을 것이다. 백성은 물과 불이 없으면 생활할 수 없다. 해 질 녘에 남의 집 문을 두드리고 물과 불을 구하면 주지 않는 자가 없는 것은 지극히 풍족하기 때문이다. 성인이 천하를 다스리면 오곡이 물과 불처럼 흔하도록 만들 것이다. 오곡이 물·불과 같이 흔하면 백성 안에 어찌 어질지

---

476) 『孟子』「滕文公上」(5-3): "夏后氏五十而貢 殷人七十而助 周人百畝而徹 其實皆什一也. 徹者 徹也. 助者 藉也. 龍子曰 治地莫善於助 莫不善於貢. 貢者 校數歲之中以爲常. 樂歲 粒米狼戾 多取之而不爲虐 則寡取之 凶年 糞其田而不足 則必取盈焉. (…) 惟助爲有公田. 由此觀之. 雖周 亦助也."

477) 공맹의 시장경제론에 대한 논의는 아주 희소한데 이전의 논의로는 진환장의 1904년 논의가 있다. 참조 Chen Huan-Chang(陳煥章), *The Economic Principles of Confucius and His School* [1904], 168-180쪽. 그러나 이 책은 공양학파적 편향으로 인해 오류가 적지 않다.

않은 자가 있겠는가?[478]

    맹자도 공자처럼 군자에게는 안빈낙도의 청빈한 삶을 강조하면서도 백성의 경우에는 인심이 좋아질 만큼 윤택한 생활의 풍요를 갈망했다. 서구문명 추종자들이 공맹에게 덧씌운 '백성의 욕망 억제와 금욕의 상象'은 실로 공맹의 이상과 반대되는 것이었다.

    맹자의 다섯 번째 양민정책이자 경제적 인정仁政의 최고봉은 위정자와 백성이 함께 풍요를 즐기는 여민동락與民同樂이다. 양혜왕이 못 위에 서서 큰기러기, 작은기러기, 사슴을 돌아보고 있을 때 맹자가 혜왕을 알현했다. 그러자 왕이 대뜸 "현자도 이런 것을 즐깁니까?"라고 물었다. 이에 맹자가 답하기를 "현자이고 나서야 이것을 즐길 수 있고 현자가 아니라면 비록 이런 것이 있더라도 즐길 수 없습니다"라고 했다. 그리고 이어 말하기를 "문왕은 백성의 힘으로 대臺를 만들고 못을 만들었는데, 백성들은 이 일을 기뻐하며 그 대를 영대靈臺라 하고 그 못을 영소靈沼라 부르면서 그곳에 사슴, 물고기, 자라들이 있는 것을 즐겼습니다. 옛 사람들은 백성들과 더불어 같이 즐겼고 그러므로 잘 즐길 수 있었습니다. 「탕서」에 '이놈의 해는 언제 사그라지려나. 내 너와 같이 망해버리리라!'라고 했습니다. 백성들이 해와 더불어 같이 망하고자 하는데 영대·영소·새·짐승이 있다 한들 어찌 임금 홀로 즐길 수 있겠습니까?"라고 하였다.[479]

    또한 제나라 선왕이 사방 70리에 달했던 문왕의 정원이 진짜 있었는지, 백성들이 그럼에도 문왕의 정원을 작다고 여겼는데 왜 제나라 백성은 자신의 사방 40리 정원도 크다고 여기는지에 대해 물었다. 그러자 맹자는 다음과

---

478) 『孟子』 「盡心上」(13-23): "孟子曰 易其田疇 薄其稅斂 民可使富也. 食之以時 用之以禮 財不可勝也. 民非水火不生活 昏暮叩人之門戶求水火 無弗與者 至足矣. 聖人治天下 使有菽粟如水火. 菽粟如水火 而民焉有不仁者乎?" [菽粟: 곡식의 총칭].

479) 『孟子』 「梁惠王上」(1-2): "孟子見梁惠王. 王立於沼上 顧鴻鴈麋鹿 曰 賢者亦樂此乎? 孟子對曰 賢者而後樂此 不賢者雖有此 不樂也. 詩云 經始靈臺 經之營之 庶民攻之 不日成之 經始勿亟 庶民子來. 王在靈囿 麀鹿攸伏 麀鹿濯濯 白鳥鶴鶴. 王在靈沼 於牣魚躍. 文王以民力爲臺爲沼 而民歡樂之 謂其臺曰靈臺 謂其沼曰靈沼 樂其有麋鹿魚鼈. 古之人與民偕樂 故能樂也. 湯誓曰 時日害喪 予及女偕亡. 民欲與之偕亡 雖有臺池鳥獸 豈能獨樂哉?" 「탕서」는 『書經』 「商書」에 실려 있다.

같이 답했다. "문왕의 정원은 70리였으나 꼴 베는 초동과 나무꾼들이 그곳에 들어갔고 꿩과 토끼 잡는 사냥꾼들도 그곳에 들어갔습니다. 이처럼 정원을 백성과 함께 썼으니 백성들이 작다고 여기는 것이 당연하지 않습니까? 신은 처음 제나라 국경에 이르렀을 때 나라의 큰 금법禁法들을 물어본 다음 감히 들어왔습니다. 신은 교외 관문 안에 사방 40리의 정원이 있는데 그 안의 사슴을 죽인 자를 살인죄로 다룬다고 들었습니다. 그렇다면 이 사방 40리가 나라 한복판에 설치된 함정인 셈이니 백성들이 크다고 여기는 것이 당연하지 않습니까?"480) 사람이 유람하고 노니는 사방 70리의 정원을 갖는 것은 사치스러운 풍요를 즐기는 것이지만 백성과 같이한다면 이것도 마땅한 부와 향락인 것이다.

또 선왕이 자신의 별장인 설궁雪宮에서 맹자를 만났는데 현자도 이런 곳에서 노는 즐거움을 갖는지를 물었다. 이에 맹자는 다음과 같이 말했다. "사람들이 이런 즐거움을 얻지 못한다면 제 윗사람을 비난할 것입니다. 이런 즐거움을 얻지 못한다고 제 윗사람을 비난하는 것도 잘못이지만 백성의 윗사람이 되어 여민동락與民同樂하지 않는 것도 잘못입니다. 백성의 즐거움을 즐거워하면 백성도 역시 그의 즐거움을 즐거워하고 백성의 근심을 근심하면 백성도 역시 그의 근심을 근심합니다. 천하와 함께 즐거워하고 천하와 함께 근심하면서도 왕답지 않은 자는 아직 없었습니다."481) 이 공감적 여민동락은 맹자의 공감정치의 핵심이라고 할 수 있다.482)

---

480)『孟子』「梁惠王下」(2-2): "齊宣王問曰 文王之囿方七十里 有諸? 孟子對曰 於傳有之. 曰 若是其大乎? 曰 民猶以爲小也. 曰 寡人之囿方四十里 民猶以爲大 何也? 曰 文王之囿方七十里 芻蕘者往焉 雉兎者往焉 與民同之. 民以爲小 不亦宜乎? 臣始至於境 問國之大禁 然後敢入. 臣聞郊關之內有囿方四十里 殺其麋鹿者如殺人之罪. 則是方四十里爲阱於國中. 民以爲大 不亦宜乎?"

481)『孟子』「梁惠王下」(2-4): "人不得則非其上矣. 不得而非其上者 非也. 爲民上而不與民同樂者 亦非也. 樂民之樂者 民亦樂其樂. 憂民之憂者 民亦憂其憂. 樂以天下 憂以天下 然而不王者 未之有也."

482) 맹자의 이 여민동락론은 소크라테스와 플라톤의 고락(苦樂)공유론과 아주 흡사하다. "모든 시민이 최대한으로 비슷하게 기뻐하거나 괴로워하는 경우의 쾌락과 고통의 공유가 나라를 단결시킨다." 그러므로 소크라테스와 플라톤은 "고락의 공유가 최대선"이고 "훌륭하게 다스려지는 나라"는 "자기의 한 신체 부위의 고락과 관련해서 개인의 전체 신체가 처한 상태"와 비슷한 상태에 있는 것이라고 말한다. Platon, *Politeia*, 462b·d-e; 464b; 463a. 그러나 소크라테스와 플라톤

맹자는 심지어 물욕과 성욕도 백성과 함께 향유한다면 좋은 것이라고 말한다. 자신의 물욕과 색욕을 걱정하는 선왕에게 맹자는 말한다. "옛날 공류公劉(서주의 4대 임금)는 재화를 좋아했습니다. 『시경』(「大雅·公劉」)에 '낟가리로 쌓아두고 곳집에 넣어두고, 말린 식량은 전대와 행낭에 포장하고, 안정시켜 빛내네. 화살을 당겨보고, 방패와 창, 크고 작은 도끼를 들고서 비로소 행군하네'라고 했습니다. 그러므로 집에 있는 자들은 낟가리와 곳집을 갖추고, 떠나는 자들은 포장한 행낭을 갖추고 나서야 행군을 시작했습니다. 임금께서 재화를 좋아하시어 백성과 더불어 이를 함께하신다면 왕다움에 무슨 문제가 있겠습니까?"483)

나아가 여색을 좋아하는 것도 여민동락이면 지극히 마땅한 것이다. "옛날에 태왕(고공단보)은 여색을 좋아해 그 왕비를 사랑했습니다. 『시경』(「大雅·綿」)에 '고공단보, 아침에 와서 말을 달려 물가를 따라가서 기산 아래 이르렀네. 이때에도 강녀姜女와 함께 와서 살 집을 보셨다네'라고 노래했습니다. 당시에 안으로는 원녀怨女가 없었고 밖으로는 홀아비가 없었습니다. 임금께서 백성과 더불어 이를 함께한다면 왕다움에 무슨 문제가 있겠습니까?"484)

맹자는 물욕과 여색에 대해서도 과욕寡欲이나 금욕을 말하지 않고 물욕과 여색의 욕망을 여민동락으로 승화시켜 해방하고 있다.485)

이 공동체의 고락공유를 개인적 신체 부위와 전체 신체의 유기체적 관계에서 정당화하는 반면, 공자와 맹자는 공동체의 여민동락을 가족애적 공감관계로 관념하고 정당화한다. 이 점에서 양자 간에 가로놓인 국가관의 근본적 차이가 드러난다.

483) 『孟子』「梁惠王下」(2-5): "昔者公劉好貨. 詩云 乃積乃倉 乃裹餱糧 于橐于囊 思戢用光 弓矢斯張 干戈戚揚 爰方啓行. 故居者有積倉 行者有裹糧也 然後可以爰方啓行. 王如好貨 與百姓同之 於王何有?"

484) 『孟子』「梁惠王下」(2-5): "昔者大王好色, 愛厥妃. 詩云 古公亶父 來朝走馬 率西水滸 至于岐下 爰及姜女 聿來胥宇. 當是時也 內無怨女 外無曠夫. 王如好色 與百姓同之 於王何有?"

485) 그러나 탕렌우는 유교가 욕망의 구속과 관리(channelling)를 옹호하는 전체적 관점을 취하는 반면, 도교는 개인주의적 접근을 채택해 욕망과 방종으로부터의 자유를 촉구한다고 이해한다. 가령 참조: Tang Renwu, "A Comparison between Confucian and Daoist Economic Philosophies in the pre-Qin Era", 106-139쪽. Cheng Lin, Terry Pech and Wang Fang (ed.), The History of Ancient Chinese Economic Thought (London: Routledge, 2014). 그러나 탕렌우의 이런 유교는 공자철학이 아니라 성리학적으로 왜곡된 신유교다. 제대로 된 유교적 경제론은 다음을 보라: Ma Tao, "Confucian Thought on the Free Economy". Cheng Lin, Terry Pech and Wang Fang (ed.), The History of Ancient Chinese Economic Thought (London: Routledge, 2014).

- 경제와 도덕의 선후관계

맹자는 또한 백성의 경제활동과 도덕의 관계도 면밀히 분석하고 해명한다. 맹자가 선왕에게 말했다.

> 백성에게 항업恒業이 없으면 항심恒心도 없게 됩니다. 실로 항심이 없으면 방탕(放), 편벽(辟), 사특(邪), 사치(侈) 등 하지 않는 것이 없습니다. 죄에 빠져들고 나서야 이를 보고 벌주면 이것은 백성을 그물질해 잡는 것입니다. 인자가 왕위에 있으면서 어찌 백성을 그물질해 잡는 짓을 할 수 있습니까?486)

따라서 명군明君의 과업은 일자리를 창출하고 민생을 풍족하게 만드는 것이다. 민생이 족해야만 선과 예의를 닦을 여유가 있기 때문이다. 맹자는 양혜왕에게 말한다.

> 그러므로 명군은 백성에게 생업을 마련해주어, 위로는 부모를 모시기에 족하고 아래로는 처자식을 먹이기에 족하도록 해야 합니다. 풍년에는 내내 몸이 배부르고 흉년이라도 죽음을 면할 수 있어야 합니다. 그러고 나서 백성을 촉구해 선善에 이르도록 한다면 백성이 명군의 이 일을 따르는 것은 쉬운 일입니다.487)

따라서 철두철미한 '양민'만이 백성의 고등교육과 문화적 교화를 뒷받침해주는 진정한 토대인 것이다. 교육은 양민의 토대 위에서만 완전히 구현할 수 있는 것이다. 하지만 반대로 교육은 그 내용(기술·직업교육, 인화단결·노동협력을 위한 윤리교육 등)에 따라 양민의 기반이 되기도 한다.

---

486) 『孟子』「梁惠王上」(1-7): "若民則無恒産 因無恒心. 苟無恒心 放辟邪侈 無不爲已. 及陷於罪 然後從而刑之 是罔民也. 焉有仁人在位 罔民而可爲也?" 「등문공」에도 동일한 구절이 나온다. 「滕文公上」(5-3) 참조.

487) 『孟子』「梁惠王上」(1-7): "明君制民之産 必使仰足以事父母 俯足以畜妻子. 樂歲終身飽 凶年免於死亡. 然後驅而之善. 故民之從之也輕."

■공맹의 복지국가론

무위이치에 맡겨진 시장경제의 양극화·불균등화 추세를 최소한의 '유위이치有爲而治'로 완화하려는 국가의 복지정책은 국가가 부유할 때뿐만 아니라 가난할 때일수록 더 추진해야 하는 것이다. 따라서 복지정책의 좌우명은 "백성이 적음을 걱정하지 말고 불균형을 걱정해야 한다(不患寡而患不均)"는[488] 공자의 가르침이어야 한다. 그리하여 공자는 양극화를 심화시킬 수도 있는 무위시장의 치명적 결함을 보완하는 '유위이치'의 일환으로 국가가 시행해야 할 특별한 균제정책, 즉 직접 사회적 약자들에 대해 물질적 혜택을 베푸는 복지국가론에 대해서 상세히 입론한다.

- 공자의 환과고독·병자·장애인 복지정책

공자의 '대동大同사회'는 노후복지(使老有所終), 유아복지(幼有所長), 배우자 없는 노인·고아·독거노인 등 사회적 약자들에 대한 민생복지 및 의료·보건복지(鰥寡孤獨廢疾者皆有所養), 고용안정(壯有所用) 등이 완비된 복지국가다.[489] 공자는 이 완전한 복지국가를 이상국가로 동경했다.

공자는 특히 노인복지와 보건복지에 대해 상세한 설명을 가하고 있다. 이 노인·폐질자·장애인 복지정책 중에는 오늘날의 최선진 복지국가도 꿈꾸지 못하는 것도 있고, 노인복지와 장애인복지 문제가 초미의 관심사가 된 오늘날의 '고령화사회' 또는 '고령사회'에서 배울 점이 있어 좀 더 면밀히 논할 필요가 있다. 먼저 공자는 노인의 신체 상태에 대해 다음과 같이 말한다.

> 50세가 되면 노쇠하기 시작하고, 60세에는 고기가 아니면 배부르지 않고, 70세에는 비단이 아니면 따뜻하지 않고, 80세에는 사람이 아니면 따뜻하지 않고, 90세에는 사람을 얻더라도 따뜻하지 않다(五十始衰 六十非肉不飽 七十非帛不煖 八十非人不煖 九十雖得人不煖矣).[490]

---

488) 『論語』「季氏」(16-1).

489) 『禮記』「禮運 第九」.

따라서 "50세는 양식糧食을 달리하고, 60세는 하루걸러 고기를 먹고, 70세는 맛좋은 음식을 두 가지로 늘리고, 80세는 진미를 상식하고, 90세는 먹고 마시는 것을 잘 때도 떼어놓지 않고, 맛좋은 음식과 마실 것이 노는 곳마다 따라다녀야 한다(五十異糧 六十宿肉 七十貳膳 八十常珍 九十飮食不離寢 膳飮從於遊可也)".491) 노인들의 급양과 양호의 필요 수준이 이런 한에서 임금과 관리들도 직접 노인봉양의 예를 실천함으로써 노인을 보살펴야 한다. "무릇 노인을 봉양하는 데 순임금은 연례燕禮를 따랐고, 우임금은 향례饗禮를 따랐고, 은나라 사람들은 식례食禮를 따랐고, 주나라는 이것들을 겸용했다. 50세는 향교에서 봉양하고, 60세는 국학에서 봉양하고, 70세는 대학에서 봉양하는데, 이것은 천자에서 제후에 이르기까지 통용되었다.(凡養老 有虞氏以燕禮, 夏后氏以饗禮, 殷人以食禮, 周人修而兼用之. 五十養於鄕, 六十養於國, 七十養於學, 達於諸侯.)"492) 또 "80세 노인은 아들 1명의 부역을 면제받고, 90세 노인은 그 가족의 부역을 면제받는다(八十者一子不從政 九十者其家不從政)".493)

또한 환鰥·과寡·고孤·독獨, 즉 자식 없는 독거노인, 늙은 홀아비, 늙은 과부, 고아는 나라로부터 정상적 생계를 보장받는다.

어려서 아비가 없는 자는 '고孤'이고, 늙어서 자식이 없는 자는 '독獨'이고, 늙어서 처가 없는 자는 '환鰥'이고, 늙어서 지아비가 없는 자는 '과寡'다. 이 넷은 백성 중에서 궁하고 의지할 데 없는 자들이라서, 다 정상正常의 생계를 보장받는다.(少而無父者謂之孤 老而無子者謂之獨 老而無妻者謂之矜 老而無夫者謂之寡. 此四者天民之窮而無告者也. 皆有常餼.)494)

---

490) 『禮記』 「王制 第五」; 「內則 第十二」.

491) 『禮記』 「王制 第五」.

492) 『禮記』 「王制 第五」. '연례'는 밥 없이 개고기를 주며 술을 대접하는 봉양이고, '향례'는 일정한 의식에 따라 노인들에게 술을 바치는 봉양이다. '식례'는 술을 차리되 마시지 않고 안주와 밥만 대접하는 봉양이다.

493) 『禮記』 「王制 第五」.

494) 『禮記』 「王制 第五」.

공자는 중환자와 불치병자(폐질환자)와 장애자에 대해 앞서 말한 저 급양 외에 기타 복지시정에 대해서도 덧붙인다. "폐질에 걸렸는데 사람이 없어 양호를 받지 못하면 한 사람의 부역을 면해준다(廢疾非人不養者, 一人不從政)."

또 국가는 모든 범주의 장애인들에게도 합당한 일자리를 마련해주어 정상적 생계를 보장한다.

벙어리, 귀머거리, 절름발이, 앉은뱅이, 외발이, 난쟁이는 그 기량에 따라 각각에게 백공의 일을 맡겨 먹고살게 한다(瘖聾跛躄斷者 侏儒 百工各以其器食之).495)

공자의 중용지국은 이렇게 대동의 이념에 따라 완전한 사회복지를 추구하는 '완벽한 복지국'다. 공자의 이런 복지 이념은 이후 많건 적건 모든 극동제국의 국정을 구속했다.

- 맹자의 백성복지론

맹자도 양민정책의 일환으로 노인과 어린이들에 대한 구휼, 즉 사회복지정책을 말했다. 이것은 공자가 대동사회의 이념과 관련해 언급하는 정책을 맹자가 계승한 것이다. 그러므로 이 노인·어린이 복지정책은 공자주의의 도통에 속한다. 맹자는 말한다.

늙어서 아내가 없는 것을 환鰥이라 하고, 늙어서 남편이 없는 것을 과寡라 하고, 늙어서 자식이 없는 것을 독獨이라 하고, 어려서 아비가 없는 것을 고孤라고 합니다. 이 넷은 천하의 궁핍한 백성으로 발붙일 데 없는 사람들입니다. 문왕은 정사를 펴 인을 베풀면서 반드시 이 넷을 먼저 챙겼습니다. 『시경』(「大雅·綿」)에 이르기를 "부자는 좋겠지만 이 외로운 독거노인은 애처롭구나"라고 했습니다.496)

---

495) 『禮記』「王制 第五」.
496) 『孟子』「梁惠王下」(2-5): "老而無妻曰鰥 老而無夫曰寡 老而無子曰獨 幼而無父曰孤. 此四者 天下之窮民而無告者. 文王發政施仁 必先斯四者. 詩云 哿矣富人 哀此煢獨."

천하에 노인을 잘 봉양하는 나라가 있으면 인자仁者는 이 나라를 자기 나라로 여긴다. 문왕(서백)의 기주에는 헐벗고 굶주리는 노인이 없었다. 그래서 폭군 주왕紂王을 피해 북해 근처에 숨어 살던 백이와 숙제 같은 인자도 '기주의 문왕이 늙은이를 잘 봉양한다'는 소문을 듣고 기주로 찾아왔던 것이다. 맹자는 말한다.

> 천하에 노인을 잘 봉양하는 곳이 있으면 인자는 그곳을 자기가 귀의할 곳으로 여긴다. 5무가량 되는 택지의 담장 아래에 뽕나무를 심고 필부가 누에를 치면 늙은이들이 족히 비단옷을 입을 수 있다. 암탉 다섯 마리와 돼지 두 마리를 때를 놓치지 않고 기르면 늙은이들이 족히 고기를 거르지 않고 먹을 수 있다. 100무의 밭을 필부가 갈면 8가구가 굶주리지 않을 수 있다. 이른바 서백이 늙은이를 잘 봉양했다는 것은 경작지와 주거지를 정리하여 곡식과 나무를 심고 가축 키우는 법과 처자식 이끄는 법을 가르쳐주고 노인을 봉양하게 했던 것이다. 나이 50에는 비단이 아니면 따뜻하지 않고 70에는 고기가 아니면 배부르지 않으니 따뜻하지 않고 배부르지 않은 것을 일러 '춥고 배고프다'고 말한다. 문왕의 백성 가운데 춥고 배고픈 늙은이가 없었다는 것은 이런 뜻으로 하는 말이다.[497)]

오늘날 한 나라의 수준을 알려면 그 나라의 아이들과 노인, 여성들이 어떻게 대접받는지를 보라는 말이 있지만, 동아시아는 이미 3,000년 전에 이를 기준으로 나라를 평가했고 동시에 국가의 정책을 추진했다.

■ 공맹의 자연보호론과 생명사랑

공맹의 자연·생명사랑과 환경보호론은 인정론仁政論의 한 정점에 해당한다.

---

497) 『孟子』 「盡心上」(13-22): "天下有善養老 則仁人以爲己歸矣. 五畝之宅 樹墻下以桑 匹婦蠶之 則老者足以衣帛矣. 五母鷄二母彘 無失其時 老者足以無失肉矣. 白畝之田 匹夫耕之 八口之家 可以無饑矣. 所謂西伯善養老者 制其田里 敎之樹畜 導其妻子 使養其老. 五十非帛不煖 七十 非肉不飽 不煖不飽謂之凍餒. 文王之民 無凍餒之老者 此之謂也." 이 구절은 왕도정치가 넓고 크게 미쳐 항업(恒業)을 가르치고 각기 노인을 부양하게 하며 겨울에도 굶주리지 않게 한다는 것을 말하고 있다. 『孟子注疏』, 428쪽 참조.

공자에게 있어 '부민'과 '교민'은 물론 '위인爲仁'(인의 실천)의 일단이다. 그러나 이 '인'은 자기의 가족·집단·계급·신분·인간종에 한정된 '소인小仁'이거나 현세대에 한정된 '단인短仁'이 아니라, 참달慘怛(측은)한 마음속에서 우러나오는, 따라서 만백성·만천하와 대자연에까지 미치는 '대인大仁'이어야 하고, 먼 후손에까지 길이 미치는 '장인長仁'이어야 할 것이다. 이런 의미에서 공자는 인을 구별한다.

> 인에는 (대소·장단의) 여러 등급이 있고, 정의에도 대소·장단이 있는바, 심중이 참달한 자는 뭇사람을 사랑하는 인자고, 법에 따라서 인을 억지로 행하는 자는 인을 (외부에서) 받아들여 행하는 자다.(子言之 仁有數 義有長短小大. 中心慘怛 愛人之仁也 率法而强之 資仁者也.)"498)

그러므로 공자는 "인은 셋이 있으니 (…) 인자는 안인하고, 지자는 이인하고, 죄를 두려워하는 자는 강인한다"고 말한다(子曰 仁有三 […] 仁者 安仁, 知者 利仁, 畏罪者 强仁).499) 따라서 소집단과 인간종족을 뛰어넘어 만백성과 만천하, 자연과 자손만대에까지 미치는 '대인大仁'과 '장인長仁'은 참달한 심중에서 우러나와 베푸는 '안인安仁'의 부류인 반면, 자기집단·자기계급·자민족·인간종족·자기세대에 한정될 수밖에 없는 '소인'과 '단인'은 이利 때문에 베푸는 '이인利仁'의 부류이거나, 법에 강제되어 베푸는 '강인强仁'의 부류다. 안인자安仁者는 제 이익이나 응보적 대가를 따지지 않고 '살신성인殺身成仁'으로 뭇사람에게 널리 베풀고, 멀리 자연과 자손만대까지 사랑하는 '성인자聖仁者·범애자汎愛者·박애자博愛者다.500)

---

498) 『禮記』「表記 第三十」.

499) 『禮記』「表記 第三十」.

500) '殺身成仁'은 참조: 『論語』「위령공」(15-9): "子曰 志士仁人 無求生以害仁 有殺身以成仁." '聖仁'은 참조: 『論語』「雍也」(6-30): "子貢曰 如有博施於民而能濟衆 何如 可謂仁乎? 子曰 何事於仁 必也聖乎." '汎愛'는 참조: 『論語』「學而」(1-6): "出則 (…) 汎愛衆而親仁." '博愛'는 참조: 『孝經』「三才 第七章」: "先王見敎之可以化民也 是故先之以博愛而民莫遺其親."

이에 입각해서 공자는 '인도仁道'를 '애물愛物', 즉 자연사랑으로까지 확장하고 스스로 실천했다.

공자는 낚시질을 하면 주낙으로 마구 잡지 않았고, 주살질을 하면 잠자는 놈은 쏘지 않았다(子釣而不網 弋不射宿).501)

인간이 먹고살기 위해 물고기를 잡아야 하지만 마구 잡아서는 아니 되고, 끈 달린 화살(주살)로 새를 잡아야 하되 피곤해서 쉬고 있는 측은한 새는 잡지 않아야 한다. 동물복지를 염두에 둔 것이다.

이런 까닭에 공자는 인간이 부모의 생계를 마련하고 제사를 지내기 위해 나무를 베고 짐승을 죽이는 경우에도 그 때를 가려 행해야만 진정한 '효'라고 생각했다. 증자는 공자의 말을 받들어 말한다.

수목은 때맞춰 벌목하고, 금수는 때맞춰 잡아야 한다. 공자는 가로되, '나무 한 그루를 베고 짐승 한 마리를 죽여도 그 때를 어기면 효가 아니다'라고 하셨다.(樹木以時伐焉 禽獸以時殺焉. 夫子曰 '斷一樹 殺一獸 不以其時 非孝也'.)502)

부모에게 효를 한답시고 한창 자라는 나무를 베어 부모의 방을 데우거나 새끼 밴 짐승을 잡아 부모봉양을 하거나 조상신에게 제사를 지내는 것은 '불효'라는 말이다. 인간은 살기 위해 자연을 먹고 이용하고 자연에 의존해야 한다. 그러나 이 자연이용을 인간적 생존의 필요에 한정해야 하고 이러한 자연이용 속에서도 이로 인해 생기는 자연적 손상과 피해를 최소화하며, 자연을 아끼고 애육해야 하는 것이다. 이것만이 천도天道를 우러르고 지도地道를 본받는 진정한 인도人道다. 이처럼 인도가 명하는 인간사랑도 천도와 지도가 명하는 자연사랑, 즉

---

501) 『論語』 「述而」(7-27). '주낙'은 많은 낚시를 늘어뜨려 단 낚싯대고, '주살'은 가는 줄을 맨 화살이다. 주살은 빗맞은 경우 줄을 당겨 화살을 다시 찾을 수 있다.
502) 『禮記』 「祭義」.

자연보호와 자연애육에 근본을 두고 실천해야 한다. 그러므로 본질적으로 인간의 예법은 자연에 근본을 두고 자연을 본받아 만들어야 하는 것이다. 따라서 이러한 예의 실천주체인 공맹의 '인간'은 '자연의 정복자'가 아니라, '자연의 사랑방 손님'인 것이다. '자연의 손님'은 자연에 폐를 끼치는 것을 가급적 최소화해 자연을 보전하고 나아가 자연을 애육하면서 자연 속에서 겸허하게 즐기고 공손하게 머물다가 떠나야 한다.

그러므로 동식물사랑은 물론 공맹철학의 도통에 속한다. 공자는 '불사숙不射宿'의 정신에서 자연을 아끼는 제자 고시高柴를 칭찬했다.

고시가 (…) 겨울잠에서 깨어나는 동물들을 죽이지 않은 것은 하늘의 도이고, 한창 자라고 있는 식물을 꺾지 않은 것은 공감하는 것이고, 공감하면 인애한다(高柴 […] 開蟄不殺 則天道 方長不折 則恕也 恕則仁也).503)

나아가 공자는 엄정한 자연사랑을 '왕도', 즉 '영원토록 올바른 국가노선'으로 보고 우리가 부리는 가축들의 복지에 대해서도 입론한다.

거룩한 임금의 바름은, 소를 나란히 멍에 매지 않게 하고, 말은 항상 수레를 끌지 않게 하고, 타는 것을 우려하지 않게 하고, 암말은 □□□□□□□□□□□□하고 곡식을 때맞춰 주고, 꼴과 건초의 짐은 무겁지 않게 하는 데 있다.504)

이미 언급했듯이 "벌목하는 때에 맞지 않는 나무는 내다 팔아서는 아니 되고, 죽이는 때에 맞지 않는 금수, 물고기와 자라는 시장에 내다 팔아서는 아니 된다(木不中伐 不粥於市 禽獸魚鼈不中殺 不粥於市)"는 금법도505) 이런 자연사랑의 '대인大仁'에서 나온 것이다. 또한 "천자는 새끼 밴 소를 먹지 않으니 새끼

---

503) 『大戴禮』 「第十九 衛將軍文子」.
504) 廖名春 釋文, 「馬王堆帛書 '二三子'」, 16-17쪽. "聖王之正 牛參弗服 馬恒弗駕 不憂乘 牝馬□ □□□□□□□□□栗時至 芻槀不重." '□'는 판독불가 부분.
505) 『禮記』 「第五 王制」.

밴 소는 상제에 대한 제사에도 쓰지 않는다".506) 공자의 이 생태주의적 경제철학은 맹자에게 고스란히 계승된다.

이를 계승해 맹자는 공자의 이 '대인' 개념을 '친친親親'(가족사랑), '인민仁民'(백성사랑), '애물愛物'(자연사랑)의 세 측면으로 구분하고, 이 '애물'을 강조한다.

어버이는 친애하고 백성은 인애하는 것이다. 백성은 인애하고 자연사물은 애육愛育하는 것이다(親親而仁民 仁民而愛物).507)

이런 '애물'의 연장선상에서 맹자는 제선왕이 제사용으로 도살당할 소의 울음과 두려움을 동정해 이 소의 도살을 중지시킨 것을 왕자王者의 자질로 칭송하면서 "금수에게서 그것이 살아 있는 것을 보았다면 차마 그것이 죽어가는 것을 보지 못하고, 그것이 죽는 소리를 들었다면 차마 그 고기를 먹지 못하는 군자(君子之於禽獸也 見其生 不忍見其死 聞其聲 不忍食其肉. 是以君子遠庖廚也)"의508) 보편적 생명애를 인仁의 한 유형으로 규정하고 제선왕의 그 마음을 성군의 자격으로 평했던 것이다.

공맹의 인정론은 동식물을 아끼고 기르며 생명 없는 사물들과 자연자원을 아끼고 소중히 하는 이 '애물'까지 포함해야만 완성된다. 전·현세대가 자연사물을 '애육'해 온전한 자연을 후대에 물려주는 경우에야 자손만대의 양민을 가능하게 하는 '장인長仁'을 실천할 수 있기 때문이다. 결론적으로 극동은 인도와 더불어 전체가 태고대로부터 동물사랑을 신조로 삼는 문명권이다. 자연사랑 또는 보편적 생명애의 도덕은 사회생물학자 에드워드 윌슨(Edward O. Wilson, 1929-)의 지극히 현대적인 '바이오필리아 가설(Biophilia Hypothesis)'에509) 의하더라도 당연한 것이다. 동식물을 신으로 섬기는 아프리카, 아시아, 아메리카 원주민

---

506) 『禮記』 「郊特生 第十一」(001): "天子 牲孕弗食也 祭帝弗用也."

507) 『孟子』 「盡心上」(13-45).

508) 『孟子』 「梁惠王上」(1-7).

509) Edward O. Wilson, *Biophilia: The Human Bond with Other Species* (Cambridge: Harvard University Press, 1984·1986).

들까지 고려할 때, 동식물을 경시하고 하찮게 여기고 고문하는 서양의 유대교적 전통이 오히려 별나고 특이한 세계사적 예외에 속할 뿐이다.

종합하면, 공맹의 부민富民경제이론은 '무위이치無爲而治'의 자유시장과 '유위이치有爲而治'의 경제·복지·환경정책이 하나로 결합된 균형과 조화의 경제론이다. 지금까지 자유교역, 원활한 물자순환, 국가개입 배제의 무위이치, 그럼에도 필수적인 국가의 지원·장려정책, 기술진흥, 농본과 상본의 양본경제 원리, 물적 욕망의 해방, 경제활동의 진작과 부민화정책, 자본의 형성, 세금의 단일화와 경감, 복지·환경정책, 여민동락의 물욕해방, 경제와 도덕의 관계 등 공맹의 경제철학적 요소들을 분석했다.

2.2. 사마천의 「화식열전」과 자유경제철학

사마천은 자신의 『사기』 「화식열전」에서 공맹의 경제철학을 계승해 더욱 발전시킨다. 공맹에 대한 사마천의 존경은 실로 지극했다. 우선 그는 아버지 사마담이 공자의 제자 상구商瞿로부터 내려오는 직계 학통學統에서 역학을 전수받았음을 큰 긍지로 여겨 이 전수 과정의 계통도를 『사기』에 자세히 기록했다.[510] 또 세가에서 공자를 왕의 반열에 올려 「공자세가」를 지었고,[511] 열전에서는 「중니제자열전」과 「맹자순경열전」, 「유림열전」을 짓는 등 『사기』에서 네 번에 걸쳐 공맹과 그 제자·후학들의 동향을 상론했다. 그리고 곳곳에서 공자의 저서 『춘추』와 그 주석서들(『춘추좌씨전』, 『춘추공양전』, 『춘추곡량전』)을 크게 활용하고 도처에서 공자의 어록을 역사적 사건의 평가기준으로 인용하고 있다.

■사마천의 노자 비판과 자유상업론: '시장의 자연지험自然之驗'

---

510) 사마천, 『사기열전(上)』 「중니제자열전」, 80쪽.

511) '공자세가'가 공자에 대한 은근한 비판이라고 생각하는 서양 학자들이 있다. Herrlee G. Creel, *Confucius and the Chinese Way* (New York: Harper Brothers, 1960), 244-248쪽; Robert B. Crawford, "The Social and Philosophy of the Shih-chi", *The Journal of Asian Studies*, Vol. 22, No. 4 (Aug. 1963), 403쪽. 그러나 크릴의 해석은 꺼림칙하다. 크릴은 '세가(世家)'가 공자를 왕(제후)으로 받드는 뜻을 담고 있음을 놓친 것으로 보인다. 사마천은 크로포드가 주장했듯이 절충주의자일지는 몰라도 공자 비판가는 아니다.

사마천은 나름대로 공맹철학을 수용하고 사기집필 과정에서도 이를 따랐다. 이런 이유에서 그는 국정에서 '무위無爲'를 중시했지만 노자의 '무위자연'을 물리치고 공자의 '무위이치'를 좌우명으로 삼았다.

- 노자 비판

따라서 사마천은 자신의 경제철학을 펴는 「화식열전」의 서두에서 물적·인적 유통이 두절된 노자의 정체된 이상사회를 비판하는 것으로 논의를 시작한다.

노자老子가 말하기를 "다스림의 극에 이르면, 이웃나라가 서로 바라보며 닭 울고 개 짖는 소리를 서로 듣고, 백성이 각기 제 음식을 달게 먹고 제 옷을 아름답게 여기며, 제 습속에 편안하고 제 직업을 즐기면서 늙어 죽을 때까지 서로 왕래하지 않는다"고 했다. 그러나 이것을 반드시 의무로 삼아 세상을 가까이 끌어당기고 이목을 호도한 다면, 이것은 거의 실행할 수 없을 것이다. 나, 태사공(사마천)은 말한다. 신농神農 이전 시대를 나는 알지 못하지만, 『시경』과 『서경』이 서술하는 바와 같이 순임금의 우虞나라와 우禹임금의 하나라 이래 눈과 귀는 소리와 색의 좋음을 지극히 욕구하고, 입은 고기의 맛을 깊이 욕구하고, 몸은 안락을 편안히 여기고, 마음은 권세와 능력의 영광스러운 부림을 과시하고 자랑한다. 이런 습속이 백성에게 차츰 스며든 지가 오래되었다. 그리하여 저 외눈박이(노자)의 논변으로 집집마다 유세해도 끝내 교화할 수 없다. 그러므로 훌륭한 치자는 백성을 따르고, 그다음 치자는 백성을 이利로 다스리고, 그다음 치자는 법도를 가르쳐 백성을 깨우치고, 그다음 치자는 백성을 (위세로) 정돈해 가지런히 하고, 최하의 치자는 (칼을 들고) 백성과 싸운다.512)

사마천의 이 이론에 의하면, 고요하고 정지된 시대에는 백성들이 학교를 주된 사회적 제도로 선호하고, 농업을 본업으로 치고 상공업을 말업으로 간주한다. 정부는 개인적 이익을 조절하기 위해 예법과 의리를 활용한다. 그러나 사물이 변하고 많은 요인들의 복합단계에 이르면 반대의 견해가 필요하다. 사물이

---

512) 사마천, 『사기열전(下)』 「화식열전」, 1171-1172쪽.

성하면 곧 쇠하고, 극에 달하면 뒤집힌다. 어떤 때는 단순한 현실이 지배하고, 다른 때는 복합적 문명이 지배한다. 역동적 상태의 복잡한 문명에서는 상업이 당연히 농업보다 더 중요하다. 사실, 대외투쟁 없이 보편적 제국이 존재하고 백성이 사회적 소득에 의해 스스로 살 때, 백성들은 농업에 더 큰 중요성을 부여한다. 경제를 분배의 관점에서 보는 것이다. 그러나 국가 간 투쟁이 존재할 때, 백성들은 상공업에 더 큰 중요성을 부여한다. 경제를 생산과 교역의 관점에서 보는 것이다.513)

- 자유시장과 자연지험

한편, '백성을 따르는' 치자는 최선의 치자이자 공자가 말하는 '무위의 치자'이다. 중국 각지에서 나는 산물들은 "중국백성들이 다 좋아하는 것들"이다. 그러므로 "농사지어 농산물을 먹이고, 임수산업은 임수산물을 내오고, 공업은 완성품을 만들고, 장사해 이를 유통시키는 것"이 저절로 기대되는 것이다. 따라서 이것은 국가가 간섭해서 된 일이 아니라 백성들이 좋아서 저절로 이루어낸 일들이다. 따라서 치자는 백성을 따르면 된다. "어찌 정치와 교육이 그 기회를 일으키고 야기했겠는가? 사람들이 각기 알아서 그 능력을 맡아 제 힘을 다해 욕구하는 것을 얻을 뿐이다."514)

따라서 사마천에 의하면, 시장의 가격 변화와 물자공급의 조절은 '도道'에 따라, 즉 '자연지험自然之驗(자연의 효험)'으로 저절로 이루어지는 것이고, 치자는 백성을 따르기만 하면 된다.

물건이 싸면 비싸질 징후고, 물건이 비싸면 싸질 징후라서 각기 제 업을 좋아하고 제 일을 즐거워한다. 이는 물이 아래로 흘러가는 것과 같아서 밤낮 쉴 때가 없고 부르지 않아도 스스로 오고 구하지 않아도 백성이 만들어낸다. 이것이 어찌 도와 부합되는 바가 아니고 자연지험自然之驗이 아니겠는가?515)

---

513) Chen Huan-Chang(陳煥章), *The Economic Principles of Confucius and His School*, 423쪽.
514) 사마천, 『사기열전(下)』 「화식열전」, 1172쪽.

생산과 유통·분배와 소비는 인간의 본성적 욕망을 충족시키려는 백성들의 자발적 움직임으로 국가의 개입 없이 '자연지험'으로 이루어지고, 국가는 이런 백성들을 고요히 지켜보며 따를 뿐이다. 또한 맹자가 의식주가 풍족해야 예절을 안다고 했고 항업이 있어야 항심이 있다고 했듯이, 경제활동을 통해 물적 욕구가 어느 정도 충족되면 예절과 문화가 '자연지험'으로 조용히 꽃핀다.

- 부자가 되려는 경제마인드의 강조

이에 사마천은 이를 강조하면서 신분을 가리지 않고 부자가 되려는 경제마인드의 중요성을 역설한다.

> 그러므로 제나라 관중은 (『관자管子』「목민牧民」에서 — 인용자) "곳간이 차야 예절을 알고, 의식衣食이 족해야 영욕榮辱을 안다"고 했다. 예禮는 있는 사람에게서 생기고 없는 사람에게서 폐한다. 따라서 군자는 부유하면 덕을 행하기를 좋아하고, 소인은 부유하면 제 능력을 발휘한다. 연못이 깊으면 고기가 생기고, 산이 깊으면 짐승이 다닌다. 사람은 부유하면 인의에 부합한다. 부자는 세를 얻어 더욱 빛나고, 세를 잃으면 손님으로 갈 곳도 없어 즐겁지 않다. 이것은 이적들에게서 더욱 심하다. 그래서 속담에 "천금을 가진 자의 자식은 객사하지 않는다"는 말이 있다. 이것은 빈말이 아니다. 그러므로 "천하가 넓고 넓어도 다 이익을 위해 모여들고, 천하가 어지럽고 어지러워도 다 이익을 위해 떠나간다"고 말한다. 무릇 천승지국의 왕도, 만호萬戶를 가진 제후도, 백실百室을 소유한 대부도 오히려 가난을 걱정하는데 하물며 필부와 초가집 사는 백성이야 어떠하겠는가?[516]

공맹을 이어 사마천은 충분한 경제적 기반을 문화적·도덕적 전제로 보고 만인에게 부자가 되려는 경제마인드를 고취하고 있다.

---

515) 사마천, 『사기열전(下)』「화식열전」, 1173쪽.

516) 사마천, 『사기열전(下)』「화식열전」, 1174-1175쪽.

■계연과 사마천의 자유시장적 부국강병론

이어서 사마천은 '부민'만이 아니라 국가안보를 위한 '부국'정책을 강조한다. 그는 월나라 구천이 회계산會稽山에서 패전의 치욕을 당한 후 국난타개와 강병 육성을 위해 등용한 '계연計然'의 성공적 부국강병책을 소개한다.

계연은 부민·부국을 위해 특히 물가안정과 물자의 원활한 유통을 강조한다.

> 계연은 월왕에게 말했다. "(…) 무릇 쌀값이 한 말에 20전이면 농민을 병들게 하고, 90전이면 말업인末業人(상인)을 병들게 합니다. 말업인이 병들면 재물이 나오지 않고, 농민이 병들면 잡초를 다스리지 않게 됩니다. 위로 80전을 넘지 않고 아래로 30전을 밑돌지 않으면 농부와 말업인이 다 이롭게 됩니다. 쌀값을 고르게 하고 물자를 한결 같이 하고 관문과 시장에서 부족하지 않도록 하는 것, 이것이 치국의 도입니다. 물건을 보관하는 이치는 물건을 온전히 두는 데 힘쓰고 재물을 쉬게 하는 일을 없애는 것입니다. 물건으로 서로 무역하고, 부패하는 것은 먹어치우고, 화물을 유치해두지 말아야 합니다. 비싼 물건을 쌓아두어서도 안 됩니다. 그것이 남는지 모자라는지를 따져보면 비싸질지, 싸질지를 알 수 있습니다. 비싼 것이 위로 극에 달하면 다시 싸지고, 싼 것이 아래로 극에 달하면 다시 비싸지게 됩니다. 비싸면 분토처럼 내다 팔고, 싸면 주옥처럼 사들여야 합니다. 재물과 화폐는 흐르는 물처럼 돌기를 바라는 법입니다." 이 정책을 닦은 지 10년, 나라는 부유해졌고, 전사들을 후하게 포상하니 전사들이 목마름에 물을 들이키듯이 화살과 돌 세례를 향해 돌진했다. 마침내 강한 오나라에 복수하고 중국에 군사력을 과시해 오패五霸의 칭호를 얻었다.517)

시장의 운동을 자유방임한 상태에서도 시장의 '자연지험'을 확신하면서도 "쌀 값을 고르게 하고 물자를 한결같이 하고 관문과 시장에서 부족하지 않도록" 시장에 개입하는 것을 "치국의 도"로 삼는 정부의 정책노선은 사마천의 경제철학이 노자의 '무위자연' 철학이 아니라 공자의 '무위이치' 철학이라는 것을 알게 해준다. 여기서 언급하는 이 물가안정정책과 부국강병정책은 서구의 중농

---

517) 사마천, 『사기열전(下)』 「화식열전」, 1175-1176쪽.

주의 경제관과 그대로 일치한다. 또한 사물에는 본말이 있듯이, 농업을 근본으로 보고, 상업을 말단의 직업으로 보아 거듭 상인을 '말업안'으로 부르고 있다. 그런데 여기서 중요한 것은 거의 모든 일을 시장에 맡기고 각 개인이 자기의 이익을 좇도록 했는데, 이들의 이기적 활동이 시장의 '자연적 도'에 따라 나라를 부강하게 만들었다는 사실, 즉 이기심이 공동선을 이루었다는 사실이다. 시장의 이 '자연적 도 또는 '자연지혐'은 훗날 케네에게서 '자연적 질서'로 나타나고, 아담 스미스에게는 '보이지 않는 손'으로 나타난다.

■ 사마천의 '소봉'으로서의 자본가 개념

사마천은 최초의 유교국가인 한나라가 규제를 철폐하고 닫힌 곳을 개방해 시장을 자유화하는 '무위의 치'로써 상업발달과 경제부흥에 기여한 측면도 기술한다. "한나라가 흥하자 천하는 하나가 되어 관문과 다리를 개방하고 산택의 금령을 완화했다. 그리하여 부상대고富商大賈들이 천하를 두루 흘러 다니고, 교역의 물건이 통하지 않는 곳이 없어 누구나 자기가 욕구하는 바를 얻었다. 그리하여 지방의 호걸, 제후, 호족들도 서울로 옮겨와 살게 되었다."[518)

사마천은 부자가 되려는 물욕이 신분 고하를 막론하고 인지상정임을 거듭 강조한다. "현인이 묘당에서 깊이 도모하고 조정에서 논변하고 신의를 지켜 절개에 죽고, 바위굴에 은거하던 선비가 베풀어 이름을 높이고 늙어 편안하게 돌아간다! 이것은 부유하고 후한 것으로 귀착된다. 이런 까닭에 청렴한 관리는 오래가고, 오래가면 다시 부유해지고, 청렴한 장사꾼도 부로 귀착된다. 부라는 것은 사람의 성정이고, 배우지 않고도 모두 욕망하는 바다."[519) 모든 신분과 직분이 다 부로 귀일하므로, 부는 봉토나 벼슬이 없는 사람도 무관의 제왕으로 만들어주는 위력을 가졌다.

사마천은 '무관無官의 부자를 '흰옷의 봉작자封爵者'라는 뜻으로 '소봉素封'이라고 부른다.

---

518) 사마천, 『사기열전(下)』 「화식열전」, 1180쪽.
519) 사마천, 『사기열전(下)』 「화식열전」, 1190-1191쪽.

속담에 이런 말이 있다. "백 리 먼 곳에는 나무를 팔지 않고, 천 리가 떨어진 곳에는 쌀을 팔지 않는다. 1년 머물려면 곡식으로 씨앗을 뿌리고, 10년이면 나무를 심고, 100년이면 덕을 베푼다." 이 덕이라는 것은 사람을 두고 하는 말이다. 그런데 관록의 녹봉도 없고 식읍의 수입도 없으면서 그들과 비견될 만큼 즐기는 자가 있으니, 이름하여 '소봉素封'이라고 한다. '봉封'이란 조세를 거둬 먹는다는 뜻이다. 1년에 가구 1호당 200전을 걷는다면, 천 호의 제후는 20만 전이고 조근과 교제 비용을 그중에서 낸다. 서민의 농·공·이동상移動商·점상店商도 역시 1만 전이 해마다 2,000전을 번다면, 100만 전을 가진 집은 20만 전을 벌고 부역비용과 조세를 그중에서 내며, 의식의 욕구를 마음대로 좋아하고 즐길 수 있다. 그러므로 말 50마리, 양 250마리를 키울 수 있는 목장, 돼지 250마리를 키울 수 있는 습지대, 1,000섬의 물고기를 키울 수 있는 연못, 1,000장章의 목재를 벌채할 수 있는 산 (…) 이 가운데 어느 것이라도 가진 사람은 모두 다 천호를 가진 제후와 같다. 이런 것들은 부를 주는 자본(富給之資)이고, 시정을 엿볼 것도 없고 다른 읍을 다니지도 않고, 앉아서 수입을 기다리며, 몸은 처사(벼슬하지 않고 숨어 사는 선비)의 의리를 가지면서도 거기에서 수입을 취한다. 만약 집은 가난하고 가친은 늙고 처자는 연약하고, 해마다 제사를 지내고 술잔치를 벌일 수 없고 음식과 피복을 스스로 융통하지 못할 만큼 부족하다면, 또 이것을 부끄러워하지 않는다면, 이것은 비할 데 없는 짓이다. 이런 까닭에 재물이 없는 사람은 힘을 쓰고, 재물이 조금 있는 사람은 지혜를 다투고, 이미 부유한 사람은 시간을 다툰다. 이것이 화식貨殖의 대강이다.[520]

그러나 사마천은 무엇을 해서든 돈을 벌어 부자가 되면 그만이지만, 그래도 영예의 관점에서 보아 농업으로 부유해지는 것을 생업의 근본으로, 상업으로 부유해지는 것을 생업의 말단으로 간주한다. 즉, 상업은 농업이 불가능할 때 취하는 차선의 생업이라는 말이다. 그러나 말업末業(상업)은커녕 간업姦業(비윤리적 사업)도 하지 않으면서 '인의'를 논하며 빈천한 자는 간업자만도 못하다고 본다.

---

520) 사마천, 『사기열전(下)』 「화식열전」, 1191-1193쪽.

현재의 삶을 다스려 나감에 몸을 위태롭게 하지 않으면서 수입을 얻으려는 것은 현인이 애쓰는 바다. 그러므로 본업(농업)으로 부유해지는 것이 으뜸이고, 말업으로 부유해지는 것이 그다음이고, 간업姦業으로 부유해지는 것은 최하다. 바위 속에 사는 기이한 선비의 행동도 없이 길이 빈천하면서 인의를 말하기를 좋아하는 것도 역시 부끄러운 일이다.[521]

이런 까닭에 사마천은 인의를 말하며 누항에 숨어 살았던 공자의 손자 원헌原憲을 비판적으로 묘사하고, 장사로 천금을 벌어 공자를 도와 천하에 이름을 떨치게 했던 제자 자공子貢을 높이 평가했다.[522]

사마천은 사회적·직업적 영예의 측면에서 농업이 근본의 사업이고 상업이 말단의 사업임을 인정하지만, 가난한 자가 부를 얻는 직업으로는 돈벌이가 좋은 말업(상업)이 최상이라고 말한다. 상업이라도 해서 부자가 된다면, 그 부의 규모에 따라 권위와 영예는 저절로 갖춰진다는 것이다.

보통 초가의 서민은 상대가 열 배 부유하면 몸을 낮추고, 백 배 부유하면 두려워하고, 천 배면 그의 부림을 받고, 만 배면 그 수하가 된다. 이것이 사물의 이치다. 그런데 무릇 가난해서 부를 구하는 경우에, 농업은 공업만 못하고, 공업은 상업만 못하다. 비단에 수를 놓는 일이 시장의 문에 기대는 것만 못하다는 말이다. 이것은 말업이 가난한 자의 밑천임을 말하는 것이다. 사통팔달의 대도시에서 한 해에 술 1,000독, 식초 1,000병, 간장 1,000독, 소·양·돼지 도축 1,000마리 (…) 등의 물건을 팔거나 거간꾼에게 1,000관을 대부해 주면, 탐욕스러운 점포상인은 3할을 벌고, 양심적인 점포상인은 5할을 번다. 이들도 역시 천승지가와 비견된다. 이것이 상업의 대강이다. 다른 잡일을 하면 10분지 2의 이익도 적중시키지 못하니, 이것은 우리가 말하는 재물이 아니다.[523]

---

521) 사마천, 『사기열전(下)』 「화식열전」, 1193쪽.
522) 사마천, 『사기열전(下)』 「화식열전」, 1177쪽.
523) 사마천, 『사기열전(下)』 「화식열전」, 1193-1194쪽.

서민보다 만 배 많이 가진 상인은 이미 많은 수하를 거느린 상단의 수장이다. 이런 상인은 만금의 부와, 수하를 거느리는 권력, 그리고 사회적 영예를 다 가졌다. 처음에는 시장 입구에서 미천한 장사를 시작하더라도 이런 기업형 상단으로 도약할 가능성이 상업에는 상존하는 것이다. 이 가능성이 농사를 지어 기업농이 될 가능성보다 훨씬 크다는 말이다.

사마천이 살았던 기원전 1-2세기 중국 각지에는 거만금을 가진 수많은 대공업 공인과 부상대고의 상인들이 일어났다. 제후들과 벗하며 살고 또 이런 지위를 이용해 돈을 더 늘렸던 거부들, 즉 '소봉들'의 자본축적 비법을 사마천은 이렇게 정리한다.

이들은 빛나고 빛나는 사람들 중에서도 특이한 사람들이다. 이들은 다 봉작으로 받은 식읍도, 봉록도, 법을 농간하거나 간사한 짓을 저지르는 일도 없었고, 이치를 끝까지 따져 거취하고, 때와 더불어 내려보고 올려보며 그 이익을 획득했다. 말업으로 재물을 모으고 본업으로 재물을 지켰다. 무武로 일관하다가 문文으로 지킨 것이다. 그 변화에 절도가 있어 족히 서술할 만한 것이다. 힘써 농사짓고 목축하고 공업·임수 산업·이동상·점포상을 하면서 이익을 저울질해 부를 이룬 사람들 중에 큰 부자는 군群 단위를 압도하고 중간의 부자는 현 단위를 압도하고, 작은 부자는 향리를 압도하는 자들인데, 일일이 셀 수 없을 만큼 많다.[524]

이어서 공맹의 부민정책의 취지에 맞게 사마천은 돈 버는 직업에 귀천이 없음을 역설하며 '소봉' 같은 부자가 될 것을 장려한다.

무릇 아끼고 힘을 쓰는 것은 삶을 영위하는 정도正道다. 그런데 부자는 반드시 기특한 방법을 써서 이긴다. 논밭을 가는 농업은 땅을 파는 업종이지만 진나라 양楊씨는 주州에서 제일가는 부자가 되었고, 옛 무덤을 파는 굴총掘冢은 간사한 일이지만 전숙田叔은 이것으로 일어났고, 도박은 악업惡業이지만 환발桓發은 이것으로 부자가 되었고,

524) 사마천, 『사기열전(下)』「화식열전」, 1197쪽.

행상은 장부에게 천한 일이지만 옹낙성雍樂成은 풍요해졌고, 연지곤지를 파는 것은 치욕스러운 처사지만 옹백雍伯은 천금을 벌었고, 음료(漿)를 파는 것은 소업小業이지만 장씨는 천만금을 벌었고, 술을 파는 것은 천박한 기교이지만 질邨씨는 호화로운 음식을 먹었고, 위포胃脯(내장으로 포를 만드는 일)는 간단하고 미천한 일이지만 탁濁씨는 기마병을 거느렸고, 마의馬醫는 얕은 처방이지만 장리張里는 (일꾼들을 불러 밥을 먹일 때) 종을 쳤다(馬醫淺方 張里擊鍾). 이것들은 다 한 가지에 성실해서 이룬 바다.525)

그리고 사마천은 자신의 가슴으로부터 만고에 길이 남을 명언을 실토한다.

이로 보건대, 부유해지는 데는 경업經業(경상직업)이 따고 없고, 재화는 정해진 주인이 없다. 능력자에게는 재화가 몰려들고, 불초자에게는 기왓장처럼 해체된다. 천금의 가문은 한 도읍의 제후이고, 거만금을 가진 거부는 왕과 같이 즐긴다. 이들이 어찌 '소봉'이라고 일컬어지는 자들이 아니겠는가?526)

결국, 직업에는 귀천이 따로 없는 법이다. 간업으로 돈을 벌더라도 안 버는 것보다 낫다. 간업자는 제 손으로 생계를 벌지 못하면서 남에게 줄곧 얹혀살며 경전만 끼고 사는 유자儒者보다 낫다는 말이다.

■상업중시와 농·상農商 양본주의

사마천의 경제사상은 농업사회적 '영예'의 관점에서의 '농본'과, 원활한 재생산의 사회적 관점 및 재부의 빠른 성취라는 개인적 관점에서의 '상본', 이 두 가지 근본에 기반을 둔 자유시장경제 사상으로 요약된다. 사마천의 논지를 종합해보자. '본업(농업)'으로 부유해지는 것이 최상이고, '말업(상업)'으로 부유해지는 것이 차상이며, '간업'으로 부유해지는 것은 최하다. 그러나 재생산의 관점에서는 상업이 최상의 지위를 차지한다. 농부가 내오지 않으면 농산물이

525) 사마천, 『사기열전(下)』 「화식열전」, 1197-1198쪽.
526) 사마천, 『사기열전(下)』 「화식열전」, 1198쪽.

결핍되고, 공인이 내오지 않으면 공산품이 결핍되며, 산지기와 어부가 내오지 않으면 임수산물이 적어지지만, 상인이 내오지 않으면 농산물, 공산품, 임수산물의 삼보가 다 끊어지기 때문이다. 시장은 자유로운 운동 속에서 스스로 가격을 조절하고 안정시킨다. 물건이 싸면 비싸질 징후고, 물건이 비싸면 싸질 징후다. 이는 물이 아래로 흘러가는 것과 같아서 밤낮 쉴 때가 없고, 부르지 않아도 스스로 오고 구하지 않아도 백성이 만들어낸다. 이 시장운동은 자연적 도와 부합되고 따라서 바로 '자연지험'이니 여기에 국가가 간여할 일이 없다. 따라서 모든 시장규제와 세금을 폐지하는 맹자의 시장정책이 긴요하다. 그러나 물가안정은 생산자와 상인에게 다 이롭다. 비싸면 분토처럼 내다 팔고, 싸면 주옥처럼 사들여 재화를 물 흐르듯 순환시키는 것이 물가안정의 비법이다. 따라서 물가안정과 원활하고 한결같은 물자유통은 국가가 시장에 대한 규제와 간섭 및 중과세를 철폐하는 자유화조치로 보장하고 지켜야 한다. 그러면 비싸면 차익을 극대화하기 위해 내다 팔고 싸면 적은 돈으로 많은 물량을 확보하기 위해 사들이는 개인들의 이기적 활동을 통해 가격메커니즘이 자율적으로 작동하게 되어 국민경제의 성장과 국가의 부강이라는 공동선이 달성된다. 백성을 따르는 '무위의 차'가 바로 이기심과 공동선의 일치를 가져오는 '최상의 치국'인 것이다. '본업(농업)'으로 부유해지는 것이 최상이고, '말업'으로 부유해지는 것이 차상이지만, 무릇 가난하여 부를 구하는 경우에는 거꾸로 말업(상업)이 최상이고, 공업이 차상이고, 본업이 최하다. 종합하면, 이것은 공자의 농農·상商 양본주의와 상통한다.

말업으로 부유해지면 농토를 사서 본업으로 부를 지킨다. 그러나 부유해지는데는 '경업'이 따로 없으므로 무슨 직업을 통해서든 일단 부유해지면, 본업으로 이 부를 지키면 된다. 사람들은 상대가 열 배, 백 배, 천 배, 만 배 부유하면 몸을 낮추고, 두려워하고, 그의 부림을 받고, 그 수하가 된다. 부자가 되면 왕과 벗한다. 그러므로 '소봉'은 천승지가의 제후와 비견되는 것이다. 따라서 부자가 되려는 백성의 물욕을 실없는 도학道學이나 금욕주의적 괴설怪說로부터 해방하고 '소봉'이 되도록 권장한다. 이것이 바로 무위의 자연적 도와 농본·상본에 바탕을 둔 사마천의 농·상 양본주의 자유경제사상의 핵이다.

■ 상홍양에 대한 사마천의 역사적 단죄

공맹 이후 중국역사에서 상업을 탄압한 정치가나 이론가들은 법가에 속하는 상앙商鞅(기원전 360-338)을 제외하고 없었다. 상앙은 농업을 진흥하기 위해 상인들을 탄압하는 정책을 수립한 최초의 인물이었다. 법가의 무지한 견해에 의하면, 상인은 최악의 백성 부류에 속했다. 왜냐하면 그들은 스스로 아무것도 생산하지 않고 남들이 만든 것으로부터 이득만을 취하는 자들이기 때문이다. 더구나 그들은 가격을 올려 이득을 남기며 팔기 위해 상품을 사재기함으로써 백성들의 미움을 사는 자들이다.

이것은 법가의 영향을 받은 한고조漢高祖(재위 기원전 202-195)가 상인이 비단을 입고 마차를 타고 다니는 것을 금지했고 무거운 세금으로 그들에게 부담과 망신을 준 이유였다. 상인들에 대한 한고조의 이 금법과 중과세법은 제국 전체에 적용된 최초의 상인탄압 법률이었다. 이때부터 상인이 고난을 겪는 여러 시기가 있었다.[527] 그리고 한무제는 정복전쟁에 쓸 전비를 마련하기 위해 전매제도(국가의 상공업독점제)를 과도히 팽창시켜 민간의 자유상업을 심각하게 위축시켰다.

이에 사마천은 자신의 자유경제사상에 입각해 한나라 건국 이후부터 자신의 시대(한무제)까지의 경제정책사를 다룬 「평준서平準書」에서 지나친 시장개입과 국가전매사업을 주도한 상홍양桑弘羊에게 경제정책을 맡겨 백성의 삶이 피폐해진 한무제의 말기 치세를 날카롭게 비판하고 있다. 상홍양은 관중·상앙 등을 잇는 법가의 중농억상론重農抑商論과 관치경제론을 본받아 경제정책을 시행했다. 이에 사마천은 그 정책의 부조리한 후과를 이렇게 지적했다.

경사에 보관되어 있는 돈은 쌓여서 억만금이나 되었는데, 돈을 묶은 줄이 낡아서 셀 수조차 없었다. 태창(수도의 큰 창고)의 양식은 묵은 곡식이 나날이 늘어 층층이

---

527) 참조: Chen Huan-Chang(陳煥章), *The Economic Principles of Confucius and His School*, 411-412쪽.

쌓아도 넘쳐나서, 결국에는 노천에 모아두었다가 그만 썩어서 먹지 못할 지경이었다. (…) 당시 법망은 관대하고 부자들은 부족함이 없자, 그들은 부를 빙자해 오만방자한 짓을 저질렀는데, 어떤 사람은 남의 토지를 빼앗아 겸병하기까지 했다. 또한 부호들은 제멋대로 날뛰었으며, 봉읍 토지를 받은 종실과 공경대부 이하 모두가 사치를 다투어 주택이나 거마·관복 등이 모두 분수를 넘어 한계가 없을 정도였다.528)

사마천은 이런 경제 문란의 원인을 정부의 독점과 과도한 시장개입으로 분석하고 있다.

일개 양치기에서 거듭 공을 세워 어사대부御使大夫에 오른 복식卜式은 대부분의 군현과 제후국이 소금과 철의 관영官營을 대단히 불편해한다는 사실을 알았다. "관서에서 만든 철기는 조악하고, 가격은 비싸며, 어떤 철 관리는 백성들에게 억지로 관에서 만든 철기를 사도록 강요했기 때문이다. 배에는 산세算稅를 물렸는데, 장사하는 사람은 적고 물가는 대단히 비싸서, 대농령大農令 공근孔僅을 통해 황상에게 배에다 산세를 물리는 문제에 대해서 진언했는데 황상은 이때부터 복식을 탐탁지 않게 생각했다."529) 복식은 결국 좌천되었다. 반대로 상홍양은 치속도위治粟都尉와 대농을 겸직하고 공근을 대신해 천하의 소금과 철을 독단했다.

이어 사마천은 자신의 지론에 반하는 상홍양의 경제정책을 이렇게 해부한다.

상홍양은 각 관서가 장사에 나서면서 서로 경쟁해 물가가 오르고, 각지에서 부세납부용으로 만들 물품 중 어떤 것은 운용비용으로도 충당되지 않자, 대농부승大農部丞 수십 명을 배치해 각 군국郡國의 균수均輸(가격이 싼 지방에서 물건을 사서 비싼 곳으로 수송해 팔고, 쌀 때 사서 비축해 두었다가 비쌀 때 팔아 물가를 조절하는 기능) 및 염·철을 나눠 주관하게 하고, 각 군현은 곳곳에 균수관과 염관鹽官·철관鐵官을 설치하도록 주청했다. 그리하여 먼 곳의 군현들로 하여금 바치고자 하는 물품이 가장 비쌀 때의

528) 사마천, 『사기표·서』「평준서」, 251쪽.
529) 사마천, 『사기표·서』「평준서」, 275쪽.

시세에 따라 세금을 내게 하고, 균수관이 이것을 가지고 일괄적으로 매매함으로써,
각지의 화물이 서로 교류되도록 해야 한다고 주장했다. 또한 경사에서는 평준관平準
官(물가를 균일하게 관리하는 물가안정 기능을 맡은 관서)을 설치해 각 군국에서 운송되어
온 화물을 총괄토록 해야 하며, 공관工官을 시켜 차량과 그 부품을 제조하게 하고,
그 비용도 모두 대농이 지급하도록 해야 한다고 주장했다. 대농 소속 관리가 천하의
화물貨物을 모두 장악해 비쌀 때는 내다 팔고 쌀 때는 사들이면, 돈 많은 장사꾼들이
큰 이익을 얻을 방법이 없게 되어 곧 본업에 힘쓰게 될 것이고, 따라서 각종 물건의
가격이 더 오를 리가 없게 되며, 이러한 방법으로 천하의 물가를 잡을 수 있으니,
이것을 가리켜 '평준'이라 할 수 있다고 했다. 이러한 논리로 주청하니, 천자는 이를
옳다고 여겨 시행토록 했다.530)

여기서 문제는 평준법과 균수법이 아니라 과도한 전매제도이고, 법이 아니라
담당관리가 문제였다. 평준·균수법도 양심 없는 관리는 물가조절을 명목으로
폭리를 추구해 수익을 극대화함으로써 국고를 늘려 황제의 총애만을 노릴 수
있기 때문이다. 훗날 송대에 시역법市易法·균수법 등으로 물가조절과 백성구휼
을 추진했던 왕안석은 이런 까닭에 이 법들과 관련해 이렇게 지적한 적이 있다.

제대로 된 인물을 얻어 시행하면 크게 이롭지만 제대로 된 인물이 아니면서도 이를
시행하면 크게 해롭다(得其人而行之 則爲大利 非其人而行之 則爲大害).531)

또 왕안석은 상홍양이 이 평준·균수법을 『주례』의 '천부泉府'로부터 따왔지만
그의 법은 조잡했다고 직접 비판하기도 했다.

주나라는 천부의 관청을 두고 천하의 재화를 변통했는데 후세에는 오직 상홍양과
유안이 이 뜻에 조잡하게 부합했다(粗合此意).532)

---

530) 사마천, 『사기표·서』「평준서」, 276쪽.
531) 왕안석, 「上五事箚子」, 278(원문), 279쪽. 이근명 편저, 『왕안석자료 역주』.

상홍양과 유안의 부합 기도를 '조잡하다'고 말한 것은 천부법제를 고쳐 쓰더라
도 이것의 제도적 확립은 '(박시제중博施濟衆의) 덕성과 시무時務능력을 갖춘
훌륭한 인물'에 의한 '완만한' 시행을 요한다는 경고의 복선을 깔고 있는 말이다.

그리고 왕안석은 『주례』의 '천부泉府'와 '사시司市'의 법제들을 모방하고 수정
해 만든 자신의 신법新法에 대해서도 이렇게 경고한다.

> 이 세 법제(면역免役·보갑保甲·시역법)는 제대로 된 사람을 얻어 완만하게 도모하면
> 크게 이로울 것이고 제대로 된 사람을 얻지 못해 급히 이루면 크게 해로울 것이다.[533]

그러나 상홍양은 '제대로 된 인물'이 아니라, 황제의 총애를 믿고 백성을 등친
간신이었다. 그리하여 이런 상홍양은 평준·균수법을 급히 시행하고 국가부문
을 너무 늘려 민간영역을 압도함으로써 백성들에게 크게 해를 끼쳤던 것이다.
상홍양은 조세를 밀어내고 국가독점기업과 전매기업에서 나오는 이윤으로
국가를 운영했다. 그리하여 국가가 직접 시장에 개입해 폭리를 취하고, 상공업
을 직접 운영해 국영기업 부문을 대폭 확대하고 민간경제를 위축시키고 압살했
다. 이로 인해 백성은 헐벗은 반면, 국가와 관리들, 그리고 세도가들은 승승장구
해 사치에 빠지고, 국가창고는 넘쳐났으며, 국가는 금권주의에 침몰했다.

> 상홍양은 관리들이 조정에 양식을 내면 관직을 승진시키고, 죄인들이 양식을 내면
> 속죄해줄 것을 다시 주청했다. 백성들 가운데 정해진 수량에 따라 감천창甘泉倉(섬서
> 성 감천산에 있는 창고)에 양식을 내는 자는 종신토록 요역을 면제해주었고, 고민告緡
> (화폐소득세)도 면제해주었다. 그리고 기타 군郡도 긴급히 필요한 곳에 양식을 보내주
> 었고, 여러 농가도 수확한 양식을 헌납하니, 산동지구의 조운은 매년 증가해 600만
> 석에 이르렀다. 이렇게 한 결과, 1년 내내 태창과 감천창은 양식으로 가득 찼고, 변경
> 에도 양식이 남아돌았다. 각지의 화물은 균수법을 통해 일괄적으로 날라 와 파니,

---

532) 증선지 편(임동석 역주), 『십팔사략』 6/7권(서울: 동서문화사, 2009·2011), 2316쪽.
533) 왕안석, 「上五事箚子」(1072), 282쪽.

비단 500만 필의 이익을 챙길 수 있었다. 그리하여 백성으로부터 더 이상 부가세를 걷지 않아도 국가의 재정은 충분했다. 상홍양은 좌서장의 작위를 받고, 두 차례에 걸쳐 황금을 100근씩 하사받았다.[534]

상홍양은 물가안정을 구실로 평준법과 균수법, 그리고 염철전매법으로 정부의 독점이윤을 획득하는 관치·국영경제를 추구한 것이다.

그리하여 사마천은 복식의 입을 빌어 상홍양의 관치·국영경제를 탄핵한다. 백관들이 참여한 기우제에서 복식이 황제에게 진언하기를, "정부의 비용은 응당 정상적인 조세로 충당해야만 합니다. 현재 상홍양은 관리를 시장의 점포에 앉혀 장사를 해서 돈을 벌고 있습니다. 상홍양을 삶아 죽이면 하늘이 비를 내려줄 것입니다"라고 했다.[535]

마침내 무제가 죽고 소제昭帝(재위 기원전 94-74)가 즉위한 뒤 기원전 81년 열린 '염철회의'의 대논쟁에서 소금·철·주류의 국가전매를 근간으로 삼는 법가적 경제정책을 계속 시행할 것을 주장하던 어사대부 상홍양, 승상 차천추車千秋와 그 무리들은 염철전매제도에 반대하는 현량賢良·문학文學, 오경박사 등 60여 명의 유학자들과의 격렬한 논쟁 끝에 대패하고 말았다. 이 염철회의에서 "국가가 소금·철·술의 이익을 백성과 다투고 독점하려고 한다"고 비판하며 자유시장을 옹호한 유학자들이 압도적 다수파였기 때문이다.[536] 상홍양과 그 일파는 '염철회의'에서 대패한 뒤 모반을 획책하다가 기원전 80년 처형되었다. 상홍양의 형제·자식들도 냉혹한 관리 두주杜周에게 붙잡혀 처형당했다.[537]

진나라와 한나라 무제 때의 난정을 타산지석으로 삼아 소제 이후에는 경제를 자유화해 안정시켰다. 정부불간섭, 민영화, 조세경감, 자유상공업을 추구하는

---

534) 사마천, 『사기표·서』「평준서」, 277쪽.

535) 사마천, 『사기표·서』「평준서」, 277쪽.

536) 참조: 환관(桓寬) 원저, 김한규·이철호 역, 『염철론』(서울: 소명출판, 2002). '염철회의'의 논쟁내용은 桓寬의 이 『염철론』에 잘 정리되어 있다. 논쟁자들이 서로 주고받는 논쟁체로 쓰인 이 책은 국가·사회·문화·군사·안보문제까지 확대된 광범한 주제를 놓고 벌인 역사적 대논쟁의 현장을 생생하게 전해준다.

537) 사마천, 『사기열전(下)』「혹리열전」, 1056쪽.

자유경제정책은 사마천의 경제이론과 관치경제 비판에 힘입어 송·원·명·청나라의 역대 중국정부의 전통이 된다.

주류전매를 담당한 관청인 '각고榷酤'가 폐지되고, 곧 철전매를 맡던 '철관鐵官'도 폐지되었다. 물론 법가사상의 영향이 바로 사라진 것은 아니다. 선제宣帝(재위 기원전 73-49) 때까지도 유교와 법가, 또는 왕도와 패도覇道를 섞어 쓰는 이른바 '잡용雜用'과, 국가관직을 유가적 문학지사文學之士와 법가적 '문법리文法吏'로 섞어 채우는 '이유식법以儒飾法'(법가를 유가로 장식하는 것)의 타협책이 계속되었다.538) 하지만 선제를 이은 원제元帝(재위 기원전 48-33)는 유학을 높이 숭상해 법가사상을 주변으로 밀어내고 소금전매까지 철폐해 '완전자유시장'을 추구했다. 이후에도 늘 유학자들은 무위無爲의 자유시장을 옹호했고, 어쩌다 시장이 민생을 해치는 최악의 경우에도 시장을 반대한 것이 아니라, 가급적 시장을 해치지 않는 규제유형을 찾아보려는 '양가적兩價的' 정책을 추구했다. 이후에도 유가가 주도한 중국에서 이利를 두고 백성과 다투는 것을 넘어 백성의 이利를 빼앗는 상공업의 국가독점은 줄곧 명백히 '반反유가적인' 것으로 여겨졌다. 자유시장적 유학자들은 저 '염철회의' 대논쟁 이후에도 농·상 양본주의 원칙과 배치되게 상공업을 천시하는 극단적 농본주의나 국가전매론, 또는 대외무역금지정책이 민생과 자유상공업을 옥죌 위험이 비칠 때면 중국의 전 역사에 걸쳐 매번 다시 정치의 전면에 등장했기 때문이다.539)

2.3. 개혁가 왕안석의 시장경제론과 '보편사적 근대'의 개창

공맹과 사마천의 농·상 양본주의 시장경제철학은 중국의 역대 경세론자들인 왕안석·엽적·구준·황종희로 이어진다. 앞서 살펴보았듯이 유자들은 염철회의에서 상홍양에 맞서 국가독점을 폐하고 자유시장을 회복하는 논리를 관철

---

538) 참조: 김한규, 「해제 – 염철론(鹽鐵論)과 『염철론(鹽鐵論)』」. 환관(桓寬)(김한규·이철호 역), 『염철론』(서울: 소명출판사, 2002), 13-16쪽. 다음도 참조: 김한규, 「염철론 - 염철 논쟁을 통해서 보는 고대 중국사회」. 네이버지식백과 http://terms.naver.com(최종검색: 2012. 8. 27).

539) 참조: Gang Deng, *The Premodern Chinese Economy: Structural Equilibrium and Capitalist Sterility* (London: Routledge, 1999), 117쪽.

시킨 데서 보듯이 늘 자유시장을 옹호해왔지만, 왕안석이야말로 공맹과 사마천 이후 유가정통의 논리로 시장경제이론을 일목요연하게 전개했을 뿐만 아니라, 실물경제에 투입해 수많은 정책과 법령으로 제도화함으로써 인류역사상 최초로 '근대경제'와 '보편사적 근대'의 발단을 개창했다. 이 시장제도와 자유시장철학은 조선과 월남으로, 그리고 유럽으로도 전해졌다. 이 점에서 전 세계 인류는 오늘날도 왕안석의 은덕을 입고 있는 셈이다.

■ 왕안석의 개혁정책의 유가사상적 기반

북송 중반 국가의 재정난과 외적의 압박을 타개하려던 제6대 황제 신종(재위 1068-1085)은 당시 세간에서 태평성대를 이룰 인물로 추앙받던 왕안석(1021-1086)을 찾아 1069년 2월 참정(參知政事)으로 발탁하고 1070년에는 재상(同中書文化省 平章事)에 임명해 개혁을 단행케 했다.540) 왕안석은 1069년부터 1076년까지 8년 동안 일련의 신법新法을 제정해 국가개혁을 단행했다. 왕안석의 개혁은 『주례』와 공맹철학의 양민·교민·시장경제론을 전범으로 삼은 점에서 유가적 정통성을 담지하고 있었다.

왕안석과 신종을 따르는 신법당新法黨은 공자와 더불어 맹자의 경제철학, 상업·시장론, 토지론 등 경세론을 중시했다. 왕안석은 백성의 경제적 안정을 보장하는 데 국가의 역할을 강조한 철학자라는 점에서 맹자를 높이 평가했다. 그러나 구법당舊法黨은 맹자를 이단으로 배격한 이구李覯를 추종해 『맹자』가 유가의 전통에서 벗어난 이단사상이며 제자들의 윤색과 견강부회로 인해 엄격

---

540) 왕안석의 명망은 세간에 자자했다. 가령 왕안석의 정적 사마광조차도 그에 대한 자신의 호감과 세론을 이렇게 회상한다. "(대신들에 대한 선물하사 문제로 어전에서 왕안석과 다툰 뒤에도) 나의 왕안석에 대한 흠모의 마음은 전혀 변함이 없었다. 왕안석은 30여 년간 천하에서 명망을 누려왔다. 학식이 높으며 높은 관직에 오르는 데 욕심이 없다. 그래서 원근 선비들이 그를 알든 모르든 모두 말하기를 '왕안석이 몸을 일으키지 않으면 어쩔 수 없지만 일으키면 천하 태평시대가 도래하리라'고 했다." 司馬光, 「與介甫書」 『溫國文正司馬公文集』 卷60. 이근명, 「왕안석의 집권과 신법의 시행」, 『역사문화연구』 제35집(2010), 41쪽에서 재인용. 그리고 유산세도 "천하는 (…) 왕안석을 대신으로 삼지 않는 것에 대해 이상히 여긴다"고, 왕엄수는 "천하가 왕안석을 추앙하며 그가 훗날 반드시 태평을 이룰 것이라고 여긴다"고 말했다고 한다. 이근명, 「왕안석의 집권과 신법의 시행」, 41쪽에서 재인용.

한 도덕판단과 확고한 신분질서 원리가 결여된 편의주의자라고 혹평했다. 이와 조금 다르게 주희는 맹자를 중시했으나 경세론의 관점에서가 아니라 '이利'보다 '의義'를 중시한 도덕론의 관점에서만 존숭했다.541) 이래저래 주희도 왕안석을 '이단'으로 의심했다.

또한 왕안석은『주례』를 중시했다. 그는 자주『주례』를 직접 언급하며 시의에 맞게 활용했는가 하면, 신진관료 양성을 위한 교재로서『주례』를 주석한『주관신의周官新義』를 저술하기도 했다.542) 구법당은 전국시대에 집성된『주례』를 한나라 때에 만들어진 '위서僞書'로 격하하며 왕안석을 이단으로 몰았다.

그러나 왕안석은『주례』에 대해 "그 법이 가히 후세에 시행할 만하고 그 문文이 전적에 실려 남아 있는 것으로서 주관지서周官之書만큼 구비되어 있는 것이 없다"고 말했다.543) 이전 시대에『주례』를 주로 관제官制의 책으로 보고 관제개혁에 이용한 것과 달리 왕안석은『주례』를 부국강병론의 기초경전으로 활용한 이구를 따른 것으로 보인다. 그러나 왕안석의 주된 착안점은 군비강화에 역점을 둔 이구와 달랐다. 그는 강병론의 관점에서가 아니라 정치·경제의 관점에서『주례』를 '이재理財'의 서書'로 중시했다.544)

정사는 이재하는 것이다. 이재는 소위 의義에 해당하는 것이다. 일부의『주례』는 이재가 반을 차지한다(理財居半). 주공이 어떻게 이利를 추구했겠는가?545)

왕안석은 가령 "선왕이 겸병을 억제하고 빈약자를 균제均齊하고 재부를 변통시

---

541) James T. C. Liu (劉子健), *Reform in Sung China: Wang An-shih (1021-1086) and His New Policies* (Cambridge: Harvard University Press, 1959·2013). 제임스 류(이범학 역),『왕안석과 개혁정책』(서울: 지식산업사, 1991·2003), 52-53쪽.

542) 참조: 이근명,「전통시대 지식인들은 왜 왕안석에 반대하였는가?」,『전북사학』38(2011), 182-185쪽.

543) 왕안석,「周禮義序」,『臨川先生文集』84. 이근명,「전통시대 지식인들은 왜 왕안석에 반대하였는가?」, 182쪽에서 재인용.

544) 제임스 류,『왕안석과 개혁정책』, 49쪽.

545) 왕안석,「答曾公立書」,『王臨川集』73. 이범학,「王安石 改革論의 形成과 性格」, 55쪽에서 재인용.

키던 이권利權을 (『주례』「지관사도(하)」의) 천부泉府의 관청이 한곳에서 나오게 할 수 있었던 것은 천부의 관리가 있었기 때문이다'라고 말하고 있다.546) 이것은 '억겸병抑兼倂'과 국가의 이권회수를『주례』로 뒷받침하며 '천부'의 "국가복역의 일수의 임금환산액을 그 이자로 삼는다(以國服爲之息)"는 구절을 청묘법의 근거로 삼았다는 것은 널리 알려진 사실이다.547)

왕안석이『주례』를 자주 들이대자 신법에 반대한 구법당舊法黨 일각에서는 『주례』를 두고 유흠劉歆위작설을 퍼트렸다. 유흠은 전한 말엽의 유자다. 또 고힐강顧頡剛(1893-1980)은『주례』에 통제국가 성격이 있다고 비판하며『주례』가 전국시대 '법가의 저작'으로 한대에 수습·보충된 것이라고 추정한다.548) 하지만 오늘날 고증된 바에 따르면『주례』는 주나라 말엽 춘추시대부터 전래되어 오던 주나라 관제에 관한 기록들이 전국시대에 수집·집성된 책이다. 가령 상앙의 변법은 정전제를 폐지한 전제 위에서 원전제轅田制(농민이 경지를 사유하고 토지를 자유매매할 수 있게 하는 토지제도)를 채택했고 억상抑商정책을 편 반면,『주례』는 정전제에 기초하고 상공업을 농업에 앞세웠다.『주례』는 "곡면을 잘 알고 근육으로 다섯 재료를 붙잡아 백성의 기물을 마련하는 것은 백공이라 하고, 사방의 진기한 것을 통하게 해서 이를 취하는 것은 상려商旅라 하며, 근력으로 땅의 재물을 키우는 것은 농부라 한다'고 하고 있다.549) 이것만 보아도 구법당의 유흠위작설은 일고의 가치도 없다. 고힐강의 말도 들어줄 만한 가치가 전무하다.

그런데 왕안석이 공맹과『주례』보다『관자』의 영향을 더 받았다는 주장도 있다. 이런 주장은 왕안석이 인종에게 올린 상소문의 이런 논변을 들이댄다.

사람의 정리는 재물이 부족하면 반드시 탐비구득貪鄙苟得에 빠지게 됩니다. 선왕先王들은 이를 알았기 때문에 봉록을 제정함에 있어 서인재관자庶人在官者(서리 – 인용자)

---

546) 『楊龜山先生集』권73. 이범학, 「王安石 改革論의 形成과 性格」, 55쪽에서 재인용.

547) 이범학, 「王安石 改革論의 形成과 性格」, 55쪽.

548) 顧頡剛, 「周公禮制的 傳說 和『周禮』一書的 出現」, 『文史』6(1979). 이근명, 「전통시대 지식인들은 왜 왕안석에 반대하였는가?」, 184쪽 각주10에서 재인용.

549) 『周禮』「冬官考工記」.

로부터 그 녹祿이 족히 농사를 대신할 수 있도록 했습니다. 이 등급으로부터 위로 올라가 매번 이에 더해 주었습니다. 족히 염치를 기르고 탐비貪鄙행동에서 멀어지기에 족하도록 하고, 오히려 아직 족하지 않은 것으로 여겼습니다.550)

무릇 천하의 힘으로써 천하의 재財를 낳고 천하의 재물을 취해 천하의 비용을 대야 합니다. 자고로 일찍이 치세에는 부족을 천하의 공환公患으로 여긴 적이 없었습니다. 근심은 치재治財가 제대로 된 도道가 없다는 데 있습니다. 지금 천하에 병장기를 보지 않아서 백성들은 땅에 안주해 생업을 즐기고 몸의 힘을 내어 천하의 재물을 생산하고 있습니다. 그러나 공사公私가 항상 곤궁을 공환으로 여기는 것은 대개 이재의 도를 아직 얻지 못해 관리들이 세상의 마땅함을 헤아려 그 변화를 통찰하지 못하기 때문입니다. 참으로 이재를 그 도로써 하고 그 변화를 통찰한다면, 신은 비록 어리석을지라도 이록吏祿을 늘려도 경비를 축내기에 족하지 않다는 것을 진실로 알고 있습니다.551)

또 왕안석은 "정치란 이재하는 것이다",552) "무릇 천하의 사람을 모으는 데 있어 재財가 없으면 안 된다",553) "대저 천하의 무리를 합하는 것은 재財다",554) 혹은 백성은 "부유해진 뒤에 선해진다"고도555) 주장하고, 부상대고富商大賈의 횡포와 고리대의 탐욕으로부터 중소상공인을 보호하고 상공업을 지나침도 모자람도 없이 진흥하는 중도적 상업관을 대변했다. 가령 그가 "절의의 백성은 적고 겸병가兼幷家는 많으니 (…) 공상工商 등 말리末利를 좇는 자들은 조세를

---

550) 왕안석, 「上仁宗皇帝言事書」, 『臨川先生文集』 卷39(香港: 中華書局 香港分局, 1971). 왕안석, 「上仁宗皇帝言事書」, 219쪽. 이근명 편저, 『왕안석자료 역주』.

551) 왕안석, 「上仁宗皇帝言事書」, 233(原文), 234-235쪽.

552) 왕안석, 「答曾公立書」 『臨川先生文集』 73. 이근명, 「전통시대 지식인들은 왜 왕안석에 반대하였는가?」, 188쪽에서 재인용.

553) 왕안석, 「乞制置三司條例」 『臨川先生文集』 70.

554) 왕안석, 「度支副使廳壁題名記」 『臨川先生文集』 82. 이근명, 「전통시대 지식인들은 왜 왕안석에 반대하였는가?」, 188쪽에서 재인용.

555) 왕안석, 「洪範傳」 『臨川先生文集』 65. 이근명, 「전통시대 지식인들은 왜 왕안석에 반대하였는가?」, 188쪽에서 재인용.

무겁게 해 곤욕스럽게 하면 백성은 말업의 무용함과 규벌로써 곤욕케 함을 겪고 전무田畝로 돌아가지 않을 수 없을 것이다"라고556) 말하는 경우에도 여기서 "말리末利를 좇는 자"란 일반상인이 아니라 부상대고로서의 겸병가(독과점자본가)를 말하는 것이다. 따라서 이 구절은 겸병가(독점가)를 전리田里로 돌려보내고 중소상인을 살리는 취지를 담고 있다. 즉, 이 구절은 '억상책抑商策'이 아니라, 실은 상업을 일으키는 '흥상책興商策' 또는 시장을 살리는 '활시책活市策'을 논하고 있다. 이 구절을 두고 왕안석이 상홍양처럼 억상책을 세웠다는 해석은557) 전적으로 그릇된 것이다. 왕안석은 시역법市易法의 시행과 관련해 "지금 백만 민緡의 금전으로 물가의 경중을 조절하고, 상업을 막힘없이 널리 통하게 하고 외상으로 빌려줌으로써(以通商而貴之) 백성들로 하여금 수만 민의 이자를 매년 납입하게 하고 있다"고 말하고, 또 "시역법이 이루어지면 재화는 널리 유통되고 국부는 풍요로워질 것이다(貨賄通流而國用饒矣)"라고 말하고 있다.558)

관자의 경세론이 왕안석에 대해 영향을 미쳤다고 주장하는 논자는 왕안석의 부국강병론과 신법이 "창름倉廩이 충실해야 예절을 알고 의식衣食이 족해야 영욕을 안다"고 한 관자의 목민론 및 적극적 재물론·상업론과559) 상통한다고 해석한다.560) 이것은 공맹의 경제철학과 『주례』보다 관중의 경세론이 왕안석의 정책기조를 더 많이 결정했다는 주장이다.561)

그러나 주지하다시피 관중의 경세론은 자유상업론이 아니라 '여탈빈부의 권한이 다 군주의 손아귀에 들어 있어야 한다'는 원칙에 따라 정부가 다양한 방법으로 상공업과 국민경제를 전적으로 통제할 것을 주장하는 전제적 통제경제론이었다. 관중의 이 통제경제론에서는 군주가 부상대고로부터 이권을 탈취해 이들을 몰락시키고 백성을 상대로 독점적 상업이윤을 추구했다. 당연히

---

556) 왕안석, 「風俗」『王臨川集』 69. 이범학, 「王安石 改革論의 形成과 性格」, 68쪽에서 재인용.
557) 이범학, 「王安石 改革論의 形成과 性格」, 68쪽.
558) 왕안석, 「上五事箚子」, 281, 282쪽.
559) 『管子』 「牧民 第一」.
560) 이근명, 「전통시대 지식인들은 왜 왕안석에 반대하였는가?」, 187-189쪽.
561) 이근명, 「전통시대 지식인들은 왜 왕안석에 반대하였는가?」, 187-193쪽.

이런 관중의 안중에는 중소상인도 없다. 이런 까닭에 엽적葉適은 ― 바로 뒤에 살펴보는 바와 같이 ― 공맹의 자유상업론의 관점에서 군주가 개합·염산·경중지권을 틀어쥔 관중의 경제론과 같은 전제적 통제경제론을 비판했던 것이다. 따라서 군주가 대지주·고리대·부상대고를 없애고 스스로 최대의 독점상인이 되어 농민과 중소상인들을 수탈하는『관자』의 전제적 통제경제론은 대지주·고리대·부상대고로부터 농민과 상공인을 보호해 농업과 자유상공업을 균형 있게 육성하려는 왕안석의 중도적 균시均市정책과 배치되는 것이었다.

그리고 왕안석의 저 주장들은 앞서 필자가 상론한 공자의 부민론과 교민론 또는 맹자의 양민론과 교민론, 백성이 궁하니 "어느 겨를에 예를 닦겠는가?" 또는 "오곡이 물·불과 같이 흔하면 백성 속에서 어찌 어질지 않은 자가 있겠는가"라는 맹자의 선先양민·후後교민론, "사람을 모이게 하는 것은 재이고, 이재理財하고 정사正辭하고 백성의 비행非行을 금하는 것은 의리다何以聚人曰財 理財正辭禁民爲非曰義"라는『역경』의 가르침 등으로 특징지어지는 공맹의 일관된 국부론과 자유상공업론에 의해 정통적으로 뒷받침되는 것이다. 그러므로 왕안석은 군이 관중을 끌어댈 필요도 없었고, 관중을 배우거나 참고할 까닭도 없었다. 왜냐하면 관중은 공맹의 자유시장철학과 상치되고 왕안석의 개혁기조와 배치되는 비非유가적 통제경제론자였기 때문이다.

따라서 왕안석이『관자』의 영향을 받았다는 주장은 공맹철학을 깊이 알지 못하는 논자들의 근거 없는 억지논변이다. 따라서 이런 억지주장은 사실을 조작해 왕안석에 대해 인격살인을 가하고 동시에 왕안석을 공맹유학으로부터 벗어난 '이단'으로 몰고 있는 ― 구법당舊法黨이 쓴 ―『송사』의 "철저히 왕안석 내지 신법당을 폄훼하는 시각"의 "악의적 조작"에562) 말려들 위험이 있는 것이다.『송사』는 왕안석의 신법을 "관중과 상앙의 술법管夷吾商鞅之術"이라고 비난하고 있기 때문이다.563)

농업을 튼튼히 하고 상업을 일으키려는 농·상 양본론자兩本論者 왕안석이

---

562) 이근명, 「『宋史筌』에 나타난 王安石과 王安石의 改革」, 『중앙사론』 36(2012), 233쪽.
563)『宋史』卷381, 「王居正傳」. 이범학, 「王安石 改革論의 形成과 性格」, 48쪽 각주50에서 재인용.

법가를 참조했다는 비방도 있다.564) 그러나 이 비방도 상앙 등 법가의 핵심적
경세론이 농본주의적 억상론抑商論이기 때문에 마찬가지로 억지논변이다. 왕
안석이 '법가적'이라는 이 비난은 그의 신법을 이단으로 비방하는 『송사』를
따르는 또 다른 사실조작이다. 『송사』는 왕안석의 신법을 "관중과 상앙의 술책"
으로 모는 것도 모자라 왕안석이 "오늘날 상홍양의 균수법을 본받았고 또
왕안석이 부국강병술로써 임금의 마음을 계도하고 (…) 법령을 숭상하는 것은
상앙을 칭술하는 것이다今乃效桑弘羊均輸之法 安石以富國強兵之術啓迪上心 […] 尙法
令則稱商鞅"라고 하여 상홍양과 상앙을 들먹이며 그 이단성을 조작하고 있
다.565) 또 "법령을 숭상하는 것은 상앙을 칭술하는 것"이라는 비난은 실로
가소롭다. 왕안석은 법치 못지않게 택인擇人·인치人治도 중시했다. 왕안석은
강조한다.

> 맹자가 (선왕의 도 없이) '한갓 법만으로는 스스로 행할 수 없다고 한 것은 이를 두고
> 한 말이 아닌가? 그런즉 지금의 급무는 인재에 있다.566)

> 그렇더라도 재위자在位者가 제대로 된 인물이 아닌데 법을 믿고 통치를 행하면 예부
> 터 지금까지 잘 다스린 경우가 없었다. 재위가 다 제대로 된 인물을 얻었음에도 일일
> 이 법으로 그를 속박해 그로 하여금 제 뜻을 행할 수 없게 해도 예부터 지금까지
> 아직 잘 다스린 경우가 없었다. 무릇 사람을 취함이 상세하지 않았고 부림이 합당하
> 지 않았고 그 배치가 오래되지 않았는데 또 일일이 법으로 속박하므로 비록 현자가
> 재위하고 능력자가 재직해도 불초·무능력자와 거의 다름이 없게 된다.567)

이 말에서 어느 대목이 법가의 그 엄벌주의적 법치의 냄새가 나는가? 사마광과
주희조차도 왕안석을 비판했을망정 그를 법가로 몰지는 않았다.568) 법가비방

---

564) 이범학, 「王安石 改革論의 形成과 性格」, 48쪽.
565) 『宋史』 권314, 「范純仁傳」. 이범학, 「王安石 改革論의 形成과 性格」, 48쪽 각주50에서 재인용.
566) 왕안석, 「上仁宗皇帝言事書」(1058), 214(원문), 215쪽.
567) 왕안석, 「上仁宗皇帝言事書」(1058), 241-242(원문), 242쪽.

은 거의 사실조작이나 다름없는 것이다.

그리고 왕안석이 공맹철학에서 벗어나 관중의 논지를 채택했기 때문에 중국 유자들이 왕안석에 반대해왔을 것이라는 추정은 역사를 심히 곡해하는 것이다. 왕안석의 신법에 대한 격렬한 반대는 사문난적에 대한 배격논리에서가 아니라 모두 구법당舊法黨의 기득권 논리에서 나왔기 때문이다. 주희는 구법당의 이 보수반동적 기득권 논리를 성리학적 정치이데올로기로 삼았다. 이런 연고로 성리학의 세계에서는 왕안석이 의례히 '악안'이나 '소인'으로 비하되었던 것이다. 그리하여 구법당의 보수반동적 배경에서 탄생해 공맹철학의 곡해와 변조를 통해 이 보수반동 논리를 정당화하려고 떨쳐나선 성리학이 판치는 곳에서는 어디서나 왕안석이 백안시되었다.

왕안석은 1069년 2월 참정(參知政事)에 임명된 직후 개혁관청으로 '제치삼사조례사制置三司條例司'를 설치하고 그해 7월 균수법, 9월 청묘법, 1070년 농전수리법 등의 발표를 기점으로 방전균세법·시역법·고역법(모역법)·보갑법·보마법 등 일련의 신법을 쏟아냈다. (조례사는 특수관청이라는 거북한 지위 때문에 논란 끝에 10년 3개월 만인 1079년 5월 폐지되었다.569)) 왕안석 신법의 직접적인 목적은 국가재정난을 타개하고, 대지주·대상인의 횡포로부터 농민과 중소상인을 보호·육성하는 것이었다.

■신법의 구체적 내용

(1) 균수법

균수법均輸法(1069년 7월)은 발운發運(조운)의 직職을 균수의 직으로 고치고 균수사에 금전을 가불假拂해 주고 모든 상공물上供物을 다 매득買得함에 비싼 곳에서 싼 곳으로 옮기고 먼 곳을 가까운 곳으로 바꾸고(徙貴就賤 用近易遠), 재경在京창고의 담당자에게는 미리 알려주어 편의에 따라 축장하고 구매購買할 수 있게

---

568) 제임스 류, 『왕안석과 개혁정책』, 77-78쪽.
569) 이근명, 「왕안석의 집권과 신법의 시행」, 45-48쪽.

하는 법령이다.570) 이 법은 국가가 과잉생산으로 지천이 된 지방산물을 조세로
징수해 물가폭락을 막고 이 산물을 타지로 운송·판매해 물가안정을 이룸과
동시에 국가재정수입을 늘리고, 한 지역에서 품귀한 물자를 운송비가 적게
들고 물가가 싼 지역에서 구매해 조달하고, 한 지역의 잉여물자를 품귀한 타지
로 운송·판매해 재화유통을 촉진하며, 또 물가폭락 시에는 물건을 사들였다가
물가급등 시에 방매해 물가를 일정하게 조절하는 다多기능의 법제다. 이 법은
국용을 충족시키고 물가를 안정시키기 위해 지방에서 수도로 올라오는 조공의
운송·교환·구입·판매 등을 통제했다.571) '균수는 조세와 운송비의 경중·차이
를 균등하게 한다는 뜻이다. 정부에 의한 이런 물가안정화정책의 시행은 중국
에서 오래된 것이다.

이에 관한 최초의 기록은 상론했듯이 월나라 '계연計然'의 부국강병책에서
나오는데 사마천은 『사기』 「화식열전」에서 이를 소개하고 있다. 기원전 463년
경 계연은 "쌀값을 고르게 하고 물자를 한결같이 하며 관문과 시장에서 부족하
지 않도록 하는 것"을 "치국의 도"로 천명했다. 이 '치국의 도가 정부의 수매收買
와 방매放賣에 의한 물가안정정책까지 포함하는지는 분명치 않으나 맹자는
기원전 280년경 이런 시무방책을 수용해 적체된 물품을 "국법으로 수매해
쌓여 있지 않게 해야 한다(法而不廛)"는 논변으로572) 정부수매와 방매를 통한
물가안정화정책을 입론하고 있다.

따라서 맹자가 살던 시대와 같은 시기(전국시대)에 집성된 『주례』도 이와 관련
된 규정들을 두고 있다. 앞서 시사했듯이 왕안석은 「지관사도(하)」의 '천부泉府
(=錢府)'를 신법의 근거로 거론했다. "시장의 팔리지 않은 재화 중 민용民用이
막힌 것을 거두어 매매물건을 목록 푯말에 적고 불시의 구매자를 기다렸다가

---

570) 『宋史』 「王安石傳」, 28-29쪽.

571) 제임스 류, 『왕안석과 개혁정책』, 18쪽.

572) 『孟子』 「公孫丑上」(3-5): "市 廛而不征 法而不廛 則天下之商皆悅 而願藏於其市矣 關 譏而
不征 則天下之旅皆悅 而願出於其路矣 耕者 助而不稅 則天下之農皆悅 而願耕於其野矣 廛
無夫里之布 則天下之民皆悅 而願爲之氓矣." [氓: 다른 나라에서 온 백성 맹]. '助'는 9구획
井田制에서 8가구가 공동 경작하는 가운데 1구획의 公田에서 난 소출을 뜻한다.

구매자는 각기 그 물건의 본래 가격(從其抵에 따른다'는 '천부'의 구절은 맹자의 수매를 통한 물가안정법과 일치한다.573) '천부'의 이 규정은 시장가격이 지나치게 난동할 때 국가가 시장의 자유교역 과정에 개입해 물가를 안정시키는 조치인데, 물가가 지나치게 높을 때 정부물자를 도로 방매하는 경우에 물건을 저가低價로 사들일 때의 그 저가로 팔아야 한다. 그래야만 물가를 안정시켜 중소상인과 소비자 대중이 부상대고와 고리대부자들에게 희생당하는 것을 막을 수 있다. 물가안정정책은 늘 이런 사회정책적 기능을 내포한다. 아래에서 살펴보는 바와 같이 『주례』의 '사시司市' 규정에도 유사한 기능을 명시하고 있다. 여기서 말하는 '균시均市'는 부상대고의 매점매석 횡포를 막아 중소상인들에게 안정된 가격에 매매할 기회를 창출해주는 정책이다. 따라서 왕안석의 균수법은 정확하게 맹자와 『주례』의 '천부'와 '사시'에 근거를 둔 것이다.

왕안석은 '천부' 절의 활용과 관련해 한나라의 상홍양과 당唐덕종 시기의 유안劉晏의 조잡한 모방과 시행에 대해 지적한다. "주나라는 천부의 관청을 두고 천하의 재화를 변통했는데 후세에는 오직 상홍양과 유안이 이 뜻에 조잡하게 부합했다. 지금은 당연히 천부법제를 고쳐 국가 이권을 (부상대고로부터) 회수해야 한다."574) 상홍양과 유안의 부합 기도를 조잡하다고 말한 것은 청묘법·시역법 등이 많은 지혜와 현명을 갖춘 유능한 인물과 완만한 시행을 요한다는 경고를 복선으로 깔고 있는 말이다.

'부상대고'의 마수로부터 농민과 중소상인을 보호하려는 균수법의 원리와 목적은 상홍양의 평준·균수법과 판연히 다른 것이다. 상홍양의 이 법은 국가가 '큰 부상대고'가 되어 이전에 또는 다른 곳에서 싸게 수매해둔 정부물자를 물가 급등 시점에 수매 시의 싼 원가原價로 방매하는 것이 아니라 급등된 고가로 팔아 매점매석의 폭리로 백성을 수탈하는 법이다. 그러나 구법당, 이들이 쓴 『송사』, 북송의 정이천과 남송의 주희를 받드는 성리학자 무리는 상론했듯이 균시를 위한 왕안석의 사회정책적 균수법을 국가의 매점매석을 위한 상홍양의

---

573) 『周禮』 「地官司徒(下)」, '泉府'.

574) 증선지 편, 『십팔사략』 6/7권, 2316쪽.

국민수탈적 평준·균수법과 동일한 것으로 몰아 왕안석을 매장하려고 기도했다.

따라서 왕안석 자신이 의도한 균수법의 원리와 목적을 직접 들어볼 필요가 있다. 왕안석은 일단 거리에 따른 부세의 차등화와 통상의 활성화에 의한 백성 구휼이라는 균수법의 기본취지를 분명히 하기 위해 선왕先王의 도를 설명한다. "선왕의 법을 슬쩍 보면 부세수입의 정미함과 굵음(精麤)을 기내畿內로부터 100리마다 차이를 두었고 기외畿外의 방국은 각기 소유로 공물을 바쳤다. 또 경상비용을 위해 재화유통의 법으로 옮기려고 힘썼다. 시장의 재화를 다스리면 없는 것을 있게 하고 손해를 없애게 했다. 시장에서 팔리지 않고 민용에 적체된 재화는 거둬들여 불시에 구매하는 경우를 기다렸다. 무릇 이것은 오로지 이利만을 위한 것이 아니었다."575) 이어서 그는 균수법 시행 전의 상공물의 운수와 수납 상태를 설명한다.

무릇 정의正義로써 천하의 재화를 다스리면 운송의 노력이 균제되지 않을 수 없고, 용도의 다과多寡는 융통하지 않을 수 없고, 재화의 유무는 제도되지 않을 수 없고, 가볍게 하고 무겁게 하는 것과 거두고 흩어지게 하는 권한은 술수가 없을 수 없다. 지금 천하의 재용은 궁색해 여유가 없다. 주무관청은 낡은 법에 얽매여 안팎이 서로 알지 못하고 찬 것과 빈 것이 서로 메워주지 않는다. 제로諸路의 상공上供은 해마다 정액이 있으나 풍년에 편도便道로 많이 바칠 수 있어 아무래도 남지 않을 수 없고, 흉년에는 물건이 품귀되어 상공의 준비가 어려우니 아무래도 족하지(부족하지?) 않을 수 없다(不敢不足[乏?]). 원방은 몇 배의 운송비가 들고 도성 안에서는 절반가격에 팔아야 한다. 삼사의 발운사는 장부에 따라 기한을 맞추라고 재촉하고, 그 사이에 늘고 주는 여부를 따지지 않고 군사비와 교제郊祭 제사의 큰 비용이 닥치게 되면 사자를 보내 남김없이 긁어온다. 제諸 관청의 재용의 일은 왕왕 은폐되고 감히 진실을 말하지 않는다. 완급에 대비해 예산이 부족할까 우려하면 흔히 특정장소로 운송시켜 받거나 다른 물건으로 대체해 받기 때문에 백성의 납세수치가 본래의 수치의 배에 이르기도 한다. 그래도 조정이 쓰는 물건은 생산지가 아닌 곳에서 구하는 경우도 많고

---

575) 왕안석, 「乞制置三司條例」(1069), 274-275쪽. 이근명 편저, 『왕안석자료 역주』.

때가 아닌 때에 요구하기도 한다. 부상대고는 시세를 좇아 공사公私의 다급함을 타고 경중·염산지권輕重斂散之權(물가를 가볍게 하고 무겁게 하는 것과 거두고 흩어뜨림의 권력)을 멋대로 휘두른다.576)

발운사의 부실과 운영상의 폐단으로 인해 결국 부상대고의 마수에 나라와 백성이 말려든다. 이에 대한 대책으로 왕안석은 균수법 계획을 상세하게 설명한다.

발운사는 동남 6로의 세입을 총괄하고 그 직무는 차와 소금과 명반을 마련해두는 것을 일로 삼으며, 군량비축과 국용은 위로 많이 공급한다. 응당 전운사에 금전을 가불해주고 그 비용의 단절을 잇고 6로의 재부의 유무를 두루 파악해 옮겨 쓰게 한다. 무릇 구매, 세수, 상공물은 다 매득買得함에 비싼 곳에서 싼 곳으로 옮기고 먼 곳을 가까운 곳으로 바꾼다. 그리고 재경창고에 연간 지출과 수입을 미리 알려주고 현재의 정수도 보게 하며 담당자가 편의대로 변통해 팔 수 있게 하고 상부의 영에 대비케 한다. 세수의 경중·염산지권은 공적 상부로 귀속시켜 운송을 편하게 함으로써 그 유무有無를 제도케 하고 노력과 비용을 절약하게 하고 중과세를 제거하고 농민을 관대하게 대하고 바라건대 국용도 족하고 민용은 부족하지 않게 한다.577)

왕안석은 '세수의 경중·염산지권'을 부상대고와 겸병지가의 손아귀에서 빼앗아 국가가 장악으로써 국가와 백성을 이들의 손아귀에서 해방시켜 국용과 민용을 둘 다 넉넉하게 하려는 목적을 추구하고 있다. 균수법이 문제가 있다면 그 원리와 취지가 아니라 가령 '상홍양과 그 무리와 같은 시행자들의 문제인 것이다.

---

576) 왕안석, 「乞制置三司條例」(1069), 275-276쪽. "(흉년에는 물건이 품귀되어 상공의 준비가 어려우니) 아무래도 족하지 않을 수 없다(不敢不足)"는 "아무래도 모자라지 않을 수 없다(不敢不乏)"의 오타로 보인다.

577) 왕안석, 「乞制置三司條例」(1069), 277쪽.

(2) 청묘법

청묘법靑苗法(1069년 9월)은 상평창의 적본糴本, 즉 상공전上供錢의 일부를 유예
해 두는 상평창의 양곡매입 자본을 청묘전으로 만들어 일반가구에 나눠 주고
2분(分)의 이자를 내게 하는데, 봄에 나눠 주고 가을에 거두는 제도다.[578] 부연하
면, 청묘법은 종전의 상평창제도를 개혁해 파종기에 농민에게 저리(2분分)로
이른바 청묘전靑苗錢을 융자해주고 가을 추수 때 원리금을 받음으로써 대지주
의 고리대로부터 농민을 구제하는 사회정책적 저리금융대부법이다. 청묘전을
쓰는 농가들은 5-10호 가구를 단위로 상호책임 집단을 형성하게 했다. 청묘전
을 상환할 때는 화폐로 하지만 농가가 원하면 현물로 상환할 수도 있었다.
그러나 청묘법은 소농을 확산·강화하고 기본적으로 농민과 중소상공인을 고
리대자본과 겸병가로부터 보호하려는 '억抑겸병' 취지를 가졌다.[579] 이 법은
또한 국가재정수입의 증대, 군량확보 등의 목적도 같이 노렸다. 동시에 이
법은 농촌벽지에까지 화폐유통을 확산해 농업을 상업농으로 전화시키는 시장
확대 효과도 가져왔다. 금전이 아니라 현물로 빌려준 조선의 환자還子제도는
청묘법의 변종이다.

농민들에게 청묘전을 대부해주고 이자를 받는 것은 이것이 아무리 저리라도
정당한 것인가? 왕안석이 청묘전을 대여하고 저리의 이자를 받는 근거는 "빌리
는 것(外상으로 사는 것)은 제사를 위한 경우면 열흘을 넘기지 않아야 하고 상사喪事
를 위한 경우면 3개월을 넘기면 아니 되며, 무릇 백성 중 빌린 자에게 (…)
국가복역(의 임금환산액)을 그 이자로 삼는다(以國服爲之息)"는 『주례』 「천부」의
구절이다.[580]

청묘법은 당대 대종 때(766) 시행된 청묘전에서 유래한 것이다. 송대 인종
때 섬서전운사 이삼李參은 이 청묘전제도를 섬서지방에 실시했다. 왕안석은
청년 시절 지은현知鄞縣의 지방관으로 있을 때 당대와 이삼의 청묘전을 참조해

---

578) 『宋史』 「王安石傳」, 28쪽.

579) von Glahn, *The Economic History of China*, 237쪽.

580) 『周禮』 「地官司徒(下)」, '泉府'.

지은현에 적용해 상당한 성과를 거두었다. 왕안석은 지은현의 이 경험을 발전
시켜 사회정책적 기능을 가진 청묘법을 창설한 것이다.[581]

왕안석은 황제에게 올리는 글에서 청묘법의 사회정책적 '억겸병' 취지를
이렇게 분명히 한다.

> 옛날의 빈자들은 호민으로부터 이자 돈을 꾸었는데 지금의 빈자는 관청으로부터 이
> 자 돈을 꾼다. 관청은 그 이자를 가볍게 하니 백성이 그 궁핍을 구제한다. 그렇다면
> 청묘법도 이미 행해지는 것이다.[582]

정부가 백성들에게 낮은 이자로 돈을 빌려주어 백성을 호민豪民의 사채고리대
로부터 해방시키고 빈곤의 나락으로부터 건져낸다면 이것은 경제정책이라기
보다 사회복지정책인 것이다. 왕안석은 위 글에서 청묘법의 투쟁대상이 '호민'
임을 숨기지 않고 있다.

왕안석은 청묘법을 비롯한 다수의 신법이 『주례』에 근거한 것임을 적극
주장했다. 청묘법은 『주례』의 사대제賒貸制를 본받은 것이다. 그러나 사마광은
『주례』를 실시했으나 실패한 왕망의 예를 들어 사대제를 본뜬 청묘법을 폐지할
것을 주장했다. 그리고 주희는 "『주례』에서 일시 자기의 뜻에 부합되는 것을
취해 그 높은 명성을 빌려 중인의 입을 복종케 하려는" 술책으로 폄하했다.[583]

(3) 방전균세법

방전균세법方田均稅法(1072년 8월)은 토지를 해마다 측량해서 5등급으로 분류
해 부세를 균등하게 부과하는 법제다. 방전균세법은 송나라 인종仁宗 때 대리사
승大理寺丞 곽자郭諮와 비서승 손림孫琳이 하북지방에 시행했던 천보방전법千步
方田法에서 비롯되었다.[584] 송나라에서는 토지겸병으로 대토지소유제가 심화

---

581) 신채식, 『宋代政治經濟史研究』(파주: 한국학술정보, 2008), 206-207쪽.

582) 왕안석, 「上五事箚子」(1072), 279쪽. 이근명 편저, 『왕안석자료 역주』.

583) 이범학, 「王安石 改革論의 形成과 性格」, 54-55쪽.

584) 신채식, 『宋代政治經濟史研究』, 209쪽.

되어 빈부격차가 커졌고, 송대에 와서 판적版籍에 등록된 형세호形勢戶(토호지주

층)·관호官戶(과거제를 통해 형성된 지주 출신 관인집단)들은585) 대부분 조세를 면제받

아 과세의 불균등이 극심해졌다. 이 사회경제적 문제는 국가재정에도 심각한

위협이 되었다. 방전균세법은 이 두 가지 문제를 동시에 해결하려는 법제다.

방전균세법은 방전方田과 균세均稅로 이루어져 있다. '방전'은 지방관이 농지

를 조사해 토지의 등급을 나누는 절차를 규정하고, '균세'는 방전의 결과에

따라 세액을 정하는 기준과 절차를 명시하고 있다. 내용은 ① 동서남북 각

1천보(41경 66묘 남짓)를 1방方으로 하고, ② 매년 9월에 지방관이 토지를 나누어

측량해 장부를 만들고, ③ 토지의 비옥도를 5등으로 나누어 세를 부과하고,

④ 그래도 불공평한 것이 있으면 이듬해 3월에 호소해 토지를 다시 측량하고,

⑤ 황무지는 현재 경작하고 있는 자를 지주로 인정해주고, ⑥ 불모지를 개간해

경작하는 것을 허락하며 땔감 등을 구하는 산림이나 제방, 도로, 하천 등에는

세금을 부과하지 않고, ⑦ 1방의 땅의 네 구석에는 흙을 쌓아 나무를 심고,

⑧ 가옥세도 토지세에 준해 10등급으로 나누어 부과한다는 것이다. 왕안석은

특히 북방지역에서 방전균세법을 통해 과세에서 누락된 은전隱田을 찾아내

국가재정을 확충하는586) 성과를 거두었다.

그러나 거대 장원을 소유하고 있던 형세호·관호들은 방전균세법에 거세게

저항했고, 그들은 사마광을 영수로 하는 구법당을 내세워 왕안석의 신법에

대항했다. 1085년 신종이 죽고, 철종이 10세의 어린 나이로 즉위해 영종英宗의

왕비였던 선인태후宣仁太后가 섭정을 하면서 구법당이 일시 정권을 장악했다.

이들은 그해에 방전균세법을 비롯한 신법을 모두 폐지했다. 1093년 선인태후가

죽고 철종이 친정을 개시하면서 다시 정권을 잡은 신법당은 방전농지법을

부활시켰다.

(4) 시역법

585) 신채식, 『宋代 皇帝權 硏究』(파주: 한국학술정보, 2010), 193-197쪽.

586) 제임스 류, 『왕안석과 개혁정책』, 18쪽.

시역법市易法(1072년 3월)은 청인廳人이 전택과 금백金帛을 저당 잡고 주현 관청의 재화를 대여해주며 2할의 이자를 내고, 기한을 넘겨 내지 않으면 이자 외에 다시 매월 0.2할의 벌금을 더해 받는 제도다.[587] 시역법은 소농보호를 위한 청묘법과 같은 취지에서 중소상인의 보호를 목적으로 제정되었다. 이 법은 상인조합인 '행行'을 지배하는 호상豪商(부상대고)의 영업독점에 예속되고 고리대금으로 고통을 받는 중소상인을 구제하기 위해 정부자금으로 중소상인의 물자를 구입해주거나 연리 2할의 저리로 자금을 대부해주었다. '행'의 물가 인상·폭리를 억제해 물가를 안정시키는 부수효과도 가져왔다.[588] 그리고 이를 관장하는 관서로 시역무市易務를 설치했다.

이 시역법은 폭리를 취하고 있던 호상들의 이익독점을 정면으로 위협했다. 그리하여 호상들은 구법당 보수관료와 결탁해 강력히 저항했다. 문언박文彦博이 "시역법은 아랫것들과 이익을 다투는 것이어서 화악산華嶽山이 무너지기에 이르렀다"고 말하자, 이에 대해 왕안석은 이렇게 답했다. "화산의 지변地變은 거의 천의天意인데 소인이 이용하는 것이다. 시역법이 생긴 것은 본래 세민細民들이 곤경에 처해 있어 겸병을 억제할 따름이다. 관官에 무슨 이익이 있겠는가?"[589] 천재지변을 정책 탓으로 돌리는 미신적 세태를 물리치는 왕안석의 이 자세에서 그의 투철한 반反신비주의적·실사구시적(경험주의적) 계몽정신을 읽을 수 있다.

이 시역법은 중소상인들이 부족한 자금을 대상인에게서 고리로 빌리지 않아도 되도록 만들고 중소소매상인들에게 자유상거래(和賣)를 보장하며 상품매매를 일상화하고 사적 중개상을 국가관리로 전환해서 대상인의 매점매석과 고리대 농단을 근절하는 효과를 올렸다.[590] 아울러 이 법은 도회지에 시장을 상설하는 부수효과를 가져왔다.

왕안석은 시역법의 역사적 근거를 『주례』 「지관사도(하)」의 '사시司市'와 한무제의 평준법으로 제시하면서 시역법의 시행과 운영에 관해 영리에 눈먼

587) 『宋史』 「王安石傳」, 29쪽.
588) 제임스 류, 『왕안석과 개혁정책』, 19쪽.
589) 『宋史』 「王安石傳」, 35, 36쪽.
590) von Glahn, The Economic History of China, 237, 238쪽.

자가 주관해 효과를 신속히 내려는 것에 대한 경계를 붙여두고 있다.

> 시역법은 주나라의 사시司市와 한나라의 평준법에서 생겨났다. 지금 백만 민縉의 금
> 전으로 물가의 경중輕重을 조절하고, 상업을 막힘없이 널리 통하게 하고 외상으로
> 빌려줌으로써 백성들로 하여금 수만 민의 이자를 매년 납입하게 하고 있다. 하지만
> 천하의 재물이 아직 깊이 행해지지 않음을 잘 안다. 슬그머니 걱정되는 것은 공과
> 상을 바라고 사람이 몇 년 사이에 효과를 속성하기를 구하면 나의 법은 무너져버릴
> 것이다.[591]

여기서 시역법으로 상업을 활성화하려는 왕안석의 의도도 분명히 드러난다.
그는 "시역법이 이루어지면 재화는 널리 유통되고 국부는 풍요로워질 것이다"
라고 말함으로써 이를 다시 확인해준다.[592]

    그런데 위 인용문에서 두드러지는 것은 시행과 관련된 경계다. 왕안석은
이 시역법이 보갑법 및 면역법과 더불어 '양날의 칼과 같이 시행에 따라 손익이
크게 상반된다는 경계를 되풀이한다.

> 유독 면역법과 보갑법과 시역법 이 3자는 크게 이로움과 크게 해로움이 있다. 제대로
> 된 인물을 얻어 시행하면 크게 이롭지만 제대로 된 인물이 아닌데도 이를 시행하면
> 크게 해롭다. 완만하게 도모하면 크게 이롭고 급히 이루려고 하면 크게 해롭다.[593]

흔히 왕안석이 신법의 시행을 지나치게 급속히 진행해서 반발이 심하고 결국
실패하게 되었다는 비판이 있으나 정작 왕안석 자신은 이렇게 완만한 시행과
제대로 된 인물의 선발을 고대했던 것이다. 왕안석은 자기가 물러난 뒤, 또는
사후에 상홍양 같은 자들이 이 법의 운용을 도맡을까 우려했을 것이다. 다만

---

591) 왕안석, 「上五事箚子」(1072), 281쪽.
592) 왕안석, 「上五事箚子」(1072), 282쪽.
593) 왕안석, 「上五事箚子」(1072), 279쪽.

왕안석을 추종하던 신법당들이 다 왕안석의 신법의 원리와 목적을 제대로 이해한 인물들이었는지를 두고 논란할 수는 있을 것이다.

한편, 왕안석이 시역법의 근거로 제시한 『주례』「지관사도(하)」의 '사시司市'는 앞서 상론했듯이 시장관리(도량형 관리·시장평화 유지·범죄단속 등), 균시均市(부상대고의 농단을 방지해 공정거래를 유지하는 것), 화폐·재화유통의 활성화 등을 규정하고 대시大市(일반시장)·조시朝市(도매시장)·석시夕市(식재료시장) 등 세 가지 시장을 소개하고 있다.594) 균시·유통촉진·대시·조시·석시에 대한 '사시' 절의 이 규정과 언급들은 일부 학자들이 관치경제로 해석하는 것과 달리 정부가 시장을 장악하려는 경제개입 의도보다 반대로 시장거래를 뒷받침하고 시장을 규제해 겸병지가兼倂之家(부상대고)의 농단과 횡포를 막아 중소상인들에게도 상거래의 기회를 주려는 의도가 더 두드러진다. "상인들의 풍부한 재화로 화폐를 유통시키는" 정책은 상거래를 활성화하는 정책으로서 부상대고나 호상豪商을 위한 구절이 아니라 중소상인들을 위한 것이다. '사시'의 핵심기능은 '균시均市'이고, '균시'는 겸병지가의 매점매석 농단을 막아 중소상인들의 자유상거래를 촉진하는 정책인 것이다.

그리하여 왕안석은 시역법이 바로 중소상인과 소비자 대중을 보호하려는 사회정책적 '균시법'이자 시장을 활성화하는 '활시법活市法'이라고 이렇게 분명하게 설명한다.

지금 시역법이 실시되면 겸병지가兼幷之家로부터 개점고객지인開店估客之人(시전상인)과 아인牙人(거간꾼)까지 모든 부상대고가 실직한다. (…) 다상茶商인 겸병지가만 봐도 객인이 차(茶)를 서울로 가지고 오면 10여 호의 다상이 먼저 헌물(선물)을 보내고 연석을 베풀어 가격을 정하기를 요구한다. (…) 이후 단지 높은 가격이 정해지면 하호下戶(가난한 백성)에게 배로 이를 취해 그 비용을 보상한다. 지금 시역법이 수립됨에 이들 10여 호의 차(茶) 겸병지가와 가난한 백성이 균등하게 매매한다. (…) 만약 천하의 이익을 균등화하고 조정정사를 올바로 수립케 한다면 무릇 신법 때문에 실직한 자는

---

594) 『周禮』「地官司徒(下)」, '司市'.

구휼할 것이 못 된다.[595]

왕안석의 이 설명을 들으면, 왕안석의 시역법이 독과점과 폭리담합으로 시장의 경쟁질서를 어지럽히는 독점대상인(부상대고)들로부터 중소상인과 소비자 대중을 보호하려는 사회정책적 '균시법'이었다는 것을 바로 알 수 있다. 왕안석은 시역법으로 시장을 균제해 대상인들의 오랜 독점·담합·매점매석 관행으로부터 자유롭게 하려고 한 것이다. 시역법은 '균시법'으로서 동시에 중소상공인의 상거래와 시장의 가격기제를 독점상인의 마수로부터 해방시켜 자유시장을 확립하고 활성화하는 부수적 기능을 하는 '활시법活市法'이기도 했다.

오늘날 법제로 표현하면 시역법은 한국의 공정거래법, 미국의 반反트러스트법, 독일의 반反콘체른법과 같은 것이다. 따라서 시역법은 억상법抑商法이 아니라 흥상법興商法이요, "겸병지가와 가난한 백성이 균일하게 매매하도록" 자유상업을 진흥해 자유시장을 (재)창출하려는 '억겸병抑兼倂' 취지의 공정거래법인 것이다.

왕안석은 시역무의 소매상 개인신용평가 업무에 사적 중개업자를 고용해 투입했다. 이것은 황제의 관리 선발 대권을 위배했다는 이유에서 격한 비난을 샀다. 그리하여 부상대고와 결탁한 구법당은 집권하자마자 이것을 핑계로 시역법을 폐지했다. 하지만 시역법에 속한 신용대여 업무는 남송에서도 '저당소抵當所'로 살아남았다.[596]

(5) 면행전법

면행전법免行錢法(1073년 9월)은 도성 내 온갖 상공업자 동직조합(行) 수입의 후박厚薄을 조사해서 그 등급에 따라 다 돈을 대납케 하고 행호行戶의 지응祗應(관청에서 할당하는 필요물건)을 면제해주는 제도다.[597] 상공인조합 '행行'에 가입해

---

595) 『續資治通鑑綱目編』 卷231, 熙寧 5년 閏7월 丙辰條. 이범학, 「王安石 改革論의 形成과 性格」, 69쪽에서 재인용.

596) von Glahn, *The Economic History of China*, 239쪽.

597) 『宋史』 「王安石傳」, 29-30쪽.

있는 행호行戶로 하여금 국가에 할당된 현물을 공급해야 하는 전통적 의무를 면제해주는 대신 화폐로 대납하도록 했다.598) 이를 통해 운송비를 줄이고 화폐 유통을 확산시키는 부수효과를 거두었다.

(6) 농전수리법

농전수리법農田水利法은 동서남북 1,000보의 논밭, 즉 41경 66무 160보를 1방方으로 삼아 매년 9월에 현령과 현좌縣佐로 하여금 구획을 지어 측량하게 하고, 논밭의 비옥도를 조사해 그 색호色號를 정하고 5등급으로 나누어 땅의 등급에 따라 세수稅數를 고르게 산정하는 제도다.599) 부연하면, 황무지 개간으로 농전을 확보하고 여기에 설치되는 수리시설의 비용을 주민공동 또는 정부융자로 변제해서 수리시설에 대한 지주독점을 방지하려는 수리개량법이다. 이 법은 ① 대지주의 수리水利의 독점을 배제하고 일반농민에게 수리의 균등을 보장하며 ② 황폐하고 척박한 광활한 농전을 조사해 그에 필요한 수리시설을 만들어 관개灌漑를 편리하게 하여 농업생산성을 증가시키고 ③ 새로운 수리·관개시설의 신설공사에는 금융 편의를 제공했다. 각 수로를 맡아 수리시설을 유지하는 상평관常平官도 배치했다. 이 법은 1069년(희녕 2년)에 실시된 이래 상당한 성과를 거두었다.

이 제도에 대해서는 왕안석에 대한 악의적 비방으로 가득한『송사』「왕안석전」도 이렇게 적고 있다. "이로부터 사방에서 다투어 농전수리를 말하고 옛 연못(古陂)이나 버려진 제언(廢堰)을 모두 부흥시키려고 힘썼으며, 또 백성들에게 봉장封狀을 내게 해 가격을 증가시켜 방장坊場을 사게 했고, 또 차와 소금의 생산량도 늘렸다."600)

(7) 면역법 또는 고역법(모역법)

---

598) 제임스 류, 『왕안석과 개혁정책』, 19쪽.

599) 『宋史』「王安石傳」, 29쪽.

600) 『宋史』「王安石傳」, 30쪽.

면역법免役法 또는 모역법募役法(고역법雇役法, 1070년 10월)은 재산의 고하에 따라 각각 면역전免役錢을 내게 해 그 돈으로 사람을 고용해서 직역職役을 채우고, 아래로 본래 무역자無役者인 단정호單丁戶와 여호女戶에게까지 역시 일괄적으로 '조역전助役錢'이라고 하는 돈을 내게 했다.601) 말하자면 면역법은 직역의 차역제差役制를 폐하고 직역을 재산등급에 따른 면역전 납부로 대체하며602) 이를 확대해 이전에 직역에서 면제된 형세호形勢戶·관호官戶·단정호·여호에게도 조역전을 징수해 공공의 역을 고역雇役(임노동)으로 수행하게 하는 법제다.

면역법에 따라 공공의 역에 고용된 노동자들은 임금을 받아 생필품을 시장에서 구입함으로써 생필품시장을 확대시켰다. 그리하여 직역금납의 일반적 확대를 통해 백성을 차역의 질곡으로부터 해방함과 동시에 화폐유통·상품시장·임금노동을 일반적으로 확산시킴으로써 근대적 시장경제를 비약적으로 발전시키는 부수효과를 가져왔다.

사마광도 이미 인종 때 모역법 시행을 주장한 적이 있다. 그는 논재리소論財利疏에서 "신은 어리석어 모든 농민조세 외의 것은 의당 아전에 참여하는 일이 없어야 하고 마땅히 사람을 고모雇募해 이를 해야 한다고 생각한다"고 하고 있다.603) 그러나 왕안석이 모역법을 단행하자 반대하고 나섰고, 나중에 집권한 사마광은 모역법도 조급하게 폐지했다.604)

왕안석은 면역법을 실시한 지 2년 뒤에 올린 한 차자箚子에서 이렇게 말한다.

천하 9주의 백성은 빈부가 불균등하고 풍속이 가지런하지 않으며 판적의 고하高下등급이 근거가 부족합니다. 오늘날 우선 그것을 바꿔 가구를 호제戶制로 나눠 똑같이 균평하게 하고 천하의 직역을 낱낱이 들어 사람을 모집해 쓰게 하고 천하의 농민을 풀어주어 전야로 돌아가게 했습니다. 진실로 제대로 된 사람을 얻어 시행하지 않는다면 5등호제는 균평하지 않고 모역법募役法은 반드시 균등하지 않을 것입니다.605)

---

601) 『宋史』「王安石傳」, 29쪽.

602) 제임스 류, 『왕안석과 개혁정책』, 18쪽.

603) 『司馬溫公文集』卷23, 「論財利疏」. 신채식, 『宋代政治經濟史硏究』, 214쪽에서 재인용.

604) 신채식, 『宋代政治經濟史硏究』, 214쪽.

여기서도 왕안석은 '제대로 된 인물'을 얻는 것에 대해 근심걱정을 하고 있다. 시역법과 관련해서 상술했듯이 면역법은 보갑법과 더불어 그 시행의 성패가 인물의 덕성·시무능력과 완만한 시행속도에 달려 있는 법제이기 때문이다.

'직역職役은 그 성격과 기원이 봉건적 '요역徭役'과 다른 것이다. 그러나 오늘날 학자들만이 아니라 송대 관리들조차도 이 둘을 혼동했다. 이 혼동은 '역役'이라는 글자 때문에 빚어진 것이다. 요역은 조용조租庸調의 '용庸'으로서 합법적 면제자를 제외하고 모든 국민에게 부과된 국세의 일종이었다. 요역은 당대에 양세법兩稅法이 실시된 이후 이미 폐지된 상태였다.606) (양세법은 당대 덕종 때, 즉 780년 화폐경제의 발달로 토지매매의 일반화와 균전제의 붕괴에 따라 조·용·조 조세체제를 전면 폐하고 현 거주지의 자산에 따른 자산세를 하·추계에 걸쳐 2회 징수하고 요역을 전납화錢納化한 세법이다. 이 법은 토지사유의 자유를 허용하는 부수효과를 가져왔다. 이것은 명대[일조편법 실시]까지 역대 세법의 대원칙이 되었다.)

제임스 류(James T. C. Liu, 劉子健)는 '직역'이 한대에 발생했다고 말하고 이 '직역'은 원래 능력과 덕망 있는 백성 가운데 관청에 의해 임명된 지방지도자들이 부담한 의무였다고 한다. 이들은 '향관鄕官'이라고 불렀다. 따라서 최초의 향관들은 명예와 권위, 특권을 누렸고, 그중 유능한 자는 정식 관리로 승차하기도 했다.607)

그러나 시간이 흐르면서 중세시대에 관직이 귀족에 의해 독점되자 향관의 지위는 격하되었고, 송대에는 '향관'이라는 이름마저 사라졌다. 그 자리는 지방관이 임명한 '역원役員'이 메웠다. 향관직은 빈민을 제외한 만백성이 짊어지는 '차역差役'으로 변형·발전되었다. ('차역'의 '차差'는 '차사'의 '차'와 마찬가지로 '심부름꾼'을 뜻했다.) 차역은 명예로운 것이 아니라 이제 고통스러운 의무가 되었다. 넉넉한 농민이나 상인이 차역을 수행하는 기간에 파산을 당하는 일도

---

605) 왕안석, 「上五事箚子」, 280쪽.
606) 제임스 류, 『왕안석과 개혁정책』, 128쪽.
607) 제임스 류, 『왕안석과 개혁정책』, 128-129쪽.

허다하게 발생했기 때문이다.608)

그러나 정작 왕안석은 제임스 류와 달리 면역법이 한대를 뛰어넘어 태고대 주나라에서 유래한 것이라고 말한다. "무릇 면역법은 『주관(주례)』(「천관」 '총재') 에서 말하는 '부·사·서·도府史胥徒'와 (『예기』)「왕제王制」에서 말하는 '서인재 관자庶人在官者'(서인이 관에 있는 자)라는 것에서 나왔다."609) 재물창고를 관장하는 '부府', 문서기초를 맡는 '사史', 행정보조역을 맡는 '서胥', 노역을 하는 '도徒'는 왕의 대신들이 합법적으로 불러다 쓰는 '서인재관자'였다.

아무튼 지방관아의 역원규모는 방대했다. 직역은 경비직·행정직·향촌직 등 세 가지였다. '경비직'은 우후虞候·장리아전將吏衙前 등이었는데 조세와 요역 세를 면제받았다. '행정직'은 주·현州縣의 아전이었다. 주현아전은 조세의 징수· 축장·운송 및 공사고公使庫의 관리·유지, 기타 행정잡무를 맡아보았다. 아전은 전리典史·서표사書裱使·객사客使·통응관通應官·정자廷子·두자斗子·해자解子· 고자庫子·겹자掐子·맹부孟符·인력人力·산종散從 등으로 나뉘었다. 송나라 선 체의 아전은 100만 명이 넘었다. '향촌직'은 직역을 소집한 관청에서 관료의 세액책정과 수세를 보조하는 이정里正·호장戶長·향서수鄕書手·기장耆長 및 궁 수弓手·장정壯丁 등이었다.610)

이 중 가장 중요한 차역은 행정직의 아전이었다. 아전은 크게 지방관아에서 근무하는 직업적 '장명長名아전'과 징용된 '이정里正아전'으로 나뉘었다. '장명 아전'은 녹봉이 없었고 감독대상에서 나오는 수익의 일부를 챙겼다. 따라서 이들은 서리와 비슷했다. 그러나 '이정아전'에게는 차역이 큰 부담이었다. 이들 은 행사·연회 때마다 금전과 물건을 공급해야 하는 부담도 추가로 짊어졌 다.611)

이로부터 송대의 큰 사회문제가 발생했다. 백성들은 피역避役을 위해 빈곤을 가장하기도 하고 자산신고를 극빈자로 허위신고하거나 장부 조작, 가족 분리,

---

608) 제임스 류, 『왕안석과 개혁정책』, 128-129쪽.

609) 왕안석, 「上五事箚子」(1072), 280쪽.

610) 제임스 류, 『왕안석과 개혁정책』, 130쪽.

611) 제임스 류, 『왕안석과 개혁정책』, 130-131쪽.

자기 모친이나 조모와의 가짜 혼인, 유아살해 등으로 장정이 하나뿐인 소위 '단정單丁'가정으로 변조했다. 또는 자살을 택하거나, 도망해서 장사나 수공업에 투신해 숨는 자도 있고, 승려나 산적이 된 자도 있었다.612)

1043년 범중엄은 주·현을 줄여 아전의 수를 줄이는 조치를 취했다. 이 덕에 2만여 명의 아전이 감소되었고, 이 같은 조치는 간헐적으로 취해졌지만 사회문제를 해결하는 효과는 거의 없었다. 1051년 한기韓琦는 백성을 자산에 따라 5범주로 구분해 차역을 차등화하는 오등법을 제안했으나 성과를 거두지 못했다. 비교적 넉넉한 백성들도 직역 때문에 파산하는 일이 여전히 속출한 것이다. 이 때문에 부자가 되려는 백성들이 없어졌다. 이런 사태 앞에서 사마광도 아무런 방도를 내지 못했다.613)

왕안석은 지방행정의 전반적 개혁을 통해 이 문제를 근본적으로 해결하려고 달라붙었다. 1069년 비교적 넉넉한 민호民戶들이 번갈아 부담하던 차역법을 폐하고 개봉부에 시범적으로 모역법을 실시했다. 백성의 반응은 대체로 긍정적이었다. 개봉부의 시행 경험을 바탕으로 법제를 손질한 다음 1071년부터 모역법 시행을 전국으로 확대했다.614) 다음은 모역법의 주요 내용이다.

① 종전에 직역을 면제받았던 민호를 포함한 모든 민호는 면역전免役錢을 납부하도록 한다.

② 면역전은 5년마다 자산을 실사에 따라 15등급으로 구분해 차등적으로 부과한다. 차역에서 면제되었던 도시 방각호坊郭戶에게도 자산실사 후 10등급 분류에 따라 면역전을 부과하고 면역免役받던 관호·단정호·미성정호(미성년가장 가구)·여호女戶·사관寺觀(절과 도교의 도관道觀)에게도 규정액의 반액을 납부하게 한다.

③ 재난에 대비해 면역전의 1할을 관잉전寬剩錢으로 추가 징수한다.

④ 면역전은 1년에 2회 납부하게 한다.

---

612) 제임스 류, 『왕안석과 개혁정책』, 131쪽.
613) 제임스 류, 『왕안석과 개혁정책』, 131-132쪽.
614) 제임스 류, 『왕안석과 개혁정책』, 132쪽.

⑤ 지방관아는 면역전 수익으로 역부役夫를 고모雇募한다. 역부 중 투명投名아전, 궁수, 전리 등은 중요했다. 이들의 임기는 2-3년이다.

⑥ 장명아전은 그 수를 줄여 존치하고 이들에게 고전雇錢(임금)을 지급한다.

⑦ 향촌에서는 차역을 존치한다. 향촌은 1-3등호 가운데서 기장을 선발하고 장정 2명 이상의 4-5등호 중에서 장정을 선발해 복역케 한다. 그러나 2명 장정이 있는 4등 자산호 중에서 호장을 선발해 반년씩 교대로 근무하게 하고 이들에게 고전을 지급한다. 1074년에는 보갑법의 실시에 따라 '호장을 폐하고 '최세갑두催稅甲頭'를 두었다.

⑧ 점차로 면역전의 면제, 체납 등을 허용해 모역법 운용을 느슨하게 했다.615)

모역법은 실시 즉시 다수의 관료와 구법당으로부터 격렬한 반발을 샀다. 그러나 신종과 왕안석은 이 반발을 무릅쓰고 모역법을 계속 추진해 "괄목할 만한 성과"를 얻었다. 그럼에도 반발과 불평은 그치지 않았다. 구법당은 점진적 폐지·전면폐지·유지개선 등으로 입장이 갈렸다. 사마광은 '유지개선' 쪽이었는데 집권하자 모역법을 '폐지'도 '유지'도 아닌 애매한 것으로 만들어놓았고, 국가의 적자재정은 눈덩이처럼 커져만 갔다. 채경 집권기에 모역법이 부활했지만 모역법의 시행 차질은 서리의 비리와 업무태만으로 노골화되었다. 그러자 구법당과 주희의 반대 목소리도 다시 커졌다. 하지만 남송은 지방행정에서 슬그머니 왕안석의 모역법을 그대로 계승했다. 그의 모역법은 이후 역대 국가의 상도常道가 되었다.616)

모역법 실시 2년 뒤에 올린 차자에서 왕안석은 "이 세 법제(면역·보갑·시역법)는 제대로 된 사람을 얻어 완만하게 도모하면 크게 이로울 것이고 제대로 된 사람을 얻지 못해 급히 이루면 크게 해로울 것이다"라고 재차 경고하고 "면역법이 완성되면 농사 때를 침탈하지 않고 민력이 균제될 것이다"라고 예견한다.617)

---

615) 제임스 류, 『왕안석과 개혁정책』, 132-133쪽.

616) 제임스 류, 『왕안석과 개혁정책』, 133, 136-137쪽.

617) 왕안석, 「上五事箚子」(1072), 282쪽.

실제로 모역법은 기대했던 목적을 상당히 달성했고, 나아가 화폐경제를 근대적 수준으로 도약시키는 부수효과도 가져왔다. 전납錢納, 즉 화폐대납을 원칙으로 한 모역법은 화폐경제의 일정한 발달을 전제로 하는 것이다. 따라서 모역법은 화폐경제가 발달한 남방지역에서 순조롭게 시행되었다. 그리고 구법당 계보 인사들과 성리학자들이 정권을 장악한 남송이 모역법을 그대로 계승했던 것도 남송이 위치한 남부지방이 화폐경제가 고도로 발달한 지역이었고 남송의 수도 인 항주(임안)와 그 일대는 소주와 더불어 대형 상설시장들이 즐비한 거대한 전형적 상업지대였기 때문이었다. 반면, 대개 실물경제 단계에 머물러 있던 북방의 농촌지역에서 모역법의 시행은 많은 차질이 빚어졌다. 대체로 북방지역 출신인 구법당이 모역법에 결사반대한 것도 이 때문이었다. 그러나 북부지역도 모역법 실시 이후 화폐경제 속으로 완전히 편입되기 시작했다. 따라서 화폐경 제의 일정한 발달을 전제로 출발한 모역법은 화폐경제를 다시 새로운 단계로, 즉 국민생활의 모든 국면, 모든 지역을 뒤덮는 전면적·전국적 심화·확산 단계 로 비약시키는 결정적 제도 중 하나였다.[618]

모역법은 가장 성공적인 신법이라고 할 수 있다. 이것은 처음에 모역법을 반대했던 소철이 후에 사마광이 집권해 이 법을 폐지하려 들자 폐지에 반대하 면서 제기한 논거에서 확인할 수 있다. 그는 모역법이 시행된 10년 동안 큰 피해가 없었고 연간 420여만 관의 경비절감 효과를 가져왔다고 적시하고 이를 반대한 것은 한낱 기우였다고 실토하고 있기[619] 때문이다.

(8) 보갑법

왕안석은 1070년 12월 보갑법保甲法을 시행했다. 이 법에 의해 설치된 보갑제 는 향촌에 적을 둔 백성의 장정들 중에서 보정保丁을 취해 그들에게 다 궁노弓弩 를 주어 전진戰陣을 가르치는 민병법제였다.[620] 이 법에 의해 제국정부는 당나라

---

618) 제임스 류, 『왕안석과 개혁정책』, 138, 142쪽.
619) 신채식, 『宋代政治經濟史硏究』, 215쪽.
620) 『宋史』 「王安石傳」, 29쪽.

의 부병제府兵制에 함의된 국민개병제와 병농兵農일치 원칙을 바탕으로, 1농가
에서 1장정을 징병해 장정 10명을 1보保로, 50명을 대보大保로, 10대보를 도보都
保로 조직하고 농한기에 군사훈련을 실시해서 평시 치안을 유지하고 전시에는
관군을 지원하는 향토방위 민병으로 활용했다. 각 보保 단위에는 각각 '보장保長',
'대보장大保長', '도보장都保長'이 임명되었다.621) 동시에 보갑법은 수세收稅를 위
해 30가구를 1갑甲으로 나누었다. 갑의 책임자로 '갑장甲長'이 임명되었다. 갑장
은 수세를 책임졌으며, 봄에 종자 마련을 위한 자금을 청묘전青苗錢으로 저리에
융자하고 가을에 원리금을 거둬들이는 청묘법의 시행도 겸해서 맡았다.622)
따라서 보갑제는 향토방위·경찰기능과 수세기능을 결합한 법제였다.

왕안석은 보갑법의 유래가 오랜 것으로 얘기한다. "보갑법은 삼대의 구갑丘
甲에서 기원했다. 관중은 이를 제나라에 적용했고, 자산은 정나라에 적용했고,
상군(상앙)은 진나라에 적용했고, 중장통仲長統은 한나라에서 그것을 말했다.
오늘날의 보갑법 설립은 이와 다른 것이 아니다."623) 앞서 시사했듯이 공자는
『춘추』에서 노나라 성공 때 도입된 '구갑'만을 언급했다. 이때 '구갑'은 향촌(丘)
마다 갑옷을 만들도록 할당한 제도로 알려져 있다. 따라서 왕안석의 보갑제는
이 구갑제와 기원이 다른 것으로 보인다. 오히려 '삼대의 구갑'은 『주례』 「천관」
의 '궁정'에 규정된 십오법什伍法과 「추관」의 '사사'에 규정된 십오법을624) 말하
는 것으로 보인다. 그리고 송대 태종 때에도 지정주知鄭州에서 하창령何昌令이
민가 10호를 1보保로 묶어 세수를 걷는 보갑법을 시행했는데, 이것이 왕안석의
보갑법의 직접적 전신이다.625)

왕안석은 보갑제의 성패를 제대로 된 인물과 완만한 시행에 달려 있다고
경고한다. "천하의 사람들이 오리 떼나 기러기 떼처럼 금제 없이 사방으로

---

621) Ma Ying & Ma Zhixiang, "Evolution of Ancient Chinese Village Governance", *Canadian Social Science*, Vol. 11, No. 10 (2015), 115쪽.

622) Ma & Ma, "Evolution of Ancient Chinese Village Governance", 115쪽.

623) 왕안석, 「上五事箚子」(1072), 280쪽.

624) 『周禮』 「天官」, '宮正'; 「추관사구」, '士師'.

625) 신채식, 『宋代政治經濟史硏究』, 211쪽.

가 흩어져 산 지 수천 수백 년이 되었다. 지금 일단 그것을 변경해 십오제로
서로 엮고 인리鄰里들을 서로 속하게 하고 간특함을 살피고 여러 인행仁行을
드러나게 하고 병기를 구해 쓰일 때를 위해 저장하게 했다. 진실로 제대로
된 사람을 얻어 시행하지 않으면 추호追呼(뒤쫓고 큰소리침)로 소란을 피우고 징발
로 놀라게 해 민심이 요동칠 것이다."626) 그리고 왕안석은 다시 한 번 '제대로
된 인물의 완만한 시행'을 경고하며 "보갑법이 이루어지면 침구侵寇와 반란이
끝나고 나라의 위세가 강해질 것이다"라고 결론짓는다.627)

(9) 보마법

보마법保馬法(1072년 5월)은 무릇 북방 오로五路에서 말을 기르기를 원하는
자는 호당 1필의 말을 감목관監牧官으로부터 지급받거나 관에서 그 값을 주고
시장에서 스스로 사게 해서 해마다 한 번 말이 살찌고 마름을 일람하고 죽거나
아픈 경우는 보상하게 하는 제도다.628) 부연하면, 이 법은 군마의 해외 수입을
줄이기 위해 북변과 서북변의 향촌 농민들에게 관마官馬를 위탁·사육시켜 정부
돈으로 다시 사들이는 법제다. 이에 더해 왕안석은 1073년 6월 군기감軍器監을
설치해 무기개발을 독려하고, 이를 위한 기타 부수적 군사정책들이 실시되었
다.629)

(10) 과거제도의 개혁

왕안석은 1070년 3월부터 과거제도를 개혁했다. 송대 초에 과거제는 일대
발전을 보았다. 송대 정부는 건국 초부터 당대의 과거제를 계승하면서도 문벌
들의 시험비리 여지를 열어주고 연고의 작용을 용인하는 당대 과거제를 대대적
으로 수술하는 한편, 과거를 유일한 입사로入仕路로 단일화해 나가면서 문벌·
신분·연고(蔭敍) 등 과거 외外의 입사로를 대폭 좁혔다. 그리고 송대 초에 정부는

---

626) 왕안석, 「上五事箚子」(1072), 281쪽.
627) 왕안석, 「上五事箚子」(1072), 282쪽.
628) 『宋史』「王安石傳」, 29쪽.
629) 제임스 류, 『왕안석과 개혁정책』, 18-19쪽.

시험비리를 없애기 위해 과거시험을 해시解試·성시省試·전시殿試(覆試)의 3단계 시험으로 구분하고 호명법糊名法, 등록법謄錄法, 별두시別頭試를 실시하고, 공권公卷을 폐지함으로써 시험비리와 부패의 소지를 없앴다.630)

그러나 이렇게 개선된 과거제도 송대 중기에 이르자 많은 문제점을 노정했다. 우선 과거는 승관발재昇官發財의 도구로 전락했고, 성시 응시자격을 주던 국자감(태학)도 교육기능을 잃고 과거의 부속기구로 전락했다. (과거가 있기 전에는 학생이 운집하고, 과거가 끝나면 태학은 텅 비었다.) 또한 과거의 시험문제가 시작詩作, 암기 위주의 묵의墨義, 첩경帖經이었기에 급제자도 실무능력이 없었다. 또한 임금들이 시혜의 의미로 너무 많은 급제자를 양산해 용관冗官들이 너무 많아졌다. 그리하여 송대 중기에는 범중엄·사마광·구양수·소식 등의 과거제 개혁안이 다양하게 나오고 있었다.631)

왕안석은 이 개혁안들을 종합했다. 1070년 3월 그는 먼저 여러 명경과名經科를 폐지하고 달사과達士科로 통일함으로써 후대 과거의 전형을 이룩했다. 그리고 진사과의 시제試題를 시부詩賦에서 경의經義와 책론으로 바꾸었다. 이로써 과거지망자들에게 치도治道에 관심을 갖게 했다.632) 그리고 1073년 3월 진사과와 제과諸科에 명법을 시험토록 했다.633) 나아가 진사과 급제자들에게 서리의 일로 여겨 부끄러워하던 율의律義를 시험해 벼슬과 관직을 주는 신과명법新科明法을 실시했다.634) 이로써 관리들이 최소한의 실무지식을 갖출 수 있는 제도적 장치가 마련되었다.

630) 임현숙, 「王安石과 科擧制度改革에 대한 一考察」, 이화여자대학교 1982년 석사학위논문, 5-8쪽. 호명법은 응시자의 이름을 가리는 방법이고, 등록법은 제3자가 응시자의 답안을 베껴 채점하는 방법이며, 별두시는 시험관(考官)의 자손이나 종족 중에 응시자가 있을 경우에는 이 응시자를 별도 장소에서 특별관리하에 시험을 치르게 하는 것이고, 공권은 시험관에게 미리 시문을 바쳐 자기홍보 운동을 하던 관행이다.

631) 임현숙, 「王安石과 科擧制度改革에 대한 一考察」, 9-10쪽.

632) 임현숙, 「王安石과 科擧制度改革에 대한 一考察」, 38-42쪽.

633) 제임스 류, 『왕안석과 개혁정책』, 19쪽.

634) 임현숙, 「王安石과 科擧制度改革에 대한 一考察」, 47쪽.

(11) 학교제도의 개혁

1071년 9월에는 국자감國子監(태학)에 삼사법三舍法을 실시해 학교제도를 개혁·정비했다. 삼사법은 원칙적으로 주학州學에 일정한 연한年限 동안 재학한 주학생들 중 보시補試(입학시험)에 합격한 입학생을 가르치는 외사外舍, 매년 1회 공시公試에 합격한 외사졸업생을 받아들여 가르치는 내사內舍, 2년 1회 사시舍試를 통과한 내사졸업생을 받아들여 가르치는 상사上舍를 분설分設하는 법이다. 또 학생정원을 외사생 2,000명, 내사생 300명, 상사생 100명 등 도합 2,400명으로 증원했다. 태학에는 주판관主判官과 10인 직강直講을 배치했다. 그리고 학생들의 학업평가를 엄격히 관리하기 위해 매월 고시를 실시해서 상사생 중 학술우수자(상·중·하등생 중 상등생)에 대해서는 관직을 부여하고, 중등생에게는 성시를, 하등생에게는 해시를 면제해주었다. 이 삼사법과 신新학제는 과거를 거치지 않고도 태학졸업증만으로도 관계官界에 진출할 수 있는 길을 열었다. 그리하여 태학은 과거제와 독립된 별도의 정치적 의미를 갖게 되었다.[635] 삼사법은 이 태학내부 시험으로 과거시험을 대체해 교육제도와 관료선발제도를 통합한 것이다. 그리하여 학교제도 개혁으로 국자감과 주학州學들은 체계화된 국립대학과 주립학교로 거듭남으로써 각급 행정단위에 조응하는 근대적 학교제도의 효시가 되었고, 과거제를 통해 얻은 인재보다 더 실력 있는 관리를 선발할 수 있는 길을 열었다.

그리고 수도의 각급 학교에는 무학武學·율학律學·의학 등의 새로운 과목을 설치했다. 이와 병행해서 북방의 후진지역에는 다수의 주현州縣학교를 신설했다. 왕안석은 궁극적으로 삼사법에 의해 과거제를 완전히 대체하려고까지 계획했다.[636]

취인取人과 육인育人을 위한 과거·학교제 개혁 이외에 이에 따르는 중요한 개혁이 하나 더 있는데, 이것은 많은 송대 전문가들이 간과하고 다루지 않는 음보(음서)제의 원칙적 폐지조치다. 음서는 이후에도 완전히 사라지지는 않았지

---

635) 임현숙, 「王安石과 科擧制度改革에 대한 一考察」, 33-37쪽.

636) 제임스 류, 『왕안석과 개혁정책』, 19쪽.

만 왕안석의 개혁 이후 극소화되었고 음보로 들어오더라도 음보관료는 열등한 처지로 내밀렸다. 왕안석은 이미 1058년 「인종황제에게 올리는 상서(上仁宗皇帝言事書)」에서 전래된 음보의 폐풍弊風을 신랄하게 비판하며 음보제를 배제하고 관료제를 순화해야 한다고 주장한다. "은택자제恩澤子弟는 학교에서 도학과 육예六藝를 가르치지도 않고 관청에서 그 재능을 고시考試로 묻지도 않으며 부형은 그 행의行義를 보증하지도 않습니다. 그런데도 조정에서는 갑자기 그들에게 관직을 주고 일을 맡깁니다. 무왕이 주紂의 죄를 헤아리기를 '관인을 세습시켰다고 말했습니다. 무릇 관인을 세습시키고 그 재능과 행위를 계고計考하지 않습니다. 이것은 곧 주가 난으로 망한 길이니, 이는 치세에는 없는 일입니다."[637] '치세에 없는 일'이라는 말은 지금은 치세이므로 음보제를 폐지해야 한다는 말이다. 이 음보배제 원칙을 지향하는 왕안석의 과거제·학교제 개혁은 당대 이래 전래된 세습적 '사대부'를 비세습적 '신사'로 근대화하는 역사적 전기가 되었다.

또한 왕안석은 관료의 전문화를 강도 높게 주장하고 관철시켰다. 전문화의 핵심적 방도는 한곳에 오래 근무하게 하는 것이다. "임용·지사指使가 재능에 합당치 않음에도 일찍이 이를 비판하는 자가 없다. 또 재위자在位者가 자주 옮겨 다니면 그 관직에 오래 있을 수가 없다. 그러므로 위에서는 그 일을 익혀 알 수 없고, 아래서는 기꺼이 순치馴致에 복해 가르침에 안주하지 않는다. (…) 관료의 배치는 대저 마땅히 제 임무에 다 오래 두어야 하되, 부서의 분류가 멀고 소임이 무거우면 또한 의당 그 관직에 오래 묵어야 한다. 그러고 나서 그 행위를 책해야 한다. 지금은 그 관직에 오래 있을 수 없고, 왕왕 수일 만에 갑자기 이동하는 일도 있다."[638] 또한 왕안석은 전문화를 이룰 정도로 한 관직에 오래 있어야만 엄격한 평가도 가능하다고 생각했다. "전근이 빠르면 업적 고과考課가 어렵기" 때문이다.[639] 과거제와 학교제를 통한 관료자원의 엄격한

---

637) 왕안석, 「上仁宗皇帝言事書」(1058), 240쪽.

638) 왕안석, 「上仁宗皇帝言事書」(1058), 242(원문), 243쪽.

639) 왕안석, 「本朝百年無事箚子」(1068), 264(원문), 265쪽. 이근명 편저, 『왕안석자료 역주』.

선발과 양성, 임용된 관료의 전문화와 음보관료의 원칙적 폐지, 그리고 엄격한 인사고과로써 송의 관료제는 왕안석에 의해 근대적 행정제도로 완전히 혁신된 것이다.

왕안석은 능률적 국정운영을 위해 관료들의 복종이 절실히 필요했다. 그러나 당시는 '제2의 제자백가 시대'라 불릴 만큼 여러 유가학설이 난무했고, 학설들의 백가쟁명과 학설마다의 사승師承관계 때문에 조정 안팎에서 관료들의 복종을 확보하기가 매우 어려웠다. '음보제'의 폐풍은 사승관계의 폐풍을 더욱 상승相乘시켰다. 이런 상황에서 과거제와 국자감의 개혁과 관료에 대한 철저한 인사고과제도는 모든 관료의 충원과 상벌·승진을 능력제(meritocratic system)로 귀일시킴으로써 음보제와 사승관계의 연줄을 마침내 완전히 단절시키고 동지적同志的 관료들을 선발하는 제도를 확립하는 조치였다. 신종도 경서의 공식적 주석을 통해 유교 이념을 공식적으로 통일할 필요성을 주장한 왕안석의 방침에 찬성했다.

그러나 과거제·학교제 개혁의 결과가 긍정적이기만 한 것은 아니었다. 과거 응시생들은 왕안석과 그의 아들 왕방王雱의 주석을 앵무새처럼 모방해 읊어대는 것으로 일관했다. 이 때문에 구법당은 과거·학교개혁에 격렬하게 반대했다. 과거·학교개혁은 관료들의 충성과 복종을 확보했지만, 덕성과 시무를 겸비한 유능한 관료의 양성과 공급이라는 원래의 목적을 달성하는 데 미흡했던 것이다.[640] 그러나 문제는 과거·학교개혁에 있었던 것이 아니라, 집권자에 의한 경전해석의 정치적 독점과 공식화에 있었다.[641] 따라서 개혁된 과거제와 학교제는 왕안석이 물러나고 그의 주석서들이 폐기된 뒤에 더 성공적으로 운영되었다.

그리하여 왕안석이 학교·과거를 개혁한 결과 송대의 중국사회는 사회적 이동이 급격히 상승했다. 8-9세기 수·당대 중국의 고위관료 중에서 평민 한족寒族 출신은 13.4-15.2%에 불과했던 반면, 11세기 북송대 중국에서는 약 40%에 달했다. 그리고 『송사』「열전」에 있는 최고급 관료 1,953명 중 32.5%는 평민(비

---

640) 제임스 류, 『왕안석과 개혁정책』, 116쪽.

641) 이홍기(강길중 역), 『宋代 官學敎育과 科擧』(진주: 경상대학교출판부, 2010), 283쪽.

非관료가문) 출신이었다. 그러나 남송대 1148년과 1256년에 실시한 두 과거에서 전체 등과자의 57.3%가 비관료가문 출신이었다.642) 11세기 북송 때부터 사회 이동이 급격히 증가해서 남송의 12-13세기부터는 거의 완전한 평등사회가 도래한 것이다.

(12) 창법

창법倉法(1070년 12월)은 서리胥吏에게 녹봉을 지급하고 잘못에 대해서는 엄징 하며 유능한 서리에게는 일정한 시험을 거쳐 관리로 승진할 수 있는 기회를 주는 서리 관련 법제다.643) 과거제·학교제 개혁이 고위관료들로 조직되는 상위관료체제를 갱신하는 것이라면, 창법은 서리들로 구성되는 하위관료체제 를 개선해 근대적 행정체제로 재창출하는 하부행정개혁법이었다.

관료행정체계의 최말단 관리층을 구성하는 서리집단은 송대에 들어서 그 정치적·서무적庶務的 역할이 더욱 중요해지고 현저해졌다. 재정·재판문제에 관한 행정절차가 복잡다단해지고 인쇄술의 발달로 행정문서가 광범하게 사용 되었다. 삼사(호부·전운사·상평사)에만 문서로 가득한 방이 1,080여 개소나 있을 정도였다. 그 결과 방대한 양의 일상적 문서업무를 처리하는 서리들의 문서작 성·보관·증빙기능은 특수기능이 되었다. 송대 초에는 서리의 공식적 교육·훈 련·선발제도가 없었다. 서리는 대부분 기존 서리들의 자제와 친척 중에서 뽑혔다. 중앙관서의 서리는 거의가 수도 주변에서 영구적으로 거주했고, 지방 관청의 서리는 대대로 그 지역의 전직 서리집단으로부터 충원되었다. 법적·사 회적으로 서리(구실아치)의 지위는 일반관료(벼슬아치)에 비해 아주 낮았으나 실제 적 서무행정에서 그들의 역할은 행정의 성패를 좌우할 만큼 아주 중요했다. 그러나 서리들의 녹봉은 미미하거나 아예 없었다. 중앙관서의 서리는 생계가 불가능할 정도로 적은 녹봉을 받았고, 지방서리는 녹봉을 전혀 받지 않고 잡다 한 세수에서 얼마간 뜯어먹으며 생활했다. 관료들은 부임지를 떠돌았으나 서리

---

642) 이홍기, 『宋代 官學敎育과 科擧』, 249쪽.
643) 제임스 류, 『왕안석과 개혁정책』, 19쪽.

는 관서의 특정부서에 영속적으로 머물렀다. 관료들은 '탈脫봉건'되었으나 서리들은 '봉건'되어 있었던 것이다. 서리가 실질적으로 특정부서나 특정지방의 업무와 직접 연계되어 있었던 것이다. 따라서 서리들은 영속적 근무와 실무지식을 바탕으로 미숙한 관료들의 행정적 결정에 늘 영향력을 행사했다. 그러나 이들은 도덕적 자질도, 승진의 전망도 결여되어 있었다. 이들의 주된 관심사는 관료들을 속여 부정한 일을 저지르는 데 있었다. 서리들은 관료의 감독을 피해 재정문제를 조종했으며 사람들도 뇌물로 이들을 유혹했다. 서리들은 거의 공공연히 상인들과 결탁하고 부패관료와 공모했다.644)

왕안석은 상부관료체제의 개혁에도 열성이었지만 이런 실태의 하부 서리체제의 개선에도 열의를 보였다. 더욱이 그가 추진하는 개혁은 국가행정의 규모와 범위를 확대하는 방향을 취하고 있었기 때문에 서리들에게 더 큰 권한과 재량권을 줄 수밖에 없었다. 따라서 신법의 성패는 서리체제의 개혁 여부에 달려 있다시피 했다. 그리하여 나온 것이 창법이었다. 창법의 내용은 다음과 같다.

① 서리의 수적 감축

② 중앙관청 서리의 녹봉 인상, 지방관청의 서리에게 녹봉 신규지급

③ 유능한 서리에게 시험을 거쳐 관료로 승진할 기회 부여

④ 서리에 대한 감독을 철저히 하고 부패 시에는 엄벌645)

창법의 '창倉'은 세곡창고를 뜻했는데, 창법은 서리들에게도 이 '창'의 양곡으로 녹봉을 주기로 한 것이다. 왕안석은 이 창법으로 '이사吏士합일' 체제, 즉 서리와 관료의 합일체제의 수립을 지향했다.646) 창법은 어느 정도 성과를 거두었다. 창법이 백성의 조세부담을 늘리지 않고도 행정을 공정하고 합리적으로 운영할 수 있는 건전한 기초를 마련했기 때문이다. 서리에 대한 감독 강화와 부정부패

---

644) 제임스 류, 『왕안석과 개혁정책』, 107-109쪽.

645) 제임스 류, 『왕안석과 개혁정책』, 107-109쪽.

646) 『續資治通鑑長篇』 卷237, 238쪽. 제임스 류, 『왕안석과 개혁정책』, 109-110쪽에서 재인용.

에 대한 엄벌은 지방행정의 쇄신을 가져왔다. 이것은 당시 구법당들도 인정하는 바였다.[647)

그러나 창법도 시행 과정에서 문제를 노정했다. 서리의 새 녹봉은 이전에 부정한 방법으로 획득하던 수입의 반도 못되었다. 따라서 착복·금품강요 등 부정부패는 규모가 줄었을지라도 은밀히 계속되었다. 이들은 청묘법의 시행시에 원치 않는 농민에게도 청묘전을 강요하거나, 신설된 500여 개소의 상평창을 백성이 아니라 자신들을 위해 활용했다. 방전균세법의 시행에서도 서리들은 실사·기록·보고 등의 행정권을 오·남용해 부패관료나 겸병지가와 결탁하기도 했다. 채경의 제2차 개혁기에는 신법의 실시와 폐지, 그리고 부활 등이 반복되면서 가령 모역법의 경우 서리들이 재산규모와 역부담액에 대한 판정권한을 오용해 기록들을 은닉하거나 없애버렸다. 시역법의 실시에서도 서리들이 그 법취지를 왜곡하는 통에 중소상인과 소비자들이 반드시 이로운 것도 아니게 되었다. 시역법의 실제 이득은 부패관료와 서리들에게 돌아갔다. 왕안석 신법의 실패 이유 중 하나는 악덕서리와 부패관료의 결탁에 의한 새로운 부정부패와 난정에 있었다. 이런 부패와 난정 추세는 구법당 집권기와 제2차 개혁기에 극심해졌다. 이 서리의 문제는 남송대와 명·청대까지도 풀지 못했다.[648) 서리체제의 개혁은 결국 사회 전반의 청렴화와 투명화에 의해서만 성공할 수 있었다. 아무튼 창법의 성패가 창법을 시행하는 서리의 손에 달려 있다는 것이 문제였을지라도 창법의 개혁방향은 근본적으로 옳은 것이었다.

(13) 화폐정책 개혁

왕안석은 화폐정책도 개혁했다. 그는 신법에 의한 금납과 재정급증으로 급팽창한 화폐유통량을 충당하기 위해 1070년 7월 동금銅禁, 즉 동전사주銅錢私鑄 금지정책을 해제했다. 그리고 주전증발鑄錢增發사업에 박차를 가했다.[649) 이

647) 제임스 류, 『왕안석과 개혁정책』, 110쪽.
648) 제임스 류, 『왕안석과 개혁정책』, 19쪽.
649) 제임스 류, 『왕안석과 개혁정책』, 109쪽.

동금해제와 주전박차로 화폐·시장경제의 확립이 명실상부하게 완성되었다.

왕안석정부는 신법시행 시기 동안 매년 45억 전을 주조했다. 이런 통화공급에도 불구하고 세금의 화폐대납으로 인해 이른바 '전황錢荒'이 발생하고 농촌소득이 감소했다. 이로 인해 반대파들의 비난이 빗발쳤다.650)

그러나 대체로 신법시행 시기는 디플레이션과 저물가 추세가 지속되고 물가안정이 달성되었다. 여기에 한동안 풍년이 계속되는 농업호황이 겹치면서 나라전체에 번영의 분위기가 조성되었다. 이런 상황에서 일반 소비자뿐만 아니라국가도 큰 혜택을 입었다. 국가는 당시 가장 큰 소비자였기 때문이다. 신법개혁으로 효과적으로 큰 재정을 확보한 국가는 저물가 상황에서 급속히 강력한구매력을 갖추고 큰 전쟁도 치를 만한 대규모 물자를 단번에 동원할 수 있는입지를 확보했다.651)

(14) 중앙집권화

왕안석은 '실질적' 중앙집권화를 실현시켜 절대군주정을 굳건히 했다. 송대초부터 중앙집권화는 정예군대의 중앙군화, 절도사에 대한 감시체제 수립, 중앙에서 내려온 파견관의 권한강화 등의 여러 가지 조치로 상당히 진척되어있었으나, 재정의 중앙집중이 이루어지지 않았었다. 왕안석은 재정의 중앙집권화를 이루어 중앙집권체제를 완성했다. 이제 중앙정부는 세액결정에서 지방관의 보고나 요청을 우회해 지방관에게 중앙의 독자적 현장조사와 세입세출계획에 의거해 조세징수를 지시했다. 그리고 지방관들에 대한 성대한 예우와 배려를 없애고 고관예우를 간소화하고 중앙에 저항하는 지방관들을 축출했다. 중서문화성·추밀원·삼사(호부·전운사·상평사)의 삼권분립을 없애고 이 세 중앙기관을 왕안석이 참정을 지닐 때 제치삼사조례사의 일괄통제하에, 그리고 그가재상(동중서문화성평장사)을 지닐 때는 중서문화성의 일괄통제하에 두었다. 그리하여 재상이 직접 재정권을 쥐고 예비자금을 관장할 수 있게 되었다. 구법당들

---

650) von Glahn, *The Economic History of China*, 241-242쪽.
651) 제임스 류, 『왕안석과 개혁정책』, 141-142쪽.

도 왕안석이 만든 이 강력한 중앙집권체제를 그대로 군소리 없이 정치유산으로
이어받았다. 이 '실질적' 중앙집권체제는 송대 이후 중국 근세국가의 속성이
되었다.652)

송대의 실질적 중앙집권체제는 명·청대에 많은 변화를 겪었지만, 그것은
군현제도와 군사·행정·재정의 중앙집중제에 기초한 중앙집권체제 자체의 변
화가 아니라 중앙의 최고권력이 내각제의 성립과 발달로 황제의 의례적 비준권
(군림권), 내각의 실질적 의정권(표의권), 육부의 집행권으로 각립하는 식으로 삼권
분립이 이루어지는 발전적 변화였을 뿐이다. 그것은 송대의 '절대군주정'이
명·청대의 '내각제적 제한군주정'으로 진보하는 정부제도의 '근대화'였다.

(15) 소금전매제도와 국경지방의 차전매제도

왕안석은 기존의 소금전매를 견지하고, 사천지방에서는 차전매도 도입했다.
왕안석은 중앙아시아 오랑캐들에게 차를 판 돈으로 이들에게서 군마를 사들여
국경부대에 이 군마를 공급하고 이 국경지역의 군부대에 군량을 대기 위해
1074년 사천에 '다장사茶場司'를 설치했다. 다장사는 처음에 사천에서 재배된
차에 대한 배타적 권리를 갖지 않았고 자유시장에서 경쟁가격에 차를 사들였다.
다장사의 차 구입이 늘어남에 따라 차 생산이 급증하자 다장사는 사천의 전체
차 생산량에 대한 독점권을 획득했다. 시역무처럼 다장사는 상업적·재정 기업
으로 다변화되었고 차 재배 농가에 대한 곡식 대여, 비단·종이·가죽·약제와
같은 상품의 거래 등의 업무까지 수행했다. 다장사는 굉장한 성공을 거두었고,
매년 수백만 관의 이익을 내고 군대에 15,000-20,000두의 군마를 공급했다.653)

■신법의 효과

왕안석의 개혁은 8년간 지속되었다. 신법으로 송대 사화경제는 화폐·시장경
제로 이행했다. 금전의 세수는 약 40% 증가했다. 이것은 부역의 금납화와

---

652) 제임스 류, 『왕안석과 개혁정책』, 113-115쪽.

653) von Glahn, *The Economic History of China*, 239쪽.

청묘전의 수입의 결과였다. 국가에 대한 각종 세금의 금납은 중국정부 수입의 81%에 달했다. 이것은 1000년경 48%와 크게 대조되는 수치다. 포布로 내는 세금은 소멸했다. 이때부터 은은 송나라 재정에서 본질적으로 직물을 대체했고 비단은 화폐기능을 완전히 상실했다. 사천의 차 수입을 별개로 할 때 상업세원은 약소했으나, 정부수입은 매년 적어도 1,800만 관씩 증가했다.654)

왕안석은 개혁기간 내내 기득권자들의 강력한 저항을 뚫고 — 그가 바라던 정도의 성과는 아니었을지라도 — 다대한 성과를 거두었고 이후 역사에 경천동지할 '보편사적 근대화'의 대변혁을 몰고 왔다. 가령 청묘법은 송대 농업혁명의 주된 요인이었다. 오늘날 홉슨은 송대 농업혁명의 발단을 송대 중국정부의 이 농업진흥책으로 본다. 그에 의하면, 송대 중국정부의 역할은 특기할 만했는데, 정부는 지극히 낮은 이자로 농사자금을 대부해주는 등 농민들에게 농업투자에 대한 인센티브를 주는 한편, 이앙법과 모종법을 개발해 보급했다. 이를 이용해 농부들은 새로운 농사법을 실험하고 개량했다. 중국 농업은 송대 이후 700년 동안 이런 수준을 유지했다. 중국은 12세기 송나라의 농업생산성을 유럽제국이 20세기 들어서야 겨우 따라잡을 수 있을 정도로 농업혁명을 달성했던 것이다. 이렇게 하여 이룩된 11-13세기 농업의 번영은 다른 많은 영역에서 경제적 홍기를 가능하게 했다.655)

■구법당의 공세와 음해비방

그러나 사마광·구양수·소식·정이천·황정견 등을 비롯한 소위 '원우당적元祐黨籍' 119인으로 구성된 구법당舊法黨의656) 지속적 파상공세에 부딪혀 마침내 신종이 무너지고 말았다. 신종이 개혁의 열정을 잃은 결정적 계기는 1074년 수많은 농민들을 이농시킨 북부지역의 대기근과 이로 인한 농민들의 청묘전 채무였다. 구법당은 이것을 기화로 왕안석을 거꾸러뜨린 것이다. 신종은 할

---

654) von Glahn, *The Economic History of China*, 240쪽.

655) Hobson, The Eastern Origins of Western Civilization, 56-57쪽.

656) '원우당적'은 선인태후가 섭정하던 철종 초기 시절의 연호 '원우'에서 딴 구법당 당적을 말한다.

수 없이 왕안석을 좌천시켰다. 하지만 그는 1년도 안 된 1075년 초에 다시 중앙정계에 복귀했다. 그러나 그의 권세는 많이 약화되었다. 구법당은 끈질기게 왕안석의 복귀와 정책 속행에 반대하는 상소를 올렸다. 그는 이런 와중에 자식마저 죽는 불행이 겹치자 1076년 겨울 모든 관직에서 물러나 낙향했다.657) 하지만 신종은 이전의 뜨거웠던 개혁열의를 많이 잃었을지라도 이후 1085년까지 10년 동안 왕안석의 신법체제를 견지했다.658)

그러나 1085년 신종이 죽고, 어린 철종이 즉위하자 선인태후宣仁太后가 섭정으로 집권했다. 그녀는 구법당 사마광을 등용해 신법을 차례로 폐지케 했다. 왕안석은 이에 실망해 1086년 죽었다. 사마광의 반대논리는 실로 구태의연하고 반反공맹적인 것이었다. 이것은 사마광이 1070년 2월 왕안석에게 보낸 편지에서 잘 드러난다. 그는 신법당이 재정을 직접 챙기고 제치삼사조례사를 통해 재정증대를 강구하는 것을 두고 "군자는 도의에 밝고 소인은 이익에 밝다"는 공자의 말과 농사짓는 법을 가르쳐달라는 번수의 요청을 서절한 공자의 어록을 인용해 "저들이 진실로 군자라면 이익을 입에 담지 않을 것"이라고 하면서 "조례사라는 기구는 애초에 설치되지 말았어야 했던 것"이라고 단언하고 조례사의 폐지를 요구하고 있다.659) 이 논변을 보면 사마광이 공자의 말의 참뜻을 이해하지 못하고 궤변을 늘어놓고 있다는 것과, 그가 공맹의 경제철학을 전혀 이해하지 못한 고답적 '소인유小人儒'라는 것이 확연히 드러난다. 공자의 저 어록 중 첫 번째 것은 군자가 자기의 이익보다 도의에 밝아야 한다는 말로써 공익(국리민복)을 돌보지 말라는 말이 아니고, '소인이 이익에 밝다'는 말은 '자기의 사리私利에 밝다'는 말이지 '공익에 밝다'는 말이 아니다. 그리고 소인이 도의를 '전혀' 모른다는 말도 아니다. 백성을 먹여 살리고 부자로 만들려는 양민·부민론으로 전개된 자유시장경제 철학은 공맹철학의 중핵에 속하는 것이다. 따라서 군자는 자기의 사익을 뒤로 돌릴지라도 공익에는 누구보다도 밝아야 하는 것이다.

---

657) 제임스 류, 『왕안석과 개혁정책』, 21쪽.

658) 제임스 류, 『왕안석과 개혁정책』, 22, 121쪽.

659) 사마광, 「왕안석에게 보낸 편지(與王介甫書)」(1070. 2. 27.), 292쪽. 이근명 편저, 『왕안석자료 역주』.

그러나 사마광은 유자에게 허용될 수 없는 고답적 자기고양을 한껏 부려 공자의 어의를 뒤틀며 저런 궤변을 늘어놓고 있다. 또한 사마광은 노자의 비현실적 어록들을 거듭 끌어대며 신법과 그 시행의 결과를 부상대고의 관점에서 비방한다. "지금 그대는 정사를 하면서 먼저 제치조례사를 세우고 재리財利의 일을 크게 강구하고 또 설향薛向에게 명해 장강長江과 회수淮水 지방에서 균수법을 시행해 상고商賈의 이익을 다 빼앗으려 하고 또 사자使者들을 나눠 보내 천하에 청묘전을 분산해 그 이자를 받고 사람마다 수입과 고통을 느끼게 하고 부자가 서로 보지 못하게 하고 형제처자를 이산시키고 있다. 이것이 어찌 맹자의 뜻인가? 노자는 '천하는 신기라서 작위할 수 없다. 작위하려는 자는 그것을 망가뜨리고 그것을 잡으려는 자는 그것을 놓치고 만다'고 말했다."660) 여기서 사마광이 말하는 '상고'는 중소상인이 아니라 독점이윤을 농단하는 '부상대고'를 말한다. 노자를 들먹이는 이 편지를 읽노라면 사마광이라는 자가 과연 '유자'인지가 의심스러울 뿐이다.

그리고 사마광은 같은 편지에서 왕안석이 "마음이 조급하다", 사람들의 비판에 오히려 "더욱 분노해 신법의 시행을 더욱 급하게 재촉했다"고 비판하고 있다.661) 왕안석이 '제대로 된 인물의 완만한 시행'을 거듭거듭 경고한 것을 상기할 때, 왕안석이 자기 말과 반대로 실제로는 개혁을 조급하게 몰아붙였다는 새로운 사료적 증거가 나오지 않는 한 사마광의 이 비판은 '무고'다. 그러나 '왕안석이 조급하게 굴었다'는 사마광의 무고는 이후 성리학자들 사이에서 정설로 회자한다.

사마광의 비판에 대해 왕안석은 그에게 곧바로 보낸 답신에서 "천하를 위해 이재했으니 정리征利(取利)가 아니다"라고 잘라 말하고, "사람들이 인습에 길들여진 것이 하루 이틀이 아니고" 사대부들이 "대중에 영합하는 것"을 좋아하기 때문에 "비방과 원망이 많을 것이라는 사실은 이전부터 알고 있었다"고 하면서 사대부만이 아니라 국민이 반대함에도 불구하고 수도를 은殷으로 옮기고 상商

---

660) 사마광, 「왕안석에게 보낸 편지(與王介浦書)」(1070. 2. 27.), 300-301쪽.
661) 사마광, 「왕안석에게 보낸 편지(與王介浦書)」(1070. 2. 27.), 291, 304쪽.

나라를 은나라로 부흥시킨 반경盤庚 임금의 예를 들이댄다. 그러고 나서 왕안석
은 큰 실적을 올리지 못해 백성들에게 혜택을 주지 못했다고 비판한다면 그
죄를 알겠으나 "오늘날 추진하는 일체의 일을 그만두고 예전에 했던 바를
지켜라守前所爲)"라고 한다면 "그것은 내가 감히 알 바 아니다非某之所敢知)"라고
단호하게 쏘아붙인다.662) 왕안석은 반경처럼 사대부와 국민의 반대를 무릅쓰
고서라도 신법을 시행해 나라를 중흥시킬 것임을 선언한 것이다.

아무튼 사마광은 재상이 되자 구법당 안에서도 신법의 전면 철폐에 대한
반대가 들끓었지만 신법을 '조급히' 전면적으로 철폐했다. 왕안석을 '조급히'
군다고 비판한 사마광은 신법을 폐지하는 데 오히려 '더' 조급하게 굴었다.
주희도 이를 지적하고 있다. 장돈章惇이 "지금 다시 차역법으로 모역법을 대체
하려고 한다면 반드시 면밀한 검토와 논의를 거쳐야만 할 것인데, 5일의 기한을
주고 차역법을 실시하라는 것은 너무 졸속한 처사라서 후일 반드시 폐단이
생길 것이다"라고 모역법 철폐의 '완진緩進'을 요구했음에도 불구하고 "사마광
은 그의 말을 따르지 않았다". 정치적으로 철이 들지 않았을 때 채경蔡京(왕안석의
사위)이 지개봉부知開封府(개봉 시장)로서 사마광의 '5일 기한의 철폐' 명령대로
개봉 관내의 모역법을 모두 차역법으로 바꾸었다. 이에 사마광은 "기뻐하며
'사람들이 모두 그대만 같으면 법이 시행되지 못할 걱정이 없을 것이오'라고
말했다".663)

그러나 1093년 선인태후 사망 후 철종은 친정을 개시하면서 사마광이 전폐全
廢한 신법을 전면적으로 부활시켰다. 그리고 수백 명의 구법당 관료들을 좌천시
켰다. 철종의 뒤를 이은 휘종徽宗(재위 1100-1125)도 처음에 신·구법의 균형을
취하는 체했으나 1101년 섭정 상태후尙太后가 사망하자 중앙정계에서 사마광
을 완전히 축출하고 왕안석의 사위들인 신법당 채변蔡卞·채경蔡京·장돈章惇을
발탁해 신법 시행을 전면화하고 일부 시책들은 확대 실시하기도 했다.664)

---

662) 왕안석, 「答司馬諫議書」, 309-310쪽. 이근명 편저, 『왕안석자료 역주』.

663) 朱熹, 『八朝名臣言行錄』 「王安石」편, 352쪽. 이근명 편저, 『왕안석자료 역주』.

664) 제임스 류, 『왕안석과 개혁정책』, 22쪽.

1100년 휘종 재위 초기에 신법당은 신·구법의 균형을 취하는 척하는 황제의 뜻에 따라 구법당과 일정하게 화해를 시도했었다. 그러자 신법당과 구법당의 갈등은 오히려 더 격화되었다. 최종적으로 권력 장악에 성공한 채경은 4반세기 동안 제2차 개혁을 추진했다. 그리하여 신법은 1126년 북송이 멸망할 때까지 유지되었다. 그러나 채경은 구법당에 대해 정치적 박해를 강화하며 이 개혁을 끝까지 추진했고, 이 개혁으로 망국의 단서를 열었다는 등 혹평을 면치 못했다.665) 북송 시기에 신법은 선인태후와 사마광에 의해 중간에 8년간 폐지되거나 절충되는 곡절을 빼면 1069년 첫 개혁조치를 개시한 이래 적어도 50여 년 동안 시행되어 북송 후기와 남송의 국가제도로, 나아가 중국 역대 국가(원·명·청)의 정치·경제적 상도常道로 확립되었다.

신법당과 구법당은 그 계급적 기반의 차이로 인해 모든 개혁정책에서 입장이 크게 다를 수밖에 없었다. 왕안석과 신법당은 남방의 중소지주 출신 관료들이었고 그들의 생계기반은 주로 녹봉이었다. 반면, 구법당은 대체로 북방의 대지주 출신들이 모인 학자·관료들이었다.666) 따라서 구법당은 농민과 소상공인에게 유리하고 대지주에게 불리한 신법에 결사적으로 반대할 수밖에 없었다. 그리하여 그들은 가령 시행상의 차질을 구실로 청묘법 비난을 가열시켜 한때 이 법을 철폐했다. 시행상의 차질로는 보통 대부의 강제할당, 이자의 수취, 연좌책임제 등이 거론되었다. 왕안석도 실무관리들의 이런 실책을 인정했다. 그러나 시행상의 차질은 어떤 정책에나 따르는 것이기 때문에 근본적 대립은 계급대립에 기인했다.

상업정책을 둘러싸고도 신법당과 구법당은 계급적 차이에 따라 의견을 달리했다. 대개 신법당 관료들은 상업과 화폐제가 고도로 발달하고 부상대고 계급의 독점적 영리추구에 고통을 받아온 남방 출신들이었다. 그들은 남방의 상업 중심지에서 중소상인들과 소비자들에 대한 상업의 중요성을 인정함에도 중소상공인·농민과 소비자에 대한 부상대고와 대지주 고리대의 다양한 횡포를

---

665) 제임스 류, 『왕안석과 개혁정책』, 23, 124-125쪽.

666) 제임스 류, 『왕안석과 개혁정책』, 57쪽.

매일 겪으며 자란 사람들이었다. 따라서 그들은 이런 횡포로부터 중소상인과 농민을 보호하기 위해 자유시장의 창출과 유지를 위한 오늘날의 공정거래법과 비슷한 정신에 따라 화폐·금융·시장경제에 적극 개입하려고 한 것이다.[667] 그러나 신법당은 소비자와 중소상인의 관점에서 상업의 중요성을 지실知悉하고 상공업을 일으키는 국가의 적극적 상본주의商本主義(commercialism) 정책을 중시하고 있는 한에서 상행위에 대한 국가의 지나친 통제와 간섭을 거부하고 특히 전매(국가독점)를 단호하게 반대했다. 왕안석은 가령 국가전매를 차(茶)의 생산·유통 분야에까지 확장하는 것에 반대했다. 그는 차의 전매가 행정기술적으로 어려울 뿐만 아니라 다수의 다상茶商에게 피해를 입히고 소비자에게 저질의 차를 고가로 구입하게 만드는 폐해가 발생할 우려가 있다고 판단했기 때문이다.[668]

반면, 구법당은 상업이 발달하지 못한 북방 출신으로서 상업중심지에서 중소상공인·농민과 소비자에 대한 부상대고와 대지주 고리대의 다양한 횡포를 알지 못했다. 그러나 그들은 거개가 관료로서 개봉에 거주하기 시작하면서부터 개봉의 부상대고 및 시전상인들과 경제적 이권관계로 연결되었다. 따라서 신법이 부상대고에게 야기하는 경제적 손실은 즉각 구법당 관료들의 이권침해로 귀결되었다.[669] 구법당과 부상대고는 '공동지갑' 관계에 있었던 것이다. 따라서 구법당은 부상대고의 이익을 대변할 뿐만 아니라 자기들의 이익을 위해서라도 신법당의 시장구조 개혁과 가격관리정책에 전방위로 저항하며 '자유방임'의 기치 아래 상거래와 시장을 몽땅 부상대고의 '아가리'로 집어넣으려고 발악을 했던 것이다.

그리하여 구법당의 이런 발악적 입장은 송대 사서史書들에도 그대로 반영되었다. 구법당이 쓴 『신종실록』과 이를 그대로 반영한 『송사』는 왕안석에 대한 부정 일변도의 악의적 비난으로 일관하고 있다. 신법은 기본적으로 '취렴聚斂

---

667) 제임스 류, 『왕안석과 개혁정책』, 58쪽.

668) 제임스 류, 『왕안석과 개혁정책』, 19쪽.

669) 제임스 류, 『왕안석과 개혁정책』, 72-73쪽.

을 위한 것이고, 왕안석은 국론을 분열시켜 '분운紛紜과 황란荒亂'을 이끈 장본인 이라는 것이다. 이러한 기술은 이후 왕안석에 대한 악평을 퍼트리는 데 결정적 작용을 했다. 구법당 계열이 정권을 장악한 남송시대 이래 왕안석에 대한 평가 는 부정 일변도로 흘러 북송 멸망의 주원인으로 왕안석의 신법이 지목되었다. 이에 더해 주희가 왕안석에 대해 부정적인 입장을 견지한 이래 왕안석에 대한 우호적 평가는 학계에서도 자취를 감추게 되었다.[670]

그리하여 왕안석과 관련된 1차 사료들은 대부분 편향된 기술과 고의적 삭제 로 훼손되어 있다. 구법당 집권기, 채경의 제2차 개혁기, 그리고 남송에서의 구법당의 재집권을 거치면서 『송사』의 기초자료로 쓰인 신종실록은 되풀이해 서 개수改修되었다. 실록의 마지막 개작은 남송대에 이루어졌는데 여기에는 구법당의 입장이 정론으로 채택되어 있다. 이 판본이 "도덕을 숭상하고 공리를 내치는 것"을 원칙으로 삼고 채경의 제2차 개혁기의 정치문란을 크게 개탄한 남송의 범중, 『송사』「진송사표進宋史表」에서 송대의 역사를 개괄해 "신법이 헌장을 문란시키고 분운紛紜과 황란荒亂을 초래했다"고 적은 원대의 아노도阿魯 圖 등의 구법당 측 인물에 의해 찬술되었던 것이다. 또한 이것은 철종의 황후였 던 소자태후昭慈太后의 의사를 충실하게 반영했다. 이 소자태후는 철종 때 신법 당의 보복과 궁정음모에 희생되어 폐비의 운명에까지 몰린 쓰라린 경험이 있었다. 소자태후는 금나라의 접근을 뿌리치고 남송정부에 합류해 남송에서 큰 존숭을 받았다. 소자태후는 고종에게 북송 멸망의 책임이 채경과 그 무리에 있다고 주입시킨 사람이었다. 제2차 개혁에 대한 고의적 비방은 왕안석에 대한 구법당의 뿌리 깊은 편견과 융해되어 실록에 반영되었다. 이리하여 왕안석은 『송사』에서 제2차 개혁과 부당하게 연루되어 악의적 비방을 받게 되었다. 따라서 『송사』는 학술연구에 활용가치가 거의 없다. 『송사』의 편찬자는 범조 우·황정견·범충范沖 등 구법당들이었다. 주희는 왕안석에 대해 이해하는 구석 도 있었으나 대체로 비판적이었다. 반면, 『송사』의 편찬자는 사료들이 충돌하 면 서슴지 않고 이를 수정해 왕안석을 비판했다. 기타 사서들은 이보다 낫지만

---

670) 이근명, 「『宋史筌』에 나타난 王安石과 王安石의 改革」, 239쪽.

편견을 완전히 불식한 사서는 없는 편이다.671) 그리하여 『송사』는 왕안석의
탁월한 재능과 총명, 남다른 덕성과 겸손을 사실대로 기술하다가672) 갑자기
비방으로 돌변하는673) 비일관적 서술을 반복하고 있다. 『송사』「왕안석전」은
심지어 지극히 의심스러운 삼부족론三不足論을 조작해서 왕안석을 비난하고
있다. "천변天變은 두려워하기에 부족하고(天變不足畏), 조종은 본받기에 부족하
고(祖宗不足法), 사람들의 말은 신경 쓰기에 부족하다(人言不足恤)"고 말했다는
것이다.674) 그리고 그의 사상을 비非유가적인 것으로 비하했다. "만년에 금릉에
거주하며 『자설字說』을 지었는데 천착부회穿鑿附會가 많았고 불교와 노자로
유입해 있었다. (…) 선유의 전주傳註는 일절 폐하고 사용하지 않았다. 『춘추』라
는 책을 출척하고 학관에 들어가게 하지 않았으며 끊어지고 문드러진 관보(斷爛
朝報)라고 조롱하기에 이르렀다."675) 또 "왕방은 늘 상앙을 호걸지사로 칭찬하
며 이의를 제기하는 자를 죽이지 않으면 신법이 시행되지 않을 것이라고 했다"
는 것이다.676) 『송사』「왕안석전」은 이렇게 왕안석과 그의 아들을 유학으로부
터 일탈한 자들로 만들기에 혈안이 되어 있다. 그리고 『송사』「왕안석전」은
왕안석에 대한 주희의 음험한 비판으로 마감하고 있다. "그는 문장과 절행節行
으로 일세에 높았고 또 도덕과 경제를 자신의 임무로 여겼다. 인종을 만나게
되어 재상의 지위를 받고 세상이 그의 유위有爲를 우러러보며 이제삼왕二帝三王
(요순과 우·탕·문왕)의 성세를 다시 보기를 기대했다. 그러나 왕안석은 급급해서
재리財利와 병혁兵革을 우선급무로 여겨 흉악한 자와 사특한 자들을 등용하고
충직한 자들을 배격했으며 급박하게 몰아붙이고 강퍅하게 굴어 천하의 사람들
로 하여금 걱정스럽게도 삶을 즐길 마음을 잃게 한다. 급기야 간사한 무리가
학정을 이어 사해에 독을 흘려보내서 숭녕(1102-1106)·선화(1119-1125) 연간에 이

---

671) 제임스 류, 『왕안석과 개혁정책』, 25-27쪽.
672) 『宋史』「王安石傳」, 18-19, 20, 21, 37, 45, 48쪽.
673) 『宋史』「王安石傳」, 24, 30, 32-33, 35, 36, 38, 48, 49-51, 51-54, 55쪽.
674) 『宋史』「王安石傳」, 49쪽.
675) 『宋史』「王安石傳」, 47-48쪽.
676) 『宋史』「王安石傳」, 51쪽.

르러 화란이 극심해졌다." 『송사』 「왕안석전」은 주희의 이 비판을 "천하의
공언公言"이라고 소개하면서 신종이 왕안석을 기용한 것을 두고 "오호라! 이는
비단 송실宋室의 불행이었을 뿐만 아니라 왕안석에게도 불행이었다"는 말로
「왕안석전」을 마치고 있다.677)

■ 주희의 왕안석 비판

그런데 북송의 마지막 황제 흠종의 동생인 고종(재위 1127-1162)이 임안(항주)에
도읍하고 개국한 남송(1127-1279)도 구법당이 주로 정권을 잡았음에도678) 신법을
말없이 거의 그대로 준용했다. 이로써 근대('초기근대')가 명실상부하게 확립된
것이다. 일찍이 송나라 철종은 친정 시기 초년(1094-1098)에 왕안석에게 '문공'의
시호를 추증하고 신종묘정에 왕안석을 배향했다. 휘종은 1104년 왕안석을
공자묘의 안자와 맹자 다음의 지위에 배향했고, 서왕舒王에 추봉했다. 『송사』도
왕안석에 대한 악의적 조작으로 가득하지만 '왕안석전'을 두었다. 송사를 말하
면서 왕안석을 우회할 수 없었기 때문이다. 남송의 주희(1130-1200)는 왕안석을
자신의 『팔조八朝명신언행록』(1172)에 집어넣었다.

그러나 『팔조명신언행록』의 「왕안석」편은 내용구성이 『송사』와 유사하다.
그리하여 이 「왕안석」편은 『송사』 「왕안석전」처럼 칭찬과 근거 없는 비방을
앞뒤가 모순되게 뒤섞는 '비일관성'을 노정하고 있다. 이런 관점에서 판단하면
주희는 왕안석 같은 거물을 우회할 수 없었기 때문에 내키지 않게 그를 '명신전

---

677) 『宋史』 「王安石傳」, 55쪽.

678) 남송에서도 구법당 계열과 주희는 단절 없이 정권을 장악·유지한 것도 아니고, 그들의 학이
'관학(官學)'으로 인정받은 것도 아니었다. 남송대에 와서야 주희는 정이천의 유학을 성리학으로
발전시켰다. 하지만 육구연(1139-1193)·진량(陳亮, 1143-1194)·엽적(섭적, 1150-1223) 등 사공(事
功)학파는 정주학을 '고답적'이라고 비판·배격했고, 정병·진가·임표 등 고위관료들도 정주학을
배척했다. 1195-1200년간에는 사공학파 조여우(趙汝愚)와 한탁주(韓侂胄)가 정권을 잡았는데
정주학을 '위학(僞學)'으로 낙인찍고, 주희를 비롯한 정주학자들을 '역당'으로 몰아 추방했다.
사공학파의 지배는 성리학파 사미원(史彌遠, 1164-1233)이 한탁주를 암살하고 집권함으로써
끝났다. 그리고 나서야 성리학의 시대가 시작되었고, 원대 황경 3년(1313)에 가서야 '관학'으로
인정받았다. 참조: 윤정분, 『中國近世 經世思想 硏究 - 丘濬의 經世書를 중심으로』(서울: 혜안,
2002), 19-21쪽.

에 집어넣고 그에게 망신을 주고 있는 셈이다. 주희는『송사』「왕안석전」처럼 먼저 왕안석의 개인적 탁월성(뛰어난 기억력, 문장력 등)과 덕성(형제간의 우애, 명리거부와 관직 사양, 여색에 대한 초연성 등), 그리고 그의 명망을 적시하고 있다.679) "이것(거듭된 관직 사양)으로부터 그의 명망은 천하에 두루 퍼졌고 사대부들은 그와 안면이 없는 것을 한스럽게 여겼다. 조정은 늘 좋은 관직을 수여하고자 했지만 오히려 그가 받아들이지 않을까 근심할 지경이었다."680) 그러나 이 말과 모순되게도 주희는 바로 이렇게 헐뜯고 있다. "왕안석은 비록 좋은 성적으로 과거에 합격하고 문학에 재능이 있었으나 사람을 경원시하는 경향이 있어 중앙의 사대부들로부터 그다지 성망聲望을 얻지 못했다. 이에 왕안석은 한韓씨와 여呂씨 가문의 형제들과 깊이 사귀었다. 한씨와 여씨는 조정의 명족으로 천하의 선비들이 한씨 가문이 아니면 여씨 가문에 드나드는 형국이었다. (…) 한강韓絳·한유韓維·여공저呂公著는 조정에서 다투어 왕안석을 칭양稱揚했고, 이로 인해 왕안석의 명성이 높아졌다."681) 주희는 앞서 거듭된 관직 고사로 인해 왕안석의 명성이 높아졌다고 해놓고, 여기서는 한강·한유·여공저의 앞다툰 '칭양'으로 인해 명성이 높아졌다고 비하하고 있다. 그리고 주희는 술자리가 파할 때까지 권하는 술잔을 한 잔도 마시지 않고 뿌리친 왕안석의 고집스러움, 메추리를 훔친 자를 죽인 살인자를 무죄라고 주장한 잘못을 끝내 인정하지 않고 이런 죄를 용서해준 조정에 대한 사례도 없이 자기 잘못이 없다고 끝까지 버틴 고집과 독선, 인종이 쓸 낚싯밥을 다 먹어버리고 인종이 좋아하지 않자 이 일 때문에 인종일록을 쓸 때 조종과 특히 인종을 비판적으로 기술했다는 소문, 자기를 가벼이 여긴 사람들에게 끝내 보복했다는 자질구레한 이야기, "왕안석은 파격적 행동과 허세를 좋아하는 사람", 그의 아들 왕방은 "성격이 험악했다"는 주희 자신의 평가 등 입증할 수 없는 또는 믿을 수 없는 소문들을 적어682) 그의 인격을 모독하고 있다. 그러나 주희는 자신의 지나친 인격모독과 모순되

---

679) 朱熹, 『八朝名臣言行錄』「王安石」편, 338-339, 349-350쪽.

680) 朱熹, 『八朝名臣言行錄』「王安石」편, 339쪽.

681) 朱熹, 『八朝名臣言行錄』「王安石」편, 345쪽.

682) 朱熹, 『八朝名臣言行錄』「王安石」편, 340, 341, 343-344, 360, 365쪽.

게도 왕안석의 죽음에 붙여 "개보介甫(왕안석)는 다른 것은 없고 다만 집요執拗했을 따름이다"라고 평가한 사마광의 말을 적어놓고 있다.[683]

그리고 주희는 왕안석의 개혁정책을 비판하고 있다. 일단 왕안석이 작은 마을 차원에서 성공한 정책이 전국 차원에서도 성공할 것으로 오판했다는 것이다. 그는 방전수리법·청묘법·보갑제·삼사제 등 신법을 왕안석이 지방관 시절 지은현에서 실시해 성공을 거둔 제방수축·식량대여제·학교신설·보오법保伍法 등에서 유래한 것으로 기술하고 왕안석이 "한 고을에 시행하는 것은 가하나 천하에 시행하는 것은 불가하다는 사실을 몰랐다"고 지적하고 "대저 신법은 조종의 법도를 모두 바꿔버렸다"고 비판하고 있다.[684] 그러나 왕안석은 신법을 자기 경험으로부터만 도출한 것이 아니라, 앞서 상론했듯이 주대·한대·당대·송대의 역대 왕조에서 시원적으로, 또는 국지적으로 시행되던 '조종의 법도'를 개량해 만든 것이었다. 따라서 주희의 비판은 새빨간 '무고·비방'이라고 해야 할 것이다.

또한 주희는 신법 시행의 성과를 배제하고 부정적 현상을 완전히 허위로 과장하고 있다. "각지에 파견한 신법 관원들이 대부분 각박한 소인들이라서 공리에 급급하다 보니 하천 둑을 터서 민전에 하니何尼를 공급한다며 남의 묘지나 가옥, 심지어 비옥한 전토까지 못쓰게 만드는 경우가 많았고, (…) 청묘법은 2할의 이자를 징수하는 것으로 되어 있으나 (…) 실지로는 7-8할에 이르렀으며, 더욱이 서리들은 백성을 윽박지르기도 하고 신법과 구법이 교차되는 과정에서 혼란 등으로 인해 그 피해는 가중되었다. 보갑법과 보마법은 더욱 폐해가 커서 그로 말미암아 분란이 그칠 날이 없었다."[685] 남송대에 오래 집권한 구법당이 왕안석을 격하하면서도 그의 신법을 거의 그대로 시행한 것을 상기하면 주희의 이 비판은 실로 엄청난 허위비방이다. 그러나 주희는 모역법만은 일장일단이 있다고 보고 구법당 내에서도 모역법의 시행과 폐지를 두고

---

683) 朱熹, 『八朝名臣言行錄』 「王安石」편, 362쪽.
684) 朱熹, 『八朝名臣言行錄』 「王安石」편, 351쪽.
685) 朱熹, 『八朝名臣言行錄』 「王安石」편, 351쪽.

찬반이 엇갈렸다고 적고 있다.[686]

결론적으로 종합하면, 『송사』의 「왕안석전」과 내용이 유사한 『팔조명신언 행록』의 「왕안석」편은 왕안석 같은 거물을 명신전에서 우회할 수 없었기 때문에 어쩔 수 없이 그를 집어넣고 은근히, 또는 노골적으로 그에게 망신을 주는 글이라고 할 수 있다. 이런 논조에서 한 걸음 더 나아가 주희와 그를 따르는 성리학자들은 구법당의 반개혁·수구사상을 정론正論으로 만들고, 슬그머니 신법의 일부나 전부를 써먹으면서도 왕안석과 신법당 세력을 '소인당'으로 비하하고 박해했다. 따라서 "주자학은 구법당계의 사상적 흐름을 이어받아 지주계급의 입장에 선 이데올로기다"라는 일반적 평가가[687] 기본적으로 나무랄 데 없이 옳은 것이다.

■ 신법의 면면한 존속과 세계사적 대결구도

이후 전 세계의 역사는 음양으로 또는 직간접적으로 신법당과 구법당 간의 정치적 대결을 사상적으로 대변하는 왕안석의 신학新學과[688] 정이천·주희의 정주학(성리학) 간의 대결, 또는 근대화 세력과 수구세력 간의 대결로 점철되었다. 이 세계사적 대결을 부연하면, 중국과 동아시아의 유림정치는 북방 출신의 보수적 구법당과 남방 출신의 개혁적 신법당 간의 권력투쟁, 부상대고·대지주와 중소상인·농민 간의 계급투쟁, 성리학과 비非성리학(신학新學, 육학, 양명학, 한학파, 고증학 등) 간의 사상투쟁, 전근대적 농본주의적 억상抑商 세력과 근대적 농·상 양본주의 세력 간의 정책경쟁으로 전개되었다. 이 싸움은 나중에 세계적 투쟁으로 확산되어 서구에서도 다른 형태로 반복되었다. 그것은 특권상인들의 반反시장주의적 중상주의(anti-market mercantilism) 대 중소상공인·중소농민들의 자유시장적 중농주의(free-market physiocracy), 농본주 대 상본주의商本主義(commercialism), 곡물

---

686) 朱熹, 『八朝名臣言行錄』 「王安石」편, 351-352쪽.

687) 고지마쓰요시(小島毅), 『사대부의 시대』(서울: 동아시아, 2004), 34쪽.

688) 왕안석의 '신학'은 암묵적으로 또는 명시적으로 남송대에 육구연의 육학, 진량·엽적·조여우·한탁주 등의 사공학(事功學)으로, 다시 육구연을 계승한 명대 진헌장·왕수인 등의 양명학 등으로 면면히 이어진다.

법 대 자유무역(corn law vs. free trade) 간의 싸움이었다.

당연히 성리학이 지배하는 시기의 동아시아 사상계와 유교국가에서는 왕안석과 그 개혁사상은 기피대상이 되었다. 신법이 왕안석과 신법당의 명의로 성공을 거두지 못한 것은 그 실행상의 차질과 실책도 한몫했지만 무엇보다도 대지주와 부상대고의 등에 업힌 북방 출신 구법당 관료들과 성리학 세력의 결사저항, 시기질투, 방해공작 때문이었다.

그럼에도 불구하고 신법은 앞서 시사했듯이 후기 북송에서만이 아니라 구법당과 성리학 세력이 장악한 남송에서도 암암리에, 그러나 확실하게 '국가의 상도常道'로 자리 잡았다.

> 남송시대에 상승기류를 타던 신유학적 정치철학은 국가에 의해 추진되는 제도적 변혁보다 지방적 지도력하에서 도덕적 갱신과 향촌공동체에 기반을 둔 개혁을 강조했다. 그럼에도 조세의 화폐납세와 지방기제를 통한 군량의 조달은 계속되었고, 남송대에 심지어 강화되기까지 했다.689)

토지만이 아니라 가산도 포함해서 가구의 총재산을 합산해 여름과 가을에 두 번 내는 양세兩稅를 과세하는 신법도 계속 유지되었다.

> 상업이윤은 순수한 농업수입 토대에 근거를 둔 양세제도를 쉽사리 피해갔다. 그리하여 왕안석의 신법 시대부터 지방관리들은 일반적으로 양세를 토지소유만이 아니라 가구재산(물력, 가업)의 계산에도 부과했다. 1169년의 한 메모랜덤은 전당포중개업, 도매상업(停塌), 상업적 실물재산(房廊), 소매상점, 소달구지임대와 선박임대를 양세가 부과되는 수지맞는 소득원으로 확인했다.690)

명·청대에도 가구재산에 과세하는 제도는 변함없이 그대로 이어졌다.

---

689) von Glahn, *The Economic History of China*, 255쪽.
690) von Glahn, *The Economic History of China*, 269쪽.

그리고 구법당에 의해 폐지된 '보갑제'는 청대에 다시 도입되었다. 명대에 도입된 이갑제는 청초에 명목만이 유지되었으나, 농촌의 사회적 통제의 일차적 기제는 왕안석의 보갑제를 모델로 한 개편된 보갑제 지방행정체제였다. 송대 보갑제처럼 청대 보갑제는 점차 세수책임과 기아구휼 같은 민정책임을 흡수했다. 1740년 청국정부는 공식적으로 인구등록 업무를 이갑제 이장里長으로부터 보갑제의 보갑保甲으로 이양시켰다.691) 청대 정부는 전통적 보갑제를 개선해 '촌갑제村甲制'를 시행했다. 10가구가 1갑을 이루고, 100가구는 '대갑大甲'을 이루었다. 촌장체제와 보갑제를 결합한 청대의 이 촌갑제에서 '촌'과 '갑'은 보갑제도와 촌사村社제도의 장점들을 통합한 것이다.692) 그리고 균수법은 청대에 '상평창'으로 유지되었다. 이 상평창은 기아구제만이 아니라 물가안정을 위해서도 이용되었고, 정책목표 달성이 대체로 성공적이었다.693)

■육구연과 엽적의 왕안석 평가

중국 외의 동아시아에서도 신법은 왕안석이라는 인물에 대한 찬반을 둘러싸고 일진일퇴를 거듭하는 가운데서도 동천東遷·남천南遷·북천北遷되어 '양책良策'으로 또는 어쩔 수 없는 '편법'으로 채택되고 법제화되었다. 하지만 왕안석의 명망은 씻은 듯이 청산되었고, 성리학계에서는 그에 대한 바른 인물평도 전혀 나오지 않았다.

그럼에도 불구하고 이런 흐름을 거스르는 대항 사조도 면면히 이어졌다. 주희의 성리학적 사조에 강력하게 맞섰던 남송대 유학자 육구연陸九淵(1139-1193)의 왕안석 평가나, 신종 시대(희녕·원풍 연간, 1068-1085)에 대한 사공학파事功學派 엽적의 평가는 사마광·주희 등의 왕안석 평가와 완전히 달랐다. 이 흐름은 이후 진헌장·왕수인·황종희 등 반反성리학적 양명학 계열로 계승·강화되고 명대 중반 이후 일세를 휩쓸었다.

691) von Glahn, *The Economic History of China*, 315쪽.

692) Mag & Ma, "Evolution of Ancient Chinese Village Governance", 115쪽.

693) von Glahn, *The Economic History of China*, 321-322쪽.

　1188년 정월 육구연은 금릉에 있던 왕안석사당의 보수·증축에 붙인 「형국왕문공사당기荊國王文公祠堂記」에서 과감하게 왕안석에 대한 정론을 편다. 그는 먼저 신종을 칭송한다. 신종이 왕안석에게 "하늘이 (왕안석과 같은) 준명지재俊明之才를 낳아 백성을 덮어주고 비호할 수 있으니 의당 함께 온 힘을 다해야 할 것이요"라고 말한 사실에 붙여 육구연은 "진·한 이래 남면의 군주로서 일찍이 이 의리를 아는 사람이 있었던가?"라고 적고 있다. 그리고 "군주는 서로 만나 각각 그 본분을 다해야 하니 (…) 서로 은택을 주고받는 것이 아니다"라는 왕안석의 말에 붙여 육구연은 이렇게 말한다. "진·한 이래로 집정대신으로서 이 의리를 아는 사람이 있었던가? 훗날 의론을 좋아하는 자들은 이 말을 듣고서도 마음에 그것을 담고 그 뜻을 헤아렸던가? 안타깝도다! 공의 학은 그 뜻을 완수하기에 족해서 끝끝내 그 뜻을 등지지 않았고 그 의리를 다하기에 족해서 끝끝내 그 의리를 가로막지 않았다."[694] "지금의 법도는 선왕의 법도에 합치되지 않는다"는 왕안석의 상주문에 대해 육구연은 "공이 유가의 그 의지를 다할 수 있어 끝끝내 스스로를 가로막지 않았음이 진실로 이것에서도 드러난다. (…) 군주에게 요순을 본받으라고 권면하는 것이었다. 이는 옳다. 그러나 매사에 마땅히 본받는 것을 말하는 것이 어찌 요순을 본받는 것으로 족하겠는가? 태종이 본받기에 부족하다고 말하는 것은 가하다. 그러나 법도에 다 부합된 것은 아니었다고 말하는 것, 이것이 어찌 태종을 넘어서는 것으로 족하겠는가? 말을 모르면 사람을 알지 못한다. (…) 공을 밀어낸 자들은 혹은 비위를 맞췄다고 하기도 하고, 혹 영합했다고 하기도 하고 혹은 그 지키는 바를 바꿨다고 하기도 하고 혹은 그가 배운 것과 어긋난다고도 하는데, 이것이 공을 아는 것인가?"[695]

　육구연은 왕안석의 인물됨에 대해서도 예찬한다. "영특하게 앞서 나가며 유속流俗에 거리끼지 않는 것, 성색聲色과 이달利達(영달)의 습관을 개연히 추호

---

694) 陸九淵, 「荊國王文公祠堂記」, 325-326쪽. 이근명 편저, 『왕안석자료 역주』. 이근명은 이 구절을 반대로 뒤집어 오역하고 있다.

695) 陸九淵, 「荊國王文公祠堂記」, 325-326쪽. 이근명은 이 구절도 반대로 오역하고 있다.

도 그 마음속에 담지 않고 결백의 지조는 얼음서리보다 찬 것이 공의 자질이다. 속학의 범루凡陋(모든 비천함)를 청소하고 헤진 법의 인습을 떨어내고 도술이 반드시 공맹이 되고 훈적이 반드시 이윤·주공이 되는 것이 공의 뜻이었다. 남이 알아주기를 구하지 않았으되 성광聲光은 빛나고 일시의 거공鉅公(천자)과 명현을 능가한다. 공이 이럴 수 있었던 것이 어찌 우연이겠는가? 쓰임이 그 때를 만나 군주가 불세출의 군주여서 그에게 배우고 그를 신하로 삼으니 성탕과 고종에 부끄럽지 않다."696) 육구연은 왕안석의 명성이 천자도 능가한다고 극찬하고 있다.

육구연은 왕안석의 실책도 지적한다. "군자들은 힘껏 싸우다가 계속해서 따라가고 소인들은 기회를 엿보아 그 결판남을 은밀히 돕고 충신은 은퇴하고 충성스럽고 순박한 자들은 물러나 숨고 간사하고 교활한 자들이 뜻을 얻었다. 일찍이 이를 깨닫지 못한 것은 공의 결점이다."697) 그러나 육구연은 구법당도 그 죄를 면치 못한다고 말한다. "세상의 군자들은 말단에 가리어 그 의리를 다하지 않고 처음부터 공과 더불어 같이하지 않았다. (…) 희녕熙寧연간에 공을 밀어낸 자들은 대저 극한적 비방의 말을 쓰며 지극한 이치로 그것을 분석하지 않았다. 평온한 사람은 한둘이나 격한 자는 십중팔구였다. 위로는 신종의 신임을 얻기에 부족하고 아래로는 공의 결점을 풀기에 부족했으며, 도리어 그 뜻을 굳히고 그 일을 이루었다. 신법의 죄는 여러 군자들이 진실로 나눠 가진다."698) "근세학자들은 일률적으로 부화뇌동해 발언이 조정에 가득하니 이것이 어찌 선배들을 잘 배운 것이란 말인가?"699) 이들이 뭐라고 하든 "공은 세상을 덮는 영웅으로서 세속을 뛰어넘는 지조, 산천의 빛나는 영기는 거의 불세출이다公以 蓋世之英 絶俗之操). (…) 나는 진실로 그의 학문이 강론되지 않고 선비들의 마음이 밝지 못해 말하는 소리에 따라 시비하는 것이 절충적 적중성이 없음을 가슴 아파 한다".700)

---

696) 陸九淵, 「荊國王文公祠堂記」, 329쪽.
697) 陸九淵, 「荊國王文公祠堂記」, 330쪽.
698) 陸九淵, 「荊國王文公祠堂記」, 332쪽.
699) 陸九淵, 「荊國王文公祠堂記」, 333쪽.

육구연은 후에도 「형국왕문공사당기」에 자부심을 느꼈다. 그의 이 자부심은 그가 "100여 년 동안 결판이 나지 않은 논란에 대해 명쾌하게 종지부를 찍었으니 나의 결론은 성인 공자가 다시 나타난다 해도 바뀌지 않을 것이다"라고 단언한 데서701) 감지할 수 있다.

훗날 남송의 엽적도 황제에게 올린 주의奏議 「재총론財總論」에서 왕안석과 신종의 개혁을 호평하고 있다.

> 이에 희녕연간의 신정新政(신종의 개혁)으로써 사농司農의 임무를 중시하고 상평창법을 개혁하고 겸병을 배제하고 거두고 분배하는 데 전념하니 흥리興利의 신하 넷이 나와 망을 섰습니다. 그리하여 시전의 회당과 관문·나루터의 요충은 쇠미해지고 소상인과 천예賤隷에 이르기까지 열에서 백의 산가지로 그것을 취했습니다. 무릇 가우치평嘉祐治平(1063년 이후 영종 치세)에는 재부가 궁핍하지 않았는데, 이利는 희녕·원풍(1068-1077, 1078-1085년간의 신종 치세)보다 심하지 않았다고 말합니다. 희녕·원풍은 선왕을 빌려 기쁘게 여기고 상하를 이利의 광연曠然함으로 받들고 그 풍속이 크게 변했습니다.702)

엽적은 희녕·원풍 치세를 소상인과 천한 노비까지 상하가 다 가장 잘살던 시기로 묘사하고 있다.

그리고 엽적은 결코 북송의 멸망을 왕안석의 신법도입 탓으로 돌리지 않고 있다.

> 숭관崇觀(숭녕+대관 휘종 치세) 이래 채경은 정권을 전일하게 위탁받고 그 정책을 왕안석·증포·여혜경이 아직 만들지 않은 것으로부터 안출할 것을 생각해서 법을 바꾸고 간추려 상인들을 나아가게 하니 궁지窮地의 재보財實로 상용上用(국용)을 돕고 스스로

---

700) 陸九淵, 「荊國王文公祠堂記」, 335쪽.

701) 陸九淵, 「與胡季隨 2」, 7쪽.『陸九淵集』卷1. 이근명 편저,『왕안석자료 역주』, 317-318쪽에서 재인용.

702) 葉適, 「奏議·財總論(二)」, 9-10쪽. 葉適,『水心集』冊一, 卷之四(臺北: 中華書局, 1965).

그 축장이 5,000만 민緡이라고 말했습니다. 부는 예禮를 갖추기에 족하고 평화는 즐거움과 백 가지 사치를 넓히기에 족했는데, 이와 나란히 불행을 만났습니다. 당여黨與의 이동異同이 누복누변屢復屢變하고 왕보王黼도 또한 채경에게서 떨어져 나와 미치지 않는 것을 획책했습니다. 이에 더해 방납方臘의 난을 평정하면 동남지방에 염출斂出을 추가하고, 연산燕山지방을 취하면 북방지방에 곤궁을 무겁게 하고, 서사西師(서역 군대의 전쟁)는 무릇 20년이고, 관겹關郟지방은 아주 병들었습니다. 그런 후에 정강지변靖康之變이 났습니다.[703]

엽적은 북송 멸망의 원인을 왕안석의 개혁취지에서 벗어난 채경의 제2차 개혁과 그를 둘러싼 당파 싸움, 내란, 무리한 정복사업, 가렴苛斂 등으로 열거하고 있다. 또한 그는 심지어 채경의 시대도 "부는 예를 갖추기에 족하고 평화는 즐거움과 백 가지 사치를 넓히기에 족했다"고 평하고 채경의 실책도 그렇게 가혹하지 않게 묘사하고 있다.

또한 엽적은 왕안석을 중국역사상 최초로 재리財利를 알았던 인물로 평가한다.

신이 일찍이 헤아려보니 왕안석으로부터 처음으로 재리를 바르게 말하고, 그때는 청묘와 면역이 공상公上으로 들어가는 것이 소용없게 되었고 서리에게 녹봉을 줌으로써 방장坊場(송대 향촌의 초시草市＋허시墟市)·하도河渡·면인免印·다장茶場·수마水磨(물갈음)의 정액이 그쳤습니다. 이전에는 설향辥向이 있고 향후에는 오거후吳居厚가 있어 각박했다고 할 수 있습니다. 채경이 이를 이어 법을 간추리고 화폐를 개혁하고 도적의 도道로 상단들을 비싸게 팔도록 유인해 그 재를 이롭게 하니 심하다 할 만했습니다. 그러나 아직 영세해락零細解落해서 밭이랑을 꿰고 앉아 음주하는 사람들을 공짜 술(不貨之酒)로 수습하지 않으니 그 근심이 경총제經總制(휘종 치세 1119-1125년 때 '방납의 난을 평정하는 데 들어간 전비를 대기 위해 거둔 경제전＋총제전의 합칭)의 심함과 같았습니다. 무릇 왕안석의 신법은 상홍양과 유안이 말한 바가 아니고, 채경의 법도 또한 왕안석이 말한 바가 아니고 돈을 위한 경총제인 것입니다.[704]

---

703) 葉適, 「奏議·財總論(二)」, 10쪽.

주의奏議 「재총론」의 이 구절에서 엽적은 왕안석의 신법을 상홍양·유안의 법제와 구별하고, 또 채경의 법과도 단언하듯 구별하며 왕안석을 특화해 옹호하고 있다. 말하자면 사공학자事功學者(정치경제학자) 엽적은 육구연만큼이나 왕안석의 신법을 전폭적으로 정당한 것으로 인정했던 것이다.

그러나 엽적은 뒤에 상론하는 바대로 「재계론(상)」에서 신법이 시행되자 "천하는 끝내 큰 폐해를 입었다"고705) 말하고 그 폐해의 원인을 '주공과 『주례』의 시대'와 '왕안석의 시대'의 엄청난 역사적 차이로 들었다. 그리고 그는 그 산법의 역사적 한계를 지적한다. "지금 세상에 살았다면 주공은 진실로 이 법을 행하지 않았을 것이다. 무릇 주공의 법을 수천대數千戴 후세의 다른 때에 배워 달리 행하는 것은 불가능하고 그래도 이것을 행하는 것은 진실로 이재를 하기에 부족할 것이다."706)

왕안석의 신법에 대한 엽적의 이 비판은 옳은 것인가? 왕안석은 『주례』의 경제정책을 활용했으나 주공처럼 정전제나 균전제로 제민齊民하려고 생각지 않았다. 그는 시장경제에 대한 개입을 다만 농민과 중소상인에게 농사·사업자금을 빌려주는 대부정책·물가조절·주전鑄錢정책에 한정했다. 따라서 그는 『주례』에 규정된 대로 국가가 개합·염산·경중지권을 독점적으로 행사하는 것을 추구하지 않았다. 앞서 시사했듯이 왕안석은 개합·염산·경중지권이 아니라 경중·염산지권輕重斂散之權만을, 그것도 – 균수법과 관련해서 – '세수의 경중·염산지권만을 말한다.707) 세수에서 경중·염산지권은 국가에 고유한 것이고, 사인私人과 나눌 수 없는 것이다. 그리고 왕안석은 『주례』의 '천부' 절을 활용할 때도 "당연히 천부법제를 고쳐 이권을 (부상대고로부터) 회수해야 한다"고708) 말하고 있다. 따라서 왕안석과 엽적의 입장은 대동소이하다. 그럼에도 불구하고 엽적이 신법을 비판하는 자세를 취한 것은 앞서 지적한 대로 왕안석의

---

704) 葉適, 「奏議·財總論(二)」, 11-12쪽.

705) 葉適, 「財計(上)」, 16쪽.

706) 葉適, 「財計(上)」, 16쪽.

707) 왕안석, 「乞制置三司條例」(1069), 277쪽.

708) 증선지 편, 『십팔사략』 6/7권, 2316쪽.

'실패'를 이유로 군자의 이재행위를 꺼리는 당대의 분위기에서 군자와 국가가
이재능력도 겸비하고 필수적 이재정책을 수행해야 한다는 자신의 지론의 설득
력을 높이기 위해 기피인물 왕안석을 '신기루'로 활용한 것으로 보인다.

육구연·엽적 등의 왕안석 옹호는 명대에도 잊히지 않고 진헌장·왕수인,
동림당, 그리고 황종희 등에 의해 계승·확산되었다. 그리하여 왕안석은 성리학
의 사상적 주도권이 완전히 무너지고 양명학·한학파·고증학 등이 자유롭게
풍미하게 된 청대에서 위대한 사상가와 개혁가로서의 이름을 되찾을 수 있었다.
청대에 이 명예회복 작업을 처음 개시한 사람은 채상상蔡上翔(1717-1810)이었다.
그는 1804년『왕형공연보고략王荊公年譜考略』에서 왕안석과 신법에 대한 편견
을 바로잡고자 했다. 이어서 양계초梁啓超는 1910년대에 쓴『왕형공王荊公』(1966)
에서 그의 개혁정책의 "근대적 성격"을 강조하고 그를 "위대한 영웅"으로 선언
했다.[709] 극동의 여러 나라와 서양에서 왕안석과 그 개혁에 대한 긍정적 연구들
이 쏟아져 나온 것은 그 이후의 일이다.

이에 더해 이도李燾가 편찬한『속자치통감장편續資治通鑑長編』(1174)이 18세
기에 널리 보급되고, 송수宋綏 등이 송대에 편찬한『송회요宋會要』(송대 제도에
관한 자료집)가 1936년에 출간되면서 '왕안석 연구'가『송사』와 구법당·성리학자
들의 문집류로부터 해방되어 그의 개혁에 대한 객관적 평가가 가능하게 되었다.
왕안석에 대한 성리학자들의 평가가 어찌 되었든 왕안석 이후의 '유교적·중국
적 근대성'은 수백 년에 걸쳐 동서남북으로 전해지면서 서구와 동아시아를
근대화했다. 극동과 극서의 모든 근·현대인은 다 왕안석의 덕을 보고 있는
것이다. 이런 의미에서 왕안석은 세계사적 차원에서 불세출의 대大개혁가였던
것이다.

■나이토고난(內藤湖南)의 왕안석 평가

왕안석의 개혁을 가장 적극적으로 평가한 현대사가는 나이토고난이었다.
그는 특히 평민지위의 향상에 대한 신법의 의의를 강조했다. 육조시대에 평민

---

709) 제임스 류,『왕안석과 개혁정책』, 27쪽.

들은 실제로 유력 귀족가문들의 농노로 간주되고 통치나 소유권으로부터 완전히 배제되었었다. 당조唐朝의 토지제도(班田制)는 본질적으로 유력 귀족가문에 대한 예종 상태로부터 평민을 해방하고 국가의 소작농으로 만들었다. 국가는 일정 크기의 농토를 평민들에게 할당하고 조용조租庸調의 부세를 거두었다. 백성들은 그래도 아무런 정치권력도 없었다. 정부를 통제하는 귀족층에 대한 백성들의 소작료 납부제가 여전히 남아 있었기 때문이다. 그러나 당대 중반부터 이 부세제도가 '자연적으로' 붕괴되어 매년 하추夏秋에 세금을 두 번 내는 양세제兩稅制로 바뀌기 시작했다. 지대는 이제 화폐로 납부되었고, 토지생산물은 보다 자유롭게 처분될 수 있게 되었다. 그 결과, 농민들은 토지에 대한 구속 상태로부터 벗어나기 시작했다. 조수아 포겔(Joshua A. Fogel)이 해석하는 나이토의 견해에 의하면, 이때 왕안석의 개혁이 토지를 소유하고 양도할 평민의 권리를 인정하고 농민들이 자기 재산을 늘리는 데 쓸 수 있게 저리의 자금을 대여해줌으로써 이 방향으로 큰 걸음으로 전진했다. 나이토에 의하면, 유사하게 화폐대납으로 부역을 면할 수 있게 한 면역법은 이전의 중국에 존재하지 않던 자유노동의 개념을 산출했다.710)

그리고 나이토에 의하면 왕안석의 과거제 개혁은 다음 850년을 넘는 세월 동안 과거제의 성격을 결정했다. 육조시대에 관리들은 구품제를 통해 유력 귀족가문으로부터 발탁되었었다. 수·당조는 고위관리들에 의한 남용을 막기 위해 과거제를 제도화했지만, 과거를 통제한 것은 여전히 귀족층이었다. 당태종은 이 제도의 남용을 잘 알고 있었지만, 이 제도를 철저히 조사하지 않았다. 그는 과거제 자체를 통해 그 제도의 나쁜 측면을 고치려고 했다. 당대로부터 송대 초기까지 과거는 경전 암송과 시문 작성에 집중되었다. 과거는 학술적 지식의 테스트라기보다 저술집필의 능력과 성품을 테스트하는 방법이었다. 나이토에 의하면, 왕안석은 과거시험을 경전의 의미와 정책사상(책론)에 대한 테스트로 개혁했다. 이러한 논문들이 통치에 아무런 영향을 미치지 않았을지라도 변화 자체는 의미심장했다. 특히 명대부터 많은 유생들이 과거를 통해 관료

---

710) Fogel, *Politics and Sinology: The Case of Naito Konan*, 180-182쪽.

기구에 들어갔다. 그리하여 절대군주제의 발전과 귀족제의 쇠락은 평민들 사이에서 관리로 근무할 "기회균등"을 허용했다.711)

또한 나이토에 의하면, 왕안석은 과거제를 시장경제와 백성의 생활을 보살피는 데 적합한 '시무주의時務主義(실무주의) 과거제로 바꿨다.

이것도 송의 왕안석시대부터 일변했다. 당대부터 송대 초기까지의 과거는 첩괄帖括과 시부詩賦를 주로 했다. 경서를 암송하는 능력을 시험하는 것이 첩괄이고 문학상의 창작력을 시험하는 것이 시부다. 그 때문에 그 시험은 과거시험이라기보다는 오히려 인격시험과 문장초안 능력을 시험하는 것이었다. 그런데 왕안석의 제도에서는 첩괄 대신에 경의經義를 시험했고 시부 대신에 책론策論을 시험했다. 경의는 경서 속의 의리에 관해 의견을 쓰게 한 것이고 책론은 정치적 의견을 쓰게 한 것이다. (…) 이 개혁은 종래의 인격주의에서 실무주의實務主義로 바꾸는 것이 목적이었다. 시험응시자들도 당대에는 1년에 50인 정도밖에 급제하지 못했는데, 녕내 이후 과거급제자는 대단히 증가해 어떤 때는 3년에 한 번이지만 수백 명을 넘길 정도였고, 특히 응시자는 언제나 1만 명 이상을 기록했다. 군주독재시대에 관리의 지위는 일반서민에게 분배되었다는 점에서 기회균등을 허용하는 것이었다.712)

이 평가에서 나이토는 오류를 범하기도 하지만(과거급제자의 급증은 명대明代부터가 아니라 왕안석의 과거제 개혁부터였음) 그래도 시장경제에 적합한 실무적 과거제의 기원을 왕안석의 과거제 개혁으로 보고 있다.

한편, 왕안석에 대한 비난 과정에서 처음으로 이념정당의 맹아가 출현했다. 육조시대부터 당대까지 정치적 붕당은 전적으로 귀족층 안에서 권력통제를 위해 싸웠다. 그러나 정치권력이 귀족의 손아귀로부터 벗어나자 유력한 귀족가문들끼리의 혼인, 또는 황제의 외척과의 혼인에 의해 형성된 붕당은 마침내 몰락했다. 나이토에 의하면 송대의 '근세' 중국에서 붕당들은 정치사상에 의해

711) Fogel, *Politics and Sinology: The Case of Naito Konan*, 182쪽.
712) 內藤湖南, 「包括的唐宋代觀」(1922), 197-198쪽.

뭉치고 갈라졌다.[713] 근대를 향한 붕당정치의 진보가 이루어진 것이다. 나이토는 왕안석의 개혁을 이렇게 근세를 개막한 일대 사건으로 적극 평가했다. 왕안석의 개혁을 통해서 중국은 서양을 700년 이상 정치·경제·사회적으로 앞질렀던 것이다. 기타 극동제국도 송대 이후 중국의 선진적 제도와 사상을 받아들여 서구를 앞질러 나아갔다.

왕안석에 대한 나이토고난의 평가를 더 들어보자. 나이토에 의하면, 왕안석의 신법에 따라 인민의 토지소유의 의미가 점점 더 확실해졌다. 나이토는 청묘전과 같은 저리자금 융통법을 인민 자신이 자유롭게 토지 수확물을 처분하는 것을 인정했다는 의미로 해석한다. 또한 종래의 차역을 화폐로 대납하고 임금노동을 고용해 공공사업을 수행하는 모역제는 당시의 사정에 가장 적합한 것이었다. 후에 구법당을 대표하는 사마광이 왕안석의 신법을 폐했을 때, "신법 반대론자(구법당) 가운데서도 소동파를 비롯해 차역으로 되돌아가는 것에는 반대하는 사람이 많았다". 나이토는 인민의 이러한 지위 향상 추세를 두고 "중국에서 인민의 참정권을 인정하는 일은 전혀 없었지만, 귀족계급을 소멸시켜 군주와 인민이 직접적으로 상대하게 된 것은 근세적 정치의 상황이 조성된 것을 의미한다"고 평가했다.[714]

또한 나이토는 송대 이래의 '평민발전시대'의 도래가 왕안석의 신법 덕택이라고 말한다. 모를 심기 전에 돈을 빌려주고 가을에 저리의 이자와 함께 돌려받는 왕안석의 청묘법은 평민에 의한 토지의 사유를 전제하는 것으로서 결국 농민의 토지소유를 인정하는 효과를 가져온 것이다. 또 1년에 며칠을 반드시 국가에 노역을 바쳐야 하는 조·용·조의 '용庸'을 폐지하고 고역雇役(임노동)을 시행한 신법의 모역제(고역제)는 자유노동을 인정함으로써 자기 임의로 제공하는 노동의 대가로 임금을 받는 "노동의 자유" 또는 "노동의 권리"를 백성들에게 인정해주는 효과를 낳았다는 것이다.[715]

713) Fogel, *Politics and Sinology: The Case of Naito Konan*, 182쪽.

714) 內藤湖南, 「包括的唐宋代觀」(1922), 196-197쪽.

715) 內藤湖南, 「近代支那の文化生活」(1928), 207-208쪽.

또 나이토에 의하면, 왕안석의 신법이 "상공업 생산품의 자유"도 인정했다. 왕안석의 시역법은 사인들 간의 자유합의에 입각한 '화매和賣'(자유거래)를 확산시킴으로써 상공인의 물품소유권을 확립했다는 것이다. "인민과 정부가 상담해" 정부가 인민이 갖고 있는 물건을 구입하는 "화매"라는 자유거래 방법은 왕안석의 신법 이전부터 있었다. 정부와 인민 간의 화매는 정부가 인민과 합의해 봄에 돈을 인민에게 빌려주고 인민이 여름·가을에 비단으로 그것을 관청에 갚는 방식으로 도입되었지만, 세월이 흐르면서 관청이 무리하게 강제하는 양상으로 변질되어 일종의 폐정弊政으로 전락했다. 왕안석은 이를 개선하기 위해 시역법市易法을 시행해서 정부가 인민과의 화매방식으로 전지田地·비단 등을 저당 잡고 정부로부터 약 2할의 이자로 돈을 빌려주었다. 이것이 바로 "인민의 물품 소유권"을 확정하는 효과를 가져왔다는 것이다.716)

나아가 왕안석의 면역법(모역법) 시행에 따라 실무적 필요로 재산을 정확하게 조사하는 수실법手實法에 의해 인민의 "전반적 재산권의 사유"도 확립되었다. 수실법은 자기 재산을 신고하고 2할의 세금(면역전)을 내는 법이었다. 이것은 백성 일반에게 개인적 재산을 인정하고 사실상 재산세를 받는 것으로서 부차적으로 백성 개개인의 사유재산권을 확립하는 효과를 가져왔다.717) 자기의 토지, 자기의 노동, 자기의 재산 등에 대한 소유권 일반의 확립을 통해 정부가 존중하는 국민의 근대적 사유재산권이 확립된 것이다. 왕안석의 신법에 의해 국민의 근대적 사유재산권이 명확해진 것이다. 이것이 바로 명확한 "근대의 내용" 중의 하나라는 것이다.718)

그리고 나이토에 의하면, 왕안석의 신법에 의해 북송에서부터 화폐경제와 시장경제가 확립되고, 임노동제와 산발적 자본주의 맹아가 발단되었다. 청묘법은 국가융자를 통해 농민들에게 화폐를 자발적으로 사용하도록 만들어 화폐경제를 활성화했다. 농민들이 물납이 아니라 농작물을 판매해 국가에 화폐로

---

716) 內藤湖南, 「近代支那の文化生活」(1928), 208-209쪽.
717) 內藤湖南, 「近代支那の文化生活」(1928), 209쪽.
718) 內藤湖南, 「近代支那の文化生活」(1928), 209쪽.

변제해야 했기 때문이다.719) 이와 동시에 농산물시장도 고도로 활성화될 수밖에 없게 되었다. 또한 왕안석의 시역법도 화폐·시장경제에 공적 보장의 성격을 부가하며 화폐사용과 시장범위를 확대했다. 시역법은 정부가 현물공납을 폐하고 화폐공급으로 시장에서 상품을 사들였고 또 지나치게 싸진 물품을 현금으로 매입하고 비쌀 때 판매함으로써 상품출하량과 통화량의 수요공급을 조절했기 때문이다.

전체적으로 나이토고난은 송대 중국에서 창조된 인류역사상 최초의 '보편사적 근대의 발단이 대체로 왕안석의 신법에 의해 개창된 것으로 평가하고 있다. 이것은 오늘날까지의 역대 왕안석 평가 중에서 단연 최고라고 할 말한 것이다.

종합하면, 구법당과 성리학자들의 면면한 왕안석 비난에도 불구하고 '인류의 보편사적 근대'는 송나라와 왕안석에 의해 개창되었다. 이로써 중국·조선·월남·유구 등 극동제국은 왕안석의 개혁 이래 서양을 몇 백 년 이상 앞서가게 되었다. 이러던 극동제국이 18세기 말부터 서양에 뒤지기 시작한 원인들 중의 하나는 기본적으로 자국의 풍요에 대한 극동제국의 오만한 자부심과 안주적·쇄국적 타성에 있었다고 해야 할 것이다. 하지만 또 다른 원인을 찾아보자면 왕안석의 신법, 아니 그 냄새만 나는 것도 결사적으로 거부한 성리학, 즉 '극동의 스콜라철학'의 방해·제동 작용에 있었다. 권력을 쥔 성리학자들은 왕안석을 습관적으로 가혹하게 비난했지만 그럼에도 불구하고 국가의 '상도常道'로 기旣실현되어 현실질서의 일부가 된 신법은 별수 없이 슬그머니 묵인했다. 하지만 그들은 대지주와 부상대고의 이익을 침해하는 더 이상의 진보적 개혁은 어떤 것도 용납지 않았다. 심지어, 조선성리학자들은 수정주의자로 알려진 성리학자 구준의 『대학연의보』도 '불순한 책'으로 탄핵할 정도로 지독히도 고루했다.

2.4. 사공학과 엽적(섭적)의 자유경제론

공맹과 사마천의 농·상 양본주의는 경서를 경제적 관점에서 해석하는 데 진력한 남송대 유학자 엽적(섭적葉適, Yeh Shih, 1150-1223)에 의해 계승된다. 영가永

---

719) 요나하준(與那覇潤), 『중국화하는 일본』(서울: 페이퍼로드, 2013), 33쪽.

嘉(절강성 온주) 출신인 엽적은 설계선薛季宣·여조겸呂祖謙·진부량陳傅良과 더불어 이른바 영가학파永嘉學派, 즉 공리주의적 '사공학파事功學派'의 대표적 학자다. 엽적은 도학道學과 시무時務의 겸비를 주장하는 왕안석의 '신학新學'과 신법사상을 계승하고 주희와 날카롭게 대립했으며, 육구연陸九淵(1139-1193)과 가까웠다. '육상산陸象山'으로도 불리는 육구연은 도에 기인한 도심道心을 인욕人慾과 대결시키는 주리론主理論의 감정억압적 심학心學을 설파하는 주자학(성리학)에 맞서 "우주가 내 마음이고 내 마음이 우주다"라는 독트린으로 천도(=理)와 인욕의 대립을 부정하는 '심즉리心卽理', 말하자면 "감정이 곧 리"라는 감정해방적 심학을 설파했었다.

■억말론과 관중의 통제경제론에 대한 엽적의 비판

남송 영종 때 연강제치사沿江制置使·보문각학사 통의대부를 역임한 엽적은 진나라 상앙商鞅의 농본주의적 억상론抑商論을 대변하는 수희와 성리학의 억말론抑末論에 반대하며 본업과 말업을 동등하게 대할 것을 주장한다.

> 문명이 향상되는 것은 백성의 네 부류가 모두 함께 사회에 그 유용성을 바치기 때문이다. 말업들(상공업)을 억누르고 본업을 진흥하는 것은 올바른 이론이 아니다.[720]

본업을 진흥하는 올바른 경제이론은 본업과 말업을 대등하게 진흥하는 것이라는 말이다.

자유경제론의 관점에서 이렇게 상앙과 주희의 억말론에 반대한 엽적은 『관자管子』의 일원적 국가통제경제론을 비판했다. 법가의 조종인 관중管仲(기원전약 723-645)은 중국역사 안에서 전제적 국가통제경제론을 개진한 가장 대표적인 인물이었다. 『주례』의 「천부」·「사시」의 규정, 물가조절·산업진흥책에 관한 맹자의 주장 등으로 미루어 보면 물가안정·시장보호관리·농상農商진흥책 등

---

720) 『欽定皇朝文獻通考(淸朝文獻通考)』(1787), 第2. Chen Huan-Chang(陳煥章), *The Economic Principles of Confucius and His School*, 412쪽에서 재인용.

의 거시경제정책은 고대에 일반상식이었던 것으로 보인다. 그러나 관중은 거시적 경제조절의 차원을 넘어 국가가 거시·미시 가릴 것 없이 경제 일반을 완전히 장악하고 국민을 상대로 독점적 상업이윤을 추구할 것을 주장했다. 관중은 이익을 두고 백성과 다투어 국고를 불린 것이다.

관중은 국가가 백성의 식량을 틀어쥐고 이것을 발판으로 백성이 힘을 다하도록 부려먹을 상황을 만들어야 한다고 말한다.

나라가 10년의 비축이 있는데 백성은 식량이 부족하면 다 그 기량을 써서 임금의 녹을 받기를 바란다. 임금은 산과 바다의 대금大金을 가지고 있는데 백성이 쓸 것이 부족하다면 다 그 사업으로써 임금과 교접한다. 그러므로 임금은 식량을 끼고 그 용도를 지키고 여유에 의거해 부족을 통제하는 것이다. 그러므로 백성은 위에 매이지 않음이 없다. 오곡식량은 백성의 생명 주재자이고 황금·도刀·폐幣는 백성의 유통수단이다. 그러므로 잘 다스리는 자는 그 유통수단을 붙잡고 생명의 주재자를 제어한다. 그러므로 백성의 힘을 얻어 다하게 할 수 있다.721)

유통수단을 장악하고 식량을 제어하려면 국가는 백성의 이익원천을 완전히 장악해 백성을 부려야 한다.

이익이 한 구멍에서 나오면 그 나라는 무적無敵이다. 두 구멍에서 나오면 그 군대는 굴복하지 않는다. 세 구멍에서 나오면 거병擧兵을 할 수 없다. 네 구멍에서 나오면 그 나라는 반드시 망한다. 선왕은 그것이 그렇다는 것을 알았으므로 백성의 공양供養을 틀어막고 이익의 길을 제한했다. 그리하여 주는 것(予之)도 임금에게 달려 있고, 빼앗는 것(奪之)도 임금에게 달려 있고, 가난하게 하는 것(貧之)도 임금에게 달려 있고, 부유하게 하는 것(富之)도 임금에게 달려 있었다. 그러므로 백성들이 주상을 일월

---

721) 管仲, 『管子』 「國蓄」: "國有十年之蓄而民不足於食 皆以其技能望君之祿也. 君有山海之金 而民不足於用 是皆以其事業交接於君上也. 故人君挾其食 守其用 據有餘而制不足. 故民無不累於上也. 五穀食米民之司命也. 黃金刀幣民之通施也. 故善者執其通施以御其司命. 故民力可 得而盡也."

처럼 받들고 임금을 부모처럼 친애했던 것이다.722)

그런데 "백성의 공양供養을 틀어막고 이익의 길을 제한한다"는 표현이나 "여탈빈부與奪貧富가 다 임금에게 달려 있다"는 표현의 무시무시한 전제적專制的 통제경제론은 물론 근본적으로 잘못된 논리에 근거해 있다. 상식적으로 각개 부상대고의 부가 천금·만금으로 커지면, 그 수는 줄어든다. 그럴수록 군주의 지위는 위태롭다. 반대로, 각개 부상대고의 부가 자꾸 분산되어 그 규모가 백금·십금으로 작아지면, 그 수는 많아진다. 이러면 무수하게 많아진 중소상인들 간에는 명실상부한 완전경쟁이 벌어진다. 이럴수록 군주의 지위는 안전해지고, 동시에 중소상인도 독점적 부상대고의 횡포로부터 해방되어 나름대로 이득을 얻는다. 그런데 관중은 이익의 구멍이 수적으로 많을수록 군주의 권위가 약화되어 망국에 이른다고 반대로 말하고 있다. 관중의 국가통제경제론은 바로 이런 근본적 오류에 근거해 있다.

"여탈빈부가 다 임금에게 달려 있어야 한다"는 전제적 통제경제론의 연장선상에서 관중이 노리는 궁극적 목표는 백성을 궁핍화하는 부상대고의 겸병과 이익독점을 제거한답시고 일반백성의 경제적 자율공간마저 전적으로 철폐해 백성을 정치적·행정적으로 완전히 장악하는 것이다.

무릇 장차 나라를 다스리면서 경중輕重(물가조절)에 통달하지 못하면 경제조치(籠)를 시행해서 백성을 지킬 수 없고, 백성의 이익을 조절하고 통하게 하지 못하면 말과 제도로써 큰 다스림을 행할 수 없다. 이러므로 만승지국萬乘之國에 만금상인(萬金之賈)이 있고 천승지가에 천금상인이 있게 되는데, 이런 것은 왜냐? 국가가 이익을 많이 잃어버리면 신하는 충성을 다하지 않고 병사兵士들은 사력을 다하지 않는다. 흉년과 풍년이 있어 곡식은 비싸고 싸다. 수렴收斂명령에 완급이 있어 물가는 경중이 있다. 하지만 임금이 잘 다스리지 못하므로 재물을 많이 쌓은 상인(蓄賈)들이 시장을 돌아

---

722) 管仲, 『管子』「國蓄」: "利出於一孔者其國無敵. 出二孔者其兵不詘. 出三孔者不可以擧兵. 出四孔者其國必亡. 先王知其然 故塞民之養 隘其利途. 故予之在君 奪之在君 貧之在君 富之在君. 故民之戴上如日月 親君若父母."

다니며 백성의 어려움을 틈타 제 자본을 백배로 늘린다. 나눈 땅이 동일해도 강자强者는 잘 지키고, 나눈 재물이 동일해도 지자智者는 수익을 잘 낸다. 지자는 남보다 열배의 과실(功)을 얻는 반면, 우자愚者는 본전도 돌려받지 못하는 일이 있다. 그런데도 임금이 잘 조절하지 못하므로 백성은 서로 백배의 차이가 생겨난다. 무릇 백성이 부유하면 봉록으로 부릴 수 없고, 가난하면 형벌로 위협할 수 없다. 법령이 이행되지 않고 만민이 다스려지지 않는 것은 빈부가 고르지 않기 때문이다. 또 임금은 산가지를 써서 국용을 헤아리고 백성은 밭을 갈고 초지를 개발하며 주상은 몇 수량을 획득한다. 사람이 먹는 것은 약간 수의 논밭이 있기 때문인데, 본전을 계산하고 곳간을 헤아리면 풍족하다. 그런데도 백성이 굶주리고 못 먹는 자가 있는 것은 왜냐? 곡식이 저장되어 있기 때문이다. 임금이 주전鑄錢하고 화폐를 세워 백성들 사이에 그것을 유통시키면 사람들은 수백·수천 전 정도의 돈은 갖게 될 것이다. 그런데도 인사人事가 미치지 못해 비용이 부족한 것은 왜냐? 이익이 겸병축장(並臧)되어 있기 때문이다. 그런데도 임금이 모아 쌓아둔 것을 잘 분산시켜 부족을 고르고 겸병된 재리財利를 나눠 민사民事를 조절하지 못하면, 임금이 본업을 강제해 농사를 짓게 해도 사람들이 사적으로 주전하는 일이 그치지 않을 것이고 이내 백성들이 서로를 낮춰 부려먹을 것이니, 어찌 통치를 잘할 수 있겠는가?723)

그러나 물가를 조절하고 빈부를 고르는 관중의 이 정책은 부상대고의 독점이권을 백성에게 나눠 주는 것이 아니라 임금이 부상대고로부터 이 이권을 탈취해 이제는 임금 자신이 '최대의 부상대고'로 나서서 시장을 농단하고 이익을 독점

---

723) 管仲, 『管子』「國蓄」: "凡將爲國 不通於輕重 不可爲籠以守民, 不能調通民利 不可以語制爲大治. 是故萬乘之國有萬金之賈, 千乘之國有千金之賈, 然者何也? 國多失利 則臣不盡其忠, 士不盡其死矣. 歲有兇穰 故谷有貴賤. 令有緩急 故物有輕重. 然而人君不能治 故使蓄買遊市 乘民之不給 百倍其本. 分地若一 强者能守, 分財若一 智者能收. 智者有什倍人之功, 愚者有不賡本之事. 然而人君不能調 故民有相百倍之生也. 夫民富則不可以祿使也, 貧則不可以罰威也. 法令之不行 萬民之不治, 貧富之不齊也. 且君引鋜量用 耕田發草 上得其數矣. 民人所食 人有若幹步畝之數矣 計本量委則足矣. 然而民有饑餓不食者何也? 谷有所藏也. 人君鑄錢立幣 民庶之通施也, 人有若幹百千之數矣. 然而人事不及 用不足者何也? 利有所並藏也. 然則人君非能散積聚 鈞羨不足 分並財利而調民事也 則君雖强本趣耕 而自爲鑄幣而無已 乃今使民下相役耳, 惡能以爲治乎?"

할 것을 의도하고 있다.

> 백성이 여유가 있으면 물가가 낮아지므로 임금은 싸게 거둬들이고, 백성이 부족하면
> 물가가 비싸지므로 임금은 비싸게 분산시킨다. 싸게 거둬 쌓아두었다가 비싸게 분산
> 시키므로 임금은 반드시 열배의 이익이 있고 물가(財之橫)를 평준화할 수 있다.724)

'싸게 사서 비싸게 판다'는 취지의 마지막 구절은 『주례』에서 "천부는 시장의 팔리지 않은 재화 중 민용民用을 막는 것을 거두어 매매물건을 목록 푯말에 적고 불시의 구매자를 기다리고, 구매자가 물건을 사는 경우에는 각기 그 물건의 본래 가격을 따른다(斂市之不售貨之滯於民用者 以其買買之物楬而書之 以待不時而買者 買者各從其抵)"고725) 규정한 것과 정확히 반대다. 관중은 '여탈빈부與奪貧富'의 권력을 틀어쥔 국가가 민간을 수탈하는 '국가독점체'로서 백성을 상대로 상업 이윤을 추구해야 한다고 주장하고 있는 것이다.

공자가 동시대인이었던 관중의 정치적 능력은 인정했지만 그의 사람됨을 끝내 꺼림칙하게 여긴 것은 군주가 "백성의 공양을 틀어막고 이익의 길을 제한함"으로써 "여탈빈부"의 권한을 다 장악해 열배로 치부해야 한다는 그의 이 전제적 통제경제론 때문이었을 것이다. 관중은 재상으로서 이 백성수탈적 통제경제로 제나라를 부강하게 만들었고, 이로써 한때 중국 내부의 평화 유지에 기여했다. 이런 까닭에 공자는 관중에 대한 세간의 비판에 대해 그를 옹호했다. 자로가 "환공이 공자 규糾를 상해했을 때 소홀召忽은 순사했는데도 관중은 순사하지 않았습니다. 이를 인仁이 없다고 해야 합니까?"라고 물었다. 그러자 공자가 "제환공이 제후들을 아홉 번 규합했을 때 병거로써 하지 않은 것은 관중의 힘이다. 이것은 그 인과 같은 것이야, 그 인과 같은 것이야'라고 말했다.726) 관중이 인자는 아니지만 결과적으로 인을 행한 것과 다름없이 된 것은

---

724) 管仲, 『管子』 「國蓄」: "夫民有餘則輕之 故人君斂之以輕. 民不足則重之 故人君散之以重. 斂積之以輕 散行之以重 故君必有十倍之利 而財之橫可得而平也."

725) 『周禮』 「地官司徒(下)」, '泉府'.

726) 『論語』 「憲問」(14-16): "子路曰 桓公殺公子糾 召忽死之 管仲不死 曰 未仁乎? 子曰 桓公九合

그가 환공과 그 자신의 이익을 위해 그렇게 했다는 것을 함의한다. 이것은 '안인安仁'이 아니라 '이인利仁'이다. 또 자공이 "관중은 비인자非仁者입니까? 환공이 궁자 규를 살해했을 때 순사하지 못한 데다 그를 돕기까지 했습니다"라고 물었다. 이에 공자는 "관중이 제나라 환공을 도와 제후를 제패하고 천하를 통일해 바로잡았는데, 백성들이 지금까지 그 은혜를 입고 있다. 관중이 없었다면 나는 피발좌임했을 것인데, 어찌 갑남을녀가 하찮은 의리를 묵수墨守하는 것과 같겠느냐? 스스로 도랑에서 목매달아도 아무도 그것을 알아주지 않았을 것이다"라고 답했다.727) 공자는 관중의 정치적 공적을 치하하고 있다. 그리고 공자는 혹자가 관중에 대해 묻자 "그는 인물이다. 관중이 백씨로부터 병읍騈邑을 탈취하는 통에 백씨는 거친 밥을 먹게 되었지만 죽을 때까지 그를 원망하는 말이 없었다"고 말했다.728) 공자는 이 말로써 백씨가 아무 말 못한 것이 그에 대한 관중의 삭탈조치가 정당했기 때문임을 부각시킴으로써 관중의 정치가 공정했음을 말하고 있다. 그러나 동시에 공자는 관중이 무례할 정도로 떵떵거리며 사치스럽게 살았고, 그의 그릇은 인仁을 몰각할 정도로 작다고 생각했다. 공자가 "관중의 그릇은 작도다!"라고 하자 혹자가 "관중은 검소합니까?"라고 물었다. 이에 공자가 "관씨는 집이 세 채이고 가신들이 겸직하지 않을 정도로 남아도는데 어찌 검소할 수 있겠는가?"라고 답했다. "그렇다면 관중은 예를 압니까?"라고 묻자 공자가 답했다. "나라 임금이 색문塞門을 세우자 관씨도 역시 색문을 세웠고 나라 임금이 두 임금의 우호를 위해 반첨反坫을 두자 관씨도 역시 반첨을 두었다. 이러니 관씨가 예를 안다면 누가 예를 모를 것인가?"729) 공자는 대인大仁을 모르는 관중의 작은 그릇, 호화사치, 무례를 지적하고 있다.

諸侯 不以兵車 管仲之力也. 如其仁 如其仁."

727) 『論語』「憲問」(14-17): "子貢曰 管仲非仁者與? 桓公殺公子糾 不能死 又相之. 子曰 管仲相桓公 霸諸侯 一匡天下 民到于今受其賜. 微管仲 吾其被髮左衽矣. 豈若匹夫匹婦之爲諒也 自經於溝瀆而莫之知也?"

728) 『論語』「憲問」(14-9): "問管仲. 曰 人也. 奪伯氏騈邑三百 飯疏食 沒齒無怨言."

729) 『論語』「八佾」(3-22): "子曰 管仲之器小哉! 或曰 管仲儉乎? 曰 管氏有三歸 官事不攝 焉得儉? 然則管仲知禮乎? 曰 邦君樹塞門 管氏亦樹塞門. 邦君爲兩君之好 有反坫 管氏亦有反坫. 管氏而知禮 孰不知禮?"

맹자는 관중을 더욱 낮게 평가했다. 맹자는 관중을 칭찬하고 싶은 제나라 사람 공손추公孫丑에게 증서曾西(증자의 아들)가 "관중은 임금을 얻어 그와 같이 전단專斷했고 국정을 행한 지 그렇게 오래되었는데도 공열功烈은 그처럼 낮다"고 평한 말을 전하면서 "증서도 관중을 닮으려고 하지 않는데 그대는 내가 관중을 원한다고 여기는가?"라고 핀잔하고, 공손추가 "관중이 그 임금을 모시고 패업을 이룬(以其君覇)" 공적을 들이대자 "(만승지가인) 제나라를 갖고 통치하는 것은 여반장처럼 쉬운 것이다(以齊王由反手也)"라고 관중의 공적을 평가절하했다.730) 전체적으로 관중에 대한 맹자의 평가는 이렇게 공자보다 더 비판적이었다.

공맹의 정신을 이어받고 당대의 경제현실을 감안해 엽적은 「재계財計」라는 글에서 군자가 이재능력을 가져야 한다고 주장하면서도 관중이 주장한 여탈빈부지권 또는 '개합·염산·경중지권開闔斂散輕重之權(시장을 열고 닫고 거두고 분산시키고 물가의 경중을 조절하는 권한)의 국가독점을 비판했다. 그는 '개합·염산·경중지권'의 행사 또는 경제에 대한 정부의 개입은 일정한 정도에서 시행되어야 하지만 전면적·전제적이어서는 아니 된다고 생각했다.

엽적은 "부유함은 사람의 성정이라서 배우지 않아도 다 바라는 바다(富者人之情性 所不學而俱欲者也)"라는 사마천의 지론처럼731) 부를 구하고 이익을 선호하는 것은 인간본성이라고 생각했다. "인심은 중인衆人의 동심同心이요, 이익을 좇고 해를 멀리하고 삶을 기르고 죽음을 보내는 일을 이룰 수 있는 소이所以다. 이 마음은 성할 수 있어도 안정될 수 없다."732) 그리하여 모든 사람은 이利를 다투며, 위험을 무릅쓰고 영리를 추구한다.

무릇 사람은 입고 먹고 거처하는 기호를 반드시 자신에게 합당하게 맞추는 것이니 풍족해도 자기 손에 떨어지는 유류有留는 진실로 적다(所留固狹矣). 그리하여 가족을 가엾이 여김이 절박하면 남는 이문이 없고, 물욕이 자손에 얽매이면 생업을 할 수

---

730) 『孟子』「公孫丑上」(3-1).
731) 사마천, 『史記』「貨殖列傳」, 1191쪽.
732) 葉適, 『習學記言序目』(北京: 中華書局, 1977), 「尙書·禹書」, 52쪽: "人心 衆人之同心也. 所以就利遠害 能成養生送死之事也. 可以成而不可以安."

없다. 사민四民은 백예百藝를 아침에 다스리고 저녁에 뒤쫓고 각기 그 힘을 다투고 각기 영리추구를 좋아해서 비록 위험해도 끝내 두려워하지 않는다. 그 유류가 많아도 오히려 부족함은 일신一身에 그치지 않는다(多而猶不足者以其所留不止於一身). 아! 무릇 이렇다면 진실로 금할 수 없는 것이다.733)

엽적은 당대에 위험을 무릅쓴 사민의 자유로운 모험적 영리추구를 금하지 말고 방임할 것을 주장하고 있다.

하지만 엽적은 군주와 군자는 이利를 추구해서는 아니 되므로 이재는 소인에게 맡겨야 한다는 주자학적 사고방식을 비판한다. 군자 자신의 이기적 '영리·취렴聚斂'은 백성을 위한 군자의 이재理財와 본질적으로 다른 것이기 때문이다. 그리하여 그는 이재를 취렴과 구분하면서 군주와 군자가 자기 이익을 위해서가 아니라 백성을 위해서 백성의 영리추구를 지원·진흥하고 관리하는 정치경제적 이재능력을 갖춰야 한다고 강조한다.

이재는 취렴과 다르다. 그런데 오늘날 말하는 이재는 취렴일 뿐이다. 비단 오늘날 이재라는 말만이 아니라 주나라 쇠망 이래 그 의미가 멸실되어 백성으로부터 뭔가를 취해 상용上用(국용)으로 바치는 것으로 여긴다. 그러므로 이재를 잘하는 것을 '취득의 기교(取之巧)'라고 하고 있으니, 백성은 위가 여유가 있고 아래가 곤궁하지 않음을 알지 못한다. 이것이 이재일 따름이다. 그러므로 군자는 이재라는 명칭을 피하고 소인이 이재지권理財之權를 쥔다. 무릇 군자는 이재의 뜻을 모르고 단지 인의仁義의 뜻을 지닐 뿐이고 재를 다스리는 것을 반드시 재를 취하는 것으로 생각하니 그것을 피해 행하지 않는다. 반면, 소인은 인의의 뜻이 없으나 취렴의 밑천(聚斂之資)은 있다. 비록 자기에게 이익이 없을지라도 힘써 많은 것을 취하는 것은 희열이므로 이런 일에 있어 그것을 붙잡는 것을 사양치 않고 그것을 그만두지 않는데, 황상皇上도 역시 군자를 (이재에) 불능하다고 여긴다. 그러므로 온 천하의 대계大計는 소인의 손아귀로 들어가고 만다. 소인은 비록 천하의 불의를 그가 짊어지고 있음을 잘 알고 있어도

---

733) 葉適, 「留耕堂記」, 3쪽. 葉適, 『水心集』 冊一, 卷之四(臺北: 中華書局, 1965).

이에 신경 쓰지 않고 이것이 진실로 당연하다고 생각하고 의심치 않는다. 오호! 군자로 하여금 이재의 명칭을 피하게 하고 소인으로 하여금 이재지권을 쥐게 하고 국용도 역시 소인에게서 나오니, 의심할 바 없이 백성이 병폐를 받고 국가는 어느 때든 비방을 받을 따름이다.734)

그러나 엽적은 이런 세간의 성리학적 여론에 맞서 반드시 국가 차원에서 이재를 잘해야만 했던 고대의 성군과 정치가들을 인용하며 군자의 이재능력을 논한다.

무릇 천하의 사람들을 모으는 것은 의식衣食의 기구 없이 불가능하다. 혹 이것은 있고 저것은 없고, 혹 이것은 많고 저것은 적고, 혹 찾지 않으면 숨어 보이지 않고, 혹 절약이 없으면 흩어져 거둘 것이 없고, 혹 쇠하고 깎이면 잠겨 사라지고, 혹 조금만 바닥나도 계속하지 못하고, 혹 그 원천이 비록 있어도 물길을 준설해 끌어갈 방법이 없으면 그 흐름은 막혀 흘러가지 못한다. 이러므로 천하의 재를 천하에 주고 이를 공동 관리하는 것(以天下之財與天下 共理之者), 우임금과 주공이 바로 그렇게 했다. 고인들은 이재를 잘하지 못하고 성군과 현신 노릇을 한 경우가 없었다. 만약 이런 사람들이라면 그 위의 비용은 진실로 패연沛然하고 만족스럽고 모자라지 않을 것이다. 후세의 논論은 소인이 이재를 잘하고 성현은 이利를 위하지 않는다는 것이다. 성현은 참으로 이利를 위하지 않았고 위는 아래로 영향력을 두루 미치지 않았으나, 성현은 이利를 통하게 하는 방도를 모르고서 단지 "나는 이利를 위하지 않는다"고만 말했다는 것이다.735)

엽적은 왕안석을, 주공을 경모해 군자로서 이재를 잘해야 한다고 강조하며 이재를 행한 사람으로 약간 비판적 음조로 묘사한다.

---

734) 葉適, 「財計(上)」, 15쪽. 葉適, 『水心集』 冊一, 卷之四(臺北: 中華書局, 1965).

735) 葉適, 「財計(上)」, 15-16쪽.

희녕(신종)시대를 맞은 대신이 주공의 이재를 앙모해서 시역지사市易之司를 만들어 상인들의 남는 이를 빼앗아 천하에 대부(債)로 나눠 주고 그 10 중 2할의 이자를 취하고서 이것은 주공의 천부법泉府法이라고 말했다. 천하에 군자 노릇을 하는 자들은 쟁론하기를 "이것은 주공의 법이 아니다. 주공은 이利를 위하지 않았다"고 말했다. 그 사람은 이에 이것을 풀이하기를 "이것은 진실로 주공의 법이다. 성인이 육경의 책으로 뜻한 것을 후세가 족히 알지 못했다"고 말함으로써 그 변론자들을 비웃었다.736)

하지만 엽적은 「주의奏議 재총론財總論」에서 왕안석 신법을 변호하던 논조와737) 달리 「재계론(상)」에서 왕안석 신법이 큰 폐해를 초래했다고 지적한다.

그리하여 그 법을 행하자 천하는 끝내 큰 폐해를 입었다.738)

신법이 이런 큰 폐해를 초래한 이래 "오늘날의 군자들은 참으로 성현이 이재하지 않은 것으로 생각하고 이후 이재자는 반드시 소인이 가하다고 말하게 되었다"는 것이다.739)

■ 왕안석 신법에 대한 변호와 '실패원인'의 지적

엽적은 바로 왕안석의 신법을 주공의 법으로 변호한다. "무릇 천부법은 시장의 안 팔리는 재화 중 민용을 적체시키는 것을 거두어 외상으로 사는 자들에게 그것을 매매하고 제사와 상사 때문에 외상으로 산 자는 둘 다 일정한 수數(기간)가 있고 국가복무(일수의 임금환산액)를 그 이자로 삼는다. 이와 같은 것은 참으로 주공이 행한 것이다."740)

그런데 왕안석의 신법은 어찌하여 그런 폐해를 낳았는가? 도대체 무슨 문제

가 있는가? 그는 오늘날의 시대가 주공의 시대와 달라졌음을 지적한다.

그것은 어떤 것인가? 천하가 제민齊民을 행하는 것(백성을 고르게 하는 것)을 부르짖은
그때에는 아직 특별한 부자가 없었다. 개합·염산·경중지권은 일률적으로 황상으로
부터 나왔다. 백성의 전야를 균전均田하고 백성으로 하여금 그 땅을 경작케 하고 여
기에 그들의 집을 짓도록 하고 그들로 하여금 그곳에서 살고 입고 먹게 하니 다 잘
되지 않음이 없었다. 그러나 제사와 상사가 오히려 아직 족하지 않은 바가 있으면
상수常數(경상비)의 바깥에서 취했다. 이것을 주공이 주었지, 누가 주었겠는가? 장차
그 비용을 보충해 마침내 그것을 주지 못한다면 백성들은 위를 쳐다볼 것이나 그
비용은 명분이 없다. 그러므로 외상으로 대여하고 일수日數에 따라 상환하게 하되
(나라가) 정한 것을 이자로 삼는 것이다. 또 시장의 안 팔린 물건 중 민용을 막는
것은 백성이 부족한 것이므로 위에서 이를 거두지 않으면 불인不仁을 저지르는 것이
다. 이런즉슨 이 두 법을 주공이 아니면 누가 행했던가? 무릇 삼대는 진실로 이 법들
을 행했던 것이다. 오늘날 천하의 백성은 고르지 못한(不齊) 지 오래되었다. 개합·염
산·경중지권은 일률적으로 황상으로부터 나오지 않고 있고, 부상대고가 나눠 가진
지 몇 천, 몇 백 년인지 모른다.[741]

그렇다면 국리國利를 위해 이 개합·염산·경중지권을 부상대고로부터 **빼앗아**
야 하는가? 엽적은 이를 부정하고 이 권한을 민간에 방임하는 것을 원칙으로
주장한다.

그러니 그것을 거탈據奪하는 것이 옳은가, 이기적 이익(自利)을 질시해 국리를 위하는
것이 옳은가? 오호라! 지금 세상에 살았다면 주공은 진실로 이 법을 행하지 않았을
것이다. 무릇 주공의 법을 수천대數千載 후세의 다른 때에 배워 달리 행하는 것은
불가능하고 그래도 이것을 행하는 것은 진실로 이재를 하기에 부족할 것이다. 그러
면 주공이 이 법을 행하지 않았고 성현의 도는 이재에서 나오지 않았다고 말하는

---

741) 葉適, 「財計(上)」, 16쪽.

것은 주공을 족히 깊게 아는 것인가? 주공이 이재를 행했다면 진실로 이기적 이익 때문에 행한 것이 아니어서 비록 백을 다 취해도 해롭지 않았는데, 하물며 그것을 다 주었으니 더 말할 나위가 있었겠는가! 그런데도 군자가 '이재'의 명칭을 피하는 것을 어찌하리오? 진실로 이利를 말하지 않음으로써 의리를 행하기 위해 소인이 그 것을 하는 것을 좌시하고 역시 당연히 여긴다고 해도 괴이할 것이 없을 것이다. 그 후에 얼굴을 찡그리고 그것을 의론하고 노기를 띠며 쟁론하게 하라. 그러면 인자仁者 는 진실로 이와 같을 것이다.742)

엽적은 선비들이 "군자는 도의를 밝히고 소인은 이利를 밝힌다"는 공자의 테제 를 오용한다면 차라리 부상대고의 이권을 질시하지 말고 이들이 가져간 개합· 염산·경중지권을 그냥 민간에 방임하라고 요구하고 있다. 주공이 오늘날 다시 태어난다고 해도 경제적 조건이 고대와 판이하게 달라진 남송시대에 개합·염 산·경중지권을 국가가 독점해야 한다고 주장하지 않았을 것이기 때문이라는 것이다. 일단 남송은 정전제와 균전제가 사라진 지 오래되었고, 고도로 발달된 시장경제 속에서 '제민齊民'(경제적 평등)에 대한 요구도 약화되거나 사라졌다. 이런 상황에서 국가가 개합·염산·경중지권을 독점하는 것은 시대착오라는 것이다. 그래도 "이것을 행하는 것은 진실로 이재를 하기에 부족하게 될 것"이 기 때문이다. 엽적은 왕안석의 신법이 의도와 달리 큰 폐단을 낳은 것도 이 때문이라고 생각한 것처럼 꾸미고 있다.

그러나 엽적은 개합·염산·경중지권을 민간에 전적으로 넘겨주라고 말하는 것이 아니다. 방임적 시장경제가 너무나 불분명하며 버려지고 거두지 못한 재리財利들이 많고 국용도 부족하기 때문에 국가의 이재정책을 완전히 포기할 수는 없는 것이다.

오늘날도 천하의 재를 역시 대략 계획(略計)할 수 있기는 하지만, 황제와 요순 이래 천하에 재가 있으나 취하는 것들이 몇인지 모른다. 진한秦漢 이후 비로소 백성에게서

---

742) 葉適,「財計(上)」, 16쪽.

취하고 후세는 나날이 증익해서 지금은 버리고 찾지 않는 것이 얼마인지 모른다. 천하가 이利를 버려두어서 천하가 그것을 쓸 수 없음을 알지 못하는 것이 얼마인지 모른다. 아니면 오히려 위에서 아직 거두지 못한 것이 있는가, 아니면 이미 다 거두어서 다시 더 거두는 것이 불가능한 것인가? 백성이 있은 뒤 군주가 있고, 군주가 있은 뒤 나라가 있고, 나라가 있은 뒤에 군주와 나라의 비용이 있는 것인데, 백성이 그 황상에게 주지 않아 부족한 것이 아니라면 이것은 어찌 설명하는가?743)

따라서 국부國富를 늘리는 국가의 일정한 이재정책, 즉 국가가 '일정한' 한도 내에서 개합·염산·경중지권을 행사해 국민경제를 발전시키는 경제정책은 필수불가결한 것이다. 엽적은 이 국가적 이재방법들 중 적절한 것을 선택하기 위해 군주와 백성의 경제적 관계를 아비와 자식들의 경제적 관계에 비유해 이렇게 말한다.

아비가 열 자식이 있다면 대문을 닫고 날로 그 자식을 의지해 장차 그 아비가 부유해지려고 그 뒤를 계산하지 않을 것인가, 아니면 그 자식을 사랑하는 자는 반드시 그 자식을 시켜 그 아비와 같이하게 할 것인가, 아니면 부모에게 효도하는 것이 진실로 장차 그 자식을 죽도록 곤하게 하는 것인가, 아니면 그 아비가 진실로 그 자식들의 재를 공유할 것인가?744)

물론 엽적의 의도는 아비와 열 자식이 재물을 공유하고 공동으로 관리하는 길을 택하라고 하는 것이다.

그렇다면 군주와 백성은 개합·염산·경중지권을 각기 필요에 따라 나눠 가지고 국가는 필요한 범위 내에서 이 분할된 개합·염산·경중지권을 적절히 행사해 적절한 선에서 시장에 개입하고 마땅한 이재정책을 수행해야 하는 것이다.

---

743) 葉適, 「財計(上)」, 16쪽.
744) 葉適, 「財計(上)」, 16-17쪽.

그렇다면 오늘날의 개합·염산·경중지권은 남음과 부족의 정도(數)가 있으니 한마디
말로 결정할 수 있다(然則今之開闔斂散輕重之權有餘不足之數可以一辭而決矣). 어찌 취
렴을 이재로 여겨 위가 그것을 소인에게 시키는 것에 이르렀는가? 군자들이 이재를
부당하게 생각해 그 단절을 받아들이고 계승하지 않고 있는데, 이런 자들이 어찌
군자리오?745)

국가가 행사하는 개합·염산·경중지권은 남아서도 아니 되고 부족해서도 아니
되는 것이다. 남송시대에 엽적은 부상대고에 대한 정부의 조절조치도 일정한
선을 넘지 않는 적절한 금도襟度를 갖춰야 한다고 생각한 것이다.

종합하면, 엽적은 또한 역사발전의 견지에서 자유경제의 불가피성 또는
필연성에 관해 해명하고 국가의 일정한 이재정책을 제안하고 있다. 역사적
발전에 따라 사私경제가 발달하고 이에 따라 빈부의 분화가 일어났다. 오늘날은
천하의 모든 평범한 백성이 경제적으로 평등하지 못하고 또 이런 지 오래되었
다. 사경제의 발달과 함께 국가의 경제관리도 이에 따라 바뀌어야 한다. 불평등
은 객관적 사실의 문제이지만, 정부는 사적 경제활동을 통제하거나 이에 간섭
해서는 아니 된다. 반대로 자유경제정책이 시행되고 백성들은 자기이익을 찾아
재정문제를 스스로 관리하도록 권장되어야 한다.746) 하지만 엽적은 국가의
경제관리가 자유경제원리에 의해 지도받아야 한다고 생각했음에도 국가의
적절한 이재활동과 시장개입은 필수적이고 또한 국가관리들은 윤리도덕과
더불어 이재능력을 겸비해야 한다고 생각했다.

이런 견지에서 볼 때 왕안석의 신법에 대한 엽적의 비판은 옳은 것인가?
왕안석은 『주례』의 경제정책을 존중하고 활용했으나 정전제나 균전제를 도입
해 제민齊民하려고 생각지 않았다. 그는 화폐·시장경제에 대한 개입을 다만
농민과 중소상인에게 급전을 빌려주는 공적 대부정책·물가조절정책·주전정
책에 한정했다. 따라서 그는 『주례』에 규정된 대로 또는 주공이 시행한 대로

---

745) 葉適, 「財計(上)」, 17쪽.

746) Ma Tao, "Confucian Thought on the Free Economy", 162쪽.

국가가 개합·염산·경중지권을 전적으로 독점·행사하는 것을 추구하지 않았다. 왕안석은 균수법과 관련해서 세수의 경중·염산지권만을 말한다.

> 세수의 경중·염산지권(稍收輕重斂散之權)은 공적 상부로 귀속시켜 그 유무를 운송을 편하게 함으로써 제도케 하고 노력과 비용을 절약하게 하고 중과세를 제거하고 농민을 관대하게 대하고 바라건대 국용도 족하고 민용은 부족하지 않게 한다.747)

세수稅收업무에서 경중·염산지권은 국가에 고유한 것이고, 사인들과 나눌 수 없다. 조세권을 개인에게 넘긴 국가는 전무후무하다. 그리고 물가조절을 위한 국가의 시장과 관련해『주례』의 '천부' 절을 활용할 때도 이것을 그대로 쓰는 것이 아니라 '고쳐' 쓰는 것을 전제한다. 그는 "주나라는 천부의 관청을 두고 천하의 재화를 변통했는데 (…) 지금은 당연히 천부법제를 고쳐 국가 이권을 (부상대고로부터) 회수해야 한다"고748) 말하고 있기 때문이다.

따라서 왕안석과 엽적의 입장은 그렇게 다르지 않았다. 그럼에도 불구하고 엽적이 왕안석의 '신법'을 비판하는 자세를 취한 것은 왕안석에 대한 비판적 분위기 속에서 군자와 국가가 도의에 밝아야 함과 동시에 이재능력을 겸비하고 일정한 필수적 이재정책을 수행해야 하는 점을 설득하면서 자신이 왕안석의 신법을 주장하는 것으로 배척당하지 않기 위해 '왕안석 비판 풍조의 시세를 활용한 것으로 보인다. 말하자면, 그의 '왕안석 비판'은 자신의 주장이 왕안석의 신법과 다른 것처럼 보이게 하려는 '의태적擬態的' 필법으로 보인다. 왕안석을 호평하는 엽적의 본심은 앞서 분석했듯이「주의·재총론(2)」에749) 잘 나타나 있다.

그렇다면 주공시대의 개합·염산·경중지권의 국가독점체제를 이후에 되살려 구현하려는 것에 대한 비판은 내용적으로 왕안석을 겨냥한 것이 아니라,

---

747) 왕안석,「乞制置三司條例」(1069), 277쪽.

748) 증선지 편,『십팔사략』6/7권, 2316쪽.

749) 葉適,「奏議·財總論(二)」. 葉適,『水心集』冊一, 卷之四(臺北: 中華書局, 1965).

"이익이 한 구멍에서 나와야" 하고 "여탈빈부가 다 임금에게 달려 있어야 한다"
는 관중의 전제적 국가통제경제론을 겨냥한 것으로 이해해야 할 것이다.

2.5. 수정주의 성리학자 구준의 자유상공업론과 반독점론

왕안석과 엽적의 이런 자유상공업 사상은 성리학을 '관학官學'으로 받들던
명대에도 면면히 계승된다. 수정주의 성리학자 구준丘濬(1421-1495)은 유가의
자유경제론을 '자위론自爲論'으로 옹호한 대표적 학자다. 구준의 자유상공업론
은 현실정치에서도 아주 중요한 비중을 차지했다. 그는 명나라 제9대 효종
홍치제 때 예부상서 겸 문연각대학사(1491-1494)와 호부상서 겸 무영전대학사
(1494-1495)를 차례로 역임한 최고정책결정권자들 중 한 사람이었기 때문이다.

■ 구준의 『대학연의보大學衍義補』(1486)

구준의 시대는 육구연의 육학과 사공학파 엽적의 공리적 시무론時務論을
중시하는 진헌장·왕수인 등의 양명학이 득세해 성리학을 주변으로 밀어내고
있는 시대였다. 따라서 구준이 『대학연의보大學衍義補』(1486)를 쓴 시기는 성리
학계 내에서도 성리학이 양명학에 의해 주변화되는 형세 속에서 "정주학에
대한 반성과 함께 시대적 요구에 부응하는 논리의 정립을 모색하는 흐름이
나타난 시기"였다. 구준은 호거인胡居仁과 더불어 정주학(성리학)을 계승하되 비
판적으로 수정해 시의에 맞게 재해석하는 움직임의 "대표적 인물"이었다.[750]
구준은 심학心學에 치중된 성리학의 고답적 성향을 반성하고 성리학에 구체적
양민養民·치국정책과 경세론적 시무학時務學(=정치경제학)을 보완하고 수정해 성
리학을 당시의 현실적 요구에 맞게 손질한 '수정주의 성리학'을 창안한 것이다.

이것은 구준의 대표작 『대학연의보』에서 내용적으로 잘 드러난다. 구준은
경전 중에서 『대학』을 제일로 치는 성리학의 전통에 따라 『대학』의 격물·치지·
성의·정심·수신·제가·치국·평천하의 8조목을 중시한다. 『대학연의보』는 전
통적 성리학을 부흥시킨 진덕수陳德秀(1178-1235)의 『대학연의大學衍義』를 보완

---

750) 윤정분, 『中國近世 經世思想 硏究』, 24쪽.

하는 형식을 취하고 있을지라도 이 『대학연의』와 내용적으로 크게 달랐다. 진덕수의 『대학연의』는 성의·정심·수신·제가만을 중시해 풀이했다. 하지만 『대학연의보』는 격물·치지와 치국평천하를 중시해 현실적 치국정책을 상론하고 성의·정심·수신·제가에 대해서는 구체적 언급을 생략하고 있다.

■경제통제와 시장간섭에 대한 구준의 비판과 자유상공업의 옹호

『대학연의보』에서 구준은 대지주·부상대고富商大賈를 출신배경으로 하는 신사와 소농·전호佃戶로 구성된 일반백성 간의 계급대립을 심리적으로 반영하는 천연지성天然之性(도심·천리)과 기질지성氣質之性(인심·인욕) 간의 엄격한 구별을 계승해서 천리에 따라 행동하는 천연지성이 군자(신사)를 인욕에 따라 행동하는 기질지성의 소인(일반백성)과 준별하고, 소인 백성을 군자의 통치대상으로 삼는 인성론·사회위계론의 성리학적 교조를 탈피하지 못하고 있다.

하지만 구준은 양민·치국과 관련해 사대부와 백성을 가릴 것 없이 인간적 생존과 발전이 물적 부에 기초해야 한다는 일반적 경제론을 편다. "『주역』은 '무엇으로 사람들을 모으는가?'라고 묻고 '재물'이라고 답한다. 재물은 땅에서 나오고 사람마다 행하는 데 쓰인다. 사람은 재물에 의뢰해 살고 하루도 이것이 없는 자는 살 수 없다(人資財以生不可一日無焉者也). 재물이라고 일컫는 것은 곡식과 재화財貨일 따름이다. 곡식은 백성이 먹는 것을 의뢰하는 것이고 재화는 백성이 쓰는 것을 의뢰하는 것이다. 먹을 것이 있고 쓸 것이 있으면 백성은 생양生養을 마련한 것으로 여기며, 일정한 곳에 모여 살고 머물 곳에 의탁함으로써 서로를 안전하게 한다. 홍범팔정이 먹을 것과 재화를 으뜸으로 여긴 것은 이 때문이다. (…) 이것이 어찌 세상을 뒤로하고 백성의 먹고 쓸 것을 추렴抽斂하는 것이겠는가? 관청에 저장하는 것은 군주의 용도인 것으로 간주된다. 옛적에는 부를 백성에게 저장했다. 민재民財가 이미 다스려졌다면 임금의 용도는 부족함이 없다. 그러므로 나라를 부유하게 하는 것(富國)을 잘하는 것은 필히 백성의 재물을 다스리는 것을 앞세우는 것이고, 나라를 위해 이재하는 것은 그다음이다."751) 여기서 구준의 핵심논지는 관중과 반대로 국가를 위한 재정적 이재에 대해 백성을 부유하게 만드는, 백성을 위한 이재정책을 앞세워야 한다는 것이다.

구준은 "사람들이 사는 방도는 반드시 기르고 나서 모을 수 있는 바가 있고 또 천하의 재물을 생산하는 데에 있다"고 말한다.752) 나아가 그는 "재물은 사람들이 똑같이 요구하는 것이고, 토지가 생산하는 것은 이런 이치에 그치지 않아서 위에 있지 않으면 아래에 있고, 단지 윗사람만이 그것을 좋아해 욕구하는 것이 아니라 아랫사람도 남이 그것을 취하는 것을 좋아하지 않고 주려 하지 않으니 사람의 마음이 이利를 좋아함이 끝이 없다"고 말한다.753) 따라서 국가는 경제경영을 이러한 인지상정에 맞춰야 하며 지나친 통제와 간섭을 삼가고 백성들의 부의 추구를 허용하며 백성과 이利를 두고 다투어서는 아니 된다.

> 상홍양은 균수법을 만들어 평준으로 간주했다. 그가 문학지사文學之士와 논변한 것을 살피면 대략 그것을 다했다. 그러나 이치가 천하에 있으니 공과 사, 의義와 이利일 따름이다. 의는 공公이고, 이는 사私다. 공은 사람들을 위한 것이니 여유가 있다. 사는 자기를 위한 것이니 부족하다. 조정은 상인의 무역지사貿易之事를 하며 상인들이 이익을 탐하는 것이 없기를 바란다고 말하고도 당당하다. 슬프다! 상인이 이익을 탐하는 것이 불가하다면서 이내 만승지국의 지존이면서도 상인의 이익을 탐한다. 이것이 가한가?754)

국가가 이런 짓을 한다면 그것은 백주의 강도질이나 다름없는 짓이다.

> 만승의 군주가 사해의 가난한 사람들의 재물을 대가 없이 빼앗아 먹고 쓸 것으로 삼는다면 도적이 백주대낮에 겁탈을 행하는 것과 다를 바 없는 것이다.755)

---

751) 丘濬, 『大學衍義補』[明 成化 23년, 1487](1792 日本 和刻本, 翻刻 京都: 中文出版社, 1979), 卷之二十 「制國用·總論理財之道(上)」, 291쪽.

752) 丘濬, 『大學衍義補』, 卷之一 「正朝庭·總論 朝廷之政」, 67쪽.

753) 丘濬, 『大學衍義補』, 卷之二十 「制國用·總論理財之道(上)」, 295쪽.

754) 丘濬, 『大學衍義補』, 卷之二十五 「制國用·市糴之令」, 341쪽.

구준은 왕안석에게 시역법市易法을 건의한 초택草澤 위계종魏繼宗의 상소문을
비판하며 국가의 임무가 이런 강도짓을 금하고 부자를 오히려 더 부자가 되게
하고 빈자를 가난하지 않게 하는 데 있다고 말한다.

> 초택 위계종은 이렇게 상소했다. "서울은 백 가지 재화가 거하는 곳인데 시장에 정상
> 가격이 없고, 비싸고 싼 것이 서로 뒤집히고, 부자는 잘 빼앗고 빈자는 잘 주니, 천하
> 일 수 있는 것이다." 이에 이런 조령을 내렸다. 오, 슬프다! 하늘이 중민衆民을 내어
> 빈부가 있고 천하의 왕자王者로 하여금 오로지 역역力役을 덜어주고 세렴稅斂을 가볍
> 게 하고 물가를 평준하게 하고 부자로 하여금 그 부를 안전하게 하고 빈자로 하여금
> 가난에 이르지 않게 하고 각기 자기 분수에 안주하게 하고 그 소득에 살게 한다.
> 부자와 빈자를 강탈하려고 하는 것을 천하의 이치로 여긴다면 어찌 이런 이치가 있
> 는가? 부자가 가진 것을 빼앗아 가난한 사람들에게 주는 것도 오히려 불가한데, 하물
> 며 그것을 빼어 공상公上에게 귀속시키랴! 임금이면서 성인의 이익을 다투자고 부르
> 짖는 것은 추함이 심하다.756)

구준의 접근법은 백성들이 그들 자신의 편의와 이익을 추구하도록 방임하는
것으로 요약될 수 있다.

구준은 나라와 사회를 개인주의의 견지에서 접근한다. "『대학』이 치국·평천
하의 뜻을 해석하기를 매우 정성스럽게 이재로 말을 삼고 있다. 그런데 성현이
어찌 사람들에게 이익을 진흥할 것을 가르치는가? 무릇 평범하게 말하면 피차
지간에 각기 분수대로 원하는 것을 얻음을 말하는 것이다. 왜냐? 천하는 크더라
도 1인의 누적으로부터 말미암는 것이니, 사람마다 각기 제 분수껏 얻고 사람마
다 각기 바라는 것을 완수하면 천하는 평화롭다."757)

그리고 구준은 평민들에게 상공업의 자유를 주어 이를 권장하고 진흥할

755) 丘濬, 『大學衍義補』, 卷之二十五 「制國用·市糴之令」, 342쪽.
756) 丘濬, 『大學衍義補』, 卷之二十五 「制國用·市糴之令」, 344쪽.
757) 丘濬, 『大學衍義補』, 卷之二十 「制國用·總論理財之道(上)」, 297쪽.

것을 주장했다. "상홍양은 스스로 입법해 스스로 그것을 시행했어도 오히려
폐단이 있었는데, 하물며 후세인이 상홍양에도 미치지 못해 그것을 범상하고
범상한 무리에 맡겨 그들로 하여금 봉행케 했음에랴! 대저 백성은 스스로
자신의 시장을 가지고 있으면 물건의 품질의 좋고 나쁨, 돈의 많고 적음이
교역으로 통융通融되어 평평하고 꺾이고 취하고 버려진다. 관청과 백성은 시장
을 이루고 물건은 반드시 좋은 것이 쓰이며 물가는 반드시 정가定價가 있게
된다."758) 구준은 여기서 시장의 '자연지험自然之驗', 즉 '보이지 않는 손의 작용'
을 말하고 있다.

■ 전매(국가독점)에 대한 반대와 중도적 염업관리 정책의 옹호

나아가 구준은 교활한 트릭을 사용해 정상적 시장활동에 대해 가격을 불안정
화하고 교란을 초래한다는 이유에서 국가가 공식적으로 전매사업을 운영하는
것에 반대했다. 그의 생각에 사인들 간의 경쟁은 상품의 가격, 물량과 품질을
조정하고, 이로써 일종의 최적 균형에 도달한다. 구준은 '소금과 같은 절대적
생필품의 경우에도 ─ 완전한 '자유시장'을 허용하기 어렵지만 ─ 시장운동을
전적으로 배제하는 '전매'(국가독점)도 인정하지 않고, 빈민을 위한 국가개입과
상인의 시장활동을 결합한 중도를 권한다. 그는 일단 소금의 국가전매를 하늘
의 뜻에 반하는 것으로 규정한다.

오, 슬프다! 천지가 만물을 내어 사람을 기르는데 군주가 이를 금하고 사람들을 시켜
그 사적인 것을 마음대로 할 수 없게 하고 그것을 공적으로 공유하는 것을 허가하고
관리를 세워 이를 전단하고 엄한 법으로 그것을 금하고 이익을 바닥까지 다 취하는
것은 진실로 천지가 만물을 내는 뜻이 아닌데, 역시 어찌 상천上天이 군주를 세운
뜻이겠는가?759)

---

758) 丘濬, 『大學衍義補』, 卷之二十五 「制國用·市糴之令」, 344쪽.
759) 丘濬, 『大學衍義補』, 卷之二十八 「制國用·山澤之利(上)」, 367쪽: "嗚呼 天地生物以養人
君爲之禁 使人不得擅其私而公共之可也 乃立官以專之, 嚴法以禁之, 盡利以取之, 固非天地
生物之意 亦豈上天立君之意哉."

그리하여 구준은 염업鹽業에 금지와 불금不禁의 중간정책을 적용해야 한다는 원칙을 말한다. 그는 송대 유자 호인胡寅의 말을 이렇게 들이댄다.

소금의 본질은 천지자연의 이利로서 사람들을 기르는 것인데, 백성에게서 그것을 다 덜어내면 상공업을 멋대로 하고 자원이 소홀하게 흐르며, 반대로 그것을 다 관청에 귀속시키면 백성의 일용을 빼앗고 공실公室이 보물을 가까이하는 해害가 있다. 이를 깊이 생각해 다 말하기를 '아직 중도를 얻지 못했다고 한다. 관청이 장려하고 금하기를 시행해 백성들이 그것을 취하고 그 세금을 납입케 하면 정사가 평화롭고 해害가 종식된다. 이것으로 보건대 소금의 이로움은 금지하는 것은 불가하고 금지하지 않는 것도 역시 불가하니, 금해야 하는 것과 금하지 않아야 하는 것 사이에 반드시 적중해야 한다(要必於可禁不可禁之間). 땅을 따라 이법理法하고 시의에 따라 마땅함을 만들고 반드시 아래로 백성을 상하는 것에 이르지 않게 하고 위로는 관청에 손해를 끼치는 것에 이르지 않게 하면 민용이 족하고 국용이 가물지 않는다. 이것은 할 수 있다.760)

구준의 궁극적 대안은 소금의 생산과 판매를 사인들에게 넘기고 정부는 감독만 하는 체제다. 다른 상품들의 경우에는 일반적 번영을 진흥하기 위해 시장거래를 사인들이 스스로 수행하도록 북돋우는 것이다.761)

그러나 관청이 백성과 장사해서는 아니 되는 것은 소금에 그치지 않는다. 모든 물건을 백성의 편의에 맡겨야 한다.

관청이 백성과 장사를 해서는 아니 되는 것은 비단 소금을 파는 한 가지 일에 국한되지 않는다. 대저 법을 세우는 것은 백성을 편하게 하는 것을 근본으로 삼아야 한다. 진실로 백성이 스스로 편한데 어찌 반드시 관청이 행위를 하는가? 한유韓愈가 이利를 구해 얻지 못하면 수렴收斂의 원망이 많아졌다고 말했는바, 국가정책담당자들은 마땅히 이 말을 경계로 삼아야 한다.762)

---

760) 丘濬, 『大學衍義補』, 卷之二十八 「制國用·山澤之利(上)」, 368쪽.

761) Ma Tao, "Confucian Thought on the Free Economy", 164쪽.

거의 모든 기타 재화들은 국가가 백성에게 맡길 때 최적의 가격과 품질이 정해진다. 이것은 역으로 소금에서도 얼마간 타당하다.

> 무릇 객상客商들이 여럿이서 그들의 곡식을 경쟁하고 나의 1단위 소금을 바꾸면 이는 본전이 1이고 이문이 7-8이다. 지금 내가 쓰지 않는 것을 앞장서 참여해 스스로 소득 곡식을 시장에 내다 팔면 중간 납부자에 비해 어찌 2배나 5배가 아니겠는가? 그럴지라도 이것은 흐름일 따름이다. 그 본원을 미루어 볼 때, 한인들의 소금솥관급법(官給牢盆之法)을 시행하지만 않고 백성에게 스스로 소금을 굽도록 맡기고 그 수입을 빼앗지 않는다면, 소금 굽는 가호로 하여금 장차 소금을 달인다고 해당 관청에 먼저 고지하도록 미리 명하고, 관청이 허가권을 발급한 뒤에 화덕에 불을 붙이고 그 소금 굽는 솥의 촌척이 결정되고 솥마다 1단위(또는 2, 3단위) 소금을 굽는 것이 규칙이 되고 다 일정의 수량이 되어 다과多寡를 허하지 않는다. 그 솥은 다 관청에서 지어부은 것이고, 감조監造관리가 정확히 알고 성명을 만들어 넣고 관청에서 급부한 것이 아니면 사용을 불허한다. 허가권을 발급할 때 1단위마다 먼저 취해 불을 붙이고 돈이 약간이면 천시의 맑음과 장마, 땔감의 싸고 비쌈, 시장가격의 다과를 헤아리고 스스로 소금을 굽고 스스로 파는 것을 살피며 소금을 굽되, 관청에 알리지 않는 자는 유죄. 만약 상인들이 시장에 가서 소금을 사고 난 뒤 그 모든 수량을 관청에 고하게 하면, 관급 초인부鈔引付를 대조해보고 각각의 해당 행염行鹽지방에게 발매하도록 하고, 경계를 넘는 자는 몰수한다.[763)

구준이 소금의 생산과 판매를 사인에게 맡기고 정부는 감독만 하는 중도적 소금정책으로 말하는 이 내용 중에도 "관청이 허가권을 발급한 뒤에 화덕에 불을 붙이고 그 소금 굽는 솥의 촌척이 결정되고 솥마다 1단위(또는 2, 3단위) 소금을 굽는 것이 규칙이 되고 다 일정의 수량이 되어 다과를 허하지 않는다"는

---

762) 丘濬, 『大學衍義補』, 卷之二十八 「制國用·山澤之利(上)」, 367쪽: "官不可與民爲市 非但賣鹽一事也. 大抵立法以便民爲本 苟民自便 何必官爲? 韓愈所謂求利未得 斂怨已多 主國計者宜以斯言爲戒."

763) 丘濬, 『大學衍義補』, 卷之二十八 「制國用·山澤之利(上)」, 369-370쪽.

구절은 정부 간섭 없는 민가의 상업·제조활동이 시장을 통해 상품의 적절량을 저절로 조절함을 말하는 것이다.

이런 견지에서 구준은 관중이 제환공을 위해 시행한 금염禁鹽조치를 강도 높게 비판했다.

이(관중의 금염조치)는 모든 세상이 금염해 나라에 이롭게 하는 것의 시작이다. 오, 슬프다! 하늘은 만물을 내 사람을 기르게 하고 군주는 사람을 위해 장려하고 금해 피차로 하여금 적절하게 균배하고 서로 속이고 능멸하고 물리치고 빼앗는 걱정을 없게 한다. 이로써 사람마다 모두 부유하고 가난하지 않으며 동시에 이 사람에게서 빼앗아 저 사람에게 주지 않는 것이다. 그런데 관중(管夷吾)의 입법은 사람들의 이利를 막고 사람들이 번영하는 길(其所繇之途)을 좁히고 싶어 하니 실로 그들에게서 빼앗는 것이다. 사람들에게 주는 모양을 사람들에게 보여주고 슬그머니 그들에게서 빼앗는 계책을 도모하니 이것은 백자伯者들의 공리功利의 습성인데 이利는 보지만 의義를 보지 못하고 인욕이 있음을 알지만 천리가 있음을 알지 못하는 것이니 곧 선왕의 죄인이다.[764]

구준은 이렇게 관중의 소금의 국가전매와 사염금지 조치를 강력하게 반대했다. 나아가 구준은 염철전매와 마찬가지로 차(茶)전매에도 강력하게 반대했다.

염철鹽鐵의 쓰임새가 백성이 싱겁게 먹으면 목구멍으로 삼킬 수 없고 백성이 맨손으로 하면 물건을 끊어 기물器物을 만들지 못하니 이는 하루도 이것이 없으면 아니되는 것이다. 이것으로부터 염철을 전매하는 것은 이미 왕정이 아니었다. 하물며 차의 물건 됨은 백성이 일용하니 없을 수 없는 것이고 다른 물건으로 대신할 수 없는데, 어찌 이것의 전매로 이익을 위한단 말인가? 오, 슬프다! 백성은 오곡에 의뢰해 먹을 것을 위하고 먹는 것을 목구멍으로 내려가게 하는 것은 소금이며 먹은 것을 소화시키는 것은 차다. 이미 먹을 것에 세금을 때리고 또 먹은 것을 내려가게 하는 것에

764) 丘濬, 『大學衍義補』, 卷之二十八 「制國用·山澤之利(上)」, 366쪽.

세금을 때리고 나아가 먹은 것을 소화시키는 것에도 세금을 때린다면, 백성들이 역시 당·송의 세상에서 살기를 바라지 않겠는가?[765]

송조 왕안석은 신종 희녕 7년 변경지대에서 처음 다마사茶馬司를 설치하고 변경지대에 한정해 차전매를 실시했다. 야인들에게 차를 주고 노말(駑馬; 야생에서 생포해 길들인 말)을 바꾸기 위한 것이었다.[766] 명조도 사천·섬서 등 국경지방에만 다마사를 설치하고 차전매를 폐했다.

차라는 물건은 삼대에 쓰이지 않고 당대에 쓰였을지라도 비단 중국만이 쓰는 것이 아니라 외방의 오랑캐들도 마시지 않는 사람이 없었다. 송인宋人은 처음 다마사를 설치했다. 본조(명조)는 차의 이익을 버리고 백성에게 주어 수입을 이롭게 하지 않는다. 무릇 전대의 소위 각무權務·첩사貼射·교인交引·차부역의 제 종류가 지금은 다 없다. 오로지 사천에서만 다마사 1곳, 섬서는 다마사 4곳을 설치하고 관關·진津·요해지에 끼어 여러 개의 비험다인소批驗茶引所를 설치했을 따름이다. 그리고 매년 행인을 파견해 행다지行茶地의 방장괘方張掛에 방榜을 붙여 백성들로 하여금 금지를 알게 하고 또 서번西藩이 입공入貢할 시에 이들을 위해 금한을 두었으니 사람마다 정수定數가 있는 순대順帶(둘러매는 띠)를 허했다. 이렇게 한 것은 사익을 받들기 위한 것이 아니라 무릇 외국의 말에 의뢰하는 것을 변경의 방비로 삼고자 한 것이다.[767]

구준은 송조와 다름없는 명조의 차전매 금지정책과 변경지대 잔존정책을 추켜세우고 송조의 정책을 공연히 비판하고 있다. 이것은 다시 왕안석의 신법과 다른 것처럼 보이려는 의태擬態로 보인다.

구준은 주세법酒稅法에도 반대하며 상홍양의 각주법榷酒法(술에 과세하는 법)도 비판한다. 각주법은 인륜질서를 파괴하며 술을 두고 백성과 이利를 다투는

---

765) 丘濬, 『大學衍義補』, 卷之二十九 「制國用·山澤之利(下)」, 373쪽.
766) 丘濬, 『大學衍義補』, 卷之二十九 「制國用·山澤之利(下)」, 374쪽.
767) 丘濬, 『大學衍義補』, 卷之二十九 「制國用·山澤之利(下)」, 374-375쪽.

악법이라는 것이다. 그는 개인양조허용량(5두)과 선물의 양, 연회 시의 주량을 법정하고 양조권을 백성에게 일임해야 한다고 말한다.

술의 물건 됨은 고인古人이 만들어 제기의 제물처럼 귀신에게 제사 지내고 노인을 양노하고 빈객에게 주연을 베풀었으나, 민생의 일용으로서 없으면 아니 되는 물건이 아니었다. 의적儀狄이 처음 술을 만들었는데 대우大禹가 이를 마셔보고 후세가 반드시 이것으로 인해 나라를 망하게 하는 자가 있을 것이라고 미리 알았다. 무왕은 조고詔誥를 지어 신하들에게 경계하고 사형의 형벌을 추가하려고까지 하기에 이르렀다. 옛 성왕聖王은 입으로 마신 것이 적어도 반드시 사람의 생명을 죽이는 것을 참지 않았으되, 그래도 그런 경우에 법이 엄하지 않은 것은 금해도 그치지 않은 까닭이다. 상홍양이 술에 세금을 때리고 이利를 취하는 법을 만든 이래 백성들이 스스로 양조해 스스로 마시는 것을 방임했다. 오, 슬프다! 소득이 얼마나 많든 이내 천하국가로 하여금 무궁의 화禍를 받게 하고 마침내 어리석고 어리석은 백성들이 그 단맛을 좋아하기에 이르러 제 몸의 위대함을 잊고 성질이 이것으로 어지러워지고 덕이 이것으로 무너졌다. (…) 신은 어리석어 금일 화민후속化民厚俗이 급무이고 어떤 것도 삼대 성왕들의 금주禁酒양법을 회복하는 것보다 우선하는 것이 없다고 생각하지만, 법이 너무 엄하면 시행할 수 없고 법이 너무 관대하면 금할 수 없으니, 하물며 백성이 마시고 먹고 아울러 기호습관이 이미 습성을 이루어 지어 먹는 것을 폐하고 마시기만 하는 자가 나옴에랴! 기호습성이 이미 오래되면 하루아침에 혁파하는 것은 잘해도 쉽지 않다. 그리하여 관리들에게 칙유를 주어 고전을 밝게 펴게 하고 세금과액課額을 제거하고 금후에 관리와 군인과 백성의 집에서 사양조私釀造를 다 허용했다. 그러나 5두를 넘는 것을 불허하고, 서로 음식을 대접해 송별하는 자는 2되를 넘는 것을 불허하고, 연회는 3순巡을 넘는 것을 불허하고, 마시는 기호는 지극히 심한 주취酒醉를 불허했다. 주점을 열고 술을 파는 것은 중형이고, 술을 싣고 나가는 것은 엄금이다. 민가소유의 질그릇 중 술을 짜는 종류(窄之類)는 다 관청으로 보내 파괴하고 보내지 않는 자는 벌을 받는다. 술 짜는 것을 만드는 목공, 질그릇을 굽는 요호窯戶를 금지하고 없애 한계를 정하고 위반자는 치죄治罪한다. 이와 같으면 술은 부잣집이 아니면

빚을 수 없고 빈자는 따라서 술을 얻는 일이 없을 것이다. 법을 무서워하지 않는
자는 감정을 방임해 멋대로 굴고 싶을지라도 예를 알 것이고, 법을 지키는 자는 의거
하는 바가 있어 절제할 것이다. 이와 같은 것은 고인이 법을 세운 본의가 아닐지라도
시의를 따르는 것이니 민화후속하는 일단에 족할 것이다.768)

구준은 무왕의 금주禁酒와 상홍양의 각주榷酒 사이의 절충책을 권하고 있지만,
오늘날의 기준으로 보면 매우 엄하고 세세한 양조·음주법이다. 특히 주점을
금한 것은 구준의 자유경제론에서 가장 현격한 일탈이라고 하지 않을 수 없다.
구준의 국가관은 지나치게 도덕주의적이라는 것을 부인할 수 없다.

■구준의 오락가락하는 융자·가격조절정책

한편, 구준은 정부의 융자·가격조정정책을 인정했지만, 국가의 이자수취를
반대했다. 이 대목에서 구준의 논변은 자못 꼬인다. 구준의 신봉대상인 주희의
성리학을 위학僞學으로 간주한 엽적을 긍정적 맥락에서 인용하면서도 엽적이
은근히 따르는 왕안석을 부정하고 있기 때문이다. 구준은 천부법에 대한 엽적
의 해석을 이렇게 요약한다.

엽적은 말한다. 천부법은 시장의 안 팔리는 재화 중 민용을 적체시키는 것을 거두어
상인이 사게 한다. 외상으로 사는 자들이 제사와 상사 기한에 다 수치가 있고 국가복
무를 이자로 삼는다(以國服爲之息). 무릇 이 당시에는 백성이 다 구제할 백성이고 아
직 특별한 부자가 없었다. 개합·염산·경중지권은 일률적으로 황상으로부터 나왔다.
전야를 균전均田하고 백성으로 하여금 그 땅을 경작케 하고 여기에 그들의 집을 짓도
록 하고 그들로 하여금 그곳에서 살고 입고 먹게 하니 의식衣食의 갖춤이 잘되지
않음이 없었다. 그러나 제사와 상사가 오히려 아직 족하지 않은 바가 있어 윗사람이
주지 않으면 누가 주었겠는가? 그러므로 외상으로 팔거나 빌려주고 일수에 따라 갚
게 하고 그 윗사람이 제 것으로 정하는 것을 이자로 삼았다. 또 백성이 그 사업의

팔리지 않는 것과 재화 중 민용을 적체시키는 것에서 족하지 않은데 윗사람이 이것을 거두어들이지 않으면 불인不仁이다. 그렇다면 이 두 법은 무릇 삼대가 진실로 그것을 행했을 따름이다. 오늘날 천하의 백성은 고르지 못한(不齊) 지 오래되었다. 개합·염산·경중지권은 일률적으로 황상으로부터 나오지 않고 있고, 부상대고가 나눠 가진 지 몇 천, 몇 백 년인지 모른다. 이것을 거탈하는 것이 옳은가? 빼앗는 것이 옳다면 사리私利를 질시해 국리를 위하고 싶은 것인데, 이것이 옳은가?769)

그런데 구준은 마단림馬端臨(1254-1323)을 인용해서 뜻밖에도 그 이자를 문제 삼는다.

마단림은 말한다. "천부는 한 관청으로서 가장 백성을 편하게 하기 위한 것이다. 적체되면 관청이 이를 사들이고 백성이 불시에 사고 싶은 것은 관청이 팔고, 자력資力이 없는 자는 외상으로 대여해준다. 무릇 선왕이 백성을 자식같이 보고 그 은미함을 통찰해 많은 방책으로 그 결핍을 구제한 것이니 인정仁政은 이것보다 더 높은 것이 없다. 처음에 오로지 이익을 도모하고 이자를 취하기 위해 설치하지 않았다(初非專爲謀利取息也). 그런데 왕안석은 이 관청을 설치한 본의를 캐묻지 않고 '국가복역이이자다(國服爲息)'라는 정현鄭玄 주석 일어一語를 표절해 청묘법을 시행함으로써 천하를 그르쳤는데, 이것이 옳은가?770)

뒤에 상론하는 바와 같이 "국복이식國服爲息"이 이자를 말하는 것이 아니라는 이 해석은 그릇된 것이다. 구준은 마단림의 이 그릇된 이자시비에 잇대어 왕안석을 비판한다.

천부泉府의 설치는 천泉을 이름으로 삼으니 무릇 천포泉布의 관청이다('泉'은 '錢'의 고자古字다). 옛적에는 천포로써 천하만물을 유통시켰으니 백성을 편하게 하지 않음이

---

769) 丘濬, 『大學衍義補』, 卷之二十五 「制國用·市糴之令」, 340쪽.
770) 丘濬, 『大學衍義補』, 卷之二十五 「制國用·市糴之令」, 340쪽.

없었을 것이다. 천포는 황상에게서 나오고 화물貨物은 백성에게서 나오니, 백성의 화물이 다 있을 수 없어 유무有無를 유통시키고 천부에 의뢰해 물건을 바꾸고 싶었고 그런 연후에 없는 자가 각기 있게 된다. 그러나 그 물건들의 취합은 다소가 있고 때맞춰 물건을 쓰는 데는 완급이 있다. 씀에 적고 급하면 통하고, 씀에 많고 급하지 않으면 적체다. 윗사람이 적체로 인해 천포로 이를 거두어들이고 그 적은 것을 이에 통하게 하는 것은 민생을 두텁게 하는 방도다. 윗사람이 이미 거두어들였는데 아랫사람들이 혹시 급하게 수요가 있으면 그 원가에 따라 파는 것은 민용을 구제하는 방도다. 그러나 물건을 반드시 시가로 사야 한다면 저 빈민들은 살 수 없다. 그래서 관청이 외상으로 팔거나 자금을 대여해준다. 주는 것을 외상으로 판다면 갚을 때 이자를 취하지 않고, 자금을 대여해주었으면 본전에 의거해 그 이자를 계산한다. 이자를 취하지 않는 까닭은 상제喪祭의 급한 상황에 응하는 때문인 반면, 반드시 이자를 취하는 것은 그 부랑浮浪하는 비용을 제한하는 것이기 때문이다. 그러나 이자를 받으면 또한 금전으로가 아니라 노동력으로 받을 따름이다. '국복위지식國服爲之息'이라고 일컫는 것은 본전을 갚은 뒤에 공가公家(국가)에 복역하는 것을 이자로 삼는다는 것이다. (…) 무릇 이와 같은 것은 백성의 재물을 늘리지 않음이 없고, 백성의 위급을 구제하고 윗사람이 추호의 이利도 나눔이 없다. 어찌 왕망과 왕안석의 소행과 같겠는가?771)

구준은 '국복위지식國服爲之息'과 관련해서 더욱 상세하게 "국복은 백성이 농사일의 유형처럼 국가에 복역하는 업무를 말하고 백성이 물건을 대여하면 이자를 받지 않고 노력을 내서 국사에 복무해 이자를 대신 낸다(國服 謂民於國所服之業 如農圃之類也, 民貸物不取其息, 俾其出力以服國事以代出息也)"고 부연한다.772) 상제喪祭의 경우에 외상판매 시 이자를 받지 않는 반면, 자금(물건)대여 시에는 이자를 받되 노동력(국가복역)으로 받는다는 구준의 이 해석은 ― 모든 국역國役을 화폐로 지불하는 왕안석의 신법('면역법免役法')을 전제하면 ― 왕안석의 해석과 배치될 것이 없다. 따라서 구준이 그럼에도 왕안석을 기회 닿는 대로 비판하는

---

771) 丘濬, 『大學衍義補』, 卷之二十五 「制國用·市糴之令」, 340쪽.

772) 丘濬, 『大學衍義補』, 卷之二十五 「制國用·市糴之令」, 339-340쪽.

것은 당파성으로 인한 시대착오와 자가당착을 동시에 범하는 것이다.

자세히 따져보자. 구준은 "무릇 이 당시(주공시대)에는 백성이 다 구제할 백성이고 아직 특별한 부자가 없었으며, 개합·염산·경중지권은 일률적으로 황상으로부터 나온 반면, 오늘날 천하의 백성은 고르지 못한 지 오래되었고 개합·염산·경중지권은 일률적으로 황상으로부터 나오지 않고 있으며, 부상대고가 나눠 가진 지 몇 천, 몇 백 년인지 모른다"는 시대변화에 대한 엽적의 지적에 동의하면서 "사리私利를 질시해 국리를 위하고 싶어" 부상대고를 수탈하는 것은 옳지 않다고 주장한다. 엽적의 주장은 '이자를 받고 안 받고'의 문제가 아니라 시대의 현격한 차이를 지적하며 이에 맞는 자유주의 경제정책을 주장하고 있는 것이다. 그리고 상제喪祭에 외상으로 준 물건에 대해 이자를 면제하는 것은 이 제도의 실무적 운영에서 심각한 문제를 야기할 것이다. 『주례』는 "무릇 물건을 외상으로 사는 경우는 제사를 위한 것이면 열흘을 넘기지 않아야 하고 상사喪事를 위한 것이면 3개월을 넘기면 아니 된다"고 하고 있는데, 외상으로 사 간 백성들이 만약 이 시한규정을 어기거나 아예 갚지 않는다면 어찌할 것인가? 제도운영의 성공을 위해서는 인플레이션을 감당하거나 갚지 않아 생기는 손실분을 메꿀 수 있는 보충기금을 조성하기 위해 저리의 이자라도 받아야 하는 것이다. 그리고 물건이나 자금을 대여한 경우에 그 이자를 금전이 아니라 노동으로 대신 받는 것은 시대착오다. 왕안석은 면역법免役法으로 각종 부역을 금전으로 대납케 해 모든 신역身役을 없앰으로써 명실상부한 화폐경제시대를 개막했다. 그런데 구준은 굳이 왕안석을 힐뜯기 위해 북송개혁 이래의 화폐대납 추세에 역행해 『주례』의 천부법을 퇴행적으로 해석함으로써 '국가부역'을 다시 도입하려 하고 있다. 구준(1421-1495)이 살던 명대에는 화폐경제가 더욱 만발하고 있었다. 구준은 성리학계의 왕안석 비판 풍조에 조공을 바칠 것이 아니라 이 화폐경제시대에 발맞춰 '국복國服'을 국가복무 일수의 화폐임금 환산액으로 해석했어야 했다. 그러나 주희로부터 대대로 내려오는 그의 왕안석 혐오 습관과 – 대지주와 부상대고를 편드는 – 체질화된 '구법당舊法黨 정서'는 이런 시의적절한 해석을 가로막고 말았다.

■ 구준의 은연한 왕안석 활용

『대학연의보』에서 구준은 왕안석의 신법을 슬그머니 원용하거나 왕안석처럼 언행을 할 때면 가급적 왕안석과 거리가 있어 보이게 하기 위해 이와 같이 일부러 왕안석을 비판하는 '시늉'을 곁들인다. 가령 그는 "이 책(『주례』)이 존재한 이래 아직 이 책을 잘 이용한 자는 없었는데, 이 책을 가차해 쓴 자는 왕망이고, 경솔하게 이용한 자는 소작蘇綽이며, 잘못 쓴 사람은 왕안석인데, 이것을 선용하기에 이른 자는 아직 보지 못했다(自有此書以來 未有能用之者, 假而用之者王莽也, 輕而用之者蘇綽也, 誤而用之者王安石也, 至於善用之者則未見其人焉)"고 말한다.773) 또 구준은 가령 보마법을 이렇게 비방한다. "왕안석이 보마법保馬法을 창안해 시행했는데, 국가가 아직 꼭 말의 용도를 얻지 않았음에도 백성이 먼저 말을 받아야 하는 폐해가 있다. 이는 다름이 아니라 그 마음이 성실하지 못해 멀리 생각지 못한 것이다."774) 그리고 명조의 말 번식이 당나라의 번성기에 미치지 못한 것은 왕안석의 송대 보마법을 답습한 때문이라고 말한다.775) 그러면서 앞뒤가 맞지 않게 송대 보마법에서는 관청이 말을 자원자에게 관급官給해주고 초속草束과 절변연납전折變緣納錢을 면해준 데 반해, 명대에는 백성이 스스로 말을 구입해 양육해야 하고 양마養馬를 맡으면 다른 신역을 면제해준 송조와 달리 장정壯丁에 따라 양마를 전담시키고 '양초·호역糧草戶役'의 징수도 여전했기 때문에 이중역에 시달린다고 비판한다.776) 결국 내용적으로는 '왕안석의 보마법에 대한 칭찬'과 '명대 마정에 대한 비판'이다. 그런데도 왕안석의 보마법 비판을 목마지정牧馬之政의 화두로 삼고 있는 것이다.

■ 구준의 국가독점적 주전정책론과 적극적 상인관

한편, 구준은 자유경제를 주전鑄錢의 국가독점으로 뒷받침해야 한다고 주장한다.

---

773) 丘濬, 『大學衍義補』, 卷之七十五 「崇敎化·本經術以爲敎(上之下)」, 804쪽.
774) 丘濬, 『大學衍義補』, 卷一百二十三 「嚴武備·牧馬之政(上)」, 1277쪽.
775) 丘濬, 『大學衍義補』, 卷一百二十四 「嚴武備·牧馬之政(中)」, 1290쪽.
776) 丘濬, 『大學衍義補』, 卷一百二十五 「嚴武備·牧馬之政(下)」, 1295쪽.

무릇 하늘이 만물을 내어 사람을 기르는 것이니 차·소금과 같은 것에 대한 금법은 완화하는 것이 좋다. 그러나 전폐錢幣는 이권이 걸려 있기 때문에 금법을 제거하면 백성이 그 이利를 독차지할 수 있어 이利는 다툼의 단초가 된다.[777]

왜냐하면,

화폐의 이로운 본질은 천함을 귀하게 만들고 가난을 부유하게 만들 수 있다. 그러니 어리석고 어리석은 백성이 누가 빈천을 싫어하고 부귀를 탐하지 않겠는가? 생각건대 달하려고 꾀할 수 없는 것을 달하는 방도인 것이 돈이다. 따라서 전폐錢幣조정권을 위에서 갖고 아래에서 이 조정권을 얻으려고 꾀할 수 없으면 각자의 분수를 달갑게 지킬 것이다. 만약 그 권한을 방기해 아랫사람들로 하여금 이를 조정할 수 있게 하면 천한 것을 싫어하고 귀해지고 싶어 하며 가난을 싫어하고 부유해지고 싶어 하는 자는 다 ㄱ 전폐조정권을 좇을 것이다. 그리하여 겁달劫奪의 단초를 일으키고 실제로 화란禍亂의 연원에 이를 것이다.[778]

따라서 구준에 의하면 정부가 통화를 관리하는 것은 필연적인 것이다. 그리고 그는 화폐를 시장경제의 원활한 유통을 위해 필수적인 것으로 파악한다. 돈의 가벼움, 분할가능성, 보편적 교환가능성이 시장을 돌아가게 하기 때문이다.

무릇 천하의 모든 재화는 모두 돈(錢)에서 비롯된다. 무거운 것은 들 수 없으니 돈이 아니면 멀리 이를 수 없다. 또한 적체된 것은 통하지 못하니 돈이 아니면 다 같이 건질 수 없다. 그리고 큰 것은 나눌 수 없으니 돈이 아니면 작게 쓸 수 없다. 대화는 무겁지만 돈은 가볍고, 물건은 적체되지만 돈은 통하지 않음이 없다.[779]

---

777) 丘濬, 『大學衍義補』, 卷之 二十六 「制國用·銅楮之幣(上)」, 353쪽.

778) 丘濬, 『大學衍義補』, 卷之 二十六 「制國用·銅楮之幣(上)」, 353쪽.

779) 丘濬, 『大學衍義補』, 卷之 二十六 「制國用·銅楮牧之幣(上)」, 352쪽.

이런 전제에서 구준의 상인관商人觀도 매우 긍정적이고 적극적이었다.

> 포布는 '천泉'이고, '천'은 전錢이다. 전폐錢幣로 모든 물건을 재고 그것을 유통시키는
> 자는 상인이다. 그러므로 상인이 재화를 늘린 뒤에 천포泉布가 유행할 수 있고 흉황凶
> 荒, 역병과 상사(簡喪)를 당할 때에 상인들이 죄다 모이고 식화食貨가 늘어나 역시
> 그 결핍을 구제하고 곤란을 그치게 할 수 있다. 그러므로 이때에 시장에서 징세를
> 없애는 것이 상인을 오게 하는 방도이고, 상인을 오게 하는 것은 식화를 늘리는 방도
> 다. 그러나 무역의 도구가 없을 것이 우려된다. 그러므로 그들을 위해 금속을 주조鑄
> 造하고 이것으로 전폐를 만들어주는 것이다. 미곡에 풍년과 흉년이 닥치면 이것은
> 인력으로 닿을 수 없다. 그러나 금동金銅은 풍년과 흉년이 없어 인력으로 할 수 있다.
> 그러므로 그들을 위해 주전鑄錢해 그들로 하여금 먹을 것을 넓히게 해 기아를 구제하
> 게 하는 것이다. 『주례』의 주전법도 역시 탕·우임금이 가뭄 때문에 금속과 금전을
> 주조한 유의遺意다.780)

상인을 보는 구준의 눈이 실로 극진하다. 상인을 흉년구제자, 역병구제자, 상제
원조자, 기아구제자로 여기고 주전을 마치 이들만을 위해 하는 것으로 말하고
있기 때문이다.

구준은 주전의 정부독점권을 유지하려면 동전의 사주私鑄를 금해야 하는데
이를 위해서는 금법이 다가 아니고 화폐의 실질가치 유지가 더 중요하다고
말한다. "1전을 만드는 데 1전을 비용으로 쓰면 본전이 많고 수공도 들기 때문에
비록 사람들을 몰아다 주조하게 시켜도 그들은 하지 않을 것이다. 하물며 범법
을 금한 것을 무릅쓰면서까지 몰래 그것을 하겠는가?"781)

그리고 구준은 경폐輕幣와 중폐重幣의 통화량 조절을 통한 화폐가치의 안정
을 자모상권설子母相權說과 경중설輕重說로 설명한다.

---

780) 丘濬, 『大學衍義補』 「制國用·銅楮牧之幣(上)」, 352쪽.
781) 丘濬, 『大學衍義補』 「制國用·銅楮牧之幣(上)」, 355쪽.

후세가 전화錢貨자모상권설이 스스로 나왔다고 논한다. 중폐重幣는 모母이고 경폐輕幣는 자子다. 중폐는 비싼 것을 통행시키고 경폐는 싼 것을 통행시켜 비싸고 싼 것이 서로를 재며 병행한다. 무릇 백성의 걱정은 경중이 있다. 황상은 조정권을 지니고 경중을 서로 재고 통행케 해야 한다. 경폐를 걱정하면 중폐를 만들고 중폐를 걱정하면 경폐를 만들지라도 중폐를 폐하지 않는다. 자子는 폐할 수 있으나 모母는 폐할 수 없는 까닭이다. 진秦나라와 천하의 화폐는 2등급인데 황금은 상폐上幣이고, 동전의 질은 주나라 돈과 같았다. 문文은 반량半兩이고 문만큼 무거우면 하폐下幣다.782)

구준은 비싼 상품과 싼 상품의 원활한 유통을 위해 중폐(금·은화)와 경폐(동전)를 모자母子관계에 비유해 경중을 서로 저울질하고 병행해 사용하고 경폐와 중폐의 주전 수량을 조절해 그 가치를 유지할 것을 논하고 있다.

■무기운 과세와 이중과세에 대한 구준의 비판

또한 구준은 상업유통을 원활히 하고 진흥하기 위해 상업에 대한 과세를 가볍게 해야 한다고 주장했다. 그리하여 그는 상업세로 이국利國하거나, 이국만을 위해 상업에 무거운 세금을 물리는 중과세와 이중과세('重稅')를 반대했다.

옛날에는 여러 길이 모이는 곳에 관關을 세우고 출입을 제한했으며 여러 사람이 모이는 곳에 시장을 열어 유무를 서로 통하게 했다. 이로써 서로 고르게 수용을 충족케 했다. 이렇게 한 것은 백성을 이롭게 하지 않은 것이 없었다. 후에는 이利를 독차지해 국용에 씀으로써 이국利國하기만 했는데 이는 결코 고인古人의 뜻이 아니다.783)

그리고 구준은 송대의 미곡판매세(力勝稅)를 이중과세로 비판했다. 미곡판매에 대한 과세는 미곡생산과 관련해 농민이 이미 세금을 납부했으므로 판매 시에 또 세금을 물리는 것은 이중과세라는 것이다. 또 주세징수도 그 재료인 곡물의

782) 丘濬, 『大學衍義補』 「制國用·銅楮牧之幣(上)」, 353쪽.
783) 丘濬, 『大學衍義補』, 卷之三十 「制國用·征榷之課」, 387쪽.

생산 시에 납세했으므로 이중과세로 간주했다.

> 백성의 종자 오곡은 이미 조세를 납부했다. 다시 부과하는 이치는 없다. 다른 죽목竹
> 木이나 생축牲畜과 비교되지 않는다. 죽목·생축의 종류는 원래 세금징수가 없다. 그
> 러므로 상인의 재화로 관시關市에서 팔 때 관청이 세금을 매길 수 있다. 지금 백성은
> 이미 관창官倉에 세금을 납부했는데도 관시가 또 그 세금을 징수하면 어찌 무겁지
> 않은가? 이것은 왕정이 아닌 것만이 아니라 천리가 아니기도 하다. 명조는 세과사국
> 稅課司局을 만들고 오곡과 서적·지차紙箚(종이낱장)에 세금을 부과하는 것을 불허했다.
> 그 일은 미미할지라도 그것이 관계하는 바는 커서 왕자王者의 정사이고 인인仁人의
> 마음이다.784)

또한 구준은 곡자와 식초를 구입해 와 판매하는 것에 대한 상업세 부과도
삼중·사중세라고 비판한다.

> 곡맥(곡식과 보리)은 이미 납세했는데도 곡식을 써서 술을 만들면 또 세금을 물리고
> 보리로 누룩을 만들고 술을 빚으면 또 세금을 물리고 쌀과 술지게미를 써서 식초를
> 만들면 또 세금을 물린다. 이것은 곡맥 한 종류에 농경해 밥을 먹는 데 쓰고 관청이
> 이미 취하고 농민으로부터 쌀을 사들여 술을 만들고 누룩을 만들고 식초를 만들고
> 관청이 또 취하는 것이다. 이것은 일물一物에 3-4번 세금을 매기는 것이다. 우리 명조
> 는 술과 누룩의 공무를 세우지 않았고 오로지 세무 가운데에만 그 과업을 펴고 식초
> 는 자고로 금지가 없고 무릇 당·송 이래 가정혹렴苛征酷斂을 일체 혁파했다. 그리하
> 여 백성에게서 취하는 것은 관대하다고 말할 만하다.785)

이 이중·삼중과세 폐지는 농산품의 상품화와 농산물가공업을 촉진하는 효과
가 있다. 그렇다면 판매세는 공산품과 상거래에 대해서만 과세해야 한다는

---

784) 丘濬, 『大學衍義補』, 卷之三十 「制國用·征榷之課」, 383쪽.
785) 丘濬, 『大學衍義補』, 卷之三十 「制國用·征榷之課」, 388쪽.

말이다.

그리고 고대의 상업억압을 위한 중과세는 명대의 시의에 부합되지 않는 잘못된 정책이라고 비판한다.

한나라 초에는 고대와 멀지 않은 시대라서 억상抑商정책을 시행한 것은 오히려 고의 古意가 있었다. 즉, 시전市廛의 수입으로써 국가경비를 삼지 않고 상인의 의복과 일용 을 지나치게 사치하지 않도록 했는데, 이것은 옳았다. 그러나 시장세를 내놓아 봉군 封君에게 바치고 상업세를 무겁게 과세해 상인에게 곤욕을 주는 것은 잘못이다.786)

국가의 경제정책은 '이민利民'을 위한 것이지, '이국利國'을 위한 것이 아니어야 하기 때문이다.

■독점가의 시장농단을 막는 국가개입

앞서 상론했듯이 맹자는 상업관세나 상업세, 그리고 정부의 시장개입이 '이국'이 아니라 부상대고의 매점매석과 독점이익 추구(농단)를 막기 위해 생겨 났다고 갈파한 바 있다. 맹자의 이 논리에 따라 구준은 부상대고의 농단을 막기 위한 정부의 시장개입을 주장한다.

맹자의 이 말에서 고인들이 관시關市를 세운 본의를 알 수 있다. 그 뜻은 악인들이 말리末利만을 좇아 이익을 독차지했기 때문에 법을 세워 이것을 막았던 것이다.787)

이 말로써 구준은 관중의 전제적 통제경제에 반대하지만 독과점을 막고 공정거 래를 진흥하기 위한 '최소한의 정부개입 필요성'을 인정하고 있다. 하지만 정부 개입은 어디까지나 "국가를 이롭게 하기" 위해서가 아니라 '백성을 이롭게 하기' 위해서 해야 하는 것이다.

786) 丘濬, 『大學衍義補』, 卷之三十 「制國用·征榷之課」, 382쪽.
787) 丘濬, 『大學衍義補』, 卷之三十 「制國用·征榷之課」, 382쪽.

나아가 구준은 중국이 능동적으로 대외교역을 추진하는 적극적 대외무역정
책은 아니지만 이민족이 중국과 물자를 교환하기를 원해서 벌어지는 대외교역
을 억압하지 않고 허용하는 소극적 무역정책을 권장한다.

나는 우리나라에 만국의 부가 있으므로 해도海島의 이利를 기대할 것이 없다고 생각
한다. 그러나 중국의 물자가 일용에 풍족해서 진실로 외이外夷에 기대할 필요가 없되,
외이가 쓰는 물자에 중국 물건이 없어서는 아니 된다. (중국 물건이 없게 되면) 사통
私通하고 (국경을) 넘어올 것에 대한 걱정은 단연코 끊을 수 없으니 비록 법률에 명확
한 금법이 있어도 다만 이利가 소재하기만 하면 백성은 죽음을 불사한다. 백성이
법을 어기면 죄를 짓고, 죄를 지으면 또 범법하는 자가 있으며, 이내 이것으로 말미암
아 금법에 조응하는 관리에게 죄를 주게 된다. 이와 같으면 우리는 이익이 없는 것만
이 아니라 해도 있게 된다. 『대명률』을 고찰해보면 「호율戶律」에 '박상닉화의 조舶商
匿貨之條'가 있는 것은 본조가 진실로 사람들에게 바다를 항해해 장사하는 것을 허
용한 것(本朝固許人泛海爲商)을 뜻한다. 언제 금지했는지를 모르는데, 슬그머니 전대
의 호시互市(변경시장)의 법처럼 하는 것을 당연하다고 생각하고 바라건대 관청의 이
름과 업무를 따라 불렀으면 한다.788)

중국이 부국강병을 위해 적극적으로 원해서가 아니라 주변 이민족이 물자부족
으로 무역을 원하기 때문에 대외무역을 인정하지 않을 수 없다는 것이다. 구준
은 이민족들과의 대외교역을 열어주고 여기서 관세를 받아 국용에 보태는
것도 양책良策이라고 생각한 것이다. 이것을 보면 구준이 이민족을 위해 대외무
역을 개방하는 것처럼 말하지만, 실은 "중국의 백성을 동요시키지 않고 외방의
도움을 얻는 것도 역시 국용을 풍족하게 하는 일단이다(不擾中國之民而得外邦之助
是亦足國用之一端也)"라고도 말하는 것으로789) 보아 이것을 구실로 중국의 국익
을 추구하기를 바란 것으로 보인다.

---

788) 丘濬, 『大學衍義補』, 卷之二十五 「制國用·市糴之令」, 345쪽.
789) 丘濬, 『大學衍義補』, 卷之二十五 「制國用·市糴之令」, 345쪽.

위 인용문의 바로 앞에서 구준은 '시박사市舶司'의 재활용을 권고한다. "본조의 시박사의 이름은 비록 옛것을 따르고 있어도 추분지법抽分之法(뽑고 쪼개는법)이 없다. 오직 절강·민족閩族땅·광주에만 관청을 두고 해외 제번諸番의 조공진상자들을 대우했다. 무릇 이로써 원인遠人을 회유懷柔하는 것이라서 실제로 그 조공수입을 이롭게 하는 것이 없다."790) 이 구절로써 구준은 명초 이래 엄격히 시행되어오던 해금海禁정책을 해제할 것을 바라고 있다. 다른 곳에서 그는 국제무역에 필요한 절차(출항 전 화물적재량·품목·경유국명·귀국일시 등록, 귀국후 검사·관세납부 절차 등)에 대해서도 상론했다.791) 이것은 이미 암묵적으로 시행되고 있던 해외무역 관행을 공식화하려는 것이지만 분명 획기적인 일이었다.

반反성리학자 엽적의 자유상업론을 계승한 성리학수정주의자 구준의 자유경제론은 당대 일부 성리학자들로부터 시무에 경도되어 도학을 버렸다는 혹평을 들었을지라도 청대에도 계승되었다. 주지하다시피 청대에는 명대보다 더욱 활발한 국제무역이 벌어졌다. 또한 그의 시정경제론은 조선에서 『대학연의보』의 재출간과 더불어 농·상·공업의 삼업병중론三業並重論을 전개한 정조의 경제철학의792) 일부가 됨으로써 1791년 조선의 신해통공법辛亥通共法(자유통상법) 제정을 뒷받침하고 1790년대부터 조선의 상도常道로 확립되었다.

2.6. 개신유학자 황종희의 상공업본업론과 지폐론

절강성 여요餘姚현 출신 황종희黃宗羲(1610-1695)도 중국의 역대 자유시장론자 사조에 속한다. 그러나 명말·청초에 살았던 그의 사상 계열은 이전의 자유시장론들과 판연히 달랐다. 그는 송대의 사공학을 양명학과 결합한 개신유학을 대표했기 때문이다. 그의 사상은 동림당의 신상이데올로기에서 기원하는 개신유학에 속했다. 황종희는 고염무·왕부지와 함께 청초 삼학사로서 상업화 경제

---

790) 丘濬, 『大學衍義補』, 卷之二十五 「制國用·市糴之令」, 345쪽: "本朝市舶司之名 雖沿其舊而無抽分之法. 惟於浙·閩·廣三處置司以待海外諸番之進貢者. 蓋用以懷柔遠人 實無所利其入也."

791) 참조: 윤정분, 『中國近世 經世思想 研究』, 100쪽.

792) 김성윤, 『朝鮮後期 蕩平政治 研究』(서울: 지식산업사, 1997), 146쪽.

가 더 번창하고 맹아적 자본주의가 확대된 18세기에 휘주 상인문화와 개신유학의 새로운 사상적 정점을 대표하는 인물이었다.

■황종희의 농·상 양본주의

상론했듯이, 동림서원과 황종희 등 삼학사의 개신유학은 중국 부르주아지 '신상'의 이데올로기다. 전현직 관리 유자들로 구성되었던 동림당의 본향은 과반이 양자강 삼각주와 산서·섬서성에 있었다. 산서·섬서 상인들은 중국 북부지방의 최대 상인집단이었다. 산서·섬서성 출신 동림당원의 상당수는 염상가문 출신이고, 또 상당수는 당시에 신상가문(상공업에 종사하는 관료적 지주가문) 출신이다. 나머지 일부가 지주 출신이었지만 산서·섬서 출신이었다. 이들은 산서·섬서 상인들과 셀 수 없는 방식으로 연결되어 있었다. 절강·강소 출신 당원들은 전직 관리들이었지만, 대다수의 산서·섬서 동림당원들은 현직에 있었다. 따라서 명대 동림당에 대한 충성심에서도 상인들의 일반이익을 대표할 수밖에 없었던 황종희의 개신유학은793) 정부 안팎에서 서로 잘 호응하고 협력하는 전현직 관리들의 인맥 네트워크 속에서 쉽사리 정부정책으로 유입할 수 있었다. 따라서 황종희의 이론은 공리공담이거나 실천할 길이 먼 무력한 순수이론이 아니었다.

황종희는 명말·청초에 집필한『명이대방록明夷待訪錄』(1663)에서 개인들의 가치와 권리를 보호하는 관점에서 백성의 사익을 견결히 대변했다. 따라서 백성의 사익을 엄정하게 대변하는 황종희의 경제관은 매우 혁신적일 수밖에 없었다. 이런 혁신적 경제관에서 중국 상업사회의 '신상 이데올로기'를 대변한 그는 상공업을 농업과 함께 '본업'이라고 주장했다. 그러나 당대 성리학적 세류 유자들은 명대의 상업억압과 무역금지의 낡은 '명분'을 금과옥조로 여기고 이에 부화뇌동해 상공업을 '말업'으로 천시했다. 그는 이들에 대항해 상공업도 농업과 대등한 '본업'이라고 천명했다.

---

793) 참조: Tang, *Merchants and Society in Modern China*, 23쪽.

세류유자들은 불찰해 상공업을 말업으로 망령되이 의론하고 억압한다. 그러나 무릇 공업은 진실로 성왕이 오게 하고 싶은 것이고 상업도 또한 길가에 나오기를 바라는 것으로서, 둘 다 본업인 것이다.(世流不察 以工商爲末 妄議抑之. 夫工固聖王之所欲來 商又使其願出於途者 蓋皆本也.)794)

이것은 공맹과 사마천을 잇는 유가정통의 '농·상 양본주의'의 가장 극명한 선언이다. 이 논지에 따라 청대의 세제는 점차 상업세를 농지세보다 가볍게 하는 방향으로 변해서 상공업을 높이 진흥했다. 그 결과, 신상의 경제적 토대는 강화되었고, 동시에 신상의 인적 구성도 크게 확대되었다. 공맹·사마천·황종희의 농·상 양본주의는 조선 국왕 정조의 '삼업병중론三業竝重論'과795) 본질적으로 상통하는 것이다. '삼업병중론'은 농업·상업·공업을 똑같이 중히 여겨 이 삼업을 공히 진흥해 병진시키는 이론이다.

■지폐 위주 통화론
그리고 황종희는 앞서 시사했듯이 상업유통을 수월하도록 하기 위해 지폐紙幣 위주의 화폐정책을 주창하기도 했다.

생각건대, 지폐는 당나라의 비전飛錢에서 생겨났는데 민간의 회표와 같았다. 송나라에 와서 이를 관제로 개시해 시행했다. 그러나 송나라가 이를 통용시킬 수 있었던 이유는 일계一界(3년 치)의 지폐를 조폐할 때마다 본전 30만 꾸러미를 준비해두고 또 소금과 술 등의 항목으로 이를 보조하게 했기 때문이다. 무릇 민간이 지폐를 갖고자 하면 동전을 금고에 입고시켜야 하고, 동전을 갖고자 하면 지폐를 금고에 입고시켜야 하며, 소금과 술을 얻고자 하면 지폐를 제 업무에 넣어야 했다. 그러므로 지폐가 손에 있다는 것은 동전을 함께 보는 것과 진배없었다. (…) 또한 진실로 금화와 은화

794) 黃宗羲,『明夷待訪錄』「財計 三」. 황종희,『명이대방록』(서울: 한길사, 2000·2003), 201쪽(한문원문).
795) 김성윤,『朝鮮後期 蕩平政治 硏究』(서울: 지식산업사, 1997), 146쪽.

를 폐하면, 곡식과 비단과 동전꾸러미가 멀리 옮기기에 불편하므로 한 뭉치의 지폐를 주머니에 넣어 묶어 이곳저곳 장소를 바꿔 교역할 수 있고, 관리와 상인에게도 또한 시행되지 않을 수 없다.796)

황종희의 '농·상 본업론'은 농·상 양본주의를 가장 명확하게 표현한 것으로서, 그의 지폐론은 실로 매우 미래지향적인 '근대경제론'이라고 아니할 수 없다. 그러나 그의 지폐론은 정부정책으로 실현되지 못했으며, 훗날 18-19세기에 '표호票號'와 '전장錢莊'의 이름으로 번창한 중국의 전통적 사금융·은행업체에서 지방분할적으로 통용되는 각지의 신용화폐로 실현된다.

유가정통의 농·상 양본주의는 이와 같이 중국에서 ─ 교조적 성리학이 단독으로 지배하던 조선에서와 달리 ─ 사상적으로 면면히 이어졌다. 공맹과 사마천·왕안석·엽적·구준·황종희의 자유경제사상은 중국의 자유경제 역사와 경제적 번영을 매개로 서양으로 건너가 실루에트·멜롱·푸아부르, 케네·튀르고·보도·다르장송·리비에르·르클레르와 뒤퐁 드 네무르를 비롯한 중농주의자들, 그리고 그 영향하에 있었던 아담 스미스 등 유럽 학자들에게로 전해져 근대 자유경제사상을 배태시킨다. 이것에 대해서는 뒤에 상론한다.

제3절 중국과 극동의 경제발전과 풍요

3.1. 유가의 시무적 경세철학과 중국 역대정부의 경제·복지정책

공자·맹자의 경제철학과 사마천·왕안석·엽적·황종희 등의 경세론을 이론적 관점에서 분석한 다음에 자연히 생겨나는 의문은 이 경세론들이 과연 중국

---

796) 黃宗羲,『明夷待訪錄』「財計 二」. 황종희,『명이대방록』, 197쪽(한문원문): "按鈔起於唐之飛錢, 猶民間之會票也. 至宋而始官制行之. 然宋之所以得行者 每造一界 備本錢三十萬緡 而又佐之以鹽酒等項. 蓋民間欲得鈔 則以錢入庫, 欲得錢 則以鈔入庫, 欲得鹽酒 則以鈔入諸務. 故鈔之在手, 與見錢無異. (…) 且誠廢金銀 則穀錦錢緡 不便行遠 以囊括尺寸之鈔 隨地可以變易 在仕宦商賈又不得不行."

역대정부에 의해 채택되었는가 하는 것이다. 미리 답한다면 그 이론의 대강은 늘 직간접적으로 국가정책과 제도로 구현되었다는 것이다. 직접적 구현은 왕안석의 경우처럼 이론가 자신이 권력을 장악했을 때 직접 국가개혁정책으로 실현하는 방식으로 이루어졌고, 간접적 구현은 훗날 사마천·왕안석·엽적·황종희 등의 경세론을 따르는 일정한 무리가 권력을 쥐었을 때 이 경제론을 나중에 정책화·제도화하는 방식으로 이루어졌다.

사마천·왕안석·엽적·황종희 등은 공맹 이후 중국의 역대 사상가들 중 '자연지험'의 자유시장을 가장 정교하게 이론화하고, 가장 치열하게 그리고 가장 극적으로 옹호한 사상가들이다. 그래서 그런지, 사마천의 경제철학의 경우 전체적으로 보면 공맹의 '무위'와 '유위'의 '양민' 중 '무위양민'에 치중해 있다. 그러나 하늘이 '기왓장 세 장만큼 불완전하듯이 하늘의 명을 따르는 '무위이차'와 '자연지험'에 의거한 자유시장도 때로 불완전하고 때로 기형적으로 작동하기에, '무위양민'만으로는 백성을 다 고부 부유하게 하는 데 역부족이다. 이에 대처하기 위해서는 '유위양민' 정책이 추가로 필요하다. 경제정책(가격조절정책, 빈익빈부익부 현상에 대처하는 경제균제, 조세균제, 직업·기술보급교육, 생산자금·도구·종자 등의 지원을 통한 산업·경제진흥)과 사회복지정책(일자리 창출, 환과고독·병자·빈자 등의 사회적 약자에 대한 구휼, 재해지역에 대한 면세·감세·구휼정책) 등의 '유위양민'과, '자천자이지어서인自天子以至於庶人 일시개이수신위본壹是皆以修身爲本' 또는 '유교무류有教無類'의 만민평등교육 및 차별 없는 '교민'복지정책이 필수불가결한 것이다. 그런데도 사마천은 가격조절정책 말고는 이 '유위양민' 정책들을 전혀 언급하지 않고 있다. 그러나 공맹의 경우에 소극적 '무위양민'과 적극적 '유위양민'은 상호 불가분적인 것이다. 이 점에서는 구준도 마찬가지다.

■ 중국 역대정부의 경제정책

중국의 역대 경세가들의 자유경제론은 공맹의 양민론의 일부다. 하늘은 기와집의 '기왓장 세 장'만큼 불완전하기 때문에 하늘의 '자연지험'에 의존한 자유경제도 백성을 다 부유하게 하는 데 부족함이 있다. 이 부족을 메우기

위해 정부는 불완전한 하늘의 '자연지험'에만 의존하지 않고 경제자유화 조치
에 더해 능동적인 경제·복지정책을 펴야 한다. 도량형을 통일하고 유지하며
도로와 항만을 건설·보존하고 주전鑄錢사업과 통화조절정책을 원활하게 시행
해야 하고, 환鰥·과寡·독獨의 노인과 고아·병자·장애인·빈민 등 사회적 약자
들에 대한 전통적 복지구휼정책, 천재지변과 인재(전쟁·내란)로 유린된 지역에
대한 면세·감세·구휼정책, 생산자금·도구·종자 등의 임대지원정책, (맹자가
열거하는) 기술보급·직업교육정책 등이 그것이다. 따라서 정부의 이 경제활동
지원·복지정책은 '적극적 양민정책'인 한편, 경제자유화 조치는 '소극적 양민
정책'인 셈이다.

'적극적 양민정책'과 '소극적 양민정책'을 결합시킨 공맹과 사마천의 자유경
제·복지철학은 이후 중국에서 전통적으로 그 대강이 왕안석·엽적·구준·황종
희의 경우에서 보듯이 면면히 계승되고, 실제의 정치와 경제에도 적용되었다.
유가의 자유경제사상은 고대 중국의 상품경제에 긍정적 영향을 미쳤다. 이
자유경제사상은 전국시대와 진·한시대, 송·명대에 활발했다. 이 시대들은 중
국의 상품경제의 발달에서 두 정점을 포함하고 있다. 첫 번째 정점은 춘추전국
시대로부터 전한의 무제 때까지이고, 두 번째 정점은 송·명·청대다. 두 정점의
전개는 유가 자유경제사상의 사상적 석권 및 국가의 경제정책에 대한 이 사상
의 영향과 긴밀히 관련되어 있다.[797]

한·당·송·명나라 치세에 국가는 소금·인삼·차 등 이윤이 많은 산업 분야에
서 전매·독점권의 설정과 가격통제의 개입 정도를 두고 정부가 해야 하는
간섭의 수준에 대해 종종 논란을 벌였다. 이 논란은 지나친 간섭에 반대하는
유학집단과 간섭을 확대하려는 소위 개혁집단 사이에서 불꽃을 튀겼다. 한·당
나라 때에는 황제들이 평소에 자유경제체제를 유지하되, 전시에는 특정분야에
정부전매권을 설치했다가 재정위기가 지나가면 나중에 철폐하는 정책을 취했
다. 하지만 송·명나라 때에는 독점이 아예 모든 산업에서 폐지되었고, 이 두
왕조의 전 기간 동안 다시 도입되지 않았다. 두 왕조는 전면적 무위경제체제를

---

797) Ma Tao, "Confucian Thought on the Free Economy", 164-165쪽.

내내 견지한 것이다. 청나라 때에는 일부 품목에서 정부 독점이 재도입되고 정부가 경제에 많이 개입했지만, 자유상공업의 대강을 잃지 않았다.

아무튼 불간섭·민영화·조세경감·자유상공업을 추구하는 자유경제정책은 공맹과 사마천의 경제이론과 관치경제 비판에 힘입어 송·원·명·청나라의 역대 중국정부의 전통이 된다. 그리고 공맹의 경제·복지론도 자유시장철학과 쌍두마차를 이루며 중국과 극동에서 번영을 이끌었다. 중국과 조선에서 가령 만민평등교육 및 신분차별·빈부차별 없는798) 교민복지정책은 향교·사학四學·성균관 유생들에 대한 무상교육, 무상숙식, 학비·용돈 지급 및 병역·신역 면제 등으로 구현되었다. 또 앞서 확인했듯이 한·당·송·명·청나라 치세에 소금·인삼·차 등 이윤 많은 산업 분야에서 전매·독점권의 설정과 가격통제의 개입 정도를 두고 정부가 해야 하는 간섭의 수준에 대해 너무 많은 간섭과 규제에 반대하는 유학집단과 간섭을 확대하려는 법가적 '세도가집단' 간에 논쟁이 불꽃을 튀겼지만, 대강 자유시장 원칙이 견지되었다. 국가개입주의가 상대적으로 증가한 청나라의 경제정책도 조공무역이 '조공'을 외피로 한 공무역으로 기능하고 공식적·비공식적 사무역이 증가해 조공무역을 압도하면서 정부의 부분적 독점과 무역규제도 공식적·비공식적으로 사실상 완전히 형해화되었다.799) 그리하여 동아시아에서는 대대로 자유시장과 자유교역이 번창해 거대한 국제적 상업사회를 낳고 동아시아제국의 번영을 이끌었던 것이다.800)

따라서 18세기 초반 뒤알드가 청나라 때 중국경제를, 국내무역만 해도 "전 유럽의 무역과 비교될 수 없을 정도로 방대하다"고 찬양한 이래,801) 18세기

---

798) 모든 신분, 모든 계급에 대한 각급 학교입학 및 과거 응시자격의 보편적 개방은 과거제를 운영하는 모든 동아시아국가의 通義였다. 참조: 오금성, 『國法과 社會慣行』(서울: 지식산업사, 2007), 183-199, 222-242쪽; 조동일, 『동아시아 문명론』, 285, 287-288쪽.

799) 중국역사 2,050년(기원전 140-1911년) 중 1,500년간(전 기간의 75%) 국제무역의 금지가 없었고, 명·청대에 일시 무역이 금지된 시기는 단지 60년(전 기간의 3%)에 불과했다. 그리고 당·송대 600년은 대내외적으로 거의 완전한 자유교역시대였다. 참조: Deng, *The Premodern Chinese Economy*, 117쪽.

800) 참조; John M. Hobson, *The Eastern Origins of Western Civilization* (Cambridge·New York: Cambridge University Press, 2004·2008), 50-96쪽; 황태연, 『공자와 세계 1』 제1권(상), 387-425쪽.

801) Jean-Baptiste Du Halde, *Description géographique, historique, chronologique, politique, et physique*

유럽 학자들은 너도나도 질시와 감탄 속에서 중국경제를 한없이 방대한 시장경제로 인정했다.802) 그도 그럴 것이 유럽제국은 당시 대외무역을 금하거나 정부의 강력한 통제하에서 소수의 특권상인들에게만 독점케 했고, 국내의 지방 간 교역은 아예 금지하거나 여기에 높은 관세를 부과했던 까닭에 전국적 국내시장과 '국민경제'가 거의 형성되지 않았기 때문이다.

'적극적 양민정책'과 '소극적 양민정책'이 결합된 공맹의 자유경제·복지철학이 중국의 역대정부의 경제정책들에 의해 현실 속에 구현되어왔기 때문에 서양은 공맹과 사마천의 이론에 대한 독서를 통해서만이 아니라 중국정부의 경제정책에 대한 관찰을 통해서도 공맹과 사마천의 자유경제·복지국가론을 배우게 된다. 그러나 불행히도 18세기 유럽은 '적극적 양민정책'과 '소극적 양민정책'이 결합된 중국 양민정책을 둘로 분할해 받아들인다. 복지정책 없는 자유시장의 '소극적 양민정책'은 케네와 아담 스미스를 통해 프랑스와 영국으로 들어가 자유시장에 기초한 '야경국가'를 낳았으며, 자유시장·자유교역 없는 '적극적 양민정책'은 크리스티안 볼프와 유스티를 통해 독일 관헌국가로 들어가 18세기 말 관방학적 복지국가론으로 발전하고 19세기에 사회보장정책으로 정착한다. 유럽에서 '소극적 양민(자유시장)'과 '적극적 양민(복지국가)'이 재결합하는 데는 다시 150년의 세월이 필요했다. 자유시장경제와 결합된 복지국가는 유럽에서 전후 20세기 중반부터야 비로소 일반적으로 받아들여졌기 때문이다.

청나라의 저 축소된 무위경제체제도 당시 유럽에 비하면 미래의 중농주의자들이 탐낼 만큼 엄청나게 자유로운 경제체제였다. 이런 중국경제의 원리들은 케네가 경제 연구를 시작하기 전에 나온 루이 르콩트(Louis[-Daniel] Le Comte) 신부의

---

de l'empire de la Chine et de la Tartarie chinoise, enrichie des cartes generales et particulieres de ces pays, de la carte generale et des cartes particulieres du Thibet, & de la Corée (Paris: A la Haye, chez Henri Scheurleer, 1735). 영역판: P. Du Halde, *The General History of China*, Vol. 2 (London: Printed by and for John Watts, 1736), 296쪽.

802) 이 점은 대표적 중국비방자 몽테스키외도 질시하며 인정했던 바다. 참조: Montesquieu, *The Spirit of the Laws* [1748] (Cambridge·New York etc.: Cambridge University Press, 1989·2008), Part 4, Bk. 21, Ch. 21, 393쪽. 뒤알드의 위 책이 나온 지 40년 뒤 아담 스미스도 중국의 국내시장만 쳐도 "아마 규모 면에서 유럽의 모든 상이한 나라들의 시장을 다 합친 것보다 많이 열등하지 않다"고 감탄한다. Smith, *Wealth of Nations* (1776), Vol. II, IV. ix. 41(681쪽).

『중국의 현재상태에 대한 신新비망록』(1696), 에티엔느 드 실루에트(Etienne de Silhouette)의 『중국인의 통치와 도덕의 일반이념』(1729)과 『중국의 저울』(1764) 등에 이미 거의 다 기술되어 있다.

지금까지의 서술을 통해 공맹철학과 역대 중국정부의 경제정책 노선은 농본주의와 함께 정부의 불간섭과 부세賦稅경감을 통해 자유상업을 촉진하는 상본주의를 둘 다 중시하는 '농·상 양본주의'와, 백성의 물질적 욕구해방·부민富民·중산층강화를 겨냥한 균제정책에 기초한 '중용지국'의 이념을 대변해왔음이 분명히 밝혀졌다. 이제 이런 경제철학과 경제정책이 구체적으로 어떤 풍요를 극동에 가져다주었는지를 살펴보자.

■중국 역대정부의 복지정책

환·과·고·독과 환자 및 빈자에 대한 국가의 복지지원은 중국의 역대정부에 의해 청대까지 계승된다. 한漢문제는 기원전 179년 복지정책을 치음 제도화했고, 송나라정부에 의해 잘 확립되었다. 1057년 송나라정부는 공전公田에서 나오는 현물지대로 들어오는 쌀을 비축하기 위해 각 지역에 곡식창고를 설치했다. 11월부터 다음 해 3월까지 3일마다 1파인트(0.568리터)의 쌀이 각인에게 배급되었고, 고아는 그 절반을 받았다. 구빈소救貧所에서는 음식·의복·잠자리가 모두 다 주어지고, 봉사자·요리사·간호원이 배치되었다. 1120년에는 빈자가 구빈원에 살 때는 각인에게 매일 1파인트의 쌀을 공급해야 하고 어린이에게는 그 절반을 준다는 법률이 제정·시행되었다.803)

원나라 세조는 환과고독을 구제하는 칙령을 10회나 반포했다. 1269년 그는 모든 지방이 매월 두 펙(peck, 9.092리터×2)의 쌀을 각 빈자에게 배급하라는 칙령을 반포했고, 1271년에는 빈자의 거처를 위해 구빈원을 설치하고 그들에게 음식 외에 땔감도 주라는 칙령을 내렸다. 1291년에는 홀아비·홀어미에게 여름옷과 겨울옷을 제공했고 1292년에는 빈자들에게 매일 5캐티(catty, 1.33파운드×5)의 땔감을 주었다.804)

---

803) 참조: Chen Huan-Chang(陳煥章), *The Economic Principles of Confucius and His School*, 598쪽.

명태조도 환과고독을 부양하는 칙령을 여러 번 반포했다. 1386년 그는 빈민 중 나이가 80세 이상이면 매월 다섯 펙의 쌀, 세 펙의 술, 다섯 캐티의 고기를 주고 90세 이상이면 한 두루마리의 비단과 한 캐티의 면화를 매년 추가해 주라는 법률을 입법했다. 약간의 농토를 가진 사람에게는 쌀을 주지 않았다. 그리고 환과고독에게는 매년 12말의 쌀을 주었다. 청나라에서는 모든 지방에 구빈소가 있었다. 청국법전에 의하면 공적 부조가 필요한 환과고독과 중환자, 그리고 허약자와 초고령자들을 부양하지 않는 관리들은 곧장 60대의 형벌을 받았다. 그러므로 공자의 원칙은 실제적 법률로 이행되었고, 그 효과는 행정의 효율에 의해서만 달랐다. 이와 같이 공자가 말한 공적 구제는 항구적으로 유지되었다.[805] 여기에 극동의 환곡·환자還子제도와 교육복지가 추가되었다.

이것은 한국·월남·일본 3국에 중국학습을 통해 익히 알려져 있었다. 나아가 원대元代 중국의 복지제도는 14세기에 마르코 폴로에 의해 처음으로 상세하게 유럽에 알려졌고, 16세기부터는 명·청대 중국의 복지제도가 포르투갈·스페인 모험가들과 선교사들의 중국보고서들을 통해 유럽에 자세하게 알려졌다. 중국의 복지제도의 지식정보는 19세기의 유럽 복지국가 기획의 발단이 된다.

3.2. 송대 중국의 경제혁명과 원·명·청대의 경제발전

10세기에서 13세기에 걸친 송대 중국의 "경제혁명"은 어떤 유럽적 기준, 아니 그 어떤 세계적 기준으로 보더라도 놀랄 만한 수준에 이르렀고, 그 스케일은 중국적 기준으로 보더라도 예외적이었다. 그것은 "내포적 성장"의 진정한 케이스였던 것으로 나타난다. 당나라 말기와 송대에 많은 발명이 주요 산업부문의 일부가 되었다. 송대 중국은 1700년대 유럽보다 두당頭當 더 많은 철강을 생산하기에 이르렀고, 1700년에야 유럽제국이 보유한 방적기계만큼 선진적인 수력 대마방적기계를 아주 광범하게 사용하고 있었다.[806]

---

804) 참조: Chen Huan-Chang(陳煥章), *The Economic Principles of Confucius and His School*, 599쪽.
805) 참조: Chen Huan-Chang(陳煥章), *The Economic Principles of Confucius and His School*, 599쪽.
806) Jones, *Growth Recurring*, 74-75쪽.

존 흡슨(John M. Hobson)에 의하면, 12세기부터 19세기 초까지 "산업의 주장主將"은 영국이 아니라 중국이었다. 중국에서는 고대로부터 "1,500여 년 동안 산업기적(industrial miracle)이 일어났고", 이 기적은 "송나라(960-1279)의 산업혁명에서 정점에 도달했다". 이것은 "영국이 산업화 단계에 들어가기 약 600년 전의 일"이었다. 중국의 이 '산업기적'은 "1100년과 1800년 사이 전 지구적인 내포적 권력의 역사 속에서 단 하나의 가장 중요한 사건"이었다. 그리고 "서구의 흥기를 의미심장하게 고취한 것은 중국의 이 기술적·사상적 돌파"였다.[807] 중국 복지의 주요 기반은 농업이었지만, 중국은 아주 효율적인 공업 부문과 고도로 복잡한 상업망을 가지고 있었다.

■송대 중국의 제철혁명과 산업혁명

송대 중국에서 가장 중요한 변혁 또는 "가장 놀라운 업적"은 제철혁명이었다.[808] 제철혁명은 기원전 600년경부터 시작해서 서기 1100년대까지 1700년 동안 지속되었다. 최초의 제철 생산물은 기원전 513년까지 거슬러 올라간다. 1인당 주철 생산량은 서기 806년과 1078년 사이에 6배 증가했다. 총량은 1만 3,500톤에서 1064년 9만 40톤으로 상승했고,[809] 1078년에는 11만 4,000톤 이상[810] 또는 12만 5,000톤에 달했다.[811]

이 통계는 공식 조세기록에서 얻은 것으로서 불가피하게 납세를 회피한 많은 군소 제철소들의 생산량을 누락시킨 것이다. 따라서 중국의 전체 철 생산은 위 통계치보다 훨씬 더 많았을 것이다. 가령 1078년 중국의 철 생산은 약 18톤에 달했을 것으로 보인다. 중국 전역에서 제철업은 보통 농민들의 파트타임 업종으로 남아 있었던 반면, 1018년 연간 3만 5,000톤의 철을 생산한

807) Hobson, *The Eastern Origins of Western Civilization*, 51쪽.
808) Jones, *Growth Recurring*, 75쪽.
809) Robert Hartwell, "Markets, Technology, and the Structure of Enterprise in the Development of the Eleventh Century Chinese Iron and Steel Industries", *Journal of Economic History* 26 (1966), 34쪽.
810) Osterhammel, *China und Weltgesellschaft*, 51쪽.
811) Hartwell, "Markets, Technology, and the Structure of Enterprise in the Development of the Eleventh Century Chinese Iron and Steel Industries", 34쪽.

중국의 연도별 철 생산량[812]

연 도	생산량(톤)
806	13,500
998	32,500
1064	90,400
1078	125,000

중국 북부지역(북부 하남성과 남부 하북성 사이 지역)의 역청탄 산지에서는 풀타임 노동자들을 수백 명씩 고용한 자본주의적 대기업들이 설립되어 활동했다.[813] 서유럽(러시아 제외)은 1700년경에야 15-18만 톤에 도달해서 약 600년 전 중국의 수준에 이르렀다. 서유럽은 1800년에 42만 톤 수준에 달해 600년 전 중국의 생산량을 앞질렀다. 영국(England & Wales)은 1788년에 코크스를 사용하기 시작했는데 이때도 겨우 7만 6,000톤 생산에 그쳤고, 1796년에 가서야 14만 톤에 도달했다.[814] 1796년에 가서야 영국은 700여 년 전 송대 중국의 철 생산량과 얼추 비슷해진 것이다.

또한 쌀에 대한 철의 가격 비율은 1080년경 송나라 변방인 사천四川지방의 경우 1.77배, 섬서陝西지방의 경우는 1.35배에 불과할 정도로 낮았다. 그러나 영국은 1700년경에야 겨우 1.6배에 도달했다. 하지만 이 가격도 중국의 중심지역인 동북지역의 11세기 가격보다 무려 3배나 비싼 것이었다. 중국은 977년경만 해도 6.32배였던 것을 100년 사이에 4분의 1 수준으로 떨어뜨린 반면, 영국은 '고전적 산업혁명'의 와중에 있던 1822년에야 이 가격대에 도달하게 된다.[815]

---

812) Hartwell, "Markets, Technology, and the Structure of Enterprise in the Development of the Eleventh Century Chinese Iron and Steel Industries", 34쪽.

813) McNeill, *The Pursuit of Power*, 27쪽.

814) Hartwell, "Markets, Technology, and the Structure of Enterprise in the Development of the Eleventh Century Chinese Iron and Steel Industries", 34쪽. 1800년 웨일즈를 뺀 영국의 주철 생산은 11만 4,000톤이었다. Osterhammel, *China und Weltgesellschaft*, 51쪽.

815) Hartwell, "Markets, Technology, and the Structure of Enterprise in the Development of the Eleventh Century Chinese Iron and Steel Industries", 33쪽.

대량생산된 주철(무쇠)로 중국인들은 온갖 기구를 대량생산했다. "주철 기구
의 대량생산은 지극히 중요했다." 이로써 "거대한 재부가 '원형기업가적' 제철
공장주들에 의해 형성되었기" 때문이다. 이런 공업재벌들의 출현은 기원전
3세기까지 거슬러 올라간다.816) 상론했듯이 사마천은 「화식열전」에서 이런
재벌들을 목도한 동시대인의 역사가로서 '무관의 제왕'인 이 재벌들을 '소봉素
封'이라고 부르며 이 거대한 재부의 형성을 상세하게 기술하고 있다.

생산된 철은 단순히 무기에만 쓰인 것이 아니라, 주로 산업화를 위한 온갖
연모·기구·기계·농기구와 생활용품의 제조에 쓰였고, 건설에 사용되었으며,
또 철전鐵錢의 주조에도 쓰였다. 정부관리들은 철전주조와 무기제조를 면밀하
게 감독했고, 1083년에는 철제 농기구의 판매를 독점하는 것을 적절하다고
판단했다.

이 농기구 판매의 정부독점이 제철 생산을 얼마간 위축시켰지만 중국정부의
경제 운영은 정부의 상당한 자신감을 고취하고 경제정책의 세련화를 가능하게
했다. 이미 801년경 "곡물과 의복은 농민에 의해 생산되고 자연자원은 공인들
에 의해 변형되고 부와 재화는 상인에 의해 유통되고 화폐는 치자에 의해
관리되는 것이니, 치자는 이 넷 중 다른 셋을 조절하고 그중 하나를 관리한다"고
하는 백거이白居易(772-846)의 말에서 그것을 확인할 수 있다. 철전주조와 통화관
리는 "근대적 특성"을 갖췄다.817) 주철과 강철의 이러한 일반적 사용, 특히
철제무기·도구·농기구·기계제작과 철전주조는 "경제 자체의 변혁"을 일으키
는 일대 '산업혁명'을 뜻하는 것이었다.818)

제철 생산에서 이런 밀물 같은 폭발적 발전을 이룬 산업적 생동성은 점진적
으로 다른 많은 산업 분야에도 파급되었다. 제철 생산 과정에서 개발된 기술들
이 무수히 많기 때문이다. 11세기에 일어난 대규모 발전의 기술적 토대는
중국에서 이미 오래전에 준비된 것이었다. 지속적으로 바람을 송풍하는 물방아

---

816) Donald Wagner, *Iron and Steel in Ancient China* (Leiden: E. J. Brill, 1993), 69-71쪽.
817) McNeill, *The Pursuit of Power*, 27-28쪽.
818) Jones, *Growth Recurring*, 76쪽; Hobson, *The Eastern Origins of Western Civilization*, 52쪽.

풀무를 쓰는 풍로 화덕은 서기 31년에 이미 알려졌다. 그리고 1010년대에는 중국 북부지역의 제철업자들이 이런 화덕에 코크스를 투입하기 시작했다. 코크스는 제철업에 투입되기 200년 전에 요리와 난방에 쓰였었다. 하지만 코크스 사용이 오래되었을지라도 코크스와 제철의 기술적 '결합'은 새로웠다. 코크스가 철광용해에 쓰이자마자 주철과 강철의 생산규모가 아주 특별한 정도로 상승한 것으로 보인다.819) 중국인들은 다양한 주철을 생산하면서 주물기술, 무쇠 용해기술, 단련기술, 고성능 풀무, 고온 용광로 등을 개발했다. 또한 기원전 1세기에 중국인들은 강철을 개발했다. 그때부터 벌써 강철 생산에 석탄이 아니라 코크스를 사용하기 시작했다. 그러나 유럽은 겨우 근대에 와서야 강철을 생산했다.820)

　제철기술의 발달에 자극받은 섬유산업 분야에서 일어난 기술혁신은 가장 선진적이었다. 섬유산업 분야에 가령 수력 방적기가 광범하게 보급되면서 섬유산업의 혁신이 일어난 것이다. 이에 더해 농업에서 외연적 소출변화가 일어나고, 중국 남부에서는 새로운 옥토가 대규모로 개간되었다.821) 그리고 중국에서 제철에 쓰이던 물방아는 곡식을 찧는 데 응용되어 농촌 각지에 물방앗간을 확산시켰다. (거꾸로 독일에서 물방아는 곡식을 찧다가 1025년부터 제철에 응용되었다.) 서기 31년에 개발된 물방아로 피스톤 막대기와 벨트를 작동시키는 중국 풀무의 구조는 훗날의 유럽 증기엔진과 놀랍도록 유사하다. 또한 중국인들은 석유와 천연가스를 연료로 만들어 이미 기원전 4세기경부터 요리와 조명에 사용했고, 10세기경에는 철제 석면램프를 개발해 생활용품으로 널리 사용했다.822)

---

819) McNeill, *The Pursuit of Power*, 26쪽.

820) Hobson, *The Eastern Origins of Western Civilization*, 52-53쪽.

821) Jones, *Growth Recurring*, 77쪽.

822) Joseph Needham, Peter J. Golas (contributor), *Science and Civilization in China*, Vol. 5(13): Mining (Cambridge: Cambridge University Press, 1999), 190-197쪽; Robert Temple, *The Genius of China* (London: Prion Books, 1999), 119-120쪽.

■ 인구의 증가와 재배치 및 토지시장의 등장

이로 인해 달성된 현격한 생산성 향상은 송대 번영의 주된 기반이었다. 무엇이 이런 생산성 격상을 가능하게 했는가? 이 물음에 대한 부분적 대답은 당시의 정치적 상황에서 바랄 만한 것으로 간주된 '인구의 재배치'였다. 이런 선택이 가능했던 것은 단순히 행운이었다. 그러나 남은 대답, 즉 보다 근본적인 대답은 '시장의 확대'다. 11세기 말에 송대 중국의 인구는 당나라 중반의 인구 수준을 2배 능가하는 선까지 늘었다. 890만 가구(약 4,450만 명)에서 1,990만 가구(대략 9,950만 명)로 증가한 것이다. 인구밀도는 이 수치가 함의하는 것보다 더 높아졌다.823)

진기한 현상은 9세기 당나라 때 열린 토지시장의 규모였다. 중앙정부가 토지를 분배·관리하던 이전의 토지제도(균전제)는 보다 자유로운 사용기간을 허용하는 제도에 자리를 내주었고, 이 새 토지제도는 결국 사적 장원의 확장과 소작제의 확대를 가져왔다. 정부는 노동과 현물세를 대가로 토지를 (재)할당하는 기능을 철폐하고, 세금을 화폐로 거두기 시작했다. 토지에서 손을 떼는 이 정책은 사적 토지시장의 성장을 용이하게 했다. 토지시장의 발달은 원칙적으로 가격운동이 지시하는 용도로 토지를 사용하는 가장 정력적인 생산자들의 손으로 토지가 들어간다는 것을 의미했다. 이런 식으로 생산요소들(토지·노동·자본)의 시장이 자유로워지면서 분배적 효율이 더 커졌다. 요소시장은 소비재시장보다 산업성장에 더 근본적인 시장이다. 생산요소시장의 이런 변동은 송대 경제에 "질적 호전(vital upturn)"을 가져왔다.824)

■ 송대의 상업혁명

앞서 시사했듯이 송대 중국정부의 통화관리는 "근대적 특성"을 갖췄다. 1024년 중국의 일부 지역들에 지폐가 도입되었고, 그 시행은 곧 수도 개봉부로까지 확대되었다. 현물세에서 화폐금납으로의 조세형태의 변동은 급속히 진전되었

---

823) Jones, *Growth Recurring*, 77쪽.
824) Jones, *Growth Recurring*, 77-78쪽.

다. 현금화폐로 납부된 연간조세는 송대 960년경 1,600만 꿰미에서 1068-1078
년경 연간 약 6,000만 꿰미로 급증했다. 이때 정부의 총 세수의 반절 이상이
현금납세의 형태를 취했다.[825]

　이 현금 조세체계의 창출, 그리고 지폐의 재발명과 확대사용은 송대 중국의
상업혁명이 가져온 특별한 혁신이었다. 지폐는 신용화폐를 대표한다. 최초의
신용화폐는 한무제 때 기원전 120년 잠시 등장한 백록피폐白鹿皮幣였다. 그러나
이것은 제후와 황실 간의 공물로 쓰였기 때문에 오늘날 화폐라고 보기는 어렵
다. 역시 중국 지폐의 기원은 당대唐代(618-907) 9세기에 발행된 '비전飛錢'이
다.[826] 당대의 이 지폐는 신용목적으로 발명되어 10세기 초에 교환에 쓰이는
'진짜 종이돈'으로 발전했다. 당대에는 유명한 '개원통보'를 주조하고, 이후에도
화폐의 주조를 계속적으로 단행했을지라도 화폐의 전체 유통량은 의외로 적었
다. 화폐의 유통이 왕성해진 것은 송대에 이르러서다. 당대에는 물건의 가치를
나타내는 화폐로서 대개 비단을 이용했다. 그런데 송대에는 비단·면 등 대신에
동전을 사용하게 되었고 화폐경제가 더욱 발달하게 되자 지폐도 왕성하게
사용되었다. 당대의 '비전'에서 유래한 송대의 폐전幣錢, 즉 지폐는 사천에서
처음 발행되어 11세기 초 송대부터 그 사용이 매우 활발해졌다. 송대 지폐는
'교자交子' 또는 '회자會子'라고 칭했다.

　오대五代시대에 사천에는 주로 철전이 쓰였는데, 철전은 휴대하고 사용하기
에 거북했다. 그리하여 사람들은 이 철전을 '궤방價房'이라는 원형은행에 맡기
고 그 수령증을 사용하기 시작했다. 이 수령증은 금융거래 시 약속어음 노릇을
했다. 송대 중국정부는 998-1022년 사이에 16명의 상인들을 승인하고 그들에게
'교자' 약속어음 발행 독점권을 부여했다. 이 상인들은 '교자호交子戶'라고 불렸
고, 그 상점은 '교자점'이라고 불렸다. 교자어음은 다양한 패턴의 한 블록에
검은색과 빨간색으로 인쇄되었다. 교자에 인쇄된 액면가는 보통 철전 한 꿰미

---

825) McNeill, *The Pursuit of Power*, 28-29쪽.

826) Lien-sheng Yang, *Money and Credit in China* (Cambridge, MA: Harvard University Press, 1952),
　　51쪽.

였다. 이 서비스로 3%의 수수료가 지불되었다. 그러나 이 16 교자호들은 즉시 철전을 상환하지 않아 항의를 받는 일이 잦아졌다. 그리하여 1016년 정부는 사독점업체를 대신해 교자발행권을 독점하고 1023년 '교자무交子務'를 설치했다. 교자무는 29%의 지불준비금을 마련하고 교자를 발행해 1025년 2월부터 유통시키는 데 성공했다. 남송시대 초에 중국정부는 연간 1,000만 장의 교자를 발행했다.[827] 그 때문에 물가의 변동도 매우 극심했지만, 송대에 지폐는 그래도 충분히 활발하게 사용되었다. 그리하여 이런 관성에서 원대 정부에서는 동전유통을 법으로 금하고 오직 지폐만을 유통시켰다. 당·송 교체기는 실물경제의 후기와 화폐경제의 초기가 교대되는 시기에 해당된다.[828]

이후 지폐의 운명을 미리 살펴볼 필요가 있다. 원대 중국정부는 지폐를 뒷받침하는 지불준비를 했으나 원대 황실이 흔들리면서 지불준비를 할 수 없었다. 거금의 지폐가 화폐가치에 대한 고려 없이 재정결손을 메우기 위해 발행되었다. 그리하여 악성 인플레이션은 피할 수 없었고, 백성들은 지폐에 대한 신뢰를 잃고 점차 은화로 돌아갔다. 1400년경부터 은괴가 대형 거래 시에 주된 거래수단이 되었다. 은화를 통한 이 대형 거래는 1700년경부터 줄곧 여러 지방은행에서 발행한 어음·수표 등 다양한 은행권에 의해 보완되었다. 지불수단으로서의 화폐에 관한 한, 중국은 약 2,400년 동안 화폐경제 상태에 있었다.[829]

그러나 원·명·청대 중국에서 지폐경제의 명암은 심히 엇갈렸다. 1260년 쿠빌라이시대가 개막되면서 원대 중국정부는 '사초絲鈔', 중통교초中統交鈔, 중통원보사초中統元寶絲鈔를 발행했다. 단위는 '정錠'(50온스)이었다. 이 지폐들은 모든 지방에서 통용되어 제국 전체의 보편적 통화가 되었다. 1262년 원대 정부는 동전·은화·금화를 폐지했다. 1273년에는 소액지폐 '이초釐鈔'도 발행했다.[830] 20년 동안 원대 지폐는 100% 지불준비가 되었고, 백성의 100% 신뢰를

---

827) Lien-sheng Yang, *Money and Credit in China*, 52-53쪽; Hobson, *The Eastern Origins of Western Civilization*, 54쪽.

828) 內藤湖南, 「包括的唐宋代觀」(1922), 199-200쪽.

829) Lien-sheng Yang, *Money and Credit in China*, 2쪽.

830) Lien-sheng Yang, *Money and Credit in China*, 63쪽.

받았다. 그러나 1280년부터 70년 동안 부드러운 인플레이션이 지속되었다. 군사원정, 조정하사품, 종교행사 등으로 정부재정이 경도되면서 금은 지불준비가 미흡한 상태에서 더 많은 지폐가 발행되었다. 통화가치를 지키기 위해 금은의 사무역이 금지되었지만, 잘 시행되지 않아 정부의 금은 독점이 불완전했다. 그간 통화개혁을 위해 지원통보초至元通寶鈔, 지대은초至大銀鈔, 중통교초中統交鈔 등 세 번의 새 지폐 발행이 있었지만, 악성 인플레이션을 막지 못했다. 동전이 다시 되살아나 세 종류의 새 지폐와 나란히 통용되었다. 그러다가 반란이 전국을 덮치자 재정조달을 위해 새 지폐들이 무더기로 발행되었고, 1356년경 지폐는 사실상 통화가치를 완전히 상실했다. 그리하여 1368년 원나라가 무너질 때까지 백성들은 동전과 물물교환에 의존해야 했다.[831]

그럼에도 지폐사용은 원대에 한동안 최고의 융성기를 맞았고, 지폐발행 및 관리와 관련된 정부규칙들은 가장 정교하게 발전했다. 이 시기에 원나라의 지폐는 안남, 태국, 버마, 페르시아에서도 국제통화처럼 통용되었고, 중국의 이 지폐발행제도는 은행제도 및 은행업무 노하우와 함께 서구에 알려지고 전파되었다.[832] 스웨덴의 은행업무와 화폐저축 바우처제도는 중세 원격무역상 – 필경 유대 비단 상인들 – 에 의해 전해진 중국 지폐은행업무 노하우와 은행제도의 영향을 받았을 것으로 추정된다.[833]

원을 교체한 명의 태조 주원장 홍무제는 1374년 지폐통용의 부활에 착수했다. 태조는 보초제거사寶鈔提舉司를 설치하고 다음 해 여섯 가지 액면가를 가진 '대명보초大明寶鈔'를 발행했다. 1385년에는 관리들의 봉급을 지폐로 지불하고, 1389년에는 소액권도 발행했다. 그러나 명대 지폐는 초장부터 태환능력을 상실했다. 동전이 지폐와 나란히 통용되더니, 금·은화 사용의 금지조치가 되풀이되고 동전사용 금지조치가 취해지기도 했지만 소용이 없었다. 관세도 지폐로 거뒀지만, 지폐가치의 하락을 막을 수 없었다.[834] 이러한 지폐부활정책이 계속

---

831) Lien-sheng Yang, *Money and Credit in China*, 64-65쪽.

832) Lien-sheng Yang, *Money and Credit in China*, 65쪽.

833) Robert Eisler, *Das Geld und Seine Geschichtliche Bedeutung* (München: 1924), 217쪽. Lien-sheng Yang, *Money and Credit in China*, 65쪽에서 재인용.

실패하자 명대 위정자들의 생각이 변해 정부가 발행하는 지폐·동전통화 등 일체의 명목화폐를 배격하고 은이 통화수단으로서 수행하는 지배적 역할에 적응해서 정부의 조작에 영향받지 않는 은본위제로 복귀했다.835) 그리하여 15세기 중반 지폐가 퇴출되고 금·은이 주요 교환수단으로 정착했으며, 16세기부터 지폐는 통용을 그쳤다. 정부는 뒤늦게나마 할 수 없이 관리들의 봉급과 관세를 금·은화로 지불하라는 칙령을 발령했다. 1643년에 다시 지폐상용의 10가지 이점을 들어 지폐를 소생시켜야 한다는 조리 있는 상소문이 올라왔지만, 나라가 망하는 바람에 실시할 수 없었다.836)

17-18세기 청대에는 금·은화와 동전이 주요 통화로 통용되었다. 청조 정부는 명대 지폐발행의 실책을 반복하지 않으려고 비상조치(1650-1661) 외에는 이를 시도하지 않았다. 그러다가 청조 정부는 1853년 태평천국의 난을 진압하기 위해 지불준비도 없이 '관표官票'라는 지폐를 발행했다. 당연히 관표는 곧 태환능력을 잃었고 1861년 유통을 그치고 말았다. 그러나 같은 시기에 지방정부의 호부나 포정사사布政使司에서 약속어음을 발행해 통용시켰다. 이 어음은 '사표司票'로 불렸으나 주로 장병들의 봉급으로 지급되었기 때문에 '향표餉票'라고도 불렸다. 하지만 '사표'는 지방정부가 만기가 되어도 이 어음을 태환하지 못하자 통용가치가 액면가의 4%까지 추락한 끝에 사라졌다.837)

그러나 중국의 상업과 인구의 지속적 팽창으로 인해 지폐가 다시 절박하게 필요하게 되었다. 이 새로운 지폐수요는 사私금융기관들이 충족시켰다. 가장 중요한 것은 전포錢鋪들이 발행하는 '동전환어음'이었다. 이 동전어음은 17세기에 처음 나타났다. 19세기 초가 되자 이 동전어음은 중국경제의 일부가 되었다. 은어음도 있었으나 단기신용과 같은 기능을 했고, 이자가 붙었다. 그래도 은어음은 선진적 상업지역에서는 유용하게 쓰였다. 전포들은 은을 지불준비한 상태

834) Lien-sheng Yang, *Money and Credit in China*, 67-68쪽.

835) Richard von Glahn, "Cycles of Silver in Chinese Monetary History", 18쪽. Billy K. L. So (ed.), *The Economy of Lower Yangzi Delta in Late Imperial China* (Oxford: Routledge, 2013).

836) Lien-sheng Yang, *Money and Credit in China*, 67-68쪽.

837) Lien-sheng Yang, *Money and Credit in China*, 689쪽.

에서 은어음을 발행해 더 많은 통화를 가용하게 만들었다. 의심할 바 없이 중앙에서 잘 관리하는 통일적 지폐제도가 바람직했지만, 이 방향으로 행동하지 않는다고 중국정부를 비판할 아무런 이유가 없었다. 지폐통화를 유지하는 데 따르는 확실한 어려움 때문에 통화의 자유방임은 현명한 선택이었다.838)

17세기 중반부터 19세기까지 지방도시의 사私금융기관과 은행들은 일정한 지방에서 통용되는 자기 나름의 은행권을 발행해서 성공적으로 통용시켰다. 이 은행들은 1853년 정부지폐가 쓰던 '은표'와 '전표'라는 명칭의 지폐를 찍어냈다. 이런 식의 지방 지폐는 17세기에도 '회표會票'라는 이름으로 존재해왔었다. 그리고 북중국에서 은을 주조하는 기업인 '노방爐房'들은 종종 은행권처럼 통용되는 약속어음을 발행했다. 요령성의 영구營口에서 발행된 '은비銀飛'라는 은화 지폐는 유명했다. 1900년경 노방 지폐는 2,000만 양에 달했다. 이런 토착은행들만이 아니라 많은 기업들도 동일한 지폐를 작은 단위로 발행했다.839) 종합하면, 정부의 지폐발권과 운영은 실패했으나 사은행들의 지폐 발권업과 은행업은 성공한 것이다.

다시 본론으로 돌아오면, 송대 중국정부는 현물납세보다 화폐납세를 점차 늘려나갔다. 그리하여 화폐세수는 8세기 중반 4%였던 것이 11세기 중반에는 52%로 급증했다. 이로 인해 농부들은 시장 판매를 위해 농산물을 생산해야 했고, 이 때문에 시장은 더욱 확대되었다.840) 송대에 지폐의 등장으로 화폐총량은 급격히 증가했다. 화폐경제는 인적 자본의 배분도 효율화했다. 화폐경제의 시장은 더 큰 열의를 보이는 개인들에게 더 좋은 기회를 주고 그들의 몫을 향상시켰다. 그리고 화폐경제는 부를 편중시키고 많은 농가를 몰락시켜 농민들을 대규모로 임금노동자로 전환시키거나 상공업으로 내몰았다.841)

인구의 증가하는 수준은 빈곤이 사라지지 않는다는 것을 뜻했다. 반대로 누군가 시장을 능란하게 조작하는 재주로 부자가 되는 사이에 다른 사람들은

---

838) Elvin, *The Pattern of the Chinese Past*, 293-294쪽.

839) Lien-sheng Yang, *Money and Credit in China*, 68-69쪽.

840) Hobson, *The Eastern Origins of Western Civilization*, 54-55쪽.

841) Jones, *Growth Recurring*, 78-79쪽.

빈민으로 전락했다. 이들의 궁경은 제국 수도와 다른 도시에 고통스러울 정도
로 현저해져갔다. 이농한 궁민窮民들은 일자리를 찾아 도시로 몰려들어 일자리
를 얻지 못하면 구걸을 하거나 아사했다. 1103년 이래 정부의 공적 구휼사업은
오직 간헐적으로만 유효했다.842) 1125년의 한 상소문은 당시의 실상을 잘
보여준다.

> 겨울이면 몰락하는 백성들을 돌보지 못하고 있습니다. 걸인들은 넘어지고 있고 어가
> 御駕 아래(서울 시내) 가로들에서 잠을 자고 있습니다. 만인이 그들을 보고, 백성들은
> 그들을 동정하며 탄식합니다.843)

그리하여 환경의 무자비한 압박 아래 중국사회의 가장 비천한 사람들도 기회가
닿는 대로 시장에 발을 들여놓고 전반적 물질복지를 증가시키려고 했다.844)
　남부로부터 올라오는 엄청난 쌀은 도시의 증가하는 인구피라미드를 머여
살렸다. 국가산업은 팽창했고 많은 노동자를 고용했다. 그중 대공장에서는,
특히 개봉의 작업장에서는 더욱 많은 노동자를 필요로 했다. 이에 더해 폭넓은
재화들이 시장으로 들어왔고, 작은 작업장을 가진 전문화된 사적 제조업자들이
폭증해 재화생산에 가담했다. 대장간, 물방앗간, 기름상점, 떡집 등에서 임금노
동자를 썼다. 대운하를 따라 늘어선 상당수의 도시들은 교역중심지가 되었다.
도시인구의 증가와 임금노동의 확대는 둘 다 인구를 점점 더 많이 농업으로부
터 상공업으로 이동시키는 '구조변동'이었다.845)
　화폐납세, 농산물의 상품화, 인구의 재배치 등의 변동은 중국의 가장 발달된
지역들의 사회와 경제에 심원한 변화를 가져왔다. 운하건설과 강하 속의 장애
물 제거를 통한 수송체계의 개선으로 아주 평범한 백성들도 풍토와 자원의
지역적 차이를 활용해 생산을 '전문화'했다. 상이한 토양과 기후에 적합한 다양

842) McNeill, *The Pursuit of Power*, 29쪽.
843) Hugh Scogin, "Poor Relief in Nothern Sung China", *Oriens Extremus*, 25 (1978), 41쪽에서 재인용.
844) McNeill, *The Pursuit of Power*, 30쪽.
845) Jones, *Growth Recurring*, 80쪽.

한 곡물들이 서로 보완하기 시작한 만큼 농산물의 소출은 현격히 증가했다. 개량된 씨앗과 비료의 체계적 투입도 기적을 일으켰다. 셀 수 없이 많은 농민들이 그들 자신의 생계를 위해 생산하던 것을 지역시장에서 사고팖으로써 보충하기 시작했다. 이런 현상의 정점에서 파트타임 가내수공업 활동은 수백만 농민들에게 농가소득을 보충해주었다. 국지적·지방적·지역횡단적(광역적) 시장교환의 확산은 총생산성의 놀라운 증가를 가져왔다.[846]

어떤 경우는 파트타임 부업이 본업의 수익을 능가했다. 특히 양잠업이 그랬다.

> 안계安溪현의 모든 사람은 뽕나무를 접붙일 줄 안다. 그들 중 몇몇 사람들은 양잠으로만 생계를 번다. 10명의 가족이 10틀의 누에를 기르면 생계에 족하다. (…) 이런 방식으로 먹을 것과 입을 것을 공급하는 것은 높은 수준의 생활안정을 보장한다. 한 달의 노고는 농사일에 한 해를 전부 쓰는 것보다 더 낫다.[847]

11-12세기에 농업, 특용작물, 가내수공업 등 농가생산물의 상업화가 전반적으로 관철된 것이다.

맥닐(William H. McNeill)은 "지방·지역 차원과 초지역적(광역) 차원의 시장교환은 아담 스미스가 나중에 설득력 있게 분석한 전문화의 모든 이점이 작동하게 될 만큼 총생산성의 눈부신 증가를 가져왔다'고 분석한다.[848] 송대 중국인들은 아무리 미천한 평민일지라도 할 수만 있으면 언제든 시장에 참여해 항상 그들의 전반적 복지를 제고하려고 모색하지 않을 수 없었다.[849] 이렇게 전 국민이 시장에 참여함으로써 송대에 진정으로 놀라운 수준의 근대적 '시장경제'가 창출된 것이다. 이에 관해 한 중국인 필자는 1130-1332년 사이에 지방 관보에

---

846) McNeill, *The Pursuit of Power*, 29쪽.

847) 陳旉, 『農書』, 卷2. Yoshinobu Shiba(斯波義信), "Urbanization and the Development of Markets on the Lower Yangtse Valley", 36쪽에서 재인용. John W. Haeger (ed.), *Crisis and Prosperity in Sung China* (Tucson: University of Arizona Press, 1975).

848) McNeill, *The Pursuit of Power*, 29쪽.

849) McNeill, *The Pursuit of Power*, 30쪽.

기고한 글에서 당시 중국의 보편적 시장경제의 풍경을 이렇게 묘사한다.

> 오늘날 10가구의 주거지가 있는 곳이면 어디든 늘 쌀과 소금을 파는 시장이 있다.
> (…) 적절한 계절에 사람들은 자기가 가진 것을 자기들이 갖지 않은 것과 교환하며
> 남이 보이는 열의와 주저의 정도에 따라 가격을 올리고 내려 마지막 작은 이윤을
> 챙긴다. 이것은 물론 천하의 상도常道다. 팅차오(Ting-chiao; 양자강 하류지역에 위치한
> 도시)는 큰 도시가 아닐지라도 그 강은 선박을 수용하고 그 육로는 마차를 수용한다.
> 그리하여 팅차오도 교역하는 농민들과, 상업에 참여하는 공인工人들을 위한 도시로
> 이바지한다.850)

이러한 광역적 교역은 농촌도시로부터 시작해 지방도시로 발전하고, 도시적
위계체계는 양자강 협곡을 황하 협곡과 연결시킨 대운하를 따라 소재하는
소수의 진정한 메트로폴리탄 도심들로 올라섰다. 전 교환체계를 지배하는 정점
에는 북송의 수도 개봉開封이 있었다. 1126년 이후부터는 대운하의 다른 끝에
위치한 항주가 남송의 도읍으로서 유사한 지배적 역할을 했다.851) 자유시장
경제는 역사상 최초로 유럽이 아니라 중국에서 만개했던 것이다.

중국의 통치체제를 동양전제정의 틀에 끼워 맞추려는 유럽중심주의적 중국
연구자들의 중국관과 대조적으로 조운스(Eric I. Jones)는 다음과 같이 천명한다.

> 정부는 노동서비스와 현물조세의 대가로 농토를 분배하고 재분배하는 기능을 청산
> 하고 그 대신에 현금조세를 채택했다. 이 무無간섭의 자유화정책은 사적 토지시장의
> 성장을 용이하게 만들었다.852)

그리고 조운스는 송대 중국정부의 자유시장 방임정책을 이렇게 밝힌다.

---

850) 『鎭江志』(至順年間 1330-1332). Yoshinobu Shiba(斯波義信), "Urbanization and the Development
of Markets on the Lower Yangtse Valley", 28쪽에서 재인용.

851) McNeill, *The Pursuit of Power*, 30-31쪽.

852) Jones, *Growth Recurring*, 77쪽.

국가는 사회적으로 바람직하지 않은 것으로 여겨지는 저 경제적 변동들을 억누를
수 없었고, 모든 변동추세에서 황제와 관리들에게 바랄 만한 것을 정선精選해내지도
못했다. 국가도 봉록관도 (…) 모든 이익에 과세할 수 없었다. 이렇게 했더라면 이는
곧 우리가 실제로 관찰하는 공급반응의 유인기제를 파괴했을 것이다.[853]

송대 이후 역대 중국정부는 가벼운 과세가 백성의 경제를 번창하게 만들고
번영하는 백성이 강력한 국가를 유지하는 데 중요하다고 생각해 언제나 조세율
을 낮게 유지했다. 당시 중앙정부의 과세율은 지극히 낮은 상징적 수준에 불과
했다. 이를 통해 송나라의 상업경제는 고도로 발전하게 되었고, 국가는 조세수
입의 대부분을 상업부문에서 거두어들였다. 특히 상인들의 세금은 농촌 생산자
보다 훨씬 더 적었다. 상인들은 정부의 간섭을 거의 받지 않고 시장활동을
전개했다.[854]

이 상업혁명과 상본주의商本主義(commercialism)의 경이로운 결과는 도시와 거대
도시들의 고도성장으로 나타났다. 이에 따라 도시인구도 급팽창했다. 도시화가
덜한 지방은 7-13%가 도시민이고, 도시화가 가장 많이 진행된 지방은 37%가
도시민이었다. 또한 거대도시들이 늘었다. 당시 항주와 그 주변의 인구는 적게
는 150만에서 많게는 500만 명에 달했던 것으로 추산된다. 송나라 때의 이
도시화 수준은 18세기 유럽의 도시화 수준을 훨씬 능가하는 것이었다.[855]

1750-1850년간 세계의 10대 대도시를 보면, 1750년경에는 북경(인구 90만
명), 런던(68만), 콘스탄티노플(67만), 파리(56만), 에도(51만), 광동(50만), 오사카(37만),
교토(36만), 항주(35만), 나폴리(32만)의 순이었다. 1800년경에는 북경(110만), 런던
(86만), 광동(80만), 콘스탄티노플(57만), 파리(55만), 항주(50만), 에도(49만), 나폴리(43만),
소주(39만), 오사카(38만)의 순이었다. 1850년경에 가서야 서구의 대도시들이 더
빨리 성장해 중국 대도시들을 앞지르기 시작했다. 1850년경 세계의 10대 대도

---

853) Jones, *Growth Recurring*, 81쪽.

854) Hobson, *The Eastern Origins of Western Civilization*, 55-56쪽.

855) Hobson, *The Eastern Origins of Western Civilization*, 56쪽.

시는 런던(232만), 북경(165만), 파리(131만), 광동(80만), 콘스탄티노플(79만), 항주(70만), 뉴욕(68만), 봄베이(58만), 에도(57만), 소주(55만)의 순이었다. 세계의 10대 대도시에서 중국의 도시들이 완전히 사라진 것은 1900년 이후의 현상이었다.856)

이런 상업화·전문화 과정에서 일어나는 전반적 생산성 향상으로 백성들의 소득도 전반적으로 증가했다. 송대 중국정부는 너무 취약해서 신흥상인들을 억압할 수 없다고 느꼈지만 상인들이 교역하는 상품들을 위해 국내시장의 통합을 관철시킬 만큼 충분히 정력적이었다. 정부는 남부 델타지역으로부터 산물들을 전국적으로 이동시키는 것을 촉진하기 위해 동북향으로 운하를 대대적으로 건설하고 거의 모든 강을 항해가능한 수로로 개발했던 것이다. 이를 통해 지역적 전문화가 가능해지고, 수송비용은 대폭 급락했다. 주민들은 시장경제에 쓰이게 되었고, 많은 관리들도 품위를 잊고 자비로 교역에 참여했다.857)

송대 중국에서 판매를 위해 제조된 상품들은 양적으로 증가하고 다양화되었으며, 이 상품들이 다 소비되었다. 그리하여 한때 가난했던 계급들의 사치낭비에 대한 비판이 고조되었으나 소용없었다. 995년 특정물품을 이런저런 계급에게 파는 것을 금하는 사치금지법들이 제정되었지만 곧 사문화되었다. 이것이 차와 후추가 사상 초유로 대중들에 의해 광범하게 소비되게 된 중국의 풍경이었다. 이것은 17세기 말 상업혁명 이후 영국사회의 소비패턴을 미리 보여주는 전조였다.858) "소비의 다양화, 즉 송대 상업사회의 발전과 인과적으로 연관된 이 현상은 두 가지 형태를 취했다. 사치품의 소비가 더 일반화되었고, 대량소비의 항목들이 더 다양해졌다."859) 송대 중국의 이 풍요와 사치풍조를 두고 맥닐은 "이 모든 것이 현격하게 근대적으로 보인다면 나는 오직 그것이 그랬다고 말할 뿐이다"라고 밝히고 있다.860)

---

856) Osterhammel, *China und die Weltgesellschaft*, 35쪽.

857) Jones, *Growth Recurring*, 79쪽.

858) 참조: Jones, *Growth Recurring*, 81쪽.

859) Yoshinobu Shiba, *Commerce and Society in Sung China*, translated by Mark Elvin (Center for Chinese Studies, The University of Michigan, 1970·Reprint 1992), 202쪽. 斯波義信, 『宋代商業史研究』(東京: 風間書房, 1968).

860) William H. McNeill, *The Human Conditions: An Ecological and Historical View* (Princeton: Princeton

관리들 중 아직도 엄격한 사·농·공·상 위계의 법가적 의식잔재를 가진
자들은 당시의 사치풍조를 비판했다. 가령 하송夏竦(985-1051)은 이렇게 세태를
풍자한다.

제국의 통일 이래 상인들에 대한 통제가 아직 잘 확립되지 않았다. 그들은 사치스러
운 생활양식을 향유하며 맛좋은 음식과 맛있는 쌀과 고기를 먹고 살고 멋진 집과
많은 마차를 소유하고, 아내와 자녀들을 진주와 비취로 꾸미고 그들의 하인들에게
흰 비단옷을 입히고 있다. 아침에 그들은 어떻게 재산을 만들지 생각하고 저녁에
빈자들에게 바가지 씌우는 방법을 궁리한다. (…) 부역 의무의 할당에서 그들은 정부
에 의해 평균적 농가보다 훨씬 낮게 대우받고 상업세의 과세에서 평민들보다 덜 가
혹하게 규제된다. 백성들은 상인들에 대한 완화된 규제를 상도常道로 간주하기 때문
에 농사일을 멸시하고 교역을 하며 게으르게 사는 것에 높은 가치를 둔다.861)

맥닐은 하송의 이런 법가적 상인 비판이 공자경전에 근거한 의식, 또는 "유가적
도의 감각(Confucian sense of propriety)"에서 나오는 것으로 거듭 오해하면서862) 정부
가 상인들을 "부역 의무의 할당"이나 "상업세의 부과"에서 평균적 농가보다
"덜 가혹하게 규제하고" 우대하는 송대의 "상도常道"를 완전히 놓치고 있다.
앞서 논했듯이 '상업의 자유화'와 '욕망의 해방'으로 구성된 상본주의는 공맹의
기본철학이고, 맹자는 시장에서 규제대상을 독점이나 매점매석 등 '시장농단
행위로 한정했을 따름이다. 이 점에 대해서는 한 점의 오해도 없어야 할 것이다.
  맥닐도 인정하듯이 송대 중국정부도 당연히 매점매석과 모리배 행위만을
억압하고 이것과 균형을 맞춰 그 밖의 시장활동을 자유방임했다.

  악하게 얻어진 이득에 대한 몰수적 징세는 언제나 정의와 보복의 냄새가 났다. 빈자

University Press, 1980), 49쪽.

861) Yoshinobu Shiba, "Urbanization and the Development of Markets on the Lower Yangtse Valley",
43쪽에서 재인용.

862) McNeill, *The Pursuit of Power*, 31, 36, 42쪽.

들의 너무 명백한 수난 때문에 부유한 상인과 시장의 인정사정없는 매점매석자들을 적대하는 주장이 강화되었다. 하지만 송대 중국 관리들은 이러한 정책의 무차별적 적용이 미래 연도에 세수를 감소시킴으로써 국가에 값비싼 비용 손실을 초래할 것이라는 점을 인정했다. 그러므로 관리들은 정의를 재정편익과 조화시키고 장기이익을 단기이익과 조화시키려고 투쟁했다.[863]

정부의 이러한 균형 있는 정책기조 덕택에 당연히 상공인들은 엄청난 부를 축적할 기회를 맞았다.

그리하여 상공인들의 번영과 지위 향상이 나타나고, 이들이 추진하는 생산·교역·혁신이 가속화되고, 경제의 구조변동이 뒤따르고, 소비가 상승했던 것이다. 국가는 이 경제변동을 짓밟을 능력도, 이 경제변동의 요소들을 황제와 관리들에게 추려줄 능력도 없었다. 그리하여 국가도, 관리들도 막스 베버가 주장하듯이 중국백성의 모든 이득을 다 세금으로 걷어가는 짓을 생각할 수 없었다.[864]

공맹의 경제철학과 대립되는 관중과 법가의 중농억상 정서가 송대에도 다 가시지 않았을지라도 상업화의 진척으로 이런 정서는 상당히 완화되어갔다. 점차 영리추구에 대한 금기가 얼마간 풀리기 시작한 것이다. 9세기에 백거이는 "깨알처럼 많은 사람들 중 부를 좋아하지 않는 사람은 없다"고 말했고, 채양蔡襄은 "모든 사람이 부를 요구하는 것은 인성人性이니 상공인이 모두 이利를 밤낮으로 계획한다"고 말했으며, 사마광은 "도시민이나 향촌 사람이 다 들녘에서든 들녘 밖에서든 밤낮으로 오직 이利를 좇는다", 이원필李元弼은 "어리석은 백성들은 대개 사업활동과 부에 우선권을 준다"고 기술하고 있다. 이전에는 "천지가 항구적으로 만물을 낳으니 부를 축적하는 것은 동의될 수 있는 정책이 아니다"라는 말이 나돌았으나, 송대의 세태는 이전과 많이 달라진 것이다. 그러나 지나친 이윤추구에 대한 경계도 나오고 있었다. "이로운 것은 해로운 것의

---

863) McNeill, *The Pursuit of Power*, 32쪽.

864) 참조: Jones, *Growth Recurring*, 81쪽.

반대다. 그러므로 이윤추구에서는 상당히 좋은 점이 있다. 더구나 이 세계에서 생계를 꾸리려면 이윤을 도모하는 것을 피하는 것은 불가능하다. 이 일에서 자기 욕망을 제한해서 조금만 취할 수 있다면 이것은 완벽에 가깝다. 만인의 가장 가차 없는 실행은 기금을 축적하고 자본을 동원한 사람이 쌀을 싸게 사기 위해 가을걷이 쌀을 이용할 때 곡물거래에서 발견된다." 매점매석에 대한 우려가 튀어나올 정도로 송대 사회는 영리추구가 일반화되어 있었던 것이다.865)

그리하여 조운스는 이런 상황을 직시하면서 유럽의 발전과 비교될 수 있는 중국의 경제발전이 결여된 원인이 중국의 문화적 가치체계라는 베버의 주장을 "부적절한 것"으로 비판한다.866) 송대 중국의 발전은 경쟁에서 유럽을 제쳤는데도 중국의 경제성장이 – 베버가 유럽의 경제사에서 아주 강력했다고 생각한 유형의 – 검소하고 결의에 찬 금욕적 윤리의 부재에 의해 가로막혔다는 그의 테제는 특히 맥심 로딘슨(Maxime Rodinson), 존 카우츠키(John H. Kautsky), 마크 엘빈(Mark Elvin) 등이 이미 기각했었다.867) 이들은 중요한 이슈에 초점을 맞춘다. 엘빈이 올바로 지적한 것처럼, 경제적·생태적 설명이 그 추정에서 더 간단하고, 내적으로 더 일관되며, 경험적 검증을 잘 받아들일 수 있다. 베버처럼 관찰할 수 없는 선호의 변화라는 의미에서의 '가치변동'에 의존하는 것은 경제발전의 설명에 도움이 되지 않는다는 말이다. 다른 한편으로, 엘빈이 주장하듯이 신기술이 단독으로 충분한 설명이 될지는 자명하지 않다.868) 엘빈은 그 자신이 기술변동을 "산업혁명의 핵심에서의 중심문제"라고 부르면서869) 기술변동의 역할을 과장하는 것으로 보인다. 송대 중국에서 보듯이 기술진보의 단계들은

---

865) Yoshinobu Shiba, *Commerce and Society in Sung China*, 212쪽.

866) Jones, *Growth Recurring*, 82쪽.

867) Maxim Robinson, *Islam and Capitalism* (Austin: University of Texas Press, 1978), 77, 103-107쪽; John H. Kautsky, *The Politics of Aristocratic Empires* (Chapel Hill: University of North Carolina Press, 1982), 352-353쪽; Mark Elvin, "Why China Failed to Create an Endogenous Industrial Capitalism: A Critique of Max Weber's Explanation", *Theory and Society*, 13 (1984), 379-392쪽.

868) Jones, *Growth Recurring*, 82쪽.

869) Elvin, "Why China Failed to Create an Endogenous Industrial Capitalism: A Critique of Max Weber's Explanation", 383쪽.

역사에서 반복되었다. 이 단계들은 이제 설명될 필요가 있는 것이지, 저절로 설명하는 것이 아니다. 트릭은 재화의 공급가격을 실질적으로, 그리고 송대의 300년처럼 합당한 기간 동안 하락시키기에 충분한 새로운 방법의 적용을 조성한 조건들을 풀어헤쳐 놓는 것이다. 무엇이 이와 같은 소수의 경우에 기술혁신을 유도했는가? 조운스는 이 물음에 대한 답을 이 조건들을 결합시켜 놓은 "정치와 제도의 영역"에서 찾아야 한다고 결론짓는다.[870] 조운스의 결론은 "경제성장이란 방해물, 특히 정치적 방해물이 제거된다면 어느 사회에서든지 가능했을 것이다"라는 것이다.[871]

물론 조운스의 이 테제는 너무 소극적인 것이다. 실제적 경제성장은 정치적 방해물 등의 제거만으로는 부족하기 때문이다. 현실적 경제성장은 정부의 경제정책적 진흥·촉진작용이 있어야 가능한 것이다. 그러려면 이 진흥·촉진작용을 경제적 치부致富·부국화富國化와 욕망의 해방을 긍정하고 촉구하는 공자철학과 같은 그러한 세속적 정치·경제철학이 뒷받침해야 할 것이다. 한편, 경제성장의 '질적 호전'은 유럽의 경우를 보면 사적 생산요소시장이 정부에 의한 공공재(사회간접시설) 공급으로 보완될 때 일어났다. 송대 중국에서 국가의 공공재 투자와 자유시장의 결합은 생산적 에너지의 거대한 방출을 설명해준다.[872] 송대 중국정부는 유럽에서보다 훨씬 더 이른 시기에 공공재를 대대적으로 공급했기 때문이다. 따라서 섬유산업과 제철산업에서의 이러한 혁신은 빙산의 일각에 지나지 않았다. 이러한 제철 생산과 섬유 생산은 사회간접시설의 지원을 전제하는 것이기 때문이다. 수송·에너지·항해혁명이 이런 혁신을 뒷받침했다. 운하 건설과 984년에 발명된 갑문장치도 주요 혁신에 속한다. 중국정부는 조밀한 운하와 강하江河의 통합 수로체계를 세워 석탄·주철·강철을 수송하도록 만들었다. 이로써 중국의 산업혁명에 필수불가결한 철이 전국적으로 분배될 수 있게 되었다.[873]

---

870) Jones, *Growth Recurring*, 82쪽.

871) Jones, *Growth Recurring*, xv쪽("Introduction to Second Edition").

872) Jones, *Growth Recurring*, 78쪽.

873) Hobson, *The Eastern Origins of Western Civilization*, 53-54쪽.

상당한 규모의 농촌인구가 식품을 구입하고 자신의 노동력을 부업이나 상공업에 돌림으로써 이 식품을 살 돈을 번다는 것은 역사적으로 특별한 사건이었다. 상품화된 식품에 대한 의존은 시장경제가 건너야 하는 '루비콘 강'이다. 그런데 교역로의 봉쇄나 불확실한 작황 때문에 식량을 시장에 의존하는 것은 위험부담이 매우 컸다. 하지만 송대 중국에서 향상된 교통체계는 쌀 공급을 충분히 안전하게 만들었고, 농민층으로 하여금 대규모로 시장에 참여하도록 유도했다. 새로운 공공도로, 운하, 준설된 강 등에 의해 연결된 국내시장 체계 안에서 농업소출의 증가는 송대 '경제혁명'에 아주 중요한 것이었다. 어떤 농민들이 종이·철강·기구 및 기타 각종 상품들을 만들기 위해 풀타임으로 일했고, 또 다른 농민들은 그들의 농업노동 시간의 일부만을 빼서 부업을 하거나, 가족의 다른 식구들이 상공업으로 전업했다. 이것은 인구재배치의 구조변동이었다. 총 노동력과 생산물의 산업적 점유량이 높아졌기 때문이다. 중국에서 직업의 배분은 송대에 이미 1700년의 유럽의 그것과 크게 다르지 않았다. 송대 중국의 발전은 근대유럽에 비해 600여 년 전의 일이지만, 그것은 유럽과 같은 것이 아니었다. 거꾸로 비로소 1700년의 유럽이 겨우 송대 중국과 같은 수준으로 올라왔다.[874]

■ 항해혁명

중국은 또한 항해용 나침반의 발명으로 항해혁명을 일으켰다. 왕충王充 (27-100?)의 『논형論衡』 「시응是應」에 "자석 침을 땅에 놓으면 균형을 맞춰 남쪽을 가리킨다"는 말이 있는 것을 보면, 나침반은 중국에서 늦어도 기원후 1세기 이전부터 사용되었음을 알 수 있다.[875] 이것은 처음에는 본래 점술에 사용되었다가[876] 11-12세기에 들어 항해용 나침반으로 상용常用되었다. (그리스·로마

---

874) Jones, *Growth Recurring*, 79-80쪽.

875) 王充, 『論衡』 「是應」. 朱謙之, 『中國思想對於歐洲文化之影響』(上海: 商務引書館, 1940). 주겸지(전홍석 역), 『중국이 만든 유럽의 근대 - 근대유럽의 중국문화 열풍』(서울: 청계, 2003·2010), 25쪽에서 재인용.

876) Nathan Sivin, "Science and Medicine in Chinese History", 166쪽. Paul S. Ropp (ed.), *Heritage*

인들은 자석을 알고 있었으나 자석의 방향지시 기능은 알지 못했다. 따라서 이들의 항해범위는 지중해와 유럽연안을 벗어날 수 없었다.) 이미 1000년경 중국인들은 나침반의 북쪽과 진북眞北 사이에 편차가 있다는 것도 알았다. 15세기 중국인들은 이 지식을 바탕으로 당시까지 알려진 지도 가운데 가장 정확한 지도를 제작할 수 있었다.877)

남송대 중국에서는 선박이 전함으로 전용되면서 그 수가 급증했다. 중국상선들의 인도양 진출 모험은 남송의 건국과 동시에 시작된 해군건설에 기초했다. 1126년 개봉이 여진족에게 함락되었을 때 황실의 차남 황자 조구趙構(1107-1187; 고종)가 남쪽으로 도주해 임안臨安(항주)에 도읍하고 수군을 창설해 회하淮河를 경계로 나머지 제국영토를 방어했다. 그는 북송처럼 요새화된 근거지에 주둔하는 보병부대에 의존하는 방어전략을 버리고 여진의 기마병을 막도록 특별히 설계된 전함들에 의거했다. 초창기에 북송 해군은 일차적으로 내륙수로들 위에서 활용되었다. 디딤방아와 외륜으로 추진되는 철갑선박을 비롯한 신형 전함들이 강하와 운하에서의 전투를 위해 발명되었다. 석궁수와 창병이 주된 공격수나 방어수였지만, 육지 포위와 요새의 방어에 오랫동안 사용된 종류의 대형 발사·투척기가 더 큰 전함 위에 탑재되었다. 이것은 일반적으로 육지전투 방법을 선상船上에 적용한 것인데, 각 전함은 움직이는 요새의 역할을 했다. 수백 척의 전함과 5만 2,000명의 병사로 구성된 수군을 무장하는 것은 북송의 육군이 요구했던 것보다 원자재와 제조된 부품들의 훨씬 더 복잡한 조립을 요했다. 조선造船에 필요한 모든 자재가 육군이 중국경제에 부과했던 비교적 복잡한 필수조건에 더해졌다. 도시적 기반과 시장을 통한 공급체계는 이전보다 훨씬 더 필수적이었다. 그러나 새로운 전함들의 경우에 매우 기동력이 있을 뿐더러 보병보다 더 쉽게 침공자들에 대항해 집결시킬 수 있기에 북송이 추구하던 수동적 방어정책은 남송정부에 의해 전면적으로 수정되었다.878)

of China (Berkeley·Los Angeles: University of California Press, 1990).

877) Hobson, The Eastern Origins of Western Civilization, 57쪽.

878) McNeill, The Pursuit of Power, 42-43쪽.

칭기즈칸의 군대가 여진족들의 금나라 땅을 유린하고 50년 뒤 남송도 정복했을 때 몽고군은 먼저 남송의 주요 전력이었던 해군을 제압해야 했다. 쿠빌라이 칸은 먼저 독자적 수군을 창설했다. 쿠빌라이는 이 수군의 도움으로 양자강 연안 거점들을 5년 동안 포위한 뒤 격파했다. 그 뒤 대부분의 남송 수군과 전함은 쿠빌라이에게 항복함으로써 정복의 마지막 단계를 용이하게 만들었다. 쿠빌라이는 승리 후 해군력을 계속 증강했지만, 그다음 그가 도모한 해군 전쟁 계획이 해외원정이었기 때문에 해군의 성격이 바뀌었다. 대양을 항해하도록 설계된 선박들이 중국해군의 골간이 된 것이다. 하지만 진정으로 제국적인 건조규모였음에도 불구하고 쿠빌라이의 해군원정은 지속적인 성공을 보지 못했다. 1281년 총 4,400척에 달하는 전함으로 일본을 공격했으나 태풍을 만나 실패했고, 1292년 자바 원정은 초기에 승세를 보였으나 먼 섬 지역을 지속적으로 통제할 수 없어 후퇴할 수밖에 없었다.[879]

해양항해 전함의 용도는 내륙수로를 따라 남에서 북으로 공물을 운반하는 일을 보완하는 것이었다. 14세기 초 해양항해 전함들은 황해의 바닷길을 통해서도 많은 곡물들을 운송했는데, 그 운송규모는 운하수로로 운반하는 것과 비견되었다. 항해기술의 개량으로 양자강 하구에서 천진까지의 항해 기간이 10일로 단축되었다. 이것은 대운하를 통하는 것보다 훨씬 빠른 것이었다. 그러나 남부지역들의 반란과 무질서는 대량의 장거리 운송을 방해했다. 해적도 큰 문제가 되었다. 그리하여 곡물 선적량은 사소한 수준으로 급락했고, 그 결과 북경의 조세체계가 붕괴되었다. 연이어 군벌이 일어나면서 주원장이 석권해 원을 멸망시키고 명(1368-1644)을 수립했다.[880]

우선 명대 중국은 남송의 군사전략을 북송의 전략과 결합시켰다. 즉, 태조 주원장은 유목민들의 월경을 막고 국경을 수비하기 위해 방대한 보병부대를 유지하면서 동시에 내륙수로와 바다를 경비하기 위해 방대한 해군도 유지했다. 1420년 명국해군은 약 3,800척의 선박을 보유했는데, 이 중 1,350척은 전함이었

---

879) McNeill, *The Pursuit of Power*, 43쪽.

880) McNeill, *The Pursuit of Power*, 43-44쪽.

다. 이 가운데 400척은 떠다니는 대형 요새(항공모함)였고, 250척은 장거리 순항을 위한 '보물선'이었다.[881]

선박의 규모와 수량이 증가한 것은 특기할 만한 항해혁명의 한 측면이었다. 1588년 말 영국의 최대 선박이 400톤급인 반면, 이보다 훨씬 이전의 중국의 최대 선박은 3,000톤급에 달했다. 또한 중국 선박의 내부 시설과 장치들도 비교할 수 없이 앞서 있었다. 8세기경 양자강에만 크고 작은 선박 약 2,000척이 항해했고, 이를 통해 수송되는 화물량은 1,000년 뒤인 18세기경 영국의 상인들이 운반하던 화물량의 3분의 1에 달했다.[882] 북송 시기의 곡물 운반선만 쳐도 약 1만 2,000척에 달했고, 청나라 때는 이것이 2만 척으로 늘었다. 18세기 말에는 약 13만 척의 민간선박들이 운항했다.[883]

중국인들은 역사상 가장 위대한 항해가들이었다. 거의 2,000년간 그들은 나머지 세계와 비교한다는 것이 당혹스러울 정도로 앞선 선박과 항해기술을 가지고 있었다. 서양이 중국을 따라잡았을 때, 그 방법은 서양이 중국인들의 여러 가지 발명들을 이런저런 식으로 응용하는 것에 불과했다. 대부분의 역사 기간 동안 유럽인들은, 심지어 18세기 말에도, 상상할 수 있는 모든 측면에서 중국 선박보다 엄청나게 열등한 선박들을 사용했다.[884]

송·원·명·청대 중국은 선박기술과 항해기술에서 세계의 모든 나라를 능가했던 것이다.

정화鄭和(1371-1433) 제독은 인도양의 순항(1405-1433)에서 보물선들을 지휘했다. 그의 가장 큰 선박은 1498년 인도양으로 항해해 들어온 바스코 다가마(1469-1524)의 300톤급 기함旗艦보다 5배 큰 1,500톤급이었다. 정화의 이 항해와

---

881) McNeill, *The Pursuit of Power*, 44쪽.

882) Hobson, *The Eastern Origins of Western Civilization*, 58쪽.

883) Gang Deng, *Chinese Maritime Activities and Socioeconomic Development, c. 2100 BC-1900 AD* (London: Greenwood Press, 1997), 68-69쪽.

884) R. Temple, *The Genius of China*, 186쪽.

관련된 모든 것은 포르투갈의 항해규모를 무색케 했다. 더 많은 선박, 더 많은 대포, 더 많은 인력, 더 많은 적재용량이 콜럼버스(1451-1506)와 마젤란(1480-1521) 시대의 유럽인들이 갖췄던 모든 것과 대등한 선박조종술 및 항해적합성과 결합되어 있었다. 정화는 보르네오와 말레이시아로부터 실론으로, 여기를 넘어 홍해 해변과 아프리카 연안으로 가는 곳마다 도처에서 중국의 종주권을 주장하고 공물·무역교환 관계를 조인했다. 그의 강력한 함대가 저항에 부딪힌 드문 경우에, 그는 물리력을 썼다. 그는 가령 1411년 실론의 완강한 치자를 북경으로 붙잡아 와 중국 황궁에서 기강을 잡았다.[885]

중국에서 이러한 공식적 교역을 보충해서 사영私營 해외무역이 13세기경부터 싹트기 시작했다. 상인과 자본가들은 대형 선박을 건조하고 운용했다. 승조원과 화물의 관리, 위험부담과 이문의 공유, 장거리 거래에서 생겨나는 분규의 해결을 위한 표준 패턴도 잘 정의되었다. 만주·한국(고려)·일본은 자주 오가는 목적지였다. 그러나 중국 선박은 정화의 제국함대가 등장하기 수십 년 전에 인도양에 들어가기 시작했다. 남아시아와 동아프리카에서의 중국무역의 규모는 12세기 중반부터 급증하기 시작한 것으로 보인다. 가장 좋은 지표는 아프리카 해안을 따라 발견되는 중국 도자기 사금파리들일 것이다. 이 사금파리를 분석하면 아프리카지역과의 중국무역이 일찍이 8세기부터 개시된 것을 알 수 있다. 처음에는 이슬람 선박들이 실어 날랐을 것이다. 그러나 중국 선박들이 말레이반도를 돌아서 인도에 나타나기 시작한 1050년부터 무역량이 급증하기 시작한다.[886]

정화는 콜럼버스가 아메리카를 발견하기 50년 전에 아메리카를 발견할 수 있었을 것이다. 확실한 것은 중국 선박들이 태평양을 횡단했다가 돌아올 만큼 충분히 항해에 적합했다는 것이다. 정화의 원정과 같은 일이 계속되었더라면 중국의 항해가들은 유럽인들이 뱃길로 아시아를 발견하기 전에 아프리카를 돌아 유럽을 발견했을 것이다. 그러나 제국조정의 관리들은 다른 길을 선택했다.

---

885) McNeill, *The Pursuit of Power*, 44쪽.
886) McNeill, *The Pursuit of Power*, 44-45쪽.

1433년 이후 그들은 인도양으로 더 이상 원정대를 파견하지 않았고, 1436년에는 새로운 해양항해용 선박의 건조를 금하는 칙령을 발령했다. 해군인원은 대운하의 내륙수로를 오가는 선박들에 배치하라는 명령이 떨어졌고, 해양항해용 전함들은 대책 없이 녹슬어 무너져 내리도록 방치되었다. 조선기술은 곧 사라지고 16세기 중반경 중국수군은 연안 해적도 막지 못할 정도로 영락했다.[887]

명대 중국정부가 항해를 중단한 것은 해양에 두려워할 적이 전무한 반면, 내륙의 북방에는 방대하고 두려운 적세가 늘 남방을 노리고 있었고, 조프리 허드슨(Geoffrey F. Hudson)과 윌리엄 맥닐이 공히 지적했듯이 중국정부는 만주·몽고와 접한 북방국경에 경계심이 컸기 때문이었다.[888] 다른 이유가 더 있다면 그것은 수심水心 깊은 갑문의 발명이었다. 1417년 중국정부는 양자강과 황하를 연결하는 대운하의 전全 연장에 따른 갑문건조가 완결되었다. 그리하여 1년에 6개월밖에 쓸 수 없었던 대운하가 연중 쓸 수 있게 되었다. 따라서 해양항해용 선박이 대운하가 사용불능일 때 화물수송을 보충해줄 필요도 없었고, 더 이상 항해할 필요가 없는 황해의 치안을 수군으로 확보해야 할 필요도 없어졌다. 이런 까닭에 경비태세를 유지하는 데 엄청난 비용을 지출할 이유가 없었던 것이다.[889] 그러나 16세기 말 멘도자는『중국대제국의 주목할 만한 모든 것과 제례와 관습의 역사』(이하:『중국제국의 역사』)에서 중국인들이 좀 전까지 인도양의 해상강국이었고 몽고·만주족의 공격을 막는 데 힘을 집중할 필요성이 해외팽창을 포기할 이유였다는 것을 잘 알면서도 그가 본 당시의 그토록 강력한 중국제국이 해양권력의 지위를 그리 완전히 자발적으로 포기한 것을 "중국인들의 정치적 지혜의 증거"로 간주하고 싶어 했다. 중국인들은 "낯선 나라를 정복하기 위해 그들의 본국으로부터 아주 멀리 떨어졌다가 고향의 자기 나라를 잃게 된, 고대사가 우리에게 증언하는 그리스·카르타고·로마인들과 후세의 어리석은 인간들을 의심할 바 없이 능가하는 것"처럼 보인다는 것이다.[890]

---

887) McNeill, *The Pursuit of Power*, 46쪽.

888) Geoffrey F. Hudson, *Europe and China: A Survey of their Relations from the Earliest Time to 1800* (Boston: Beacon Press, 1931·1961), 253쪽; McNeill, *The Pursuit of Power*, 46쪽.

889) McNeill, *The Pursuit of Power*, 47쪽.

정치적 지혜의 달인인 중국인들이 제국주의 국가에 대한 완력정치의 부정적 부메랑 효과를 이미 알고 있었기 때문에 제국주의적 해상강국의 기회와 지위를 자발적으로 포기했다는 것이다. 페르난데즈-아르메스토(Felipe Fernandez-Armesto)는 이 포기를 도덕적으로 해석해 "세계사에서 특기할 만한 집단적 절제"의 사례로 지목했다.891)

아무튼 송·원·명대의 선박업과 항해업은 제철업과 함께 "훗날 유럽의 기술적 승리를 미리 보여주는" 수준에 달했다.892) 물론 이 분야에서 엄청난 자본왕들이 나타났으나, 제국주의적 항해활동을 포기한 정부의 기본정책으로 인해 일정한 한계 안에 제한될 수밖에 없었다. 그러나 중국에서 명말·청초에 걸쳐 29년간 살면서 중국을 가장 면밀하게 관찰한 예수회 신부 가브리엘 마젤란(Gabriel Magailans, 1610-1677)은 1668년에 탈고한 『신중국기新中國記』(1688)에서 내륙수로를 중국의 교역발달의 결정적 원인으로 적시하고 있다. "교역의 두 원천은 온갖 상품들이 쌓여 있는 왕국에서의 풍요와 수로(navigation)인 것이 지극히 확실하다. 중국은 이 두 가지 이점을 어떤 왕국도 능가할 수 없을 정도까지 누리고 있다."893) 운하와 강과 호수로 중국 전역을 조밀하게 연결하는 중국의 내륙수로 네트워크 덕분에 1660년대에 북경에서 마카오까지 하루 만에 갈 수 있었고, 심지어 항주(절상성의 도읍)를 출발해 4개월이면 험난한 산악 속의 성도成都(사천성의 도읍)에도 갈 수 있었다. 마젤란은 그 자신이 직접 1642년 5월 4일 항주로부터 1,200마일을 항해해 8월 28일 성도에 도착했다.894)

---

890) Juan Gonzáles de Mendoza, *Historia de las cosas mas notables, ritos y costumbres del gran Reyno de la China* (1-2권, Rome, 1585; Madrid & Bercelona, 1586; Medina del Campo, 1595; Antwerp, 1596). 영역본: Juan Gonzalez de Mendoza, T*he History of the Great and Mighty Kingdom of China and The Situation Thereof*, the First Part (London: Printed for the Hakluyt Society, 1853), 92쪽.

891) Felipe Fernandez-Armesto, *Millenium* (London: Black Swan, 1996), 134쪽.

892) McNeill, *The Pursuit of Power*, 48쪽.

893) Gabriel Magaillans, *A New History of China* (London: Printed for Thomas Newborough, 1688), 133쪽.

894) Magaillans, *A New History of China*, 131쪽.

■ 제지술과 인쇄술의 혁명: 고려와 조선의 금속활자

한편, 화폐경제의 발달은 제지술과 인쇄술의 발달을 가져왔다. 종이는 중국에서 이미 105년에 채륜蔡倫(50?-121?)에 의해 발명되어895) 상용常用되어오던 것이다. 종이는 서적을 만드는 것 외에도 갑옷·벽지·의상·화장지·바구니·수건 등 다양한 용도에 쓰였다. 물론 제지산업은 대규모의 서적 인쇄에 의해 가장 크게 촉진되었다. 국가가 직접 대규모 서적 출판에 종사했고, 민간업자들도 가세했다.896)

한편, "인쇄술의 기원은 6세기의 중국과 14세기의 한국으로 거슬러 올라갈 수 있다. 한 판에 통째로 찍는 목판인쇄는 중국에서 6세기에 첫선을 보였지만, 목판인쇄술로 종이 위에 인쇄된 현존하는 가장 오래된 원본은 751년 한국에서, 그리고 770년 일본에서 유래하고",897) 9세기 초에 발명된 중국의 목판인쇄술로 찍힌 현존하는 가장 오래된 인쇄서적은 868년 판본이다.898) 서적 인쇄는 950년 무렵부터 계속 증가했다. 953년 중국인들은 이미 인쇄된 유교경전들을 가지고 있었다. 이것은 "나중에 구텐베르크의 『성경』이 유럽의 인쇄술에 가했던 것과 거의 같은 촉진효과를 중국 인쇄술에 가한 일"이었다.899) 1040년에는 중국 최초로 '이동시킬 수 있는 인자印字'로 찍는 인쇄, 즉 '목활자木活字인쇄'가 발명되었고,900) 1040년대에는 도자기활자도 고안되었다.901) 그리하여 15세기 말에 중국은 유럽 전체의 인쇄서적을 다 합친 것보다 더 많은 서적을 찍어냈다.902) 또 "1403년에는 한국에서 금속활자가 발명되었고", 이것은 "구텐베르크의

---

895) 『後漢書』「蔡倫傳」. 주겸지, 『중국이 만든 유럽의 근대』, 21쪽에서 재인용.

896) Hobson, *The Eastern Origins of Western Civilization*, 56쪽.

897) Sivin, "Science and Medicine in Chinese History", 165쪽.

898) Hobson, *The Eastern Origins of Western Civilization*, 183-184쪽.

899) Thomas F. Carter, *The Invention of Printing in China and its Spread Westward* (New York: The Ronald Press Company, 1925·1955), 239쪽.

900) Joseph Needham and Tsien Tsuen-Hsuin(錢存訓, contributor), *Science and Civilization in China*, Vol. 5(1): Paper and Printing (Cambridge: Cambridge University Press, 1985), 145쪽.

901) Sivin, "Science and Medicine in Chinese History", 165쪽.

902) Donald F. Lach & Edwin J. Van Kley, *Asia in the Making of Europe*, III (Chicago: Chicago University Press, 1993), 1598쪽 각주209.

금속활자보다 50년 앞선 것이었다".903) 금속활자 인쇄는 "15세기 초에 정점에 달한 국왕 후원의 연속적 실험작업을 통해 한국에서 최고 수준의 완벽함에 도달했다".904) 중국과 한국의 이 인쇄술은 알려지지 않은 여러 경로를 통해 서구로 전해졌다. 중국의 목판인쇄술은 1259년 폴란드, 1283년 헝가리를 거쳐 13세기 독일에 전해져 거기서 처음 활용되었다.905) 그리고 토마스 카터에 의하면, 종이와 제지술은 2세기 돈황(툰황), 4세기 토번(Turfan), 5세기 타클라마칸사막 주변, 4-6세기 투르키스탄, 8세기 사마르칸트와 바그다드, 10세기 이집트, 12세기 초 모로코를 거쳐 12세기 중반 스페인, 12세기 말 프랑스, 13세기 말 이탈리아, 14세기 말 독일, 15세기 말 영국에 도달했다.906)

한국의 금속활자 인쇄술이 구텐베르크(Johannes Gutenberg, 1397-1468)에게 전해진 '직접적 전파'의 증거는 없지만 '간접적 전파'의 여러 정황증거는 존재한다. 첫째, 인쇄의 전제가 되는 제지기술이 서양으로 전파된 것은 사실이고, 둘째, 화투·지폐·그림인쇄·서적 등 일련의 인쇄물들이 유럽으로 건너가 확산되었으며, 셋째, 중국에서 유럽으로 돌아간 유럽인들, 특히 성직자들은 유럽보다 훨씬 앞서 중국 전역에 확산된 금속활자 활판인쇄술에 대한 정보를 전했을 것이다. 이런 정보들은 새로운 인쇄술의 발명에 자극이 되었을 것이다.907)

조프리 허드슨(Geoffrey F. Hudson)은 세 번째 정황증거의 입증을 위해 인쇄술의 전사前史를 상세하게 추적한다. 1428년 항해왕 헨리(Henry the Navigator)의 형제인 페드로 왕자(Prince Pedro)가 마르코 폴로의 책과 지도 한 장을 가지고 베니스로부터 포르투갈로 돌아왔는데, 이로부터 약 10년 뒤 활자(movable type)로 인쇄하는 활판인쇄가 유럽에서 개시되었고, "이 혁신이 극동에서 예전 어느 때 대규모로

---

903) Carter, *The Invention of Printing in China and its Spread Westward*, 240쪽. 1377년 직지심경을 찍은 한국의 금속활자는 구텐베르크의 그것(1445년경)보다 68년 앞서 사용되었다. 카터는 '50년 앞선 것'이라고 잘못 말하고 있다. 태종이 주자소를 세운 때(1403)부터 계산한 때문인 것으로 보인다.

904) Sivin, "Science and Medicine in Chinese History", 165쪽.

905) Needham·Tsien, *Science and Civilization in China*, Vol. 5(1): Paper and Printing, 132-172, 303-313쪽.

906) Carter, *The Invention of Printing in China and its Spread Westward*, 133-138쪽.

907) Carter, *The Invention of Printing in China and its Spread Westward*, 241-242쪽.

사용된 유사한 인쇄법에 관한 보고 덕택에 이루어졌을 것이라고 여기는 타당한 이유"가 있다. 종이는 105년 중국에서 처음 만들어졌고 활자를 쓰지 않은 목판 인쇄(block printing)는 적어도 9세기부터 나타났으며, 가장 오래된 인쇄본 중국서책은 868년의 불교경전이다. 상술한 대로 953년에는 유교경전들이 목판인쇄술로 찍혔다. 11세기 중반에는 도자기활자로 인쇄하는 활판인쇄술이 필승畢昇(Pi Sheng)이라는 사람에 의해 고안되었다. 이것이 세계 최초의 활자이고 활판인쇄술이다. 원나라 때에는 목활자가 도자기활자를 대체했으나 이 인쇄법은 널리 활용되지 못했다. 활판인쇄술의 거대한 진보는 15세기 초에 일어났는데 "그것은 중국에서가 아니라 한국에서였다". 이 거대한 진보는 중국의 글자문화를 백성들 사이에 보급하고 몽고에 의해 황폐화된 나라를 재再문명화하려는, 1392년에 개창된 조선왕조의 "강렬한 욕구" 때문이었다. "1400년부터 1418년까지 지배한 태종"은 "중국학문에 대한 헌신자"였고 교육에 대한 "정열적 열정"을 가지고 있었다. 그는 서적을 가급적 신속하게 늘리기를 바라면서 중국식 활판인쇄법을 택해 개선했고, 1403년 주자소鑄字所를 세워 서적을 간행하기 시작했다. 그 결과, 30년 동안 엄청난 양의 서적들이 이 주자소에서 인쇄·간행되었다.908) 허드슨의 이 설명을 보충하자면, 고려가 고종 21년(1234) 구리 호라자를 써서『상정고금예문』50권을 인쇄했다는 기록이 있는데,『동국이상국집』은 이 책을 고종 21년 금속활자로 인쇄했다고 확인해주고 있다. 이 기록에 따르면 고려의 금속활자는 구텐베르크의 그것(1445)보다 200여 년 앞선 것이다. 그러나 이것은 모두 다 '기록'에만 남은 것이고, 이때 간행된 책은 다 멸실되었다. 그럼에도 우왕 3년(1377) 청주 흥덕사에서 간행한『직지심경(직지심체요절)』은 프랑스 국립도서관에 보관되어 있다. 금속활자에 의한 이『직지심경』의 인쇄도 구텐베르크의 그것(1445)보다 68년 앞선 것이다.

"한국(조선)의 활자는 금속이었고 기술은 초기 유럽 활판술(typography)과 아주 유사했다." 토마스 카터에 의하면 "활자주조는 활판인쇄술 발명의 열쇠다. 그런데 한국인들이 개발한 것은 활자주조였다. 이것은 한국 인쇄술의 중요한 의의

---

908) Hudson, *Europe and China*, 165쪽.

다".909) 15세기에 비로소 유럽은 "성공적 인쇄의 일차적 조건인 종이"를 생산했는데, 종이를 만든 이 제지술도 중국에서 중국 인쇄공들을 포로로 잡아온 아랍인들을 통해 유럽에 전해진 것이다. 그리고 유럽인들은 당시 목판인쇄술을 알고 있었지만 실제 서적 인쇄에 쓰지 않았던 것으로 보인다. 중국은 이미 이 인쇄설비에 기여했었다. 중국의 목판인쇄는 몽고의 정복전쟁 과정에서 유럽인들의 아주 큰 관심을 끈 중국의 인쇄된 지폐를 통해, 그리고 몽고족들이 유럽에 가져온 인쇄된 화투를 통해, 또한 불교도들이 만든 종교적 이미지 인쇄물을 통해 유럽에 전해졌다. 유럽의 초창기 카드와 종교화보는 아시아적 모델들과 거의 똑같았다. 그리하여 카터에 의하면, 구텐베르크가 한국 금속인쇄술의 영향을 받았다는 주장은 "합리적 확실성의 정보로 받아들여질 정도로 강력한 정황증거에 근거한다".910)

유럽역사에서 실제적 '인쇄술의 발명'을 뜻하는 것은 1440년경 활판술의 시작이다. 그것은 활자조립·사용 없이 한 판의 목판에 움직일 수 없는 글자들을 새겨 찍는 목판인쇄법에 의한 서적생산 산업을 앞설 수 없었다. 그것은 선진적 공법으로 등장해 일거에 인쇄업계를 장악했기 때문이다. 하지만 카터는 그것을 한국 활판기술자들의 작업에서 유래하는 것으로 보지 않는다. 카터는 한국의 활판인쇄술을 "방계지엽傍系枝葉, 말하자면 유럽 활판술의 발명가의 조상이라기보다 사촌"쯤으로 간주하는 셈이다.911) 카터는 말한다.

한국 활자는 진흙이나 나무로 새긴 원형활자가 쓰인 것보다 훨씬 더 많이 쓰였다. 그리고 한국인들이 구텐베르크의 발명(1445)보다 딱 반세기 전에 전혀 아무런 연관도 없이 금속활자로 인쇄하기 시작했다는 것은 묘한 우연의 일치로 보인다. (그러나) 이런 연관에 대해서는 아무런 증거가 없다. 그리고 저 반세기 동안 유럽과 극동 간의 교류는, 우리가 지금 아는 한, 거의 부재했다. 하지만 중국·한국의 금속활자와 유럽의

909) Hudson, *Europe and China*, 165쪽.
910) Hudson, *Europe and China*, 165-166쪽.
911) Hudson, *Europe and China*, 166쪽.

그것 간에 어떤 연관도 없었다고 정언적으로 단언하는 것은 시기상조일 것이다. 다른 한편, 이러한 연관에 대한 어떤 명백한 증거도 발견되지 않았다. 따라서 이러한 증거가 — 또는 반대의 증거가 — 손안에 들어오기까지는 마음을 열어둘 필요가 있다.912)

카터는 조심스럽게 중립적으로 논하고 있지만 연관 증거의 부족을 들어 한국 금속활자 활판인쇄술과 구텐베르크의 금속활자 활판술의 등장이 '묘한 우연의 일치'라는 데 무게를 싣는 듯하다.

그러나 상술했듯이 카터는 유럽 인쇄술에 대한 중국의 영향이 중국의 활판인쇄술을 통하지 않았을지 몰라도 중국의 영향이 있을 것으로 추정되는 정황증거들을 제시한다. 그리고 그 시대 50년간에도 동서 교섭이 있었다는 주석을 이렇게 달아두고 있다. "하지만 1441년까지 중국과 아라비아와 이집트 간에 접촉이 있었다. (⋯) 15-16세기 테헤란과 16세기 이스탄불에 유입된 중국 도자기의 거대한 컬렉션들도 대륙을 횡단하는 지속적 연결을 입증한다."913)

허드슨은 여기서 한 걸음 더 전진해 한국과 독일 간의 연결선과 15세기 초반의 동서교역로를 보다 확실하게 입증하려고 한다.

우리는 그 인쇄공법이 한국정부에 의해 서적생산 제고提高방법으로 채택된 후에 곧 이와 완전히 독립적으로 유럽에 나타났다는 것이 묘한 우연의 일치로 보인다는 말에 동의하지만, 한국의 인쇄산업에 관한 이야기가 유럽에 도달하게 할 수 있었을 그 어떤 그럴법한 채널이 존재하지 않았다는 (카터의) 주장을 의문시한다.914)

1400년에 몽고제국은 완전히 붕괴되었지만, 그 해체로부터 생겨난 몇몇 군집들은 여전히 부강했고 중앙아시아의 장거리 카라반 무역이 아직 계속 이루어지고 있었다는 표시들이 많이 존재한다는 것이다. 이 거친 지역에서의 무역은 시작

---

912) Carter, *The Invention of Printing in China and its Spread Westward*, 240쪽.

913) Carter, *The Invention of Printing in China and its Spread Westward*, 244쪽 후주3.

914) Hudson, *Europe and China*, 166쪽.

하기 어려웠지만, 일단 시작하면 말살하기 어려웠다. "이탈리아인들이 더 이상 중앙아시아 교역로를 따라 침투할 수 없었다는 것은 사실이지만, 주로 그들은 기독교인들이었고 산적행위만이 아니라 몽고의 이슬람 개종자들에 의한 박해도 당해야 했다. 그리고 중앙아시아의 혼돈 시기에 스텝 생활과 스텝지대의 강탈 및 전쟁에 맞게 태어나고 길러진 유목민들 자체가 카라반을 형성하기에 가장 적합했다. 1403-1405년 카스티아왕국에서 티무르에게 파견한 특사 클라비조(Ruy Gonzalez de Clavijo, ?-1412)에 의하면, 티무르시대에 사마르칸트는 교역로의 원거리 네트워크의 중심지였다. 1404년에는 실크·보석·사향·대황을 실은 800마리의 낙타가 중국에서 왔고, 동부 시베리아에 사는 것으로 보이는 한 부족으로부터 매·흑담비·담비 가죽을 가지고 티무르에게로 왔으며, 러시아 상인들이 아마포와 가죽을 가지고 왔다. 그리고 이렇게 시사되는 무역노선들은 서쪽의 또 다른 무역노선, 즉 보호습지 덕택에 몽고의 정복을 피했던 도시 노브고로드를 통해 이어지는 독일 한자(Hansa) 무역노선과 연결된다. 노브고로드는 당시 가죽 중에서 가장 소중한 시베리아 흑담비 가죽을 찾아 상업활동을 동쪽으로 우랄까지, 그리고 우랄을 넘어 확장했다. 볼가강 상류와 중부지역에는 주로 유목민들의 야만적 행동에 노출된 남부지역으로부터 이주한 인구로 인해 증가일로에 있는 주민들이 있었다. 여기서 모스크바의 새로운 러시아 세력은 13세기 유럽에 원정했다가 볼가 지류에 반半 정착한 몽고군단 '황금군단(Golden Horde)'의 주민들과 대립했다. 황금군단의 이 볼가 지류는 1438년부터 카잔의 독립 칸국을 세웠다. 여기에서 니즈니노브고로드는 이미 유명한 시장이 되고 있었다.915) 따라서 허드슨은 추정한다.

사마르칸트에서 클라비조가 북경에서 6개월을 보낸 한 타타르 카라반 수행원으로부터 중국에 관한 모종의 진실과 많은 우화를 들었던 것과 똑같이, 니즈니노브고로드나 카잔에서 어떤 독일 한자 상인은 멀리 여행하는 그 어떤 비단·가죽 무역업자로부터 서적을 금속활자로 찍어내는 극동의 한 나라에 관한 이야기를 들었을 것이다.

---

915) Hudson, *Europe and China*, 166-167쪽.

한국의 국영인쇄업은 구석에서 하던 것이 아니었다. 그것은 바로 카라반 숙소의 수다 속에서 들을 법한 종류의 경이로운 일이었다. 한자 상인에 의해 전해졌을 이런 아이디어는 독일에서 '옥토'를 발견했을 것이다. 정확한 방법이 알려지지 않은 경우에도 일이 성공할 수 있다는 앎은 가장 좋은 발명 동기다.916)

물론 이것은 다 증명되지 않은 허드슨의 추정이다. 그러나 "우리는 상당한 확신을 갖고 불가강과 몽고 간에는 어떤 넘을 수 없는 장벽도 없었고, 또 1400년부터 1440년까지의 중앙아시아의 사정이 이 경우의 개연성에 과도한 부담을 주는 것 없이 극동으로부터 온 시사가 유럽에 도달했을 것이라고 추정할 수 있다고 말할 수 있다".917) 그리고 허드슨은 『엔사이클로피디아 브리타니카』(제14판)의 '인쇄(printing)' 항목을 제시한다. "중국인에 의한 원리의 발견과 독립된 유럽의 활판인쇄 발명의 실제적 날짜에 관한 어떤 확실성도 없지만, 1440년경 일어났다고 가정된다. (…) 유럽의 활판인쇄 발명의 실제적 날짜에 관한 아무런 확실성이 없는 것처럼 누가 진짜 발명가인지, 그리고 그 발명이 어디서 일어났는지도 의심스럽다."918)

그리하여 허드슨은 구텐베르크가 유럽의 알파벳 금속활자를 제작할 때 한국의 금속활자를 전혀 참조·모방하지 않았다는 것에 대한 거증책임을 그의 독창성을 주장하는 사람들이 져야 한다고 결론짓는다.

그러나 분명 우리는 유럽에서 그 발명이 언제, 어디서, 또는 누구에 의해 이루어졌는지 확실히 알려져 있지 않다면 그것이 이미 더 이른 시기에, 그리고 눈에 튀게 사용된 중국-한국 공법과 독립적이었음이 어떻게 정언적으로 주장될 수 있는지를 물을 권리가 있다. 그리고 한국의 활판인쇄술이 유럽에서 바로 그 공법의 등장 이전에 그토록 놀라운 발전을 완료했기 때문에, 그리고 극동과 독일 사이에 뉴스 전달이 가능한

---

916) Hudson, *Europe and China*, 167-168쪽.
917) Hudson, *Europe and China*, 168쪽.
918) Hudson, *Europe and China*, 168쪽.

연결선들이 존재했기 때문에 증명의 책임은 실제로 유럽적 발명의 완전한 독립성을
주장하는 사람들에게 있다.919)

이것이 구텐베르크가 동서를 오간 수많은 유럽인들을 통해 한국의 금속활자에
대해 들었을 것이라는 추리논증이자, 구텐베르크가 한국의 금속활자를 모방하
지 않았다는 것에 대한 거증책임을 독일인들에게 돌리는 논변이다.

　허드슨의 핵심논지는 구텐베르크가 한국의 금속활자를 전해 듣고 이를 모방
해 유럽의 알파벳 금속활자를 만들었다는 것이다. 마이클 에드워디스도 허드슨
과 유사한 논변을 전개한다.920) 따라서 허드슨의 이 논의는 한국 금속활자가
구텐베르크보다 68년 앞섰느니, 200년 앞섰느니 하는 한국 국사학계의 논의와
차원이 다른 내용을 담고 있다.

　필자가 덧붙이고 싶은 것은 금속활자의 전파경로를 꼭 중앙아시아를 통과하
는 육로만 찾으려고 애쓸 필요가 없다는 것이다. 당나라로부터 명나라 초까지
서양을 향해 문을 활짝 열고 번성했던 해상로가 존재했기 때문이다. 동남아시
아와 인도를 거쳐 베니스까지 연결된 이 해상로의 출발기지는 타이완해협과
접한 복건성의 천주泉州(취안저우; Quanzhou; Chinchew)였다. 과거에 '자이툰(刺桐;
Zaitun)'이라고도 불렸고 마르코 폴로가 대강 '사이톤(Çaiton)', '자이툰(Zaytun)' 등으
로921) 기록한 천주는 원래 진陳나라 왕국경王國慶이 작전기지로 개발한 땅이었
다. 이 땅은 590년대에 수隨나라 장수 양소楊素에 의해 정복되었다. 이후 당나라
는 718년 천주를 진강晉江의 두 지류 사이의 땅에 재수립했다. 이슬람 무역상들
은 이때부터 가까운 광주廣州·양주揚州를 오가면서 천주도 드나들었다. 이후
천주는 송나라 창건 초기인 10세기 후반에 이미 복건성 내륙과 육로 및 운하로
연결되어 국제항구 도시로 발전했다. 1095년에 세워진 한 비석의 비명은 매년
남양으로부터 오는 선박 20척마다 두 척의 호위함정을 거느렸다고 기록하고

---

919) Hudson, *Europe and China*, 168쪽.

920) Edwardes, *East-West Passage*, 92-93쪽.

921) Marco Polo (Ronald Latham, trans.), *The Travels of Marco Polo* (London: Penguin Books, 1958).
　마르코 폴로, 『동방견문록』(파주: 사계절, 2000·2017), 157장.

있다. 1120년 천주의 인구는 이미 50만 명에 달했다. 1179년경 송나라는 여기에
해상무역 관세청을 설치했다. 천주는 육상 실크로드와 광주·양주를 제치고
영파와 더불어 해상 실크로드의 출발지점으로 발돋움했다. 천주는 남송 시기에
도 계속 번창했다. 천주와 영파의 해상무역이 번창하면서 산업이 발달했고,
특히 도자기산업은 수출량에서 비단을 능가했다. 천주에서 무역하는 외국인들
에 대한 1206년의 한 보고서는 아라비아·스리비자야·참파·앙코르·브루나이·
자바·파간·코리아(高麗), 그리고 다양한 필리핀 족장국가들로부터 온 상인들의
목록을 기록하고 있다.922) 천주의 해상무역은 그 지역의 도자기·설탕·주류·
제염산업을 발전시켰고, 여기서 생산된 물건들은 바로 수출품목이 되었다.923)
그 시기에 이미 복건성의 도자기 생산의 90%는 수출용으로 생산된 비취색의
청자였다. 유향乳香은 천주와 광주의 무역감독관들도 탐내던 수입품이었다.
이 시기에 천주는 세계에서 가장 크고 가장 세계주의적으로 개방된 항구였다.
마르코 폴로에 의하면, 원대에도 천주는 계속 번영했다. 1277년 원나라조정은
천주·상해·영파寧波 등지에 무역감독관을 설치했다. 1280년대 이후 종종 일시
적으로 천주는 복건성의 성도로 쓰일 정도로 번창했다. 1283년에도 천주인구는
45만 명을 상회했고, 주요 무역 물목은 후추, 기타 향신료들, 각종 귀석貴石,
진주, 도자기였다. 마르코 폴로에 의하면 원나라조정은 10%의 관세를 징수했
다. 그는 천주를 "세계에서 가장 큰 두 상업항구 중 하나"라고 하며 "동방의
알렉산드리아"라고 불렀다.924)

　　1320년대 중반 탁발승 오도릭은 두 곳에 프란체스코파 신부들의 수도원이
있었다고 기록하고 있다. (이 가톨릭 수도원들은 선교목적의 수도원이라기보다
유럽 상인들의 예배활동을 위해 세워진 수도원으로 보인다.) "1326년 이미
제노바 상인들은 드문 얼굴이 아니었다."925) 천주에는 성당과 수도원뿐만 아니

---

922) von Glahn, *The Economic History of China*, 271-272쪽. 스리비자야는 수마트라에 있었던 상업국
　　가이고, 참파는 2-17세기 말 베트남 중남부에 있었던 참족의 국가이며, 파간은 1044-1287년
　　버마 중부에 있었던 국가다.

923) von Glahn, *The Economic History of China*, 272쪽.

924) 마르코 폴로, 『동방견문록』, 157장.

라 힌두사원, 불교사원, 이슬람사원(시나고게) 등 각종 종교의 사원들이 세워졌다. 1,000년 전 천주는 세계적 도시였고, 이 천주의 세계주의적 개방성은 현대 세계의 어느 도시도 거의 따라갈 수 없을 정도였다. 힌두사원에는 원숭이 신 하누만(Hanuman)의 신상이 모셔져 있었다. 이 원숭이 신상으로부터 명대 중국소설 『서유기』의 주인공 손오공이 유래한 것으로 추정되기도 한다.926)

천주를 통해 들어온 유럽·인도·중동의 주요 수입품은 실크였다. 1340년 관세기록은 비단이 플로렌스의 프레스코발디 회사에 의해 영국으로 수송된 사실을 입증해준다.927) (물론 비단은 로마시대에도 유럽에 수입되었고 중세 시대에도 수입되었었다.) 중국의 농업과 직물산업에 엄청난 진보를 가져온 품목도 천주를 통해 들어왔는데 그것은 송대에 메콩강 델타로부터 들어온 인도원산의 쌀 종류 참파(Champa)와 목화였다. 중국 남부지역에서 2-3모작이 가능한 이 쌀은 송·명대 중국의 폭증하는 인구를 먹여 살렸다고 알려졌으나,928) 참파에 대한 역사기록들은 다소 혼돈스럽다. 그리고 가뭄과 척박한 땅도 잘 견딘다는 참파의 성질은 비옥하고 물이 풍부한 강남지역에서는 중요치 않았고, 참파의 빠른 성장도 '쌀 이모작'이 아니라 '쌀과 동계작물의 이모작'에 는 별로 중요치 않았다. 그러므로 참파의 역할을 과장하는 실수일 것이다.929) 그러나 참파가 비록 강남 농업을 혁명화하지는 못했을지라도 쌀 증산에 크게 도움이 된 것은 사실이다. 목화는 중국 남부에서 2모작이 가능했고, 더 북쪽에 서도 재배할 수 있었다.930) 이 목화로 만든 면직물은 이후 중국인들의 통상적

---

925) Jack Goody, *The East in the West* (New York: Cambridge University Press, 1996), 57쪽; 구디의 출처는 참조: R. S. Lopez, "European Merchants in the Medieval Indies: The Evidence of Commercial Documents", *Journal of Economic History* 3 (1943), 165쪽.

926) Kenneth Pomeranz and Steven Topik, *The World that Trade Created* (New York: M. E. Sharpe, 2013), 29쪽.

927) Goody, *The East in the West*, 57쪽.

928) Pomeranz and Topik, *The World that Trade Created*, 29쪽.

929) Li Bozhong (李伯重), "Was there a 'Fourteen-Century Turning Point'? Population, Land, Technology, and Farm Management", 156쪽. Paul J. Smith and Richard von Glahn, *The Song-Yuan-Ming Transition in Chinese History* (Cambridge, MA. and London: Harvard University Asia Center, 2003).

930) Pomeranz and Topik, *The World that Trade Created*, 29쪽.

의상을 마직과 명주 의복에서 무명 피복으로 바꾸고 20세기 초까지 중국의
주요 수출품으로 군림하게 된다.

1368년 주원장이 원나라를 몰아내고 건국한 명나라는 공식적 조공무역을
우대하고 사무역을 홀대했다. 그리하여 1473년경 천주는 더 이상 무역의 중심
지가 아니었다. 그러나 명나라는 사방팔방의 변경지대와 여러 항구에서 사무역
을 묵인해주었다. 그리하여 천주는 다시 무역항으로서 명맥을 이어갈 수 있었
다. 그러나 옛 영광을 회복할 수는 없었다. 마침내 1522년 천주는 해적들로
인해 무역항구로서 문을 닫아야 했다. 반면, 광주·양주·영파·상해는 조공무역
으로 더욱 발전해 곧 천주를 능가했다.

1368년경 여섯 명의 베니스 상인그룹이 뱃길로 크림반도로 가기 위해 베니
스를 떠났다. 이집트의 술탄이 인도와 중국으로 가는 남부 통로를 통제하려고
기도했기 때문이다. 흑해 연안을 따라 유럽 의류를 팔 좋은 시장이 즐비했다.
조금 뒤에 중국으로 가는 육로는 원나라가 망함으로써 중단되었다. 그리하여
중국 실크는 가격이 2배로 뛰었다. 무역은 페르시아만을 경유해 뱃길로 계속되
었다. 이집트의 차단과 티무르의 침공에도 불구하고 이탈리아인들은 1499년
포르투갈 선단이 희망봉을 돌아 중국에 도달할 때까지 계속 중국을 오갔다.
물론 이탈리아 상인들이 동서를 잇는 육로를 이용하는 유일한 상인들은 아니었
다. 이슬람 정복 전에 네스토리안 기독교인들과 페르시아 상인들도 당나라
이래 중국으로 가는 실크로드를 부지런히 이용했다. 페르시아인들과 아르메니
아인들은 동남아시아로 침투해 들어가고 남중국을 자주 방문했다. 인도와 극동
으로 가는 뱃길은 로마시대 이래 셈족 상인들과 아랍인들, 그리고 기독교인들
과 유대인들에 의해 열려 있었다. 그들은 홍해, 아랍반도, 페르시아만 사이를
항해해서 서남 인도의 구자라트(Gujarat)와 말라바르(Malabar) 연해지역, 그리고
여기를 지나 이보다 더 동쪽의 중국을 방문했다.931)

종합하면, 『상정고금예문』(1234)과 『직지심경』(1377년)이 출판된 고려시대와,
조선의 태종(재위 1400-1418)이 1403년 주자소를 세우고 대량의 서적을 인쇄하기

---

931) Goody, *The East in the West*, 57-58쪽.

시작한 조선 초에 천주는 제노바·베니스 등 서구지역과도 통하는 세계 최대의 국제무역항이었고, 코리아는 늦어도 1206년부터 천주의 입항入港국가 목록에 들어 있었다. 그리고 천주는 12세기부터 15세기 초까지 '한국인들도 자주 찾는 세계 최대의 국제적 무역항 중의 하나였다. (이때 '한국'이 서양에 'Korea'[고려]로 알려진 것으로 추정된다.) 이런 역사적 사실들을 고려하면, 금속활자의 제작기술 및 인쇄술에 관한 정보, 또는 금속활자로 찍은 코리아의 책자는 빠르면 고려 말엽에, 늦어도 조선 초에 천주로부터 시작하는 바닷길로 쉽사리 이탈리아로 전해져 유럽으로 퍼질 수 있었을 것이다. 바닷길로 말라카해협을 통과해 인도양을 거쳐 중동의 어느 항구에서 상륙해 거기로부터 뭍길로 중동을 가로지르고 지중해 해안에서 다시 지중해 뱃길로 이탈리아로 가는 길이 항상 열려 있었기 때문이다. 이 길이 허드슨이 추정하는 중앙아시아 육로보다 몇 곱절 더 용이했을 것이다. 아니면 천주와 함께 발전한 영파·광주·양주·상해 등 다른 무역항을 통해서도 고려와 조선의 금속활자 기술이나 이에 대한 정보가 쉽사리 유럽으로 전해질 수 있었을 것이다.

■ 농업혁명

중국은 영국의 18-19세기 농업혁명이 이룩한 업적과 같은 농업발전을 6세기에 다 이룩했다. "당시 중국이 오늘날의 미국과 서구의 지위에 있었고 유럽은 오늘날의 모로코의 지위에 있었다고 말하는 것은 전혀 과장이 아니다. 18세기 이전 유럽의 절망적·원시적 농업은 기원전 4세기 이후 중국의 선진농업에 견줄 대상이 되지 못했다."[932] 중국 농업이 12세기 송나라 때 달성했던 생산성을 유럽은 20세기 들어서야 겨우 따라잡을 수 있었다. 중국 농업은 이후 700년 동안 이런 수준을 유지했다. 중국정부의 역할도 특기할 만했다. 송나라정부는 이앙법과 모종법을 개발해 보급하는 한편, 농민들에게 농업 투자에 대한 인센티브를 주었고, 지극히 낮은 이자로 농사자금을 대부해주었다. 이를 이용해 농부들은 새로운 농사법을 실험하고 개량했다.[933]

---

932) R. Temple, *The Genius of China*, 20쪽.

이렇게 하여 이룩된 11-13세기 농업의 번영은 다른 많은 영역에서 경제적 흥기를 가능하게 했다. 지역적 전문화가 고도화되고 중국의 지방들을 이전보다 더 긴밀하게 결합시킨 원격교역도 확대되었다. 사치품만이 아니라 쌀이나 면화와 같은 대량소비품이 아주 먼 지방까지 수송되었다.934)

이런 과정에서 생산양식도 근본적으로 변동되었다. 중국에서는 봉건적 생산양식이 한대부터 청대까지 지배적이었지만, 이 생산양식 안에서도 다양한 변화와 발전이 일어난 것이다. 한나라에서 당나라까지 지배적이었던 '영주경제'가 이후 '지주경제'로 발전한 것이다. 전자는 서양에서 볼 수 있었던 생산양식이지만, 후자는 서양에 존재한 적이 없고 중국 또는 후기조선과 명치일본에서만 특유한 것이었다. '지주경제'의 발달은 18세기에 최고조에 달했다. 이 지주경영제의 특징은 자유로운 임차관계 외에 18세기의 지주들이 송대의 장원주莊園主와 달리 어떤 영지도 경영하지 않았다는 것이다. 즉, 지주들은 자기 감독이나 자기 회계로 어떤 생산도 관리하지 않았다는 사실이다. 지주들은 배타적으로 차지를 경작하는 농민들과, 자기 토지에 더해 차지를 경작하기도 하는 농민들에게 토지를 임차해주었다. 부유한 주인과 가난한 농민의 폐쇄적 계급들이 양분되어 대립하지 않았다. 지주들 중에는 대부분 도시에 살며 임대차관계를 마름을 통해 관리하게 하는, 정치적 영향력을 가진 대지주도 있었고, 생계가 농민과 거의 구별되지 않을 정도로 작은 땅뙈기를 가진 지방거주 지주도 있었다. 18세기 중국에서 계급적 경계는 이전 시대보다 더 희미해졌다.935)

토지임차와 특권적 신사紳士 지위의 배타적 결합은 평민들이 지주로 상승함으로써 다각도로 해체되었다. 신사 지위에서 중요한 것은 출생신분적 특권이 아니라 과거급제와 관직보유 또는 이에 따른 녹봉과 관련된 형법적·세법적 특혜 및 영예특권이었다. 대부분의 지주는 '신사'로 쳤으나 모든 지주가 다 신사인 것은 아니었다. 1750년대 인격적 부자유의 마지막 잔재들이 중국법전에

---

933) Hobson, *The Eastern Origins of Western Civilization*, 56-57쪽.

934) Osterhammel, *China und Weltgesellschaft*, 51쪽.

935) 가령 Fang Xing, 「論淸代初期地主制經濟之發展」, 『中國史硏究』 1983/2, 88-98쪽. Osterhammel, *China und Weltgesellschaft*, 53-54쪽에서 재인용.

서 제거되었다. 농민해방 과정은 이로써 농업의 상업화와 명대 말엽에 일어난
대규모 농민반란을 통해 더욱 가속화되어 그 완결점에 도달한 것이다. 농민은
이제 땅에 구속되지 않았고 땅은 자유로이 매매되었다. 임차는 공식적 법률관
계였다. 신분제는 약화되어 사라졌고, 이와 함께 옛 의무윤리가 주인에게 부과
한 양민養民의 의무도 위기에 처했다. 동시에 지주가 금전대부·상업·농산물가
공업(방앗간·양조업·기름집) 등에 참여해 지방에서 독점적 지위를 획득할 수 있게
됨으로써 새로운 경제적 예속 형태가 생겨났다. 그래도 청대 초기 소작농민의
상황은 대체로 개선되었다. 소작농민에게 토지보유를 보장하는 장기임차계약
또는 사실상의 영구임차계약이 확산되었고, 농민의 이 반半영구적 임차토지수
익권은 곧 법적으로도 보장되었다. 게다가 전통적 반타작 지대地代는 풍년에
소작경작자에게 잉여를 축적할 가능성을 주는 고정지대로 대체되는 경향이
강화되었다.936)

양자강과 만리장성 사이의 북부중국에서는 밭농사가 우세했는데, 생산성이
낮았다. 따라서 농민경영의 최소규모 및 평균규모는 남부중국보다 더 컸다.
토지소유는 비교적 적게 집중되고, 소작은 남부보다 더 드물었다. 토지소유
농민들의 가계와 경영은 물론 자급자족적인 것이 아니라, 품앗이에 의해 서로
연결되어 있었다. 임노동도 일정한 역할을 했다. 더 빈한한 농민들은 가족의
잉여노동력을 팔아서 생계를 보충했다. 이러한 노동력의 매입자들은 자기 토지
와 차지를 합해 40헥타르까지 경작하는 부농들이었다. 중국 역사가들이 "자본
주의의 맹아"로 보는 이러한 대농경영은 비교적 드물었다. 그러나 송대 이래
농업과 수공업 생산의 가장 높은 시장지향성을 보여온 중국의 가장 풍요로운
쌀농사지역인 양자강 남부는 사정이 북부와 완전히 달랐다. 여기서는 농부의
90%가 '완전소작인'이거나 '부분소작인'이었다. 소작인의 법적 지위의 개선
결과로 생계와 지위가 비교적 안전하게 보장된 소농경영이 경영 단위로 우세했
다. 18세기에 특징적인 것은 수많은 소지주들이 종종 경쟁적으로 땅을 소작으
로 내놓고 소작인들이 보통 여러 지주의 땅을 경작하는 상황이었다. 대토지소

936) Osterhammel, *China und Weltgesellschaft*, 54-55쪽.

유와 도시거주 부재지주의 토지소유는 청대 번영기의 양자강 남부에서 차라리
예외였다.937)

따라서 18세기 중국 농업의 특징은 토지에 대한 비봉건적 소유권과 토지소유
권의 자유매매, 자경농민들이 지배하는 북부중국의 농촌만이 아니라 남부의
농촌도 규정한, 생산자가계에 집중된 소농적 소작농민들의 우세, 인구증가
및 외연적 토지확장가능성의 축소, 농업기술발전의 정체, 농민가계의 자기착취
를 초래하는 상속을 통한 토지분산 등으로 인해 18세기 동안의 중국 농업의
농원식 경작 성격을 규정한 집약적 토지이용방법, 권력을 쥔 관리층과 다각적
으로 연결되어 있기는 하지만 관리층과 동일하지 않고 신분적으로 특권화되어
있지 않으며 사회적으로 열려 있고 상업·대부자본과 긴밀히 연결된 지주계급
의 존재, 거의 전혀 경제외적 장치로 둘러쳐지지 않은 계약적 합의에 기초한
고용 형태, 마지막으로 '표준적 시장체제'의 차원에서 자유무역을 위한 사치품
의 생산만이 아니라 기본식재와 면화의 거래도 포함하는 높은 수준의 상업적
농업의 발달 등으로 종합될 수 있을 것이다.938) 따라서 옹정·건륭제 치세
(1723-1796)의 평균적 중국 농민들은 루이 15세 치하(1715-1774)의 프랑스 농민보다
못하지 않은 생활을 영위했고, 러시아 계몽군주 에카테리나 2세 치하(1762-1796)
의 농민들보다 더 나은 생활을 영위했다. 의심할 바 없이 그들의 법적 지위는
프랑스와 러시아 농민보다 질적으로 더 높았다. 동유럽에 완전 부재하던 농민
적 토지소유(소농자경)는 중국에서 정상적 현상이었다. 농노나 노비는 아예 존재
하지 않았다. 초기 근대유럽의 농민들이 증오해 마지않던 영주재판권은 중국에
서 알려진 바 없었다. 18세기 중반 무렵 중국에서 인민의 물질적 기본욕구는
서유럽보다 적어도 나쁘지 않게 보장되어 있었다.939) 중국 농민의 정치사회적
자유와 신분해방은 18세기 서유럽의 신분적으로 차별받는 농민들과 비교할
바 없이 세계 첨단 수준이었던 것이다.

937) Osterhammel, *China und Weltgesellschaft*, 55-56쪽.
938) Osterhammel, *China und Weltgesellschaft*, 56쪽.
939) Osterhammel, *China und Weltgesellschaft*, 57쪽.

■특용작물 생산

중국 농민은 곡물 외에도 많은 작물들을 생산했다. 그들은 시장을 향해 다양한 특용작물들을 생산했는데, 이 중 뽕나무·누에·목화·차는 가장 중요한 품목이었다. 이 품목의 경작과 양잠 과정은 명사明絲방적·견직방직, 면사 방적·방직, 차(茶)가공 등 농가수공업의 공산품 생산으로 이어졌다. 따라서 18세기 중국은 21세기의 중국과 마찬가지로 지구상의 최대 농업국가일지라도 19세기까지 선진국으로서 무엇보다도 공산품을 수출했다. 18세기 중국이 수출한 것은 도자기·칠공예품·종이 등 공예기술적 사치품 생산업체의 공산품 외에 견직·면직·차 등 농가공업적 대량생산제조품들이었다.940)

18세기 몇몇 서양 목격자들이 보고했듯이, 남부프랑스의 농부들처럼 중국 농민들도 명절날이 아니면 통상 무명옷을 걸쳤지만, "중국은 아시아와 유럽의 여러 나라에 공급할 정도로 비단이 무궁무진한 것으로 보이며 또 황제·군주·가정부·고위관리·선비와 모든 사람이 일반적 상황에서 전반적으로 비단의상을 걸치는 것이 허용되고 견직물이나 다마스크(무늬가 드러나게 짠 견직물)를 착용하기 때문에, 아니 푸른 옥양목을 걸친 사람은 보다 비천한 백성과 농민들 외에는 아무도 없기 때문에 중국은 비단의 나라다"라는 식의 기록이941) 서양에서 반복되었다. 이러한 보고기록은 그렇게 사실과 다른 것이 아니었다. 아직 1840년대에도 비단제조업의 메카였던 항주의 주민들은 최하층의 쿨리와 막노동꾼을 제외하고 모두가 비단옷을 착용했다. 유럽에 통상적으로 존재하던 사치금지나 복장규정은 중국에 존재하지 않았다. 잘나가는 사람은 값비싼 비단옷으로 치장할 수 있었다.942)

잠업과 비단가공은 명대와 청대 초기에 상당한 융성을 맞았다. 그것은 국내

---

940) Osterhammel, *China und Weltgesellschaft*, 57-58쪽. 오스터함멜은 중국이 농업국가였을지라도 결코 아시아 이웃나라들에게 곡창지대 노릇을 한 적이 없었고, 반대로 거의 모든 농산물과 특용작물은 중국 내부에서 교환되고 소비되었다고 말한다. 그러나 마크스는 반대로 중국의 많은 잉여농산물이 해외로 수출되었다고 말한다. Robert Marks, *Tigers, Rice, Silk and Silt* (New York: Cambridge University Press, 1997).

941) Du Halde, *The General History of China*, Vol. 2, 356쪽.

942) Osterhammel, *China und Weltgesellschaft*, 58쪽.

외 수요의 증가에 의해 유발되었고 국가에 의해 장려되었다. 비단생산의 번창은 북경정부에 의해 해당 지역의 번영과 담당 관리의 성공적 직무수행에 대한 증거로 간주되었다. 이런 까닭에 비단가공은 해당 지역의 관리들이 유교적 전통 속에서 주의경고와 농서 및 농사지식의 보급을 통해 장려했다. 생산자들에게 비단의 생산과 가공은 수요증가와 장기적 가격상승 덕택에 상대적으로 신뢰할 만한 소득원이었다. 노동집약적 생산 과정은 단기간에 습득할 수 있었다. 이런 까닭에 비단생산은 농가 안에서 잘 꾸려질 수 있었다. 농가는 대부분 상전桑田경작·양잠과 방적 등 여러 생산단계를 맡았다. 비단실로 견직물을 짜는 일은 다양한 비단가공업이 맡았다. 황제와 그 식구의 제사복장, 훈구대신과 공훈관리에 대한 선물 등으로 쓰이는 궁정의 수요는 국가매뉴팩처에서 충족시켰다. 원대에 도입된 제실帝室매뉴팩처 수공업자들의 강제노역제가 폐지된 뒤, 그리고 특히 세습적 수공업자들도 1645년 이후 단계적으로 폐지된 뒤, 제실매뉴팩처에 투입된 노동자들은 배타적으로 자유로운 임금노동자들이었다. 명대에 비단 원사原絲가 현물제로 징수되었다면, 청대 국영매뉴팩처는 원사를 자유시장에서 시세에 구입하기도 하고 때로 잉여원사를 팔기도 했다. 남경·소주·항주 등 세 군데에 설치된 황실 소속 견직감독관청인 직조국織造局은 1,800대 이상의 직기織機를 설치하고 5,500명의 단순노동자와 1,500명의 전문인력을 고용했던 1740년대에 그 발전의 정점에 도달했고 1894년까지 운영되었다. 배타적으로 황실의 소비에만 맞춰진 이 직조국들은 국가가 중상주의적 유형의 순수한 경제기구로 간주하지 않았고, 수출에 전용하지도 않았다.943) 부차적 목적은 생산부문에서의 복지의 증진과 동요하는 노동자층의 무마였다. 황실 소속 견직매뉴팩처들은 경제적 기업이 아니라 노사갈등과 정치갈등을 해소하고 사회적 균형과 사회평화를 증진하기 위한 '정치적·조직적 중심처'로 간주되었던 것이다.944)

---

943) Osterhammel, *China und Weltgesellschaft*, 58-59쪽.

944) Polo Santangelo, "The Imperial Factories of Suzhou: Limits and Characteristics of State Intervention during the Ming and Qing Dynasties", 292쪽. S. R. Schram (ed.), *The Scope of State Power in China* (London·Hong Kong: School of Oriental and African Studies University of London/The Chinese

황실 소속 직조국은 황실의 주문과 할당을 채울 수 없었다. 생산애로가 발생하면 직조국은 민간 비단생산자들의 원사를 매입했다. 이 민간 생산업자들에게서 중요한 것은 그들이 가내수공업에서 수백 대의 직기를 설치하고 임노동자를 고용한 대공장까지 다양한 규모의 직조 공창工廠의 소유자들이었다는 점이다. 특히 도시에 집중된 이 민간 작업장들은 18세기 중국 견직산업의 중핵이었다. 소주에는 1만 개소 이상의 이런 기업들이 존재했고, 남경에서는 한 대당 2-3명이 맡는 3만여 대의 직기가 가동되었다. 민간 견직물 직조기업들은 국가·국내소비자·외국인 등 모든 구매자를 위해 생산을 했다. 이 민간기업에는 선대제도 중요한 역할을 했다. 18세기의 중국 비단직조업은 양잠과 원사생산 단계에서의 가내부업, 원사가공 단계에서는 국가수요를 위한 국영직조국과 사적 수요를 위한 민간 생산의 공존, 또 원자재(뽕잎, 누에알, 누에고치)·반제품(원사)·완제품·노동력을 위한 자유시장이 그 특징이었다. 수공업자 동직조합이 존재했지만, 중국의 동직조합은 시장을 엄히 규제하고 장악했던 유럽의 길드와 달리 시장을 엄격하게 규제하지 않았다. 따라서 18세기 중국 견직산업에 대해서는 혁신적 상업자본이 적대적 길드를 피해 농촌으로 갔다고 주장될 수 없었다. 중국 대도시의 민간 방직공장들은 견직산업의 역동적 중심으로 남아 있었다.945)

중국 비단은 고대유럽에도 이미 알려져 있었지만, 당시 상업 분야에서 거의 아무런 역할을 하지 못했다. 중세에 유럽은 비잔틴의 비단생산에서, 그다음은 스페인과 이탈리아의 비단생산으로부터, 18세기에는 압도적으로 프랑스의 비단생산으로부터 공급받았다. 칭기즈칸의 정복으로 유라시아 비단길이 열린 뒤에는 1257년부터 지중해 연안지역에서 중국 비단을 살 수 있었다고 한다. 중국 비단이 몽펠리에 시장에 최초로 등장한 해는 1333년으로 증명되었다. 중국인들은 한나라 때 엄청난 양의 비단재료를 수령한 스텝·오아시스민족들에 대한 유화적 선물로, 때로는 당·송대에 민간상인들에 의해 대대적으로 추진된 한국·일본·동남아시아와의 해외무역에서 자국 국경을 넘어 중국 비단

University Press The Chinese University of Hong Kong, 1985).

945) Osterhammel, *China und Weltgesellschaft*, 59-60쪽.

을 확산시켰다. 유럽에 대한 비단수출은 해상로를 이용한 동방무역의 초기단계
에서 고전적 시대를 맞았다. 16세기에 비단은 마카오와 일본 사이의 포르투갈
무역의 중심품목이었다. 이 무역에서 포르투갈 사람들은 중국 수출무역상의
대리인 역할을 했다. 스페인 사람들이 1565년 마닐라에 터를 잡은 직후, 중국
상인들이 (명나라의 해상무역금지정책에도 불구하고) 마닐라로 실어온 원사(명
주실)와 견직물을 갈레온선에 실어 멕시코로 보내는 대서양횡단 무역이 시작되
었다. 거기에서 원사는 스페인어를 쓰는 미주식민지 시장을 위해 가공되고
스페인 본토의 비단수출을 대체했다. 이로 인해 명대 후기 중국의 비단생산은
융성한 반면, 스페인 비단직조업은 위기에 빠졌다. 극동아시아가 신세계 시장
에서 유럽을 대체한 것이다.946) 중국의 하얀 비단은 스페인에서 제조된 누르튀
튀한 비단보다 질적으로 우수했기 때문이다. 중국 비단은 아메리카의 은으로
결제되었다.947)

　영국의 농인도회사도 중국에서 무엇보다 먼저 비단을 찾았다. 동인도회사는
1613년 이런 우회로로 중국의 비단을 정복할 수 있기를 바라는 희망에서 일본에
공장을 세웠다. 18세기 초에 중국 비단은 영국의 대對중국 무역에서 아직 차보다
더 중요했지만, 곧 차에 자리를 내주었다. 1775년과 1795년 사이에 비단은
동인도회사 수출의 15%밖에 차지하지 않았지만 차는 81%를 점했다.948)

　그러나 18세기 청대 경제에서 면화는 비단보다 훨씬 더 중요했다. 면화가공
업은 18세기에 중국 제조업에서 가장 큰 규모를 차지했다. 면화가공은 비단가
공보다 지리적으로 훨씬 더 넓게 확산되어 있었다. 면화는 중국의 3분의 1의
성省에서 경작한 반면, 17-18세기에 면직물은 5분의 3의 성에서 생산했다.
이 격차는 원자재를 원방으로부터 가져와 면화를 직조했다는 사실을 함의한다.
따라서 소위 '아시아적 생산양식'이라는 관념 속에 여전히 떠돌고 있는, 자급자
족적 마을 안에서의 '농업과 가내수공업의 통일성'이라는 상은 적어도 청대에

---

946) Osterhammel, *China und Weltgesellschaft*, 61-62쪽.
947) Osterhammel, *China und Weltgesellschaft*, 62쪽.
948) Osterhammel, *China und Weltgesellschaft*, 62쪽.

서라면 우리를 기만한다는 것이다. 중국에서 면화가공업은 원자재가 시장을 매개로 공급되거나 외국으로부터 공급되는 곳에서도 발전했다. 대략 양자강 이북에서 면화 농사는 공업적 가공보다 더 중요했던 반면, 양자강 이남지역에서는 반대였다. 도시와 농촌에서의 면사방적산업과 면직물방직산업의 광범한 확산의 전제는 면화의 지역 간 원거리 교역이었다.[949]

목화가공은 단순한 노동집약적 생산방식의 성격 때문에 특히 농가 유휴노동력의 고용에 적합했다. 그것은 중국 농민들의 고전적 부업이었다. 비단과 달리 목화가공은 일반적으로 가계의 범위를 떠나지 않았다. 방적과 방직은 농가의 가내수공업에서 동일한 생산단위로 통합되어 있었다. 따라서 면화와 면직물의 활발한 시장교역은 존재했으나 면사의 교역은 거의 없었다. 목화가공 대기업은 19세기 후반 증기방직기의 도입 시까지 알려진 바가 없었다. 1,000대의 손베틀을 가진 기업이 등장한 것은 1883년이었고, 이후에야 이런 기업들이 여러 도시에서 생겨났다. 이것은 방적기에 의한 기계방적을 전제했다. 따라서 18-19세기의 그 고운 중국 면직물들은 모두 농가의 손기술로 짠 것들이었다.[950]

대략 1730년부터 중국 무명은 소량이 유럽에 도달했지만, 18세기 후반부터는 '남경무명'의 수출이 급증했다. 여기서 중요한 것은 양자강 델타지역(강남)에서 자연적 황색 면화로 방직된 고운 무명이었다. 단순한 수공예로 중국의 가내수공업에서 생산된 이 무명의 수출은 1810년과 1830년 사이에 최고조에 도달했다. 그리고 '남경무명'은 영국의 산업혁명 이후 생산되기 시작한 영국 섬유산업의 무명을 질적으로 능가했다.[951]

■ 송대 무기혁명

한편, 서양에서 말하는 1550년에서 1660년에 걸친 유럽 무기혁명의 주요 핵심기술은 화약·총·대포다. 그러나 이 모든 것은 중국에서 850년과 1290년

---

949) Osterhammel, *China und Weltgesellschaft*, 60쪽.
950) Osterhammel, *China und Weltgesellschaft*, 60-61쪽.
951) Osterhammel, *China und Weltgesellschaft*, 62-63쪽.

사이의 제1차 무기혁명 시기 동안 최초로 발명된 것들이다. 중국인들은 850년 경 화약을 발명했고, 화약을 가장 폭발적으로 만드는 혼합비율을 1050년에 알아냈다.[952] 서양인들이 만든 '신화'와 달리 화약은 처음부터 주로 불꽃놀이가 아니라 군대의 무기로 활용되었다. 10세기 초에 이미 화염방사기를 발명해 사용했고, 969년에는 불화살을 만드는 데 썼으며, 1231년에는 폭탄·수류탄·로 켓포 제조에 이용했다. 14세기에는 지뢰와 수뢰, 320개의 로켓을 쏘는 로켓발사 기와 제2차 세계대전에서 런던을 공격한 V-1로켓과 아주 흡사한 날개 부착 로켓도 발명했다. 총기의 기원은 10세기 중반 '불창'으로 거슬러 올라간다. 총기의 발명은 시장경제의 발달과 결부되었다. 다양한 풍토를 가로지르는 시장 경제는 가장 효율적인 명령경제 외의 어떤 명령경제보다 필요한 물자들이 공인들의 점포로 적절하게 유입하는 것을 더 잘 보장할 수 있었다. 동일한 방안은 중국 군대가 11세기에 갖춘 투석기, 석궁, 소이성 재료를 발사하는 기계 등에 적용되었다. 화약을 비롯한 폭발성 혼합물들은 1000년경 복잡한 무기류의 대오에 끼었다. 폭발물은 시초에 불 지르는 소이탄으로 쓰였지만, 중국인들은 화약의 추진력을 이용하기 시작했다.[953] 쇠 탄환을 쏜 최초의 총은 1259년에 발명되었다. 총신을 갖춘 총은 1275년경에 발명되었다. 1288년경에 는 대포가 발명되었다.[954] 그리고 1270년과 1320년 사이에 금속 포신을 가진 대포들이 유럽·서부이슬람·중국 등지에서 치러진 몽고의 주요 전투에서 모습 을 나타냈다.[955] 또한 이런 총포 발명품들이 유럽으로 건너갔다는 강력한 증거 들이 존재한다.[956]

송대 중국의 기술혁신은 특히 무기류에 집중되었던 것으로 보인다. 야만인들 사이의 무기기술의 진보는 중국 무기의 진보를 강제했다. 여진족은 1126년

---

952) Hobson, *The Eastern Origins of Western Civilization*, 59쪽; Sivin, "Science and Medicine in Chinese History", 165-166쪽. 에드워디스는 중국인들이 화약을 처음 발명한 시점을 9세기 말로 본다. Edwardes, *East-West Passage*, 82쪽.

953) McNeill, *The Pursuit of Power*, 38-39쪽.

954) Hobson, *The Eastern Origins of Western Civilization*, 59쪽.

955) Sivin, "Science and Medicine in Chinese History", 165쪽; Edwardes, *East-West Passage*, 82쪽.

956) Hobson, *The Eastern Origins of Western Civilization*, 59쪽.

북송을 정복하기 전에 점차 중국의 병기창 기술로 만든 제작물들을 입수했었다. 개량갑옷과 무기제작용 금속의 공급확대는 이 변화의 주요 징후였다. 송대 중국치자들은 자기들과 야만인 경쟁자들 간의 미미한 기술격차를 가까스로 유지했다. 이 위협에 직면해서 송대 중국정부와 황제는 군사무기 발명자들을 체계적으로 포상하기 시작했다. 황제의 이러한 후원으로 혁신에 대한 장애물은 최소화되었다. 도시에 기반을 둔 송대 국방전략의 '방어적' 성격은 기술발전을 촉진했다. 들녘을 택해 개활지를 신속히 가로지르도록 편성된 군대가 기계화 무기들을 사용하는 것은 너무 어색한 반면, 도시성벽이나 다른 고정된 위치를 방어하기 위해 복잡하고 강력한 전쟁기계들을 마련하는 데 독창성과 자원을 사용하는 것은 의미가 있었다. 이 기계화 무기들이 성문파괴, 성벽파괴 등 공성攻城에도 쓰이게 된 시점은 쇠뇌(철제 석궁)와 화기들이 진짜 강력해진 나중 시기였을 뿐이다.957)

제철업의 발전과 더불어 이루어진 쇠뇌의 혁신도 총기 못지않게 중요하다. 한나라 이전부터 철제 석궁은 중국 군대의 주요 발사무기였다. 석궁은 두 가지 현격한 특성을 가졌다. 첫째, 중국 석궁은 근대의 권총만큼 사용법이 단순했다. 둘째, 석궁을 당기는 데는 특별한 힘이 필요 없었다. 큰 활은 시위를 당기기 위해 손가락의 힘을 기르는 데 수년의 연습을 요한 반면, 석궁은 일단 당겨놓으면 궁수들이 화살을 발사위치에 놓고 적당한 목표물이 시야에 들어오기까지 화살 줄기를 따라 겨눠보고 있기만 하면 되었다. 따라서 석궁은 단 몇 시간의 목표물 겨냥 연습만으로도 보통사람이 아주 효과적으로 사용할 수 있었다. 13세기 중국 석궁의 살상 사정거리는 무려 400야드(365.6m)에 달했다.

그러나 쇠뇌의 제작과 공급은 보통 활에 비해 쉽지 않았다. 석궁부대는 정밀한 격발장치와 다른 필요부품들을 생산하는 전문 공인들에게 의존해야 했다. 더구나 이 장인들에게 석궁의 대량제작에 필요한 모든 재료를 공급하는 것도 쉽지 않았다. 강력한 석궁은 평상 상태에서 구부러질 때 최대의 장력을 발휘하도록 조립된 합판목재, 뼈, 뿔, 힘줄로 구성되었다. 하지만 이러한 복합

---

957) McNeill, *The Pursuit of Power*, 39-40쪽.

활을 제작하는 기술은 유라시아 스텝지역 전역에서 고도로 발달되었다. 석궁의
특별난 점은 그 격발장치였다. 격발장치는 활이 당겨지고 발사를 기다릴 때
강한 응력을 견디기에 충분히 강력하게 만들어져야만 했다. 금속을 적절하게
공급받는 숙련된 장인들만이 믿을 만한 격발장치를 만들 수 있었다.958)

송나라 군사기술혁명의 또 다른 측면은 수군의 발전이다. 송나라 수군은
2만 500척의 전함을 보유하고 있었는데, 이 수치는 유럽의 어떤 나라의 함대도
능가함은 물론, 유럽 여러 나라의 함대를 다 합친 전력보다 큰 것이었다. 전함에
장착된 무기체계도 지속적으로 발전했다. 1129년 중국 전함의 투석기는 폭탄을
날렸고, 1203년에는 상당수의 전함들이 철갑을 둘렀다. 6세기에는 이미 갑판을
5층까지 올려 1척당 약 800명의 수군을 태울 수 있는 100피트 높이의 전함들이
등장했다. 3세기에 이미 36만 평방피트 넓이의 갑판에 2,000명 이상의 군인을
실은 '떠다니는 요새'가 전투에 투입되었다.959) 종합하자면, 중국인들은 "서양
에서 근대에도 꿈꾸지 못한 스케일의 무기제작자들"이었다.960)

■ 명·청대 도자기산업과 대서방 수출

중국인들이 가진 가장 평범한 가구였고 그들의 가택의 주요 장식품이었던
도자기는 중세 후기에 유럽에 나타났으며, 일찍부터 유럽에서 아주 높이 평가
되고 대단히 귀하게 여겨졌다. 16세기에 도자기는 단연 가장 인기 있는 수입품
이었다.961) 도자기 무역은 17세기 중반에도 여전히 무역의 큰 부분을 차지했고,
18세기에는 대량화되었다. 광동에서 도자기를 싣고 암스테르담으로 향하던
네덜란드 동인도회사 소속 겔더말센(Geldermalsen) 호가 1752년 1월 3일 남중국해
에서 암초에 부딪혀 침몰했는데, 이 난파선이 1985년 발견되어 해저로부터

958) McNeill, *The Pursuit of Power*, 37-38쪽.

959) Hobson, *The Eastern Origins of Western Civilization*, 60쪽.

960) R. Temple, *The Genius of China*, 248쪽.

961) Lothar Ledderose, "Chinese Influence on European Art, Sixteenth to Eighteenth Centuries", 222쪽.
Thomas H. C. Lee, *China and Europe: Images and Influence in Sixteenth to Eighteenth Centuries*
(Hong Kong: The Chinese University of Hong Kong Press, 1991).

선적물품들이 인양되었다. 이 가운데 도자기 물목은 무려 15만 점에 달했다. 18세기 네덜란드 동인도회사의 선단은 전부 도자기를 실어 나르지는 않았지만 아무튼 200여 척에 달했다. 이것으로부터 18세기 중반 중국의 대對서방 도자기 수출의 규모가 어느 정도였는지를 짐작할 수 있다. 당시 유럽으로 수출된 도자기의 총량은 "수천만 점"에 달했을 것으로 추정된다.962)

17-18세기에 도자기 수출은 정점에 도달했고, 이 시기에 중국 도자기에 대한 유럽의 감식가들과 중국열광자들의 관심도 최고조에 달했다. 이것은 뒤알드(P. Du Halde) 신부가 예수회 소속 선교사 당트레콜(François-Xavier d'Entrecolles)의 목격자 보고에 의거해 1735년 『중국통사』에서 그 생산방법에 관해 상세하게 묘사한 기록으로 증명되었다.963) 서양인들의 중국 도자기 수집 열기는 유럽산 대체물들이 대량으로 생산되기 시작한 1830년대, 아니 19세기 중반을 넘어서야 비로소 퇴조하기 시작했다.

당트레콜 신부의 선교담당 교구는 강서성의 북부지방이었는데, 그곳에는 중국에서 가장 크고 가장 예술적이며 경제적으로 가장 중요한 도자기 공장들이 즐비한 경덕진景德鎭 시가 위치해 있었다. 경덕진은 원대부터 세계 최대의 도자기산업 지대로 유명했다. 청대에 중국정부는 1683년(강희 22년) 경덕진에 관요官窯를 재再설치했고, 해양무역금지령도 철폐했다.964) 이때부터 경덕진의 도자기산업은 다시 크게 일어나기 시작했다. 관요의 재설치는 경덕진 부근의 많은 사요들에 대해서도 도자기 제작기술의 수준을 높이는 효과를 가져왔다. 이 때문에 1680년대부터 경덕진 도자기의 품질은 아주 뛰어났다.965)

당트레콜은 18세기 초 이 경덕진 시를 100만 명 이상의 주민들이 사는 거대한 인구밀집지대로 묘사하고,966) 3천 개소의 불가마에서967) "폭군적 만다린"의

---

962) Ledderose, "Chinese Influence on European Art", 222쪽.

963) Du Halde, *The General History of China*, Vol. 2, 309쪽 이하; Osterhammel, *China und Weltgesellschaft*, 63쪽.

964) Shelagh Vainker, "Luxuries or Not? Consumption of Silk and Porcelain in Eighteenth-Century China", 208쪽. Maxine Berg and Elizabeth Eger, *Luxury in the Eighteenth Century* (London: Pagrave Macmillan, 2003).

965) Vainker, "Luxuries or Not? Consumption of Silk and Porcelain in Eighteenth-Century China", 209쪽.

감독하에 불철주야 도자기 제작에 종사하는 인간상을[968] 그렸다. 당트레콜은 이 도자기의 발명가가 누구인지, 어떻게 발명하게 되었는지를 연구했으나 알 수 없었고, 그곳 주민들은 다만 "이전에 도자기는 어떤 결함도 없이 아주 하얬다"고만 말했다. 그리고 "다른 왕국들로 수송되면 그 어떤 도자기든 '강서의 귀한 보석' 외에 다른 이름을 갖지 않는다"고 말하고, "생생하게 번들거리는 하얀빛과 하늘색 푸른빛을 띠는 도자기는 모두 경덕진에서 난 것이다"라고 낮게 덧붙일 뿐이다.[969] 경덕진의 도자기 제작은 도자기 한 점을 화덕에 굽기 좋게 만들기 전에 이미 "20명 이상의 손"을 거쳐야 할 정도로 전문화된 분업체계를 이루고 있었다.[970] 전문적 분업 수준은 전문공장 하나가 죽으면 주문한 모델의 도자기를 공급받을 수 없을 정도였다.[971]

뒤알드의 중국 도자기 제작과 관련된 설명은 이후의 서양 방문객들의 관찰에 의해서도 거듭 확인되었다.[972] 그러나 "폭군적 만다린"의 감독하에 도자기작업이 이루어진다는 당트레콜의 보고는 완전히 그릇된 것이다. 뒤에 살펴보겠지만 도자기공장은 모두 자유임노동자를 썼고, 관요官窯만이 아니라 사요私窯도 많이 존재했기 때문이다.

사요에서 제작되는 수출용 도자기는 특별히 유럽시장을 염두에 두고 제작되었다. 중국 도공들은 그들의 작품을 유럽인의 취향에 맞췄고, 종종 유럽 고객들을 위해 특별한 디자인들도 만들어냈다. 때로 그들은 중국 도자기를 모델로 복제한 유럽 스타일의 도자기를 모방하기도 했다. 또한 중국 도공들은 명·청 교체기에 일본에 빼앗긴 유럽시장을 만회하기 위해 유럽에서 유행하는 일본 도자기를 모방하기도 했다.[973] 경덕진이 서양으로 수출되는 도자기의 공급처

---

966) Du Halde, *The General History of China*, Vol. 2, 310쪽.

967) Du Halde, *The General History of China*, Vol. 2, 354쪽.

968) Osterhammel, *China und Weltgesellschaft*, 63쪽.

969) Du Halde, *The General History of China*, Vol. 2, 310-311쪽.

970) Du Halde, *The General History of China*, Vol. 2, 319쪽.

971) Osterhammel, *China und Weltgesellschaft*, 63쪽.

972) Osterhammel, *China und Weltgesellschaft*, 63쪽.

973) Ledderose, "Chinese Influence on European Art", 223쪽.

였다면, 황궁의 도자기수요는 관요를 설치해 충족하고 있었다. 14세기 말엽 국가는 '황제도자기창고'라는 이름으로 도자기생산에 가담했다. 이것은 황실수요에 맞춰 운영되는 일종의 도자기매뉴팩처였다. 명조에는 황실매뉴팩처가 80개소의 불가마를 운용했지만, 청대에는 현격히 줄어들었다. 이것은 노동체제의 변화에 원인이 있었다. 이미 1530년대 이래 황실도자기 공장에서 영원히 부역을 바쳐야 하는 관청 예속 세습장인제도는 점차 약화되었다. 그러다가 청대에 이 장인부역제도는 완전히 청산되었다. 그리하여 건륭제 치세에 모든 국영공장에서 임금노동은 일반적 관례였다. 이것은 관요의 감소를 가져오고 황실도자기 생산을 사요에 선대先貸하게 만들었다. 사기업들은 계약하에 선정되고 황실수요를 위한 생산주문을 받았다. 이 선대제는 국가의 생산·관리 부담을 덜어주었고, 민간업자들에게 이익이 되었다. 이 민간업자들은 이렇게 선정됨으로써 위신과 정기적 일거리를 얻을 수 있었기 때문이다. 민간업자들은 동시에 국내수요와 해외수요를 위해서도 방해받지 않고 계속 작업할 수 있었다. 민간도공의 작업장은 그렇지 않아도 자본이 적어서 늘 존립이 위태로웠고, 전국적 연결망과 광동의 해외수출 통로를 가진 대상인들의 선대업무를 위탁받아 운영되었다. 따라서 도공들은 충분한 자산을 모으면 자신이 상인으로 나서는 것을 꿈꾸었다.974)

18세기 경덕진의 도자기생산은 두 가지 특징을 가지고 있었다. 우선 도공들은 더 이상 경제외적 강제에 놓여 있지 않았다.975) 20세기 연구에서도 중국 국영공작소를 위해 일하는 장인들을 "국가작업장의 추정적 규모와 속성 때문에 유럽적 의미의 '수공업'이라기보다 차라리 예종적 임금노동자층(ein gehöriges Lohnarbeitertum)으로 표현되어야 하는, 국가테두리 안에 긴박된 장인층"으로 규정한 비트포겔(Karl A. Wittfogel)의 비하적 언급은976) 전형적 유럽중심주의와 오리엔탈리즘의 표현이었다. 도공들이 처한 종속성은 부역노동체제의 종속이라기보

---

974) Osterhammel, *China und Weltgesellschaft*, 64-65쪽.

975) Osterhammel, *China und Weltgesellschaft*, 65쪽.

976) Karl A. Wittfogel, *Wirtschaft und Gesellschaft Chinas - Versuch der Wissenschaftlichen Analyse einer grossen asiatischen Agrargesellschaft*, Erster Teil (Leipzig: Verlag von C. L. Hirschfeld, 1931), 509쪽.

다 시장의 종속이었다. 도공들은 시장기반 위에서 국가의 도자기 주문과 민간 대상인의 주문에 응했다. 전성기 도자기매뉴팩처의 도예노동자들은 모두 다 결단코 '예종적 임금노동자들'이 아니라 단순히 자유로운 '소생산자들'이나 '임금노동자들'이었을 뿐이다.

두 번째 눈에 띄는 것은 '도공과 주문자가 얼마나 유연하게 새로운 판매기회에 대응하는지'다. 해외의 새로운 수요는 유행과 새로운 사색의 익숙지 않은 요소들을 생산부문 속으로 집어넣었다. 유럽의 고객들은 진정한 경덕진 도자기만을 원한 것이 아니라, 종종 상세하고 독자적인 주문을 했다. 그리하여 18세기 중국 도자기제작소에서 완전히 비중국적인 십자가 모티브를 그린 그릇이 만들어졌다. 나아가 유럽의 도자기수집가들은 '진정한 중국 도자기로서 거꾸로 유럽으로 돌아오는 '상상의 시누아즈리(imaginierte Chinoiserie)'를977) 주문했다. 당트레콜도 1712년 경덕진의 도공들이 유럽인들이 주문한, 토착적 전통과 배치되는 익숙지 않은 형태를 만들어내는 네 큰 어려움을 겪었다고 보고하고 있다. 황제도 자기창고의 관리들은 호기심 많은 강희제를 깜짝 놀라게 하기 위해 서양에서 온 '새롭고 신기한 디자인'을 획득하려고 집착했다. 동방은 "약은 사업감각"으로 유럽이 동방에 대해 만들고 싶어 하는 이미지에 순응했던 것이다.978)

■청대 중국의 근대적 시장경제와 세계시장 편입

중국경제의 전반적 상업화, 수직적·수평적 이동성의 증가, 사회적 위계의 약화, 개인적 경제활동의 법적·행정적 제한의 소멸, 한마디로 "서구적 의미에서의 근대성의 성장"은 개시되었지만, 표준적으로 서방과의 상품교역의 성장을 통해 개시된 것은 아니었다. 오히려 두 요소의 결합이 결정적이었던 것으로 보인다. 한 요소는 사업안전의 개선, 교역의 활성화, 장기적 미래계획의 기회를 수반한 "장기적 내부평화"의 좋은 결과이고, 다른 요인은 극동아시아-태평양

---

977) '시누아즈리(chinoiserie)'는 17-18세기 유럽에서 유행한 중국풍 공예·장식문화 취향을 가리키는 프랑스어다. 이에 대해서는 뒤에 상론한다.

978) Osterhammel, *China und Weltgesellschaft*, 65쪽.

공간에서의 "일백년 경기부흥"에서 생겨난 힘 있는 맥동이었다.979)

16세기 이래 한편으로 태평양횡단 비단무역의 연관 속에서, 다른 한편으로 새로 개항된 일본으로부터 대규모 은괴銀塊가 중국으로 쏟아져 들어왔다. 미국의 은은 비로소 중국과 대규모 교역을 가능하게 했다. 근세 초의 도자기무역은 처음부터 3대륙 유통연관의 일부였다. 신세계로부터 오는 금속은 새로운 유동성을 공급받는 중국 국내시장에 영향이 없지 않았다. 이미 17세기로의 전환기에 중국은 전 세계적 귀금속 유통체제 속으로 아주 깊숙이 편입되어 1610년 무렵 이후의 은화증가의 일시적 흐름과, 납세자·채무자·차지농이 고통을 겪은 디플레이션의 후속타는 명국의 몰락과 멸망에 일조할 정도였다.980)

장기적 경제추세는 17세기 중반의 혁명적·정치적 혼란을 꿰뚫고도 지속되었고, 은화유통을 의식적으로 차단했던 강희제의 정책도 뛰어넘었다. 중국에서 이른바 '가격혁명'은 17세기가 아니라 18세기에야 비로소 일어났다. 가벼운 인플레이션은 특히 시장을 향한 생산을 자극했다. 잔존하는 현물세를 마저 화폐납세로 전환시키는 것도 수요를 자극했다. 이런 사정에서, 중국정부로 하여금 지금까지 직간접적 국가규제하에 처해 있었던 잔존 영역마저 민간상인에게 넘겨주도록 만든 것은 "실용주의적 계산과 유학적 복지사상"이었다. 청대 초에 설치된 제조업의 규모 제한은 혁파되었고, 민간 기업가들은 기존의 기업을 확장하고 새로운 기업을 창업했다. 1720년대와 1730년대는 제염·제지·제당·제재製材 및 목재가공업과 같은 분야에서 수많은 민간주도 사업이 일어난 '창업의 시대'였다.981)

구리가 화폐주조에 단연 가장 중요한 주화금속이었기 때문에 1715년 일본의

---

979) Osterhammel, *China und Weltgesellschaft*, 65-66쪽.

980) Osterhammel, *China und Weltgesellschaft*, 66쪽. 그러나 글란은 명국 멸망의 원인을 악화된 국제무역관계에서 찾는 것을 부정한다. 그는 "중국의 전체 인구의 20%로 추산되는 가혹한 인구상실로 귀결된 황폐화와 사망의 무시무시한 희생자를 낳은" 원인은 "전쟁, 자연재앙, 전염병"이었다고 말한다. von Glahn, *The Economic History of China*, 311쪽.

981) Osterhammel, *China und Weltgesellschaft*, 66쪽. 공자철학의 자유(무위) 개념을 모르는 듯한 오스터함멜은 "실용주의적 계산과 유학적 복지사상"을 "서구적 의미의 자유와 우호적인, 심지어 '자유주의적인' 헤아림"과 대립시키고 있다.

구리수출을 봉쇄한 이래 특별한 정치적 관심대상이 된 운남지방의 동광에서
관료들은 광산의 직접경영으로부터 광산의 간접적 통제로 물러났다. 국영과
민영이 혼합된 공영기업이 발전한 것이다. 이 기업은 여러 지방에서 흘러들어
온 노동자들을 고용했다. 동광공영기업의 이런 발전은 1754년 국가가 구리수매
가격을 인상하면서 정점에 도달해 25년간 지속되었다. 이후 하락이 시작되었
고, 그 하락 과정은 1855년 발생한 이슬람폭동으로 운남의 동광기업이 폐업될
때까지 100년간 지속되었다.[982]

　18세기 청국은 필경 새로운 정치적 피안으로 혁명적 폭발이 일어날 '혁명의
나라'는 아니었지만, 아시아정체론의 본질을 이루는 "봉쇄되고 석화된 사회"도
아니었다. 청국은 수세기에 걸쳐 진행된, 지극히 분화된 발전의 궁극적 정점에
와 있었다. 송대는 능력주의적 관리행정과 과거제의 완성, 새로운 관리-대지주
층을 통한 구舊귀족가문의 추방, 마을단위 상업에서 해외 상품교역에 이르기까
지 모든 단계에서의 상업의 현저한 증가, 광역으로 활약하는 상인층의 형성,
화폐경제의 확장과 특히 양자강 삼각주에서의 도시화의 가속화 등 발전의 기초
를 놓았다. 그다음으로는 16세기 후반 후기명대에 보다 덜 심원한 두 번째
변혁추세가 일어났다. 이 새로운 추세는 왕조교체의 정치적 위기가 해소된
뒤 보다 조용한 18세기에 더욱 심화되었다. 그것은 농촌에서의 지주-소작제의
약화와 자유계약관계의 확산, 노동에서의 경제외적 강제와 신분적 종속의 마지
막 잔재의 제거, 상업교역의 활성화, 민간경제활동의 현저한 확장 등이었다.[983]

　강희제·옹정제·건륭제 등 위대한 청조황제들이 다스린 중국(1660-1795)은 고
도로 상업화된 사회였다. "중국의 내부에서 수행되는 교역은 아주 거대해서
전 유럽의 교역은 이것과 비교할 수 없을 정도였다. 지방들은 서로서로 자기들
이 가진 생산물들을 교환하는 개개 왕국들과 같았다. 상업은 중국의 민족들을
통합시키고 모든 도시에 풍요를 가져다주었다."[984] 호북성의 후광湖廣과 강소

---

982) Osterhammel, *China und Weltgesellschaft*, 66-67쪽.

983) Osterhammel, *China und Weltgesellschaft*, 67쪽.

984) Du Halde, *The General History of China*, Vol. 2, 296쪽.

江蘇성은 다른 모든 지방에 쌀을 공급하고 절강성은 최고급 비단을 공급한다. 강남은 옻칠, 유약, 잉크, 온갖 공예품을, 운남 등은 철·구리 등 여러 금속과 말, 노새, 털가죽 등을, 복건은 사탕과 최고급 차를, 사천은 초목·약초·대황 등을 제공한다. 강을 따라 쉽사리 수송된 모든 상품은 단기간에 다 팔린다. 도시에 도달한 지 3-4일 만에 가령 계절에 맞는 5,000개의 모자를 판다. 교역은 정월 초하루와 이튿날을 빼고 중단되지 않는다. 만다린(신사관리)들 중에도 믿을 만한 상인에게 돈을 대고 교역에서 소득을 올리는 이들이 있다.

　뒤알드는 청대 고도상업사회의 상거래와 상가 풍경을 이렇게 묘사하고 있다.

간단히, 아주 가난한 사람들도 단지 작은 경영만으로 교역을 통해 아주 쉽사리 생계를 얻을 수 있다. 전 재산이 1크라운(5실링)도 되지 않는 많은 가정들이 그들이 수행하는 작은 장사를 통해 먹고살고 명절날 입을 비단외투를 얻고, 2-3년 사이에 자신의 장사를 상당한 것으로 키운다. 이것은 이해하기 어렵지만 매일 일어나는 일이다. 가령 단돈 50푼가량을 가진 이 소상인들 중 1명이 사탕·곡식·쌀을 사서 작은 떡을 만들어 손님들의 마음에 불을 지피기 한두 시간 전에 구워 낸다. 그러면 그의 가게는 문을 열자마자 아침에 도시로 떼 지어 몰려오는 그 지방 사람들, 그 구역의 근로자, 짐꾼, 변호사, 어린이들이 상품을 바닥낸다. 작은 장사가 몇 시간에 밑천보다 1,000푼 더 많은 돈을 버는데, 그 절반이면 그 가족을 부양하기에 충분하다. 한마디로, 가장 번잡한 (유럽의) 장시場市도 온갖 상품을 사고파는, 모든 도시에서 보는 믿을 수 없는 인간군중의 희미한 모사물에 지나지 않는다. 특히 외국인들과 교역할 때 중국 상인들은 거래에서 좀 더 정직했으면 좋겠다. 그들은 늘 가급적 비싸게 팔려고 하고 종종 주저 없이 물건들을 섞음질한다. 장수들의 준칙은 사는 사람은 가급적 적게 지불하고 이 원리에 따라 그들은 당연히 가장 큰 가격을 요구하며 구매자가 그 돈을 낼 정도로 아주 단순하거나 무지하다면 그것을 가져갈 것이라고 생각한다는 것이다. 그들은 속이는 자는 상인이 아니라, 자기를 속이는 구매자라고 말한다. (…) 장사가 중국의 모든 지방에서 그토록 광범하게 확산되어 있기에 (…) 주민들이 대외무역을 그렇게 적게 바라는 것은 전혀 놀랄 일이 아니다. 특히 그들은 모든 외국 국민에

대해 경멸적 생각을 가지고 있기 때문이다.[985]

18세기 중국제국은 전국적 상인 네트워크로 덮여 있었고, 새로운 생산방식인 '자호字號(브랜드)상인 주도의 광역 네트워크'(졸저 『서구문명의 유교화와 근대적 재구성』에서 상론)도 빠르게 발전하고 있었다. 여기서 개개 지방의 상인들은 일정한 물품에 따라 전문화되어 있었다. 그리하여 은행업은 산서성 출신 상인들의 손에 들어 있고, 복건성 출신 상인들은 수로를 통한 원거리무역의 대부분을 담당했다. 여기서 거듭거듭 눈에 띄는 것은 개개 시장들의 집중적 연결망이다.[986]

국내상업의 이러한 역동적이고 촘촘한 연결망은 근세 중국이 발생단계의 세계경제 속으로 더 강력하게 참여하는 것을 불필요하게 만들기도 했고, 아편전쟁 이후 영국의 공장제 상품이 중국시장에 쇄도했을 때 중국은 '자호상인 주도의 광역 네트워크'에서 생산된 저렴하고 품질 좋은 제품으로 영국 제품의 침투를 완봉하기도 했다. 아무튼 아편전쟁 이전 중국은 상대적으로 강력한 자급자족 능력을 갖췄고, 사회적 재생산을 위해 대외무역을 필요로 하지 않았다. 그러나 유럽인들의 도래와 함께 수출의 기회가 열렸다. 그런데 18세기 말 유럽에서 중국으로 역수출할 만한 상품은 뚜렷한 것이 없었다. 도자기·비단·남경무명 등 중국 상품의 대對서방 수출의 길이 일단 열리자 금·은의 국제적 유통에서 세계경제의 힘이 중국경제의 심장 속으로 깊숙이 침투해 들어갔다. 16세기 이래 중국경제는 세계경제와 완전히 단절된 자율조절체계가 아니었다. 은과 금의 유입으로 인해 중국경제는 대륙 간 유통에 가담해 있었고, 당연히 이제 더 이상 세계경제의 경기동향과 공황에 대해서도 방역될 수 없는 단계에 들어가 있었던 것이다.[987]

그러나 송·원·명·청대에 세계경제에서 동양의 무역은 뚜렷하게 서구를 앞질렀다. 유럽은 만성적 무역적자에 시달렸다. 동양 생산물에 대한 유럽의

---

985) Du Halde, *The General History of China*, Vol. 2, 296쪽.

986) Osterhammel, *China und Weltgesellschaft*, 68쪽.

987) Osterhammel, *China und Weltgesellschaft*, 68-69쪽.

수요는 높았지만, 역으로 유럽 생산물에 대한 아시아의 수요는 아주 낮았기 때문이다. 유럽은 이 무역격차를 금과 은괴 수출로 메웠다. 이것은 유럽의 후진성의 명백한 표시였다. 아메리카와 일본은 그들의 무역적자를 은화의 생산과 수출로 메웠고, 아프리카는 금화와 노예를 수출했다. 세 지역은 세계 어디서나 팔 수 있는 상품을 생산한 것이다. 그러나 유럽은 아무것도 수출할 만한 것을 생산하지 못했다. 이것은 항구적 무역적자의 근본원인이었다.988) 이런 것들은 모두 동아시아가 적어도 18세기 말 또는 19세기 초까지 유럽에 앞서 있었다는 지표들이다.

■ 조공무역의 실상과 명·청대 중국경제의 대외개방성

상론한 바와 같이 주류의 유가는 언제나 자유상공업·자유시장론을 대변했다. 국가통제경제와 중농억상을 주장한 관중과, 인仁을 버리고 예법만을 강조하며 유가에서 일탈한 순자를 계승한 법가들의 정부간섭주의는 유가의 경제철학과 배치된다. 공자와 맹자를 계승한 한대漢代의 사마천, 송대의 엽적, 명대의 구준, 청대의 황종희와 당견唐甄(1630-1704)으로 이어지는 계열이 유가의 경제철학적 법통을 이었다.989) 당견은 『잠서潛書』에서 "백성을 부자로 만들 것(富民)"을 주장하며 "위정자가 부민富民을 공으로 여기지 않고 요행으로 달성하려고 하는데 이것은 제비를 꾸짖어 말머리를 남향하게 하는 것이다(爲治者不以富民爲功 而欲幸致太平 是适燕而馬首南指者也)"라고 간주하고,990) "요순의 도는 다름 아니라 밭 갈기와 김매기이고, 뽕 가꾸기와 누에치기이고, 닭과 돼지새끼와 개와 돼지다(堯舜之道无他 耕耨是也 桑蚕是也 鷄豚狗彘是也)"라고 주장했다.991)

상공업이 정통유가에 의해 사상적·정책적 뒷받침을 받으며 고도로 발달함

988) Andre G. Frank, *ReOrient* (Berkeley: University of California, 1998), 210쪽. 안드레 군더 프랑크(이희재 역), 『리오리엔트』(서울: 이산, 2003), 227-228쪽.

989) Ma Tao, "Confucian Thought on the Free Economy", 154쪽. Cheng Lin, Terry Pech and Wang Fang (ed.), *The History of Ancient Chinese Economic Thought* (London: Routledge, 2014).

990) 唐甄, 『潛書』, 3. 考功. 中國哲學電算化計劃.

991) 唐甄, 『潛書』, 1. 宗孟.

으로써 중국은 17-18세기에 이미 신분제로부터 거의 완전히 해방된 근대적 평등사회에 도달해 있었던 것이다. 이에 대해 상론한 바와 같이 중국은 내각제적 제한군주정과 지방자치의 확립에 더해 자유시장이 최고도로 발달해 있었다. 이로써 인간해방이 정치적·사회적·경제적 방면에서 관철됨으로써 극동은 17세기 이전부터 '보편사적 초기근대'에 도달해 있었던 것이다. 그러나 18세기 말은 극동과 극서의 역관계가 뒤집히는 전환기였고, 19세기 중반에 이르러 극서는 극동을 확실히 앞지르게 되었다. 이로써 19세기 극동제국諸國에서는 '근대화' 과제가 새로이 제기되었다. 이 근대화 과제는 '전근대에서 근대로의 변혁'이나 '전前 산업사회에서 산업사회로의 전환'이 아니라, '낮은 근대에서 높은 근대로의 진보', '낮은 산업사회에서 높은 산업사회로의 진보'였다.

아담 스미스를 상론하면서 다시 다루겠지만, 그가 『국부론』에서 중국의 정체현상을 수세기 동안 계속된 것으로 과장하고 대외무역 없는 고립을 비판하고 있지만, 이런 과장된 성체와 고립현상은 중국역사상 존재하지 않았다. 그것은 19세기 이래의 유럽중심주의가 빚어낸 일종의 '신화'였다.

1735년 뒤알드는 적어도 청대 중국이 폐쇄적이 아니라 만국에 개방적임을 확인해준다.

중국의 모든 지방의 특별한 부富 및 강과 운하에 의한 상품 수용의 용이성은 중국제국을 늘 매우 번영하게 만들어왔다. 대외무역에 관한 한, 그것은 거의 언급할 만한 가치가 없다. 중국인들은 생활의 필수품과 향락품의 적절한 공급을 그들 사이에서 얻는 만큼 자기 나라로부터 아주 멀리 떨어진 어떤 장소로든 거의 교역하지 않기 때문이다. 자기 민족 출신의 황제 치세에서 항구들은 늘 외국인들에게 닫혀 있었으나, 만주족이 중국의 주인이 된 이래 그들은 만국에 열려 있다. 그리하여 중국의 교역을 빠짐없이 설명하려면, 우리는 중국인들끼리의 교역과 이웃국가들과 수행되는 교역을 말한 다음, 유럽인들과 수행되는 교역에 관해 말하는 것이 좋다.[992]

---

992) Du Halde, *The General History of China*, Vol. 2, 297-298쪽.

뒤알드는 여기서 분명 청국이 "만국에 열려 있다"고 말하고 있다. 중국은 폐쇄적인 것이 아니라 다만 대외무역의 규모가 작을 뿐이다. 왜냐하면 "생활의 필수품과 향락품"을 "자기들 사이에서"도 "적절히" 다 공급할 수 있기에 외국제품의 수입을 위한 대외무역의 필요를 못 느끼기 때문이다. 따라서 허드슨은 이렇게 잘라 말한다. "1800년 이전 유럽과 중국 상업의 역사에서 중국인들을 특징적으로 구별 짓는 것은 독점주의도 관리의 부패도 아니었다. 이 중 어느 것도 중국에 특유한 것도 아니었고, 또 중국에서 부딪히는 상업상의 난관에 대한 유럽인들의 분노의 많은 부분은 제 잘못을 모르고 남 탓하는 것에 불과했다."993)

명나라가 1434년 공식적으로 대외무역 금지조치를 취한 것은 사실이다. 그러나 이것은 명목상의 조치에 지나지 않았다. 금지조치 이후에도 대對서방무역을 포함한 중국의 국제무역은 국내상업과 마찬가지로 확대일로에 있었기 때문이다. 이것은 공식적 무역금지 조치의 명목성과 조공체계의 경제적 성격을 올바로 이해하면 곧 드러난다.

조공체제는 국가들이 주도하는 일종의 대규모 관영 무역체계였다. "조공체제는 종종 그 효과에서 굉장한 대외무역의 대외적 형식에 불과했다. 많은 경우에 무역 상인들, 특히 중앙아시아에서 온 무역 상인들은 오로지 무역을 할 목적에서 상상의 나라들로부터 조공을 가져온 양 가장하기까지 했다."994) 따라서 극동과 동남아시아의 대외무역 관계는 중국의 조공관계가 확장될수록 확장되었다. 이것은 종종 중국의 정부문서에도 나타나고 있다.

이런 까닭에 조공체제는 강제적이라기보다 자발적이었다. 상징적인 조공을 제공하고 중국시장에 접근하는 통로를 얻는 것은 속방들이 치부致富하는 수단이었다. 이런 이유에서 포르투갈, 스페인, 네덜란드 등 서방국가들도 '속방'으로서 대對중국 조공체제에 들어가게 해달라고 반복적으로 요청했다. 속방들은 중국의 풍요로운 경제권으로 들어가기 위해 조공을 바치려고 서로 경쟁했다. 또 아시아 전역의 통치자들도 주변국가로부터 자신들을 지키기 위해 중국에

---

993) Hudson, *Europe and China*, 265쪽.

994) Witold Rodzinski, *A History of China* (Oxford: Pergamon Press, 1979), 197쪽.

조공을 바치려고 노심초사했다. 자바·태국·말레이시아 같은 국가들은 조공을 고집해서, 중국 당국을 실제로 화나게 만들기도 했다. 이것은 속방들이 조공 자격이 박탈될 때 종종 이 자격을 다시 얻기 위해 소위 '속방의 폭력적 반작용도 수반하는 조공체제의 자발성을 보여준다. 가령 16세기 일본은 조공관계를 재개 하기 위해 조선을 침략했고 거부하면 중국도 침략하겠다고 위협했다.995) 아시 아 상인들이 고안한 또 다른 전략은 가짜 신임장을 갖고 사신으로 가서 평범한 상업무역을 가리기 위해 조공을 바치는 것이었다. 이것은 당대에 잘 알려진 방법이었고, 명나라 정부문서에서도 이런 사실을 인정했다.996)

그런데 18세기에 엄격한 의미에서의 조공국가는 오로지 조선, 유구琉球, 안남·태국·라오스 등 동남아시아의 육지국가들, 그리고 버마 등 인도 주변국 가들뿐이었다. 중국에 대한 이 속방들의 중요성과 비중을 재는 잣대는 조공사 절 파견의 빈도수였다. 1818년 당시 조공사절 파견의 빈도는 다음과 같다.997)

조선	매년 4회
유구	2년마다 1회
태국	3년마다 1회
월남	4년마다 1회
라오스	10년마다 1회
버마	10년마다 1회
술루(필리핀 서남부의 제도)	5년 또는 그 이상의 기간마다 1회
홀란드	부정기적, 이전에는 5년마다 1회
서양(포르투갈·교황국·영국)	부정기적

---

995) Hobson, *The Eastern Origins of Western Civilization*, 63-64쪽. 이것은 임진왜란을 도발한 일본이 내세운 명분이었지만 왜란을 도발한 진짜 목적은 조선과 중국의 정복이었다.

996) 참조: Frank, *ReOrient*, 114쪽. 안드레 군더 프랑크, 『리오리엔트』, 210쪽.

997) John K. Fairbank, "A Preliminary Framework", 11쪽. John K. Fairbank (ed.), *The Chinese World Order: Traditional China's Foreign Relations* (Cambridge, Mass: Harvard University Press, 1968).

가장 긴밀한 조공관계는 '속방'의 모델국가인 조선과 맺어졌다.998) 그러나 여기
에서도 조공독트린의 명확한 실현뿐만 아니라, 양측 이익의 암묵적 일치가
간취된다. 18세기에 존재했던 관계는 1392년 명국과 조선 간에 확정되었다.
병자호란과 청조의 수립 이후에도 상황은 곧 옛 조·중관계 형태로 회복되었다.
다른 곳에서 그렇게 호전적이었던 청국황제들은 일본에 대한 교두보이면서
동시에 방패였던 한반도의 까다로운 지정학적 위치 때문에 명국보다 더 직접적
으로 조선내정에 개입하는 것을 피했다. 자발적 속방으로서의 조선의 특별한
위상은 양편의 공동이익에 기인했다. 조선은 조공관계의 형성에 능동적으로
공동共動했고, 결코 강압당하지 않았다. 조선은 이 조공관계를 적극적으로 관리
하고 돌본 덕택에 중국의 직접적 영향권 안에서 비교적 정확하게 정의될 수
있는 영토와 국가기구를 가진 독립국가성을 전개한 유일한 국가임을 보장받았
다. 개국 이래 조선은 중국문화를 수용하는 데 특별히 열정적이었다. 과거제를
포함한 통치·행정체계는 중국을 견본으로 삼았다. 학식도 한자로 표현되는
유교지식이었다. 조선의 이런 중국화 과정은 이미 명대 말기에 완결되었다.
그럼에도 불구하고 한국사회는 중국사회와 완전히 상이한 채로 남아 있었다.
그리하여 수입된 물건들은 중국에서와 완전히 다른 기능을 했다. 과거시험은
평민가정 출신의 젊은이들에게 입신양명의 기회가 되었다. 조선은 중국의 문화
요소들을 완전히 자기 주도로 받아들였다. 이것이 중국에 의해 임무로 주어진
것이 아닌 만큼, 중국은 조선의 사회적 관계나 왕조 내의 갈등에 간섭하지
않았다. 이것은 원나라와 구별되는 청국의 대한對韓정책이었다. 조선이 고비용
의 조공사절을 파견해 중단 없이 중국황제에게 예를 표하고 1637년에서 1881
년까지 무려 435회에 가까운 빈도로 특별사절을 파견했을지라도 조선은 실제
로 군사적으로도 완전히 독립된 국가였다. 이에 대한 대가는 고비용의 조공부
담으로 나타났다.999)

---

998) Osterhammel, *China und Weltgesellschaft*, 96쪽.

999) Osterhammel, *China und Weltgesellschaft*, 96-97쪽. 바로 이어서 오스터함멜은 이 고비용의
　　조공부담은 "중국 측이 주는 답례선물과 – 사절단이 북경에서 하는 – 조공무역의 소득에 의해서
　　도 전혀 상쇄되지 않았다"고 말하는데, 이것은 일반적 견해와 배치되는 것이다.

국제무역을 금지한 명나라시대에도 국제무역이 확대일로에 있었는데, 무역
확대의 또 하나의 이유는 조공을 이용한 우회적 무역이었다. 중국 상인들은
수많은 방법으로 무역금지 조치를 우회해 국제무역을 계속 확대했다. 많은
중국무역은 일본무역과 뒤섞였고, 지극히 번창했다. 금지조치를 우회하는 가장
흔한 방법은 광동의 무역관행이었다. 광동세관은 선박의 복원력을 갖추기 위한
바닥짐(底荷), 즉 밸러스트(Ballast)를 중국 상품으로 채워 중국을 떠나는 것을
허용했다. 따라서 "공식적 조공품을 초과하는 모든 화물이 조공품과 함께 하역
되어, 판매 허가장이 북경에서 도착할 때까지 보관할 수 있도록 '조공선의
저하底荷'라는 도장이 찍혔다. (…) 외국선박이 떠나야 할 때는 안전한 통항을
위해 (이번에는 중국 상품을) 저하로 실었다. 그러므로 이 조공선은 중국 상품을
저하로 싣고 고국으로 출항했다. 이렇게 양방향으로 오간 '밸러스트' 선박,
즉 저하무역선은 이 저하를 정당화해주는 조공물품보다 더 중요했다".1000)

유구는 이 점에서 특히 창의적이었다. 유구왕국은 복건성의 중국 상인들이
유구에 와 살도록 장려하고 이들과의 거래를 통해 중국과의 이윤 높은 무역을
전개했다. 따라서 유구는 중국에 종종 조공사절단을 보내기만 하면 되었다.
이것은 산물들을 중국으로 되돌려 수출하기 위해 다른 지역으로 이주한 중국
상인들의 보다 일반적인 전략이기도 했다. 16세기 초반, 중국 상인들은 인도차
이나, 말레이시아, 태국, 수마트라로부터 티모르, 필리핀에 이르기까지 상업적
으로 전략적인 남지나해의 모든 지역으로 퍼져나갔다. 그들은 이 무역 네트워
크를 19세기까지 잘 유지했다. 또한 밀무역이 크게 번창했는데, 이 밀무역은
통상 정부관리를 끼고 벌어졌기 때문에 금지조치가 소용없었다. 이 밀무역은
규모가 막대해서 1560년대에 명나라정부는 결국 두 손을 들었고, 밀무역의
주요 항구를 합법화했다.1001)

명나라는 16세기 초만 하더라도 유럽에서 온 선교사와 무역특사들에 대해

1000) Philip D. Curtin, *Cross-Cultural Trade in World History* (Cambridge: Cambridge University Press, 1984), 169쪽.
1001) Hobson, *The Eastern Origins of Western Civilization*, 65쪽.

쇄국정책을 썼다. 가령 명국정부는 1514년 리스본에서 무역사절단을 이끌고 온 포르투갈의 공식 특사 피레즈(Thomas Pirez)에게 상륙을 허가한 뒤 그가 북경에 도착하자 그에게 간첩행위를 뒤집어씌워 그를 투옥해 옥사시켰다. 그러나 포르투갈 상인들은 남중국 해안의 해적을 소탕하는 데 도움을 준 대가로 광동 아래의 반도인 마카오에 정착할 허락을 받았다. 중국정부는 이것도 내키지 않아 하면서 허가한 것이다. 그리하여 1563년 마카오에는 700여 명의 포르투갈인 거주자가 정착했다. 이후 마카오는 스페인 식민지인 필리핀으로부터 북쪽으로 항해하는 여행자들과 무역상인의 정박지이자 선교사들의 출입 통로가 되었다.1002) 1578년 중국에 온 마테오리치가 처음 발을 내디딘 곳도 바로 이곳이었다.

당시 국제무역이 확대된 또 다른 이유는 명나라에서도 모든 사私무역이 금지된 것은 아니었기 때문이다. 사무역은 마카오와 복건성 장주漳州, 강소성 소주蘇州 등 세 항구에서 공식적으로 허가되었다. 훗날 청나라 때는 하문廈門, 영파, 상해가 개항되었다. "장주항에서 면허를 받은 중국 상인들은 해외무역을 허가받았다. 16세기 말 멘도자(Juan Gonzalez de Mendoza, 1545-1618) 같은 서방 관찰자들은 복건성 상인들이 지방관리들의 묵인하에 해외무역을 불법적으로 하고 있다고 오해했다. 그러나 마틀리프(Cornelis Matlief) 제독을 위시한 17세기 초 저술가들은 곧 장주로부터 온 상인들이 제국의 경계를 넘어서 무역을 할 수 있는 공식적 허가를 받았다는 것을 인식하기에 이르렀다. 장주 출신의 중국 상인들은 마닐라의 스페인 상인들과 오랫동안 무역을 했고, 1624년 이후에는 타이완 질란디아(Zeelandia) 항구의 네덜란드인들과도 무역을 했다."1003)

중국과 동남아시아 간의 무역은 매우 중요했다. 특히 마닐라는 세계무역체계의 집산지로 극히 중요했다. 중국은 이곳으로부터 은銀을 얻었다. 이 무역의 연결망은 계속 유지되었고 18세기 말에 더욱 강화되었다. 세계의 은은 대부분이 중국으로 빨려 들어갔고, 중국경제는 세계경제 안에 완전히 통합되었다.

1002) William W. Appleton, *A Cycle of Cathay: The Chinese Vogue in England in the Seventeenth and Eighteenth Centuries* (New York: Colombia University Press, 1951), 8쪽.

1003) Donald F. Lach & Edwin J. Van Kley, *Asia in the Making of Europe*, III (Chicago: Chicago University Press, 1993), 1618쪽.

그러나 중국경제는 강력한 무역잉여를 즐길 만큼 당당했다.

은은 20세기 이전의 중국경제에서 특별한 역할을 했는데, 이 역할은 중국제국의 역대정부가 1889년 이전에 은화를 발행한 적이 없었다는 것을 전제하면 특히 특별했다. 공식적 은화의 부재에도 명대 중국(1368-1644)은 은에 기초한 재정체계를 채택했다. 15세기 이래 중국은 1935년 국민당정부의 통화개혁 때까지 은본위제로 남아 있었다. 일본과 스페인 식민지들로부터 대량으로 수입된 외국 은은 명대 말엽 중국의 상업성장을 결정적으로 가속화했다. 이 외국 은의 수입은 중국경제를 세계경제 속으로 통합시켰다. 이로 인해 명조가 망했다거나 아편을 수입하는 데 은화를 지불하는 통에 은이 해외로 유출되어 아편전쟁이 났다고 하는 논변들은 분명 과장일지 몰라도 은의 수입이 중국경제를 '세계경제'로 부상시킨 것만은 틀림없다.1004) 대서양과 인도양 그리고 태평양을 포괄하는 진정한 전 지구적 경제를 사상 초유로 탄생시킨 것은 정확하게 해외 은에 대한 중국경제의 수요였던 것이다.1005)

나아가 앙드레 프랑크는 중국경제의 규모와 동학이 중국경제를 세계경제의 중심으로 만들었다고 주장한다. "중국이 비단과 자기瓷器와 기타 도기陶器들의 도전받지 않는 생산과 수출에 기초해서 나머지 모든 국가와 흑자 무역수지를 유지했기"1006) 때문에 "전체적 세계경제 질서는 – 글자 그대로 – 중국중심적이었다".1007) 바로 은이 중국으로 대량 유입된 것은 세계경제질서 안에서 중국의 중심성에 대한 증거였다. "다변적 무역수지의 균형과 불균형의 전체 체계는 중국의 산업적 우위성과 관련된 인도와 동남아시아의 부차적 역할을 포함해서 중국을 세계의 은의 '흡입구'로 만든 자석으로 기능했다."1008) 물론 국제적 통화유입이 전 지구적 경제통합의 헤게모니 형태를 반영한다고 가정하는 것은

1004) Richard von Glahn, "Cycles of Silver in Chinese Monetary History", 17쪽. Billy K. L. So (ed.), *The Economy of Lower Yangzi Delta in Late Imperial China* (Oxford: Routledge, 2013).

1005) Dennis O. Flynn and Arturo Giráldez, "Cycle of Silver: Global Economic Unity through the Mid-Eighteenth Century", *Journal of World History*, 13 (2) [391-427쪽].

1006) Frank, *ReOrient*, 116쪽.

1007) Frank, *ReOrient*, 117쪽.

1008) Frank, *ReOrient*, 115쪽.

지나친 단순화일 것이다. 왜냐하면 은의 국제적 가격이 낮을 때인데도 은의 중국 유입이 줄어든 경우가 있기 때문이다.1009)

하지만 장기적으로 보면 세계의 은은 거의 다 중국으로 빨려 들어갔다. 그 이유는 적어도 네 가지다. 첫째, 15세기 중반 중국경제는 사실상의 은본위제로 전환되었다. 둘째, 중국경제의 강성은 은에 대한 강력한 내수를 창출했다. 셋째, 중국의 수출이 수입을 크게 웃돌았다. 끝으로 중국의 은 가격은 늘 세계 최고였다. 이것은 아담 스미스에 의해서도 인정된 바다. "유럽의 어느 지역보다도 훨씬 더 부유한 나라인 중국에서 귀금속의 가치는 유럽의 어느 지역보다도 훨씬 더 높았다."1010) 중국은 세계의 은이 모여드는 홈통이었기 때문에 세계경제의 기축이었다. 1640년대, 중국의 금고는 매년 75만 킬로그램의 은을 받아들였다. 중국의 재부 수준은 상해의 작은 의류상조차도 약 5톤의 은을 자본으로 가지고 있었고, 가장 부유한 가문은 수백 톤의 은을 보유하고 있을 정도였다.1011)

요약하자면, 중국 상인들은 이런저런 방식으로 공식 허가가 있든 없든 지극히 이윤 높은 무역행위를 계속했다. 공식적 규제와 교역상황의 현실 간에는 커다란 갭이 있었다. 무역에 가해진 공식적 제한은 해양무역이 가장 왕성했던 바로 그 시점에 중국이 국제적으로 고립되었다고 오인하도록 만들 수 있다. 그러나 중국정부는 광범한 불법무역에 아주 확실하게 눈을 감아주었다. 다만 유교국가적 명분과 체통을 유지하기 위해 이 공식적 무역금지가 유효한 것인 양 외양을 꾸몄다.

중국은 세계시장으로부터 '철수'한 것이 아니라, 강권을 자제하고 덕치를 추구하는 유교국가 이념에 따라 '제국주의적 침략'의 '기회'로부터 자발적으로 '철수'한 것이다. 루이스 레버씨스(Luise E. Levathes)는 이 세계사적 사건을 이렇게 묘사한다.

1009) von Glahn, "Cycles of Silver in Chinese Monetary History", 60쪽.

1010) Adam Smith, *An Inquiry into the Nature and Causes of the Wealth of Nations* [이하 *Wealth of Nations*] (1776), Vol. I·II, textually edited by W. B. Todd (Glasgow·New York: Oxford University Press, 1976), I. xi. n. 1, 255쪽.

1011) Clive Ponting, *World History* (London: Chatto and Widus, 2000), 520쪽.

(15세기 초) 중국은 인도양 전역으로 영향권을 확장했다. 세계의 절반이 중국의 손아귀에 들어와 있었고, 중국이 원했다면 방대한 해군으로 나머지 절반도 쉽사리 손에 넣을 수 있었다. 중국은 유럽의 개척과 팽창의 위대한 시대 전에 거대한 식민강대국이 될 수 있었다. 그러나 중국은 이를 하지 않았다.[1012]

중국은 힘에 의한 정복을 본질로 하는 '제국주의'를 자발적으로 포기한 것이다. 세계약탈을 정당화하기 위해 제국주의자들이 19세기 내내 되뇌던 저 '명백한 운명'이란 것을 중국은 헌신짝 버리듯 내동댕이쳐 버렸다.

페르난데즈-아르메스토는 제국주의 기회를 내동댕이친 이 사건을 '절제'로 규정한다.

중국의 '명백한 운명'은 결코 발생하지 않았고, 손을 쥐기만 하면 중국의 것으로 보였던 세계지배는 포기되었다. (…) 중국의 자제는 세계사에서 집단적 절제의 가장 특기할 만한 사례 중의 하나로 남을 것이다.[1013]

1100년 이후의 중국도 이전의 중국과 마찬가지로 외연적 팽창(제국주의)을 거부하고 세계에서 유례가 없을 정도로 내포적 국력을 증대시켰던 것이다.

물론 이런 해석에 대해 반론을 예상할 수 있다. 명나라정부가 동남아와 인도양을 거쳐 동아프리카 케냐까지 진출했던 정화鄭和의 7차에 걸친 30년 대항해(1405-1433)를 중단시킨 '진짜 이유'가 따로 있을까? 허드슨은 명나라가 해양강국으로의 부상을 포기한 것이 "만주와 몽고 국경에 대한 집착"으로 인해 자국의 함대들의 존재를 망각했기 때문이라고 말한다.[1014]

그러나 멘도자는 앞서 시사했듯이 16세기 말 스페인의 중국정복 계획에 도움을 주고 있는 『중국제국의 역사』에서 허드슨과 다른 논변을 전개한다.

1012) Luise E. Levathes, *When China Ruled the Seas* (London: Simon and Schuster, 1994), 20쪽.

1013) Fernandez-Armesto, *Millenium*, 129; 134쪽.

1014) Hudson, *Europe and China*, 253쪽.

그는 제국주의에 대한 중국의 자발적 포기를 "중국인들의 정치적 지혜의 증거"
로 간주하고 싶어 했다. 멘도자는 말한다.

> 의심할 바 없이 그들은 오래된 고대 역사책들이 우리에게 증언하는 그리스인, 카르
> 타고인, 로마인을 능가하고, 낯선 나라를 정복하기 위해 그들의 본국으로부터 아주
> 멀리 떨어져서 고향의 자기 나라를 잃게 된 후세의 어리석은 인간들을 능가하는 것
> 처럼 보인다.[1015)

정치적으로 지혜로운 중국인들은 인간의 인의적仁義的·평화주의적 본성에 반
해 제국주의적 완력정치를 일삼는 당사자 자신에 대한 이 완력정치의 부정적
후과를 이미 알고 있었다는 것이다.

■ 중국정체론 신화와 중국의 내포적 발전의 역동성

마르크스·베버·비트포겔 이래 아시아정체론과 더불어 중국도 폐쇄·정체된
사회라는 신화가 떠돌았다. 그러나 18세기 말까지, 아니 19세기 초까지 중국은
한시도 정체된 적이 없었다.

니덤(Joseph Needham, 1900-1995)은 서양인들이 자기들의 불안정한 격변에 익숙한
나머지 "천천히 변하는 균형 속의 살아 있는 유기체"와 같이 중국사회의 '한결
같은 상태'를 '정체'로 오인한다고 비판한다. 사실 "서양의 사회구조 안에서
시한폭탄처럼 작용할 정도로 수많은 발명과 발견들을 전해준 기여자"인 중국
이 '정체된 나라'라는 것은 '역설 중의 역설'이라는 것이다. 중국의 한결같음은
'내부 환경의 항상성'에서 나오는 것이다. 중국체제는 혁명이나 전란과 같은
온갖 혼란을 겪고 근본적 발명과 발견을 거듭하면서도 곧바로 '현상現狀(status
quo)'을 복원하는 '피드백메커니즘'이나 자동항법장치와 같은 체제다. '내부 환
경의 항상성'이 살아 있는 유기체의 살아 있음과 건강함에 대한 가장 명백한

1015) Mendoza, *The History of the Great and Mighty Kingdom of China*, the first part, 92쪽(The
　　 Third Book Chap. VII).

증거이듯이, 중국의 한결같음은 중국의 살아 있음, 그것도 가장 건강하고 행복하게 살아 있음에 대한 가장 명백한 증거다. 니덤은 중국사회의 한결같은 상태에 대해서는 "전혀 특별한 미스터리가 없다"고 단언한다. 이 '한결같음'은 실은 중국의 선진농업, 대량생산의 수력 엔지니어링, 통치권의 중앙집권화, 비세습적 공무담당권 등을 바탕으로 지속적으로 이루어진 사회경제적 발전의 내적 측면이기 때문이다.1016) 바꿔 말하면, 중국사회의 '한결같은 안정성'은 침략적·폭력적 대외팽창을 스스로 절제하는 공자의 세계관 속에서의 '순수한 내포적 발전의 지속성'을 뜻한다.

중국사회의 '한결같은' 현상現狀 상태는 공자철학의 정치사회적 대성공을 뜻하기도 한다. 일찍이 케네는 이 점에서 몽테스키외의 중국정체론을 논박했다.

> 저자(몽테스키외)의 의견에 의하면, 커다란 인구가 중국의 전제정을 '가정적 정부'로 축소시켰고 주민들의 생계를 확보하는 데 필요한 법률들(양민養民 및 빈민 구휼법 – 인용자)을 산출했다는 것이다. 여기서 몽테스키외는 결과를 원인으로 착각하고 있다. 그는 이 불가사의한 수의 백성이 오로지 훌륭한 통치의 결과일 수 있을 뿐이라는 사실을 깨치지 못했다. 그는 중국역사를 들추어보고 이 훌륭한 법률들이 까마득한 옛날부터 거기에 확립되어 있었다는 사실을 깨쳤어야 했다.1017)

그리고 케네는 "큰 인구는 오로지 훌륭한 정부 아래에서만 축적된다"고 주장한다. "나쁜 정부는 부와 인간을 즉각 파괴하기 때문이다. 이 불가사의하게 많은 인구에 대해 약간의 주의만 기울이더라도 중국정부에 덮어씌우려는 모든 안개를 걷어낼 수 있다. (…) 불가사의한 규모의 백성들과 나쁜 정부는 세계의 어떤 왕국에서도 함께 발견될 수 없는 것이다."1018) 케네는 이 원칙을 『경제표 (Tableau économique)』(1758)에서도 전제한다. "평온한 삶을 즐길 때는 어디에서나

1016) Joseph Needham, "Science and China's Influence on the World", 304-307쪽, passim. Raymond Dawson (ed.), *The Legacy of China* (Oxford·London·New York: Oxford University Press, 1964·1971).
1017) Quesnay, *Despotism in China*, 246쪽.
1018) Quesnay, *Despotism in China*, 244쪽.

일반적으로 인구가 국토의 생산물 이상으로 늘어난다는 것을 잊어서는 아니
된다."1019) 그리고 '훌륭한 통치'는 다름이 아니라 '항구적 안정성'을 보장하는
통치이고 이런 통치는 안정된 자연질서에 기초한 법률들을 입법하고 이에
입각해 다스리는 통치다.

　중국정부의 이 행복한 항구적 제일성齊一性은 이 제국이 다른 나라보다 이웃 열강들
의 침략을 덜 당하기 때문에만 존재한다고 얘기될 수 있지 않을까? 아니다. 왜냐하면
중국은 방대한 이웃 열강들이 있고, 또 정복당한 적도 있기 때문이다. 중국의 방대한
영토가 분열하여 수많은 왕국들이 형성된 적도 있다. 그러므로 우리는 중국정부의
저 항구성을 특수한 환경 덕택이 아니라 내재적으로 안정된 질서 덕택으로 봐야 하
는 것이다.1020)

이 "내재적으로 안정된 질서", 즉 '훌륭한 통치' 덕택에 중국의 인구가 빠르게
증가한다는 말이다.
　송대 이래의 중국을 살펴보면 이것은 명백하다. 이것을 허드슨은 니덤과
다른 언어로 설명한다.

　중국에서 전통적(유교사회적) 체계는 그 이론적 전제들을 함부로 바꿀 마음이 거의
없을 정도로 실천에서 성공적이었다. (…) 13세기 이래 두 번의 내란기의 짧은 막간
을 빼면 중국은 정치적으로 통일되어 있었다. 북경은 히말라야에서 오호츠크해까지
뻗은 제국의 수도였다. 1644년부터 제국의 통치자들은 토착중국인들이 아니라 만주
족들이었지만, 만주족들은 구별이 거의 없을 정도로 중국에 동화되었다. 만주족은
자신들을 몽고족이 그랬던 것보다 훨씬 더 많이 중국과 동일시했고, 동화할 수 없는
이방인들의 식민지들을 끌어들이지 않고 속방국으로 남겨놓았다. 1762년 인구조사

1019) François Quesnay, "Analyse du Tableau Économique". Quesnay, Dupont de Nemours, Mercier
　　de la Rivière, Baudeau, et Le Trosne, *Physiocrates*, avec une introd. par Eugène Daire (Paris, 1846).
　　「경제표 분석·주요논평」, 케네(김재훈 역), 『경제표』(서울: 지식을만드는지식, 2010), 89쪽 각주.
1020) Quesnay, *Despotism in China*, 302-303쪽.

에 따른 중국의 인구는 2억여 명이었다. 주요 유럽국가들 중 어떤 나라도 이와 비교될 만한 인구규모를 보여주지 못했다. 거의 같은 시기의 통계는 프랑스 인구가 1,800만 미만, 영국과 웨일즈는 700만 미만이었다. 중국의 거대한 인구가 한 사람의 주권자 치하에 있을 뿐만 아니라 하나의 제일齊一한 법체계 아래에 있었다. 더욱 의미심장한 것은 이 인구가 계급갈등을 최소화하는 사회질서에 의해 살았다는 것이다. 중국사회는 오직 두 거대한 계급만 허용했다. 아래로는 '생산자(농민과 상공인), 위로는 공자경전과 이에 기초한 문예작문을 시제試題로 한 공개경쟁시험에 의해 충원되는 봉급관리들로 이루어진 관료층으로서의 '치자'였다. 이런 사회에서는 토지재산도 상업자본도 권력과 특권을 얻을 수 없었다. 피라미드의 정점에는 황족이 있었지만 이 황족가문 바깥에는 세습귀족 신분이 없었다. 토지소득사회에 내재적인, 카스트와 봉건주의로의 경향은 공개시험제도에 의해 제어되었고, 이 제도는 '어떤 관리도 고향지방에서 관직을 가질 수 없다'는 규칙에 의해 보강되었다. 만주인들은 군사적 카스트를 형성했으나 그들의 조직은 봉건적이지 않았다. 그들은 여러 도시에서 봉급을 받는 수비대로 숙영했고, 그들의 장군들은 문관시험제도를 모방한 적절한 형태의 시험을 치른 직업군인들이었다. 대토지소유주 계급은 존재하지 않았다. 법률과 관습은 대장원의 형성을 막았고, 어떤 재정적 면책특권도 존재하지 않았다.[1021]

조세면제의 특권은 사찰과 사찰부속 토지, 그리고 승려와 도교도사들에게도 인정되지 않았다.

유학이라는 '국학'은 있었지만 '국교'는 없었다. 굳이 '국교'를 말한다면 "국가와 종교의 이원론"이 인정되지 않았다. "유자儒者관리들은 종교이면서 동시에 국가였다. 유자계급은 관료층과 완전히 동일하지 않았다. 왜냐하면 과거급제자는 은퇴 후 살면서 공직을 갖지 않은 채 연구에 헌신할 수 있기 때문이다. 그러나 공자철학(유학)은 공공행정과 분리된 어떤 조직도, 어떤 사제직도 없었다. 그것은 국교가 아니라 국가 자체였다. 불교와 도교는 단순히 관용되었고 국가에 아무런 발언권이 없었다." 중국사회는 "비교대상이 없는 방식으로 사회

1021) Hudson, *Europa and China*, 310-311쪽.

적 특권, 국가복무, 지성적 도야를 판정했던 사회", "국가와 종교의 어떤 이원론
도, 관료층 밖의 어떤 특권계급이나 어떤 정치적 힘을 가진 계급도 없는 사회"였
다. "이 사회는 거대한 내적 통일성과 안정성을 보유했다."1022)

물론 이것은 중국사회가 '실존하는 유토피아'였다는 주장이 아니다. "불건전
한 번문욕례와 무능, 무정한 잔학성과 포악성, 특히 부패가 너무나 자주 관료체
제의 양식을 특징지었다. 집약적으로 경작되지만 원시적 수송과 교환이 이루어
지는 나라에서 인구의 큰 부분이 늘 기아 직전 상태에서 살고, 언제나 반종교적·
반정치적 비밀결사들의 성장, 강도질, 과중하게 과세된 농민들이 때로 일으키
는 사나운 폭동에서 그 표현을 얻은 불만의 강한 저류底流가 존재했다. 하지만
중국사회에서는 어떤 거대한 계급갈등도 없었다고 말하는 것은 참이다. 왜냐하
면 어떤 커다란 재산특권도 존재하지 않았기 때문이다. 관리官吏집단은 철폐될
수 없지만, 오직 막간에만 새롭고 유능한 왕조를 낡고 무기력한 왕조 대신에
왕좌에 앉힘으로써 혁신될 수 있는 국가 자체였다." 이런 까닭에 "동시대의
프랑스에서 이 중국체제를 정치적 완벽화의 모델로 간주하고 유럽에서 '중국정
신을 전파할 것(iniculer l'ésprit chinois)'을 제안하는 학파(중농주의학파 – 인용자)가 자라
났던 것"이다.1023)

세계경제적 관점에서 송·원나라 이후에도 중국경제는 발전을 거듭했고, 세
계경제의 주도세력으로서 그 역할을 다했다. 이 '동양적 세계화(oriental globalization)'
속에서 경제력은 다극적이었고, '중국 중심'의 이 다극적 세계경제는 중국,
인도, 중동, 북아프리카, 동남아시아와 일본, 그리고 유럽으로 구성되었다.1024)
명·청나라도 송나라 때처럼 외연적·제국주의적 팽창 없이 놀라운 내포적 성장
을 계속했다. 중국의 철 생산은 일시 후퇴했으나 1420년 이후로는 다시 활성화
되었다. 철 생산량은 1078년 12만 5,000톤이었으나, 1420년 이후 약 17만 톤에
달했으며, 18세기에 절정에 달했다. 광동의 철 생산은 공식적인 자본주의적

1022) Hudson, *Europa and China*, 311쪽.

1023) Hudson, *Europa and China*, 311-312쪽.

1024) Hobson, *The Eastern Origins of Western Civilization*, 61쪽.

생산모델에 기초했다. 또한 19세기 석탄 생산 수준도 아주 높았다. 19세기 석탄 광산의 갱들은 유럽 광산의 갱들만큼 컸다. 그리고 석탄은 전 경제부문에 걸쳐 사용되었다. 송나라 때 절정에 달했던 산업혁명은 중국역사 안에서 일회적 사건으로 끝난 것이 아니라, 이후에도 계속되었다. 경제는 활기차게 살아 있었을 뿐만 아니라, 세계의 많은 지역들, 특히 유럽의 발전 전망을 열어주는 지류들을 가지고 있었다.[1025]

외연적(제국주의적) 팽창 없는 높은 내포적 권력의 발전 징후는 농업생산성의 계속적인 증가에 있었다. 16세기에 중국경제는 흑사병으로부터 회복되었다. 농업생산량은 14세기와 1600년 사이에 60% 증가했다. 이것은 유럽의 어느 지역에서 달성된 증가율도 능가하는 수치였다. 중국의 많은 잉여농산물이 해외로 수출되었다. 중국경제는 고도로 상업화되고 국제무역에 의거하는 개방적 상업경제였다.[1026] 18세기는 중국 농업의 '번영의 시대'였다.[1027] 1700년과 1850년 사이에 중국의 인구성장은 산업혁명 이후 영국의 인구증기에 비견될 만한 비율로 증가했다. 이것은 1인당 농업생산량의 거대한 증가를 함축하는 것이다.

19세기 초, 쇼펜하우어는 중국의 거대인구를 문명의 높은 수준을 나타내는 지표로 해석한다. "지금 3억 6,700만 명으로 추산되는 중국인구의 거의 믿을 수 없는 머릿수만큼 그렇게 직접적으로 중국문명의 높은 수준을 나타내주는 것은 없다. 시대들을 비교하거나 나라들을 비교해보면 전체적으로 문명이 인구와 동일보조를 취한다는 것이 드러나기 때문이다."[1028]

중국의 인구는 1600년 1억 6,000만 명이었는데 1750년에는 2억 6,000만 명으로 세계인구의 36%를 차지했고, 1850년에는 4억 1,200만 명에 달해 세계인

1025) Hobson, *The Eastern Origins of Western Civilization*, 71-72쪽.

1026) 참조: Robert Marks, *Tigers, Rice, Silk and Silt* (New York: Cambridge University Press, 1997).

1027) 참조: Susan Naquin and Evelyn Rawski, *Chinese Society in the Enlightenment Century* (London: Yale University Press, 1987).

1028) Arthur Schopenhauer, *Über den Willen in der Natur*, 'Sinologie', 459쪽. Arthur Schopenhauer, *Kleine Schriften. Sämtliche Werke*, Band III (Frankfurt am Main: Suhrkamp, 1986).

구의 35%를 차지했다. 이후 중국의 쇠락기인 1900년경에 중국인구가 4억 명으로 감소해 세계인구 대비 비율도 25%로 감소했다. 중국인구가 다시 증가세로 돌아선 것은 1930년경인데, 이 무렵 중국인구는 4억 8,900만 명으로 증가했고, 1957년에는 6억 4,700만 명에 달했으며, 1985년에는 마침내 10억 4,600만 명을 돌파했다.1029) 1600년 중국의 인구는 프랑스보다 7배 많았다. 중국인구는 150년 후인 1750년에 프랑스의 10배 이상으로 급증했고, 1850년에도 프랑스의 총인구보다 11배 많았다.1030)

중국의 내포적 권력의 강화는 제조업과 상업의 인상적 발전에서도 증명된다. 막대한 무역흑자의 결과로 대량의 은이 전 세계로부터 중국으로 흘러들어왔고, 이것은 중국의 생산역량에 대한 실질적인 증거가 된다. 게다가 방대한 민간자본주의 인프라가 발전되었다.

■중국 은행의 발달: '표호'와 '전장'

중국에서는 전통적 은행업도 고도로 발달했는데, 민간은행업이 매우 활성화되어 국영은행업을 압도했다. 상해는 민간은행업의 중심지였다.1031) 중국에서 은행은 이미 전한前漢시대부터 출현했다. 이미 전한시대 초에 거만금의 자본을 굴리는 대상인과 각종 산업자본가들이 대거 출현했고, 제후들과 상공인들에게 이자 돈을 대부해주는 은행·금융업자들인 "자전가子錢家들"이 다수 출현했다. 이런 자전가들 중 '무염씨無鹽氏'는 대표적 인물이었다.1032) 1024년 사천에서 '교자'라는 최초의 지폐를 발행한 송대에 대규모로 등장한 중국 은행들은 저축·장거리송금·자금대여(여신)·화폐교환·어음(수표)발행 등 모든 업무를 수행했다.

1029) Osterhammel, *China und Weltgesellschft*, 34쪽.

1030) Osterhammel, *China und Weltgesellschft*, 34쪽. 에드워드 파커는 1741년 인구를 1억 4,300만 명, 1851년 인구를 4억 3,200만 명, 1894년 인구를 4억 2,200만 명(만주·내몽고 포함)으로 추산한다. Edward H. Parker, *China: Past and Present* (London: Chapman & Hall, Ld., 1903), 27-28, 30쪽. 1851년의 인구가 '폭증'한 것으로 나타난 것은 터키스탄·몽골리아·내몽고 등지의 인구가 가산된 까닭으로 보인다. 1894년의 인구감소는 15년간의 태평천국 전란 때문이다.

1031) Hobson, *The Eastern Origins of Western Civilization*, 72쪽.

1032) 사마천, 『사기열전(下)』 「화식열전」, 1196-1197쪽.

그러나 소비자은행업무나 분할지불준비금융업무(fractional reserve banking) 등 근대
적 은행업무는 중국의 전통적 은행에서 취급하지 않았다.

중국전통의 원형은행은 당대唐代 중반 무렵부터 존재해왔다. 이 은행들은
금은을 비롯해 정부가 발행한 소금과 차 상품바우처를 취급하는 상점들이었다.
이 상점들 중 일부는 유가증권을 발행하거나 먼 곳으로 송금을 하는 일도
수행했다. 저축업무도 취급했으나 여신업무를 했는지는 불확실하다. 명·청대
에도 이 상점은행들이 있었는데 주로 금은세공업자와 전상錢商들이었다.[1033]

17-18세기부터 이 원형은행을 뛰어넘는 명실상부한 전통적 은행들이 발달했
다. 이런 전통적 금융기관은 두 유형이 있었는데, 한 유형은 '표호票號(piaohao)'
또는 '표장票莊'이었고[1034] 다른 유형은 '전장錢莊(qianzhuang)'이었다. 이 두 기관
은 중국 금융시장에서 경쟁하기보다 종종 서로를 보완했다. 송대 중국의 금융
기관들은 초창기에 가까운 가족·친우관계에 기초한 상업은행업무에 집중되어
있었다. 그러나 이 금융기관들의 자본은 일차적으로 상기적 요구불저축보다
단기송금으로부터 나오는 플로트(float; 송금자의 입금시간과 수령자의 출금시간 사이에
은행 계좌에 들어 있는 이중적 현금)로 조성되었다.

- 표호

중국의 초창기 은행기관은 주로 산서山西성 사람들이 소유했다. 이 때문에
'표호'는 16세기 대금업자로 출발해 18·19세기 초에 금융기관으로 전환한 산서
은행들(Shansi banks)로 알려졌다. 그러나 영파와 같은 다른 지방에서도 곧 표호들
이 나타나 중국 남부에서 산서은행들과 경쟁에 들어갔다.[1035]

송대에 최초로 등장한 '표호'의 기원은 '표병票兵'이라는 수많은 사병을 거느
린 '표국票局' 또는 '표국자票局子'였을 것이다. '표국'은 거금을 일정한 장소까지
안전하게 운반해주는 업무를 맡아 수행했다.[1036] 산서은행들은 1840년대까지

1033) Lien-sheng Yang, *Money and Credit in China*, 7쪽.

1034) Lien-sheng Yang, *Money and Credit in China*, 81쪽.

1035) Lien-sheng Yang, *Money and Credit in China*, 7쪽.

1036) Lien-sheng Yang, *Money and Credit in China*, 81쪽.

도 표병을 거느린 표국을 종종 이용했고 이런 까닭에 '표호'라는 명칭이 나온 것이다. '표호'의 진보된 형태는 평요平遙(Pingyao)에 창설된 희열성熙悅城염료회사(Xiyuecheng Dye Company)였다.[1037] 이 회사는 거금의 현금을 이 지점에서 저 지점으로 이송하는 업무를 처리하기 위해 중국에 여기저기 흩어져 있던 이 회사의 많은 지점에서 현금화할 수 있는 지급명령서를 발행했다. 이 새로운 방법은 원래 이 희열성염료회사의 지점망 안에서 업무거래를 위해 설계된 것인데 바깥에서도 인기가 높아서 17-18세기에 걸쳐 다른 회사와 개인들의 송금업무도 맡아서 처리해주었다. 이에 따라 이런 금융기능을 아울러 수행하는 유사한 회사들도 나타났다. 그러던 중 1823년 희열성염료회사 자본주는 염료사업을 완전히 접고 회사를 "일승창표호日升昌票號"라는 상호의 송금전업기업으로 개편했다. 이후 30년 동안 금융업을 전업으로 하는 11개소의 표호가 기현祁縣(Qixian)·태곡太谷(Taigu)·평요 등 산서성 지역에 설립되었다.[1038] 그리하여 19세기 말경에는 - 아편전쟁 이후 1840년대에 홍콩·상해·광주에 처음 설치된 영국의 동번회리은행東藩匯理銀行(The British Bank)과 무관하게 설립되어 - 전국에 475개 지역에 지점을 전개한 32개소의 표호가 성업 중이었다.[1039] 모든 표호는 소유자가 무한책임을 지는 단독소유자나 동업자로 조직되었다. 이 표호들은 전국적으로 성간省間 송금업무를 전담했고, 나중에는 중앙과 지방, 성과 성 사이의 정부송금업무도 대행했다. 남부의 수송로를 파괴한 태평천국의 난부터는 표호가 정부세수의 조달도 도맡았다. 표호는 19세기에도 지방정부에 대한 자금대여, 외국차관조달, 수표발행, 지방재정운영에서 역할을 떠맡으면서 성장했다.

- 전장(은호)

'전장'은 '표호'와 대조적으로 지방적이었고, 주로 남부지방에서 화폐교환·수표발행·어음교환·할인 등을 수행함으로써 상업은행으로 기능했다. 상해와

1037) 黃鑒暉, 『山西票號史』(臺灣: 山西經濟出版社, 1992), 36-39쪽.
1038) Lien-sheng Yang, *Money and Credit in China*, 82쪽.
1039) 山西省社會科學院 編, 『山西票號史料』(臺灣: 山西經濟出版社, 1992), 36-39쪽.

한구에서 이 전통 은행은 '전장'이라고 불렸지만, 북경과 천진에서는 '은호銀號'
로 불렸다.1040) '전장'은 중국 상인과 긴밀할 관계를 맺고 중국의 대외무역과의
연관 속에서 성장했다. 1890년경 중국의 전장은 약 1만 개에 달했다. '전장'은
처음에 상해·영파·소흥紹興 등 양자강 델타지역(강남)에서 등장했다. 최초의
전장은 18세기 중반까지 추적된다. 1776년에는 상해에서 여러 전장이 '감아공
소藍牙公所(Qianye Gongsuo)'라는 길드로 통합되었다.1041) 상해·영파·무호蕪湖 등
지에는 이자율·관세율 등을 자율 결정하는 은행가 동직조합(길드)도 조직되어
있었다.1042)

그리하여 19세기 초 중국에는 전국적으로 표호와 전장을 다 합쳐 수만 개의
은행이 성업 중이었다. 중국영토의 이쪽 끝에서 저쪽 끝으로 송금할 수 있을
정도로 많은 지점망을 전개하고 영업해온 산서은행 등 거대 은행들이 이미
등장해 있었다. 상해의 은행들만 봐도 전국에 30개 이상의 지점을 전개한
은행이 8개에 달했다. 이 은행들은 19세기 후반에는 일본, 러시아, 싱가포르로
도 진출했다.1043)

청대 중국에서 상업과 산업에 대한 투자가 농업투자를 압도했고, 상인들의
권력은 대단히 증대되었다. 면사 생산은 대량생산 단계에 있었고, 지속적으로
더 많은 원면을 요구했다. 18세기 말 중국은 영국이 아메리카로부터 수입하는
것보다 더 많은 목화를 인도로부터 수입했다.1044)

3.3. 18세기 조선·중국·일본의 세계 최고 생활수준

이 절을 마감하는 차원에서 18세기 극동제국의 경제적 풍요와 생활수준을
수치로 확인할 필요가 있다. 이를 추계할 수 있는 소득통계와 사료들이 나와

1040) Lien-sheng Yang, *Money and Credit in China*, 84쪽.
1041) 中國人民銀行 上海市分行 編, 『上海錢莊史料』(上海: 上海人民出版社, 1960, reprint 1978),
   11쪽.
1042) Morse, *The Gilds of China*, 21-22쪽.
1043) Elvin, *The Pattern of the Chinese Past*, 296쪽.
1044) Hobson, *The Eastern Origins of Western Civilization*, 72-73쪽.

있기 때문에 이 확인은 얼마간 가능한 상황이다.

중국의 1인당 소득은 1750년 영국의 소득과 거의 대등했고, 중국의 18세기 GNP는 영국의 19세기 중반(1850) GNP만큼 높았다. 18세기 세계 제조업 안에서 중국이 차지하는 비중은 영국이 19세기 중반(1860)에 차지했던 것보다 높았다. 18세기 당시의 유럽인들은 이와 같은 사실들을 거의 다 인정했다. 유럽인들이 이러한 인상을 바꾸기 시작한 것은 1780년 이후의 일일 뿐이다.1045)

적어도 1800년까지 중국과 극동아시아는 유럽에 비해 사회경제적으로 선진국이었다. 또한 극동아시아는 정치적·사상적·문화적으로도 유럽에 비해 선진국이었다. 여기서는 1800년경까지 동아시아의 사회경제적 선진성과 국민소득을 통계수치상으로 개략해보고 18세기 극동제국의 문화·교육복지 수준을 가늠해보고자 한다.

■극동제국의 세계 최고 생활수준

베이로크(Paul Bairoch)에 의하면, 1750년경 동양(아시아·아프리카)의 국민소득은 서양보다 220% 높았고, 1830년에는 124% 높았으며, 1860년에는 35% 높았다. 그런데 여기서 베이로크가 당시의 미국·러시아·일본을 '서양'으로 분류하고 아시아·아프리카를 '동양'으로 분류하고 있는 점을 감안해야 한다. 서양제국 전체의 국민소득은 1870년에야 동양과 같아졌다.1046) 1750년경 동양의 1인당 국민소득은 서유럽과 같았고, 중국의 1인당 국민소득은 유럽 주요 국가와 같았다.1047)

앵거스 매디슨(Angus Maddison)에 의하면, 1820년에야 중국의 GDP는 세계 GDP의 29% 수준으로 떨어져서 유럽제국 전체의 GDP와 같아졌다.1048) 그러나

1045) Hobson, *The Eastern Origins of Western Civilization*, 72-73쪽.

1046) Paul A. Bairoch, "The Main Trends in National Economic Disparities since the Industrial Revolution", 7쪽. P. A. Bairoch and M. Levy-Leboyer (ed.), *Disparities in Economic Development since the Industrial Revolution* (London: Macmillan, 1981).

1047) Bairoch, "The Main Trends in National Economic Disparities since the Industrial Revolution", 7, 12, 14쪽.

1048) Angus Maddison, *Monitoring the World Economy* (Paris: OECD, 1995), 30, 182-190쪽.

동양의 인구가 서양인구보다 훨씬 더 많았다는 사실이 고려되어야 한다. 1750
년경 중국은 유럽의 어느 나라나 어느 지역보다 더 부유했다. 요약하면, 1750년
경 동양의 1인당 소득은 서양과 같았고, 1800년 이후에야 극서 일부지역의
1인당 소득이 동양을 앞지르기 시작했다.[1049]

베이로크에 의하면, 세계 제조업 생산에서 1750년경 중국(32.8%)과 일본(3.8%)
을 합한 동아시아는 36.6%를 차지했고, 유럽은 23.2%를 점했다. 영국은 1.9%,
프랑스는 4.0%, 미국은 0.1%였다. 1800년 동아시아는 36.8%(중국 33.3%, 일본
3.5%), 유럽 전체는 28.1%였다.[1050]

따라서 1800년에는 극동과 유럽의 제조업 구성비가 둘 다 이전에 비해 늘었
다. 1800년 영국은 4.3%, 프랑스는 4.2%, 미국은 0.8%였다. 1830년 동아시아는
32.6%(중국 29.8%, 일본 2.8%)를 차지했고, 유럽 전체는 34.2%를 차지했다. 따라서
베이로크 통계에서 빠진 조선과 월남을 고려한다면 동아시아의 제조업 수준은
1830년에도 유럽과 엇비슷했을 것으로 짐작할 수 있다. 1830년 영국의 제조업
은 9.5%를 차지했고, 프랑스는 5.2%, 미국은 2.4%를 차지했다.[1051] 적어도
1832년 이전까지 동아시아의 제조업은 중국과 일본만 보아도 유럽의 제조업을
훨씬 능가한 것이다.

한편, 국민의 평균수명과 칼로리 섭취량을 비교해보면, 아시아가 유럽보다
나았거나 적어도 대등했다. 공공보건과 깨끗한 식수는 중국이 유럽을 앞질렀
고, 1800년경 중국의 생활수준은 유럽과 비슷했다. 1850년에도 일본의 생활수
준이 영국보다 나았다. 보통의 일본인들은 보통의 영국인들보다 더 위생적인
음식을 먹었다.[1052] 청대 중국인들의 평균수명은 적어도 서유럽 사람들만큼
길었다. 탄생 시의 생존가능성은 17세기 중반 이전까지 빈농가에서 자행된

1049) Hobson, *The Eastern Origins of Western Civilization*, 76쪽.

1050) Paul A. Bairoch, "International Industrialization Levels from 1750 to 1980", 296쪽. *Journal of European Economic History* 11 (1982).

1051) Bairoch, "International Industrialization Levels from 1750 to 1980", 296쪽.

1052) Pomeranz, *The Great Divergence*, 38-39쪽; Hobson, *The Eastern Origins of Western Civilization*, 76-77쪽.

여아살해 관행 때문에 낮았으나 한 살 이상에 이른 중국인들의 수명은 18세기 말엽 40세 이상이었다. 이것은 유럽에서 가장 잘사는 지역의 수명과 비견된다. 중국인의 영아생존 비율이 낮은 때에도 인구증가가 계속된 것은 성인들의 수명이 유럽보다 길었기 때문이다. 중국의 인구증가율은 1550-1750년 사이에 더 높았고, 그 뒤에 유럽과 비슷해졌다. 중국과 유럽의 인구는 1750년부터 1850년까지 100년 사이에 이전의 2배가 되었다. 이것은 중국의 사망률이 유럽보다 아주 낮아야만 가능한 수치다. 이것은 중국인들이 비교적 풍요로운 음식을 섭취했다는 것을 간접적으로 증명해준다.1053)

좀 더 거슬러 올라가 1760-1770년대를 살펴보면 생활수준의 동서 격차가 더 벌어진다. 아담 스미스의 평가에 의하면, 당시 "중국은 유럽의 어느 지역보다도 훨씬 부유한 나라였다. 중국과 유럽의 생계수단의 가격 차이는 아주 컸다. 중국의 쌀 가격은 유럽 어느 곳의 밀 가격보다 훨씬 더 낮았다".1054)

그리고 영토면적과 인구가 영국과 엇비슷했던 영·정조시대 조선(1724-1800)은 당시 중국보다 훨씬 더 잘살았다. 그 근거는 첫째, 조선의 임금 수준이다. 1780-1809년까지 조선 숙련노동자의 실질임금(쌀 8.2kg)은 이탈리아 밀라노(1750-1759) 숙련노동자의 실질임금(빵 6.3kg)을 훨씬 웃돌았고, 당시 유럽에서 가장 부강한 나라였던 영국에서 가장 생활수준이 높은 도시 런던(1750-1759)의 숙련노동자의 실질임금(빵 8.13kg)도 상회했다.1055)

둘째, 중장기적 생활수준을 좀 더 정확하게 보여주는 '총요소생산성(total factor productivity)'을 기준으로 비교해보면, 1800년 웨일즈를 포함한 잉글랜드(당시 영국에서 가장 잘살던 지역)의 총요소생산성(경작면적 기준)을 100으로 잡을 때, 같은 해 조선의 총요소생산성은 134였고, 중국에서 가장 잘살던 양자강 하류지역(강소성·절강성)의 총요소생산성은 약 191이었다.1056) 양자강 하류지역이 이러한 수준이

1053) Pomeranz, *The Great Divergence*, 38-39쪽.

1054) 참조: Smith, *Wealth of Nations*, I. xi. 34, 208쪽; I. xi. n. 1, 255쪽.

1055) Jun Seong Ho and James B. Lewis, "Wages, Rents, and Interest Rates in Southern Korea, 1700 to 1900", 232쪽. *Research in Economic History* (Vol. 24, 2007).

1056) 차명수, "1800년경 잉글랜드, 조선, 양자강 하류지역의 총요소생산성 수준 비교", 제52회

었으므로 중국 '전역'의 평균 총요소생산성은 191보다 훨씬 낮았겠지만, 아담 스미스가 『국부론』에서 18세기에 "중국은 유럽의 어느 지역보다도 훨씬 부유한 나라였다"고 말한 것을 상기하면, 잉글랜드 수준을 조금 웃돌았을 것으로 추정된다. 그러나 조선의 총요소생산성(134)이 잉글랜드(100)보다 훨씬 높았기 때문에 조선의 생활수준은 중국보다도 높았을 것으로 추정된다.

지나치게 '유럽중심주의적'인 통계라서 완전히 신뢰할 수 없을지라도 아쉬운 대로 매디슨의 통계를 참조하면, 1820년 조선과 중국의 1인당 GDP는 600달러로 같아졌다.[1057] 매디슨의 또 다른 통계에 의하면, 중국의 1인당 GDP는 1,500년 이래 320년 동안 600달러 대에 머물러 있었다.[1058] (이 추정치는 중국정체론을 반영한 것으로 보이는데, 이 때문에 아주 미심쩍다.) 이것은 매디슨의 추정통계에서 아주 미심쩍은 점이다. 매디슨의 기술이 "비교적 거칠고" 또 "1인당 산출량이 송대 말엽부터 19세기까지 불변으로 유지되었다는 가정" 위에 서 있다는 점에 유의해야 할 것이다.[1059]

한편, 한국 국사학계에서는 조선의 생활수준이 성종시대(16세기 말) 이래 상승하기 시작해 영·정조시대에 정점에 달했다가 다시 하강한 것으로 보는 것이 하나의 상식이다. 따라서 이런 정보들을 바탕으로 조심스럽게 추산해보자면, 조선의 생활수준은 16-17세기에 중국보다 낮았지만 영·정조시대(1724-1800)에

역사학대회 발표논문(2009년 5월), 11-12쪽 참조.

1057) 달러는 1990년 국제 기어리-카미스 달러(International Geary-Khamis dollar)다. 참조: Angus Maddison, *The World Economy. Historical Statistics* (Paris: Development Center of the OECD, 2003), 180쪽.

1058) Angus Maddison, "Historical Statistics for the World Economy: 1-2008 AD."(http//www.ggdc.net/maddison/oriindex.htm. 최종검색일: 2012. 10. 19.) 매디슨은 1820년 중국·조선 1인당 GDP를 600달러로, 300여 년 동안 중국의 GDP를 600달러 대 정체로 추산한 반면, 영국의 1인당 GDP는 1700년 1,250달러, 1820년 1,706달러로 추산한다. 또 그는 1870년 중국의 1인당 GDP가 530달러로 추락했고, 1920-30년대에 550달러 대에서 등락을 반복한 반면, 조선은 1870년 604달러, 1911년 815달러에 달했고, 일제강점 시기에도 계속 상승한 것으로 추산한다(1917년 1,021달러, 1938년 1,459달러). 참조: Maddison, *The World Economy. Historical Statistics*, 59, 182쪽. 그러나 이 통계수치들은, 아담 스미스의 말(18세기 '중국은 유럽의 어느 지역보다도 훨씬 부유한 나라')과 니덤·홉슨·프랑크·전성호·차명수 등의 논의에 비춰 보면, 모두 다 '소가 웃을' 유럽중심주의적 수치들이다. 또한 조선총독부의 자료를 이용한 통계수치들도 미심쩍다.

1059) von Glahn, *The Economic History of China*, 355쪽.

중국을 추월했다가 정조 사망(1800) 이후 다시 추락하기 시작해 20년 후에 중국
과 같아진 것으로 보인다.

■세계 최고 수준의 18세기 조선의 문화복지

소득통계 수치를 피부로 확인할 수 있게 하는 것은 백성의 교육·문화복지
수준이다. 조선의 교육·문화복지는 세계 최고였다. 조선의 인쇄술·제지술 및
교육 수준이 세계 제일이었기 때문이다. 조선의 초등교육기관인 '서당'은 전국
적으로 115가구마다 하나가 들어섰을 정도로 셀 수 없이 많았다.1060) 그리고
국가는 500-600개에 육박하던 지방 향교와 서울의 사학四學, 그리고 대학교육
기관인 성균관에서 모든 정식 유생들에게 무상교육, 무상숙식, 학비지급, 학전
學田지급, 면세 및 요역면제의 완벽한 교육복지 혜택을 제공했다. "가르침에는
차별이 없다"는『논어』의 '유교무류有敎無類의 원칙에 따라 이 교육복지는 신분
차별이나 빈부계급차별 없이 베풀어졌다. 즉, 부자 유생도 무상교육과 무상숙
식을 포함한 모든 교육복지 혜택을 다 누렸다는 말이다. 15세기 세종 치세
(1418-1450) 이후 18세기까지 조선은 이런 재정능력이 있었던 것이다.

상술했듯이 조선의 금속활자 인쇄기술의 수준은 세계 제일이었다. 또한
서책을 찍는 종이를 만드는 조선의 제지술도 세계 최고 수준이었다. 18세기
조선 한지韓紙의 품질은 강직성과 내구성 면에서 세계 최고 수준의 품질에
도달해 있었다. 따라서 선교사 피에르 레지(Père Pierre Régis)의 증언에 의하면,
조선 한지는 언제나 북경에서 가장 비싼 가격에 팔렸다. 심지어 청나라 황궁의
모든 창호지·벽지에도 다 조선 한지가 쓰였다. 이 때문에 조선 한지는 북경시장
에 아무리 많이 공급되어도 늘 품귀 상태였고, 매번 최고가를 갱신할 정도였
다.1061) 이처럼 조선의 인쇄술만이 아니라 제지술도 세계 최고 수준이었던
것이다.

18세기 조선의 세계 최고 수준의 교육제도는 조선의 교육복지 또한 세계

1060) 정순우, 『서당의 사회사』(태학사: 서울, 2013), 6쪽.

1061) Du Halde, *The General History of China*, Vol. 4, 387쪽(Père Pierre Régis의 비망록 발췌).

최고 수준으로 끌어올린 한편, 출판인쇄술과 제지술은 저렴하고 질 좋은 서적 보급을 가능하게 하여 대중의 문화복지를 고양시켰다. 18세기 정조가 그렇게 우려하던 이른바 '패관잡기', 소설책, 도참비기 등의 대유행은 바로 이 높은 인쇄·출판기술에 기초했던 것이다. 이 같은 세계 최고 수준의 문화복지와 완벽한 교육복지는 그 자체로서 조선의 높은 생활수준을 증언해준다. 동시에 이것은 18세기 조선이 경제적 생활수준 면에서 영국도, 영국에 앞선 중국도 능가한 세계 1위였다는 위의 추산명제를 구체적으로 실감할 수 있게 해준다.

종합하면, 18세기 중국은 런던 또는 잉글랜드보다 더 잘살았고, 조선은 중국 보다 더 잘살았다. 이 사실을 고려하면, 18세기까지 한·중·일 동아시아 삼국의 생활수준은 유럽의 생활수준보다 훨씬 더 윤택했음을 알 수 있다.[1062]

제4절 '중국적 근대성'의 발단과 세계적 확산

4.1. '송대이후근세론'과 '중국적 근대성'의 세계사적 전개

■송대의 초기근대성과 동·서 패치워크에 의한 보편사적 근대화

지금까지의 논의를 바탕으로 보편사적(세계사적) '근대'의 개념을 이론적으로 입론해야 할 것이다. 먼저 우리는 오늘날 오로지 '극서와 극동', 이 두 지역에서 만 근대화가 성공했다는 특이한 역사적 사실에 유의해야 한다. 이런 전제에서 생각할 수 있는 이론적 가설은 신문명적 '근대'가 공맹철학을 '국학國學'으로 확립한 11-12세기 송대 중국에서 태동해서 원·명·청대에 발달하는 가운데 동서 양방향으로 확산되었다가 다시 중국으로 돌아오는 식의 동서 간 문명패치 워크를 통해 두 지역이 '높은 근대'로 도약했다는 보편사적 근대화론이다. 중국

[1062] 18세기 말과 19세기 초 조선의 세계 1위 생활수준에 대한 더욱 상세한 논증은 참조. 황태연, 「조선시대 국가공공성의 구조변동과 근대화 – '조선민국'과 대한제국에서 '대한민국'으로」, 113-123쪽. 황태연 외, 『조선시대공공성의 구조변동』(성남: 한국학중앙연구원 출판부, 2016); 황태연, 『한국근대화의 정치사상』(파주: 청계, 2018), 709-721쪽.

역사상 최초로 순수하게 유학을 국학으로 확립한 송대 중국에서 발단되고 원대와 명·청대에 일정한 수준으로 번성한 '중국적 근대(the Chinese modernity)'는 12-18세기에 걸쳐 한반도·만주·일본·타이완·안남 등 동쪽과 남쪽으로 확산되고 14-18세기에 걸친 400-500년 동안에는 극서로 전해져 한층 더 발전하면서 극서국가들을 근대화시켰다.

16세기부터 18세기까지 300년간의 '초기근대'를 거쳐 확립된 '유럽적 근대(the European modernity)'는 19세기 말부터 다시 극동에 충격을 가하면서 '낮은 근대'의 후기 단계에 정체되어 있던 극동을 '높은 근대'로 끌어올리는 데 주효하게 기여했다. '높은 근대'는 송대 이후 중국의 '초기근대적(근세적)' 성과를 유럽에서 고유하게 발전된 요소들(대의제 등)과 짜깁기해 발달시키는 가운데 생겨난 ① 의회주의적 대의제, ② 과거제(임용고시)에 의한 관원선발제와 구별되는 투표방식의 고위공직자 선거제, ③ 사화士禍를 극복한 복수정당제, ④ 국민국가(민족국가), ⑤ 관보官報 외의 상업적 신문잡지, ⑥ 학이불사學而不思의 단순경험의 누적에 근거한 비非수리적 자연학과 수공기술을 원리적으로 뛰어넘는 수리적 경험과학(mathematical empirical science)과 공학기술(technological techniques), ⑦ 무기체계의 공학화와 기계화 등 일곱 가지 요소들을 패치워킹(patchworking)함으로써 창출되었다. 그런데 유럽에 고유한 것으로 보이는 이 일곱 가지 요소들도 기독교와 완전히 무관하게, 차라리 기독교신학과 싸우면서 형성된 한편, 차등선거에서 보통선거로의 선거제의 발달, 복수정당제, 상업신문잡지, 과학기술 등은 오히려 극동의 자유(무위·백성자치), 평등(공맹의 태생적 평등 이념과 세습신분의 부재), 자유상공업, 종교적·정치적 관용, 인쇄술, 중국의 군사기술과 산업기술, 중국수학·원시과학 등과 긴밀히 연관되어 있다. 따라서 유교적·중국적 근대성의 요소들은 서구에 고유한 것으로 보이는 이 일곱 가지 요소들보다 더 근본적으로 중요한 것이다.

'송대 이래의 중국적 근대성의 서천西遷'이라는 가설이 옳은 것으로 입증되려면 중국에서의 '근대의 발단'이라는 사실이 비교역사학적으로 증명되고 이론적으로 논증되어야 할 것이다. 세계사적(보편사적) 의미를 갖는 – 한국·중국·일본

의 역사학에서 보통 '근세'라고 불리고 서양에서 '초기근대(the early modernity)'라고
불리는 – 보편사적 의미의 '초기근대'가 진정 중국에서 최초로 개시되었는가?
앞서 여러 번 시사했듯이, 제국주의시대 일본의 동양사학자 나이토고난(內藤湖
南)은 1920년대에 이미 이 물음에 대해 확실하게 '그렇다'고 대답해놓은 바
있다. 그는 중국이 9세기에서 13세기에 걸친 시기, 특히 송대(960-1279)에 일어난
심원한 변혁을 "근세의 발단"으로 규정했다.[1063] 이것이 그의 이른바 '송대이후
근세설宋代以後近世說'이다.

송나라는 중국역사상 최초로 '가장 순수한' 유교국가였다. 송나라는 인종
재위기간인 경력慶曆연간(1022-1063)에 범중엄·구양수·손복孫復·호원胡瑗 등이
유학을 도교·불교 등과 준별하고 유교적 가치와 이념을 부활시켜 그 우월성을
확증하기 위해 일으킨 '정학正學'운동을 통해 순수하고 전형적인 유교국가로
순화되었다.[1064] 송나라는 명목상 중국 초유의 유교국가였으나 '이유식법以儒
飾法'에 머물렀던 한나라나 당나라보다 더욱 순수하게 유교적인 국가였던 것이
다. 송대 유학은 남송 말엽에 성리학의 불교적 '리理' 개념과 법가적 중농억상론
에 의해 다시 불순해졌을지라도 적어도 일체의 '법가적' 요소들을 멀리하고
궁극적으로 털어내려고 했기 때문이다.

따라서 – 나이토고난이 송대이후근세설에서 거의 유의하지 않고 있을지라
도 – 일단 유의해야 하는 근본적으로 중요한 사실은 송대에 인류역사상 최초로
발단한 '근세'가 공자철학 및 송대의 순수한 유교정치과 긴밀하게 관련되어
있다는 것이다. 송대 근세를 개창한 북송대 개혁가 왕안석의 신법과 개혁정책
에 대한 '정학正學'운동 주도세력(손복, 범중엄, 구양수, 호원, 이구 등)의 정치사상적
영향은 "심대했기"[1065] 때문이다. 손복과 범중엄은 경학에서 자기의견을 중시
하고 경학의 수학에서는 그 뜻을 구해야 한다는 취지에서 훈고·주소注疏 위주
의 유학과 암기 위주의 과거제를 비판했으며, 구양수는 경학의 목적이 현실의

1063) 內藤湖南, 「包括的唐宋代觀」(1922), 191쪽.

1064) 이범학, 「王安石 改革論의 形成과 性格 – 新法의 思想的 背景에 관한 一研究」, 『동양사학연
　　　구』 제18집(1983), 38쪽.

1065) 이범학, 「王安石 改革論의 形成과 性格」, 38-40쪽.

인사와 시무에 대한 용도에 있다고 갈파했고, 호원胡瑗은 경학과 시무의 겸비를 강조했으며, 당대의 경륜가 이구李覯는 부강과 공리를 강조했다.1066)

왕안석은 특히 호원을 매우 존숭했다. 그는 "천하호걸의 으뜸이고 소견은 열린 하늘처럼 넓고 넓으며 문장과 사업은 공맹과 비견할 수 있으니 성제聖帝시여, 태령太嶺(험하고 높은 고개)을 경영하려거든 먼저 선생을 거두어 동량으로 삼으소서"라고 경세가로서의 호원을 극찬했다. 왕안석에 대한 호원의 정치사상적 영향은 실로 "심대한 것"이었다. 이구의 영향도 마찬가지였다.1067)

한편, 포겔·맥닐·조운스·오스터함멜 등 세계사학자·중국사학자·중국학 전문가들은 20세기 후반에 들어 나이토고난의 '송대이후근세설'에 동의하고 이를 대변해왔다. 오스터함멜은 아예 이 '송대 근세'를 세계사적 차원으로 확장해 전 세계에 영향을 미친 "보편사적 근대(universalhistorische Moderne)의 발단"으로 규정했다.1068) 서구는 400-500년 뒤인 16세기에야 비로소 송대 중국의 이 '초기 근대'(근세)를 따라잡았다.1069) 오스터함멜이 나이토의 '송대이후근세설'을 확장해 논급한 "보편사적 근대의 송대발단론"은 송대에 개시된 '근대'가 동천東遷과 서천西遷을 거쳐 동서 간 패치워크를 통해 고도화되면서 극동·극서 지역이 시차를 두고 '높은 근대'로 근대화되었다는 필자의 보편사적 가설을 뒷받침해 줄 수 있다.

오스터함멜에 의하면, 송대에 일어난 심원한 변혁 속에서 중국은 "고도로 분화된 경제·사회구조"를 가진 나라, "세계에서 가장 부유한 나라"로 올라섰다. 이런 혁명적 변화는 ① 남·동중국의 인구밀집과 ② 능력 위주의 관리집단에 의한 세습귀족의 해체에 기초했다.1070) 이 관리집단은 능력주의적 시험(과거)으로 충원되는, 유교적 사회질서와 복지 이념을 신봉하는 신사紳士집단이었다.

1066) 이범학, 「王安石 改革論의 形成과 性格」, 39-45쪽.

1067) 이범학, 「王安石 改革論의 形成과 性格」, 45-48쪽.

1068) Osterhammel, China und Weltgesellschaft, 50쪽.

1069) Peter Kriedte, Spätfeudalismus und Handelskapital: Grundlinien der europäischen Wirtschaftsgeschichte von 16. bis zum Ausgang des 18. Jahrhunderts (Göttingen: Vadenhoeck & Ruprecht, 1980), 28쪽 이하.

1070) Osterhammel, China und Weltgesellschaft, 50-51쪽.

신사는 — 상론한 대로 — 그 지위에 따라 주어지던 면세·면역免役·우대특권을 다음 대代로 물려줄 수 없었다. 귀족신분을 일정하게 세습하던 당대의 사대부제도를 대체한 이런 신사제도가 확립되고 철저히 관철된 결과, 송대 중국에서 세계 최초로 세습귀족이 사라진 순수한 양민들의 '근대적' 평등사회가 성립한 것이다. 이와 동시에 근대적 공무원임용고시인 '과거제'가 대대적으로 갱신되었고, 포르투갈 사람들이 '만다린'이라 부르고 영국인들이 '젠틀맨'이라 부른 신사들의 능력주의적 '관료체제'가 확립되었다. 송대 이후 동천과 서천을 통해 세계로 확산된 '유교적·중국적 근대성'의 몇 가지 근본특징들을 나이토고난의 '송대이후근세론'(1920)을 통해 알아보자.

■ 나이토고난의 새로운 시대구분론(1921)

나이토고난은 「지나상고사서언支那上古史序言」(1921)에서 개벽부터 상대까지를 상고, 한·육조를 중세, 당·송과 원·명·청을 그다음의 구획으로 나누는 시대구분법을 동양 전체 안에서의 중국문화 발전이라는 관점에서 보면 "무의미한 것"으로 물리치면서 이렇게 말한다.

진실로 유의미한 시대구분을 하려고 한다면, 중국문화 발전의 파동波動에 의한 대세를 관찰해 내외 양 측면에서 생각하지 않으면 아니 된다. 하나는 내부에서 외부를 향해 발전한 경로로서 상고의 어느 시대에 중국의 어느 지방에서 발생한 문화가 점점 발전해 서쪽으로 퍼져나간 경로다. (…) 다음은 이와 반대로 중국의 문화가 사방으로, 가까운 데서 먼 데로 퍼져나가 그 부근의 야만족에게 새로운 자각을 촉진하면서 나아가 그러한 종족의 자각의 결과 간간이 유력자가 출현하면 그것이 내부를 향해 반동적으로 세력을 떨치는 양상이 보인다. (…) 세 번째로는 첫 번째와 두 번째의 부수적 작용으로서 때때로 물결이 둔덕을 넘어 그 부근에 흘러넘칠 때가 있다. 육상에서는 중앙아시아를 넘어 인도 및 서역지방과 교통을 가능하게 하는데, 그때 인도·서역의 문화가 중국에 유입되기도 하고, 후에는 해상을 통해 인도양을 거쳐 서방의 여러 나라와 관계를 갖게 되기도 하여 역사상 세계적 파동이 되는 대규모 교섭을 만들어내기도 하는 것이다. 그러나 대체로 첫 번째와 두 번째의 작용이 때때로 반복되어 그 사이 문화에 시대적 특성을 만들어낸다. 그 특성에 따라 시대구분을 하는 것이 가장 자연스럽고 합리적인 방법이라고 생각한다.1071)

이 관점에서 나이토는 중국역사 전체를 다음과 같이 네 시대로 구분한다.

제1기: 상고 – 개벽부터 후한 중기까지의 시대
　　　　전기: 중국문화가 형성되는 시대
　　　　후기: 중국문화가 외부로 퍼져나가 동양사로 변형되는 시대
　　　　과도기1: 후한 말엽에서 서진까지(중국문화의 대외확산이 잠시 중단된 시기)

제2기: 중세 – 5호16국부터 당 중기까지 시대
　　　　외부종족이 자각해 그 힘이 중국 내부로 반동해 들어온 시대
　　　　과도기2: 당 말기부터 오대까지의 시기
　　　　외래세력이 중국에서 정점에 도달한 시대

제3기: 근세 전기 – 송·원대
제4기: 근세 후기 – 명·청대1072)

이 구분을 설명하면서 나이토는 서구적 시대구분의 오류를 지적한다. "일본인도, 유럽인도 각각 자국의 역사를 표준으로 삼기 때문에 중국사의 발전을 변칙으로 보기 쉽지만, 그것은 잘못된 것이다. 중국문화의 발전은 문화가 실로 순리에 맞게 가장 자연스럽게 발전한 것으로서 다른 문화의 자극에 의해서나 다른 문화에 의해 추동되어 발달한 것과는 다른 것이다."1073)

1071) 內藤湖南, 「支那上古史緒言」(1921년 강의, 1944년 출간), 187-188쪽. 內藤湖南(礪波 護 編輯), 『東洋文化史』(東京: 中央公論社, 2004).

1072) 內藤湖南, 「支那上古史緒言」(1921), 188-189쪽.

1073) 內藤湖南, 「支那上古史緒言」(1921), 190쪽. 『중국상고사(支那上古史)』의 서언에서는 이런

그리고 나이토는 「포괄적 당송시대관」(1922)에서 당대와 송대를 하나로 묶는 '당송시대'라는 표현의 무의미성을 지적하면서 "당대가 중세의 종말에 속하는 데 반해, 송대는 근세의 발단에 속한다"고 밝힌다.1074) 그리고 당대와 송대를 가르는 근세의 문화적 특징을 다음과 같이 열거한다.

■'송대 근세성'의 첫 번째 특징: 귀족 없는 절대군주정

나이토고난에 의하면 "중세와 근세의 문화 상태"의 첫 번째 차이, 또는 '송대 근세성'의 첫 번째 특징은 "정치적으로 귀족정치가 몰락하고 군주독재정치가 성립한다는 점"이다.1075) 나이토고난은 이 새로운 군주제를 '군주독재체제'라는 부적절한 용어로 표현하고 있는데, 다른 글 「근대중국의 문화생활」(1928)에서는 '군주전제체제'라고 바꿔 말한다. 이것이 조금 나은 표현이다. 하지만 이것도 '군주독재체제'만큼 역사적으로 불특정적인 용어로 시대를 특징짓는 '역사학적' 술어로서 16-17세기 유럽에서 쓰인 '절대군주정'이라는 표현보다 부적절한 것으로 보인다. 나이토의 '군주독재체제'나 '군주전제체제'는 '절대군주제'로 이해하면 적절할 것이다. 나이토가 말하는 이 새로운 군주체제에서 군주는 세습귀족들이 소멸한 상태에서 명실상부한 제1의 권력자로 등극한 점에서 '동등한 자들 간의 제1인자(primus inter pares)'라는 귀족정에서의 군주와 권력·지위 면에서 판연하게 다른, 명실상부한 절대군주였다. 이 새로운 군주제, 즉 '절대군주제'에는 이전의 취약한 존왕의식과 다른 절대적 존왕의식, 즉 '절대적 존왕주의(royalism)'가 조응照應했다. (송대에 생겨난 이 절대군주정은 명·청조에서 내각제의 정착에 의해 군주의 군림권, 내각의 의정권, 육부의 집행권이 분립됨으로써 '내각제적 제한군주정'으로 변화·발전한다. 그러나 뒤에 지적하듯이 나이토는 이 변화를 읽지 못한다.)

나이토에 의하면, 귀족정치는 육조부터 당대 중엽까지 가장 왕성했다. 물론

시대구분론을 시사했으나 막상 『중국상고사』 속에는 이런 내용에 대한 논의가 없다.

1074) 內藤湖南, 「包括的唐宋代觀」(1922), 191쪽.

1075) 內藤湖南, 「包括的唐宋代觀」(1922), 191쪽.

귀족정치는 상고의 씨족정치와는 완전히 다른 것으로서 주나라의 봉건제도와도 관계가 없는 특별한 종류의 것이다. 이 시대 중국의 귀족 지위는 천자로부터 영토·인민을 부여받는 봉토제도에서 발생한 것이 아니라 그 집안이 자연스럽게 지방 명망가로서 영속해온 관계에서 발생한 것이다. 그런 집안은 모두 족보를 중시했고 그 때문에 당시 족보학이 왕성하게 발달했다. 현존하는『당서唐書』중의 재상세계표宰相世系表는 그 양상을 잘 보여주고 있다. 당대唐代 이연수李延壽의『남북사南北史』도 왕조에 관계없이 각 집안의 사람들이 시조부터 자손으로 이어져온 가전家傳을 싣고 있다. 이는 남북조시대의 귀족제적 정치관계가 부지불식간에 역사서에 반영된 것이다.[1076]

이처럼 당대의 유명한 집안은 정치적 위상에서 거의 "초월적"이었다. 제일류의 귀족이 반드시 천자·재상이 되는 것은 아니었을지라도 귀족이 아니면 높은 관직에 이를 수 없었기 때문에 당시의 정치는 가히 "귀족의 전유물"이라고 이를 만했다. 특히 천자의 지위는 가장 특별한 것으로서 실력자 집안에서 장악하는 경우가 보통이었지만, 누군가 천자가 되었다고 해서 그 집안이 "제일류의 귀족"이 된다는 보장은 없었다. 당태종 치하에서 이루어진 귀족계보에 대한 조사에 의하면, 제일류의 집안은 북방에서는 박릉博陵 최崔씨, 범양范陽 노盧씨 등이었고 태종의 집안은 농서隴西 이李씨로서 삼류귀족의 지위에 있었다. 이 집안 간의 위계는 천자의 위력으로도 바꿀 수 없었던 것이다. 남조에서도 왕王씨·사謝씨 등의 가문이 천자의 집안보다도 훨씬 더 중시되었다. 이들은 모두 같은 위계의 귀족 간에 결혼을 하고 그러한 단체가 사회의 중심을 형성했으며 가장 좋은 관직은 모두 이들이 독점하고 있었다.[1077]

이러한 귀족정치가 당 말기부터 오대까지의 과도기에 전부 몰락하고 "군주독재정치"에 의해 대체된 것이다. 귀족정치가 몰락한 결과, 군주와 인민이 보다 접근하게 되어 높은 관직에 오르는 데에도 가문체제의 특권이 없어졌다. 이제 모든 관리는 전적으로 천자의 권력에 의해 임명되게 되었다. 이 관직제도

1076) 內藤湖南,「包括的唐宋代觀」(1922), 191-192쪽.
1077) 內藤湖南,「包括的唐宋代觀」(1922), 192쪽.

는 송대 이후에 점차 발달해서 "명·청대에는 독재정치의 완전한 형식"이 구축되었고 "국가의 모든 권력의 근본은 천자 일인이 장악하고" 다른 어떤 대관大官도 전권을 갖지 못하게 되었다. "군주는 결코 어떤 관리에게도 그 직무의 전권을 위임하지 않았다. 이에 따라 관리는 그 직무에 대해 완전히 책임을 지지 않고 군주 일인이 전담하게 되었다."[1078]

여기서 나이토는 인식의 한계를 노정하고 있다. 앞서 상론했듯이 명·청대, 특히 명대에는 내각제가 고도로 발달해서 표의권票擬權(의정권)에 기반을 둔 내각권이 자립화되어 군주의 군림권(비준권[비주권批硃權·주비권硃批·朱批權·비홍권批紅權+인사권+위복권威福權 등)을 견제하고 군주의 비준권 행사도 의례화되는 변화를 겪었기 때문이다. 명·청대의 황제정은 그 대부분의 기간 동안 '군주독재정치'(절대군주정)가 아니라 '내각제적 제한군주정'이었다. 나이토는 여기서 명조의 내각제에 대한 역사적 인식을 완전히 결하고 있고, 명·청대 황제정을 18세기 유럽의 '계몽군주정'과 대비시킬 만한 비교정치학적 관점도 완전히 보여주지 못하고 있다. 이 측면에서 나이토고난의 중국사 이해는 명·청대 제한군주정으로부터 유럽의 '계몽군주정'을 도출했던 18세기 계몽주의자들의 중국이해 수준에도 이르지 못하고 있다고 말해도 될 것이다.

그럼에도 중세 귀족정치의 특징을 정식화하는 그의 논변은 탁월하다.

귀족정치시대의 군주의 위치는 때로는 실력자가 위계를 뛰어넘어 권력을 장악하는 일이 있더라도 이미 군주가 되면 귀족계급 가운데 하나의 기관이라는 성격을 벗어나기가 어려웠다. 군주는 귀족계급의 공유물로서 그 정치는 귀족의 특권을 인정한 위에 실행할 수 있는 것으로서 한 사람이 절대권력을 가질 수는 없었다. 맹자는 일찍이 경卿에는 '이성異姓의 경'과 '귀척貴戚의 경'이 있는데, 후자는 군주가 바람직하지 못한 일을 하면 간언을 하고 이를 듣지 않으면 군주를 교체해버리는 경우도 있다고 했다. 그러한 일은 상고시대만이 아니라 중세의 귀족정치시대에도 종종 실행되었다. 군주는 일족, 즉 외척·종복까지도 포함한 일가의 전유물이어서 일가의 뜻에 반하는 경우

1078) 內藤湖南, 「包括的唐宋代觀」(1922), 193쪽.

에는 폐위가 실행되거나 죽임을 당하는 경우도 있었다. 육조부터 당에 이르기까지 시해·폐위가 많은 것은 이러한 사정 때문이었는데, 일가의 사정은 다수의 서민과는 거의 무관한 일이었다. 서민은 국가의 요소에서 아무런 중요성도 갖지 못했고 정치와는 무관한 존재였다.1079)

맹자가 『맹자』 「만장」에서 말하는 '귀척의 경'은 귀족을 뜻하는 것이 아니라 왕과 성씨가 같은 '왕족'을 뜻하고, '이성의 경'은 왕이 찾아가서 모셔온 '불소지신不召之臣'을 말한다. 맹자는 말한다.

제선왕이 경卿에 대해 물었다. 이에 맹자는 "왕께서 무슨 경을 묻는 것입니까?"라고 되물었다. 왕이 "경이면 다 같은 것 아닌가?"라고 물었다. 맹자는 "아닙니다. 귀척의 경이 있고 이성의 경이 있습니다"라고 답했다. 왕은 귀척의 경에 대해 묻기를 청했다. 맹자는 "임금이 대과가 있으면 간하고 이를 반복해도 듣지 않으면 보위를 바꿔버립니다"라고 답했다. 그러자 왕이 갑자기 안색이 변했다. 이에 맹자가 "왕께서는 이상히 여기지 마십시오. 왕께서 신에게 물으셔서 신이 감히 똑바로 대답하지 않을 수 없었습니다"라고 말했다. 왕이 안색을 안정시킨 뒤 이성의 경에 대해 묻기를 청했다. 이에 맹자는 "임금이 과오가 있으면 간하고 반복해도 듣지 않으면 떠나버립니다"라고 답했다.1080)

맹자가 개진한 이 답변 전체를 보면 '귀척의 경'과 '이성의 경'이 어떻게 다른지가 확연해진다. 나이토는 군주의 보위가 태조 이래의 군주가문에 속하기 때문에 군주가문에 속하는 씨족들인 '귀척의 경'이 간언을 듣지 않는 군주를 방벌하는 상고시대의 유습이 중세에까지도 이어졌을 것이라고 추정하고 있다. 그러나

1079) 內藤湖南, 「包括的唐宋代觀」(1922), 193-194쪽.

1080) 『孟子』 「萬章下」(10-9): "齊宣王問卿. 孟子曰 王何卿之問也? 王曰 卿不同乎? 曰 不同 有貴戚之卿 有異姓之卿. 王曰 請問貴戚之卿. 曰 君有大過則諫 反覆之而不聽 則易位 王勃然變乎色. 曰 王勿異也. 王問臣 臣不敢不以正對. 王色定 然後請問異姓之卿. 曰 君有過則諫 反覆之而不聽 則去."

이 추정은 꺼림칙하다. 육조와 당대의 시해·반정·방벌은 주로 '귀척의 경들'이 아니라 왕과 성씨가 다른 '이성의 경들'에 의해 행해졌기 때문이다.

아무튼 "군주가 단순히 귀족의 대표적 위치에 있는 존재였다는 것이 중세적 상태였다". 그런데 "근세에 들어서 그 귀족이 몰락하자 군주는 직접적으로 신민 전체에 대한 존재가 되었고 신민 전체의 공적 소유물로서 더 이상 귀족단체의 사유물일 수가 없었다".1081) 일군만민체제가 들어선 것이다. 신민 전체가 정치에 관여했다면, 군주는 신민 전체의 대표가 되었을 것이다. 그러나 송대 중국에서는 이런 정도까지 정치적 진보가 이루어지지는 않았다. 이 때문에 "군주는 신민 전체의 대표자가 아니면서도 그 자신이 절대권력의 주체가 되었다. 어쨌든 군주의 위치는 귀족시대에 비해 상당히 안전해졌고, 그에 따라 폐위도 용이하게는 실행될 수 없었고, 시해도 거의 없어진 것은 송대 이후의 역사가 증명한다".1082)

물론 원대元代는 특별한 예외다. 그것은 몽고문화의 수준에 따른 것이다. 몽고의 문화는 당시 중국과 비교해 상당히 후진적이었다. 몽고의 문화는 오히려 중국 상고시대의 씨족정치와 비슷했다. 그런데도 송대 중국을 정복해 갑자기 근세적 국가조직 위에 군림했기 때문에 그 황실에는 여전히 "귀족정치의 잔해"가 남아 있었고, 단지 "민정民政에서만 근세적 색채를 띠고 있었다". 이 때문에 원나라의 정치구조는 "일종의 모순적 상태"에 있었다.1083) 나이토는 "상고시대 씨족정치의 잔해"라고 말해야 할 곳에서 "귀족정치의 잔해"라고 부정확하게 말하고 있다.

귀족정치시대에는 귀족이 권력을 장악하는 것이 관례였다. 이 때문에 수隋문제文帝, 당태종과 같이 영명한 군주가 나와서 제도상으로는 귀족의 권력을 인정하지 않는다고 해도 실제 정치에는 여전히 그 형식이 남아서 정치는 귀족과의 협의체가 되었다. 당대의 정치적 중요기관은 세 가지였다. 이른바 상서성·

1081) 內藤湖南, 「包括的唐宋代觀」(1922), 194쪽.

1082) 內藤湖南, 「包括的唐宋代觀」(1922), 194쪽.

1083) 內藤湖南, 「包括的唐宋代觀」(1922), 194쪽.

중서성·문하성이 그것이다. 그 가운데 중서성은 천자의 비서기구로서 조칙·명령의 초안을 만들고 신하의 상주上奏에 대해 비답을 작성하는 역할을 맡고 있었는데, 이 조칙이 확정되기까지는 문하성의 동의가 필요했다. 문하성은 문서검토의 권리를 갖고 있어서 만일 중서성의 문안이 부당하다고 인정될 때에는 그에 대해 공박하고 문안을 되돌릴 수도 있었다. 따라서 중서성과 문하성이 정사당政事堂에서 협의해 정책과 법령을 결정하는 것이 통례였다. 상서성은 이 결정을 받아들여 집행하는 부서다. 중서성은 천자를 대표하고 문하성은 관리의 여론, 즉 귀족의 여론을 대표하는 형식이 되어 있었다. 그러나 중서·문하·상서 삼성의 고위관리도 모두 다 귀족들이었다. 이 때문에 귀족들은 천자의 명령에 절대복종하지 않았다. 그리하여 신하의 상주에 대한 천자의 비답은 극히 우의적이었으며 결코 명령조를 띠지 않았다.1084)

하지만 바로 이에 뒤이어 나이토는 앞서 지적한 무지를 다시 드러낸다.

그러나 명·청시대에 이르면 비답은 완전히 종복 등에 대한 것과 마찬가지로 거침이 없고 명령적이 되어 문안을 검토해 되돌릴 수 있는 권리가 송 이후 점점 쇠퇴해서 거의 없어지고 만다.1085)

명·청대에 황제는 법령안을 능동적으로 낼 수 없었고 단지 내각의 법령안에 수동적으로, 그것도 형식적(의례적)으로 비준했을 뿐이며, 상주문도 직접 먼저 읽을 수 없었고 내각이 먼저 읽고 그에 합당한 조처를 표의票擬하면 이에 대해 형식적으로 비준할 수 있었을 뿐이다. 황제가 비준하면 이것이 칙지·칙유나 칙령으로 발포되었다. 명·청대 내각대학사들은 "문안을 검토해 되돌릴 수 있는 권리" 정도가 아니라 모든 정사에서 황명발안권과 의정·의결권을 장악했던 것이다. 그럼에도 나이토의 그릇된 발언은 계속된다.

1084) 內藤湖南, 「包括的唐宋代觀」(1922), 194-195쪽.
1085) 內藤湖南, 「包括的唐宋代觀」(1922), 195쪽.

이러한 변화의 결과, 재상의 위치는 천자를 보좌하는 역할이 아니라 거의 비서관과 비슷한 처지가 되는데, 역시 송대에는 당대의 유풍도 존재해서 재상은 (아직) 상당한 권력을 쥐고 있었다. 그런데 명 이후에는 재상이라는 관직을 더 이상 두지 않게 되어 사실 재상의 역할을 하는 것은 전각대학사殿閣大學士였는데, 관직의 성격으로는 천자의 비서역, 대필역이었다. 천자를 보좌하고 그 책임을 나누어 지거나 완전히 책임지는 고대의 재상 모습은 없어지고 군권만이 무한히 발달했다. 당의 재상은 모두 귀족 계급 안에서 나왔고 일단 그 위치에 오르게 되면 천자라고 해도 그 권력을 제 마음대로 움직일 수 없는 것이 관례였는데, 명 이후에는 아무리 강대한 권력을 쥔 재상이라 해도 천자의 기분을 상하게 하면 곧바로 폐출되어 일개 평민이 되거나 죄수의 나락 으로 떨어지게 된다.1086)

"군권만이 무한히 발달했다"는 나이토의 설명은 실로 심각한 무식의 소치에서 나온 것이다. 앞서 상론했듯이 이미 명대 초반부터는 국가권력이 군주의 군림 권, 내각의 의정권(票擬權), 육부의 집행권(庶政權)으로 분립되었다.1087) 또 명대에 관직을 잃은 관리나 내각대학사가 결코 일개 '평민'으로 전락한 적은 없었다. 전직 관리는 1대에 한정된 것이었을지라도 종신토록 향촌에서 대접을 받고 면세·면역특권을 누렸으며, 정치적 영향력을 행사하는 '신사' 지위를 유지했다. 뇌물죄를 범해 일개 '궁문지기'로 전락한 각신도 전직 내각대학사로서 백성들 로부터 존경을 받았고 황제는 궁문을 지나다 수레를 잠시 세워 이 궁문지기에 게 예를 표할 정도였다. 그리고 내각제가 고도로 발달한 명대 중반에 이르면 황제가 각신의 특간特簡은커녕 경질도 할 수 없었다. 명대 중엽 이후 내각대학사 인사권이 조정회의의 '회추會推' 또는 '정추廷推'로 넘어갔기 때문이다. 또한 가령 명조 제11대 세종 가정제(1521-1566)는 내각의 반대에 부딪쳐 자신의 생부生 父도 '황제'로 추존할 수 없어 3년간이나 쩔쩔맬 수밖에 없었다.1088) 아쉽게도

1086) 內藤湖南, 「包括的唐宋代觀」(1922), 195-196쪽.

1087) 명대 양명학자 유종주(劉宗周, 1578-1645)는 "표의는 각신에게 귀속하고, 서정(庶政)은 부원 (部院; 육부와 여러 館院 - 인용자)에 귀속한다"고 말했다. 杜乃濟, 『明代內閣制度』, 87쪽에서 재인용.

나이토고난은 명·청대만 나오면 여지없이 중국전제정론을 편 몽테스키외나 비트포겔이 좋아할 무지를 쏟아내고 있다.

따라서 나이토의 다음과 같은 기술도 그의 미흡함을 감안해서 읽어야 할 것이다.

송대는 마치 당대와 명·청대 사이에 끼어 있어서 명·청시대처럼 재상에게 권력이 전혀 없지는 않지만, 천자의 인정을 받고 있는 동안에 권세가 아무리 극성하다고 해도 일단 천자의 뒷받침을 잃으면 곧바로 일개 서민이 되기도 했다. 송의 구준寇準과 정위丁謂, 남송의 가사도賈似道 등의 경우의 변화를 봐도 알 수 있다. 지방관 등도 당조唐朝에서는 중앙의 권력과 관계해 각 지방에서 거의 군주와 마찬가지의 권력을 가진 자가 많았던 것은 관례적인 일이었는데, 송 이후는 어떠한 좋은 위치의 지방관 도 군주의 간단한 명령으로 용이하게 교체되게 되었다.1089)

송대가 당대와 명대 사이에 끼어 있는 과도기적 시대라면 전직 관리는 명대의 종신 신사보다 더 높은 대우를 받았을 것이다. 따라서 송대의 재상이 "천자의 뒷받침을 잃으면 곧바로 일개 서민이 되기도 했다"는 표현은 지나친 것이다. 명·청대의 '내각제적 제한군주정'을 꽤 면밀히 분석해서 알고 있고 이에 대해 비교적 잘 파악한 마테오리치를 비롯한 서양 선교사들의 보고서를 충실히 검토해보면, 실로 나이토의 이 무지한 말들은 그냥 들어 넘기기에 너무 거북살 스럽다. 아무튼 나이토는 "중세와 근세의 문화 상태"의 첫 번째 차이 또는 '송대 근세성'의 근본특징 중의 첫 번째 중요한 것으로 귀족정의 몰락과 절대군 주정의 확립을 들고 있다.

1088) 대학사들은 황제의 자문에 응해 정책을 의논하는 내각회의로서의 '여의(與議)'를 받드는 것을 직무로 삼았다. 제11대 세종 가정제는 '대례(大禮)'를 논해 자기의 생부를 흥헌황제(興獻皇帝)로 추존하고 싶어 했지만 대학사들의 반대에 부딪혀 대신 134명을 하옥시키는 것을 불사했을 지라도 여의를 종지시키지 못했다. 당시 내각대학사 모기(毛紀)는 "국가정사는 가부를 상의해 확정한 연후에 시행하라는 성유(聖諭)를 접때 입었는데, 이것이 진실로 내각의 직업입니다"라고 진언하고 있다. 『明紀』卷二八 第二八八. 杜乃濟, 『明代內閣制度』, 93쪽에서 재인용.

1089) 內藤湖南, 「包括的唐宋代觀」(1922), 195-196쪽.

■'송대 근세성'의 두 번째 특징: 인민의 자유와 기회균등

나이토는 "중세와 근세의 문화 상태"의 두 번째 차이 또는 '송대 근세성'의 두 번째 중요한 특징으로 인민의 지위 향상을 들고 있다. 그에 의하면, 귀족의 소멸과 절대군주의 부상으로 "인민의 지위도 현저하게 변화했다". 원래 송조가 인민의 권력을 명확히 인정하지 않았지만 인민의 사회경제적 지위와 사유재산 상의 권리가 과거 귀족정시대와 크게 달라졌다. 귀족시대에 인민은 "귀족 전체 의 노예"와 같이 취급되었다. 수·당隨唐시대에 중국정부는 인민을 귀족의 손아 귀에서 해방시켜 국가가 직접 관리하는 존재로 바꾸고 특히 농민을 국가의 소작인과 같이 취급하는 제도를 도입했다. 하지만 귀족이 사실상 정치권력을 쥐고 있었기 때문에 인민은 "군주를 떠받드는 귀족단체의 소작인"과 같은 상태에 있었다.1090)

수·당시대 토지분배제도도 인민의 이런 지위와 밀접한 관계를 갖게 되는데, 특히 조세의 성질은 그 특징을 잘 드러내고 있다. 당대의 조租·용庸·조調 제도 는 인민이 정부에 대해 지대를 납부하고 노역을 수행하며 공산품을 제공하는 것을 의미했다. 그런데 당대 중기부터 이 제도가 자연스럽게 무너지고 양세兩稅 제도가 되어 인민의 거주가 제도상 자유로워지면서 지조 등의 수납도 화폐로 대납하게 되었기 때문에, 인민은 토지에 구속된 노예·소작인과 같은 위치에서 자연스럽게 해방될 단서가 만들어졌다. 그리고 이어서 송대에는 왕안석의 신법 에 따라 인민의 토지소유의 의미가 점점 더 확실해졌다. 청묘전靑苗錢과 같은 저리자금 융통법도 토지 수확물을 인민 자신이 자유롭게 처분하는 것을 인정했 다는 의미로도 해석된다. 또한 종래의 차역差役(부역)을 화폐로 대납하고 고역雇 役(임노동)을 고용해 공공사업을 수행하는 고역제雇役制는 반대자의 공격을 받기 는 했지만 당시의 사정에 가장 적합한 것이었다. 후에 구법당舊法黨을 대표하는 사마광이 왕안석의 신법을 폐했을 때 "신법반대론자(구법당) 가운데서도 소동파 를 비롯해 차역으로 되돌아가는 것에는 반대하는 사람이 많았다". 나이토는 인민의 이러한 지위 향상 추세를 두고 "중국에서 인민의 참정권을 인정하는

1090) 內藤湖南, 「包括的唐宋代觀」(1922), 196쪽.

일은 전혀 없었지만, 귀족계급을 소멸시켜 군주와 인민이 직접적으로 상대하게 된 것은 근세적 정치의 상황이 조성된 것을 의미한다"고 말한다.1091) 또한 이 "군주독재시대에 관리의 지위가 일반서민에게 분배되었다는 점에서 기회균등이 허용되었다".1092) 명실상부한 '신존왕주의적 일군만민체제'가 들어선 것이다.

이런 의미에서 인민의 자유와 기회균등이 이렇게 확립된 송대를 나이토는 「근대중국의 문화생활」에서 "평민발전의 시대"라고도 한다. "참정권이 없어도 사실 평민이 발전하는 시대가 있는데", 특히 "중국과 같은 나라가 그런 경우"이고 그래서 "중국에서는 평민발전시대가 곧 군주전제시대"라는 것이다.1093) 왜냐?

> 귀족이 왕성했던 육조부터 당까지의 시대는 평민이 귀족 때문에 압박당하는 등 정치적 권력을 귀족이 독점했기 때문에 평민이 어떠한 권력도 갖지 못했던 것과 마찬가지로 군주도 귀족에 대해 실제로는 권력이 없었다. 군주와 평민은 동일한 사정에 놓여 있었는데 귀족시대가 무너지면서 군주도 귀족으로부터 해방되고 평민도 귀족으로부터 해방된다. 평민이 해방된 시대에 곧 군주도 해방되어 군주가 정권을 독점하고 그에 의해 지배되는 자는 평민으로서 그 사이의 귀족계급은 없어졌기 때문에 군주전제시대가 곧 평민발전시대가 되는 것이다.1094)

나이토는 이 '평민발전시대'의 도래가 왕안석의 신법 덕택이라고 말한다.

구체적으로 말하자면, 모를 심기 전에 돈을 빌려주고 가을에 저리의 이자와 함께 돌려받는 왕안석의 청묘법은 평민에 의한 토지의 사유를 전제하는 것으로서 결국 농민의 토지소유를 인정하는 효과를 가져온 것이다. 또 1년에 며칠을 반드시 국가에 노역을 바쳐야 하는 조·용·조의 '용庸'(강제부역)을 폐지하고 고역

1091) 內藤湖南, 「包括的唐宋代觀」(1922), 196-197쪽.

1092) 內藤湖南, 「包括的唐宋代觀」(1922), 198쪽.

1093) 內藤湖南, 「近代支那の文化生活」(1928), 205-206쪽.

1094) 內藤湖南, 「近代支那の文化生活」(1928), 206-207쪽.

雇役(임노동)을 시행한 신법의 모역제募役制(고역제)는 자유노동을 인정함으로써 자기 임의로 제공하는 노동의 대가로 임금을 받는 "노동의 자유" 또는 "노동의 권리"를 백성들에게 인정해주는 효과를 낳았다.[1095]

또 "상공업 생산품의 자유"도 대체로 송대에 와서 인정되었다. 왕안석의 시역법은 사인들 간의 자유합의에 입각한 '화매和賣'(자유거래)를 확산시킴으로써 상공인의 물품소유권을 확립했다. "인민과 정부가 상담해" 정부가 인민이 갖고 있는 물건을 구입하는 "화매和買"라는 자유거래 방법은 왕안석의 신법 이전부터 있었다. 정부와 인민 간의 화매는 정부가 인민과 합의해 봄에 인민에게 돈을 빌려주고 인민이 여름·가을에 비단으로 그것을 관청에 갚는 방식으로 도입되었지만, 세월이 흐르면서 관청이 무리하게 강제하는 양상으로 변질되어 일종의 폐정弊政으로 전락했다. 왕안석은 이를 개선하기 위해 시역법市易法을 시행해서 정부가 인민과의 화매방식으로 전지田地·비단 등을 저당 잡고 약 2할의 이자로 돈을 빌려주었다. 이것은 "인민의 물품소유권"을 확정하는 효과를 가져왔다.[1096]

나아가 왕안석의 수실법手實法에 의해 인민의 "전반적 재산의 자유"도 확립되었다. 수실법은 자기 재산을 신고하고 2할의 세금을 내는 법이었다. 이것은 백성 일반에게 개인적 재산을 인정하고 재산세를 받는 것으로 백성의 개인적 재산권을 확립하는 효과를 가져왔다.[1097]

종합하면, 자기의 토지, 자기의 노동, 자기의 재산 등에 대한 소유권 일반의 확립을 통해 정부가 존중하는 국민의 근대적 사유재산권이 확립된 것이다. 왕안석의 신법에 의해 국민의 근대적 사유재산권이 명확해진 것이다. 이것이 바로 명확한 "근대의 내용" 중의 하나라는 것이다.[1098]

나이토고난은 남달리 예리한 비교사학적 통찰을 통해 백성이 봉건적 토지긴 박과 부역에서 해방되고 재산권과 임노동의 주체로서 거주이전의 자유를 향유

1095) 內藤湖南, 「近代支那の文化生活」(1928), 207-208쪽.
1096) 內藤湖南, 「近代支那の文化生活」(1928), 208-209쪽.
1097) 內藤湖南, 「近代支那の文化生活」(1928), 209쪽.
1098) 內藤湖南, 「近代支那の文化生活」(1928), 209쪽.

하게 된 것을 '근대적' 사회경제관계의 확립으로 규정한 것이다. 송대에 백성들에게 이 노동·소유·거주이전의 자유가 보장되고 제도로 확립된 것은 보편사적으로 초유의 일이었다.

■ '송대 근세성'의 세 번째 특징: 실무적 과거제와 관료제

나이토는 송대에 관리官吏의 정상적 등용통로(入仕路)로 확립된 과거科擧를 통해 군주와 인민의 중간에 위치하는 관리들을 선발한 것을 당대와 송대 간의 세 번째 차이, 즉 '송대 근세성'의 세 번째 특징으로 들고 있다. "관리, 즉 군주와 인민 사이의 중간계급도 선거選擧로 뽑게 되었다. 물론 이 '선거'는 오늘날의 의회정치를 위한 대의제적 대표를 뽑는 백성의 투표선거가 아니라, 일종의 관리등용의 형식을 가리키는 것인데, 선거의 방법이 귀족적 계급으로부터의 등용을 일변시켜 시험등용, 즉 과거가 된 것이다."[1099] 따라서 여기서 '선거'라는 말은 '투표를 통한 선거'가 아니라 '과거를 통한 선발'을 뜻한다.

나이토는 육조시대에 관리를 구품중정제九品中正制로 선발하는 통에 정부가 완전히 귀족권력에 의해 좌지우지되었다고 말한다. 그리하여 육조시대의 속담으로 "상품에는 한미한 가문이 없고 하품에는 세족이 없다(上品無寒門 下品無勢族)"는 말이 유행할 정도였다는 것이다.[1100]

나이토의 이 설명을 납득하는 데는 육조시대 구품중정제에 대한 부연설명이 필요하다. 구품중정제 이전 한나라 때에는 연간 녹으로 받는 만석·천석·백석 등의 곡식량으로 표현되는 관직제를 운영했다. 그러나 한대 말엽, 위魏나라 출신 진군陳群(?-237)이 220년 국가관료제를 조직하는 방법으로 제안한 방안에 따라 구품관입법九品官入法에 입각한 '구품중정제'가 창제되었다.[1101] 이 제도의 전全 품계는 각 품계마다 정正·종從의 구분을 둠으로써 실상 18품계로 구성

1099) 內藤湖南, 「包括的唐宋代觀」(1922), 197쪽.

1100) 內藤湖南, 「包括的唐宋代觀」(1922), 197쪽. "上品無寒門 下品無勢族"의 출전은 참조 방현령 등 편찬, 『진서(晉書)』(648): 45; 1274쪽.

1101) Endymion Wilkinson, *Chinese History* (Cambridge: Harvard University Asia Center for the Harvard-Yenching Institute, 2012), 265쪽.

되었다. 북위北魏는 이 품계를 30품계로 늘렸다. 이 구품계 관직에 들어가는 길은 후원·정벽征辟·찰거察擧(과거시험)였다. '정벽'은 지방선발관인 '중정中正'이 신분·덕성·능력을 기준으로 인재를 관직에 천거하는 천거제였다. 이 중 신분이 가장 중요한 요소였다. 따라서 대부분의 관직은 귀족신분의 자제가 차지하게 되어 있었다. 그런데 육조를 대체한 수·당 정부는 과거제를 관리충원의 통로로 중시하고 단일화함으로써 중정의 정벽제도를 주변화시켰다가 결국 전폐全廢했다. 그러나 과거에 응시할 자격을 얻기 위해서는 유력한 귀족 후원자의 보증이 있어야 했다. 결국 수·당대에도 후원제도가 과거응시에서 과거지망자들에 대한 관문關門 역할을 함으로써 과거제가 유명무실화된 것이다.[1102] 게다가 수·당 정부는 관리들에게 그 보유가 인정된 노비는 말할 것도 없고 상공인과 그 자제들에게도 과거 응시자격을 주지 않았다.[1103] 이런 까닭에 수·당 귀족의 권력기반은 과거제에도 불구하고 전혀 흔들림이 없었다. 이때 과거제는 제도적 독립성을 얻지 못했던 까닭에 주된 관리충원제도로서의 '확립'과 거리가 멀었던 것이다. 따라서 나이토는 "수당 이래 이 폐해를 없애기 위해 과거를 시행하게 되었지만, 당대의 과거는 그 방법이 역시 여전히 귀족적이었다"고 언명하고 있다.[1104]

그러나 송대 중반부터 이런 유명무실한 과거제가 왕안석에 의해 실질화·실무화되는 방향으로 변혁된다.

이것도 송의 왕안석시대부터 일변했다. 당대부터 송대 초기까지의 과거는 첩괄帖括과 시부詩賦를 주로 했다. 경서를 암송하는 능력을 시험하는 것이 첩괄이고 문학상의 창작력을 시험하는 것이 시부다. 그 때문에 그 시험은 과거시험이라기보다는 오히려 인격시험과 문장초안 능력을 시험하는 것이었다. 그런데 왕안석의 제도에서는 첩괄 대신에 경의經義를 시험했고 시부 대신에 책론策論을 시험했다. 경의는 경서 속의

1102) Wilkinson, *Chinese History*, 265-266쪽.

1103) Lien-sheng Yang, *Money and Credit in China*, 8쪽.

1104) 內藤湖南, 「包括的唐宋代觀」(1922), 197쪽.

의리에 관해 의견을 쓰게 한 것이고 책론은 정치적 의견을 쓰게 한 것이다. (…) 이 개혁은 종래의 인격주의에서 실무주의實務主義로 바꾸는 것이 목적이었다. 시험응시 자들도 당대에는 1년에 50인 정도밖에 급제하지 못했는데, 명대 이후 과거급제자는 대단히 증가해 어떤 때는 3년에 한 번이지만 수백 명을 넘길 정도였고 특히 응시자는 언제나 1만 명 이상을 기록했다. 군주독재시대에 관리의 지위는 일반서민에게 분배 되었다는 점에서 기회균등을 허용하는 것이었다.1105)

왕안석의 개혁으로 과거급제자는 급증했는데, 나이토는 과거급제자의 증가를 명대明代부터라고 잘못 말하고 있다. 또 나이토는 왕안석의 과거제 개혁의 본질을 빼먹고 있다. 따라서 나이토의 간략한 기술은 당대 과거제와 송대 왕안 석 과거제의 본질적 차이를 알 수 없게 만들어 상당한 부연설명을 요한다.

북송 말엽 왕안석의 개혁으로 과거지원자는 후원자의 보증 없이 독립적으로 응시할 수 있게 되었다. 후원제도가 완전히 폐지된 것이다. 이로써 귀족적 유력자의 영향력이 관변에서 제거되었다. 이때부터 중앙의 과거제를 통해 직접 선발되는 관료가 정규적인 것이 되었고, 관리들의 위계체계에서 들쑥날쑥한 9품제는 18품계로 고정되었다. 그리고 퇴직관리와 고명한 유자들을 대우하는 명예관직으로 '산관散官'이 운영되었다.1106)

시임時任 현관顯官과 원임原任 현관(전현직 관리), 그리고 산관은 누적됨으로써 신사층을 이루어나갔다. 그러나 신사관리의 경우 모든 명예와 특권은 1대에 한하고 후대에 물려줄 수 없었다. 이로써 관리가 자신의 특권을 일정한 후대(가 령 4대까지)까지 물려줄 수 있었던 관직귀족인 '사대부'도 소멸했다. 순수하게 평민들과 평민 출신 전현직 관리들(신사들)로 이루어진 완전한 능력주의적 평등 사회가 도래한 것이다. 따라서 나이토는 이것을 빼먹고 송대 과거제의 비본질 적 변화에 대해서만 언급하고 있다. 그리하여 '귀족정치 몰락'의 주요 이유인 非세습적 신사제도의 성립과 근대적 관료제의 확립에 대한 설명이 턱없이

1105) 內藤湖南, 「包括的唐宋代觀」(1922), 197-198쪽.
1106) Wilkinson, *Chinese History*, 265-266쪽.

빈약해지고 말았다. 또한 왕안석의 개혁정책에 대한 설명도 빈약하기 짝이
없다.

■'송대 근세성'의 네 번째 특징: 근대적 정파들의 등장

귀족정치시대에는 정치적 분쟁과 갈등이 귀족가문들 간의 대립으로 나타났
으며 따라서 사분오열하는 복수의 권문세족들이나 혼인을 통한 세족연합이
붕당을 짓고 정권을 다투었다. 그러나 학교제와 과거제의 확립으로 송대의
붕당은 주의주장을 가진 근대적 정파로 바뀌었다. 나이토고난은 말한다.

정치의 실제 상태에서도 변화가 초래되어 특히 당파와 같은 것은 그 성격이 일변되
었다. 당대에도 송대에도 붕당이 시끄러웠지만, 당의 붕당은 단순히 권력투쟁을 일
삼는 귀족 중심의 그룹이었던 데 비해, 송대에 이르면 정치적 주의주장이 붕당 속에
서 현저히 나타났다. 이것은 정권이 귀족의 손에서 벗어남에 따라 혼인 및 친척관계
에서 비롯된 당파가 점차 쇠퇴하고, 정치적 의견이 당파를 만드는 주요한 목적이
된 것이다.[1107]

물론 세족붕당이 주의주장을 가진 근대적 정파가 되었다고 해서 당파싸움의
폐해가 없어졌다는 말은 아니다. 따라서 나이토는 바로 자기 말을 한정한다.

당파가 정치적 주의주장에서 비롯된 것이라 하더라도 물론 이 당파의 폐해는 점차
귀족시대와 유사한 것이 되어 명대에는 사제관계, 출신지방의 관계 등이 중요하게
되어 이른바 군자에 의해 만들어진 당파도 그 폐해가 소인의 당파와 별반 다르지
않게 되었고 명은 결국 '동림당' 때문에 멸망했다고 말할 정도가 되었다. 청조에서는
신하들의 당파를 매우 혐오했고, 그 때문에 군주의 권력은 더욱더 절대적인 것이
되어갔다.[1108]

1107) 內藤湖南, 「包括的唐宋代觀」(1922), 198쪽.
1108) 內藤湖南, 「包括的唐宋代觀」(1922), 198-199쪽.

여기서 "명은 결국 '동림당' 때문에 멸망했다"는 말은 완전히 그릇된 것이다. (나이토는 명대만 나오면 헛짚는다.) 명은 13대 황제 신종 만력제(1572-1620)의 장거정 사후 34년간 태정怠政과, 동림당을 혹독하게 박해한 환관 위충현 및 그와 연합한 엄당閹黨(반동림당)의 7년 독재전횡(1620-1627)으로 인해 멸망했기 때문이다. 위충현과 엄당은 변경수비 중의 장군 웅정필까지 죽이고 전국에 살아 있는 위충현의 사당을 짓게 한 생사生祠운동으로 명왕조의 뿌리를 송두리째 뒤흔들어 놓았다. 이후 명은 17년 뒤 이자성의 난과 만주족의 침입으로 망했다. 동림당은 만력제의 태정이 길어지고 환관이 위세를 잡자 이를 바로잡고자 일어난 양명학적 정파였다.[1109] 1520년대 왕양명이 양명학을 창시한 이래 양명학은 왕양명 사후 25년경부터 성리학보다 더 진지하게 받아들여졌다. 그리고 세종 가정제 때 양명학자 장총張璁은 내각수상을 지내기도 했다.[1110] 이후 양명학파는 성리학파의 정치적 반격과 탄압으로 부침을 겪었지만, 만력제의 태정으로 환관들이 정치를 전횡하자 1604년부터 왕양명의 가르침을 확산시켜 유가철학을 개조하고 성리학파 관리들을 비판하려는 동림당이 거세게 일어났다. 동림당운동은 20여 년간 중국을 뜨겁게 달궜다.[1111] 그리고 이후 청대에도 모든 혁신적 사조가 고염무·왕부지·황종희 등 동림당 계승자들로부터 나왔을 정도로 동림당은 역사적 큰 줄기를 이루었다. 반면, 엄당은 이에 대항하려는 성리학적 정파였다. 나이토는 동림당과 엄당의 갈등이 양명학파와 성리학파 간의 갈등이었다는 것에 대해서도 전혀 모르는 듯하다.

아무튼 이 동림당과 엄당의 갈등도 당대에 지배적이었던 권문세족 간 갈등이 아니라 근대적 정치대결이었다. 따라서 나이토의 말대로 송대 이후 정파는 주의주장을 내건 근대적 정파였고, 명대 후기의 동림당은 환관들과 결탁해 명국을 멸망으로 몰아간 성리학파 일당독재를 쳐부수고 나라를 구하려고 몸부

1109) 杜乃濟, 『明代內閣制度』, 27쪽.

1110) 참조: 曹永祿, 『中國近世政治史硏究』, 168-171쪽; 崔晶姸, 「明朝의 統治體制와 政治」, 21쪽.

1111) 참조: Willard Peterson, "Confucian Learning in Late Ming Thought", 708-709쪽. Denis Twitchett and Frederick W. Mote (ed.), *The Cambridge History of China*, Vol. 8, *The Ming Dynasty, 1368-1644*, Part 2 (Cambridge: Cambridge University Press, 1998, 2007).

림친 정파였다고 이해하는 것이 합당할 것이다.

■ '송대 근세성'의 다섯 번째 특징: 화폐·시장경제의 확립

왕안석 이후 북송에서부터 화폐경제와 시장경제가 확립되고, 임노동제와 산발적 자본주의 맹아가 발단되었다. 청묘법은 국가융자를 통해 농민들에게 화폐를 자발적으로 사용하도록 만들어 화폐경제를 활성화시켰다. 농민들이 물납이 아니라 농작물을 판매해 국가에 화폐로 변제해야 했기 때문이다.[1112) 이와 동시에 농산물시장도 고도로 활성화될 수밖에 없게 되었다. 또한 왕안석의 시역법市易法도 화폐·시장경제에 공적 보장의 성격을 부가하며 화폐사용과 시장범위를 확대했다. 시역법은 정부가 현물공납을 폐하고 화폐 공급公金으로 시장에서 상품을 사들였고 또 지나치게 싸진 물품을 현금으로 매입하고 비쌀 때 판매함으로써 상품출하량과 통화량의 수요공급을 조절했기 때문이다.

앞서 살펴보았듯이 송대에는 화폐도 대부분 지폐로 통용되었다. 당시 주조된 금속화폐의 유통량은 미미했다. 나이토는 말한다.

당대에는 유명한 개원통보를 주조하고 화폐의 주조를 계속적으로 단행했지만, 그 유통량은 의외로 적었다. 화폐의 유통이 왕성해진 것은 송대에 이르러서다. 당대에는 실물경제라 할 수는 없지만, 물건의 가치를 나타내는 화폐로서 많은 경우 비단을 이용했다. 그런데 송대가 되어서는 비단·면 등 대신에 동전을 사용하게 되었고 더욱 발달하게 되자 지폐까지 왕성하게 사용되었다.[1113)

앞서 논했듯이 당대부터 이미 '비전飛錢'이라는 지폐가 사용되었지만, 그 사용이 활발해진 것은 시장경제가 흥한 송대였다. 송대에 지폐는 주지하다시피 교자交子·회자會子 등으로 칭했다. 상당한 수준에 이른 지폐의 발행고와 유통량 때문에 당연히 남송시대에 물가 변동은 아주 심했다. 송대에는 지폐가 충분히

1112) 요나하준(與那覇潤), 『중국화하는 일본』(서울: 페이퍼로드, 2013), 33쪽.
1113) 內藤湖南, 「包括的唐宋代觀」(1922), 199쪽.

사용되었고, 원대에는 거의 동전주조 없이 단순히 지폐만 유통될 정도였다.[1114] 말하자면 "송대에 들어 화폐경제가 대단히 활성화된 것"이다. 북송시대에는 은의 유통량이 매우 적은 양에 그쳤다. 하지만 남송에서는 "대단히 왕성하게" 유통된 것으로 보인다. 은은 이 무렵부터 점차 화폐로서 중요한 위치를 점하게 되었다. 불환지폐정책을 극단적으로 시행해 지폐를 없애려고 했던 명대와 청대에 이르면 마침내 은이 지폐를 완전히 밀어내고 화폐의 위치를 독점하게 된다. 아무튼 당·송 교체기는 비단과 포목을 화폐로 쓰는 실물경제가 화폐경제로 교체되는 시기였다.[1115]

송대 이후 근대적 화폐·시장경제의 확립은 선진적 교통체계라는 사회간접시설의 뒷받침이 없었다면 불가능했을 것이다. 나이토고난은 「근대중국의 문화생활」(1928)에서 이에 대해 보완한다. 중국은 토지가 광활하고 기차도 기선도 없던 시대에 이미 교통이 대단히 편리했다. 일본의 도쿠가와시대와 비교해도 송대 중국의 교통이 훨씬 더 편리했다. 베이징과 항주 사이에 커다란 운하가 뚫려 있어서 배로 몇 백 리라는 길을 작은 배를 타고 갈 수 있었다. 유럽은 중앙에 고산 알프스가 있어서 어디를 가더라도 산을 넘지 않으면 안 되는데, 중국은 영역이 넓고 교통이 편리해서 특별한 생산적 상황이 펼쳐진 것이다. 중국과 같이 교통이 편리한 나라에서는 각 지방에 갇힌 토산품의 생산과 소비를 장려할 수 없었다. 교통이 편리하면 상담이 다각화되어 적은 운송비로도 화물을 각지에 보낼 수 있기 때문에 각 지방에서 직물생산을 장려하려고 해도 도저히 그 특산지와 경쟁할 수가 없었다. 어떤 지방이든 생산 면에서 가장 교통이 편리한 상황에서 지방의 특산물을 내고 있는 지방에 이길 수가 없기 때문이다. 따라서 중국에서는 각 지방이 살길은 다른 지방이 흉내 낼 수 없는 특산물 장려 전략밖에 없었다. 그 결과, 교통이 사통팔달로 발달한 중국에서는 지방에 따라 특산물 생산이 왕성해졌다. 직물은 세계적 경쟁력을 가진 소주·항주·남경의 특산이었다. 의식주의 그 무엇이든 가까운 데서 생산되는 것을

1114) 內藤湖南, 「包括的唐宋代觀」(1922), 199쪽.

1115) 內藤湖南, 「包括的唐宋代觀」(1922), 199-200쪽.

중시하지 않고 먼 곳에서 생산되는 것을 중시하는 것도 가능해졌다. "먼 데서 생산된 것을 중히 여긴다"는 중국 속담도 이런 상황에서 생긴 말이다. 이것은 중국의 영토적 방대성과 대내외적 교통의 편리성에서 비롯된 것이다.1116) 이 편리한 교통과 이 교통로로 연결되는 방대한 영토 위의 광대한 국내외 시장은 송대 이후 고도로 발달한 중국의 근대적 화폐·상업경제의 조건이었다.

■'송대 근세성'의 여섯 번째 특징: 학술·문예의 자유화와 대중화
송대에 들어서는 경학해석이 개인적으로 자유로워져 신설新說과 신해석이 많이 등장해 일반풍조가 되었으며, 문예도 개인적 표현형식과 내용이 자유로워지고 창작하고 향유하는 층이 탈脫전문화·대중화되었다. 나이토는 말한다.

학술·문예의 성격도 현저히 변화했다. 예를 들어 경학·문예의 측면에서 살펴보면 경학의 성격은 당대唐代에 이미 변화의 징후를 드러내기 시작했다. 당 초기까지는 한·위·육조의 풍이 전해져 경학은 가법家法 혹은 사법師法을 중시했다. 예로부터 전해진 학설을 부연하는 것은 허용되었지만, 사설師說을 수정해 신설新說을 주장하는 것은 일반적으로 허용되지 않았다. 물론 그 사이에는 여러 종류의 샛길을 생각해내어 몇 번이나 이전 학설을 바꾼다 해도 공공연히 그러한 시도를 할 수가 없었다. 그 결과 당시의 저술은 의소義疏를 주로 했다. '의소'라는 것은 경서의 주석에 대해 상세한 해설을 한 것인데, 이것이 원칙으로서 "소는 주를 파괴하지 못한다疏不破注"는 것이다. 그럼에도 당 중엽부터 고래의 주소注疏에 대해 의심하기 시작하면서 개인적 의견을 내세우기 시작했다. 그 가장 빠른 예가 『춘추』에 관한 신설이다. 그 후 송대에 이르면 이 경향이 극단적으로 발달해 학자는 천고부전千古不傳의 유의遺義를 유경遺經에서 발견했다고 칭하면서 모두 자기 자신의 견해로 신해석을 가하는 것이 일반적 풍조가 되었다.1117)

1116) 內藤湖南, 「近代支那の文化生活」(1928), 227-228쪽.
1117) 內藤湖南, 「包括的唐宋代觀」(1922), 200-201쪽.

문학에서 글과 음악도 자유롭고 창의적인 대중문학·서민음악의 방향으로 많은 변화를 겪었다. 이 "자유연구" 또는 '자유연구'의 기풍은 바로 '정신적 해방'을 뜻했다. 이 '자유연구'를 통해 "평민시대의 평민정신이 학문에 도입되었다".1118)

이런 평민정신·자유연구 방향의 변화는 당대 중기에 발단해서 송대에 절정에 달했다.

> 문학 가운데서도 문文은 육조 이래 당까지 사륙문四六文이 유행했지만 당 중엽부터 한유·유종원 등 여러 대가들이 출현해 이른바 고문체古文體를 부흥시켜 모든 문장이 산문체가 되었다. 다시 말하면 형식을 중시하던 문장이 자유로운 표현법의 문장으로 변한 것이다. 시는 육조까지는 오언시五言詩로서 선체選體, 즉『문선文選』풍의 시가 일반적이었는데, 당의 전성기부터 그 풍조가 일변해 이백·두보 이하 대가가 출현하면서 점점 종래의 형식을 타파하는 흐름이 되었다. 당말부터는 시 이외에 시여詩余, 즉 사詞가 발달해 오언·칠언의 형식을 부수고 꽤 자유로운 형식으로 변했으며 특히 음악적으로 완전히 발달해갔다. 그 결과 송부터 원대에 걸쳐 곡曲의 발달을 가져와 종래의 짧은 형식의 서정적 곡에서 복잡한 형식의 극劇으로 변해갔다. 그 사詞 등도 전고典故가 있는 고어를 주로 하지 않고 속어를 가지고 자유롭게 표현하는 흐름으로 변해갔다. 이 때문에 한때는 귀족적이었던 문학이 일변해서 서민 문학으로 변하기 시작한 것이다.1119)

이런 대중적 자유창작의 흐름은 미술과 회화 부문에서도 유사하게 관철되었다.

> 육조·당대까지는 벽화가 왕성하게 만들어져 채색을 주로 했는데, 당의 전성기부터 백묘수묵白描水墨의 신파新派가 활발해졌다. 하지만 당대를 통틀어 신파가 구파를 압도하지 못했다. 그럼에도 오대부터 송에 걸쳐 벽화가 점차 병장화屛障畵로 바뀌어 금벽산수金碧山水는 쇠퇴해갔고 묵회墨繪(묵화)가 점점 발달하게 되었다. 오대를 중심으

1118) 內藤湖南,「近代支那の文化生活」(1928), 210쪽.
1119) 內藤湖南,「包括的唐宋代觀」(1922), 201쪽.

로 하여 이전의 그림은 대체로 전통적 풍격風格을 중시했고 그림은 사건의 설명으로서 의미를 갖는 것에 지나지 않았지만 새로운 수묵화는 자기의 의지를 표현하는 자유로운 방법을 취해, 종래 귀족의 도구로서 굉장한 건축물의 장식으로 사용되던 것이 권축卷軸(족자)의 성행으로 서민적이라고 할 수는 없지만 평민 출신의 관리가 유우流寓하는 가운데 이것을 지니고 다니며 즐길 수 있는 종류의 것으로 변화했다.1120)

회화 분야에서 이런 자유화의 흐름은 왕안석 이래 남화南畵 가운데 "문인화'가 대표했다. 문인화의 본색은 "예술가의 탈脫전문화(藝術家の專門離)"였다. 그 전에 그림은 "화공이라는 전문가"가 그리는 것이었으나, 송대의 새로운 '문인화'는 전문가가 아닌 사람도 그렸기 때문이다. "예술에 흥미를 느끼는 사람은 누구라도 그림을 그려도 상관이 없게 되었다." 이것이 바로 "탈전문가화(專門家離)"였다.1121)

당 전기까지 "그림이 사건의 설명으로서 의미를 가졌다"는 것은 이때까지 경서와 역사에 보이는 고사내력故事來歷을 그림의 소재로 삼았고, 육조 무렵부터 발달한 산수화도 전문가가 특별하게 연구해서 매우 특이한 경치를 그렸다는 말이다. 하지만 문여가文與可(문동文同)·소동파 등이 시작한 문인화의 작풍이 일어난 뒤에는 도회지에서 그다지 멀지 않은 어느 곳, 누구나 볼 수 있을 법한 풍경, 누구라도 그릴 수 있을 법한 경치를 그리게 되었다. 이것이 바로 "예술의 탈전문가화"였다.1122)

당연히 음악의 창작과 향유도 자유화·대중화 방향으로 크게 변화·발전했다.

음악도 당대에는 무악舞樂이 중심으로 음을 주로 하여 그것에 춤의 동작을 부속시킨 것인데, 악률樂律도 형식적이고 동작에 흉내 내기 등의 의미는 적게 하여 특히 귀족적 의식에 어울리는 것이었다. 그런데 송 이후 잡극雜劇의 유행과 더불어 흉내 내기

1120) 內藤湖南, 「包括的唐宋代觀」(1922), 201-202쪽. '금벽산수는 산봉이나 바위의 선에 금가루와 녹색을 배합해 눈부시게 한 산수화를 말한다.

1121) 內藤湖南, 「近代支那の文化生活」(1928), 210-211쪽.

1122) 內藤湖南, 「近代支那の文化生活」(1928), 211쪽.

와 같은 비근한 예술이 활발해져 그 동작도 비교적 복잡해지고 품위가 고대의 음악 보다는 좀 떨어지지만 저급한 평민의 취미에 맞게 단순하게 변화했다. 그 경향이 가장 현저한 발달을 보인 때가 남송시대다.[1123]

'흉내 내기'는 플라톤이 예술로부터 추방했으나 아리스토텔레스가 미의 본질로 착각한 '미메시스(μίμησις)'의 요소다. 미메시스는 '미美'가 아니라 '재미'를 일으키는 유희적 요소로, 예술작품에서 미메시스적 요소가 증가하면 재미가 커지지만 예술은 '통속화'된다.[1124] 연극의 '통속화'는 곧 연극예술의 '대중화'다. 음악과 악극도 연극처럼 이렇게 다 서민적 대중음악으로 발전한 것이다. 이로써 학문·문학·예술, 즉 '문화' 일반이 모조리 다 자유화·대중화를 향해 약진한 것이다.

나이토는 "문화의 정도를 확실히 알 수 있는 지표"를 "그 나라의 공예 수준"으로 보고 공예의 탈전문화·대중화를 특히 중시한다. 송대에 공예 분야에도 "평민정신"이 대두되었다. 한에서 당까지 공예라는 것은 모두 조정이나 귀족의 수요에 맞춰 생산되었다. 평민은 공예와 무관했고, 공예는 특별히 조정에 직인을 고용해서 대부분 경제성을 무시하고 작업을 시키는 방식으로 수행되는 것이 한대 이래의 일반적 모습이었다. 그러나 송대부터는 평민을 상대로 한 공예품의 대량생산이 개시되었다. 이것은 직물·도기 분야에서 특히 두드러졌다. 공예품의 "대량생산"은 곧 "공예의 평민화"였다.[1125]

공예품의 대량생산과 대중화는 "근대의 생활요소"를 첫 번째로 특징짓는 "평민시대의 신新생활양식"을 발생시켰다. "평민의 신생활양식"의 주요 측면은 "대중에 공통된 생활"이었다. "대중에 공통된 생활" 속에서 '천성적 특수성'을 타고난 사람이 탄압받는 일이 사라졌다. 가령 상술한 대중화된 근대적 직물 중 대표적인 것으로 가장 많이 애호되고 가장 많이 생산된 직물로는 단자緞子(광

1123) 內藤湖南, 「包括的唐宋代觀」(1922), 202쪽.

1124) 미메시스와 예술의 관계에 대한 플라톤과 아리스토텔레스 간의 견해 차이와 예술의 미메시스 적 통속화에 관해서는 참조: 황태연, 『감정과 공감의 해석학(2)』, 1262-1269, 1308-1323쪽.

1125) 內藤湖南, 「近代支那の文化生活」(1928), 211쪽.

택과 무늬가 있는 수자조직의 견직물)가 있다. 단자는 대량생산의 상징재화였다. 송대에는 조정도 단자생산지로 관리를 파견해 좋은 단자를 선별·매입했다. 황궁까지도 공예품의 대량생산·대량소비 체계 속으로 포섭된 것이다.[1126]

이와 같이 송 이후에는 정치·경제·학문·예술·공예 등 모든 분야에서 탈전문화와 평민화(대중화)가 진행되어 정치·사회의 "모든 방면에 평민정신이 깃들게 되었다". 나이토는 이 평민정신의 확산을 바로 "근대의 가장 중요한 내용"으로 규정함과 동시에 "평민시대"를 "근대"와 등치시키고 평민시대로 이해된 근대가 "송대 이후의 일"이라고 단언한다. 그리하여 당말부터 오대까지의 시대는 귀족시대로부터 평민시대로 이행하는 과도기로서 귀족이 몰락하는 시대이므로 이는 귀족시대도 아니고 평민시대도 아닌 그 중간의 시대다. 그러나 "송대부터는 평민시대"라는 것이다. 원대에는 다소 고대의 부활과 같은 복고적 양상이 나타나기도 했지만 그것은 문화 수준이 낮은 몽고민족이 장악한 지배권의 영향에 지나지 않았다. 그러나 원은 100여 년으로 막을 내리고 명·청시대가 개막했다. 이때부터 평민정신이 다시 활성화되어 과거의 귀족시대로는 되돌아갈 수 없게 되었다. 나이토는 이것을 이른바 "근대"라는 요소의 "가장 중요한 대사大事"로 보고 이 '대사'를 바로 "평민발전"으로 확인한다.[1127]

■'송대 근세성'의 일곱 번째 특징: 자연복귀와 환경의식의 확산

나이토고난은 송대 근대성의 한 중요한 특징으로 인공人工·인위人爲·작위作爲를 버리고 자연으로 복귀하려는 경향과 환경보호 의식의 발생을 들고 있다. 뒤에 살펴보겠지만 중국의 친親자연적 정원과 자연스러운 예술의식은 영국의 중영中英가든과 낭만주의를 낳는다. 송대 중국의 대중적 자연복귀·환경보호 의식은 '자연으로 돌아가'라는 루소의 외롭고 거친 캐치프레이즈가 중국문화의 영향 아래서 18세기 후반(1762)에야 나온 것과 대비하면 이것보다 600여 년 앞선 의식이었고, 20세기 후반 서양의 대중적 환경운동 의식에 비하면 800년

1126) 內藤湖南, 「近代支那の文化生活」(1928), 217-218쪽.
1127) 內藤湖南, 「近代支那の文化生活」(1928), 212쪽.

앞선 것이다.

나이토는 송대 중국이 "점점 평민시대가 되어가면서 '인공人工에서 천공天工으로'라고 할 정도로 천연 상태로 되돌아가는 양상"에 주목했다. 그리고 그는 이 양상의 도래를 귀족시대에 "인공적인 것을 극도로 추진한 결과"에 대한 반작용으로 보았다.1128) 중국역사에서 당까지는 점차 인공으로 나아갔다. 조선의 낙랑지역에서 출토된 발굴물을 보면 한대에 이미 직물 등이 높이 발달했고 당대에는 양식의 변화가 각별히 진보했는데, 대체로 당까지는 인공이 점점 향상되어 "진보"하는 시대였다. 그런 시대에는 역사가도 "진보의 기백"을 가지고 글을 쓰기 때문에 그렇게 기록된 역사도 "진보의 관념"이 있었다. 그리하여 가령 당대에 나온『통전通典』의 저자 두우杜佑는 "세태의 진보"를 말한다. 반면, "송 이후가 되면 완전히 반대가 되어 뭐든지 전부 고대로 돌아가려는 경향"이 생겨난다. 가령 "도덕이라는 것이 점점 평민 중심이 되어 천자의 생활조차도 평민도덕으로 속박하게 된다". 송대의 명신·간관 등이 천자에 대해 요구하는 도덕생활도 평민과 동일한, 즉 꾸밈없이 소박한 생활원칙이었기 때문이다.1129)

그리고 "취미"도 "복고적 경향"을 띠게 된다. 당까지는 정원·누각·건조물 등 인공물을 세우는 것이 유행이었던 반면, 송대에는 가장 사치스럽고 극심한 낭비를 일삼았던 휘종徽宗의 취미조차도 "원시적 전원의 아름다움"의 향유였다. 그는 궁중 안에 커다란 정원을 만들기보다는 삼림을 조성하고 맹수·독사를 풀어놓는 등 자연스러운 경치를 즐기고자 했다. 이런 취미는 "복고적 경향", 즉 '자연으로의 복귀' 성향을 보여준다.1130)

이런 자연복귀적·복고적 경향의 한 자락으로 골동품에 대한 강렬한 기호도 생겨났다. 19세기에 들어서야 서양인들은 골동품 수집에 열을 올렸으나 중국인들은 700-800년 전부터 골동품 취미에 관심을 가졌다. "고대의 물품을 애완하는 경향"은 "역사에 의해 초래된 것"이다. 당 이전에는 고대의 발굴품이라는 것을

1128) 內藤湖南,「近代支那の文化生活」(1928), 219쪽.

1129) 內藤湖南,「近代支那の文化生活」(1928), 220쪽.

1130) 內藤湖南,「近代支那の文化生活」(1928), 220쪽.

생활요소로 받아들이는 것을 그다지 좋아하지 않았다. 한·수·당대에는 발굴물 중에 동기銅器가 나오면 그것을 부서符瑞(상서로운 물건)로 여겼다. 발굴물은 학문적 참고로 삼기는 했지만 취미의 대상으로는 여기지 않았다. 그러나 송대 이후에는 발굴물이 취미로 쓰이기 시작한다. 『고고도考古圖』, 『박고도博古圖』 등은 모두 고대유물 동기銅器에 관한 책이다. 송대 이후에 고대유물은 학문적 의미와 함께 취미의 의미가 크게 확장되기 시작해서 학문과 취미 양쪽에서 고대의 그릇들을 보기 시작한 것이다. 명대에는 아예 고대의 기물器物이 "생활요소"가 된다. 그래서 서적에서 과거의 사본寫本과 판본板本도 교양인들을 대단히 매혹했다. 명말에 학문·시문에서 일가를 이룬 전겸익錢謙益은 자신의 장서각을 '강운루絳雲樓'라고 이름하고 거기에 동기銅器 등 고대유물들을 많이 늘어놓았다. 중국인은 그 매혹을 이길 수 없다. 이길 수 없을 정도로 중국의 생활에는 육체적 욕망과 마찬가지로 대단한 복고적 취미가 만들어졌다.[1131]

그림도 이와 마찬가지로 자연복귀의 복고적 성향을 보였다. 누각산수라는 것은 오대에서 끝났으며 사진처럼 복잡하고 미세한 기교를 쓴 회화는 송대에 사라지고 '자연의 산수화'가 성행했다. 의학과 양생법까지도 마찬가지였다. 당까지의 양생법은 뭐든 외부에서 약으로 다스리는 것이었다. 천자·귀족 등이 장수하고자 하는 이유는 노인이 되어도 여자와 즐기고자 하는 욕망이 있어서 그런 것인데, 이를 위해 무엇이든 약으로 해결하려 했다. 그 때문에 굉장히 자극성이 강한 광물성 약을 마시고 때로는 중독으로 사망한 천자가 나올 정도였다. 송대 이후에는 그러한 방법을 버리고 내부적 양생을 하는 경향이 나타난다. 그래서 도교에서 양생을 위한 약이라고 하는 단丹은 장생불사의 약인데, 송 이전에는 외단外丹이 유행이었던 반면, 송 이후에는 내단內丹이 유행하기 시작했다. 그것은 약의 힘을 빌리지 않고 안마·체조 등으로 신체의 힘을 강화해 양생하는 방법이다. 그렇기 때문에 고래의 양생서에 대한 해석도 변했다. 고래의 약제에 관한 책도 원래 외단의 의미였던 것을 내단의 의미로 바꿔 해석하게 되었다. 주자의 『참동계고이參同契考異』는 외단을 내단으로 해석한 전형적 사

1131) 內藤湖南, 「近代支那の文化生活」(1928), 224-225쪽.

례다. 의사의 치료법에서도 변화가 생겼다. 종래에는 대증요법이 일반적이었지만 송 이후 치료는 '온보溫補'라는 체력보충 방법이 선호되었다. 체내의 저항력을 키워 자연히 병을 치료하는 의술이었다. 생활의 전 분야에서 보이는 이 자연복귀적 경향 또는 "고대생활로 돌아가려는 경향"은 모두 인공적 생활문화가 높이 발전해 상당히 오랫동안 지속된 결과에 대한 "반동"으로 생겨난 것이다.1132)

송대 중국의 이 원시복귀 경향 속에서 삼림과 들판에서 원시생활을 하던 금과 원의 목야牧野생활문화도 어려움 없이 자연스럽게 중국에 유입된다. 따라서 만주족과 몽고족은 별일 없이 자신들의 생활을 "그대로 중국에 가져와 영위할" 수 있었다. "근대의 청조도 마찬가지"였다. 그러나 이것은 중국 고유의 관점에서 보면 "복고적인 원시생활로의 회귀"와 같은 것이었다. 그리하여 "그 생활요소로서 천연보존이라든지 동물보호 발상이 생겨나거나, 약초 등 토지의 명물 보존의 발상도 나오고, 이로부터 동물보존을 위해 삼림을 보존한다는 생각도 대두한다".1133) 이것은 오늘날 20세기 말엽 이래 높아진 환경의식의 관점에서 보면 매우 흥미로운 사실史實이다. 더욱 놀라운 사실은 나이토가 20세기의 환경의식을 전혀 모른 상태에서 예리하게 아무도 주목하지 않은 이런 의식변화와 자연복귀의 근대적 의식을 간파해낸 것이다.

동물보존 의식의 형성은 복합적 요인들로 생겨났다. 옛날 중국인은 구裘라는 가죽옷을 입었으나 한대 이후 직물의 발달로 가죽의 용도가 점차 미약해졌고 게다가 야만민족이 들어왔기 때문에 가죽옷을 입는 것이 상당히 고귀한 생활이 되었다. 근대의 청조에서도 관복으로 담비(貂)의 가죽을 입은 적이 있다. 담비의 가죽이 관복이면 담비를 보존하지 않으면 아니 되고, 담비를 보존하려면 만주삼림을 보존하지 않으면 아니 되는 것이다. 또 몽고인과 만주인은 야만족으로 활을 잘 쓰는 민족이다. 그 때문에 화살의 날개로 매의 깃털이 아주 많이 필요했다. 매를 보존하기 위해서도 만주삼림을 보존하지 않으면 아니 되었다. 또한 식물과 관련해서도 삼림보존 의식이 생겨난다. 예로부터 중국에 인삼이라

1132) 內藤湖南, 「近代支那の文化生活」(1928), 221-222쪽.
1133) 內藤湖南, 「近代支那の文化生活」(1928), 222쪽.

는 약제가 있었는데, 산서山西지방에서 상당인삼上黨人蔘이라는 산삼이 나왔다. 그러나 시간이 흐를수록 만주의 깊은 안쪽으로 들어가지 않으면 산삼은 구할 수 없게 되었다. 그리하여 천연인삼(산삼)을 보존하기 위해서도 만주삼림을 보존하지 않으면 아니 되었다. 이러한 여러 이유로 삼림을 보존하지 않으면 아니 되었고, 이런 요소들이 복합되어 송대 이후 삼림보존 의식이 생겨난 것이다.[1134)

만주인이나 몽고인의 생활은 야만생활이었다. 그러나 인공적 개발에 진력한 결과 이에 대한 반동으로 천연생활의 필요를 느낌과 동시에 천연 상태를 보존할 생각을 하게 된 중국인들은 그들의 이 야만생활을 "복고적 천연보존의 필요"를 충족시켜주는 것으로 여겼다. 이것은 "극단적 인공개발 일변도를 거친 후"에 발생한 "천연보존 의식의 대두"였다. 나이토고난은 1920년대의 기준으로 "유럽인은 아직 거기에 이르지 않았다'고 단언한다. "유럽인은 아주 예전 여러 신발견지를 찾아 헤매 돌아다니던 시대에 모피로 삼을 동물을 잡아 대단히 귀히 여겼으며 좋은 수입도 되었기 때문에 너도나도 모피를 여기저기 삼림에서 죄다 잡아들였고 조금도 보존한다는 것을 생각할 여유가 없었다. 그런데 근래에는 어쩔 수 없이 면양緬羊이라는 가축을 길러 이 가축에서 얻은 털로 만든 옷을 입고 그것으로 모피 흉내를 내는" 지경에까지 이르렀어도 "인간이 짠 모직물보다 더 훌륭한 모피를 입는 생활을 다시 한 번 더 하려는 생각을 하지 않는다". 그러나 "중국인들은 다시 한 번 더 훌륭한 모피를 입으려고 생각했던 것"이다. "문화 수준이 낮은 나라는 천연보존을 생각하지 않는다." 그러나 "종래의 중국인은 오래된 문화를 가지고 있었기 때문에 천연보존을 잘 생각하고 있었다". 나이토는 이 자연복귀·자연보존 의식과 조치를 바로 송대 이후 "중국의 근대생활"의 하나의 중요한 측면으로 보았다.[1135) '문화적 근대화'가 문화의 탈脫고전화(탈脫전문가화)·대중화·자유화로 정의되는 것을 상기할 때, 나이토가 이미 1920년대에 송대 이후 문화 일반의 자유화·탈전문가화·대중화(평민화)를 '문화의 근대화'로 갈파한 것은 진정으로 정확한 역사관의 발로

1134) 內藤湖南, 「近代支那の文化生活」(1928), 222-223쪽.
1135) 內藤湖南, 「近代支那の文化生活」(1928), 223-224쪽.

라고 평하지 않을 수 없다.

■송대이후근세설의 파장

일단 나이토고난이 「포괄적 당송시대관」(1922)과 「근대중국의 문화생활」(1928)에서 말한 '송대 근세성'의 특징들은 이 일곱 가지 요소로 추출·압축할 수 있다. 여기에 그가 다른 곳에서 상론한 공화제적 가치와 제도를 함양한 송대의 자율적 '지역사회' 개념을 보탠다면 8대 요소로 확장될 수도 있다. 그러면 좀더 완벽한 송대이후근세론이 성립될 수 있다.

하지만 송대 중국에서의 진귀한 근대성에 대한 나이토의 주장은 전전戰前 시기에는 거의 어떤 추종자도 얻지 못했다. 1920-1930년대 중국과 일본의 역사 연구는 칼 마르크스와 막스 베버의 저작으로부터 도출된 '동양정체론' 모델에 의해 깊이 채색되어 있었기 때문이다. '관료적 봉건제'든, '아시아적 생산양식'이든 중국제국은 정태적 사회로 묘사되고 그 정체政體의 시대적 정권교체는 전제정의 정체된 연못에 한낱 '잔물결'을 일으키는 것으로 이해되었다. 중국을 '동양사회'의 원형으로 특징짓는 것은 베버의 저작을 통해서든, 비트포겔과 같은 수력사회적 전제정 모델의 대변자들에 의해서든, 중국공산당 홍보대원 지차오딩(冀朝鼎)에 의해서든, 페어뱅크스의 중국사와 같은 대중적 텍스트를 통해서든 서양의 전근대적 중국사회관에 삼투적 영향을 각인했다. 이 원형에 대한 가장 집요한 도전은 나이토고난으로부터 시작해서 일본 학자들에게서 나왔다. 서구학계에서는 '동양적 정체성' 모델이 ('전통적 중국'이라는 명칭의 가면을 쓰고) 1970년대까지 계속 지배력을 행사했다.

그러나 전후에 나이토의 이른바 '송대이후근세설'은 국내외적으로 많은 지지를 받기 시작했다. 나이토의 저작은 당唐·송宋 전환을 중국사의 중대한 분수령으로 확립했다. 이 전환의 성격에 관해 나이토를 지지하지 않는 학자들도 중국 사회가 750년에서 1100년 사이에 근본적 변화를 겪었다는 사실에 동의했다. 적어도 일본의 사가들은 ① 전제적 국가에 의한 귀족신분의 항구적 퇴출, ② 부의 창출에서의 시장경제와 상업자본의 점증하는 중요성과 중국사회 안에서의 권력의 선명한 표출 등 당·송 전환의 두 가지 현격한 측면에 동의했다.[1136] 하지만 나이토의 학설은 이후에도 일본학계와 세계사학계의 사조 변동에 따라 파란만장한 부침을 겪는다.

이 역정을 리처드 폰 글란(Richard von Glhan)을 통해 간략하게 살펴보자. 일단 1960-1970년대에 들어 나이토고난의 송대이후근세설은 쓰도요시유키(周藤吉之)·니이다노보루(仁井田昇) 등 마르크스주의 역사가들의 도전에 직면했다. 이들은 중국사를 '동양적 정체성'의 연옥에서 구하는 한편, 중국이 봉건적 사회관계의 지속으로 인해 근대성을 획득하는 데 실패한 것으로 설명하려고 했다. 이들은 당·송 전환을 근세로의 돌파가 아니라 지주계급에 대한 전호佃戶(농노)의 종속에 기초한 봉건사회의 형성단계로 해석했다. 이 예종관계는 가족·혈통·길드의 가부장적 제도, 즉 '공동체' 또는 '공동사회'(Gemeinschaft)의 형태들에 의해 정당화되고 재생산되었다는 것이다. 이것은 합리적 법률·경제제도의 출현, 즉 퇴니스가 의미한 '이익사회'(Gesellschaft)의 출현을 가로막았다. '공동체' 개념과 나이토고난의 '지역단체' 개념의 명백한 유사성에도 불구하고 이 두 개념의 함의는 정반대였다. 나이토고난은 중국 지역사회의 자율적 성격이 공화제적 가치와 제도들의 육성을 위한 비옥한 토양을 제공한다고 상상했던 반면, '동경학파'로 불린 쓰도·니이다와 그 제자들은 '공동체'의 덮개 안에서 진행된 봉건적 사회관계의 영구화를 중국의 근대화의 주요 장애물로 보았다. 퇴니스의 이론은 남만주철도 회사의 비호 아래 1930년대 중국연구에 철저히 삼투했었다. 동경학파는 퇴니스의 공동체 개념을 뒤르켕의 '분업사회' 개념과 융합해 제국적 중앙정부와 관료체제로부터의 자급자족적 촌락공동체의 소외 상태에 뿌리박은 중국적 전제정 모델을 빚어냈다. 하지만 일단의 일본 학자들은 집단적 행동과 공동체적 윤리의 완전한 부재 사실을 근거로 잡고 특수한 일본 봉건제의 기초를 이루는 '공동체' 개념은 중국사회에 적용할 수 없다고 주장했다.

1136) Richard von Glahn, "Imaging Pre-modern China", 40쪽. Paul J. Smith and Richard von Glahn, *The Song-Yuan-Ming Transition in Chinese History* (Cambridge, MA. and London: Harvard University Asia Center, 2003).

그럼에도 불구하고 송대 이후 중국에서 공동체적 제도가 고대적 친족제도를 대체하고 국가통제로부터 대체로 자유로운 봉건적 지주계급의 기초로서 기능했다고 주장하는 동경학파의 보편사적 중국관이 주류사학이 되었다. 결과적으로, 당송 시기를 중국의 '근세'가 아니라 '중세'를 형성했다고 보는 테제가 주류이론으로 굳어졌다.1137)

동경학파는 중국의 근세적 전환점을 당·송 교체기가 아니라 명·청 교체기로 설정했다. 이 주장은 1950년부터 역사연구를 시작해서 명·청대 '자본주의맹아론'을 전개한 중화인민공화국의 중국사가들의 가담에 의해 더욱 강화되었다. 이들은 유럽 자본주의의 모델의 견지에서 명말·청초에 발전된 강력한 상업적 에너지를 근거로 중국이 '근대로의 내재적 돌파'를 향해 움직인 것으로 파악했다. 중국과 일본의 마르크스주의 사가들은 내생적 부르주아혁명의 잠재력 문제에 대해 이견을 보였다. 하지만 일부 학자들은 서구 제국주의가 간섭하지 않았다면 자본축적과 노동분업의 지속적 고도화 과정이 자본주의적 변혁을 가져왔을 것이라고 생각했다. 그러나 다른 학자들은 생산관계의 봉건적 성격이 성숙하기 전에 '자본주의 맹아들'을 질식시켜 고사시켰다고 확신했다.1138) 이 테제는 한때 극동아시아 역사학계를 지배했다.

그리하여 명말·청초에 사회·정치권력 구조의 본질적 변화 없이 상공업이 현저하게 발달했다는 명제에 대해 동의하는 학자들이 점증했다. 그 결과, 사가들은 중국 봉건사회의 특수한 성격을 정밀하게 조사하지 않을 수 없었고, 제국적 국가체제와 지배계급(신사) 간의 관계에 초점을 맞췄다. 1946년 비효통費孝通 (Fei Hsiao-tung)은 처음으로 '신사'라는 명칭을 중국의 지배적 사회계급에 붙이고 중국사회의 신사를 정치적 엘리트라기보다 사회경제적 엘리트로 파악했다. 신사는 농부의 노동을 착취하는 기생적 지대수취 유한계급이라는 것이다. 그는 지주신사(shensi, 紳士)와 학자관원(士大夫)을 구분했다. 중국의 진정한 지배계급은 '사대부'가 아니라 '신사'이며, 이 신사는 중앙정부와 독립적으로 농촌을 지배했

1137) von Glahn, "Imaging Pre-modern China", 40-42쪽.

1138) von Glahn, "Imaging Pre-modern China", 42쪽.

고 그래서 청국이 멸망한 뒤에도 오랫동안 잔존했다는 것이다. 반면, 1948년 에버하드(Wolfram Eberhard)는 이런 견해를 부정하고 신사를 공직을 얻어 정치권력과 경제권력을 통합한 자들로 정의했다. 그는 한나라 초기의 '신사국가'의 형성이 중국을 유럽과 다른 길로 들어서도록 만들었다고 결론지었다.[1139]

그러나 1950년대에 중국계 미국 학자들은 베버주의의 영향 아래 중국 신사를 송대 이후 제국적 국가체제의 관료 충원의 주요 기제로 기능해온 과거제도의 소산으로 개념화하기 시작했다. 이들은 신사를 지주계급과 예리하게 구분했다. '신사는 그 특권과 지위가 학위 등급과 정치적 관직에서 나오기 때문이다. 중국역사를 관통해 불변적 지배계급을 이룬다는 비효통의 신사 개념과 반대로 창충리(Chang Chung-li, 1955)와 하병체何柄棣(Ho Ping-ti, 1962)는 신사계층 내에서, 그리고 중국사회 전체 안에서의 상하로의 고도화된 사회적 이동을 강조했다. 지극히 경쟁적인 과거시험은 고위관료의 가족도 두 세대 이상 학위신분과 정치권력을 영구화할 수 없게 만들었다. 신사는 그 구성이 지속적으로 바뀌었을지라도 항구적 지배엘리트로서 계속 존속했다. 정치권력에 대한 신사의 독점은 승진이동의 가능성과 결부되어, 국가관료체제에 대해 도전을 제기했을 수 있을 이익집단들(가령 상인길드, 군부, 문사집단 등)의 단체의식을 침식시켰다. 신사연구의 이 첫 세대는 중국을 '항구적 관료제 사회'로 보는 베버의 테제를 강화시켰다.[1140] 1970년대부터 일본 학자들도 이 신사연구에 가담하기 시작했다. 시게다아츠시(重田德)는 1971년 '향신鄕紳지배'라는 패러다임으로 심원한 영향을 미쳤다. 시게다는 중국계 미국인 사가들과 반대로 마르크스주의 전통에 따라 국가를 사회지배구조에서 열등한 위치에 놓았다. 그는 '향신'을 국가로부터 자율적 존재로 보았지만, 이들이 다양한 정치적 특권을 이용해서 자기들의 봉건적 토지와 상업자본에 대한 장악력을 강화했다고 풀이했다. 그리고 시게다는 명말·청초를 향신의 특수이익과 국가의 일반이익의 "유일무이한 유기적 공생"에 의해 특징지어지는 봉건주의의 판이한 단계로 규정했다.[1141]

1139) von Glahn, "Imaging Pre-modern China", 42-43쪽.

1140) von Glahn, "Imaging Pre-modern China", 43쪽.

1970년대 미국과 일본 학계에 유럽의 역사적 경험에서 예견된 역사적 인과론과 보편적 목적론의 큰 모델에 대한 반작용이 일어나면서 중국관은 다시 한 번 근본적으로 변한다. 미국사가들은 유럽적 근대의 도전에 직면할 때까지 중국사회가 대체로 무기력했다는 지배적 가정에 대해 반대의 목소리를 내기 시작했다. 쿤(Philip Kuhn)·웨이크먼(Frederic Wakeman) 등 미국사가들이 아편전쟁 전후의 중국사회와 정치를 더 자세히 들여다보면서, 전통과 근대의 재미없는 이분법은 명·청대 중국을 "후기제정後期帝政 중국(late imperial China)"으로 이해하는 새로운 개념화에 의해 무색케 되었다.[1142] 이 '후기제국' 패러다임은 중국의 지배적 제도와 가치의 계속성과 우연성을 강조하면서도 서양의 침공 전 중국사회의 내부동학에 관심을 기울였다. 1975년 가령 웨이크먼은[1143] "1550년부터 1930년대까지 전 기간"이 시장경제의 홍기, 도시화, 대중 독문율讀文率(literacy) 및 신사계급의 성장과 지역행정에서의 신사의 공식적·비공식적 역할의 진취적 재조정에 의해 특징지어지는 "일관된 총체"를 구성한다는 테제를 제시했다. 웨이크먼은 '근대중국은 아편전쟁부터 시작된다'는 관념에 도발적 도전을 감행했고 서구 제국주의의 충격을 역사적 인과작용의 부차적 차원으로 격하시킴으로써 중국적 근대개념 전반을 문제시했다.[1144] 이 '후기제정' 테제는 '중국중심'의 역사관으로 전환하는 전령이 되었다. 1984년 코헨(Paul Cohen)의 이 '중국중심사관'은 서구의 역사경험에 기초한 역사적 진화모델로부터의 해방과, 1949년 공산혁명의 소급적 관점으로부터 중국제국의 역사 속으로 투영된 목적론으로부터의 해방을 모색했다. 이런 전환적 관점은 1973년 엘빈(Mark Elvin)의 중국사연구에서도 이미 선보였다. 엘빈은 중국의 경제변동을 서구 사회과학 범주들이 적용되지 않는 경제적·정치적·문화적 상호작용의 판명한 리듬으로 기술했다. 엘빈은 중국의 '후기제정' 시대가 명말부터 시작되어 청대로 이어지는 것으

1141) von Glahn, "Imaging Pre-modern China", 44쪽.

1142) '후기제정 중국' 패러다임을 최초로 제시한 학자는 필립 쿤이다. 참조: Philip Kuhn, *Rebellion and its Enemies in Late Imperial China* (Cambridge, MA: Harvard University Press, 1970).

1143) Frederic Wakeman, *The Fall of Imperial China* (New York: The Free Press, 1975).

1144) von Glahn, "Imaging Pre-modern China", 44-45쪽.

로 파악했다. 엘빈은 예농의 소멸, 소농의 흥기, 농촌 상공업의 성장 등 중요한 변화들을 인정했다. 하지만 그는 그럼에도 후기제정 중국을 그가 “고차원적 평형의 함정”이라고 부르는 ‘전근대적 경제구성체’ 안에 갇힌 것으로 이해했다.1145) (엘빈의 “고차원적 평형의 함정” 개념에 대한 비판은 졸저『서구문명의 유교화와 근대적 재구성』에서 취급된다.)

‘후기제정’ 패러다임은 구미 역사학계의 ‘새로운 사회사학(New Social History)’의 점증적 지배의 부산물이었다. ‘새로운 사회사학파’는 비非엘리트적 집단들을 역사변동의 주체로 복권시키려고 모색했다. 자연히 관심의 초점은 엘리트 리더십, 정치, 사상으로부터 권력과 위계의 사회적 기반으로 이동했다. 지역 엘리트들에 대한 연구는 시공을 가로지르는 엘리트 지위의 결정인자들에서 그 다양성과 변동을 강조했다. 이들이 말하는 ‘지역 엘리트들’의 이미지가 ‘후기제정 중국이 고도의 사회적 이동성에 의해 특징지어진다는 하병체의 테제와 모순될지라도 새로운 사회학파는 대체로 ‘부와 토지소유가 엘리트 지위의 획득과 재생산에서 부차적 역할을 했다는 그의 주장을 재확인했다. 이 학파는 대체로 엘리트적 정체성과 지위의 구성에서 영향력, 문화적 헤게모니, 상징적 자본의 네트워크를 강조하고 정치경제적 자원의 통제를 사회적 권력의 파생물로 대우했다.1146)

지역 엘리트의 연구는 국가와의 협주協奏 속에서 사회적 결속과 공공질서를 장려하는 데 지역 엘리트의 역할을 배정했다. 베버의 범주들을 모두 버려야 한다는 경계에도 불구하고 이 연구들은 실은 베버의 분석적 술어들을 자기화하고 순치시켜 중국의 사회적·법적 제도들의 – 정확히 베버적 의미의 – ‘합리성’을 입증하려고 했다. 베버를 물구나무세운 첫 번째 학자는 메츠거(Thomas Metzger, 1977)였다.1147) 그는 유교를 정체적·권위주의적 세계관으로 규정한 베버의 명

1145) Mark Elvin, “Why China Failed to Create an Endogenous Industrial Capitalism: A Critique of Max Weber's Explanation”, *Theory and Society*, 13 (1984); Elvin, *The Pattern of the Chinese Past*, 304-315쪽.

1146) von Glahn, “Imaging Pre-modern China”, 46-47쪽.

1147) Thomas Metzger, *Escape from Predicament: Neo-Confucianism and China's Evolving Political*

제들을 부정했다. 그러나 그는 중국 유교 안에서 유럽의 근대 속으로 유입해 들어간 "변혁적 지향"의 본질을 발견하기 직전에 멈추고 말았다. 한 걸음 더 나아가 로우(William Row)는 한구漢口 무역항에 대한 그의 철저한 연구에서 후기 제정 중국이 베버가 유럽에 특유하다고 여긴 많은 특징들(국가로부터의 정치적 자유성, 도회의식, 공동체적 연대, 공공행정의 합리화 등)을 보여주는 도시들을 발전시켰음을 입증하려고 모색했다. 만(Susan Mann), 랭킨(Mary B. Rankin) 등 다른 학자들은 후기제정 중국을 베버의 '전례적典禮的' 통치 개념의 견지에서 기술했다. 이들은 공공의무 수행에 대한 공동책임과 관련된 조직단체들에 대한 세수특권과 경영책임의 부여를 든다. 공식적 관료체제의 영향범위가 제한된 까닭에 후기제정 중국정부는 지방사회에 대한 관리의 권한을 명문가, 상인길드(行), 신동紳董(신사 관리자)에게 위임했고, 이들은 세수·수리·공공사업·갈등해결·지역방위 등의 임무를 포함한 공공질서에 대해 책임을 맡았다. 이에 더해 여영시余英時(Yu Yingshi) 등의 학자들은 베버의 "자본주의 정신"과 비견되는 공자윤리학과 상업이윤 간의 친화성의 증거를 발견해내고 있다. 후기제정 학파를 뒷받침한 동력은 국가사회 연속체의 내재적 논리(베버적 의미의 '합리성')를 입증하는 데 사회과학적 분석을 활용함으로써 중국의 후기제정 역사를 중국의 제정시대적 과거와 연결시키려는 노력이었다. 이 노력은 초기근대 유럽과 명백히 비교되는 "근세 중국", 즉 "초기근대 중국"의 개념에서 정점에 도달한다. 이와 같이 후기제정 모델의 산출은 근세유럽 관념의 출현과 명백한 친화성을 보여준다.1148)

그러나 이 '근세' 테제는 다양한 방식으로 논란이 되었다. 그럼에도 다양한 우회로를 통해 중국의 '근세'라는 개념은 거의 모든 학자들에 의해 받아들여졌다. 이와 더불어 나이토의 송대이후근세설이 다시 관심의 초점으로 떠올랐다. 그리고 1980년대 이래 일본학계의 '근세' 개념은 명시적 이론화 수준에 이르지 못했을지라도 일본사학을 아는 서양인 학자들 사이에서 거의 전면적으로 수용되었다. 그러나 우치다긴조(內田銀藏), 나이토고난 등 일본 학자들이 긍정한

Culture (New York: Columbia University Press, 1977).

1148) von Glahn, "Imaging Pre-modern China", 47-48쪽.

'일본 근세'는 일본의 '실패한 근대'라는 반성적 관념에 의해 무색케 되었다. 일본의 중세에 부여된 긍정적 가치들은 여전히 잔존했지만 오다노부나가(織田信長)가 일본을 통일했던 1568년부터 시작되었다는 일본의 '근세'는 '자유로부터 예종으로의 퇴락'으로 재평가되었다. 도쿠가와 막부에 의한 절대주의국가의 형성은 우치다가 주장하듯이 근세국가의 형성이 아니라, 실은 도시들, 농민들, 사무라이에게서 독립을 빼앗아 간 봉건국가의 성립이었다. 도쿠가와시대가 개막하면서 사카이·하타카 등 항구의 중세 자유도시들은 독립성을 잃었고, 농민은 거주이전의 자유가 부인되어 토지에 구속되었으며, 사무라이는 이제 독립적 주인이 아니라 다이묘 영주들과 제도적으로 분리될 수 없는 존재로 전락했던 것이다. 이런 사실이 새삼 의식되면서 도쿠가와 사회의 '근세적' 성격은 어디로 가버린 듯하고, 오히려 도쿠가와 사회의 '봉건적' 성격은 두고두고 격론의 주제로 남게 되었다.[1149]

나이토고난은 경도대학 교수였다. 대체로 이런 이유에서 일본 국내에서는 동경대 학자들이 오랫동안 그의 송대이후근세설을 받아들이지 않았다. 그러나 오늘날은 동경대 학자들도 송대이후근세설을 받아들이고 있다.[1150] 그리고 이 학설은 나이토의 송대연구를 이어받은 시바요시노부(斯波義信)의 송대 중국 경제·사회연구서(1970),[1151] '나이토고난의 송대이후근세설'에 대한 포겔(Joshua A. Fogel)의 연구서(1984)[1152] 등을 통해 세계학계에 알려지면서 1980년대 이후 맥닐(1982),[1153] 조운스(1988),[1154] 오스터함멜(1989),[1155] 폴 스미스(Paul J. Smith), 글란(2003)[1156] 등 여러 세계사 사가들과 중국학 전문가들이 이를 수용함에 따라

1149) von Glahn, "Imaging Pre-modern China", 51쪽.

1150) 요나하준(與那覇潤), 『중국화하는 일본』, 32쪽.

1151) Yoshinobu Shiba, *Commerce and Society in Sung China*, translated by Mark Elvin (Center for Chinese Studies, The University of Michigan, 1970·Reprint 1992). 斯波義信, 『宋代商業史硏究』(東京: 風間書房, 1968).

1152) Joshua A. Fogel, *Politics and Sinology: The Case of Naito Konan [1866-1934]* (Cambridge, Mass.: Harvard University Asia Center, 1984).

1153) McNeill, *The Pursuit of Power*, 30쪽 이하.

1154) Jones, *Growth Recurring*, 73-84쪽.

1155) Osterhammel, *China und die Weltgesellschaft*, 23-124쪽, 특히 50쪽.

국제적 통설이 되었다.

포겔에 의하면, 나이토의 중국론은 어쩌면 중국 역사와 문화에 관한 가장 영향력 있는 20세기 저작이다.[1157] 물론 이 일반화에서 중국 역사학계는 배제되어야 할 것이다. 중국에서의 나이토고난의 영향은 밝히기가 매우 어렵다. 20세기 초의 나진옥羅振玉, 왕국유王國維로부터 1930년대의 사국정謝國楨, 주일량周一良, 오함吳晗에 이르기까지 중국의 수많은 저명한 역사가들은 나이토의 저작을 읽고 이에 관심을 가졌었다. 그러나 1920년대와 1930년대의 중국학계에는 나이토의 아이디어들이 결코 발붙이지 못할 정도로 강하게 마르크스주의와 반일주의의 장막이 쳐졌다. 중국, 타이완, 홍콩의 중국사학은 최근까지 일본 학자들을 인용하거나 일본의 중국학 안에서 독창성을 발견하는 것을 어렵게 느꼈다. 그러나 지금은 이것이 변하고 있는 것으로 보인다.[1158] 21세기 초 중국학계는 이제 마르크스의 도식적 역사관('아시아적 생산양식'과 '동양전제주의')을 탈피해 나이토의 견해를 받아들여 진지하게 논하는 형국이 되었다. 나이토의 중국론 외에 다른 어떤 학술 저작도 이렇게 강렬하게 중국역사 분야에 영향을 미친 적이 없었다. 나이토의 중국론은 실제적으로 20세기 중국사의 주요 논쟁들을 정의定義했다고 해도 과언이 아니다. 중국의 역사와 사회에 관한 그의 수많은 혁신적 아이디어는 여전히 지금도 서구학계에서 종종 무의식적으로 반향을 일으키고 있다.[1159]

그러나 나이토고난은 중국의 영광스러운 송대 이후 근세를 잘못 경영해온 중국정부를 제치고 — 과거에 몽고와 만주족이 중국경영을 떠맡았듯이 — 이제 일본이 중국경영을 넘겨받아야 한다고 주장한 제국주의자였다. 그는 이런 교묘한 논변을 폈다. "중국인들이 민족적 독립에 대한 긍지를 철회하기만 한다면,

---

1156) Paul J. Smith and Richard von Glahn, *The Song-Yuan-Ming Transition in Chinese History* (Cambridge, MA. and London: Harvard University Asia Center, 2003); von Glahn, *The Economic History of China*, 208-254쪽.

1157) Fogel, *Politics and Sinology: The Case of Naito Konan*, 165쪽.

1158) Fogel, *Politics and Sinology: The Case of Naito Konan*, 165쪽 각주6(318쪽); von Glahn, *The Economic History of China*, 208쪽 각주1.

1159) Fogel, *Politics and Sinology: The Case of Naito Konan*, 165쪽.

외국통제는 중국 인민을 위해 최선의 상태일 것이다. 내가 이 책에서 논하는 것처럼 국방의 필요는 완전히 해소될 것이다. 중국이 중국 관료들보다 더 정직하고 더 유능한 외국 관리들에 의해 통제될 것이기 때문에 그들은 상대적으로 더 적은 금융부담을 가진 훌륭한 정부의 혜택을 받을 것이다. 중국 인민이 (…) 외국통제의 부과에 대해 불평할 아무런 이유가 없다."[1160] 이에 대한 비판은 이미 나와 있기[1161] 때문에 여기서는 그 내용을 재탕할 필요가 없고 그의 동양문화사적 논변만을 고찰했다.

'근세'라는 술어는 도쿠가와 막부 치하의 봉건시대(1616-1853)를 일본 봉건제의 마지막 단계, 또는 정치적 통일, 상업적 팽창, 도시의 성장, 시민생활의 급진전 등을 통해 '근대'로의 이행을 특징짓는 시대로 파악하기 위해 1903년 우치다긴조(內田銀藏)가 만든 신조어다.[1162] 우치다는 이 신조어로써 도쿠가와 막부 치하 230여 년의 봉건적 '전근대'를 '근세'로 미화했다. 그러나 나이토고난은 우치다의 이 '근세'라는 용어를 송대에 응용했다. '근세'를 송대 중국에 적용한 나이토의 근세개념은 일본의 '전근대'를 '근세'로 조작하려는 우치다의 시도보다 성공적인 것으로 여겨진다.

그러나 위에서 지적했듯이 송대 이후 원·명·청대 중국에 대한 나이토고난의 이해는 심각한 오류들에 시달리고 있다. 나이토고난의 이론적 약점 또는 결함은 중국의 근세를 '조숙한 것'으로 이해하고 송대의 문화적 활기가 그 민족의 청년기의 산물이라고 믿어 송대 이후 중국의 '근세'는 '노쇠'로 퇴화해 동양문화의 중심이 일본으로 이동했다고 관념한 것이다.[1163] '송나라 이후에 살아남지

1160) 內藤湖南,『支那論』, 296쪽. Fogel, *Politics and Sinology: The Case of Naito Konan*, 191쪽에서 재인용.

1161) 신현승,「일본의 동양사학자 나이토고난의 역사인식」, 165-194쪽. 동아시아고대학회 편,『동아시아 역사인식의 중층성』(서울: 경인문화사, 2009); 신현승,「나이토고난의 중국 인식과 동아시아 표상」, 93-132쪽. 전성곤·송완범·신현승 외,『근대 동아시아 담론의 역설과 굴절』(서울: 소명출판, 2011); 마르크스주의자 노하라시로(野原四郎)의 비판은 참조: Fogel, *Politics and Sinology: The Case of Naito Konan*, 190쪽.

1162) von Glahn, "Imaging Pre-modern China", 38쪽.

1163) von Glahn, "Imaging Pre-modern China", 39쪽.

못한 시기상조의 근대성'이라는 나이토의 기이한 테제, 즉 송나라의 '조숙한 근대성'이 원·명·청대에 정치적·사상적 정체(停滯) 속으로 퇴락했다는 그의 주장은 "역사적 분석에 못지않게 일본의 정치적 야망에 의해 부채질된 것"이다.1164) 이런 식의 중국사 이해는 1890-1940년대에 유행하던 일본 제국주의의 아전인수격 역사 해석이라는 말이다.

나이토의 이론적 결함은 전후에 그의 제자들도 거의 그대로 물려받았다. 미야자키이치사다(宮崎市定)는 1950년 『동양적 근세(東洋的近世)』에서 중국사와 아시아역사 일반을 의식적으로 고대에서 현대에 이르는 장구한 진화의 전 지구적 도식 안에 위치시키려고 노력했다. 그는 송대 중국과 유럽 르네상스로서의 근대 사이에 명시적 평행선을 긋고, 이 양자에 공통된 2개의 현저한 측면을 ① 기독교적·불교적 도그마를 동반하던 사회와 문화의 세속화와 합리적 철학의 탄생, ② 도시와 상업의 흥기와 토지·노동·자본의 자유처분에 의해 다스려지는 농촌사회의 형성으로 설명했다. 이에 더해 미야자키는 송대의 태동하는 평민문화 안에서 문화적 정체성을 왕조에 대한 예종적 종속이 아니라 국가의 '백성'으로 느끼는 국민의식의 견지에서 정의된 중국적 민족주의의 최초의 흥기를 발견했다.1165) 그러나 그는 송대 이후 중국경제가 '문화적 위축'을 몰고 온 만성적 정체를 겪었다고 이해했다.1166) 나이토와 마찬가지로 그도 송대 이후 중국역사를 송대 근세성의 노쇠화 과정으로 본 것이다. 미야자키가 여기서 근대의 특징을 '경험주의 철학'의 흥기가 아니라 '합리주의 철학'의 흥기로 드는 오류는 그가 일본학계의 뿌리 깊은 독일 합리주의 편향에 젖어 있기 때문에 범한 것으로 보인다.

교토대학의 다른 중국학 전문가 시마다겐지(島田慶次)는 중국의 정체 시점을 미야자키보다 뒤로, 즉 명대 후기로 끌어내렸지만 그도 그 이후에는 정체한

1164) Paul J. Smith, "Introduction: Problematizing the Song-Yuan-Ming Transition", 3쪽. Paul J. Smith and Richard von Glahn, *The Song-Yuan-Ming Transition in Chinese History* (Cambridge, MA. and London: Harvard University Asia Center, 2003).

1165) von Glahn, "Imaging Pre-modern China", 39-40쪽.

1166) von Glahn, "Imaging Pre-modern China", 40쪽 각주5.

것으로 이해했다. 그는 송대 이후 중국, 특히 '명대 마지막 세기의 중국'을 인문주의, 개인주의, 사상적 자율성의 근세적 특징들을 산출한 '르네상스' 시대로 파악했다. 하지만 이 '근세적' 요소들은 유럽적 '근대'의 특징인 시민사회와 사상적 계몽주의로 유입하지 못했다는 것이다. 중국적 근세의 약속이 좌절된 것은 명대 후기의 사상사에 관한 시마다의 연구서 『중국에서의 근대사유의 좌절』(1949)이라는 제목에 거의 응축되어 있다.[1167] 미야자키와 시마다는 송대 이래 유럽을 앞섰던 '중국적 근세성'이 송대부터 청대 중기까지 계속 발달했고 또 줄곧 서유럽으로 서천西遷한 사실을 전혀 알지 못했다.

■ **2000년대 중국관의 변동: 송대 이후 중국정체론의 청산**

그러나 1990년대 이후, 특히 2000년대 세계학계의 중국관은 다양하게 분화되면서도 하나의 공통된 근본적 변화를 보였다. 중국을 '동양사회'로 간단히 기각하는 사고방식이 아직 완전히 사라지지는 않았을지라도 대부분의 최근 연구자들은 문화적 정체성이나 고립성을 중국의 사회적 변동과 경제발전에 대한 장애물로 보는 어떤 관점이든 모조리 털어내버린 것이다. 적어도 송대 중국의 사회경제적 변혁의 잠재력은 광범하게 인정되고 있다.[1168] 그리고 송대 이후 사회경제도 더 이상 '실패'나 '정체'로 간주되지 않는다. 반대로 시장의 확대, 농경기술의 발전, 농촌의 산업화, 국가의 핵심적 인프라 투자 등으로 특징지어지는 명·청대의 정치경제는 근대 이전부터 구미와 공통되고 유사한 근대로 가는 것으로 이해되지만, 점차 중국의 유일무이한, 특유한 역사적 발전 경로, 즉 구미의 경로와 다른 '근대'로 가는 경로로도 이해된다.

평행적 유사성들은 역사적 변동의 공통된 방향을 가리키지만, 이 유사성들의 한계는 우리에게 역사적 차이를 상기시켜준다. (…) 변화의 긴 연쇄를 작은 단위로 나눌 때, 우리는 중국과 유럽 역사의 보다 이른 시기들에서 비견될 만한 활동단위들을 발견할

1167) von Glahn, "Imaging Pre-modern China", 40쪽.
1168) von Glahn, "Imaging Pre-modern China", 67쪽.

수 있다. 우리는 소규모의 갈등과 같은 개별 사건들에 대해 전망을 설명할 수 있다. (그러나) 보다 장기적인 전망의 설명은 어려움을 노정한다. 즉, 유럽의 경제적 성공을 예견하는 것은 산업혁명 이전 중국의 경제적 조건들과의 평행적 유사성을 인정할 때 예상보다 큰 문제가 있는 것으로 입증된다. (…) 중국과 유럽은 유사함과 동시에 다르고 공유함과 동시에 단독적인 역사 과정에 의해 형성되었다. 자본주의와 유럽적 국가 형성은 서양의 역사변동의 원호圓弧를 설명하는 데 중요한 과정이다. 그것들은 더 큰 세계에도 중요하다. 그러나 그것들은 역사적으로 상이한 변화 과정에 그 의미 를 두는 정치적·경제적 변화의 다른 동학動學을 대체할 수 없다.1169)

따라서 우리는 "유럽적 경험으로부터 나온 역사적 설명의 한계를 넘어서야 한다".1170)

이에 입각해서 서양의 흥기는 이제 서양문명의 내재적 소질의 관점에서 고찰되기보다 나머지 세계에 대한 서양의 관계에 나타난 특유한 공감적·모방 적·수용적·착취적·수탈적 성격의 견지에서 고찰된다. 유럽의 지배는 더 이상 유럽 안에서의 자본주의의 내생적 출현에 기인하는 것으로 간주되는 것이 아니라, 유럽제국이 신세계의 정복으로부터 얻은 경제적·생태적 '횡재'로 간주 된다.1171)

중국은 송대 이후 정체된 것이 아니라, 이후에도 근대화를 계속해나갔다. 가령 몽고지배 시기인 원대에서 상업은 붕괴되기는커녕 오히려 더욱 번창했고, 지폐사용이 일반적으로 정착했다. 원대 몽고의 정복과 중국지배는 흔히 간주되 듯이 중국경제의 장기적 진화 과정 안에서 '재앙적 억류'가 아니었다.1172) 몽고

1169) R. Bin Wong, *China Transformed: Historical Change and the Limits of European Experience* (Ithaca: Cornell University Press, 1997), 292-293쪽.

1170) Wong, *China Transformed*, 293쪽.

1171) James Blaut, *The Colonizer's Model of the World: Geographical Diffusionism and Eurocentric History* (New York: Guilford Press, 1993), 187-206쪽; Frank, *ReOrient*, 210쪽; Pomeranz, *The Great Divergence*, 13쪽.

1172) von Glahn, "Imaging Pre-modern China", 69쪽; John W. Dardess, "Did Mongols Matter?" Paul J. Smith and Richard von Glahn (ed.), *The Song-Yuan-Ming Transition in Chinese History* (Cambridge,

의 정치사회적 지배에 대한 중국의 굴종은 특히 금나라가 지배했던 땅인 북중국에서 극심했다. 그러나 남중국은 몽고의 영향을 거의 받지 않았다. 그 결과, 몽고의 정복은 강남지역을 중국세계의 경제적 중심으로 더욱 고양시켰다.1173) 남송을 원元제국에 병합한 뒤에 몽고인들은 강남에서 대체로 송대의 조세제도를 유지했다. 양세제도 그대로 두었고, 원대 정부는 강남의 사경제에 거의 개입하지 않았다. 전통적 유교국가의 제한정책에서 해방되어 요호부민과 부상대고들은 광대한 토지재산을 축적했고, 수지맞는 상공업 벤처에 그들의 자본을 투자했다. 대부호들은 상업도시를 세우고 늘리는 데 주도권을 쥐었고, 이 상업도시들은 다시 상업이 더욱 발전하는 발판이 되었다. 이 시기에 대운하 네트워크와 대도大都를 연결하는 새 운하가 건설되고, 양자강 델타지역(강남)에서 수도로 공물을 수송하기 위한 대양항해 호위선단이 제도화되었다. 시간과 비용을 절약하기 위해 원대 중국정부는 1287년 강남지역의 모든 곡물세수를 대운하로부터 해양루트로 전환한 것이다.1174)

이에 더해 칭기즈칸과 그 후예들의 치하에서 범아시아제국이 형성되면서 중앙아시아 육로무역 네트워크가 되살아나서 동서무역의 새로운 붐이 일어났다. 처음에는 위구르 카라반 상인들이 팍스 몽골리카나와 몽골인들의 상업애호정책의 주요 수익자들이었다. 그러나 시간이 지나면서 수세기능을 대행하던 오르토크 상인들(위구르 무슬림 상인)이 유라시아무역을 지배하게 되었다. 오르토크들은 거대한 양의 금괴를 선적해 중국에서 이슬람세계로 실어 날랐다. 14세기 초 플로렌스 상인 페골로티(Pegolotti)는 외국 상인들이 비단과 기타 상품들을 구입하기 위해 대도와 항주로 은을 실어 오는 것에 대해 기록하고 있다. 그러나 몽고인들의 칸국들 간의 동족상잔이 벌어지던 시기에 해외무역은 다시 해양무역으로 전환된다. 1285년 원대 중국정부는 해양무역을 오르토크들에게 독점하게 하는 칙령을 내렸으나 곧 해양무역을 사상들에게도 개방했다. 마르코 폴로

MA. and London: Harvard University Asia Center, 2003).
1173) von Glahn, *The Economic History of China*, 278쪽.
1174) von Glahn, *The Economic History of China*, 282쪽.

가 방문했던 이때의 천주는 다시 세계에서 가장 큰 항구가 되었고, 외국 상인들의 수많은 정주지의 본가가 되었다. 중국 선박들은 천주에서 인도까지의 해로를 지배했다. 중국 정크선박들은 1천명 정원을 승선시켰고 상인들을 위한 방, 선실, 살롱 등을 갖추고 있었다. 선실은 거실과 화장실을 갖추었으며, 하녀와 아내들을 거느리고 탄 입실승객이 안에서 문을 잠글 수 있었다. 경덕진과 복건의 도자기는 천주를 통해 동남아시아와 이슬람세계, 그리고 동아프리카로 팔려 나갔다. 경덕진의 유명한 청백자기는 페르시아산 코발트 안료의 수입에 의거했다. 일본과의 해상무역은 쿠빌라이의 일본정벌 기도가 실패한 뒤 계속 번창했다.1175) 이런 여러 가지 이유로 원대에 상업이 오히려 고도화된 것이다.

명대 초는 자급자족적 농촌경제를 복원하고 경제적 불평등을 극소화하며 현물납세·신역·군대둔전·현물녹봉제도를 복원하는 주원장(홍무제)의 비현실적 복고정책으로 인해 상업과 상인이 억압받았다. 주원장은 중앙의 정점에 권력을 독재적으로 집중하고 많은 통치기능을 풀뿌리 차원의 향촌지도자들의 지역자치체로 이양했다. 홍무제의 궁극목적은 농본주의적 군사국가로의 복귀였다.1176) 강남 엘리트들의 부의 수탈과 결부된 이 반反상업적 정책들은 강남지역의 번영하던 시장경제를 파멸시켰고, 몽골지배하에서도 약간의 혼란을 겪은 뒤 계속 번창하던 상업성장과 도시의 확장을 억제시켰다. 상공업은 화폐제도의 관리실패, 해외무역의 급락, 노동의 합리적 할당을 저해한 전통적 백공체제로 인해 좌초했다. 도시인구는 하락하고 많은 상업도시는 버려졌다. 원으로부터 명으로의 충격적 이행에서 생겨난 경제적 병폐는 1세기 이상 지속되었다.1177)

그러나 15세기 말 사상私商들의 해양무역에 대한 금제는 여전히 유지되었지만 복건성의 항해자들은 느슨한 단속망을 손쉽게 피해서 해양밀무역을 광범하게 수행했고, 세습적 백공제도·이갑제·양장제糧長制 등 홍무제의 핵심제도들도 본질적으로 다 망가져버렸다. 16세기의 경제발전으로 향촌자급자족체제라

1175) von Glahn, *The Economic History of China*, 283-284쪽.
1176) von Glahn, *The Economic History of China*, 285쪽.
1177) von Glahn, *The Economic History of China*, 289쪽.

는 홍무제의 모든 비전은 깨끗이 청산되었다. 농업생산에서의 지속적 잉여축적, 면직물·비단·도자기와 같은 산업제품들이 교역되는 국내시장의 형성은 지역적 전문화를 자극했다. 1510-1520년대부터 대내·대외 상업은 다시 전반적으로 성장하기 시작했다. 이에 더해 1540년대부터 수입 은괴가 갑작스럽게 유입하기 시작한 뒤 점증하기 시작한 해외무역의 매력으로 인해 대외무역금지를 철폐하려는 '정치운동'이 활발하게 일어나 1567년 마침내 이 무역금지 조치가 폐지되었다. 외국 은괴의 대량유입은 명대 마지막 세기에 특히 대외시장에 대한 접근 통로를 가진 해안지역에서 상공업 성장에 불을 지폈다. 화폐경제의 팽창, 농촌수입의 증가, 시장의 공간적 범위의 확대, 대외무역량의 증가, 부역의 소멸, 국가경제기능을 넘는 사기업의 지위상승 등은 모두 송대의 '제1차 경제혁명'을 이어 1550년경부터 "제2차 경제혁명"을 일으키는 데 기여했다.[1178]

시장경제가 회생하고 강력하게 발전하는 이런 흐름 속에서 자본주의적 경영도 확대되었다. 명대에는 향촌과 도시에서 무조건적·세습적 노비가 아니라 "계약"에 기초한 유사노비(전호)와 가사노비 — '장기고용 노동자(long-term hired laborers)'와 유사한 종속 상태의 노동자 — 가 확대되고 대명률에 따라 임금노동자가 가령 사용자와 주먹다짐을 했을 시에 사용자보다 좀 더 무겁게 처벌받는 식으로 마지막 신분적·가부장제적 예속의 잔재가 잔존했을지라도 부역제도와 세습적 백공제도의 붕괴로 이런저런 임노동관계는 송·원대보다 훨씬 더 확대되었다. 이것은 명초에 설립된 25개 제국 견직물 방직공장이 남경·항주·소주에 소재한 3개소의 공장으로 줄어들고, 임금노동자를 쓰는 사설 견직물방적업의 생산량이 국영 비단공장을 현격히 능가한 것에서 분명해진다. 17세기 초 소주는 수천 호의 "베틀 가구"와 더불어 염색작업과 기타 작업들에 수천여 명을 고용한 생산 과정을 자랑했던 반면, 국영공장은 겨우 300대의 베틀을 돌렸다. 한편, 명대의 유사노비제의 확산은 너무 과장되어서는 아니 될 것이다. 1만 무畝 이상의 농토를 소유한 소수의 대지주를 제외하면 최대지주도 500-2,000무 정도의 농토를 보유했을 뿐이고, 게다가 이들의 대부분이 지대수

1178) von Glahn, *The Economic History of China*, 295-296쪽.

납·농토계약 업무를 마름이나 유사노비 전호(소작인)에게 위탁하고 도시에 사는 부재지주들이었기 때문이다. 그리고 전호와 유사노비들은 경제적으로 지주와 독립적이었다.1179)

청대 초에는 유사노비도 완전히 해방되었다. 이와 함께 신분적 예속의 이 마지막 잔재까지도 사회적으로 청산되었고, 『옹정회전雍正會典』에서도 관련 법규가 최종적으로 삭제되었다. 명말·청초의 여러 민란과 발전단계를 거쳐 사회혁명이 일어난 것이다. 원·명·청대에도 상업화가 계속 고도화되어 16세기 중반부터 18세기까지 성숙(maturation)단계에 도달하고, 사회적 해방이 계속되어 완결된 것이다. "명대 초기는 보다 더 중요한 파열의 계기로 간주되어야 한다." 따라서 "시공적 국면전환이라는 탄력적 모델"이 송대를 '근세'로 격상하고 원· 명·청대를 '정체'(또는 '근세의 노쇠')로 격하하는 – 나이토고난 식의 – "단순한 이분법"보다 "장기적 변동 패턴"을 정사精査하는 데 "더 적합한 렌즈"다.1180) 나이토고난·미야자키이치사다·시마다겐지 등의 '원·명·청대 이후 근세노쇠 설'은 전혀 근거 없는 것이다.

■원·명·청대 중국의 경제사회적 발전

'원·명·청대 중국정체설'은 상공업 분야에서나 농업 분야에서나 근거가 없 다. 농업도 장기발전 추세에 원·명·청대의 왕조교체기의 짧은 후퇴기가 거듭 끼어드는 '주기성'을 보여주었지만 중단 없이 줄기찬 품종개량적·토지개량적· 기술혁신적·경영혁신적 발전을 이루었기 때문이다. 이백중李伯重은 장기역사 의 관점에서 송대의 혁명과 원·명·청대의 정체라는 낡은 패러다임을 폐기하고 이 시기의 농업변동을 "향상"과 "지속적 발전 과정"으로 규정한다.

송대 이후 원·명·청대 농업변동의 공간적 특징들부터 보자. 중국의 대표적 농업지대인 강남을 보면, 이 지역에서 가장 큰 변화를 보여준 곳은 동부강남이 었다. 남송 후기부터 명대 초기까지 강남의 대부분의 인구성장은 소주蘇州·송

1179) von Glahn, *The Economic History of China*, 296-298쪽.

1180) von Glahn, "Imaging Pre-modern China", 69쪽.

강松江·가흥嘉興에 집중되었다. 반면, 서부의 인구는 감소했다. 그리하여 동부의 평야지대는 인구밀도가 가장 높은 지역이 되었다. 토질의 향상도 대부분 평야지대에서 벌어졌다. 이 평야지대는 치수시설의 건설과 토지의 물을 빼는 과정으로부터 혜택을 보았다. 농업기술의 진보도 대부분 동부강남의 논농사와 관련되었다. 농지규모의 축소와 소출의 확대도 동부강남지역에서 가장 확연했다. 그러므로 이 시기 강남 농업의 변화는 주로 강남 평야지대에서 일어났던 것이다. 농업변동의 이 공간적 특징은 강남의 역사적 정주定住 과정과 합치되었다. 강남의 정주는 구릉과 산악의 작은 충적토 골짜기에서 시작되어 양자강 델타지역(강남의 북부 변두리 고원으로 뻗어 나가다가 태호太湖의 동부지역 평야지대로 나아갔다. 송·원·명대 강남 농업의 변동은 크게 보면 상부강남 골짜기에서 하부지역 평야지대로의 농사의 공간적 변동으로부터 결과한다.1181) 또한 이에 더해 송·원·명대 강남 농업변동의 "주기적" 성격을 강조하는 것도 중요하다. 인구와 농업생산이 왕조이행기에 정체하거나 하락한 것은 사실이지만, 이 정체와 하락은 비교적 단기간의 막간 현상이었고, 따라서 이 막간의 정체는 1200-1400년의 전 기간을 특징짓는 것으로 볼 수 없는 것이다.1182)

송·원·명대의 농업사는 당대에서 청대까지 확장된 10세기의 관점에서 보아야만 제대로 볼 수 있다. 14세기가 송대 혁명에서 이후의 정체기로 이어지는 전환점이라는 관념은 농업변화가 훨씬 더 점진적인 것이고 송대의 농업적 성취가 '과장되었기 때문에 폐기되어야 한다. 강남 농경은 청대 중기 이후에야 그 효율의 극대치에 도달했다. 당대에는 ① 논의 개량, ② 이앙법, ③ 쌀과 밀의 이모작이라는 세 가지 기술적 돌파구가 열렸다. 그러나 이 기술들의 효율적 이용은 논농사를 위한 새로운 도구(철탑鐵搭[이랑 만드는 기구], 운탕耘蕩[제초기], 전탕田蕩[땅을 고르는 쇠스랑] 등)의 발명, 이모작을 가능하게 하는 보다 생산성 높은 미곡米穀 신품종들(늦벼와 이른 벼)의 개발 및 효과적 비료(특히 콩깻묵)의 도입 등에

1181) Li Bozhong (李伯重), "Was there a 'Fourteen-Century Turning Point'?", 171-172쪽.

1182) Li Bozhong (李伯重), "Was there a 'Fourteen-Century Turning Point'?", 172쪽.

달려 있었다. 이 개량은 대부분 청대 중기부터야 구현되었다. 송대에 발전된 농업기술들은 주로 서부강남지역의 상부지대에서 사용되었다. 그러나 동부강남 저지대의 농업기술은 송대 내내 당대의 기술 수준에 머물러 있었다. 반면, 명·청대 농서들은 동부지대에서 나온 경작관행을 다루고 있다. 청대의 이 농업기술들은 송대 서부강남지역의 기술보다 "훨씬 더 우월할" 뿐만 아니라, 진부陳旉(1076-?)와 누숙樓璹(1090-1162)이 묘사한 기술보다도 훨씬 더 우월했다. 장기적 관점에서 경작의 증분적 변화는 모두 토지와 노동의 생산성을 높이는 데 초점을 맞춘 "농업기술의 정교화"로 귀결되었다. 그렇다고 청대 초기와 중기에 농업발달이 정체되었다는 말은 아니다. 17-18세기에도 토지개량과 이용의 중요한 진보, 농장경영의 진보, 가구노동력의 재조정이 일어났다. 그 결과, 토지와 노동의 생산성이 상당히 향상되었다. 이것도 나이토고난의 원·명·청대 정체성 가설을 부정하는 사실史實이다. 1850년까지 1,000년 강남 농업의 역사에서 가장 중요한 변동은 남부강남의 고지대로부터 저지대 평야로의 토지이용의 이동이다. 이 이동은 당나라 때 시작되어 남송 말엽에 완료되었다. 남송 이후 동부강남의 평야지대에서 토지생산성을 높이는 데 초점을 맞춘 새로운 경작법상의 진보가 일어났다. 당대 이전 강남 영농의 일반적 특징은 조방적이었고, 당대부터 집약적이 되었다. 이 집약화의 주요 특징은 ① 경작지 단위당 노동과 자본 투입의 증가, ② 소출 증대, ③ 경작면적의 감소였다. 이 집약화 패턴은 명·청대까지 계속되었다. 그러므로 "높은 소출의 작은 가족농"이라는 강남 농업의 고전적 모델은 당나라 때 처음 선보였다가 청대에 성숙했다. 결론적으로, 영농의 상업화, 공업용 특용작물의 경작, 농촌수공업의 발전 등을 포함한 보다 집약적인 농장경영과 관련된 다른 진보들도 당대에 등장해서 청대에 정점에 달했다.[1183]

그리하여 역대 중국의 농업이론가들은 모두 "더 작은 농장과 더 집약적인 농장경영의 이익"을 찬양했다. 송대 농학자 진부는 그가 편찬한 『농서農書』(1149)에서 "더 많이 심고 더 적게 수확하는 것은 더 적게 심고 더 많이 수확하는

1183) Li Bozhong (李伯重), "Was there a 'Fourteenth-Century Turning Point'?", 173-175쪽.

것만 못하다'고 논평했고, 원나라가 건국되던 해에 태어난 원대 농학자 왕정王
禎(1271-1333)도 그의 『농서』(1300)에서 "가족이 그 농장을 경영할 때 가족은 노동
능력을 먼저 정해야 하고 작은 농장을 잘 운영하는 것이 거꾸로 하는 것보다
더 낫다"고 말했다. 명대 말엽 어떤 익명의 농학자도 "가족농장을 경영하는
가장 좋은 방법은 농지를 힘껏 갈고 보다 많은 비료를 투입하는 것이다. 그리고
더 적은 땅을 갈고 더 많이 수확하라"고 선언했다. 나아가 그는 "영농과업이
잘 수행되고 규칙에 따라 감독되면 더 적은 농지에 심지만 더 주도면밀하게
경작하는 것이 낫다. 더 많은 농지에 심으면 주도면밀하게 경작할 수 없다"고
경계한다. 그리고 그는 지방속담을 인용한다. "더 적게 심는 것이 에너지만이
아니라 땅도 절약해주기 때문에 더 적게 심는 것은 더 많이 심는 것보다 좋다."
여기서 "땅을 절약한다"는 것은 더 높은 생산성 덕택에 농부가 그의 보유지의
단지 일부에서 동일한 소출을 얻을 수 있고 나머지 농지를 가령 임대 등 다른
목적에 써서 부수입을 얻을 수 있다는 것을 의미한다.1184)

당·송대 토지이용은 주로 경작면적을 늘리기 위해 습지와 늪지의 인클로저
를 통한 대규모의 간척을 포함했다. 송대 이후 토지개량은 이모작을 위한 '농토
물빼기'와 같은 기술을 투입해 토지생산성을 끌어올리는 데 초점이 맞춰졌다.
그러나 대부분의 경우에 토지간척과 토지개량 간에는 고정불변의 경계선이
없었다. 토지개량은 토지가 개척되자마자 진행되었다. 어떤 경우든 토지의
양적 증가와 질적 향상은 둘 다 농장 소출을 증대시켰다. 양적 증가에서 질적
개량으로의 이동은 토지이용 패턴의 전환점일 수 없었다. 농업기술과 토지이용
의 변동은 송대부터 청대로의 점진적 개량과 확산의 오랜 과정을 보여준다.
송·원·명대 이행을 관통하는 강남 농업의 발전은 청대 중기까지의 1,000년
장기추세로부터의 이탈이 아니다. 13-14세기 농업의 진화는 갑작스럽고 극적
인 단절에 의해 특징지어지는 것이 아니라 주기적 고저변화와 공간적 변동에
의해 특징지어진다. 환언하면 송·원·명대 이행기는 전환점이 아니라 "지속적
발전 과정의 한 단계"였다.1185)

1184) Li Bozhong (李伯重), "Was there a 'Fourteenth-Century Turning Point'?", 175쪽 각주86.

송대 이후 농업과 직결된 농촌수공업에서도 다각적으로 기술발전이 확인된다. 비단방적과 관련된 기계로는 북송 때 이미 완벽한 명주방적기가 발명되었다. 왕정은 『농서』에 32개의 가락을 가진 이 명주방적기를 자세히 기록해두고 있다. 디딤판으로 밟아 작동시키는 이 기계는 수많은 비단실을 누에고치가 잠겨 있는 끓는 물의 물통으로부터 동시에 잡아당겼다. 비단실은 눈구멍을 통과해서 경사진 팔 위에 갈고리처럼 걸어 회전하는 성긴 실뽑기 틀 위에 넓은 밴드로 내려져 놓인다. 이미 13세기에 이 방적기계는 삼베 실을 뽑는 데 쓰였고 곧 비단방적에도 응용되었다. 동력은 인력, 수력, 축력 등이 쓰였다. 이 기계로 24시간에 130파운드(약 590kg)의 실을 뽑을 수 있다. 이 기계는 당시 광범하게 사용되었다.[1186] 섬유산업 분야에서 중국은 이 방적기 외에도 하그리브스의 제니방직기나 존 키의 플라잉셔틀과 하나의 세부사항만 빼고 거의 동일한 기계들을 오래전부터 가지고 있었다.[1187]

그리하여 나이토고난의 송대이후근세론을 수용하되 그의 원·명·청대 노쇠설을 버리고 청대까지 중국의 계속적 발전론으로 수정해야 한다. 이 수정된 역사관에 따라 중국의 역사시대 구분을 세계적 차원에서 재조정하면, 오늘날 동아시아에서 '근세'는 '근대'와 구분되어 '초기근대(early modernity)'로 재再정의된다. 그러면 '근세'는 '근대의 전기前期로 이해되는 반면, '근대'는 '근대의 후기'로 이해된다.[1188] 필자는 경우에 따라 시대를 대비하는 데 편리하기 때문에 '근세'('초기근대)를 다시 '낮은 근대(low modernity)'로 바꿔 부르고, '근대'를 '높은 근대(high modernity)'로 바꿔 부르고자 한다. 그리고 중국의 명·청대와 17-19세기 조선을 '근세'(즉, '낮은 근대)의 '마지막 단계'(최후단계) 또는 '성숙단계'로 규정한다. 역사관의 이런 재조정을 배경으로 여기서는 나이토고난의 송대이후근세설과 멀지 않은 윌리엄 맥닐의 연구를 재검토하고자 한다.

1185) Li Bozhong (李伯重), "Was there a 'Fourteenth-Century Turning Point'?", 175쪽.

1186) Elvin, *The Pattern of the Chinese Past*, 195쪽.

1187) Joel Mokyr, *The Lever of Riches: Technological Creativity and Economic Progress* (Oxford/New York: Oxford University Press, 1990), 221쪽.

1188) 요나하준(與那覇潤), 『중국화하는 일본』, 11-12쪽.

■윌리엄 맥닐과 송대 경제의 근대성

맥닐(William H. McNeill)은 표준적 시장경제원리 또는 근대적 시장경제가 세계 역사상 최초로 송대 중국에서 등장했다고 말한다. 그리고 그는 이 송대 시장경제의 '근대성'을 여러모로 언급한다.

일단 맥닐은 "1000년경부터 중국의 산업과 군비軍備에 유럽의 성취를 수백 년 앞지른 현저한 변화가 일어났다"고 말한다. 그리고 이렇게 부연한다.

다른 문명들을 능가한 중국의 우월성이 사라지기 전에 새롭고 강력한 변화의 바람이 극동을 인도·중동과 연결시킨 남양南洋 바다들을 가로질러 불기 시작했다. 상인들과 행상들의 점증하는 무리가 재부나 단순한 생계를 구하는 가운데 이전 시대가 알았던 것보다 훨씬 더 확산력을 가진 변동가능성을 인간사 속으로 끌어들였다. 중국의 국부와 기술의 현저한 성장은 중국사회 자체의 광범한 상업화에 기초한 것이었다. 그러므로 일본 바다와 남중국해로부터 인도양과 유럽해안을 휩싸는 모든 바다까지 뻗친 시장 관련 행태가 중국에서 벌어진 일로부터 결정적 추동력을 얻었다고 시사하는 것은 신빙성이 있어 보인다. 이를 통해 1억 명의 백성들은 상업 네트워크 안으로 점점 더 포섭되어 들어가 일상적 생계를 보조하기 위해 사고팔면서 대부분의 문명세계를 관통해 다른 인간들이 생계를 구하는 방법에 중요한 차이를 만들었다. 진정으로, 1000년 전후의 세기에 일어난 시장 관련 행태로의 중국의 급속한 진화가 세계사에서의 임계적 균형을 한쪽(시장 관련 행태 쪽)으로 기울게 만들었다는 것이 내 저서의 가설이다. 나는 중국의 본보기가 인류의 탐사에 시동을 걸었다고, 즉 가격과 사적 이익의 소집단적(동업자적 또는 기업적) 지각知覺을 대규모 행태를 조화시키는 방식으로 신뢰함으로써 달성될 수 있는 것(공동이익 - 인용자)에 대한 1천 년의 탐사에 시동을 걸었다고 생각한다.1189)

중국의 광범한 상업화가 세계사를 전환시켰다고 말하는 맥닐은 중국에서 관리들의 명령에 따르는 '명령순응 행태(command behavior)'와 '시장순응 행태(market behavior)'

1189) McNeill, *The Pursuit of Power*, 24-25쪽.

간의 관계에서 후자가 우세해지는 방향으로 일어난 세력변동에 주목한다.

> 명령에 대한 순응은 물론 사라지지 않았다. '명령순응 행태'와 '시장순응 행태' 간의
> 상호작용은 그 복합적 양의성을 조금도 잃지 않았다. 그러나 정치권력자들은 재정
> 의 속박을 벗어날 가능성이 점점 적어진다는 것을 발견했고, 국가재정은 점점 더
> 치자가 더 이상 지배할 수 없는 시장으로 재화의 흐름에 종속되게 되었다. 그들도
> 사회의 평범한 구성원처럼 점점 더 현금과 신용의 거미줄 망의 함정에 빠져들었다.
> 화폐를 쓰는 것이 다른 어떤 대안보다 전쟁과 다른 공공사업에 자재와 인력을 동원
> 하는 데 더 효과적인 방식임이 입증되었기 때문이다. 새로운 경영형태와 새로운
> 정치행위양식이 군사력과 화폐력 간의 초창기 적대관계를 화해시키기 위해 고안되
> 어야 했다.1190)

맥닐은 그 결과 "중국이 신속하게 세상에서 단연 가장 부유하고, 가장 숙련되고,
가장 인구 많은 나라가 되었다"고 말하고, "중국의 경제·사회의 성장은 중국의
경계 너머에서도 느껴졌다"고 지적한다. 송대 이후 "해외로 퍼져나간" "중국의
기술적 비밀들"은 "구舊세계의 다른 지역들에서, 가장 현저하게 서유럽 지역에
서 새로운 가능성들"을 타개했기 때문이다.1191)

송대 이후 명령순응 행태에 대한 시장순응 행태의 우세를 맥닐은 '근대적'
현상으로 보는 것 같다. 맥닐은 "자본주의 정신이 (…) 확고하게 통제하에
들어 있었을지라도 중국에서 12세기 내내 벌어진 대규모 시장경제의 흥기는
명령순응 행태와 시장순응 행태 간의 세계적 균형을 변화시키기에 충분했을
것이다"라고 말하기1192) 때문이다.

많은 점에서 나이토고난의 영향을 받은 시바요시노부의 송대연구에 의존해
송대에 관한 논변을 전개하는 맥닐은 당시 중국경제의 '근대성'을 적시한다.

1190) McNeill, *The Pursuit of Power*, 25쪽.
1191) McNeill, *The Pursuit of Power*, 50쪽.
1192) McNeill, *The Pursuit of Power*, 50쪽.

우선 그는 송대 중국정부의 경제 운영이 상당한 자기의식과 세련화를 이룩했다고 보고, 화폐경제에 대한 조절과 철전·지폐 주조 등의 수급조절에 대한 송대 중국정부의 통화관리가 "근대적 특성"을 갖췄다고 규정한다.1193)

생산방식과 통화관리가 근대성을 띠었다면, 국민의 소비생활은 어떤가? 먼저 주목할 것은 송대 중국에서 판매를 위해 제조된 상품들이 양적으로 증가하고 다양화되었는데, 이 상품들이 다 국내적으로 소비되었다는 사실이다. 이것은 대량소비와 낭비, 그리고 사치스러운 소비를 함의한다. 그리하여 사치낭비에 대한 비판이 고조되었고 특정물품을 이런저런 계급에게 파는 것을 금하는 사치금지법들도 통과되었지만 곧 사문화되었다. 이것은 소비가 미덕이었던 20세기 대량소비 사회를 떠올리게 한다. 따라서 송대 중국의 이런 대량소비와 사치풍조를 맥닐은 "현격하게 근대적인 것"이라고 말한다.1194) 종합하면, 맥닐은 중국정부의 생산과 소비, 그리고 통화관리 등 송대 경제의 모든 측면을 모두 다 '근대적인 것'으로 본 것이다.

- 맥닐의 한계 1

하지만 송·원대 경제에 대한 맥닐의 이해는 심각한 베버주의적 종교문화주의의 오류에 시달리고 있다. 상론했듯이 공자철학은 백성의 '욕망의 해방'을 적극 옹호해서 부민富民을 위해 농업과 상공업을 둘 다 중시하는 농·상 양본주의 경제원리를 표방하는 반면, 상앙 등 법가의 경제철학은 농본주의적 억상론抑商論을 전개한다. 그러나 맥닐은 공맹의 농·상 양본주의와 법가의 농본주의적 억상론에 대한 무지 때문에 유교를 송대 시장경제의 자본주의적 발전을 저지한 결정적 억제 요인으로 오해한다. 그리하여 그는 법가적 의식잔재를 탈피하지 못한 일부 중국 관리들의 반反상업적 태도가 "유교적 도의道義 감각(Confucian sense of propriety)"에서 나오는 것으로 거듭 규정하고,1195) 중국에서 "자본주의

1193) McNeill, *The Pursuit of Power*, 28쪽.

1194) William H. McNeill, *The Human Conditions: An Ecological and Historical View* (Princeton: Princeton University Press, 1980), 49쪽.

1195) McNeill, *The Pursuit of Power*, 31, 36, 42쪽.

정신"이 "확고하게 통제하에 들어 있었다'고 말한다.[1196] 그리고 중국 관리들과 백성들의 일치된 유교적 반反상업·반反부자 논리와 심리가 자본축적을 일정한 한계 안에 가두었을 것이라고 추정한다.

> 시장순응적 행태와 부의 사적 추구는 오직 정치적 권위에 의해 정의된 한계 안에서만 기능할 수 있었을 뿐이다. 이런 이유에서 유럽의 상공업 팽창이 11세기와 19세기 사이에 전개한 자동촉매적(autocatalytic) 특성이 중국에서는 개시된 적이 없었다. 오랫동안 중국의 자본가들은 그들의 이윤을 마음대로 재투자할 만큼 자유롭지 못했다. 한 재산을 축적한 사람은 누구든 관청의 관심을 끌었다. 관리들은 뇌물을 받음으로써 개인의 행운을 사적으로 공유하려고 했을 것이다. 관리들은 그렇지 않으면 새로운 부를 이용하는 것을 국가에 허용할 만큼 세금과 가격을 조정했을 것이다. 아니면 그들은 선매先買를 선호하거나 단순히 문제의 사업을 전매로 돌렸다. 세부사항들에서는 이 정책들의 다양한 결합형태가 언제나 절충가능했다. 그러나 접촉이 있을 때마다 사적 기업가들은 불리했던 반면, 칼자루를 쥔 쪽은 관리들이었다. 이것은 근본적으로 그랬다. 왜냐하면 대부분의 중국인들은 교역과 제조업에 기초한 사적 부의 어떤 유별난 축적이든 기업가가 싸게 사고 비싸게 팔아서 남을 체계적으로 속였을 때만 생겨날 수 있기에 이를 심원하게 부도덕한 것으로 여겼기 때문이다. 관리의 이데올로기와 대중적 심리가 이와 같이 일치해서 관리들이 사적 부자들과의 어떤 접촉에서든 그리고 모든 접촉에서 점하는 유리한 지위가 강화되었다.[1197]

여기서 송대 관리들이 마음만 먹으면 상인들을 멋대로 주무를 수 있었을 것이라는 맥닐의 추정은 자신의 다른 말과 모순된 것으로 지극히 그릇된 것이다. 앞서 보았듯이 그는 송대에 "정치권력자들은 재정의 속박을 벗어날 가능성이 점점 적어진다는 것을 발견했고, 국가재정은 점점 더 치자가 더 이상 지배할 수 없는 시장으로 재화의 흐름에 종속되게 되어서" 결국 권력자들도 "사회의

1196) McNeill, *The Pursuit of Power*, 50쪽.
1197) McNeill, *The Pursuit of Power*, 49-50쪽.

평범한 구성원처럼 점점 더 현금과 신용의 거미줄 망의 함정에 **빠져들었다**"
고[1198] 확언하기 때문이다. 조운스도 송대 관리들은 복잡다단해진 시장경제를
관리하지 못하고 결국 포기했다고 말한다.[1199] 게다가 중국정부는 조세율을
상징적 수준에 불과할 정도로 지극히 낮게 유지했고, 특히 상업세율을 농지세
율보다 훨씬 더 낮게 유지했다. 하지만 국가는 조세수입을 대부분 상업부문에
서 거두어들였다. 낮은 세금 덕택에 상인들이 정부의 간섭을 거의 받지 않고
자유롭게 시장활동을 전개해서 송나라의 상업경제가 고도로 발전했기 때문이
다.[1200] 또한 상론했듯이 국가전매정책은 한무제와 상홍양의 전매정책의 부정
적 결과에 대한 쓰라린 역사적 경험 때문에 그 이후 선호되지 않았다. 상론했듯
이 저명한 엽적·황종희·구준 등 거물급 유학자들은 자유상공업을 이론화하고
어떤 형태의 전매정책도, 과도한 국가개입도 비판했다. 따라서 송·원대 중국
관리들이 과중한 조세와 전매로 경제를 좌지우지하고 상인들을 수탈했을 것이
라는 맥닐의 억측은 순전한 망발에 불과한 것이다.

또는 송나라 관리들의 중농억상론과 백성들의 억상심리가 공맹철학에 기인
하고 이로 인해 중국백성이 반反상업·반反부자 심리를 가졌다고 하는 맥닐의
추정도 송·원대(960-1368)에 모든 백성이 보편적으로 교역에 참여하는 상업사회
가 도래했다는 자기의 논지와 배치되는 망발이다. 그는 앞서 한 번 제시했듯이
다음과 같은 1330년경의 지방관보 기사를 시바요시노부로부터 재인용해서
제시하고 있기 때문이다. "오늘날 10가구의 주거지가 있는 곳이면 어디에서든
늘 쌀과 소금을 파는 시장이 있다. (…) 적절한 계절에 사람들은 자기가 가진
것을 자기들이 갖지 않은 것과 교환하며 남이 보이는 열의와 주저의 정도에
따라 가격을 올리고 내려 마지막 작은 이윤을 챙긴다. 이것은 당연히 천하의
상도常道다."[1201] 모든 사람이 보편적으로 상거래에 참여하는 이런 상업사회에
서 "대부분의 중국인들이 교역과 제조업에 기초한 사적 부의 어떤 유별난

1198) McNeill, *The Pursuit of Power*, 25쪽.

1199) Jones, *Growth Recurring*, 81쪽.

1200) Hobson, *The Eastern Origins of Western Civilization*, 55-56쪽.

1201) McNeill, *The Pursuit of Power*, 30쪽.

축적이든 기업가가 싸게 사고 비싸게 팔아서 남을 체계적으로 사기쳤을 때만 생겨날 수 있기에 심원하게 부도덕하다'고 생각했다는 맥닐의 추정도 자가당착적 억측이다.

결국 은연히 베버주의적 편견에 사로잡힌 맥닐은 중국에서 시장경제가 자본주의로 전환하는 것을 공맹철학이 가로막지 않았음에도 그 전환에 대한 제동요인을 베버처럼 억지로 유교라는 '종교문화'에서 구하고 있다. 이것은 우리가 나중에 다양한 논변으로 비판해 마지않을 허접한 '종교문화주의'에 불과한 것이다.

그러면 중국의 매뉴팩처자본주의가 '높은 근대'의 완전한 산업자본주의로 발전하지 못한 진정한 이유는 무엇인가? 이 문제에 답하려면 일단 중국경제도 낮은 단계지만 나름대로 자본주의 단계에 도달했었다는 데 주목해야 한다. 이미 한대漢代부터, 특히 송대부터 중국경제는 대체로 광범한 가내수공업 경제 위에서 또는 이와 나란히 네다섯 명에서 100여 명에 이르는 임노동자들을 고용하고 그리 정교·정밀하지 않은 기계를 간간히 사용하는 대·중·소규모의 수공기업들이 활약하는 매뉴팩처자본주의 단계에 있었다. 맥닐 자신도 이것을 인정한다. 중국에서 가령 제철업은 "보통농민들의 파트타임 업종", 즉 가내수공업으로 "남아 있었던" 반면, 1018년 연간 3만 5,000톤의 철을 생산한 중국 북부지역에서는 "풀타임 노동자들을 수백 명씩 고용한 대기업들"이 흥기했다는 것이다.[1202]

따라서 제대로 된 물음은 중국이 왜 자본주의로 전환하는 데 실패했는가가 아니라, '중국의 기업들이 왜 자본주의적 매뉴팩처 단계를 넘어 공장제(대공업) 단계로 전진하지 않았는가?'일 것이다. 중국에서 대공업자본주의가 불가능하게 된 이유는 일단 매뉴팩처 생산의 경제적 한계와 질곡을 혁신기술로, 즉 정교한 역학적 자동화기계로 분쇄·돌파하는 또 한 번의 기술혁명을 일으키지 – '못한 것이 아니라 – '않고' 다른 길을 선택한 데 있다고 말할 수 있다. 이 다른 길은 다름 아니라 '자호字號(브랜드)상인 주도의 광역 네트워크 자본주의'

1202) McNeill, *The Pursuit of Power*, 27쪽.

였다. 공장제는 기술혁신에 기초한 노동절약적 생산방식인 반면, '자호상인 주도의 광역 네트워크'는 경영혁신에 기초한 자본절약적 생산·분배방식이다. 이 다른 선택의 원인은 중국인들의 완전한 사회해방, 인구폭발과 노동력과잉, 중국 상품에 대한 유럽의 수요의 소멸로 인한 중국시장의 축소 등이었다. 중국은 이런 역사적 제약조건에서 대공업(공장제)자본주의를 피해 '자호상인 주도의 광역 생산·판매 네트워크'를 발전시켰다. '브랜드'는 중국 고유어로 '자호字號' 라고 불렸고, 중국 상업자본의 가장 중요한 자산이었다. 이 '자호상인 주도의 광역 네트워크'는 오늘날 자본주의의 최첨단 형태인 브랜드 빅바이어(월마트, 이케아, 코스트코, The GAP, 나이키 등) 주도의 국제적 네트워크에 비견되는 것으로서 19세기 당시 서구의 공장제 상품들의 침투를 완벽하게 방어해냈다. 따라서 세계에서 인구가 가장 많고 영국보다 더 자유로웠던 18-19세기 중국사회에서 이 '자호상인 주도의 광역 생산·판매 네트워크' 자본주의는 서양의 공장제 자본주의에 대한 중국적 등가물이자, 이에 대한 중국적 답변이었다. 이 네트워크 자본주의 경제를 바탕으로 중국은 1870년대부터 1930년대까지 세계를 향한 수출국가로 다시 부상했다. 중국의 경제적 침체와 후퇴는 그 이전의 일(중국 상품에 대한 유럽 수요의 전반적 소멸로 인해 1770년대부터 개시된 가경嘉慶·도광道光 연간[1790-1870]의 90-100년 장기불황)이었고 그 이후(1931-1980)의 일이었을 뿐이다. 1931-1980 년간의 역사는 만주사변, 중일전쟁 등 일본의 대륙침략과 중국공산당의 시장폐지 및 국영화 난동으로 이어졌다. 중국은 두 번에 걸쳐 도합 120-140년의 긴 세월을 '허송'할 수밖에 없었고, 기존의 생산역량을 파괴당할 수밖에 없었다. 이 시기의 침체를 18세기 이전의 전반적 시기로 소급시켜 일반화하고 이렇게 '일반화된' 침체를 중국의 유교문화로부터 설명하려 드는 것은 역사를 파괴하는 짓일 것이다. 중국의 침체는 궁극적으로 일본이 서양으로부터 배운 '제국주의 침략전쟁'과, 모택동과 중국공산당이 서양으로부터 배운 '서양 공산주의'라는 '서구문화' 때문에 야기되었기 때문이다. (이런 비판과 대안적 설명은 졸저 『서구문명의 유교화와 근대적 재구성』에서 상론한다.)

- 맥닐의 한계 2

맥닐의 송대근세론의 또 다른 한계는 송대 중국의 생산과 소비, 그리고 정부의 통화관리 등 모든 경제적 측면을 '근대적인 것'으로 보았을지라도 송대 정치와 문화의 근대화에 관해서는 침묵한 것이다. 앞서 인용했듯이 "새로운 경영형태와 새로운 정치행위양식이 군사력과 화폐력 간의 초창기 적대관계를 화해시키기 위해 고안되었어야 했다"는 말이1203) 전부다. 그는 송대 정부제도 (절대군주제)와 행정체제(관료제), 세습귀족의 소멸, 탈신분적 평등사회, 국·공립 학교제도와 공무원임용고시(과거제), 국가의 복지구휼제도, 각종 시장촉진법제, 조세금납제, 국민의 지위 향상과 대중적 문화생활, 왕안석의 개혁 등에 대해서는 전혀 언급하지 않고 있다. 송대에 대한 그의 기술은 전체적으로 너무 소략한 편이다. 베버와 같이 종교가 경제발전을 좌지우지하고 중국의 경우에 유교와 유교국가가 경제발전을 억제한다는 종교문화주의적 인과론에 너무 깊이 사로잡힌 탓일까? 아니면 '서구의 흥기'에만 정신이 팔린 것일까?

어찌 되었든 맥닐의 이 결함은 나이토고난, 포겔 등의 견해로 메우는 수밖에 없을 것이다. 나이토고난이 소략하게 소개한 왕안석 개혁의 상세한 내용에 관해서는 앞서 상론된 '왕안석의 시장경제론과 국가대개혁'을 참조하면 될 것이다.

4.2. '중국적 근대'의 동천東遷: 한국과 일본의 경우

■'중국적 근대성'의 동천東遷·서천西遷·남천南遷·북천北遷

송대 이후 중국의 근세, 좀 더 정확하게는 왕안석 이후의 '유교적·중국적 근대성'은 동서남북으로 전파되었다. 그것은 한국·유구琉球·일본으로의 동천東遷, 서양으로의 서천西遷, 만주와 몽고로의 북천北遷, 안남·태국 등지로의 남천南遷의 과정을 말한다.

여기서 '남천'은 서구와 극동학계에 일반적으로 알려진 바가 없기 때문에

1203) McNeill, *The Pursuit of Power*, 25쪽.

약간의 설명을 요한다. 남방제국諸國은 대개 불교·이슬람·힌두국가들이지만 그래도 '중국적 근대성'의 강력한 영향을 오랜 세월 받아왔다. 자바·태국·말레이시아 같은 국가들은 상업적 이익을 노리고 중국조정이 짜증을 낼 정도로 중국에 늘 조공을 바치게 해달라고 졸랐다. 18세기 조공국가를 보자면, 월남(안남)·태국·라오스·버마·말레이시아·자바·술루(필리핀 서남부의 제도) 등이 중국에 의해 조공을 허락받아 정기적으로 조공을 바치던 공식적 조공국가들이었다.

남방국가들 중 가장 유교적인 나라는 월남(베트남)이었다. 월남의 유교화는 980년에 레환(레호안)이 세운 전레(前黎, 띠엔레)왕조부터 시작되었다. 전레왕조는 981년 송나라의 침략을 맞아 치열하게 싸웠으나 곧 관계를 정상화해 송나라로부터 993년, 997년, 1007년 각각 국왕 책봉을 받고 1007년 송나라에 유교경전을 보내줄 것을 요청했다.[1204] 베트남 최초의 장기왕조인 리(李)왕조(1009-1225)는 1070년 공자와 유교성현을 모시는 문묘와 국자감을 세우고 송조와의 조공관계를 공고화하면서 송조의 정치제도를 도입했으며, 1075년에는 과거제를 도입하고 8회의 과거를 시행했다.[1205] 레러이(太祖)는 후레(後黎)왕조(1428-1789)를 세우고 중국식으로 중앙집권제를 완비한 뒤 명조로부터 '권서안남국사權署安南國事'의 책봉을 받고 3년 1회의 조공관계를 맺었고, 타이통(太宗)은 '안남국왕'의 책봉을 받았다. 타이통 국왕은 유학 교육제도와 과거제를 높이 발전시켰다.[1206] 월남 최후의 왕조로서 청조로부터 '월남越南'의 국명을 받은 응우엔(阮) 왕조(1802-1945)는 유학교육과 과거제를 정교하게 발전시키고 더욱 공고화했다.[1207] 이런 과정을 통해 송대 이후 중국적 근대성은 700년에 걸쳐 월남으로 점차 '남천'한 것이다.

태국도 얼마간 '유교화·중국화'되었다. 이런 까닭에 1687년 태국에 특사로 파견된 라 루베르(Simon de La Loubère, 1642-1729)는 태국에서 수집한 이야기만을

1204) 송정남, 『베트남 역사 읽기』(서울: 한국외국어대학교출판부, 2010·2014), 91, 95쪽.

1205) 송정남, 『베트남 역사 읽기』, 98, 100-103쪽.

1206) 송정남, 『베트남 역사 읽기』, 188, 191-194쪽; 유인선, 『베트남의 역사』(서울: 이산, 2002·2016), 183-184, 189-190, 192쪽.

1207) 송정남, 『베트남 역사 읽기』, 302-304쪽.

바탕으로 공자철학을 설명하고 중국의 기론氣論을 해설하는『태국왕국론(Du Royaume de Siam)』(1691)을1208) 저술할 수 있었다. 태국은 1818년 당시에도 월남(4년마다 1회)보다 더 자주(3년마다 1회) 중국에 조공사절을 파견했다.1209) 그러나 태국에서 유교와 중국 정치문화의 영향은 90% 이상의 태국인이 믿는 불교에 밀려 아주 제한적이었다. 그런 가운데에도 유교의 영향은 오늘날도 남아 있고, 중국계 태국인들 사이에서는 아주 강력하다.

그리고 16세기 초반, 중국 상인들은 인도차이나, 말레이시아, 태국, 수마트라로부터 티모르, 필리핀에 이르기까지 상업적으로 전략적인 남지나해의 모든 지역으로 퍼져나갔다. 중국인들의 이 무역 네트워크는 19세기까지 잘 유지되었다. 또 9세기 이래 '화교'로 불린 중국인들의 남방 이민이 계속되었다. 17세기에는 타이완·필리핀·자바 등지로 중국인의 대규모 이민이 이루어졌다. 특히 1700년 중국인구가 1억 6,000만 명에 도달한 이래 급증한 과잉인구로 인해 화교의 남방 이민이 급증했다.1210) 18세기에 들어서자 동남아 도처에서 이른바 '중국인전쟁'이 빈발했다. 18세기 후반에는 복건성 조주潮州 출신 화교인 정소鄭昭가 태국의 왕위에 올라 탁신왕(재위 1767-1782)이 되었고, 보르네오에서는 북방에서 광동으로 이주한 객가客家 출신의 나방백羅芳伯이 1776년 화교왕국 난방공사蘭芳公司(1776-1884)를 건국했다. 따라서 중국인들의 무역 네트워크와 이민을 통해서도 중국의 근대적 문물은 쉽사리 '남천'할 수 있었던 것이다.

나이토고난은 앞서 소개했듯이 중국문명의 '동천東遷'과 '서천西遷', 그리고 동서의 주변문명이 중국으로 파급해 들어오는 역천逆遷을 언급했다. 첫째, "내부에서 외부를 향해 발전한 경로로서 상고의 어느 시대에 중국의 어느 지방에

1208) Simon de La Loubère, *Du Royaume de Siam*, two volumes (Paris: Chez La Veuve de Jean Baptiste Coignard; Amsterdam: Chez Abraham Wolfgang, 1691). 영역본: Monsieur de La Loubere, *A New Historical Relation of the Kingdom of Siam*, in Two Tomes (London: Printed by F. L. for Tho. Horne, 1693).

1209) John K. Fairbank, "A Preliminary Framework", 11쪽. John K. Fairbank (ed.), *The Chinese World Order: Traditional China's Foreign Relations* (Cambridge, Mass: Harvard University Press, 1968).

1210) 참조: Albert Feuerwerker, "Chinese Economic History in Comparative", 226, 233쪽. Paul S. Ropp (ed.), *Heritage of China*.

서 발생한 문화가 점점 발전해 서쪽으로 퍼져" 나갔고, 둘째는 "이와 반대로 중국의 문화가 사방으로, 가까운 데서 먼 데로 퍼져나가 그 부근의 야만족에게 새로운 자각을 촉진하면서 나아가 그러한 종족의 자각의 결과 간간이 유력자가 출현하면 그것이 내부를 향해 반동적으로 세력을 떨치는" 양상이 나타났으며, 마지막으로 "육상에서 중앙아시아를 넘어 인도 및 서역지방과 교통을 가능하게 하는데, 그때 인도·서역의 문화가 중국에 유입되기도 하고, 후에는 해상을 통해 인도양을 거쳐 서방의 여러 나라와 관계를 갖게 되기도 하여 역사상 세계적 파동이 되는 대규모 교섭을 만들어내기도" 했다는 것이다.[1211]

첫 번째 문명의 전파는 동쪽지역에서 일어난 황화문명이 서천西遷해 서융세력인 기주岐周를 일으켜 중국서부 중심의 서주西周가 등장하는 과정을 나타내는 것으로 보이고, 두 번째 파급양상은 사방으로 전해져, 특히 동천·북천해서 동방(고려·조선)과 북방의 제諸 종족들이 문명화되고 이를 통해 세력을 키워 중국으로 역류해 나라를 세우는 육조·5호16국 시대를 가리키는 것으로 보인다. 그리고 세 번째 단계는 서역과 인도문명의 중국유입과 송대 이후 유럽으로의 서천西遷을 아울러 말하고 있다.

"중앙아시아를 넘어 인도 및 서역지방과 교통"이 가능했던 시기에는 실크로드를 통한 상인들의 문명전파가 주된 역할을 했다. 이때는 전해진 중국의 기술문명을 바탕으로 서양이 경제적으로 발전하기 시작한다. 이 경제적 발전에 힘입어 14-16세기 서양에서는 르네상스가 일어난다. "해상을 통해 인도양을 거쳐 서방의 여러 나라와 관계"를 맺어 "역사상 세계적 파동"이 일고 "대규모 교섭"이 벌어지는 때는 17-18세기다. 이때는 문물의 교류가 대규모로 확대되고 특히 공자철학과 송대 이후 중국의 선진적 정치사회제도가 서양에 전해져 계몽주의를 일으키는 때다.

송대 이후 '중국적 근대'는 수백 년에 걸쳐 먼저 동쪽으로 전해지고 그다음 서쪽으로 전해진다. 중국적 근대의 '동천東遷'은 조선과 일본을 사례로 다룬다.

1211) 內藤湖南, 「支那上古史緒言」(1921년 강의, 1944년 출간), 187-188쪽. 內藤湖南(礪波 護 編輯), 『東洋文化史』(東京: 中央公論社, 2004).

중국적 근대성의 '서천西遷'과 '유럽적 근대성'의 탄생은 이 책의 주제다. 이에 대해 여기서는 이론적 개요만을 시사할 것이다.

■동천: 조선의 '중국적 근대화'

송대 이후의 '중국적 근대'는 유학의 확산과 발맞춰 조선·여진(금나라)·몽고·일본·타이완·안남(베트남) 등지로 동천·북천·남천되었다. 특히 조선의 유자들은 사상적·정치적 이유에서 송대의 문화를 중국문화의 이상적 전형으로 동경했을 뿐만 아니라, 그것의 정통正統을 현실적으로 계승·유지하고 있다는 자부심을 지니고 있었다.[1212] 이런 까닭에 송대의 제도와 왕안석의 신법은 조선에서 늘 비상한 관심의 대상이 되었고, 왕안석에 대한 부정적·긍정적 인물평을 수반하면서 조선에 수용되었다. 명대 중기 이후 사상적 주도권이 성리학에서 양명학으로 전환되는 중국 본토를 제외할 때 조선은 '중국적 근대성'이 세계에서 가장 전형적으로 구현된 땅이었다.

한반도는 이미 고대로부터 중국의 문물, 국가제도(가령 율령제 등), 유교사상 등을 받아들였다. 특히 고려(918-1392)의 제4대 임금 광종은 중국 후주後周로부터 귀화한 쌍기雙冀의 권고로 958년 당나라 식의 전근대적 과거제를 도입했다. 그러나 과거제를 통해 선발된 관료의 수는 음서제蔭敍制를 통해 임명된 관리의 수를 압도하지 못했을 뿐만 아니라 과거응시자들이 귀족 자제에 한정되었기 때문에 귀족제를 약화시킨 것이 아니라 더욱 보강해주는 역할을 하는 데 그쳤다.

- 세종의 왕안석 옹호와 국가개혁

송대 이후 근대적 문물은 송대 초기(10-11세기)부터 시차 없이 실시간으로 한반도에 전해졌다. 그러나 그것은 물질적 문물과 기술, 그리고 철학사상(성리학)에 한정되었고, 각종 송대 정치제도나 사회·경제제도는 거의 받아들여지지 않았다. 이로 인해 봉건적 귀족제에 근간을 둔 전근대 고려와 송대 이후 근세중국 간에는 커다란 정치적·사회적 문명격차가 심화되었다. 이런 커다란 문명격

차는 고려의 개혁 또는 새로운 나라의 개창을 압박했다. 그러나 그 사이에 원나라(1271-1368)가 끼어들면서 국가개혁 또는 신국新國 건설은 100여 년간 지연될 수밖에 없었다. 물론 원나라도 고려에 많은 영향을 끼쳐 고려를 발전시키는 데 기여했다. 하지만 이렇다 할 선진적 제도발전은 없었고, 1356년부터 개시된 배원排元·항몽抗蒙투쟁과 동시에 시도된 공민왕의 국가개혁도 귀족세력의 저항으로 좌절되었다. 그러나 이 개혁 시도와 더불어 신진사대부가 새로운 정치세력으로 성장했다. 1368년 명나라가 건국되고 원나라가 북방으로 완전히 구축되면서 이 신진사대부들은 정치전면에 나서기 시작했다.

이로써 신진사대부라는 신국 개국의 정치주체가 형성되고 건국의 기회가 열렸다. 1392년 조선의 개국은 바로 중세고려와 근세중국 간의 현격한 문명격차를 해소하는 일대 정치·사회혁명이었다. 조선은 건국과 동시에 진·한대의 군현제도, 북송대의 탈脫귀족제적 중앙집권제·절대군주제와 (송대의) 근대적 과거제도·관료제도·학교제도 등을 거의 일거에 도입했으며, 개국 후에는 북송의 통일세제(대동법)를 확대하고 청묘법(환자법)·균수법(선혜청법)·모역제(雇立制)·보갑제(오가작통제·군보제)·시역법(신해통공법) 등 왕안석의 신법제도들을 채택했다. 신법은 왕안석에 대한 성리학적 거부감과 논란 속에서도 결국 시차를 두고 현실로 구현되어 조선의 근세화, 즉 '초기근대화'에 결정적으로 기여한 것이다. 조선은 건국 초에 일단 군현제도(중앙집권제), 절대군주제, 과거제, 관료제, 학교제도 등을 도입하고 양반사대부의 신분지위를 4대조 안에 과거급제 실직현관實職顯官이 있는 자에 한정하는 '한시적' 세습귀족제를 도입함으로써 '미완이지만 현저한 탈귀족화를 달성한 근세국가로 출발했다. 그리고 왕안석의 기타 신법은 그 뒤에 점차적으로, 그리고 때에 따라 급진적으로 받아들였다. 이 개혁과정에는 왕안석에 관한 인물 논란이 늘 따라다녔다.

따라서 왕안석이라는 인물에 대해 조선조정과 관리들이 취한 입장의 변화추이를 추적하면 조선에서 추진된 '근세화', 즉 '낮은 근대화(초기근대화)'의 구체적 과정을 밝힐 수 있다. 성리학을 국학으로 받들고 건국된 조선에서는 15세기 내내 왕안석을 백안시했다. 이 시기에 왕안석은 '소인'이라는 비난이 지배적이

었고, 북송의 멸망은 왕안석 탓으로 돌려졌다.[1213] 그러나 그런 시기에도 개혁
의지에 불타던 변계량과 세종은 왕안석을 부정일변도로 보지 않았다.

> 변계량이 "온인溫仁하고 근후謹厚함은 사마광이 제일이고, 왕안석은 선유先儒가 소인
> 으로 여겼으나 그의 문장文章·정사政事와 용심用心을 보건대 모두 다 사람이 미칠
> 바가 아니니, 아마 전적으로 그를 소인이라고만 지목할 수 없을 것입니다"라고 하자,
> 이에 임금이 "왕안석은 소인의 수재다(小人之才者)"라고 말했다.[1214]

변계량이 왕안석의 문장·정사·용심이 다 보통사람이 미칠 수 없는 높은 경지
에 있어 소인이라고만 볼 수 없다고 하자, 세종이 이에 화답해 왕안석은 단순한
소인이 아니라 '수재 소인'이라고 하고 있다.

그리고 세종은 7년 뒤 자신이 개혁법제들을 시행한 것으로 인해 후세에
신종이나 왕안석처럼 비난받을 것을 알면서도 이를 무릅쓰고 국리민복을 위해
국가개혁을 밀어붙일 뜻을 다잡는다. "송나라의 왕안석이 집정대신이 되었을
때 스스로 보국안민輔國安民한다고 여겼고 신종도 또한 스스로 독려해 정치를
도모한다고 여겼으나 후세의 나무람을 면치 못했다. 내가 비록 백성에게 이로
운 일을 나라에 시행하고 있으나 또한 후세에 나무람을 받는 일이 없겠는가.
그러나 지금은 비록 평강平康하다고 해도 태평을 믿는 것은 쇠란衰亂이 점진漸進
할 소이이니, 오늘의 편안을 믿고 후일의 환란을 염려치 않는 것은 불가하다.
경서를 궁구하는 것은 치용致用 때문인 것이다."[1215] 그리고 1440년 세종은

1213) 태종 때 사간원은 상소를 올려 북송 멸망의 책임을 왕안석에게 돌리고 있다. "왕안석이
　　조종의 법을 가볍게 바꿔 송나라의 '남도(南渡)의 화(禍)'를 가져왔으니, (…) 기성의 법을 분경(紛
　　更)할 수 없다"고 한다. 『太宗實錄』, 태종 3년(1403) 4월 4일. 북송 멸망의 책임을 왕안석에게
　　돌리는 집현전 직제학·사간원 대사간 대행 등의 기타 논변은 참조 『世祖實錄』, 세조 1년(1471)
　　7월 5일; 『成宗實錄』, 성종 2년(1471) 3월 19일. 왕안석이 소인이라는 논변은 참조 『成宗實錄』,
　　성종 9년(1478) 3월 9일; 『燕山君日記』, 연산 7년(1501) 10월 22일. 이언적도 북송의 멸망책임을
　　왕안석에게 돌리고 있다. 참조: 『中宗實錄』, 중종 34년(1539) 10월 20일(세 번째 기사).
1214) 『世宗實錄』, 세종 즉위년(1418) 11월 7일.
1215) 『世宗實錄』, 세종 7년(1425) 12월 8일.

인보隣保·호패법을 왕안석의 '보갑법'과 동일시해 그 시행을 견지한다.1216)

왕안석에 대한 세종의 전향적 태도와 신법적 개혁 추진은 왕안석과 신법에 대한 그의 친부 태종의 부정적 태도에 비하면 실로 획기적인 것이다. 태종은 "금후로는 크게 나라에 이익이 있고 백세라도 변치 않을 일이 아니면 새 법을 세우지 말라. 왕안석의 일을 거울삼을 것이다"라고 말했었다.1217) 그러나 세종은 반대로 '왕안석의 일'을 무릅쓰겠다고 말하고 있다.

- 정조와 채제공의 왕안석 옹호와 시장개혁 추진

양성지梁誠之(1425-1482)도 1457년(세조 3년) 우리나라 삼국시대 이래의 전통적 진대제賑貸制를1218) 왕안석의 청묘법과 등치시키며 이 청묘법을 적대감 없이 언급한다.

> 송나라의 청묘법은 곧 우리나라의 장리長利의 법이다. 송나라 사람이 이를 온 천하에 항시 행하려고 한 것은 불가했지만, 처음에 잠시 섬서陝西에서 시험한 것은 즉 유익한 것이었다. 빌건대, 내년부터 의창義倉의 진대를 사가私家에서 장리長利하는 예에 의해 그 이식利息을 거두게 하되 역시 5년에 한해 그치게 해야 한다.1219)

'의창법'은 수나라 장손평長孫平의 구휼법이다. 양성지는 의창법과 우리의 전통적 진대법을 뒤섞어 왕안석의 청묘법과 동일시하며 좋은 것으로 평가하고 있다. 또 주희가 수나라 장손평의 의창법과 왕안석의 청묘법을 결합해 여름에 곡식을 대여하고 겨울에 매석每石 보리쌀 3승의 이자를 얹어 받아들이는 사창법社倉法을 만들었는데, 이것이 중국의 삼하三河 땅에서 시행되었다. 효종은 주희의 이 사창법을 받아들여 시행했다.1220)

1216) 『世宗實錄』, 세종 22년(1440) 2월 23일.
1217) 『太宗實錄』, 태종 3년(1403) 9월 10일.
1218) 삼국시대 이래 흉년·춘궁기·재난 시에 빈민과 이재민에게 곡식을 꾸어주어 구휼하던 제도.
1219) 『世祖實錄』, 세조 3년(1457) 10월 22일.
1220) 참조: 『中宗實錄』, 중종 5년(1510) 7월 5일.

중종대에 조선에서 왕안석은 이미 소인이라는 비난을 완전히 면하고 있었다. 검토관 이인李認은 중종에게 왕안석이 소인이 아니라 다만 '고집쟁이'였다고 아뢴다. "왕안석은 일찍이 '폐하는 요·순을 본받아야 한다'고 하고서도 그 뒤에는 구법을 변경시켜 국정을 그르쳤습니다. 왕안석이 비록 소인은 아니었으나 고집이 센 사람이었습니다." 이에 이계맹李繼孟은 왕안석이 아니라 그가 등용한 사람들만을 소인으로 논죄한다. "안석은 자기에게 붙는 자는 소인이더라도 들어 천거했으며 자기와 달리하는 자는 군자라도 폄해 물리쳤기 때문에 소인이 조정에 가득해 종국에는 나라를 그르치는 데까지 이르렀습니다." 이에 중종은 좀 더 완화한 논지로 왕안석의 선의를 지적한다. "그의 마음은 비록 나라를 그르치고자 하지 않았으나 여러 소인을 들어 쓰자 그 소인들이 나라를 그르치게 된 것이다. 그러나 사람이 그르다고 말까지 폐하지 않는 것이니, 왕안석이 신종에 대해 한 말은 잘한 것이었다."1221) 중종은 왕안석을 은근히 두둔하고 있다. 중종도 어떤 확실한 국가변혁을 원하고 있었다고 짐작할 수 있는 대목이다.

인조대에 유백증은 대동법을 명나라 제도로 여기며 그것의 확대시행을 요청한다.1222) 그리고 북벌을 위해 국가개혁과 경제부흥을 시급하게 여기던 효종은 1650년 대동법 논란 속에서 김집이 김육을 왕안석에 견주어 공격했어도 개의치 않고 김육을 더욱 중용해 대동법을 밀어붙인다.1223)

그러다가 정조대에 이르면 왕안석은 소인이 아니라는 것을 넘어 위대한 개혁가로 극찬을 받는다. 이가환은 정조에게 이렇게 말한다.

송조宋朝의 세운 법이 비록 당나라만은 못했으나 여러 대를 인후하게 서로 전해져 갔으며, 신종의 변법에 있어서도 또한 전일한 마음으로 백성을 위해서였고 백성을 괴롭히고자 한 것이 아니었으니, 가법家法이 이처럼 올바르게 되었기 때문에 자손들이 능히 세수해 잃어버리지 않게 된 것입니다.1224)

1221) 『中宗實錄』, 중종 14년(1519) 1월 21일.
1222) 『仁祖實錄』, 인조 15년(1637) 6월 21일.
1223) 『孝宗實錄』, 효종 1년(1650) 1월 22일.
1224) 『正祖實錄』, 정조 2년(1778) 2월 14일.

이에 정조는 신종과 왕안석의 변법을 악법으로 낙인찍어 이를 경계로 삼은
이래 국가개혁이 막혀버렸음을 안타깝게 여긴다.

> 한 번 송나라 신종의 변법한 일이 있고부터는 후세에 이를 감계監戒로 삼게 되어
> 비록 경장하지 않을 수 없는 것이라 하더라도 또한 감히 마음을 먹지 못하게 되었으
> 니, 한탄스러움을 견딜 수 있겠는가? 왕안석의 청묘법은 비록 폐단이 없다고 할 수는
> 없지만, 왕안석의 신법이 또한 어찌 하나도 취할 수 없는 것이겠는가? 사마광이 정승
> 으로 들어가는 날에 도성 백성들이 이마에 손을 얹고 생각하며 일이 되어감을 기다
> 리는 것이 어떠했고 부담은 어떠했던가마는, 경장에 급급해 꼭 5일로 한정한 것은
> 어찌 된 일인가?[1225]

이에 이가환이 "왕안석의 고역법雇役法은 선유先儒들도 더러 옳게 여기는 이가
있었으나, 날짜를 한정해놓고 다 바꾼 것은 역시 과過였다(安石雇役之法 先儒亦或
有是之者 限日盡變亦過矣)"고 답했다.[1226] 이 단계에서 이미 정조와 이가환은 왕안
석의 경장내용을 옳게 여기며 ― 그 방법이 급진적이었던 것으로 잘못 알고
― 그 방법의 '급진성'만을 문제로 지적하고 있다.

　여기까지만 종합해도 보갑법(세종), 청묘법(양성지·정조), 고역법(이가환) 등 왕안
석의 신법이 다 좋은 법으로 조선에 수용되고 있다. 보갑법은 인보·호패법으로,
청묘법은 환자법으로, 균수법은 선혜법으로, 고역법은 요역의 금납화와 고립화
雇立化[1227] 등으로 조선에서 다 실현되었다. 1778년 정조는 보갑법의 긍정성을
다시 확인한다. 부사직 강유姜游가 "왕안석의 신법은 대부분 폐단이 있지만
유독 보갑법만은 병가兵家의 유의遺意를 깊이 체득한 것이니, 시행할 수 있다'고
아뢰자 정조는 바로 묘당에 품처케 했다.[1228] 그리고 성리학에 의례적 조공을
바치되 탈脫성리학적으로 사고했던 정조는 1781년 왕안석의 글 7편을 포함시

1225) 『正祖實錄』, 정조 2년(1778) 2월 14일.
1226) 『正祖實錄』, 정조 2년(1778) 2월 14일.
1227) 황태연, 『백성의 나라 대한제국』, 524-528쪽.
1228) 『正祖實錄』, 정조 2년(1778) 9월 10일.

킨 『어정팔자백선御定八字百選』을 중외에 출판한다.[1229]

　나아가 정조는 구준의 『대학연의보大學衍義補』를 동궁 시절부터 "편애해 수시로 펴놓고 열람해도 싫증 낼 줄 몰랐고"[1230] 죽을 때까지 이 저서를 애지중지했다. 그런데 상론했듯이 구준은 양명학의 확산이 거세질 때 이에 압박을 느끼며 성리학의 고답적 성격을 반성적으로 비판하고 그 논리를 수정해 경세론을 보강함으로써 성리학을 재건하려고 한 비판적 성리학자였다. 그리고 『대학연의보』는 상업의 자유와 자유시장을 이론화하고 정부간섭 및 전매제도를 맹렬히 비판하며 이 점에서 경輕주희·중重왕안석 노선에서 왕안석의 신법을 원용하고 왕안석처럼 『주례』를 활용하면서도 주희를 받드는 예를 표하며 왕안석을 비판하는 '시늉'을 하는 책이다. 구준은 『대학연의보』에서 성리학적 주변 분위기에 형식적 예를 표하기 위해 왕안석을 멀리하는 척하고 있다. 하지만 그는 내용적으로 왕안석의 화폐·시장경제론과 신법을 그대로 따르면서 이 시장경제론을 자유시장론 쪽으로 더 강화하고 있다. 구준이 『대학연의보』를 낸 시기는 "정주학에 대한 반성과 함께 시대적 요구에 부응하는 논리의 정립을 모색하는 흐름이 나타난 시기였다". 구준은 호거인胡居仁과 더불어 정주학을 수정하고 비판적으로 계승하되 시의에 맞게 재해석하는 움직임의 "대표적 인물"이었다.[1231] 치국의 시무학을 대폭 보강해 심학을 왜소화하고 농본주의와 나란히 상본주의를 제창하는 이런 수정주의 성리학 계열에서 나온 『대학연의보』의 독서는 물론 교조적 성리학이 판치는 조선조정에서 곡절이 없을 수 없었다. 이 책은 중국에서 출판된 지 불과 6년 만인 성종 25년(1494)에 조선에서 판각·출간됨에 따라 조선의 사대부와 군주에게도 많은 주목과 관심을 불러일으켰다. 특히 중종조에는 경연의 교재로 진강進講되는 한편, 『대학연의보』를 경연교재로 둘 것인가를 둘러싸고 두 차례에 걸쳐 왕권과 신권臣權이 대립한 바 있다. 교조주의적 조선성리학자들이 구준의 수정주의를 '불순정'으로 낙인찍고 그

1229) 『正祖實錄』, 정조 5년(1781) 6월 13일.

1230) 『正祖實錄』, 정조 5년(1781) 2월 27일.

1231) 윤정분, 『中國近世 經世思想 硏究』, 24쪽.

진강을 중지할 것을 요구한 것이다. 1529년(중종 24년) 홍언필洪彦弼은 홍문관을 대표해 "구준의『대학연의보』는 그 의론이 순정하지 않은 곳이 있는데 진강한 지는 오래되었으나" 진강교재를『대학연의』로 바꾸자고 했고, 이에 심정沈貞이 "정주자가 이를 보면 취하고 택할 말이 많지 않을 것"이나 "크게 보면 천하를 다스리는 법과 작게는 미세한 일이 갖춰지지 않는 것이 없으니 폐하는 것은 불가하다"고 했다.1232) 중종은 홍문관의 뜻을 무시하고 심정의 뜻을 따라『대학연의보』의 진강을 강행했다. 그러나 10년 뒤 이언적李彦迪이 또『대학연의보』의 진강을 비판하는 지루한 교조주의적 상소를 올렸다.

신은 늘 전하께서 요·순의 도에 뜻을 두시면서, 경연에서는 삼대 이상의 성경현전聖經賢傳으로 진강의 근본을 삼지 않으시고, 항상 후세에서 편집한, 질帙이 호번浩繁해 끝까지 연구하기 쉽지 않은 책(『대학연의보』)을 취해 진독進讀하는 것을 괴이하게 여겨왔습니다. 이런 책들은 번다한 사물과 제도에 대해서는 상세하지만 성인이 심술을 밝히고 정성스럽게 하는 뜻과 정밀히 하고 한결같이 하는 방법 등은 대체적으로 갖춰져 있지 않습니다. 따라서 임금이 다만 옆에 두고 한가할 적에 때때로 펴보면서 고금의 제작制作규모의 장단점을 연구하면 될 것이요, 경연에서 오로지 그것에 정신을 집중시켜 강론하고 궁구할 필요는 없는 것입니다. (…) 그럭저럭 한 권의 책에다 헛되이 세월을 허비하면서 뜻은 부지런히 힘쓰건만 도道는 멀기만 하다는 탄식이 있게 된 것은 당초에 보도輔導한 사람의 죄가 아닐 수 없습니다. 당우와 삼대 때에 어찌 이러한 책이 있었겠습니까. 심학心學뿐이었습니다. 일리一理가 만사를 꿸 수 있고, 일심一心이 만화萬化를 총괄할 수 있는 것이므로 제왕의 학은 궁리窮理일 따름입니다. 궁리·심정心正이면 수신·제가는 스스로 족하고 국가와 천하에 미칩니다. 엎드려 바라건대 전하께서는 말류末流의 섭렵을 고사하고 본원에 공력을 쏟는 데 전념하며, 제왕의 학에 마음을 잠기게 하고 정일精一의 공력에 뜻을 더하소서.1233)

1232)『中宗實錄』, 중종 24년(1529) 11월 1일.
1233)『中宗實錄』, 중종 34년(1539) 10월 20일.

이언적은『대학연의보』를 홍언필처럼 '순정치 않다'고까지 격하하고 있지는 않지만 아무튼 양민養民·치국의 시무학을 경시하고 도술道術과 심술心術의 심학만을 '제왕학'으로 인정하는 성리학적 교조주의 입장에서 '말류의 책'으로 폄하하며 이 책의 진독을 저지하려 하고 있다. 그리하여 이것은 격물·치지·성의·정심·수신·제가·치국·평천하의『대학』의 독트린에서 성의·정심·수신만을 기형적으로 강조하고 격물·치지와 치국·평천하의 네 항목은 말류의 항목으로 배제하는 주장이다. 요샛말로 표현하면, 교조적 합리주의의 '철학'만을 '제왕의 학'으로 인정하고, 정치·경제·사회학·법학 등 사회과학과 격물치지의 경험과학은 '말류의 학'으로 폄하·배격하는 것이다. 바로 성리학의 이런 고답적 도술주의의 교조 때문에 성리학이 지배하던 시기에 극동 전체는 자연과학과 사회과학의 발전이 지체되고 말았다. 중국과 조선이 18세기 말부터 서양에 뒤지기 시작한 원인은 풍요에 대한 극동제국의 오만한 자부심과 안이한 쇄국주의에도 있지만 또 다른 원인은 왕안석의 신법만이 아니라 그런 냄새를 풍기는 것까지도 이토록 거부한 보수적 성리학, 즉 '극동의 스콜라철학'에 있었다. 이런 의미에서 성리학은 조선의 '건국의 학'이자 동시에 '망국의 학'이었던 것이다.

10년 전 홍문관에 있던 홍언필이 이제 좌의정으로 올라와 있는 상황에서 논란 끝에 경연교재 문제는『대학연의보』의 진강이 종료되면『역경』으로 교체하는 것으로 해결되었다. 명대 중국성리학자들보다 더 교조적이었던 조선성리학자들은『대학연의보』에서 왕안석·육구연·엽적 등의 '불순한' 냄새를 예민하게 탐지하고 구준만이 아니라 왕이 이 책을 진독進讀하도록 안내한 35년 전의 관원까지도 탄핵하고 있는 것이다.

그러나 개혁군주 영조는『대학연의보』를 아주 좋아했다. 그리하여『대학연의보』는 영조조에 다시 소대召對에서 진강되었다. 이런 분위기 속에서 정조는 동궁 시절『대학연의보』의 핵심내용을 수차례에 걸쳐 손수 감정하고, 정조 2년에는 중요논지를 발췌해 암기하기까지 했다.[1234] 그리고 정조는 1799년

1234)『正祖實錄』, 정조 22년(1798) 4월 19일. 다음도 참조 윤정분,「『大學衍義補』의 朝鮮 전래와

『대학연의보』를 진덕수의 『대학연의』와 합본해 『어정대학유의御定大學類義』
로 출판하기까지 했다.1235) 이것은 정조가 내용적으로 경輕주희·중重왕안석
또는 탈脫심학적 시무개혁 심지를 강하게 내비치는 구준의 자유상업론을 얼마
나 오랜 세월 가슴 깊이 간직했었는지를 간접적으로 보여준다. 이를 바탕으로
정조는 공맹과 사마천의 농상양본주의를 계승한 구준과 황종희의 자유경제철
학에 따라 '농상병진론農商竝進論' 또는 '삼업병중론三業竝重論'을1236) 전개한다.
이런 경제철학의 연장선상에서 정조는 현물지대와 화폐지대를 중시하는 입장
을 취했다. 이것은 구준이 『대학연의보』의 「제국용制國用」편에서 화폐지대보
다 현물지대를 중시하는 구절을 생략하고 출판한 것에서1237) 확인할 수 있다.

그리고 정조는 1791년 1월 마침내 좌의정 채제공蔡濟恭을 시켜 왕안석의
시역법의 취지와 일치하는 구준의 자유상업 노선에 입각해 신해통공법辛亥通共
法(자유통상법)을 반포하고 시행했다. 이렇게 개혁의 기치를 높이 치켜든 정조는
동년 4월 주희의 평가와 정반대로 사마광을 비난하고 왕안석을 치켜세운다.

사람들이 용龍고기가 어떻다고 말만 하기보다는 돼지고기라도 먹는 것이 낫다고 말
하지만, 사마광과 같은 사람은 그가 평소에 생각하는 것으로 본다면 진정 독실하게
실천하는 사람이라 말할 만하다. 그러나 그 분수를 아는 데 있어서는 끝내 부족했다.
이를테면 그가 맹자를 의론한 일사一事야 비록 순박기풍의 미산未散에 속한 것이라도
신법新法을 혁파한 일은 무엇 때문에 서둘렀는가. 희령熙寧(신종조의 연호)의 정치가
진실로 폐단은 많았지만 병제兵制변통과 같은 것은 실로 미법美法인데 어찌 이마저
다 폐지해서 결국 군사軍事정사를 부진케 해 국세를 갈수록 약해지게 만들었는가?
왕안석에게서 나온 것이라면 꼭 재빨리 폐지했으니, 어찌 그렇게도 지나쳤는가! 정
자程子가 '우리가 그를 격동시켰다'고 일컬은 것은 진실로 대현大賢의 공언공심公言公
心일 따름이다(程子謂吾輩激成之者 誠大賢之公言公心矣). 대체로 왕안석은 고집이 너

그 수용 - 正祖의 『御定大學類義』를 중심으로」(하), 『中國史研究』 제17집(2002), 139-140쪽.
1235) 『正祖實錄』, 부록, 「正祖大王行狀」.
1236) 김성윤, 『朝鮮後期 蕩平政治 研究』(서울: 지식산업사, 1997), 146쪽.
1237) 윤정분, 『中國近世 經世思想 研究』, 287쪽.

무 지나쳤지만 그 재주야 어찌 세상에 쓰일 만한 것이 없었겠는가? 신종이 왕안석을 등용한 것은 그 뜻으로 보면 큰일을 할 수 있는 임금이었다고 말할 수 있다.[1238]

국초부터 정조대까지 줄기차게 또는 간헐적으로 성리학자들은 북송 멸망의 책임을 왕안석에게 돌렸으나, 정조는 정반대로 사마광을 "끝내 부족한 자"로 격하하고 국망의 책임을 사마광에게 돌리는 반면, 신종을 왕안석을 등용했다는 이유만으로 "큰일을 할 수 있는 임금"으로 극찬하고 있다.

정조의 이 극찬에 성리학에 무젖은 검토관 이의봉이 "신종은 비록 큰일을 할 만한 임금이었으나 적임자를 쓰지 못했다"고 토를 달자 정조는 "인품이야 실로 현명함과 못남이 있지만 세상에 쓰일 재주(需世之才)라면 왕안석이 반드시 사마광에게 양보하지 않을 것이다"라고 하여 왕안석을 사마광과 동렬로 놓는다. 그러자 다시 이의봉이 "만약 사마광이 임금의 신임을 전적으로 받고 오랫동안 정사를 행했더라면 소강小康의 정사를 이루었을 뿐만 아니라, 반드시 삼대의 이상적 정사도 회복할 수 있었을 것이다"라고 하고, 비슷하게 무사안일한 시독관 이지영이 "왕안석은 사실 뛰어난 재주를 지녔지만 정치를 하는 데 있어서야 어찌 사마광처럼 거의 완전한 사람을 당해낼 수 있겠습니까"라고 하며 사마광을 띄웠다.[1239] 이에 대해 최장기 독상獨相 좌의정 채제공이 강력 반박한다.

요즘 유자들의 논의에서 사마광과 왕안석은 서로 비교할 수도 없다고 말하는데 이는 정말로 생각이 좁은 것(窄)이다. 신의 생각에는 사마광은 신법이 백성들을 뒤흔든 뒤에 나서게 되었으므로 마치 청렴한 관리가 탐관의 뒤를 이어서 쉽게 깨끗하다는 이름을 얻은 것과 같다고 본다. 이 때문에 온 천하가 지금도 그렇게 칭하니 팔자가 좋다고 하겠다. 그러나 구법을 바꾸는 것은 지난하지만 신법을 혁파하는 것은 지극히 쉬운 법이니, 어찌 사마광의 재간이 적확하게 왕안석보다 뛰어난 것이 있겠는가?[1240]

1238) 『正祖實錄』, 정조 15년(1791) 4월 30일.
1239) 『正祖實錄』, 정조 15년(1791) 4월 30일.
1240) 『正祖實錄』, 정조 15년(1791) 4월 30일.

당시 노론의 반발 속에서 국가개혁을 밀어붙이고 있던 선봉장 채제공은 이처럼 사마광을 격하하고 단호하게 왕안석을 높이 평가했다.

이에 정조는 호기를 얻어 채제공의 말에 맞장구치며 마음에 담아두었던 말을 일거에 쏟아낸다.

> 그렇다. 유신儒臣들은 비록 송 신종이 적임자가 아닌 자를 썼다고 말하더라도 당시에 천하의 형세가 부득불 크게 흔들어 쇄신해야 했기 때문에 예의 정치를 도모해 굳게 작정하고 바꾸지 않았던 것이다. 내 생각에는 한漢무제 이후로는 오직 송 신종만이 일을 일답게 해보려는 뜻을 가졌었다고 생각한다. 국초에『송사』가 우리나라에 미처 들어오지 않았을 때 유명한 석학들이 미리 헤아려본 후 혹자는 "왕안석은 반드시 영행전佞幸傳에 들어갈 것이다"라고 하고, 혹자는 "마땅히 명신전에 들어갈 것이다" 라고 했는데, 나중에『명신록』을 보니 과연 그 가운데 들어 있고,『송사』에서도 역시 그러했다. 주자도 이미 명신으로 인정했으니, 어찌 얻기 어려운 인재가 아니겠는가. 다만 여혜경呂惠卿 같은 무리를 등용해 진출시킨 것이 큰 착오였던 것이다. 대체로 세도를 만회하는 것도 역시 운수의 성쇠에 관계되는 것이다. 군주는 운명에 대해 말하지 않는다는 말이 있지만, 나는 그때의 운수가 그와 같았다고 여긴다.[1241]

마침내 정조는 오래 묻어두었던 말을 드디어 속시원하게 토로하고 있다. 신법과 더불어 왕안석이라는 인물은 구법당에 속하는 소동파, 정이천, 그리고 구법당의 반대논리를 이데올로기화하고 사마광을 따른 주희에 의해서도 최소한 또는 부분적으로 인정받았다. 정조는 아직도『명신록』과『송사』를 읽지 않은 것으로 보이는 이의봉·이지영 등 근신들이 너무나 무지하기 때문에 이런 사실들을 새삼 들춰 보이고 있다. 하지만 근신과의 이런 대화가 있기 230여 년 전 김일손은 비록 충청도 도사都事(종5품)에 불과했어도 "왕안석에 대해서는 일세一世가 소인의 조종이라 했으나 사마광은 다만 고집스럽다고만 칭했고,

---

1241)『正祖實錄』, 정조 15년(1791) 4월 30일.『명신록』은 주희의『팔조명신언행록』을 가리키고 『송사』는『송사』「왕안석전」을 가리킨다.

주희는 또 명사 가운데 넣었다'는 사실을1242) 이미 알고 있었다. 따라서 정조의 논변은 실로 그렇게 색다른 논변도 아니었다. 다른 한편, 정조가 왕안석의 '착오'로 지적하는 '여혜경의 등용'도 왕안석이 여혜경을 추천해 참정태위로 임명했으나 배신행위로 인해 곧 다시 그 관직을 삭탈했기 때문에 큰 착오도 아니다. 정조도 이 내막을 알고 있었을 것이다.

임금의 저런 '커밍아웃'에 이의봉은 납작 엎드려 이렇게 아부한다. "성교聖敎가 진실로 지당합니다. 그러나 다만 생각건대 세도의 오염과 융성汗隆은 오로지 인도引導 여하에 달려 있습니다. 돌아보건대 지금은 성인께서 윗자리에 계시어 교화와 다스림이 맑고 밝으니 운수를 만회할 수 있는 적기입니다. 신의 생각에는 삼대의 정치를 거의 오늘에 다시 볼 것 같습니다."1243) 주희가 조선의 군신 간에 주고받은 이 대담을 들었더라면 아마 경기를 했을 것이다. 정조와 채제공의 왕안석 칭송은 전기 조선 유자들의 왕안석 비난에 비하면 격세지감을 느끼게 한다. 결론적으로 말하면, 세종·양성지·정조·이가환·채제공 등 조선의 근대화 개혁세력들은 모두 이와 같이 왕안석을 높이 추앙했던 것이다.

국가개혁을 추진하며 왕안석과 신종을 극찬하는 정조의 언행에서 그가 왜 동궁 시절에 자신이 지은『송사전宋史筌』을 끝내 인쇄·출판하지 않고 원고 상태로 비장秘藏했는지를 짐작할 수 있다.『송사전』은 주희를 비롯한 구법당이 쓴『신종실록』을 그대로 반영한 정사『송사』의 축약본이다. 따라서『송사전』의 신종 묘사와 왕안석전도『송사』와 마찬가지로 이들에 대한 악평으로 가득하다.1244) 이런 까닭에 정조가 동궁 시절에 쓴『송사전』원고를 규장각에서 1780년 퇴고해 완성본을 올렸으나1245) 정조는 이것을 12년 동안 장롱 속에 처박아두었다. 그러다가 신해년(1791) 그는 이를 두고 이렇게 토로한다. "여전히 참작해 제정한 것이 혹시라도 틀린 것이 있을까 염려되므로 마땅히 상세하게 고증해야 하는데도 불구하고 곧바로 비부秘府에 보관해두었는데, 지금 12년이 지나고

1242)『燕山君日記』, 연산 1년(1495) 5월 28일.
1243)『正祖實錄』, 정조 15년(1791) 4월 30일.
1244) 이근명, 「『宋史筌』에 나타난 王安石과 王安石의 改革」, 240-245쪽.
1245)『正祖實錄』, 정조 4년(1780) 10월 10일.

말았다." 무릇 "역사를 쓰는 것은 매우 어려운 일이고, 기존의 역사를 삭제하는 것도 또한 쉽지 않기" 때문이었다.[1246] 『송사』의 내용들을 삭제하거나 고치기가 어려웠다는 말이다. 그리하여 정조는 '12년 묵은' 『송사전』 원고를 다시 존현각尊賢閣 편編으로 "영구히 전해 보이도록 하기" 위해 보관하라고만 명하고 출판하라는 어명을 끝내 내리지 않았다.[1247] 그리하여 『송사전』의 운명은 이것으로 끝나고 오늘날도 "그 전모가 제한적으로 공개되었을" 뿐인[1248] '안 읽힌' 역사책으로 사고史庫 속에 깊이 묻혀 있게 되었다. 이것이 아마 정조가 바라던 바였을 것이다.

이런 사실들을 통해 왕안석의 신법과 '송대 근세성'이 수백 년에 걸쳐 왕안석에 대한 찬반논란을 수반하며 조선에 전파되었다는 것을 알 수 있다. 왕안석에 대한 비난이 여전할 때도 조선은 점진적·우회적으로, 그리고 왕안석에 대한 군신君臣의 전향적 정서가 조성될 때는 직접적·급진적으로 근대화되어왔던 것이다. 따라서 조선은 개국과 동시에 부단한 '중국적 근대화'를 단행한 뒤 시의에 맞춰 완급을 조절하며 '낮은 근대'(근세)를 더욱 진전시켜 나갈 수 있었던 것이다. 창건기의 조선, 그리고 세종과 영·정조의 조선은 중국적 근세의 '동천'을 비교적 충실하게 수용했다고 할 수 있다. 따라서 19세기 초 서구가 근대문물을 가지고 극동에 도래했을 때 조선은 '낮은 근대의 최고단계(후기)'에 도달해 있었고, 또 이것에 대해 자부심을 느끼고 있었다.

따라서 19세기부터 이미 '높은 근대' 단계로 진입하던 서구제국이 극동에 모습을 드러냈을 때 조선은 이런 문명적 자부심에서 서구와의 문명격차에 ─ '낮은 근대' 이전의 전근대 단계에 있던 일본처럼 ─ 그렇게 경악하지도, 절감切感하지도 못했다. 이 때문에 조선은 중국과 더불어 서구의 근대화 충격에 일본보다 더 둔감할 수밖에 없었다. 물론 이 둔감의 후과는 혹독했다.

일본의 1867년 이래 명치유신을 '지연된 중국화(근세화)의 만회'로 해석하는

1246) 『正祖實錄』, 정조 4년(1780) 10월 10일.

1247) 『正祖實錄』, 정조 4년(1780) 10월 10일.

1248) 이근명, 「『宋史筌』에 나타난 王安石과 王安石의 改革」, 225쪽.

일본 역사학자 요나하준(與那覇潤)은 '낮은 근대의 최고단계'에 대한 자부심으로
인해 중국과 조선이 저렇게 '둔감'했던 것을 이렇게 설명한다.

> 일본인은 기다리고 기다리던 '중국화'를 마침내 감행할 즈음에 발생한 거대한 변화
> (명치유신)에 휩쓸려 들어가 그때 '서양화'도 함께 완수할 수 있었지만 중국인이나 한
> 국인은 '중국화'를 일찍이 달성한 만큼 "서양화의 시점을 놓치는 모양새가 되었다"는
> 것이 동·서양의 문제와는 별개로 또 한·중·일 어느 쪽에도 치우치지 않는 평등한
> 역사의식이다. 이 '서양화'란 것이 대부분 '중국화'와 겹치니까 중국이나 한국에서는
> '서양화'를 필요로 하는 필연성이 그만큼 낮았던 것이다.1249)

'구본신참舊本新參'의 그 '신참'의 필요성에 대해 둔감했던 것에 대한 대가는
민족적 치욕과 고통이었다. 조선은 일본과의 싸움(운요호 포격·갑오왜란)에서 연패
하고 청일전쟁의 여파 속에서 국망을 당했으며 일제에게 왕비마저 시해당하는
을미왜변의 처절한 참극을 겪으며 그 문명격차와 근대화개혁의 필요성을 피부
로 절절하게 통감痛感했다.

이렇게 멸망한 조선국의 백성들은 패망과 국모시해에 대한 공분 속에서
대한제국을 창건하고 근대화를 급속하게 추진했다. 그 결과, 대한제국은 기존
의 '낮은 근대'를 발판으로 어렵지 않게 광무개혁에 성공함으로써 3만 군대를
육성하고 1914년경 그리스와 포르투갈의 국민소득 수준에 도달해 일본 다음의
아시아 2위의 경제대국으로 올라설 수 있었다.1250) 오늘날은 조선의 전래된
'중국적 근대화'와 대한제국의 '서구적 근대화'를 저력으로 삼아 일본을 추월할
기세다.

요나하준은 한국과 일본 간의 이런 역사적 역전과 재역전의 엇갈림을 다음과
같이 정리한다.

1249) 요나하준(與那覇潤), 『중국화하는 일본』, 131쪽. 괄호는 인용자.
1250) 황태연, 『백성의 나라 대한제국』, 1055-1083쪽, 황태연, 『한국 근대화의 정치사상』, 783-949쪽.

한반도는 전통적으로 일본보다 '중국화'의 정도가 높고 이것이 19세기 이후 고초를 겪는 하나의 원인이기도 했을지라도 지금은 이것이 '강점'으로 활용되기 시작했다고 생각한다. 각국어의 번역을 사용한 '한류' 방송의 수출공세도 같은 것으로서 일본에서 '혐한류嫌韓流'의 쇄국주의자가 위정척사파처럼 '한류반대'를 외치고 있는 것이야말로 한일의 위치가 19세기와 정반대가 되는 것을 증명하고 있다. 그렇다. '중국화'의 정도가 미비했기 때문에 메이지 일본은 서구화의 흐름에 편승한 한편, 뼛속까지 '중국화'를 끝냈던 조선왕조는 화이華夷질서의 전통을 고집해 쇠퇴했다. 그러나 이랬던 구도가 지금은 거꾸로 되고 있다.[1251]

예리한 통찰이다. 그러나 요나하는 훨씬 더 유교적이고 훨씬 더 중국적(근세적)이었던 조선이 아관망명(1896년 2월 11일)부터 을사늑약(1905년 11월 17일)까지 10년간 추진한 '서구적 근대화'가 송대 이후 중국과 대립되는 방향으로 발전했던 일본보다 더 순조롭고 더 빠르게 진행되었다는 사실을 인식하지 못하고, 거꾸로 조선의 보다 철저한 '중국화'를 일시적 "쇠퇴"의 원인으로 오해하고 있다. 바로 말하자면, 조선의 '높은' 중국적 근대화 수준은 조선의 문화적 자신감을 과도히 높여 조선으로 하여금 19세기 서양의 선진적 발전상을 제대로 평가하지 못해 서구적 근대화의 적기適期를 놓치고 일시 '정체'하도록 만든 원인일 수는 있어도 '쇠퇴'의 원인은 아닐 것이다.

오히려 중국화가 미흡했던 또는 반反중국적이었던 일본 봉건국가의 군국적軍國的 전통은 서양 흑선의 함포사격에 민감하게 반응하도록 만든 한 요인이었을지라도 동시에 일본의 서구적 근대화를 험난하게 만든 것도 사실이다. 일본의 서구적 근대화는 명치유신 개시(1867)부터 청일전쟁(1894) 직전까지만 계산해도 한국보다 20년이 더 긴 30년에 가까운 세월을 소비했다. 그리고 명치유신의 근대화개혁은 그 성과가 엄청났을지라도 군국주의와 제국주의로 왜곡되기도 하고, 명치시대 근대문물의 모조품 성격, 신분제의 미未청산 등으로 인해 불완전하기도 했다. 천황의 신격화나 종교탄압, 신도神道의 국교화 등에서는 오히려

1251) 요나하준(與那覇潤), 『중국화하는 일본』, 225-226쪽.

'전前근대'로 퇴행한 측면도 없지 않았다. 반면, 대한제국의 근대화는 10년밖에 걸리지 않았고, 그 성과는 일본에 비해 완전하고 선진적이었다.

대한제국이 이렇게 최단시간에 일본보다 완전하고 선진적인 근대화 성과를 이룬 데에는 두 가지 이유가 있다. 첫째 이유는 일본의 근대화 출발지점이 봉건적 전근대 단계였던 반면, '높은 근대'로 도약하려는 대한제국의 서구적 근대화의 출발지점은 '초기근대' 또는 '낮은 근대'였다는 것이다. 둘째 이유는 1881년 별기군 창설을 시작으로 위정척사·동도서기론과 친일개화·서도서기론을 양극단으로 하는 개혁노선의 심각한 갈등으로 말미암아 임오군란·갑신정변·갑오경장·을미왜변을 당하는 등 산전수전 다 겪은 고종이 조선의 '낮은 근대'의 유산을 바탕으로 신구新舊문물을 절충적으로 패치워킹하는 '구본신참론舊本新參論'이라는 민족자주적 중도개혁 철학을 채택할 수 있었고, 또 이 구본심참론을 끝까지(1896-1905) 견지했다는 것이다. 일본의 '명치유신'은 다이묘와 사무라이를 비롯한 봉건세력의 강력한 저항에 부딪혀 네 번의 유혈내전을 치러야 했던 반면, 대한제국은 봉건세력이 전무했고, 따라서 봉건세력의 저항도 전무했다. 위정척사파의 논변적 저항이 있었지만, 그들은 일본 다이묘나 사무라이 같은 봉건적 무사세력이 아니라 송·명대의 낡은 '초기근대적' 세계관을 고집하는 성리학적 선비들이었고, 그들의 저항은 일본의 다이묘와 무사집단의 처절한 무력저항에 비하면 '저항'이라 할 것도 아니었다. 대한제국의 창건과 근대화에 대한 유일한 장애물은 일본제국주의였을 뿐이었다. 따라서 대한제국의 근대화개혁은 일제의 방해와 침략이 러시아의 한반도 개입으로 일시 소강상태에 들어갔던 시기에(1896-1905) 민족자주적 근대화 전략인 구본신참론에 입각해서 순조롭게, 그리고 고속으로 진행될 수 있었던 것이다.[1252]

19세기 조선은 중국·타이완·안남(베트남) 등 극동의 다른 유교국가들과 마찬가지로 공통된 '유교보편적' 근대요소들을 가진 '준비된 근대국가' 또는 '초기근대국가'였다. 그러나 조선은 다른 극동국가들보다 더 완전하게 '중국적 근대화' 단계에 도달해 있었기 때문에 이 국가들보다 더 강력하고 특유한 내재적 근대

1252) 황태연, 『백성의 나라 대한제국』, 925-1082쪽, 황태연, 『한국 근대화의 정치사상』, 783-952쪽.

화 동력을 가지고 있었다. 대한제국이 '구본신참론'이라는 특유한 근대화 개혁 철학에 입각해 10년 만에 아시아 1-2위의 근대국가로 부상한 데 이어 1915년 그리스와 포르투갈 같은 서양국가를 추월할 수 있었던 것은 한국이 보다 완전하고 특유한 초기근대국가였기 때문에 가능했다. 조선은 송·명대의 초기근대적 요소들을 철저히 패치워크하는 것을 넘어 특유한 발전을 더해 여러 가지 면에서 중국을 능가하는 단계에 도달했었다. 중국과 공통된 군현제적 중앙집권제·관리임용시험제(과거제)·신분제해체 외에 중국을 능가한 18-19세기 조선의 특유한 근대적 요소들은 '민국'과 향촌 차원의 '백성참정', 그리고 18세기 말과 19세기 초 한때 중국보다 잘살던 조선인들의 세계 1위 생활수준이었다. 따라서 조선의 이런 '낮은 근대'의 최고단계에서 19-20세기 서양의 '높은 근대'로 도약하는 것은 일본에 비해 용이했던 것이다.

■일본: 유교적 근대의 동천의 봉쇄와 명치유신을 통한 중국화의 만회

앞서 시사했듯이 명치일본의 근대화는 더 어렵고 왜곡되고 불완전하고 퇴행적이었다. 도쿠가와시대 일본은 조선보다 덜 중국화·유교화된 상태에다 반反중국적·전근대적 봉건제 상태에 있었다. 이 때문에 일본은 '서구적 근대화'를 하더라도 전국적으로 유력하게 버티고 있는 봉건적 번주藩主들인 다이묘들을 하루아침에 흔적 없이 제거할 수 없었다.

- 뒤틀린 근대화의 불가피성

메이지정부는 이 번주들로부터 세습적 영지 및 영지관할권과 독자적 군권을 박탈하고 폐번치현廢藩置縣을 통해 중앙집권화를 단행하는 대신, 다이묘와 사무라이들을 화족華族·사족士族으로 귀족화하는 타협적·반反근대적 방법을 취해야 했다. 그러나 이조차도 군사력으로 무장한 봉건적 다이묘들을 영지에서 발본拔本하고 무사(사무라이)제도를 폐지하는 충격적 변혁 과정이었다. 이 충격은 정부 고위관직, 공무원임용고시제, 사관학교 등을 통해 다이묘와 사족을 정치가화·관료화·장교화하는 조치로 다 흡수할 수 없었다. 따라서 이 변혁

과정은 불가피하게 격렬한 유혈충돌을 수반했다. 명치정부는 무진戊辰전쟁 (1868-1869)으로부터 서남전쟁(1877)에 이르기까지 10년간 무려 네 번의 내전을 치러야 했다. '전근대적' 봉건국가로부터 '낮은 근대'를 건너뛰어 서양의 '높은 근대'로 단번에 2단계를 도약해야 했던 만큼 명치유신은 유혈이 낭자하고 요란 하며 정치적으로 험난할 수밖에 없었던 것이다.

이런 통에 일본의 근대화는 어떤 면에서 왜곡되었고, 다른 면에서는 오히려 퇴행했으며, 또 다른 면에서는 미진하고 불완전했다. 명치유신적 근대화 과정 에서 일본국의 근본적 왜곡은 일본의 군국주의화와 제국주의화였다. 또한 명치 정부는 천황을 신존왕주의적 봉대를 넘어 서양의 전근대적 왕권신수설에 따라 '신격화'했고, 천황의 신격화를 위해 천황을 받드는 신도神道를 '국교'로 지정해 온 국민에게 신사참배를 강요하는 한편, 기독교와 불교를 탄압하는 종교정책을 시행함으로써 근대적 종교자유와 관용 이념을 짓밟는 전근대적 방향으로 내달 렸다. 정치와 사회가 전前근대로 퇴행한 것이다. 그리고 봉건적 다이묘와 사무 라이의 정리는 새로운 신분제의 도입으로 귀결되었다. 그리하여 명치일본의 서구적 근대화는 군국주의·제국주의·전근대·근대가 뒤섞인 점에서 일견 불 순不純하고 불완전하며 퇴행적인 것, 아니 삐뚤어지고 뒤틀린 것이었다.

- 1000년대 일본의 중국화

일본의 이런 뒤틀린 근대화의 원인은 먼 과거로 거슬러 올라간다. 1,000여 년 전 일본은 송대 근세성의 '동천東遷'에 저항해 쇄국을 단행하고 '근세화'를 가로막아 반대의 방향, 즉 '봉건화' 방향으로 퇴행했었다. 어떻게 이런 일이 일어났던가? 요나하준與那覇潤은 최근 일본학계의 '정설'을 메들리 형식으로 정리한 새로운 종합적 관점에서 21세기 초 난국에 처한 일본의 출구로 명치明治 에 이은 '(재)중국화'를 제시함으로써 2010년대 일본에서 베스트셀러가 된『중 국화하는 일본』에서 그 퇴행적 봉건화의 역사적 과정을 잘 설명하고 있다.

일단 요나하준은 나이토고난의 견해에 입각해 "세계에서 최초로 근세에 들어간" 나라를 "송대 중국"으로 단정한다.[1253] 그리고 그는 봉건화로 퇴행·전락했던 과거의 일본을 "송나라를 모방하지 못한" 또는 "송나라로부터 많은 것을 배우지 못한 나라"로 규정한다.1254)

중국문화의 동천 현상은 물론 1000년 전후 일본에서도 나타나긴 했었다. 794년 헤이안쿄(平安京)로 천도한 이후 고닌(光仁)·간무(桓武)·사가(嵯峨) 천황은 승려의 정치개입을 차단하고 국가재정을 건전화하기 위해 당나라의 율령제(律令制)를1255) (재)도입하는 국가개혁을 단행했다. 율령제의 정비와 강화의 움직임은 9세기까지 이어졌다. 시대의 변화에 따라 율령법도 재정비되고 조문의 개정을 위한 격格과 실무시행 세칙인 식式이 행해졌다. 이것들을 집대성한 고닌(弘仁)·조간(貞觀)·엔기(延喜)의 3대 격식格式이 차례로 만들어졌고, 영令의 조문 해석을 통일하기 위해 료노기게(令義解)도 편찬되었다. 그리고 사가(嵯峨) 천황 때부터 천황의 비서 역할을 하는 장인두藏人頭(구로도노토), 수도의 경찰과 재판 업무를 담당하는 검비위사檢非違使(게비이시) 등의 영외관令外官을 두었다. '영외관'이란 율령에 없는 관직이기 때문에 붙여진 관직명이었다. 이후 섭정, 관백關白 등의 영외관이 추가되었다. 율령제에 따른 관료체제와 천황의 영외관 친정체제는 천황의 절대권력을 뒷받침하는 두 기둥이었다. 당연히 영외관이 율령상의 일반관리는 말할 것도 없고 황명출납기구인 대납언大納言·소납언 등 대관大官들보다 더 큰 권력을 행사했다.1256)

그런데 일본천황들은 이 두 종류의 관리들을 과거제로 선발된 능력주의 관리로 대체할 수 없었다. 과거제의 도입·시행은 일본의 당시 여건상 불가능했

1253) 요나하준(與那覇潤), 『중국화하는 일본』, 12쪽.

1254) 요나하준(與那覇潤), 『중국화하는 일본』, 41쪽.

1255) 율령제는 수(隋)·당(唐)시대에 완성된 고대 중국의 법전체계다. 우리나라 고대국가의 법체계도 율령제를 받아들였다. 율(律)·영(令)·격(格)·식(式)이 각각 단독 법전 조규(法典條規)이지만 상호 간에 불가분적 관계가 있었다. 『대당육전(大唐六典)』에 의하면 율은 형법이고, 영은 제도를 세우는 일반행정 법규다. 이 율령을 변경하는 칙서 중에서 이후에도 계속 통용될 규정을 기준해 편집한 것은 '격'이라고 하는데, 금위(禁違)나 정사(正邪)를 가리는 교정법(矯正法)으로서의 칙서·금령(禁令)이다. '식'은 대부분 율·영에 관계된 시행사항의 세목을 규정하는 법규다. 즉, 율과 영은 기본법인 반면, 격과 식은 추가·개정법 및 시행세칙인 셈이다.

1256) 요나하준(與那覇潤), 『중국화하는 일본』, 42쪽. 요나하는 "과거의 전면적 도입을 가능하게 할 정도로 풍부한 종이와 진보된 인쇄기술을 완비한 것은 당시에 출판 최선진국이었던 송대 중국뿐이었다"고 말한다. 이것은 고려의 인쇄·출판기술을 몰각한 그릇된 논변이다.

기 때문이다. 당시 일본은 인쇄·출판문화의 미성숙으로 인해 신분제의 폐지와 세습귀족의 제거를 가능하게 하는 당대와 송대의 과거제를 도입하지 못한 것이다. 전국적으로 응시자를 모집하는 과거제를 통해 관리를 선발하려면 상당수의 수험생들이 일상적으로 시험공부를 할 수 있는 교육문화체계가 정비되어 있어야 했다. 이것은 교과서와 참고서들의 대량생산과 광범한 유통도 요한다. 그러나 1,000년 전 일본은 서적의 대량생산과 대량보급에 필요한 인쇄기술이 발달하지 못했고 종이의 대량생산도 불가능했다. 이로 인해 과거제의 도입이 가로막혔고, 귀족신분제의 폐지도 불가능했다.1257) 그리하여 율령제상의 관리도, 영외관도 다 세습직책으로 전락한다. 가령 섭정과 관백은 등원藤原(후지와라) 가문이 대대로 독점했다. 결국 통치자신분 내부에서 상류계층의 가문끼리 직위를 나눠 갖고 가문 내에서 후계자를 육성하는 가학家學교육체계에 의해 관료충원이 이루어졌다. 그리하여 등원 가문을 정점으로 하는 대귀족 가문들에 의한 "관위官位의 가산화家産化·가직화家職化"가 고착화되어, "장원제와 물납경제에 입각한 귀족정치"는 강화되는 방향으로 퇴행했다. 이렇게 하여 일본에서 귀족신분의 정치적 퇴출이라는 측면에서의 '중국화'는 실패하고 말았다.1258)

그러나 '중국화'는 경제적 측면에서 나타났다. 송나라의 화폐경제와 자유시장 경제가 발전함에 따라 그 영향이 일본에도 파급되기 시작한 것이다. 송나라의 경제적 영향으로 송일宋日무역이 발달하면서 일본은 점차 송나라 돈을 쓰는 '중국화폐의 시대'가 전개되었다. 송일무역은 국가 차원에서 큰 사업이었다. 남송과의 무역은 가파른 속도로 발달했다. 중국 상인들은 일본으로부터 목재·유황·금괴와 물목을 대규모로 수입했고, 도자기·비단·철·서적·동전 등을 수출했다. 12세기 말 남송에서 지폐 사용이 확산되면서부터 일본은 엄청난 양의 동전을 남송으로부터 수입하기 시작했다. 이로 인해 일본은 송대 동전을 일본의 화폐표준으로 채택하게 되었다. 동전의 해외유출이 급증하자 남송정부는 동전유출을 막기 위해 1160년부터 해상무역을 제한하는 조치를 취했지만,

---

1257) 요나하준(與那覇潤), 『중국화하는 일본』, 41, 43쪽.
1258) 요나하준(與那覇潤), 『중국화하는 일본』, 42, 43쪽.

동전밀수는 계속되었다.1259)

1220년대부터 천주가 중국의 대일무역에서 중요성을 잃어갔지만, 영파는 반대로 대對일본 무역항으로 급부상했다. 당시 일본은 중국의 주요 무역상대국이었다. 대규모 영파 상인들이 규슈(九州)의 하카다(博多)에 터를 잡고 일본사회와 일본경제를 주름잡는 귀족·종교단체·조정군벌들과 동맹을 맺는 개인적·경제적 네트워크를 발전시켰다. 12-13세기 영파 중심의 대외무역이 강력하게 성장한 것은 이 상인 네트워크 덕택이었다. 한국 신안新安 앞바다에서 인양된 1323년 난파선의 물목들(28톤의 중국 동전과 도자기 및 기타 화물)은 영파-하카다 무역로의 중요성을 증언해준다. (이 상선은 교토의 도후쿠지[東福寺]가 화재로 소각된 절을 재건하는 자금을 조달하기 위해 중국 동전과 재화를 획득하는 임무를 위탁받은 선박이었다. 영파에서 이 선박을 채비해준 사람들은 하카다에 정주해 살며 도후쿠지를 대리하는 중국 상인들이었던 것으로 밝혀졌다.)1260)

대중국 무역의 발달에 따라 군주가 무력을 자유롭게 직접 관리할 수 있는 새로운 정치형태가 필요했다. 그것은 '원정院政'이었다. '원정'은 일본의 헤이안 시대에 천황이 어린 아들에게 양위한 후에 '상황上皇' 또는 사원에 출가한 '법황法皇'으로서 정치 주도권을 장악하는 정치형태를 말한다. 원院은 상황의 거주지와 상황 자신을 지칭했다. 원정의 시작은 시라카와(白河) 천황 때부터였다. 시라카와 천황은 1086년 여덟 살밖에 안 된 아들 호리카와(堀河)에게 양위하고 사원으로 출가해 법황法皇의 지위를 얻어 천황의 후견인으로서 정치의 실권을 쥐고 원정을 실시했다. 이후 원정은 도바(鳥羽)·고시라카와(後白河) 상황으로 3대에 걸쳐 100여 년간 지속되었다. 일본 서해안에 나타나기 시작한 송나라 상인들과 벌이는 송일무역은 큰 사업이었지만, 천황의 지위에서는 귀족정치의 전례에 구속되어 '부정한 이국인과 만나 상담을 벌이는 일을 주관할 수 없었다. 그리하여 천황은 기존의 정치규칙을 깨고 황위를 어린 아들에게 곧바로 양위하고 물러난 상황의 신분으로 외국돈을 만진 것이다. 바로 '원정'이 '발명'된 것이다.1261)

1259) von Glahn, *The Economic History China*, 271쪽.
1260) von Glahn, *The Economic History China*, 272쪽.

원정의 상황上皇들은 대중국 무역을 통해 송나라 화폐를 일본국내로 들여와 농업과 물물교환에 입각한 고대경제를 일신하고 장원제와 물납제에 의존한 귀족들에게서 경제적 실권을 박탈했다. 이와 함께 이 화폐경제의 확산과 확립을 위해 과거제·관료제 외의 분야에서 송대 중국의 정치·경제제도를 일본에 도입하려는 혁신세력이 형성되었는데, 그것이 바로 고시라카와 법황과 다이라노기요모리(平淸盛, 1118-1181) 태정대신(총리)이 연합해 세운 서西일본 중심의 다이라(平)씨 정권이다.1262)

- 1185년 가마쿠라 막부와 일본의 반중국적 봉건화

그러나 세월이 흐르자 이 중국화에 대해 보수·기득권 세력의 반동화 조짐이 나타나기 시작했다. 보수세력은 '중국화'와 다이라씨 정권에 강한 반감을 가진 장원경제 의존 토지귀족과 사사寺社, 미나모토(源) 가문이 이끈 관동關東의 판동무자坂東武者(반도무사)들로 구성되었다. 금을 수출하던 동북지방과 달리 관동지방(동경 중심의 평야지대)은 무역을 할 수출품목이 없어서 몰락의 처지에 몰리고 있었다. 이들의 무력저항으로 이른바 겐페이(源平)전쟁(1180-1185)이 발발했다. 이들은 연합해서 다이라씨 일가를 세토(瀬戸)내해內海로 내몰고 오주奧州의 등원(후지와라)씨까지 공격해 멸망시켰다. 그리고 1185년 미나모토요리토모(源賴朝)가 가마쿠라(鎌倉)에 수립한 가마쿠라 막부는 즉시 중국 화폐의 유통을 금지시키고 일본경제를 물물교환경제로 되돌려 놓았다. 반동적 사무라이 집단인 미나모토 가문이 승리함으로써 반동적으로 일본의 중세가 시작되었다.1263)

겐페이전쟁에서 전국시대(1464-1564)에 이르기까지 370여 년 동안 끊임없는 내전으로 인해 일본은 엉망진창의 카오스 상태에 있었다. 이 혼란기에 보수반동 세력들이 너도나도 중국화 세력을 완전히 몰아내고 "중국과 정반대의 일본문명"을 만들었다. 이 '반反중국화'의 기조는 에도시대(1603-1867)에도 그대로

1261) 요나하준(與那覇潤), 『중국화하는 일본』, 44쪽.

1262) 요나하준(與那覇潤), 『중국화하는 일본』, 44-45쪽.

1263) 요나하준(與那覇潤), 『중국화하는 일본』, 45-46쪽.

이어진다. 요나하준은 이렇게 말하면서도 이것을 "당시 일본과 중국에서 '근세'의 형태가 완전히 반대로 향하고 있었다"고 잘못 말한다.1264) 심지어 그는 "중국과 전혀 다른 근세" 또는 "중국식 근세 세계관을 부정한 가마쿠라 무사들에게서 시작되고 마침내 에도시대라는 일본의 독자적 근세로 결실되는 일본문명의 특징", 나아가 "전국시대 이후의 일본 근세는 '중국적 사회와 180도 정반대인 일본 독자적 근세사회의 틀이 정착한 시대" 등을 거듭 운위함으로써1265) 일본의 봉건적 퇴행을 '독자적 근세문명'으로까지 격상시킨다. 헌팅턴도 유사한 입장을 표명한 적이 있다. "어떤 학자들은 중국문화와 일본문화를 단일한 극동문명의 표제 아래 결합한다. 하지만 대부분의 사람들은 그렇지 않고, 그 대신 일본을 중국문명에서 떨어져 나온 후예로서 100년과 400년 사이의 기간 동안에 생겨난 판이한 문명으로 인정한다."1266) 형성 시기만 차이가 날 뿐 헌팅턴과 요나하준의 견해는 대동소이하다.

그러나 세계적으로 '근세화'가 진행되는 15-17세기에 가령 프로이센을 비롯한 독일 동부지역에서와 같은 봉건적 퇴행과 토지귀족(가령 융커)의 퇴행적 강화는 '근세화'가 아니라 '재再봉건화'에 불과한 것이었다. 프로이센을 별도의 '근세문명'으로 간주한 학자는 아무도 없다. 그럼에도 불구하고 요나하는 일본의 전근대적 퇴행을 '중국의 근세'와 반대로 진행된 '근세의 한 문명형태'로 과장·오해하고 있다. 겐페이전쟁과 가마쿠라 막부 성립 이후 일본의 봉건적 사회문화는 별도의 '문명'일 수 없다. 일본은 퇴행적 재봉건화에도 불구하고 중국 중심의 '한자漢字문화권'에 속하는 국가이고, 유학적 정치문화를 적절한 선까지 배우고 흡수한 − '유교국가'는 아니지만 − '어느 정도 유교적인 국가'였기 때문이다. 또한 가마쿠라 막부부터 명치까지의 일본은 중국과 다른 '근세' 국가도 아니었다. 그것은 중국의 주대周代 봉건제와 유사한 봉건체제로 퇴행한 '전근대적' 봉건국가에 불과하기 때문이다. 이것을 제대로 인식하지 못한 까닭

1264) 요나하준(與那覇潤), 『중국화하는 일본』, 47쪽.

1265) 요나하준(與那覇潤), 『중국화하는 일본』, 13, 49, 75쪽.

1266) Huntington, *The Clash of Civilization and Remaling of World Order*, 45쪽.

에 요나하준은 19세기 말 '낮은 근대'에서 출발한 조선의 근대화가 일제의 방해에도 불구하고 봉건적 '전근대 단계'에서 출발한 일본의 근대화보다 더 순조로웠고 더 신속하고 더 완전했다는 사실과, '일본의 근대화'가 그토록 험악했고 또 뒤틀리고 삐뚤어졌다는 사실을 완전히 놓쳤던 것이다.

요나하는 나이토고난의 논지에 따른 송대 중국의 근세적 특징을 몇 가지로 요약하고 일본의 정반대 현상을 이에 대비시킨다. 그는 일단 송대 중국의 본질을 "가능한 한 고정집단을 만들지 말고 자본과 사람의 유동성을 최대한으로 높이는 한편, 보편주의 이념에 기초한 정치의 도덕화와 행정권력의 일원화를 통해 시스템의 폭주를 제어하려고 하는 사회"라는 한 문장으로 요약한다.1267) 그리고 송대 중국의 5대 특징을 열거한다.

① 권위와 권력의 일치: 귀족적 중간층과 그들의 장원공동체를 타파하고 명목상의 권위자인 황제가 정치적 실권까지 장악한다.

② 정치와 도덕의 일체화: 황제가 보편주의 이념인 유교사상에 의해 정당화되었기에 정치적 정통성과 도덕적 정당성이 동일화된다.

③ 지위의 일관성의 상승: 황제가 시행하는 과거제(덕성과 일체화된 능력을 묻는 시험)로 관리가 선발되기 때문에 관직자의 지위와 지식·덕성 간의 일관성이 높아진다.

④ 시장에 기초한 질서의 유동화: 농업의 화폐경제로의 편입을 통해 자급자족적 농촌공동체 질서가 해체되고 상공업자가 영리를 추구해 초지역적으로 떠도는 시장경제 세계가 출현한다.

⑤ 인간관계의 네트워크화: 동향에 사는 자들의 '가깝고 깊은' 지연공동체보다 부계혈통 가문들 간의 '넓고 얕은' 개인적 관계가 우선시된다. 가급적 광범한 지역에서 과거급제자 가문을 찾아 사귀는 것이 상업에 유리한 정보를 얻기 위해서라도 유익하기 때문이다.1268)

1267) 요나하준(與那覇潤), 『중국화하는 일본』, 47-48쪽.
1268) 요나하준(與那覇潤), 『중국화하는 일본』, 48-49쪽.

요나하는 이 5대 특징을 모두 뒤집으면 그대로 가마쿠라 막부에서 도쿠가와 막부까지 700년간(1185-1867)의 일본문화라는 것이다. 즉, 일본문화는 ① 권위와 권력 분리(천왕과 쇼군의 분리), ② 정치와 도덕의 이격(정치행위를 규제하는 보편도덕을 배제하는 세력들 간의 이권분배로서의 정치), ③ 지위의 일관성의 하락(덕성·실력과 지위·직책 간의 불일치), ④ 농촌모델 질서의 정태화(자유경제로 인한 사회의 유동화에 대한 중세·근대·현대를 관통하는 거부감과 비판의식), ⑤ 인간관계의 공동체화('한 집단에 대한 소속감이 타지에 사는 혈족들에 대한 소속감보다 크고, '한 회사'에 대한 소속감이 다른 회사의 노동자·동업자에 대한 연대의식보다 더 강함)로 특징지어진다는 것이다.[1269] 따라서 요나하는 오늘날 드러나는 '세계화' 추세에 대한 현대 일본인들의 부적응 현상은 중국화를 거부한 중세 이래 이미 프로그래밍되었던 것이라고 주장한다.[1270] 그러나 여러 가지 이유에서 "일본의 독자적인 '근세', 즉 에도시대의 존재방식이 종언에 이르렀고, 그 결과 (현재의) 일본사회가 마침내 송대 이후의 '중국 근세'와 동일한 상태로 이행하며 '중국화'하고 있다"고 주장한다.[1271]

- '중국적 근대의 만회'로서의 명치유신

그렇다면 '서구화'를 기치로 내건 명치유신의 '근대화' 개혁은 '서구적 세계화'와 무관한 것인가? 요나하는 이 물음에 대해 뜻밖에도 명치유신을 700년간 지연되었던 '중국화'를 '서구화'의 간판 아래 만회한 사건으로 해석한다. 요나하는 송 왕조를 "당대까지의 중국과 완전히 다른 시스템을 도입한 글자 그대로 획기적인 왕조"로 전제하고 "송대에 도입된 사회체계가 중국에서, 그리고 (일본 이외의) 전 세계에서도 현재에 이르기까지 이어지고 있다"고 말한다.[1272] 그러나 "일본 이외의"라는 삽입구는 그릇된 것이다. 그가 명치유신을 일본에서 700년간 지연된 '중국화'의 만회로 해석한다면 일본도 명치유신을 통해 '중국화'된 것이기 때문이다.

1269) 요나하준(與那覇潤), 『중국화하는 일본』, 49-50쪽.
1270) 요나하준(與那覇潤), 『중국화하는 일본』, 50쪽.
1271) 요나하준(與那覇潤), 『중국화하는 일본』, 13쪽.
1272) 요나하준(與那覇潤), 『중국화하는 일본』, 12-13쪽.

아무튼 요나하는 일본의 구체제에 대해 원래 초기 중세단계까지 상당한 정도로 진척되던 '중국화'의 맹아를 뿌리째 뽑아 일본이 송나라 이후의 근세중국과 동일한 사회로 변화하는 흐름을 억제한 "반중국화 체제"로 규정한다. 그러나 여러 가지 불만과 모순으로 인해 도쿠가와 체제에서 몰락하던 일본 사무라이들은 이 체제를 내부로부터 거부한 것이다. 따라서 "명치 초기의 일본 사회는 남북조 이후 오랜만에 '중국화' 일변도의 시대를 맞이하게 되었다"는 것이다. "명치유신을 '서양화'로만 보아온" 것은 "낡은 역사관"이다. 요나하는 지금까지 '서양화'로 여긴 명치유신을 "개혁 성과"의 관점에서 "중국화"로 규정 짓거나, "서양화 이상으로 중국화의 성격이 강하다"고 결론지은 일본 학자들의 견해를 "주류" 견해로 소개한다.1273) 그리고 서론에서 요나하준은 자기의 책에서 전개되는 이런 주류견해의 역사상이 "(일본)학계 전문가들 사이에서 새로운 정설이 되고 있는 연구시각과 성과"라고 단언한다.1274)

이어서 요나하는 명치유신의 개혁성과들 가운데 '중국화 요소들'을 하나씩 열거한다.

(1) 유교도덕에 의거한 전제왕권의 수립

상징적 권위인 천황과 막부실권자 쇼군의 이중권력 상태를 타파하고 천황 휘하의 태정관으로 정치시스템을 일원화해서 송대 이후 황제권력처럼 일원화된 절대왕정을 확립했다. 그리고 1890년에 교육칙어를 발포해 유교의 도덕덕목들을 보편도덕으로 선언했다. 일본천황은 "이 가르침은 우리나라뿐만 아니라 전 세계에 통용되는 보편적 가르침이기 때문에 짐은 신하들과 함께 이것을 실천해갑니다"라고 선언한 것이다. 이것은 "정치권력의 집중에 더해 보편적 도덕 이념에 기초한 정통성"까지 다진 "중화中華왕권의 탄생"이었다는 것이다. 이때부터 쓰기 시작한 연호도 송대 이후 또는 명대 이후의 중국제도였다. (요나하는 말하지 않지만 에도시대에 보급된 공맹철학과 서당교육이 이런 중국화를 순조롭게 받아들이도록 만들고 사상적으로 뒷받침

1273) 요나하준(與那覇潤), 『중국화하는 일본』, 124쪽.

1274) 요나하준(與那覇潤), 『중국화하는 일본』, 14쪽.

했을 것이다.)

(2) 과거제도와 경쟁체제의 도입

명치정부는 1894년부터 고등무관임용시험을 실시했는데, 이것의 기원은 송대 이후 중국의 과거제에 있다.

(3) 세습귀족의 대량 감원, 군현제 도입, 관료제의 확립

청말의 중국 관료는 중국인구의 0.001%에 불과했던 반면, 막부 말기 무사는 인구의 1%를 상회했다. 다이묘들은 중국보다 100배 많은 세습관리들을 끌어안고 있었던 것이다. 1871년 폐번치현을 통해 다이묘들을 뿌리 뽑고 화족(전직 다이묘)과 사족무사 (전직 무사)들을 질록처분(1876)으로 정리했다. 그러나 화족·사족의 신분적 칭호만은 남겨두고 고등문관시험으로 관리를 선발해나갔고, 지방관리자는 중앙에서 군현마다 각급 문관들을 파견해서 다스리게 했다. 그리하여 중국식 군현제와 관료제가 확립된 것이다.

(4) 자유시장경제의 확립

1873년 지조개정地租改正을 통해 토지매매가 공인되고 물납 연공年貢도 금납 지조地租로 바뀌었다. 또 많은 관영산업(공장·광산·철도 등)이 불하拂下(민영화)되었다. 이를 통해 송대 이후의 중국식 자유시장이 창출되었다.1275)

"명치유신은 중국화였다"거나 또는 "일본에게 '근대화'나 '명치유신'은 '중국화'의 다른 이름에 불과한 것"이다.1276) 그러므로 명치유신 때 내건 "서양화란 것은 내용적으로 대부분 '중국화'와 겹치는 것이다".1277) 따라서 "중국이나 한국은 근대화에 실패했는데 일본만이 근대화에 성공했다"는 말은 "학문적으

1275) 요나하준(與那覇潤), 『중국화하는 일본』, 124-128쪽.

1276) 요나하준(與那覇潤), 『중국화하는 일본』, 129쪽.

1277) 요나하준(與那覇潤), 『중국화하는 일본』, 131쪽.

로 무의미할 뿐만 아니라 정치적으로도 종종 유해한 문제설정"일뿐더러, "중국이나 한국은 중국화에 실패했는데 일본만이 중국화에 성공했다"는 말이나 다름없는 "난센스" 명제인 것이다.[1278] 앞서 살펴보았듯이 요나하는 19세기 극동의 근대화 상황을, 일본인이 기다리고 기다리던 '중국화'를 마침내 감행할 즈음에 발생한 거대한 변화에 휩쓸려 들어가 그때 '중국화'와 함께 '서양화'도 완수했던 반면, 중국인이나 한국인은 '중국화'를 일찍이 달성한 만큼 "서양화의 시점을 놓쳤다고 설명하면서 "이 '서양화'란 것이 대부분 '중국화'와 겹치니까" 중국이나 한국에서는 '서양화'에 대한 요청이 "그만큼 낮았다"는 것이다.[1279] 중국과 한국은 "그 옛날에 '중국화'를 끝냈기 때문에 19세기가 되어도 왜 지금 서양화하지 않으면 안 되는지를 이해할 수 없었던 것"이다.[1280]

미나모토 세력은 1180년 겐페이전쟁을 일으켜 다이라 정권을 쳐부수고 1185년 가마쿠라 막부를 수립하자마자 대對중국 무역과 중국 화폐 사용을 폐지하고 '중국화' 정책을 철회했으며, 또 아사카가다카우지(足利尊氏, 1305-1358)는 1333년 고다이고(後醍醐) 천황과 연합해 가마쿠라 막부를 분쇄하고 나서 이 천황을 타도해 유폐하고 1338년 고묘(光明) 천황을 옹립해 무로마치(室町) 막부를 개창함으로써 결과적으로 1603년부터 1867년까지 260여 년간 지속된 봉건적 도쿠가와(德川) 막부시대, 즉 에도시대의 "궁극적 '반중국화' 체제"로 가는 길을 열었다. 이로 인해 일본에서 "언젠가는 실행해야 할" 중국화는 "1,000년 가까이 지연"되고 말았다. (요나하는 '1,000년 가까이'라고 말하지만 정확히는 1180년대부터 1860년대까지 '700년' 정도다.) 하지만 일본인들은 19세기 서세동점의 압박 속에서 불가피해진 "서양화를 통해 사회체제를 변화"시켜 비로소 "역사의 필연인 중국화"의 과업을 만회적으로 완수했다.[1281] 말하자면, 명치유신이란 "헤이안 말기 이후 일본인이 계속 도입에 저항했던 '근세 중국풍'의 체제를 '이것이 근대 서양의 것이니까'라고 껍데기만 바꿔서 보급시킨 것"이다.[1282]

1278) 요나하준(與那覇潤), 『중국화하는 일본』, 129-130쪽.
1279) 요나하준(與那覇潤), 『중국화하는 일본』, 130쪽.
1280) 요나하준(與那覇潤), 『중국화하는 일본』, 131쪽.
1281) 요나하준(與那覇潤), 『중국화하는 일본』, 131쪽.

　정리하자면 일본은 명치유신의 서구화 코드를 통해 700여 년간 억제되고 지연된 중국적 근대화를 '우회적'으로 달성했다. 송대 이후 중국 근대문명의 '동천東遷'이 700년 만에 비로소 완수된 것이다. 이 만회적 중국화로 인한 일본의 생산력과 국력의 폭발적 증대는 경악할 수준이었다. 물론 이것은 '중국화'만의 성과는 아니었다. 명치유신을 통해 서양에서 들어온 서양과학·신기술·신식군제·신식학제·상업신문잡지 등 '높은 근대'의 각종 문명의 이기들이 일본의 국력을 폭발시킨 추가적 요소였다. 그리고 일본이 이슬람·힌두·불교국가들과 달리 '중국적 근대'를 만회하고 공자철학의 리메이크로서의 계몽주의에 기초를 둔 '서구적 근대'를 신속히 받아들이는 데 선두적으로 성공한 것은 도쿠가와시대에 일본역사상 최초로 일반백성들에게까지 널리 보급된 유학과 서당학습으로 '준비된' 근대화 문화기반 덕택이었을 것이다. 도쿠가와시대 유학교육의 확산범위 및 수준과 근대화 역할에 관한 연구는 향후 별도로 수행되어야 할 것이다.

4.3. '중국적 근대'의 서천西遷과 '유럽적 근대성'의 발원

■'중국적 근대'의 서천에 대한 중국사적·중국학적 시사들
　나이토고난은 앞서 논한 「중국상고사서언」에서 육상으로 아시아대륙을 가로질러 인도 및 서역을 오가는 교통로가 열리자 중국의 문물이 인도와 서역에 전해지고 인도·서역의 문물이 중국에 유입되기도 하며, 후에는 중국이 해상을 통해 인도양을 거쳐 서방의 여러 나라와 관계를 갖게 되기도 하여 역사상 세계적 파동이 되는 대규모 교섭을 만들어내기도 했다고 말했다.[1283] 나이토는 중국문화의 서천西遷을 육상로 단계와 해상로 단계로 나누어 중국문명, 특히 송대 이후 중국적 근세문명의 '서천'을 말하고 있다. 그러나 그는 이 서천 과정과

1282) 요나하준(與那覇潤), 『중국화하는 일본』, 132쪽.
1283) 內藤湖南, 「支那上古史緒言」(1921년 강의, 1944년 출간), 187-188쪽. 內藤湖南(礪波 護 編輯), 『東洋文化史』(東京: 中央公論社, 2004).

서천으로 인한 유럽의 변화에 대해 전혀 상론하지 않고 있다.

윌리엄 맥닐은 앞서 상론했듯이 1000년경 송대 이후 중국 산업과 군비에 유럽을 수백 년 앞지른 현저한 변화가 일어났다고 인정하고 이 중국문물의 '서천'에 대해서 가볍게 언급한다. 송대 이후 다른 문명들을 능가한 중국문명은 "새롭고 강력한 변화의 바람"을 극동과 인도·중동을 연결시키는 남양바다들을 가로질러 불러일으켰다. 일본 서해와 남중국해로부터 인도양과 유럽해안을 휩싸는 모든 바다까지 뻗친 시장적 경제행태가 중국에서 일어난 변화로부터 결정적 추동력을 얻었다. 1억 명에 달하는 천문학적 규모의 중국인구가 상업 네트워크 안에 점점 포섭되어 일상적 생계를 보조하기 위해 사고팔면서 대부분의 문명세계를 관통해 다른 인간들의 생계방식을 현격하게 변화시켰다. 1000년 전후의 세기에 송대 중국인들이 시장경제적 행태로 급속히 진화한 보편사적 사건이 "세계사에서의 임계적 균형"을 극동 쪽으로 기울게 만들었다.[1284] 맥닐은 송대 이후 세계사의 주도권이 중국으로 넘어갔고 중국적 근대성은 유럽을 비롯한 동서양 전체로 확산되었다고 시사하고 있다. 그러나 그는 유럽으로의 확산, 즉 중국적 근대성의 서천에 대해 상론하지 않고 있다.

요나하도 나이토나 맥닐과 유사한 견해를 피력한다. 송 왕조는 "당대까지의 중국과 완전히 다른 시스템을 도입한 글자 그대로 획기적인 왕조"이고, "송대에 도입된 사회체계가 중국에서, 그리고 (…) 전 세계에서도 현재에 이르기까지 이어지고 있다"는 것이다.[1285] 그리하여 일본 내의 "사상사연구의 최신 동향"은 "유럽 계몽주의를 송대에 체계화된 근세유학의 리메이크(remake)로 생각한다"는 것이고, 이것이 "학계 전문가들 사이에서의 새로운 정설"의 한 사례라는 것이다. 그러면서 "신 개념을 제거하고 순수하게 인간의 이성을 신봉하는 송·명 이학理學의 가르침은 서양 근세철학자들이 중세 기독교세계관을 탈피하는 데 촉매가 되었다"고 부연한다. 그러면서 이 말을 이가와요시쓰구(井川義次)의 '성리학의 서천에 관한 책'으로 뒷받침하고 있다.[1286] 이것은 나이토나 맥닐보다

1284) McNeill, *The Pursuit of Power*, 24-25쪽.

1285) 요나하준(與那覇潤), 『중국화하는 일본』, 12-13쪽.

는 조금 진전된 언급이지만 안타깝게도 그는 일본학계에 만연된 편견에 따라 서양 계몽주의를 경험주의가 아니라 합리주의로 오해한 차원에서 공맹경전과 중국문물·제도의 서양전파가 아니라 성리학의 서천만을 언급하고 있다.

요나하는 주희의 성리학을 전혀 몰랐던 공맹과 한대漢代 유자들이 다 한결같이 자유시장론자·시장조절론자·양민·교민론자들이었고, 화폐경제와 시장교역을 옹호하고 상업을 자유화한 왕안석과 채경, 그리고 이들에 이어 자유시장론을 전개한 남송의 엽적과 명대의 구준, 명말·청초의 고염무·황종희 등은 모두 주희의 성리학을 '위학僞學'으로 맹렬히 비판한 사람들이었다는 사실을 전혀 모르고 있다. 이 대목에서는 사마광·구양수·정이천·소동파 등이 이끈 구법당의 왕안석 반대논리를 정리한 주희의 성리학과 정치철학의 서천西遷이란 미미한 수준에 머물렀고, 뒤에 상론하겠지만 서양에서 라이프니츠의 긍정적 해석을 예외로 치면 성리학(신유학)은 공자철학과 반대로 모조리 '무신론'으로 몰려 배격·배척당했다는 사실에 대해 유의해야 할 것이다. 요나하준은 송대 이후 중국문물, 또는 '중국적 근대성'의 서천 사실을 인지하고 있지만, 이와 관련된 상세한 내용은 모르고 있거나 알고 있는 것조차 그릇된 것이다.

중국사와 중국학 연구자들 중에는 위르겐 오스터함멜만이 마테오리치·세메도·르콩트 등의 저작들을 취급함으로써 17-18세기 중국문명의 서천에 대해 구체적인 내용을 얼마간 논하고 있다. 그러나 그 논의의 분량은 극히 적고,[1287] 또 12-16세기 중국적 근대성의 서천은 아예 시야에 들어와 있지 않다.

따라서 이 책에서는 중국사나 중국학의 틀을 벗어난 동서문명 교류사 또는 세계문명사의 관점에서 '송대 이후 근세성', 즉 '중국적 근대성'의 '서천' 과정을 구체적으로 그리고 정밀하게 상론하고자 한다. 이를 통해 '중국적 근대성'의 서천에 의한 '유럽적 근대성'의 발원發源과 형성을 입증하고자 한다. 이 입증작업은 헤겔과 베버의 오만한 개신교적 근대론이나 헌팅턴의 천박하기 짝이

1286) 요나하준(與那霸潤), 『중국화하는 일본』, 14-15쪽. 이가와의 책은 井川義次(이가와요시쓰구), 『宋學の西遷』(京都: 人文書院, 2009)이다. 이 책은 독일 라이프니츠에 전해진 성리학만을 다루고 있을 뿐, 공맹철학과 중국제도·문화의 서천에 대한 이해는 완전히 결하고 있다.

1287) Osterhammel, *China und Weltgesellschft*, 23-27쪽.

없는 기독교적 근대·민주주의론을 완전히 해체하고 발본拔本하는 작업이 될 것이다. 이 작업에 필요한 역사적 전파 사실과 내용들을 제시하기 전에 약간의 시각조정이 필요하다.

■ '중국적 근대'의 서천과 리메이크로서의 '유럽적 근대'

서구 학자들의 편견에 빠져 있노라면, 희랍·기독교문화 내부로부터는 '유럽적 근대화'의 원리가 내재적으로 발전되어 나올 수 없다는 것을 알기 어렵다. 그러나 유럽을 근대화한 '도덕과 사회의 세속화와 인간화', 백성의 자유, 백성의 탈신분적 평등과 귀족철폐, 백성자치, 종교적 관용, 관료제, 보통(만민평등)교육, 자유교역과 자유시장, 혁명권(저항권) 등은 결코 헬레니즘·히브리이즘 문화의 내부로부터 도출될 수 없었다.

- 헬레니즘·히브리이즘의 원천적 반근대성

근대적 요소들이 결코 헬레니즘과 히브리이즘의 내부로부터 산출될 수 없다는 명제를 좀 더 구체적으로 짚어볼 필요가 있다. 세속화와 인간화부터 살펴보자. 합리주의에 지배되는 희랍철학과 헬레니즘은 인간 이성을 말한다. 그러나 희랍철학은 신을 '최고의 이성'으로 규정하기 때문에 어디까지나 이성과 감성이 혼합된 '인간'을 완전하고 순수한 이성 자체인 '신'보다 열등한 존재자로 격하시키고 만다. 따라서 인간은 신으로부터 해방될 수 없고, 결국 인간과 인간세계는 세속화·인간화될 수 없다. 희랍철학 속의 한 무신론적 지류로서 감성적 에피큐리어니즘이 존재했지만 기독교적 히브리이즘의 지배 속에서 18세기 중반까지 고개를 들 수 없었다. 헬레니즘과 히브리이즘 안에서 인간과 인간사회는 신으로부터 벗어나 무신론적·이신론적理神論的 세속화와 인간화를 이룩할 수 없었던 것이다. (이에 대해서는 뒤에 본격적으로 논한다.)

또한 자유와 평등도 그렇다. 존 로크의 자유·평등 개념에 관한 논의에서 상론하겠지만 고대 희랍과 전통적 유럽은 '자유와 평등'이라면 오직 노예소유주·군주·귀족의 자유와 평등만을 알았을 뿐이고, 17세기까지, 아니 18세기까지도 백성의 태생적 종속과 불평등을 지당한 것으로 전제하고 '만인은 하느님의 종'이라는 기독교 도그마에 조응하는 "모든 인간은 노예로 태어났다"는 정치철학적 명제를 '저주'처럼 되뇌었다.

이것은 17세기 크롬웰도, 심지어 18세기 몽테스키외조차도 백성의 자유와 평등을 단호하게 거부하고 귀족의 권익만을 대변한 것에서 분명하게 드러난다. 뒤에 상론하는 바와 같이, 크롬웰과 그의 사위 아이어튼(Henry Ireton)은 의회파 신형군新型軍이 제시한 「진실로 개진된 군軍의 주장」(1647)과 이를 반영한 『인민협정』(1647-1649)을 차례로 묵살했다. 의회파 신형군 장병들은 멘도자(1585; 영역판 1588),[1288] 발리냐노·산데(1590, 영역판 1599), 퍼채스(1613), 마테오리치·트리고(1615), 버튼(1621), 세메도(1642) 등의 - 당대에 이미 널리 알려진 - 수많은 중국 관련 저작들을 통해 '세습귀족 없는 평등사회가 지구상에 존재한다'는 사실을 이미 알고 있었을 것이다. 특히 멘도자는 『중국제국의 역사』(1585, 영역판 1588)에서 "이 왕국에는 국왕과 그의 아들 왕자 외에는 대공·공작·후작·백작도 없고, 신민들을 거느린 영주도 없다"고 쓰고 있다.[1289] 그리고 발리냐노(Alessandro Valignano)와 산데(Duarte de Sande) 신부도 『로마교황청 방문 일본사절단』(라틴어본 1590년, 하클류트 발췌영역본 1599년, 최신번역판 2012년)에서 "중국인들의 통치방법"에 대해 상론하고, 중국에서 최고위 국가관직들은 "신분계급이나 가문에 대한 어떤 고려도 없이 모든 사람에게 개방되어" 있다고 쓰고 있다.[1290] 따라서 "1590년경에 이미 중국 정치체제의 우월성에 대한 평판은 명백히 진부한 이야

1288) Juan Gonzáles de Mendoza, *Historia de las cosas mas notables, ritos y costumbres del gran Reyno de la China* (1-2권, Roma, 1585; Madrid & Bercelona, 1586; Medina del Campo, 1595; Antwerp, 1596). 영역판은 1588년에 나와서 롱런했다. R. Parke에 의한 최초의 영역판: Juan Gonzalez de Mendoza, *The Historie of the Great and Mightie Kingdom of China and The Situation Thereof: Together with the great riches, huge citties, politike governement, and rare invemtions in the same,* the First and the Second Part, translated out of Spanish by R. Parke (London: Printed by I. Wolfe for Edward White, 1588).

1289) Mendoza, *The History of the Great and Mighty Kingdom of China*, the first part, 97쪽.

1290) 참조: Arthur O. Lovejoy, "The Chinese Origin of a Romanticism", 103쪽. Arthur O. Lovejoy, *Essays in the History of Ideas* (Baltimore: Johns Hopkins University Press, 1948, New York: George Braziller, 1955).

기가 되어가고 있었다".1291) 그리고 새뮤얼 퍼채스(Samuel Purchas)는 1613년에
낸 『퍼채스, 그의 순례여행(Purchas, his Pilgrimage)』에서 중국에는 세습귀족이 존재하
지 않는다는 사실, 즉 "왕 외에는 아무도 고귀하지 않다(none is great but the King)"는
사실, 그리고 "치자들은 그들의 관직을 세습하지도, 그 가족에게 신사(gentrie)의
지위나 칭호를 물려주지도 못한다"는 사실을 전해주고 있다.1292) 마테오리치·
트리고도 『중국인들 사이에서의 기독교 선교』(1615)에서 중국의 관직은 "세습
적 권리에 의해 물려받지 않는다"고 언명하고 있다.1293) 그리고 로버트 버튼
(Robert Burton)도 『우울증의 해부』(1621, 1652)에서 중국에서 "귀족성 또는 존귀성
(nobility)은 옛 이스라엘에서처럼 직무로부터 나오지, 탄생으로부터 나오지 않는
다"고 밝히고 "그들의 나리들, 만다린(신사), 선비, 학위자들, 품격에 의해 스스로
를 높인 자들만이 나라를 다스리기에 적합한 것으로 생각되는 중국사회의
귀족들일 뿐이다"라고 천명한다.1294) 그리고 세메도(Alvaro de Semedo, 1585?-1658)는
『중국 대왕국의 보고』(1643)에서 세습귀족이 없는 중국의 '정치사회적 현실'을
좀 더 구체적으로 묘사한다. "오늘날 귀족의 대부분은 배움에 의해 낮은 지위에
서 최고영예로 올라왔고, 그들 중 다수가 수공인手貢人들의 자식들이다. 또한
배움이 없으면 그들의 가문은 몰락해 가난으로 떨어지고, 그리하여 한 가문이
5대까지 지속되는 것을 보는 경우는 거의 없다."1295) 따라서 의회파 신형군의
장·사병들은 이런 서적들을 통해서 '중국에는 세습귀족이 없다'는 사실을 잘

1291) 참조: Lovejoy, "The Chinese Origin of a Romanticism", 103쪽.

1292) Samuel Purchas, *Purchas, his Pilgrimage. Or Relations of the World and the Religions observed in all Ages and Places discovered from the Creation unto this Present* (London: Printed by William Stansby for Henrie Fetherstone, 1613·1614), 440쪽.

1293) Nicolas Trigault, *De Christiana expeditione apud Sinas* (Augsburg, 1615), Chap. V. 영역본: Luis J. Gallagher, *China in the Sixteenth Century: The Journals of Matthew Ricci* (New York: Random House, 1942·1953), 54-56쪽.

1294) Robert Burton, *The Anatomy of Melancholy* (New York: Tudor Publishing Company, 1948), 503쪽.

1295) Alvaro Semedo, *Relatione della Grande Monarchia della Cina* (Roma: Sumptobus Hermanu Scheus, 1643). 불역판: Alvarez Semedo, *Histoire Universelle du Grand Royaume de la Chine* (Paris: Chez Sebastien Cramoisy etc., 1645); 영역판: Alvaro Semedo, *The History of the Great and Renowned Monarchy of China* (London: Printed by E. Taylor for John Crook, 1655), 121쪽.

알고 있었을 것이다. 그리하여 이런 정보지식을 배경으로 신형군의 장·사병들은 "영국에 사는 가장 빈천한 자도 가장 고귀한 분들과 같이 살 삶이 있고", 그러므로 "한 정부 아래 살게 될 모든 인간이 먼저 자기 자신의 동의에 의해서만 이 정부 치하로 들어가야 한다"고 주장했다.1296) 그러자 아이어튼은 "왕국에 고정된 항구적 이익을 갖지 않은 사람은 누구도 왕국의 국사를 처리할 권익이나 참정권을 가질 수 없다"는 말로써 영국이 '고정된 항구적 이익을 갖지 않은' 땅 없는 평민과 집 없는 뜨내기들의 나라가 아니라 이 나라에 '고정된 항구적' 영지와 부동산을 가진 귀족(공·후·백·자·남작)· 젠트리(하급귀족)·특권대상인의 나라임을 분명히 하고 군인들의 주장을 일언지하에 물리쳐버렸던 것이다.

청교도혁명 당시 혁명 지도자들을 포함한 영국 지도층은 중국보다 정치사회적으로 낙후했고, 「진실로 개진된 군의 주장」(1647)과 『인민협정』(1647-1649)을 설파한 청교도혁명의 '수평파'는 명말 중국의 '수평파'보다 정치적으로 취약했다. 1630-1640년대 중국의 노비반란군은 "수평왕들이라는 칭호를 달고 그들이 주인과 노비, 칭호가 있는 자와 평민, 부자와 빈자의 차이를 수평화한다고 선언하고"1297) 명말·청초 중국을 실제로 명실상부한 평등사회로 만들었다. 그러나 영국 수평파의 대등한 참정요구는 19세기 중반 차티스트운동을 통해서 19세기 후반에야 겨우 구현된다.

"어떤 인간도 자유롭게 태어나지 않았다" 또는 "모든 인간은 노예로 태어났다"는 유럽전통의 기독교적 정치교조는 1689년 로크가 명예혁명을 사상적으로 뒷받침하기 위해 출간한 『시민정치론』을 통해서야 비로소 정치철학적으로 분쇄된다. 로크가 당시까지 정통교조로 공공연히 지배하던 '태생적 부자유론' 또는 '태생적 노예론'을 '자연적 평등론'과 '자연적 자유론'으로 분쇄할 수 있었던 것은 그가 멘도자, 발리냐노·산데, 퍼채스, 마테오리치·트리고, 버튼, 세메도, 나바레테 등의 – 이미 당대에 널리 알려진 – 수많은 중국 관련 저작들과

1296) *Putney Debates record book 1647*, Worcester College, Oxford, MS 65.

1297) 傅衣凌, 『明淸農村社會經濟』(1961), 109쪽. Elvin, *The Pattern of the Chinese Past*, 245-246쪽에서 재인용.

공자경전 번역서의 독서를 통해 중국이 '세습귀족 없는 평등사회'라는 사실과
공자의 태생적 평등론을 이미 잘 알고 있었기 때문에 가능했다.

몽테스키외는 신형군의 『인민협정』이 제기된 지 100년 뒤, 또는 로크의
시민정치론이 출간된 지 50여 년 뒤인 18세기 중반에도 크롬웰과 유사한 입장
을 격하게 대변했다. 그는 유럽귀족의 신분특권을 흔드는 태생적 평등론의
원산지인 중국제국을 귀족 없는 '전제정'으로 비방하는 『법의 정신』(1748)에서
백성의 자유(자치)와 평등을 단호하게 부정하고 중앙집권을 추진하는 절대왕권
에 대항해 '세습귀족의 자유'와 '귀족의 자치'만을 집요하게 강변한다. 그는
영주와 귀족의 특권이 없어지면 '인민국가'나 '전제국가'로 전락할 것이라고
되뇌며 '귀족 없는 전제적 군주정'이나 '군주 없는 공화정'(귀족공화정과 민주공화정)
에 대해 극한적 공포감과 혐오감을 표현했다. "군주적·전제적 국가에서 권력"
은 "명예 또는 영예"라는 "스프링"에 의해 "제한되는데", "군주와 백성 위에
군림하는" 이 영예는[1298] 바로 세습적 귀족신분에 의해 체현된다. 그리고 "직접
적·종속적·의존적 권력들은 군주정의 본성, 즉 한 사람이 혼자 기본법률에
의해 다스리는 정부의 본성을 구성한다. (…) 가장 자연스러운 직접적·종속적·
의존적 권력은 귀족의 권력이다. 어떤 점에서 귀족은 군주정의 정수인데, 그것
의 기본준칙은 '군주 없이 귀족 없고, 귀족 없이 군주 없다'는 것이다. 귀족이
없다면 우리는 1명의 전제주(despot)를 갖게 된다".[1299] 그리하여 몽테스키외는
귀족의 지위를 약화시키는 루이 14세의 절대주의와 민주주의를 같은 수준에
놓고 혐오했다.

몇몇 유럽국가에서 일부 사람들은 영주들의 모든 사법권을 철폐하는 것을 상상했었
다. 그들은 그들이 영국의회가 한 짓을 원하고 있었음을 알지 못했다. 당신이 어떤
군주국 안의 영주·성직자·귀족·도시들의 특권을 폐지하면 당신은 곧 인민국가
(popular state) 아니면 전제국가를 맞을 것이다. 여러 세기 동안 유럽의 한 대단한 왕국

1298) Montesquieu, *The Spirit of the Laws*, Bk. 3, Ch. 10, 30쪽.
1299) Montesquieu, *The Spirit of the Laws*, Bk. 2, Ch. 4, 18쪽.

(프랑스 – 인용자)의 사법재판소들은 항상 영주의 세습적 재판관할권과 성직적 재판관 할권을 때려 부숴왔다. 우리는 이러한 지혜로운 치자들을 비난하고 싶지 않지만, 헌정 체제가 어느 정도까지 이런 식으로 바뀌어도 되는지는 공중에게 남겨줄 것이다.1300)

몽테스키외는 "삼부회와 잔존하는 프랑스 지방영지들 같은 '중간권력체들 (intermediary powers)'을 불구화하거나 제거하는 루이 14세의 정책에 깊은 혐오감을 느꼈다".1301) 그래서 그는 중간권력체들(영주·귀족·성직자·도시특권상인들)의 권력 을 박탈하고 그 특권을 폐지하면 '인민국가'나 '전제국가'로 전락할 것이라고 주장하며 귀족들의 신분적 특권의 유지와 회복을 까놓고 추구하고 있다. 여기 서 '인민국가'는 민주정을 가리킨다. 몽테스키외는 백성의 정치적 자유를 위해 권력분립을 주장하거나 전제정을 비판한 것이 결단코 아닌 것이다. 이 관점에 서 그는 황제를 견제하는 중국의 비非귀족적·비세습적 '신사계층'과 내각제를 논의에서 빼고 중국을 '귀족 없는 전제정'으로 비난할 때 '절제적' 국가의 대표적 증거로 써먹은 영국군주정의 의회까지 싸잡아 비난하고 있다.

몽테스키외의 괴기스러운 논변은 여기서 그치지 않는다. 그의 궤변은 귀족정 과 민주정에는 '정치적 자유'가 없다는 주장에서 절정에 달한다. "민주정과 귀족정은 그 본성상 자유국가가 아니다. 정치적 자유는 절제적 정부(귀족에 의해 견제되는 군주정 – 인용자)에서만 발견된다."1302) 이 정도의 논의를 통해서도 노예소유주들(군주와 귀족)의 자유와 평등만을 인정하는 몽테스키외 정치철학의 유럽전통주의와 귀족주의를 분명하게 간취할 수 있다.

이런 유럽적 풍토 위에서 백성의 자유와 자치, 탈신분적 평등의 이념이 어찌 싹틀 수 있었겠는가? 중국 인민의 자유·평등한 삶에 대한 유럽 선교사들 의 직접 목도와 이를 증언하는 저술들, "임금은 무위이치無爲而治해야 한다", "백성은 임금을 표준으로 자치한다", "천하에 나면서부터 귀한 자는 없다"는

1300) Montesquieu, *The Spirit of the Laws*, Bk. 2, Ch. 4, 18쪽.

1301) Jonathan I. Israel, *Enlightenment Contested - Philosophy, Modernity, and the Emancipation of Man 1670-1752* (Oxford: Oxford University Press, 2006), 272쪽.

1302) Montesquieu, *The Spirit of the Laws*, Bk. 11, Ch. 4, 155쪽.

공자주의적 백성자치론과 태생적 평등론의 전파와 확산이 외래적으로 가하는 – 혜성의 충돌과 같은 – 충격만이 유럽인들을 격동시켜 자문명의 기독교섭리적 예종질서로부터 탈피시킬 수 있었던 것이다.

또한 기독교신학자들과 스콜라철학자들은 결코 관용의 원리를 희랍철학과 기독교신학으로부터 끌어낼 수 없었다. 시기질투심이 충천한 하느님 '야훼'를 받드는 기독교는 이단박멸을 사명으로 삼는 전형적·대표적 불관용 종교인 까닭에 종교적 관용을 인정하지 않았고, 십자군전쟁·성바르톨로뮤대학살·30년전쟁과 낭트칙령철폐 등에서 보듯이 이교와 이단에 대한 무자비한 박해와 가차 없는 탄압을 자행해왔으며, 희랍철학의 합리주의적 형이상학과 호전주의적 우승열패 사상은 인애·관용의 원천인 측은지심의 도덕감정을 포함한 모든 감성을 철저히 경멸·유린했고, 그리하여 어떤 일에서든 약간의 양보와 타협도 '패배'로 간주하기 때문이다. 기독교세계에서 이교와 이단에 대한 관용은 바로 범죄가 아니면 패배를 뜻했던 것이다. 이런 헬레니즘·히브리이즘 세계는 철학적·정치사상적·문화적·종교적 자체 패러다임의 내재적 요구나 응용에 의해 스스로를 구원할 길이 완전히 차단되어 있었던 것이다.

- 공자철학의 충격과 계몽주의

17세기 말부터 갑자기 일어난 계몽주의는 희랍철학과 기독교를 둘 다 비판하면서 서구사회를 탈脫희랍화·탈脫기독교(탈脫히브리)화해 나갔다. 이때부터야 극서 유럽사회는 점차 세속화·인간화되었고 관용을 부르짖기 시작했다. 17세기 중후반부터 느닷없이 일어난 계몽주의의 갑작스러운 용동聳動과 발흥은 이전의 상식적 교조들과 사상적으로 '단절적인' 사조의 격한 움직임으로서 보기에도 내생적인 것이 아니었다. 그것은 진정으로 외부의 충격에 의해 일어난 외인적外因的 현상이었다. 그것은 헬레니즘을 이상화하며 맹종하던 르네상스의 인문주의(휴머니즘)로부터도 싹터 나올 수 없다. 르네상스시대 인문주의 철학이라는 것이 탈희랍적·탈기독교적이기는커녕 기껏해야 신학과 경쟁적으로 기독교 교리를 희랍철학적으로 더 정교하게 다듬으려고만 했던, 오늘날

'스콜라철학이라 부르는 교조적·합리주의적 형이상학이었기 때문이다. 따라서 르네상스 인문주의자들은 희랍철학을 신봉하면서 이전보다 더 깊이, 그리고 기존의 신학자들보다 더 깊이 헬레니즘에 **빠져들었던** 것이다. 게다가 르네상스 자체가 중국문물의 일정한 영향과 뒷받침에 의해 일어난 문예사조였다. 이렇게 되면 유럽문명이 내부로부터 계몽철학과 이에 입각한 근대기획을 일직선적· 내생적(linear-endogenous)으로 산출했다는 그 흔하고 천박한 서구주의적 입론은 전적으로 불가능해지는 것이다.

아래에서 상론될 것인 바, 서구 계몽주의의 핵심이념인 가령 군현제도와 중앙집권화, 계몽군주정, 세습귀족의 정치적 무력화 또는 주변화 및 신분제의 궁극적 철폐, 백성의 자유와 평등, 보통교육(만민평등교육)과 3단계 학교제도, 종교적·정치적 관용과 인도주의(르네상스의 humanism이 아니라 18세기 계몽주의의 humanitarianism), 자유시장, 필기시험과 공무원임용고시, 관료제와 능력주의, 혁명(저항권)사상, 복지국가 등 수많은 요소로 짜인 근대적 계몽기획은 모조리 공맹철학과 이 철학을 구현한 극동정치문화로부터 유래한 것이다. 극서제국 11개국을 근대화한 계몽철학은 공맹철학과 극동정치문화의 외래적 충격 속에서 외인적으로 형성된 것이라는 입론은 지극히 당연한 것이다. 이 책의 과업은 이 사상적·문화적 영향관계를 역사적 사료들에 의해 사상사적·문화사적으로 입증하는 것이다.

■ '중국적 근대'의 서천과 영향의 정도

여기서는 일단 이 근대적 계몽주의의 외인적 발흥에서 전제되는 '중국적 근대성'의 서천西遷을 분별 있게 이해하는 단계적 관점을 세우고 '유럽적 근대성'의 외래적 본질과 패치워크 성격을 좀 더 정교하게 밝히고자 한다. 위에서 시사했듯이 나이토고난은 '중국적 근대성'의 서천을 '육상로 단계'와 '해상로 단계'로 나누었다.

- 육상로와 해상로의 서천: 르네상스와 계몽주의

서천의 육상로 단계에는 극소수의 성직자들을 제외하면 거의 상인들과 상업

목적의 모험가들만이 송·원나라를 드나들었다. 앞서 시사한 바와 같이 중국 남부 복건성의 천주는 송나라 창건 초기인 10세기 후반에 이미 복건성 내륙과 육로 및 운하로 연결되고 제노바까지 뱃길을 뻗친 세계 최대의 국제무역 도시로 발전했고, 1120년 천주의 인구는 이미 50만 명에 달했다. 천주는 육상 실크로드와 광주를 뒤로 제치고 명실공히 해상 실크로드의 출발지점으로 발돋움했다. 송나라가 천주에 해상무역 관세청을 설치한 것은 1179년경이었다. 천주는 남송 시기에도 계속 번창했다. 천주를 방문하는 외국 상인들은 아라비아·수마트라·참파·버마·코리아(高麗)·제노바·베니스로부터 온 상인들이었다.1303) 천주의 해상무역은 그 지역의 도자기·설탕·알코올·제염·비단산업을 발전시켰다. 원나라도 1277년에 천주·상해·영파 등지에 무역감독관을 설치했다. 1280년대 이후 종종 일시적으로 천주는 복건성의 성도로 쓰일 정도로 번창했다. 후추, 기타 향신료들, 각종 귀석貴石, 진주, 도자기, 비단을 주요 품목으로 수출하는 천주의 1283년 인구는 여전히 45만 명을 상회했다. 1320년대 중반에는 천주의 두 곳에 프란체스코파 신부들의 수도원이 세워졌다. 1326년 이미 제노바 상인들은 드문 얼굴이 아니었다.1304) 영국도 1340년에 이미 플로렌스의 무역회사를 통해 중국으로부터 비단을 수입하고 있었다.1305) 천주로부터 유럽과 연결되는 해로는 중동지역에서 육로로 바뀌었다가 다시 지중해나 흑해에서 해로로 연결되었다. 이것들을 종합하면, 송대 이후 중국의 근세문물의 '서천西遷'은 일찍이 12세기 중반 북송 때부터 시작되었다. 특히 몽고제국이 뚫어놓은 동서 육상로를 통해 열린 남북 실크로드를 타고 중국문물의 '서천'은 더욱 활발해졌다. 물론 총포·화약은 몽고의 유럽침략 과정에서 유럽에 전해졌고, 나침반과 종이도 여러 경로를 통해 알 수 없는 시기에 아주 일찍 유럽에 전해졌었다.

상인들에 의해 육로로 이루어진 중국문물의 서천단계에는 경제적 상품과

1303) von Glahn, *The Economic History of China*, 394쪽.

1304) Goody, *The East in the West*, 57쪽.

1305) Goody, *The East in the West*, 57쪽.

이기利器들, 그리고 기술 등의 '물질적' 문물만이 전해졌다. 상인들이 당시의 유일한 매개자들이었기 때문에 중국의 정신문명은 소수의 예술작품이나 중국 제도에 대한 미미한 정보밖에 전해지지 않았다. 대표적으로 마르코 폴로의 『동방견문록』(1300년경)은 중국 원나라의 자연경관, 시장풍경, 상품과 신기한 물건들, 기술, 지폐紙幣조폐와 유통 과정, 경제적 풍요, 도시계획과 도로, 주택과 공중목욕탕, 경제적 풍요, 생활풍습 등에 대해 상세히 전하고 있으나, 정치체제 나 법제도, 종교와 그 교리, 중국의 철학과 제자백가의 사상 등에 대해서는 전혀 기술하지 않고 있다. 멘도자의 『중국제국의 역사』(1585)는 중국의 정치제 도를 소개하는 선까지 기술범위가 확장되었으나, 역시 중국의 철학과 문학, 그리고 종교사상에 대한 기술을 결하고 있다. 따라서 육상로 단계의 서천은 대체로 중국의 물질문명의 전달에 한정되었다고 말할 수 있다.

그러나 이 물질문명의 전달만으로도 500년간 잠자던 중세 유럽에 엄청난 변화가 일어났다. 12세기부터 북송대 중국의 각종 물질적 문물이 육상로를 통해 유럽에 전해짐으로써 13세기 중반부터 유럽의 경제가 흥기하고 상공업이 성장하기 시작한 것이다. 중세에 쇠락한 유럽의 상업은 "13세기의 소위 항해· 상업혁명 과정"에서 "소생"했고, 이와 나란히 "문자에 의한 의사소통"이 "확장" 되었다.1306) 중국문물의 충격 속에서 유럽 각지에 자유도시들이 나타나 화폐유 통 및 시장이 활성화되고 자급자족적 현물·물납경제는 상업적 상품·금납경제 로 전환되었다. 유럽 곳곳에서 대규모 상설시장과 정기시가 개장되었으며, 이에 따라 각종 은행업과 금융업도 발달했다. 이때부터 국제적 대상인·대금융 가 집단이 전 유럽에 걸쳐 형성되기 시작했다. 13-14세기 이래 이탈리아 플로렌 스의 은행·금융 가문 메디치(Medici)가는 이탈리아와 유럽에서 정치경제적 강자 로 군림하며 귀족적 정치권력으로 올라섰고, 15세기 이래 신성로마제국 안에서 유통되는 화폐량의 대부분을 장악했다는 독일 아우구스부르크의 대금융 가문 푸거(Fugger)가도 여러 명의 신성로마황제를 옹립할 정도로 유럽에서 가장 부유 하고 가장 영향력 있는 금융가문이었을 뿐만 아니라 귀족화된 정치세력으로

1306) Goody, *The East in the West*, 57쪽.

부상했다. 그리고 16세기 이래 아우구스부르크의 금융가문 베슬러(Welser)가도 유사한 금융자본을 축적하고 귀족적 지위와 권력을 확보했다. 중국 물질문명의 영향으로 중세 후기부터 유럽경제가 "갑작스럽게" 급성장하기 시작한 것이다. 당시 유럽의 이렇게 급증한 재부는 에릭 조운스가 이슬람제국과 중국을 "앞질러" 세계무역과 정치를 완전히 지배하고 이 14-16세기의 추세를 20세기 초까지 도전받지 않고 계속 유지했다고[1307] 과장한 수준에는 이르지 않았을지라도 유럽에 일대 정치적·문화적 지각변동을 가져올 정도로 막대하고 막강한 것이 었다.

또한 중국에서 건너온 화약·화기의 확산과 전쟁무기·전술의 변동, 그리고 중국에서 전해진 활판인쇄와 여말·선초 코리아의 금속활자를 모방한 구텐베르크의 금속활자 활판인쇄 등 인쇄·출판술의 확산 및 서적의 저렴화와 대중적 보급은 기사騎士들의 지위를 추락시킨 반면, 학자·철학자·예술가·공예가들의 수를 늘리고 그 지위를 상승시켰다. 신분위계에서 대변동이 일어난 것이다. 이와 동시에 진행된 유럽의 경제발전은 이 문인들의 생계와 활동을 뒷받침해주었다. 각국의 부유해진 왕후들과 메디치·푸거·베슬러가는 경제적 여력으로 이 문인들의 학술·문예활동을 지원했다. 이렇게 하여 르네상스와 바로크 예술사조가 흥기한 것이다.

13세기 말 토마스 아퀴나스로부터 시작되어 14-16세기에 본격화된 르네상스는 13-16세기 동안 지속적으로 진행된 송대 이후 근세 중국의 물질문명이 서천西遷함으로써 일어난 유럽의 경제적 흥기와 각국의 국부 축적에 대응하는 문예·사상운동이었던 것이다. 따라서 나이토고난이 말한 중국적 근대의 서천의 '육상로 단계'에는 유럽의 르네상스와 바로크 예술이 조응하는 것이다.

이에 이어지는 지리상의 발견으로 유럽과 극동을 잇는 해상로가 발견된 뒤 16세기 중반부터 개시된 '중국적 근대'의 서천의 '해상로 단계'에는 매개자들이 상인만이 아니라 선교사·외교사절·여행가 등 지식인 집단으로 확장되었다.

1307) Eric L. Jones, *The European Miracle: Environments, Economies and Geopolitics in the History of Europe and Asia* (Cambridge: Cambridge University Press, 1981).

그리하여 17세기 초부터 수많은 중국 관련 서적들과 공자경전 번역서들이 쏟아져 나오기 시작했고, 이를 통해 공자철학과 근대중국의 국가제도 및 문화들이 유럽에 전해져 각광을 받기 시작했다. 그리하여 공자열광과 중국열풍, 그리고 시누아즈리(chinoiserie; 중국풍의 예술·공예)가 유럽 전역, 특히 극서지역을 휩쓸기 시작했다. 17세기 이후 시기에도 계속 중국의 근대적 물질문명이 극서지역으로 전해졌지만, 이때 특징적으로 중국의 '정신문명'도 유럽에 집중적으로 쏟아져 들어갔던 것이다. 근대중국의 '정신문명'이 유럽에 쏟아져 들어와 소용돌이치는 가운데 새로운 사조가 흥기했는데, 이것이 바로 계몽주의와 로코코 문예사조였다.

따라서 이 서천 과정과 그 유럽적 결과는 다음과 같이 종합적으로 도식화될 수 있을 것이다.

12세기 중반 이래 주로 육로: 물질문명의 서천 → 르네상스와 바로크
16세기 중반 이래 주로 해로: 정신문명의 서천 → 계몽주의와 로코코

12세기 중반부터 16세기 초반까지 육로나 육·해로 결합 루트로 전달된 물질적 중국문물의 서천은 유럽을 경제적으로 흥기시켰고, 유럽의 이 경제적 소생은 14-16세기 르네상스와 바로크를 발흥시켰다.

르네상스시대에는 중국에서 건너온 인쇄술과 제지술의 발달로 서적들이 저렴해져 널리 보급되고, 그리스·로마 고전연구가 부활했으며, 여기저기 도처의 주요 지역에 대학과 수도원이 확산되어 학술과 문예를 흥기시켰다. 중국문물은 중국기술·상품·총포·화약·인쇄술·제지술 등 물질문명의 전파를 통한 유럽경제의 활성화와 서적의 저렴화, 성채와 기사계급의 무용화 등을 경로로 르네상스 문예운동의 흥기에 '간접적' 영향만을 미쳤다. 반면, 16세기 후반부터 18세기까지 해로로 이루어진 중국문물의 서천은 비로소 공자철학·중국제도·문화·문예 등 정신문명도 전달함으로써 17세기 말부터 18세기 말까지 계몽주의와 로코코 예술사조의 흥기에 '직접적' 영향을 미쳤다.

- 계몽주의에 대한 '중국적 근대'의 영향의 성격

그렇다면 유럽의 근대화를 가져온 계몽주의와 로코코의 발단에 대해 중국문화와 공자철학이 미친 영향의 정도와 질적 성격은 어떻게 규정되어야 하는가? 중국은 유럽에서 자생적으로 형성된 근대기획에 대해 '실례實例'에 그쳤는가? 아니면 유럽의 근대기획의 본질을 규정한 '모델'이었는가? 환원하면 계몽주의는 중국문화와 공자철학을 많은 사례들 가운데 일례—例로 활용하면서 전개된 유럽 특유의 자생적 사상인가, 아니면 본질적으로 중국문화와 공자철학의 창조적 '리메이크'인가?

극서국가 철학자들에게 중국의 제도적·문화적 실제와 공자철학은 단순히 자기들의 철학으로부터 창안하거나 안출한 이념과 이론들을 경험적으로 입증해주는 '예증사례'나 '실례들'에 불과한 것이 아니었다. 물론 그들이 자기들의 사상적·제도적 창안물을 경험적으로 입증하는 데 있어 중국과 극동의 현실과 공자철학을 종종 단순한 '실례'로 활용한 경우도 없지 않았다. 그러나 대체로 그들에게 극동은 '실례' 이상의 것이었다.

서양 철학자들은 공자철학과 이 철학을 구현한 극동문화 및 국가제도를 단순한 '실례'가 아니라 서구의 변혁을 위한 이상적 본보기(ideal exemplar) 또는 이상적 모델(ideal model)로 활용해 계몽철학과 유럽적 근대를 기획했다. 따라서 공자철학과 극동의 실제는 계몽주의와 '유럽적 근대성'의 창출 과정에서 단순한 '예증사례'의 역할을 뛰어넘어 '본질구성적(integral)' 역할을 한 것이다. 환원하면, 계몽주의의 유럽적 근대기획(Enlightenment Project of European Modernity)은 중국적·공자철학적 근대성(Chinese Confucian Modernity)의 패치워크적 리메이크 또는 재창조(remake or re-creation by patchworking)인 것이다.

이 패치워크적(짜깁기식) 재창조 과정에서 서양 계몽철학자들은 공자철학과 유교적·중국적 근대성('낮은 근대성')을 서구적 정치·경제·전쟁·정복·식민화의 콘텍스트와 지향에서 호전적·제국주의적으로 왜곡하고 합리주의적으로 뒤틀었을 뿐만 아니라, 중국의 도덕·정치철학과 중국적 근대문화를 모방하고 리메이크하는 가운데 중국의 공자철학적·근대적 문화를 유럽 특유의 정치사회적 가치관·과학·문화전통·생활양식과 창의적으로 패치워킹함으로써 오리지널보다 더 정교하고 더 세련된 근대성으로 만들어 한 차원 더 높이 발전시키기도 했다. '모방' 또는 '리메이크'는 언제나 오리지널 문물의 '노예적 복제'나 '정확한 재현'이 아니라 그 '재-창조(re-creation)' 또는 '재-발명(re-inventing)'을 포함할 수밖에 없기 때문이다. 그리하여 서양의 계몽철학자들과 과학기술자들은 이런 '창조적' 모방과 패치워크 과정에서 계몽정신이 절정에 달한 18세기 말엽부터 '높은 근대'를 사유세계 속에서 기획했을 뿐만 아니라, 일련의 혁명과 국가개혁을 통해 이 '높은 근대'의 정치·경제·사회·문화기획을 총체적으로 실재세계 속에서도 구현해냈다. (이때부터 극서는 극동을 정치적·경제적·군사적·문화적으로 능가하고 압도함으로써 제국주의적으로 극동을 넘보기 시작했다.) 아래에서는 역사적 해명과 이론적 입증에 의해 마테오리치 이래 극동과 극서 간의 창조적 모방과 문명패치워크 과정을 최대한 명약관화하게, 그리고 상세하게 밝혀 보일 것이다.

제2장 극동 과학기술과 정치문화의 세계적 파급과 유럽의 르네상스

제1절 중국 기술문명의 영향과 유럽의 격변

극동아시아는 11세기 이래 18세기까지 800년 동안 '세계경제의 중심'이었다. 이 기간에 극동의 기술과 기술제품들은 다양한 경로로 유럽에 전해졌다. 처음에는 이탈리아를 비롯한 지중해연안 국가들이 극동의 선진적 기술문명의 혜택을 입었지만, 이후에는 그 혜택이 전 유럽으로 확산되었다. 극동의 눈부신 번영을 목도한 유럽인들의 충격적 경험과 선진적 극동기술경제의 자극 속에서 유럽의 기술과 경제도 점차 흥기하기 시작해 마침내 군사기술적·정치적 대변동을 가져왔고, 기사군 집단의 점진적 몰락과 동시에 새로운 인쇄술로 인쇄되어 보급되기 시작한 서적이 대량 유통되고 지식인·예술가 집단이 부상하기 시작했다.

14세기부터 16세기까지 이어진 르네상스, 즉 문예부흥운동은 바로 극동의 선진적 기술과 풍요로운 경제에 의해 자극받은 유럽의 경제적 흥기를 기반으로 한 것이었다. 따라서 유럽의 르네상스운동을 이해하기 위해서는 극동의 800년 풍요와 유럽에 대한 극동경제의 영향을 먼저 알지 않으면 아니 된다. 18세기까지도 계속된 극동의 이 경제적·기술적 선진성을 인식하는 것은 르네상스의 흥기를 이해하는 데만이 아니라 서양 철학자들에 대한 공맹철학의 영향과 계몽주의의 기원을 이해하는 데도 결정적 도움을 준다. 이런 까닭에 앞서 유교의 정치·경제철학과 더불어 중국·극동제국의 경제와 기술 수준, 그리고 경제적 번영을 상론한 것이다.

어떤 문명권이 아무리 철학적·문화적으로 높은 경지에 도달했다고 하더라도 그 문명권이 기술적으로 낙후하고 경제적으로 빈곤하다면, 이 경제적 빈곤과 기술적 낙후성은 그 철학과 문화의 탓으로 돌려지기 십상이다. 이렇게 되면 그 문명권의 철학과 문화는 다른 문명권의 선망·모방의 대상이 되지 못한다. 이런 예로 힌두문명을 들 수 있다. 그러나 어떤 문명이 기술적으로 높이 발전하고 경제적으로 풍요롭다면 다른 문명권의 사람들은 즉각 이 문명에 관심을 갖고 이 문명의 경제적 흥성과 풍요를 선망하며 모방하려고 들 것이다. 그리고 이 흥성과 풍요를 그 문명권의 지배적 철학과 문화의 덕택으로 돌리고 그 철학과 문화에까지도 관심을 갖게 마련이다.

물론 처음에는 후진문명의 토착종교와 문화의 저항으로 인해 극소수의 선구적 철학자들만이 선진문명의 철학과 문화에 관심을 가질 것이다. 하지만 풍요로운 선진문명의 철학과 문화는 얼마 지나지 않아 이 선구적 철학자들에 의해 기존의 철학과 문화에 적합하도록 가공된 형태로 암암리에 철학·문화계에 유포된다. 그리하여 곧 선진문명의 철학과 문화 자체가 버젓이 예찬의 대상이 된다. 이 과정에서 후진문명은 선진문명의 철학·문화요소들을 도입해 자기문명권의 토착적 철학·문화와 '짜깁기'하다가 얼마 지나지 않아 새로운 창조적 철학과 문화를 산출하기에 이른다. 이 창조적 짜깁기, 즉 창조적 패치워크 단계에 이르면 후진문명은 어느새 선진문명으로 올라서고 이전의 선진문명을 예찬하던 무드도 사라진다. 이 시기가 되면 이전에 후진문명권이었던 그 문명권에 속한 지식인들은 자기 문명의 새로운 발전의 계기가 다른 선진문명에서 왔다는 것을 까맣게 잊어버린다. 뿐만 아니라 이전에 선진문명이었던 그 문명권에 속한 지식인들도 이 사실을 까맣게 잊어버리고 새로운 선진문명에 열등의식을 갖고 이 선진문명을 선망하며 배우기 시작한다.

이것이 선진문명과 후진문명 간의 패치워킹의 원리다. 여기서 강조하고자

하는 것은 어떤 문명의 높은 철학·문화 수준이 아니라 높은 경제·기술 수준이
패치워크의 시발점이라는 것이다. 철학과 문화의 높낮이를 객관적으로 따지기
는 어렵지만 아무튼 어떤 문명의 철학과 문화 수준이 높더라도 경제·기술이
낙후하다면 경제·기술만이 아니라 그 문명의 철학·문화도 다른 문명권의 관심
거리가 되지 못하는 것이다. 역으로, 어떤 문명의 경제·기술이 선진적이라면
경제·기술만이 아니라 그 문명의 철학·문화도 후진문명권의 사람들에게 조만
간 초미의 관심대상으로 떠오르게 된다.

　11-16세기 서양인들은 처음에 극동의 경제적 풍요와 선진기술에만 관심을
가졌다. 이 시기에 그들은 극동의 물건과 기술을 가져다가 나름의 독자적 경제
발전을 이룩했고, 철학적·문예적으로는 기독교철학을 벗어나지 않는 범위
안에서 그리스철학을 복고하고 아리스토텔레스주의적 기독교신학과 스콜라
철학을 산출하는 르네상스운동을 일으켰다. 그러나 16세기 중반부터 중국과
극동제국의 유교적 정치문화와 국가제도가 차츰 유럽에 알려지면서부터 르네
상스 정치신학과 정치철학도 백성의 자연적 자유·평등사상과 폭군방벌론을
수용하는 방향으로 발전하기 시작했다. 나아가 서양인들은 30년전쟁이 끝난
뒤 17세기 중반부터는 공맹철학과 극동제국의 사상·문화·종교에도 관심을
갖기 시작했다. 공맹철학과 극동문화에 대한 서양 지식인들의 이 관심 환기는
계몽주의 운동을 일으키는 사상동력이 되었다. 이 계몽주의 운동은 철학·문화
·예술에서 종교·경제·정치에 이르기까지 포괄적이었고, 최초로 1688-1689년
영국 명예혁명을 추동함으로써 유럽을 격동시켰다.

　17-18세기 초 중국의 번영과 선진성에 대한 유럽인들의 뚜렷한 인식과 착잡
한 심리적 반응은 가령 당시 영국인들의 글들 속에 나타나 있다. 로버트 마클레
이(Robert Markley)는 "신세계 식민화의 이야기들이 국민적 위대성, 보편적 군주국,
기독교적 승리주의에 대한 유럽중심주의적 믿음을 강화시켰다면, 중국과 일본,
그리고 (1716년 이전의) 무굴제국 인도에서의 경험은 이 모든 이데올로기적
구조물에 근본적으로 도전했다"고 말한다.[1] 그는 또 극동의 경제적 패권과

---

1) Markley, *The Far East and the English Imagination*, 3쪽.

"중국중심적(sinocentric) 세계 안에서의 유럽의 주변화에 대한 불안감"과 각성은 세계무역 안에서 느껴지는 영국의 민족적 비하를 너무 일상적으로 상기시키는 모든 것에 의해 산출된 깊은 불안감들을 문예적 이야기 속에서 '들추면서도 동시에 감추는' 보정補整 전략을 출현시켰다고 말한다.2) "번영과 풍요의 황금시대를 달성하려는 꿈의 장소"로서의 중국의 기능은3) 당시 독자들에게 유럽중심적 문화관과 개인적·민족적 정체성에 대한 일련의 심각한 도전을 제기했던 것이다. 조나단 스위프트의 『걸리버 여행기』에서의 "걸리버가 일본인들과 조우한 것은 (…) 1800년까지 남아시아와 극동의 제국들에 의해 지배된 세계에서의 영국 경제력의 한계, 민족적 정체성과 도덕성의 한계"에 대한 심각한 불안감을 기록하고 있다.4)

그리하여 중국문화에 대한 영국인들과 유럽인들의 불타는 관심은 늘 열광과 초조감, 선망과 열등의식이 착종되어 있었다. 이런 착종된 심리 상태를 가장 전형적으로 체현한 대표적 사상가는 중국문화에 대한 극찬과 경멸을 자기분열적으로 표출한 프랑스 철학자 루소와, 이 착종된 심리에서 생겨나는 경쟁의식에서 공자철학과 중국문화를 선망하기도 하고 깎아내리기도 하며 영국 낭만주의의 한 흐름을 빚어낸 귀족적 문필가 토마스 퍼시(Thomas Percy, 1729-1811)였다. 그러나 이 착종된 심리를 벗어난 일반적 유럽인들의 단순한 중국열광과 선망은 중국문화의 경쟁적 모방과 리메이크로 나타났다.

반면, 말브랑쉬(신학자)·워튼(신학자)·페넬롱(성직자)·버클리(성직자)·몽테스키외(귀족)·디포(노예상인 소설가) 등 성직자들과 신학자들, 그리고 기독교편향적 유럽중심주의자들은 중국문명을 깎아내리고 히브리이즘과 르네상스기의 헬레니즘을 반동복고적으로 되살리려는 '기독교적 위정척사론衛正斥邪論'을 대변했다. 이들은 초조감과 열등의식, 기독교적 시기질투심과 기독교제국주의적 정복욕에서 자유사상가·문필가·문화예술인·계몽군주들의 중국열광과 선망의식

---

2) Markley, *The Far East and the English Imagination*, 86쪽.

3) Markley, *The Far East and the English Imagination*, 105쪽.

4) Markley, *The Far East and the English Imagination*, 242쪽.

을 비난하며 중국혐오론과 유럽식 위정척사론을 설파했다.

모든 문명적 영향과 변화는 선진적 경제·기술로부터 시작된다. 11세기 이래 기독교에 찌든 서양의 궁핍과 대비되는 극동의 눈부신 번영에 대해서는 지금까지 충분히 논했다. 이제는 유럽에 대한 번영하는 극동의 영향과 극동에 대한 유럽인들의 선망, 그리고 르네상스의 기원을 조명하고자 한다.

오늘날에야 인정되는 사실이지만, 유럽이 중세 암흑기로부터 깨어나 르네상스 단계로 진입해 발전하기 시작한 것은 순전히 극동의 번영 덕택이었다. 유럽 역사가들은 중세 유럽문명이 1200년 이후 흥기한 것이 세계 생산체계의 중심이 중동에서 중국으로 동진東進한 것과 합치된다는 사실을 여태까지 깨닫지 못했다. 그러나 홉슨(John M. Hobson)은 1100년경 세계의 내포적 권력의 주봉主峰이 중국으로 이동했고 19세기까지 거기에 그대로 남아 있었다는 테제를[5] 제기했다. 몽고가 유럽을 침공한 12세기에야 중국은 유럽에 현실적 존재로 다가왔고, 여러 개인적 통로로 중국과의 무역이 확대되면서 유럽 상인들 사이에 널리 알려졌다. 그러나 중국의 눈부신 풍요와 발전에 대해서는 13세기 마르코 폴로 (Marco Polo, 1254-1324)의 『동방견문록』을 통해서야 처음으로 유럽에 대중적으로 알려졌다.

1.1. 중국기술의 서천

■ 중국의 높은 기술 수준과 전파

16세기 말까지 동방에 진출한 포르투갈·스페인·이탈리아인들은 중국 입국이 허용되지 않았다. 그러나 16세기 말 이전에도 많은 포르투갈 사람들과 스페인 사람들이 포로나 죄수로 체포되어 수년씩 중국 안에서 감옥살이를 하거나 유배지에서 생활함으로써 중국의 기술문명을 접할 수 있었다. 이들은 그곳에서 중국어를 배웠고 수많은 서신을 통해 중국 기술문명에 관해 서방에 알렸으며, 귀국할 때는 중국의 많은 과학기술 서적들을 가지고 돌아왔다.

---

5) Hobson, *The Eastern Origins of Western Civilization*, 50쪽.

14-16세기 내내 유럽인들 사이에서 중국은 유명한 나라였다. 16세기 말 발리냐노(Alessandro Valignano)와 산데(Duarte de Sande) 신부는 당시 중국을 둘러싼 유럽인들의 정서를 이렇게 묘사하고 있다.

가장 유명한 이 나라의 명성은 우리 사이에서 아주 널리 퍼져 있다.6)

여기서 "가장 유명한 나라" 중국은 "세계에서 가장 큰 왕국"이었고, "가장 크고 가장 부유한 풍요"의 소득과 세금을 거두는 나라였다.7) 이런 까닭에 중국의 기술은 유럽인들에게 선망의 대상이 되지 않을 수 없었다.

당시 포르투갈 사람들이 인도로 부지런히 실어 날라 궁극적으로 유럽으로 가져오던 중국인들의 세계 최고의 양잠기술과 비단8) 외에도 중국 장인들의 수공업기술은 "동방 제諸 민족의 대부분을 능가하고" 있었고 장인들의 수도 엄청났다. 포르투갈 사람들은 중국 장인들의 뛰어난 제품들을 부지런히 인도로 실어와 다시 유럽으로 날랐다. 중국 장인들은 화포와 화약의 제조에서도 뛰어난 기술을 보유하고 있었고, 중국의 항해술·군사기술·인쇄술도 빼어났다.9)

중국 과학기술의 선진성과 진보성은 16-17세기 유럽 학자들에 의해서도 명시적으로 감지되었다. 16세기 말 몽테뉴(Michel de Montaigne, 1533-1592)는 화포(화약)와 인쇄술이 이미 1,000년 전부터 중국에서 사용되고 있었다는 것을 알고 있었다. "우리는 대포와 인쇄술의 발명이라는 위력적 사업을 하고 있는데, 이것들을 세계의 다른 끝인 중국에 사는 사람들은 1,000년 전에 가지고 있었다."10) 이탈리아인 캄파넬라(Tommaso Campanella)도 1602년 『태양의 나라(La città del

---

6) Anonym (Alessandro Valignano and Duarte de Sande), *Japanese Travellers in Sixteenth-Century Europe: A Dialogue Concerning the Mission of the Japanese Ambassador to the Roman Curia* [1590], edited and annotated with introduction by Derek Massarella, translated by J. F. Moran (London: Ashgate Publishing Ltd. for The Hakluyt Society, 2012), 416쪽.

7) Valignano and Sande, *Japanese Travellers in Sixteenth-Century Europe*, 417쪽.

8) Valignano and Sande, *Japanese Travellers in Sixteenth-Century Europe*, 421쪽.

9) Valignano and Sande, *Japanese Travellers in Sixteenth-Century Europe*, 424쪽.

10) Montaigne, "Of Coaches", 420쪽. *The Complete Works of Michael de Montaigne, comprizing The*

Sole)』에서 "나는 대포와 활판인쇄술이 우리가 중국인들을 알기 전에 중국인들에 의해 발명되었다고 배웠다"고 말하기도 하고,11) 중국인들이 "얼음처럼 찬 음료수"와 "따뜻한 인공음료수"를 마신다고 말한다.12) 총포화약·인쇄술·나침반이 중국에서 온 사실을 몰랐던 베이컨도 중국의 경험주의를 잘 알고 "종이 제작은 지금까지 아마에 한정되어 있었고, 중국인들을 제외하고는 비단에 응용하지 않았다"고 말하기도 한다.13) 이때까지도 베이컨은 극동에서 종이를 닥나무로 만들고 있다는 사실을 모른 것으로 보인다. 그러나 『신기관』(1620)에서는 "명주"의 발견과 "중국의 식물들"을 언급하기도 하고,14) "우리는 (…) 땅에 물건들을 묻는 것과 같은 것에서 발생하는 것과 같은 냉기의 사례들을 모으는 데 온갖 부지런을 떨어야 한다"고 말하고 "이것은 도자기를 만드는 중국인들의 방법이라고 얘기되는데 거기서는 이 목적에 알맞은 물질이 땅 아래 40-50년 동안 묻혀 있고 일종의 인공광산처럼 상속인들에게 유증된다고 보고되고 있다"고 말하기도 한다.15) 『뉴아틀란티스』(1627)에서도 땅속에 묻는 중국의 도자기에 대해 언급한다.16)

동아시아의 발명품과 기술들 가운데 종이와 제지술, 목활자·금속활자 및 활판인쇄술, 화약과 총포, 항해용 나침반, 주판, 지폐와 조폐술 등이 서양으로 전해져 근대적 기술로 발전한 것은 주지의 사실이다. 그리고 앞에 상론했듯이 세계 사학자들에 의하면, 구텐베르크의 금속활자도 서양인들이 적어도 금속활

Essays [1571-1592] etc. ed. by W. Hazlitt (London: John Templeman, 1842).

11) Tommaso Campanella, *City of the Sun* [1602], 281쪽. Charles M. Andrews, *Ideal Empires and Republics: Rousseau's Social Contract, More's Utopia, Bacon's New Atlantis, Campanella's City of the Sun* (Washington·London: M. Walter Dunne, 1901).

12) Campanella, *City of the Sun*, 307쪽.

13) Francis Bacon, *The Advancement of Learning* [1605], edited by Joseph Devey (New York: Press of P. F. Collier & Son, 1901), 291쪽.

14) Bacon, *The New Organon*, Bk. I, Aphorism CIX, 86쪽.

15) Bacon, *The New Organon*, Bk. I, Aphorism L (3), 211-212쪽.

16) Francis Bacon, *The New Atlantis* [1627], 251쪽. Charles M. Andrews, *Ideal Empires and Republics: Rousseau's Social Contract, More's Utopia, Bacon's New Atlantis, Campanella's City of the Sun* (Washington·London: M. Walter Dunne, 1901).

자로 인쇄된 한국의 서책을 중국의 북경 등지에서 접하고 코리아의 이 금속활
자를 모방하는 과정에서 발전되었다. 또한 몽고 장기將棋, 즉 샤타르(Шатар)가
인도를 거쳐 서양에 전해져 체스의 원조가 되었듯이[17] 동양의 화투도 14세기
말 서양에 전해져 트럼프의 원조가 되었고,[18] 심지어 중국도시들의 가로에서
팔던 아이스크림도 서양으로 전해졌다.[19] 이 모든 것이 동서를 잇는 상인,
선교사, 여행가, 외교사절 등을 통로로 해서 유럽으로 흘러들어가 유럽 문예부
흥의 물적 토대가 된 것이다.

중국의 공업기술들과 상업기술들(십진법·회계기법·계산법·주판 등)은 11세기에
세계 최고 수준으로 비약했고, 18세기까지도 유럽에 비해 현저히 앞선 상태에
있었다. 과학·기술의 발전 원천은 다양했다. 어떤 개별 문명도, 어떤 개별
국가도 이 영역을 항구적으로 지배하지 못했다. 그럼에도 불구하고 중국의
과학기술적 업적들은 엄청났으며, 근대 이전에 가장 큰 단독적 기여였다. 중국
기술의 범위는 아무리 경탄해도 모자라지 않다. 연장 세트는 손계산기·나침반
·천문지도와 항해지도만이 아니라 주판, 화덕풀무, 운하갑문 등도 포함했다.
이런 크고 작은 기술적 발명들이 14-15세기에 중국으로부터 유럽으로 쇄도해
들어갔다. 갑문은 15세기 중반에 유럽에 처음 알려졌으나, 수력공학이 세련된
과학이었던 중국에서 수세기 전에 개발되었다. 또 금속산업을 높이 발전시킨
중국인들은 금속으로 교량도 건설했다.[20] 중국에는 미국에서 1859년에야 채택
된 방법을 사용해 2,000피트 깊이까지 도달하는 해수海水용 드릴이 있었으며,
플로렌스의 베키오 다리(Ponte Vecchio)가 놓이기 700여 년 전에 강을 가로질러

---

17) 체스의 역사는 거의 1,500년이 되었다고 한다. 일각에서는 그것이 6세기 이전 인도로부터
온 것으로 본다. 그러나 서양 체스는 15세기에야 오늘날과 가장 유사한 형태로 발전했다. 이것을
보면, 오늘날 체스의 직접 조상은 인도를 거쳐 전해진 중국 장기라기보다 원대 중국(1271-1368)으
로부터 중앙아시아를 통해 서양으로 전해진 몽고 장기 샤타르로 보인다. 체스의 기물과 게임규칙
이 중국 장기보다 샤타르에 더 가깝고, 체스가 현재 형태로 완성된 시기(15세기)가 원나라의
존속기간에 가깝기 때문이다.

18) Hobson, *The Eastern Origins of Western Civilization*, 185쪽.

19) Leslie Young, "The Tao of Markets: Sima Quian and the Invisible Hand", *Pacific Economic Review*
(1, 1996), 137쪽.

20) Edwardes, *East-West Passage*, 84쪽.

건설된 단동單棟 석재의 석조아치교가 있었고, 현수교가 있었다.[21] 현수교는 처음에 대나무밧줄을 이용했는데 유럽의 많은 지방에서 고대로부터 전래된 것이다. 최초의 쇠사슬 현수교는 589년과 618년 사이에 있었다. 이런 종류의 쇠사슬 현수교는 유럽에서 1595년 처음 제안이 있었을지라도 1741년까지 나타나지 않았다. 최초의 석조아치교는 이보다 훨씬 일찍 유럽에 알려졌는데, 최초로 선보인 것은 1345년에 건설된 플로렌스의 석조아치교다. 이것은 중국 전문가의 영향을 받은 것이 틀림없다. 중국에서 최초의 석조아치교는 610년에 건설되어 지금도 건재한 호북성 조현趙縣의 영통교永通橋다. 중국 기술자들의 국제적 명성은 17세기까지 지속되었다. 러시아의 표트르 대제는 1675년 석조아치교를 건설하기 위해 중국 기술자들을 불러들였다.[22]

극동의 각종 선진적 기술은 유럽으로 전파되어 유럽을 격변시켜 르네상스를 일으키게 된다. 중국기술의 전파 통로는 동서를 연결하는 각종 무역이었다. 유럽중심주의자 맥닐(William H. McNeill)도 주판과 십진법에 대해 이렇게 평가한다. "다소 동질적인 조직 패턴과 기술 수준은 분명 남양바다들을 관통하는 무역에 대해 무역남중국 해안으로부터 지중해에 이르는 모든 경로에서 윤활유 역할을 했다. 수치기록의 십진법과 주판의 사용은 무역성장의 현저하고 중요한 동반자였다. 온갖 계산을 용이하게 만드는 이 계산체계들의 가치는 아무리 과장해도 지나치지 않고, 오직 알파벳의 발명이 2,300년 전에 가능하게 했던 독문讀文능력의 저렴화에만 빗댈 수 있을 뿐이다."[23]

중국의 이런 선진적 공업기술들과 상업기술들은 유럽을 전변시키고 과학기술적·경제적으로 근대화한다. "중국의 기술적 비밀들이 해외로 퍼져나간 만큼, 구舊세계의 다른 지역들에서, 가장 현저하게 서유럽에서 새로운 가능성들이 열렸다." 이런 기술전파의 통로는 중국의 원격상업이었다. "화약·나침반·인쇄술이 중국국경 너머의 문명사회들을 혁명화하기 전에도 (중국의) 강화된 원격

---

21) 참조: Jones, *Growth Recurring*, 73-74쪽.

22) Edwardes, *East-West Passage*, 84-85쪽.

23) McNeill, *The Pursuit of Power*, 55쪽.

상업이 시장관계의 중요성을 새로운 높이로 끌어올려 중국국경 안에서 일어난 어떤 도약보다 더 오래가고 더 오래 지속되는 경제도약을 준비한 예비단계가 있었던 것이다."24) 중국의 선진적 공업기술들과 상업기술들은 이런 국제교역로를 통해 서양으로 전파되었다.

19세기에 중국의 자리를 차고 들어오는 영국의 농업혁명과 산업혁명의 기원도 중국에 있었다. "영국은 명석한 발명가들을 특별히 부여받은 것이 아니다." 영국인들의 재능은 새로운 것을 발명하는 것보다 "중국의 앞선 발명품들과 기술적 사상들을 자기화해 세련화하는 데 있었다". 영국인들은 중국의 이 자원에 접근할 통로를 확보하고 중국으로부터 영감을 받아 영국의 정치경제와 경제이론·정치철학·예술문화를 만들어냈던 것이다.25)

그리하여 3날 쟁기, 조파기條播機, 알곡을 고르는 키질 선풍기, 말이 끄는 제초기, 품종개량 기술 등 중국의 온갖 농기구와 농업기술이 영국으로 밀려들어와 농업혁명을 일으키고, 수력 풀무, 왕충의 증기기관, 송풍 용광로, 면사기술, 제련기술 등 중국의 온갖 산업기술들이 영국의 산업혁명에 불을 댕기게 된다.26) 중국의 모든 것이 16세기부터 300여 년 동안 줄곧 유럽으로 흘러들어갔던 것이다.

중국은 기술적 영향에서 대단히 지배적 지위를 점한 도구와 기계를 많이 만들어 사용하고 있었다. 능률적 마구, 강철기술공학, 기계식 시계(mechanic clock), 동력전달벨트·전동체인 및 회전운동을 직선운동으로 바꾸는 운동전환방법 등과 같은 기본적 기계장치들, 활꼴아치 가교, 선미타법船尾舵法과 같은 항해술 등이 중국에서 유럽으로 전해졌다.27) 또한 르네상스 이후 근대기술 속으로

---

24) McNeill, *The Pursuit of Power*, 50쪽.

25) Hobson, *The Eastern Origins of Western Civilization*, 194쪽.

26) 참조: Hobson, *The Eastern Origins of Western Civilization*, 207-218쪽. 증기기관은 고대 그리스에서도 개발되어 분수대 등 비생산적 영역으로 사용되었고, 이 증기기관의 설계도는 이집트의 알렉산드리아도서관에 현재까지 보존되어 있다는 설도 있다. 따라서 홉슨의 말대로 영국의 증기기관이 왕충의 증기기관 설계도의 실현인지, 고대 그리스의 증기기관의 재현인지는 더 연구해보아야 할 것이다.

27) Needham, "Science and China's Influence on the World", 237-238쪽. 그러나 '기계식 시계'가 중국에

편입된 중국기술들도 있다. 중국의 외륜선(paddle-wheel boat), (16세기에 글과 그림으로 전해지고 18세기에 모방된) 중국의 쇠사슬 현수교(중국에서는 1,000여 년 전부터 실용되어왔음), 차동差動기어(differential gear), 합금용해 제철공법, 주철의 직접 산소처리법 등이 그것들이다.28)

■ 중국의 천연두접종과 지진계

그 밖에도 유럽으로 전해진 경로를 정확히 추적할 수는 없지만 우리가 관심을 갖지 않을 수 없는 선진적 기술들이 중국에서 고안되었다. 이 중 뒤늦게(18세기 말 또는 19세기 초) 유럽에 영향을 끼친 것으로 중국에서 개발된 사상 초유의 면역의술이 있다. 제너의 종두법의 전신인 우두접종(Variolation)은 이미 16세기 초 이래 중국에서 실시 중에 있었다. 11세기 이래의 전언이 옳다면, 이 중국의 우두접종법은 면역화하기 위해 사람의 코 속에 천연두 농포의 극소량을 주입하는 방법이었다. 중국 의사들은 점차 안전성을 높이기 위해 바이러스를 희석시키는 방법들을 개발했다. 근대 면역학의 기원은 전반적으로 중세 중국의 의학사상에 기초한 한의사들의 시술경험에 있었다.29) 그러나 중국에서 2세기부터 500년간 사용되었던 지진계는 유럽인들이 잘 몰랐던 것으로 보인다.30)

서 유럽으로 전해졌다는 니덤의 주장에 대해서는 만만찮은 반론이 나왔다. 데이비드 랜즈는 중국인들이 기계식 시계를 발명했고 유럽인들은 단지 이것을 차용했다는 니덤의 믿음을 "환상"으로 조소한다. David S. Landes, *Revolution in Time: Clocks and the Making of the Modern World* (Cambridge [MASS.]: The Bellknap Press of Harvard University Press, 1983), 23쪽. Jones, *Growth Recurring*, 73쪽에서 재인용. 그러나 1655-1657년 중국을 방문·체류한 네덜란드 특사 존 니우호프가 1665년에 출간한 『네덜란드연합주의 동인도회사로부터 북경 또는 중국황제에게 파견된 사절단』에서 "중국인들은 하루의 시간을 바퀴를 가진 우리의 시계와 같은 어떤 것으로 아는 몇 가지 다른 종류의 도구들을 가지고 있는데, 그것은 물레방아의 바퀴를 물로 돌리듯이 모래로 돌리도록 만들어져 있다'고 쓰고 있다. John Nieuhoff, *Het gezantschap der Neêrlandtsche Oost-Indische Compagnie, aan den grooten Tartarischen Cham, den tegenwoordigen keizer van China* (Amsterdam: Jacob van Meurs, 1665); 영역본: John Nieuhoff, *An Embassy from the East-Indian Company of the United Provinces to the Grand Tatar Cham, Emperour of China, delivered by their Excellencies Peter de Goyer and Jakob de Keyzer, At his Imperial City of Peking* (London: Printed by John Mocock, for the Author, 1669), 166쪽. 따라서 랜즈의 '조소'는 빗나간 것일 수 있다.

28) Needham, "Science and China's Influence on the World", 239-240쪽.

29) Needham, "Science and China's Influence on the World", 238쪽.

종합하면, 유럽인들은 과거에 독자적으로 발명한 것이 거의 없었다. 18세기 이전에 유럽인들이 이룬, 유일하게 독창적인 혁신은 아르키메데스의 나사와 크랭크샤프트, 그리고 알코올정유법뿐이었다. 유럽인들은 700년 동안 중국의 기술적 발명들을 자기화하는 기술적 개방성과 패치워크 역량을 보여주었다. 1279년 송나라가 멸망한 이후에도 중국경제의 발전은 계속되었고, 이 동력은 중국을 19세기 초까지 세계경제의 중심에 굳건히 서 있도록 만들었다.[31)

1.2. 극동과학의 서천과 유럽에서의 근대과학의 흥기

■선진적 극동과학의 서천

르네상스 전부터 극동아시아의 선진적 과학과 기술은 다 추적할 수 없는 다양한 경로를 통해 유럽으로 전해졌다. 유럽의 과학기술에 대한 극동의 지배적 영향은 '과학'보다 '기술'이 더 두드러졌다. 유럽의 기독교시대 1,400년 기간의 전반부 동안 중국은 유럽에 가치 있는 발견과 발명품들을 풍부하게 전달했다. 그러나 이런 전달이 오랜 세월에 걸쳐 점진적으로 이루어졌기 때문에 유럽인들은 그 극동아시아적 출처를 잘 알지 못했다.[32)

기술적 발명 외에 중국의 과학사상도 르네상스 동안 내내 그리고 18세기를 관통해서 그치지 않고 유럽 근대과학의 탄생에 막대한 영향을 미쳤다. 의심할 바 없이, 기계역학·동학·천체물리학·일반물리학이 근대적 형태로 생성되던 근대과학의 태동기에는 고대 그리스 과학의 기여가 가장 컸고, 그리하여 유클리드의 연역적 기하학과 프톨레마이오스의 행성천문학이 분명 새로운 실험과학의 탄생에서 주요 요소였다고 말해야 할 것이다. 왜냐하면 우리는 그 독창성을 과소평가해서는 아니 되기 때문이다. 그러나 프톨레마이오스와 아르키메데스에도 불구하고 고대 서구인들은 전체적으로 '실험'을 하지 않았다.

---

30) Needham, "Science and China's Influence on the World", 238-239쪽.

31) Hobson, *The Eastern Origins of Western Civilization*, 60-61쪽 참조.

32) Needham, "Science and China's Influence on the World", 236쪽.

근대적 실험과학으로의 갈릴레오 유형의 '근대적 돌파'에는 아시아의 기여가 결코 없지 않았다. 왜냐하면 대수학과 기본적 명수법命數法, 그리고 계산법(수 개념, 인도·중국의 '제로' 개념, 중국의 십진법 자릿수, 분류법의 가장 오래된 형태 등) 외에도 중국은 자기력 현상의 모든 기본지식을 서양에 전했다. 이 연구 분야는 그리스 물리학이 개발한 분야와 근본적으로 달랐다.

■ 중국의 자력이론과 파동이론

- 자력이론과 뉴턴의 만유인력이론

중국의 자력磁力이론은 영국의 자기물리학자 길버트(William Gilbert, 1544-1603) 와 독일의 케플러(Johannes Kepler, 1571-1630)에 의해 수용되어 태동단계의 근대과학 에 결정적으로 중요한 영향을 미쳤다.[33] 자기磁氣과학은 실로 근대과학의 본질 적 부분이다. 나침반에 대한 중세의 가장 위대한 학도인 마리코트(Peter Peregrinus of Maricourt)의 아이디어나 자력의 우주적 역할에 관한 길버트와 케플러의 아이디 어는 중국으로부터 온 것이다. 길버트는 모든 천체운동이 천체의 자력 때문이 라고 생각했고, 케플러도 중력은 자력과 같은 어떤 것이라는 생각을 가졌다. 지상으로 추락하려는 물체들의 경향은 지구가 거대한 자석처럼 사물들을 자신 에게로 끌어당기고 있다는 관념에 의해 설명되었다. 중력과 자력 간의 평행이 론은 뉴턴(Isaac Newton, 1642-1727)의 만유인력의 법칙을 위한 이론적 준비에 결정 적으로 중요한 부분이 되었다. 뉴턴의 종합 속에서 공리公理인 중력은 자력이 아무런 확실한 매개도 없이 우주를 가로질러 작용하는 것과 똑같이 모든 공간 을 가로질러 확산되는 것으로 기술된다. 이와 같이 고대 중국인들이 전개한, '이격 상태에서의 작용의 이론'은 길버트와 케플러가 뉴턴의 출현을 준비하는 과정에서 아주 중요한 부분이었던 것이다.[34]

---

33) Needham, "Science and China's Influence on the World", 236-237쪽.
34) Needham, "Science and China's Influence on the World", 255쪽.

- 중국의 우주론과 파동이론

16세기 말까지 중국의 천문학은 유럽을 능가했다. 따라서 중국의 수준 높은 천문학은 자연스럽게 유럽으로 흘러들었다. 발리냐노와 산데 신부는 대화체로 쓰인 『로마교황청 방문 일본사절단』(1590)에서 이렇게 기록하고 있다.

> (마이클이라는 사람이 말한다. - 인용자) 나는 어떤 중국인들이 (비록 흔치 않을지라도) 집필과 출판에 넘길 수 있을 정도의 굉장한 천문학 지식을 가지고 있었고, 새 달이 출현할 매달의 날짜를 정확하고 적중하게 산출해냈다는 사실을 빼먹을 수 없다. 일식과 월식도 정확하게 예견된다. 그리고 우리가 이런 것들에 관해 가지고 있는 어떤 지식이든 그들로부터 빌려온 것이다. (이에 대해 레오라는 사람은 말한다. - 인용자) 우리는 그것을 솔직하게 인정한다. 왜냐하면 그 기술을 취급하는 우리의 서적들이 대부분 중국 한문으로 쓰여 있기 때문이다.[35]

또한 발리냐노와 산데는 유럽이 귀족의 존재, 기독교의 존재, 번영, 인구밀도 등에서 중국보다 여러 가지로 앞서 있다고 그야말로 '이상한' 자화자찬의 허풍을 치면서도 여러 가지 점에서 중국에 빚지고 있다고 실토한다.

> 하지만 다른 것들에 관한 한, 학술지식과 자연지식(knowledge of letters and nature)의 관점에서, 그리고 우리에게 전달된 상품으로부터 나오는 우리의 삶에 유용한 다른 물건들의 관점에서도 우리가 중국제국에 굉장히 많이 빚지고 있다는 것은 부인할 수 없다.[36]

16세기 당시 포르투갈·스페인 사람들 일부는 중국어와 한문을 배워 알고 있었고, 또한 그들은 필리핀, 인도, 이베리아 본토에서 상당수의 중국인 통역사를 고용하고 있었다. 따라서 당시 포르투갈·스페인 사람들의 한문 해독에는 큰

---

35) Valignano and Sande, *Japanese Travellers in Sixteenth-Century Europe*, 426쪽.
36) Valignano and Sande, *Japanese Travellers in Sixteenth-Century Europe*, 439쪽.

지장이 없었다. 당시 포르투갈·스페인·이탈리아 사람들이 보유한 모든 천문학 지식이 중국에서 왔고 그들이 보유한 천문학 서적이 대부분 한문으로 쓰인 것이었다는 사실, 그리고 유럽의 학술지식과 자연지식의 "굉장히 많은 양'이 '중국산'이라는 사실에 대한 발리냐노와 산데 신부의 위 언급들은 바로 중국 천문학과 기타 기술들이 유럽으로 전해진 당시의 '경로'를 말해주는 결정적 기록사료다.

이렇게 전해진 천문학과 천문관찰 기술은 바로 유럽에서 반향과 변화발전을 가져왔다. 가령 16세기 말 덴마크 천문학자 튀코 브라헤(Tycho Brahe, 1546-1601)에 의한 중국 천구좌표의 채택과 같은 중국의 실용천문학의 수입은 근대천문학의 발전에 의미심장한 자극을 주었다.[37] 여러 아랍 천문서적을 보유하고 있던 브라헤는 중국인들로부터 망원경에 대한 적도식 설치(equatorial mounting)만이 아니라, 천체에서 별들의 위치를 측정하는 방법을 배웠다. 적도좌표를 쓰는 중국 방법은 그리스인들이 쓰던 방법과 근본적으로 달랐고, 이 중국방법은 오늘날도 천문학자들이 쓰고 있는 방법이다.[38] 또한 중국의 천체우주론도 유럽의 과학 마인드에 직접 자극을 가한 과학이론이다. 중국의 '무한한 허공'으로서의 우주의 개념은 중세 유럽인들이 견지한 '수정水晶으로 된 단단한 천체'의 관념과 정면으로 대립되는 것인데, 갈릴레오 시대 이후 유럽의 우주론을 석권했다.[39] 16세기 말경 동일한 사상을 대변한 유럽인들은 반드시 이것을 인지한 것은 아닐지라도 새로운 우주체계의 타당성을 인정한 것으로 보인다.

중국 사상의 가공과 근대과학으로의 편입으로 생겨난 이론의 다른 사례는 18세기 물리학의 파동이론이다. 그리고 중국인들의 2,000년 천문관측기록은 특히 펄서(pulsar; 전파천체)의 경우에 서양 천문학자들에게 오늘날도 유용한 것으로 입증되고 있다.[40] 근대 전파천문학은 신성新星과 초신성에 관한 고대와 중세 중국인들의 관찰기록을 활용함으로써 가능했다.[41]

---

37) Needham, "Science and China's Influence on the World", 237쪽.

38) Edwardes, *East-West Passage*, 95쪽.

39) Needham, "Science and China's Influence on the World", 238-239쪽.

40) Edwardes, *East-West Passage*, 95쪽.

1.3. 르네상스의 물적 토대로서의 극동의 기술경제

■ 종이·인쇄술·화약·나침반의 서천과 서양인들의 무지[42]

서양인들은 극동의 기술문명이 유럽에 전파되어 엄청난 변혁을 일으키고 있었음에도 오랜 세월 그 기술의 출처가 극동인지를 몰랐다. 상술했듯이 16세기 말 몽테뉴(Michel de Montaigne, 1533-1592)는 화포(화약)와 인쇄술이 중국에서 서양으로 전해진 사실을 인지한 것 같지는 않지만 이 기술들이 이미 1,000년 전부터 중국에서 사용되고 있었다는 것을 알고 있었다. "우리는 대포와 인쇄술의 발명이라는 위력적 사업을 하고 있는데, 이것들을 세계의 다른 끝인 중국에 사는 사람들은 1,000년 전에 가지고 있었다."[43] 이탈리아인 캄파넬라(Tommaso Campanella)도 1602년 『태양의 나라(La città del Sole)』에서 이 사실을 다시 확인한다. "나는 대포와 활판인쇄술이 우리가 중국인들을 알기 전에 중국인들에 의해 발명되었다고 배웠다."[44]

그러나 1620년 베이컨(Francis Bacon, 1561-1626)은 『신기관』에서 인쇄술·화약·나침반의 혁명적 역할을 묘사하면서도 이 세 가지 기술의 '기원'을 아예 모른다고 말한다.

고대인들에게 알려지지 않은, 그리고 그 기원이 최근일지라도 모호하고 찬미되지 않는 세 가지 물건, 즉 인쇄술, 화약, 나침반이 가장 명백하게 보여주는 발견의 힘과 권능과 중요한 귀결을 살피는 것이 도움을 준다. 사실 이 세 가지 것들은 전 지구에 걸쳐 사물들의 면모와 상황을 전변轉變시켰다. 첫 번째 것은 문예, 두 번째 것은 전쟁술, 세 번째 것은 항해를 전변시켰다. 그리고 이어서 셀 수 없이 많은 변화들이 뒤따

---

41) Needham, "Science and China's Influence on the World", 238-239쪽.

42) 이하 내용은 필자의 『공자의 세계(1)』(2011)의 내용을 보완하고 다듬은 것이다.

43) Montaigne, "Of Coaches", 420쪽. *The Complete Works of Michael de Montaigne, comprizing The Essays* [1571-1592] etc. ed. by W. Hazlitt (London: John Templeman, 1842).

44) Tommaso Campanella, *City of the Sun* [1602], 281쪽. Charles M. Andrews, *Ideal Empires and Republics: Rousseau's Social Contract, More's Utopia, Bacon's New Atlantis, Campanella's City of the Sun* (Washington·London: M. Walter Dunne, 1901).

렸다. 어떤 제국도, 어떤 종파도, 어떤 별도 저 기계적 물건들보다 더 큰 권능과 영향력을 인간사에 행사하지 못한 것으로 보인다.[45]

그런데 여기서 놀라운 사실은 베이컨이 '전 지구에 걸쳐 사물들의 면모와 상황을 전변시킨' 것으로 열거한 세 가지가 다 유럽이 아니라 중국의 발명품이라는 것이고,[46] 또 다른 놀라운 사실은 베이컨조차도 인쇄술·화약·나침반의 기원이 중국이라는 사실을 망각했다는 것이다. 그는 세 가지 물건의 "기원이 최근일지라도 모호하다"고 말하고 있기 때문이다.

더욱 놀라운 것은 베이컨의 『신기관』이 출간된 지 130여 년이 흐른 뒤인 1756년, 공자와 중국을 그토록 좋아했던 볼테르마저 중국이 '화포'와 '항해용 나침반'을 발명했고 나중에 서구가 이것을 중국으로부터 받아들였다는 사실을 몰랐다는 것이다. 볼테르는 심지어 중국인들이 화약을 각종 화기와 화포에 전용할 줄 몰랐고 나침반도 항해용으로 쓸 줄 몰랐다고 잘못 말하고, 중국인에게 화포 사용법을 처음 가르친 것은 포르투갈 사람들이며 화포 제조법을 처음 가르쳐준 것은 예수회 신부들이었다고도 단언했다.[47] 서양의 일급학자들의 이런 극한적 무지는 아마 중국의 발명품과 기술들이 러시아나 아랍을 경유해, 그리고 이름 없는 무수한 상인과 선교사·여행가들을 통해 다양한 경로로 유럽에 전해져 점진적으로 퍼져나갔기 때문인 것으로 보인다.

저 세 가지 기술에 대한 찬탄에도 불구하고 그 기원에 대한 유럽인들의 '더할 나위 없는' 무지는 20세기 중반까지도 계속되었다. 『중국의 과학과 문명』(1954)의 저술을 주도한 조지프 니덤(Joseph Needham, 1900-1995)은 "자석과학과 폭약화학의 중국적 기원은 완전히 무시되었을" 뿐만 아니라, "신비한 수수께끼로

---

45) Bacon, *The New Organon*, Bk. I, CXXIX(129).

46) 참조: Sivin, "Science and Medicine in Chinese History", 165쪽; Hobson, *The Eastern Origins of Western Civilization*, 56쪽.

47) 참조: Voltaire, *Ancient and Modern History* (Essai sur les moeurs et l'esprit des nations [1756]), Vol. I in seven volumes, 27-28쪽. *The Works of Voltaire*, in forty three volumes, Vol. XXIV (Akron [Ohio]: The Werner Company, 1906).

만들어졌다'고 개탄했다. 그는 유럽인들의 이런 무식을 "무적無敵의 무자" 또는 "그릇된 수수께끼의 철의 장막"이라는 말로 풍자했다.[48]

상술했듯이 중국인들은 850년경에 화약을 발명했다.[49] 원나라시대 중국으로부터 유럽에 들어온 이 화약과 각종 화기는 서양의 봉건체제를 송두리째 뒤흔들고 약화시켰다. 고대 그리스·로마와 중세시대 유럽인들은 화약을 알지 못했다. 13세기 말 또는 14세기 초에 유럽에 들어와 확산되기 시작한 화약과 화기는 유럽 봉건세력의 성채와 보루를 일거에 무너뜨리고 유럽의 사회분위기를 자유화함으로써 상대적으로 지식인 집단의 부상을 가져왔다. 이를 배경으로 자유로운 지식욕과 창작욕이 크게 활성화되었다.

여기에 중국에서 전해진 제지술과 활판인쇄술은 서적 출판을 가속화·대량화하고 서적 가격을 대폭 떨어뜨려 새로운 집필·출판문화의 거대한 물결을 일으켜 지식의 유통량과 전파력을 결정적으로 폭증시켰다. 칭기즈칸이 서방을 정복한 13세기 당시에 중국의 활판인쇄술은 최고의 정점에 달해 있었다. 이 시기에 중국의 이 활판인쇄술이 유럽에 전파되었다. 구텐베르크가 코리아의 금속활자를 복제해 금속활자를 다시 '발명'하기 훨씬 전에 목활자를 쓴 조판인쇄술이 14세기부터 유럽에서 문예를 부흥시키는 데 쓰인 것이다.

중국에서 들어온 나침반은 지리상의 발견을 이루는 데 결정적인 도구였다. 유럽인들은 12세기 말 또는 13세기 초에 중국에서 전해진 아라비아의 항해용 나침반에 대해 비로소 서적에서 읽고 알았다. 나침반이 유럽에 소개되고 나서 유럽인들은 대양항해를 할 수 있었고 이를 통해 원격무역과 지리상의 발견을 이룩했다. 이것은 전 세계 물산의 유럽 유입을 가능하게 했고, 이것으로부터 유럽의 상업과 자본축적이 이루어져 유럽인들의 물질적 생활수준이 크게 향상되었다. 이것은 문예부흥과 각국 군주들의 학문 후원의 경제적 뒷받침이 되었다.

여기에 중국으로부터의 주판과 지폐 및 조폐술造幣術의 도입은 상품과 화폐

---

48) Needham, "Science and China's Influence on the World", 242-244쪽.

49) Joseph Needham·Ho Ping Yü·Lu Gwei-Djen·Wang Ling, *Science and Civilization in China*, Vol. (7): *Military Technology: Gunpowder Epic* (Cambridge: Cambridge University Press, 1986), 111-117쪽.

의 회계를 빠르게 하고 경제적 유통을 활성화시켜 유럽의 경제력을 비약적으로
발전시켰다. 서양에는 3-4세기경에 제작된 것으로 추정되는 금속제 및 대리석
제 주판 유물이 남아 있지만, 중국의 주판은 2세기 말까지 거슬러 올라간다.
유물로 남아 있는 유럽의 주판이 이처럼 금속제나 석제石製이고 3-4세기 이후에
더 발전되거나 사용된 흔적이 없는 반면, 중국의 목제木製주판은 15-16세기까
지도 개선을 거듭하며 지속적으로 사용되었다.50) 유럽은 오랫동안 이처럼 발전
된 주판을 알지 못했고, 목제주판도 알지 못했다.51) 그러므로 중국 주판은
중국과 별도로 복식부기를 (재)발명한 이탈리아 상업계와 금융계에서 유용한
기구로 활용되었고, 유럽의 다른 지역으로도 퍼져나갔다. 이런 배경에서 13-14
세기 유럽에서 바로 드 루버(Raymond de Roover)가 "상업혁명"이라고 부른52) '유럽
상업의 대약진'이 벌어진 것이다. 11세기 송대 중국의 상업혁명에 비하면
200-300년 뒤의 사변이었다.

상론했듯이 지폐는 중국에서 세계 최초로 9세기경 신용화폐로 등장해 10세
기 초에 교환수단으로 통용되기 시작했다. 1161년 중국정부는 연간 1,000만
장의 지폐를 발행했다.53) 14-15세기 유럽 지식인이라면 누구나 한 권씩 가지고
있었다는『동방견문록』에서 마르코 폴로는 중국 조폐창의 조폐 과정과 인쇄된
지폐의 광범한 유통에서 받은 감명 깊은 인상을 기술하고 있다.54) 중국의
지폐는 이 책을 통해 유럽에 일찍부터 알려졌으나, 지폐의 경제적 역할은 '30년
종교전쟁'으로 만신창이가 된 국가들과 국왕들의 낮은 신용도로 인해 많이
지연되었다. 이 때문에 다른 중국기술들과 달리 지폐와 조폐술은 르네상스의
물적 토대로 기능하지 못하고 계몽주의시대에 가서야 일정한 역할을 하기
시작했다. 유럽에서는 프랑스가 1715년에야 처음 지폐를 발행해 유통시켰고,

---

50) 조셉 니덤,『중국의 과학과 문명』, 축약본2, 45-46쪽.

51) Goody, *The East in the West*, 76쪽.

52) Raymond de Roover, "The Commercial Revolution of the Thirteenth Century", *Bulletin of the Business Historical Society* 16 (1948).

53) Hobson, *The Eastern Origins of Western Civilization*, 54쪽.

54) Marco Polo (Ronald Latham, trans.), *The Travels of Marco Polo* (London: Penguin Books, 1958), 147-148쪽. 마르코 폴로(김호동 역주),『동방견문록』(파주: 사계절, 2000·2017), 96장(271-272쪽).

영국은 1797년에야 이를 따라잡았기 때문이다.[55]

　14세기에서 16세기에 걸친 300년 동안의 르네상스, 즉 문예부흥이란 기독교적 중세봉건체제를 뚫고 자유로운 지식, 저술, 문예, 출판을 추구하고 지리상의 발견을 통한 지리지식의 확대와 축적을 이룬 유럽 차원의 큰 변화를 가리킨다. 따라서 무엇보다도 지식인들의 문예활동을 억누르고 있는 봉건성채와 봉건적 기사계급의 힘과 권위가 먼저 결정적으로 훼손되지 않았다면 자유로운 지식, 저술, 출판은 생각할 수 없었을 것이다.

제2절 르네상스시대 중국보고서와 관련 서적들의 확산

　13-14세기에 활동했던 무역상들은 말할 것도 없고 1514년 이래 중국 남부와의 원격무역로를 개척한 포르투갈 상인들도 신학이나 철학에 대해 문외한들이었기 때문에 중국의 '정치철학과 자유로운 '정치문화'를 유럽에 거의 전달하지 못했다. 그들의 기행문과 보고서들은 대개 중국의 물질적 측면에 대한 기술로만 일관했다. 따라서 르네상스시대 대부분의 유럽 지식인들은 중국의 철학사상과 정신문화에 대해 잘 알지 못했다. 그리고 그들이 중국문화를 알았더라도 기독교 정통성 싸움에 매몰되어 중국사상을 진지하게 탐구할 관심과 겨를이 없었다. 그러나 13세기 마르코 폴로의『동방견문록』출간 이래 14-16세기에도 모험여행가들과 선교사들의 중국보고서들은 간간이 출간되었는데 이런 서적들 안에는 중국의 정치철학과 정치문화, 그리고 정치제도들이 어쩌다 물질적 문물들에 대한 설명에 끼워져 같이 소개되는 일이 잦아졌다. 르네상스시대 말엽에는 중국을 포괄적으로 소개하는 종합적 저작이 출간되었는데, 후앙 곤잘레스 데 멘도자(Juan González de Mendoza)의『중국제국의 역사』(1585)가 그것이다. 14-16세기의 이 중국 관련 서적들은 마르코 폴로의『동방견문록』에 신빙성을 더해주면서 16세기 후반에 벌써 유럽의 신·구 종교갈등과 맞물려 유럽 사상계

---

55) 참조: Hobson, *The Eastern Origins of Western Civilization*, 54쪽.

일각에서 일정한 사상변동에 시동을 거는 결정적 촉매제가 되었다. 16세기 후반의 이 변모된 사상세계는 17세기의 칙칙한 바로크 철학문예 사조와 18세기의 치열한 계몽주의의 싹들을 배양하는 역사적 '모판'이었고, 17세기 말엽의 격렬한 사상논쟁을 일으킬 뿐만 아니라 이 논쟁에 투입될 여러 신新개념들을 낳고 기른 철학적 '거름자리'였다.

2.1. 중세에 출간된 중국보고서들

■ 중세 최초의 중국정보

14세기 이전에도 중국문화를 전하는 보고들은 간간히 나오거나 공개 출판되었다. 중국을 다녀간 서역인들이 쓴 최초의 보고로는 당대 중국에 왔다 간 두 아랍상인의 중국기中國記 원고들이 있다. 이 원고들은 851년과 867년 각각 중국에 있었던 것이 분명한 두 상인의 관평觀評을 1173년경에 기술한 것이다. 그동안 읽혀온 것으로 보이는 이 원고들은 18세기 초에 콩트 드 세그늘레이(Comte de Seignelay) 도서관에서 레노도(Eusèbe Renaudot)에 의해 재발견되어 불어 번역본으로 1718년 파리에서 『인도와 중국의 오래된 이야기(Anciennes relations des Indes et de la Chine)』라는 제하에 출판되었다.[56] 이 중국 이야기들은 얼마간 과장되고 동화적인 것이 섞여 있을지라도 중국의 제도와 예절의 항구성의 관점에서 지금도 정확한 것으로 간주될 수 있는, 아주 많은 진귀한 세부사항들을 담고 있어서 의심할 바 없이 그 독창성과 화자들의 지성을 맛볼 수 있을 정도다.[57] 이 보고서들은 연이어 쓰였는데 그중 이 원고는 저 원고를 보완하거나 주석하는 역할을 한다.

이 원고에 의하면, 중국은 광대하지만, 인구가 인도보다 더 많을지라도 인도

---

56) Eusèbe Renaudot, *Anciennes relations des Indes et de la Chine* (Paris, Chez Jean-Baptiste Coignard, Imprimeur ordinaire de Roy, 1718).

57) R. H. Major, "Introduction", iii-iv쪽. Juan Gonzalez de Mendoza, *The History of the Great and Mighty Kingdom of China and the Situation thereof*, edited by Sir George T. Staunton, Bart (London: Printed for the Hakluyt, 1853).

보다 덜 광대하고 많은 제후국들로 나뉘어 있다. 중국은 풍요롭고 사막을 포함하지 않은 것으로 표현되는 반면, 인도는 굉장한 넓이의 상당한 사막을 포함하고 있다. 차는 '테하(Teha)'라는 이름으로 선명하게 소개되고 있는데, 뜨거운 물을 부어 보편적으로 마시는 것으로 언급되고 만병통치하는 것으로 간주된다고 쓰고 있다. 도자기는 흙의 뛰어난 산물로 언급되지만, 이 흙으로부터 유리만큼 곱고 투명한 그릇이 만들어진다고 말한다.58) 그리고 중국인들은 인도인들보다 더 잘생긴 것으로 묘사된다. "중국인들은 겨울이나 여름이나 비단을 입는다. 이 의상 종류는 군주, 군인, 아무리 낮은 등급의 사람들일지라도 다른 모든 사람에게 공통된다. 겨울에는 발까지 내려오는 특별한 만듦새의 속바지를 입는다. 그들은 이것을 두 겹, 세 겹, 네 겹, 다섯 겹, 그리고 할 수 있다면 그 이상으로도 껴입는다. 그리고 아주 많기도 하고 그들이 무서워하기도 하는 겨울습기 때문에 발까지 아주 주도면밀하게 몸을 덮고 감싼다. 여름에는 단 한 벌의 비단옷이나 그런 의상을 입지만 터번은 두르지 않는다."59)

이 아랍인들의 원고는 중국의 먹거리에 대해서도 말한다. "그들의 공통음식은 그들이 (…) 고깃국과 함께 먹는 쌀이다. 그들의 황제는 밀가루 빵, 돼지까지 포함한 온갖 동물, 그리고 기타의 것들을 먹는다. (…) 과일, 사과, 레몬, 마르멜로, 사탕수수, 감귤류, 무화과, 포도, 두 종류의 오이, 우유·호도·개암나무, 피스타치오, 자두, 살구, 버찌, 코코넛이 있지만 야자는 많지 않다. 야자는 개인집 주변에 소수가 있을 뿐이다. (…) 그들의 음료는 일종의 쌀술이다. 이 나라에는 다른 술이 없고, 어떤 다른 술도 그들에게 가져오지 않는다. 그리고 그들은 그것을 알지도 못하고 그것을 마시지도 않는다. 그들은 식초도 있고, 아랍인들이 나테프(Natef)라고 부르는 눈깔사탕과 기타의 것들도 있다."60) 그리고 "그들은 청결 면에서 매우 신중하지 않다. 그들은 죽은 고기도 먹고, 마법과 같은 많은 다른 것들도 행한다. 실로 이 종교, 저 종교가 아주 동일하다. 중국

---

58) Major, "Introduction", iv쪽.

59) Major, "Introduction", iv-v쪽.

60) Major, "Introduction", v쪽.

여성들은 몸을 감추지 않고 다니고 그들의 머리는 작은 상아 빗과 다른 빗들로 장식하는데, 이 빗을 어떤 때는 20개까지도 꽂는다. 남자들은 특별한 만듦새의 모자를 쓴다. 그들은 아주 능란한 공인이지만, 수학에 기초한 공예工藝에는 무지하다".61)

아랍인들의 원고는 중국에서 읽고 쓰는 지식이 사람들 사이에 일반적인 것으로 묘사하고, 모든 중요한 거래는 기입한다고 쓰고 있다. 불상숭배는 아주 지배적이라고 기록하고 사람고기를 판매한다는 이해할 수 없는 이상한 소문도 써놓고 있다. 동시에 악덕의 처벌은 지극히 가혹한 것으로 표현하고 개인들에 대한 점검은 극도로 엄격하다고 한다. "중국에서 모든 사람은 토착민이든 아랍인이든 기타 외국인이든 자신에 대해 아는 모든 것을 밝혀야 하고, 그렇게 한다고 해서 용서받을지 모르겠다. 도둑은 잡히는 대로 사형이다."62)

광동은 아랍 해운업이 거점으로 삼은 중국 항구로 언급된다. 그리고 남경을 가리키는 것으로 생각되는 쿰단은 아주 휘황찬란한 도시로 묘사된다. 쿰단은 황제의 거주지라고 한다.63) 이처럼 12세기 당나라 말엽의 중국도 아랍 상인들을 통해 서양에 약간은 알려져 있었다. 또 이 아랍 상인들의 중국풍물 보고 다음에는 스페인의 유대 상인 투델다(Benjamin of Tudelda)의 중국보고도 있었다. 그의 중국풍물 보고는 그의 저서 『벤저민 투델라의 여행기』(Itinerary of Benjamin of Tudela)』(1200년경 공개)에 풍문으로 삽입되어 있다. 여기에 이런 것도 쓰여 있다. "거기(칸디 섬)로부터 중국으로 가는 통로는 40일가량 걸린다. 이 나라는 동쪽에 있고 어떤 사람들은 오리온 별이 중국을 둘러싸고 있는 바다, 니크파(Nikpha)라고 불리는 바닷속에 가득 찬다고 말한다. 가끔 아주 격렬한 폭풍이 이 바다에서 일어나는데 어떤 뱃사람도 그의 선박에 닿을 수 없을 정도다. 폭풍이 배를 이 바닷속으로 던져넣을 때마다 그것을 통제하는 것은 불가능하다. 승무원과 승객들은 식량을 소모하고 그다음 비참하게 굶어 죽는다. 많은 선박들이 이런 식으로 사라졌으나, 사람들은

---

61) Major, "Introduction", v쪽.
62) Major, "Introduction", v-vi쪽.
63) Major, "Introduction", vi쪽.

(…) 이 운명으로부터 벗어나는 법을 배웠다."64) 아랍인의 원고든 유대 상인의 보고든 불철저하고 또한 송대 이전의 이야기들이다.

그러나 우리가 관심을 갖는 것은 막연히 중국이 아니라 송대 이후 근대화된 중국에 관한 보고다. 이런 근대적 내용의 보고는 유럽인들의 여행이 시작되는 때부터 나오기 시작한다.

■ 카르피니·루브루크·포르데노네·바투타 등의 중국보고

송대·원대 중국의 근대적 풍물에 관한 보고는 카르피니·루이스브뢰크·포르데노네·바투타 등에 의해 이루어졌다. 다음은 이들의 보고에 대한 약술이다.

- 카르피니의 『몽고기』(1240년대)

송대 중국의 근대적 풍물을 전한 것으로는 이탈리아 프란체스코파 탁발승 카르피니(John de Plano Carpini; 이탈리아 본명: Giovanni da Pian del Carpine, 1185-1252)가 1245년부터 1247년까지 5명의 수행원과 함께 몽고제국의 황국에 들어가 소문을 듣고 시베리아를 여행한 뒤 쓴 저서 『몽고기蒙古記(Ystoria Mongalrorum; The Story of the Mongols)』가65) 최초다. 또한 이 보고는 상인이 아니라 유럽 성직자가 쓴 유럽인의 중국보고로서 최초다. 카르피니는 교황 이노센트 4세에 의해 이슬람에 대항하는 동맹과 정보 획득을 위해 몽고제국에 외교사절로 파견되었다. 그는 중국인들을 "키타이 사람들(Kythayans)"이라고 불렀다. 그는 송대 중국인들을 이렇게 묘사한다.

중국 사람들은 특별한 종류의 글자를 독자적으로 가진 이교도들이다. (보고에 따르면) 그들은 신·구약성서를 가지고 있다. 그들은 역사에 그들의 선조의 삶을 기록해왔다. 그들은 은자가 있고, 당시에 많이 다니던 우리의 교회의 방식을 본떠 만든 일정한

---

64) Major, "Introduction", vii쪽.

65) Giovanni di Plano Carpini (Erik Hildinger, trans.), *The Story of the Mongols: Whom We Call the Tartars* (Boston: Branden Books, 1996ᐧ2014).

집들이 있다. 그들은 그들에게 다양한 성자들도 있다고 말하며 하나의 신을 섬긴다. 그들은 우리의 주 예수를 찬미하고 공경하며, 영생 조항을 믿지만 세례를 받지 않았다. 그들은 기독교인들을 사랑하고 많은 보시를 주며, 아주 예절 바르고 점잖은 사람들이다. 그들은 구레나룻이 없고 얼굴 생김새가 몽고인과 부분적으로 일치한다. 사람들이 행하는 모든 직업에서 전 세계에 이들보다 더 나은 장인들은 없다. 그들의 나라는 곡물, 술, 금은, 기타 물건들이 극히 풍부하다.66)

여기서 중국의 기독교인은 634년 유럽에서 이단으로 몰려 중국으로 피난 와당 태종으로부터 포교를 허용받은 네스토리우스교인(경교도)들을 말한다. 이들의 존재가 알려지면서부터 유럽이 몽고의 침입으로 위기에 처했던 당시에 유럽을 구하러 올 프레스터 존 왕의 신화적 전설이 만들어진 것으로 보인다. 카르피니의 이 중국 묘사는 다 소문을 기록한 것이다.

- 루브루크(루이스브뢰크)의 『동방여행기』(1255)

유럽인이 송대 중국에 가서 자신이 몸소 체험한 중국풍물을 기록한 것으로는 벨기에 프란체스코파 탁발승 루이스브뢰크(William van Ruysbroeck, 영어명: William of Rubruck, 1220-1293)의 『동방여행기』(1255)가 최초다.67) 그는 프랑스의 루이 9세에 의해 몽고제국에 외교사절로 파견되었다. 그는 카라치에서 몽고황제를 알현했다. 그리고 오르콘 강 동편의 카라코룸 도시로 황제를 따라 이동했다. 그는 "카라코룸에는 2개의 대로가 있는데, 하나는 탁발승들이 묵고 많은 상인들이 다녀가는 사라센인들의 대로이고 다른 하나는 중국인들의 대로이며, 이곳의 중국인들은 다 장인이다"라고 쓰고 있다. 이 설명은 당시 몽고인들이 북중국의 대부분 지역을 이미 정복했다는 것을 함의한다.68) 그는 카라코룸에서 뜻밖에도

---

66) Major, "Introduction", viii-ix쪽.

67) William of Rubruck (Alex Struik, trans & ed.), *The Journey of William of Rubruck to The Eastern Parts of The World, 1253-55* (London: Printed for the Haklutyt Society, 1900); William of Rubruck (W. W. Rockhill, trans.), *The Journal of William of Rubruck's Account of the Mongols* (Seattle: University of Washinhton, 2014).

기욤 부시에(Guillaume Bouchier)라는 프랑스인 금세공 장인을 만났다.[69]

루이스브뢰크(루브루크)가 수집한 다양한 중국정보들 중에는 중국인들의 종교적, 정치적 시조의 원칙이 하나의 최고주재자로서의 신이 존재한다는 커다란 진리를 포함한다는 항목도 들어 있다. 황제는 이 유일신 아래서 그의 광대한 영역에 대한 지배권을 유지하고, 이 지배에 대한 저항은 결과적으로 반역일 뿐 아니라 극악무도한 불경으로 여겨진다. 그리고 나중에 마르코 폴로가 확인해주는 중국의 지폐 통화제도에 대해서도 기록하고 있다. 그리고 루이스브뢰크는 중국인들이 글씨를 펜으로 쓰는 것이 아니라 붓으로 쓰고 한 글자가 하나의 단어를 뜻한다는 것도 처음 전한다.[70]

- 마르코 폴로(1300년경)와 포르데노네의 중국보고(1350년경)

루브루크가 몽고를 왔다 간 지 8년 뒤 마르코 폴로는 원대 중국의 대도(북경)에 도착해서 쿠빌라이 황제를 알현하고 여기에 오래 체류하며 중국 전역을 여행한 뒤 1300년경에 공개된 유명한 저서 『동방견문록』을 지었다. 이 『동방견문록』의 내용 소개는 그 양이 많기 때문에 뒤로 미룬다.

마르코 폴로의 뒤를 이은 저서로는 이탈리아 프란체스코파 탁발승 오데리코 데 포르데노네(Oderico de Pordenone, 원명: Oderico Matteussi, 영어명: Oderic of Pordnone, 1286-1331)의 보고였다. 1317년에 동방여행을 시작한 포르데노네의 보고서는 라틴어, 프랑스어, 이탈리아어로 남아 있는데, 1350년경에 편집된 이 원고는 *liguia ibcukta e rozza*라는 제목으로 1513년에 처음 출판되었다. 영어로는 하클류트의 세계여행기 번역 컬렉션 제2권에 '포르데노네 보고'로 공간되었다. 1323년 초에서 1328년 말까지 중국에 체류했던 포르데노네는 가령 항주를 이렇게 묘사한다.

---

68) Major, "Introduction", x쪽.
69) Major, "Introduction", xi쪽.
70) Major, "Introduction", xii-xiii쪽.

거기로부터 여러 날을 여행해서 마침내 카나시아(Canasia)라고 불리는 다른 도시(항주)에 도착했는데, 그곳은 우리말로 '천당'을 뜻했다. 나는 내 평생 그렇게 큰 도시를 본 적이 없다. 왜냐하면 이 도시는 둘레가 100마일이었기 때문이다. 또한 사람이 촘촘하게 들어 살지 않는 단 한 구석도 보지 못했다. 아니, 나는 10 또는 12층 높이의 주택들을 많이 보았다. 이 도시는 도시 자체에서보다 더 많은 사람들이 사는 굉장한 거대 교외를 가졌다. 이 도시는 12개의 주요 대문도 있다. 상술한 모든 대문으로 들어가는 공로에서 약 8마일 거리에 추정상 베네치아와 파도바를 합친 것만큼 큰 도시가 서 있다. 상술한 항주시는 항상 조용히 머물러서 줄지도 불지도 않는 호수와 습지 지대에 위치해 있다. 그러나 이 도시는 베네치아처럼 바람에 대한 방비가 있다. 이 도시에는 1만 2개 이상의 교량이 있으며 그중 많은 것을 나는 기억하고 그 교량들을 건너보았다. 이 교량들마다에는 도시의 일정한 파수병들이 서서 중국황제인 위대한 칸을 위해 상술한 도시를 지속적으로 감시하고 지킨다.[71]

포르데노네는 몽고의 영향을 거의 받지 않고 송대의 생활문화를 간직하고 있던 남부중국의 중심도시 항주를 골라 그 위용을 기술하고 있다.

그리고 포르데노네는 원대 중국황제와 제국의 위용에 대해서도 기술한다.

황제 자신의 수행원, 그의 부인의 시녀들, 그리고 그의 원자이자 분명한 황태자의 행렬의 인원수는 눈으로 직접 보지 않은 사람은 믿지 못할 것이다. 상술한 위대한 칸은 제국을 12개의 성省으로 나누었는데, 이 성들 중 하나는 그 성의 영역 안에 2,000개의 대도시들을 가졌다. 그 때문에 칸의 제국은 제국의 어떤 지역으로 그가 순행을 하려고 마음을 먹든지 5,000여 개에 달하는 도서島嶼를 제외하고 6개월 동안 계속 행차하기에 충분한 공간을 가질 정도로 길고 넓다.[72]

그리고 바로 이 기술을 중국제국의 역참제도에 대한 설명으로 연결시킨다.

---

71) Major, "Introduction", xxiv-xxv쪽.

72) Major, "Introduction", xxv쪽.

상술한 황제는 (여행자들이 그의 제국 전역에서 필요한 모든 것을 가질 수 있게 하는 목적에서) 식료와 관련된 모든 물건이 지속적으로 준비 상태에 있는 일정한 여각旅閣들을 공공도로에 연한 여러 장소에 마련하게 했다. 그리고 어떤 변동이나 새로운 일들이 제국의 어느 지역에서 생길 때, 그리고 황제가 그 지역으로부터 멀고 부재하면, 그의 사절들은 말이나 단봉낙타를 타고 황제에게로 부랴부랴 달려온다. 그들 자신이나 말들이 지치면 그들은 호각을 분다. 그 호각 소리에 다음 여각은 마찬가지로 말과 사람을 준비하고, 이 준비된 사람은 지친 사람의 문서를 챙겨 다른 여각으로 내달린다. 그리하여 다양한 여각과 다양한 역참을 통해 보통 30일 내에 도저히 올 수 없는 보고서들이 한나절 안에 황제에게 전달된다. 그러므로 황제는 제국 안에서 어떤 중요한 일이 일어나든 곧바로 그것에 대한 정보를 얻는다.[73)]

포르데노네는 원대 중국에서 고도로 발달된 역참과 파발마 제도를 비교적 소상하게 설명하고 있다.

- 이븐 바투타의 『여행기』(1360년경)

포르데노네의 이 중국보고에 신빙성을 더해준 것은 아프리카·중동·아시아 전역과 중국을 30년 동안 답파한 모로코 학자이자 아랍계 모험가인 이븐 바투타(Ibn Battuta, 1303-1368)의 여행기 『도시들의 기적과 여행의 경이를 관조하는 사람들을 위한 선물(A Gift to Those Who Contemplate the Wonders of Cities and the Marvels of Travelling)』(1360년경)이었다. 이 책은 보통 간단히 『여행기(Travels)』로 불렸는데, 아랍어를 아는 서양인들은 그때부터 이 책을 읽어왔다. 이 책은 18세기까지 유럽에 알려져 있지 않았으나 19세기 초부터는 프랑스·독일·스위스 학자들에 의해 발췌·번역 출판되었다. 프랑스에서는 1853년부터 Voyages d'Ibn Batoutah라는 제목으로 바투타의 아랍본 전체가 번역되었다.[74)] 1829년에는 이 책이

---

73) Major, "Introduction", xxv쪽.

74) C. Defrémery & B. R. Sanguinetti (trans. & ed.), *Voyages d'Ibn Batoutah*, in French and Arabic (Paris: Société Asiatic, Vol. 1, 1853; Vol. 2, 1854, Vol. 3; 1855, Vol. 4; 1858).

리(Samuel Lee)에 의해 영역되어 출판되었고, 100년 뒤에는 깁(Hamilton Gibb)에 의해 선별·영역되어 출판되었다.75)

원나라(1271-1368) 말엽인 1345년 바투타는 중국 천주泉州에 도착했다. 천주는 아랍인들에 의해 올리브를 뜻하는 '자이툰(Zaitun)'이라고 불렸으나 바투타가 천주에서 올리브나무를 아무리 찾아봐도 그런 나무는 없었다. 그는 지방 예술가들과 막 도착한 외국인들의 초상화를 그리는 그들의 숙달된 전문성을 언급하고 있다. 이 초상화는 천주당국의 공안용公安用이었다. 바투타는 자안들과 그들의 비단·도자기를 극찬하고, 자두·수박·지폐도 극찬한다.76) 그는 천주시에서 거대 선박의 건조 과정을 자세히 묘사하기도 한다. 그는 중국요리와 개구리·돼지·개(狗)를 요리에 쓰는 것에 대해서 언급한다. 그리고 병아리가 서양보다 더 많은 것에도 주목한다. 그러나 그의 기록에는 많은 오류들도 끼어 있다. 그는 가령 황하를 대운하와 혼동하고 조저기를 석탄으로 만드는 것으로 믿는다.

천주에서는 깃발·드럼·트럼펫·음악인들을 대동하고 이슬람상단의 상인단장과 이맘이 바투타를 영접했다. 바투타는 이슬람주민들이 모스크, 바자, 병원이 있는 분리된 거주지에 사는 것을 기술하고 있다. 천주에서 그는 원나라 역사에서 영향력 있는 2명의 페르시아 출신의 유명인사를 만났다. 천주에 있는 동안 그는 '은자의 산을 올라가 유명한 도교 도사를 잠깐 예방했다. 그는 해안을 따라 남쪽으로 여행해 광주에 도착했다. 그는 광주에서 2주 동안 어느 부상富商의 저택에 묵었다.77) 그는 광주에서 북상해 천주로 갔다가 다시 복주福州로 갔다. 그곳에서 그는 중국에서 부상이 된 이슬람인들과 동향인들을 만났다. 동향인 부상 알부쉬리(Al-Bushri of Ceuta)는 그를 항주까지 배웅해주었고 바투타가 몽고황제 토곤테무르에게 바칠 예물을 마련할 돈을 지불해주었다. 바투타는 항주가 그가 본 도시들 중 가장 큰 도시라고 쓰고,78) 그 도시의 매력에 주목하며

---

75) Ibn Battata, *Travels in Asia and Africa 1325-1354*, trans. by Hamilton Gibb (London: Routledge & Kegan Paul, 1929).

76) Ross E. Dunn, *The Adventures of Ibn Battuta* (Berkeley/Los Angeles: University of California Press, 1986·2005), 258쪽.

77) Dunn, *The Adventures of Ibn Battuta*, 259쪽.

이 도시가 점잖은 푸른 동산들에 의해 둘러싸인 아름다운 호수의 호반에 자리 잡고 있다고 묘사한다. 그는 이 도시의 이슬람 거주지를 언급하고 손님으로서 이집트 출신 이슬람인의 집에 여장을 풀었다. 항주에 머무는 동안 그는 운하에 모여 있는 엄청난 수의 잘 만들어지고 아름답게 채색된 중국 목선들에 특별한 감명을 받았다. 이 선박은 채색된 돛과 비단 천막을 치고 있었다. 나중에 그는 지방 요술사들의 기술을 아주 좋아하는 항주의 시장의 잔치에 초대되었다. 바투타는 태양신을 받드는 지방도 있다고 언급한다. 그는 대운하를 통해 배를 타고 논밭들녘, 난초, 검은 비단을 걸친 상인들, 꽃무늬 비단을 걸친 여성들, 역시 비단을 걸친 승려들을 묘사하고 있다. 비단(명주)은 가격이 무명보다 더 쌌다.79) 북경에서 그는 자신을 오래전에 연락이 끊긴 델리 술탄국에서 온 외교사절로 소개하고 토곤테무르(혜종 순제, 1333-1368)의 황궁에 초빙되었다. 바투타는 황궁이 목재로 되어 있다는 것, 그리고 황제의 첫째 부인 기奇황후(Empress Gi)가 그녀에게 경의를 표하는 퍼레이드를 개최했다는 것 등을 기록하고 있다.80) 그리고 그는 몽고황제가 죽었을 때 황제릉에 6명의 노예병졸과 4명의 여성 노예를 순장했고 금은보화와 무기 및 카펫들을 같이 묻었다고 쓰고 있다.

바투타는 천주로부터 60일 거리에 있는 만리장성(the rampart of Yajuj and Majuj)에 대해 들었다고 쓰고 있다. 그러나 그는 이 만리장성이 둘카르나인(Dhul-Qarnayn)이라는 사람이 건조한 것으로 잘못 말한다. 또 그는 중국인들 사이에 그 장성에 가본 사람이 거의 없다고 쓰고 있다.

또 바투타는 중국에서 여행길의 용이성, 안전성, 편의성을 상세하게 기록하고, 숙박업소에 묵는 모든 낯선 이들에 대한 검속의 엄격성에 대해 쓰고 있다.81) 그는 북경에서 다시 항주로 내려와 복주로 향했다. 그는 천주로 돌아와 중국 정크선에 올라 동남아시아로 향했다. 그러나 뱃삯이 너무 비싸서 그가 중국에서 마련한 물건들 중 많은 것을 정크선 승조원들에게 내주어야 했다.82)

---

78) Dunn, *The Adventures of Ibn Battuta*, 260쪽.

79) Major, "Introduction", xxvi쪽.

80) Dunn, *The Adventures of Ibn Battuta*, 260쪽.

81) Major, "Introduction", xxvi쪽.

마르코 폴로, 포르데노네, 바투타 등에 의해 14세기에 중국여행기가 나온 이래 무려 100년 동안 중국보고서의 출간이 중단되었다. 광활한 육로와 빠른 역참으로 동서를 연결하던 세계제국 대원大元제국(1368)의 몰락과 15-16세기 '지리상의 발견'으로 유럽인들의 관심이 중국으로부터 동·서인도지역과 미주 지역으로 쏠렸기 때문이었다. 그리하여 16세기 초에 가서야 모험가들과 포르투 갈 군인들의 중국기中國記들이 나오기 시작했다. 16세기에 출간된 주요 중국보 고서적들로는 핀토의 중국보고서한(1556)과 『핀토의 순례기행』(1614), 포르투갈 무명씨의 중국보고(1555), 페레이라의 중국보고(1565), 다 크루즈의 『중국풍물론』 (1569-70), 멘도자의 『중국제국의 역사』(1585), 발리냐노(Alessandro Valignano)와 산데 (Duarte de Sande) 신부의 『로마교황청 방문 일본사절단』(1590) 등을 들 수 있다. 마르코 폴로의 『동방견문록』(1300년경)을 비롯한 이 서적들에 대해 자세히 알아 보자.

2.2. 마르코 폴로의 『동방견문록』(1300년경)

베네치아 상인 마르코 폴로(Marco Polo da S. Felice, 1254-1324)는 르네상스시대 초기에 중국의 풍요와 문물에 대해 이미 상세하게 보고했다. 그의 보고는 중국 의 생산물과 물건들, 제조기술, 건축물, 도시, 가로, 풍물과 풍요, 사치와 화려함 등 주로 물질적 문물에 대한 소개로 치우쳐 있다. 하지만 어쩌다가 군주의 정통성과 관련된 중국의 정치철학을 살짝 건드리기도 하고, 지폐제도나 황제의 민본주의와 국가의 복지제도 등 경제적·물질적 정부제도와 정책들에 대해서 상술하는 경우도 있다.

마르코 폴로는 중국에서 17년을 살았고, 1292년 그의 아버지와 삼촌을 데리 고 중국을 떠나 1295년 누더기 몽고인 복장으로 베네치아로 돌아왔다. 고향을 떠난 지 24년 만의 귀향이었다. 그는 이후 가지고 온 금은보화와 진기한 물건들 을 팔아 "*La Corte del Millioni*"의 칭호로 불리며 베네치아의 대부호이자 지역명 사로 살았다.[83] 그러나 곧 중무장을 하고 베네치아를 침공한 제노아 군대와

---

82) Dunn, *The Adventures of Ibn Battuta*, 259-261쪽.

맞서 베네치아 병사들을 이끌고 싸우다 포로가 되고 말았다.『동방견문록』은 제노아 군대의 전쟁포로로 잡혀 감옥살이를 하는 동안(1298-1299) 같이 포로생활을 하던 동료인 피사 사람 루스티첼로(Rustichello)에게 구술해 집필한 것이었다. 따라서『동방견문록』발표연도는 1300년으로 추정된다. 당시 중국에는 폴로 외에도 여러 유럽인들이 활동하고 있었고, 14세기 중반까지도 이탈리아 상인들이 중국에 남아 있었다. 그러나 이 방문자들 가운데 오로지 마르코 폴로만이 글을 남겨 불후의 명성을 얻었다.

■ 중국풍물과 생활상에 대한 기록

폴로의 이 책은 중국과 그 문명에 대한 찬사로 가득 차 있다. 먼저 폴로는 중국의 부와 번영에 매료되었다. 그는 번창하는 중국의 상업과 지방 간 광역무역에 놀랐고, 중국의 통치철학을 익힌 몽고황제의 덕치·복지정책에 깊은 감명을 받았다. 폴로는 항주와 그 주변의 삶에 놀라 자빠졌다. 그는 항주를 "분명히 세상에서 가장 당당한 최고의 도시"로 지칭했다.[84] 항주의 서호에 대해서는 이렇게 감탄한다. "그 주위에 귀인과 귀족 소유의 수많은 아름다운 누각과 저택들이 세워져 있는데, 얼마나 멋있는지 그보다 더 훌륭하게 설계하고 더 화려하게 치장해서 만들 수 없을 정도다. (…) 호수 한가운데에는 2개의 섬이 있고 그 각각에 아주 멋있는 누각이 서 있다. 어찌나 잘 지어지고 장식이 잘되어 있는지 마치 황제의 궁전처럼 보일 정도다."[85] 또한 폴로의 눈에 항주는 상품이 풍부한 수많은 시장들을 가진 매우 번영하는 도시였다.[86]

중국의 광활한 도로는 일직선이었고, 교통인구는 많았지만 잘 통제되었다. "시내의 모든 도로는 돌과 구운 벽돌로 포장되어 있다. 만자蠻子(남송 영역)의 모든 지방에 있는 도로와 둑길도 역시 말을 타고 가거나 걸어서 갈 때 깨끗이 지날 수 있도록 포장되어 있다. (…) 도시 한쪽에서 다른 쪽 끝까지 달리는

---

83) Major, "Introduction", xvii쪽.

84) 마르코 폴로(김호동 역주),『동방견문록』(파주: 사계절, 2000·2017), 375쪽.

85) 마르코 폴로,『동방견문록』, 381쪽.

86) 마르코 폴로,『동방견문록』, 377-379쪽.

주요 도로의 양쪽이 10보씩 돌이나 벽돌로 포장되어 있고, 그 중앙부는 작고 고운 자갈로 채워져 있으며, 거기에 빗물이 근처 운하로 빠질 수 있도록 움푹 팬 도랑을 만들어 놓아 길은 언제나 마른 상태를 유지할 수 있다."[87]

폴로는 또 중국인들의 석탄 사용에 대해서도 놀라 보고하고 있다. 중국 전역에서 석탄을 사용하는데 풍부한 목재땔감보다 석탄이 더 좋고 더 저렴하다는 것이다. 또한 목욕탕에 대해서도 감탄 속에서 자세히 기술하고 있다.

> 여러분에게 또 하나 얘기해줄 것은 이 도시 안에 무려 3,000개의 욕탕, 즉 증기탕이 있다는 사실이다. 사람들은 목욕을 매우 즐기는데 한 달에 여러 차례 그곳으로 간다. 그들은 몸을 아주 청결하게 유지한다. 여러분에게 말해두지만 그 욕탕들은 세상에서 가장 아름답고 멋지고 큰 것들이다. 얼마나 큰지 100명의 남자 혹은 여자들이 동시에 목욕할 수 있을 정도다.[88]

또 마르코 폴로는 중국인들이 적어도 일주일에 세 번 목욕탕에 가고 여유 있는 사람들은 자기 집에 욕실이 있다고 말하기도 한다.

> 중국인들은 땔감나무가 많다는 것은 사실이다. 그러나 인구가 엄청나고 목욕탕과 목욕물이 아주 많이 지속적으로 데워져야 해서 땔감목재가 도저히 충분할 수 없을 것이다. 적어도 1주일에 세 번 목욕탕에 가서 목욕하지 않고 겨울에는 가급적 매일 목욕을 하지 않는 사람은 아무도 없기 때문이다. 그리고 지위나 재산이 있는 모든 사람은 자기 집 안에 자기 욕실을 가지고 있다.[89]

이 기술을 과장으로 보지 않으려면 1주일에 세 번 목욕탕에 가고 매일 목욕하거나 자기 집에 욕실이 있는 사람들을 "지위나 재산이 있는 사람들"이거나 적어도

---

87) 마르코 폴로, 『동방견문록』, 385-386쪽.
88) 마르코 폴로, 『동방견문록』, 386쪽.
89) 마르코 폴로, 『동방견문록』, 284-285쪽. Marco Polo (Ronald Latham, trans.), *The Travels of Marco Polo* (London: Penguin Books, 1958), 156쪽.

가난하지 않은 북경 사람들로 풀이해야 할 것이다. 앞서 얘기된 아랍인들의
원고에 당대唐代 중국인들이 "청결 면에서 매우 신중하지 않다"는 구절이90)
들어 있듯이 원대 중국에서도 중국 빈민들은 불결한 동네에서 살았을 것으로
보이기 때문이다.

마르코 폴로는 중국의 이 많은 목욕탕과 백성들의 빈번한 목욕습관을 땔감
문제와 연결시키면서 모자라는 목재땔감을 보충하는 '불타는 검은 돌'을 언급
한다. 그는 석탄을 몰라서 '불타는 검은 돌'이라고 표현한다. "이러한 큰 불을
유지하기에 충분한 목재가 존재할 수 없다는 것은 명백하다. 그리하여 이 돌들
은 아주 다량이고 아주 싸기에 상당히 많은 목재를 절약할 수 있다."91) 그는
중국의 석탄과 석탄사용을 이렇게 설명한다.

> 통나무처럼 불타는 돌에 대해 당신에게 말해주련다. 중국 전역에서 산비탈의 암맥에
> 서 캐내지고 통나무처럼 불타는 일종의 검은 돌이 존재한다는 것은 사실이다. 이
> 돌은 목재보다 더 잘 가도록 불을 지킨다. 나는 당신이 이 돌들을 저녁에 불에 넣고
> 나서 잘 불타고 있는 것을 본다면 이 돌들이 밤새 계속 불탈 것이고 그리하여 당신이
> 아침에도 여전히 이글거리고 있는 것을 발견할 것이라고 확언한다. 이 돌들은 처음
> 에 꼭 숯처럼 불을 붙일 때 조금밖에 불꽃을 주지 않다가 일단 불이 붙으면 굉장한
> 열을 낸다.92)

여기서 우리는 중요한 문명사적 사실을 확인할 수 있다. 유럽은, 아니 유럽에서
가장 앞선 지역이었던 이탈리아 베네치아도 14세기까지 석탄의 존재를 알지
못해서 '석탄(mine coal)'이라는 명칭조차 없었고, 이런 까닭에 마르코 폴로는
어쩔 수 없이 석탄을 "불타는 검은 돌"이라고 표현하고 있다는 것이다. 아마
마르코 폴로의 『동방견문록』을 통해 14세기가 흐르면서 겨우 반신반의하며

---

90) Major, "Introduction", v쪽.
91) 마르코 폴로, 『동방견문록』, 285쪽. Marco Polo (Latham, trans.), *The Travels of Marco Polo*, 156-157쪽.
92) 마르코 폴로, 『동방견문록』, 284-285쪽. Marco Polo (Latham, trans.), *The Travels of Marco Polo*,
    156쪽.

서서히 석탄의 존재를 알기 시작했을 것이다. 이만큼 중세 유럽은 송대 이후 근대로 들어간 중국에 비해 형편없이 뒤떨어져 있었던 것이다.

■ 지폐제조 과정과 지폐통용에 관한 기록

마르코 폴로는 중국의 지폐紙幣통화 및 지불준비금제도에 대해서도 상세히 언급하고 있다. "이 캄발룩(북경)시에는 대군주(대칸)의 조폐소가 있는데 그것이 어떤 식으로 되어 있는지는 대군주가 완벽한 연금술을 행한다고 말하기에 충분할 정도다."[93] 그리고 그는 지폐제조 과정을 설명한다.

당신은 대군주(대칸)가 자신을 위해 다음 과정에 의해 나무껍질로 돈을 만들게 하는 것을 알아야 한다. 그것은 정확히 말하면 뽕나무(누에가 먹는 잎을 제공하는 바로 그 나무)로부터 만든다. 뽕나무의 껍질과 목질 사이의 고운 내피를 벗겨낸다. 그다음 그 것을 잘게 부수고 사정없이 두드리고 아교를 써서 얇게 펴 목면 종이의 낱장처럼 낱장으로 만드는데, 모두 검은색이다. 종이낱장이 만들어지면 길이가 너비보다 긴 다양한 크기의 직사각형으로 자른다. 가장 작은 것은 0.5의 소형 토르네셀의 가치에 준하고, 그다음 것은 1소형 토르네셀, 다음은 은화 0.5그로트, 베네치아의 은화 1·2·5·10그로트, 그다음은 1·3베잔트, 그리고 이렇게 해서 10베잔트까지 올라간다. 이 모든 지폐에는 대군주의 인장이 찍혀 있다. 발행절차는 마치 순수한 금·은으로 만들어지는 것처럼 공식적이고 권위롭다. 여러 명의 특별히 임명된 관리들은 각 화폐 조각 위에 자기 이름을 기입하고 자기 도장을 찍는다. 그것이 합당한 절차로 완수되면 군주에 의해 파견된 관리들의 총책임자가 자기에게 위임된 인장에 인주를 묻혀 돈 조각 꼭대기에 찍어서 인주가 묻은 인장의 문양이 거기에 인쇄되어 있도록 한다. 그러면 그 화폐는 권위와 신빙성을 얻는다. 만약 누군가 그것을 위조하면 극형을 받는다. 대군주는 그것으로 이 세상의 모든 금은보화를 다 살 수 있는 분량의 화폐를 만들도록 한다.[94]

---

93) 마르코 폴로, 『동방견문록』, 270쪽.
94) 마르코 폴로, 『동방견문록』, 270-271쪽. 이 인용문은 영어본에 비추어 손질했다. Marco Polo

이 마지막 구절은 국가가 지폐에 대한 지불준비용으로 그만큼의 가치에 해당하는 보화를 보유하는 것을 암시하고 있다.

상술했듯이 원대 중국정부는 1260년 쿠빌라이시대가 개막되면서 '교초제거사交鈔提擧司'라는 조폐창을 설치하고 '사초絲鈔', 중통교초中統交鈔, 중통원보사초中統元寶絲鈔를 발행했다. 단위는 '정錠'(50온스)이었다. 이 지폐들은 모든 지방에서 통용되어 제국 전체의 보편적 통화가 되었다. 마르코 폴로는 이것을 본 대로, 자기 수준에서 이해한 대로 기록하고 있다. 바로 이어서 그는 이 지폐의 보편적 통용성에 대해 설명한다.

대군주는 이 화폐들을 내가 여러분에게 설명한 방식대로 만들게 한 뒤 그가 통치하는 모든 성省과 왕국 전역에서 그것으로 모든 지불을 하도록 했다. 목숨이 아까워 아무도 감히 그의 명령을 거역하지 않는다. 확언하건대 그의 지배를 받는 모든 백성과 주민은 이 화폐들을 지불 과정에서 완전히 기꺼이 받아들인다. 왜냐하면 그들이 가는 곳마다 어디든 재화에 대해서나, 진주나 귀금속에 대해서나, 금은에 대해서나 동일한 통화로 지불하기 때문이다. 이 종잇조각으로 그들은 무엇이든 사고 무엇에 대해서든 지불할 수 있다. 그리고 10베잔트로 계산되는 종이가 1베잔트의 무게도 나가지 않는다는 것을 나는 당신에게 말할 수 있다.[95]

이어서 마르코 폴로는 지폐의 통용가치를 유지하기 위한 지폐에 대한 지불준비를 설명한다.

1년에 여러 번 상단들은 진주와 귀금속, 금은, 금옷과 비단옷 같은 기타 값어치 나가는 것들을 가지고 와서 대군주에게 바친다. 군주는 임무를 위해 선발되고 그것에 대해 특별한 지식을 가진 12명의 전문가들을 불러 상인들이 가져온 상품들을 검사하고

(Latham, trans.), *The Travels of Marco Polo*, 147쪽.

95) 마르코 폴로, 『동방견문록』, 271-272쪽. 이 인용문은 영어본에 비추어 손질했다. Marco Polo (Latham, trans.), *The Travels of Marco Polo*, 147-148쪽.

이 상품들에 대해 참된 가치로 판단한 액수의 돈을 지불하게 명한다. 12명의 전문가들은 정확하게 상품을 검사하고 내가 말한 그 지폐로 그 가치를 지불한다. 상인들은 이것을 기꺼이 받아들인다. 왜냐하면 그들은 나중에 그 지폐를 대군주의 영토 전역에서 사는 다양한 재화에 지출할 수 있기 때문이다. 그리고 연간 상이한 시점에 가져온 상품들이 40만 베잔트의 가치까지 치올라가고 모두 이 지폐로 지불된다고 나는 당신에게 약속한다. 좀 더 말하자면, 1년에 여러 번 보석과 금은을 가진 모든 사람이 이것들을 대군주의 조폐소로 가져가야 한다는 칙령이 군현을 가로지른다. 그들은 셀 수 없을 정도로 풍부하게 그것을 행한다. 이런 방법으로 대군주는 그의 영토의 모든 금은과 진주와 귀금속을 획득한다.96)

마르코 폴로는 지폐의 액면 가치를 태환해주는 신용을 확보하기 위해 태환용 지불수단으로 금은과 귀금속을 확보하는 방법에 대해 설명한 뒤 바로 중국 지폐의 완전한 태환성을 묘사한다.

여기에 이야기할 가치가 있는 또 하나의 사실이 있다. 이 종이화폐들은 찢어지고 해어질 정도로 오래 유통되었을 때 이것을 조폐창으로 가져오면 3퍼센트 할인에 의해 신선한 새 지폐로 바꿔준다. 그리고 여기에 다시 이 책에서 반드시 언급할 만한 놀라운 관행이 있다. 어떤 사람이 접시나 혁대 또는 다른 장신구 세트를 만들기 위해 금은을 사고 싶으면 일정한 이 지폐를 가지고 군주의 조폐창으로 가서 그가 조폐창장으로부터 사는 금은에 대한 지불로 그 지폐를 그들에게 준다. 그리고 대군주의 모든 군대는 이런 종류의 돈으로 지불받는다.97)

금은으로 지불준비가 되어 있는 만큼 황제의 조폐창은 지폐의 가치를 완전히 보장할 수 있고, 또 이런 신용을 바탕으로 지폐의 통용가능성을 확보했던 것이

---

96) 마르코 폴로, 『동방견문록』, 272쪽. 위 인용문은 영어본에 비추어 손질했다. Marco Polo (Latham, trans.), *The Travels of Marco Polo*, 148쪽.

97) 마르코 폴로, 『동방견문록』, 272-273쪽. 위 인용문은 영어본에 비추어 손질했다. Marco Polo (Latham, trans.), *The Travels of Marco Polo*, 148-149쪽.

다. 물론 상론했듯이 원나라는 말기로 갈수록 지불준비를 소홀히 해서 지폐통용을 불가능하게 만들었다. 1262년부터 20년 동안 원대 지폐는 100% 지불준비가 되었고, 백성의 100% 신뢰를 받았었으나 1280년부터 부드러운 인플레이션이 시작되더니 70년 동안 지속되었다. 군사원정, 조정하사품, 종교행사 등으로 정부재정이 기울면서 금은 지불준비가 미흡한 상태에서 더 많은 지폐가 발행되었기 때문이다. 통화가치를 지키기 위해 금은의 사무역이 금지되었지만, 잘 시행되지 않아 정부의 금은 독점은 갈수록 불완전해졌다. 그간 통화개혁을 위해 지원통행보초至元通行寶鈔, 지대은초至大銀鈔, 중통교초中統交鈔 등 세 번의 새 지폐 발행이 있었지만, 악성 인플레이션을 막지 못했다. 결국 원대 말엽 지폐는 금은과 동전으로 대체되어 완전히 사라지고 말았다. 원대의 극성기에 중국을 방문한 마르코 폴로는 당연히 이런 일을 겪지 않았으므로 지폐통용의 혼돈을 기록하지 못했다.

■원대 중국복지제도에 대한 기술

마르코 폴로는 중국인들의 정치철학에 대해서 아무것도 기록하지 않고 있다. 그는 어디까지나 상인에 불과했던 것이다. 그럼에도 그는 지배의 정통성과 관련해서 이런 말을 적고 있다. "당신들은 대大칸이 중국인들 위에 몽고인 치자, 대부분 사라센 치자들을 올려놓았기 때문에 모든 중국인이 대칸의 통치를 증오했다는 것을 이해해야 한다. 중국인들은 이 통치를 견딜 수 없었다. 왜냐하면 그것은 중국인들의 처지가 노예보다 낫지 않다고 느끼게 했기 때문이다. 더구나 대칸은 중국지방을 다스릴 정당한 권리가 없었고, 무력에 의해 그것을 획득했다."98) 마르코 폴로는 "정당한 권리"를 언급하고 있지만 어떤 것이 '정당한 권리'인지는 한 마디도 남겨놓지 않고 있다. 20여 년을 중국에서 산 사람이 쓴 묘사치고는 그야말로 '맹물' 같은 기술이다. 그것도 통치권사상에 대해 그가 언급한 유일한 구절이다.

---

98) 마르코 폴로, 『동방견문록』, 246쪽. 위 인용문은 영어본에 비추어 손질했다. Marco Polo (Latham, trans.), *The Travels of Marco Polo*, 133쪽.

그러나 마르코 폴로는 유럽에서 듣도 보도 못한 중국의 복지제도에 대해서는 경탄과 경이 속에서 상당히 자세하게 설명하고 있다.

대칸이 자기의 신민들에게 하사하는 은덕에 대해 얼마간 얘기해보도록 하자. 왜냐하면 그의 모든 생각은 그에게 복속된 백성들이 살며 노동하고 그들의 부를 늘리는 것을 도우려는 데 쏠려 있기 때문이다. 당신은 대칸이 백성 가운데 누군가 날씨나 메뚜기 떼나 다른 괴질로 작물수확의 실패를 겪었는지를 알고자 사신과 감독관들을 영토와 왕국들 및 성省들 전역에 파견한다는 것을 사실로 여겨도 된다. 그리고 그가 어떤 백성들이 수확을 상실했다는 것을 안다면, 그는 그들에게 그해분의 부세를 면제해주고 심지어 그들에게 씨 뿌리고 먹도록 황제 자신의 곡물을 하사하기까지 한다. 황제의 굉장한 시혜행위다. 그는 이것을 여름에 행한다. 그리고 겨울에는 가축의 문제에서도 마찬가지로 그렇게 행한다. 그는 역병의 발생으로 가축들이 죽은 사람을 보면 다른 지방의 10분의 1 부세로부터 나온 그 자신의 곡물의 일부를 그에게 하사하고 나아가 그를 도와 그해의 부세를 면제해준다. 다시, 벼락이 양 떼나 다른 짐승 떼를 내리치는 일이 발생한다면 그 떼가 한 사람에 속하든 그 이상에 속하든, 그리고 그것이 아무리 크더라도 대칸은 3년 동안 10분의 1세를 걷지 않는다. 그리고 유사하게, 벼락이 짐 실은 선박을 내리치는 일이 일어난다면 대칸은 그 선박의 화물에 붙은 세금이나 몫을 전혀 받지 않을 것이다. 대칸은 벼락이 어떤 사람의 소유물에 내리쳤을 때 그것을 나쁜 징조로 여기기 때문이다. 그는 "신이 이 사람에게 천둥번개를 발진시켰기 때문에 이 사람에 대해 화가 났을 것이다"라고 추리한다. 그러므로 그는 신의 분노를 맞은 이 소유물들이 그의 재정 속으로 들어오는 것을 바라지 않는다.[99]

마르코 폴로는 재난구제의 복지정책을 묘사하고 있다. 그런데 소유물이 벼락 맞는 것을 "나쁜 징조"로 여기는 것은 몽고의 미신이다. 이것만 빼면, 위에서 말한 재난구제 목적의 모든 면세·감세조치는 '대칸의 정책'이라기보다 대칸이

---

99) 마르코 폴로, 『동방견문록』, 281-282쪽. 위 인용문은 영어본에 비추어 손질했다. Marco Polo (Latham, trans.), *The Travels of Marco Polo*, 155쪽.

중국의 전통적 균세均稅정책을 답습해 시행한 조치일 뿐이다.

원대 정부는 중국정책 전통을 이어받아 곡가를 안정시키는 상평창常平倉을 1269년(지원 6년)에 설치해 운영했다. 마르코 폴로는 이것을 놓치지 않고 기록하고 있다.

> 곡물의 준비로 되돌아가면, 당신은 대칸이 수확이 많고 곡물이 싼 것을 알 때 방대한 양의 곡물을 축적하고 3-4년 동안 썩지 않고 유지될 정도로 주도면밀하게 보존되는 거대한 곡식창고 안에 그것을 넣어둔다는 것을 사실로 받아들여도 된다. 그리하여 대칸은 온갖 곡물 – 밀, 보리, 쌀, 기장, 기장류(panic), 기타 – 의 비축을 크게 풍부한 상태로 해둔다. 어떤 곡식들이 실패하고 곡식의 부족 현상이 발생할 때는 이 비축에 의존한다. 밀 한 포대의 가격이 1베잔트에 달하면, 대칸은 동일 가격에 4포대를 공급한다. 그러면 대칸이 모두에게 충분한 양을 방출해 모두가 필요를 충족시키기에 풍족한 곡식을 가지게 된다. 이런 식으로 대칸은 그의 신민들 중 아무도 부족하지 않게 유의한다. 그리고 그는 이것을 그의 제국의 전 지역에 걸쳐 시행하고 있다.100)

상평창제도에 대한 설명 바로 다음에 마르코 폴로는 중국의 전통적 구빈·장애인복지정책에 대해서도 자세히 소개한다.

> 이제 당신에게 대칸이 북경시의 빈민들에게 어떻게 자선을 베푸는지를 말해주련다. 대칸은 어떤 정직한 가족과 존경받는 사람들이 불운에 의해 궁핍해졌거나 병으로 인해 일을 할 수 없을 정도로 불구가 되어 일용할 빵을 벌 수단이 없게 되었을 때 (6명에서 10명 또는 그 이상의 사람들로 구성된) 이러한 가족들이 한 해 전체에 대한 지출을 충족시키기에 충분한 양을 주도록 신경 쓴다. 이 가족들은 지정된 때에 대칸의 지출을 관장하는 것을 임무로 삼고 해당 관직에 할당된 황궁 전각 안에 거주하는 관리들에게로 간다. 그리고 각인은 전해에 그의 생계를 위해 그에게 지불된 액수의 증명서를 내는데, 그러면 올해에도 동일한 비율로 그들에게 식량이 공급된다. 이런

---

100) Marco Polo (Latham, trans.), *The Travels of Marco Polo*, 157쪽. 마르코 폴로, 『동방견문록』, 285-286쪽.

공급은 대칸이 의복에 쓰이는 모든 양모, 비단, 마의 10분의 1세를 수납하는 만큼 의복도 포함한다. 대칸은 이 재료들을 특별히 지정된 재료비축 건물에서 옷감으로 짜게 한다. 모든 장인이 1주일 중 하루 대칸을 위해 일할 의무를 지고 있기 때문에 대칸은 이 옷감들로 의복을 만들게 하고, 겨울과 여름의 필요에 맞춰 빈민가족들에게 하사한다.[101]

그리고 원대 중국정부는 굶주리는 사람들에게 일일 식량도 공급했다.

빵을 구하러 대칸의 황궁으로 가려고 마음먹은 사람은 아무도 빈손으로 돌아오는 경우가 없다. 모두가 한몫을 받는다. 그리고 지정된 관리들이 2-3만 사발의 쌀·기장·기장류를 나눠 주지 않고 지나가는 날은 하루도 없다. 또 이것은 연중 내내 시행된다. 대칸이 빈민을 향해 발휘하는 이 경이롭고 엄청난 베풂 때문에 모든 백성은 신으로 숭배할 정도로 그를 존경한다.[102]

마르코 폴로는 이런 구빈정책이 몽고에서 온 것이 아니라 중국 고유의 전통적 정책임도 밝히고 있지만, 이 복지정책을 소위 "우상숭배"(불교)로부터 유래한 것으로 잘못 짚는다.

당신은 타타르인들이 우상숭배(불교)의 독트린에 익숙해지기 전 고대 관습에 따라 살 때 어떤 보시普施도 한 적이 없다는 것을 알아야 한다. 실로, 그들은 빈자가 타타르인에게 왔을 때 "신의 저주가 네놈에게 떨어질진저! 신이 나를 사랑하듯이 너를 사랑한다면 너를 번영으로 축복했을 것이다"라는 저주와 함께 그를 내쫓았을 것이다. 그러나 불교도(우상숭배자)들의 현자들, 특히 내가 위에서 말한 박시(Bakhkshi, 마법사)들이 대칸에게 빈자들을 부양하는 것이 좋은 일이고 그들의 불상(우상)들이 그것을 아주 기뻐할 것이라고 설교했기 때문에, 대칸은 내가 묘사한 식량공급을 하도록 유도되었다.[103]

---

101) Marco Polo, *The Travels of Marco Polo*, 157-158쪽. 마르코 폴로, 『동방견문록』, 286쪽.
102) Marco Polo, *The Travels of Marco Polo*, 158쪽. 마르코 폴로, 『동방견문록』, 287쪽.

공자철학과 중국 복지정책의 역사에 대해 까막눈인 '장사치' 마르코 폴로는 구빈정책의 기원을 잘못 짚어도 한참 잘못 짚고 있다. 그는 불교가 '보시'를 말하지만 그것은 국가정책이나 정치와 무관하고 어디까지나 사인私人들 간의 사안일 뿐이라는 사실, 즉 불교는 현세와 정치를 둘 다 초월하는 종교라는 사실을 모르고 있다. 하지만 아무튼 그는 구빈정책이 몽고의 풍습과 무관한 중국 고유의 정책임을 밝힌 셈이다.

마르코 폴로는 중국의 "경이롭고 엄청난" 복지정책에 대해 놀라면서 이 정책들을 비교적 자세하게 상론하고 있다. 이것도 먹고사는 물질적 생활의 문제이기 때문에 그런 것으로 보인다. 그러나 종교문제에 대한 묘사에서는 복지정책의 기원에 대한 그릇된 불교적 설명과 마찬가지로 오류와 혼돈의 말을 쏟아놓는다.

■ 중국인의 현세구복적 종교신앙과 도덕에 대한 설명과 오류들

마르코 폴로는 유교·불교·몽고토속신앙을 무차별적으로 뒤섞는 관점에서 중국인들의 종교적 신앙을 혼돈스럽게 소개한다.

내가 이미 말했듯이 중국의 백성들은 모두 우상숭배자(불교도)다. 모든 사람이 황천상제皇天上帝(*High God of Heaven*)를 표현하는 신상神像이나, 적어도 신의 이름이 쓰여 있는 명판을 자기 집 벽 위에 걸어둔다. 그리고 매일 그들은 그것을 향로로 분향하고 손을 올려 그것에다 절을 하고, 치아를 세 번 악물고 신이 그들에게 장수와 복된 삶, 건강, 건전한 지성을 주기를 기도한다. 그들은 이것 외의 것을 신께 바라지 않는다. 그러나 아래로 땅을 향해 수그리면 그들은 나티가이(*Natigai, Atigai, Etuge Eke*, 몽고어 *Etügen ekh*, 몽고·터키 등지의 지신地神)를 표시하는 또 다른 신상이 있다. 이 신은 땅의 만물의 신인데 지상에서 태어나는 만물의 행로를 안내한다. 그들은 이 신에게서 아내와 자식을 얻는데, 분향하고 치아를 악물고 손을 위로 드는 동일한 방식으로 이 신에게 절한다. 그리고 이 신에게 좋은 날씨와 풍작, 그리고 자식 등을 기도한다.104)

---

103) Marco Polo, *The Travels of Marco Polo*, 158쪽. 마르코 폴로, 『동방견문록』, 287쪽.

마르코 폴로는 극동의 전통신앙의 대상인 황천상제, 집 안의 불상, 유교에 따른 일시적 영호靈戶와 지방紙榜신주, 몽고 토속신 에튀겐 에크를 하나로 뭉뚱그려 중국의 신앙으로 그려내고 있다. 여기서 중국의 철학과 사상에 무관심하고 무지한 마르코 폴로의 동방견문의 결정적 한계와 오류가 드러난다.

그러나 마르코 폴로는 장수·복·건강·지성·아내·자식과 좋은 일기만을 바라는 중국인의 비非초월적(반反피안적)·현세적·물질주의적 신앙체계를 잘 보여주고 있다. 그는 이를 보다 더 선명하게 정식화하기도 한다.

> 그들은 자기들의 영혼의 복지에 대해서는 전혀 고려하지 않고 오로지 신체의 양육과 행복에만 신경을 쓴다. 영혼에 관한 한, 그들은 정말로 불멸이라고 믿지만 이 양식으로 불멸이라고 믿는다. 그들은 인간이 죽자마자 또 다른 몸으로 들어간다고 생각한다. 그리고 인간은 이승에서 잘 처신하느냐, 나쁘게 처신하느냐에 따라 좋은 것으로부터 더 좋은 것으로 또는 나쁜 것으로부터 더 나쁜 것으로 이동한다. 말하자면, 인간은 천한 신분의 인간이더라도 이승에서 잘, 그리고 덕스럽게 처신했으면 사후에 젠틀우먼에서 재생해 젠틀맨이 되고 나중에 귀부인의 자궁으로부터 태어나 귀인이 된다. 그리하여 인간은 추정상 신에게서 정점에 도달하는 항구적 상승 행로를 따라간다. 그러나 인간이 훌륭한 핏줄의 인간이더라도 잘못 처신하면 농부의 아들로 재생할 것이다. 그리고 농부의 생으로부터 그는 개의 생 등으로 계속적으로 하강할 것이다.105)

여기에는 유교의 현세주의, 그리고 이것과 모순되는 불교의 윤회설, 성불成佛("신에게서 정점에 도달하는 항구적 상승 행로"), 축생도畜生道 등이 마구 뒤섞여 있다. 그래도 "영혼의 복지에 대해 고려하지 않고 오직 신체의 양육과 행복에만 신경을 쓰는" 중국인들의 세속적 현세구복주의 신앙을 비교적 잘 묘사하고 있다.

---

104) Marco Polo, *The Travels of Marco Polo*, 160쪽. 마르코 폴로, 『동방견문록』, 287쪽.
105) Marco Polo, *The Travels of Marco Polo*, 160-161쪽. 마르코 폴로, 『동방견문록』, 291쪽.

마르코 폴로는 중국인들의 이 종교적 신앙을 서양 기독교인의 관점에서
이해하기 어려웠을지라도 그들의 효도·예의바름 등 우월한 도덕성과 학식에
대해서 아낌없는 호평과 경탄을 하고 있다.

> 그들은 예의범절과 많은 주제들의 지식의 탁월성에서 다른 민족들을 능가한다. 그들
> 은 학습과 지식 획득에 많은 시간을 쏟기 때문이다. 그들은 기분 좋고 질서 바른
> 방식으로 얘기하고, 밝고 즐거운 얼굴로 정중하게 서로 인사를 나누며, 처신에서 품
> 위 있고 식탁에서 청결하다. (…) 그들은 자기들의 아버지와 어머니를 깊은 존경으로
> 대한다. 어떤 자식이 부모를 기분 나쁘게 하는 짓을 저지르거나 그들이 곤궁할 때
> 그들을 기억하지 못하는 일이 발생하면 이러한 배은망덕에 죄가 있는 것으로 발각된
> 자들에 대해 중형을 과하는 것을 유일한 기능으로 삼는 국가부서가 있다.106)

이 ‘국가부서’는 아마 예부禮部를 두고 하는 말일 것이다. 중국인들의 도덕과
학식을 “다른 민족들을 능가하는” 것으로 평가하는 것으로 보아 마르코 폴로에
게 큰 감명을 준 것으로 보인다. 그러나 그는 유럽인들이 믿을 수 없는 이런
정보를 전하면서도 그가 철학·사상·문화에 문외한인 만큼 이에 대해 상론하지
않고 있다. 이런 점도 당시 유럽인이 중국 이교도들을 찬미하는 그의 보고를
전혀 믿지 않거나 의심한 원인이었던 것으로 보인다.

■마르코 폴로의 중국보고에 대한 유럽인들의 반응과 영향

14세기 당시 유럽인들은 마르코 폴로의 이런 보고를 믿지 않았다. 이런
불신의 가장 큰 원인은 – 물론 폴로의 기술이 정확하지 못했기 때문이기도
하지만 – 선진적 중국과 후진적 유럽 간의 발전 수준의 엄청난 격차 때문이었
다. 너무나 뒤처져 있던 13세기 유럽인들은 저 엘도라도 같은 나라가 실재한다
는 것을 상상할 수 없었고, 게다가 이교도국가가 그렇게 잘산다는 것을 인정하
고 싶지도 않았던 것이다.

---

106) Marco Polo, *The Travels of Marco Polo*, 160-161쪽. 마르코 폴로, 『동방견문록』, 289쪽.

케네(François Quesnay, 1694-1774)는 1767년『중국의 계몽군주정(*Le Despotisme de la Chine*)』에서 마르코 폴로의 보고가 당시 유럽에서 얼마나 불신을 당했는지에 대해 다음과 같이 적고 있다.

베네치아 사람인 유명한 마르코 폴로가 중국에 관한 첫 정보를 가져온 것은 13세기 말이었다. 그러나 군주정의 유구성에 대한 그의 설명, 그곳의 법률과 통치의 지혜, 군주정의 비옥성, 부유함, 번창하는 상거래, 제국의 불가사의한 인구수, 백성의 배움, 그들의 예의바름, 예술과 학문에 대한 그들의 취향, 이런 모든 것은 믿을 수 없는 허구로 여겨졌다. 이 모든 이야기는 신뢰할 만한 관찰자의 보고라기보다 생생한 상상력의 결실과 같은 것으로 비쳐졌다. 3,000리그(14,418km)나 떨어진 곳에 이처럼 강력한 제국, 유럽의 가장 세련된 나라를 능가하는 제국이 있다는 것을 믿는 것은 황당무계한 일로 보였다. 뭐라고? 수많은 야만적 민족들을 넘어 저편에, 세계의 다른 끝에 베네치아 여행가가 묘사한 것처럼 그렇게 유구하고 학식 있고 문명화된 제국이 있다고? 그것은 쉽게 믿는 순진한 정신을 가진 사람들만이 받아들일 수 있는 키메라 같은 망상이었다.107)

마르코 폴로의 보고는 13-14세기 유럽에서 이처럼 '황당무계한 망상'으로 여겨졌던 것이다.

그러나 레싱은 마르코 폴로의 보고를 '시간이 갈수록 더 사실로 확증되었다고 칭찬했다. 괴테는 그의 보고를 동화적 터치와 그의 관찰의 진리의 '혼합물'로 평가했다. 그러나 오늘날 마르코 폴로의 이 책을 정당하게 평가하자면, 그가 보고의 서두에 그 진리성에 대해 한 선서에도 불구하고 그가 자기 눈으로 직접 본 것을 귀로 들은 것과 순진하게 뒤섞어놓은 통에『동방견문록』은 실재와 환상이 잡다하게 혼합되어 있다고 말해야 할 것이다.108) 게다가 마르코

---

107) Quesnay, *Despotism in China*, 142-143쪽. '키메라'는 그리스 신화에서 사자 머리에 양의 몸통, 뱀(용)의 꼬리를 하고 불을 내뿜는 괴물이다.

108) Willy R. Berger, *China-Bild und China-Mode im Europa der Aufklärung* (Köln: Böhlau Verlag, 1990), 32, 33쪽.

폴로는 공맹의 철학사상과 중국의 예술문화를 배우지 않았기 때문에 이에 대해 전혀 기술하지 못했다. 특히 이것은『동방견문록』의 결정적이고 본질적인 결함이라고 해야 할 것이다.

2.3. 페르남 멘데스 핀토의 중국보고(1555년경)와『핀토의 편력』(1614)

■중국기中國記 출판의 재개再開에 관한 역사적 개관

1556년에는 - 이븐 바투타의 중국보고(1369) 이후 180여년 만에 - 포르투갈 출신 모험가 페르남 멘데스 핀토(Fernão Mendes Pinto, 1509-1583)의 서신이 출간되었다. 그간 중국보고가 이렇게 뜸했던 것은 광활한 육로와 빠른 역참으로 동서를 연결하던 세계제국 대원大元제국(1368)의 몰락과 15-16세기 '지리상의 발견'의 후폭풍으로 유럽인들의 관심이 중국으로부터 동·서인도지역과 미주지역으로 쏠렸기 때문이었다. 유럽의 중국 관심이 겨우 되살아난 것은 바르톨로뮤 디아스가 희망봉을 발견하고(1488) 포르투갈 상인들이 이곳을 에도는 동방 항로를 개척하면서부터였다. 희망봉을 도는 동방 항로는 개척되었지만 탐험함대가 아니라 상선선단이 희망봉을 분주히 오갈 수 있게 된 것은 16세기 중반에 들어서였다. 이와 함께 인도도 주 목적지로 떠오르면서 명대 중국으로도 유럽인들의 관심이 쏠리게 되었다.

콜럼버스는 1492년 마르코 폴로의 중국에 도달하려고 항해하다가 완전히 새로운 대륙을 발견했다. 그는 산살바도르에 도착한 뒤 중국에 도달하지 않았어도 산살바도르를 중국과 아주 가까운 곳으로 여겼다. 바스코 다가마가 이끄는 포르투갈 사람들도 동방의 신비적 기독교왕 프레스터 존(Prester John)에게 보내는 포르투갈 국왕의 국서를 휴대하고 극동으로 가는 생존가능한 루트를 발견하려고 출발했다. 바스코 다가마는 프레스터 존 왕과 그 백성을 발견하지 못했지만, 콜럼버스와 달리 희망봉을 돌아 아시아에 도착했다. 다가마가 1498년 인도에 도착했을 때, 정화鄭和가 이끈 중국의 대항해는 50여 년 전에 끝난 상태였다. 그래도 중국 상단들은 동남아 해역에서 가장 강력한 세력으로 남아 있었다. 1498년 처음으로 유럽인들에게 '동방의 경이'로 들어가는 바다 문을 열어준 바스코 다가마의 해로를 따라 세카이라(Diogo Lopes de Sequiora)가 이끄는 포르투갈 함대가 중국의 위치에 대해 알아오라는 국왕의 명을 안고 1508년 2월 13일 포르투갈에서 출항해 1509년 9월 11일 말라카 해역에 도착했을 때 중국 정크선을 3-4척 발견했다. 그리고 1511년 7월 1일 알부케르카(Alffonso de Albuquerque)가 함대를 이끌고 거기에 닻을 내렸을 때도 중국인들의 정크선 5척을 만났다. 이 중국인들은 알부케르카 함대의 작전을 도와주기까지 했다.109) 바스코 다가마가 해로를 발견한 지 10년 뒤 포르투갈 사람들은 이런저런 노력 끝에 결국 남아시아와 동남아시아의 향신료 무역을 독점했다.

스페인 사람들은 포르투갈과 맺은 도르테실라스 조약(Treaty of Tordesilas, 1494)의 새로운 해석을 통해 '향신료제도'(몰루카제도)에 대한 영토고권을 주장할 수 있음을 깨닫고 서쪽으로 돌아 아시아로 가는 항로를 찾으려고 서둘렀다. 아시아로 가는 서방향 항로를 발견할 사람으로 선발된 포르투갈 사람 페르디난드 마젤란은 신대륙과 아시아 사이의 바다를 3주 정도 걸릴 협소한 바다로 예상하고 항해를 시작했다. 그러나 태평양을 횡단하는 데 무려 4개월이 걸렸다. 마젤란은 1521년 필리핀에서 전사했을지라도 아시아로 가는 서방항로를 개척했다.

콜럼버스, 바스코 다가마, 마젤란의 원정 덕택에 유럽인들에게 세계는 확대되고 동시에 축약되었다. 그리하여 1565년 스페인은 마닐라를 확보했다. 유럽인들은 동서 양방향의 항해를 통해 동방의 무한한 재부에 접근할 길이 열렸다. 리스본과 세빌라에 도착하는 향신료, 도자기, 비단, 그리고 아시아 사람들과 더불어, 태평양의 나라들에 대한 전대미문의 흥미와 호기심을 부추기는 여행기와 서신들도 속속 도착하기 시작했다. 유럽인들은 이국적 지역들이 발견되는 것에 관한 소문들을 듣고 싶어 했다. 상인들, 선교사들, 인문주의자들은 아시아에 관한 출판물의 주된 수요자들이었다. 이들은 1550년대에 아시아에 관한 유럽의 경험과 이해의 "문헌적 홍수"를 불러일으켰다.110) 이 시기에 새로 생겨

---

109) Donald Ferguson, "Introduction", 1-2쪽 Donald Ferguson (ed.), *Letters from Portuguese captives in Canton*, written in 1534 & 1536 (Bombay: Educ. Steam Press, 1902).

난 동방 이미지가 이전의 이미지를 대체하기도 했지만, 이전부터 내려오던 일부 관념들은 끈질기게 재생산되었다. 가장 끈질긴 소문은 아시아가 이상야릇한 동물들과 기괴한 사건들이 많은 땅이라는 것이다. 이 소문들은 고대로부터 구전되어온 서방의 대중적 아시아 신화에 의해 부추겨졌다. 그러나 이 소문들은 유럽적 상상의 산물만이 아니었다. 버마인들이 중국 여자와 개 사이의 혼혈인이라는 소문과 같이『산해경』에서 유래한 중국산 소문도 끼어 있었다.111)

이런 혼란스러운 신화적 아시아 소문과 중국이미지는 16세기 말엽에야 걷히게 된다. 16세기 말경 유럽인들이 경험정보를 통해 지구를 이해하는 데 관심을 가져감에 따라 '보다 현실적인 아시아'가 대두되기 시작했다. 호기심 많은 유럽의 식자들은 동남아시아와 극동아시아 간의 지리적·문화적 차이를 깨닫기 시작했다. 그리고 아시아무역에 개입할수록 유럽인들은 그들이 "중국 중심 세계(Sinocentric world)"에 발을 들여놓았다는 것을 배웠다. 중국은 아시아의 부를 확보할 열쇠를 쥐고 있었다. 프란시스 자비에 신부는 일본에서 한 일본인이 "당신들의 신앙이 참되다면 모든 지혜의 원천인 중국인들이 왜 그것에 대해 듣지 못했는가?"라고 묻는 말을 들었을 때 중국이 동방의 기독교화에서 열쇠라는 것을 깨달았다.112) 중국은 세계에서 지배적인 경제·군사강국이었던 것이다.

1522년부터 1657년까지의 약 140년은 동아시아의 모든 지식이 "배타적으로" 포르투갈과 스페인 사람들을 통해 여과되던 시기였다. 그들이 제공하는 동아시아 이미지들은 18세기의 – 세기말로 갈수록 친중국주의와 반反중국적 오리엔탈리즘으로 엇갈리고 분열하던 – 아시아 이미지와 아주 달랐다. 16세기 아시아 이미지는 중국의 다양한 문화, 국민들, 물질자원에 관한 엄청난 단일 호기심으로 특징지어졌다.113)

18-19세기에 비로소 등장한 북구의 중국학보다 훨씬 더 이른 시점인 16세기

---

110) Donald Lach, *Asia in the Making of Europe*, I, Bk. 1 (Chicago: University of Chicago, 1965), 150쪽.

111) Christina H. Lee, "Introduction", 3쪽. Christina H. Lee (ed.), *Western Visions of the Far East in a Transpacific Age, 1522-1657* (London and New York: Routledge, 2012).

112) Lee, "Introduction", 3쪽.

113) Lee, "Introduction", 6쪽.

초부터 시작된 이베리아(포르투갈·스페인) 중국학은 이베리아 사람들이 명 왕조가
몰락한 16세기 중반까지 중국인들과 접촉한 사실부터 추적될 수 있다. 이
접촉은 3단계로 나뉠 수 있다. 대략 1520년부터 1570년까지의 기간에 상응하는
제1단계에는 주로 명대 중국제국의 지리적 '위치'와 '영토규모'가 유럽인들의
관심을 끌었다.[114] 이 시기에는 주로 중국에서 불법행위로 체포된 죄수들,
즉 '포로들'의 서한들이 회람되거나 출판되었다.[115]

　1570년부터 1610년대까지의 시기에 해당하는 제2단계에는 중국문명, 즉
정치경제적 관점에서의 중국 국가제도의 작동원리, 중국철학 및 한의학漢醫學
의 기본원리에 대한 설명이 시도되었다.[116] 이 제2단계 시기는 마르틴 데 라다
(Martin de Rada) 탁발승 등을 필두로 한 이베리아 선교사들이 중국에 관해 유럽인들
에게 정보를 제공하기 위해 공개리에 모은 중국문헌들을 정밀하게 조사·연구
하는 선구자 노릇을 했다. 처음에는 마닐라에서, 나중에는 마카오와 중국 본토
에서 이들은 중국 서적들을 수집해 진짜 장서창고들을 만들고 중국의 문화·사
상·정치·경제에 대한 실질적·근본적 분석들을 정식화했다. 이 성직자들의
일차적 목적은 "중국의 복잡성" 때문에, 그리고 "기독교적 계시 없이 중국이
이룩한 영광" 때문에 그들을 매료시킨 중국문명을 설명하는 것이었다.[117]

　1620년대부터 1640년대까지의 시기에 해당하는 제3단계, 즉 마지막 단계에
는 이베리아 학자들이 중국 문헌을 깊이 파고들어 한문 텍스트들, 특히 역사
문헌들이 유럽에 어떤 "도덕적 교훈"을 제공할 수 있는지를 찾으려고 모색했다.
이베리아 열강의 쇠락과 거의 동시에 명 왕조가 1644년 몰락하면서 이베리아
중국학은 사실상 종식되었다.[118]

　중국 문헌을 활용한 이베리아 중국학의 제1단계 시기는 첫 포르투갈 선박이

---

114) Liam Matthew Brockey, "The First Hands: The Forgotten Iberian Origins of Sinology", 72쪽.
　　Christina H. Lee (ed.), *Western Visions of the Far East in a Transpacific Age, 1522-1657* (London
　　and New York: Routledge, 2012).

115) Liam Matthew Brockey, "The First Hands: The Forgotten Iberian Origins of Sinology", 72쪽.

116) Brockey, "The First Hands", 72쪽.

117) Brockey, "The First Hands", 77쪽.

118) Brockey, "The First Hands, 72쪽.

명대 중국의 해안에 닿은 16세기 초부터 시작되었다. 중국제국과 외교관계를 맺으려는 열망 속에서 포르투갈 국왕 마누엘 1세(재위 1495-1521)는 중국 광동정부와의 접촉을 위해 1511년 대표단을 파견했다. 대표단이 접촉하기도 전에 포르투갈이 중국의 속방에 속했던 말라카를 점령했다는 소식이 광동에 먼저 도착했고, 이로 인해 포르투갈의 첫 사절단은 광동에서 냉대를 받았다. 더구나 정덕제正德帝의 붕어로 인해 북경으로 파견된 첫 공식 포르투갈사절단의 행렬은 발이 묶였고, 수행원들과 동반 상인들은 수감되었다. 중국관청에 의해 수감된 포르투갈 사람들 중에 바스코 칼보(Vasco Calvo)라는 상인이 있었는데, 그는 1521년 여름 진주강 어귀에 있었다. 칼보의 여러 서신은 유럽의 수신인들에게 중국정보를 제공할 목적으로 중국 문헌을 참고한 것을 증명하는 최초의 글이다. 포르투갈 외교당국이 그를 석방하려고 노력하는 동안 그는 광동에서 여러 해를 갇혀 지냈다. 16세기 초반 중국에서 수감생활을 한 다른 포르투갈 사람들의 서신과 함께 그의 서신들은 "포로들의 편지들"이라고 명명되어 오랫동안 학자들에게 회람되었다.[119]

바스코 칼보는 동포들에게 그의 소재를 알려주기 위해 글을 썼다. 1524년 몇몇 포르투갈 사람들이 명대 중국제국을 방문했기 때문에 중국에 대한 상세한 지리정보를 포함시켰다. 중국의 지리적 위치와 영토규모, 도시와 성읍城邑들, 그리고 이것들의 많은 수에 대한 이러한 관심은 제1단계 이베리아 중국학의 특징이었다. 칼보의 서신들은 이 주제를 명백하게 입증하고 있다. 감옥에서 입수한 중국 서적들은 구속 상태에도 불구하고 그에게 중국에 대한 광범한 전망을 제공했다. 그는 "공부를 좋아하는 사람"이기에 "그 나라의 글자들을 읽고 쓸 줄 알게" 되었다. "왜냐하면 넌더리가 나서 중국인들을 관찰하고 한자를 배우고 있기 때문이다."[120] 그는 "15개 모든 성省에 관한 – 각 성마다 얼마나 많은 도시를 가졌는지, 그리고 얼마나 많은 읍과 기타 장소들을 가졌는

---

119) Brockey, "The First Hands", 73쪽.

120) Donald Ferguson (trans. and ed.), *Letters from the Portuguese Captives in Canton written in 1534 and 1536* (Bombay: Eduction Society's Steam Press, 1902), Calvo's Letter, 159쪽.

지, 그리고 전국에 지배적인 예의범절과 풍속, 그리고 전국의 통치 등 (…)
에 관한 – 서적을 가지고 있다'고 밝힌다.121) 이 서적은 1394년에 나온 운송
매뉴얼인 『환우통구寰宇通衢』로 보인다. 이런 유형의 매뉴얼 지도는 1520년대
에 쉽사리 입수할 수 있었다.122)

칼보는 도로지도에서 중국으로 가는 열쇠, 즉 포르투갈이 남중국을 정복할
정교한 계획을 기안하기에 충분한 정보를 그에게 제공한 서적을 손에 넣은
것이다. 그는 서신에서 중국 정복을 계속 부추긴다. "갈레온 선 한 척만 이
도시(광동)에 들어와도 이 도시를 항복시키고, 대포가 불을 뿜어도 아무도 나타
나지 않을 것이기 때문에, 아니 백성을 다스리는 관리든, 도시의 하층민이든
아무도 나타나지 않을 것이기 때문에 도시를 장악할 것이다." 그러면 "3,000명
을 실은 한 함대면 도시에 요새를 짓고 우리의 군주를 위해 이 도시를 보유할
것이다".123) 못돼먹은 침략버릇대로 칼보는 유비무환有備無患의 안보태세 속에
서도 평화주의 노선을 국가노선으로 삼은 '유교국가' 중국을 얕보고 포르투갈
동포들에게 중국을 정복하라고 꾀고 있다. 그러나 "포르투갈 역사가들이 기술
한 역사기록들과 긴밀하게 일치되는 것"인 바, "중국인과 포르투갈 사람들
사이의 해전"은 매번 "포르투갈 사람들에게 재앙적 결과"로 종결되었다.124)
그리고 아래에서 논하겠지만, 페르남 핀토는 1556년 중국서신에서 칼보처럼
중국의 평화주의를 얕보는 것이 아니라, 정반대로 높이 평가한다.

1557년 마카오에 포르투갈 기지가 설치되면서 포르투갈 포로는 희귀해진다.
그 직전까지 다른 억류자들도 중국어를 배우고 중국 서적을 이해할 줄 알았다.
1550년대와 1560년대에 마지막 포로들이 쓴 서신들은 명대 중국제국의 국가조
직과 관료행정구조에 관한 정보를 담고 있다. 이 서한들은 그들이 참조한 중국
문헌들을 밝히고 있지 않지만 그 내용으로 봐서 중국의 공식 문헌을 본 것이
틀림없어 보인다. 14년 동안 포로생활을 한 포르투갈 상인 아마토 페레이라

121) Ferguson, *Letters from the Portuguese Captives in Canton*, Calvo's Letter, 159쪽.
122) 참조: Brockey, "The First Hands", 74쪽.
123) Ferguson, *Letters from the Portuguese Captives in Canton*, Calvo's Letter, 160쪽.
124) Ferguson, "Introduction", 47쪽.

(Amato Pereira)의 1562년 서한은 "중국에는 1,481개의 도시와 성읍이 있다"는 말로 시작한다. 그리고 뒤에 논한 갈레오테 페레이라(Galeote Pereira)의 보고서는 유사한 도시와 성省들에 관한 정보를 가득 담고 있다. 이들은 모두 중국의 인쇄된 텍스트를 본 것이 확실하다.125)

16세기 초반의 이런 서한들의 지식정보를 활용한 최초의 연구서는 리스본에서 출간된 포르투갈 역사가 주앙 데 바로쉬(João de Barros, 1496-1570)의 『아시아의 시대(Décadas da Ásia, I·II·III·IV)』(1552, 1553, 1563, 1615)였다. 바로쉬는 그가 보유한 중국 문헌들을 제시하며 명대 중국제국을 묘사하고 있다. 그는 이런 중국 문헌들을 리스본의 Casa da India(포르투갈의 아시아무역 어음교환소)의 국왕대리인으로서의 그의 지위를 이용해 입수했다. 중국 만리장성을 논하면서 바로쉬는 "모두 중국 한자로 쓰인 이름을 단 산, 강, 도시, 읍이 그려진 동일한 중국인 제작의 지도책"을 가지고 있다고 밝힌다. 이것은 약 1555년에 인쇄된 『광여도廣興圖』일 가능성이 높다. 바로쉬는 만리장성이 아주 길지 않다는 소문을 들었다고 하면서도 "중국인들이 그린 이 장성을 지금 보는 것은 우리에게 커다란 감탄을 자아내게 했다"고 쓰고 있다. 바로쉬는 『환우통구』도 가지고 있었던 것으로 보인다. 그는 한자를 몰랐지만 이미 리스본에 들어와 살던 중국인 통역사를 고용해서 중국 서적들을 읽고 중국 행정조직을 설명하고 있다. 그는 『아시아의 시대』(제1권 book 2)에서 "이 목적을 위해 채용된 한 중국인"이 자신의 중국 문헌과 지도를 "해석해주었다"고 밝힘으로써 1550년대에 이미 포르투갈에 이주해 살던 중국인 통역사의 존재를 언급하고 있다.126)

바로쉬는 사후에까지 이어 나온 4권의 『아시아의 시대』에서 중국의 정치사회적 제도에 관해 많이 썼고 중국의 인쇄술과 대포의 발명 같은 기술과학 분야의 업적들을 찬양했다. 바로쉬는 중국문명이 그리스·로마문명보다 훨씬 우월하다고 결론지었다. 바로쉬는 중국을 예찬하며 헬레니즘을 등지기 시작한 최초의 유럽 철학자였다.127)

---

125) 참조: Brockey, "The First Hands", 74-75쪽.
126) 참조: Brockey, "The First Hands", 75-76쪽.

그러나 저런 서신들은 출판되지 않은 채 학자들과 성직자들 사이에서 회람되던 것들이었고, 바로쉬의 연구서도 중국만을 다룬 것이 아니라, 아시아 전체를 다룬 책이었다. 최초의 중국 전문서적은 페르남 핀토에 의해 출판되었다. 제1단계 이베리아 중국학(1520-1570)에 속하는 페르남 핀토의 1556년 중국서신과 보고는 그간 출간된 보고서들 중에 가장 정확한 목격자 진술과 가장 양심적인 판단을 담고 있고, 또 명대 중국의 평등주의 정치문화와 정치제도에 관한 가장 새로운 정보를 담고 있다. 핀토는 1539년 중국에 도착해 옛 황제의 무덤을 도굴했다. 그러나 그는 일행과 함께 도굴품을 가지고 바다로 빠져나오려다 태풍을 만났고, 그들이 탄 선박이 난파되고 말았다. 이 통에 1542년 8월 5일 승선인원 25명 중 선장 파이라(Antonio de Faira)를 포함한 11명이 익사했다. 나머지 14명만이 겨우 육지에 상륙했다.

핀토를 포함한 이 생존자들은 이곳저곳을 헤매며 음식을 얻어먹고 돈을 구걸하다가 마침내 걸식 및 절도죄로 체포되었고, 이 죄로 만리장성 보수공사 현장에서 1년 중노동형에 처해졌었다. 이 중노동 중에 그는 침입한 몽고인들에게 포로가 되었다가 그들을 도운 공로로 석방되었다. 그는 곧바로 중국으로 가려다가 난파당해 일본에 표류하고 말았다. 그는 일본으로부터 1558년 9월 22일 거의 20년 만에 포르투갈로 돌아왔다. 그가 귀국하기 전 1555년 11월 20일에 쓴 여러 통의 서신들 중 한 통은 포르투갈에 도착하자마자 바로 포르투갈 예수회에 의해 출판되었다. 이로 인해 핀토는 귀국 전에 이미 유명해져 있었다. 그때 출판되지 못한 그의 나머지 장문의 서신들도 당시에 중국보고들이 아주 드물었기 때문에 예수회 신부들과 가톨릭 신학자들 사이에 두루 회람되고 복사되어 널리 읽힌 것으로 보인다.

핀토는 1569년부터 중국을 포괄적으로 다루는 저서를 집필하기 시작했으나 생전에 빛을 보지 못했다. 유고로 남은 이 집필원고는 1614년에 리스본에서

---

127) Gregory Blue, "China and Western Social Thought in the Modern Period", 60쪽 각주7. Timothy Brook and Gregory Blue, *China and Historical Capitalism. Genealogies of Sinological Knowledge* (Cambridge: Cambridge University Press, 1999).

『페르남 멘데스 핀토의 편력(*Peregrination of Fernam Mendez Pinto*)』이라는 제목으로 출판되었다.128) 이 포르투갈 저서는 1625년 새뮤얼 퍼채스(Samuel Purchas, 1577-1626) 신부의 『하클류투스 포스트후무스 또는 퍼채스 그의 순례자들(*Hakluytus Posthumus or Puarchas his Pilgrimes*)』 저작(1625)에129) 영역되어 제12권 제2장에 "페르남 멘데스 핀토(Fernam Mendez Pinto)의 편력(Peregrination)으로부터 뽑은 중국, 타타르, 그리고 세계의 다른 동방지역들에 대한 관찰의견들(Observations)"이라는 제목 아래130) 실렸다. 핀토는 이 책에서 그가 중국·태국 등지에서 견문한 신기한 물건들과 사건들을 기술하고, 프란시스 자비에(Francis Xavier) 예수회 신부의 죽음에 대해서도 상세하게 기록하고 있다.

■중국의 종교적 자유·관용과 비공非攻·평화주의에 대한 핀토의 묘사

핀토는 종교집단을 '이슬람', '기독교', '이교'라고 지칭되는 '모든 다른 종교'로 삼분했다. 그리고 그는 이슬람교도를 가장 어두운 악의 색깔로 그리지만 포르투갈 사람도 마찬가지로 잔악하고 기만적인 사람들로 묘사한다. 반면, 핀토는 이교도들, 특히 중국 이교도를 유토피아에 살고 있는 사람들로 묘사한다. 중국인들은 그리스도에 대해 들어본 바 없지만 신의 율법에 순종한다는 것이다. 그들은 마찬가지로 신의 법에 순종하는 왕들에 의해 정의와 인애·자비로 다스려진다. 이것은 그들이 신에 의해 이 땅의 모든 좋은 것과 부의 풍요로 축복받은 이유다. 그들 사이에는 종교적 관용이 지배한다. 그들은 신을 여러 가지 다른 방식으로 숭배할 자유가 있고, 심지어 신을 숭배하지 않을 자유도 있다. 이것은 그 시대 유럽의 인간들이 감히 입 밖에 낼 수 없는 관념이었다. 환언하면, 핀토는 기독교 교회 바깥에서도 도덕이 가능하다는 말을 하고 있는

---

128) Fernão Mendes Pinto, *Peregrinação de Fernão Mendes Pinto* (Lisbon: Pedro Crasbeeck, 1614).

129) Samuel Purchas, *Hakluytus Posthumus, or Purchas his Pilgrimes*, 4 volumes [1625], Reprint [1906], 20 volumes [1625] (Reprint; Glasgow: Printed at the University of Glasgow Press, 1906).

130) Fernam Mendez Pinto, "Observation of China and other Easterne Parts of the World, taken from Fernam Mendez Pinto his Peregrination", 103-104쪽. Samuel Purchas, *Hakluytus Posthumus, or Purchas his Pilgrimes*, Vol. 12 [1625], Reprint [1906], 20 volumes (Glasgow: Printed at the University of Glasgow Press, 1906), Chapter 2 (59-141쪽).

것이다.131)

핀토의 아시아는 탐욕에 의해 촉발되고 위선에 의해 가려지는 폭력전쟁, 아니 사람들을 강요해 조상의 신앙을 포기하도록 만들려는 기독교의 "전사戰士 사제들"에 의해 부추겨지는 폭력전쟁들로 가득하다. 반면, 핀토의 유토피아에 사는 이교도들(중국인들)은 전쟁을 혐오하고, 유자儒者들은 무기휴대를 금한다. 당시 "가장 위대한 가톨릭 성인聖人" 프란시스 자비에 신부도 사람들로 하여금 투쟁하도록 충동질하는 '전사사제'의 한 사람으로 에둘러 그려진다. 핀토는 그의 저서에서 자비에의 초상을 어떤 무기휴대도 금지된 중국 유자들의 초상과 예리한 대조를 이루도록 그리고 있다. 이런 관점에서 핀토는 '악의 화신'으로 묘사된 포르투갈 사람들이 신의 법과 조화 속에서 살고 있고 영원한 것을 파악하기 위해 그 당시의 가장 위대한 가톨릭 사제보다 훨씬 더 멀리 가려고 각오한 아시아인들을 개종시키려는 꿈은 헛꿈이라고 확신한다. 『핀토의 순례 기행』 전체에 걸쳐 이런 주제가 이 길을 따르는 걸음마다 죄인을 기다리는 '신적 처벌'이 뒤따를 것이라는 경고와 함께 반복된다.132)

이것을 보면 핀토는 동서비교에서 이처럼 선악을 객관적으로 판단할 줄 알았던 매우 드문 유럽인이었다.

■ 중국도시들과 만리장성에 대한 묘사
핀토는 감옥을 오가며 보고 들은 1650년대 남경의 모습을 이렇게 묘사한다.

중국인들이 확인해준 바에 의하면, 남경南京에는 80만 가구가 살고 그중 24,000가구 의 만다린 주택이 존재하며, 시장은 62개소다. 그리고 각기 80개의 구획을 가진 130 개소의 도살장이 있고, 가로는 8,000개가 있는데, 그중 600개 주요 가로는 가로 양편 에 황동 격자 울타리가 설치되어 있다. 파고다나 절은 2,300개소가 있고, 그중 1,000

131) Rebecca Catz, "Fernão Mendes Pinto and His *Peregrinação*", *Hispania*, Vol. 74, No. 3 (September 1991), 501쪽.

132) Catz, "Fernão Mendes Pinto and His *Peregrinação*", 501-502쪽.

개소는 60개의 탑이나 귀가 놀랄 소리를 내는 70개의 종을 가진 종교인들의 수도원
이다. 크고 강력한 감옥이 30개소인데 각 감옥은 2,000-3,000명을 수용하고 있고, 하
나의 요양복지원이 있다. 만다린들의 궁택은 흙으로 지어져 있고 담장과 해자, 아름
다운 교량과 풍요로운 아치로 둘러쳐져 있다. 주요 행정관들은 금도금된 첨탑이 있
는 높은 고탑을 가지고 있고, 거기에는 병기고와 보물창고가 있다. 밤에 닫히는 대문을
가진 가로 아치들, 새롭고 가득한 보름달 축제들, 믿을 수 없는 어획고, 1만 대의 비단
직기, 해자를 가로지르는 많은 교량을 가진 강력한 담장 속의 130개의 대문(각 문마다
1명의 문지기, 2명의 미늘창 휴대 병사가 무엇이 드나드는지 보고 있다), 보루와 망루 탑을
가진, 그러나 대포는 없는 12개소의 요새, (…) 이런 것은 내가 만져볼 수도 없다. 중국
의 진기한 것들은 고국에서 봤던 것들에 비해 의심스럽거나 믿을 수 없어 보인다.[133]

핀토는 죄수 신세인데도 중국의 웅장함과 풍요를 감상하고 있다. 그는 심지어
중국의 평화로운 농촌풍경을 보면서 "프레스터 존의 나라에 있는 것같이"
느낄 정도였다.[134]
　핀토는 중국의 만리장성에 놀라서 이를 자세하게 묘사한다.

이 제국의 주요 장소들에 관한 제5의 책에는 (우리의 계산을 그들의 것에 맞추면
우리의 주 528년경에 지배했던) 크리스나골(Crisnagol?) 황제가 장성을 건설했는데, 백
성들은 1만 더미(1,500만 크루자도)를 냈고, 25만 명의 일손(3만 명의 장교와 나머지 일군
들)이 기여했다. 이 공사는 27년 걸렸고, 315리그(12,600리)에 달하는 70야온(1야온=4.5
리그)의 길이로 마감되었다고 그 책은 말한다. 성직자들도 그만큼 많이 기여했다고
얘기되고, 왕과 장교들은 또 하나의 3자라고 한다. 그리하여 75만 명이 거기서 노동
했다. 내가 보고 재어본 이 장성은 6길(1.83m×6=10.98m) 높이이고 두께는 40뼘(약
8m)이다. 일종의 성곽은 4길(7.32m)이고, 이것은 도공의 작품처럼 외벽에 역청으로

---

133) Purchas, *Hakluytus Posthumus, or Purchas his Pilgrimes*, 12 vol, 94-95쪽.
134) Purchas, *Hakluytus Posthumus, or Purchas his Pilgrimes*, 12 vol, 95쪽. '프레스터 존'의 원표기는
　　"Prete John"인데, 이것은 'Prester John'의 포르투갈어로 보인다. '프레스터 존'은 동방의 어디엔가
　　산다는, 유럽인들을 구원해줄 기독교인들의 위대한 전설적 왕이다.

보강된 장벽보다 2배 두껍다. 그리고 그것은 보루 대신에 카우베시(caubesy)라고 불리는 검은 나무의 줄기로 만든 두 채의 고미다락 집을 가졌다. 이 카우베시는 석조작품보다 더 강해 보이는 경질목재(ironwood)다. 이 장벽, 또는 찬파카우(Chanfacau)는 — 그들은 그것을 그렇게 부르는데 '강한 저항'이라는 말이다 — 언덕과 만날 때까지 균등한 진로로 달리는데, 이 언덕은 (⋯) 장벽 그 자체보다 더 강하게 만들고 장벽은 오직 언덕과 언덕 사이에만 존재하며 언덕들 자체는 나머지를 구성한다. (⋯) 이 장벽의 모든 공간에는 320개 연대가 있는데, 1개 연대는 장군, 지휘관과 수행원을 제외하고 500명이다(도합 16만 명). 중국인들은 지휘관과 수행원까지 합해 총 20만 명이라고 말한다. 이들은 황제가 오직 먹을 것만을 허용하는데, 그들의 전부 또는 대부분이 그 복역에 선고당했기 때문에 아무런 노임도 받지 않는다.[135]

핀토는 자신이 장성에서 강제노역으로 복역했기 때문에 유독 자세하게 설명하고 있다. 그 밖에도 염부鹽釜, 광산, 구리공장, 중국 내의 기독교인들, 중국인들의 교역, 강상江上시장, 북경의 장관 등을 묘사한다.

■중국의 복지제도와 복지요양원에 대한 경악

핀토는 500개소가 넘는 북경의 요양복지원, 어린이 요양복지원 등에 관해 경악 속에서 기술한다.[136] 북경의 500개소의 요양복지원은 '천자의 집'이라고 불리는데 상이군경과 노인·환자를 위한 복지원이다. 이들은 매월 수당을 받고 한 개소에 200명씩 수용되는데 도합 1만 명이 수용되어 있다.[137] 그리고 "북경에는 빈자학교가 있어 아버지가 없는 고아들에게 읽고 쓰고 생계를 벌 기능적 직업을 가르친다. 이 학교에 딸린 고아 집마다 200명의 어린이가 있고 그만큼 많은 가난한 보모들이 부모들에 의해 유기되거나 버려진 아기들에게 젖을 준다. (유아유기나 방기는 발각되면 처벌된다.) 이들이 젖을 떼면 고아학교 복지원에

---

135) Pinto, "Observation of China and other Easterne Parts of the World", 103-104쪽.
136) Pinto, "Observation of China and other Easterne Parts of the World", 103-104쪽.
137) Pinto, "Observation of China and other Easterne Parts of the World", 114-115쪽.

위탁된다. 누군가 자연적 지체결함으로 직업을 배울 수 없으면 그들은 이 아이를 가능한 일에 투입하는데, 가령 장님인 아이들은 방앗간의 경우 둘은 가는 데에, 하나는 채로 거르는 데에 보낸다. 다른 경우도 이렇게 한다. 게다가 어떤 장인도 이 빈민 어린이들의 약간 명을 할당받아야만 교부받을 수 있는 허가증 없이 점포를 운영할 수 없다. 방앗간 주인은 이 장님들에게 고기와 마실 것, 옷가지와 매년 15실링을 주어야 한다. 이 돈은 아미타불의 제4지침에 따라 빈자들이 죽지 않도록 방앗간 주인이 사후의 자신의 영혼에 주는 돈이다. 걸을 수 없는 절름발이들은 골풀바구니·대바구니나 그 밖의 제작자들에게 배정하고, 손을 쓸 수 없는 사람들은 큰 광주리와 대바구니를 주어 시장에서 산 물건들을 집으로 수송하는 수레꾼들을 위해 봉사하도록 한다. 손도 발도 쓸 수 없는 사람들은 많은 고용 여성들이 사자를 위해 기도하는 수도원 같은 큰 집에 배정하고, 제사음식의 절반은 그들에게, 나머지는 사제에게 준다. 벙어리는 요양복지원 같은 집에 배치하고 매점자나 아이를 꾸짖고 학대하는 여성(scolding women)에게 부과된 벌금으로 생계를 충당하도록 한다. 병든 일반여성들은 매월 요금을 납부하는 다른 일반여성들의 비용으로 치료받고 부양되는 집으로 보낸다. 유죄판결을 받은 간통녀의 지참금과 도구들은 여성 고아의 요양복지원에 보내져서 정절은 부정不貞이 잃는 것으로 이득을 얻게 된다. 다른 정직한 빈자들은 부정한 소송을 계속하는 사무변호사와 법조인, 그리고 부분적으로 뇌물을 받은 판사의 부담으로 다른 가도街道에서 부양된다".[138]

그리고 핀토는 중국의 복지제도에 대해 경악과 경외감 속에서 또 덧붙인다.

구빈에 관해서 나는 그들의 역사기록으로부터 새로 재임하는 황제의 증조할아버지 찬시란 푸나고르(Chansiran Pubagor)가 (그가 병을 앓은 후에 눈이 멀었기 때문에) 좋은 봉사를 하려는 바람에서 모든 도시에 기근이 발생하면 1년 식량이 있어 빈민들이 굶주려 죽지 않도록 밀과 쌀 창고를 갖추라고 명했다고 들었다. 이런 목적에 그는 왕의 관세의 10분의 1을 돌렸다. 그들은 신이 그의 이 자선을 그의 시력의 복원으로

138) Pinto, "Observation of China and other Easterne Parts of the World", 124-125쪽.

보상했고 이 자선은 그의 죽음 뒤에까지도 14년 동안 계속되었다고 말한다. 이것은 지금도 지켜지고 있다. 이 창고의 수는 1,400개소라고 얘기된다. 가을 추수기에 옛 곡식은 주민들에게 필요로 하는 만큼 분배되고, 이것은 그만큼 많은 새 곡식으로 비축되는데, 창고가 줄지 않도록 100분의 6을 더 비축한다. 그러나 해가 흉년으로 드러나면, 그것은 주민들에게 비축의무 없이 분배된다. 그리고 충족시킬 것이 없는 빈민에게 주어진 것은 황궁의 내탕금으로부터 황제의 보시로 지불된다.[139]

핀토는 이런 설명 끝에 이런 염려를 덧붙이고 있다. "나는 독자들이 진기한 것을 의심하거나 투덜대고 그들이 보아온 작은 것에 의해 일들을 재고 그들 자신의 짧은 생각에 의해 내 눈으로 목격한 저런 일들의 진실들을 판단할까 봐 염려해서 나는 이 도시에서 본 모든 것을 실로 열거하듯이 상술하고 있다. 그러나 눈앞의 비참함과 저열성에 의해 다른 나라들을 판단하지 않는 고도의 역량, 고고한 정신, 그리고 커다란 인식들은 아마 기꺼이 이토록 진기한 것들을 들을 것이다. 나는 저 점잖은 황제의 찬탄할 자산 속에서, 사법 관련 감찰(Chaens) 과 정부의 안찰사들(Anchacys)의 영광 속에서, 그들의 관리들에 의해 마음에서 일어나는 공포와 두려움 속에서, 그들의 주택과 사찰들, 그리고 그 안의 모든 나머지 것들의 호화스러움 속에서 내가 북경의 위대성을 나 홀로 진술할 때, 그것들을 내 눈으로 직접 본 나 자신이 종종 놀랐다는 것을 진실로 털어놓고 있기 때문에 의심하는 타인들에게서 이것을 그만큼 더 용납받을 수 있다고 여긴다."[140] 이 말은 '사족 같지만 당시로서 유럽인들이 믿을 수 없을 것 같아 덧붙인 것이다.

아무튼 핀토는 마르코 폴로에 이어 두 번째 중국의 구빈·요양복지제도에 대해서 자세하게 밝히고 있다. 이런 까닭에 18세기 초부터 플라톤의 야경국가 론을 뛰어넘어 구빈정책을 펴기 시작한 영국정부 등 유럽정부들의 복지정책은

---

139) Pinto, "Observation of China and other Easterne Parts of the World", 125-126쪽.

140) Pinto, "Observation of China and other Easterne Parts of the World", 126-127쪽. '챈(Chaen)'은 감찰을 뜻하는 것 같고, '안차시'(Anchacy)는 안찰사(按察使)를 음역한 것으로 보인다.

유럽 고유의 정책전통에서 나온 것이 아니라 16세기 중반부터 공자의 균등균제 이념을 구현한 중국의 복지제도로부터 배운 것임을 알 수 있다.

핀토는 유별나게 중국의 종교자유·관용과 복지제도를 자세히 설명하고 있다. 그러나 핀토는 중국의 탈신분적 자유·평등이나 과거·학교제도·내각제·관료제도 등에 대해서 전혀 언급하지 않고 있다. 다행히 이런 내용들은 핀토처럼 범죄, 난파, 선교 등 여러 가지 이유에서 동방과 중국 땅에서 몸소 체류한 다른 모험여행가와 성직자들의 보고들에서 언급된다.

2.4. 포르투갈 무명씨의 중국보고(1555)

1555년에는 중국에서 6년간 포로로 잡혀 감옥살이하면서 중국을 몸으로 체험했던 익명의 포르투갈 사람이 말라카의 예수회 선교단에서 중국에 관해 진술한 보고서가 나왔다. "6년간 포로로 지낸 한 명사가 말라카 칼리지에서 벨키오르(Belchior) 신부에게 이야기한 중국정보(Enformação da China)"라는 이 보고서 원고의 작성일은 1554년 12월 3일이다. 이 원고는 1555년 약간 축약된 형태로 스페인어로 번역되어 리스본에서 공간되었다. 이 책은 1556년과 1561년 사이에 이탈리아어, 스페인어, 프랑스어로 공간된 예수회 선교사들의 동방보고의 여러 수집록에 '리프린트'되었다. 그리고 저 스페인어 번역본은 프란시스코 알바레즈(Francisco Álvares, 1465-1541) 신부의 『에티오피아 주재 포르투갈 대사의 이야기』에141) 추가된 1561년 '부록'에 '리프린트'되어 실리기도 했다.142) 이것으로써 이 포르투갈 무명씨의 보고서가 얼마나 인기리에 광범하게 돌려 읽혔는지를 알 수 있다.

■중국인의 화려한 도시와 생활상에 대한 묘사

---

141) Francisco Alvarez, *Narrative of the Portuguese embassy to Abyssinia during the years 1520-1527* [1540] (London: Printed for Hakluyt Society, 1881).

142) Charles R. Boxer, "Introduction", lvi-1vii쪽. Charles R. Boxer (ed), *South China in the sixteenth century: being the narratives of Galeote Pereira, Fr. Gaspar da Cruz, O.P. [and] Fr. Martín de Rada, O.E.S.A. (1550-1575)*, Issue 106 of Works issued by the Hakluyt Society (Printed for the Hakluyt Society, 1953·2017).

이 포르투갈 무명씨無名氏는 제일 먼저 중국인들의 도시건설 방법과 생활상
에 관해 말한다.

중국인들은 도시가 봉쇄지역으로 이바지하도록 급류가 흐르는 강과 가깝고 주로 구
부러지는 모퉁이에 위치한 가장 강력한 장소에 도시들을 건설한다. 그리고 도시들이
둘레가 반半 리그(2km)면 전시에 수비병들을 상당수 수용하기 위해 1리그의 성벽을
세웠다. 도시들은 대부분 역청을 바른 석벽으로 둘러쳐졌다. 몇몇 대도시는 아주 강
한 벽돌 성벽을 둘렀다. 대도시들에는 아주 큰 건물들이 들어서 있고, 모두 돌로 훌륭
하게 건조된 반 리그의 교량들이 놓여 있다. 이 교량의 석재 블록들은 사람들이 들
수 없고 어떤 장치로만 움직일 수 있을 정도로 크다. 우리를 아주 놀라게 한 것들
중 하나는 우리가 3년 동안 체류한 한 도시에 있던 정부청사가 세워진 8개의 기둥이
었다. 우리는 두 사람이 팔을 벌려 이 기둥의 둘레를 재봤는데, 팔이 닿지 않았다.
이 기둥들은 우리가 보기에 60피트(18.28m)보다 조금 높거나 낮았다. 그리고 사람들
이 이 기둥을 지금 있는 곳에 들어 올려 위치시킬 수 있었던 것이 아주 기이하다.
여기에 올려 지어진 궁택들은 아주 높으며, 모두 색칠이 되고 도금된 목재로 되어
있다. 지방의 세금을 걷는 한 관리는 거기에 거주하는데, 다른 지방에도 유사한 궁택
들이 있다. 이 궁택들은 제각기 담장들에 의해 분리되어 에워싸져 있다. 이 담장 안에
는 중국인들이 의례히 나무를 심고 그들이 더할 나위 없이 좋아하는 온갖 종류의
열매가 있으며 궁택 옆에 관상용 물고기를 기르는 연못들이 있는 아주 유쾌한 정원
들을 만든다.143)

다음에 이어 무명씨는 도시로 들어가는 대문의 정면에 세워진 건축물들에
대해 말한다.

고관대작들이 일반적으로 가장 특출나게 생각하는 일은 대문의 정면에 대로의 이쪽
에서 저쪽으로 가는 아치 방식으로 건축물들을 세워 사람들이 그 아래로 통과하게

---

143) Major, "Introduction", x-xl쪽.

하는 것이다. 어떤 사람들은 석조건축물을 세우고, 다른 사람들은 목조건조물을 세워 금색과 파란색 등 온갖 종류의 색칠을 하고, 다양한 새들과 행인의 시선을 만족시킬 다른 물건들의 그림을 그려 넣는다. 그리고 그들은 이 점에서 호기심과 허영심이 아주 많아서 거기에다 가장 큰 비용을 댄 사람이 그들 중에서 가장 중시된다. 그리하여 아치의 가장자리에 이 아치를 세우는 데 기여한 이의 이름과 문장이 금색과 청색의 글씨로 쓰여 있다.144)

그리고 포르투갈 무명씨는 도시의 일반주택과 도로, 포로들에 대한 중국인들의 대우에 관해 언급한다.

주택들은 많은 색깔의 반짝이는 타일들로 덮여 있고, 목공작품은 많이 가공되어 있다. 도로들은 잘 만들어져 있고 돌이 깔려 있다. 그리고 공로公路는 모두 다 돋워져 있다. 그들이 (우리가 3년 동안 포로로 살았던) 이 도시로부터 우리를 데리고 갔는데, 우리가 왕국으로 나가지 않고 120일의 여행을 했으며 모든 도로가 다 돋워지고 평탄하다는 것을 발견했기 때문에 이 말을 하는 것이다. 우리가 강을 여러 번 통과했는데 그때마다 앞으로 뻗는 길들이 유사한지를 물었을 때, 그들은 우리에게 앞의 도로들도 다 그렇다고 하며 황궁에 도착하려면 4개월의 여행을 요하고 도로들은 모두 다 비슷하다고 대답해주었다. 그들은 여행 중에 우리를 아주 잘 대접해주었는데, 우리에게 노새를 주고 필요한 모든 것을 대주었다.145)

이 기술대로라면 명대 중국은 외국인들에게 아직 신사다웠던 것으로 보인다.

■중국의 관료제와 탈신분적 관리선발제도에 대한 언급
포르투갈 무명씨는 이어서 중국의 지방행정과 감독관에 대해서도 설명하고 중국의 명실상부한 정치사회적 평등에 대해서도 정확하게 기술한다.

---

144) Major, "Introduction", xl쪽.
145) Major, "Introduction", xli쪽.

모든 도시에는 왕명으로 건조된 고귀한 궁택들이 있는데, 이 궁택에서는 감독업무를 위해 방문한 관리들이 숙박한다. 이 관리들은 (중국인들의 언어 대관大官[Taquoan]이라고 불리는) 지방통치 장관들에 대한 황제의 감독권한을 위임받았다. 지방 통치자들과 어떤 명을 받은 사람들은 학식과 훌륭한 현덕을 기준으로 이것들 외에 어떤 것도 고려치 않고 선발된다. 아들이 아비만큼 유능하면 아비를 이어 관직을 하겠지만, 그렇지 않으면 황제에 의해 공직복무 속으로 받아들여지지 않는다. 도시의 특별한 치자들은 매일 아침 정오까지, 그리고 밥을 먹은 뒤에 해 질 녘까지 앉아서 듣고 모두에게 공정할 의무가 있다.[146]

이때 이미 지식과 현덕에 기초한 중국의 평등한 관리선발과 세습귀족의 부재가 언명되고 있다. 무명씨는 위 인용문에서, 명대 중국에서는 아무리 고관대작의 아들이라도 학식과 현덕이 기준에 미달하면 출사의 길이 막힌다고 분명하게 말하고 있기 때문이다. 세습귀족이 없는 명대 중국의 이 명실상부한 평민사회의 정치적·사회적 평등은 공자의 "천하에 나면서부터 고귀한 자는 없다天下無生而貴者也"는 '태생적 평등' 명제가 학교제와 과거제를 통해 구현된 결과였다. 16세기 후반 예수회 소속 신학자들은 무명씨 등 모험여행가들과 선교사들의 13-16세기 중국보고서들에서 접한 중국의 '태생적 평등' 사상과 평등제도를 '자연적 평등'으로 포착해 개념화한다.

무명씨는 중앙에서 파견되는 중국 감독관들의 업무와 민본주의적 관료행정에서의 인사고과에 대해서도 상설詳說한다.

황궁의 관리들은 매년 2회 왕의 명에 따라 내려와 모든 도시에 체재해서 지방관들이 그들의 책무를 잘 수행하고 있는지를 주로 시찰하고, 그들이 폭군적이거나 백성을 억압하거나 제 기능을 불량하게 수행하면 그들을 즉시 제거하고 그 자리에 다른 사람을 임명했다. 이 감독관들은 모든 방벽을 검증하고, 나쁜 상태면 보수하라고 명한다. 나중에 그들은 중앙세수와 도시의 비용에 관해 청문하고 그것들이 지나치면 조

---

146) Major, "Introduction", xli쪽.

절한다. 고리대금에 돈을 대는 자들은 (입증되면) 그것을 상실하고, 더구나 그 이상의
처벌을 당한다. 이 감독관들이 오는 도시들에서 그들은 불의로 학대당한 이들이 그
들 앞에 출두하도록 하기 위해 공지를 하도록 한다.147)

이것은 중앙의 감독관 이야기이지만 그 감독내용에 중국의 민본주의 철학이
그대로 묻어나고 있다.

무명씨는 지방도시의 관료행정을 더욱 파고들어 자세히 관찰하고 더욱 세밀
하게 보고한다.

내가 말하고 있는 도시에는 여섯 담당관들이 있는데, 그중 하나는 선임관이다. 그리고
세수를 업무로 담당하는 다른 여섯 명의 담당관도 있다. 이들 중 한 담당관은 도둑들
이 백성에게 폐를 끼치지 못하도록 매일 밤 부하들을 대동하고 도시를 파수하는 일을
맡고 있다. 다른 담당관들은 철제로 보강된 아주 강한 대문을 여닫는 일을 맡고 있다.
매 도시의 지방관들과 행정관들은 일어난 일들을 황궁에 매달 보고할 책무가 있다.
각자 쓰는 것을 서로 짜 맞춘다면 그것이 드러날 수 있도록, 또는 그들이 진실을 말하
는지가 드러날 수 있도록 제각기 따로 보고서를 써야 한다. 왜냐하면 황제에게 거짓말
하는 자는 사형을 당하기 때문이다. 그러므로 그들은 그들의 보고서에서 그릇된 것을
진술하는 것을 두려워한다. 그리고 그 누구도 사람들에 대한 고려 없이 모두에게 공정
하게 행하도록 친척붙이들이 있는 고향 지역에서 다스리지 못한다.148)

무명씨는 지방 관료행정을 상세하게 소개하면서 중국 관료행정의 두 기둥(임기
제와 상피제)에 속하는 '상피相避제도'까지도 정확하게 포착해 전하고 있다.

■ 중국의 공정한 사법제도와 교도행정에 대한 묘사
무명씨는 명대 중국의 사법적 법치주의와 사법적 객관성에 주목한다. "관리

---

147) Major, "Introduction", xli-xlii쪽.

148) Major, "Introduction", xlii쪽.

들이 선고하는 판결은 제국의 법률과 합치된다. 그들은 쌍방이 말하는 것을
고려하지 않고 자신이 친히 조사한 사건의 진실에 따라 판결한다. 그리고 그들은
6개월마다 이루어진다는 감찰을 두려워해 재판사건에서 아주 정확하다."149)
그리고 무명씨는 자신이 체험한 교도행정에 대해서도 자세히 전한다.

주요 도시에는 강력한 감옥들이 많이 있다. 우리는 죄수들이었기에 이 감옥들 중
6개소에 분산·수감되었다. 다양한 범죄를 저지른 죄수들이 존재하는데 가장 심각한
범죄는 살인이다. 죄수들은 수가 많다. 도시의 인구가 많기 때문이다. 매 감옥에는
300, 400 또는 500명의 죄수들이 있다. 우리가 있었던 도시의 한 토박이는 그 도시에
만 당시 8,000명 이상의 죄수들이 있다고 우리에게 말해준다. 그곳은 이웃지방의 죄
수들이 집결되는 주요 도시이기 때문이었다. 모든 감옥에는 교도관이 매일 밤 세는
죄수들의 명부가 있다. 내가 있었던 감옥에는 때로 300명의 죄수가 있었고, 다른 감
옥들에는 400명이 있었다. (…) 심각한 범죄들은 법정에 간다. 사형을 선고받고 오는
사람들을 위해 왕은 – 사건을 재심의할 시에 범죄가 저질러진 곳에 더 가까운 곳이
기 때문에 지방도시의 지방관들이 죄가 더 적은 것으로 판단한다면 – 사형수들의
생명을 살리고 그들을 유배나 몇 년 동안 또는 종신 동안 왕을 위한 복역에 처할
권한을 지방관들에게 준다. 그들은 누구도 사형에 처하지 않으려고 갖은 수고를 아
끼지 않는다. 신민들은 표현할 수 없을 정도로 깊이 황제를 경외한다. 그들은 황제가
그의 제국 안에서 유지하는, 사람들이 나쁘고 악의적이기 때문에 필수적인 엄격한
통치와 사법행정 때문에 황제를 신왕神王(god and king)이라고 부르기도 한다.150)

무명씨는 중국 사법司法의 중범죄 재심제도와, '사람의 생명을 살리는 것을
좋아한다는 이른바 중국의 민본주의적 호생사법好生司法까지도 정확하게 포착
해 묘사하고 있다.

---

149) Major, "Introduction", xlix쪽.
150) Major, "Introduction", xlii-xliii쪽.

■중국의 국방제도와 비공非攻·평화주의

무명씨는 중국의 국방제도와 중국인들의 군사적 능력에 대해서도 상설한다.

그들은 그들의 고대 서적에서 어떤 시점에 긴 수염을 단 백인들이 중국제국을 빼앗을 것이라는 사실을 발견한다. 이 때문에 그들은 장벽에 주도면밀하고 도시를 요새화하는 데도 주도면밀하다. 그리고 관리들은 군인들의 본보기를 만들고 그들을 받아들여 좋은 군인인지 보기 위해 그들을 검사한다. 그들은 기병에 대해서도 마찬가지로 검사한다. 그들은 뛰어난 사람들에게 개인적 자질에 따라 포상하고 영예의 표시로 그들의 머리에 금엽金葉과 은엽이 달린 가지를 꽂아준다. 그러나 만족스럽지 않은 사람들은 견책하는 말과 함께 노임을 지불하고 돌려보낸다. (…) 중국백성들은 일반적으로 용감하지도 않고 (전쟁에) 능하지도 않으며, 더구나 호전적 업무들을 좋아하는 본성적 성향도 없다. 그들이 자신들을 지킨다면, 그것은 백성의 수적 대중성, 방벽과 도시의 강력성, 탄약예비에 의해서다. 경계선이 타타르족들과 마주한 중국제국의 국경지대에는 답파하는 데 1개월이 걸리는 놀랍도록 강력한 장벽이 존재하는데, 황제는 그곳 장성長成보루들에 거대한 군사력을 배치해놓고 있다. 이 장성들이 산과 접하는 곳에서는 산을 남겨 장벽 노릇을 하게 하는 방식으로 산들을 자른다. 타타르들은 아주 용감하고 전쟁에 능하기 때문이다. 우리가 포로였을 때 그들은 장벽의 일부를 부수고 침입해서 1개월 반도 되지 않아 영국영토 속으로 들어온 적이 있었다. 그러나 황제가 (중국인들이 아주 능란한) 기술적 장비로 무장한 거대한 군대를 준비하고 있는 만큼 말 타고 싸우는 타타르인들을 물리쳤다. 그들의 말이 쇠약해지고 굶주려 죽어갈 즈음 중국 관리들 중 하나가 대량의 콩을 들녘에 깔도록 명했다. 그리하여 말들은 (굶주릴 대로 굶주렸기에) 주인의 의지에 반해 콩을 먹기 시작했다. 이런 방식으로 중국황제의 군대는 적군의 말들을 혼란에 빠뜨려 그들을 몰아냈다. 그리고 지금 장성에서는 엄격한 파수가 유지되고 있다.151)

명나라 제12대 황제 세종이 다스리던 가정嘉靖연간(1521-1567)에 속하는 1550-60

---

151) Major, "Introduction", xliii-xlv쪽.

년대에 6년간 중국에서 감옥살이를 한 무명씨는 중국인들의 비호전성과 비공非
攻·평화주의를 예리하게 간파하고 그럼에도 선진적 군사기술에 기초한 중국의
국방력을 잘 묘사하고 있다.

■잡다한 생활기록과 내각제에 대한 시사

무명씨는 성대한 중국 축제에 대해서도 상론한다. 그는 죄수 시절 황제가
황태자를 지정하고 행사와 관련해 감옥에서 이 덕을 본 것도 기록하고 있다.
"모든 감옥의 죄수들은 이것을 아주 기뻐했다"는 것이다.152) 무명씨는 지방행
정이 15개 성省으로 나뉜 것, 그리고 각각 성도省都를 가진 것도 언급하고,
성도에 사는 주민들에게 부여되는 특혜에 대해서도 언급한다.153) 또 무명씨는
감옥 안에서 다른 중국인 죄수들로부터 들은 말들을 바탕으로 자금성을 가로지
르려면 7일이 걸리고 돌아보려면 13일이 걸린다는 것, 황궁으로 들어가기
위해서는 7-8개의 궐문을 통과해야 한다는 것, 황제는 환관들에 의해 보살핌을
받는다는 것 등을 언급한다.154) 그리고 유럽 최초로 중국의 내각제에 대해
더듬더듬 묘사한다.

황제는 자신의 주변에 고귀한 사람들, 학식 있고 큰 현덕을 갖춘 사람들을 거느리고
있고, 그는 이들과 모든 제국사帝國事를 논의한다. 그리고 그들은 어떤 용무로도 결코
금성禁城 밖으로 나가지 않는다. 그들은 '블라오들(Vlaos)'이라고 부른다. 이들을 그
권위의 자리로 선발하는 방법은 이렇다. 공석이 생기면 황제는 학식과 분별력에서
특출나고 정의감이 강한 누군가를 탐문한다. 통상 이런 명성을 가진 것으로 여겨지
는 사람이 있으면 황제는 그가 있을 수 있는 제국의 어떤 지방으로부터든 소환하는
명을 내리고 그에게 블라오의 관직을 수여한다.155)

---

152) Major, "Introduction", xlv-xlvi쪽.

153) Major, "Introduction", xlvi쪽.

154) Major, "Introduction", xlvii쪽.

155) Major, "Introduction", xlviii쪽.

무명씨는 다른 중국인 죄수에게 소문을 듣고 기록한 만큼 많은 오류를 범하고
있다. 일단 그는 '콜라오(Colao; 閣老)'를 '블라오'로 잘못 알아듣고 잘못 전하고
있다. 그리고 가정제 훨씬 이전부터 내각에 결원이 생길 때 내각내학사(각로)
후보를 한림원 학사로 한정해 내각수보(수상)가 한림원으로부터 후보를 선정해
조정에 추천하고 조정의 선거로 선발하며 황제가 임명의례를 행하는 것으로
정착되었었다. 그러나 무명씨는 들어 적는 것인 만큼 어느 정도 허무맹랑한
소리를 개발새발 기록하고 있다. 그럼에도 이것은 명대 중국의 '내각제'를 기록
한 최초의 놀라운 보고다.

■명대 중국의 신분차별 없는 직업관에 대한 보고
또한 무명씨는 신사와 상인을 차별하지 않는 명대 중국의 새로운 직업관에
대해 설명한다.

모든 사람은 관리와 고관대작의 아들이라도 어떤 직업을 얻고 어떤 관직을 보유하는
것에 익숙하다. 모두는 어떤 조건에서라도 자기 아들들을 고용해 그들이 일반적으로
할 줄 아는 읽고 쓰는 일에 배치한다. 다른 이들은 아들을 장사하도록 두고, 또한
섬기는 방법을 배우도록 자기 아들들을 관리·신사들과 어울리게 하는 습관이 있기
도 하다.156)

이는 명대 말엽에 이미 관인과 상인이 직업차별 없이 뒤얽히는 것을 묘사하고
있다. 이것은 ― 고관대작의 아들이라도 학식과 현덕을 갖추지 못하면 출사가
불가능하다는 것과 함께 ― 이미 16세기 명대 중국에서는 적어도 세습귀족만
없는 것이 아니라 직업차별도 없는 평등한 평민사회가 확립되었다는 것을
보여주는 소중한 기록이다.
무명씨는 또 중국인들이 일상적으로 착용하는 검은 옷과 검은 갓에 대해서
묘사하고 초상이 나면 입는 흰옷과 흰 갓에 대해서도 언급한다.157) 그리고

---

156) Major, "Introduction", xlix쪽.

이렇게 기록을 맺는다. "이것들은 우리가 6년간 죄수로 지낸 중국에서 일반적으로 목도되고 알려진 일들이다. 우리가 들은 아주 놀랄 말한 다른 것들은 생략한다. 내가 그것들을 보지 않았고 또 매일 점점 더 많은 것을 발견할 것으로 보이기 때문이다."158)

명대 가정제 치세에 6년간 감옥살이를 한 포르투갈 무명씨의 이 6년간의 중국체험 기록(1561)은 중국의 풍요와 도시의 화려함, 물질적 문물과 이기 등을 묘사하는 데 치우친 마르코 폴로의『동방견문록』과 달리 중국제도들을 설명하는 데도 많은 지면을 할애함으로써 중국의 정치사상과 정치적·법제적 면모를 비교적 정확하게 유럽인들에게 알린 최초의 저작이다. 스페인어로 번역된 이 무명씨 기록은 유명한 프란시스코 알바레즈 신부의『에티오피아 주재 포르투갈 대사의 이야기』의 '부록'으로 출간되어 광범하게 읽혔다. 그리하여 뒤에 상론할 멘도자의 종합적 중국기中國記에도 많이 삽입되었지만, 중국의 '완전히 평등한' 평민사회에 관한 무명씨의 비교적 정확한 전언은 부캐넌(George Buchanan, 1506-1582), 파슨스(Robert Parsons, 원명: Persons, 1546-1610), 벨라르민(Saint Robert Bellarmine, 1542-1621), 수아레즈(saint Francisco Suárez, 1548-1617) 등이 1570년대부터 '갑작스럽게' 전개하기 시작한 '자연적 자유·평등' 사상을 고취하는 결정적 발원지였을 것이다. 이들은 노예소유주들끼리 또는 귀족들끼리의 '자유·평등'만을 말하는 고대 희랍·로마 정치사상과 완전히 계통이 다른 '백성들의 자유와 평등'을 처음 거론한 사상가들이었기 때문이다.

2.5. 갈레오테 페레이라의 중국보고(1564)

당시 간간히 이어진 여러 사람들의 이 같은 각종 중국기中國記들은 부캐넌, 파슨스, 벨라르민, 수아레즈 등의 '자연적(본성적) 자유·평등' 사상이 빠르게 형성될 수 있도록 하는 데 역사적 배경이 되어주었다. 중국에서 밀수범죄로 체포되어 복건성에 죄수로 수감되어 있다가 탈옥해 돌아온 포르투갈 군인

---

157) Major, "Introduction", l-li쪽.

158) Major, "Introduction", li쪽.

갈레오테 페레이라(Galeote Pereira; 간혹 Galieoti Pereyra [Perera]로 오기되기도 함)의 중국보고서(1565)도 근대유럽의 자연적 자유·평등 사상의 형성에 기여한 서적 중 하나였다. 페레이라는 포르투갈 베이라 지방의 카스트로 다이레(Castro Daire) 장원영주의 페레이라 가문 출신으로 헨리케 페레이라(Henrique Pereira)의 삼남이었다. 그는 1534년 인도로 떠났다. 그리고 1548년 — 포르투갈 사람들이 어린이 납치·노예화 범죄로 인해 1522년 광동에서 추방되었음에도 불구하고 — 간헐적으로 이루어지는 밀수행각을 위해 디오고 페레이라(Diogo Fereira)를 수행해 광동 해안으로 잠입했다. 그러다가 디오고가 1548년 말에 말라카로 돌아간 뒤 그는 팔지 못한 상품을 가득 실은 2척의 정크선 및 약 30명의 포르투갈 사람들과 함께 복건성 해안에 남겨졌다. 거기서 그들은 1549년 3월 중국 해방海防사령관에 의해 체포되어 천주泉州로 보이는 친체오(Chincheo)라는 도시로 압송되고 이곳에서 수감생활이 시작되었다.159) 복잡한 사건들이 일어난 뒤 그들의 일부를 황제의 보고·허가 없이 처형했던 절강·복건 총독이 징계를 받고 그와 동료들은 여러 소그룹으로 나뉘어 여러 도시에 유배에 처해지면서 유배자 신분이 되었다. 이후 유배생활 중에 그와 동료들은 비교적 행동의 자유를 얻었다. 일부 유배자들은 중국 상인들을 통해 가까운 도서에서 무역하는 포르투갈 동포들과 간접적으로 접촉하기도 했다. 이 포르투갈 동포 상인들은 중국인들에게 많은 금품을 주고 유배자들을 해안으로 탈주시켰는데, 이런 경로로 페레이라도 1553년 2월 탈출할 수 있었다.160) 때는 자비에 신부가 죽은 날 즈음이었다. 그의 탈주는 4여년 만에 이루어졌다.

페레이라의 보고서는 이 4년여의 수감·유배생활 중에 공부해서 얻은 지식·정보에 바탕을 두고 작성된 것이다. 이 보고서는 유배지에서 탈출한 직후에 작성되었지만 남아 있는 원고는 1561년의 것이다. 지금은 로마에 보존된 이 원고는 1561년 말 고야의 세미나 학생들에 의해 허겁지겁 복사되어 돌려 읽혔고, 유럽의 본부로 올리는 예수회 연말보고서의 부록으로 첨부되기도 했다.

---

159) Boxer, "Introduction", l-lii쪽.

160) Boxer, "Introduction", liii-lv쪽.

"중국에 관해 알려진 몇 가지 것들"이라는 제목이 달린 이 보고서의 원본은 출판되기 전에 아주 광범하게 복사되고 회람됨으로써 이미 유명세를 얻었던 것이다.161)

이 페레이라 보고서는 1565년 약간 압축된 형태로 이탈리아어로 번역되어 베니스에서 공간되었다. 1577년에는 영역되어 리처드 윌리스(Richard Willis)의 『동서인도 여행기(History of Travayle in the West and East Indies)』 속에162) "수감된 포르투갈 사람들을 통해, 주로 그 나라에 여러 해 죄수로 살았던 좋은 신용의 신사 갈레오테 페레이라에 의해 습득된 중국지역의 보고들(Reportes of the Province of China)"이라는 제하의 글로 실려 나왔다. 이 책은 멘도자 저서의 주요 자료출처가 되었다.163)

페레이라 보고서 외에도 인쇄되지 않은 채 친지들과 지식인들 사이에 널리 회람된 동시대 중국 관련 서한들로는 로페스(Gaspar Lopes), 라미로(Affonso Ramiro), 아마로 페레이라(Amaro Pereira) 등의 보고 서신들이 있다. 페레이라와 함께 체포되어 유배당한 이 사람들의 서한들은 내용적으로 관점과 강세가 다를 뿐 페레이라 보고서와 대동소이하다.164) 이와 같이 인쇄된 중국 관련 서적들 외에도 미간행 보고서, 서신, 전언 등 그 밖의 많은 자료원천들이 르네상스 정치철학자들에게 영향을 끼쳐 그들의 사상을 중국제국의 국가제도와 정치사상에 친화적인 쪽으로 의식적·무의식적으로 변화시키게 된다.

■중국의 행정구역과 도시풍경

페레이라의 보고서는 중국의 13개 성省을 설명하는 지리적 개관으로부터 시작한다. "다른 3개의 성省(Confu?·운남·사천 – 인용자)에 얼마나 많은 도시가 있는지 우리는 아직 모르는데, 그 12번째와 13번째 성의 정확한 명칭과 그 안의 읍邑들도 모른다."165) 이것은 그가 명대 중국의 성이 모두 15개라는 것을 정확

---

161) Boxer, "Introduction", lv-lvi쪽.
162) Richard Willis, History of Travayle in the West and East Indies (London: By Richarde Lugge, 1577).
163) Major, "Introduction", liii쪽.
164) Boxer, "Introduction", lvii-lviii쪽.

히 표기한 포르투갈 역사가 주앙 데 바로쉬(João de Barros, 1496-1570)의 『아시아의 시대(*Décadas da Ásia*, I·II·III·IV)』(1552, 1553, 1563, 1615)의 중국정보에도 아직 미치지 못했다는 것을 보여준다. 이어서 페레이라는 중국의 도시들을 간략하게 묘사하면서 "가로들이 보기에 놀랍다"고 쓰고 이 가로들이 "수많은 개선凱旋아치들로 장식되어" 있다고 말한다. 그리고 조밀하게 들어찬 인구를 가진 집약경영의 농촌, 복건의 해안도로의 석조 교량들과 잘 포장된 가도에 대한 감명을 적고 있다.

그러나 "무수히 많은 이런 장소로부터 당신은 아주 인구가 많은 두 도시로 들어오게 되는데 킨케로(Cincero?)와 비교하면 어느 것이 더 큰지 도저히 분간할 수 없다. 이 두 도시 중 어느 도시로 들어가든 이것과 같은 것을 포르투갈에서나 그 밖에 어디에서도 본 적이 없을 정도로 크고 매력적인 교량이 서 있다. 나는 내 동료가 40개의 아치를 가진 교량을 말하는 것을 들었다. 교량들이 이렇게 크게 만들어진 이유는 나라가 바다를 향해 아주 평평하고 낮아 바닷물이 불어남에 따라 압도당한 적이 있기 때문이다. 교량의 넓이는 길이와 비례가 잘 맞고 균등하게 건축되어 양쪽 끝에서 볼 때 중간이 더 높지 않게 이 끝에서 저 끝을 직접 볼 수 있다. 그리고 그 측면은 (…) 놀랍도록 잘 새겨져 있다".166) 페레이라는 이렇게 중국의 물질적 측면들을 주로 묘사한다.

■중국의 형벌·사법제도에 대한 찬양과 종교에 대한 약술

지리적 세부사항에 대한 지식을 바탕으로 페레이라는 중국의 행정과 다양한 정부관직 및 관리들의 명칭을 공정하게 기록하고 있다. 그는 특히 명국의 법정과 감옥의 내부 측면을 자세히 다루고 있다. 그는 그 당시의 감옥 내부의

---

165) Galeote Pereira, *Certain Reports of China, learned through the Potugals there imprisoned, and chiefly by the relation of Galeote Pereira, a gentleman of good credit, that lay prisoner in that country many years*, 5쪽. Done out of Italian into English by R. W. Charles R. Boxer (ed), *South China in the sixteenth century: being the narratives of Galeote Pereira, Fr. Gaspar da Cruz, O.P. [and] Fr. Martín de Rada, O.E.S.A. (1550-1575)*, Issue 106 of Works issued by the Hakluyt Society (Printed for the Hakluyt Society, 1953·2017).

166) Pereira, *Certain Reports of China*, 10쪽.

혹독한 상황과 체형, 그리고 대나무 매와 잔인한 매질 등을 묘사한다. 10대는 피를 맺히게 하고, 20-30대는 살을 몽땅 망가뜨린다. 100대는 치료할 수 없을 정도로 상처를 입는데 모두 뇌물을 주어 피하기 때문에 실제로 100대 매질을 당하는 사람은 없다.

그러나 페레이라는 처벌이 이렇게 엄혹한데도 명대 중국의 사법司法제도의 공정성을 찬미한다. 페레이라 일행은 지방 고위관리들의 무고에도 불구하고 사법적 부정의 희생양이 되지 않았기 때문이다. 최고층의 두 무고자들이 오히려 무고죄로 투옥되고 삭탈관직을 당했다. 그리하여 페레이라는 특히 자기들이 이교도였음에도 공정한 재판을 받은 것에 대해 기독교인들의 태도와 비교하며 크게 감탄한다.

더구나 로테아(노야老爺; 신사관리)들이 가진, 찬양받을 만한 덕성 하나는 그들이 군주인 것처럼 여겨지는 사람들이어도 면담할 때 매우 인내심이 있다는 것이다. 그들 앞에 끌려나온 우리 불쌍한 이방인들은 그들이 받아쓴 모든 것이 거짓말이고 허위일지라도 하고 싶은 것을 다 말해도 되었고, 우리가 그들 앞에 그 나라의 통상적 예법에 따라 서 있지 않았어도 그들은 아주 참을성 있게 우리를 대해주어서 우리를 놀라게 했을 정도다. 우리는 특히 우리나라에서 검사든 판사든 얼마나 참을성 없이 우리를 대하곤 하는지를 알고 있기 때문이다. 우리의 어떤 판사로부터든 관직의 지휘봉을 빼앗는다면 그들은 중국인들이 이교도라는 사실을 무시하고 어떤 중국인에게도 잘 봉사할 수 있을 것이다. 왜냐하면 기독교인이 자신의 지위를 낮춰 이교도에게 봉사할 수 없다는 것은 명백하기 때문이다. 그들이 이교도인 것에 대해 말하자면, 나는 우리가 죄수이고 외국인인데도 그들이 우리의 정의를 존중했다는 사실보다 그들의 사법적 정의를 예찬할 더 나은 증거를 알지 못한다. 기독교세계의 어느 도시에서든 우리와 같이 모르는 사람들이 기소된다면 나는 결백한 자들의 주장이 어떤 결말을 얻게 될지 알지 못하기 때문이다. 그러나 이교도 국가에 처한 우리는 도시 전체에서 가장 높은 2인의 고위관리를 큰 적으로 가지고 있으면서도, 그리고 통역사가 없었어도, 또 그 나라 언어를 알지 못했어도 중국에 우리의 큰 적대자들이 우리 때문에 투옥당하고 불공정하다는 이유에서 관직과 명예를 삭탈당하는 것을 보았다. 소문에 의하면, 그들이 죽음을 면치 못하고 참수될 것이라고 한다. 그들이 공정한지, 공정치 않은지를 이제 알겠는가?167)

페레이라는 중국 사법제도의 공정성과 청문하는 사법관리들의 인내심을 극찬 하면서 동시에 기소된 자에게 거의 청문하지 않고 특히 이교도에게는 정의를 보장해줄 리 만무한 자기의 조국 포르투갈과 기독교세계의 사법제도를 비판하 고 있다.

페레이라는 중국의 종파들도 약술하고 있다. 그는 중국인들이 최고의 신적 권력을 "하늘"이라 부른다고 쓰고 "우리가 '신이 그것을 안다'고 말하곤 하듯이 중국인들도 말끝마다 '하늘은 그것을 알 것이다'를 뜻하는 '티안샤오데(Tien-xauteee; Tian xiao-de, 天曉得)'를 말한다"고 설명한다.168) 그들은 여러 유형의 사원들 이 있다는 것을 알고 적어도 숭배되는 신상으로 '아미타불'을 언급한다.

페레이라는 복건 이슬람교도들이 완전히 중국사회의 주류 속으로 동화된 것으로 생각하고 "그들이 그들의 종교에 대해 거의 몰랐다"고 쓰고 있다. "그들 은 '마호메트가 무어인이며, 나의 아버지도 무어인이고 나도 무어인이다'라는 것 외에 아무것도 말할 수 없었다"는 것이다. 이슬람교도는 광서에서 200명이 넘었고 금요일에 모스크 예배에 참석한다. 그러나 페레이라는 "그 후손들이 너무 혼란스러워서 돼지고기를 금욕하는 것 외에 무어인의 아무것도 지니지 않았지만 많은 무어인들은 돼지고기를 몰래 먹고 있다"고 보고하고 있다.169)

페레이라의 이 보고서의 3분의 1 정도는 나중에 가스파르 다 크루즈(Gaspar da Cruz)의 『중국풍물론』(1569-70)과 멘도자의 『중국제국의 역사』(1585) 속으로 편입되었다. 그리고 1614년에 나온 핀토의 『핀토의 순례기행』도 몇몇 대목에 서 페레이라의 기록을 거의 그대로 옮겨놓고 있다.

---

167) Pereira, *Certain Reports of China*, 20-21쪽.
168) Major, "Introduction", lxi쪽.
169) Boxer (ed), *South China in the Sixteenth Century*, 36, 37쪽.

■ 중국의 교통과 역참제도

페레이라는 중국의 교통과 역참제도에 대해서도 언급한다. "황제는 언제나 제국의 수도인 대도大都, 내가 들은 이름을 우리말로 발음하면 '파친(Pachin, 페킹)'에 그 주거를 두고 있다. 이 제국은 아주 방대해서 5개월 안에 해안 도시로부터 황국까지 여행해 와서 다시 되돌아 갈 수 없고 급한 일로 파발역참을 써도 3개월 안에 답파할 수 없다. 이 나라에서 파발마는 덩치가 작고 발이 빠르다. 많은 사람들은 이 도시에서 저 도시로의 통행에 편리한 수많은 강에 떠 있는 일정한 소형 돛단배를 타고 이 여행의 대부분을 수로로 한다."170)

그리고 "황제는 제국의 광대함에도 불구하고 매달(음력 계산법에 따른 달에) 제국 안에서 일어나는 일에 관해 다음의 이런 방도에 의해 완전히 보고받을 정도로 제국을 보살핀다. (…) 전체 지방은 성들로 나뉘고 각 성에 다른 모든 도시, 주, 현의 일들이 집결되는 주된 성도省都가 존재하므로 모든 성도 안에서 매월 일어난 일들의 정보가 모이고 문서로 황궁으로 보고된다. 어쩌면 한 달 안에 모든 역마가 그토록 먼 길을 갈 수 없어도 매달 1회 한 필의 역마는 성계省界를 벗어난다. 새 달 전에 오는 자는 달이 바뀔 때까지 중앙에 그의 문서들을 상달하기 위해 거기에 머문다. 다른 역마들도 다시 중앙에서 13개의 모든 성으로 파견된다".171)

■ 중국인들의 풍요와 빈곤, 그리고 '노야老爺'(신사관리)

페레이라는 중국의 인구와 풍요와 빈곤에 대해서도 보고한다. "이 나라는 바다 가까이에 주민들이 아주 잘 들어 살고 있어서 도시와 주현州縣 사람들이 문명적으로 살 정도로 만물이 준비되어 있는 군·현·부府와 숙소를 1마일도 못 가서 보게 된다. 그럼에도 불구하고 문밖에서 거주하는 사람들은 아주 가난하다. 이 문밖 거주자들의 수가 아주 많아서 아무 나무나 올라가서 둘러보면 수많은 어린이들이 아무도 없을 법한 곳에 떼 지어 있는 것이 보일 정도다."172)

---

170) Pereira, *Certain Reports of China*, 6쪽.

171) Pereira, *Certain Reports of China*, 7쪽.

당시 중국에서는 민간인들이 관리官吏를 '노야老爺'(라오예)라고 높여 불렀다. 이 칭호는 조선에서 '나리'라는 말에 해당한다. '노야'는 천주泉州 방언으로는 '라우티아(lautia)', 하문廈門 방언으로는 '로티아(lotia)'로 발음했다. 따라서 포르투갈 사람들은 '만다린'이라는 말을 쓰기 전에 중국 관리를 'loutea', 'louthia' 등 여러 가지로 표기했다. 페레이라는 물질적 측면에 대한 많은 설명 뒤에 마침내 이 '로우테아(loutea)'와 그 선발시험·인사제도에 대해서 설명한다.

> 나는 '로우테아(老爺)'라고 불리는 신사의 일정한 등급에 관해 말할 기회를 가질 것이다. 나는 먼저 이 단어가 무엇을 뜻하는지를 설명하려고 한다. '로우테아'는 우리말(영어)로 'Sir'라는 말에 해당한다. 그리고 신사들 중에 어떤 이가 그의 이름을 부를 때 그는 'Sir'라는 말로 대답한다. 그리고 황제가 어떤 신사를 만드는 것을 말하는 것처럼 그들은 한 로우테아가 만들어진다고 말한다. (…) 신사가 로우테아의 자품을 얻고 그 영예와 칭호에 이르게 되는 방법은 황제의 명에 의해 나머지 관원들과 다른 넓은 반대繁帶와 모자를 받는 것이다. '로우테아'라는 명칭은 이것이 뜻하는 영예의 평등이 함의하는 것보다 더 일반적이고 더 통상적이다. 중요한 사법司法 문제에서 군주에게 복무하는 이러한 로우테아들은 그들의 학식에 대해 이루어지는 시험 후에 그 지위가 수여된다. 그러나 이 도시에서도 그렇듯이 모든 도시에서 아주 많이 존재하는 대대장, 순경, 육지와 바다의 상사, 회계원 등으로서 보다 작은 국사에 복무하는 다른 로우테아들은 조력자로 만들어진다. 이들은 다른 모든 이의 모자와 명칭이 수장首長 로우테아들의 그것들과 같을 것일지라도 이들을 무릎 꿇고 섬긴다.[173]

페레이라는 여기서 신사(진사)를 선발하는 시험제도에 대해 자세히 설명하지는 않고 있지만 적어도 선발시험의 존재를 처음으로 전해주고 있다.

또한 페레이라는 이 노야(신사)에게 관직을 부여하는 원칙으로 상피제도를 언급한다.

---

172) Pereira, *Certain Reports of China*, 7쪽.
173) Pereira, *Certain Reports of China*, 10쪽.

한 성을 다스리는 노야들은 멀리 떨어진 어떤 다른 성으로부터 선발되고 그곳에 그들의 아내와 자식과 재산을 두고 홀몸으로 아무것도 휴대하지 않고 떠나온다.174)

중국 관료제의 두 기둥 원칙은 '상피제'와 '임기제'다. 그런데 여기서 페레이라는 임명받은 관직의 '임기'에 대해서는 언급하지 않고 있다.

■ 중국이 '귀족 없는' 평등국가라는 사실에 대한 페레이라의 최초 인식

페레이라는 신사제도를 속속들이 잘 알지 못했지만 노야老爺들, 즉 신사관리들이 유럽의 세습귀족과 같은 '귀족'이 아니라는 사실과, 왕족 이외에 어떤 귀족신분제도도 인정되지 않는다는 사실을 어렴풋이 감 잡고 있다.

나아가 이 왕(황제)은 제국의 더 큰 안전과 소동회피를 위해 나라 전체에서 그의 혈족 외에 단 한 사람도 귀족이라고 불리지 않게 했다. 많은 대장원이 존재하며 벼슬살이를 할 동안 귀족처럼 살고 위력적 군주들의 풍모를 갖추는 통치자들이 존재하지만, 이들은 부패할 짬이 없을 정도로 아주 많은 횟수에 걸쳐 이직하고 다른 사람들이 새로이 배치되어 온다. (…) 그러므로 왕만이 귀족이고, 당신이 알았다시피 그 외에, 그리고 그의 혈족인 자들 외에 단 한 사람도 귀족이 아니다.175)

페레이라는 '세습귀족', '평민', 1대에 한정되는 신사의 우면優免특권 등의 정확한 범주를 사용하진 않았지만, 나름대로 중국사회에 세습귀족이 존재하지 않는다는 사실을 정확하게 파악하고 있다. 그는 뒤에 다룰 가스파르 다 크루즈(Gaspar da Cruz)처럼 '노비의 부재' 사실까지 밝혀내진 못했지만, 적어도 중국이 인간들의 태생적(자연적) 평등을 인정하는 평등사회라는 사실의 절반을 밝힌 최초의 보고자였다. 중국에 세습귀족이 없다는 사실은 그 자체로서 유럽제국의 세습적 신분질서를 근본으로부터 파괴할 '시한폭탄'과 같은 정보였다. 페레이라는 자

---

174) Pereira, *Certain Reports of China*, 18쪽.

175) Pereira, *Certain Reports of China*, 41쪽.

신이 포르투갈의 오래된 대귀족 출신이었을지라도 중국이 무無귀족 사회라는
사실을 양심껏 숨기지 않고 기술하고 있다.

■중국의 복지제도

이어서 페레이라는 나중에 멘도자가 거의 그대로 옮겨놓은 중국 복지제도
설명을 덧붙인다.

> 더구나 그들은 한 가지 아주 좋은 것을 가지고 있는데, 이것은 우리 모두를 그들이
> 이교異敎라는 것에 깜짝 놀라게 만든 사실, 즉 모든 도시에 언제나 사람들로 가득
> 찬 요양복지원(hospitals)이 존재한다는 사실이다. 우리는 가난한 사람이 걸식하는 것을
> 본 적이 없다. 우리는 그 이유를 물었다. 그러자 모든 도시에서 빈자들, 맹인, 절름발
> 이, 노령으로 인해 일할 수도 없고 어떠한 생활방도도 없는 노인층 등을 위한 집들이
> 많이 존재한다는 대답이 돌아왔다. 이 사람들은 사는 동안 상술한 집들 안에서 많은
> 쌀을 가지고 있지만 그 밖의 다른 것은 없다. 누군가 환자이거나 맹인이거나 절름발
> 이이면 그는 포정사布政使(Ponchiassi, Puchengshih의 오기)에게 탄원서를 제출하고 그가 쓴
> 것이 사실이라는 것을 입증하면 상술한 큰 숙소에 평생 머물 수 있게 된다. 그 밖에
> 그들은 이곳에서 돼지와 닭을 기르고, 이로써 빈자들은 구휼되어 걸식하지 않는
> 다.176)

이 요양복지제도는 마르코 폴로의 원대 중국의 복지정책 보고와 핀토의 명대
복지제도 묘사에 이어 세 번째로 소개되는 명대 중국의 요양복지에 대한 설명
이다. 페레이라는 이 요양복지제도에 대한 설명에 이어 가마우지를 이용해
물고기를 잡는 중국의 어획방법도 소개하고 있다.177) 페레이라의 중국보고는
비교적 간략하지만 목격담이고 경험담이라서 이전의 여러 중국기中國記에 신빙
성을 크게 더해주었다.

---

176) Pereira, *Certain Reports of China*, 30-31쪽.

177) Major, "Introduction", lxvi쪽.

2.6. 가스파르 다 크루즈의 『중국풍물론』(1569-1570)

1569년부터는 포르투갈 도미니크파 탁발승 가스파르 다 크루즈(Gaspar da Cruz, 1520-1570)에 의해 네 권으로 된 방대한 중국보고서가 출판되기 시작했다. 크루즈는 포르투갈의 에보라(Evora)에서 태어났는데, 전기작가들은 그의 부모 이름이나 그의 출생일을 기록하지 않고 있다. 그는 도미니크회에 들어갔으나, 언제 탁발승 설교자가 되었는지도 알려져 있지 않다. 그의 인생에서 최초로 기록에 나타난 연도는 그가 12명의 도미니크회 선교사들과 함께 고아로 떠난 1548년이다.

크루즈는 1548년 동방에서 동방선교단을 창립하기 위해 탁발승 디오고 베르무데스(Diogo Bermudes)의 명령으로 12명의 동료들과 함께 동인도로 출발해 1552년 중국 해안지역을 항해·탐사하고 1556년부터 중국 주강珠江삼각주에 위치한 광주만의 람파카오(Lampacao), 즉 낭백오浪白澳 섬에 1년여 동안 머물렀다. 당시 낭백오 섬은 중국과의 무역항이었다. 그는 여기에 체류하면서 수백 개의 불상을 불사르는 종교적 만행을 서슴지 않았으며 중국 섬사람들을 개종시키려고 광분했고, 여기서 허가증을 얻어 광주에 들어가서도 한 달 동안 설교했다. 그러나 그는 큰 성과를 거두지 못했고 결국 1557년 말라카로 돌아갔다가 1560년 인도를 거쳐 1565년 포르투갈로 귀국해 1569년 리스본에 돌아왔다. 그는 흑사병 환자들을 구완하다가 이 전염병에 감염되어 1570년 사망했다.

■개관

크루즈는 1550년대에 『중국풍물론(Tratado das Cousas da China; Treatise on Things Chinese)』(전 4권)의 집필을 시작해서 1569-1570년간에 이 책을 공간했다. 이 책을 정독해보면 크루즈는 "때로 나이브할지라도 예외적으로 정직한 사람"이라는 것을 알 수 있다. 그는 갈레오테 페레이라의 보고서에 진 빚과 여러 기회에 중국인들로부터 입은 친절을 솔직하게 시인하고 있다. 그는 페레이라를 단순히 베껴 쓰지 않고 자신의 경험으로부터 얻은 많은 정보들, 특히 그를 분명히 매료시킨 것으로 보이는 광동 중국인들의 사회생활에 관한 경험을 보태고

있다. 그는 당연히 많은 유럽적 편견을 벗어나지 못했을지라도 여러 가지 방식
으로 놀라운 광폭廣幅 마인드를 보여주고 있다. 그는 중국 음악을 평가한 최초의
유럽인이자 오랫동안 유일한 유럽인이었다. 또한 그는 농업과 항해의 중국적
관행들을 유럽의 그것들보다 더 우월한 것으로 느꼈다. 그는 그의 책의 가치를
크게 높여주는 중국의 국가문서와 개인문집들의 번역을 얻는 데 수고를 아끼지
않았다. 그가 그의 동포 갈레오테 페레이라와 공히 중국인들의 생활과 노동의
여러 측면에 대해 표명한 기탄없는 찬미는 필자가 뒤에 분석할 탁발승 마르틴
데 라다(Martin de Rada)의 보다 비판적인 태도와 흥미로운 대조를 이룬다.178)

크루즈의 『중국풍물론』은 흑사병이 창궐하는 시기에 출판되어 유럽에 광범
하게 보급되지 못했지만, 마르코 폴로의 『동방견문록』 이래 중국을 단독주제로
상론한 최초의 유럽 서적이었다.179) 중국 해설들은 포르투갈이 아시아 강국으
로 부상한 것을 취급하는 카스탄헤다(Fernão Lopes de Castanheda), 바로쉬, 고에스
(Damião de Goes) 등의 일반 역사 속에 함께 공간되어 있었다. 이 해설들은 예수회의
연례 보고서에 합본된 페레이라 등의 보고서들처럼 중국에 관한 서적이 아니라
단지 중국을 우연히 취급하는 서적의 일부분에 지나지 않았다. 그런데 크루즈
의 『중국풍물론』은 최초로 오직 중국만을 다룬 책이었다. 그러므로 이 겸손한
도미니크회 탁발승 크루즈에게 유럽에서 출판된 최초의 중국 관련 서적을
썼다는 영예가 수여되어야 한다.180)

크루즈의 『중국풍물론』은 만리장성을 100여 리그(1리그≒4km)의 장성으로
잘못 보고하는 베르나르디노 데 에스칼란테(Bernardino de Escalante, 1537-1605)의 『중
국항해론(Discurso de la navegación que los portugueses hazen a los reinos y provincias del oriente, y de la
noticia que se tiene del reino de China)』(1577)과, 만리장성을 '500리그'로 보고하는 멘도자
의 『중국제국의 역사』(1585)의 주요 자료출처로서 16세기 유럽의 명대 중국관을
형성하는 데 결정적 역할을 했다. 크루즈의 이 책은 새뮤얼 퍼채스(Samuel Purchas,

---

178) Boxer, "Introduction", lxi쪽.

179) Donald F. Lach, *Asia in the Making of Europe*, Vol. I, Bk. Two (Chicago: The University of
    Chicago Press, 1965), 742쪽.

180) Boxer, "Introduction", lxii쪽.

1577-1626) 신부의 『하클류투스 포스트후무스 또는 퍼채스 그의 순례자들(Hakluytus Posthumus or Puarchas his Pilgrimes)』(1625)에181) 압축·영역되어 실려 있다.

크루즈의 『중국풍물론』을 읽어보면 1555년에 이미 포르투갈 사람들과 중국인들 사이에 의사소통이 완벽하다는 것을 느낄 수 있는데, 이것은 중국인들 가운데 그간 포르투갈어를 잘하는 사람들이 생겨났기 때문이었다. 크루즈는 이 책에서 중국인 통역자들을 여러 번 언급하고 있다. 포르투갈 사람들도 물론 얼마간의 중국어와 흔한 표현들을 알고 있었고, 그랬기 때문에 이 책에 다양한 관리들의 칭호들과 마시는 '차(cha)'라는 단어가 등장한다.182) 당시까지 유럽인들은 중국인들이 도자기를 어떤 재료로 만드는지 몰라서 '굴 껍질'이나 '오랫동안 썩은 똥'일 것이라고 추정하고 있었는데, 크루즈는 "부드럽고 하얀 돌"이라고 지목하고 이 돌가루를 다루는 방법을 설명하고 있다. 그도 '고령토'라는 특별한 흙을 알지 못했던 것이다.183) 또 크루즈는 중국 한자체계에 호기심이 많아 이에 대해서도 짧은 보고를 하고 있다.184)

『중국풍물론』은 첫째, 크루즈의 중국행 이유와 중국이 아니라 '대명大明'이라는 명칭, 둘째, 중국이라는 나라와 중국인이라는 백성에 대한 기술, 셋째, 중국의 인접국들, 넷째, 중국의 성省들, 다섯째, 광동의 도시풍경을 지리적 관점에서 다룬다. 그리고 이어서 여섯째, 내륙의 건축물들, 일곱째, 귀족성 문제, 여덟째, 중국의 선박들, 아홉째, 중국의 상공인 등을 다룬다. 그리고 이어서 토지의 풍요, 복식과 풍습, 축제와 음악과 장례식, 여성의 복식과 풍습, 노예의 존재 여부, 지방관리들의 종류, 신사(老爺)의 산출과 학습, 한자 글자체계, 신사의 지위와 출사용의, 사법제도와 감옥행정, 중국 황제의 혼인, 사신, 황제에 대한 지방관들의 연례보고, 포르투갈의 대중 무역 방식과 중국과의 무력마찰, 포르투갈 사람들에 대한 중국의 인식과 관심, 황제가 포르투갈 사람에게 유리

---

181) Samuel Purchas, *Hakluytus Posthumus, or Purchas his Pilgrimes*, 20 volumes [1625] (Reprint; Glasgow: Printed at the University of Glasgow Press, 1906).

182) Cruz, *Treatise in which the things of China are related at great length* [1569], 140쪽.

183) Cruz, *Treatise in which the things of China are related at great length* [1569], 127쪽.

184) Cruz, *Treatise in which the things of China are related at great length* [1569], 161-162쪽.

하도록 신사관리에게 내린 선고, 중국의 의례와 경배, 중국의 회교도, 기독교 전교의 장애물 등을 취급한다.

■ 중국의 복지제도에 대한 크루즈의 기술

크루즈는 일하지 않는 자는 먹지도 말라는 식으로 중국인들이 매우 근면하고 게으른 자들을 혐오한다고 말한다. 따라서 중국인들은 걸식행위를 경멸하고 걸인들에게 보시하지 않는다. 동냥승도 멸시받는다.[185] 크루즈는 그렇다면 장애인들을 어찌하는지 물었다. 이를 통해 그는 중국의 장애인 복지정책을 엿본다.

나는 위에서 중국인들이 이 나라의 가난뱅이들에게 보시를 하지 않는다고 말했다. 어떤 독자들이 불구가 되고 신체가 부자유스럽고 눈이 멀어 빵을 벌 수 없는 빈민은 어떤 처방을 받는지를 묻기 때문에 나는 그들을 만족시키는 것이 좋다고 생각했다. 소경이 음식을 구하도록 그들에게 배정된 일을 갖는다는 것은 주목할 가치가 있다. 말이 곡식을 빻는 말 방앗간에서 일하는 것 등이 그런 일이다. 보통 이런 곳에는 2명이 배치된다. 왜냐하면 방앗간에 2명의 소경이 들어가면 그들은 서로 담소를 하면서 레크리에이션을 하기 때문이다. 이것은 내가 그들이 자기들의 손으로 쥔 날개를 가지고 수레바퀴를 밟고 돌리며 아주 우애롭게 담소를 하는 것을 본 바대로다. 눈 먼 여성이 천한 여성(창기 - 인용자)이면 그녀들을 옷 입히고 주홍색과 백분으로 화장해주는 보모가 있다. 이 여성들은 그녀들의 좋지 않은 사용에 대한 임금을 받는다. 일정한 촌수 내의 어떤 친척도 없거나, 있더라도 친척이 그들을 필요한 만큼 부양하지 못하거나 도울 능력이 없는 절름발이와 신체불구자는 국가재정관(布政使)에게 청원을 한다. 그러면 관리들이 그들의 친척을 정밀조사한 뒤 그들을 부양할 수 있는 친척이 존재하면 가장 가까운 친척들에게 그들을 떠맡아 부양할 의무를 지운다. 그리고 그 친척들이 그들을 부양할 능력이 없으면 또는 나라 안에서 아무 친척도 없으면 국가재정관은 그들을 국가요양원에 받아들이도록 명한다. 왕은 모든 도시에 많은

185) Cruz, *Treatise in which the things of China are related at great length* [1569], 118-119쪽.

숙박시설이 있는 커다란 복지요양원들을 가지고 있기 때문이다. 요양원 관리들은 몸져누운 사람들에게 필요한 모든 것을 제공할 의무가 있는데, 이것에 대해서는 왕의 재정에서 할당된 충분한 대금이 있다.186)

눈먼 창기倡妓들도 요양원에서 관리하고 매음을 통해 임금을 벌도록 배려했다는 것은 믿기지 않으나 그녀들을 화장해주는 보모들까지 있었다고 말하고 있는 까닭에 이 기록을 신뢰하지 않을 수 없다. 소경 창녀들에게도 스스로 부양할 기회를 제공했다는 것은 특별한 복지시혜 조치다.

이것은 창기에 대한 크루즈의 기록을 읽어야만 완전히 이해될 수 있다. 크루즈의 보고에 의하면, 창기들은 성시城市 안에 거주하는 것이 허락되지 않았다. 교외 바깥에 그녀들이 사는 본래적 가로들이 있다. 그들은 이곳 바깥에서 살 수 없다. 이것은 "우리의 비위에 거슬리는 것"이다. 모든 창기는 노예이고 어린 시절부터 이 목적을 위해 길러진다. 주인들은 그녀들을 그녀들의 어미로부터 매입하고 그녀들에게 비파와 다른 악기들을 연주하는 것을 가르친다. 가장 잘하는 기녀들은 가장 많이 벌기 때문에 더 가치가 나간다. 이것을 할 수 없는 기녀들은 가치가 더 낮다. 주인들은 그녀들을 데리고 살든지 판다. 그녀들이 기녀들의 가로에 앉혀지면 그녀들은 국가관리에 의해 명부에 기입되고 주인은 매년 일정한 요금을 이 관리에게 낼 의무가 있다. 기녀들이 늙으면 주홍색과 연지곤지를 가지고 처녀처럼 보이게 만든다. 그리고 이 업종에 맞지 않게 된 뒤에는 그녀들은 주인에 대한 아무런 의무 없이 완전히 자유로워진다. 그녀들은 그녀들이 그간 번 것으로 먹고산다.187)

크루즈는 요양원이 아프지 않은 절름발이 장애우들을 돕는 '더 특별한' 복지시혜 방식도 기술한다.

몸져눕지 않은 절름발이들은 매달 일정한 양의 쌀을 받고, 이것과 함께 그들이 요양

---

186) Cruz, *Treatise in which the things of China are related at great length* [1569], 122-123쪽.

187) Cruz, *Treatise in which the things of China are related at great length* [1569], 150-151쪽.

원 안에서 기르는 병아리나 새끼돼지로 스스로를 충분히 부양한다. 이 모든 것은 실수 없이 아주 잘 지불되고 있다. 그리고 보통 국가재정관의 명에 의해 이 요양원으로 받아들여지는 모든 사람은 등록되고 매년 요양원 관리들이 지출내역서와 빈민병자에 대한 보고서를 작성한다. 그리고 그들이 의무적으로 해야 하는 일에서 잘못이나 태만이 발견되면, 그들은 가차 없이 호되게 처벌받는다.188)

요양원에서 장애인들과 노인빈민들이 가축을 길러 생계를 보충하도록 배려하는 이 특별한 복지시혜 방법은 이후 다른 중국 관련 서적에서도 반복되어 기술된다. 당시 유럽에서 국가복지제도를 경험해보지 못한 포르투갈·스페인 사람들은 중국제국의 이 국가적 복지제도에 실로 놀라지 않을 수 없었다. 이 민본주의적 정책기조는 이미 마르코 폴로와 핀토 등이 자세히 소개한 바가 있었지만, 이것이 크루즈의 직접 목격으로 다시 확인된 것이다.

■중국에 세습노비제가 없다는 사실에 대한 크루즈의 정확한 인식

초기 중국-포르투갈 관계의 골칫거리는 중국 유아들을 약취해서 포르투갈의 다양한 식민지나 포르투갈 본국으로 끌고 가 노예로 팔아넘기는 포르투갈 노예무역상들의 노예약탈 행각이었다. 이 중국노예약탈 무역은 수백만 명의 아프리카 노예를 브라질에 공급하는 대서양 노예무역에 비하면 훨씬 적은 규모였을지라도 1521년 중국과 정식 외교통상관계를 체결할 임무를 띠고 파견된 포르투갈 국왕의 외교특사 토메 피레스(Tome Pires)의 대對중국 접촉시도를 파탄시키기에 충분한 충격적 만행이었다. 광동의 중국인들은 "그들이 채무보증으로 주었던 많은 중국 어린이들"을 포르투갈 사람들이 "약취해 끌고 가 노예를 만드는" 만행을 적발했다.189)

크루즈도 이 노예무역을 알고 있었고 『중국풍물론』의 제15장(Chapter XV)에서

---

188) Cruz, *Treatise in which the things of China are related at great length* [1569], 123쪽.

189) Donald Ferguson, "Introduction", 14-15쪽. Donald Ferguson (ed. & trans.), *Letters from Portuguese captives in Canton,* written in 1534 & 1536 (Bombay: Educ. Steam Press, 1902).

포르투갈 노예상인들이 '이미 중국에서 노예인' 어린이들을 구입할 뿐이라고 주장함으로써 그들이 노예무역을 정당화하려는 기도를 들었다고 시사하고 있다. 그러나 크루즈는 중국의 유사노비 상황을 직접 본 목격자로 노예무역상들의 주장과 판이한 이 유사노비의 실태를 정확하게 묘사하고 있다. 중국의 법률에 의하면 중국정부는 궁핍한 과부들의 경우에 자기 자식을 파는 것을 허용하되, 노비로 팔린 소년소녀들을 데리고 있을 수 있는 조건을 법률과 관습에 의해 규제·감독하고, 일정한 나이가 되면 그들을 해방하는 규정을 지키도록 했다. 소녀노비는 '뮈차이(mui-tsai)', 즉 '매자妹仔'라고 불렸다. 이러한 노비의 재再판매도 법에 의해 규제되었는데, 노비를 포르투갈 사람들에게 파는 것은 법으로 금지되었고, 만약 이런 범행이 발생하면 "중죄"로 다스려졌다.190)

크루즈는 앞서 다룬 창기노비에 대한 설명에 잇대서 "이 나라 중국에서는 이 처녀들의 예속 상태보다 더 큰 예속 상태는 존재하지 않는다"고 단언한다.191) 즉, 이 기녀들의 상태가 "중국에 존재하는 최악의 노예 형태"라는 말이다.192) 그리고 그는 "누구도 이와 다른 어떤 것을 말하거나 단언하지 말라. 나는 어떤 포르투갈 사람들이 달리 단언하기 때문에 이것에 대한 정밀조사를 위해 광동에서 얼마간 애를 썼다'고 단호하게 장담한다.193) 그리고 그는 가사노동을 위해 '양자·양녀'의 칭호로 받아들여지는 '유사노비'의 제한된 구입조건을 설명한다.

어떤 부인이 남편이 죽어서 과부로 남겨졌는데 그녀 자신을 부양할 아무런 재산도 없다면, 그리고 그녀에게 남겨진 자식들이 생계를 벌 능력도 없고 자식들에게 줄 어떤 것도 없다면, 이 여성은 부자 남자에게 가서 아들이나 딸에 대한 대가로 6-7크라운을 받고 그와 합의를 한다. 그녀는 돈을 받으면 자식을 넘긴다. 자식이 딸이면

---

190) Boxer (ed), *South China in the Sixteenth Century*, 149쪽.

191) Cruz, *Treatise in which the things of China are related at great length* [1569], 151쪽.

192) Cruz, *Treatise in which the things of China are related at great length* [1569], 151쪽 각주1에서 Boxer의 해설.

193) Cruz, *Treatise in which the things of China are related at great length* [1569], 151쪽.

위에서 말한 대로 기녀로 봉사하고 이런 목적을 위해 길러진다. 아들이면 그는 일정한 시간 동안 주인을 섬긴다. 그리고 그가 혼인할 나이가 되면 주인은 그에게 아내를 주는데 그에게 태어나는 자식들은 모두 자유롭게 남고 아무런 의무도 지지 않는다. 그럼에도 이 노비는 자신의 가계를 꾸리고 그만큼 많은 것을 주인에게 주어야 할 의무가 있다. 왜냐하면 그가 혼인할 때 주인이 그에게 집을 주기 때문이다. 그는 자신의 생계를 벌기 위해 장사에 종사하든지, 자신의 근면에 의해 일한다. 이 노비들 중 누구도 포르투갈 사람들에게 팔아서는 아니 되고, 팔면 굉장한 벌을 받는다.194)

팔려 온 처녀도 주인이 그녀의 기녀 학습이 다 끝나면 아내나 첩으로 데리고 살든지 남에게 팔 수 있으나, 기녀로서 돈을 벌도록 거리로 내보낸 다음에는 팔 수 없다.

여성은 기녀가 된 만큼 주인이 기녀로부터 큰 이익을 추구하겠으나, 커다란 형벌을 감수하지 않는다면 결코 기녀를 팔려고 하지 않을 것이다.195)

그러므로 크루즈가 보기에 포르투갈 사람들은 중국에서 '매자'를 구입할 아무런 합법적 권리도, 방도도 없었다. 포르투갈 사람들이 보유한 어린 노예들은 모두 일정한 나이가 되면 해방될 중국의 시한부 유사노비들을 약취한 것이었다. 그리하여 크루즈는 말한다.

이제 이것을 읽은 각 사람들로 하여금 어떤 중국인들이 어떤 포르투갈 사람들에게 이 노비들 중 하나를 파는 경우에 이 노비가 합법적으로 얻은 것인지, 그리고 어떻게, 더구나 언제 팔리는지를 판단하게 하라. 그러면 흔히 포르투갈 사람들에게 팔려 온 모든 이는 훔친 것이고, 포르투갈 사람들은 그들을 속여 비밀리에 포르투갈 사람들에게 판다(는 것이 드러날 것이다). 그들은 이 도둑질에서 발각되거나 붙잡히면 사형

---

194) Cruz, *Treatise in which the things of China are related at great length* [1569], 151쪽.

195) Cruz, *Treatise in which the things of China are related at great length* [1569], 151-152쪽.

을 당할 것이다. 그리고 어떤 포르투갈 사람이 그가 중국에서 어떤 사법부의 허가로 중국에서 중국노예를 샀다고 말하는 일이 발생하면, 이때도 그에게 노예를 소유할 합법적 권한을 주지 않을 것이다. 왜냐하면 사법부에 그런 관리가 있다면 그는 뇌물을 받고 그 짓을 했을 것이기 때문이다. 중국의 법률은 자신의 자식을 팔 권한을 남편이 아니라 부인에게만 준다. 왜냐하면 남편들은 자신과 자식들의 생계를 구해야 할 의무가 있는 만큼 어떤 남편이 생계수단을 결하면 그것은 그의 잘못이라고 생각하기 때문이다.196)

결론적으로 과부에게서 산 노비의 자식도 자유인이고 과부가 부자에게 팔아서 기녀가 된 여성도 늙으면 자유로워지는 것에서 알 수 있듯이 중국에는 '완전한 노예', 즉 세습노예는 존재하지 않았다.

중국은 완전히 노예인 노예를 보유하는 것과 거리가 멀어서, 전시에 징집된 사람들도 노예화되지 않을 정도다. 오직 그들만이 왕에게 구속당해 있고 그들이 징집된 자기 고향으로부터 먼 지방에 군인으로 배치되지만, 그들은 왕으로부터 받는 임금으로 먹고산다.197)

크루즈는 시간이 지나면 해방될 시한부 유사노비가 있을지언정 중국은 "완전히 노예인 노예", 즉 '세습노예'를 "보유하는 것과 아주 거리가 멀다"고 갈파함으로써 명말 중국사회에서 명실상부한 노예가 존재하지 않는다고 못 박고 있다. 명말 중국은 귀족도 없고 노비도 없는 평등사회였던 것이다. 이미 상론한 것처럼 대명률은 평민이 처벌의 한 방편으로서 관리들의 가정에 들어가 노비가 되는 것을 허용했지만, 관리가 아닌 유생이나 일반인이 '노비'를 소유하는 것은 법으로 금했다. 이런 이유에서 관리가 아닌 부자들이 하인을 쓸 경우에 빈곤이나 채무로 인해 자신을 팔아 가내 하인으로 들어간 평민들을 '양자'로 부르고,

---

196) Cruz, *Treatise in which the things of China are related at great length* [1569], 152쪽.
197) Cruz, *Treatise in which the things of China are related at great length* [1569], 152쪽.

하녀를 '며느리'로 불렀다. '양자·양녀·며느리'로 불리는 일반가정의 이 가사家事 유사노비는 일정한 기간 후에 해방되거나 돈을 내고 해방되는 '장기 임금노동자', 즉 '고공雇工'이었던 것이다. 따라서 공식적으로는 국초부터 과거시험에 계속 급제해서 신사신분을 대대로 획득한 예외적 '천재 신사가정'만이 합법적으로 장기적 세습노비를 보유할 수 있었을 뿐이다. 물론 대대로 천재들만 태어난 이런 신사가정은 '예외적으로도' 사실상 존재할 수 없었다. 따라서 명말 중국에서는 당시 유럽에 일반화되어 있던 '세습노비'의 존재가 이미 종식된 상태였다.

게다가 혁명적 노비반란의 흐름 속에서 제13대 황제(만력제, 재위 1572-1620)는 1570년대에 "군인과 민간인이 유력한 가문에 투신해 그 가문의 노비가 되는 것을 금지한다"는 유사노비 금지법규를 발령함으로써 유사노비도 법제적으로 해방했다.198) 이어서 명조 정부는 1588년 대명률을 개정해서 "관리와 평민의 집안에서 1년 노무계약에 의해 고용된 모든 사람은 '고공雇工'으로 취급되고, 몇 달 또는 며칠로 단기간 고용되어 큰 액수의 임금을 받지 않는 사람들만이 '범인凡人'으로 취급되어야 한다"고 못 박았다.199) 따라서 과부가 부잣집에 판 자식들로서 양자·양녀·양며느리로 가사를 돕는 유사노비는 1년 이상 고용된 장기노동자로서 바로 법적으로 '고공'이라는 지위를 가졌던 것이다.

어찌 되었든 유럽인들은 크루즈의 이런 논고를 통해서 중국에 세습노비도, 귀족도 존재하지 않는다는 사실, 즉 "천하(중국)에 나면서부터 고귀한 자는 없고(天下無生而貴者也)" 고귀해지려면 오로지 자신을 갈고닦아야만 한다는 사실을, 말하자면 '중국이 평등한 평민들만으로 구성된 완전한 태생적 평등사회'라는 사실을 알게 되었다. 중국의 이 '태생적 평등'은 기독교신학자들의 사상 속으로 암암리에 스며들어 '자연적 평등'의 관념으로 재현된다.

크루즈는 노야老爺(로우테아, 신사)를 언급하면서 그들의 관직임기가 3년이고

---

198) Elvin, *The Pattern of the Chinese Past*, 235-236쪽.

199) Elvin, *The Pattern of the Chinese Past*, 238쪽; 박일원, 『추관지秋官志(2)』[1781] (서울: 법제처, 1975), 446-448쪽.

상피제가 적용된다고 말한다. 그리고 당시 명대 중국의 가정제嘉靖帝(재위 1521-1566) 때 환관의 발호를 반영해서 관직이 환관의 자문을 받는 황제에 의해 분배된다고 설명한다.200) 그리고 노야를 선발하는 성시省試 문무관 과거시험을 소개하고 신사의 특권에 대해 설명한다. 그러나 크루즈는 이들이 공부하는 서적과 철학에 대해 알지 못하고 법률 공부와 법률시험만을 거듭 언급한다. 따라서 공자도, 공자의 철학도 언급하지 않는다.201)

2.7. 라다의 공식 중국보고서(1575)와 에스칼란테의 『중국항해론』(1577)

■마르틴 데 라다의 중국보고서(1575)

스페인 아우구스티누스회 소속 탁발승 마르틴 데 라다(Martin de Rada, 1533-1578)는 스페인의 나바레·바스크 지방의 주도 팜플로나(Pamplona)에서 태어났다. 그는 11세 때 형과 함께 파리로 유학해서 파리대학에서 5-6년을 보낸 뒤 프랑스의 치열한 신·구교 싸움으로 치안이 흉흉해지자 스페인으로 귀국했다. 귀국 직후 그는 살라만카 대학교에 입학했다. 1553년 그는 살라만카 수도회의 아우구스티누스회에 가입하고 살라만카 대학교에서 신학을 공부했다. 졸업 후에 그는 멕시코로 갔다가 1565년 필리핀에 도착했다.

라다는 필리핀에서 작업한 최초의 아우구스티니언 탁발승 가운데 하나였다. 라다는 1575년 복건성으로 여행하는 동안 일련의 중국 서적들을 얻었다. 복건성은 명대 중국 전역에서 가장 중요한 서적생산의 중심지였기 때문에 중국 서적을 구하기에 가장 적합한 지역이었다.202) 라다는 방금 설립된 스페인 식민지의 총독에 의해 중국당국과 외교교섭을 벌이고 중국인들의 자질을 배우고 그들의 예절과 풍습을 알고 그들이 어떤 무역과 상업을 추구하는지를 파악하라는 훈령을 받았다. 그는 그가 식민지 관리들을 위해 정리한 많은 중국정보를

---

200) Cruz, *Treatise in which the things of China are related at great length* [1569], 158쪽.

201) Cruz, *Treatise in which the things of China are related at great length* [1569], 160-161쪽.

202) Brockey, "The First China Hands", 78쪽.

가지고 돌아왔다. 「대명이라고 불리는 중국의 풍물에 관한 보고(Relations of the Things of China which is properly called Taybin)」에서 라다는 중국인에 관한 그의 근거자료들이 부분적으로 "중국의 인쇄물과 기록물들로부터 나왔다"고 말한다. "중국인들은 중국에 관한 일반적이고 특별한 기록들을 가지고 있었을 뿐만 아니라, 이것들에 관한, 그리고 가문과 속방 및 공물, 또 황제가 이들로부터 각각 거두는 곡식들에 관한 서적들을 인쇄했기 때문이다."[203] 라다의 수집 장서는 남부중국에 죄수로 감옥살이를 하던 이른바 '포로들'의 제한된 문선文選들을 능가하는 것이었다. 라다는 최초로 중국 서적 장서고를 소유하게 된 것이다.[204]

라다는 『환우통구寰宇通衢』도 분명 보유했을 것이다. 그의 글이 이 책을 본 다른 저자들처럼 상이한 성省들과 도시들 간의 도로와 수로에 관한 상세한 정보를 제공하고 있기 때문이다. 라다 자신도 "상이한 저자들에 의해 쓰여 상이한 일시에 출판된 이런 종류의 책 7종이 내 손에 입수되어 나는 이것들을 상호 비교해서 진리를 더 잘 알 수 있었다"고 말한다.[205] 그는 이런 문헌들을 바탕으로 중국제국의 국가제도에 관한 자료를 제시한다.

라다의 「중국풍물에 관한 보고」는 두 부분으로 구성되어 있다. 첫 부분은[206] 1575년 복건성에서 마닐라를 오간 여행 과정을 기록한 것이고, 두 번째 부분 「대명이라고 불리는 중국의 풍물에 관한 보고」는 중국에 대한 간략한 기술을 담고 있다. 이 부분은 12개의 장절로 이루어져 있다. 두 부분은 멘도자의 『중국제국의 역사』(1585)와 로만(Jeronimo Roman) 탁발승의 『세계의 나라들(Republics del Mundo)』의 개정판(1595)에 활용되었다. 첫 부분은 산 아구스틴(Gaspar de San Agustin)

---

203) Martin de Rada, "Relation of the Things of China which is properly called Taybin"[1575], 261쪽. Charles R. Boxer (ed), *South China in the sixteenth century: being the narratives of Galeote Pereira, Fr. Gaspar da Cruz, O.P. [and] Fr. Martín de Rada, O.E.S.A. (1550-1575)*, Issue 106 of Works issued by the Hakluyt Society (Printed for the Hakluyt Society, 1953·2017).

204) Brockey, "The First China Hands", 77쪽.

205) Rada, "Relation of the Things of China which is properly called Taybin"[1575], 261쪽.

206) Martin de Rada, "Narative of the Mission to Fukien, June-October, 1575". Charles R. Boxer (ed), *South China in the sixteenth century: being the narratives of Galeote Pereira, Fr. Gaspar da Cruz, O.P. [and] Fr. Martín de Rada, O.E.S.A. (1550-1575)*, Issue 106 of Works issued by the Hakluyt Society (Printed for the Hakluyt Society, 1953·2017).

탁발승의 『정복(*Conquistas*)』(1698)의 일부로 출판되었다. 두 번째 부분은 1884년에 야 아우구스티누스회의 잡지 *Revista Agustiniana*(1884-1885) 8-9권의 파일로 인쇄 되어 출판되었다.207)

라다는 중국인들에 대해 페레이라나 크루즈보다 비판적이었다. 그는 천문학 ·수학·자연과학에서의 중국인들의 업적을 필리핀 사람들의 반半토인적 수준 으로 평가절하하고 아주 경멸했다. 중국의 자연과학과 천문학·수학에 대한 그의 이런 무시와 경멸은 부분적으로 통역사의 그릇된 통역 때문으로 보인 다.208) 그도 밀수행상에 종사하는 반식자半識者 중국인 통역사들을 신뢰할 수 있는지 의심했었다. 그는 예외적으로 중국의 초본강목草本綱目(식물지)들만은 좋게 평가했다. 중국인에 대한 라다의 비판적 태도는 부분적으로 그의 이데올 로기적 편향에도 기인했다. 그는 성직자임에도 크루즈와 반대로 호전적이었다. 라다는 중국인들의 내면적 평화지향성에 공감하지 않았다. 그도 자비에 신부처 럼 '호전적 일본인들'이 그의 취향에 더 맞는 것으로 느꼈다.209)

「대명이라고 불리는 중국의 풍물에 관한 보고」에서 라다는 대명大明제국의 영토규모와 지리적 위치, 성省들의 수효와 위치, 군인과 수비대 및 무기 등을 소개한다. 그는 중국의 군대를 보병 총 417만 8,500명으로, 그리고 기병은 총 78만 기騎로 추산한다.210) 그리고 이어서 중국의 인구와 세수, 중국제국의 유구성과 간략한 중국사를 소개한다. 그는 삼황오제로부터 남송과 대원大元· 대명국大明國에까지 이르는 4,000년 역사를 약술하고, 이 과정에서 왕조를 교체 하고 사회정치체제를 바꾼 혁명("rebellion", "rising up")을 진秦나라의 전복으로부터 홍무제의 혁명봉기와 대원국 축출에 이르기까지 7회나 언급하고 있다.211) 그리 고 이어서 라다는 백성의 예의범절과 풍속 및 복식, 향음주례와 잔치, 건축물, 영농, 광업, 사법제도와 통치방식, 신과 우상숭배 및 제사 등에 관해 보고한다.

---

207) Boxer, "Introduction", lxxviii쪽.

208) Boxer, "Introduction", xv쪽.

209) Boxer, "Introduction", lxxvii쪽.

210) Rada, "Relation of the Things of China which is properly called Taybin"[1575], 272쪽.

211) Rada, "Relation of the Things of China which is properly called Taybin"[1575], 279-282쪽.

그러나 중국 관련 보고들이 이미 많이 누적된 마당에 다른 것들과 많은 내용이 중첩되는 이 보고를 상론할 필요는 없다. 다만 특기할 만한 것이 몇 가지 있다. 라다는 중국 백성의 빈곤을 지적한다. 그는 중국의 물산이 엄청남에도 불구하고 "인구가 아주 많아서 대부분의 백성은 가난하다"고 말한다. "우리는 가로를 관통해서 구걸하고 다니는 가난한 사람들, 특히 소경들도 보았다." 그러나 비판은 곧 칭찬으로 뒤집힌다. "그들은 그토록 수적으로 많은 백성일지라도 어떤 것도 버리지 않는다. 그들은 뼈나 뿔도 허비하지 않았고 그것으로 수천 가지 물건을 만들고, 마찬가지로 볏짚과 풀로도 수많은 물건을 만들고 만물을 이런저런 식으로 활용한다."212) 선박과 관련해서도 라다는 비판과 칭찬을 결부시키며 갈피를 잡지 못한다. "그들의 선박은 바람 앞에서도 돛을 활짝 펴고 충분히 잘 항해하지만 약간 느리고 잘못 만들어졌다."213)

학문과 과학에 대해서도 마찬가지다. "모든 과학, 점성술과 천문학, 관상학과 수상술, 산술과 그들의 법률, 의학, 검도, 온갖 종류의 게임과 신에 관한 인쇄된 책들이 우리 손아귀에 입수되었다. (약초학자들처럼 그들이 경험으로 허브들의 효능을 알고 그것들을 디오스코리데스의 책에서 우리가 하듯이 기술하는 의학적 소재들만을 제외한) 그 밖의 모든 것에서 보존할 것이 아무것도 없다. 그 책들은 실질의 냄새나 그림자 이상의 어떤 것도 담고 있지 않기 때문이다. 그들은 기하학도 전혀 모르고 단순한 가감승제加減乘除를 넘어가는 것을 계산하지 못한다."214) 라다는 벌써 유럽중심주의적 오만을 노정하고 있다.

라다는 과거시험에 대해서도 조금 알고 개발새발 기록해 둔다. "좋은 가문의 아무개가 아주 잘 읽을 수 있다는 것이 우리에게 알려질 때 그는 좨주(JaJu; 祭酒)라고 불리는 사람에게서 시험을 보고 충분히 유능한 것으로 드러나면 학사학위를 받는다. 그들은 2개의 꽃다발을 귀에 걸고, 말에 타 깃발과 고적대를 앞세우고 도시를 가로질러 행진한다. 우리는 복주에서 이들 중 한 사람을

---

212) Rada, "Relation of the Things of China which is properly called Taybin"[1575], 294쪽.

213) Rada, "Relation of the Things of China which is properly called Taybin"[1575], 294쪽.

214) Rada, "Relation of the Things of China which is properly called Taybin"[1575], 295-296쪽.

보았는데 그는 고귀한 젊은이였다. 그들은 이 학위를 받고 일정한 사법직무를 수행하기에 적합하다. 읽고 쓸 수 없는 사람은 아무도 (⋯) 치자나 대리자가 될 수 없기 때문이다."215) 과거제와 관료제에 대한 라다의 이해는 이렇게 얄팍하다.

그럴지라도 라다는 관료제와 직결된 '귀족의 부재' 사실, 즉 '중국에 세습적 봉건귀족이 없다'는 사실을 정확히 지적한다.

> 그들은 대명제국에는 그 어떤 봉신封臣영주도 없다고 말한다. 만인은 황제에게 직접 복속되기 때문이다.216)

중국제국의 통치체제는 봉건제가 아니고, 따라서 봉건귀족이 없다는 말이다. 통치는 통치권을 분할해 보유하고 대대로 세습하는 봉건귀족들이 대행하는 것이 아니라, 과거시험에 급제한 신사관료들이 대행한다.

그러나 라다는 중국의 노예제와 관련해서 바로 심각한 오류를 범한다.

> 하지만 그 나라는 같은 동족의 노예들이 존재한다. 왜냐하면 그들은 이방인들을 (노예로) 인정하지 않기 때문이라고 말하기도 한다. 어떤 노예들은 노예로 태어났고, 다른 노예들은 자신들이 범한 죄 때문에 자신을 팔아 노예가 된다.217)

크루즈가 명대 말 중국에서 이미 세습노비가 사라진 것에 대해 앞서 규명했음에도 이런 실수를 하고 있다. 이 실수와 오류는 분명 중국 유아들을 약취하거나 불법으로 사서 노예로 팔아먹는 스페인·포르투갈 노예상인들의 궤변을 받아들인 결과일 것이다. 그러나 크루즈는 이 궤변을 딱 잘라 부인했었다. 그리고 "자신들이 범한 죄 때문에 자신을 판다"는 구절은 역사적 근거가 없고 그

---

215) Rada, "Relation of the Things of China which is properly called Taybin"[1575], 296-297쪽.

216) Rada, "Relation of the Things of China which is properly called Taybin"[1575], 297쪽.

217) Rada, "Relation of the Things of China which is properly called Taybin"[1575], 297쪽.

자체로서도 논리적으로 어불성설이다. 범죄행위에 대한 처벌로 노예로 전락했다고 한다면 그것으로 그만인 것이지, 이런 식으로 처벌을 받은 자가 다시 '자신을 판다'는 것은 비논리적이기 때문이다.

평민이 죄를 지었을 경우에 대명률은 죄인이 관리들의 가정에 들어가 사환노비로 복무하는 것을 처벌의 한 방편으로 허용했다. '사환복무'로 '징역살이'를 대신하게 한 것이다. 여기에 매매관계는 개재되지 않는다. 따라서 이 '사환노역'은 오늘날의 눈으로 보면 일종의 '호화판 징역살이'였다. 라다는 징역대체 사환노역자를 "자신들이 범한 죄 때문에 자신을 팔아 노예가 된" '자매自賣노비'로 잘못 파악한 것이다.

■ 베르나르디노 데 에스칼란테의 『중국항해론』(1577)

스페인 군인이자 성직자 베르나르디노 데 에스칼란테(Bernardino de Escalanteee, 1537-1605)는 그간 출판된 여러 보고자료들과 저작들을 종합해서 1577년 『중국항해론(Discurso de la navegación que los Portugueses hazen a los reinos y provincias del oriente, y de la noticia que se tiene del reino de China)』(1577)을 집필했다. 그는 책 끄트머리에서 그의 책이 하나의 '종합'임을 밝히고 가장 집중적으로 참조한 대표적 서적으로 가스파르 다 크루즈의 『중국풍물론』(1569-1570)과 후앙 데 바로쉬의 『아시아의 시대』 3권 중국편(1563)을 들고 있다. 그의 『중국항해론』(1577)은 여러 저자들이 이미 공간한 간행물들을 종합하고 있기 때문에 당연히 독창성이 없으나 스페인과 포르투갈의 중국정보·지식을 유럽 전역에 광범하게 확산시킨 최초의 저작인 점에서 역사적 의미가 크다. 크루즈의 『중국풍물론』은 포르투갈 바깥의 유럽에는 알려지지 않은 채 남아 있었던 반면, 크루즈의 기록들을 수용한 에스칼란테의 『중국항해론』(1577)은 출간된 지 2년 만에 영역·출판되어218) 1579년부터 영어권에서 널리 읽혔다.

---

218) Bernardino de Escalantee, *A Discourse of the Navigation which the Portugales doe Make to the Realmes and Provinces of the East Partes of the Worlde, and of the Knowledge that growes by them of the Great Thinges, which are in the Dominion of China* [1577], translated out of Spanish into English (London: Imprinted by Thomas Dawson, 1579).

그리하여 바로쉬의『아시아의 시대』3권 중국편(1563), 크루즈의『중국풍물론』(1569-1570), 스페인 탁발승 마르틴 데 라다의「대명이라고 불리는 중국의 풍물에 관한 보고」(1575), 에스칼란테의『중국항해론』(1577) 등의 저작에서 소개된 중국의 '태생적·탈신분적 평등' 제도와 혁명사는 프랑스와 포르투갈을 부지런히 드나든 스코틀랜드 학자 조지 부캐넌(George Buchanan)에게도 충분히 영향을 미쳐 유럽의 정치사상사 안에서 지극히 이질적일 정도로 새로운 자유·평등사상을 맨 먼저 전개한 그의『스코틀랜드의 왕권』(1579) 속에도 암암리에 반영되었음이 거의 틀림없다. 크루즈 등 여러 저자들은 봉건적 세습귀족도, 세습노비도 없는 중국의 '태생적·탈신분적 평등' 제도를 상론하고 있고, 라다는 명대까지의 중국사를 백성이 봉기해서 부패·무능 왕조를 여러 차례 전복한 역성혁명의 역사로 기술하고 있다. 포르투갈과 스페인어로 쓰인 이 저자들의 책들은 모두 부캐넌의『스코틀랜드의 왕권』보다 앞서 출판되어 프랑스와 남구제국에서 각광을 받고 있었을 뿐만 아니라, 일부는 영역·불역되어 영국·프랑스 등 유럽 전역에서도 널리 읽히고 있었기 때문이다.

에스칼란테의『중국항해론』이 다른 책들과 내용적으로 많이 중복되더라도 그가 취사선택해서 종합한 내용들 중에서 우리의 논의에 중요한 것을 골라 살펴보자. 에스칼란테는 유사노비제에 대해 이렇게 기술한다.

중국인들은 천기賤妓들이 도시 안에 거주하는 것을 용인하지 않고, 그들에게 지정된 교외에서 거주할 것을 명한다. 이 모든 천기는 대부분 어린이였을 때 그녀들의 어머니로부터 사들인 노비들이다. 왜냐하면 자기를 부양할 수 없을 때 자기 구조를 위해 자식을 파는 것은 가난하게 남겨진 과부들에게 법률에 의해 허용된 것이기 때문이다. 과부들은 궁핍에 눌려서 부유한 상인에게 찾아가 그들이 살 만한 딸자식을 제공한다. 탐욕으로 움직이는 상인들은 이 어린 소녀들에게 버지널(건반악기)과 기토른(Gittorn) 및 기타 악기의 연주를 가르치기도 한다. 그녀들이 성년으로 자란 뒤에 그들은 그녀들을 가로에 내놓고 매춘의 이익을 거둬들이기도 한다. 이 이유로 지정된 국가관리는 이를 기록하고, 이 기녀의 주인은 연간 얼마만큼의 돈을 조공방식으로 이 관리에게 지불한다. 그리고 기녀들은 자기 주인에게 매달 그녀들이 합의한 만큼 많은 돈을 바친다. 악기를 잘 연주하고 노래를 잘하는 기녀들은 더 높은 가격으로 더 많이 평가된다. 기녀들이 늙으면 연고, 기름, 물, 색깔로 다시 젊게 보이게 만들고, 늙어서 돈벌이가 안 될 때는 주인에 대한 더 이상의 예속 없이 자유롭게 남겨둔다. 그러면 그녀들은 그들이 이 천한 직업으로 젊었을 때 벌어둔 것으로 스스로를 부양한다.219)

이것은 중국의 노비기녀에 대한 크루즈의 기록을 가난한 과부의 자식 판매권한에 대한 그의 기록과 종합해놓은 것이다. 이 기록에서 좀 더 선명하게 드러난 것은 기녀들도 번 돈을 주인에게 다 주는 것이 아니라, "합의한 만큼"만 주고 나머지를 노후를 위한 자기 재산으로 모아둔다는 점이다. 이것은 이 노비기녀가 '완전한 노비'가 아니라 유사노비라는 것을 보여준다. 이 점은 늙으면 "주인에 대한 더 이상의 예속 없는" 자유인으로 방면되는 점에서도 다시 확증된다. 그러나 크루즈와 에스칼란테의 서술과 달리 부자들은 사들인 소녀들을 모두 기녀로 기르는 것도 아니고, 기녀로 기른 처녀를 다 가로의 창기로 내놓는 것도 아니었다. 실제로 중국에서 부자들은 사들인 소녀들을 대개 '양녀養女'나 '양養며느리'로 받아들여 성년이 되면 하녀·첩 등의 다른 용도로 사용했고, 성년이 된 하녀의 경우에는 시집을 보내 해방시켰다.

한편, 에스칼란테는 크루즈의 관찰기록을 바탕으로 가난한 과부가 부자에게 판 '소년'의 경우를 이렇게 기술한다. "소년들은 혼인할 나이가 될 때까지 주인의 집에서 온갖 봉사를 다한다. 그리고 주인은 그들에게 아내를 구해 주고 주택을 마련해 주고 직업을 주거나 생계를 얻을 방법을 지정해줄 의무가 있다. 이 하인들은 그들의 예속관계를 인지하고 그만큼 많은 것을 매년 주인에게 바쳐야 하지만, 이 노비들의 자식은 자유롭게 남는다."220) 혼인 이후에도 계속되는 예속관계 속에서 매년 주인에게 뭔가를 바쳐야 하는 옛 하인의 의무는 노비에게 아내·주택·직업을 마련해 주어야 할 주인의 의무와 대칭을 이루는

---

219) Escalantee, *A Discourse of the Navigation*, 22쪽.
220) Escalantee, *A Discourse of the Navigation*, 22쪽.

것으로서 주인과 하인은 쌍무적으로 묶였다. 이 점에서 이 하인은 명실상부한 완전 노예가 아니라, 유사노비인 것이다. 이것은 그의 자식이 자유인이 된다는 사실에 의해 더욱 분명해진다. 이 유사노비의 종속관계는 노예관계가 아니라 정감적이고 권리·의무가 신축적인 부자관계를 연상시키는 '장기 임금노동' 관계인 것이다. 명초부터 중국에서 노예 사용은 법으로 금지되었다. 세습노비는 오직 왕족과 신사의 집에서만 허용되었다. 그러나 왕족은 4대 후에 왕족의 지위를 잃었고, 대대로 과거급제를 통해 신사의 신분을 유지한 신사가문은 존재할 수 없었다. 이로 인해 중국은 법적 세습노비가 명대 중반 이전에 완전히 소멸한 상태에 있었다. 따라서 가사노동을 하는 하인은 '장기 임노동자'의 형태로밖에 사용할 수 없었다. 이런 까닭에 중국에서 주인들은 과부로부터 사들인 소년들을 '양자養子'의 이름으로 받아들였다. 그리하여 크루즈는 양자·양녀의 시한부 유사노비 상태가 중국에서 존재하는 "최악"의 예속 형태라고 밝힘으로써 중국에 명실상부한 완전한 노비, 즉 '세습노비'가 존재하지 않음을 규명했던 것이다.

여기에 더해 에스칼란테는 크루즈의 견해에 충실하게 중국에 세습·봉건귀족이 부재한다는 사실을 시사한다.

이 대제국은 전체가 그 안에서 통치하고 군림하는 한 명의 유일한 제왕에게 복속되어 있다. 그리고 아버지로부터 아들로 제국을 승계하고, 아들이 없으면 친족 안에서 다음 사람에게로 간다.[221]

황제가 "유일한 제왕"이라는 말은 중국이 일정한 봉토를 세습적으로 다스리는 제후나 봉신귀족을 둔 봉건국가가 아니라, 황제로부터 과거시험으로 입증된 학식과 덕성을 근거로 치자로 임명받은 신사들의 관료국가라는 것을 뜻한다. 신사는 공맹의 '대부불세관大夫不世官' 원칙에 따라 관직을 세습하지 않는다. 따라서 중국은 세습·봉건귀족에 의해 다스려지는 나라가 아니라, 관직불세습

---

221) Escalantee, *A Discourse of the Navigation*, 31쪽.

의 '신사들에 의해 다스려지는 나라다. 종합하면, 에스칼란테도 막연하게나마 '중국이 세습노예도, 세습귀족도 없는 평등국가라는 사실을 말하고 있다. 따라서 늦어도 1577년쯤 중국이 신분 없이 자유·평등한 국가라는 사실을 전 유럽 차원에서 익히 알게 되었다고 말할 수 있다.

한편, 마르틴 데 라다는 중국에서 걸인을 보았다고 함으로써 크루즈의 말을 반박했으나, 에스칼란테는 이 주장을 물리치고 '중국에는 걸인이 없다'는 크루즈의 견해를 대변한다.

> 모든 백성은 전반적으로 들녘을 경작하거나 학문·예술을 하거나 상인의 직업을 가져서 스스로에게 일을 주어 어떤 게으른 사람도 허용하지 않는다. 그리하여 백성들 사이에서 구걸을 하는 가난한 사람들도 없고, 아무도 그들에게 보시를 주지도 않는다. 왜냐하면 그들은 모두가 자기 생계를 자기 노동으로 얻기를 바라기 때문이다.[222]

그리고 이에 잇대서 에스칼란테는 크루즈의 기록을 바탕으로 중국의 장애인복지제도를 소개한다.

> 그러므로 그들은 절름발이나 불구자 또는 중환자인 어떤 이가 있다면 이들을 부양할 능력이 있는 친척에게 부양을 명하고, 만약에 하지 못하면 국가재정관이나 기타 관리들이 친척 대신에 생계를 구하게 하도록 강제하여 모든 사람이 가진 능력에 따라 그들에게 필요한 것을 준다. 부유한 친절한 사람들이 없으면 사법관리 앞에서 동일한 사실을 입증하도록 명하고 그들을 왕이 이 목적을 위해 관련 정사를 보며 모두에게 필요한 것을 풍부하게 주는 보통 관리들을 배치해 모든 곳에 설치한 요양원에서 받아들이도록 명한다. 이 비용은 왕의 수입에서 나온다. 대부분 이 모든 이는 그들이 죽을 때까지 치료될 수 없다. 그들은 그들의 이름을 역할들로 적어두고, 그들 자신과 왕의 재정수입의 회계책임자들은 요양원 관리들을 방문해 아픈 사람들의 보살핌과 부양을 조사한다. 그들에게 봉사하고 그들을 소중히 기르도록 부과된 바의 의무를 하지 않은

---

222) Escalantee, *A Discourse of the Navigation*, 22쪽.

것을 발견하면 그 관리들은 용서 없이 처벌받는다. 눈먼 사람들이 가난하면 그들은 두더지처럼 노동해서 방앗간에서 밀과 쌀을 빻아 먹을 것을 얻도록 명령한다. 눈먼 여성이 매춘부이면, 시력이 정상이지만 이런 천한 생계활동을 그만둔 다른 여성을 지정해주어 그녀를 치장하고 입혀주게 한다.223)

크루즈는 눈먼 창기를 치장해주는 여성을 단지 "보모"라고 밝혔으나 에스칼란테는 과거에 창기생활을 했으나 나이 들어 이 직업을 그만둔 전직 창기라고 밝히고 있다. 그럼에도 크루즈의 기록보다 이 기술은 두서없이 어지럽다.

지금까지 핀토, 포로 출신 포르투갈 무명씨, 바로쉬, 페레이라, 크루즈, 라다, 에스칼란테 등의 1570년대까지 중국보고서들을 소개·분석했다. 상술했듯이 포르투갈의 역사학자 주앙 데 바로쉬는 『아시아의 시대』 제3권(1563)에서 중국의 정치사회적 제도를 상술하고 인쇄술과 대포의 발명 같은 기술과학 분야의 업적들을 찬양했다. 이미 그때 바로쉬는 중국문명이 그리스·로마문명보다 훨씬 우월하다고 결론지었다. 이로써 바로쉬는 헬레니즘을 등지고 중국을 예찬하기 시작한 최초의 유럽 철학자였다.224) 또한 바레토(Melchior Nunnes Barreto, 1520-1571) 예수회 신부도 1558년에 그의 중국과 일본 체류 경험을 보고하는 책을 썼다. 이 책의 공간 여부는 알 수 없지만, 퍼채스는 1613년 『퍼채스, 그의 순례여행』에서 바레토의 이 보고를 인용하고 있다.225) 바레토는 마카오에 체류한 최초의 기독교 성직자이고, 또 3명의 포르투갈 죄수들을 몸값을 치르고 석방시키기 위해 광주에 입국함으로써 중국을 방문한 최초의 가톨릭 신부가 되었다. 이들의 거의 모든 기록과 보고들은 후앙 곤잘레스 데 멘도자의 저작 『중국제국의 역사』 속에 반영되어 종합된다.

---

223) Escalantee, *A Discourse of the Navigation*, 23-24쪽.

224) Blue, "China and Western Social Thought in the Modern Period", 60쪽 각주7.

225) Samuell Purchas, *Purchas, his Pilgrimage. Or Relations of the World and the Religions observed in all Ages and Places discovered from the Creation unto this Present* (London: Printed by William Stansby for Henrie Fetherstone, 1613·1614), 443쪽.

2.8. 멘도자의 『중국제국의 역사』(1585)

16세기 말엽 중국의 사상과 예술에 대한 유럽인들의 포괄적 관심을 일깨운 것은 그간에 쌓인 모든 선교사와 상인들의 중국보고들을 거의 집대성한 후앙 곤잘레스 데 멘도자(Juan Gonzáles de Mendoza, 1545-1618)의 저작이었다. 그는 스페인 토레실라 엔 카메로스 출신으로 교황청에 의해 여러 곳의 주교로 임명된 가톨릭 성직자였다. 그는 1558년 선교목적으로 명대 중국을 향해 떠나 마카오에 도착한 뒤 입국을 시도했으나 중국에 한 발도 들여놓지 못하고 돌아서야 했다. 그는 발길을 돌려 멕시코에서 2년을 머물렀다. 그는 마카오에 체류하면서, 그리고 필리핀 마닐라, 멕시코를 오가면서 중국무역상들과 선교사들로부터 전해 들은 중국에 관한 이야기들을 수집했다. 이렇게 하여 그가 스페인어로 쓴 책이 1585년 로마에서 첫 출판된 『중국대제국의 주목할 만한 모든 것과 제례와 관습의 역사(Historia de las cosas mas notables, ritos y costumbres del gran Reyno de la China)』(1-2권, Roma, 1585)였다.226) (이하『중국제국의 역사』로 약기) 스페인국왕 필립 2세의 편찬 명령으로 출판된 이 저작은 중국만을 다룬 유럽 최초의 서적이다. (『동방견문록』은 중국만 다룬 책이 아니다. 마르코 폴로는 유럽과 중국 사이의 긴 여정에서 방문한 모든 나라의 자질구레한 사실들을 다 이야기하고 있다.) 이 책은 1585년 스페인어로 로마에서 나왔고, 1586년에는 마드리드와 바르셀로나, 1595년에는 메디나 델 캄포, 그리고 1596년에는 안트워프에서 다시 출판되었다. 1614년경 『중국제국의 역사』는 이미 28판이 찍혀나갔고, 유럽의 7개 주요 언어로 번역되었다.227) 가령 1586년에는 이탈리아어로 번역되

---

226) Juan Gonzáles de Mendoza, *Historia de las cosas mas notables, ritos y costumbres del gran Reyno de la China* (1-2권, Roma, 1585; Madrid & Bercelona, 1586; Medina del Campo, 1595; Antwerp, 1596). 영역본: Juan Gonzalez de Mendoza, *The History of the Great and Mighty Kingdom of China and The Situation Thereof*, the First and the Second Part (London: Printed for the Hakluyt Society, 1853).

227) Gregory Blue, "China and Western Social Thought in the Modern Period", 60쪽 각주8. Timothy Brook and Gregory Blue, *China and Historical Capitalism. Genealogies of Sinological Knowledge* (Cambridge: Cambridge University Press, 1999). 최초의 영역판은 1588년 R. Parke 영역판이다. Juan Gonzalez de Mendoza, *The Historie of the Great and Mightie Kingdom of China and The Situation Thereof: Together with the great riches, huge citties, politike govemement, and rare invemtions*

어 로마와 베니스에서 출판되었고, 1587년과 1588년, 그리고 1590년에는 다시 베니스에서 출간되었다. 1588년에는 영역본과 불역본이 각각 런던과 파리에서 출판되었다. 불역본은 1589년과 1600년에도 중판되었고, 1604년에는 루앙, 1606년에는 제네바와 리용에서 리프린트되었다. 1589년에는 라틴어 번역본도 나왔는데, 출판장소는 프랑크푸르트였다. 그리고 1655년에는 다른 사람에 의한 라틴어 번역본이 안트워프에서 나왔다. 이것을 보면 멘도자의 이 책이 퍼채스와 마테오리치·트리고, 그리고 마르티니 등의 책들이 나온 뒤에도 여전히 계속해서 중요한 책으로 읽혔다는 것을 알 수 있다. 독역본은 1589년 프랑크푸르트에서 나왔다.228) 멘도자는 스페인으로 귀국한 뒤 1593년 그간의 노고에 대한 포상으로 리파리(Lipari)의 주교로 임명되었다. 1607년에는 '비카 아포스텔릭'의 칭호를 달고 아메리카로 건너가 치아파(Chiapa)의 주교로 재임했다.229)

■『중국제국의 역사』의 내용

『중국제국의 역사』에서 멘도자는 공자철학을 제외하고 있지만 중국제국의 역사·정치·행정·사회·지리 등 다양한 측면들을 예찬하며 나름대로 성실하게 소개하고 있다. 이 책은 이 정도의 소개만으로도 당시 유럽인들의 편협한 세계관을 뒤흔들기에 충분한 충격을 가했다.

멘도자는 『중국제국의 역사』에서 특히 요임금에서 명대 만력제萬曆帝까지의 중국의 약사略史, 국가의 훌륭한 체제, 거대한 인구, 토지의 비옥도, 풍부한 생계, 낮은 물가, 걸인의 부재, 훌륭한 가로, 모든 생필품을 자기 나라 안에서 생산할 수 있는 능력 등을 찬양하고, 관리들의 덕성을 최고로 칭찬하며 과거제도를 기술했다. 그리고 자국 국경의 안전을 소홀히 함이 없다면 이웃나라에

---

in the same, the First and the Second Part, translated by R. Parke (London: Printed by I. Wolfe for Edward White, 1588). 이 번역본은 하클류트협회(the Hakluyt Society)에 의해 1853년 리프린트되었다.

228) R. H. Major, "Introduction", lxxxii-lxxxiii쪽. Juan Gonzalez de Mendoza, *The History of the Great and Mighty Kingdom of China and The Situation Thereof* [1585], with an Introduction by R. H. Major (London: Printed for the Hakluyt Society, 1853).

229) Major, "Introduction", lxxxiii쪽.

대한 침략전쟁은 단념해야 한다는 중국의 대외정책 원칙을230) 유럽에 권고하기도 했다.231)

- 중국의 내각제와 '귀족 없는 사회'

멘도자는 명대 문화의 최전성기에 해당하는 만력제 연간에 내정개혁을 단행한 내각수보首輔 장거정張居正(1525-1582)이 통치하던 시기(1572-1582)에 해외에서 중국무역상과 마카오 선교사들을 통해 전해 들은 중국제국의 정부제도를 소개한다. 특히 놀라운 대목은 그가 이후 수많은 중국주재 선교사들도 놓친 '내각'의 존재를 정확히 파악하고 이에 대해 자세하게 분석하고 있는 점이다.

멘도자는 중국을 유럽의 나라들과 비교도 되지 않을 정도로 방대한 나라로 소개한다. 중국의 15개 성省들 중 어떤 성도 유럽의 가장 큰 나라보다 작지 않기 때문이다. "이 위력적 왕국은 15개의 성으로 나뉘어 있는데, 이 성 각각이 우리가 전 유럽에서 알고 있는 가장 큰 왕국보다 더 크다."232) 그는 이 방대한 나라를 다스리는 '내각'에 관해 일단 이렇게 말문을 연다.

황제는 그가 거주하는 북경의 성내에 제국 전역에서 선발된, 다년의 통치 경험을 가진 12인 내각대학사의 내각(royal counsel)과 1인의 수보(a president)를 거느리고 있다. 내각대학사라는 것, 이것은 한 인간이 얻을 수 있는 최고·최상의 존위다. (앞서 말한 대로) 이 왕국에는 국왕과 그의 아들인 왕자 외에는 대공·공작·후작·백작도 없고, 신민들을 거느린 영주도 없기 때문이다.233)

특별한 것은 통상 6인의 대학사로 구성되는 내각이 장거정이 내정개혁을 추진하던 1570-80년대에는 12인으로 늘었다는 점이다. 그리고 "앞서 말한 대로"라는 구절은 앞에 나온 다음의 설명을 가리킨다.

---

230) Mendoza, *The History of the Great and Mighty Kingdom of China*, Part 1, 94쪽.

231) Osterhammel, *China und die Weltgesellschaft*, 23쪽; Mackerras, *Western Images of China*, 25쪽.

232) Mendoza, *The History of the Great and Mighty Kingdom of China*, Part 1, 21-22쪽.

233) Mendoza, *The History of the Great and Mighty Kingdom of China*, Part 1, 96-97쪽.

이 왕국 전역에는 (터키에서와 같은) 신민이나 가신을 거느린 영주도 없고, 가산家産과 부동산, 또는 왕이 훌륭한 봉직이나 통치에 대한 보답으로, 아니면 특별한 존경에 대한 보답으로 하사한 것 외에 그 어떤 관할권을 가진 적법한 영주도 없다. 모든 것은 몸과 더불어 끝나고, 왕이 책무나 의무에서가 아니라 예양에서 고인의 아들에게 하사하는 것을 제외하고는 전부 다시 왕에게로 돌아간다. 이것은 이 제도가 탐욕이나 어떤 다른 의도를 위한 것이 아니라, 부유하거나 유력한 어떤 영주가 있다면 생겨날지도 모를 불미스러운 일이나 역모의 원인을 피하기 위한 것이라는 점을 이해하게 해준다.234)

이것은 중국에는 세습귀족이 없다는 말이다. 이 사실은 1613년 퍼채스에 의해 "왕 외에는 아무도 고귀한 사람이 없는(none is great but the King) 나라"로 표현된다. 앞서 시사한 대로 이것은 청교도혁명의 신형군 장병들의 「진실로 개진된 군軍의 주장」(1647)과 이를 반영한 『인민협정』(1647-1649) 속에 반영되고, 귀족을 약화시키려는 루이 14세와 오스트리아의 요셉 2세의 중앙집권화 정책 속에 음양으로 투영되며, 루이 14세의 중앙집권화 정책에 반대해 귀족의 전통적 신분특권을 수호하기 위해 세습귀족이 없는 중국을 갖은 허언으로 헐뜯은 프랑스 대귀족 몽테스키외의 '중국전제정론' 속에도 반동적 증오심의 기폭제로 스며들게 된다. 이어서 멘도자는 내각대학사와 기타 최고위 관리가 될 자격을 말한다.

이 대학사들과, 이들에 의해 임명된 각성各省 총독들은 이 칭호를 보유한 경우와 같이 다른 경우에도 동일한 평가가 지속되는 시간 때문에 존경받고 숭앙되는 인물들이다. 내각대학사가 되기 위해서는 국법과 도덕·자연철학에 정통하고 학식이 있으며 이런 분야의 학위를 수여받는 것으로 충분치 않다. 그들은 점성술(역학?)과 심판에도 정통해야 한다. 15개 성 전부를 다스리는 내각에 속해야 하는 사람들은 뒤이어 일어날 것을 예보하고 다가올 모든 필수불가결한 것들에 더 잘 대비하기 위해 상술된 모든 것을 아는 것이 필수적이라고 그들이 얘기하기 때문이다.235)

---

234) Mendoza, *The History of the Great and Mighty Kingdom of China*, Part 1, 79-80쪽.

대학사 자격에 대한 설명에 이어 내각 각로들에 대한 대우와 내각회의가 개최
되는 전각 내부를 설명한다.

> 이 12인의 내각대학사는 통례적으로 황궁 내의 내각에 참여한다. 이 내각을 위해
> 경이로울 정도로 화려하게 장식된 전각이 배정되어 있다. 똑같이 생긴 13개의 의자
> 들 중에서 6개는 금박의자이고 6개는 은박의자다. 이것이나 저것이나 진귀한 것으로
> 장식되어 아주 고가다. 13번째 의자는 훨씬 더 화려하다. 금으로 만들어졌고 고가의
> 보석들로 가득 꾸며져 있기 때문이다. 이 의자는 금사金絲로 짠 차양이나 호화로운
> 직물 아래 12개 의자의 정중앙에 놓여 있다. 이 13번째 의자에는 왕의 문장이 수놓아
> 져 있고, 말한 바대로 일정한 용들이 금사로 짜여 있다. 왕이 결석할 때, 이 의자에는
> 수보가 앉는다. (이런 일은 드물지만) 왕이 참여하면 수보는 금박으로 된 오른편의
> 첫 번째 가장 높은 의자에 앉는다. 이 의자들과 다른 쪽의 은으로 된 의자에는 대학사
> 들이 연령순으로 자리한다. 이런 식으로 수보가 죽으면 최연장자가 나아가 수보의
> 방을 물려받고, 그의 자리에는 금박의자 쪽에서 다섯 번째인 사람이 올라온다. 그리
> 고 그런 식으로 네 번째 사람이 다섯 번째 의자로 올라간다. 이런 순서로 은박의자
> 쪽에서 나머지 사람들이 올라가고, 또 다른 금박의자로 넘어간다.[236]

내각수보가 '내각회의에 거의 참석하지 않는 국왕'을 대신해 13번째 의자, 즉
'왕좌'에 앉는다는 것은 수보와 내각이 중국의 황제를 대행하는 것을 뜻하는
것으로서 수보와 내각의 권한이 오늘날 영국 수상과 내각처럼 막강했음을
보여준다. 그러나 수보와 내각의 이런 막강한 권한이 황권을 견제할 수 있는지
여부에 대해서는 멘도자가 직설적으로 밝히지 않고 있다. 나중에 1600년경
명대 중국의 중앙정치를 분석한 마테오리치는 트리고에 의해 1615년 공간된
『중국인들 사이에서의 기독교 선교』에서 '황권이 내각에 의해 제약되고 견제되
는 중국의 '내각제적 제한군주정'의 본질을 명확하게 밝히게 된다. 즉, 마테오

---

235) Mendoza, *The History of the Great and Mighty Kingdom of China*, Part 1, 97쪽.
236) Mendoza, *The History of the Great and Mighty Kingdom of China*, Part 1, 97-98쪽.

리치는 오직 내각만이 법과 정책을 발의하고 의정하고 의결할 수 있으며, 이런 까닭에 황제는 내각을 거치지 않고 독자적으로 칙령을 발령할 수도 없고 또 법안과 정책안을 발의할 수도 없으며 황제는 오직 내각의 결정들을 사후에 비준할 뿐이라는 사실관계를 규명했다. 명대 중국의 역대 황제는 신민의 자유와 자치를 보장하는 '무위치자' 또는 '공치자共治者'였던 것이다.

하지만 멘도자는 궐위된 내각대학사의 임명을 내각 자체의 독자적 권한으로 묘사함으로써 간접적으로 내각의 상대적 자립성과 황권의 상대적 제한성을 짐작할 수 있게 한다.

> (누군가 사망한다면) 수보는 왕의 동의 없이 서열대로 각자를 다 승진시키기 위해 이것(내각회의 안에서 대학사들의 상승적 자리이동)을 행해도 된다. 그리고 이 의자들 중 어떤 의자가 공석이면, 내각은 투표로 다른 한 사람을 선출한다. 이 선출은 공정한 절차로 수행되고, 가장 많은 표를 얻은 사람이 발탁된다. 이 발탁 과정에서 가장 주요한 것은 성적(merit)과 역량(sufficiency)이다. 선출된 자가 어떤 정부에도 참여치 않고 있다면, 내각은 (재야의) 그에게 사람을 보낸다. 그러나 그가 도성 안의 현직에 있다면, 내각은 그를 국왕 앞으로 데리고 와서 그에게 선거 사실을 인지시킨다. 이것을 받아들이느냐 무효로 만드느냐는 선출된 자의 권한에 속하지만 무효로 만든 일은 일어난 적이 없다. 그다음, 왕은 관습에 입각해서 몸소 그에게 나라의 법률에 따라 똑바로 공정하게 행하며 총독과 지방장관의 선발이나 다른 어떤 심판에서든 마찬가지로 똑바로 행하고 애착에 이끌리지도 감정에 이끌리지도 않을 것이며 그 자신이 직접 받든 타인이 대신 받든 어떤 뇌물도 받지 않을 것이라는 내용의 엄숙한 선서를 하게 한다.237)

"내각은 투표로 다른 한 사람을 선출한다"는 구절은 대학사 인사권이 왕에게 있는 것이 아니라, 내각에 있다는 것을 보여준다. 이 구절로는 선출투표를 내각대학사들이 하는 것인지, 조정대신들이 하는 것인지 불분명하지만, 만력제

---

237) Mendoza, *The History of the Great and Mighty Kingdom of China*, Part 1, 98쪽.

시대의 역사단계에서는 수보가 조정회의에 대학사 후보자를 추천하고 조정회의는 관례적으로 이 후보에 대해 찬성투표를 하는 절차로 대학사 선발인사가 이루어졌다. 따라서 사실상 대학사 임명권은 수보의 관행적 권한에 속했다.

또한 다른 곳에서 멘도자는 중앙정부가 직할하는 두 직예성直隷省에 대한 지배를 왕과 내각의 공치共治처럼 묘사함으로써 내각제적 제한군주정의 면모를 보여주기도 한다. "톨란치아와 파구이아(남경과 북경 – 인용자)라고 불리는 두 성은 왕이 그의 내각과 함께 직접 다스린다."238) 또는 내각이 직할한다고도 표현한다. "당신은 파구이아와 톨란치아라는 두 성이 어떻게 왕의 최고내각에 의해 다스려지는지를 알게 된다."239)

군주와 내각의 공치에 대한 멘도자의 이 기술과, 내각대학사의 실질적 인사권이 이렇게 황제의 권한으로부터 독립해서 내각의 관할범위로 이전된 사실에 대한 그의 서술은 간접적으로 내각의 의정·의결권의 상대적 독립성을 보여주는 언명들이다.

또한 멘도자는 내각과 내각대학사들의 관할업무들을 상세히 열거한다.

이 내각에서 내각대학사들은 매달 자문할 가치가 있는 왕국 전역에서 일어나는 만사를 총람하는데, 이것은 틀림없다. 지방의 성省들을 다스리는 장관들은 성 안에서 전쟁, 국토, 국세, 기타 사항들과 관련해 일어나는 만사를 조정에 보고하라는 특별 성훈聖訓(express commandment)을 받들고 있다. 이 성훈은 아주 정성들여 이행되어서, 조정으로부터 500리그(1리그=4.827km) 떨어진 성일지라도 보고우편은 지정된 날짜를 어기지 않는다. 내각은 먼저 도착하는 우편을 마지막 우편이나 가장 멀리 떨어진 지방의 우편이 도착할 때까지 묵혔다가 모두 모아 한꺼번에 보고한다. 곧 도착할 만큼 가깝거나 엎드리면 코 닿을 듯한 거리에 위치한 지방들은 매일 앞다퉈 우편보고를 한다. (⋯) 내각이 결과적으로 모든 우편의 보고를 입수했을 때 수보는 지체 없이 왕에게 이에 대해 직보直報한다. 그다음 그는, 또는 (필요하다면) 그의 명을 받은 내각

---

238) Mendoza, *The History of the Great and Mighty Kingdom of China*, Part 1, 22쪽.

239) Mendoza, *The History of the Great and Mighty Kingdom of China*, Part 1, 100쪽.

은 그때 필요한 것에 대해 방책을 조치한다. 그리고 같은 일에 관해 조사판단관(어사 – 인용자)을 파견해야 할 필요가 있으면, 판단관을 바로 임명해 화급하게 비밀리에 파견한다. 이 판단관은 알려지지 않은, 아니 잘못이 저질러진 도시에서는 전혀 알려지지 않은 방식(암행어사 방식 – 인용자)으로 조사를 수행한다.[240]

이로써 멘도자는 왕권을 제약하고 견제하는 중국내각제와, 이에 입각한 중국의 제한군주정을 최초로 유럽에 소개한 것이다. 중국정치에 관한 이렇게 놀랍도록 정확한 서술들을 담고 있는 점에서 멘도자의 이 저작은 마르코 폴로의 『동방견문록』(1300년경)을 훨씬 능가하는 책이었다. 이 책의 여러 곳에서 멘도자는 이와 같이 이교異敎문화에 대한 탁월한, 그리고 편견 없는 관찰력을 보여주고 있다.

- 중국관료제

멘도자는 중국의 능력주의적 관리임용제로서의 경쟁적 과거시험제도, 시험 후 부여되는 질품등급, 관리임명방법, 상피제도(rule of exile in office) 등도 기술하고 있다.

멘도자는 "제9절 왕이 각 성省에 배치하는 총독들과 지방장관들, 그리고 이들이 자신들의 통치에서 받는 명령에 관하여"라는 소제목 아래 지방관료제를 설명한다.

당신은 파구이아와 톨란치아라는 두 성이 어떻게 왕의 최고내각에 의해, 그리고 내각이 통치하도록 파견한 지방장관에 의해 다스려지는지를 알게 된다. 다른 13개의 성에는 총독이나, 평민들이 인수안토(Insuanto)라고 부르는 순무巡撫가 있다. 총독은 각 성에 지속적으로 주재하고 보통 각 성의 이름과 같은 거대도시에 산다. 그리고 어떤 종류의 행정체계의 관리들과 판단관들이든 '진사'라고 불린다. 그러나 각자는 그가 수행하는 관직에 따른 특별한 이름을 아울러 가지고 있다. (…) 왕을 대신해 각 성에서 으뜸의 최고치자 노릇을 하는 사람은 총독인데 이를 사람들은 '코

---

240) Mendoza, *The History of the Great and Mighty Kingdom of China*, Part 1, 99-100쪽.

몬'(Comon, '중당[中堂]'을 잘못 들은 것으로 보인다 - 인용자)이라고 부른다. 제2등위는 각 성의 순무인데, 총독보다 조금 낮은 권위를 가진 '인수안토'라고 불린다. 총독도 순무도 없는 도시에 주재하는 행정장관(corregidor)은 이 등급의 모든 것을 뜻하는 '투 우안'('토퉁[都總]'이 더 가까운 발음임 - 인용자)이라고 부른다. 그들은 어떤 도시에서든 중요한 것은 무엇이든 인수안토라는 더 높은 치자에게 보고하고 마찬가지로 인수안 토는 총독 또는 코몬에게 보고한다. 다시 총독은 우리가 앞서 얘기한 우편으로 국왕 이나 내각에 보고할 의무가 있다. 제3등위는 '포정사布政使'라고 부른다. 이 관리는 왕의 세수를 담당하는 장관이다. 그는 그 밑에 각 성에서 세금을 균제均齊하는 1명의 자문관과 많은 행정관리자들, 그리고 관리들, 심부름꾼들을 거느리고 있다. 이 신분 은 그의 모든 관리의 회계보고를 총독에게 제출하고, 총독은 이것에 따라 각 성의 왕의 관리들에게 주어야 할 모든 종류의 봉급과 정상 또는 비상 청구액을 지불한다. 제4등위는 '도독都督'이라고 부른다. 이 관리는 보병과 기마병을 포함한 모든 병사의 사령관이다. 제5등위는 '안찰사'라고 부른다. 안찰사는 민·형사 법정의 총감독관이 다. 그는 다른 더 낮은 법정으로부터 그에게 상고되는 것은 무엇에 대해서든 그의 보좌관들과 더불어 다르게 판결한다. 제6등위는 아이타오('하이타오'가 더 정확한 발음 임 - 인용자)라고 부른다. 이 관리는 군사위원회의 위원장이다. 수요가 있을 때 병사 들을 공급하고 육지에서 필요한 것을 도시와 해안의 수비대의 보충에 공급하듯이 바다를 통항하는 어떤 함대에든 선박과 탄약과 군량을 공급한다. 이 수비대는 성에 들어오는 낯선 사람들을 검문하고 어디서 오는지 등에 관해 알아내며, 안 뒤에는 이것에 관해 또는 필요한 모든 것에 관해 총독에게 보고한다.241)

멘도자는 분리되고 전문화된 명대 중국의 지방 관료조직을 설명하느라 애를 먹고 있다. 이어서 그는 이 지방 관료조직의 내부구조에 대해 좀 더 설명한다.

이 여섯 관직은 굉장한 권한을 가지고 있다. 이 관직들을 집행하는 이들은 깊은 존경 을 받는다. 그들 각자는 굉장한 경험과 근면의 측면에서 선발된 사람들로 이루어진

---

241) Mendoza, *The History of the Great and Mighty Kingdom of China*, Part 1, 100-102쪽.

10인 위원회를 가지고 있다. 이 위원회는 그 관직과 관련된 업무의 시행과 처리에서 각급의 수령들을 보좌한다. 이 10인이 (모든 관직이 아주 질서정연하게 꾸며진 지정된 장소가 있는) 총독의 관저 안에 위치한 위원회 회의에 참석할 때, 그 위원들은 두 부분으로 나뉘고, 다섯은 위원장의 오른쪽에, 나머지 다섯은 왼쪽에 앉는다. 오른쪽에 앉은 위원들은 연장자들이 그만큼 더 많은 우선권을 갖고, 오직 이 점에서만 왼쪽에 앉은 위원들과 다르다. 그들은 금으로 장식된 반대繫帶를 두르고 노란 관冠을 쓴다. 왼쪽의 위원들은 은으로 장식된 반대를 두르고 파란 관을 쓴다. 금과 은으로 장식된 반대와 노랗고 파란 관을 쓰는 것은 위원들 외에 누구에게도 허용되지 않는다. 위원들과 위원장은 왕의 문장을 금으로 된 가슴과 등 부분에 달고 있다. 그들은 이 문장 없이 그들이 참석해야 하는 어떤 자리에도 나아갈 수 없고, 어떤 것이든 판결하기 위해 법정에 앉아 있을 수도 없다. 그들이 문장 없이 나타나거나 판결한다면 불복종일뿐더러 분명히 그들의 순시 시에 처벌받는다. 이 위원회의 위원장이 사망하면 최연장자인 위원들 중 1인이 직무에서 그의 뒤를 잇고, 중앙의 황제내각에 관해 지난 절에서 내가 설명한 바와 같은 질서를 모든 일에서 준수한다.[242]

지방 각급 단위의 수령들에게 배치된 이 '10인 위원회'는 중앙정부 최상부에 위치한 황제의 '내각'을 본뜬 것이다. 이 '10인 위원회' 설치를 통해 명대 중국은 지방행정에서도 독임제적獨任制的(moncratic) 정책결정제도를 모조리 혁파하고 각급 단위의 지방 관료행정을 집체적(collegial) 심의·결정제로 전환시켰다. 18세기에 요한 유스티(Johann H. G. Justi)는 중국 행정체제의 이 집체적 심의·결정제를 높이 평가하며 독일에 도입할 것을 주장한다.

멘도자는 10인 위원회의 개개 위원의 높은 권위에 대해서도 상론한다.

어떤 필요에 따라 위원들이 중요한 정보를 전하기 위해 성省의 한 지역으로 들어가는 경우에 위원회의 한 일원이 지정된다. 이 위원은 홀로 가지만, 위원회 전체의 권위를 가지고 있다.[243]

---

242) Mendoza, *The History of the Great and Mighty Kingdom of China*, Part 1, 102-103쪽.

멘도자는 여기서 1인의 위원이 위원회 전체를 대표하는 제도를 설명하고 있다. 멘도자는 1-6등위 수령들 외에 중하급 관리들도 소개하고, 중국 행정제도의 일부인 사법제도에 대해서도 설명한다.

> 앞서 말한 이 6명의 각급 수령들 외에 (이 왕국의 모든 법정장관처럼 매우 존경받을 지라도) 보다 지위가 낮은 다른 관리들이 있는데, 이들은 다음과 같은 관직명으로 불린다. 코톡(Cautoc)은 기수장旗手長이다. 포침(Pochim)은 이등 재무관이다. 포친시는 옥새를 보관한다. 안차치는 시·현의 수령이다. 구이테이, 치아, 토우테이라고 불리는 3명의 관리들이 더 있다. 이들은 법정을 지키고 일주일에 한 번 그들의 관청에서 면담을 연다. 이들이 문을 열어둘 때, 이들이 자리에 있고 청문할 준비가 되어 있으면 재판을 할 것이라는 것을 알리기 위해 대포 네 발이 발사된다. 이들이 범죄적인 것이나 잘못을 발견하면, 즉시 그것을 관리에게 들려서 받아야 하는 형벌이 쓰인 청구서와 함께 좀파우(zompau)라고 부르는 도시의 보통법정으로 보낸다. 보통재판관 1인이 병사 1,000명을 담당한다. 그는 그 제한도, 관할도 넘을 수 없고, 누구도 그를 대신할 수 없다. 매일 밤 그들은 순찰을 돌며 모두가 자기 집에서 조용히 잠들게 하고 화재를 피하기 위해 촛불이나 등불을 끄도록 한다. (…) 시간이 제한된 뒤에 등불이 발견되면 그들은 아주 가혹하게 처벌받는다. 이것으로부터는 법원에서 보낸 재판관에게 상고하는 것 외에는 상고가 없다. 이 재판관 외에는 정기적으로 와서 기존의 처벌을 무효로 돌리고 민막民瘼이나 타인이 저지른 잘못을 해결해주는 어사御使들밖에 없다. 이 어사는 그들의 언어로 '곰딤(Gomdim)'이라고 부르는데, 모든 억울한 일을 바로잡아 주는 사람이라는 뜻이다. 이 사람은 나머지 모든 사람보다 존경받는다.[244]

그리고 멘도자는 재판관들의 높은 덕성에 주목하며 이렇게 말한다.

> 판관들은 일반적으로 경이로운 도덕적 덕성을 갖추고 있다. 즉, 판관은 모두 고소자

---

243) Mendoza, *The History of the Great and Mighty Kingdom of China*, Part 1, 103쪽.

244) Mendoza, *The History of the Great and Mighty Kingdom of China*, Part 1, 104쪽.

의 말이 성마르고 교만하더라도 인내심을 갖고 그의 말을 들어준다. 그것은 학교에
서 그들에게 가르치는 첫 번째 덕목이다. 아주 잘 양육되었고, 법에 의해 명령하는
경우에도 그 언어가 예의 바르다.245)

또한 멘도자는 중국제국에서 사형사건의 신중한 처리와 관련해 이곳의 인명중
시 사법제도도 소개한다.

왕은 그의 왕국과 신민들에 대해 이런 영유권을 가졌고, 이 왕국이 그 많은 성省과
도시, 주현州縣을 가질 정도로 방대할지라도 단 한 명의 통독도, 지방장관도, 판관도
그의 선고가 왕과 내각에 의해 먼저 확인되지 않은 채 어떤 사람을 사형에 처할 수
없다. 지연遲延이 상당한 위험을 초래할 실제적 전시戰時는 여기에서 제외된다. 내각
은 전시에 총사령관이나 부사령관에게 군율을 위반하거나 잘못을 저지르는 어떤 병
사든 참수하거나 교수絞首할 것을 허용한다. 이것을 그들은 왕이나 내각의 동의 없이,
왕실재무관이나 야전장군의 동의만으로 집행해도 된다. 이들은 둘 다 위엄 있는 인물
들이다. 그들은 판결에서 합치되어야 하고, 그렇지 않으면 사형을 집행할 수 없다.246)

또한 멘도자는 인명을 중시하는 중국의 법치주의에 대해서도 일반적으로 설명
한다.

왕은 모든 수령에게 충분한 봉급을 준다. 왜냐하면 소송의뢰인으로부터 뇌물이나
다른 어떤 것을 받는 것은 중형으로 금지되어 있기 때문이다. (…) 왕의 권위에 의해
엄격한 책무를 부여받은 이 재판관들은 술을 마시지 말고 청문장이나 재판정 안으로
정진하듯 들어가며 또 술을 먹고 선고를 하지 말라는 명을 받는다. 그리고 이것을
어기는 자는 누구든 혹독한 벌을 받는다는 것은 그들 사이에서 관습이다. (…) 아주
중요한 문제나 중대한 인물과 관련된 문제에서 판사는 어떤 정보를 필기하는 일에

---

245) Mendoza, *The History of the Great and Mighty Kingdom of China*, Part 1, 103쪽.
246) Mendoza, *The History of the Great and Mighty Kingdom of China*, Part 1, 100쪽.

있어 공중인이나 대서인을 신뢰하는 것이 아니라, 자신의 손으로 증인의 진술을 받아쓰고 진술된 내용을 중시한다. 이 굉장한 근면성은 재판이 잘못되었다고 불평하는 사람이 거의 없는 이유이자, 위대하고 주목할 만한 덕성인 이유다. 이 근면성은 모든 훌륭한 사법이 모방해야 하는 덕성이다. 많은 동일한 근면성을 활용하지 않는 경우에 생기는 폐를 피하는 것은 이 이교도들이 행하려고 심혈을 기울이는 것이다. 이들은 바른 사법을 수행하는 것 외에 어떤 사람에 대한 존경이나 예외 없이 감내할 만한 가치가 있는 일정한 예방책들을 쓴다.247)

포로 출신인 한 익명의 저자도 중국의 법치주의에 대해 멘도자와 유사한 평가를 내린다. "관리들이 선언하는 선고는 왕국의 법과 부합된다. 그들은 당사자들이 말하는 것을 고려함이 없이 그들 자신이 수사한 사실의 진리에 따라 판결한다. 그리하여 그들은 6개월마다 이루어진다는 (북경으로부터 내려와 순회하는 감찰관의) 감찰이 두려워 사법사무에서 아주 올바르다."248) 당시 유럽에서 가장 선진적인 나라였던 스페인에서 태어나 살아온 스페인 저자들이 중국 사법제도에 공히 놀라는 것을 보면, 중국의 법치주의는 당대 세계에서 최고였던 것으로 보인다.

어사 또는 왕이 파견한 감찰관들은 지방감찰 결과를 내각에 보고하고 왕은 그 결과에 따라 지방장관들에게 상벌을 내린다.

이 감찰관은 지방위원회의 제1석에 정좌하고 위원회의 보통 용례에 따라 연설을 한다. 그는 이 연설로 위원회에 그가 내려온 이유를 알리고 감찰 과정에서 어떤 정성과 근면으로 사안들의 진실을 알아냈는지를 알게 한다. 그리고 그 뒤에 숙고된 말로 자기 직무를 잘 수행한 사람들을 모두 칭찬하고 기리며, 그것에 따라 즉시 내각 한가운데에 그들을 앉히고 그들이 의당 받을 만한 것에 따라 포상褒賞을 받을 수 있도록 그들의 훌륭한 근무에 대한 큰 평가를 국왕과 내각에 제출할 것을 약속한다. 동시에

---

247) Mendoza, *The History of the Great and Mighty Kingdom of China*, Part 1, 107-110쪽.
248) Hudson, *Europe and China*, 243-244쪽.

그는 부과된 자기 의무를 소홀히 한 자들을 모두 날카롭게 견책한다.[249]

직무이행이 불량한 관리들을 견책하기도 하지만 훌륭한 근무자들을 포상하기도 하는 중국의 관리평가제도는 나중에 멘도자의 책을 읽은 몽테뉴에 의해 크게 호평받는다.

한편, 멘도자는 제3책 "제10절 총독과 판단관(어사)을 선발하는 방법과 동일한 것을 집행하는 방법이 여기서 밝혀진다"는 소제목 아래 '상피제도'도 설명한다.

선발될 사람의 자질과 행동에 대해 특별히 부지런히 알아보는 내각각료들이 부여하는 동의에 의해 왕은 (…) 모든 관리를 임명한다. 이 내각각료들이 스스로 널리 알리는 원칙적 사항은 공정한 사법을 집행할 때 일어날지도 모를, 아니 자기 친구와 친족에 대한 친애 때문이든, 아니면 적에 대해 품고 있는 증오 때문이든 우연히 많이 일어나게 되는 곤란한 일을 방지할 목적으로 총독, 수령이나 성省 각료가 예정된 지방에 적격의 인물이 아니라는 것이다.[250]

중국 관료제의 상피제도에 관한 멘도자의 이 설명은 프란시스코 알바레즈의 『에티오피아 이야기』(1561)의 부록으로 출간된 동시대 중국 포로 출신 포르투갈인의 책과 갈레오테 페레이라(Galeote Pereyra)의 중국보고에 의해 확증된다. 먼저 한 익명의 저자는 말한다.

지방수령과 어떤 명령권을 가진 사람들은 학식과 현명 외에 아무것도 고려치 않고 그들의 학식과 대단한 현명 때문에만 선발되며, 아들들이 그의 아비만큼 능력이 있다면 아비의 관직을 이어가지만, 그렇지 않으면 왕이 그의 공무수행을 불허한다. 각 고을의 특별수령은 매일 아침부터 정오까지, 그리고 점심을 먹은 후 해 질 녘까지 앉아서 청문하고 만인을 공정하게 대해야 한다. (…) 관리들은 깊은 존경심으로 대접

249) Mendoza, *The History of the Great and Mighty Kingdom of China*, Part 1, 114-115쪽.
250) Mendoza, *The History of the Great and Mighty Kingdom of China*, Part 1, 105-106쪽.

받고, 그들에게 말을 하는 사람들은 큰절을 하고 말을 하며, 모든 청원은 문서로 해야 한다. (…) 어떤 사람도 인물들에 대한 고려 없이 만인을 공정히 대할 수 있도록 그의 친척들이 있는 태어난 고향에서 다스리지 않는다.251)

페레이라도 이를 재확인한다. "중대한 국사에서 군주를 섬기는 대신의 직위는 학술에 대한 시험 후에 수여되고, 모든 고을에 아주 많이 근무하는 위관·순경 및 육군과 해군의 하사관, 수납원 등은 임의로 채용된다. 주요 대신들은 큰절을 받는다."252)

■ 중국의 비공非攻·평화주의

멘도자는 중국의 총 군사력을 보병 584만 6,500명, 기마병 94만 8,350명으로 타산한다.253) 그러나 중국 병사들의 용맹이 유럽 병사들보다 못한 것으로 평가한다. "용기와 용맹에서 유럽의 우리 국민들과 똑같아진다면 그들은 전 세계를 정복하기에 충분할 것이다. 그들이 수적으로 더 많고 정책에서 대등할지라도 용기와 용맹에서는 한참 뒤처져 있다. 그들의 말은 작지만 대단하다. 하지만 그들은 나라 안에 아주 크고 뛰어난 양마들이 있다고 말한다."254)

그럼에도 불구하고 멘도자는 중국에서 "누가 어떤 죽음의 고통을 당해도 국왕의 허가 없이는 어느 곳에서든 전쟁을 하거나 시작해서는 아니 된다는 법률이 확립되어 있고 오늘날까지 불가침적인 것으로 지켜지고 있다'고 기술함으로써 중국의 비공非攻·평화주의를 소개한다.255) 그는 중국인들이 이 법원리에 입각해 침략·정복전쟁에 반대한다고 말한다.

의심할 바 없이 중국인들은 오래된 고대 역사들이 우리에게 증언하는 그리스인, 카

---

251) Hudson, *Europe and China*, 243쪽.

252) Hudson, *Europe and China*, 243쪽.

253) Mendoza, *The History of the Great and Mighty Kingdom of China*, Part 1, 91쪽.

254) Mendoza, *The History of the Great and Mighty Kingdom of China*, Part 1, 91-92쪽.

255) Mendoza, *The History of the Great and Mighty Kingdom of China*, Part 1, 94쪽.

르타고인, 로마인을 능가하고, 낯선 나라를 정복하기 위해 그들의 본국으로부터 아주 멀리 떨어져서 고향의 자기 나라를 잃게 된 후세의 어리석은 인간들을 능가하는 것처럼 보인다.[256]

정치적으로 지혜로운 중국인들은 인간의 인의적仁義的 · 평화주의적 본성에 반해 제국주의적 완력정치를 일삼는 당사자 자신에 대한 이 완력정치의 부정적 후과를 이미 알고 있었다는 것이다. 그는 자국의 대외적 침략 · 정복전쟁에 대한 중국인들의 반대와 평화주의의 이유를 용맹성의 부족이 아니라 그들의 "지혜와 현명"으로 돌리고 있다.[257] 그의 이 판단은 공자철학적 비공非攻 · 평화철학을 몰랐음에도 불구하고 중국제국의 평화주의를 정확히 짚고 있는 그의 놀라운 통찰을 보여준다.

■중국의 넓고 곧은 공공도로에 대한 탄복

멘도자는 마르코 폴로처럼 중국의 끝없이 곧고 평탄하게 뻗어 있는 '공공도로'에 경탄한다. "이 왕국의 전역에 놓인 공공도로(highways)는 굉장한 주의력과 근면으로 건설되었고 평탄하게 유지되고 있으며, 도시와 읍면으로 들어가는 통로는 아주 화려하고 대단히 장엄하며 철제로 강력하게 묶인 서너 개의 대문이 있다. 가로는 잘 포장되어 있고 아주 넓어 15명의 기마병들이 그 길 안에서 함께 말을 타고 행진할 수 있고, 또 대단히 곧게 뻗어 있지만 너무 길어서 끝을 찾을 수 없을 정도다."[258] 그리고 가로 양편에는 상점들이 즐비했다.

멘도자는 거듭 중국의 공공도로를 찬양한다. "이 왕국의 전역을 관통하는 공공도로는 지금까지 발견된 도로 중 가장 훌륭하고 가장 멋진 포장도로다. 공공도로들은 실로 산 위에서도 아주 평탄하고, 노동력과 곡괭이로 깎아 만들어졌으며, 벽돌과 돌로 밑받침되었다. 그것을 본 사람들의 보고에 의하면 그것

---

256) Mendoza, *The History of the Great and Mighty Kingdom of China*, Part 1, 92쪽.
257) Mendoza, *The History of the Great and Mighty Kingdom of China*, Part 1, 92쪽.
258) Mendoza, *The History of the Great and Mighty Kingdom of China*, Part 1, 25쪽.

은 왕국 전체에 존재하는 가장 값어치 있는 것들 중 하나다."259)

중국 포로 출신인 저 익명의 저자도 중국의 반듯하고 널따란 공공도로에 대한 멘도자의 이 설명을 뒷받침한다. 익명의 이 저자도 "가로는 잘 만들어져 돌로 포장되어 있고, 공공도로들은 도처에 건설되어 있으며" 또 "다른 곳의 길들은 네모진 돌로 멋지게 포장되고, 이런 돌이 없는 경우에는 벽돌을 깔았다" 고 보고하고 있다.260)

■ 중국의 복지제도에 대한 감탄

나아가 멘도자는 중국의 복지제도를 자세히 설명하고 찬양한다. 그는 "이 위력적 왕국 전역에서 길거리를 배회하는 가난한 사람들이 없게 하고 사원에서 구걸하는 사람들이 없게 하는 방법과, 왕이 일할 수 없는 이들을 부양하려고 내린 칙령"이라는 소제목을 붙인 제10절에서 이렇게 말한다.

위대한 통치의 많은 것들이 이 역사 안에서 중히 여길 만한 것으로 천명되어왔고 또 앞으로도 천명되어야 할 것이다. 내 생각에, 중요하게 여길 만한 것은 이 절에 담긴 막중한 제도다. 그것은 왕과 그의 내각이 내린, '가난뱅이들은 길거리에서도, 불상 앞에서 설법을 하는 사원에서도 구걸을 하지 말라'는 명령이다. 구걸을 막기 위해 왕은 앞서 말한 가난뱅이들이 길거리에서 구걸하거나 간원한다면 그들에게 집 행될 무겁고 가혹한 형벌과, 걸인들에게 동냥을 주는 시민들과 읍민들에게 내리는 더 무거운 형벌에 관한 칙령을 제정했다. 시민들은 지체 없이 구걸하는 사람들을 치안판사에게 고발해야 한다. 이 판사는 '빈민판사'라고 부르는 국가 관리인데, 그는 법률을 어기는 자들을 처벌하라는 명을 받았다. 그는 도시와 읍면의 수령들 중 1인으 로서 이 일 외에 다른 책임이 없다. 읍면들이 크고 많고 사람들로 가득하고 무한히 많은 마을들이 있기 때문에 거기에는 많은 태생적 절름발이와 기타 사고를 당한 자 들이 있기 마련이다. 따라서 빈민판사는 한가한 것이 아니라, 언제나 법을 위반하지

---

259) Mendoza, *The History of the Great and Mighty Kingdom of China*, Part 1, 27쪽.
260) Hudson, *Europe and China*, 245쪽.

않은 빈민들의 필수품들을 보조하는 영송을 내리는 데 눈코 뜰 새 없다. 판사는 직무
에 들어가는 첫날 어떤 어린이든 사지 중 어떤 것이 불구가 되어 태어났든 병 또는
다른 사고로 절름거리게 되었든 그 부모는 지체 없이 판사에게 신고하고 판사는 왕
과 내각의 명령과 의지에 따라 필요한 모든 것을 제공한다. 남아나 여아를 판사 앞에
데려와 그가 가진 결손이나 결함을 보이고, 그것이 어떤 직업을 가질 수 있는 정도라
면 판사가 명한 직업을 어린이에게 가르칠 시간을 부모에게 준다. (…) 그러나 절름거
림의 정도가 아무런 직업도 배우거나 행할 수 없는 정도라면 이 빈민판사는 그 부모
가 돈이 있다면 부모에게 그를 평생 매일 부양하라고 명한다. 부모가 돈이 없다면,
또는 그가 아비가 없다면, 그다음 친족 중 부유한 친척이 그를 부양해야 한다. 이런
부유한 친척도 없다면, 그의 부모와 모든 친족이 기부해서 그들의 몫을 지불하거나
집에 가진 것들을 내준다. 그가 부모가 없다면 또는 부모가 아주 가난해서 기부하거나
이 일부도 낼 수 없다면, 국왕이 제국 전역에 걸쳐 각 도시에 동일한 취지와 목적을
가지고 있는 아주 호화로운 요양원에서 왕의 풍부한 내탕금으로 그들을 부양한다.[261]

이 장애인 요양원은 빈자와 제대노인들의 부양을 위한 구빈원으로도 겸용된다.

같은 요양원에서는 전쟁터에서 젊음을 보내 자신을 부양할 수 없게 된 모든 가난하
고 늙은 사람들도 마찬가지로 부양한다. 그리하여 가난하고 궁핍한 모든 사람이 이
요양원 저 요양원에 수용되어 아주 부지런히, 그리고 정성스레 보살핌을 받는다. 그
리고 같은 일을 더 잘 수행하기 위해서 판사는 정연한 질서를 세우고, 시와 읍면의
수령들 중 1인을 요양원 관리자로 임명한다. 이 관리자의 허가가 없으면 요양원으로
부터 경계 밖으로 한 명도 나갈 수 없다. 이 허가는 어느 누구에게도 주어지지 않고
또 그들은 그것을 요구하지 않는다. 왜냐하면 그들은 그들이 사는 동안 필요한 모든
것을, 양식이며 옷가지까지도 다 공급받기 때문이다. 그 밖에 요양원 내의 늙은이들
과 빈자들은 즐거움을 얻는 레크리에이션과 돈벌이를 위해 닭과 병아리, 그리고 돼
지를 기른다.[262]

---

261) Mendoza, *The History of the Great and Mighty Kingdom of China*, Part 1, 66-67쪽.

요양원 관리실태는 지방의 빈민판사와 중앙정부에 의해 이중으로 철저히 감찰된다.

> 판사는 종종 그가 임명한 관리자를 감찰한다. 마찬가지로 그도 같은 취지로 국왕과 내각의 임명에 의해 조정으로부터 내려오는 다른 판사에 의해 감찰을 받는다. 그리하여 이 조정파견 판사는 그의 임무 안에 한정된 성眚들에 있는 요양원들을 시찰한다. 자신의 직무를 바르고 정당하게 수행하지 않은 자를 발견하면, 그를 교체하고 아주 엄격하게 처벌한다. 이런 이유에서 모든 관리는 자기의 맡은 바 임무를 정성들여 보살피고 바른 생활을 하고, 안전眼前에 정직한 보고서를 늘 염두에 두었다가 제출해야 하고 어긋나면 혹독한 대가를 치른다. 장님들은 이 나라에서 친족이나 국왕에 의해 반드시 부양되어야 하는 사람들의 범주로 계산하지 않는다. 왜냐하면 장님들은 방아로 밀이나 쌀을 갈거나 대장간 풀무를 돌리는 일, 또는 보는 기능을 필요로 하지 않는 직종의 일을 하도록 강제되기 때문이다. 그리고 장님여성은 성년이 되면 '사랑의 여성 사무실(the office of women of love)'을 이용한다. 이런 목적으로 이 절節에서 천명되는 바와 같이 이러한 종류의 공공장소는 아주 많다. 이 장소들은 이곳을 보살피고 페인트칠하고 정리하는 여성들이 있고, 이 여성들은 순수한 나이에 이 사무소를 떠났던 여성들이다. 그리하여 이 나라가 광대하고 사람들이 무한히 많을지라도, 맨발의 탁발승들과 이들과 함께 이 나라로 들어간 나머지 사람들의 눈에 명백하게 비쳤던 바와 같이, 이 제도에 의해 이 왕국 전역에서는 굶어 죽는 가난뱅이도, 길거리에서 구걸하는 가난뱅이도 없는 것이다.[263]

멘도자는 이 복지제도를 만든 백성이 이교도라는 데 놀란다. 이와 같이 명대 중국사회에 대한 멘도자의 경탄은 끝이 없다. 다만 중국인들이 기독교인이 아니라 이교도라는 것만이 안타까울 따름이다.

앞서 상론했듯이, 멘도자의 『중국제국의 역사』 이전에도 중국 관련 서적들

---

262) Mendoza, *The History of the Great and Mighty Kingdom of China*, Part 1, 67-68쪽.

263) Mendoza, *The History of the Great and Mighty Kingdom of China*, Part 1, 68쪽.

과 보고서들이 많이 나왔다. 핀토의 중국서신(1550), 바로쉬의 『아시아의 시대』
(1552, 1553, 1563, 1615), 바레토의 중국보고(1558), 포로 출신 포르투갈 무명씨(1561),
페레이라의 '중국지역의 보고들'(1564), 크루즈의 『중국풍물론』(1569-1570), 라다
의 공식 중국보고서(1575), 에스칼란테의 『중국항해론』(1577) 등이 그것이다. 멘
도자의 『중국제국의 역사』에는 이런 책과 보고서들이 거의 다 망라되다시피
반영되어 있다.

2.9. 중국인·일본인의 서천과 발리냐노·산데의 최초의 공자 소개(1590)

■중국인과 일본인들의 유럽 이주와 여행

포르투갈·스페인 등 이베리아 사람들이 도자기·비단·향신료 등을 부지런히
유럽으로 실어 나르면서 중국인과 일본인들도 데리고 왔다. 1520년대에 유럽
땅을 처음 밟은 아시아인은 스페인 사람들이 활용한 3명의 중국인이었다. 그들
의 이름은 트리스탄 데 라 치나(Tristan de la China), 디에고 인디오(Diego Indio), 에스테
반 카베라(Esteban Cabrera)였다. 트리스탄 데 라 치나는 포르투갈 사람들이 노예로
샀고 스페인 무적함대의 공식 통역관으로 근무했다. 그는 몰루카제도(향신료제
도)를 식민화하려는 재앙적 원정에 참여했다가 이베리아반도로 돌아간 소수의
생존자들에 속했다. 인디오는 3년 동안 주인을 상대로 노예신분을 벗기 위해
법정투쟁을 했다. 카베라는 자유인으로서 중국 영파寧波에서 같이 자란 인디오
를 위해 증언한 목격자 중 한 사람이었다.[264] 1530년대에 스페인 땅을 밟은
중국 사람으로는 주앙 데 바로쉬가 통역사로 언급한 중국인 한 명도 있다.[265]
그리고 1568년에는 프란시스코 멕시아(Fransico Mexia)라는 중국인이 입국한 기록
이 있다. 광동 출신 개종 중국인 세바스티안 데 페레다(Sebatian de Pereda)도 스페인
에 건너왔다. 1580년 이후에는 총독이나 고위성직자들이 상당수의 중국인들을

---

264) Juan Gil, "Chinos in Sixteenth-Century Spain", 139-149쪽. Christina H. Lee (ed.), *Western Visions of the Far East in a Transpacific Age, 1522-1657* (London and New York: Routledge, 2012).

265) Lee, "Introduction", 13쪽.

수행원으로 스페인에 데리고 들어왔다.266)

16세기 말에는 일본 특사도 로마에 파견되어 남유럽을 순행했다. 멘도자의
『중국제국의 역사』 공간 이후 1590년에는 발리냐노(Alessandro Valignano)와 산데
(Duarte de Sande) 신부가 『로마교황청 방문 일본사절단(De Missione Legatorum Iaponensium
ad Romanum Curiam)』을267) 마카오에서 출간해 아시아와 유럽을 일주하는 2명의
일본인 특사의 여행 이야기를 담았다. 이 책의 뒷부분에 실린 중국정보는 루기
리(Michele Ruggieri; 羅明堅, 1543-1607)와 마테오리치 신부에 의해 제공된 자료에
기초했다. 1599년 리처드 하클류트(Richard Hakluyt)는 이 책의 제33절을 「중국의
왕에 대한 논고(An Treatise of the King of China)」라는 제목 아래 *Principal Nagations*
(1599)의 제5장으로 영역·전재했고, 하클류트협회는 2012년 최초로 영어로 완
역해서 『16세기 유럽의 일본인 여행자들(Japanese Travellers in Sixteenth-Century Europe)』
이라는 제목으로 출판했다.268)

발리냐노 신부는 동인도의 이탈리아 예수회선교단 소속으로 1579년 일본에
입국해 선교활동을 하는 중에 1582년 메스쿠이타(Mesquita) 신부의 인술 아래
유럽으로 4명의 일본 가톨릭 청년들을 파견했었다. 이 중 2명은 기독교로
개종한 중요한 다이묘(大名)가 유럽으로 보내는 사절이었다. 이 일본 청년들은
1582년 2월 20일 일본을 출발해 1584년 8월 11일 리스본에 상륙했다. 그들은
포르투갈, 스페인, 이탈리아 로마를 두루 여행하고 리스본으로 돌아와 1586년
4월 13일 귀국길에 올랐다. 그들은 1590년 7월 21일 나가사키에 도착해서
8년여 만에 귀국했다. 유럽 여행 중에 그들은 스페인과 포르투갈의 왕 필립
2세를 알현하고 다시 왕과 비공식적인 회견도 가졌으며, 그레고리 13세와
식스투스 5세 교황과도 만났다. 그리고 포르투갈, 스페인, 이탈리아 등의 도처

---

266) Gil, "Chinos in Sixteenth-Century Spain", 149-150쪽.

267) 이 책은 "아두아르데 데 산데에 의한 라틴어 번역(in sermonem Latinum versus ab Eduarde
de Sande)"이라고만 밝히고 저자 명시 없이 익명으로 마카오에서 출판되었다.

268) Anonym (Alessandro Valignano & Duarte de Sande), *Japanese Travellers in Sixteenth-Century Europe:
A Dialogue Concerning the Mission of the Japanese Ambassador to the Roman Curia* [1590], edited
and annotated with introduction by Derek Massarella, translated by J. F. Moran (London: Ashgate
Publishing Ltd. for The Hakluyt Society, 2012).

에서 많은 고위정치인, 성직자, 사회명사들의 영접을 받았다. 발리냐노가 사절들을 보낸 목적은 극동에 대한 유럽인들의 관심을 제고해 일본에서 예수회 선교를 한 단계 진전시키는 것이었다. 그의 의도는 이 일본 청년들을 일본에서의 예수회 선교의 성공을 보여주는 산 증거로 제시하는 것이었다. 그리고 이 일본 청년들이 유럽순방 중에 얻은 경험을 일본에 전해 포르투갈 상인들과 뱃사람들이 남긴 부정적 유럽상을 상쇄시키는 것이었다.『로마교황청에 파견된 일본사절단에 관하여(중국의 왕에 대한 논고)』는 이 일본 청년들의 여행을 상세하게 이야기하고, 마지막 부분에서는 루기리와 마테오리치의 보고서에 기초해서 중국의 관습과 행정에 관해 기술하고 있다. 발리냐노는 이 책이 예수회의 일본 세미나에서 표준 교과서가 되기를 기대했다.[269]

■『로마교황청 방문 일본사절단』(1590)과 최초의 공자 소개

　발리냐노와 산데의『로마교황청 방문 일본사절단』(이탈리아어판 1590년, 하클류트 영역판 1599년, 최신번역판 2012년)에서 우리의 정치철학적 관심을 끄는 것은 이 책의 제33절("Colloquium XXXIII")에서 논한 중국사회의 자유·평등이다. 이 절은 마테오리치의 관찰보고를 바탕으로 집필된 것이다. 발리냐노는 아시아 선교단 안에서 마테오리치의 상급 신부였기 때문에 새로운 교리문답을 준비하라는 훈령을 내리기도 하고 정확한 중국보고를 상신할 것을 명할 수도 있었다. 따라서 마테오리치의 보고서에 바탕을 두고 집필된 이 제33절은 훗날 니콜라 트리고가 이탈리아어로부터 라틴어로 번역해 출판하는 마테오리치 보고서『중국인들 사이에서의 기독교 선교(De Propagatione Christiana apud Sinas)』(1615)만큼 신뢰할 만한 내용을 담고 있었다.

　발리냐노와 산데는 제33절 "중국제국, 그 관습과 행정"에서 일단 중국의 방대한 인구의 원인을 토지의 비옥도, 기후의 순조로움, 나라의 평온으로 든다.

---

269) Marco Musillo, "Travellers from Afar through Civic Spaces: The Tensho Embassy in Renaissance Italy"; Mayu Fujikawa, "The Borghese Papacy's Reception of a Samurai Delegation and its Fresco-Image at the Palazzo del Quirinale, Rome". Christina H. Lee (ed.), *Western Visions of the Far East in a Transpacific Age, 1522-1657* (London and New York: Routledge, 2012).

당신이 이 세 가지, 토지의 비옥성, 기후의 순조로움, 전 왕국의 평온을 든 것은 진정 아주 잘한 것이다. 왜냐하면 이것들은 아주 잘 맞아서 이 왕국에서 이 셋 중 어느 것이 앞서는 것인지를 판단하기가 어려울 정도다. 이것이 중국제국이 결코 인류의 세 가지 가장 무서운 재앙의 원인들, 즉 전쟁, 기근, 역병으로 시달리지 않아왔다는 널리 퍼져 있는 대중적 여론이 포르투갈 사람들 사이에 존재하는 이유다. 그러나 이것은 참된 의견이 아니라 대중적 여론이다. 왜냐하면 중국인들 사이에서 아주 거대한 내전들이 있었고, 이것은 신뢰할 만한 많은 역사기록들 안에 기록되어 있으며, 심지어 위 시대에도 이 지방, 저 지방의 백성들은 역병이나 전염병으로 시달리고 기근으로 고생했기 때문이다. 그럼에도 불구하고 중국제국은 진정 저 세 가지 항목으로 특히 유명하다.270)

발리냐노와 산데는 이 세 가지 항목을 차례로 설명한다. 중국의 농업생산고와 관련해서 그들은 황제의 춘경기 쟁기질 행사를 최초로 소개한다.

그리하여 매년 황제와 황후는 공개적 출두를 하여 장엄한 의식儀式으로 황제는 쟁기를 손대고 황후는 뽕나무를 손댄다. 누에는 뽕나무 잎을 먹고 산다. 이 표시로 그들은 남녀로 하여금 정해진 임무와 노동을 하도록 진작한다. 이 기회 외에 주요 관리들이 아닌 사람들은 연중 나머지 시간 동안 내내 아무도 황제의 모습을 볼 수 없다.271)

여기서 유럽에 처음 소개되는 중국황제의 춘경기 쟁기질 행사는 18세기 내내 유럽에 거듭 회자되며 중국황제의 농민사랑과 백성사랑으로 칭송받았고, 루이 15세, 오스트리아의 요셉 2세 등 유럽의 유명한 계몽군주들이 이를 흉내 내 쟁기질 행사를 거행한다.

그리고 발리냐노와 산데는 '중국제국의 평온'을 중국 관료체제의 위계성과 백성의 순종 덕택으로 돌린다.

---

270) Valignano and Sande, *Japanese Travellers in Sixteenth-Century Europe*, 419쪽.
271) Valignano and Sande, *Japanese Travellers in Sixteenth-Century Europe*, 421쪽.

백성들은 황제와 치자관리들에게 아주 순종적이고, 이것이 중국의 평온이 기초해 있는 주요 기반이다. 최고위 관리는 황제의 의사에 전체적 복종을 표하고, 하위관리 들은 상급관리들의 의사에 복종을 표하고 백성은 하위관리의 의사에 복종하며, 그들 각자는 이에 따라 자신의 처신과 생활방식을 조정한다. 그들 모두가 어떻게 평등하 게 살고, 반포된 법률이 어떻게 잘 준수되는지를 보면 경이로울 정도다.[272]

발리냐노와 산데는 빈틈없이 작동하는 중국의 중앙집권적 관료제의 일직선적 위계체계를 소개하고 있다. 그리고 다른 곳에서 이렇게 부연한다. "한 명의 황제가 그토록 많은 지방을 지배하는 것을 전제할 때 모든 국사가 어떻게 그가 임명한 그렇게 많은 행정관원들에 의해 처리되는지 놀랄 만하다."[273] 그리고 "상하 종속되는 이 찬탄할 만한 관원들의 위계체제로써 제국 전체를 관통해서 지배하는 평화는 형용하기 어렵고, 특히 범죄자들을 길게 늘어 빼는 어떤 법적 조치나 소송 없이 간략한 심문만 한 뒤 태형으로 처벌하는 만큼 더욱 그렇다".[274] 물론 중국관료제의 두 기둥인 임기제와 상피제에 대해서도 정확하게 보고한다. "이 모든 관원이 그들의 관직을 3년 동안 보유하지만, 각 지방의 통치에 임명되는 이들이 그 지방 출신이 아니라 외지인, 즉 다른 지방 출신 사람들인 방식으로 보유한다. 이것은 관원들이 판단을 내릴 때 친척 들과 친족들 사이에 처하는 경우보다 훨씬 더 불편부당하고 훨씬 덜 부패할 것이라는 것을 뜻한다."[275]

중국의 일사분란한 중앙집권적 관료제는 그곳에 봉건적 중간 권력체들(봉건 영주들과 봉건 세습귀족)이 부재하기 때문에 가능한 것인데, 중국 조세체계도 중앙 집권적으로 단일하게 조직되어 있었다. 이에 대해 발리냐노와 산데는 유럽의 봉건제를 비판하는 듯한 관점에서 이렇게 기술한다.

---

272) Valignano and Sande, *Japanese Travellers in Sixteenth-Century Europe*, 423쪽.
273) Valignano and Sande, *Japanese Travellers in Sixteenth-Century Europe*, 426쪽.
274) Valignano and Sande, *Japanese Travellers in Sixteenth-Century Europe*, 427쪽.
275) Valignano and Sande, *Japanese Travellers in Sixteenth-Century Europe*, 427쪽.

자기의 관할범위 내에서 그 자신의 세금을 부과할 권리를 가진 어떤 치자도 없다. 하지만 유럽에는 정확히 그 반대가 (⋯) 아주 종종 사실이다.276)

이것은 독자적 조세권을 가진 어떤 봉건적 중간 권력체를 인정하지 않는 중국의 중앙집권적 조세체계를 찬양한 것이다.

그리고 발리냐노와 산데는 사법을 담당하는 성省의 안찰사, 국가재정을 관장하는 포정사, 군사업무를 관할하는 청병관으로 분할된 지방행정체계의 삼권분립적 관료제와 어사감독관 제도를 상세히 설명한다.277) 그리고 세습귀족을 사라지게 만든 중국의 관직기회의 평등제도에 대해 설명한다.

또한 다양한 행정관을 위한 경쟁이 학문에 유식하고 특히 방금 기술된 제3등급 학위를 얻었다면 출생에 대한 고려 없이 만인에게 열려 있다는 사실을 언급하는 것을 빼먹을 수 없다. 행정관원들에 대한 보통백성들의 순종은 관원들의 공개 출두하는 데 따른 화려함과 영광스러움만큼이나 형언할 수 없다.278)

이 구절은 중국의 평등한 사회구조와 관련해서 중요한 기술이다. "방금 기술된 제3등급 학위"는 진사를 가리킨다.

앞서 발리냐노와 산데는 과거제도에 앞서 중국의 학교에 대한 설명으로부터 시작한다.

모든 도시와 읍면에, 그리고 작은 마을에도 어린이들에게 글자를 가르치는 고용된 교사들이 존재한다. 그리고 한문 글자의 수가 무한하기 때문에 그들의 유아들과 어린이들이 손에 책들을 가지고 있다. 하지만 이 임무에 재능이 거의 없는 것으로 판명되는 어린이들은 다시 책을 빼앗고 상업이나 수공기예에 전념하도록 하지만, 기타

---

276) Valignano and Sande, *Japanese Travellers in Sixteenth-Century Europe*, 417쪽.

277) Valignano and Sande, *Japanese Travellers in Sixteenth-Century Europe*, 426-427쪽.

278) Valignano and Sande, *Japanese Travellers in Sixteenth-Century Europe*, 427-428쪽.

어린이들은 학문에 아주 진지하게 헌신해서 주요 책들에 놀랍도록 달통하고 얼마나 많은 한자들이 어떤 지면에서든지 존재하고, 이 글자, 저 글자가 그 지면에서 어디에 놓여야 하는지를 당신에게 쉽사리 말해줄 정도다.279)

여기에 잇대서 발리냐노와 산데는 과거제도를 지금까지의 보고서들 중에서 가장 정확하게 설명해준다.

이 한문 지식에서의 더 큰 터득에 대해서는 보통 주요 과목에서 세 등급의 학위가 유럽에서 하·중·상으로 사람들에게 할당되는 것처럼 할당된다. 제1등급의 급제자는 '수재秀才(siusai)'로 알려져 있고, 제2등급의 학위는 거인(quiujin)으로, 제3등급의 학위는 진사(chinzu)로 알려져 있다. 각 도시나 성벽이 둘러쳐진 읍면에는 학교(향교 – 인용자)라고 불리는 공공건물이 있고, 제1등급의 학위를 얻기를 바라는 모든 사설의숙이나 사설학교 출신들(서당 출신 – 인용자)이 거기에 모인다. 그들은 시험관에 의해 그들에게 출제된 한 명제를 부연·상론해야 한다. 각 도시에서 제1등급의 학위는 아주 우아하게, 그리고 보다 정확하게 논하는 자들에게 수여된다. 제2등급의 학위에 지원하는 자들은 제1등급의 학위 소지자들로서 3년마다 성의 대도시나 성도省都에서만 시험을 보고, 그곳에서 또 다른 보다 어려운 명제를 다루는 구두시험을 치르고 보다 어려운 필기시험을 치른다. 사람들의 북새통이 보통 굉장하고 그래서 우리는 광동이라고 알려진 주요 도시에서는 지난해 거대한 군중들 중 많은 사람이 그 시험행사에 몰려들어 외부입구에서 발밑에 밟고 짓이겨져 죽기에 이르렀다고 신뢰할 만한 통로로 전해 들었다.280)

평민들이 이렇게 공·사립학교에서 수학하고 이렇게 성황리에 개최되는 과거 시험을 통해 각 등급의 학위를 얻음으로써만 고귀해지고 고위관원이 될 수 있으므로 중국에는 세습귀족이 부재할 수밖에 없는 것이다. 발리냐노와 산데는

---

279) Valignano and Sande, *Japanese Travellers in Sixteenth-Century Europe*, 425쪽.

280) Valignano and Sande, *Japanese Travellers in Sixteenth-Century Europe*, 425-426쪽.

중국의 모든 학문은 올바른 통치를 위해 존재한다고 말한다. "통치술은 그들의 주요 기술이고, 그들의 모든 학문지식은 이 통치술을 지향하고 있다."[281]

발리냐노와 산데는 중국의 평등한 공무담임권을 다시 한 번 확인하는 설명을 덧붙인다.

> 내가 얘기한 이 모든 것으로부터 이제 당신은 중국제국의 행정이 대부분 자연적 본성의 본능과 합치된다는 것을 쉽사리 인식할 수 있을 것이다. 왜냐하면 권력의 직책에 앉은 자들이 조야하고 무식한 사람들이 아니라 한자의 사용에 능통한 인물들이고, 이 행정관직에 대한 출사에서 최대의 관심대상은 현명, 정의, 그리고 중국인들이 함양한 다른 덕성들이기 때문이다. 그리고 이 관직을 지망하는 만인에게 길이 어떤 편견도 없이 열려 있기 때문에 이 거대한 제국이 완전한 평화와 평온 속에서 보존되고 있다.[282]

1590년으로부터 기산起算해서 600년 전 송나라 이래 "사무세관士無世官(선비는 관직을 세습하지 않음)"이라는 공맹의 가르침에 따라 과거시험을 통해 중앙과 지방의 국가관직을 만인에게 평등하게 개방해서 봉건적 세습귀족을 없애버린 중국의 보편적 평등주의는 16세기에야 이렇게 유럽에 알려지기 시작한 것이다.

또한 발리냐노와 산데는 유럽의 근대적 자유 개념의 유교적 기원을 규명하는 의미맥락에서 아주 중요한 중국의 종교적 자유와 관용에 대해서도 비교적 정확하게 보고한다.

> 종교에 관해서 황제는 관원들의 의견을 따르며 최고의 권력을 만물의 부모로서의 천지로 돌리고 이 천지에 대해 장엄한 의식과 함께 제사를 올린다. 황제는 그의 조상을 위한 가장 화려한 사당을 많이 가졌지만, 이것이 그가 다른 종파의 성직자들을 돌봐주지 못하는 것을 뜻하지 않는다. 반대로 황제는 그들의 후원자들에게 사원을

---

281) Valignano and Sande, *Japanese Travellers in Sixteenth-Century Europe*, 426쪽.
282) Valignano and Sande, *Japanese Travellers in Sixteenth-Century Europe*, 430쪽.

지어 주고, 그들에게 풍부한 소득을 할당해준다. 그리고 급박한 필요로 인해 그것이 필요할 때는 언제나 황제는 그들에게 단식하고 지속적으로 기도를 올릴 것을 요구한다. 그리하여 황제는 그의 제국의 모든 종파에 일정한 보호를 제공하고 그가 모든 그릇된 종교도 존경한다는 사실을 보여주며, 많은 상이한 종류의 미신들과 더불어 산다.283)

발리냐노와 산데는 '불관용 종교' 가톨릭의 신자들답게 불교·도교·이슬람교를 "그릇된 종교들"과 "많은 상이한 종류의 미신들"이라고 폄하하면서도 중국에서 시행되는 모든 종교활동의 자유와 평등 보호원칙을 정확하게, 그리고 솔직하게 설명하고 있다. 그들의 이 정확하고 솔직한 설명은 페르남 핀토가 중국인들이 신을 여러 가지 다른 방식으로 숭배할 자유가 있고, 심지어 신을 숭배하지 않을 자유도 있다고 보고한 이래 처음으로 재확인되는 종교의 자유와 관용에 관한 보고에 해당한다.

발리냐노와 산데는 중국의 5덕에 대해서도 언급하면서 특히 효도의 중요성을 상론한다.

예禮는 중국인들이 가장 중시하는 5덕 중 하나이고, 기타 덕목들은 경애敬愛(piety), 받은 은혜를 감사한 마음으로 기억하는 것, 직무처리에서의 정직, 직무수행에서의 현명이다. 그리고 중국 서적들은 이 덕목들에 대한 찬양으로 가득하다. 그들의 예에 관한 한, 그것은 우리의 것과 다르지만, 그들의 예절규범은 두 가지 주요 주제 아래, 즉 동등한 자들끼리의 예절과 부등한 자들끼리의 예절로 고려될 수 있다. 만난 사람들이 동등한 서열이라면 그들은 서서 등을 굽히고 머리를 땅을 향해 숙이는데, 이것을 한 번, 두 번, 세 번 한다. 만남이 윗사람과 아랫사람 사이라면 낮은 지위의 사람이 일반적으로 무릎을 꿇고 머리를 땅바닥까지 바로 숙인다. 얼마나 여러 번, 그리고 언제 이것을 행해야 하는지를 규정하는 특기할 만하게 정밀한 규칙과 규정이 있지만, 그것들을 목록화하는 것은 지루할 것이다.284)

---

283) Valignano and Sande, *Japanese Travellers in Sixteenth-Century Europe*, 430쪽.

『16세기 유럽의 일본인 여행자들』(2011)의 주석자 마사렐라(Derek Massarella)는 여기서 인용된 5덕이 『논어』「양화」(17-5)에 나온다고 밝힌다. 그러나 발리냐노와 산데가 말하는 이 5덕은 중대한 오해와 오류를 담고 있다. 이 「양화」에서는 다섯 가지 독립적 덕목들을 말하는 것이 아니라, '위인爲仁(인의 실천)'의 다섯 가지 방도로서 '공恭·관寬·신信·민敏·혜惠'를 말하고 있다. 공자는 '인'에 대한 물음에 이렇게 답한다. "다섯 가지를 천하에 행할 수 있으면 인을 실천하는 것이다. (…) 그것은 공·관·신·민·혜라고 한다. 공손은 모욕하지 않고, 관대는 민중을 얻고, 믿음은 남들이 그에게 일을 맡기게 하고, 힘씀은 공을 세우고, 은혜는 사람들 시키기에 족하다."285) 따라서 위 인용문에서 말하는 5덕이 이 다섯 가지 실천 방도 중 어디에 해당하는지도 알 수 없으며, 공자가 말하는 것은 덕목이 아니라 인덕仁德의 다섯 가지 실천방도일 뿐이다.

한편, 발리냐노와 산데는 중국인들이 경애, 특히 부모에 대한 경애로서의 '효'를 중시한다고 말한다. "부모의 초상을 당하면 아들들은 칙칙한 상복을 입고 그들의 부모를 만 3년 동안 애도한다. 그리고 이 관습은 백성들에 의해서만이 아니라 모든 치자에 의해서도 정확하게 준수된다. 모두가 전적으로 이 일에 헌신하기 위해 중국인들은 가장 엄격한 예법에 따라 그들의 부모가 죽으면 관직에서 즉각 사임하고 부모를 위한 장례를 치르기 위해 만 3년 동안 사적으로 살아야 한다. 그리고 이 규정은 만인에 의해, 심지어 최고 부서장들과 내각각료들에 의해서도 가장 부지런히 이행된다."286) 한번은 황제가 이 관습과 배치되게 초상을 당한 한 내각각료를 사임하지 못하게 했는데, 중국의 관습법에 정통한 한 사람이 이에 대해 간언을 했고, 황제가 이에 대해 화를 내며 그를 직결처형으로 위협했다. 그래도 그는 이에 겁박당하지 않고 간언을 멈추지 않았으며, 왕은 결심을 바꿔 상을 당한 그 각료를 아버지의 상례에 보냈다. 그리고 황제는 "그 간언자를 더 높은 서열로 승진시켰다".287) 결국 황제도

---

284) Valignano and Sande, *Japanese Travellers in Sixteenth-Century Europe*, 431쪽.

285) 『論語』「陽貨」(17-5): "子張問仁於孔子. 孔子曰 能行五者於天下爲仁矣. 請問之. 曰 恭寬信敏惠. 恭則不侮 寬則得衆 信則人任焉 敏則有功 惠則足以使人."

286) Valignano and Sande, *Japanese Travellers in Sixteenth-Century Europe*, 431쪽.

관습을 따른 것이다. 그렇지 않아도 발리냐노와 산데는 중국 황제들이 "중국의
법과 관습을 엄히 준수한다"고 말한다.[288] 말하자면, 중국 황제는 법과 관습을
준수하는 '법치적·왕도적 군주'인 것이다.

이 예법 논의에 이어 발리냐노와 산데는 유럽역사상 최초로 공자와 공자철학
을 소개한다.

중국제국에는 지금까지 참된 종교가 없었고 지금도 오직 출발을 하고 있는, 그것도
아주 좁은 한계 속에서 출발하고 있는 중이기 때문에 다른 점들에서 아주 독창적인
이 국민은 언제나 총체적 오류와 진리의 무지 속에서 살아왔고, 잡다한 의견 속으로
오도되고 다양한 종파들을 추종해왔다. 이 중 유명한 세 종파가 있다. 첫 번째 것은
걸출한 철학자인 공자(라틴어 원문: *Confucii*, 그리고 *Confucius*)의 가르침을 공언하는 사
람들의 종파다. 이 사람은 (그의 인생의 설명서에서 보고되는 것처럼) 그 품행에서
지극히 올발랐다. 그는 이것에 대해 남다르게 그리고 자세하게 기록했고, 다른 어떤
저작보다도 그의 저작들이 널리 읽히고 연구된다. 모든 행정관원은 그들의 학문에
전념하는 다른 모든 사람처럼 이 가르침을 따른다. 그리고 공자 자신이 많은 학문들
을 고안했다고 얘기된다. 그에 대한 그들의 존경은 아주 굉장해서 새달과 만월의
날짜에 그의 이 모든 추종자는 내가 앞서 언급한 공립학교에 모여 향을 피우고 촛불
을 켜고 숭배되는 그의 초상 앞에서 무릎을 세 번 꿇고 머리를 땅까지 누른다. 이것을
행하는 것은 보통 학자들만이 아니라 최고위 관원들이기도 하다. 이 가르침은 요약
하면 '자연본성의 빛'을 지침으로 취하는 것이고, 내가 앞서 언급한 덕목들을 열성적
으로 함양하는 것이며, 가족과 나라의 바른 다스림을 위해 노력하는 것이다. 이 모든
것은 칭찬할 만한 방침이고, 공자가 최선, 최대의 존재자인 신과 미래(사후)의 삶을
어떤 식으로 언급하고 아주 많은 것을 하늘과 운명과 필연성 탓으로 돌리지만 않는
다면, 그리고 그가 조상들의 초상에 바치는 경배를 그리도 상세하게 취급하지 않는
다면 칭찬할 만한 방침일 것이다.[289]

---

287) Valignano and Sande, *Japanese Travellers in Sixteenth-Century Europe*, 431쪽.
288) Valignano and Sande, *Japanese Travellers in Sixteenth-Century Europe*, 430쪽.

여기서 발리냐노와 산데는 공자철학을 "자연본성의 빛을 지침으로 취하는" 철학으로 소개하고 있다. 17-18세기에 유럽에서 이 '자연본성의 빛'은 신의 계시와 대립되는 '인간본성의 빛'으로 쓰이면서 신학과 그 시녀인 스콜라철학을 사상계에서 추방하고 "계몽"의 빛이 된다. 공자철학의 해설에서 도입된 이 '본성의 빛'은 철학자와 시대에 따라 "이성의 빛"(마테오리치), "경험의 빛"(베이컨,290) "자연본성적 빛"(라 모트 르 베예), "자연본성의 빛"(컴벌랜드), "지성의 타고난 빛" 또는 "본성적 빛"(나우호프), "조물주가 우리에게 준 이성의 영원한 빛"(라이프니츠) 등으로 다양하게 변주되면서도 끝내 '계몽의 빛'으로 유럽을 밝혀 중세의 어둠으로부터 해방시켰다. 말하자면 '계몽(the Enlightenment)'의 그 '빛(light)'은 '신의 빛'도 '계시의 빛'도 '신앙의 빛'도 아니고, 바로 '본성의 빛'이었던 것이다. 이것은 지성至誠의 '솔성率性'으로 진성盡性(본성의 완성)을 추구하는 도덕·정치철학으로서의 공자철학에서 기본지침이 되는 '자연본성의 빛'이 서구 계몽주의와 내적으로 긴밀하게 연관되어 있음을 보여준다.

위 인용문에서 발리냐노와 산데 신부는 경건하고 오만한 기독교 성직자들로서 공자의 인품과 철학에 대해 비방과 칭찬을 번갈아 말하며 어쩔 줄 몰라 하고 있다. 그러다가 나중에 공자에 대한 제사(석전대제)를 시민적 기념식으로 본 루기리와 마테오리치의 적응주의 선교방침과 배치되게 공자에 대한 석전대제를 우상숭배로 규정하고 만다. "이 점에서 그(공자)는 우상숭배로부터 간신히 면해지거나, 면해질 수 없다." 그러면서도 바로 자세를 바꾼다. "그럼에도 중국인들 사이에서 진리에 그토록 가까이 다가가는 다른 어떤 가르침도 존재하지 않는다는 점은 인정되어야 한다."291) 경건하고 오만한 가톨릭 신부 발리냐노와 산데는 무신론적이지도 않고 전적으로 유신론적이지도 않은 공자를 만나 갈피를 잡지 못하고 말을 이리저리 꼬고 있다.

그리고 발리냐노와 산데는 공자를 "*Confucii*, 그리고 *Confucius*"라고 표기하

---

289) Valignano and Sande, *Japanese Travellers in Sixteenth-Century Europe*, 432쪽.

290) Bacon, *New Organon*, Bk. I, Aphorism LXXXIV, 61쪽.

291) Valignano and Sande, *Japanese Travellers in Sixteenth-Century Europe*, 432쪽.

고 있다. 그리고 새뮤얼 퍼채스(Samuel Purchas, 1577-1626)도 1613년『퍼채스, 그의 순례여행』에서 발리냐노와 산데를 따라서 "*Confucius*"라고 표기하고 있다.292) 따라서 '*Confucius*'라는 표기는 1689년 이후 쓰이지 않았다는 리오넬 젠슨(Lionel M. Jensen)의 추정은293) 교정되어야 할 것이다.

발리냐노와 산데는 불교를 "오류가 가득한" 종교로, 도교를 "그릇된 종교"로 음해·비방한다.294) 그리고 이슬람교를 "미신"으로 비방한다. 그런데 그들은 종교를 많이 잊고 그들의 종교적 의식은 낡고 거의 사라져 완전히 중국적 생활양식에 동화되어 살고 있다고 말한다. 하지만 사라센 사람들은 중국에서 추방할 수 없을 정도로 수적으로 아주 많다고 한다.295) 발리냐노와 산데는 질투심에서 중국 내 사라센 사람들과 이슬람교를 일부러 과소평가하고 있는 것으로 보인다. 마테오리치에 의하면, 1608년 시점에 중국 내 이슬람교도는 100만 명이었던 반면, 1610년경 기독교도는 겨우 2,500명에 불과했다.

발리냐노와 산데 신부의 『로마교황청 방문 일본사절단』의 제33절 "중국제 국, 그 관습과 행정"은 여기저기서 기독교적 오만과 질투심에 뒤틀려 있지만 중국의 종교적 자유와 탈신분제적 평등, 과거시험과 행정관료제 등에 대해 간략하지만 당시까지의 중국보고서와 중국기中國記들 중에서 가장 정확한 정보 를 제공하고 있을 뿐만 아니라, 특히 1590년 출판된 이 저작에서 황제의 춘경기 쟁기질 행사를 최초로 언급하고 또 공자를 유럽에 최초로 소개하고 있는 점에 서 유일무이한 작품이다. 『로마교황청 방문 일본사절단』의 이 유일무이한 성과 는 루기리와 마테오리치, 그리고 산데 등이 직접 중국 광주부廣州府의 조경肇慶 시에서 입국허가를 받고 조경과 소관韶關시에서 거주하며 중국사회를 관찰하 고 연구했기 때문에 가능했다.

---

292) Samuel Purchas, *Purchas, his Pilgrimage. Or Relations of the World and the Religions observed in all Ages and Places discovered from the Creation unto this Present* (London: Printed by William Stansby for Henrie Fetherstone, 1613·1614), 439, 443쪽.

293) Lionel M. Jensen, *Manufacturing Confucianism* (Durham·London: Duke University Press, 1997·2003), 86-91쪽.

294) Valignano and Sande, *Japanese Travellers in Sixteenth-Century Europe*, 433쪽.

295) Valignano and Sande, *Japanese Travellers in Sixteenth-Century Europe*, 433-434쪽.

1590년대에는 발리냐노와 산데의 『로마교황청 방문 일본사절단』 외에도 많은 선교사들과 여행자들의 이런저런 서간집들이나 보고서·여행기들이 출판되어 중국제국의 자유·평등한 사회 성격에 관한 유사한 정보들이 유럽에 확산되고 축적되었다. 이런 까닭에 아서 러브조이(Arthur O. Lovejoy)는 "1590년경 중국 정치체제의 우월성에 대한 평판은 명백히 이미 진부한 이야기가 되어가고 있었다"고 이 시대에 대해 결론지었던 것이다.[296]

제3절 르네상스 정치사상과 문화예술에 대한 극동문명의 영향

3.1. 중국의 충격과 유럽 정치사상의 변모: 부캐넌·벨라르민·수아레즈

■16세기 중국보고들의 파장과 영향: 중세에서 바로크로

멘도자의 저작과 그 전후에 출판된 위와 같은 정도의 서적들도 르네상스시대 말엽의 정치사상을 획기적으로 바꿔놓았다. 이 사상적·문화적 영향은 지금까지 제대로 조명된 바 없고, 이런 까닭에 가령 이 시대에 갑자기 나타난 '백성의 자연적(본성적) 자유·평등' 사상이 17·18·19세기 유럽 사상가들에 의해 유럽의 고유 사상으로 오해되는 일이 빈번했다. 존 로크도 자연적 자유와 태생적 평등 사상을 마치 서양의 전통사상인 양 아무런 정초적定礎的 논증 없이 거두절미 도입해 자연상태론의 전제처럼 활용한다. 이 '백성의 자연적 자유·평등' 사상은 최초에 가톨릭세계에서 부캐넌(칼뱅주의자)과 파슨스·벨라르민·수아레즈 등 예수회 소속 성직자들 중심으로 일어났다. 그러나 노예주·귀족·국왕들의 자유와 평등이 아니라 '백성의 자연적 자유·평등' 사상은 1580년대 이전 핀토·바로쉬·바레토·무명씨·페레이라·크루즈·라다·에스칼란테·멘도자·발리냐노·산데 등의 중국 관련 저작들을 통해 전해진 '중국산' 정치사상이었다.

14세기 마르코 폴로의 『동방견문록』과, 16세기에야 이 책의 기술내용을

---

296) 참조: Lovejoy, 'The Chinese Origin of a Romanticism", 103쪽.

뒤늦게 확증해준 핀토·바로쉬·바레토·무명씨·페레이라·크루즈·에스칼란테·멘도자·발리냐노·산데 등의 중국보고 및 중국기中國記들은 압도적으로 많은 지면을 중국의 물질적 풍요와 경제·기술에 관한 묘사에 할당했지만, 상술했듯이 그래도 간간이 중국의 국가제도와 정치사상에 관한 얼마간의 묘사들도 포함하고 있었다. 그런데 이 국가제도와 정치사상에 관한 기술 내용은 주로 중국의 민본주의적 복지정책, 만백성의 탈신분제적 자유와 평등, 종교적 자유와 관용, 국가의 관료제와 내각제 등이었다. 따라서 르네상스 말엽 선교목적에서 동방에 비상한 관심을 가졌던 예수회 소속 성직자들과, 교황의 신권적 지배체제로부터의 일정한 해방을 추구하던 인문주의자들이 중국의 이런 민본주의적 자유와 평등, 관용과 민본주의로부터 '인간과 백성의 자연적(본성적) 자유와 평등', 그리고 '왕권민수설王權民授說'을 도출하는 것은 여반장이었다. 이와 함께 16세기 후반 유럽의 정치사상은 아우구스티누스·아퀴나스의 중세 패러다임으로부터 17세기 바로크 패러다임으로 변화를 이룩한다.

중세 말엽과 17세기 초에 활동한 사상가들로서 '백성의 자연적 자유와 평등'의 관점에서 '왕권신수설'을 부정하고 '왕권민수설'을 주장한 인문주의자와 예수회 소속 신학자들로서 걸출한 인물들은 조지 부캐넌, 로버트 파슨스, 로버트 벨라르민, 프란시스코 수아레즈 등이었다. 이들이 마르코 폴로·핀토·바로쉬·바레토·무명씨·페레이라·크루즈·에스칼란테·멘도자·발리냐노·산데 등의 중국보고서나 중국기中國記로부터 직접적 영향을 받고 이 서적들을 자기들의 글 속에 반영했다는 것을 구절 대 구절의 대비를 통해 직접적으로 입증하는 것은 세 가지 이유에서 불가능하다.

첫째, 당시는 가톨릭 대 개신교, (가톨릭 안에서도) 교황을 지원하는 예수회 대 교황의 교권을 얼마간이라도 제한하려는 갈리카니즘(Gallicanism) 종파 간에 사활을 건 '정통과 이단 싸움'이 치열하게 벌어지고 있어서 왕권민수설을 주장하는 인문주의자들과 예수회 성직자들은 자기들의 글 속에서 중국 이교도들의 영향을 받은 것으로 의심받을 수 있는 어떤 출처 시사도, 심지어 자그마한 흔적도 남겨두지 않고 있다.

둘째, 인문주의자들과 예수회 성직자들은 중국의 사상을 받아들이는 경우에도 중국의 이 논변들을 모조리 성사구절과 전통신학 속에 완전히 녹여서 자기들의 주장들을 만들고 있다.

셋째, 예수회와 개신교 측 신학자들과 논자들은 중국의 왕권민수론을 교묘하게 비틀어서 논자가 가톨릭 측이면 타국의 개신교도 국왕을, 논자가 개신교 측이면 타국의 가톨릭 국왕을 타도하려는 논리로 변조시키고 있다.

그럼에도 불구하고 우리는 부캐넌·벨라르민·파슨스·수아레즈의 왕권민수론이 중국의 왕권(왕위)민수론을 본뜬 것이라는 사실을 정황상의 증거와 내용상의 실질적 유사성이라는 증거에 의해 간접적으로 입증할 수 있다. 첫째로 정황증거는 칼뱅주의자 부캐넌과 벨라르민·파슨스·수아레즈 등 예수회 신부들의 '자연적(본성적) 자유·평등' 사상과 이에 기초한 왕권민수론이 1570년대부터 '갑작스럽게' 튀어나왔다는 사실, 정확히 말하면, 마르코 폴로의『동방견문록』(1300년경)이 나온 지 200년이 지나면서 핀토의 중국서한(1550), 바로쉬의『아시아의 시대』(1552-1563), 바레토의 중국보고서(1558), 포르투갈 무명씨의 중국기(1561), 페레이라의 중국보고(1564), 크루즈의『중국풍물론』(1569-1570), 에스칼란테의『중국론』(1577), 멘도자의『중국제국의 역사』(1585), 발리냐노·산데의『로마교황청 방문 일본사절단』(1590) 등이 쏟아져 나온 뒤인 1580-1590년대 전후부터야 비로소 튀어나오기 시작했다는 역사적 사실이다. 저 칼뱅주의자와 예수회 성직자들의 '인간(만백성)의 본성적 자유·평등' 사상과 왕권민수론은 유럽의 히브리이즘(기독교)·헬레니즘 전통 속에 존재한 적이 없고, 따라서 성서로부터든, 노예의 자연적 자유·평등을 조금도 인정하지 않는 '노예소유주의 이데올로그들'인 플라톤·아리스토텔레스의 정치철학으로부터든 도출될 수 없는 사상이었다는 말이다.

- 부캐넌·벨라르민·수아레즈 등의 정치사상에 대한 로버트 필머의 이교 혐의

그리하여 17세기 중반, 부캐넌·벨라르민·파슨스·수아레즈의 저 '인간의 자연적 자유·평등' 사상과 이에 기초한 왕권민수론을 분쇄하려고 작심한 왕권신수론자 로버트 필머(Robert Filmer, 1588-1653)는 이들의 등장을 이렇게 신학교가

번창해서 생겨난 새로운 사태라고 지적한다.

신학교의 신학(School-Divinity)이 번창하기 시작한 때부터 다음과 같은 것을 인정하는 공통견해가 신학자들에 의해서만이 아니라 다양한 다른 식자들에 의해 주장되어왔다. "인간은 자연적으로 모든 굴종으로부터의 자유를 품부받았고 또 이런 자유를 가지고 태어나서 인간의 마음에 드는 어떤 정부형태든 선택할 자유가 있다. 그리고 어떤 인간이든 이 인간이 다른 인간들에 대해 가지는 권력은 처음에 대중의 재량에 입각해서 부여되었다.297)

필머는 여기서 분명히 자연적(본성적) 자유와 왕권민수론의 "공통견해"가 "신학교의 신학이 번창하기 시작한 때부터" 주장되기 시작했다고 언명하고 있다. 필머가 이교성의 혐의를 암시하는 이 말로써 자연적 자유·평등과 왕권민수론은 유럽에 전통이 없는 전대미문의 것이라는 사실이 분명해질 뿐만 아니라, 신학교가 번창하기 시작한 16세기 후반에야 등장했음이 명확해진다.

그러면서 필머는 이 '불온사상'이 맨 처음 개신교국가와 개신교국왕을 타도하려는 '흑심'을 가진 가톨릭세계의 스콜라 신학교에서 발생해서 교황파들에 의해 육성되었다고 지적한다.

이 명제는 스콜라 신학교에서 처음 부화되었고, 대를 이은 모든 교황파에 의해 훌륭한 신학을 위해 육성되었다. 개신교회의 성직자들도 그것을 받아들여왔고, 보통백성들은 도처에서 그것을 보통사람들에게 가장 그럴싸한 것처럼 소중하게 가슴에 품고 있다. 왜냐하면 이 명제는 자유의 욕구가 아담의 타락의 첫 번째 원인이었다는 것을 결코 상기하지 못한 채 마치 인간적 지락至樂의 정점이 오로지 자유 안에만 들어 있는 것처럼 자유를 더 극적으로 과장하는 대중의 가장 천한 사람들에게도 한 조각의 자유를 분배해주기 때문이다.298)

---

297) Robert Filmer, *Patriarcha; or the Natural Power of Kings* [1650년경] (London, Printed for Ric. Chiswell in St. Paul's Church-Yard, Matthew Gillyflower and William Henchman in Westminster Hall, 1680), 2쪽.

바로 이어서 필머는 그럼에도 이런 명제가 원시교회의 고대 교부敎父들과 박사들로부터 기원하는 것도 아니며, 오히려 성서의 교리와 모순되는 '가장 뜬금없는' 주장이자 '가장 위험한' 주장이라고 말한다.

> 그러나 이 천박한 견해는 최근에 큰 명성을 획득했을지라도 원시교회의 고대 교부들과 박사들에게서 찾아볼 수 없다. 그것은 성서의 교리와 역사, 모든 유구한 군주국의 불변적 관행, 자연법의 바로 그 원칙들과 모순된다. 그것이 신학에서 더 그릇된 것인지, 정치에서 더 위험한 것인지를 말하기는 어렵다.[299]

이것은 신학적으로 그릇되기 짝이 없고 정치적으로 위험하기 짝이 없는 이 '자연적 자유·평등' 테제와 왕권민수론이 히브리이즘 전통에도 없고, 유럽 군주국의 전통에도 없고, 전통적 자연법사상에도 없는, 갑자기 '돌출적으로 날아든 돌멩이' 같은 '돌비적突飛的 사상'이라는 말이다.

이렇게 말하고는 이 명제를 대변하는 그 주범들로 부캐넌(영국 칼뱅주의자), 파슨스(영국 예수회), 벨라르민, 칼뱅주의자들을 단숨에 열거하고 있다.

> 하지만 이 독트린의 근거 위에서 예수회 회원들과 제네바계율의 다른 일부 열성 추종자(칼뱅주의자 – 인용자)들은 둘 다 백성 또는 대중이 군주가 국법을 위반한다면 군주를 처벌하고 면직할 권력이 있다는 위험한 결론을 만들어왔다. 파슨스와 부캐넌을 똑똑히 보라. 전자는 '돌맨(Dolman)'이라는 필명으로 『제1책』의 제3절에서 왕들이 그들의 국민(Commonwealth)에 의해 합법적으로 견책당해왔음을 입증하려고 애쓰고 있고, 후자는 그의 책 『스코틀랜드에서의 왕의 법(De jure Regni apud Scotos)』에서 자기들의 군주를 면직할 백성의 자유를 주장한다. 벨라르민 추기경과 칼뱅도 둘 다 이 길을 곁눈질하고 있다.[300]

---

298) Filmer, *Patriarcha*, 2-3쪽.

299) Filmer, *Patriarcha*, 3쪽.

300) Filmer, *Patriarcha*, 3쪽.

필머는 여기에 칼뱅(1509-1564)까지 끼워 넣고 있는데 이것은 오류로 보인다. 아마 이것은 '칼뱅'이 아니라 '칼뱅주의자', 즉 "제네바계율의 다른 일부 열성 추종자"를 가리키는 것 같다. 왜냐하면 칼뱅은 백성의 자연적 자유와 왕권민수 설을 주장한 적이 없고 오히려 고위관리들은 폭군을 제어할 의무가 있지만, 일반백성은 폭군을 만나도 견뎌내야 한다고 주장했기 때문이다. 한마디로, 칼뱅은 군주를 선택할 백성의 자유·평등권을 주장한 것이 아니라 백성을 무시한 것이다. 이런 까닭에 칼뱅의 주장을 잠시라도 들여다본 사람들은 누구나 칼뱅에게서 중국사상의 세례를 받은 흔적을 조금도 느낄 수 없는 것이다. 한편, 필머는 프란시스코 수아레즈도 왕권민수론의 대오에 끼워 넣고 있다.[301]

결론적으로, 왕권신수론자 로버트 필머에 의하면, 부캐넌, 파슨스, 벨라르민, 수아레즈 등의 백성자유·평등론적·왕권민수론적 주장이 나온 것은 '갑작스러운' 최근의 일, 즉 '1570-80년대 이후의 일'이었다. 이것은 역사적 사실인데도 20세기 연구자들은 뒤늦게 이런 정치사상이 중세 유럽으로부터 유래한 것으로 변조하고 있다. 1920년대에 가령 무어하우스 밀러(Moorhouse F. X. Millar)는 벨라르민이 "정부의 정통성을 확립하면서 중세의 옛 전통적 근거로부터 치자들이 그들의 권위를 백성의 동의로부터 도출한다고 논변했는데", 이 논변은 "제임스(1세)와 영국 국교회 주교들이 가장 증오하는 것이었다"고 논했다.[302] 그리고 1910년대에 중세 저작들에 대한 연구의 권위자였던 알렉산더 카알라일(Alexander J. Carlyle)도 중세사회의 기초가 "모든 권위는 공동체의 권위다"라는 원칙에 깊이 뿌리내리고 있었고, 이 원칙은 다시 중세사회의 두 가지 실천적 사실을 함의하고 있었는데 "첫 번째 사실은 법은 공동체의 법이고, 두 번째 사실은 공동체의 행정기관들이, 근대적 어법을 쓰자면, 자기들의 권위를 공동체의 동의로부터 도출한다"는 것이라고 결론짓고 있다.[303] 카알라일은 "근대적 어법"을 이입시

---

301) Filmer, *Patriarcha*, 31-43쪽.

302) John A. Ryan and Moorhouse F. X. Millar, *The State and the Church* (New York: The MacMillan Company, 1922), 115쪽.

303) Alexander J. Carlyle, *American Historical Review*, Oct. 1913, 6쪽. Ryan and Millar, *The State and the Church*, 117-118쪽에서 재인용.

켜 왕권민수론을 부정하는 왕권의 신적 기원에 관한 중세의 교리를 근대적 인민주권론으로 변조하고 있다. 밀러와 카알라일은 마치 유럽 중세사회의 왕권 신수설이 실은 극동유교의 왕권민수론이었던 양 주장하고 있는 것이다.

- 아우구스티누스와 아퀴나스의 중세순응적 정치사상

그러나 밀러도 인용하고 있듯이 기독교중세의 교부철학을 개막한 아우구스 티누스는『신국론』에서 정치적 권력을 원죄에서 비롯된 인간의 사회적 타락을 통제하기 위한 최소한의 장치로 규정함으로써 정치를 기본적으로 아담의 타락 으로 빚어진 원죄의 부산물로 이해했고,[304] 또 "모든 인간이 평등하게 창조되었 기 때문에 어느 한 인간이 다른 사람들을 명령할 권리는 인간(humanity) 바깥의 다른 곳으로부터 생겨날 수 없다"고 주장했다.[305] 중세의 정치사상을 지배한 아우구스티누스의 이 신학적 테제는『성경』에 입각하면 물론 그릇된 것이다. 「창세기」에 의하면, 아담과 그의 갈비뼈로 만든 이브는 애당초 약간 불평등하 게 창조되었으며, 이후 원죄적 타락 때문에 이브는 남편의 다스림을 받도록 좀 더 불평등하게 처벌받았고, 모세의 십계명은 '부모를 친애하라'가 아니라 "너의 아버지와 어머니를 공경하라"(「출애굽기」 20:12)고 하고 있다. 이 때문에 기독교 교리에 비춰 보면 지상의 그 누구도 평등하게 창조되거나 태어나지 않았다. 애당초 약간 불평등하게 창조되고 불평등하게 원죄의 벌을 받은 아담 과 이브를 포함해서 어떤 인간도 '부모의 자식'이 아닌 자는 없다. 이 때문에 탄생과 동시에 부모공경의 의무를 짊어지는 모든 인간은 태생적으로 불평등한 것이다. 아무튼 아우구스티누스의 저 테제는 통치권의 원천이 만백성(인류)의 민심이 아니라 인류 바깥(하늘)에 계신 '신'의 의지라는 말이다. 즉, 아우구스티누 스에게 '나라의 근본은 백성(民惟邦本)'이 아니라 '신의(神意)'다.

토마스 아퀴나스(Thomas Aquinas, 1224-1274)는 정치를 기본적으로 아담의 타락으

---

304) 유지황, 「토마스 아퀴나스 정치사상의 분석적 이해 – 질서와 평등을 중심으로」, 『철학사상』 25호(2007), 34-35, 38쪽.

305) Moorhouse F. X. Millar, "Introduction", 6쪽. Robert Bellarmine (K. E. Murphy, trans.), *De Laicis or The Treatise on Civil Government* (New York: Fordahm University Press, 1928).

로 빚어진 원죄의 부산물로 이해한 아우구스티누스와 달리 정치를 인간사회의 적극적 요소로 보았다.306) 그는 아리스토텔레스의 '정치적 동물' 테제를 수용해서 정치란 인간이 태초부터 원죄와 무관하게 인간사회에 존재해 사회질서의 유지를 도모함으로써 각 개인의 삶의 궁극목적을 달성하는 데 일조하는 것으로 파악했다. 따라서 그는 군주의 개인적 지배권력이 아니라 계도적 통치권력은 원죄적 타락 이전에도 필요했다고 주장한다.307) 그러나 정치를 완전한 행복(신과의 합일)을 달성하는 길로 보지 않고 그런 목표로 가는 하나의 징검다리로만 간주했다.308)

그리고 논란을 일으키는 자유주의적·휘그주의적 변조 독법讀法을 제쳐놓으면, 아퀴나스도 인정법人定法을 관철시키는 '정치적 권위'는 가부장적 권위의 대용물이 아니라 궁극적으로 "신이 내려준 권위"로부터 도출된다고 주장했다.309) 정치는 신이 인간에게 단지 '허용'한 것이 아니라 '부여'한 것이기 때문이라는 것이다.310) 다만 그는 신이 인간에게 명령할 때 신적 권위를 행사하는 것과 동일한 포괄적 방식으로 정치적 권위가 행사되어서는 아니 된다는 단서를 달았다.

그리고 아퀴나스는 나라가 한 사람의 군주에 의해 다스려지는 것이 가장 적절하다고 말하면서도 동시에 최고통치자인 군주의 권력이 그가 다스리는

---

306) 유지황, 「토마스 아퀴나스 정치사상의 분석적 이해」, 34-35, 38쪽.

307) 유지황, 「토마스 아퀴나스 정치사상의 분석적 이해」, 46-48쪽.

308) 유지황, 「토마스 아퀴나스 정치사상의 분석적 이해」, 34-35쪽.

309) 아퀴나스는 정치권력이 신에 의해 부여된 것임을 신이 확립한 '우열질서와 복종논리'에 의거해 설명한다. "자연적 사물들의 작용들이 자연력으로부터 생겨난 것처럼 인간행동도 인간의지로부터 생겨난다. 자연적 사물들에서 신에 의해 사물들에 부여된 자연력의 우월성에 의해 하급사물들을 상급사물들의 작용에 맞춰 움직이는 것이 상급사물들의 의무다. 마찬가지로 인간사에서도 상급 인간행동은 신적으로 확립된 권위에 의해 하급의 인간행동을 자기들의 의지에 의해 움직이게 한다. 이성과 의지에 의해 움직이는 것은 이제 명령하는 것이다. 그러므로 신적으로 확립된 자연질서에 의해 하급의 자연사물들이 상급의 사물들의 움직임에 복종할 필요가 있듯이 인간사에서도 자연법과 신법의 질서에 의해 열등자들이 그들의 윗사람들에게 복종해야 한다." Thomas Aquinas, *Summa Theologiae*, IIaeIIae. q.104. art.1. 유지황, 「토마스 아퀴나스 정치사상의 분석적 이해」, 43쪽 각주18에서 재인용.

310) Thomas Aquinas, *Summa Theologiae*, Ia. q.103. art.6. 유지황, 「토마스 아퀴나스 정치사상의 분석적 이해」, 42쪽 각주18에서 재인용.

보통의 다수인간들로부터 나온 것임을 지적한다. 그리하여 통치권력의 민주성
을 강조하고 나아가 혼합정권의 유용성을 용인한다.311)

> 따라서 최선의 통치형태는 한 사람이 모두를 다스리는 권력을 부여받은 한편, 그의
> 휘하에 통치권력을 가진 다른 사람들도 존재하는 나라 또는 왕국에 있다. 하지만
> 이런 종류의 통치는 모두가 통치할 자격이 있고 치자들이 만인에 의해 선발된다는
> 두 가지 이유에서 만인에 의해 공유된다.312)

아퀴나스는 군주정을 "최선의 통치형태"로 선호하고 최고입법권이 "만인" 또
는 "전체 대중(tota multitudo)"에 의해, 또는 "대중의 인격을 띤" 몇몇 공인公人에
의해 장악된다고 말하지만, 여기서 "전체 대중"을 "자유민(libera multitudo)"으로
한정했다. 즉, 자유민보다 수십 배 많은 노예·농노·예농계급을 배제한 것이다.
그리고 아퀴나스는 이 "대중의 인격을 띤다"는 말의 의미를 깊이 있게 상론하지
않았고, 또 특정한 대중이 자유롭고 자치적인지, 또는 자유롭지만 어떤 수장의
입법적 권위에 종속되는 것인지, 또는 부자유스러운 대중인지도 상론하지 않았
다. 또한 치자에 대한 저항권도 아퀴나스는 명백하게 밝힌 적이 없다. 그리고
최선의 정부형태를 "군주정·귀족정·민주정"이 "잘 혼합되어 있는" 형태라고
주장함으로써 슬그머니 귀족신분과 신분차별을 용인하고 "민주정"을 성품과
능력이 탁월한 고위관리를 선출하는 선거권을 가진 '자유민 유권자집단'의
투표행위로 국한하고 있다.313) "각자마다 사회의 각 분야에서 주어진 본분에
충실히 임하는 일종의 계층적 사회구조를 역설한" 아퀴나스의 이 정치적 인간
불평등론은314) 근본적으로 그의 정치 개념에 깊이 뿌리박은 것이다. 그는 정치

---

311) 유지황, 「토마스 아퀴나스 정치사상의 분석적 이해」, 57쪽 각주37.

312) Thomas Aquinas, *Summa Theologiae*, IaIIae. q.105. art.1. 유지황, 「토마스 아퀴나스 정치사상의
분석적 이해」, 57쪽 각주37에서 재인용.

313) "Aquinas' Moral, Political, and Legal Philosophy". *Stanford Encyclopedia of Philosophy* (revision
2017).

314) 유지황, 「토마스 아퀴나스 정치사상의 분석적 이해」, 57쪽.

를 "인간의 사회적 본성과 차별적 재능이 낳은 것"으로 보고 인간들이 신 앞에서는 평등하지만 인간과 인간 사이에는 엄연히 선천적 능력차이와 계층· 신분차별이 존재함을 정상적 '사물의 질서'로 인정했다. 이로써 그는 "신에게서 받은 선천적 능력과 소명의 차이"에 따라 인간의 사회적·정치적 불평등을 신학적으로 정당화하고 이를 통해 자신의 정치철학을 몽땅 중세 유럽의 신분질 서와 타협시켰던 것이다.315)

이런 인간불평등론의 관점에서 아퀴나스는 군주정을 최선의 통치형태로 규정한다. "모든 인간이 이성적인 만큼 이성의 판단에 따른 통치에 한몫을 가지고 있기 때문에 모든 인간은 현명에 비례해 유능하다. 그러므로 주인의 능력(mastercraft)의 방식에 따른 현명은 치자에게 있지만, 수공예 솜씨(handicraft)의 방식에 따른 현명은 신민들에게 있다."316) 그리하여 아퀴나스에게서 이 분업적 불평등은 신이 확립한 저 신적 차등질서로 정당화되면서 영원한 법제(eternal law)로 공고화된다. 이것은 플라톤의 분업적 정의관을 대변한 것이다.

따라서 아퀴나스는 폭군적 군주도 백성이 직접 처형하거나 타도할 수 없다고 주장하고, 오로지 종교적 이유에서만 폭군을 죽일 수 있다고 주장했다. 그는 폭군적 정권에 의해 수립된 질서도 절대적 무질서보다 더 용인할 만하다고 생각했다. 그는 『지상至上철학(Summa Philosophae)』에서 복종이 '대덕大德(cardinal virtue)'이라고 주장한다. 이것으로부터 불의한 치자에 대한 복종도 이 치자의 명령들이 덕성 자체나 신과 직접 대립하지 않는 한에서, 즉 그것들이 누군가를 신에게 죄를 짓도록 유도하지 않는 한에서 지상명령이라는 논지를 도출한다. 그러나 이것이 맞더라도 적어도 수동적 불복종은 – 자기의 생명을 버리더라도 – 절대필수적이다.317) 이 '수동적 불복종'은 종교문제가 걸린 경우에 신을

---

315) 유지황, 「토마스 아퀴나스 정치사상의 분석적 이해」, 35-36, 59쪽.

316) Thomas Aquinas, *Summa Theologiae*, IIaIIae. q.47. art.12. 유지황, 「토마스 아퀴나스 정치사상의 분석적 이해」, 57쪽 각주37에서 재인용.

317) *Summa Philosophiae*, IIaIIe, Q.104. Nikos Psarros, "The Political Philosophy of St. Thomas Aquinas in comparison to the political Ideas of St. Augustine and al-Farbi: Three Rationalist Conceptions", *Conference Paper* (June 2018), 2쪽에서 재인용.

위해 폭군살해(*tyrannicide*)도 정당화할 수 있는 것으로 해석될 여지가 있다고 말할지도 모르지만, '수동적 불복종'이라는 말의 상식적 의미에서 그럴 여지는 전무한 것으로 보인다. 그리고 폭군의 자의성이 세속적 사건들에 국한된다면, 가령 그가 신민들을 강제노역시키거나 신민의 재산을 빼앗는다면, 수동적 불복종만이 허용된다. 그리고 아퀴나스는 불의한 치자를 정당하게 폐위할 가능성을 제도적 질서의 틀 안에서 수행하는 경우에 한정시켰다. 즉, 치자가 인민투표에 의해 임명된 경우에 그를 퇴위하도록 강요하는 것이나, 치자보다 높은 심급에, 즉 황제나 신에게 그에 대한 고발장을 제출하는 것으로 국한한 것이다.[318] 폭군의 살해와 처형은 배제된다. 결국 아퀴나스는 백성이 세속적 정사政事 때문에 폭군을 제거하고 처형하는 혁명과 혁명적 폭군방벌을 부정한 것이다.

- 마르실리우스의 근대성?

14세기에 아퀴나스를 이어 보다 더 인민주의적인 정치철학을 전개한 파도바의 마르실리우스(Marcilius of Padua; 원명: Marsiglio da Padova, 1275-1342)는 자기 고향인 이탈리아 파도바 시에 한때(약 1000-1318) 존속했던 작은 자치공화국을 동경하며 아리스토텔레스와 아퀴나스의 이론을 더 급진시켜 '지상의 모든 권세는 신정神定한 것'이라는 바울의 논변을 바탕으로 시민대중이 정치적 권위의 신수적神授的 정통성을 표현하는 유일한 대변자라는 논변으로써 도시소국 공화주의를 주창했다. 주권은 시민층에게 있으며, 시민다중은 선거하고 수정하고 필요하면 정치지도자를 퇴위시킨다.[319] 또 소국의 민주주의는 가장 현명한 법률을 산출하는 경향이 있어 공동이익을 보호하고 삶의 충족성을 증진하며 복종하기 가장 쉬운 법률을 제정하기 때문에 최선의 통치형태라고 주장했다.[320] 마르실

---

318) Nikos Psarros, "The Political Philosophy of St. Thomas Aquinas in comparison to the political Ideas of St. Augustine and al-Farbi: Three Rationalist Conceptions", *Conference Paper* (June 2018), 2쪽.

319) Alan Gewirth, "Marsilius of Padua", 166쪽. *The Encyclopedia of Philosophy*, Vol. 5 (New York: Macmillan, 1967).

320) Marsilius of Padua, *The Defender of Peace* [*Defensor pacis*], trans. by Alan Gewirth (New York: Harper&Row, 1967), 46-47쪽. *Defensor pacis*는 1522년 바젤에서 출판되었고, 영역본은 1535년에 출현했다. 이 책은 조지 부캐넌에게 직접적 영향을 끼쳤다. 마르실리우스는 다수파 지배와 인민주

리우스의 이 주장은 얼핏 들으면 마치 오늘날 광역국가에서 시행되고 있는 근대적 민주주의를 설파하는 것 같지만, 이 주장에는 인간불평등의 당연한 인정이 은닉되어 있다. 이것은 중세 파도바 시의 역사를 간단히 살펴보면 이 자치공동체가 전제로서 안고 있는 신분제적 불평등의 실체를 바로 알 수 있다.

9세기 이래 파도바는 교황이 파견한 주교가 다스렸다. 그러다 11세기 초에 유구한 혈통의 파트리키(patricii; patrician)와 플렙스(plebs; plebeian), 즉 귀족과 평민이 입법부(일반 평의회)와 집행부(크레덴자)로 구성된 헌정체제를 수립하면서 자치공화국으로 넘어갔고, 1138년에는 2인 통령에게 통치가 위임되었다. 통령직은 캄포삼피에로, 에스테, 다 로마노의 대귀족 가문에서 번갈아가며 독식했다. 그리고 이 세 대귀족 가문은 파도바 지역을 삼분해 나갔다. 이에 평민과 에퀴테스(소귀족)들은 자기들의 자유를 지키기 위해 1178년 처음으로 시장(포데스타)을 민선(民選)했지만 최초로 민선된 시장도 귀족(에스테 가문)이었다. 귀족들이 파도바의 통치와 행정, 입법부와 집행부, 문화·종교조직의 지도부를 독점하는 정치사회적 제반 특권을 누린 것이다.

그러던 중 1236년에는 신성로마제국 프리드리히 2세가 파도바를 장악하고 그의 대목(代牧) 엔쩰리노(Enzzelino)를 통치자로 세웠다. 자치공동체 귀족공화국이 무너진 것이다. 엔쩰리노는 온갖 잔악한 만행을 자행하다가 1256년 교황(알렉산더 4세)에 의해 파면되었다. 이후 파도바는 교황의 통치 아래서 번영했고, 자치공화국으로 되돌아갔다. 1222년에는 파도바대학교가 개교되었다. 파도바대학은 볼로냐대학교를 앞지르면서 유럽 인문주의와 르네상스의 거점이 되었다. 그러나 파도바는 13세기에 베로나의 군주 스칼라(Can Grande della Scala)와 충돌했고 결국 베로나에 항복했다. 당시 인구 4만 명에 달했던 파도바 시는 국방에 어려움을 겪어온 귀족공화국을 포기하고 1318년 지암코모 다 카라라(Giacomo

---

권의 옹호자로 해석되기도 한다. 그러나 다른 해석(가령 Alexander P. D'Etreves)에 의하면, 입법자의 자격을 한정하는 마르실리우스의 정치철학은 인민주권이나 다수결 지배의 철학이 아니다. 이 점에서 마르실리우스의 이론은 "인민의 다수가 법률을 발령하고 치자를 창설해도 된다"고 주장하는 부캐넌의 이론과 다르다는 것이다. Charles F. Arrowood, "Introduction — George Buchanan and the *De Jure Regni Apud Scotos*", 9쪽. George Buchanan, *The Powers of the Crown in Scotland*, translated and introduced by Charles Flinn Arrowood (Austin: The University of Texas Press, 1949).

I da Carrara)를 파도바의 왕으로 선출했다. 이로써 1318년부터 1405년까지 파도바를 다스린 카라레시 왕조(Carraresi dynasty)가 창립되었다. 지암코모는 파도바 시의 유력자(귀족)들의 조언을 받아 이 시를 다스렸다. 이 군주의 출현으로 공화국 자치공동체(Commune)는 신굴라렘 도미눔(Singularem Dominum; 단독군주) 체제로 변혁된 것이다. 카라레시 왕조 시기는 파도바 시가 주변지역들과 항구적으로 전쟁 중이어서 혹정酷政의 시대였다. 이로써 파도바는 유럽 인문주의의 중심지로서의 지위를 잃었고, 파도바대학의 인문주의 그룹은 해체되었다. 카라레시 왕조는 1387년 베네치아공화국과의 전쟁에서 패배했고, 파도바는 1405년 베네치아공화국의 지배 아래로 들어갔다. 그리고 파도바 시민들은 1797년 베네치아공화국이 멸망할 때까지 그 치하에서 살았다.

이 파도바 약사에서 우리의 관심거리는 자치공동체 시기의 귀족공화국이다. 마르실리우스가 공화주의 통치론을 설파하던 1330-40년대에 파도바 통치권은 이미 단독군주에게 넘어가 있었고 '공화국 파도바'는 과거가 되어 있었다. 그런데 과거의 파도바공화국에서도 유구한 혈통의 귀족이 지배자로 설쳤고, 치자가 민선되더라도 다시 통령과 시장의 후보·당선자는 모두 귀족이었다. 물론 이 치자를 선출할 선거권은 귀족과 평민의 성인남성들에게만 주어졌고, 귀족·평민보다 수십 배 많은 – 파도바의 경우 3만여 명을 상회하는 – 예속인구(노예, 고용인雇傭人, 여성, 27-30세 미만의 평민남성 미성년자들)는 정치와 선거에서 배제되었다. 파도바를 최종적으로 복속한 베네치아공화국도 유사한 귀족공화국이었다. 12개의 가문으로 출발한 베네치아공화국의 모든 총독(doge, duce의 베네치아 방언)은 697년 최초로 선출된 총독 아나파스토나, 726년 최초로 민선된 총독 우르수스이래 모두 다 로마시대로까지 거슬러 올라가는 혈통귀족들이었다. 그리고 베네치아의 총독은 11세기경에 이미 동로마제국으로부터 달마치아 공작과 이스트리아 공작의 칭호를 받았고 두 번에 걸친 황금칙서(chrisobulls)를 통해 무역독점특권을 보장받았다. 그리고 1204년 제4차 십자군원정 때 콘스탄티노플을 포획하고 약탈한 뒤 라틴제국을 건설해서 제국주의 국가가 되었다. 13세기 말 3만 6,000명의 선원과 3,300척의 선박을 가진 베네치아는 전 유럽에서 가장 번영하는 도시가 되었다. 베네치아공화국은 베니스의 귀족가문들로 구성된 대평의회에 의해 다스려졌다. 이 대평의회가 베니스의 모든 공직관리를 임명하고 200-300명의 원로원을 선출했다. 원로원은 다시 '시그노리아(Signoria)', 즉 총독위원회(Ducal Council)라고 불리는 10인 위원회를 선출했고, 이 시그노리아가 도시의 행정을 장악했다. 이에 더해 대평의회는 평의원 중에서 최고집행자로서 1인의 '총독(Doge)'을 선출했고, 이 총독은 – 탄핵을 받고 직위를 박탈당하고 수도원에 유폐된 경우를 제외하면 – 종신토록 이 총독 칭호와 권한을 향유했다. 평민들은 선출된 총독을 동의하고 거부할 수동적 권한밖에 없었다. 물론 이 동의와 거부의 표현에서 노예들과 고용인·여성·미성년자들은 배제되었다. 베네치아공화국의 이 통치형태는 고대 로마공화정을 그대로 복제한 것이다. 정치와 군사는 분리되었고, 전쟁은 다른 수단에 의한 상업의 연장으로 이해되었다. 군대는 용병으로 충원되었다.

조지 부캐넌은 1567년 집필되어 1579년에 출판된 『스코틀랜드의 왕권(De Jure Regni apud Scotos)』에서 베네치아를 공화정의 측면, 군주정의 측면, 귀족정의 측면이 "다 결합된 정부형태를 가진" 나라로 평가했다.[321] 350년 뒤 막스 베버는 베네치아의 이 통치형태를 "문벌門閥지배(Geschlechterherrschaft)"라고 불렀다.

(자치공동체 결성의) 맹약(conjuratio)에는 보통 지도적 명사들(Honoratioren)만이 아니라 도시의 모든 지주地主들이 다 참여하기 때문에 이탈리아에서 '파를라멘툼(parlamentum)'이라고 불린 시민집회는 공식적으로 지방자치공동체의 최고 주권기관으로 간주되었다. 이것은 형식상으로 고수되었다. 그러나 사실상 바로 최초 시기에 자연스럽게 대부분 명사들은 권력을 완전히 자기들 손아귀에 장악했다. 아주 신속하게 관직과 평의회에 대한 참여의 자격은 공식적으로도 제한된 수의 '문벌門閥들'에 유보되었다. 귀족문벌들은 특별한 규정 없이도 처음부터 그들만이 의정議政에 참여할 능력이 있는 것으로 간주되는 것이 드물지 않았다. (…) 그리하여 이탈리아 파를라멘타(parlamenta)의 경

---

321) George Buchanan, *The Powers of the Crown in Scotland*, Being a Translation, with notes and an Introductory Essays, of George Buchanan's *De Jure Regni Apud Scotos* [1579] by Charles Flinn Arrowood (Austin: The University of Texas Press, 1949), 53쪽(제51장).

과에 관한 나중의 보고들이 입증하듯이, 이 대중집회가 명사들의 제안을 박수로 승
인하거나 이에 반대하면 소란을 피우기도 한 공중公衆 이상의 어떤 것을 뜻한 경우는
완전히 예외적이었고, 이 초기단계에 대해 알려진 한에서 이 대중집회가 선거나 도
시행정의 조치들을 진짜 영구적으로 결정적인 것으로 규정한 적은 결코 없었다.322)

그리하여 베버는 "도시행정을 독점한 저 명사들을 '문벌(Geschlechter)'이라고 지칭
하고, 이들의 행정적 영향의 시기를 '문벌지배'라고 지칭한다"고 말한다.323)
그리고 그는 이 문벌을 중세의 기사적·귀족적 '신분'으로 규정하고 이런 문벌지
배체제의 전형적 유형을 베네치아 귀족공화정으로 지목한다.

이 "문벌들"은 그 성격에서 통일적인 것이 아니다. 이 모든 문벌에 공통된 것은 그들
의 사회적 권력지위가 토지소유에 기초하지, 자기의 영리기업에서 나오는 소득에
기초하지 않는다는 것이다. 그러나 그 밖에 문벌들은 상당히 상이한 성격을 가질
수 있었다. 중세에는 가령 특유한 정도의 외적 생활 영위의 하나의 특징이 신분구성
적이었다. 즉, 기사적 생활영위다. (…) 최소한 이탈리아에서는, 그러나 다수의 경우
에 북유럽에서도 도시의 그런 계층만을 이런 특징을 고유하게 갖춘 "문벌"로 쳤다.
다른 것은 개별적인 경우에 얘기되지 않는 한, 우리는 따라서 ― 이행의 유동성을
인정하면서 ― 이에 못 미치는 경우에도 대부분 "문벌들"에 관해 입론되는 경우에
항상 이 특징을 생각하고자 한다. 문벌지배체제는 몇몇 극단적 경우에 특히 고대적
방식으로 무역도시의 해양정책이 발전을 규정한 곳에서 특유한 도시귀족(Stadtsadel)
의 발달로 귀착되었다. 이에 대한 고전적 사례가 베네치아다.324)

베버는 베네치아공화국을 도시귀족 지배체제의 '고전적' 유형으로 제시하고
있다. 따라서 그 영향하에서 유사한 발전을 보여주었던 파도바도 대중집회

---

322) Max Weber, *Wirtschaft und Gesellschaft* (Tübingen: J. C. Mohr, 1985), 757쪽.

323) Weber, *Wirtschaft und Gesellschaft*, 758쪽.

324) Weber, *Wirtschaft und Gesellschaft*, 758쪽.

'파를라멘툼'을 민주적 외양의 '들러리'로 세운 베네치아공화국과 유사한 '도시 귀족 지배체제'였던 것이다.

따라서 마르실리우스가 고향 파도바의 자치시대를 동경해서 설파한 민주공화정도, 나중에 파도바를 복속한 베네치아의 공화정도 당연히 귀족·평민·노예의 신분차별에 근거해서 '백성의 대부분'을 구성하는 예속인구를 완전히 배제한 귀족공화국이었다. 따라서 마르실리우스의 공화국도 고대아테네 민주정이나 고대 로마공화정처럼 신분제와 노예제를 견지하고 '만백성의 자유와 평등'을 부정하며 대부분의 백성을 정치에서 배제하는 노예제 귀족공화국에 불과했던 것이다. 이런 신분차별적 공화국은 이미 1590년 발리냐노와 산데 신부가 『로마교황청 방문 일본사절단』에서 보고한 중국의 탈신분적 평등 상태(중국은 황제 아래에 있는 최고위 국가관직들도 "신분계급이나 가문에 대한 어떤 고려도 없이 모든 사람에게 개방되어" 있다)에 비하면 천양지차를 보이는 국가형태였다.

- 정치체제를 둘러싼 불꽃 튀는 성서인용 논쟁

한편, 4세기에서 16세기까지 신학자들은 기독교세계의 모든 군주제와 모든 지배체제의 정통성을 신의 의지로부터 또는 신의 직접적 임명으로부터 도출했다.[325] 바울이 너무나 분명하게 왕권신수설 또는 제諸권세신수설을 일반화해 놓았기 때문이다.

모든 사람이 제각기 더 높은 권세들(the governing authorities)에 복종하게 하라. 신으로부터 오지 않는 권세는 없고, 존재하는 권세는 신에 의해 임명되어 있기 때문이다. 그러므로 권세에 저항하는 자는 누구든 신의 명에 저항하는 것이고, 권세에 저항하는 자들은 심판(judgement)을 자취自取하라. 치자들은 선한 일에 대한 두려움이 아니라 악한 일에 대한 두려움이다. 네가 권세를 두려워하지 아니하려느냐? 선을 행하라, 그러면 그에게서 칭찬을 받으리라. 그는 네게 선을 베푸는 신의 대행자(God's minister)

325) Psarros, "The Political Philosophy of St. Thomas Aquinas in comparison to the political Ideas of St. Augustine and al-Farbi", 1쪽.

이니라. 그러나 네가 악을 행하거든 두려워하라. 그는 공연히 칼을 찬 것이 아니다. 왜냐하면 그는 신의 대행자, 악을 행하는 자에게 진노를 집행하는 보복자이기 때문이니라. 그러므로 너희는 진노 때문에만이 아니라 양심을 따라서도 복종해야 하느니라. 너희가 조세를 바치는 것도 이 때문이다. 그들은 바로 이 일을 지속적으로 보살피는 신의 대행자들이기 때문이다(「로마서」 13:1-6).

바울은 세상에 "존재하는" 모든 권세, 즉 권세 '일반'을 "신이 임명한 것"으로, "신의 대행자"로 규정하고 권세에 저항하는 자를 신에게 저항하는 자로 단죄하며 속세의 모든 권세에 무조건 복종할 것을 요구하고 있다. 여기에서 바로 '제諸권세신수설'이 명확하게 규정되어 있다. 따라서 바울의 이 설교에 따르면, 세상의 모든 폭군의 권세도 신이 임명한 것이므로 무조건 복종해야 한다는 논법이 가능하다. 모든 권력자는 "신의 대행자"이므로 비록 폭군(참주)이라도 그는 신이 나름의 이유가 있어서, 가령 사악한 백성을 응징할 목적에서 보낸 것이라고 해석할 수밖에 없다. 여기서 사악한 폭군을 "신의 대행자"가 아닌 자로 해석한다면, 그를 어떻게 처리해야 하는가 하는 문제가 발생해서 이에 관한 논란은 『성경』의 경계를 파괴해버린다. 왜냐하면 바울은 "신으로부터 오지 않는 권세는 없고, 존재하는 권세는 신에 의해 임명되어 있다"고 천명하고 있기 때문이다. 이것은 '모든' 치자가 다 신에 의해 임명된 '신의 대행자'라는 말이다. 따라서 신에 의해 임명된 '신의 대행자'로서의 지상의 모든 치자에는 폭군도 포함된 것으로 이해할 수밖에 없다. 따라서 폭군을 포함한 모든 치자는 '신의 대행자'로서 백성에 대해서가 아니라 오직 신에 대해서만 책임을 진다는 해석이 가능해진다. 바울은 「디모데전서」(2:1-2)에서 이러한 해석을 공고화하는 말을 남기고 있다. "그러므로 나는 무엇보다도 먼저 간구, 기도, 알선과 감사함이 만인에게 주어지기를 권고하되, 온갖 신성함과 경건 속에서 평온하고 평화로운 삶을 영위하기 위해 군왕들과 권세 있는 모든 이에게 주어지도록 하라." 군왕과 모든 권세가에게 기도하고 감사하라는 바울의 이 말은 폭군을 배제하지 않고 있다.

아퀴나스는 "나는 당신에 대해, 오직 당신에 대해서만 죄를 범했사옵니다 (*Against thee, thee only, have I sinned*)"라는 「시편」의 구절(51:4)을 인용하며 이런 해석을 옹호했다. 그러나 반대로 개신교는 이 구절을 인용해 세속군주들에 대한 교황의 파면권과 속권제한이론을 부정했다.326) 어떤 세속군주가 죄가 있다면 그것은 교황에 대해서가 아니라 신에 대해서만 죄를 범한 것이기에 지상의 모든 군주는 교황이 책임을 추궁할 수도, 파면할 수도 없는 "신의 대행자들"이기 때문이다.

"치자들은 선한 일에 대한 두려움이 아니라 악한 일에 대한 두려움이다"라는 구절이나, 치자는 "네게 선을 베푸는 신의 대행자다"라는 구절도 백성의 '선한 일'과 '악한 일', '백성에 대한 치자의 시선施善'만을 말하고 치자 자체의 선악 여부를 논단하고 있지 않다. 따라서 『성경』 명문상 백성들이 '악한' 치자를 '폭군'으로 분리해내 백성에게 저지른 악행에 대해 책임을 물어 그로부터 신에 의해 임명된 '신의 대행자' 지위를 박탈할 수 있는 여지가 전무하다. 그리하여 치자가 비록 악행을 하더라도 그것은 신의 명에 따른 것으로 해석해야 하고, 치자의 이 악행조차도 백성에게 "선을 베푸는 것"이라고 풀이해야 할 것이다. '백성에게 선을 베푸는 것'은 가령 권세에 두려움을 가져야 할 '악한' 백성을 응징해서 정의를 구현하는 것도 반드시 포함하기 때문이다. 실제로 가령 『성경』을 영역한 죄로 1536년 10월 화형당한 개신교 신학자 윌리엄 틴들(William Tyndale, 1494-1536)은 "폭군은 죄지은 백성에게 신의 의지를 행하는 도구"라고 해석하고 "신이 모든 폭군을 자기 손안에 가지고 그들로 하여금 그들이 하고 싶은 것을 하게 하는 것이 아니라 그가 행하도록 지명하는 만큼만, 그리고 우리에게 필요한 만큼만 하게 한다"고 해석했다. 심지어 "악한 치자도 신이 우리에게 화내고 노하고 있다는 표시"라고 설명한다. 루터도 같은 취지에서 "치자에 대한 무조건 복종을 명하고 치자의 통치에 반역하거나 저항하는 신민은 신에 대한 반역자라고 선언했다".327)

---

326) Arrowood, "Introduction — George Buchanan and the *De Jure Regni Apud Scotos*", 10-11쪽.
327) Arrowood, "Introduction — George Buchanan and the *De Jure Regni Apud Scotos*", 11쪽.

칼뱅은 선출된 장로들에 의한 교회의 지배를 옹호하며 상당한 정도로 인간적 자유의 성장에 기여한 것처럼 보이지만, 그도 결국 루터나 틴들과 다름없는 입장을 취했다. "모든 국민은 법률들이 사랑의 항구적 규칙에 따라 제정된다면, 그리하여 형태가 다를지라도 같은 목적을 가진다면 그들이 제각기 그들에게 편한 법률들을 준수할 자유가 있다." 그러나 칼뱅은 루터나 틴들처럼 폭군에 대한 복종의 사회관행 속으로 미끄러져 들어간다. 그는 "신이 우리가 거주하는 자리 위에 설치한 어떤 통치자들에게든 복종하는 것이 의무다"라고 선언함으로써 무조건 정치적 굴종의 신적 의무를 설파했다. 그리고 그는 아무것도 폭군에 대한 저항을 정당화해주지 않는다는 견해를 피력했다.328)

그러나 가톨릭군주들이 개신교도들을 가혹하게 탄압하자 속세의 군주는 신에 대해서만 책임지고 따라서 지상에서 아무도 그를 파면하거나 탄핵할 수 없다는 개신교도의 정치이론이 180도 뒤바뀌었다. 1548년 마그데부르크 성직자들은 바울의 로마서 설교와 정면으로 배치되게도 기독교도들은 신법에 배치되는 어떤 명령에도 저항할 의무가 있다는 취지의 성명을 발표했다. 매리여왕의 탄압을 피해 망명한 영국 개신교신학자들과 개신교도들은 '독신적瀆神的인 또는 신 없는' 폭군적 치자에 대해서는 저항해야 한다는 원칙, 실은 폭군방벌론이나 혁명이론이 아니라 가톨릭군주에게 저항해야 한다는 종교적 이단군주방벌론을 개발했다.

존 녹스(John Knox, 1513-1572)는 이 이단군주방벌론을 완성했다. 녹스는 1550년대 초 개신교도들에 대한 탄압이 한창이던 스코틀랜드를 탈출해서 잉글랜드로 망명하고 다시 1554년 프랑스로 건너가서 제노바에 머물다가 1556년 프랑크푸르트를 거쳐 스코틀랜드로 귀국했다가 갑자기 다시 제네바로 건너가 1559년까지 체류하며 여러 저작들을 써냈다. 일단 녹스는 로마교황처럼 정치와 세속군주에 대한 교회의 독립을 주장하지만 성직자의 위계적 권력을 부정하고 속인들에게 통제되는 교회를 수립해야 한다는 스코틀랜드 장로교 교리의 관점에서 있다. 이런 관점에서 녹스는 '백성이 신을 섬기지 않거나 우상을 숭배하는

---

328) Arrowood, "Introduction — George Buchanan and the *De Jure Regni Apud Scotos*", 11-12쪽.

이단적 치자들에게 복종해야 하는가라는 물음에 단호하게 '아니오'라고 답하고 '백성이 우상을 숭배하는 치자에게 저항한다면 성직자들은 어느 편을 들어야 하는가라는 물음에는 단호하게 백성의 편을 들어야 한다고 답했다. 그에게는 궁핍·도탄·박해 등 백성과 관련된 세속적 문제가 치자에게 책임을 묻고 치자를 타도할 혁명의 이유가 아니라, 어디까지나 치자의 — 가톨릭적 — '이단성'이라는 종교문제가 치자에게 책임을 추궁하고 치자를 방벌하고 타도해야 할 이유였던 것이다. 그리고 그는 이런 '순수한' 종교적 관점에서 "신 앞에서 군주, 귀족, 농부는 평등하다"고 주장했다. 그리고 1564년 그는 "폭군에게 저항하는 것은 신에게 저항하는 것이 아니고, 또한 신의 명령에 저항하는 것도 아니다"라고 외쳤다.[329] 그러나 이 저항요구는 『성경』「로마서」에서의 바울의 설교와 정면으로 배치되는 것인 데다 저 '신 앞에서의 평등' 주장은 귀족제를 폐지하자는 주장이기는커녕 오히려 귀족신분을 묵인하는 주장이었다. 이단적 폭군에 대한 저항 요구와 '신 앞에서의 평등' 주장은 그가 1554-59년간 프랑스와 제노바를 편력하면서 접할 수도 있는 중국정보에서 용기를 얻은 것인지는 알 수 없다. 하지만 녹스는 다른 개신교신학자들과 마찬가지로 가톨릭군주들이 개신교를 유혈 박해하는 새로운 상황에 직면해 가톨릭군주를 '이단'으로 몰아 이들을 처형하고 싶었다. 그러나 그는 이 종교적 군주방벌 욕망을 뒷받침해줄 어떤 성경교리도 개발하지 못했다. 그의 모든 군주방벌 주장은 「로마서」의 제諸권세신수론 및 속세적 권세에 대한 바울의 무조건적 복종 명령과 배치되는 것이다. 한마디로, 그는 어떤 새로운 일반적 폭군방벌·혁명(저항)이론도 아직 발전시키지 못한 것이다. 이것은 녹스와 개신교도들이 기독교세계관과 기독교신학의 경계를 돌파하지 않는 한 불가능한 것이기도 했다.

심지어 로버트 벨라르민도 "어떤 통치자도 없는 곳에서는 백성이 몰락할 것이다"라는 솔로몬의 말과, 치자가 있는 곳에서는 그가 비록 악할지라도 국민의 통일성은 보존된다는 아퀴나스의 말을 인용하며 "국가가 악한 치자를 갖는 것은 아무런 치자도 갖지 않는 것보다 낫다"고 논변한다. 그는 또 덧붙인다.

---

329) Arrowood, "Introduction — George Buchanan and the *De Jure Regni Apud Scotos*", 12-13쪽.

"이스라엘의 군왕들 중 하나도 선하지 않다는 사실은 신의 기적적 섭리와 관계된다. 왜냐하면 유대부족에 대한 이스라엘인들의 폭동이 (…) 교회로부터의 이교도들의 이반을 상징하므로 신은 이것을 허하고자 했기 때문이다. 가톨릭교도들 중에는 선인도 있고 악인도 있지만 이교도들 사이에는 단 한 사람도 선한 사람이 있을 수 없는 것처럼, 유대의 왕들 중에도 많은 이가 선하기도 또 많은 이가 악하기도 하지만, 이스라엘의 왕들 중에는 단 한 명도 선한 사람이 발견되지 않았다."330) 참주까지도 "신이 허하고자 한 것"이라는 말이다. 벨라르민은 반反인도적 대량학살(인종청소)을 자행하는 질투 어린 여호와에 대한 신앙을 강요하는 '악마의 서'와 같은 구약성서를 들어 참주를 용인한 것이다.

중세와 제1·2단계의 종교개혁기에 신학자들 사이에서는 『성경』과 관련된 이런 참주정논쟁이 불꽃 튀었다. 그러나 『성경』 바깥의 논리로 '정치적 동물로서의 인간을 설명하려는 논변들이 중세 신학에서 전무했던 것은 아니다. 아우구스티누스·아퀴나스·마르실리우스 등의 통치이론은 중세 신학 안에서도 그런 논의들이 존재했음을 보여주는 사례들이다.331) 하지만 그들은, 특히 아퀴나스는 이런 논의를 체계적으로 전개하지 않았고 이런 논의조차도 전체 신학체계 안에서 보면 미미하고 지엽적인 것이었다.332) 게다가 지상의 모든 권위가 신으로부터 생겨난 것이 아니라 '전적으로' 백성의 동의로부터 생겨난다고 주장하는 신학자는 한 명도 없었다.

밀러가 해석하고 있듯이 벨라르민도 "치자들은 그들의 권위를 백성의 동의로부터 도출한다"고 주장한 것이 아니라 "세속적 치자의 권위는 인간본성을 창조한 신의 시원적 제도라는 근거에 의해 백성의 동의라는 매개를 통해 신으로부터 생겨난다"고 절충적으로 어정쩡하게 논변했다. (반면, 교황의 권세는 우리 주님의 신적 제도라는 근거에 의해 "신으로부터 직접 생겨난다".) 왕권은 백성의

---

330) Robert Bellarmine, *De Laicis or The Treatise on Civil Government* [1581-1593], translated by Kathleen E. Murphy (New York: Fordham University Press, 1928), 19-20쪽.

331) Psarros, "The Political Philosophy of St. Thomas Aquinas in comparison to the political Ideas of St. Augustine and al-Farbi", 1쪽.

332) 유지황, 「토마스 아퀴나스 정치사상의 분석적 이해」, 32쪽.

동의로부터 유래하는 것이 아니라 신으로부터 유래하는 것이고 백성의 동의는 여기서 '매개'에 지나지 않는다는 말이다. 밀러의 주석에 의하면, 이런 의미에서 벨라르민은 "제임스 1세가 벨라르민의 독트린을 해석하려고 애썼던 방식처럼 정통적 속권俗權이 백성의 동의로부터 생겨난다고 논변하지 않았다".333) 제임스 1세는 벨라르민이 군주들의 정통적 속권을 백성의 동의로부터 생겨난 것으로 규정했다고 '왜곡·무고'했지만, 벨라르민은 실은 속권이 백성의 동의로부터 생겨나는 것이 아니라 신으로부터 생겨나고 '백성의 동의'란 통치형태를 선택함으로써 속권의 신적 산출 과정에서 이것을 중개하는 '매개물'에 불과하다고 주장했을 뿐이라는 것이다. 속권의 신적 기원에 관한 논변에서 벨라르민이 중세 전통을 이어받고 있다는 밀러의 논의가 옳다면, 벨라르민의 '인간매개적 왕권신수설'과 이에 관한 중세의 정치 교리는 극동유교의 왕권민수론과 정반대되는 구조를 가진 셈이다. 기독교 교리에서 속권에 대한 신의 의지가 시원적이고 민심(백성의 동의)은 신의神意를 표현하는 매개체에 불과한 반면, 유교에서는 민심이 시원적인 것이고 천심은 천하에 민심을 알리고 공식화하는 매개체에 불과한 것이다.

상론했듯이 맹자는 "제 백성을 얻으면 천하를 얻고 (⋯) 제 백성의 마음을 얻으면 백성을 얻는다"고 하며,334) "하늘이 천하를 주고 뭇사람들이 천하를 주는 것이지(天與之 人與之), 천자가 천하를 남에게 줄 수 있는 것이 아니다"라고 잘라 말했다.335) 이것은 "민유방본民惟邦本" 명제와,336) "하늘은 우리 백성이 보는 것을 통해 보고, 우리 백성이 듣는 것을 통해 듣는다(天視自我民視 天聽自我民聽)"337)는 명제를 가르치는 『서경』의 논지를 대변한 주장이다. 왕권의 유래와 관련된 하늘과 백성의 선후관계는 "하늘은 백성을 긍휼이 여겨, 백성이 원하는 것을 반드시 따른다(天矜于民 民之所欲天必從之)"는338) 『서경』의 가르침에서 명확

333) Millar, "Introduction", 6쪽.

334) 『孟子』「離婁上」(7-9): "得其民 斯得天下矣 (⋯) 得其心 斯得民矣."

335) 『孟子』「萬章上」(9-5): "天與之 人與之 (⋯) 天子不能以天下與人."

336) 『書經』「第二篇 夏書」「夏·五子之歌」.

337) 『書經』「周書·泰誓中」.

해진다. 민심이 선先이고 하늘은 이 민심을 따르는 매개자인 것이다. 반면, 서양 중세와 벨라르민의 교리는 신을 선先으로 여기고 민심을 종從(매개물)으로 간주한다.

그러나 벨라르민이 왕권의 신적 기원과 관련해 "백성의 동의"를 "매개"로 언급한 것은 그가 아우구스티누스와 아퀴나스로부터 유래하는 중세의 신학적·스콜라철학적 정치 교리를 단순히 대변하고 있지 않다는 것을 보여준다. 왕권의 유래를 정초하는 데 동원된 '백성의 동의'와 백성의 통치형태 선택의 이론은 아퀴나스의 신학보다 더 나아간 것이기 때문이다. 벨라르민은 통치형태(군주정·귀족정·민주정)에 대한 인민의 선택에서 특정한 정부형태(가령 군주정)에 정치윤리적 우선권을 두지 않았고 전체 인민을 '자유민'으로 한정하는 명시적 제한을 두지 않고 모호하게 열어두었다. 그러나 아퀴나스는 군주정을 최선으로 지정하고 전체 대중을 '자유민'으로 한정했다. 동방선교에 관심이 컸고 또 극동문화에 가장 밝았던 예수회에서 신학을 공부하고 자라난 벨라르민은 중국의 선진적 문화와 정치사상에 많이 노출되어 있었을 것이고 또 얼마간 무젖어 있었을 것이다. 그리하여 벨라르민은 극동의 정치문화가 스며들던 16세기 이탈리아·포르투갈·스페인 등지의 남유럽 가톨릭세계에서 극동으로부터 전해온 왕권민수론을 중세의 왕권신수설에 끼워 넣고 뒤틀어 "세속적 치자의 권위는 인간본성을 창조한 신의 시원적 제도라는 근거에 의해 백성의 동의라는 매개를 통해 신으로부터 생겨난다"는 어색하기 짝이 없는 논변을 폈을 것이다. 벨라르민의 논변을 전통적 중세 교리와 연속선상에서 이해하려는 밀러의 논의만 눈여겨봐도 '치자들의 권세가 (어떤 계층도 신분적으로 배제되지 않는) 자유평등한 만백성의 동의로부터 나온다는 중세 교리는 결코 존재한 적이 없다는 것을 알 수 있다. 따라서 16세기 말 부캐넌, 파슨스, 벨라르민, 수아레즈 등이 기독교 교리로 변조한 왕권민수론은 중세로부터 유래하는 것이 아니라 '갑작스럽게' 돌출된 돌비적突飛的 논변들이었다. '자연적(본성적) 자유·평등' 사상과 이에 기초한 왕권민수론의 이 돌비성突飛性과 중세와의 단절성은 이 논변들이 16세기

---

338) 『書經』 「周書·泰誓上」.

초반부터 파상적으로 전파되기 시작한 극동의 유교문화로부터 영향을 받았다
는 사실에 대한 정황증거인 것이다.

나아가 부캐넌, 파슨스, 벨라르민, 수아레즈 등의 '자연적(본성적) 자유와 평등'
사상은 내용상 공자의 무위無爲·평등 사상과 본질적으로 동일하다. 양자 간의
이 본질적 동일성 또는 본질적 유사성은 이들의 '자연적 자유·평등론'의 유래가
극동이라는 사실에 대한 또 하나의 정황증거가 된다. 공자가 말하는 '무위이치
無爲而治'는339) 강제적 작위作爲 없이, 즉 억지 없이 자연스럽게 다스린다는
뜻이고, 이것은 구체적으로 군주가 "천하를 영유하나 천하의 흐름에 간여하지
않는 상태(有天下也而不與)"를340) 가리킨다. 따라서 이 상태에서 자연스럽게 자유
방임된 백성은 타고난 자연적 자유를 만끽한다. 이것은 백성들이 '자치'한다는
말이다. 그리하여 공자는 "백성은 임금을 표준 삼아 자치한다(百姓則君以自治)"고
천명했던 것이다.341) 그리하여 역대 중국에서 황제는 북경에 거상巨像처럼
'군림'했지만 지방에 대해 '통치'를 행하지 않았다. 각지의 향촌공동체에 대한
구체적 '통치'는 향약으로 조직된 신사들과 백성들의 '자치'에 위임되었기 때문
이다. 공자의 무위·자치 개념과 중국의 지방자치 관행은 부캐넌, 파슨스, 벨라
르민, 수아레즈 등의 '자연적(본성적) 자유' 개념과 멀지 않다.

또한 공자는 "천하에 나면서부터 고귀한 자는 없다(天下無生而貴者也)"고 갈파
했다.342) 모든 인간의 태생적·본성적(자연적) 평등을 말한 것이다. 또한 14-16세
기에 유럽에 알려진 원대·명대 중국은 이 취지를 구현한 완전한 평등사회,
신분차별이 없이 명실상부하게 평등한 평민사회였다. 공자와 중국의 이 태생적
평등은 부캐넌, 파슨스, 벨라르민, 수아레즈 등의 '자연적 평등' 개념과 상통한
다. 하지만 이들의 평등 개념은 아직 순수한 논리적 추상에 불과했던 반면,
명대 말엽 중국의 평등은 엄연한 현실이었다. 송대 이래 중국에서 귀족신분은
사라졌을 뿐만 아니라, 서양 선교사들이 꽤나 자주 오가던 명말·청초(1550-1650)

---

339) 『論語』「衛靈公」(15-5).

340) 『論語』「泰伯」(8-18).

341) 『禮記』「禮運 第九」(9-19).

342) 『禮記』「郊特生 第十一」(11-16).

에는 그 시기에 빈번히 일어난 혁명적 노비반란을 통해 유사노비들까지도 모두 다 해방되었기 때문이다.

상론했듯이 명대 유사노비들의 혁명적 민란으로서 가장 이른 것은 명대 중엽인 1448년 복건성에서 일어난 '수평왕水平王(the Levelling King)'의 반란이다. 이것은 노비와 유사노비(전호들)의 계급의식 수준에서 결정적 진보를 상징하는 사건이었다. 이런 유형의 반란은 이후에도 종종 일어났다. 그리하여 이미 16세기 초부터 노비의 지위가 점차 상승하면서 지주와 노비 간의 관계가 전복되기 시작했고, 유사노비와 지주 간의 분규가 발생하면 지방관은 의례히 지주를 벌했다.343)

(유사)노비의 해방운동은 1520년대 이후 상인과 장사치들이 조금만 노력해도 많은 돈을 버는 상업사회의 성장과 시장 네트워크에 힘입었다. 1520년대부터 전호들은 아침에 들녘에 나갔다가 저녁에는 시장에서 장사를 했다. 시장에서 (유사)노비들의 정기적 만남은 계급의식을 고취했다. 그리하여 노비세력은 이제 개별 가문이나 주인만이 아니라 노비제도 자체를 공격하기 시작했다.344)

이런 흐름 속에서 제13대 황제인 만력제 인종은 재위(1572-1620) 초기에 "군인과 민간인이 유력한 가문에 투신해 그 가문의 노비가 되는 것은 금지된다"는 유사노비 금제법규를 발령함으로써 '사실상 관철된 노비해방'을 법적으로 확인했다.345) 이어서 1588년 수정된 대명률은 "관리와 평민의 집안에서 1년 노무계약에 의해 고용된 모든 사람은 '고공雇工'으로 취급되고, 몇 달 또는 며칠만 단기간 고용되어 어떤 큰 액수의 임금도 받지 않는 사람들만이 '범인凡人'으로 취급되어야 한다"고 못 박았다.346)

그리하여 지방에 따라 유사노비제는 사실상 폐지되었다. 그리고 1630-1640년대에 중국 전역으로 확산된 명대 말엽의 수많은 반란들도 모두 다 유사노비

---

343) Elvin, *The Pattern of the Chinese Past*, 241-242쪽.

344) Elvin, *The Pattern of the Chinese Past*, 244쪽.

345) Elvin, *The Pattern of the Chinese Past*, 235-236쪽.

346) Elvin, *The Pattern of the Chinese Past*, 238쪽; 박일원, 『추관지秋官志(2)』[1781](서울: 법제처, 1975), 446-448쪽.

제도의 혁명적 전복을 기치로 내걸었다. 이 혁명적 민란들의 흐름은 유사노비 제도를 최종적으로, 궁극적으로 종식시켰다.347)

강희제는 1681년 (유사)노비를 토지구속으로부터 해방해야 한다는 안휘 총독의 상소문을 비준함으로써 이런 노비혁명을 법령에 의해 사후 확인했다.348) 유사노비의 해방은 1720년대에 발령된 전 인민의 완전한 평등을 확인하는 칙령, 즉 "신사, 농민, 노동자, 상인은 직업이 다를지라도 모두 한 가족의 자식들이고, 그러므로 그들은 평등하게 대우받아야 한다"는 취지의 칙령에 의해 '기본법'(헌법)으로 확립되었다.349) 따라서 중국에 죄수로 붙잡혀 있거나 마카오·필리핀·태국 등지에서 중국 소문을 수집한 서양인들은 중국의 이런 완전한 평등사회를 16세기 초반부터 이미 잘 알고 있었을 것이다.

'만인의 본성적(자연적) 자유와 평등'에 관한 부캐넌·벨라르민·수아레즈 등의 추상적 개념과, 공자와 중국의 무위·자치와 태생적 평등사상 간의 본질적 유사성과 상통성은 저들의 자연적 자유·평등 개념이 극동의 영향을 받았다는 것에 대한 또 다른 정황증거다. 부캐넌·벨라르민·수아레즈 등은 이 추상적인 '자연적 자유와 평등' 사상 및 '법 앞에서의 만인의 평등론'과 이에 근거한 왕권민수론을 기독교 교리로 변조했는데, 이런 논변은 중세 유럽에서 전례前例가 없는 것이다. 유교사상과 유사한 논변이 극동의 정치문화가 파상적으로 전해지던 16세기 말에 갑작스럽게 앞다투어 튀어나왔기 때문에 이 논변이 곧 '극동산'이라고 추정하지 않을 수 없는 것이다.

3.2. 조지 부캐넌의 인민주권론과 왕권민수론

왕권신수설王權神授說을 부정하고 왕권민수론王權民授論을 주장하는 성직자

---

347) Elvin, *The Pattern of the Chinese Past*, 244-245쪽.

348) Elvin, *The Pattern of the Chinese Past*, 247-248쪽.

349) 沈大明, 『·大淸律例'與淸代的社會控制』(上海: 上海人民出版社, 2007), 85쪽. Harriet T. Zurndorfer, "Cotton Textile Production in Jiangnan during the Ming-Qing Era and the Matter of Market-Driven Growth", 87쪽에서 재인용. Billy K. L. So (ed.), *The Economy of Lower Yangzi Delta in Late Imperial China* (Oxford: Routledge, 2013).

들은 상술했듯이 거의 다 가톨릭교도들이었다. 그러나 유럽제국諸國 가운데 예외적으로 가톨릭과 개신교가 뒤섞여 있던 나라에서는 가톨릭 교리와 개신교 교리가 혼효되었고, 이런 과정에서 원래 가톨릭교도였으나 나중에 개신교로 개종하는 성직자들도 다수 출몰했다. 이런 식으로 개종한 개신교 성직자들이 중국의 정치문화에 대한 지식정보, 포르투갈·스페인·로마교황청의 세계지식, 가톨릭의 자연적 자유·평등 개념, 인민주의적 정부형태선택론 등을 개신교 교리 속으로 편입시켜 발전시키기도 했다. 이 유형의 개신교 성직자들 중에서 가장 대표적인 사람이 스코틀랜드 출신 칼뱅주의자 조지 부캐넌(George Buchanan, 1506-1582)이었다. 부캐넌이 1579년에 출판한 '문제의 책'은 바로 『스코틀랜드의 왕권(De Jure Regni apud Scotos)』이었다.

■ 부캐넌의 일생

부캐넌은 에딘버러에서 80km 떨어진 스코틀랜드 북부고지의 작은 촌락인 (스털링셔) 킬런(Killearn) 출신이지만 1520년 파리대학교에서 유학해 르네상스 인문주의운동과 종교개혁의 소용돌이 속에서 살았다. 그러나 그는 1522년 재정문제로 학업을 중단하고 스코틀랜드로 귀환해서 성앤드류대학교에 입학해 1525년 졸업했다. 그리고 1526년 다시 파리에서 유학해 1528년 파리대학교 석사를 마치고 이듬해 생바르브대학교 교수가 되었다. 그러다가 1537년 스코틀랜드로 귀국해 카실리우스 백작 3세의 가정교사가 되었다. 이 시기에 그는 에라스무스를 추종하며 그와 동일한 신학적 입장을 취했다. 그는 로마가톨릭의 '교리'를 비판하지 않았지만 그 '관행'은 자유로이 비판했다. 그는 1553년까지 개신교도의 대오에 가담하지 않았으면서도 개신교의 논변들에 귀를 기울였고, 프란체스코파 탁발승들과 그들의 수도원생활을 풍자시로 비판했다.

1539년 스코틀랜드 군주가 루터주의자들을 박해할 당시에 에라스무스를 추종하는 인문주의자 부캐넌도 구금되었다. 그러나 그는 탈옥해서 런던을 거쳐 프랑스 보르도로 망명했고 곧 그곳 지방대학에서 교수직을 얻어 라틴어 교수가 되었다. 이 대학의 제자 중에는 몽테뉴도 끼어 있었다. 여기서 부캐넌은 역사학자 스칼리제(Julius Caesar Scaliger)와 평생 우정을 맺었다. 1543년 그는 파리로 상경해 1년 뒤 레무안 대학의 학감이 되었다. 그는 1547년 포르투갈 국왕의 지원 아래 르네상스의 최정점에서 번창하던 코임브라대학교에 초빙된 프랑스·포르투갈 인문주의자들 집단에 합류했다. 여기서 그는 중국문화 소식을 원 없이 접할 수 있었다. 그러나 그는 1549년 포르투갈에서 루터주의 죄목으로 종교재판에 회부되어 투옥되었다. 1551년 그는 최종판결을 받고 리스본의 한 수도원에 감금되었다. 그러나 7개월 뒤 리스본 안에 머무는 것을 조건으로 석방되었다가 1552년에는 이 조건도 해제되었다. 그는 파리로 가서 한 대학의 학감이 되어 2년간 봉직한 뒤 어느 대귀족의 아들의 가정교사가 되었다. 이때 앙리 2세와 프란시스 2세가 개신교도(위그노)를 억압하는 것을 보면서 칼뱅주의 편에 가담했다.

그리고 부캐넌은 1560년 20여년 만에 스코틀랜드로 귀국했고 1562년 어린 매리 여왕의 왕사가 되었다. 부캐넌은 프랑스에서 칼뱅주의를 편들었을지라도 한동안 공식적으로 가톨릭으로 남아 있었다. 그러나 그는 1566년부터 개신교를 공개적으로 표방했고, 1567년에는 스코틀랜드교회 총회의 의장에 취임했다. 1570년에는 젊은 왕 제임스 4세의 왕사가 되어 그를 군주권의 한계를 인정하고 신을 외경하는 개신교군주로 양육하기 위해 노력했다.[350]

부캐넌의 이 일생을 보면 그가 스코틀랜드 출신이었을지라도 당시 동방무역으로 경제적·사상적으로 가장 선진국이었던 포르투갈·스페인의 예수회·인문주의자들 및 프랑스 인문주의자들과 오랜 교류를 가진 예외적 스코틀랜드 학자라는 것이 드러난다. 따라서 그는 당시 포르투갈과 파리에서 쏟아져 나온 중국보고서들의 독서를 통해 영국의 어떤 학자들보다 극동의 소식과 중국문물에 빠삭했을 것으로 추정된다.

정치사상적으로 중요한 부캐넌의 저작은 그가 1567년 집필해서 손질을 거듭하다가 1579년에 출판한 『스코틀랜드의 왕권(De Jure Regni apud Scotos)』이다. 그는 이 책을 제임스 4세에게 헌정했다. 그러나 다 알다시피 제임스 4세도 그의

---

350) Arrowood, "Introduction — George Buchanan and the *De Jure Regni Apud Scotos*", 2쪽.

어머니 매리 여왕처럼 왕들을 무적無敵으로 만들 무기가 무엇인지를 이해할
능력이 없었다. 마르실리우스로부터 큰 영향을 받은 부캐넌은 '군왕의 무기'를
군왕 자신의 덕성과 그에 대한 백성의 사랑으로 제시했다. 부캐넌의 이 가르침
은 "인자는 무적이니 백리의 땅만 있어도 왕도를 펼 수 있다(仁者無敵 百里可王)"는
맹자의 유명한 명제와 비슷하다.

■부캐넌 정치철학의 개요

부캐넌의 정치철학이 이전의 유사한 철학들과 결정적으로 다른 점은 대단히
탈脫기독교적·탈종교적·세속적이라는 것이다. 바로 이 점은 그가 어떤 외래문
화, 즉 중국적 정치문화의 도움으로『성경』과 기독교의 경계를 돌파한 것을
짐작케 해주는 대목이다. 가령 녹스는 정치권력의 기원을 신과 백성 간의 계약
으로 보았으나 부캐넌은 인간의 사회적 본성과 군주와 백성 간의 계약에서
정부의 기반을 찾았고 그럼에도 정부를 이 사실로서 신성하다고 생각했다.351)
바로 이 점은 '민심'을 신성한 '천심天心'으로 간주하는 공맹철학 또는 중국사상
과 사실상 상통한다.

다른 신학자와 철학자들은 백성이 귀족에게 구제를 호소하고 이 구제가
실패하면 파문의 무서운 권력을 행사하는 "신의 말의 대행자들"에게 호소하는
것을 폭군처리방법으로 제안했다. 하지만 부캐넌은 어떤 교회조직적 제재도
언급하지 않았다. 그 대신 그는 폭군에 대한 사법절차를 통상적 구제책으로
제안하고 입법권력에 대해 민심의 대표성을 유지할 것을 요구했다.352) 이것은
"(민심을 얻은) 천리天吏라면 그(잔적한 폭군)를 정벌해도 되고 (…) 사법관이라면
그를 죽여도 된다(爲天吏 則可以伐之 [⋯] 爲士師 則可以殺之)"고 갈파한 맹자의 논지
를353) 반복하는 것처럼 들린다.

또한 부캐넌이 칼뱅이나 녹스와 달리 정통적 신앙과 종교적 숭배의 준수를

---

351) Arrowood, "Introduction — George Buchanan and the *De Jure Regni Apud Scotos*", 16쪽.
352) Arrowood, "Introduction — George Buchanan and the *De Jure Regni Apud Scotos*", 16쪽.
353)『孟子』「公孫丑下」(4-8).

시민정부의 책임으로 요구하지 않은 것도 그의 정치철학의 탈종교적·세속적 성격을 말해준다. 반면, 가령 왕권신수설을 공격하며 저항권이론을 전개한 개신교 존 포넷(John Ponet, 1514-1556) 주교는 그의 정치이론에서 『성경』의 직접적 뒷받침을 애타게 찾았다. 그러나 부캐넌은 법률과 관련된 판단의 기반으로 쓰이는 어떤 성경적 사례가 없어도 이는 전혀 중요하지 않다고 생각했다. 이성이 대부분의 일에서 우리의 지침이기 때문이다. 부캐넌은 성경적 지침이나 전례가 입증해주는 것만을 허용할 수 있는 것으로 간주하는 수렁, 즉 수많은 종교개혁가들이 빠져든 수렁을 우회해서 교리논쟁에 빠지는 것을 피했다.354)

이보다 훨씬 더 중요한 것은 부캐넌이 『성경』을 독해하는 정신과 방법이다. 그는 몇몇 개신교신학자들의 엄격한 자구해석으로부터 완전히 자유로웠고, 중세의 『성경』 연구를 특징지었던 성경적 비유로부터도 완전히 자유로웠다. 그는 『성경』 해석상의 자구적 엄격성이나 성서비유 대신에 『성경』을 역사적 비판의 정신과 방법으로 해석했다. 부캐넌의 『스코틀랜드의 왕권(De Jure Regni apud Scotos)』에서 가장 지혜로운 것은 그의 국가관이다. 그는 '단 하나의 합법적 정부형태는 신정체제(theocracy)'라는, 당시 칼뱅주의자들 사이에 유행이었던 관점을 취하지 않았다. 그는 이스라엘을 신이 그 왕들을 선택한 점에서 유일무이한 나라로 보고 이스라엘의 역사를 근거로 이를 일반화하는 정치철학을 거부했다.355)

그리고 부캐넌은 군왕이 자연적 우위성 때문에 군왕이라는 관념이나 군왕은 정복에 의해 합법적 왕권을 수립할 수 있다는 관념을 명시적으로 공격함으로써 왕권의 가부장제적 기원과 정복적 기원도 수용하지 않았다. 그의 관점에서 인간본성(자연)과 합치되는 정부는 1인의 자유로운 인간에 의한 자유로운 인간들의 지도라는 왕도적·정치적(폴리스적) 정부다. 그는 국가를 힘과 술수의 창조물로 보고 인간들의 공포·야심·탐욕에 따라 움직이는 기제로 규정하는 마키아벨리의 국가관도 배격했다. 그는 힘이란 문명화된 사회를 낳는 것이 아니라 오히려 분열을 야기할 뿐임을 입증했다. 부캐넌의 '정부'는 삶을 같이하고 혜택

---

354) Arrowood, "Introduction – George Buchanan and the *De Jure Regni Apud Scotos*", 16쪽.

355) Arrowood, "Introduction – George Buchanan and the *De Jure Regni Apud Scotos*", 16쪽.

을 서로 나누도록 만들어진 인간들이 그들의 창조주에 의해 의도된 삶의 성질을 획득하는 기관이다. 신이 통치를 명령했다는 것은 이런 의미이고, 신이 특별한 '인간들을 군왕으로 선택한 것이 아니다. 정부 또는 통치는 단순히 인간들이 상호신뢰의 결실인 혜택을 주고받고 힘에 힘을 보태는 채널을 마련하는 절차일 뿐이다. 이 절차는 치자와 백성 간의 계약이나 합의에 의해 성립된다.356)

부캐넌은 국가의 역사를 백성이 제정하는 법의 원칙에 근거한 논변으로 정의한다. 법은 "백성이 명령한 것"이다. 국가의 무제한적 권력의 독트린에 대해 그는 정부란 오로지 '백성의 법'에 의해 정의된 권력에 의해서만 정부의 성격을 지니고 따라서 법에 의해서만 정당한 권위를 얻는다는 독트린을 대립시켰다. 따라서 '무제한적 정부'란 형용모순이다. 정부의 원천은 인간들의 도덕적 샘물로서의 자유·덕성·안전에 대한 열망이다. 법은 그 본성상 '제한'이고 국가도 제한할 수 있는 효력을 갖는다. 국가는 인민이 만든 이런 법의 창조물이다.357) 국가는 '힘과 술수의 부당한 창조물'이 아니라, 민중의 정당한 창조물이라는 말이다. 이것은 민중을 얻으면 나라를 얻는다는 『대학』의 '득중득국론得衆得國論' 또는 『맹자』의 '득민천자론得民天子論' 및 '통치는 최소한으로 제한해야 한다'는 『논어』의 '무위이치無爲而治' 사상과 일맥상통한다. 부캐넌의 정치철학은 칼뱅주의와 청교도·위그노·장로교의 정치신학이 도달하지 못한 최고의 정점으로서 "특유한 중요성"을 지닌다.358)

그러나 세월이 흐르고 18세기에 들어서자 영국 사람들은 '권력이 백성으로부터 나온다'는 인민주권사상이 16세기 칼뱅주의 정치철학에서 생겨난 것으로 오인했다. 그리하여 데이비드 흄도 "백성으로부터의 권력의 기원이라는 공화주의 사상이 그 당시(1607년경)에 청교도의 신기한 고안물로 간주되었다"고 오인하고 있다.359) 이러한 오인은 18세기 '스코틀랜드교회'가 이 사상을 표방했기

---

356) Arrowood, "Introduction — George Buchanan and the *De Jure Regni Apud Scotos*", 16-17쪽.

357) Arrowood, "Introduction — George Buchanan and the *De Jure Regni Apud Scotos*", 17쪽.

358) Arrowood, "Introduction — George Buchanan and the *De Jure Regni Apud Scotos*", 17쪽.

359) David Hume, *The History of England. From the Invasion of Julius Caesar to the Revolution in 1688*, Vol. 5 in six volumes (New York: Liberty Fund Inc., 1778·1983), 469쪽.

때문에 야기되었을 것이다. 그러나 부캐넌은 신앙과 예배의 순수성을 정부의 목표로 삼는 오류, 즉 칼뱅, 포넷, 녹스 등이 그들의 적들과 마찬가지로 모두 다 빠져든 오류에 빠지지 않았다. 그는 이들의 "왕권신수설의 새로운 몽매주의"에 대해 과감하게 모든 『성경』 논의로부터 해방된 '이성의 논변'으로 맞섰다.360)

이 점에서 부캐넌은 16세기 내내 유포된 저 중국보고서들이 암암리에 끼친 정치사상적 영향을 배경으로 『성경』의 울타리를 부수고 나온 최초의 사상가였다. 이런 까닭에 당시 사람들은 그의 사상에서 그 출처를 알 수 없는 이상한 '이교적異教的' 냄새를 맡았다. 그리하여 부캐넌의 『스코틀랜드의 왕권』(1579)은 출간되자마자 이 책의 이교적 냄새에 경기驚氣를 일으킨 스코틀랜드·영국 정부와 교회에 의해 100여 년 동안 법금法禁되었다. 영국과 스코틀랜드 청교도 사회가 부캐넌의 이 저작에 대해 18세기 초까지도 저렇게 경기하듯이 히스테릭한 반응을 보인 것을 상기하면, 1607년경에 영국인들이 왕권민수론을 "청교도의 신기한 고안물"로 간주했다고 기술한 흄의 저 역사기술은 명백한 오류인 것이다.

■ 인간본성론적 왕권민수론과 법치적 제한군주론

대화체로 쓰인 『스코틀랜드의 왕권』에서 부캐넌은 "사람들이 오두막이나 토굴에서 살며 무법적 유랑자들로서 어떤 뿌리박은 문화도 없이 배회했고 사람들이 어떤 변덕 또는 편의(convenience), 또는 그 밖의 유익한 어떤 것이 그들을 한데 모음에 따라 집회하던 시기가 있었다"는 말로써 '자연상태'를 가정한다. 그리고 그는 "고독한 방랑생활"이 아니라 "자기들의 자유로운 선택에 의한 연합과 통합체" 속에서 살았다는 것이 "자연법에 보다 더 부합된다"고 말한다.361) 이 자연상태론은 부캐넌의 독창적 생각이 아니다. 그것은 그가 스스로 밝히고 있듯이 호머와362) 키케로 이래의 흔한 관념이었다. 부캐넌이 많이 접한

360) Arrowood, "Introduction — George Buchanan and the *De Jure Regni Apud Scotos*", 17쪽.

361) George Buchanan, *The Powers of the Crown in Scotland*, Being a Translation, with notes and an Introductory Essays, of George Buchanan's *De Jure Regni Apud Scotos* [1579] by Charles Flinn Arrowood (Austin: The University of Texas Press, 1949), 6쪽(제4장).

362) Buchanan, *The Powers of the Crown in Scotland*, 6쪽(제4장).

예수회 신학자들도 흔히 자연상태론을 전개했다. 가령 스페인 예수회 신부 마리아나(Juan de Mariana, 1536-1624)도 시민사회의 기원을 찾는 자연상태론을 피력한다.363) 그러나 '자유로운 연합'으로서의 부캐넌의 자연상태론은 시초에 방랑하는 고독한 개인들이 서로 폭력을 행사하는 전쟁상태에 있었다는 키케로의 전쟁상태적 자연상태론과 다르다. 키케로는 어떤 지혜로운 연설가가 서로 상쟁하는 이 고독한 방랑자들을 불러 모아 사회를 만들었다고 생각했다. 부캐넌의 자연상태론은 국가와 군왕의 기원을 '직접적' 신의(神意)에서 찾는 것이 아니라, 인간본성적 자연 과정으로 보았다. 여기서 '신의'는 신이 인간의 사회적 본성을 창조했다는 사실과만 관련된다. 따라서 국가와 왕권(정치권력)의 기원은 신과 '간접적'으로만 연관된다. 부캐넌은 말한다. "나는 그것(본성 또는 자연법)을 참으로 신적인 것으로 간주하고 본성이 말하는 것과 이성이 말하는 것이 서로 별개가 아니라고 확신한다." 이에 자기의 대화상대자인 토마스 메이틀랜드(Thomas Maitland)는 "말하자면, 당신은 − 인간을 함께하도록 모은 어떤 연설가나 입법자가 아니라 − 신이 인간적 연합의 원작자라고 생각한다"고 주석한다. 이에 부캐넌은 "정확하다"고 대꾸한다.364)

하지만 부캐넌은 "편익(expediency)"을 "정의와 공평의 어머니"로 보는 호라티우스의 생각을 부정하고 '편익이 이 통합체를 만들었다'고 주장하는 메이틀랜드의 생각을 단호하게 물리친다.365)

확실히, 편익이 인간적 통치를 수립하고 유지하는 데 커다란 힘을 지닌 것처럼 보이지만, 내가 잘못 생각하지 않는다면, 인간적 연합체들의 형성에서 작용하는 훨씬 더 오래된 힘과 나라의 훨씬 더 이른, 그리고 훨씬 더 신성한 유대가 존재한다. 그렇지 않고 모두가 자기의 이기적 소망만을 생각한다면 편익은 분명히 사회적 통일의 유대이기는커녕 분열적 힘이 될 것이다. 자연이 인간에게만이 아니라 보다 유순한 하등

---

363) 양삼석, 「제주이트의 정치사상에 나타난 인본주의사상」, 『영남정치학회보』 제8호(1998), 169쪽.
364) Buchanan, *The Powers of the Crown in Scotland*, 7쪽(제4장).
365) Buchanan, *The Powers of the Crown in Scotland*, 6쪽(제4장).

동물들에게도 심어놓은 충동이 있다. 그리하여 편익의 부추김이 결여되어 있더라도 사람들은 자기 종류의 타인들과 자발적으로 연합하는 것이다. 그 밖의 것에 관해서는 사실에 대한 의문이 전혀 없다. 이 충동은 본성에 의해 인류 안에 아주 깊이 뿌리박혀서 한 인간이 비록 그의 감각적 향락에 기여하거나 그의 마음을 기쁘게 하는 모든 가능한 것으로 자기를 개인적으로 안전하게 만들더라도 그는 삶을 인간사회 없이 견딜 수 없는 것으로 느낄 것이다.366)

이 반反공리주의적 논변은 양혜왕에게 "하필 이利를 말하십니까? 역시 인의가 있을 뿐입니다(何必曰利 亦有仁義而已矣)"라고 핀잔하며 "상하가 서로 이利를 추구하면 나라가 위태로워진다(上下交征利而國危矣)"고 단언하고 "진실로 인의를 뒤로 하고 이利를 앞세우면 윗사람을 찬탈하지 않고는 배부르지 않아서(苟爲後義而先利 不奪不饜)" 나라가 망할 것이라고 강조한 맹자의 논변과 상통한다.367) "모두가 자기의 이기적 소망만을 생각한다면 편익은 분명히 사회적 통일의 유대이기는커녕 분열적 힘이 될 것이다"라는 부캐넌의 단정은 바로 맹자의 이 반反공리주의적 원리와 직통한다.

한편, 여기서 부캐넌은 "본성(자연)"을 "우리의 마음에 신에 의해 비춰진 빛(the light divinely shed upon our mind)"으로 정의한다. "신은 인간에게 자기를 위태롭게 하는 모든 것을 피하고 자기의 안녕에 유리한 상황을 유지하는 데 쓰이는 육체적 감각들을 주었을 뿐만 아니라, 인간의 정신 속에 선과 악을 구분하는 빛도 만들어주었다. 어떤 사람들은 이 능력을 본성이라고 부르고 다른 사람들은 이것을 자연법이라고 부른다. 나는 이것을 참으로 신적인 것으로 간주한다. (…) 나아가 신은 우리에게 전체 법칙을 몇 마디로 포괄하는 요약을 주었다. 우리는 신을 우리의 모든 영혼으로 사랑하고 이웃을 우리 자신처럼 사랑해야 한다. 이 말에 도덕적 행위와 관련된 성서의 모든 규칙이 들어 있다." 그리고 부캐넌은 "법의 지배 아래서의 인간의 통합체, 즉 정체政體보다 세상을 다스리

---

366) Buchanan, *The Powers of the Crown in Scotland*, 6쪽(제4장).

367) 『孟子』 「梁惠王上」(1-1).

는 신에게 더 기분 좋은 일은 이 세상에 아무것도 없다"는 키케로의 말을 인용한다. 그리고 "나는 편익을 권리와 정의의 어머니로 보는 것이 아니라 잘 조직된 국가의 하수자로, 그리고 수호자로 본다."368) 이로써 부캐넌은 윤리적 공리주의와 공리주의적 국가관을 배격하고 인간의 사회적·정치적 본성에 근거한 인간본성론적 국가관을 설파하고 있다.

부캐넌은 육체의 각 부위의 조화를 유지하기 위해 의사가 필요하듯 국가도 의사 같은 관리자가 필요하다며 국가유기체론과 의사비유론으로 정치권력자를 도출하고 그 이름을 아버지, 백성의 목자, 지도자, 군주, 치자 등임을 들어 여기로부터 "군왕이 군왕 자신의 이익을 위해서가 아니라 백성의 이익을 위해서 설치되었다는 함의"를 밝힌다. 그리고 군왕직의 책무를 의사의 책무에 빗대서 논증한다. 군왕은 사회적 병폐와 위험에 의해 정치공동체의 건강이 훼손될 때 정치체제의 건강의 유지와 회복을 책임진다. "인체人體(human body)와 정체政體(body politic)는 해로운 것이 그 안에 들어 있음으로 말미암아, 그리고 그것들이 필요로 하는 것들의 결여로 말미암아 해를 입는다. 정체는 각각 인체와 마찬가지 방법으로 치유된다. 즉, 약한 부위를 양육하고 친절하게 원조함으로써, 그리고 이익을 주지 않는 부위의 충만성과 과다를 줄임으로써, 나아가 적절한 운동에 의해 치유된다."369)

그러나 정체로서의 부캐넌의 국가관은 인체의 비유에서 이미 드러나듯이 플라톤의 국가관처럼 '유기체적'이다. 그리하여 그는 필연적으로 이 유기체적 국가정체의 건전성을 — 공맹처럼 사랑(인애)이 아니라 — 플라톤처럼 '정의'로 규정하고 다시 플라톤처럼 정의를 '분업적' 적합성으로서의 '기능적' 균형과 조화로 규정한다. "정체에 대해서는 인간적 육체의 경우처럼 우리가 완벽한 적합성으로써 정의라고 부르는 기능들의 균형 또는 조화가 있다. 정의는 특수한 부위(구성요소)들의 이익을 보호하고 이것들이 제각기의 기능을 이행하는 만큼 이것들을 다스린다. 인체에서 이 다스림은 사혈瀉血에 의해, 그리고 구토

---

368) Buchanan, *The Powers of the Crown in Scotland*, 7쪽(제4장).

369) Buchanan, *The Powers of the Crown in Scotland*, 7-8쪽(제5장).

제와 관장하제의 사용에 의해 해로운 물질들을 추방함으로써, 나아가 저상된 정신 상태에 처한 사람들을 격려하고 절망한 사람들을 위로함으로써 수행한다. 이런 식으로 인체는 내가 말하는 기능들의 균형과 조화에 이르고, 일단 한번 건강이 확립되면 이 상태는 적절한 비례의 휴식과 운동에 의해 유지될 수 있는 한에서 유지된다." 그리고 메이틀랜드가 '정체의 조화로운 기능화'를 정의로 부르는 플라톤의 정의 개념에 반대하며 조화로운 기능화를 별도의 항목으로 보아야 한다고 말하자 부캐넌은 어떻게 보든 그것은 크게 중요하지 않다고 응수하면서도 어떻든 "이 조화가 나라 안에서 유지되고 인간들의 상호관계와 관련해 이것의 완전한 관념이 정의라는 이름에 의해 가장 잘 전달된다"고 재확인한다.370) 그리하여 부캐넌은 군왕의 참된 통치기능을 "군왕이 법률과 엄격하게 합치되는 정의를 모든 개인에게 베푸는 것"으로 규정한다.371) 따라서 부캐넌의 정의관과 유기체적 정의국가론은 바로 플라톤의 『국가론』에서 전개된 머리(통치자)·가슴(수호군인)·배(농상공신분)의 '분업적 정의관과 정의국가론의 재판再版이다.

따라서 치자에게 요구되는 덕성도 공맹의 인덕仁德이 아니라 '공정한 지덕智德'(선견지명)이다. "고대인들 중에서 공정성과 선견지명 측면에서 나머지 모든 사람을 능가하는 것으로 보이는 특별한 탁월성을 지닌 어떤 사람이 있었다면 그들은 그에게 정치적 권위를 부여하고 싶어 했다. 이것은 꿀벌들의 군체 안에서도 벌어진 것으로 얘기된다." 그리고 부캐넌은 '나머지 모든 사람'을 능가하는 덕성(공정성과 선견지명)의 '특별한 탁월성' 테제를 바로 '완결적 왕덕王德' 테제가 아니라 '성품·재력·전공戰功의 특출성' 테제로 완화해 해석해서 이 테제를 '현실화'하고 왕권에 대한 제한의 근거를 만든다.

백성들이 정기적으로 반복되는 관직투쟁에 지쳐서 (…) 완결적 왕덕을 품부받지는 못했으나 성품의 우월성, 재력, 군사적 업적 등에 의해 특출난 어떤 사람을 자기들의

---

370) Buchanan, *The Powers of the Crown in Scotland*, 8-9쪽(제6장).

371) Buchanan, *The Powers of the Crown in Scotland*, 26쪽(제27장).

지배자로 선출한다면 어떤가? 우리는 최고의 법에 의해 왕덕을 측정하고 그를 진정으로 군왕으로 간주할 것이다.372)

이런 논법으로 부캐넌은 "백성은 그들이 원하는 사람이면 누구에게나 정치적 권세를 부여한다"는 명제를 정당한 것으로 확립한다.

부캐넌은 "인간사회의 보존에 가치 있는 모든 법률이 샘으로부터 흘러나와 생겨나듯이 흘러나와야 하는 출처는 이성이다"라고 말한다. 이 점에서 그는 여느 교부철학자나 스콜라철학자들과 마찬가지로 교조적 합리론자다. 아무튼 완벽한 왕덕을 가진 사람이 현실적으로 존재하지 않으므로 그는 '근사치적 왕덕'을 가진 사람으로 만족해야 한다고 주장한다. "어떤 사람이 최고등급의 무결점 지혜를 보유한다면 우리는 그에 대해 백성의 선출에 의해서가 아니라 본성에 의해 왕이라고 말한다. 우리는 그에게 독립적이고 무제한적인 권력을 위임해도 된다. 하지만 이 사양仕樣을 완전하게 충족시키는 어떤 사람도 찾을 수 없다면 우리는 진정한 왕과 유사성을 지니고 있고 저 최고 탁절성의 성품에 가장 가까이 접근하는 사람을 왕이라고 불러야 할 것이다."373) 그리고 여기로부터 바로 제한군주론을 도출한다. "우리가 이런 왕이 - 그를 진리로부터 벗어나게 이끌 수 있고 또 종종 이끄는 - 그의 감정들에 의해 영향받는 것을 완전히 회피하지 못할까 염려하는 만큼 우리는 법률을 그의 옆에 관직의 동반자로, 또는 오히려 그의 자의적 의지에 대한 재갈 장치로 두게 된다." 따라서 그는 "왕권이 절대적이고 무제한적이다"라는 당대의 절대군주론을 "힘주어 부정한 다(Emphatically, no!)". 왜냐하면 "치자는 왕일 뿐만 아니라, 무지로 인해 많은 경우에 실수를 하는, 자의성 때문에 많은 경우에 잘못을 저지르는, 많은 경우에 억지로 행동하는 하나의 인간이기" 때문이다. "치자는 사실 선의나 악의 모든 숨결에 쉽사리 동요하는 동물이다." 이런 까닭에 "가장 예리한 통찰력을 가진 인간들도 법을 왕의 동반자로 삼아야 하는 것이다. 법은 그가 무지할 때 길을

---

372) Buchanan, *The Powers of the Crown in Scotland*, 9쪽(제7장).

373) Buchanan, *The Powers of the Crown in Scotland*, 10쪽(제9장).

가르쳐주고 그가 길을 잃고 헤맬 때 길로 다시 데려다준다". 법을 동반자로 삼고 다스리는 것이 바로 "정통적 군왕의 책무"다.374) "공정성과 선견지명에서 그 밖의 모든 사람을 능가하는 특별한 탁월성을 지닌" 초인적·이상적 군주에게 는 무제한적 절대권력을 부여해도 될 것이다. 그러나 현실 속의 '인간적' 군주는 이상적 군주가 아니라 언제나 "완결적 왕덕"을 품부받지 못한 '근사치 군주'일 뿐이다. 그러므로 현실적·인간적 군주의 권력은 언제나 법에 의해 안내되고 제한되고 규제되어야 한다는 말이다.

부캐넌은 메이틀랜드가 고대 로마 귀족공화국과 베네치아 귀족공화정을 "아낌없이 찬양하는" 마음을 품고375) 이런 논변을 전개하고 있는 것으로 추정 하지만, 그는 이 추정을 단호하게 부정한다.

당신은 나를 올바로 해득하지 못했다. 나는 로마인들, 마실리언들(Massilians), 베네치 아인들의 통치행정의 형태와, 법의 권위를 인간들의 권위보다 더 우월하다고 보는 다른 사람들의 통치행정의 행태에 관심을 갖는 것이 아니라, 법의 평등한 집행에 관심을 가진다. 나는 제일치자가 정의를 유지하도록 직위에 앉혀진 것이 이해되는 한에서 왕이라고 부르든, 공작이나 황제, 또는 통령이라고 부르든 전혀 중요치 않다 고 생각한다. 통치가 정의로운 한에서 우리는 명칭에 불만이 없다. 우리가 베네치아 공작이라고 부르는 사람은 입헌통치체제에서의 왕 이상도 이하도 아니다. 그리고 최초의 통령들은 표지標識만이 아니라 왕권적 권력도 보유했다. 통령은 둘이 동시에 군림한다는 것 – (⋯) 이것은 스파르타의 역사를 관통해 관습이었다 –, 그리고 그들 이 종신이 아니라 한 번에 1년 임기로 선출되었다는 것과 관련해서만 왕의 통상적 패턴과 달랐을 뿐이다. 그러므로 우리가 처음부터 선언한, 왕들이 애당초 정의를 보 존하기 위해 세워졌다는 입장을 변함없이 지지하는 것이 합당하다. 왕들은 그들이 권력을 받은 대로 – 즉, 법 아래서 해방되고 자유로워진 대로 – 권력 행사를 지킬 수 있었다면 그 권력을 영원히 간직했을 것이다.376)

---

374) Buchanan, *The Powers of the Crown in Scotland*, 10쪽(제10장).

375) Buchanan, *The Powers of the Crown in Scotland*, 11쪽(제11장).

그러나 왕들은 여러 가지 이유에서 법치적 통치의 원리를 준수할 수 없었다.

하지만 인간은 언제나 그렇듯이 일들은 퇴화하고 공익에 이바지하기 위해 확립된 권세는 거만한 대군주가 되었다. 왕들의 자의적 의지가 법을 대체하고 무제한적이고 한정되지 않은 권력을 부여받은 인간들이 이성에 의해 자기들의 행동을 규제한 것이 아니라 편파성 때문에 많은 일들을, 편견과 이기심 때문에 많은 일들을 허용한 까닭에 왕들의 오만은 법을 필수적인 것으로 만들었다. 이런 이유에서 법이 백성들에 의해 고안되고 왕은 결정하는 경우에 자의적 의지가 아니라 백성들에 의해 그에게 부여된 합법적 권세를 투입하도록 강제되었다. 백성은 오랜 경험으로부터 그들의 자유를 왕에게가 아니라 법에 위탁하는 것이 더 낫다는 것을 배웠다. 왜냐하면 왕은 아주 다양한 힘들에 의해 끌려가 정의로부터 동떨어질 수 있지만, 법은 간청과 위협에 귀머거리라서 하나의 부러지지 않는 노선을 추구하기 때문이다. 다른 일에서 자유로운 왕들은 정치권력의 행사와 관련해서는 규정된 노선을 가지고 있다. 그들은 그들의 행동과 언사를 법원칙과 부합되게 꼴 지어야 하고, 사회통합의 위대한 수단인 상과 벌을 법의 규정에 합치되게 할당해야 한다. 마지막으로, 공화제 통치에 관한 저 위대한 권위자가 표현했듯이 "왕은 말하는 법이고, 법은 침묵하는 왕이어야 한다".377)

공자가 "예가 아니면 보지 말고, 예가 아니면 듣지 말고, 예가 아니면 움직이지 말라(非禮勿視 非禮勿聽 非禮勿言 非禮勿動)"고 하여 예법을 치자의 행동원칙으로 가르쳤듯이378) 부캐넌은 백성이 만든 법을 왕권 위에 놓고 왕을 "말하는 법"으로 만들어놓고 있다. 수아레즈가 아퀴나스의 논변을 인용해 분명히 밝히듯이 입법권은 "어떤 개인에게 있는 것이 아니라 오히려 전체적 인간 단위체에 있지만" 그래도 "군주는 입법권을 가지고 있는데" 이것은 "공동체에 의해 이

---

376) Buchanan, *The Powers of the Crown in Scotland*, 11쪽(제11장). '마실리안'은 인간이 신의 특별한 도움 없이 도덕적 구원을 달성할 수 있다는 에이레 출신 승려 펠라기우스의 교리를 추종하는 마르세유 거주 이단종파다.

377) Buchanan, *The Powers of the Crown in Scotland*, 11쪽(제11장).

378) 『論語』「顏淵」(12-1).

입법권이 군주에게 이양되었기(this power was transferred to him by the community)" 때문에 가능한 것이다.379) 아퀴나스와 수아레즈의 이 '전체적 인간 단위체' 또는 '공동체'는 부캐넌의 '백성' 또는 '전체 인민'과 대동소이하지만, 수아레즈가 왕에게로의 입법권의 이양가능성을 말하고 있는 점에서 부캐넌과 다르다. 이 이양가능성을 말하지 않고 전체 인민만을 궁극적으로 입법자로 보는 부캐넌의 주장은 파격적으로 새로운 것이지만, 국왕과 대통령의 비상대권과 ‒ 일시적으로 법률과 같은 효력을 가지는 ‒ 긴급조치 및 긴급명령을 발할 대통령의 권한이 잔존하는 오늘날도 비현실적인 것으로 비쳐진다.

아무튼 왕을 "말하는 법"으로 만들자 메이틀랜드는 왕을 "법의 감옥"에 투옥시켜 왕의 '위엄'을 파괴했다고 비판하고 이런 조건에서는 아무도 자기 일을 제쳐두고 왕 노릇을 하려는 사람이 없을 것이라고 염려한다. 이 염려에 대해 부캐넌은 왕의 자리는 개인의 이익을 추구하는 자리가 아니며 왕의 위엄은 부와 쾌락의 과시로 측정되는 것이 아니라고 하면서 후세가 두고두고 존경하는 고대 마케도니아의 왕 필립(알렉산더의 부친), 스파르타의 신화적 왕들인 아게실라우스와 레오니다스의 인민적 사랑과 칭송을 반증으로 들이댄다. 그리고 현재와 과거의 유럽 군주들 중에서 판단력, 용기 또는 근면 등의 측면에서 필립과 대등한 군주도 없고 그만큼 부유한 군주도 없다고 말함으로써 당대 서양 군왕들을 도발한다.380)

그리고 부캐넌은 그의 정부론이 그 자신의 단순한 발명품이 아니라 모든 역사의 가장 위대한 사람들에 의해 생각된 개념이라고 하면서 그 궁극적 출처를 엉뚱하게도 플라톤의 전통을 잇는 키케로로 제시한다.381) 그렇기 때문에 부캐넌은 바울이 "사랑은 법의 완성이다(love is the fulfillment of the law)"라고 가르친「로마서」 13:10) '완결의 법으로서의 사랑'에 입각한 치자를 깡그리 무시하고, 또는 공자의

---

379) Francisco Suárez, *A Treatise on Laws and God the Lawgiver* {1612}, 430쪽. In: *Selections from Three Works*, translated by Gwladys L. Williams, Ammi Brown, and John Waldron (First published in 1944 by the Carnegie Endowment for International Peace. Indianapolis: Liberty Fund, 2014).

380) Buchanan, *The Powers of the Crown in Scotland*, 12쪽(제12장).

381) Buchanan, *The Powers of the Crown in Scotland*, 12쪽(제12장).

인자치국론仁者治國論에 대해 까맣게 무지한 채, 단지 지혜와 정의만을 중시하는 플라톤의 철인치자를 마음에 두고 곱씹고 있는 것이다. 그리고 그는 자신이 "우리의 관행과 일치하지 않는 실천"을 하는 까닭에 자기의 설명의 어떤 것에 대해서라도 비판의 근거가 있을까 봐 스키타이 등 아시아의 사례들을 인용하지 않고 고대 그리스를 즐겨 인용한다고 밝힌다.382) 그러나 기실 플라톤은 법을 인간의 작품이 아니라 신의 작품이라고 생각했다. 『국가론』에서는 주지하다시피 인민이 법을 만드는 (직접)민주주의를 혐오했고 철학적 지혜를 내세워 백성의 무지를 경멸하며 백성 위에 군림하고 입법하고 통치하는 '철인군주'와 '철인귀족들'의 정체(백성을 '고통과 쾌락의 큰 덩어리'로 경멸하는 철학적 '에피스테모크라티아')를 추구했으며, 후기에는 철인치자들의 '새벽국가최고회의'(매일 새벽에 여는 '야간국무회의')와383) 귀족원 및 민회가 정립된 삼권혼합정체를 선호했다.384) 부캐넌의 심사가 이렇게 아시아의 사례들의 인용을 거부하고 당치도 않게 인민 주도의 참정과 입법을 마뜩하지 않은 것으로 경계하는 고대 그리스의 플라톤과 고대

---

382) Buchanan, *The Powers of the Crown in Scotland*, 13쪽(제12장).

383) Platon, *Gesetze*, 945b, 946a·c, 951c·d. *Platon Werke*, Bd. VIII, Zweiter Teil, in Acht Bänden (Darmstadt: Wissenschaftliche Buchgesellschaft, 1977).

384) Platon, *Gesetze*, 693e-694a. 그러나 플라톤은 『정치가』에서 '정치가'가 과두적 또는 민주적 민회에서 선출되며 또 이렇게 선출된 '정치가'는 민회에서 제정된 법률에 따라 나라를 다스리고 그 결과를 민회에 보고하며 이에 대한 책임을 지도록 하는 체제를 잠시 구상했다. 나라를 잘못 다스려서 백성들이 고통스럽게 되었을 때 "우리가 이런 의견으로 이에 대해 토의한다면, 우리는 이 (잘못된) 치술들 가운데 어느 것도 무제한적으로 노예든 자유인이든 그들을 다스리도록 허용하지 않고 여기에서 사안에 대해 전혀 모르는 사람들과 다른 종류의 노동자들에게 항해의 질병에 대한 자신들의 의견을 같이 말할 자유가 주어지는, 우리 자신으로, 민중 전체로든 또는 부유층만으로든 구성된 민회를 소집할 것이다". 그리고 "의사든 항해사든 비전문가든 토의에 참가하면 이 일에 관해 대다수 사람들에게 좋게 생각되는 것을 우리는 목판이나 기둥에 써서 성문화하거나, 그렇지 않으면 이것을 잘 전승된 불문(不文)관습법으로 확정한다". 또한 "대중을 다스리는 치자는 부유층이나 민중 전체 가운데서 추첨으로 뽑힌 이들로 매년 임명되고, 뽑힌 치자들은 이 성문법에 따라 다스린다". 그리고 "치자의 임기년이 끝나면, 특히 부유층이나 민중 전체에서 선출된 사람들로 감사위원회를 설치하고 이 선출된 사람들은 정부에 있던 자들을 출두시켜 보고를 하게 해야 한다. 나아가 원하는 사람은 누구든 이 해의 훈령과 선조의 관습에 따라 배를 조종하지 않았다고 고발할 수 있다. 환자를 치료한 의사에게도 마찬가지의 조치가 취해질 수 있다. 유죄로 판정된 자들에게는 가해져야 할 벌이나 내야 할 벌금을 판정한다". Platon, *Der Staatsmann*, 298a-299a. *Platon Werke*, Bd. VI, in Acht Bänden (Darmstadt: Wissenschaftliche Buchgesellschaft, 1977). 그러나 『법률』에서 플라톤은 입장을 바꿔 철인치자론으로 되돌아가 삼권혼합정체를 구상한다.

로마의 키케로를 근거로 들이대며 그의 주장의 진정한 출처를 호도하려는 심사이니 그가 극동의 중국제도와 역사를 출처로 밝힐 리가 있겠는가! 하지만 – 이 책의 서두에서 밝혔듯이 – 플라톤의 사상에도 이미 인도 브라만철학과 공맹철학이 스며들어 있었지만 인도에서 수십 년을 유학한 피론의 회의주의 철학을 흡수한 키케로의 사상에도 동양사상이 이미 깔려 있었다.

한편, 부캐넌은 논의의 초점을 법의 본성으로 옮긴다. 법률이 미래의 일들이나 과거의 일들을 미리 다 정할 순 없다. 특히 인간생활의 상태는 어떤 기법으로도 미리 불변적 체계를 세워둘 수 없을 만큼 변화무쌍하다. 그리하여 환자의 건강을 숙련된 의사에게 위탁하듯이 국가의 성격을 치자에게 위탁하는 것이 더 안전하다. 종종 의사들은 자기의 과학적 지식의 규칙 너머에서 환자의 동의를 받든 안 받든 환자를 치료해도 된다. 마찬가지로 왕은 "새로운, 그러나 유용한 법"을 제정할 수 있다. "시민들은 그 가치를 확신하거나 그것에 반대할 수 있다."385) 여기에서야 부캐넌은 군왕의 초법적 비상대권(각종 긴급권)을 말하고 있는 것으로 보인다. 또한 그는 인간들의 취약성 때문에 법을 위반한 사람들에 대해 법대로 하지 않고 그들을 사면할 왕의 권력에 대해서도 언급한다.386) 그러나 왕이 국가부문들 간의 조절과 균형, 비상시국의 비상대권의 행사나 일정한 입법작용 및 사면조치 외에 수행해야 하는 의정議政·인화人和·양민養民(경제+복지)·교민敎民(교육+문화)·외교·안보·국방 등 본래적 '정치'에 대해서는 전혀 언급이 없다.

부캐넌은 통치의 법적 제한을 규정하는 주체가 왕이 아니라 백성임을 다시 확인한다. 그리고 이것은 왕의 자유와 권위의 제한이 아니라 그의 위세에 큰 보탬이 된다고 주장한다.

나는 왕 위에 아무런 주인도 놓지 않지만 나는 그에게 자기들을 다스릴 지배권력을 준 백성들이 그 지배권력의 한계를 규정해야 한다고 판단한다. 그리고 나는 왕이

---

385) Buchanan, *The Powers of the Crown in Scotland*, 14쪽(제15장).
386) Buchanan, *The Powers of the Crown in Scotland*, 15쪽(제16장).

백성에 의해 그들을 다스리도록 그에게 주어진 지배권을 이 한계 안에서 사용할 것을 요구한다.387)

그리고 이 법률들은 힘으로 내리 먹여지는 것이 아니라, "만백성의 복지를 위한 것이 추밀원의 자문을 받는 왕과 합동으로 공적 절차 속에서 입법되어야 한다"는 것이다. 부캐넌은 명확하게 "왕과 합동으로"라는 단서를 붙였지만 이 입법권을 "가장 확실하게 백성에게 준다". 이에 메이틀랜드가 대중의 충동성과 경솔함을 들어 반대하자 부캐넌은 직접민주주의를 부정하고 간접민주주의를 제시한다. "나는 일의 경영이 전체 백성의 결정에 넘겨져야 한다고 결코 생각지 않았다. 그러나 우리의 관습에 따라 모든 신분으로부터 선택된 사람들이 추밀원 자문을 받는 왕과 합동해야 한다고 생각한다. 드디어 그들 사이에 결정이 내려질 때 이 결정이 백성의 판단에 의해 제출되어야 한다."388) 이 합당한 논변에도 독니가 박혀 있다. "우리의 관습에 따라 모든 신분으로부터 선택된 사람들"이라는 말은 영국의 기존 대귀족과 소귀족(젠트리), 요먼리, 특권 부르주아지 등의 신분차별적 위계질서를 손대지 않겠다는 부캐넌의 보수적 의지를 보여주는 것이다.

제도가 너무 복잡하며 갈등 위험이 높고 얼간이들이 많이 들어올 위험이 있다는 메이틀랜드의 이의에 대해 부캐넌은 "그 반대다"라고 잘라 말한다. 그리고 그는 천시천청天視天聽과 동급인 민시민청民視民聽과 민심에 대한 공맹의 신뢰와 같이 어떤 개인의 능력도 뛰어넘는 대중의 다문다견多聞多見과 명석한 판단력에 대해 놀라운 신뢰를 표명한다.

예외적 능력을 가진 사람이 한 명도 끼어 있지 않은 수많은 사람들의 집회는 헛된 일이라는 당신의 생각은 보편적으로 참이 아니다. 회중會衆은 단독자로 취해진 그 회중의 구성원들 중 누구보다도 더 많이 보고 더 많이 이해하는 데다 명석함과 실천

---

387) Buchanan, *The Powers of the Crown in Scotland*, 16쪽(제20장).

388) Buchanan, *The Powers of the Crown in Scotland*, 16-17쪽(제20장).

적 판단에서는 군중 속의 어떤 개인도 능가하는 어떤 1인보다도 더 많이 보고 더 많이 이해한다. 정말로 회중은 일개인보다 모든 문제에서 더 나은 판사다. 왜냐하면 개별적으로 취해진 개인들은 결합되면 현격한 탁월성의 특징을 이루는 특별한 좋은 자질들을 지니고 있기 때문이다. (⋯) 이 사람은 느림이나 주저가 결점이고 저 사람은 성급한 서두름이 결점이다. 그러나 이것들은 회중 속에서 혼합되면 우리가 모든 종류의 특성들 속에서 찾고 있는 성향의 적절한 중화(a moderation of disposition)를 산출한다.389)

부캐넌의 이 논지는 플라톤의 철인치자론을 뒤로하고 아리스토텔레스의 여론지혜론, 또는 다문다견의 관점에서 천시천청과 동급인 민시민청으로 표현되는 공맹의 '민심즉천심론'을 대변하는 것으로 보인다.

부캐넌은 합법적으로 다스리는 군주가 "그의 백성에 의해 애호되고 그에 대한 시민들의 공포에 의해서가 아니라 그들의 사랑에 의해 보호될 것"이므로 이런 군주는 "굉장할 것"이라고 말한다. 그리고 백성의 사랑이라는 "이 무기만이 왕을 무적無敵으로 만든다"고 덧붙인다.390) 부캐넌은 공맹이라면 백성에 대한 군주의 사랑을 들어 "인자무적仁者無敵"을 논할 대목에서 거꾸로 군주에 대한 백성의 사랑을 말하고 있다. 그리고 왕권의 가부장권적 기원을 극구 부정하는 부캐넌도 공맹처럼 가부장제적 '비유'를 활용한다.

왕이 항상 – 그가 그의 자식으로 간주해야 하는 – 그의 백성을 꼭 아버지가 그들의 자식들을 대하듯이 대해야 한다.391)

부캐넌은 군주의 이 가부장주의적·온정주의적 행동을 "악한 실천에 대한 하나의 주권적 치료책"으로 간주하며 이것을 군주에게 '너 자신을 생각지 말고

389) Buchanan, *The Powers of the Crown in Scotland*, 17쪽(제20장).
390) Buchanan, *The Powers of the Crown in Scotland*, 22쪽(제24장).
391) Buchanan, *The Powers of the Crown in Scotland*, 22쪽(제26장).

나라를 생각하고 솔선해서 법령을 준수해 백성의 모범이 되고 이 모범으로써 세상을 통합하라'고 노래한 로마 시인 칼라우디안(Claudian, 370-404)의 시구절로 정당화한다. "왜냐하면 대중은 모두 다 가치의 어떤 유사성이라도 보이는 지도자들을 기꺼이 모방하고 그들의 행동도 열심히 흉내 내서 심지어 언사, 의상의 결함, 그들이 찬미하는 좋은 특징을 지닌 지도자들의 자세의 결함까지도 재현하기 때문이다."392) 이것은 백성의 모방효과를 겨냥한 공자의 치자솔선수범론이나 다름없다. "정치란 정직이다. 당신이 정직으로 이끌면 누가 감히 정직하지 않겠는가?(政者正也. 子帥以正 孰敢不正)"393) 그래서 "굽은 것에 곧은 것을 올려두면 굽은 것을 곧게 만들 수 있다(擧直錯諸枉 能使枉者直)".394) 그리하여 "굽은 것에 곧은 것을 올려두면 백성이 복종하고, 곧은 것에 굽은 것을 올려두면 백성이 불복한다(擧直錯諸枉 則民服 擧枉錯諸直 則民不服)".395) 그렇기 때문에 덕치를 하면 정형政刑의 완력사용 없이 예양禮讓 또는 읍양揖讓만으로 다스릴 수 있다.396) 부캐넌은 이 치자솔선수범론을 근거로 "이것은 완력사용 없이 백성을 준법적으로 만들 수 있고, 군왕에 대한 시민의 사랑의 애착을 얻을 수 있으며 공적평온과 사유재산을 둘 다 증가시키고 보호할 수 있다. 이런 까닭에 왕은 그가 세상의 눈앞에 놓여 있고 항상 만인의 관심대상이며 그리하여 그의 어떤 말도 행동도 감춰질 수 없다는 사실을 숙고해야 한다. 왕의 잘못을 숨기는 것은 불가능하다. 왜냐하면 왕의 운명의 현기증을 일으키는 빛은 왕에 관한 어떤 것도 감춰지는 것을 허용하는 것이 아니라 가장 어두운 구석도 폭로하기 때문이다'라고 말한다.397) 따라서 백성의 모방대상인 군왕은 솔선수범해야 하고 항상 조심스럽게 행동해야 한다는 것이다. 이것이 부캐넌의 솔선수범적 '왕개념'이다.

---

392) Buchanan, *The Powers of the Crown in Scotland*, 22-23쪽(제26장).

393) 『論語』 「顏淵」(12-17).

394) 『論語』 「顏淵」(12-22).

395) 『論語』 「爲政」(2-19); 『禮記』 「樂記」; 『論語』 「爲政」(2-3).

396) 『論語』 「里仁」(4-13).

397) Buchanan, *The Powers of the Crown in Scotland*, 22-23쪽(제26장).

■ 폭군방벌론

부캐넌은 이렇게 '왕 개념'을 살핀 뒤 아리스토텔레스에 의거해 이 왕 개념과 반대되는 참주(폭군)의 개념을 정의한다.

왕도적 통치는 자연(본성)과 합치되고, 참주정은 자연(본성)에 반한다. 왕은 기꺼이 그의 권세를 수용하는 신민들을 다스리고, 참주는 기꺼워하지 않는 신민들을 지배한다. 왕도적·정치적(폴리스적) 통치는 자유로운 사람에 의한 자유로운 사람들의 지도이고, 참주는 노예에 대한 지배다. 시민들은 왕의 건강과 안전을 지키지만, 외국인들은 참주의 이익을 위해 시민들을 억압한다. 왕은 공익에서 권세를 행사하고, 참주는 그 자신의 이익에서 행사한다.[398]

부캐넌은 아리스토텔레스의 논의를 이렇게 요약하면서 이 논의의 자가당착성을 느끼지 못한다. 그는 노예주들인 고대 그리스의 자유시민들이, 아리스토텔레스의 이 논의에 따르면, 모두 다 노예에 대한 지배자들이므로 '참주'였고, "자유로운 사람에 의한 자유로운 사람들의 지도"로서의 "정치적(폴리스적) 통치"는 고대 그리스에 존재하지 않았거나 존재했더라도 소수의 노예주奴隷主들(가령 30만 아테네 거주민 중 3만여 명의 자유시민들 가운데 6-7명 이상의 노예를 소유한 6,000명 안팎의 남자 성인들)끼리의 통치에 불과했다. 따라서 아리스토텔레스의 참주 개념을 엄격히 적용하면, 농노나 예농을 지배한 중세와 17-19세기 영국 및 유럽제국의 봉건귀족과 군왕들, 그리고 이탈리아·네덜란드공화국 귀족들과 — 17-19세기까지 노예를 부리고 1960-70년대까지 흑백분리(segregation)정책을 고수한 — 미국의 백인들까지도 모조리 '작은 참주들'이었다. 그리고 이들의 민주공화국은 '참주들의 민주공화국'이었다.

아리스토텔레스에 따라 부캐넌은 백성의 동의 없이 힘으로 권력을 장악해서 백성이 그 관리를 후회하지 않는 방식으로 많은 연수年數 동안 자기의 신민들을 다스린 시라쿠스의 히에로와 플로렌스의 코스모 데이 메디치 같은 군주도

---

398) Buchanan, *The Powers of the Crown in Scotland*, 27쪽(제29장).

둘 다 '참주'로 규정한다. 이런 유형의 통치는 "그럼에도 불구하고 위험하기" 때문이다. 이런 참주들은 정의롭다는 명성과 인기를 얻으려고 강탈한 이익의 일부를 던져주는 교활한 강도들이나 다름없다는 것이다. 교활한 강도 같은 이 참주들은 선행의 쇼가 먹히면 옛날의 강도질로 다시 돌아가 모든 법을 다 파괴해버릴 것이다. 그러나 그는 "우리가 미심쩍은 치료에 기대를 걸고 우리의 생명을 위험에 빠뜨리는 것보다 몸의 어떤 질병을 견디는 것이 더 낫듯이 공적 재앙 없이 이런 유형의 참주정을 제거하는 것이 가능하지 않다면 이런 유형의 참주정은 감내(堪耐)하는 것이 최선일 것이다"라고 말한다.399) 여기서 그는 이런 '교활한 참주'에 대한 방벌을 말리고 있다. 그럼에도 불구하고 교활한 폭군에 대한 감내 논변과 완전히 모순되게 부캐넌은 "왕의 직책을 신이 그에게 위임한 신탁으로서가 아니라 오히려 그에게 넘어온 노획물로 보는" 참주를 "공통된 시민자격이나 인간애의 그 어떤 유대"에 의해 인류와 통합되지 않은 "신과 전 인류의 가장 위험한 적"으로 간주해야 한다고 말한다.400) 그러나 극동에서는 "공적 재앙"이 뒤따르더라도 이런 교활한 유형의 폭군도 제거할 수만 있다면 어떻게든 제거하는 것이 백성의 권리이자 의무다.

그런데 부캐넌은 스코틀랜드인들은 역대 군왕들이 그들의 조치들의 합법성에 대해 책임을 진다고 일관되게 생각해왔다고 밝히면서 스코틀랜드의 폭군방벌의 역사를 말한다. 그러나 이 이야기는 순전히 지어낸 것이다.

타인들을 다스리는 사람들, 즉 군주들이 그들의 훌륭한 자질들 때문에 선출되었다는 것은 확립된 사실이다. (…) 많은 스코틀랜드 왕들이 직책상 책무의 이행에서 잔인하고 부패했으며 그들의 신민들에 의해 책임 추궁을 당했다는 것도 못지않게 잘 알려져 있다. 어떤 왕들은 종신유폐에 처해졌다. 나머지 몇몇은 유배되고 몇몇은 사형에 처해졌다. 그리고 (잔인한 왕을 죽인) 살해자들의 조사는 명령된 적이 없고 살해자들의 자식과 그 친족들이 그들 대신에 책임질 것으로 간주되지도 않았다.401)

---

399) Buchanan, *The Powers of the Crown in Scotland*, 27쪽(제29장).
400) Buchanan, *The Powers of the Crown in Scotland*, 27쪽(제29장).

부캐넌은 스코틀랜드 왕족들끼리의 암살과 권력투쟁적 제거·추방 사건들을 폭군방벌의 역사로 미화해 열거함으로써 자신의 훌륭한 주장에 대한 독자의 신뢰가능성을 크게 손상시키고 있다.

한편, 부캐넌은 스코틀랜드 중세시대에 자기들의 왕을 창출할 '백성의 주권'을 언급한다.

스코틀랜드 왕들 중 첫 번째로 왕위계승권을 그 자신의 가계 안에 확립한 케네쓰 3세(997-1005)의 시대까지 왕들을 창출하는 문제에서 그리고 승계를 통제하는 것에서 인민의 주권은 완전히 명백했다. 그때 케네쓰가 백성들을 완력으로 강요했거나 그의 길을 설복에 의해 확보했음을 미루어 알아야 한다. (…) 나아가 그가 백성을 그에게 굴복하도록 완력을 사용해 백성들을 강요했다면 백성은 그들 자신의 강력성에 대한 확신을 느끼기 시작하자마자 완력에 의한 이 통치를 내던졌어야 한다. 왜냐하면 왕과 백성의 관계를 규제하기 위해 받아들여진 모든 법은 완력으로 한 것이라면 그 어떤 것이든 마찬가지로 완력으로 취소되어도 된다고 선언하고, 자연(본성)도 이를 천명하고 있기 때문이다.402)

그러나 케네쓰 3세 이전에 군왕을 선임할 인민주권이 스코틀랜드 역사에 존재한 적이 없었다. 인민주권은 스코틀랜드의 사실史實이 아니라는 말이다. 이것이 비록 사실이 아니더라도 부캐넌이 여기서 과감하게 왕을 뽑을 '인민주권', 즉 왕권민수론王權民授論을 입에 담고 있다는 것은 매우 파격적인 것이고 지극히 중요하다. 그가 스코틀랜드 역사를 조작하면서까지 전개하고 있는 이 인민주권론과 왕권민수론은 공맹의 민유방본론·득중득국론得衆得國論·득민천자론得民天子論·왕권민수론王權民授論(=왕권천수론王權天授論)과 상통하는 것이고 "완력에 의한 원상회복론"은 공맹의 반정론反正論(폭군방벌론)·역성혁명론과 상통하는 것이다. 이것은 스코틀랜드 역사에서 충격적일 정도로 이질적·이단적인 것이

---

401) Buchanan, *The Powers of the Crown in Scotland*, 31쪽(제33장).

402) Buchanan, *The Powers of the Crown in Scotland*, 31-32쪽(제33장).

고, 무엇보다도 중국 유교 냄새가 진동한다. 『스코틀랜드의 왕권』이 법으로 금지되고 분서당한 것은 바로 스코틀랜드 역사의 자의적 변조에 근거한 이 충격적 이단성 때문이었을 것이다.

■다시 법치적 제한군주론

그리고 부캐넌은 이전에 암시되었던 제한군주론을 다시 전개하며 제한군주가 절대군주보다 더 안정적이라고 주장한다. "권세의 행사에 대한 제한만큼 많이 통치의 계속에 기여하는 것도 없다. 이 '제한'은 군왕에게 영광이고 백성과 공적 안전에 대한 보호장치이기 때문이다. 인간의 마음은 자연에 의해 그 안에 심어진 고상하고 특출난 어떤 것이 있다. 그리하여 인간의 마음은 어떤 사람의 권세를 받아들임으로써 얻어지는 값진 것이 없다면 어떤 인간에게도 순종하지 않는다. 또한 호의의 상호교환보다 인간사회의 유지에 더 강력한 어떤 것도 없다."403) 그리고 스코틀랜드왕국이 언제나 "법의 정부(government of law)", 제한적 입헌정부였다는 것을 원로회의에 순종하지 않는 족장들과 군왕들이 원로들과 귀족들에 의해 쫓겨났던 스코틀랜드 부족사회의 역사로부터 입증하려고 시도한다.404) 물론 부캐넌의 이 역사적 정당화 논변들은 모두 실제의 역사와 배치되는 견강부회다.

부캐넌은 뒤에 다시 스코틀랜드가 언제나 제한정부를 가졌고 스코틀랜드 군주는 법 위에 군림한 적이 없다고 주장한다. 스코틀랜드의 약 12명의 왕들이 자기들의 범죄와 치욕스러운 행위 때문에 종신금고에 처해지거나 자발적 망명 또는 자살로 자기 범죄의 정당한 처벌을 회피했다는 것이다.405)

그리고 부캐넌은 제한군주정이 어떻게 수립되었는지를 보여준다. 인민은 정의를 행하기 위해 왕을 창출했고, 법은 정의의 실천을 명령한다. 그러므로 정의롭게 행동하는 것은 적절하게 부여된 군왕의 권세를 제한하는 것이 아니다.

---

403) Buchanan, *The Powers of the Crown in Scotland*, 33쪽(제35장).

404) Buchanan, *The Powers of the Crown in Scotland*, 33-34쪽(제36장).

405) Buchanan, *The Powers of the Crown in Scotland*, 42쪽(제41장).

군왕은 자신을 법 밖에 놓으면 군왕 자격을 상실하는 것이다. "나쁜 군왕은 그들이 현명하다면 무엇이 그들에게 이롭지 않고 무엇이 허용되지 않는지를 명백하게 만들어준 법률을 수립한 입법자들에게 고마워해야 한다. 그리고 언젠가 정신을 차리면 법에 대해 확실히 고마워할 것이다. 이것은 환자들이 병을 앓는 동안 자신들이 원하는 것을 들어주지 않는 의사를 미워하다가 병이 치료되면 고마워하는 것과 같은 이치다. 군왕들이 그 미친 짓을 계속하는 동안 이런 군왕에게 굴하는 (간신 같은) 사람들은 이런 군왕들의 가장 큰 적으로 간주되어야 한다."406)

또 부캐넌은 군왕의 '축성祝聖선서'로써 "조상의 법률 및 관행과 우리의 유구한 제도들을 보존하고 조상으로부터 받은 것과 동일한 정의正義체계를 사용할 것"을 전 인민에게 약속한 것이라고 생각한다. 군왕의 이 첫 취임 의전儀典은 "백성의 투표에 의해 선출된 사람들이 법률에 대한 복종을 맹세한다"는 것을 뜻한다. "신은 이 원칙을 왕국에 대한 바른 원칙으로서 다윗과 그 후손에게 주었고, 신이 그들에게 준 법률들에 그들이 복종하는 한에서 계속 군림할 것을 약속했다. 이것이 실제로 일어난 일이라는 설명은 극히 그럴싸하다. 우리의 군왕들은 조상들로부터 절대적이지 않은, 한정된 경계 안에서 제한된 권위를 받았다. 나아가 확인은 일정한 권리들의 까마득히 오래된 관행과 이의 없는 백성의 추정에 의해 제공된다. 왜냐하면 아무도 공개적 선언에 의해 이 추정에 도전하지 않았기 때문이다." 이 법에 대한 복종을 군왕들에게 유도하기 어려울 것이라는 메이틀랜드의 우려에 대해 부캐넌은 백성들에게 그들의 유구한 권리를 포기하라고 설득하는 것도 "못지않게 어려울 것"이라고 응수한다.407) 부캐넌은 유구한 관행과 『성경』을 마구 동원해 입헌적 제한군주정론을 도출하고 있다. 그러나 그가 논변에서 인용하기를 꺼리는 『성경』 구절을 인용해 신이 다윗과 가계에 대해 군왕적 군림을 약속했다는 것을 "그럴싸한" 일로 인정한 논변은 자칫 왕권신수론으로 일탈할 위험이 있다.

---

406) Buchanan, *The Powers of the Crown in Scotland*, 43쪽(제42장).

407) Buchanan, *The Powers of the Crown in Scotland*, 34쪽(제36장).

부캐넌은 법의 모든 구속을 부숴버리는 참주들의 "처벌"에 대한 논의로 넘어간다. 그는 교활한 참주에 대한 감내 논변과 다르게 「디모데전서」(2:1-2)의 군왕과 모든 권세가에게 기도하고 감사하라는 바울의 말과 「디도서」(3:1)의 "그들에게 지배자와 권세가들에게 순종하고 복종할 것을 상기시킨다"는 바울의 말, 그리고 「로마서」(13:1-7)에서의 "권세에 복종하라"는 바울의 설교에 대해 그 의미를 변조해 희석시키거나 부정한다. "바울은 (신의 아들에 의해 그리스도적 자유를 얻고 신의 성령에 의해 거듭난 사람들은 세속군주의 지배를 받지 않는다고 주장하는) 이런 사람들의 오류를 꾸짖을 목적에서 통치가 선할 뿐만 아니라 성스럽다고 논증하고 있다. 왜냐하면 신은 이것에 의해 인간들이 사회적 존재자들로서, 그리고 시민들로서 함께 모일 수 있고 자신들을 위해 신의 선성善性을 알고 서로에 대해 해를 끼치는 것을 삼가도록 통치를 명백히 의욕했고 그것을 세웠기 때문이다." 그리하여 "신은 고귀한 지위에 앉혀진 사람들에게 신의 법의 수호자이도록 명령한다"는 것이다.408) 그러나 군왕들과 권세가들을 신의 대리자로 규정하고 백성들에게 이들에 대해 무조건 복종할 것을 요구하며 이들에 대한 저항을 신에 대한 저항으로 간주한 것은 바울의 말이지 신의 말이 아니며, 군왕의 설치를 신이 의욕한 것도 아니다. 성서에 의하면 왕을 요구한 것은 신이 아니라 이스라엘의 장로들이고, 오히려 신은 이 요구를 "나를 버리고 자기들의 왕 노릇을 못하게 하는 것"으로 이해했다(「사무엘상」 8:4-7). 신은 백성들이 왕을 세우기를 요청한 것을 자기에 대한 백성들의 배신행위로 보았던 것이다.

그리고 그리스도의 신 여호와의 '선성善性'도 극히 의심스럽다. 신은 인간들에게 가축과 짐승이 아니라 식물만을 먹거리로 주었다(「창세기」 1:29). 하지만 자신의 이 말과 반대로 신은 이 신명을 어기고 양을 길러 양의 맏배와 양의 기름을 제물로 바친 아벨을 중시한 반면, 농사를 지어 땅의 열매를 제물로 바친 카인을 무시해서 형제를 죽음으로 갈라놓았다(「창세기」 4:3-8). 그리고 신은 대량학살과 인종청소의 '반인도적 범죄(crime against humanity)'를 반복해서 자행했

---

408) Buchanan, *The Powers of the Crown in Scotland*, 36-37쪽(제39장).

다. 『성경』에 나와 있는 것만 세어보아도 여호와와 여호와의 명에 따른 신의
대행자 모세, 사울과 기타 유대인들은 적어도 여섯 번의 인종청소를 자행했다.

첫 번째 대규모 집단학살은 여호와 자신이 자행한 인류와 동식물 전반의
대학살이다. 여호와는 남녀들이 알아서 짝지어 사는 것을 질투해 "나의 영이
영원히 사람과 함께하지 아니하리니"라고 선언하고,「창세기」6:3) "땅 위에 사람
지은 것을 한탄하며", "내가 창조한 사람을 내가 지면에서 쓸어버리되 사람으로
부터 가축과 기는 것과 공중의 새까지 그리하리니 내가 그것들을 지었음을
한탄함이라"고 말하고,「창세기」6:6-7) 노아와 그의 아내, 그리고 그의 자식들과
며느리, 노아가 방주에 태운 기타 '정결한 생물들을 제외한 모든 인간과 생물을
말살시킨다. "지면의 모든 생물을 다 쓸어버리니 곧 사람과 가축과 기는 것과
공중의 새까지라", 그리하여 "오직 노아와 그와 함께 방주에 있던 자들만이
남았더라"(「창세기」7:23).

두 번째와 세 번째 인종청소는 모세가 여호와의 명에 따라 시행한다. "여호와
께서 모세에게 이르시되 그(바산 왕 옥)를 두려워하지 말라. 내가 그와 그의 백성
과 그의 땅을 네 손에 넘겼나니 너는 헤스본에 거주하던 아모리인의 왕 시혼에
게 행한 것같이 그에게도 행할지니라. 이에 그와 그의 아들들과 그의 백성을
다 쳐서 한 사람도 남기지 아니하고 그의 땅을 점령했더라"(「민수기」21:34-35).
이것은 아모리족과 바산족에 대한 인종청소의 기록이다.

네 번째 인종청소는 모세가 다시 여호와의 명에 따라 미디안족을 어린이들까
지 말살한 사건이다. 모세가 출정시킨 12,000명의 이스라엘 무장군대는 미디안
으로 진격해 "여호와께서 모세에게 명령한 대로 미디안을 쳐서 남자를 다
죽인" 다음, "이스라엘 자신이 미디안의 부녀들과 그들의 아이들을 사로잡고
그들의 가축과 양 떼와 재물을 탈취해" 개선했다(「민수기」31:7, 9). 그러나 모세는
이스라엘 군대의 지휘관들(전장에서 돌아온 천부장·백부장들)에게 "노해" 말하기를
"너희가 여자들을 다 살려두었느냐"라고 하고 "아이들 중에서 남자는 다 죽이
고 남자와 동침해 사내를 아는 여자도 다 죽이고 남자와 동침하지 아니해
사내를 알지 못하는 여자들은 다 너희를 위해 살려두라"고 명한다. 이스라엘

군대는 명대로 실행하고 사내를 아직 모르는 32,000명의 여자들을 골라 그 절반을 나눠 가졌고 나머지 16,000명은 이스라엘 회중會中이 나눠 가졌다「민수기」 31:14-15, 17-18, 35, 40, 46). 모세와 유대인들은 질투 어린 하느님 여호와의 명에 따라 또 수십만 명의 미디안족을 남자아이들까지 학살해 그 씨를 말린 것이다.

다섯 번째 인종청소는 사무엘이 여호와의 명령에 따라 이스라엘의 첫 왕 사울에게 아말렉족을 박멸하라고 명한 사건이다. "지금 가서 아말렉을 쳐 모든 소유를 남기지 말고 진멸하되 남녀와 소아小兒와 젖 먹는 아이와 우양과 낙타와 나귀를 죽이라"「사무엘상」 15:15). 여호와의 학살행위는 더욱 잔학해져 이제 '젖먹이'와 '가축들'에게까지 미치고 있다. 사울은 여호와의 명대로 실행했으되 가축 중 좋은 것들과 아말렉 왕 아각(Agag)을 살려 데려왔다「사무엘상」 15:8-9). 이에 여호와는 노해 사울을 왕으로 세운 것을 후회하고 사울을 폐위했다「사무엘상」 15:11, 26-28, 35). 그리고 신의 대행자 사무엘은 끝내 아각을 끌어내 "찍어 쪼개" 죽였다「사무엘상」 15:32-33).

여섯 번째 인종청소는 사울이 베냐민 부족의 성읍城邑 놉(Nob)의 ─ 다윗을 도운 ─ 제사장 아히멜락과 그에 동조한 85명의 제사장, 그리고 놉 읍邑의 남녀, 아이들과 젖먹이들, 그리고 소양과 나귀를 깡그리 칼로 베어 죽인 사건이다「사무엘상」 22:18-19). 이 인종청소는 여호와의 명에 따른 것이 아니었으나, 사울이 인종청소를 덜 잔학하게 이행한 것을 문제 삼아 여호와가 그를 폐위하고 다윗을 새 왕으로 세운 까닭에 벌어진 두 왕 간의 권력투쟁에 기인한 것이다. 따라서 이 집단학살의 궁극적 이유도 여호와에게로 돌아간다. 여호와가, 그리고 모세와 유대인들이 여호와로 인해 자행한 이 잔학한 인종청소 사건들은 여호와의 선성을 부인하기에 충분하다. 극동의 유교문화권에서라면 저런 만행들은 '꿈에도' 생각할 수 없는, 치 떨리도록 '징그러운', 그야말로 천인공노할 홀로코스트였을 것이다. 그러나 부캐넌은 성서 속의 이런 반인도적 범죄사건들을 다 외면하고 신의 선성을 전제하고 있다.

■다시 폭군방벌론

한편, 부캐넌은 군왕의 왕권 설치를 신의 지배권을 부정한 배신의 소산으로 보는 여호와의 뜻과 배치되게 모든 군왕을 신의 대리인으로 간주하고 모든 군왕에 대한 무조건적 복종을 요구하는 바울의 글들 안에서 "칼리굴라, 네로, 도미티안과 이들 유형의 기타 참주들이 신법과 인간의 법을 둘 다 침파한 것에 대한 처벌로서 폐위되어야 한다는 말을 전혀 발견할 수 없다'고 해독한다. "바울은 그 권세를 사악하게 행사하는 저 악한 사람들이 아니라 공적 관리들의 권세를 말하고 있는 데다 우리가 바울의 규칙을 응용하면 이런 유형의 모든 참주는 공적 관리들이 아닌 것으로 입증되기 때문"이라는 것이다. 그러면서도 "신은 강한 매듭에는 강한 쐐기를 사용하고 사악한 자들에 대해 처벌로서 한동안 나쁜 인간을 세운다"는 칼뱅의 논변도 동원한다.[409] 그러나 칼뱅의 이 논변은 근본적으로 궤변이다. 선인으로 하여금 악인을 처벌케 하는 것이 아니라 악인으로 하여금 악인을 처벌케 하는 것은 이이제이以夷制夷의 '전술'일 뿐이고 정의로운 '사법司法'일 수 없기 때문이다. 그러므로 궤변에 불과한 칼뱅의 이 논변은 폭군감내론에나 봉사하는 것이다.

그럼에도 불구하고 부캐넌은 성서와 칼뱅의 방해를 뚫고 폭군방벌론을 전개한다. "악정의 죄가 있는 하급관리들만이 아니라 왕과 동등한 관리들도 관직에서 추방하는 것은 관습이다'라고 주장하며, "바울이 그의 말로써 군왕들에게 그런 큰 권력을 주었다고 게으르게 상상하는 사람들이 이 동일한 바울로부터 군왕들만이 권세가들의 이름에 포함되어야 한다는 것을, 그러므로 이 군왕만은 처벌로부터 면해져야 한다는 것을 입증하길 바란다'고 역공세를 편다. 그럼에도 부캐넌은 유대인들에게 바빌론의 왕과 백성을 섬기라고 명한 신의 말씀「예레미아」 27:12) 때문에 바울이 복종을 요구한 '권세가들'이라는 표현에 야만적 폭군도 포함한다는 해석에 걸려 많은 지면을 할애한다. 그의 궁극적 해석에 의하면 성서 안에는 바빌로니아의 폭군에 대한 복종 명령 외에 폭군을 옹호하는 구절이 없다는 것이다.[410] 그러나 폭군을 처벌하라는 구절도 찾아내지 못한

---

409) Buchanan, *The Powers of the Crown in Scotland*, 37쪽(제39장).

다.411) 그럼에도 그는 폭군방벌론을 밀어붙인다. 그는 성경책 대신 스코틀랜드 역사책을 뒤져 이를 정당화한다. 그러나 이런 역사적 정당화 논변은 스코틀랜드 역사에서 왕족들 간의 권력투쟁과 귀족들의 국왕제거·추방·제압 사건들 외에 민중혁명적 폭군방벌 사건들이 일어난 적이 없기 때문에 유교적 반정론反正論과 혁명론의 외풍이 없다면 거의 불가능한 논단인 것이다.

■다수결에 의한 백성의 군왕선출권과 입법권

부캐넌은 전체 인민이 왕을 선출할 주권자이자 왕이 지켜야 할 법을 만드는 입법자이고, 폭군을 심판하는 사법권자라는 입장을 견지하며 다수결 원칙을 도입한다. '인민의 소리'와 '법의 소리'는 같은 것이지만 둘 중에는 인민이 법보다 더 우위의 권위를 가진다. 법률이 군왕보다 우위이고 인민이 법보다 우위이기 때문에 인민은 군왕을 재판에 회부해야 한다는 것이다. 인민이 군왕을 창출하는 데서 주된 것은 "전체 인민의 이익"이다. 그리고 인간들의 통합이 존재하지 않는다면 군왕도 필요 없다. 그러므로 인민은 군왕보다 우위에 있다. "더 우위의 것은 더 큰 것이다. 그러므로 더 작은 것은 더 큰 것에 의해 심판받아야 하기 때문에 군왕은 인민에 의해 심판받아야 하는 것이다." 그러나 "모든 개개 인과 똑같이 관련되는 법은 없기" 때문에 "인민 전체"가 "바른 것에 대해 합의하는 행복한 상태"는 "거의 기대할 수 없다". 이런 상황에서 법을 만들거나 치자를 창출하는 짓은 소용이 없을 것이다. 하지만 "목표는 법이 인민의 대다수(the majority)에게 이로워야 한다는 것과 대다수가 선임된 사람에 대해 신임을 가지는 것"이다. "인민의 대다수"가 법령을 발령하고 지배자를 창출한다. 그렇다면 "이보다 작은 일들", 가령 "공중이 지배자에게 책임을 묻고 그를 심판하는 일"도 "금지되지 않는다". 고대 로마의 호민관들과 스파르타의 민선장관들(ephors)의 역할이 공적 권세의 행사를 제한하는 것이기 때문에 당시 "자유로운 백성"이 폭정의 밑도 끝도 없는 폭력행위를 제어할 길을 찾으려고 애쓴 것은

---

410) Buchanan, *The Powers of the Crown in Scotland*, 38쪽(제39장).

411) Buchanan, *The Powers of the Crown in Scotland*, 41쪽(제40장).

잘못일 수 없었다. 군왕이 재판관들 앞에서 자기의 일을 변호하는 것은 유구한 관행이었다. "우리(스코틀랜드)의 조상들도 이랬던 수많은 사례들"이 있다.412)부 캐넌은 역사 사례들에 대한 언급이 의심스럽지만 여기서 놀랍게도 '다수결 원칙'을 논하고 있다.

나아가 다시 놀랍게도 "하늘은 우리 백성이 보는 것을 통해 보고 우리 백성이 듣는 것을 통해 듣는다"고 선언한 무왕처럼 부캐넌은 메이틀랜드가 의심하는 백성들의 성품과 지성에 대해 다시 한 번 무한한 신뢰를 보낸다.

아주 많은 보통백성들은 분명 당신이 묘사하는 사람들이지만 대대수는 그렇지 않다. 왜냐하면 폭군들이 가하는 위해들은 대다수의 백성에게 미치지만 폭군들의 총애는 단지 소수에게만 베풀어지기 때문이다. 이 소수 패거리의 탐욕은 충족될 수 없다. 그것은 불처럼 기름을 부을수록 더욱 맹렬하게 불탄다. 일의 종말은 다수로부터 강제로 뺏은 것이 이 패거리의 탐욕을 만족시키기보다 이 소수의 탐식貪食을 증가시킨다는 것이다. 나아가 폭군들을 지원하는 인간들은 보통 변덕스럽다. "충성심은 운에 따라 있다가 없다가 한다." 그러나 이러한 인간들의 충성심이 흔들림 없이 유지되어도 이 인간들은 참시민으로 간주되지 않을 것이다. 왜냐하면 그들은 인간사회의 적들, 아니 반역자들이기 때문이다. 군왕에게서 견딜 수 없는 죄악은 사인의 경우에 훨씬 더 견딜 수 없다. 하지만 누가 시민들로 간주되는가? 법을 지키는 사람들, 조직된 사회를 뒷받침하는 사람들, 자신들의 안전을 잊고 영예도 없이 안이하게 살기보다 온갖 노력과 위험을 택하는 사람들, 자기들의 순간적 향락이 아니라 미래 시대의 생각을 늘 염두에 두는 사람들이다. 나아가 일부 사람들은 두려움이나 자기들의 이익에 대한 고려 때문에 위험을 등지도록 유혹될 수 있더라도 어떤 특기할 만한 위업의 영광과 용기의 아름다움 때문에 자기들의 미천한 영혼을 고양시킨다. 그리하여 그들은 비록 창조자나 지도자로 이바지할 용기는 없어도 시민으로서의 그들의 역할로부터 인퇴하지 않는다. 그러므로 시민자격을 단순한 머릿수 계산이 아니라 가치에 의해 판단한다면, 더 좋은 사람들만이 아니라 대다수도 자유·영예·안전을 옹호할

---

412) Buchanan, *The Powers of the Crown in Scotland*, 44-45쪽(제43장).

것이다. 하지만 이것은 비록 전체 보통백성이 이견을 보이더라도 현재의 논의에 영향을 미치지 않을 것이다. 왜냐하면 우리는 무엇을 할 것인가가 아니라 무엇을 하는 것이 옳은가를 묻고 있기 때문이다.[413]

부캐넌은 이처럼 인민대중의 판단력을 무한히 신뢰한다. 하지만 그는 전문적 사법판단의 독립성과 소송 관련자들의 평등원칙도 사법적 정의의 사활을 좌우할 정도로 '치명적으로 중요한 것'으로 인정한다.[414]

■백성과 군왕 간의 평등과 백성의 참주방벌권

부캐넌은 법의 평등한 집행, 즉 '법 앞에서의 군왕과 백성의 평등'을 주장한 것이다. 당대의 신분제를 오히려 묵인하는 '신 앞에서의 만인의 평등' 주장을 넘어 적어도 '법 앞에서의 만인의 평등'을 외치는 선까지 나아간 주장은 당시로서 그야말로 거의 모든 스코틀랜드인 왕족과 귀족들과 성직자들이 경기驚氣할 '파격 중의 파격'이었다. 그리고 이 '법 앞에서의 평등', 법적 소송 과정에서의 '군주와 백성의 평등' 및 – 바로 뒤에 상론할 – 군주와 백성 간의 쌍무적 계약 등의 관념은 비록 만인의 '자연적(본성적)' 자유와 평등을 명시적으로 언명하는 것이 아닐지라도 이미 이런 '본성적 자유와 평등'의 씨앗을 담고 있다.

그리고 부캐넌은 자기 논변의 종결적 정점으로서 놀랍게도 '백성의 혁명권'을 '군왕과 동등한 백성의 자유와 권리'에 기초한 것으로 논증하고, 나아가 '신에 대한 순종'의 일반이론으로 전개한다. 일단 시민들은 군왕에게 복종할 신성한 의무가 있지만 시민들이 복종 선서를 하기 전에 군왕이 먼저 "정의와 선량 속에서 법을 준수할 것을 약속한" 점을 상기시키면서 이 관계를 "왕과 시민 간의 쌍무적 계약" 관계로 확인한다. 따라서 "왕이 그와 그의 백성을 함께 묶고 있는 유대를 깬 경우에 협정을 먼저 깨는 자가 그 합의 아래 그에게 속한 모든 권리를 다 상실한다"고 논변한다. "동등한 권리", "동등한 자유"라는

---

413) Buchanan, *The Powers of the Crown in Scotland*, 46쪽(제44장).
414) Buchanan, *The Powers of the Crown in Scotland*, 47-50쪽(제45·46장).

것이다. 그리하여 통치의 보존을 위해 군왕을 설치했는데 도리어 군왕이 질서 정연한 통치를 파괴할 정도의 어떤 짓을 하게 된다면 그는 폭군이다. "폭군은 법에 합치되는 공적 권세를 가진 것이 아니라 공적公敵이다." 따라서 "견딜 수 없는 굉장한 위해"를 겪는 경우에 이런 공적에 대해 전쟁을 수행하는 것은 "권리"다. 참주, 즉 "모든 인류의 적"에 대한 전쟁은 "가장 정의로운 전쟁"이다. 그리하여 일단 공적에 대해 "정의의 전쟁"이 벌어지면, 적의 섬멸은 "전체 백성과 개인"의 "권리"다.415) 폭군을 '공적'으로 규정하는 부캐넌의 이 논법은 맹자가 폭군을 "잔적殘賊"으로 규정한 것과 유사하다. 그리고 부캐넌의 이 논법은 훗날 폭정을 자기의 국가에 대한 전쟁으로 규정하는 수아레즈에 의해 계승된다.

부캐넌은 메이틀랜드의 입을 빌려 고대 그리스·로마에서 "참주를 인간으로 대접할 의무가 없다"는 확신에서 참주가 자기의 아들이나 남편이나 친족이더라도 참주를 살해한 자들에게 포상과 영광을 돌린 사례들을 열거하고, 기회가 왔는데도 네로를 폐위하지 못한 코르불로에 대한 로마인들의 비난만이 아니라 페르시아 왕(티리다테스)의 혹독한 탄핵, 심지어 참주들에 대한 악인들의 혐오까지도 거론하며 참주를 '인류의 적', 아니 '신의 적'으로까지 일반화한다. 참주에 대한 비판과 제거는 "미천한 감정"에서가 아니라 "공적 위험"에 대한 고려에서 수행되는 것이다. 그리하여 부캐넌은 "참주들은 모든 괴물들 중에서 가장 야만적인 괴물로 간주되어야 하고" 또 "참주정(폭정)에 의해 가해진 피해는 자연의 과정에서 인간들을 덮칠 수 있는 빈곤, 질병, 죽음, 기타 병폐들보다 더 자연(본성)에 반하는 것"이라고 결론짓는다.416)

■문제점들

그러나 부캐넌은 참주처벌에 교회를 끌어들여서 그의 폭군방벌론이 종파적 사용으로 경도될 소지를 만들어놓는다. 그는 참주에 대한 교회의 견책론을

---

415) Buchanan, *The Powers of the Crown in Scotland*, 50쪽(제47장).

416) Buchanan, *The Powers of the Crown in Scotland*, 50-51쪽(제48장).

어떻게든 짜내기 위해 궁색하게 악인들과 부정직한 사람들과 친구 삼는 것을 금하는 바울의 「고린도전서」를 인용한다. 그리고 교부가 로마군 사령과 장교들을 살해한 테살로니카 시민들의 반역행위에 대한 – 참주가 아니라 오히려 위대한 마지막 동서로마 겸직 황제였던 – 테오도시우스 1세(재위 379-395)의 처형조치에 개입한 알브로시우스 교부의 결정(황제의 밀라노성당 출입금지 조치)까지도 인용하고 있다.417) 부캐넌은 교회의 정치개입을 억지로 정당화함으로써 자기가 애써 전개한 비교적 세속적이고 탈종교적인 인민주권론과 반정론이 개신교적 인민이나 의회가 가톨릭군주를 폐위하는 종파적 반정론, 즉 신·구교 간의 종교내전론으로 뒤틀릴 소지를 남겨 놓았다. 가령 1688-1689년의 영국 명예혁명은 비록 겉으로 부캐넌의 100여 년 전 법금法禁된 폭군방벌론을 한 점 넘새도 나지 않게 철저히 배격했을지라도 의회를 분할·장악한 국교회적(성공회적) 토리와 개신교적 휘그가 가톨릭군주 제임스 2세를 추방한 은연한 종교전쟁이기도 했다. 프랑스와 스코틀랜드 칼뱅주의자들과 가톨릭 예수회 신학자들은 신·구교파가 동일한 논리를 정반대 방향으로 뒤집어 상호교차적으로 이단 치자에 대해 (백성의 종교적) 반란권이 존재한다고 주장해야 할 상황에 공히 처해 있었다.418) 신교파 신민은 구교파 치자에 대해, 거꾸로 구교파 신민은 신교파 치자에 대해 '종교적 저항권(혁명권)'을 가진다는 말이다. 이것은 16세기 초반 종교전쟁의 연장전에 불과했다.

한편, 부캐넌의 헌정론은 불행히도 다른 나라들의 헌정체제에 대한 그릇된 평가와 편견에 의해 많이 훼손되어 있다. 가령 그는 16세기 독일의 헌정체제를 "입헌정부(constitutional government)"로 격상시키고 반대로 황제가 '동등한 자(귀족)들 사이의 1인자(primus inter pares)'에 불과한 러시아 차르체제를 '참주정'으로 격하시키고 있다.419) 이 지칭은 그의 이론에 따르면 러시아 차르를 아무나 죽여도 좋은 '온 인류의 적'으로 규정한 것이다. 이 얼마나 경솔한 오류인가?

---

417) Buchanan, *The Powers of the Crown in Scotland*, 52-53쪽(제50장).

418) 양삼석, 「제주이트의 정치사상에 나타난 인본주의사상」, 168쪽.

419) Buchanan, *The Powers of the Crown in Scotland*, 53쪽(제51장).

한편, 부캐넌은 스코틀랜드 동포들이 동조할 수 없을 무근거한 스코틀랜드 역사로 자기의 이론을 정당화하고 다시 스코틀랜드를 입헌군주국으로 만들어 놓고 있다.

우리나라는 확실히 가난한 나라지만, 지금까지 2,000년 동안 우리는 이 나라를 외국 인들의 지배로부터 자유롭게 지켜왔다. 그리고 첫 왕으로부터 우리는 우리의 왕들을 입헌적 지배자로 만들었다. 우리는 왕들과 우리 자신에게 동일한 법을 적용했고, 여 러 세기의 경과 속에서 입헌적 원리의 가치를 배웠다. 이 왕국의 보존은 무기의 강함 보다 이 원칙의 충실한 준수 덕택이기 때문이다.[420]

여기서 부캐넌의 '입헌군주정' 개념은 당시 독일제국을 '입헌군주국'으로 부를 정도로 엉성한 개념이므로 오늘날의 민주헌법을 가진 나라의 뜻으로 이해하면 아니 될 것이다. 따라서 그를 최초의 입헌군주정론자로 보는 것도 위험천만한 오류일 것이다.

그러나 부캐넌은 스코틀랜드의 애국심에 호소해 자기 논변의 설득력을 높이 기 위해 스코틀랜드 정치사를 인민주권의 보존과 법치주의 수호의 관점에서 자의적으로 변조해 과대평가한다.

나는 공화국이나 왕국에 전혀 해롭지 않은 내란은 있을 수 없다고 말한다. 그러나 나는 그 변호(군주불법의 감내)를 택하지 않을 것이다. 나는 어떤 백성도 우리보다 더 적은 내분을 겪지 않았다고 생각한다. 나는 어떤 나라도 우리보다 더 많은 중도적 조절로 내분을 관리해오지 않았다고 말한다. 법률문제, 통치권력, 왕국의 행정에 대해 많은 투쟁이 있었지만 주권은 보존되어왔다. 또한 평민들을 파멸시키려는 노력이나 군주의 증오심 때문이 아니라 애국심과 법률보존 욕망에서 투쟁이 벌어졌다.[421]

---

420) Buchanan, *The Powers of the Crown in Scotland*, 53쪽(제51장).

421) Buchanan, *The Powers of the Crown in Scotland*, 53쪽(제51장).

그리고 부캐넌은 스코틀랜드왕국에서 유난히도 자주 일어났던 왕족과 왕족 간의 단순한 왕위쟁탈전과 왕과 귀족 간의 권력투쟁을 '애국전쟁'이나 '민주투쟁'으로 변조하고 있다. 게다가 그는 이 내분 과정에서 다행히도 보다 훌륭한 주의주장을 내건 정당들이 그만큼 더 성공적이었고, 늘 중도적 조율과 상호이익에 대한 합의가 지배했다는 평가를 덧붙인다.[422]

■『스코틀랜드의 왕권』의 이단성: 판금·분서와 '주홍글씨'

자기들의 왕을 창출할 '인민주권'과 왕권민수론, 인민의 입법권과 치자심판권, 합법적 제한군주정론 재판과 무력에 의한 폭군방벌론 등을 전개한 부캐넌의 헌정론은 당시로서 실로 파격적인 것이었다. 또한 그가 이 일련의 테제들을 '자연적 자유'(자연상태에서의 "자유로운 선택에 의한 연합")와 '법 앞에서 백성과 군주의 평등"에 근거시킨 것도 매우 파격적인 논변이었다. 문제는 그가 이 파격적 논변을 기독교 교리와 서구제국의 역사에 의해 정당화하려고 애썼을지라도 이 논변 전체가 성서에 의해서든, 진짜 스코틀랜드 역사에 의해서든, 또는 고대 그리스·로마 역사나 중세 유럽의 역사에 의해서든 결코 정당화될 수 없다는 것이다. 그의 주장들은 단순히 '파격적'인 것이 아니라, 스코틀랜드 의회와 교회가 공히 경기를 일으킬 정도로 심각하게 '이교적·이단적'이었기 때문이다.

그리하여 부캐넌의『스코틀랜드의 왕권』(1579)은 그 이교적 이단성에 질겁한 스코틀랜드·영국 정부와 교회에 의해 100여 년 동안 출판과 독서가 법으로 금지되었다. 1584년 스코틀랜드 의회는 이 책이 나오자마자 이 책의 판매·소지·독서를 금지하는 법률을 입법했다. 그리고 스코틀랜드 장로회는 인민주권론과 – 찰스 1세가 강요한 – 스코틀랜드의 국교(성공회)화에 격렬히 반대하면서도 의회주권과 제한군주론에 동조해서 청교도혁명에 의회파로 참여했지만 국왕과의 화평을 추구했고 결국 크롬웰의 독립파와 대립했다. 격렬한 대립 끝에 장로파는 1648년 몰래 국왕을 탈출시켜 국왕을 중심으로 제2차 내란을 일으켰다.

---

422) Buchanan, *The Powers of the Crown in Scotland*, 53쪽(제51장).

크롬웰의 신형군은 잉글랜드로 침입하던 스코틀랜드군을 프레스턴에서 격파했다. 1649년 1월에는 청교도 의회가 찰스 1세를 처형한 뒤 대귀족들의 소굴인 귀족원을 폐지하고 영국을 귀족공화국으로 전환했다. 그러나『스코틀랜드의 왕권』에 대한 법금法禁 상태가 느슨해지는 분위기는 조성되지 않았다. 스코틀랜드는 아일랜드와 더불어 찰스 2세를 왕으로 추대하고 청교도혁명군에 대해 1651년 10월까지 항전을 계속했다. 따라서 스코틀랜드에서는 영국과 무관하게『스코틀랜드의 왕권』이 더욱 엄히 금지되었다. 그리고 크롬웰의 귀족공화국도 수평파의 인민주권적 주장만 탄압하는 것으로 그친 것이 아니라,『스코틀랜드의 왕권』의 법금도 굳게 견지했다. 1660년 왕정이 복고되자 1664년 스코틀랜드 의회는 오히려 85년 전에 출판된『스코틀랜드의 왕권』의 법금을 재확인했다. 그리고 옥스퍼드대학교는 왕정복고의 절정기인 1683년에 이 책을 분서처분焚書했다.

잉글랜드와 스코틀랜드 사회 전체가, 심지어 청교도 세력들조차도 부캐넌의 이 저작에 대해 17세기의 최후 시점까지도 히스테릭한 반응을 보인 것을 상기하면, 이 책이 얼마나 이교적·이단적인 저서인지를 알 수 있다. 수평파들은 판매·소지·독서금지 조치로 인해 부캐넌의 금서禁書를 얻지도 읽지도 못한 것으로 보이지만 부캐넌의 인민주권론과 유사한 노선을 보였다. 이로 인해 그들은 청교도혁명 안에서 탄압받는 극소수파가 되었다. 이런 처지에서 수평파가 부캐넌의 표현과 같은 표현을 쓰는 것도 위험천만한 짓이었을 것이다.

'주홍글씨'가 된 '부캐넌'이라는 이름과 그 저서는 명예혁명 시기에도 금기시되었다. 그것은 존 로크가 왕권신수설을 논파하고 명예혁명을 옹호하기 위해 쓴『통치이론二論』(1690)에서 '자연적 자유·평등' 개념을 수용했으면서도 파슨스·벨라르민·수아레즈 등의 가톨릭 예수회 신학자들의 인민주권론과 반정론만이 아니라 칼뱅주의자 부캐넌의 인민주권론·왕권민수론까지도 전혀 언급하지 않는 것에서 짐작할 수 있다. 부캐넌의 경우에 로크는 그 이름조차도 아예 언급하지 않는다. 자기가 이 '주홍글씨'의 동조자로 비쳐지는 것을 극구 꺼렸기 때문이었던 것으로 보인다. 수평파의 논변을 은연히 옹호한 로크는 위험인물 부캐넌을 제쳐놓는 대신에 당시 영국과 유럽에 파다하게 알려진 중국의 정치문

화를 수평과 논객들처럼 암암리에 직접 활용하거나 부캐넌과 벨라르민의 정치
철학을 수용한 리처드 후커(Richard Hooker, 1554?-1600)를 집중 인용함으로써 본성
적(자연적) 자유·평등 개념을 정착시켰다. 부캐넌이 이처럼 무시되고 세상에
잘 알려지지 않은 것은 그가 저서를 라틴어로 썼기 때문이라는 '소문'과 달리
잉글랜드와 스코틀랜드에서 그의 저서에 대한 이런 장기적 이단낙인과 정치적
박해가 지속되었기 때문이다.

3.3. 로버트 벨라르민의 절충적 왕권민수론

■개관

이탈리아 예수회 신부이고 가톨릭 추기경인 성 로버트 벨라르민(Robert Bellarmine;
원명: Roberto Francesco Romolo Bellarmino, 1542-1621)은 1542년 이탈리아에서 풍광으로
유명한 투스카니(토스카나)공화국에서 태어났다. 르네상스의 탄생도시 플로렌스
에 수도를 둔 투스카니는 1434년 이래 공화제와 메디치(Medici)가의 군주제가
혼합된 정체를 유지해왔다. 메디치가는 칭호도 없이, 보통 아무런 공식적 관직
도 없이 지배했다. 그러다가 1494년부터 1512년까지 공화제로 돌아갔다. 그러
나 메디치가의 지오바니 추기경은 1512년 스페인 군대를 빌려 투스카니를
다시 장악했고, 교황 레오 10세가 되어 1527년까지 투스카니를 대리인들에
의해 다스렸다. 이후 투스카니는 시민들이 공화제를 선포하면서 공화국으로
돌아갔으나, 1530년 다시 신성로마제국과 스페인 군대에 의해 점령되었다.
로마교황과 신성로마황제는 메디치가의 알렉산드로를 공작으로 임명했다. 이
후 투스카니는 대대로 공국으로 남았다. 다만 루카 지역만 1847년까지 공화국
으로 남았다가 주민의사에 의해 투스카니공국에 통합되었다. 1737년 메디치가
의 대가 단절되면서 투스카니공국은 로레인 공작 프란치스(오스트리아 마리아
테레사 여제의 남편)에게로 넘어갔다. 로레인가는 1860년까지 투스카니를 다스렸
다. 투스카니의 이러한 정치변동은 벨라르민이 이탈리아적 헌정사상을 중국의
정치문화와 접붙이는 배경이 되었다.

16세기는 종교개혁과 동시에 개신교가 탄생하고 급속하게 확산된 시기이지만 동시에 가톨릭 교리를 갱신해 옹호하는 수많은 신학자들이 나타난 시기이기도 했다. 이 옹호자들 중 가장 유명한 사람이 벨라르민이었다. 18세에 예수회에 가입한 그는 신학 쟁론에서 특히 두각을 나타냈다. 그는 1576년 로마칼리지에서 쟁론 교수직을 얻었고 이 시기에 제諸 이단교리를 논박하는 『기독교신앙의 쟁론에 대한 논박(Disputiones de controversiis christianae fidei)』을 써서 1581-1593년에 걸쳐 공간했다.

이 『기독교신앙의 쟁론에 대한 논박』은 주로 신학적 문제들을 다루고 있지만, 「속인적인 것 또는 세속적인 것에 관하여(De Laicis sive Sæcularibus)」라는 아주 짧은 장절을 포함하고 있다. 이 「속인적인 것」은 비록 아주 짧을지라도 이론적으로만이 아니라 역사적으로도 매우 중요한 글이 되었다. 「속인적인 것」은 국가의 자연적 토대와 법적 기원, 정치적 권세의 원천, 치자와 신민의 권리와 의무, 속권과 교권의 관계 등을 다루고 있다. 이 글에서 벨라르민은 그 자신의 이론을 소개하지 않고 아우구스티누스와 아퀴나스의 권위에 의거한 전통적 가톨릭 교설의 해설을 제공하는 것처럼 보인다. 상술했듯이 벨라르민은 "교황의 권위는 우리 주님의 신적 제도라는 근거에 의해 신으로부터 직접 생겨난다"고 주장한 반면, "세속적 치자의 권위는 인간본성을 창조한 신의 시원적 제도라는 근거에 의해 백성의 동의라는 매개를 통해 신으로부터 생겨난다"고 절충적 해석을 가했다. 이 절충적 권세민수론權勢民授論은 주마등 스치듯 아주 가볍게 얘기된다. 그러나 훗날에는 이 이교적 구절만이 크게 부각되기에 이른다. 아무튼 벨라르민의 절충적 왕권민수론에서 왕권은 신으로부터 유래하는 것이고 백성의 동의는 이 유래관계에서 '매개물'이다.[423] 이것은 '백성의 동의'에 의해 매개되는 '간접적' 왕권신수설이다.

「속인적인 것」(1581-1593)의 일차적 목적은 영국의 성공회처럼 로마교황에게 도전하기 위해 군왕의 세속적 통치권에 교권敎權을 통합함과 동시에 군왕이 없는 공동체에서는 신정정치를 펴려는 위클리프, 후스, 칼뱅 등의 이율배반적·

---

423) Millar, "Introduction", 6쪽.

반反사회적 명제들에 대항해 시민정치의 정통성을 확립하는 것이었다. 논지의 핵심은 인간평등사상을 국가권력의 필요성 및 정통성과 화해시키는 데 있었다. 벨라르민은 중세의 전통에 따라 "만인이 평등하게 창조되었기 때문에 한 인간이 여러 인간들을 명령하는 권리는 인류 바깥으로부터 생겨나지 않으면 생겨날 수 없다"는 아우구스티누스의 왕권신수설 독트린을 견지하면서도 이 명령권력은 오로지 정부의 형태를 결정하고 누가 권력을 잡아야 하는지를 결정하는 인민의사의 매개를 통해서만 구체적으로 도출될 수 있을 뿐이라고 주장했다. 따라서 그에 의하면, 백성의 동의는 모든 세속적 통치형태의 선택에서 필수조건이다. 그는 세속정치로부터 모든 윤리적 기반을 박탈함으로써 통치형태를 '군주정'으로 특화하지도 않았고 또 백성 개념을 '자유민'으로 한정하는 명시적 제한을 두지도 않았으며 그냥 애매모호한 추상 개념으로 방치했다. 바로 벨라르민의 이 추상적 민본주의 관념이 중세 정치사상과 단절적으로 다른 점이고, 여기에 바로 핀토(1550)·바로쉬(1552-1563)·바레토(1558)·페레이라(1564)·크루즈(1569-1570)·에스칼란테(1577)·멘도자(1585)·발리냐노·산데(1590) 등의 각종 중국기中國記와 중국보고서들을 통해 이탈리아·포르투갈·스페인·프랑스의 예수회 안에 스며든 유교정치사상의 영향이 느껴지는 대목이다.

■'정치적 동물' 테제의 공리적 해석과 세속권력의 긍정

"모든 인간은 본성상 평등하게 태어났으나, 공덕(우수성)의 다양한 등급이 있다. 비밀스러운 계율에 의해 신은 어떤 사람을 다른 사람보다 더 낮게 평가하는데, 바로 죄악에 의해 생겨나는 이 차이는 신적 지혜에 의해 올바로 명령된 것이고, 그래서 모든 인간은 인생을 평등하게 여행하지 않기 때문에 이 사람은 저 사람에 의해 다스려져야 하는 것이다."424) 중세의 신분차등과 군왕들의 통치권을 "신적 지혜"로 정당화하는 이 교설은 교황 그레고리 1세(Gregory 1,

---

424) St. Gregory, *Moralia on Job* (or *Magna Moralia*), Bk. XXI, Ch. 2 및 Part II, Ch. 6. Robert Bellarmine, *De Laicis or The Treatise on Civil Government* [1581-1593], translated by Kathleen E. Murphy (New York: Fordham University Press, 1928), 11-12쪽에서 재인용.

540-604)의 『욥기에 대한 논평(Moralia on Job, or Magna Moralia)』에 나오는 것이다. 벨라르민은 「속인적인 것」의 서두에서 중세를 지배한 그레고리 1세의 이 반反성경적 정치교설을 기반으로 해서 기독교인들 사이에서의 왕권 또는 속권을 부인하는 이단설들을 여러 각도에서 논파할 것을 선언한다.425)

벨라르민은 『성경』의 글귀와 성인들의 행적을 통해 기독교적 속권부정론을 '이단'으로 논파한 데 이어 아리스토텔레스의 '정치적 동물' 테제와 동일한 논법으로 정치권력의 궁극목적에서 속권의 필요성과 정당성을 도출한다.

> 정치적 지배는 아주 본성적이고 필연적이라서 그것은 본성 자체를 파괴하지 않고는 철회될 수 없다. 왜냐하면 인간의 본성이 '사회적 동물'이기 때문이다. 실로 짐승들은 각자가 자기에게 충분할 정도로 본성에 의해 품부받았으나, 인간은 아주 많은 물건들을 필요로 해서 결코 홀로 살 수 없을 정도다. (…) 그러므로 우리는 사회 속에 사는 것이 필수적이고 이 사람은 저 사람을 돕는 것이 필수적이다. 게다가 각자는 비록 생활필수품을 스스로 구할 수 있을지라도 도움받지 않으면 야생동물과 강도의 공격으로부터 자신을 결코 보호할 수 없는바, 이 목적을 위해서는 인간들이 모여 결합된 힘으로 이 공격들을 물리치는 것이 필요하다. 그리고 한 인간이 적을 이길 수 있다고 하더라도 그는 언제나 무식하고 지혜와 정의, 그리고 많은 다른 덕목들이 박탈된 상태로 남아 있을 것이다. 하지만 우리는 이 목적을 위해, 명시적으로 우리의 정신과 의지를 갈고닦기 위해 태어났다. 왜냐하면 예술과 과학은 긴 시간이 흐른 뒤에, 많은 사람들에 의해 발전되었고, 스승 없이는 배울 수 없기 때문이다. 더구나 사회 안에서가 아니면 정의를 발휘하는 것은 불가능하다. 그것은 많은 사람들 사이에서의 공평을 결정하는 덕목이기 때문이다.426)

벨라르민은 부캐넌과 반대로 아리스토텔레스의 '사회적·정치적 동물' 테제를 단독적 인간의 육체적·물질적 결함과 불완전성 및 공리적 상호원조의 필요로

---

425) Bellarmine, *De Laicis or The Treatise on Civil Government*, 12쪽.

426) Bellarmine, *De Laicis or The Treatise on Civil Government*, 20-21쪽.

부터 인간들의 사회생활의 필연성을 도출하는 논변으로 협애화하고 있다. 게다가 그는 홀로 사는 경우에 불필요한 '정의'를 들먹이며 정의를 위해 사회가 있다고 논단하고 있다. 이것은 '사회를 위해 정의가 필요하다'는 공리에서 목적과 수단을 전도시킨 논법오류다.

벨라르민의 이 논리에서 가장 큰 문제는 그가 정의의 덕목을 말하지만 사랑의 덕목은 끝내 입에 담지 않고 있다는 것이다. 그는 공리적 유용성과 이익을 초월한 인간적 본성에서 '사회적 동물'로서만 살아야 하는 인간에게 태생적으로 본유本有하는 '본성적 사랑'으로서의 동정심과 인애仁愛를 망각하고 있다. 그는 사랑을 예수의 '명령'과 인간의 '의무'로만 여기는 기독교 교리에 갇혀 있는 까닭에 사랑을 인간의 본성으로 보는 공맹철학의 보편적 인仁의 경지에 이르지 못한 것이다.

또한 벨라르민은 사회생활을 위해 필요한 본성적 언어능력으로부터 사회생활의 필연성을 도출하는 논점오류를 반복한다. "마지막으로 인간이 단독으로 살아야 한다면 언어와 청취의 재능, 즉 말을 명확하게 지각하는 재능은 무슨 목적을 위해 인간에게 부여된 것이란 말인가? 그래서 아리스토텔레스는 벌이나 두루미보다 인간이 본성상 더 많이 사회적 동물이라고 선언하는바, 고독 속에서 사는 사람은 누구든 동물이거나 신이다. 즉, 인간 이하거나 인간 이상이다. 또한 이 진술은 우리의 은자에게 불리하게 작용하는 것이 아니다." 은자는 본성에 의해서가 아니라 신의 은총에 의해 홀로 살기 때문이라는 것이다.[427] 벨라르민은 사회적 생활이 언어보다 먼저이고 언어도 사회생활로부터 나온 것인데도 마치 언어가 있으므로 사회생활을 비로소 시작해야 하는 것처럼 들리는 논점전도의 주장을 펴고 있다.

아무튼 벨라르민은 이런 허술한 전제적 논의로부터 통치자의 필요성을 도출한다.

이제 진실로 인간이 사회생활을 요한다면, 확실히 그것은 지배와 지배자를 필요로

---

427) Bellarmine, *De Laicis or The Treatise on Civil Government*, 21쪽.

한다. 왜냐하면 사회생활을 다스리고 공동복지를 책임질 한 인간이 존재하지 않는다면, 다중多衆이 오랫동안 함께 모여 있는 것은 불가하기 때문이다. 우리 중 각자 안에 우리가 만들어진 부분들과 능력들, 그리고 갈등하는 요소들을 다스리고 통합할 영혼이 존재하지 않는다면 우리 모두는 즉각 붕괴될 것이다. 그러므로 "통치자가 없는 곳에서는 백성이 몰락할 것이다"라고 (잠언에) 쓰여 있는 것이다. 마지막으로 다수인들 사이에는 질서가 있다. 무질서하고 흩어진 다중은 사회라고 부르지 않기 때문이다. 더구나 우월자들과 열등자들의 일정한 계통 외에 다른 무슨 질서가 있단 말인가? 그러므로 치자들은 사회가 영속해야 한다면 필연적으로 명받았던 것이다.[428]

벨라르민은 치자와 피치자의 관계를 우열愚劣관계로 놓고 "통치자가 없는 곳에서는 백성이 몰락할 것이다"라는 솔로몬의 잠언을 들이대고 있다. 벨라르민에게는 아직 공자가 말하는 '백성자치' 개념이 없는 것이다. 그리고 솔로몬의 이 잠언이라는 것도 오역의 산물로 보인다. 현대 영역성경은 「잠언」의 해당 구절(11:14)을 정반대의 뜻으로 옮겨놓고 있다. "*Where no wise guidance is, the people falleth: But in the multitude of counsellors there is safety*(어떤 지혜로운 지침도 없는 곳에서는 백성이 몰락하지만, 다중의 협의자 속에는 안전이 있다)." 이것은 「잠언」의 다른 구절(15:22) "*Where there is no counsel, purposes are disappointed: But in the multitude of counsellors they are established*(어떤 협의도 없는 곳에서는 의도가 수포로 돌아가지만, 다중의 협의자들 속에서는 의도가 성립된다)"와 통한다. 이 구절은 어떻게 뜯어보아도 '1인 통치자'의 필요성을 말하는 것이 아니라 '다중의 협의'에 의한 '백성자치'의 필요성을 말하고 있다. 물론 이것은 『성경』으로부터 백성자치론을 도출할 수 있다는 말도 아니다. 『성경』에는 백성자치를 부정하는 말들이 훨씬 더 많이 존재하기 때문이다.

아무튼 사회적 인간본성 테제로부터 벨라르민은 자연상태를 고독한 개인들의 전쟁상태로 보는 키케로를 비판하는 것으로 그치지 않고 아예 자연상태론 자체를 부정한다. "바로 이 사실로부터 키케로가 하는 진술, 즉 인간들이 동물들

---

428) Bellarmine, *De Laicis or The Treatise on Civil Government*, 21쪽.

의 방식으로 방랑한 시기가 예전에 있었고 그다음에 어떤 지혜로운 연설가의 웅변으로 모여 함께 살도록 유도되었다는 진술은 거짓이라는 것이 도출된다. 웅변의 칭찬을 기도하는 사람은 누구든 이런 진술을 오늘날도 통상적으로 하고 있다. 그러나 이런 사태는 존재한 적도 없고, 또한 어떤 시기에도 존재하지 않았다. 왜냐하면 아담은 아주 지혜로운 인간이었고, 의심할 바 없이 인간들에게 짐승들처럼 방랑하는 것을 허용하지 않았으며, 그의 아들 카인은 물질적 도시를 건설했다. 카인과 아담 이전에는 인간이 존재하지 않았다."[429] 이것은 창조설의 입장에서 일체의 인간진화론과 사회발전론을 부정하는 논변 같아서 오늘날 듣기에는 개운치 않다.

벨라르민은 '작용인(efficient cause)'의 관점에서도 정치와 치자의 필연성을 도출한다.

정치권력이 신의 권력이라는 것은 확실하며, 이는 신으로부터는 선하고 합법적이지 않은 어떤 것도 생겨나지 않기 때문이다. 성 아우구스티누스가 이것을 증명한다. 왜냐하면 신의 지혜는 "나에 의해 군왕들은 군림한다"고 천명하기(「잠언」 8:15) 때문이다. 그리고 그 아래에서 "나에 의해 군주들은 지배한다"(「잠언」 8:16). 그리고 "하늘의 신은 그대에게 왕국과 권세 등을 주셨다"(「다니엘」 2:37). 또한 "그대의 주거는 가축과 더불어 있고 짐승들과 더불어 있어야 할 것이며, 그대는 소처럼 풀을 먹고 하늘의 이슬에 젖어야 할 것이다. 그리고 이와 같이 일곱 때가 지나고서야 그대는 가장 높은 분이 인간들의 왕국을 다스리고 누구에게든 그가 원하는 자에게 이 왕국을 준다는 것을 알 것이다"(「다니엘」 4:25).[430]

이것은 전형적 왕권신수설이다. 여기서 걸리는 대목은 "신으로부터는 선하고 합법적이지 않은 어떤 것도 생겨나지 않는다"는 구절이다. 여호와가 "질투 어린 신(a jealous God – 십계명)"이고(「출애굽기」 20:5), 그토록 여러 차례 인종청소의

---

429) Bellarmine, *De Laicis or The Treatise on Civil Government*, 22-23쪽.

430) Bellarmine, *De Laicis or The Treatise on Civil Government*, 24쪽.

반인도적 범죄를 저지른 신이기 때문에 저 구절은 전혀 믿기지 않는다. 또한 벨라르민 자신도 뒤에 보면 알겠지만 이런 신적 산출물의 선성善性과 합법성 테제를 부정하며 폭군을 용인하고 정당화한다.

■본성적 왕권신수설과 정치권력의 공동체소재론

벨라르민은 인간본성의 신적 창조를 들어 왕권신수설과 인간본성론을 타협시키려고 시도한다.

이 자리에서 기타 사항들이 주목되어야 한다. 첫째, 세부적으로 군주정, 귀족정이나 민주정에 내려지는 것이 아니라 일반적으로 고려되는 정치권력은 오로지 신으로부터만 직접 생겨난다. 왜냐하면 인간의 본성이 이 본성을 만든 신으로부터 생겨나므로 이 사실은 필연적으로 인간의 본성으로부터 도출되기 때문이다. 게다가 이 권력은 자연법으로부터 유래한다. 왜냐하면 이 권력은 인간들의 동의에 좌우되지 않기 때문이다. 인간들은 자연의 일차적 본능에 반하는 인류의 파멸을 원치 않으면 기껍든 기껍지 않든 어떤 1인에 의해 다스려져야 하는 것이다. 그러나 자연법은 신법이다. 그러므로 통치는 신법에 의해 설치되었다. 그리고 이것은 바울이 "권세에 저항하는 자는 신의 명에 저항하는 자다"라고 말할 때 바로 그가 뜻하는 것으로 보인다.431)

벨라르민은 정치권력 자체의 존재필연성을 인간들의 동의에 귀속시키는 것이 아니라 신에게 귀속시키고 있다. 하지만 곧 그는 신이 주는 정치권력이 개인(들)에게 주어지는 것이 아니라 '전체 국가'에, '집단'에 주어지는 것이라고 함으로써 앞서 부정한 '인간들의 동의'를 다시 살려내려고 한다. 그러나 이 트릭 논법은 "가장 높은 분이 인간들의 왕국을 다스리고 누구에게든 그가 원하는 자에게 이 왕국을 준다"는 구절(「다니엘」 4:25), 즉 신이 치자를 선정한다는 테제와 정면으로 충돌하는 '신학적' 궤변이다.

---

431) Bellarmine, *De Laicis or The Treatise on Civil Government*, 24-25쪽.

둘째, 이 권력이 신법에 의한 것이기 때문에 이것이 신민에게 있는 것처럼 전체 국가에 직접 소재하지만 신법은 이 권력을 어떤 특별한 인간에게도 주지 않고 그러므로 신법은 이 권력을 집단적 단위체에 준다는 사실이다. 나아가, 실정법이 없는 상황에서 다중의 동등한 자들 속에서 저 사람이 아니라 하필 이 사람이 지배해야 하는 좋은 이유가 존재하지 않는 것이다. 그러므로 권력은 집단적 단위체에 속한다. 마지막으로 인간사회는 완벽한 국가여야 하고, 그러므로 권력으로 하여금 스스로를 보존하고 그러므로 평화의 교란자들을 벌하게 하는 등 일정한 조치를 하게 해야 한다.432)

벨라르민은 허용할 수 없는 논리적 비약과 반反성서적 논변으로 정치권력을 '집단'에 귀속시키고 있다. 특히 "실정법이 없는 상황에서 다중의 동등한 자들 속에서 저 사람이 아니라 하필 이 사람이 지배해야 하는 좋은 이유가 존재하지 않는 것이다"라는 구절에 전제로 제시되는 인간평등론은 성서의 창조설과 "부모를 공경하라"는 십계명에 반하는 말이다. 따라서 『성경』에 따르면 이브는 아담에게 복종해야 하고 아담의 자식들은 아담과 이브에게 '신민'으로서 복종해야 한다. 따라서 성서를 엄격히 따른다면 인간은 애당초 불평등하게 태어나는 것이다. 아담조차도 신과의 관계에서 평등할 수 없다. 이와 대조적으로 공자는 부모를 '공경'하라고 말하기에 앞서 '사랑', 즉 '효'를 먼저 말한다. 그리고 공자는 대개 '공경'을 임금에 대한 신민의 의무로, '효'는 자식의 의무로 구분해 말한다. "남의 임금이 되어서는 인애에 살고 남의 신민이 되어서는 공경에 살고, 남의 자식이 되어서는 효에 살고 남의 아비가 되어서는 자애에 산다(爲人君 止於仁 爲人臣 止於敬 爲人子 止於孝 爲人父 止於慈)."433) 인애와 공경의 관계는 군신관계이고 효와 자애의 관계는 부자관계다. 하지만 『성경』은 자식들에게 부모를 '공경'하라고만 명령함으로써 부모와 자식의 관계를 군신관계로 규정하고 있다.

따라서 정치권력을 '집단'에 귀속시키는 논변을 펴기 위해 슬그머니 전제하는 벨라르민의 이 인간평등론은 성서에 반하는 이질적 요소다. 아마 벨라르민

---

432) Bellarmine, *De Laicis or The Treatise on Civil Government*, 24-25쪽.
433) 『大學』(傳3章).

은 그레고리 1세의 "모든 인간은 본성상 평등하게 태어났으나, 공덕(우수성)에는
다양한 등급이 있다. 비밀스러운 계율에 의해 신은 어떤 사람을 다른 사람보다
더 낮게 평가하는데, 바로 죄악에 의해 생겨나는 이 차이는 신적 지혜에 의해
올바로 명령된 것이다'라는 구절에서 가장 성서에 반하는 구절인 "모든 인간은
본성상 평등하게 태어났다"는 구절을 따왔을 것이다. 그러나 그레고리 1세의
이 말은 뒤에 이어지는 신적 불평등질서를 말하기 위한 화두에 불과한 것이었
다. 성서에 반하는 벨라르민의 이 이단적 인간평등론과 집단적 권력소재론에서
부터 중국의 민본주의와 평등주의 냄새가 물씬 풍기고 있다. 그러나 뒤에 그는
여기서 찰나적으로 인정된 이 인간평등론을 완전히 부정한다.

■인민의 통치형태 결정: 권력신수설과 권력민수론의 절충

셋째로 벨라르민이 주목하기를 요구하는 것은 "국가가 스스로 이 권력을
행사할 수 없기 때문에 동일한 자연법에 따라 이 권력은 대중에 의해 한 사람
또는 몇몇 사람에게 위임된다"는 것, "그러므로 이 권력을 어떤 개인에게 또는
몇몇 개인들에게 위임하는 것으로 여겨지고, 그리하여 일반적으로 고려되는
치자들의 이 권세는 자연법과 신법, 이 양자에 입각한다"는 사실이다. 따라서
"한자리에 다 모인 전 인류도 그 반대의 것, 즉 치자들도, 지도자들도 존재해서
는 아니 된다는 것을 명령할 수 없다'.434) 대중이 단독 치자 또는 복수의 치자들
에게 정치권력을 위임한다는 벨라르민의 이 권력위임론은 나중에 존 로크가
즐겨 인용하는 리처드 후커(Richard Hooker, 1554?-1600)에 의해 거의 그대로 대변된
다. "첫째, 심지어 어떤 인간에 대한 복종의 끈에 아직 매이지 않은 한 인간이
그 자신에 대해 유사한 권력을 가진 것처럼 모든 독립적 대중이 어떤 통치형태
가 수립되기 전에 신(神) 아래서, 즉 최고권세 아래서 그 자신에 대한 완전한
지배권을 가졌다는 것은 내 보기에 논쟁에서 의심할 바 없어 보인다. 인류를
창조한 신은 그들이 어떤 종류의 사회 안에 살기를 선택하든 인류에게 그
자신을 지도할 권력을 본성적으로 부여했다. 자기 자신의 주인으로 태어난

434) Bellarmine, *De Laicis or The Treatise on Civil Government*, 26-27쪽.

한 인간이라도 타인의 종복이 되어도 된다. 그리고 본성적으로 전 사회가 가진 저 권력은 나머지 인간들이 그 아래에서 복종 속에 살아야 하는 다중에게, 또는 소수에게, 또는 1인에게 부여되어도 된다."[435] 로크는 가톨릭 신부 벨라르민을 직접 인용하는 것을 피해 후커를 집중적으로 인용하는 수법으로 벨라르민을 간접 인용한다.

벨라르민이 주목을 요하는 넷째 사항은 자못 획기적으로 파격적이다.

넷째로, 백성에 대한 권세 속에 확립되어야 하는 것이 왕인지, 통령인지, 기타 치자인지를 결정하는 것이 분명한 바와 같이 백성의 동의에 달려 있기 때문에 특별한 사례들로 나타나는 개별적 통치형태들은 국민의 법으로부터 생겨나지, 자연법으로부터 생겨나는 것이 아니라는 점에 주목하라. 그리고 정당한 이유가 있다면 백성은 우리가 읽는바 로마에서 그랬던 것처럼 왕정을 귀족정으로, 또는 귀족정을 민주정으로 바꾸고, 또 역으로도 바꿀 수 있다.[436]

벨라르민은 정치·국가·치자의 존재를 신의 권한으로 넘겼으되 통치형태와 치자유형의 선택권은 백성에게 넘기는 식으로 권력론을 양분함으로써 권력신수설勸力神授說과 권력민수론權力民授論을 교묘하게 절충하고 있다. 그는 왕권신수설에 의해 권력불필요론을 펴는 이단들의 교설을 물리치는 한편, 정치권력론에 있어서는 왕권만을 신이 준 것으로 보고 군주정만을 고수하려는 보수적 왕권신수설을 분쇄하고 있는 셈이다. 극동세계에서는 민심즉천심론에 따라 왕권신수론은 곧 왕권민수론이고 왕위계승은 요·순·우임금 식의 민선제(선양제)와 우임금 이후의 세습제로 분류될 뿐이지만, 기독교세계에서는 은총을 받은 기독교도 사이에서의 정치권력과 세속국가의 필요성을 부정하는 이단교설의 도전으로 인해 저렇게 복잡한 논변을 요하는 것으로 보인다.

그런데 벨라르민이 통치형태와 구체적 치자에 관한 백성결정론을 로마의

---

435) Bellarmine, *De Laicis or The Treatise on Civil Government*, 26쪽, 애로우드의 각주에서 재인용.

436) Bellarmine, *De Laicis or The Treatise on Civil Government*, 27쪽.

역사적 사례로 돌려 정당화하고 있지만, 로마에서는 단 한 번도 그런 일이 일어난 적이 없다. 로마백성은 기원을 알 수 없는 왕정을 폐했지만 고래의 귀족원로원을 손댈 수 없었고, 다만 민회에서 통령이나 호민관을 선출해서 원로원을 얼마간 견제할 수 있었을 뿐이다. 따라서 로마공화정은 귀족정과 민주정이 뒤엉켜 싸우게 되고 이 싸움의 혼란스러운 갈등 속에서 몰락하게 된다. 백성의 동의와 무관하게 로마공화정이 이렇게 몰락하고 다시 백성들의 동의와 무관하게 황제정이 들어서면서 민회는 폐지되고 원로원은 무력화되었다. 이 로마역사에서 어떤 시기도 로마시민의 의지가 완전히 관철된 적도 없었고, 로마시민보다 몇 십 배 많은 노예들의 의지가 반영된 적도 없었다. 이 대목에서 우리는 이것을 호도糊塗하는 벨라르민의 이 역사변조에 놀라면서 오히려 그의 절충적·찰나적 왕권민수론의 중국적 유래를 감지하는 것이다.

벨라르민은 다시 다섯째 주목 사항으로 신수설과 민수론을 이렇게 절충한다.

다섯째로, 상술된 것으로부터 특수한 사례들의 이 권력이 진실로 신에게서 유래하지만 국민의 법과 관련된 다른 모든 것이 그렇듯이 인간적 지혜와 선택의 매개(medium)를 통해 신에게서 유래한다는 것이 도출된다는 것에 주목하라. 국민의 법은 인간적 이성에 의해 자연법으로부터 끌어낸 일종의 결론이기 때문이다. 이것으로부터 정치권력과 교회권력 간의 두 가지 차이점이 추론된다. 하나는 주체의 관점에서의 차이다. 정치권력은 백성에게 있는 반면, 교회권력은 직접 (그것이 맡겨지는) 주체에게 있었던 것처럼 개인에게 있기 때문이다. 다른 것은 작용인의 관점에서의 차이다. 정치권력은 일반적으로 고찰하면 신법에 의거하나 세부적으로 고찰하면 국민의 법에 의거하기 때문이다. 또한 교회권력은 어떤 관점에서 고찰해도 신법에 의거하고 직접 신으로부터 생겨나기 때문이다.437)

모든 정치권력이 신 여호와에게서 유래한다는 왕권신수설은 『성경』과 배치된다. 『성경』에 의하면, 벤야민 시대까지 "이스라엘에 왕이 없었고"(「사사기」 21:25),

---

437) Bellarmine, *De Laicis or The Treatise on Civil Government*, 27-28쪽.

최초의 이스라엘 왕은 백성이 뽑은 사울 왕이었다. 그러나 사울이 세상에서 사상 초유의 군왕인 것도 아니다. 사울 왕은 이스라엘 장로들이 이방인들의 왕들을 모방해 신의 대리인 사무엘에게 요구했고 신이 기분 나쁘지만 마지못해 이 요구를 받아들여 탄생한 것이다(「사무엘상」 8:11-17). 이스라엘 장로들의 이 요구가 왕의 설치를 원치 않고 계속 이스라엘 민족을 직접 통치하려 한 여호와의 의지에 앞선다. 그리고 사울 이전의 이방인들의 무수한 왕들은 여호와의 뜻과 무관하게 저절로 생겨난 왕들이었다. 따라서 세상의 모든 군왕의 정치권력이 여호와에게서 유래했다는 벨라르민의 왕권신수설은 『성경』과도 배치된다. 『성경』의 난잡하고 상호모순적인 구절들은 그 모순성과 난잡성 때문에 이처럼 어떤 정치교설(왕권신수설, 왕권민수설, 폭군방벌론, 폭군용인론 등)이든 다 분쇄해버릴 수 있다.

여기서 "자연법"과, 여기로부터 "인간적 지혜"에 의해 끌어낸 "국민의 법" 간의 구분은 아퀴나스의 논법을 따른 것이다. 아퀴나스는 말한다. "국민의 법은 인간이 이성적 존재인 한에서 진실로 인간에게 본성적이다. 이 국민의 법은 그 전제와 아주 멀지 않은 결론의 방식에 의해 자연법으로부터 도출되기 때문이다. 그러므로 인간들은 이것에 쉽사리 동의했다. 그럼에도 불구하고 국민의 법은 자연법과 다르다. 특히 모든 동물에게 공통된 그 자연법과 다르다."[438] 훗날 수아레즈는 자연법과 국민의 법을 더욱 명확하게 구분한다.[439]

한편, "특수한 사례들의 이 권력이 진실로 신에게서 유래하지만 (…) 인간적 지혜와 선택의 매개를 통해 신에게서 유래한다"는 벨라르민의 말은 실로 '절충적인' 표현이다. 그러나 앞서 지적했듯이 정치권력을 인간에게 부여하는 신의 뜻을 인간이 매개한다는 그의 이 절충적 인간매개론은 공맹의 왕권민수론에 비하면 중세적 왕권신수설을 완전히 탈피하지 못하고 있다. 세속권력의 신적 기원에 관한 논변에서 벨라르민은 중세 전통을 잇고 있는 것이다. 이 중세적 전통성 때문에 벨라르민의 '인간매개적 왕권신수설'은 중세의 왕권신수설과

---

438) Bellarmine, *De Laicis or The Treatise on Civil Government*, 27쪽, 애로우드의 각주2에서 재인용.
439) 참조: Bellarmine, *De Laicis or The Treatise on Civil Government*, 27쪽, 애로우드의 각주2.

더불어 유교의 왕권민수론과 정반대되는 구조를 가진 셈이다. 기독교 교리에서 속권에 대한 신의 의지가 시원적이고 민심은 이 신의 의지를 전달하는 매개체에 불과한 반면, 유교에서는 민심이 시원적인 것이고 천심은 천하에 민심을 공식화하는 매개체에 불과한 것이다. "하늘은 백성을 긍휼이 여겨 백성이 원하는 것을 반드시 따른다(天矜于民 民之所欲天必從之)"는 『서경』의 가르침에서 왕권의 유래와 관련된 하늘과 백성의 선후관계는 명확하다. 백성이 주主이고 하늘은 백성의 민심을 따르고 공식화하는 종적從的 매개자인 것이다. 반면, 벨라르민의 정치교설은 신을 주主로 보고 백성을 종從으로 본다. 기독교의 신 여호와가 민심에 순응해 군왕을 세운 것은 원치 않지만 마지못해 장로들의 요구대로 사울을 왕으로 민선民選하게 한 경우뿐이다(「사무엘상」 8-10).

따라서 벨라르민은 바로 뒤이어서 통치형태와 치자에 대한 백성의 선택권이론과 모순되는 신의 섭리론을 피력한다.

> 나는 (…) 통치가 자주 정의로우면서 동시에 부정의하고 신의 통치이면서 동시에 신의 통치가 아니라는 것을 덧붙인다. 왜냐하면 권세를 쥐고 찬탈하는 사람들 쪽에서 보면 통치는 도적 같고 부정의하며, 그리하여 신으로부터 유래하지 않기 때문이다. 하지만 인간들의 나쁜 의도를 이용해 그것을 죄악의 처벌이나 다른 어떤 선한 목적으로 향하게 하는 신적 섭리 쪽에서 보면 통치는 정의롭고 합법적이다. 왜냐하면 신은 그의 섭리의 놀라운 명령에 의해 국가에 대한 지배권력으로부터 떨어져 나오는 사람이 정확하게 떨어져 나오고 국가를 침략하는 사람이 그것을 정확하게 얻지 못하는 방식으로 때로 이 사람으로부터 권력을 박탈하고 저 사람에게 수여하기 때문이다. 신 자신은 그 자신의 시간에 이러한 침략에 대해 가장 정의로운 처벌을 가할 것이다.[440]

그리고 벨라르민은 이 주장을 팔레스타인의 영유권을 이스라엘의 아들들에게 주는 등 『성경』 속에 나타난 신의 왕권박탈·수여 및 폭군활용 사례들을 들어 입증한다.[441] 그러나 신이 구체적으로 이 왕에게서 권력을 박탈하고 저 왕에게

---

440) Bellarmine, *De Laicis or The Treatise on Civil Government*, 28쪽.

수여한다는 이 신적 섭리론은 앞서 피력한 절충적 왕권민수론을 통째로 부정하는 말이다. 그리고 인간의 눈에 "도적 같고 부정의한" 악정과 폭정도 신의 섭리에서 보면 "정의롭고 합법적인 통치"라는 신학적 궤변은 어떤 폭정(참주정)도 정당화할 수 있는 '무서운' 말이다.

■폭정과 폭군의 용인

벨라르민은 이미 「속인적인 것」의 서두에서 "어떤 통치자도 없는 곳에서는 백성이 몰락할 것이다"라는 솔로몬의 오독된 말과, 치자가 있는 곳에서는 그가 비록 악할지라도 국민의 통일성은 보존된다는 아퀴나스의 말을 인용해 "국가가 악한 치자를 갖는 것은 아무런 치자도 갖지 않는 것보다 낫다"고 논변하며 다음과 같은 궤변을 덧붙인다. "이스라엘의 군왕들 중 하나도 선하지 않다는 사실은 신의 기적적 섭리와 관계된다. 왜냐하면 유대부족에 대한 이스라엘인들의 폭동이 (…) 교회로부터의 이교도들의 이반을 상징하므로 신은 이것을 허하고자 했기 때문이다. 가톨릭교도들 중에는 선인도 있고 악인도 있지만 이교도들 사이에는 단 한 사람도 선한 사람이 있을 수 없는 것처럼, 유대의 왕들 중에도 많은 이가 선하기도 또 많은 이가 악하기도 하지만, 이스라엘의 왕들 중에는 단 한 명도 선한 사람이 발견되지 않았다."442) 참주까지도 "신이 허하고자 한 것"이라는 말이다. 여기서 벨라르민은 명확하게 세상의 수많은 참주들을 용인하고 있다.

■가부장권과 정치적 통치권의 혼동: 인간의 원초적 불평등

나아가 벨라르민은 '노예적 복종'과 '정치적 복종'을 구분해 양자를 대립시키고 결백한 인간들의 '본질적 평등'과 타락한 인간들의 현실적 불평등을 대립시키지만, 타락 이전의 원초적 순진무구 상태에서도 인간들이 불평등했다고 주장한다.

---

441) Bellarmine, *De Laicis or The Treatise on Civil Government*, 28-30쪽.
442) Bellarmine, *De Laicis or The Treatise on Civil Government*, 19-20쪽.

다섯 번째 논변은 세속적 권력의 기원으로부터 취해진다. 왜냐하면 노예적 복종이 아담의 죄악 이후에 시작되었을지라도, 인간이 순진무구(무죄) 상태에 있었을 동안에도 정치적 통치는 존재했을 것이다. 첫째, 이것은 그때도 인간은 본성상 정치적·사회적 동물이었을 것이고 따라서 치자를 필요로 했을 것이기 때문에 증명된다. 둘째, 창조 자체로부터 증명된다. 신은 이런 이유에서 남자로부터 여자를 만들었고 많은 인간들을 동시에 창조하지 않고 오직 한 인간만을 창조했으며, 이 한 사람으로부터 다른 모든 인간이 태어나게 되었다. 그리하여 신은 성 크리소스톰(St. Chrysostom)이 말하는 바대로 신이 인간들 사이에 존재하기를 바랐던 질서와 고권高權(supremacy)을 보여주고 싶었다. 셋째, 순진무구 상태에서도 양성兩性 간 불평등, 신장·체력·지혜·덕성의 불평등이 있었고, 그러므로 고권과 복종이 둘 다 있었다. 왜냐하면 인간사회에서는 질서가 있어야 하기 때문이다. 그러나 바른 질서는 열등자가 우등자에 의해 지배될 것을, 여성이 남성에 의해, 연소자가 연장자에 의해, 덜 지혜로운 자가 더 지혜로운 자에 의해, 덜 선한 자가 더 선한 자에 의해 지배될 것을 요구한다. 나아가 이 차별들(diversities)이 심지어 그때도 존재했을 것이라는 사실은 이런 식으로 입증될 수 있다. "생육하고 번성하라"는 구절(「창세기」 1:28)로부터 명백한 것처럼 저 (원죄가 없던 순진무구) 상태에서도 생식이 있었을 것이다. 그러므로 필연적으로 생식에 선행하는 성들의 차이, 생식에 필연적으로 뒤따르는 나이의 차이, 나이의 차이에 뒤따르는 지혜와 덕성의 차이가 존재했다. 왜냐하면 인간들은 이 상태에서 완벽한 것이 아니라, 배우고 점진적으로 진보해야 했을 것이기 때문이다. 진실로 모두는 신의 은총 속에서 태어났고, (…) 지금보다 더 큰 지적 능력을 가지고 있었겠지만, 의심할 바 없이 그들은 모두가 다 성인成仁처럼 완벽하지 않았을 것이다. 그리고 그들 사이에서 바로 성인들도 자유의지에 의해 누군가는 학습에 더 진지하게 전념하고 누군가는 덜 진지하게 전념했을 것이다. 마지막으로 신체들의 다양성으로부터 자연적 품부의 차이가 생겨났을 것이다. (…) 그러므로 그 시기에도 정신능력의 차이가 존재했을 것이다.443)

---

443) Bellarmine, *De Laicis or The Treatise on Civil Government*, 31-33쪽.

여기서 벨라르민은 원죄를 저지르기 전 에덴동산에서도 두 남녀노소의 차별과 육체적·정신적 우열차이가 있었을 것이라는 원초적 불평등 사실을 입증하고 이것으로부터 다시 에덴동산의 "정치적 통치"의 존재를 입증한다. 그러나 벨라르민은 원죄타락 이전에 '생육하고 번성한' 아담과 이브의 가족을 놓고 "정치적 통치"나 "정치적 동물"을 운위하면서 가족과 국가를 구분하지 못하는 정치학적 무분별에 빠져들며 통치·치자·국가 등의 정치학적 개념을 모조리 다 파괴하고 있다.

『성경』에서 말하는 자식들에 대한 부모의 '가부장제적' 지배권("부모를 공경하라")은 "한 남자가 그의 아버지와 어머니를 떠나 쪼개져 그의 아내에게 가고 하나의 살붙이가 되어야 하므로(Therefore shall a man leave his father and his mother, and shall cleave unto his wife: and they shall be one flesh)"(「창세기」2:24) 자식들이 성년이 되면 붕괴하기 시작하며 나아가 부모의 사망과 동시에 완전히 소멸하고 가족은 해체된다. 부모가 죽은 뒤 형제들에 대한 한 형제의 '가부장제적' 지배권이란 어불성설이다. 아버지와 어머니의 가부장제적 지배권은 자식에 대해서만 성립하기 때문이다. 그러나 국가의 통치권은 시민들이 성년이 되더라도, 그리고 어떤 군왕이나 통령이 사망하더라도 소멸하지 않는다. 이 점이 가족과 국가 간에 가로놓인 본질적 차이다. 이런 까닭에 공자는 '제가齊家'를 '치국治國'과 구분한 것이다. 이 구분은 단순히 가정과 국가 간의 크기의 차이에 근거하는 것이 아니라 의무의 본질적 차이에 근거한 것이다. 부모에 대한 자식의 '효'(치사랑)는 임금에 대한 신민의 '공경恭敬'(지배자에 대한 존경과 자기비하)과 다른 것이다. 그러나 벨라르민은 이 차이를 완전히 없애버리고 있다.

나아가 벨라르민은 천사들의 동의에 의한 것인지, 신이 부여한 것인지 그 기원이 불분명한 천사들 간에도 위계질서가 존재한다는 사실을 들고[444] 이어서 자유와 정치적 복종의 양립가능성을 논증한다.

이 증명들로부터 다섯 번째 논변이 이와 같이 진술될 수 있다. 우리가 창조될 때의

---

444) Bellarmine, *De Laicis or The Treatise on Civil Government*, 33쪽.

자유는 정치적 복종과 모순되는 것이 아니라, 전제적 복종과 모순된다. 즉, 참되고 실제적인 노예 상태와 모순된다. 정치적 복종은 노예적 복종과 다르다. 노예로서 복종하는 자는 그의 목적으로서 타인을 위해 존재하고 일하기 때문이다. 정치적으로 복종하는 자는 그 자신의 이익을 위해 존재하고 일한다. 노예는 그 자신의 이익이 되는 것의 관점에서가 아니라 그의 주인의 이익이 되는 것의 관점에서 다스려진다. 시민은 치자의 이익이 되는 관점에서가 아니라 그 자신의 이익이 되는 것의 관점에서 다스려진다. 이것은 다른 한편에서 정치적 치자가 백성을 다스리는 동안 그 자신의 이익이 아니라 백성의 이익을 추구하는 것과 같다. 그러나 아리스토텔레스가 가르치듯이 참주적 지배자는 백성의 이익이 아니라 그 자신의 이익을 추구한다. 그리하여 아우구스티누스가 가르치듯이 진정으로 정치적 통치 안에서 어떤 노예제가 존재한다면 명령하는 자가 복종하는 자보다 더 정확하게 노예라고 불려야 한다. 이것은 "너희 중에 첫째인 자는 너희의 종복이다"라는 우리 주님의 말씀의 글자 그대로의 의미다. 진정으로 주교들은 자기 자신들을 백성의 종복이라 부르고 교황은 자기를 신의 종복들의 종복이라 부른다.[445]

여기서 벨라르민은 처음으로 원죄 이전의 순진무구 상태에서 "우리가 창조될 때의 자유"를 찰나적으로 입에 담고 있지만, 아리스토텔레스의 논변과 『성경』 말씀을 뒤섞어 순식간에 멸실시키고 있다. 그러나 "우리가 창조될 때의 자유"의 관념은 벨라르민 자신이 원죄 이전의 순진무구 상태와 관련해서 실컷 상론한 치자와 피치자 간의 시원적 불평등론과 배치된다.

그리고 정치적 복종이 자유와 양립할 수 있다는 그의 주장은 궤변이다. 모든 권력은, 민주적이든 폭군적이든, 현격한 불평등을 전제하고 또 이런 불평등을 만들어내기 때문이다. 따라서 어떤 권력이든 개인들의 '완전한' 자유와 양립할 수 없다. 권력이 존재하면 개인들의 자유는 이 권력의 크기만큼 (그리고 다른 개인의 자유의 크기만큼) 제한되고 이런 까닭에 치자와 피치자 간에는 현격한 불평등이 발생하는 것이다. 다만 이 자유제한과 불평등이 견딜 만한

---

445) Bellarmine, *De Laicis or The Treatise on Civil Government*, 33-34쪽.

것이고 정당화될 수 있는 것인지, 그리고 이 정당화가 자율적(자치적)인 것인지 타율적인 것인지가 문제일 뿐이다. 그러나 '자치自治' 개념이 없는 벨라르민은 자유제한과 불평등의 정도와 정당화 문제 및 자율적·타율적 정당화 형태의 구분을 정치하게 논해서 이를 평가할 정치윤리를 수립해야 할 곳에서 자유와 정치적 복종의 추상적 양립가능성을 두루뭉수리하게 주장하고 있다.

또한 벨라르민은 여느 부주의한 아리스토텔레스 독자들처럼 아리스토텔레스의 전제정과 참주정 개념을 혼동하고 있다. 아리스토텔레스에 의하면, 신민을 노예로 대하는 참주정은 참주가 법 위에 군림하는 비법적非法的 헌정체제인 반면, 신민을 신민으로 대하는 전제정은 그리스의 군주정이나 다름없는 아시아의 법치적 헌정체제다. 그러나 그는 참주정의 특징을 전제정과 뒤섞고 있다. '전제주의' 또는 '전제정(despotism)'의 어근인 전제주 'despot'는 그리스어 '데스포테스(δεσποτες)'에서 왔다. 이 '데스포테스'는 원래 가정에서 부인과 자식들을 다스리는 '집주인(가장)'을, 정치영역에서는 '주군' 또는 '권력자'를 뜻했다. 『정치학』에서 아리스토텔레스는 '데스포테스'를 이 두 가지 의미로 사용한다.[446] 그리고 그는 '전제적 지배(δεσποτικὴν ἀρχὴν)'를 '보다 순종적인' 아시아인들의 특유한 군주정으로 기술한다.

> 그것(종신적 군사수령 형태의 군왕제) 옆에 또 다른 종류의 군주제(μοναρχια)가 있는데, 그 예는 일부 야만인들 사이에 존재하는 군왕제들(βασιλᾶαι)이다. 이들은 모두 폭군(참주)과 유사한 권력을 보유하지만, 법률에 입각해 다스리고 이는 세습적이다. 왜냐하면 야만인들은 그리스인들보다 더 순종적인 성격을 가졌고 아시아인들이 유럽인

---

446) 다음 문장의 '데스포테스는 '가장'을 뜻한다. "하나의 지배형태로는 가장의 지배(ἀρχὴ δεσποτικὴ)가 있다. 이것은 가정의 필요한 노동과 관련된 지배력의 행사를 뜻한다. 가장은 이 노동을 어떻게 수행하는지가 아니라 실제로 어떻게 사용하는지를 알 필요가 있다. 이 손노동 임무에 실제로 봉사할 능력을 말하는 다른 역량은 정말로 노예의 자질이다." Aristotle, *Politics*, 1277a. *Aristotle*, XXI in twenty-three volumes (Cambridge [Massachusetts]·London: Harvard University Press·William Heinemann LTD., 1981). 그러나 기곤(O. Gigon)의 독역은 '가장의 지배'를 '전제적 지배(despotische Herrschaft)'로 오역하고 있다. Aristoteles, *Politik* (München: Deutscher Taschenbuch Verkag, 1973·1986), 1285a, 109쪽.

들보다 더 순종적인 성격을 가졌기에 어떤 분노도 없이 전제적 지배($\delta\epsilon\sigma\pi o\tau\iota\kappa\eta\nu\,\dot{\alpha}\rho\chi$ $\eta\nu$)를 견딘다. 그러므로 이 군왕제는 폭군적(참주적)이지만 안전하다. 왜냐하면 이 군왕제는 세습적이고 법치적이기 때문이다. 이런 까닭에 이 군왕제의 경호대도 폭군적 유형이 아니라 왕도적 유형이다. 왜냐하면 여기서는 시민들이 왕을 자기들의 무기로 경호하는 반면, 폭군들의 경우에는 외국인 경호대를 둔다. 전제적 군왕은 법에 입각해 자발적 신민들을 다스리는 반면, 폭군(참주)들은 비자발적 신민들을 다스리기 때문이다. 이로 인해 저 군왕들은 자기의 경호대를 시민들 가운데서 취하지만, 참주(폭군)는 시민들에 대해 수비하기 위해 경호대를 둔다. 그러므로 이것들이 군주정($\mu o\nu\alpha\rho$ $\chi\iota\alpha$)의 두 종류다.447)

순종적 야만인들의 '전제적 지배'는 참주정(폭정)과 유사하다는 말은 권력의 '크기'를 두고 하는 말이다. 아리스토텔레스는 심지어 고대 그리스에 자주 출몰한 선출직 폭군 "아이쉼네타스($\alpha\dot{\iota}\sigma\upsilon\mu\nu\dot{\eta}\tau\alpha\varsigma$)"도 '선출'이라는 사실만 빼면 그 권력의 크기 면에서 아시아의 법치적 전제정과 동일한 것이라고 말한다.448) 아시아의 전제적 지배는 그럼에도 법치적 지배체제로서 '군주정'에 속한다. 아리스토텔레스는 위 인용문에서 전제정 치하의 '자발적 신민'을 폭정(참주정) 치하의 '비자발적 신민'과 구별해서 '시민'이라 부르고, 아시아의 전제정과 그리스의 군주정이 "군주정의 두 종류"라고 결론짓고 있다. 요약하면 그는 순종적 시민들에게 조응하는 법치적 전제정을 권력의 크기 면에서 그리스에 출몰한 '폭정'과 유사한 것으로 여겼음에도 전제정이 어디까지나 법치적이고 따라서 백성들의 생활이 안전한 면에서 폭정과 본질적으로 다른 '군주정의 아시아적 이형異形'으로 규정한 것이다. 결론적으로, 아리스토텔레스는 백성의 삶을 안전하게 유지시키는 법치적 '전제정'을 백성의 삶을 시시각각 위협하는 비법적 '참주정'과 본질적으로 다른 것으로 파악한 것이다.

그러나 벨라르민은 참주정과 등치된 그릇된 전제정 개념을 견지하며 「창세

---

447) Aristotle(Aristoteles), *Politics* (*Politik*), 1285a.

448) Aristotle(Aristoteles), *Politics* (*Politik*), 1285a.

기」 인간관계의 성격을 완전히 잘못 해석하고 있다.

> 「창세기」로부터의 첫 번째 인용에 대한 설명으로 나는 거기에서 그것이 전제적 지배
> 의 문제라고 말한다. 왜냐하면 이와 같이 인간은 바다의 물고기들과 공중의 새들을,
> 그리고 동물세계의 다른 생물들을 지배해야 하기 때문이다.449)

벨라르민은 「창세기」(1:28)에서 신이 명한 동물 일반에 대한 아담과 이브의
다스림을 참주적(전제적) 통치로 오독하고 있다. 일단 동물들과의 관계에 인간들
사이에서나 쓸 수 있는 통치·지배 개념을 적용하는 것은 오류다. 그리고 「창세
기」에서 말하는 '동물들에 대한 인간의 다스림'은 지배자가 자기 이익을 위해
동물들을 부리고 잡아먹어도 되는 '참주적 통치'가 아니다. 신은 "온 지면의
씨 맺는 모든 채소와 씨 가진 열매 맺는 모든 나무"를 먹거리로 아담과 이브에게
주었으나 동물들은 인간에게 먹거리로 주지 않고 다만 '다스리라'고만 했고,
신은 오히려 이 동물들에게도 "모든 푸른 풀"을 먹거리로 주었기(「창세기」 1:29-30)
때문이다. 「창세기」에서 말하는 동물에 대한 아담과 이브의 '다스림'은 인간의
욕구를 이기적으로 충족시킬 목적에서 동물들을 잡아먹으며 '참주적으로 통치
하는 것'이 아니라, "이름을 지어주고"(「창세기」 2:19-20) "생육하고 번성하도록"(「창
세기」 1:22) '기르고 보살피고 돌보는' 것이다.
  또한 벨라르민은 「창세기」의 남녀관계도 정치적 지배·피지배 관계로 왜곡
한다.

> 둘째 인용에 대한 설명으로 나는 여자가 원죄 이후처럼 원죄 이전에도 남자의 배우
> 자이고 피치자였다고 말한다. 즉, 생식에서 남자의 배우자이고 통치에서 남자의 피
> 치자였다. 더구나 "너의 남편은 너를 지배할 것이다"라는 인용문은 여느 종류의 복종
> 이 아니라, 많은 혼인한 여자들이 겪는 것과 같은 슬픔과 공포 속의 원치 않는 복종을
> 뜻한다. 아우구스티누스는 이와 같이 가르친다. "우리가 원죄 이전에 여자가 남자에

---

449) Bellarmine, *De Laicis or The Treatise on Civil Government*, 34쪽.

의해 지배당하기 위해서만 창조되었고 여자는 남자를 섬기는 데 헌신해도 될 것이라고 믿어야 하는 것이 아니라, 섬김의 이 상태가 선택의 상태라기보다 신분(condition)의 상태를 의미했다고 생각하는 것이 올바를 것이라고 믿어야 한다.”450)

아우구스티누스와 벨라르민은 성서에 명시된, 여자에 대한 남자의 불완전한 조건부 지배관계를 완전무결한 지배·피지배관계로 공고화한 다음, 다시 '정치적' 지배관계로 격상시키고 여자의 종속적 지위를 '신분'으로 굳혀놓고 있다. 원죄 이전에 남자가 먼저 창조되고 여자는 남자의 갈비뼈로 만들었다는 「창세기」 신화와 원죄신화는 원죄 이전의 순진무구 상태에서도 분명 선후유별先後有別 또는 선후서열(precedency)이 있었음을 시사하고, 원죄 이후에는 여성이 남편의 지배권에 복속되는 것으로 말한다. 하지만 이 지배권은 그렇게 완전한 것이 아니다. 성서에 의하더라도 남편은 아내에 대해 가부장(patriarch)이나 정치적 지배자가 아니다. 왜냐하면 원죄 이후에도 여성이 임신과 출산에 따른 수고의 벌을 받았을 뿐이고, “네 욕망이 네 남편을 향해 있을 것이고 그는 너를 지배할 것이다”라고, 그것도 여자에게 말했을 뿐이기 때문이다(「창세기」 3:16). 이 구절은 여자의 욕망이 남편을 향해 있는 경우에만 남자가 여자를 지배할 것이라는 조건부 문장이다. 이것은 여자가 욕망이 없거나 나이 들어 수태능력을 상실하고 욕망이 남편을 향하지 않으면 여자는 그만큼 자유로울 수 있다는 뜻도 함의한다. 또한 여자가 결혼하지 않거나 남편과 이혼해 혼자 사는 것을 선택하는 경우에는 당연히 여자가 남자를 따를 필요가 없다. 기독교세계에서 여자가 혼자 살 수 있는가? 당연하다. 바울은 “믿지 못하는 자가 헤어지면 헤어지게 놓아두어라. 형제자매는 이러한 경우에 구속될 것이 없느니라”고 말한다(「고린도전서」 7:15). 그리고 처녀는 남자를 찾는 것이 아니라 “미혼녀는 몸과 얼이 둘 다 거룩해지도록 주님의 일들을 염려하라”고 당부하고, “처녀를 며느리로 주는 자는 잘하는 것이지만, 처녀를 며느리로 주지 않는 자는 더 잘하는 것이다”라고 천명한다(「고린도전서」 7:34, 38). 또 「창세기」에서 여호와가 '남편이 이브를

---

450) Bellarmine, *De Laicis or The Treatise on Civil Government*, 34-35쪽.

지배할 것'이라는 처벌을 아담에게 말하고 있는 것이 아니라 이브에게만 말하고 있다는 사실에도 주목해야 한다. 바울도 "자기들의 남편에게 순종할 것"을 "젊은 여성"에게 가르치라고 당부했을 뿐이지, 젊은 남자에게 '여자를 지배할 것'을 가르치라고 당부하지 않고 단지 선한 모범을 보이라고만 당부한다(「디도서」 2:5). 즉, 신은 남편에게 아내에 대한 가부장적 지배권을, 또는 남자에게 여자에 대한 지배권을 준다는 어떤 언명도 하지 않았다. 그리고 신은 여자에게 남편을 섬길 일방적 의무도 부과하지 않았다. 따라서 남편은 아내가 자기를 욕구하는 일정 기간 선한 모범을 보여 아내를 섬기도록 유도誘導할 수 있으나 아내에 대해 치자·피치자 관계를 설정할 수 없고, 여자는 욕구가 있으면 남편을 일정 기간 따를 수 있겠지만 종신토록 남편에 대한 신분적 종속 상태에 처해 있지 않다. 또한 여자는 신으로부터 남자와 동등하게 동식물에 대한 통치권과 정복권을 받았고(「창세기」 1:29) 남자와 동등하게, 그리고 공동으로 온갖 식물들을 먹거리로 받았으며(「창세기」 1:29), 십계명의 "너희의 아버지와 어머니를 공경하라(Honour thy father and mother)"는 제4계명에 의해 어머니로서 아버지와 대등하게 자식으로부터 공경을 받도록 계시받은 동등권자다. 그리하여 바울은 애정과 몸에 대한 남녀동등권을 말한다.

> 남편은 그녀에게 마땅히 주어져야 할 애정을 주고 마찬가지로 아내도 남편에게 마땅히 주어져야 할 애정을 주게 하라. 아내가 자기의 몸에 대한 권력을 가지고 있는 것이 아니라 남편이 가지고 있다. 그리고 마찬가지로 남편이 자기의 몸에 대한 권력을 가지고 있는 것이 아니라 아내가 가지고 있다. 네가 단식하고 기도하는 데 전념하기 위해 한동안 동의가 있는 경우 외에는 서로를 거절하지 말라(「고린도전서」 7:3-5).

그리고 "결혼한 남자는 (…) 그의 아내를 어떻게 기쁘게 할 것인가를 생각하고 (…) 결혼한 여자는 (…) 자기 남편을 어떻게 기쁘게 할 것인가를 생각한다"(「고린도전서」 7:33-34). 따라서 여자가 "남자의 피치자"라는 벨라르민의 테제는 구약·신약성서와 배치되는 어불성설의 테제다. 『성경』에서도 부부관계는 조건부 지배

관계이지, 치자와 피치자로 갈리는 공고한 정치적 지배관계가 아닌 것이다. 벨라르민은 『성경』의 불완전한 조건부 부부관계에 고대 그리스·로마시대와 중세 유럽에서 공고하게 확립된 부부간의 '가부장제적' 지배·피지배관계를 이입시켜 이 관점에서 『성경』을 왜곡하고 있다.

『성경』의 기본논지를 무시하며 가족과 국가를 혼동하는 벨라르민의 논변은 계속된다.

제3의 인용문에 대한 설명에서 나는 카인이 물질적 도시를 건설한 첫 인간이라는 것을 인정하지만, 이것으로부터 정치적 지배가 그곳에서 시작되었다는 것을 도출할 수 없다. 왜냐하면 물질적 도시 없이도 국가와 정부가 존재할 수 있고, 아담의 아들들과 손자들이 그에게 복종했다는 것도 부정될 수 없기 때문이다.451)

벨라르민은 아담의 '대가족'을 '국가'로 착각하고 있다. 그리고 손자에게 '할아버지를 공경하라'고 하는 신의 명령이 없는데도 아담의 '손자들'까지 아담에게 복종했다고 추정하고 있다. 대가족도, 씨족사회도, 부족회의체도 아직 세금을 걷고 서무·복지·사회·문화행정과 경찰·국방행정을 베푸는 제도적 장치, 즉 '국가'가 아니다. 사무엘이 말한 군왕제도(「사무엘상」 8:11-17)는 대강 국가제도와 근접한다. 그리고 벤야민 시대까지 "이스라엘에 왕이 없었고"(「사사기」 21:25), 백성이 선출한 사울 왕이 최초의 이스라엘의 왕이었다. 그러나 상론했듯이 사울이 이 세상에서 최초의 군왕인 것도 아니다. 사울 왕은 이스라엘 장로들이 다른 나라들의 왕을 모방해 신의 대리인 사무엘에게 이스라엘 왕을 선출하게 해줄 것을 요구했고 신이 이 요구를 받아들여 탄생한 것이다(「사무엘상」 8:11-17). 따라서 이스라엘에 사울 왕이 나오기 전에 존재했던 열국列國의 무수한 이방인 왕들은 여호와의 뜻과 무관하게 저절로 생겨난 왕들이었다.

■ 노예제도와 참주정의 긍정

---

451) Bellarmine, *De Laicis or The Treatise on Civil Government*, 35쪽.

그리고 벨라르민은 아우구스티누스를 따라 『성경』에서처럼 노예제도를 인정하고 있다. 이런 전제 위에서 그가 참주와 동일시하는 '전제주'와 '왕'의 명칭이 뒤섞이는 것을 지적한다.

제4의 인용에 대한 설명으로 나는 아우구스티누스가 다른 무엇보다도 "노예제의 조건이 죄인에게 정당하게 부과된 것으로 이해된다"고 말하는 절節 전체로부터 명백한 것처럼 명실상부한 노예제를 언급하고 있다고 말한다. 또한 이것은 아우구스티누스가 같은 곳에서 최초의 정의로운 인간들(사사士師들)이 인간들의 왕이라기보다 '무리의 목자牧者들'로 만들어졌고 그리하여 신이 이것도, 즉 한편으로 피조물들의 자연질서가 무엇을 요구하는지와, 다른 한편으로 죄인들의 상벌이 무엇을 요구하는지도 명백하게 하고 있다고 말하는 것과 배치되는 것이 아니다. 왜냐하면 이곳에서 그는 때로 전제적 정부를 뜻하는 것으로도 쓰이는 '왕'이라는 명칭의 남용을 고찰하고 있기 때문이다. 아우구스티누스는 "왕은 지배하고 영유하기 때문이 아니라 지도하고 조언하기 때문에 그렇게 불리는 것이다"라고 말한다. 이런 식으로 아브라함, 이삭, 야곱은 왕으로 불릴 수 있었다. 하지만 오만한 인간이 왕은 자신의 칭호를 지배와 영유로부터 도출해야 한다고 생각하기 때문에 이런 이유에서 우리의 주(예수 그리스도)는 "이방인들의 왕들은 그들을 지배한다"고 말한다. 그리고 같은 이유에서 최초의 정의로운 인간(사사)들은 인간의 왕이라기보다 '무리의 목자'로 불렸다.452)

벨라르민과 아우구스티누스의 이 설명은 공맹의 왕도·패도 구분과 유사하지만, 인애정치와 정의정치의 차이로 왕정과 참주정(전제정)을 가르는 것이 아니라 백성에 대한 군주의 사랑(인애)을 언급하지도 않고 죄인들의 노예제와 지배·영유 등의 개념조작만으로 구분코자 하면서 슬그머니 노예제를 정당화하고 있다. 그리고 "무리의 목자"로 그려진 "첫 번째 정의로운 인간들", 즉 '사사士師'들도 성서의 교리에 의하면 모두 원죄적 타락 이후의 원죄적 죄인들이므로 다 "자기 아버지(사무엘)의 행위를 따르지 아니하고 이익을 따라 뇌물을 받고 판결을

---

452) Bellarmine, *De Laicis or The Treatise on Civil Government*, 35쪽.

굽게 하는" 사사들(「사무엘상」 8:3), 또는 "공포를 일으키는 위협과 처벌"로 다스리는453) '전제적 지배자들'이었을 뿐이다.

한편, 벨라르민은 『성경』의 논지와 반대되게, 즉 순진무구 상태에서도 인간들은 시원적으로 불평등했다는 자신의 논지와 반대되게 그레고리 1세의 상술된 본성적(자연적) 평등론을 이용해 '정치적' 지배를 정의하고, 원죄적 타락을 구실로 '참주정'을 정당화한다.

다섯 번째 인용에 대한 설명으로 나는 성 그레고리가 정치적 권력 자체를 말하고 있는 것이 아니라, 죄악에 의해 끌어들여진, 공포, 슬픔, 불안 등이 수반되는 세속적 권력을 언급하고 있다고 말한다. 그리고 그가 "만인은 본성상 동등하지만 죄악에 의해 불평등해졌으므로 어떤 사람이 다른 사람에 의해 지배되어야 한다"고 말할 때, 그는 인간들이 자연본성상 지혜나 은총에서 평등한 것을 뜻하는 것이 아니라, 본질에서 그리고 인간적 형태에서 평등한 것을 뜻하고 있다. 그러므로 이런 평등으로부터 성 그레고리는 짐승들이 사람에 의해 지배당하듯이 이 사람이 저 사람에 의해 지배당해야 하는 것이 아니라 다만 이 사람이 저 사람에 의해 정치적으로 지배되어야 함을 곧추 추론한다. 그리하여 같은 곳에서 그는 이렇게 덧붙인다. "오만하게 행동하거나 자기와 동등한 자들에 의한 두려움을 느끼기를 원하는 것은 자연본성에 반한다. 왜냐하면 죄인들은 죄악에 의해 짐승과 같게 만들어지기 때문이다." 그리고 죄인들은 그들이 창조된 자연본성의 완전무결성으로부터 타락한다. 그러므로 성 그레고리는 같은 곳에서 최초의 죄악 이후 한 인간이 공포를 일으키는 위협과 처벌로 다른 사람들을 곧바로 지배하기 시작했다고 말한다. 시원적 정의의 상태에서는 그렇지 않았을 것이다.454)

"만인이 본성상 평등하다"는 그레고리 1세의 테제는 원죄 이전의 순진무구 상태에서도 인간들이 불평등했다는 벨라르민의 주장과 모순된다. 따라서 "만

453) Bellarmine, *De Laicis or The Treatise on Civil Government*, 36쪽.

454) Bellarmine, *De Laicis or The Treatise on Civil Government*, 35-36쪽.

인은 죄악에 의해 불평등해졌다"는 그레고리 1세의 테제도 그릇된 것이다. 원죄란 기독교 교리에 따라 만인에게 공통된 것이다. 따라서 만인이 공평하게 공유하는 이 원죄로 말미암아 본성상 평등한 인간들이 갑자기 불평등해졌다는 그레고리의 주장은 자가당착적 논변이다. "만인은 본성상 동등하지만 죄악에 의해 불평등해졌으므로 어떤 사람이 다른 사람에 의해 지배되어야 한다"는 그레고리의 그릇된 테제는 다만 중세적 신분차별과 지배를 정당화해주는 궤변일 뿐이고, 그레고리가 말하는 원죄적 타락 이전의 '본질적으로' 평등한 자들 간의 '정치적' 지배, 또는 벨라르민이 말하는 자유와 모순되지 않는 정치적 복종이란 「창세기」 1·2장의 찰나적 일장춘몽일 뿐이다. 따라서 그레고리와 벨라르민에 의하면, 「창세기」 1·2장 이후, 즉 원죄적 타락 이후 인간세계는 노예적 복종과 참주적 지배(짐승들에 대한 인간의 지배처럼 "공포를 일으키는 위협과 처벌에 의한 인간들의 지배")만이 판친다. 이렇게 해서 그가 앞서 짧지만 자못 파격적으로 피력한 인민의 동의에 의한 통치형태와 치자의 선택권은 허무맹랑한 소리로 전락한다.

그리하여 벨라르민은 "사악한 인간들 사이에 지배와 영유가 존재할 수 있다"는 테제로써 온갖 참주적 지배를 다 정당화한다. 그는 치자의 권세의 주요 권리원천이 신의 은총이나 정의, 자비(박애)라고 가르치며, 다른 모든 권리원천도 이것에 기초하고 정의와 신의 은총을 결한 자는 참된 지배권이 없다고 가르치는 아마르카누스(Amarcanus)를 맹렬하게 논박한다. 동시에 동일한 것을 가르친 존 위클리프와 존 후스도 맹박한다.

벨라르민에 의하면, 『성경』을 끌어다 붙이는 이들의 논변은 세 가지인데 이것들은 쉽사리 논박될 수 있다.

첫째, 성서로부터 "권력이 주에 의해 너희에게 주어졌고 (…) 너희는 주의 왕국의 대리인들인데 올바로 재판하지 않았다". "그리하여 주는 나의 기름 부음을 받은 (페르시아의 왕) 고레스(키루스)에게 말했다." 신은 "나는 모든 땅을 바빌론의 왕 네브카드네자르의 손안에 주었다"고 말한다. "그대는 왕 중의 왕이다. 하늘에 계신 신은 그대에게 왕국과 힘과 권력과 영광을 주었다." 그리고 사도 베드로와 바울은 치자들의 권세가 신에게서 왔고 치자들에게 복종해야 하며 이것은 그때 이교적 왕들밖에 없었어도 그래야 한다고 가르친다. 둘째, 이 오류를 비판한 콘스탄스 종교회의(1418)에 근거한다. 셋째, 아우구스티누스에 근거한다. 그는 말한다. "이것이 사실이기 때문에 왕국의 수여와 지배권을 하늘의 왕국에서 행복을 오로지 선한 자들에게만 주는 참된 신 외의 다른 것에다 돌리지 말자. 그러나 정의롭지 않은 어떤 것도 기뻐하지 않는 신이 기뻐하는 것처럼 지상의 왕국은 선한 자와 악한 자, 이 양자에게 돌리자." 그리고 그 아래 "마리우스에게 지배권을 준 신은 그것을 시저에게도 주었다. 아우구스투스에게 지배권을 준 신은 그것을 네로에게도 주었고, 가장 인자한 황제들인 아버지 또는 아들 베스파시안에게 지배권을 준 신은 가장 잔악한 도미티안에게도 주었다. 모든 사례를 열거하는 것이 필요하지 않지만, 기독교도 콘스탄틴에게 준 신은 그것을 변절자 줄리안에게도 주었다". 넷째, 우리는 이 논변을 이성으로부터 논박할 수 있다. 왜냐하면 세속적 권력의 기초는 은총이 아니라 본성이기 때문이다. 인간은 신의 이미지로 만들어져 있고 따라서 지성과 이성의 사용을 품부받았기 때문에 「창세기」로부터 도출될 수 있는 바의 낮은 창조의 질서를 지배한다. 그러나 은총이 결여되어 있을지라도 인간본성은 이교도들에게도 남아 있고, 그러므로 그들은 참된 세속적 권력을 보유할 수 있다.[455]

정의와 신의 은총을 결한 자는 참된 지배권이 없다고 가르치는 오류를 비판한 콘스탄스 회의의 칙령은 "참주는 어떤 봉신이나 신민이든, 심지어 음모책략과 감언이설 또는 아부의 방법에 의해서도 그 지배자에게 기(旣)선언된 어떤 맹세나 참주와 맺어진 계약에도 불구하고 그리고 어떤 재판관의 선고나 위임명령을 기다리지 않고 합법적으로, 그리고 공로를 인정받으며 살해해도 되고 또 살해해야 한다"는 명제를 '이단'으로 배격하는 법령이다. 따라서 벨라르민의 논법에 따르면 지상의 모든 치자는 정의로운 왕이든, 참주든 신이 만들어 주입한 인간본성에서 나온 것이므로 모든 통치권력은 신이 간접적으로 준 것이다. 정상적

---

455) Bellarmine, *De Laicis or The Treatise on Civil Government*, 37-38쪽.

군왕과 참주를 가리지 않는 이 무차별적 왕권신수설은 지상의 모든 참주를
다 용인하게 된다.

따라서 벨라르민의 이 논변 속에서는 어떤 폭군방벌도 용납될 수 없다.

> 이 관점에서 은총과 정의가 가장 비밀스럽고 그 자신이나 타인에 대한 관점에서 아
> 무도 자신이 참으로 은총의 상태에 있는 것인지 여부를 확신할 수 없기 때문에, 은총
> 이 권력에 대한 유일한 권원權源이라면 이러한 권력에 대한 어떤 요구도 확실하지
> 않을 것이라는 결론이 나온다. 이것으로부터 인간들 간에 믿을 수 없는 혼돈과 혼란
> 이 생겨난다.456)

이렇게 하여 벨라르민은 부캐넌과 반대로 지상의 모든 정치권력으로부터 그
어떤 윤리적 기반도 제거해버렸다. 그리하여 사회적 본성에서 회합해서 국가와
정치권력의 형태를 선택하는 백성들의 본성적 정치행위도 아무런 윤리성을
띠지 못한다. 그리하여 정치세계에서는 단지 정치윤리적 기준이 없는 백성들의
우연적이고 자의적인 정치적 선택만이 난무할 뿐이고, 백성들은 폭군을 방벌할
어떤 정치윤리적 권리도 결한다.

■ 논평

벨라르민은 백성의 통치형태 선택 및 치자 선택과 관련해서 극동의 민본주의
를 부지불식간에 받아들인 것으로 보이지만, 아우구스티누스나 아퀴나스, 그레
고리 등의 중세기독교적 정치교리에 지나치게 사로잡히고 콘스탄스 회의의
칙령을 고수하며 이 민본주의를 이 교리 속에 익사시키고 말았다. 그리고 벨라
르민은 자연적(본성적) 자유·평등 이론을 잠시 언급했지만 '백성의 자연적 자유·
평등'의 이론을 전개했다기보다 차라리 이것을 깔끔하게 부정했다. 따라서
벨라르민의 절충주의적 왕권민수론은 자연적 자유·평등 개념의 기반을 결한
점에서 지극히 취약한 것이고 부캐넌의 그것에 비하면 실로 현격히 보수적이고

---

456) Bellarmine, *De Laicis or The Treatise on Civil Government*, 38쪽.

소극적인 것이다. 더구나 "종교의 수호는 정치적 관할권에 속한다"는 기치 아래 그가 '신앙의 자유'에 대한 정치적·국가적 허용을 격렬하게 비판하고 치자와 국가에 정통적 기독교 신앙의 촉진과 이단퇴출의 의무를 부과한 것은457) 이런 의무를 다하지 않고 '신앙의 자유'를 구실로 개신교적 이단종파를 비호하는 군주들을 공격하는 17세기 초반 종교전쟁의 위험한 전단戰端을 만들어놓은 것으로 보인다.

하지만 벨라르민이 왕권의 신적 기원과 관련해 "백성의 동의"를 입에 담은 것은 그래도 그가 아우구스티누스와 아퀴나스로부터 유래하는 중세의 신학적·스콜라철학적 정치교리를 단순히 대변하고 있지만은 않다는 것을 보여준다. 왕권의 유래를 정초하는 데 동원된 '백성의 동의'와 백성의 통치형태 선택의 이론은 아퀴나스의 신학보다 더 나아간 것이기 때문이다. 아퀴나스는 군주정을 최선의 통치형태로 선호하고 치자를 선출하는 '만인' 또는 '전체 대중'을 명시적으로 '자유민'으로 한정함으로써 선출과 통치의 자격에서 '대부분의 백성'을 배제했다. 그러나 벨라르민은 신법에 의해 정치권력이 특별한 인간에게 주어지는 것이 아니라 '전체 국가' 또는 '집단적 단위체'에 주어진다고 주장함과 동시에 구체적 개인(들)에게 정치권력을 위임하는 통치형태의 선택은 "백성의 동의"에 의해 결정된다고 주장했다. 하지만 벨라르민은 '전체 국가' 또는 '집단적 단위체'의 의인화된 형태인 이 '백성'을 '자유민'으로 한정하는 명시적 제한을 두지 않았고, 또 통치형태(군주정·귀족정·민주정)에 대한 인민의 선택에서 특정한 정부 형태에 정치윤리적 우선권을 두지 않았다.

극동문화에 가장 밝았던 예수회에서 신학을 공부한 벨라르민은 아퀴나스와 달리 중국의 선진적 정치문화·정치제도와 정치사상에 아주 많이 노출되어 있었을 것이다. 하지만 벨라르민은 — 그 자신이 경건한 기독교도로 남아 있는 한 — 신분제로부터 해방된 자유·평등한 백성에 의한, 백성을 위한, 백성의 민본주의적 왕권민수론, 즉 공자와 중국의 민유방본론적 왕권민여론王權民與論 및 — 어떤 신분제나 노예제도 인정하거나 정당화하지 않는 — 무위이치無爲而治·

---

457) Bellarmine, *De Laicis or The Treatise on Civil Government*, 78-83쪽.

백성자치론과 만백성의 태생적 평등론, 반정론反正論, 혁명론 등을 삭감하거나 훼손하지 않고 그대로 온전하게 받아들일 수 없었다. 왜냐하면 공자의 민본주의적 무위·자치철학과 중국의 평등주의 정치제도는 노예제를 인정하고 여호와에 의한 여러 차례의 인종청소를 정당화하며 다른 신들을 배척하는 '질투 어린 신(jealous God)'을(「출애굽기·십계명」) 유일신으로 섬기는 '반反인도적이고 엽기적인' 구약성서나, 노예제와 세습귀족제를 인정하는 중세 기독교 교리와도 양립할 수 없었고, 노예제에 기초한 고대 그리스 민주주의와 로마공화정의 역사, 또는 르네상스 이탈리아 귀족공화국들의 역사와도 양립할 수 없었기 때문이다.

그리하여 벨라르민은 극동의 유교문화가 서천西遷하기 시작한 16세기 이탈리아·포르투갈·스페인 등지의 남유럽 가톨릭세계에서 유교적 왕권민수론을 왜곡해 중세 기독교의 왕권신수설에 끼워 넣고 뒤틀 수밖에 없었던 것이다. 벨라르민의 논변은 이렇게 삭감된 유교적 민본주의와 왕권민수론을 가급적 전통적 중세 교리와 이음새 없이 또는 눈에 띄지 않게 접붙이고 짜깁기하려고 노력했을지라도 '이교적' 흔적과 '이질적' 표시를 남김없이 다 지울 수 없었다. 신·구교의 기성교단과 절대주의 국가들은 그의 이론의 이런 이교성과 이질성에 극도로 민감하게 반응했다. 그리하여 벨라르민의 저서들은 1590년에 교황 식스투스 5세에 의해 몽땅 금서조치를 당했고, 프랑스 삼부회에 의해서도 탄핵 당했다. 이런 금지와 탄핵은 벨라르민 정치철학의 돌발적 혁신성과 동시에 외래적·이질적 이단성을 반증하는 징표들이다.

3.4. 프란시스코 수아레즈의 '교황에 의한 이단군주폐위론'

아퀴나스 이후의 최대 신학자 성 프란시스코 수아레즈(Saint Francisco Suárez, 1548-1617)는 스페인 예수회 소속 스콜라철학자다. 그라나다 안달루시아 출신인 수아레즈는 가톨릭으로 개종한 유대인 가정에서 태어났다. 그의 스콜라철학은 제2 스콜라주의의 사상사에서 르네상스로부터 17세기 바로크로 이동하는 전환점을 이룬다. 수아레즈는 『법률과 입법자 신에 관한 논고(*Tractatus de legibus ac deo legislatore, A Treatise on Laws and God the Lawgiver*』(1612)와 『가톨릭과 사도 신앙의 옹호(*A Defence of the Catholic and Apostolic Faith*)』(1613)에서 부캐넌에 접근하는 듯한 왕권민수론과 폭군방벌론(저항권론)을 전개한다. 그러나 그는 최종적으로 벨라르민의 중세적 잔재를 극복하기는커녕 그보다 더 중세적인 논리로 되돌아가 '백성에 의한 폭군방벌론'을 '교황에 의한 이단군주폐위론'으로 둔갑시킨다.

수아레즈가 정치철학에 관한 저술을 집필한 17세기 초는 핀토의 중국서한 (1550), 바로쉬의 『아시아의 시대』(1552, 1553, 1563, 1615), 바레토의 중국보고서(1558), 중국기中國記(1561), 페레이라의 중국보고(1564), 크루즈의 『중국풍물론』(1569-1570), 라다의 공식 중국보고서(1575), 에스칼란테의 『중국항해론』(1577), 멘도자의 『중국제국의 역사』(1585), 발리냐노·산테의 『로마교황청 방문 일본사절단』(1590) 등이 쏟아져 나오고, 루기리·마테오리치 신부의 서한들과 루기리의 공자경전 번역 원고들이 필사되어 유럽의 예수회 신부들 사이에서 나돌고 있는 상황이었다. 따라서 명대 중국이 내각제에 의해 권력이 분립된 제한군주제 국가이고, 세습귀족이 없는 평등사회라는 것 등이 포르투갈·스페인·이탈리아와 프랑스에서는 이미 널리 알려졌고, 중국 철학자 공자의 존재와 그 위대성이 어렴풋이 드러나기 시작했다. 그리하여 늦어도 1590년경에는 러브조이(Arthur O. Lovejoy)의 말대로 "중국정치체제의 우월성에 대한 평판"도 이미 "진부한 이야기"가 되어 가고 있었다.[458] 그리고 이미 이때쯤이면 벌써 헬레니즘문명보다 중국문명을 높이 평가하는 바로쉬의 저술들이 연이어 출판되고, 중국문명을 예찬하는 보댕 ·몽테뉴·보테로 등의 글들이 이 나라, 저 나라에서 나오기 시작했다.

따라서 수아레즈는 중국과 세계에 대한 이런 지식·정보의 큰 변동 속에서 크게 개안開眼하고 새로운 혁신적 분위기를 호흡했다. 그리하여 그의 정치철학적 주장들은 한편으로 아우구스티누스, 그레고리 1세, 아퀴나스 등이 전개한 중세신학과 스콜라철학의 정치철학적 경계를 부분적으로 돌파하고 벨라르민의 절충적 논변도 뛰어넘어 법금法禁된 부캐넌의 주홍글씨 저서에 접근했다. 그럼에도 불구하고 그의 정치철학은 ① '공동체의 동의'를 '공유된 복종관습으

---

458) 참조: Lovejoy, "The Chinese Origin of a Romanticism", 103쪽.

로 왜소화하고 다시 이 '관습'을 – 흄처럼 – 정치권력의 궁극적 '원천'으로
보는 것이 아니라, '참된 원천'인 신이 권력을 수여하는 단순한 '조건'으로 규정
함으로써, 그리고 ② 종교·신구종파 문제와 관련해서 교황을 편들어 백성의
폭군방벌권을 교황의 인간군주 심판·폐위권으로 변질시키고, ③ 교회에 의한
'신앙의 강요'와 이단자·배교자에 대한 폭력적 징계를 완전히 정당한 것으로
규정함으로써 궁극적으로 신교에 대한 구교의 반격 차원에서 종교 중세신학을
복원·갱신했다. 이 때문에 수아레즈는 '30년 종교전쟁의 도발자'라는 비난을
듣기도 했다. 한마디로, 수아레즈는 벨라르민처럼 중국제국의 종교적 관용으로
가는 길, 즉 '근대로 가는 길'을 끊어버림으로써 종교의 자유와 관용을 완전히
부정하고 '올바른 가톨릭신앙'을 강요할 교황의 권한을 정당한 것으로 인정함
으로써 폭군에 대한 백성의 저항·방벌권을 부정·박탈한 것이다.

■ 자연적 자유와 평등

수아레즈는 무조건 인간의 "자유로운 본성(a nature that is free)" 또는 "자연적(본성
적) 자유(natural liberty)"를 전제한다.459) 이 '본성적 자유'란 "인간은 그 본성에
의해 자유롭고 창조주 외에 누구에도 종속되지 않아서 인간들의 주권적 권력이
란 (근본적으로 – 인용자) 본성의 질서와 배치되고 폭정(참주정)을 내포한다(man
is by his nature free and subject to no one, save only to the Creator, so that human sovereignty is
contrary to the order of nature and involves tyranny)"는 것, 또는 "인간은 – 그가 창조되었고
이성의 사용권을 가졌다는 바로 그 사실에 의해 – 자기 자신과 그의 능력에
대한 권력 또는 이 능력 사용을 위한 그의 신체부위들에 대한 권력을 보유하고
이 때문에 자연적(본성적)으로 자유롭다"는 것을 뜻한다.460) 이것은 구체적으로
"자유가 본성의 원작자에 의해 모든 개개인에게 주어졌다(freedom has been given

---

459) Francisco Suárez, *A Treatise on Laws and God the Lawgiver* [1612], 37, 410쪽. In: *Selections from Three Works*, translated by Gwladys L. Williams, Ammi Brown, and John Waldron (First published in 1944 by the Carnegie Endowment for International Peace. ed. by Thomas Pink; Indianapolis: Liberty Fund, 2014).

460) Suárez, *A Treatise on Laws and God the Lawgiver*, 417, 438쪽.

to every man by the Author of nature)"는 것, 또는 "예속으로부터의 자유는 인간의 자연적(본성적) 재산이다(*freedom from servitude is a natural property of man*)"라는 것을 함의한다.461)

그러나 수아레즈의 이 '자연적 자유'라는 요청 또는 전제는 성서적 근거도 없고 논리적 근거도 없이 돌발적으로 제시된 것이다. 성서에 의하면, 최초의 인간 아담과 이후의 모든 인간은 '신의 노예'이고, 아담과 이브의 자식들과 그 자식의 자식들은 십계명에 의해 대대로 부모에게 제약당한다. 따라서 이브가 남편의 지배에 처하고 자식이 부모를 '친애'하는 것이 아니라 '공경'해야 한다는 성서의 글귀대로라면, 모든 인간은 창조와 거의 동시에, 그리고 탄생과 동시에 제약당한 몸으로 부자유 속에서 태어났다. 신과 부모의 자식이 아닌 자는 없기 때문이다. 따라서 수아레즈가 제시하는, "그가 창조되었고 이성의 사용권을 가졌다는 바로 그 사실"이나, "자유가 본성의 창조주에 의해 모든 개개인에게 주어졌다"는 것은 성서적 근거가 전무하다. 성서와 무관한 그의 다른 논변, "인간은 (…) 자기 자신과 그의 능력에 대한 권력 또는 이 능력 사용을 위한 그의 신체부위들에 대한 권력을 보유한다"는 신체운동 비유의 설명도 인간이 "자기 행동의 노예가 아니라 주인"이라는 사실을462) 설명해줄 수 없다. 이 신체동작 비유의 설명은 인간이 마음대로 할 수 없는 인간 육체의 자율운동계를 떠올릴 때 결코 제대로 된 설명이 아니기 때문이다. 인간 행동의 대부분은 신비스러운 자율신경과 이에 규제되는 자율운동에 종속되어 있다. 따라서 아프고 다치면 인간은 사지를 움직일 수의적隨意的 자유까지도 상실하는 것이다. 또 "이성의 사용권을 가졌다"는 사실도 인간의 '자연적 자유'를 설명해주지 못한다. 이성은 늘 '권력이성'이고 따라서 평등을 지향하는 것이 아니라, 이성적 지자智者와 덜 이성적인 우자愚者 간에 지배·피지배 관계를 설치하려고 안달하기 때문이다. 따라서 '모든 개개인'에게 평등하게 주어진 자연적·본성적 자유, 한마디로 '자연적 자유와 평등'은 부캐넌에게서처럼 수아

---

461) Suárez, *A Treatise on Laws and God the Lawgiver*, 439쪽.
462) Suárez, *A Treatise on Laws and God the Lawgiver*, 438쪽.

레즈에게서도 기독교 교리와 그들의 미비한 논변의 관점에서 전혀 근거 없는 '돌출적·돌발적·이질적' 개념이다. 하지만 '자연적 자유와 평등'은 수아레즈에게서 정치철학적 논변을 전개하는 동안에 항구적으로 전제되는 개념이다. 반면, 그레고리 1세나 벨라르민에게서 '자연적 자유와 평등'의 관념은 종속과 불평등을 도출하기 위한 '화두' 노릇을 하고 순식간에 사라지는 찰나적 개념에 불과했다.

수아레즈가 이 '자연적 자유·평등'이라는 돌출적 개념을 자신 있게 '항구적'으로 사용하는 것은 이 개념들이 당시 유럽인들이 혐오하고 멸시하는 이슬람·힌두문화로부터가 아니라 그들이 이심전심으로 '예찬하고 동경하는' 어떤 외래적·이질적 문화로부터, 한마디로 유교문화로부터 왔음을 짐작케 하는 새로운 변화다. 이런 짐작은 저 개념들이 성서나 전통적 기독교 교리와 스콜라철학, 또는 플라톤·아리스토텔레스·키케로 등의 어떤 유럽적 이교철학으로도 정당화될 수 없을 정도로 너무나 돌출적이기 때문에, 그리고 바로쉬·보댕·몽테뉴·보테로 등 최고급 유럽 철학자들의 중국정치·문화 예찬이 이미 쏟아져 나오고 있었기 때문에 결코 근거 없는 것이 아니다.

그리하여 수아레즈의 정치철학적 기독교신학의 출발점만은 그래도 그레고리, 아퀴나스, 벨라르민 등보다 훨씬 더 신으로부터 멀어져 인간 쪽으로 경도된 유교적 풍미를 짙게 풍긴다. 일단 그는 벨라르민처럼 '간접적(본성매개적) 왕권신수설'(왕권 '자체'를 '본질적'으로 신에 의해 부여된 본성으로부터 기원하는 것으로 규정하는 논변)과 인간의 통치형태선택론(인간공동체가 군주정·귀족정·민주정의 구체적 형태를 결정하는 것으로 규정하는 논변)을 결합·절충한 논변을 반복하는 듯하지만, 인간의 자연적 본성이론 쪽으로 좀 더 기울어진다. 이 때문에 그의 논변은 줄곧 성서와의 모순, 기존 교리와의 틈새, 오誤추리와 자가당착, 그리고 논리적 비일관성을 드러낸다.

■간접적(본성매개적) 왕권신수론과 백성의 통치형태선택론

수아레즈는 부캐넌이나 벨라르민처럼 『성경』으로부터 출발하는 것이 아니

라 아리스토텔레스의 이교철학적 인간본성론으로부터 출발한다. 그는 아리스
토텔레스의 사회적·정치적 동물 테제를 전제하지만 가정과 국가의 선명한
분리론도 수용함으로써 벨라르민과 거리를 둔다. 물론 그도 아리스토텔레스처
럼 가정 안에 노예를 집어넣어 고대 그리스철학과 『성경』처럼 노예제를 공인하
고 정당화한다.

> 인간은 사회적 동물이고 공동체 안에 살려는 본성적이고 올바른 욕구를 간직한다.
> 이 연관에서 우리는 (⋯) 인간사회가 불완전한 가정사회와 완전한 정치사회로서 두
> 종류라는 원칙을 상기해야 한다. 이 구분 중 전자는 최고로 자연적이고 (말하자면)
> 기본적이다. 이 사회는 남자와 아내의 유대로부터 생겨나기 때문이다. 이 유대가 없
> 으면 인간종족은 번식할 수도, 보존될 수도 없다. 그러므로 (성서 「창세기」에) "남자
> 가 홀로인 것은 좋지 않다"고 쓰여 있다. 이 결합으로부터 그 직접적 결과로서 부모
> 와 자식들의 유대가 생겨난다. 왜냐하면 결합의 이른 형태는 자식들의 양육을 위해
> 명령된 것이기 때문이다. 자식들은 (적어도 이른 생에서 긴 기간 동안 내내) 부모들과
> 의 결합과 유대를 필요로 한다. 그들은 그렇지 않으면 살 수도 없고, 적절하게 양육될
> 수 없으며, 적절한 훈육을 받을 수도 없기 때문이다. 나아가 이 가정사회 형태에 당장
> 노예제 또는 종과 주인의 신분(servitude and lordship)에 기초한 연결이 더해진다. 실천
> 적으로 말해서 인간들은 다른 인간들의 도움과 봉사를 요하기 때문이다.[463]

수아레즈는 공자와 아리스토텔레스처럼 가정과 국가, 제가와 치국을 명확하게
구분하고 가정의 지배관계(齊家)로부터 국가의 정치적 지배관계(治國)를 도출하
는 벨라르민의 그릇된 논변을 폐기하고 있다. 그러나 수아레즈가 플라톤·아리
스토텔레스의 정치철학과 구약·신약성서처럼 가정의 구성원에 노예를 집어넣
어 노예제를 공인하고 정당화하는 것은 어떤 세습귀족도, 어떤 형태의 노예도
인정하지 않는 공자철학과 양립할 수 없는 지점이다.

한편, 가정은 "자족적이지 못한" 불완전한 공동체다. "그러므로 적어도 도시

---

463) Suárez, *A Treatise on Laws and God the Lawgiver*, 419-420쪽.

국가(civitas)를 이루고 수많은 가정의 연합에 의해 형성되는 정치공동체에 대한
그 이상의 필요성이 인간들 사이에 존재한다. 왜냐하면 어떤 가정도 그 안에
인간생활에 필요한 모든 직책과 기술을 포함하고 있을 수 없고 더욱이 필요한
모든 것에 대한 지식을 얻기에 충분할 수 없기 때문이다."464) 그러나 수아레즈
는 부캐넌처럼 성서의 창조설과 모순되는 '자연상태론'을 취해 아리스토텔레스
의 "인간은 정치적 동물"이라는 연대적 본성 테제를 계속 활용해 국가를 도출하
는 것이 아니라, 이 테제를 바로 버리고 키케로의 전쟁적 자연상태론을 활용해
국가의 필요성을 뒷받침한다.

나아가 개별적 가정들이 서로 분리되었다면 인간들 사이에 평화는 유지되기 어렵고,
잘못들도 정당하게 회피되거나 되갚아질 수 없다. 그리하여 키케로는 "인간사의 어떤
것도 인간들이 그들 사이에 도시국가라고 불리는 질서 있는 완전한 사회를 갖는 것보
다 더 우리 주권자이신 신을 기쁘게 하는 것이 없다"고 말했다. 더구나 이 공동체는
훨씬 더 증식되어 많은 도시국가들의 연합에 의한 왕국이나 군주국이 된다.465)

여기로부터 수아레즈는 성서에 개발새발 의존해서 '일반적' 정치권력 '자체'를
신으로부터 도출하는 일반론적 왕권신수설을 준비한다.

두 번째 원리는 다음과 같다. 완전한 공동체에서 그 공동체의 통치가 관계하는 권력
은 반드시 존재해야 한다. 이 원리는 진정으로 바로 그 술어에 의해 자명한 진리다.
지혜로운 인간은 (「잠언」 11:14에서) 말한다. "통치자가 없는 곳에서 백성은 몰락한
다(Where there is no governor, the people shall fall)." 그러나 자연은 결코 본질적인 것들을
결하지 않는다. 그러므로 완전한 공동체가 이성과 자연법에 부합하는 것과 똑같이
이러한 공동체를 다스리는 권력도 그렇다. 이 권력이 없으면 그 안에 최대의 혼란이
있게 될 것이다.466)

---

464) Suárez, *A Treatise on Laws and God the Lawgiver*, 420쪽.

465) Suárez, *A Treatise on Laws and God the Lawgiver*, 420쪽.

여기서 수아레즈는 공자처럼 정치권력을 줄이는 '무위이치無爲而治'의 문제의식, 즉 '강압적 통치권력으로부터 자유'에 대한 문제의식을 아직 갖지 못하고 이 권력의 필요성만을 도출하려고 애쓰고 있다. 그러나 역사상 통치권력은 실은 그 존재 자체가 문제였다. 이런 까닭에 공자는 '무위이치'와 '백성자치'의 대책을, 노자는 '무위자연無爲自然'의 대책을 내놓았고, 칼 마르크스와 19세기 무정부주의자들은 국가사멸과 무정부 상태를 동경했다. 국가 측의 '무위이치'에 의해 가능해지는 '백성자치'는 치자와 피치자의 동일화를 통해 통치권력을 최소화하거나 소멸시킨다. 따라서 뚜렷한 강제적 통치나 현격한 통치권력 없이도 웬만큼 큰 사회는 백성들의 자치에 의해 저절로 질서 잡힐 수 있다. 중국의 지방자치와 오늘날 대국들의 지방자치는 이런 이념을 따른 것이다. 그러나 수아레즈는 수많은 가정들이 연합한 큰 공동체는 권위적 정치권력이 '반드시' 필요한 것인 양『성경』구절을 인용해 주장하고 있다. 게다가 그는 벨라르민처럼 "통치자가 없는 곳에서 백성은 몰락한다(Where there is no governor, the people shall fall)"는 「잠언」의 오역된 구절을 활용하고 있다. 상론했듯이 현대성경은 이 구절의 영역을 "Where no wise guidance is, the people falleth: But in the multitude of counsellors there is safety(어떤 지혜로운 지침도 없는 곳에서는 백성이 몰락하지만, 다중의 상담자 속에서는 안전이 있다)"로 바로잡고 있다. 「잠언」은 다른 구절(15:22)에서 이 구절을 "Where there is no counsel, purposes are disappointed: But in the multitude of counsellors they are established("어떤 협의도 없는 곳에서는 의도가 수포로 돌아가지만, 다중의 협의자 속에서는 의도가 성립된다")로 바꿔놓고 있다. 이 연관된 구절들은 어떻게 뜯어보아도 '통치권력'의 필요성을 말하는 것이 아니라, 오히려 '다중의 협의'와 '백성자치'의 필요성을 말하고 있을 뿐이다. 따라서 가정의 공리적 불완전성 또는 결함으로부터 국가를 도출하려는 그의 기도는 그렇게 성공적인 것처럼 보이지 않는다.

　인간은 가정의 그런 결함 때문에 그 가공할 국가를 만드는 것이 아니다. 인간의 가정은 자연상태에서도 충분히 자족적이다. 인류는 이미 국가가 없는

---

466) Suárez, *A Treatise on Laws and God the Lawgiver*, 421쪽.

가족과 부족 상태의 선사시대를 수십만 년 살아왔다. 그럼에도 불구하고 인간들은 진취적으로 인간본성의 진성盡性, 즉 더 높은 인간실현을 달성하기 위해 수십·수백·수천만 또는 심지어 수억 명의 인간들의 단합을 통한 '사회적 힘'의 확보, 이 초자연적인 '사회적 힘'에 의한 보다 확실한 동포애의 유지·확대와 상부상조 및 기술문화의 발전, 불가항력적 자연력의 제어를 통한 치수와 수로·도로·건물의 건설, 외적의 방어 등 적극적·자위적 목적을 위해 국가를 만들었다. 단합된 인간들이 개인적 힘들의 총합을 뛰어넘어 분출하는 초자연적 성질의 '사회적 힘'은 단합한 인간들의 머릿수에 비례해서 증가한다. 인간은 인구에 정비례해 증가하는 이 초자연적 성격의 '사회적 힘'을 활용해 '자연(nature)'을 넘어 '문화(culture)'를 이루고 이 사회적 힘의 보장에 의한 동정심과 인애仁愛의 최대로 완전한 실현과 상부상조를 통해 최대 다수의 최대의 생존보장과 진성盡性(인간의 본성적 자기완성을 통한 행복)의 조건을 확보한다. 따라서 인간적 공동체들은 근본적으로 이런 이유에서 구성원의 수를 계속 늘려 국가 수준으로 확대되려는 경향을 가지고 국가는 다시 더 큰 국가가 되려는 성향을 가지는 것이다. 수아레즈는 이런 '진취적' 이유들을 전혀 돌아보지 않고 가정의 '불완전성'이라는 결함으로부터 국가와 통치권력의 필요성을 도출하고 있다.

수아레즈는 통치자의 필요성을 『성경』에 근거해 부부관계의 단계로부터 도출한다. 즉, 벨라르민처럼 『성경』의 가족관계를 고대와 중세의 가부장제로 왜곡하고 이것으로부터 정치적 치자의 필요성을 비유적으로 도출한다. (물론 뒤에 보겠지만 그는 벨라르민과 달리 이 비유적 도출의 문제점을 스스로 지적한다.) 일단 그는 이렇게 생각한다.

이 논변은 다른 모든 형태의 인간사회와의 비유에 의해 확인된다. 왜냐하면 "너는 너의 남편의 권력 아래 처해야 한다(thou shalt be under thy husband's power)"는 「창세기」(3:16)의 구절에 따라 남자와 여자의 결합은 본성적이므로 결과적으로 수장首長을, 즉 남편을 포함하기 때문이다. 바울이 (「디도서」 2:5에서) "여성들로 하여금 자기 남편들에게 순종하게 하라(Let women be subject to their husbands)"고 말하는 것은 이런 것이다. 유사하게, 부모와 자식의 두 번째 관계에서 아버지는 그의 자식에 대해 본성으로부터 도출되는 권력을 가진다. 그리고 세 번째 관계에서, 즉 주인과 노복의 관계에서도 바울이 (「디도서」 2:9에서) 가르치듯이, 그리고 「에베소서」(6:5)와 「골로새서」(3:22)에서도 '종들은 신에게 복종하는 것처럼 자기 주인에게 복종하라고 말하며 가르치고 있듯이 통치권력이 주인에게 있다는 것은 명백하다. 왜냐하면 노예관계가 전적으로 본성으로부터 생겨나는 것이 아니라 오히려 인간적 의지를 통해 생겨날지라도 이 관계가 주어지면 종속과 복종은 정의의 근거에서 자연법에 의해 의무적이기 때문이다. 자식으로서의 복종도 이 동일한 본성적 유대와 토대에 따른 자연본성적 기원에 의해 뒷받침된다. 자식으로서의 복종은 이 자연본성적 기원으로부터 효친의 권원에 의해 더욱 더 높은 등급의 완전성을 얻는다.467)

이런 전제적 논의를 바탕으로 수아레즈는 정치권력자의 필연성을 '가장家長비유'로부터 도출한다.

최종적으로 이 모든 것으로부터 가내적 공동체, 즉 가정에 사물의 본성에 의해 그 공동체의 통치를 위한 적합한 권력, 즉 원칙적으로 가정의 수장에게 있는 권력이 존재한다는 결론이 도출된다. (…) 그러므로 마찬가지로 완전한 사회의 경우에 이에 적합한 어떤 통치권력이 있어야 하는 것은 필연적이다.468)

여자가 "남자의 피치자"라는 벨라르민의 테제와 관련한 상세한 논의에서 이 테제가 구약·신약성서와 배치되는 어불성설의 테제라는 것을 입증했다. 부부관계는 성경상 지배관계라도 불완전한 조건부 관계이지, 치자와 피치자로 갈리는 공고한 정치적 지배관계가 아니다. 수아레즈는 『성경』의 부부간의 불완전한 조건부 지배관계에 고대 그리스·로마시대와 중세 유럽에서 공고하게 확립된 부부간의 '가부장제적' 지배·피지배관계를 이입시켜 이 관점에서 『성경』을

---

467) Suárez, *A Treatise on Laws and God the Lawgiver*, 421-422쪽.
468) Suárez, *A Treatise on Laws and God the Lawgiver*, 422쪽.

왜곡한 벨라르민을 추종하다가 동일한 오류를 범하고 있다. 동시에 그는 『성경』의 여러 구절을 통해 신적 질서로 공고화되는 노예제의 정당화 논변을 반복하고 있다. 바울은 「에베소서」(6:5)에서 "종들아, 그리스도에게 복종하듯이 외경畏敬으로 몸을 떨며 성심誠心에서 너의 육신의 주인인 자들에게 복종하라"고 명하고, 「골로새서」(3:22)에서도 "종들아 모든 일에서 너의 육신의 주인에게 아첨꾼처럼 눈가림으로가 아니라 신을 두려워하는 성심으로 복종하라"고 명하기 때문이다. 시사했듯이 이것은 공맹철학과 상극이 되는 대목이다. 그러나 신학자들이 아무리 가족관계에다 노예에 대한 지배관계를 덮어씌우는 술수를 부리더라도 성서의 구절에 따르면 부부관계는 '완전한 무조건적' 지배·피지배 관계가 아니라, 여성이 원하는 경우에 한해 남성에게 순종하고 여성이 결혼을 원치 않으면 남녀관계는 양성이 상하·지배관계 없이 서로를 대등하게 대할 뿐인 '불완전한 조건부' 지배·피지배 관계일 따름이다. 또한 수아레즈가 조작하듯이 자식은 본성적으로 '아버지'만을 따르는 것이 아니라 '부모', 즉 아버지와 어머니를 둘 다 따른다. 또한 십계명도 "너의 아버지와 어머니를 공경하라"고 말했지, 아버지만을 공경하라고 명하지 않았다. 그리고 상론했듯이 자식에 대한 부모의 지배·통치관계는 자식이 성년이 되기 전까지 일시적으로만 지속되는 것(가령 18-20년)이다. 자식들에 대한 부모의 지배권은 『성경』에 의하더라도 "한 남자가 그의 아버지와 어머니를 떠나 쪼개져 그의 아내에게 가고 하나의 살붙이가 되어야 하므로(Therefore shall a man leave his father and his mother, and shall cleave unto his wife: and they shall be one flesh)"(「창세기」 2:24) 자식들이 성년이 되면 붕괴하고, 나아가 부모의 사망과 동시에 완전히 소멸한다. 따라서 30-40년 만에 때로는 불행하면 수년 만에도 해체되고 마는 가족은 한시적 사회다. (반면, 국가는 대개 영원하다.) 따라서 『성경』에 입각하면, 『성경』의 가부장제는 그리스·로마 시대나 중세의 가부장제와 같은 '종신적' 지배·피지배 관계처럼 '완전한' 가부장제가 아니다. 『성경』에 의하면, 남편은 아내에게, 부모는 자식들에게 불완전한 또는 한시적 지배자·통치자다. 따라서 본성에 따르든, 『성경』에 따르든 가정에서 남편의 지배자 지위나, 자식들에 대한 아버지와 어머니의 일방적 양육·배려

나, 부모에 대한 자식의 공경의무는 결코 정치적 통치권력의 비유적 모델일
수 없다. 그리고 노예에 대한 주인의 지배관계도 '정상적인' 정치적 지배관계의
모델일 수 없다. 노예에 대한 주인의 지배관계도 '정상적인' 정치적 지배관계의
모델일 수 없다. 자기 백성을 노예로 지배하는 정치권력자는 '왕'이나 '통령'이
아니라 '참주'이기 때문이다. 따라서 정치권력을 가족관계에서 도출하려는 수
아레즈의 가족비유 논변은 모든 면에서 파탄이 나고 만다.

수아레즈는 공권력의 필요성을 −벨라르민처럼 − 정체政體를 육체에 비유하
는 유기체적 비유의 "선험적 이성(a priori reason)"으로부터 도출하기도 한다. 선험
적 이성에 의해 "완전한 공동체(國家)에는 반드시 공동선을 찾고 배려하는 것을
직무상의 의무로 삼는 어떤 공권력이 반드시 존재해야 한다. 공적 치국治國(civil
magistracy)의 정당성과 필연성은 명백히 상론한 것으로부터 도출된다. 왜냐하면
'공적 치국'이라는 술어가 완전한 공동체를 통치할 상술한 권력을 가진 한
인간 또는 여러 명의 인간들 이상도 이하도 뜻하지 않기 때문이다. 인간들이
본성적으로 천사들에 의해 하나의 정체政體 안에서 다스려지는 것도 아니고
더욱이 정규적 법률에 의해 적절한 이차적 원인들을 통해 행동하는 신 자신에
의해 직접 다스려지지 않는 한에서 이러한 권력이 인간에게 소재해야 한다는
것은 명약관화하다. 결과적으로 인간이 인간에 의해 다스려져야 하는 것은
필연적이다".469)

수아레즈는 이 공권력이 한 군주나 치자에게 소재하더라도 정치적 공동체
전체와 관련된 것임을 밝힌다.

공적 행동을 위해 명받은 그 공권력은 오직 군주나 최고치자에게만 소재하지만 공동
체 전체(the community as a whole)와 관계하고, 유효한 구속력과 강제력(efficacious binding
and compelling force)을 포함한다. (⋯) 공동체 안에서 최고권력을 가진 치자만이 인간
적 법, 또는 시민법을 만들 권력도 가진다. 마지막으로 이 최고권력이 일정한 형태
의 지배이지만, 전제주(despot)에 대한 엄격한 예속이 아니라, 오히려 공적 복종을

---

469) Suárez, *A Treatise on Laws and God the Lawgiver*, 422쪽.

요구하는 형태의 지배다. 그러므로 그것은 군주나 왕에게 소재하는 유형의 '관할권의 지배'다.470)

여기서 수아레즈는 여느 아리스토텔레스 독자처럼, 또는 벨라르민처럼 '참주(tyrant)'를 '전제주'로 혼동하고 있다. 그리고 공권력이 백성을 "엄격한 예속"으로 몰아넣는 참주적 권력이 아니라면, 앞의 제가적齊家的 노예관계로부터 정상적 공권력을 도출한 것은 오추리 또는 자가당착임이 드러난다.

한편, 수아레즈는 공권력 논의 도중에 '참주' 또는 '참주정'의 문제를 취급한다.

제국들이 참주적으로 확립되어온 것은 단지 인간적 수장 지위의 우연적 자질에 지나지 않는다. 의문의 첫 번째 확인과 관련하여 우리는 제국들과 왕국들이 종종 참주적 행동과 완력으로 수립되거나 찬탈되었다는 것을 인정한다. 그러나 우리는 이 사실이 이런 수장들의 본질적 성격이나 본성에 기인한다는 것을 부인하고 오히려 이 사실을 인간의 오용으로 돌린다. 결과적으로 우리는 한 걸음 더 나아가 왕국들이 바로 시초부터 이런 식으로 수립되었다는 것을 부인한다. 이것은 사례들에 의해 이미 뒷받침된 부인이다.471)

참주의 출현은 정치적·역사적 우연이지 본성적 필연이 아니라는 말이다. 그러나 수아레즈는 참주에 대한 백성의 저항문제는 일단 뒤로 돌린다.

수아레즈는 정치적 지배가 원죄 때문에 생겨났다는 ― 새 시대에 그를 골치 아프게 만드는 ― 전통적 교리를 먼저 폐기처분하고 정치적 지배의 필연성을 사회적 본성으로 돌리고자 한다.

아우구스티누스로부터 인용되는 두 번째 확인에 관해 나는 인용된 구절이 단순히 인간적 군주들이 본성으로부터 기원하지 않는다는 것을 뜻하지만, 그들이 본성에

---

470) Suárez, *A Treatise on Laws and God the Lawgiver*, 423쪽.

471) Suárez, *A Treatise on Laws and God the Lawgiver*, 426쪽.

반한다는 것을 뜻하는 것도 아니라고 답한다. 확실히 아우구스티누스는 여기서 이 인간 또는 저 인간의 지배는 본성의 일차적 디자인으로부터가 아니라 죄악에 의해 창출된 사건으로부터 유래한다는 견해를 표명한다. 그러나 그는 노예제와 예종 상태를 내용으로 하는 형태의 지배를 말하고 있다. 그리고 그레고리 대제는 통치권력에 관해 보다 명백하게 (정치권력이 원죄 때문에 생겨났다는 의견을 – 인용자) 표현한다. 그러나 그것은 강제적 권력과 그것의 행사에 관한 것으로 이해되어야 한다. 왜냐하면 직접적 권력에 관한 한, 순진무구 상태에서도 인간들 간에 이 권력이 존재했다는 것은 그럴싸하게 보이기 때문이다. 위계와 군주적 수장은 성서 (…) 등의 언어로부터 명백하듯이 천사들 사이에도 존재하는 법이다. 더구나 우리 자신의 선행적 논변들은 순진무구 상태에 적용할 수 있는 것으로 간주될 수 있다. 그 논변들은 죄악이나 질서의 결에 기초한 것이 아니라, 인간의 자연적 성향, 즉 사회적 동물이고 싶고 본성에 의해 공동체에 사는 삶의 양식을 요구하고 싶은 성향에 기초하기 때문이다. 그런데 이 후자, 공동체는 공권력에 의해 다스려질 것을 요구한다.[472)]

수아레즈는 '지배와 권력이 원죄 때문에 생겨난 것'이라는 아우구스티누스의 일반명제를 노예적·예종적 복종과만 관련된 것으로 한정해 해석함으로써 이 명제를 살려내는 한편, 노예적이지 않은 복종이 수반되는 군주적 지배와 위계질서는 원죄와 무관한 인간의 사회적 본성에서 생긴 것으로 정리하고 있다. 이 말은 마치 인간의 사회적 본성의 소산인 군주의 공권력은 강제력이 아니고 군주적 지배는 강제력을 수반하지 않으며, 원죄로 인해 생긴 지배만이 강제를 동반한다는 말처럼 들린다. 수아레즈는 이 점을 더욱 분명히 한다.

다른 한편, 강제(coercion)는 일정 정도의 무질서의 존재를 전제하고, 그러므로 강제와 관련해서 이 권력이 원죄의 결과로 도입되었다고 얘기될 수 있다. 유사하게, 남편에 대한 아내의 복종도 본성적이고, 이러한 복종은 순진무구 상태에서 존재할 것이다. 하지만 "너는 남편의 권력 아래 살아야 한다(Thou shalt be under thy husband's power)"는

---

472) Suárez, *A Treatise on Laws and God the Lawgiver*, 427쪽.

등의 말들이 이브에게 얘기된 것은 원죄의 범행 이후였다. 아우구스티누스가 시사하듯이 비례적으로 합당한 강제력(coercive force)과 관련된 사상이기 때문이다.473)

순진무구 상태의 지배와 복종의 존재에 대한 논의는 벨라르민의 논변을 차용한 것이다. 그런데 수아레즈는 상론했듯이 성서와 부합되지 않는 부부관계=권력관계라는 그릇된 가부장 테제에 입각해 아내에 대한 남편의 강제적 권력관계를 인정하고 이것을 원죄의 탓으로 돌리는 주장도 덧붙이고 있다. 결론적으로, 원죄에 기인하지 않은 '사회적 본성'에 기초한 공권력은 강제적이지 않다고 시사한다. 그러나 이런 주장은 "공권력은 유효한 구속력과 강제력을 포함한다"는 앞선 명제와 충돌한다. 수아레즈는 사회적 본성에 기초한 공권력이 아우구스티누스·그레고리 등이 수립한 중세 기독교의 전통 교리인 '원죄에 기인한 정치권력' 명제와 일으킬 모순을 피해보려고 해석상의 트릭을 부렸으나, 결국 이 트릭은 선행명제를 부정하는 '대형사고'로 귀착되고 말았다.

한편, 수아레즈는 인간들의 사회적 본성에 기인하는 공동체의 지배권과 공권력이 개인들에게 있는 것이 아니라 인간공동체 전체에 소재한다는 점을 강조한다. 이를 위해서는 왕이 권력을 직접 신으로부터 받았다는 '직접적 왕권신수설'을 부정해야 한다.

사안의 본성에 의해 이 권력이 신으로부터 수여받는 어떤 최고군주에게 소재하고 언제나 승계 과정을 통해 계속 특정한 개인에게 소재한다고 주장하는 특정한 교회법학자들을 참조하는 것은 이 문제와 관련해서 의례적이다. 교회법령집에 관한 해설이 인용되기도 한다. 하지만 인용된 구절은 단순히 왕의 아들이 합법적으로 왕이라는 진술을 포함하고 있을 뿐이다. 그러나 이것은 사실과 아주 다르다. 이 구절은 이 승계 방식이 인간들 사이에 영구적이라고 주장하지도 않는다. 또 다른 해설이 인용된다. 이 해설은 황제가 그의 권력을 오직 신으로부터만 받는다고 선언하기 때문이다. 그러나 배타적 단어 '오직 ~만(alone)'을 사용하는 이 해설은 황제가 그의 권력을 교황으

---

473) Suárez, *A Treatise on Laws and God the Lawgiver*, 427-428쪽.

로부터 받지 않는다는 것만을 뜻하려고 의도된 것이다. 그것은 황제가 권력을 인간
들로부터 받는다는 것을 부인하려고 의도된 것이 아니다. 왜냐하면 바로 이 구절
안에서 황제가 교회법령집에서 언급된 고대관습에 따라 군軍에 의해 세워졌다고 얘
기되고 있기 때문이다. 따라서 이 얘기된 견해는 (…) 출처도 없고 합리적 기반도
없다.474)

수아레즈는 일단 이렇게 직접적 왕권신수설을 부정했다. 그리고 이어서 그는
권력이 개인들에게 소재한다는 견해를 부정하고 전 인류에 소재한다는 견해를
두둔한다.

그러므로 우리는 사물의 본성에 입각해서만 고려되는 이 권력이 어떤 개인적 인간에
게가 아니라 오히려 전 인류 단체에 소재한다고 말해야 한다. 이 결론은 통상적으로
받아들여지고 확실하게 참이다. 성 토마스 아퀴나스가 군주는 법률을 만들 권력이
있고 이 권력은 공동체에 의해 군주에게 이양되었다고 생각하는 한에서 그의 말로부
터도 도출될 수 있다. (…) 이 결론의 첫 부분을 뒷받침해주는 기본이유는 명백하며,
우리의 논의 시초에 취급되었다. 그것은 사물의 본성에서 모든 인간은 자유롭게 태어
났고(in the nature of things all men are born free), 그리하여 결론적으로 어떤 인물도 다른
인물에 대한 지배권을 갖지 않은 만큼 어떤 인물도 다른 인물에 대한 정치적 관할권
을 갖지 않았고, 이러한 권력이 사물의 본성에서 다른 어떤 인물들보다 특정한 인물들
에게 귀속되어야 할 이유도 없다는 (…) 사실이다.475)

문제는 아담이 자기의 후예들에 대해 가진 권력이다. 수아레즈는 이것을 사실
로 인정하지만 이 권력을 '가정적' 권력으로 격하시킨다.

창조의 태초에 아담이 사물의 본성에서 모든 인간에 대한 우월권을, 따라서 주권을

---

474) Suárez, *A Treatise on Laws and God the Lawgiver*, 429-430쪽.
475) Suárez, *A Treatise on Laws and God the Lawgiver*, 430쪽.

보유했고, 그리하여 문제의 권력이 장자상속권의 자연적 기원을 통해서든 또는 아담 자신의 의지에 따라서든 그로부터 유래했다는 주장만을 만들 수 있을 것이다. 그래서 크리소스톰은 만인이 아담으로부터만 형성되고 출생했다고 선언했고 이로써 1인의 단독군주에 대한 복종을 시사했다. 하지만 우리는 단순히 아담의 창조와 그의 본성적 기원에 의거해 아담이 – 정치적 권력이 아니라 – 가정적(domestic) 권력을 보유했다고 추론할 수 있다. 왜냐하면 아담은 그의 아내에 대한 권력을 가졌고, 나중에는 자기 자식들이 해방될 때까지 그들에 대한 가부장권(patria potestas)을 가졌기 때문이다. 시간이 흐르면서 그는 종복들을 가졌을 수도 있고, 동일한 종복들에 대한 완전한 권력, 즉 '가정적' 권력이라고 불리는 권력을 가진 가구를 가졌을 수도 있다. 그러나 가정들이 증식하기 시작하고 개별적 가정들의 개인적 가장들이 분리되기 시작한 뒤에 이 가장들은 각각의 가구에 대한 동일한 권력을 보유했다.476)

여기서 수아레즈는 '가정적 권력'과 '정치적 권력'을 구별하지만 양자 간의 본질적 차이를 논하지 않고 있다. 아담과 가장의 가정적 권력이 상론한 대로 아내에 대해서는 존재하지 않고, 자식들에 대한 가부장권은 한시적이라서 비교적 영구적인 정치권력과 본질적으로 다르기 때문에 하는 말이다. 하지만 수아레즈가 '정치적 권력'을 '가정적 권력'과 구별하는 것은 그나마 다행이다.

하지만 정치권력은 많은 가정들이 하나의 완전한 공동체로 결집하기 시작할 때까지 나타나지 않았다. 따라서 이 공동체가 아담의 창조에서도 그의 의미에 의거해서만 시작하지도 않고 오히려 그 공동체 안에 집합한 모든 사람의 의지에 의해 시작했기 때문에 우리는 사물의 본성에서 아담이 언급된 공동체 안에서 정치적 우월권을 가졌다는 취지의 어떤 잘 근거지어진 진술도 할 수 없다. 이러한 추론은 본성적 원리로부터 도출될 수 없다. 왜냐하면 선조가 그의 후예에 대해 왕이기도 하다는 것은 자연법의 단순한 힘에 의거해 선조의 정당한 권리가 아니기 때문이다.477)

---

476) Suárez, *A Treatise on Laws and God the Lawgiver*, 431쪽.

477) Suárez, *A Treatise on Laws and God the Lawgiver*, 431쪽.

수아레즈는 정치권력과 가부장권을 구별함으로써 훗날 필머가 집중적으로 활용하게 되는 아담의 가부장제적 군주론을 미리 확실하게 부정해놓고 있다. 그는 아담군주설이 『성경』의 계시적 근거도 없다고 말한다. "우리는 신이 특별한 증여나 섭리의 조치를 통해 그런 권력을 그 선조에게 부여했다는 주장의 충분한 기반을 가지고 있지 않다. 왜냐하면 우리는 이런 취지의 어떤 계시도 받지 않았고, 성서가 우리에게 그렇게 증언하지도 않기 때문이다." 게다가 "신은 '인간을 인간들에 대해 지배권을 가져도 되도록 만들자'고 말한 것이 아니라, 오히려 '다른 생물들에 대해 지배권을 가져도 되도록 만들자'고 말했을" 뿐이라는 것이다. 그러므로 수아레즈는 "인간들에 대한 정치적 지배 또는 군림의 권력은 신에 의해 직접 어떤 특별한 인간적 개인에게 수여되지 않는다"고 결론짓는다.478)

그러므로 "문제의 권력은 자연법의 단독적 효력에 의해 전 인류 단위체(*the whole body of mankind*)에 소재한다". 수아레즈는 이것을 증명한다. "이 권력은 인간들에게 존재하되, 그것은 각 개인에게 존재하는 것도 아니고 어떤 특별한 개인에게 존재하는 것도 아니다. (…) 그러므로 그것은 집단적으로 고찰되는 인류에 존재한다."479) 그런데 이 인류대중은 두 종류가 있다. 하나는 어떤 질서도 어떤 물리적·도덕적 통합도 없고 우두머리도 없는 '일종의 집합'이고, 다른 하나는 군주나 우두머리를 가진 '정치적 단위체'다. "인류대중은 (…) 인류가 단일한 정치적 목적의 달성에서 서로를 도울 목적으로 하나의 동료적 유대를 통해 하나의 정치적 단위체로 함께하게 만드는 특별한 의지나 공동합의(*special volition, or common consent*)의 관점에서 고찰되어야 한다."480) 이 정치적 결속과 관련하여 수아레즈는 '신비적' 단체를 운위한다.

이렇게 보면 인류대중은 도덕적으로 말해서 본질적으로 단위체(*unity*)라고 불릴 수

---

478) Suárez, *A Treatise on Laws and God the Lawgiver*, 431-432쪽.

479) Suárez, *A Treatise on Laws and God the Lawgiver*, 432쪽.

480) Suárez, *A Treatise on Laws and God the Lawgiver*, 432쪽.

있는 단일한 신비적 단체(a single mystical body)를 형성한다. 따라서 이 단체는 단일한 우두머리를 요한다. 그러므로 그 자체로 본 이런 유형의 공동체 안에는 사물의 본성에서 우리가 말하고 있는 그 권력이 존재하고, 그리하여 인간은 이러한 집단을 형성할 때 이 권력에 장애물을 세워서는 아니 된다. 결과적으로 우리가 인간을 두 대안을 다 원하는 것으로 – 말하자면 집합을 원하되 (말하자면) 인류대중이 얘기된 권력에 복종하지 않아야 한다는 조건에서 집합을 원하는 것으로 – 생각한다면, 상황은 자기모순적일 것이다. 따라서 이런 인간들은 그 어떤 유효한 목적도 달성하지 못할 것이다. 왜냐하면 정치적 통치나 이에 대한 성향 없이 통일된 정치단체를 생각하는 것은 불가능하기 때문이다. 첫째, 이 단위체는 커다란 수준에서 하나의 동일한 지배와 우월한 공동권력에 대한 복종으로부터 생겨나는 것이다. 나아가 이러한 통치가 없다면 이 단체는 공동목적과 일반적 복지를 지향할 수 없는 것이다. 게다가 공동체의 개인적 구성원들이 복종해야 하는 공동권력의 존재를 요청하지 않고 단일한 정치단체의 형태로 통합된 인간집단의 존재를 가정하는 것은 본성적 이성에 반한다. 그러므로 이 권력이 어떤 특별한 개인에게도 소재하지 않는다면, 그것은 반드시 공동체 전체에 존재해야 한다.[481]

수아레즈는 여기까지 정치권력이 신에게서 유래하지 않고 '공동체 전체' 또는 '만백성'에 소재한다는 결론을 도출하는 심혈을 기울인다. 그런데 '공동체 전체'는 '인류 전체'가 아니라 이 인류가 '분할된' 여러 단위체들을 뜻한다.

모든 인간이 하나의 단일한 정치공동체에 집합하는 것이 본성의 보존과 안녕에 필수적인 것이 아닌 만큼, 문제의 권력은 사물의 본성에 의해 전 세계를 관통하는 전 인류 또는 전체 인간집합의 관점에서의 하나의 단일한 권력이 되는 식으로 인류대중에 소재하는 것이 아니다. 반대로 그것은 가능하지도 않을 것이고, 더욱이 편리하지도 않을 것이다. 왜냐하면 아리스토텔레스는 너무 많은 주민을 가진 도시를 바르게 다스리는 것은 어렵다고 올바로 말했다. 따라서 이 어려움은 지나치게 큰 왕국의

---

481) Suárez, *A Treatise on Laws and God the Lawgiver*, 432-433쪽.

경우에 훨씬 더 클 것이고, 전 세계와 관련되면 단연 더 클 것이다. 결과적으로, 내게
는 우리가 말하는 권력이 이런 식으로 인류의 전체적 집합체에 존재하지 않았다는
것, 또는 그것이 극히 짧은 기간 동안 그런 식으로 존재했다는 것, 그리고 반대로
세계창조 후에 곧 인류가 판이한 형태의 권력들이 각립하는 다양한 국가들로 분열하
기 시작했다는 것이 그럴싸해 보인다.[482]

따라서 정치권력도 이 분열된 공동체들에 분할되어 각기 존재한다. 그러나
수아레즈는 결합한 인간들의 집단으로부터 저절로 형성되는 – 필자가 상론한
– '사회적 힘'을 신비스럽게 생각하면서 이 힘 자체의 출처를 '인간들'이 아니라
'신'으로 제시한다.

　수아레즈는 먼저 묻는다. "인간의 법을 만드는 권력이 본성의 조물주이신
신에 의해 직접 인간들에게 주어졌는가?" 이 물음에 대해 그는 '아니오'라고
답한다. "인간들이 하나의 정치단체로 결속하기 전에 이 권력은 전체적 개인이
든 부분적 개인이든 개인들에게 소재하는 것이 아니고, 나아가 투박한 인류대
중이나 집합에도 존재하지 않는다고 주장되어야 한다. (⋯) 그러므로 권력은
인간들로부터 직접 흘러나올 수 없다."[483] 그리하여 그는 인간들이 사회적으로
조직될 때 발생하는, 개인들의 힘의 총합을 뛰어넘는 신비스러운 '사회적 힘'으
로서의 이 정치권력의 출처를 인간들에게 '사회화의 본성'을 만들어준 창조주
로서의 '신'으로 제시한다.

　이 문제에 관하여 공통의견은 인간들이 어떤 의미에서 관련된 문제를 처리해 수령자
를 권력을 휘두를 수 있게 만들지만 말하자면 권력의 수여자이신 신이 형상(form)을
부여하는 식으로 본성의 창조주이신 신이 직접 문제의 권력을 수여한다는 견해인
것으로 보인다. (⋯) 더구나 우리는 내가 위에서 언급한 것처럼 인간들이 정치공동체
로 함께하기로 의욕했다면 이 관할 권력에 장애물을 세우는 것은 그들의 권한에 들

482) Suárez, *A Treatise on Laws and God the Lawgiver*, 433쪽.

483) Suárez, *A Treatise on Laws and God the Lawgiver*, 435쪽.

어 있지 않다는 사실을 논변으로 제시할 수 있을 것이다. 이것은 관할권이 참된 작용인으로부터 유출되듯이 인간들의 의지로부터 유출되는 것이 아니라는 시사다. (…) 이 견해는 "신으로부터 나온 권력 외에 어떤 권력도 없으므로 권력에 저항하는 자는 신의 명령에 저항하는 것이다"라고 말하는 성 바울에 의해 확인된다.[484]

여기서 수아레즈는 바로 궤변을 농하고 있다. 이 궤변의 핵심논리는 인간들이 사회적 본성의 발휘에 의해 하나의 단체로 조직되었고, 그리하여 이 사회화된 인간들의 신비스러운 '사회적 힘'으로서 정치권력이 생겨났는데, 이 사회적 본성을 만들어준 자가 신이므로 이 정치권력의 창작자가 궁극적으로 신이고 이 신이 정치권력의 주인이라는 것이다. 그리하여 권력에 저항하는 것은 신의 명령에 저항하는 것이고, 지상의 군왕에게 저항하는 것은 신에게 저항하는 것이 된다. 그러나 어떤 사람이 내게 어떤 도구를 선물로 주었다면, 이 도구는 나의 것이다. 그리고 이 도구로 내가 어떤 물건을 제작하면 이 제작된 물건도 나의 것이다. 신이 인간에게 사회적 본성을 주었다면, 이 사회적 본성은 인간의 것이다. 그리고 인간들이 이 사회적 본성을 발휘하여 공동체를 만들었다면 이 공동체도 인간들의 것이다. 그리고 '사회적 본성'의 표출로서 이 공동체에 소재하는 '사회적 힘'으로서의 권력도 인간들의 것이다. 그러나 수아레즈는 "형상의 수여가 이 형상에 뒤따르는 것의 수여를 포함하듯이 이 권력은 신에 의해 본성으로부터 나오는 특징적 자산으로서 부여된 것"이라고 주장한다.[485] 수아레즈의 이 주장은 내가 어떤 사람으로부터 선물로 받은 도구로 물건을 제작하면 이 제작된 물건이 도구를 선물한 사람의 것이라는 식의 엉터리 논변과 유사한 것이다. 여기서 직접적 왕권신수설을 부정하고 벨라르민의 간접적 왕권신수설을 이어가려는 수아레즈의 기도는 이런 엉터리 논변 때문에 파탄나고 말았다.

하지만 수아레즈는 '간접적 권력신수설' 또는 '본성적 왕권신수설'의 전모를

---

484) Suárez, *A Treatise on Laws and God the Lawgiver*, 436쪽.

485) Suárez, *A Treatise on Laws and God the Lawgiver*, 437-438쪽.

이렇게 요약한다.

나는 인간들이 함께 모여 하나의 완전한 공동체로 조직되어 들어가 정치적으로 통합

될 때까지 이 권력이 인간본성 속에서 표명되지 않는다고 천명한다. 나의 주장은

다음과 같이 입증된다. 얘기된 권력은 분리되어 고찰되는 개인적 인간들에게 소재하

지 않고, 말하자면 혼돈스럽게 무질서한 방식으로, 하나의 단체로 구성원들의 통합

없이 집단화된 인간들의 대중이나 군중 속에 소재하지도 않는다. 그러므로 이러한

정치적 단체는 이 종류의 권력이 인간들 속에서 발견되기 전에 구성되어야 한다.

왜냐하면 ─ 적어도 본성의 질서 속에 ─ 권력의 작인은 권력 자체의 존재에 앞서

존재해야 하기 때문이다. 하지만 일단 이 단체가 구성되면 문제의 권력은 지체 없이,

그리고 본성적 이성의 힘으로 그 안에 존재하게 된다. 결과적으로, 권력은 다른 방식

으로가 아니라 바로 그 존재의 방식으로 이미 구성된 이러한 신비적 단체로부터 결

과하는 특징적 자산으로 존재한다고 올바로 가정된다. 그러므로 인간이 ─ 인간이

창조되고 이성의 사용권을 가졌다는 사실에 의해 ─ 그 자신과 그의 능력, 그리고

이 능력 사용을 위한 신체부위들에 대한 권력을 보유하고 이런 이유에서 본성적으로

자유로운 만큼(말하자면, 그가 그 자신의 행동의 노예가 아니라 주인인 만큼), 인류의 정치

적 단체는 인류가 그 자신의 방식으로 창조되었다는 바로 그 사실에 의해 그 자신과

자치(self-government)의 능력을 보유하고, 이것의 귀결로서 정치적 단체는 단체 자체의

구성원들에 대한 권력과 특유한 지배권도 보유한다. 더구나 유사한 추리 과정에 의

해, 근인近因 ─ 말하자면, 각 인간을 낳는 부모 ─ 의 개입이 없지 않게 자유가 본성의

조물주에 의해 모든 인간 개개인에게 주어졌던 것처럼, 우리가 취급하는 권력은 이

완전한 공동체로 모여 조직되는 인간들 쪽에서의 의지와 동의의 개입(intervention of

will and consent)이 없지 않게 본성의 조물주에 의해 인류의 공동체에 주어진다. 그럼에

도 불구하고 전자의 경우에 부모의 의지가 자식생산과만 관련해서 필수적이지만 자

식에게 자유나 ─ 부모 쪽에서의 어떤 의지의 작용에도 본질적으로 달려 있지 않고

반대로 자연본성의 결과인 ─ 다른 본성적 능력들을 품부하는 어떤 의지의 작용도

없는 것처럼 논의 중의 문제와 관련해서도 인간 의지는 인간들이 단일하고 완전한

공동체로 통합할 수 있도록 필수적이지만 인간들 쪽에서의 어떤 특별한 의지작용도 이 공동체가 문제의 권력을 보유할 목적으로 요구되지 않는다. 이 권력은 오히려 사물의 본성으로부터, 그리고 본성의 창조주의 섭리로부터 생겨나는바, 이런 의미에서 권력은 창조주에 의해 직접 수여된 것으로 올바로 얘기된다.486)

여기서 수아레즈가 말하는 "자치"는 공자가 말하는 '백성자치'가 아니라 신의 통치와 대비되는 '인간자치'를 말한다. 아무튼 수아레즈의 자못 정교한 이 논변 속에는 바로 앞서 상론한 궤변이 숨겨져 있다.

한편, 수아레즈는 공동체의 권력 자체가 인간의 사회적 본성을 매개로 간접적으로 본성의 창조주이신 '신'에 의해 공동체에 주어졌다는 간접적 권력신수설을 뒤로하고 벨라르민처럼 특정한 인간들에게 부여되는 구체적 권력형태, 또는 구체적 통치형태에 대한 선택은 공동체, 또는 공동체의 인간들에 의해 결정된다는 입장을 취한다.

문제의 권력이 절대적 의미에서 자연법의 효력일지라도 권력과 통치의 일정한 형태로서의 그것의 특수한 적용은 인간의 선택에 좌우된다. 이 추론은 다음과 같이 설명될 수 있다. 정치적 통치는, 플라톤의 『정치가』나 『왕권』, 『국가론』에 관한 대화에서 플라톤에 의해, 그리고 『정치학』과 『윤리학』에서 아리스토텔레스에 의해 설명된 독트린에 의하면, 세 가지 단순한 형태를 취한다. 이 형태들은 군주정, 즉 하나의 수장에 의한 통치와 귀족정, 즉 소수의 최선의 인물들에 의한 통치, 그리고 민주정, 즉 많은 평민들에 의한 통치다. 이것들로부터 다양한 혼합 통치형태들, 말하자면 세 형태에서 뽑거나 그중 두 형태에서 뽑는 것에 의해 이 단순한 형태들을 혼합한 형태들을 만드는 것은 가능하다. 벨라르민은 참조할 수 있다. 그는 이 문제를 아주 상세하고 만족스럽게 다루었기 때문이다. 그리하여 인간은 단순히 자연법에 의해 이 통치형태들 중 하나를 골라줄 필요가 없다.487)

---

486) Suárez, *A Treatise on Laws and God the Lawgiver*, 438-439쪽.

487) Suárez, *A Treatise on Laws and God the Lawgiver*, 441-442쪽.

그러나 수아레즈는 이 말을 어기고 벨라르민과 달리 바로 군주정을 최선의
통치형태로 규정한다.

군주정은 최선의 통치형태. 정말로, 우리는 군주정이 세 형태 중 가장 좋은 것임을
인정한다. 이것은 아리스토텔레스가 완전하게 증명하고, 우리가 우주 전체의 통치와
섭리적 설계로부터 가장 탁월한 것이어야 하는 통치와 설계를 추론할 수 있어 아리
스토텔레스가 (『형이상학』, Bk. XII, 끝[1076a]에서) "그러므로 한 명의 군주가 있게
하라"고 결론지은 것과 같다. 이 결론은 우리 주 그리스도의 사례에 의해서도 그의
교회의 제도와 통치에서 뒷받침된다. 그리고 마지막으로, 모든 나라의 지배적 관행
은 동일한 견해에 유리한 논거다.[488]

그러나 수아레즈는 다시 이 견해를 상대화하고 원래의 입장으로 되돌아간다.

내가 말하고 있듯이 우리가 이것이 참이라고 인정할지라도 다른 통치형태들도 반드
시 나쁜 것이 아니라 반대로 훌륭하고 유용하다. 그리하여 결과적으로 인간들은 자
연법의 순수한 힘에 의해 이 권력을 한 개인에게 또는 여러 사람에게, 또는 만인에게
소재하게 하도록 강요되지 않는다. 그러므로 권력의 소재에 대한 결정은 반드시 인
간적 선택에 의해 이루어져야 한다. 더구나 경험은 이 가장 탁월한 통치유형과 관련
해서 굉장한 다양성을 유사하게 보여준다. 왜냐하면 군주정은 이곳저곳에서 발견될
지라도 단순한 형태로 나타나는 경우는 아주 드물기 때문이며, 이는 – 인간성의
취약성, 무지, 사악성이 전제되면 – 수많은 사람들에 의해 수행되는 어떤 공치의
요소들을 가하는 것이 보통 편리하고 이 공동요소는 다양한 관습과 인간들의 판단에
따라 더 크기도 하고 더 적기도 하기 때문이다. 따라서 이 전체적 문제는 인간적
협의와 인간적 선택에 달려 있다.[489]

---

488) Suárez, *A Treatise on Laws and God the Lawgiver*, 442쪽.
489) Suárez, *A Treatise on Laws and God the Lawgiver*, 442쪽.

이 논의를 전제로 수아레즈는 왕권신수론이 적용될 수 있는 성서적 사례를 예외적 사건으로 돌리고 왕권민수론을 일반적 원칙으로 제시한다.

시민적 권력은 – 법의 바른 정규적 과정 속에서 – 1인의 개인적 인물, 즉 군주에 소재하더라도 직간접적으로 공동체로서의 백성(the people as a community)으로부터 유래했다. (⋯) 우리가 상론한 것에 의해 제공된 이 견해에 대한 이유는 이 권력이 사물의 본성에서 직접적으로 공동체에 소재한다는 사실이다. 그러므로 주권적 군주로서의 한 개인에게 정당하게 소재하기에 이르기 위해서는 이 권력이 반드시 공동체의 합의에 의해 그에게 주어져야 한다.490)

그러나 수아레즈는 군주제적 권력의 세 가지 권원權源(성서에 기록된 신의 왕권 수여, 왕권의 세습적 승계, 정의의 전쟁에 의한 왕권의 수립)을 제시한다.

왕권의 첫 번째 권원은 신으로부터 직접 유래한다. 문제의 권력은 신 자체에 의해 직접 왕에게 수여된 것으로 간주될 수 있다. 그러나 이러한 왕권 수여는 – 사울과 다윗의 경우에 그런 것처럼 – 때로 발생하기도 했을지라도 권력 부여의 양식을 보면 예외적이고 초자연적이었다. 하지만 섭리의 통상적이고 일상적인 과정에서 이런 경우들은 일어나지 않는다. 왜냐하면 – 본성적 질서에서 – 인간들은 공적 업무에서 계시에 의해서가 아니라 본성적 이성에 의해 다스려지기 때문이다.491)

왕권의 두 번째 권원은 궁극적으로 백성의 동의(합의)의 경우로 환원되는 '세습적 승계'다.

그런데 우리는 첫 보유자에 관해 그가 어디서 왕국과 권력을 도출했는지를 묻는다. 이 첫 보유자는 이 권력을 내재적으로, 그리고 자연법에 의해 보유하지 않기 때문이

---

490) Suárez, *A Treatise on Laws and God the Lawgiver*, 443쪽.

491) Suárez, *A Treatise on Laws and God the Lawgiver*, 443-444쪽.

다. 그렇다면 승계에 의한 권원은 이 권력이 주권자에게 소재할 때 이 권력의 일차적 원천일 수 없다. 그러므로 첫 보유자는 최고권력을 국가로부터 직접 도출했음이 틀림없는 반면, 그의 승계자들은 간접적으로, 그러나 근본적으로 동일한 원천으로부터 이 권력을 도출해야 한다.492)

그리고 수아레즈는 왕권의 제3 권원을 정전正戰('정의의 전쟁')으로 제시한다.

왕권의 세 번째 권원은 타당한 권원과 지배권을 부여하기 위해 정의로운 전쟁이어야 하는 전쟁의 토대에서 생겨나곤 한다. 결과적으로, 많은 사람들은 왕국들이 원천적으로 참된 권력보다 참주적 권력을 통해 도입되었다고 생각한다. (…) 따라서 단지 부정한 완력만을 통해서 왕권을 쥘 때는 어떤 참된 입법적 권력도 왕에게 부여되어 있지 않다. 그러나 시간이 흐르면 백성이 이런 주권에 동의를 부여하고 묵인하는 일이 있을 수 있는데, 이런 경우에 문제의 권력은 다시 한 번 백성 측에서의 이양과 수여의 행위로 소급된다. (…) 그리고 최종적으로 우리가 문제를 충분히 고찰하면 1인의 왕에 대한 이런 복종이 정의의 전쟁에 의해 강제될 때 그가 그 전쟁을 선포할 수 있는 왕권을 보유하는 것으로 전제된다. 그리고 이 권력은 단순히 (말하자면) 그의 왕국의 권력의 정당한 확장이다. 그리하여 이런 왕권은 언제나 전쟁을 통해서가 아니라 백성의 정의로운 선출과 동의를 통해 이 왕권을 획득한 어떤 개인으로 소급될 것이다.493)

따라서 첫 번째의 경우, 성서에 기록된, 신의 직접적 왕권 수여의 경우를 제외하고 세습적 승계와 정의의 전쟁에 의한 왕권 획득은 결국 백성의 동의로 귀착된다.

수아레즈는 상론했듯이 정치권력 '자체'의 원천을 신으로 보지만 특정한 개인(들)에게 부여된 구체적 권력의 원천은 확고하게 인간의 동의로 규정한다.

---

492) Suárez, *A Treatise on Laws and God the Lawgiver*, 444쪽.

493) Suárez, *A Treatise on Laws and God the Lawgiver*, 445쪽.

결과적으로, 빅토리아는 왕권이 신법으로부터 유래한 것으로, 그리고 인간적 선택의 개입과 함께 신에 의해 주어진 것으로 묘사되어야 한다고 생각했다. 반면, 베르트란디, 드리에도, 그리고 카스트로는 반대의 독트린을 견지한다. 우리가 왕권 자체의 공식적 의미에서 말한다면, 그리고 그것이 한 인간에게 존재하는 한에서, 이 독트린이 의심할 바 없이 참된 독트린이다. 왜냐하면 정치적 관점에서, 그리고 그 본질에서 본 이 통치권력은 내가 말한 것처럼 의심할 바 없이 신으로부터 유래하기 때문이다. 하지만 이 통치권력이 한 특별한 개인에게 소재한다는 사실은 - 이미 증명했듯이 - 국가 자체 쪽의 인가로부터 결과한다. 그러므로 이런 의미에서 문제의 권력은 인간의 법과 관련된다. 더구나 이러한 국가나 지방의 통치의 군주제적 본성은, 이미 입증했듯이, 인간적 재량에 의해 발생한다. 그러므로 군왕의 보위寶位 자체는 인간들로부터 유래한다. 이 유래의 또 다른 증거는 왕의 권력이 왕과 왕국 간의 계약이나 협정에 따라 더 크기도 하고 더 작기도 하다는 사실이다. 그러므로 절대적으로 말해서 이 권력은 인간들로부터 도출되는 것이다.494)

수아레즈는 구체적·개인적 군왕들의 "이 권력은 인간들로부터 도출되는 것"이라고 분명히 말한다. 그러면서도 그는 성서에서 신이 사울·다윗 등 개인적 인간에게 직접적·초자연적으로 왕권을 주는 것과 비교하다가 백성이 직접 주는 이 개인적 왕권도 간접적으로는 신으로부터 오는 것이라고 오추리한다.

이 권력이 신으로부터 유래하는 두 가지 길이 있다. 말하자면, 그것은 본성적으로 본성의 창조주로부터 유래하듯이 유래할 수 있고, 초본성적(초자연적)으로 은혜의 창조주로부터 유래하듯이 유래할 수 있다. (…) 따라서 문제의 권력이 직접적으로 인간들로부터 수여되면서 간접적으로 신으로부터 수여될 수도 있다는 것은 명백하다. 진실로 이것은 본성적 권력(natural power)의 경우에 그렇다. 권력은 직접 공동체에 소재할지라도 공동체에 의해 왕이나 군주, 또는 원로원 위원들에게 수여된다. 권력은 공동체에 의해 직접 관리되는 식으로 공동체 전체 안에 유보되어 있는 경우가 거의

---

494) Suárez, *A Treatise on Laws and God the Lawgiver*, 446쪽.

또는 결코 없기 때문이다. 그럼에도 불구하고 권력이 특정한 개인에게 이양된 뒤에, 그리고 다양한 계승과 선출의 결과로 수많은 개인들의 소유로 넘어갈지라도, 공동체는 언제나 그것의 직접적 소유자로 간주된다. 시원적 수여행위에 의해 권력을 다른 소유자들에게 이양하는 것은 공동체이기 때문이다.[495]

인간의 "본성적 권력", 즉 신의 관여 없이 인간이 직접 결정하는 권력의 경우에 "직접적으로 인간들로부터 수여되면서 간접적으로 신으로부터 수여될 수도 있다"는 논변은 공동체가 구체적 개인에게 주어지는 권력형태를 선택하는 것까지도 '간접적 왕권신수설'로 둔갑시키는 것이다. 그러나 이 논변은 공동체적 권력 '자체'의 간접적 신수설神授說과 같아져서 신에 의한 권력 자체의 간접적 수여 이론을 백성에 의한 통치형태의 직접적 선택의 이론과 구별하는 의미가 없어지고 만다.

한편, 수아레즈는 왕권부여 후의 국가(백성)의 잔여주권을 인정하지 않고 국가가 특정한 개인에게 왕권을 부여한 뒤에는 왕이 국가보다 더 우월하다고 말한다.

동일한 결론으로부터의 또 다른 연역은 왕국이 왕에게 권력을 주었으므로 왕보다 더 우월하다는 것이다. 여기로부터 그 이상의 추론, 즉 왕국이 그래야 한다면 그 왕을 선택하고 폐위하거나 바꿔도 된다는 추론이 도출되는데, 이것은 몽땅 그릇된 연역이다.[496]

수아레즈는 "왕을 선택하고 폐위하거나 바꿔도 된다"는 이 연역의 "몽땅 그릇됨"을 자기의 자유를 양도한 노예의 예를 들어 논증한다.

성서로부터 인용되는 구절들은 두 가지 의미를 가진 것으로 해석되어야 한다. 하나는 다음과 같다. 문제의 권력은 그 자체로서 보면 신으로부터 유래하고 신적 의지와

---

495) Suárez, *A Treatise on Laws and God the Lawgiver*, 449-450쪽.

496) Suárez, *A Treatise on Laws and God the Lawgiver*, 446쪽.

합치된다. 다른 의미는 문제의 권력이 왕에게 이양되었다는 것을 가정하면 왕이 이 제 신의 대리인이고 자연법은 그가 복종받는다는 것을 의무적인 것으로 만든다. 이 경우는 판매에 의해 자기 자신을 넘겨 타인의 노예가 되는 사적 개인의 경우와 유사한 것이다. 그리하여 결과하는 지배권력은 절대적인 의미에서 인간적 유래를 가진 것이지만, 노예는 – 일단 계약이 체결되었다고 가정하면 – 신법과 자연법에 의해서도 그의 주인에게 복종해야 한다. (…) 일단 권력이 왕에게 이양되었다면 왕은 이 권력을 통해 이 권력을 부여한 왕국보다도 더 우위에 있게 만들어지는 것이다. 왜냐하면 이 부여에 의해 왕국은 굴복했고 이전의 자유를 박탈당했기 때문이다. 이것은 우리가 예증으로 언급한 노예의 경우에 적당한 비례로 명백하게 참인 것과 같다. 더구나 동일한 추리에 따라 왕은 이 권력을 박탈당할 수 없다. 어쩌다가 왕이 참주정에 빠져들어 이런 이유에서 왕국이 그에게 정의의 전쟁을 수행하지 않는다면 (…) 그가 이 권력의 참된 소유권을 획득하기 때문이다.[497)]

이것은 국가가 한번 왕권을 어떤 개인에게 수여하면 그가 참주로 전락하는 경우가 아니라면 되찾을 수 없다는 말이다. 수아레즈는 귀족정적·민주정적 요소들을 혼합한 군주정을 언급했으면서도 심각한 이중적 오추리를 통해 '제한 군주정'이 아니라 '절대군주정'을 지향하고 있다. 수아레즈가 국가와 군왕 간의 '계약'을 언급하는 바대로 왕과 국가의 관계가 계약관계라면 왕이 폭군으로 전락하지 않더라도 국가 또는 백성은 왕이 모종의 계약의무를 위반하면 이 계약을 파기하고 권력을 되찾을 수 있다. 수아레즈는 여기서 첫 번째 오추리를 범하고 있다. 또한 왕과 국가 간의 계약을 일종의 '노예계약'으로 간주하고 있다. 그러나 아리스토텔레스에 의하면, 군주정은 백성의 이익을 추구하고 백성을 시민으로 대하는 반면, 참주정은 백성을 이용해 참주의 이익을 추구하고 백성을 노예로 대한다. 그의 말대로, 백성을 노예로 대하는 군주정은 참주정이므로 타도해도 된다. 따라서 왕과 국가 간의 계약을 일종의 '노예계약'으로 보면서도 왕에 대한 백성의 폐위의 권리를 부정한 것은 그의 두 번째 오추리다.

---

497) Suárez, *A Treatise on Laws and God the Lawgiver*, 446-447쪽.

그리고 노예도 해방될 수 있고 또 포기한 자유를 되살 수도 있다. 수아레즈는 노예계약을 '해소불가한 것'으로 여겨 왕권이 양도된 뒤에 다시 왕권을 되찾을 국가(백성)의 권리를 부정하고 있다. 이것은 그의 세 번째 오추리다. 백성이 계약을 통해 이양한 권력을 되찾을 수 없다는 이 엉터리 논변은 나중에 '리바이어던'의 이름으로 절대군주제를 옹호한 홉스에게로 전수된다.

■ 폭군방벌론?

수아레즈는 『법률과 입법자 신에 관한 논고』(1612)에서 자연적 자유·평등론과 왕권신수·민수론을 이렇게 논한 데 이어 『가톨릭과 사도 신앙의 옹호(A Defence of the Catholic and Apostolic Faith)』(1613)에서 폭군문제로 관심을 돌린다. 이 책이 출판된 시기는 중국의 반정론反正論과 혁명론이 유럽에 충분히 알려진 시기였다.

수아레즈는 기존의 신학자들을 따라 일단 참주(폭군)를 두 종류로 구분한다.

정당한 권원權源에 의해서가 아니라 완력에 의해 부당하게 왕위를 장악한 유형의 참주가 있다. 이 참주들은 실제로 군왕도 아니고 치자도 아니지만, 왕의 지위를 간단히 찬탈하고 왕의 역할을 흉내 낸다. 참된 치자이고 정당한 권원에 의해 왕위를 보유할지라도 통치권력의 사용에서 참주적으로 다스리는 또 다른 유형의 참주가 있다. 특유하게도 그는 만사를 자기의 사적 이익으로 돌려 공동이익을 소홀히 하거나 약탈·학살·부패 또는 유사한 다른 행위들의 부당한 범행으로 자기 신민들을 공적 효과로, 그리고 수많은 경우에 부당하게 박해한다. 이러한 치자는 가령 네로인데, 아우구스티누스는 네로를 신이 때때로 허용하는 폭군으로 쳤다. 왜냐하면 아우구스티누스는 「잠언」의 구절 "나로 말미암아 왕들이 다스리고 나로 말미암아 폭군들이 지상에 지배권을 가진다(By me kings reign and tyrants by me hold sway over the earth)"를 읽었기 때문이다. 더구나 기독교도 사이에서도 신민들을 이단으로, 또는 어떤 형태의 배교로든, 또는 어떤 공적 분열로든 이끄는 그런 기독교군주는 이런 부류에 속한다.498)

498) Francisco Suárez, *A Defence of the Catholic and Apostolic Faith* [1613], 805쪽. Francisco Suárez,

이 두 종류의 폭군(참주)의 분류는 백성을 노예로 대하고 백성의 공익이 아니라 자기의 사익을 추구하는 군주를 '참주'로 규정한 아리스토텔레스의 '참주' 정의와 아무런 관련이 없는 '헛소리'다. 한편, 마지막 구절은 나중에 기독교군주들 중 개신교군주를 파문·폐위하는 논리를 만들기 위해 복선을 까는 말이다. 그런데 아우구스티누스가 읽었다고 하는 「잠언」의 해당 구절(8:15-16)은 완전히 오역되었다. 현대의 교정된 성서 번역본은 "*By me kings reign, and princes decree justice. By me princes rule, and nobles, even all the judges of the earth*"이다. 즉 "왕들은 나로 말미암아 다스리고, 군주들은 나로 말미암아 사법司法한다. 군주들은 나로 말미암아 군림하고, 귀족들, 그리고 지상의 모든 판관도 그렇다". 이 교정본에서는 왕과 군주, 귀족과 판관들이 다 등장하지만 '폭군'에 대한 언급은 없다. 따라서 아우구스티누스와 수아레즈가 읽은 성서 번역본이 얼마나 오역을 저질렀는지만이 아니라, 얼마나 당시 폭군들에게 아첨했는지도 알 수 있다.

따라서 수아레즈가 극동에서 들어온 '이교적' 폭군방벌론을 정당화하기 위해서는 얼마나 극복하기 어려운 다양한 장애물들을 피하고 돌파해야 했는지를 짐작케 한다. 그는 당장 아퀴나스의 참주살해금지론과 콘스탄스 회의(Constance Council) 제15회기(1418)의 사적 참주살해금지령을 돌파해야 했다.

군주는 그의 통치가 참주적일지라도 사적 권위에 의해 합법적으로 살해될 수 없다. 그렇다면 논의 중의 문제는 참주적으로 지배하는 합법적 군주들과 주로 관계된다. 왜냐하면 영국 왕(제임스 1세)이 관련되는 것은 그가 이런 군주이고 우리에 의해 이 합법적 군주집단의 하나로 간주되기 때문이다. 따라서 우리는 정통적 군주가 참주적으로 지배한다는 이유에서, 또는 그 어떤 범죄 때문에 사적 권위로 그를 정당하게 살해할 수 없다. 이 명제는 통상적으로 받아들여지고 확실하게 참이다. 이것은 아퀴나스가 이것을 탁월한 도덕적 논변에 의해 확증하는 『통치원리론(*De Regimine Principum*)』에서 수립했다. (…) 반대의 독트린은 이단으로 단죄된다. 동일한 진리는 상세하게

Selections from Three Works, ed. by Thomas Pink (Indianapolis: Liberty Fund, Inc., 2014).

수립되었고, 반대의 신앙은 콘스탄스 회의(제15회기)에서 이단으로 선고되었다. (⋯)
이 회의에서 다음 명제에 대한 비판이 통과되었다. "참주는 어떤 봉신이나 신민이든,
심지어 음모책략과 감언이설 또는 아부의 방법에 의해서든 그 지배자에게 기旣선언
된 어떤 맹세나 참주와 맺어진 어떤 계약에도 불구하고 그리고 어떤 재판관의 선고
나 위임명령도 기다리지 않고 합법적으로, 그리고 공로를 인정받으며 살해해도 되고
또 살해해야 한다." 나아가 이 회의의 선언에 의하면 방금 말한 명제를 고집스럽게
옹호하는 사람들은 이단이고 그 자체로서 처벌을 받아야 한다. 왜냐하면 이 선언은
(모든 현대적 권위들의 해석에 의해) 그들의 권원의 관점에서나 왕좌의 찬탈으로부
터가 아니라 단순히 지배방식에서 참주인 지배자들에게 적용되기 때문이다. 이 사실
은 이 결정의 바로 그 언어에 함의되어 있다. 왜냐하면 '봉신'과 '신민'이라는 술어들
은 참된 군주나 상위자와의 관계에서만 정확하게 사용되고, 더구나 "기旣선언된 어
떤 맹세에도 불구하고"라는 구절은 이 표현법이 일반적인 한에서 참된 왕 앞에 합법
적으로 행해지는 맹세도 포함하고 있음이 틀림없기 때문이다.[499]

이런 한정적 해석에 잇대서 수아레즈는 폭군의 개인적 암살도 찬양한 콘스탄스
종교회의에서 이단으로 단죄된 위클리프(John Wycliffe, 1320-1384)와 후스(Johannes
Huss, 1372-1415)의 입장을 왜곡해 비판한다.

따라서 문제의 이 명제의 저작자가 적어도 권원과 관련된 참주든, 아니면 지배방식
과 관련된 참주든 모든 참주를 일반적으로 지칭하고 있다는 것은 의심할 바 없다.
그의 술어와 정교한 표현들은 이것이 사실이라는 것을 명백히 시사해주고 있다. 이
것이 위클리프와 후스의 오류다. 이 명제가 세속적 군주들이 어떤 치명적 죄악을
범하든 이 때문에 그들의 주권을 그 자체로서 상실했고 이런 이유에서 그들의 신민
들에 의해 임의로 탄핵받을 수 있었다고 생각하는 위클리프와 후스의 독트린에서
유래한다는 추가적 논변도 있다. 이것은 동일한 콘스탄스 종교회의(제8회기)에 의해
도달한 문제명제의 해석이다. 나아가 종교회의는 싹쓸이 식의 보편성 및 모든 그

---

499) Suárez, *A Defence of the Catholic and Apostolic Faith*, 805-806쪽.

구절과 확장에서 즉각 식별될 수 있는 성급한 경솔함 때문에도 저 명제를 비판한다. 그리고 이 회의체는 이 명제가 참주적 방식으로 다스리고 있는 참된 왕과 군주들에게도 적용되기 때문에 특히 비판한다.500)

그런데 수아레즈는 여기서 갑자기 방향을 돌려 이 명제의 한정적 해석을 역이용해 '진짜 참주', 왕위찬탈자에 대한 이 명제의 타당성을 논증한다.

정말로, 이 명제는, 모든 저 추가적 표현들과 더불어, 즉 "그 지배자에게 기旣선언된 어떤 맹세나 참주와 맺어진 어떤 계약에도 불구하고"라는 말과 더불어 분별없이 주장된다면, 술어의 가장 엄격한 의미에서의 참주들 – 왕위를 부당하게 찬탈·보유한 자들 – 에게 적용되도록 전개될 수 있다. 왜냐하면 이 (무차별적 – 인용자) 본래명제는 그릇된 신념이고, 저 계약, 특히 맹세에 의해 엄숙하게 선언된 계약이 준수될 것을 요구하는 자연적 이성에 반하는 신념이기 때문이다.501)

이런 식으로 한정시키면 저 이단적 명제는 '찬탈적' 참주의 경우에 그를 사적으로도 응징·방벌하는 명제로 쓰일 수 있는 여지가 있다. 그러나 수아레즈는 참주적 방식으로 지배하는 왕에 대해서는 이런 '사적' 응징과 복수가 허용되지 않는다는 해석을 견지한다.

참주적 방식으로 지배하는 왕은 어떤 사적 신민이든 정당한 복수와 처벌의 이유에서 또는 신민 자신이나 국가의 정의로운 방어의 이유에서 살해할 수 있다. (그러나) 이 이유의 첫 번째 것은 몽땅 그릇되고 이단적이다. 복수하거나 처벌하는 공격의 권력은 사적 개인들에게 있는 것이 아니라 그들의 상위자나 완전한 공동체 전체에 있다. 따라서 그런 이유에서 자신의 군주를 살해하고 그가 정당하게 보유하지 않은 관할권과 권력을 박탈하는 사인私人은 정의에 죄를 짓는 것이다. 우리의 주요 가정은 신앙

---

500) Suárez, *A Defence of the Catholic and Apostolic Faith*, 805-806쪽.
501) Suárez, *A Defence of the Catholic and Apostolic Faith*, 805-806쪽.

의 문제로서 확실하고, 아우구스티누스에 의해 수립되었다. 아우구스티누스는 "누구든지 잘못을 해 죄를 지었으나 법에 의해 그 살해가 승인되지 않은 사람을 사적 권위로 상해하는 것은 허용될 수 없다"고 쓰고, 또다시 "공권력에 의해 승인되지 않고 그에 대한 정당한 지배권을 수여받지 않았을 때 다른 사람을 살해하는 사람은 살인범이다"라고 쓰고 있다. 더구나 이 명제의 기저에 있는 이유는 첫째, 범죄의 복수와 처벌이 국가의 공동선을 위해 명령되고 따라서 국가의 통치를 위한 공권력도 위임받은 사람에게만 위임되었다는 사실이다. 둘째, 처벌이 상위자와 관할권을 가진 자의 행위이고 그리하여 이 행위가 사인에 의해 수행된다면 그것은 찬탈된 관할권의 행위가 된다는 사실이다. 셋째, 즉 마지막으로, 문제의 주장이 참이 아니라면 무한한 혼돈과 무질서가 국가 안에 결과할 것이고 공적 불화와 살인으로 가는 길이 활짝 열리게 될 것이다.[502]

이 논변은 정당하며, "천리天吏(민심을 얻은 천하무적자)라면 그(잔적殘賊한 위정자)를 정벌해도 되고 (…) 사법관이라면 그를 죽여도 된다(爲天吏 則可以伐之 [⋯] 爲士師 則可以殺之)"고 갈파한 맹자의 논지와도[503] 잘 합치된다. 그러나 수아레즈는 군왕에 대한 시해弑害가 풍조로 만연할까 봐 이 테제를 더 확장하는 경향을 보인다. "그러나 이 추리에 따라 자기의 권위로 사적 개인을, 아무리 살인범, 강도, 암살자라 하더라도 살해하는 것은 살인이며, 자기의 권위로 군주에게 손을 대는 것은 그가 부정의하고 참주적인 군주라도 훨씬 더 큰 범죄다. 사실, 이것이 범죄가 아니라면 왕과 군주들의 안전은 있을 수 없을 것이다. 왜냐하면 봉신들은 치자들 쪽으로부터의 부정한 대우에 대한 불평불만을 쉽사리 짜내기 때문이다."[504]

그런데 수아레즈는 참주적 방식으로 지배하는 왕도 일정한 경우에, 즉 '정당방위' 차원에서 살해할 수 있다는 해석을 끌어내 슬그머니 콘스탄스 회의의

---

502) Suárez, *A Defence of the Catholic and Apostolic Faith*, 807-808쪽.

503) 『孟子』 「公孫丑下」(4-8).

504) Suárez, *A Defence of the Catholic and Apostolic Faith*, 808쪽.

이단선언을 수정한다.

(사적 개인들에 의한 참주의 살해에 대한) 두 번째 이유, 즉 방어의 이유에 관해 그것
은 일정한 상황과의 연관 속에서 아마 견지될 수 있으나, 우리가 논하고 있는 물음,
즉 왕이 단지 그의 참주적 통치 때문에 사인에 의해 살해되어도 되는지 여부와 관련
해서는 견지될 수 없다. 그리하여 자위(self-defence)의 경우와 국가를 방어하는 경우를
구별하는 것이 필요하다. 그리고 우리는 전자의 경우와 관련해서 자기의 생명이나
사지(말하자면 심각한 절단에 의해 위협받는 자기의 육체)를 방어하는 경우와 단지 자기
의 임의의 외적 재화를 방어하는 경우를 구별해야 한다. 단지 자기의 외적 재산을
방어한다는 이유에서 왕도적 공격자를 살해하는 것은 허용될 수 없을 것이다. 왜냐
하면 첫째 군주의 생명은 ─ 그의 직책의 존엄성과 그가 유일무이한 의미에서 신의
대표자이고 신의 대리인이라는 사실로 말미암아 ─ 이러한 외적 재화보다 우선시되
어야 하기 때문이다. 나아가 군주는 모든 신민의 재산에 대한 우월적 형식의 행정적
권력을 가졌고, 군주가 그 권력에 설정된 한계를 어쩌면 넘어갈지라도 군주 자신이
살해될 정도까지 군주에게 저항하는 것이 허용되어서는 아니 되기 때문이다. 군주가
강제로 장악한 모든 것에 대해 정당하게 보상·배상하도록 사후적으로 의무지고 또
사적 개인이 폭력에 호소하지 않고 그렇게 할 수 있는 한에서 이러한 배상과 보상을
강요하는 것으로 충분한 것이다.505)

"방어의 이유는 일정한 상황과의 연관 속에서 아마 견지될 수 있다"는 구절은
콘스탄스 종교회의 테제를 전통적 근거 없이, 어떤 외래적 상식의 영향에서
일정하게 수정하는 것이다. 물론 위에서 설명하듯이 자기의 재산을 지키는
이유에서 폭군을 살해하는 것은 불허되어야 한다. 그렇다면 자기의 생명을
지키기 위해서 폭군을 살해하는 것은 가능한가?

자기의 생명을 방어하기 위해 군주를 살해하는 것은 허용되는가, 아닌가? 다른 한편,

---

505) Suárez, *A Defence of the Catholic and Apostolic Faith*, 808쪽.

왕이 그에게서 폭력적으로 빼앗으려고 기도하는 자기의 생명을 지키기 위해 행동한다면, 확실히, 신민이 자기를 방어하는 것이 이 방어로부터 군주의 죽임이 결과할지라도 통상적으로 허용될 것이다. 자기의 생명을 지키는 권리는 가장 위대한 권리다. 군주도 기술된 상황에서라면 그의 신민에게 군주를 위해 자기 생명을 희생할 것을 의무지울 어떤 필요 때문에 괴로워하지 않을 것이다. 반대로 군주 자신은 자발적으로, 그리고 그의 부당한 행동에 의해 이 위험한 상황에 자신을 처하게 하기 때문이다. 그러나 나는 "통상적으로"라고 말한다. 왜냐하면 국가가 왕의 죽음으로 혼돈에 빠진다면, 또는 공공복지에 해로운 어떤 심각한 위해를 당한다면, 자기 조국의 박애적 사랑과 공공복지에 대한 박애적 존중 때문에 - 그 자신의 생명의 위험을 무릅쓰고 - 왕을 살해하는 것을 삼가게 될 것이기 때문이다. 이 삼가의 의무는 박애의 질서 안에 들어 있는 것이다.506)

수아레즈는 자기 생명에 대한 폭군의 불법적 공격에 관해 군주살해를 포함한 폭력적 방어를 허용하면서도 박애의 논리로 이 군주살해 식의 방어를 완화시키고 있다.

그러나 수아레즈는 폭군으로 인해 국가가 위태로워져 국가 방어의 필요가 생기면, 즉 폭군이 국가를 상대로 불의의 전쟁을 벌인다면 폭군살해도 허용한다.

국가가 방어되는 경우에 대해서는 어떤 생각인가? 다시, 문제가 나라 자체가 방어되어야 하는 경우와 관련된다면, 폭력적 방어방법은 왕이 국가를 파괴하고 시민들을 학살할 부정한 의도를 가지고 실제로 국가를 공격하고 있다고, 또는 어떤 유사한 상황이 존재한다고 가정하지 않는다면, 허용될 수 없다. 이러한 상황에서, 방어가 어떤 다른 방식으로 달성될 수 없다면 군주살해를 포함하는 방법으로까지 군주에게 저항하는 것은 확실히 허용될 것이다. 이 주장을 지지하는 하나의 논변은 다음과 같다. 이러한 행동이 자기의 생명을 보호하기 위해 정당하다면, 공동선을 위해서는 훨씬 더 확실하게 정당할 것이다. 또 하나의 논변은 국가 또는 나라 자체는 이런 경우에

---

506) Suárez, *A Defence of the Catholic and Apostolic Faith*, 809쪽.

침략자가 국가 자체의 왕일지라도 부정한 침략자에 대항하는 정의로운 방어전쟁(*just defensive war*)에 종사하고 있다는 사실에 있다. 그리하여 어떤 시민이든 그 나라의 일원으로서 행동하고 나라에 의해 – 명시적으로든 묵시적으로든 – 강요되어 갈등의 과정에서 그에게 가능한 어떤 길로든 거론된 나라를 방어해도 된다.507)

폭군을 '침략자'로 보고 그에 대한 방어투쟁을 정의의 전쟁으로 규정하는 "또 하나의 논변"은 부캐넌의 논변이다. 수아레즈는 설득력을 유지하기 위해 당시 유럽의 주홍글씨 '부캐넌'이라는 이름을 일부러 감추는 것으로 보인다. 하지만 그는 폭군적 방식으로 통치하며 국가를 파괴하고 백성을 학살하는 지배자를 방어전쟁 차원에서 살해해도 된다고 주장하고 있다. 게다가 그는 왕위의 권원이 없는 '찬탈적' 폭군은 무조건 살해해도 된다고 선언한다. "왕위에 대한 폭군적 권원을 가진 폭군은 살해하는 것이 허용된다. 하지만 우리가 우리의 독트린을 더 만족스럽게 해명하기 위해 그리고 선행적 논평을 맹세로부터 위에서 인용된 조항에 더 잘 적용하기 위해 이미 수립된 독트린이 두 번째 그룹의 경우에, 즉 폭군적 권원을 가진 지배자들의 경우에도 타당한지 여부에 관한 선험적 선언을 해둘 필요가 있을 것이다. 보통 이 두 부류의 폭군은 구별된다. 폭군적 방식으로 획득한 권원을 가진 폭군은 폭정에 복종하는 나라의 어떤 사인이든 국가를 이 폭정으로부터 해방시킬 수 있는 다른 길이 없다면 살해해도 된다고 주장되기 때문이다. 아퀴나스는 그렇게 생각했고, 그의 견해는 거의 모든 상술된 박사들에 의해 채택되었다."508) 그러나 수아레즈는 아퀴나스의 폭군론을 근거 없이 오·남용하고 있다. 아퀴나스는 수아레즈가 스스로 밝히고 있듯이 "이러한 행동은 찬탈자에게 판결을 내릴 어떤 상급자에 대한 아무런 호소의 길도 찾을 수 없을 때 허용된다"고 한정하고 있다.509) 그리하여 로마에 교황이 없던 당시에 "시저의 살해자들, 정당한 권원이 아니라 폭력과 폭정을

---

507) Suárez, *A Defence of the Catholic and Apostolic Faith*, 809쪽.

508) Suárez, *A Defence of the Catholic and Apostolic Faith*, 810-811쪽.

509) Suárez, *A Defence of the Catholic and Apostolic Faith*, 812쪽.

통해 주권적 권력을 횡탈한 자에 대한 살해자들을 칭찬하던 키케로가 표명한 의견에 아퀴나스는 동의한다",510) 그러나 교황이 군주를 얼마든지 파면할 수 있었던 13세기 종교세계에서는 교황이 군주를 재판할 '상급자'로서 엄존嚴存하고 있었으므로 아퀴나스의 논변은 사실상 신민들에 의한 '찬탈적' 폭군의 살해를 허용할 여지를 완전히 배제한 논변이다. 따라서 이런 시대적 전제에 의해 완전히 부정된 아퀴나스의 찬탈자 살해 조건부 허용론은 사실상 찬탈자살해금지론이었다. 수아레즈는 아퀴나스의 이 '사실상의 찬탈자살해금지론을 이 무조건적 찬탈자살해허용론으로 둔갑시키고 있다.

아무튼 이로써 수아레즈는 폭군에 대한 국가방어 논리로 아퀴나스와 콘스탄스의 폭군방벌 이단선언을 사실상 와해시켰다. 이 논리에서는 두 종류의 폭군의 구별도, 사적 처벌과 공적 처벌의 구별도 무의미해졌다. 수아레즈는 국가방어를 위한 정당한 방어전쟁의 경우와 찬탈자에 대한 살해 허용의 경우에는 사적 처벌이나 암살도 가능한 것으로 말하고 있기 때문이다.

수아레즈는 자신의 위 논변으로 두 종류의 폭군의 구분이 무의미해지는 것을 스스로 토로한다.

새로운 어려움, (…) 즉 상술된 독트린에 따르면 두 경우에, 즉 두 종류의 폭군 사이에 차이가 없다는 사실이 제기된다. 이 독트린에 의하면, 폭군적 권원을 가진 폭군들도 사적 권위에서 살해하는 것은 허용되지 않는 것이다. 왜냐하면 공적 권위는 오히려 필요하기 때문이다. 하지만 이 후자의 권위 형태가 존재한다면, 폭군적 방식으로 다스리는 참된 군주들을 살해하는 것도 허용된다. 따라서 나는 한 걸음 더 나아가 다음과 같이 주장한다. 폭군적 권원을 가진 폭군도 그의 범죄에 대한 처벌로만, 또는 방어의 이유로만 살해되어야 한다. 전자의 경우에 (…) 폭군은 단순히 사적 권위로 행동하는 어떤 사인에 의해서든 살해되어서는 아니 된다. 왜냐하면 첫째, 처벌의 부과는 (…) 상급자에 의해 수행되어야 할 재판관할권의 기능이기 때문이고, 둘째, 이런 폭군에 의해 잘못을 당한 바로 그 국가도 공적 위원회의 개입 및 그의 사건의 청문과

---

510) Suárez, *A Defence of the Catholic and Apostolic Faith*, 811쪽.

적절한 재판 없이 그를 처벌해서는 아니 되며, 그리하여 국가의 암묵적 또는 가정적 동의는 사적 개인에 의한 이 행위의 위임을 공인하기에 충분치 않고, 특별한 – 또는 적어도 일반적 – 위임에 의해 수행되는 명시적 선언이 요청되기 때문이다. 그러므로 사적 역량을 가진 외국인이나 공적 능력을 가졌으나 (찬탈적) 폭군에 대한 재판관할 권을 부여받지 못한 사람이 피해를 본 국가의 명시적 위임 없이 이런 처벌적 이유에서 이 폭군을 살해하는 것은 허용되지 않을 것이다. 그러나 문제의 행위가 오직 방어의 이유에서만 사적 개인에게 허용된다면, 이런 결과로 두 종류의 폭군 간에는 아무런 구별도 존재하지 않게 된다. 왜냐하면 사적 개인이 방어적 이유에서 자기의 왕국이나 국가를 참주적으로 공략하는 참된 군주를 (…) 저런 방어적 이유에서 살해하는 것도 허용되기 때문이다. 더구나 같은 이유에서 이런 살인행위를 허용하도록 만드는 것은 국가에 의해 그 일원에게 암묵적으로 부여된 권력이 아니다. 오히려 자연법을 통해 모든 개개인에게 자기 자신, 자기 조국, 나아가 모든 결백한 개인을 방어할 권리를 부여한 신의 권위가 이런 살인행위를 허용하도록 만든다. 그러므로 이런 이유에서 폭군의 살해는 국가의 구성원들에게만이 아니라 외국인들에게도 두 경우에, 그리고 두 종류의 폭군과 관련해서 허용되고, 아무런 차이도 존재하지 않는다.511)

한편, 수아레즈는 자신의 테제를 한정해나간다. 그는 일단 우리가 다룰 문제를 "국가를 평화롭게 다스리지만 다른 방식으로 국가를 어지럽히고 해치는 경우"에 한정함으로써512) 자기의 격한 주장의 열기를 바로 식힌다. 하지만 이것은 개념논리상 문제를 야기한다. "다른 방식으로 국가를 어지럽히고 해치지만 국가를 평화롭게 다스리는" 치자는 '폭군'이 아니라 한낱 '무능군주'일 뿐이다. 이 때문에 이런 '무능군주'에 대한 논의는 폭군론과 무관한 것이므로 수아레즈가 거론할 이유가 없다.

수아레즈는 찬탈적 폭군의 물리적 제거에 몇몇 자잘한 조건을 더 달고 있다. 그것들은 폭정과 불의가 공적이고 명백할 것, 나라의 자유를 위해 필요할 것,

---

511) Suárez, *A Defence of the Catholic and Apostolic Faith*, 815-816쪽.

512) Suárez, *A Defence of the Catholic and Apostolic Faith*, 812-813쪽.

폭군의 물리적 제거로 입을 피해가 폭정으로 인한 피해보다 적을 것, 국가가 폭군살해를 명시적으로 반대하지 않을 것 등이다.513) 이것들은 오늘날 법학적으로 거론되는 정당방위의 엄격한 요건들이다. 그럼에도 그의 폭군살해 허용 주장은 전통적 교리와 충돌한다. 그리하여 그는 군주는 "국가의 암묵적 동의"를 얻은 자이고 "신의 대행자"이므로 사인들에 의해 살해될 수 없다는 전통적 반대이론들에 맞서 자기의 주장을 정당화하기 위해 애를 먹는다.514) 우선 군주는 신의 대행자이므로 사인들에 의해 살해될 수 없다는 아우구스티누스의 견해나, 폭군을 재판할 '상급자'가 있으면 폭군을 개인적으로 살해할 수 없다는 아퀴나스의 견해, 사인의 폭군살해를 일반적으로 금한 콘스탄스 회의의 이단선언부터가 난관이었다. 수아레즈가 유일하게 의존하는, 아퀴나스가 시저 살해자들에 대한 키케로의 찬사에 동조를 표한 사실도 도움이 되지 않는다. 상술한 대로 줄리어스 시저 시대에는 상급자로서 군주를 재판할 교황이 없었던 반면, 아퀴나스와 수아레즈의 유럽에는 교황이 엄존했을 뿐만 아니라, 또 이교철학자 키케로의 찬사는 '모든 군주가 신의 대행자'이고 '모든 군주가 신으로 말미암아 통치한다'는 성서의 반복 논지와 배치될 소지가 있기 때문이다.

하지만 수아레즈는 자기 나라에 대해 전쟁을 수행하는 '진짜 폭군'에 대한 처분에 관해 좀 더 자세히 기술한다.

이러한 폭군(찬탈적 폭군)과 사악하지만 정통적인 왕 간에는 큰 차이가 있다. 진짜 왕은 폭군적으로 다스릴지라도 자기의 국가에 대해 불의의 전쟁을 개시하지 않는 한 그에게 복속된 국가에 실제적 폭력을 가하지 않는다. 결과적으로, 그에 관한 한, 어떤 방어 이유도 주어지지 않고 어떤 신민도 방어적 이유에서 이 왕을 공격해서는 아니 된다. 다른 한편으로, 진짜 폭군은, 부당하게 왕권을 보유하고 완력으로 군림하는 한, 국가에 계속적·실제적 폭력을 가한다. 그리하여 거론 국가는 그에 대해 지속적으로 (말하자면) 그 성격상 보복적인 것이 아니라 방어적인 실제적·잠재적 전쟁을

513) Suárez, *A Defence of the Catholic and Apostolic Faith*, 810쪽.

514) Suárez, *A Defence of the Catholic and Apostolic Faith*, 814-815쪽.

수행한다. 더구나 국가가 아무런 반대 선언을 하지 않는다면, 국가는 언제나 그 시민들 중 누구에 의해서든 또는 그것을 위해서라면 아무 외국인에 의해서든 방어되는 것을 원하는 것으로 간주된다. 그러므로 국가가 폭군을 살해하는 방법 외에 달리 방어될 수 없다면, 백성의 어느 누구든 합법적으로 그를 살해할 수 있다. 그리하여 이 살해행위가 기술된 상황에서 사적 권위에 의해서가 아니라 공적 권위에 의해 – 또는 오히려 어떤 시민이든 국가 자체의 부분이나 기관器官처럼 방어해주기를 기꺼이 바라는 왕국의 권위에 의해 –, 아니면 모든 개개인에게 결백한 자들을 방어할 권력을 주는 본성의 창조주이신 신의 권위에 의해 수행되는 것은 정말로 엄격히 말해서 참이다. 따라서 이 점에서도 두 종류의 폭군 간에는 어떤 참된 구분도 있을 수 없다. 왜냐하면 이 폭군들 중 어느 쪽도 사적 권위로 사형에 처해져서는 아니되고, 반대로 공적 권력은 언제나 필연적 요소이기 때문이다. 하지만 두 경우 간의 차이는 다음과 같다. 위에서 설명된 구분 때문에 문제의 권력이 (국가에 대해 전쟁을 벌이는 – 인용자) 진짜 참주에 대해서는 모든 사적 개인에게 위임된 것으로 여겨지는 반면, 참주적 방식으로 지배하는 참된 주권자에 대해서는 그것이 그렇지 않은 것이다.515)

그러나 이어서 수아레즈는 종교전쟁을 일으킬 수 있는 발언을 한다. "참주적 방식으로 지배하는 참된 주권자"도 상급기관(가령 교황)으로부터 폐위·파면 선고를 받는다면 사인들에 의해 살해될 수 있다. 이것은 당시 영국 왕 제임스 1세를 겨냥한 것이다. 여기서부터 수아레즈의 폭군방벌론은 슬슬 종파적으로 꼬이기 시작한다.

진짜 참주에 관련해서 방금 가해진 주석으로부터 폭군적으로 다스리는 참된 왕에 관한 선행적 주석은 폐위의 선고가 아직 이 왕에게 떨어지지 않을 때만 적용되고, 이 선고가 떨어진 후에는 그렇지 않다는 결론이 나온다. 이것은 영국 왕에게 기쁘지 않을 추론이고, 그것은 정사精査를 받을 가치가 있는 추론이다. 콘스탄스 종교회의가

---

515) Suárez, *A Defence of the Catholic and Apostolic Faith*, 817쪽.

"어떤 재판관의 선고나 위임명령을 기다림 없이" 사적 권위로 폭군적 군주들을 살해하는 사람들만을 가리키는 한에서, 그 추론은 무엇보다도 먼저 콘스탄스 회의에 확고한 기반이 있다. (왜냐하면 그래서 콘스탄스 회의가 반대 명제를 비판했기 때문이다.) 그리하여 결과적으로, 정통적이지만 폭군적인 왕에 관한 합법적 재판관할권을 가진 어떤 재판관이, 이 왕이 실제로 누구든 또는 누가 될 수 있든, 이 왕에게 왕좌로부터 폐위하는 정당한 선고를 내렸다면 (⋯) 콘스탄스 회의가 내놓은 선언은 더 이상 유효하지 않다. 그러므로 위에서 전개된 논변은 타당하기를 그치고 (참주적으로 다스리는 — 인용자) '진짜 왕들'에 관한 우리의 주석이 이전에 천명된 형태로 더 이상 유효하지 않은 것으로 귀결될 것이다. 왜냐하면 이러한 상황 아래서 기다려온 선고가 정의롭고 합법적인 선고라고 가정되기 때문이다. 이에 따라 폭군의 적은 사적 권위에 따라서가 아니라 거론된 선고에 의해, 그리고 결과적으로 공적 권위의 도구로서 행동한다.516)

이것에 바로 잇대서 수아레즈는 이 폐위선고 논변을 이단적 군주에 대한 교황의 파면·폐위권력으로 확장한다. 즉, 이 논변을 교황이 이단적 왕에게서 왕국에 대한 그의 지배권을 박탈할 이유로 전환시키는 것이다. 여기서부터 그의 폭군방벌론은 종파적 종교박해의 마각을 드러내며 종교전쟁의 논변으로 뒤틀리기 시작한다. 마침내 공맹의 반정론이 기독교세계에서 '턱없는 왜곡'의 수난을 당하기 시작하는 것이다. '근대화'가 아니라, 이 종교전쟁이 아마 수아레즈가 이 치밀한 가톨릭 정치철학으로 달성하려고 한 진짜 목적이었을 것이다.

수아레즈는 교황의 전통적 군주파면·폐위권을 새로운 폭군방벌론과 결합시킴으로써 이 파면·폐위권을 '갱신'한다. 이로써 가톨릭세계는 근대를 향해 한 발짝을 나아가는 것이 아니라, 거꾸로 중세를 향해 한 발짝 후퇴함으로써 결과적으로 '재再중세화'된다. 하늘을 대리하는 교황이 개신교군주에게 이단판결과 파문을 선고하고 이 군주를 파면(폐위)하는 것은 천명을 받은 천리天吏가 잔적한 폭군을 방벌하는 맹자의 반정·역성혁명론을 형식상 닮았지만, 그 내용은 형편

---

516) Suárez, *A Defence of the Catholic and Apostolic Faith*, 818-819쪽.

없이 왜곡된 것이다. "하늘은 백성을 긍휼이 여겨 백성이 원하는 것을 반드시 따른다(天矜于民 民之所欲天必從之)"는 천인상응天人相應 원리517) 또는 민심즉천심의 원칙에 따라 천리의 방벌은 민심을 그대로 대변하지만, 질투심 많은 신 여호와를 대리하는 교황의 군주파면은 여호와가 언제나 민심을 마뜩지 않아하거나 수용하는 경우에도 마지못해 수용하기 때문에 민심과 동떨어진 행위일 수 있기 때문이다.

■ 교황의 군주폐위권과 폭군방벌론의 종파적 왜곡: 이단군주방벌론

수아레즈에 의하면, 합법적 폐위가 결정된 뒤에 고집을 피우며 왕권을 쥐고 있더라도 군주가 이미 합법적 군주가 아니기 때문에 자기 왕권의 권원에 관해서도 폭군이 되는 것은 "이단적 왕의 경우에 더욱 선명하게 명증된다". 왜냐? "어떤 의미에서, 그리고 그의 이단성의 이유에서 이런 왕은 즉시 그 자체로서 왕국에 대한 지배권과 재산권을 박탈당하는 것이다. 재산권은 몰수를 기다리거나 그 자체로서 가톨릭 계승자에게 이전되기 때문이다." 여기서 수아레즈는 계승자를 가톨릭으로 못 박음으로써 개신교군주에 대한 탄압과 종교전쟁을 예고하고 있다. 그의 범죄에 대한 판결이 선고되는 순간부터 "그는 어떤 정당한 권원으로도 왕국의 보유를 계속할 수 없는 식으로 문제의 왕국을 몽땅 박탈당한다. 그러므로 그 시간부터 절대적으로 그를 폭군으로 취급해도 되고, 결과적으로 어떤 사적 개인이든 그를 사형에 처해도 된다",518) 수아레즈는 맹자가 사법관에게만 허용한 사법司法을 임의의 사인에게 허용하고 있다. 이것은 개신교군주, 특히 당시의 영국 왕 제임스 1세에 대한 비겁한 '암살' 지령이다. 수아레즈의 논변은 이처럼 갈수록 왜곡되고 악랄해지고 있다.

이러한 선고를 내리는 자는 국가나 교황이다. 국가가 선고를 하는 경우를 요약적으로 반복하자면, 합법적 군주가 폭군적 방식으로 다스린다면, 그리고 국가가 이 왕의 추방과 폐위 외에 다른 자위수단이 손안에 없다면, 해당 국가는

---

517) 『書經』「周書·泰誓上」.

518) Suárez, *A Defence of the Catholic and Apostolic Faith*, 219쪽.

전체로서 행동해서, 그리고 공동체와 지도적 인물들의 공적이고 일반적인 숙의와 토의에 따라 그를 폐위해도 된다. 완력을 완력으로 물리치는 것을 합법화하는 자연법에 의해, 그리고 국가의 보존에 필요한 조치들을 요구하는 이러한 상황이 국가가 언제나 그 권력을 왕에게 이양한 원천적 협정으로부터 제외되는 것으로 이해된다는 사실에 의해 이것은 허용된다. "이것이 우리가 왕에 대한 저항이 공동체 자체의 합법적 권력을 통해 제공된다면, 그리고 현명하게, 즉 백성에게 더 큰 위해危害를 야기하지 않는다면 폭군적으로 지배하는 왕에게 저항하는 것은 반란이 아니라는 아퀴나스의 선언에 부여해야 하는 의미다."519) 수아레즈는 아퀴나스가 붙인 '상급자'의 '재판 선고'라는 중대한 요건을 뺌으로써 아퀴나스의 선언을 중국의 역성혁명이나 반정론으로 확대해석하고 있다.

그런데 여기서 수아레즈는 갑자기 방향을 돌려 교황의 파문·폐위권력을 비종교적 문제로까지 확장한다. "진정으로, 우리가 말하는 권력은 (…) 최고의 주권적 군주들도 교정할 관할권을 가진 상급자로서의 교황에게 있다."520) 특히 "이단의 범죄와 같은 종교적 문제들(crimes relating to spiritual matters, such as the crime of heresy)과 관련된 범죄의 경우 교황은 이 때문에 그의 고집과 교회의 공동선에 대한 고려가 그렇게 요구한다면 왕을 폐위시키는 정도로까지 왕에게 처벌을 가할 직접적 권력을 가진다. 다시, 세속문제와 관련된 잘못의 경우에도 이 잘못이 종교적 죄악을 구성하는 한에서 교황의 직접적 권력은 진정으로 기독교 국가들에 대해 세속적으로 해로운 정도에 비례해서 왕들을 교정해도 된다. 그리고 이 잘못의 처벌은 적어도 세속군주의 폭군적 지배가 언제나 영혼의 구제도 해로운 한에서 교황의 직접권력에 의해 어떻든 가해져도 된다".521) 이런 식으로 수아레즈는 교황의 파문권을 세속적 문제로 인한 방벌로까지 마구 확장해 사실상 '모든' 폭군방벌권을 상급자 교황에게로 돌려 교권과 속권의 분리원칙을 무력화하며 기독교 정치철학을 다시 '재중세화'하고 있다.

---

519) Suárez, *A Defence of the Catholic and Apostolic Faith*, 819-820쪽.

520) Suárez, *A Defence of the Catholic and Apostolic Faith*, 820-821쪽.

521) Suárez, *A Defence of the Catholic and Apostolic Faith*, 821쪽.

그리하여 수아레즈는 의기양양하게 선언한다. "기독교 왕국은 폭군적 왕을 폐위할 때 교황에 종속적이다(*A Christian kingdom is dependent upon the Pope when it deposes a tyrannical king*)." 그리하여 그는 폭군방벌권 일반을 아퀴나스처럼 교황에게 '재귀속시킨다. 이리하여 중국에서 수입된 백성의 반정·혁명권은 교황의 파면권으로 변질·왜소화되고 만다.

> 더구나 주목해야 할 또 다른 항목은 다음과 같다. 국가나 인간적 왕국이 – 단지 한때 이방인들 사이에서 존재했고 지금도 이교도들 사이에 아직 존재하듯이 자기의 본성의 관점에서만 보아서 – 폭군적 왕에 대해 자위하고 필요한 경우에 이러한 자위의 목적에서 이 왕을 폐위할 해당 권력을 보유할지라도 나는 이것이 참이어도 기독교왕국들은 자위를 할 때 어느 의미에서 교황에게 의존하고 종속된다고 반복한다.[522]

이것은 그야말로 수아레즈의 폭군방벌론의 허무한 귀결이다. 수아레즈는 앞서 꽤나 정교하게 전개한 백성의 폭군방벌권을 몽땅 교황에게 '상납'해버린 것이다. 백성의 폭군방벌권이 이렇게 교황의 군주파문·파면권으로 둔갑하고 변조된 것은 공맹의 반정·혁명론이 기독교세계에 최초에 유입될 당시에 겪은 일종의 '생고생'이다.

수아레즈는 그가 전개한 백성의 폭군방벌의 이론을 다시 완전히 수포로 돌리는 이 '재중세화' 선언을 바로 두 가지 이유로 부연하기 시작한다.

> 이 주장은 참이다. 왜냐하면 첫째, 교황은 어떤 기독교 왕국에든 자신에 의해 정사精査되지 않으면 왕에 대항해 성급하게 봉기해서도 아니 되고 왕을 폐위해서도 아니 된다고 요청할 수 있기 때문이다. 교황은 거의 확실하게 이 대중적 소동에 따라다니는 도덕적 위험과 영혼의 상실 때문에, 그리고 난동과 불의의 반란을 피하기 위해 이 권력을 보유한다. 그리하여 역사는 이러한 경우에 관련된 왕국들이 거의 언제나 교황에게 문의했거나, 심지어 자신이 잘못된 왕이나 폭군을 폐위시킬 왕이기를 청원

---

522) Suárez, *A Defence of the Catholic and Apostolic Faith*, 821쪽.

한 사실들을 기록하고 있다. 우리는 이런 일이 자카리아스(Zacharias)가 교황일 때 프
랑스 왕 실데릭(Childeric)의 경우에 일어났고, 내가 이전에 언급한 다른 인물들의 경우
에 일어났다고 들었다. 더구나 포르투갈의 역사는 이노센트 4세가 교황일 때 그 나라
왕 산초 2세가 이 교황에 의해 왕국을 박탈당하진 않았어도 행정적 왕권을 박탈당했
다고 상세하게 이야기하고 있다.[523]

수아레즈는 폭군에 대한 교황의 보편적 군주파면권을 중세사에 의해 입증함으
로써 자신의 인민적 폭군방벌론을 완전히 가톨릭화·재중세화하고 있다.
　그리고 그는 교황이 폭군파면권을 갖게 되는 세 가지 이유를 제시한다.
이것은 거의 신·구교 대결상황에서 종교전쟁을 도발할 만큼 도발적이다.

　둘째, 기독교왕국은 교황이 왕국에게 파괴적인 왕을 폐위하는 데 조언하고 동의할
권력을 가질 뿐만 아니라, 교황이 이러한 행동이 왕국의 종교적 복지에 필요하고
특히 이단과 분열의 회피를 위해 필요하다고 결론지었을 때 이 왕국에 이 노선을
취하라고 명령하고 강요해도 되는 점에서 교황에 의존적이다. 왜냐하면 이런 정황에
서 종교적 목적을 달성하기 위해 세속적 문제들과 관련된 직접적 권력의 행사가 대
부분 허용되기 때문이다. 또 다른 논변은 이 유형의 상황에서 교황 자체가 왕을 폐위
할 직권을 보유한다는 사실에 의해 제공된다. 그러므로 교황은 필요한 경우에 왕국
을 강요해 이 목적을 집행하도록 하는 권력이 있다. 그렇지 않으면 그의 폐위권력은
무효일 뿐만 아니라 불충분하기 때문이다. 그리고 마지막 논변은 이러한 교황명령은
이 같은 정황에서 그 자체로서 지극히 정당한(exceedingly just) 명령이다.[524]

이어서 수아레즈는 폭군에 대한 교황의 파문·처벌 선고 뒤에 이 처벌을 집행하
는 방법을 논한다.

---

523) Suárez, *A Defence of the Catholic and Apostolic Faith*, 821-822쪽.
524) Suárez, *A Defence of the Catholic and Apostolic Faith*, 822쪽.

따라서 이 기본적 전제의 진리성을 인정하면서 우리는 마지막 제안된 항목에 관해, 왕으로부터 왕국을 박탈하는 합법적으로 인증된 유죄선거를 내린 뒤에, 또는 (⋯) 범죄에 대한 선언적 선고가 법에 입각해 해당 처벌을 과(課)한 뒤에 선언을 통과시킨 인물 또는 이 인물이 임무를 위탁한 사람이 다른 수단이 쓸모가 없다면 또는 정당한 선고가 이런 극형을 포함한다면 심지어 왕을 살해함에 의해서도 왕으로부터 그의 왕국을 박탈할 권력을 진정으로 보유한다고 주장할 수 있다. 하지만 폐위된 군주는 어떤 사적 개인이 이와 같이 행동하도록 명령받기까지, 또는 단순히 이 사적 인물에 의해서 즉시 살해되어서도 아니 되고, 이런 취지의 일반적 위임이 선고 자체나 법 안에 포함되기까지 물리력에 의해 추방되어서도 아니 된다.[525]

수아레즈는 폭군과 이단군주에 대한 교황의 파면 선고가 내려지면 교황이 지명한 대리인이나, 대리인 지명이 없는 경우에는 차기 왕위계승자나 국가가 이 선고를 집행해야 한다고 주장한다.

우리의 주장의 첫 부분은 상론된 원리로부터 명백하게 도출된다. 왜냐하면 해당 인물에 대해 정당하게 선고하는 사람은 그가 과한 처벌을 – 그의 직접 개입에 의해서나, 필요한 도움으로 – 집행할 수도 있기 때문이다. 그렇지 않다면, 법을 선언하는 그의 권력은 어떤 유효한 강제력을 동반하지 않으면 공허할 것이다. 진정 이런 이유에서, 아우구스티누스가 말한 바대로, 왕의 대리인은 왕의 명령에 따라 사람을 살해하는 데서 정당하게 행동하는 것이다. 왜냐하면 이런 정황에서 대리인은 그 자신의 권력이라기보다 그 군주의 권력을 실효적으로 행사하고 있기 때문이다. 유사하게 국가가 왕을 정당하게 폐위할 수 있을 때는 국가의 대리인들이 그 왕을 강제하거나 – 필요하다면 – 살해하는 데 있어 정당하게 행동한다. 왜냐하면 이러한 경우에 대리인들은 사적 권위에서가 아니라 공적 권위에서 행동하고 있기 때문이다. 그리하여 소토(Soto)는 통치방식에서만 폭군인 왕이 단순히 임의의 사람에 의해 살해되어서는 아니 될지라도 "선고가 내려졌을 때는 어떤 인물이든 집행을 위한 대리인으로 임명

---

525) Suárez, *A Defence of the Catholic and Apostolic Faith*, 822-823쪽.

되어도 된다"고 올바로 말했다. 그렇다면 유사한 방식으로 교황이 왕을 폐위한다면, 교황이 친히 과업을 부여한 인물들만이 그 왕을 추방하거나 살해할 권력을 가질 것이다. 교황이 그의 칙령의 집행을 특정한 사람에게 명하지 않는다면, 해당 과업은 왕권의 합법적 계승자의 몫으로 넘어갈 것이다. 그렇지 않으면, 이런 계승자가 없는 경우에는 왕국 자체가 이 기능을 짊어질 것이다. 더구나 박사들은 이단군주로부터 그의 왕국을 박탈하는 공적 선고가 선언될 때 동일한 원칙이 이단의 범죄(crime of heresy)와 관련해서 준수되어야 한다고 생각한다.526)

수아레즈의 이 주장들은 모두 "타당한 이유가 있다면 교황이 왕들에 대해 그들의 왕위를 박탈하는 선까지도 강제력을 사용할 수 있다"는 것을527) 기본전제로 깔고서 하는 말들이다.

그러나 수아레즈는 가톨릭 국가체제 자체가 교황의 선고를 집행해야 하는 상황에서 가톨릭국가의 대리집행인 임명은 암묵적인 것이어서는 아니 되고 반드시 명시적이어야 한다고 논변한다. 이로써 그는 이단군주와 폭군에 대한 사적 암살을 배제한다. 그런데 이 경우에 가톨릭국가는 다른 가톨릭국가의 도움을 받을 수도 있다. 이 말은 바로 종교전쟁의 길을 터주는 역할을 한다.

상술한 논평들은 우리의 주장의 두 번째 부분에 대한 즉각적 증명도 제공한다. 사적 개인은 자기의 개인적 권위로 사형선고를 받은 사람을 죽여서는 아니 된다. 왜냐하면 해당 인물이 정당하게 사형선고에 처해졌을지라도, 사적 개인이 권위 있는 사람에 의해 명령을 받거나 어떤 다른 방식으로 살육행위에 강제되지 않았다면, 단순히 아무나 그를 마음대로 죽일 수 없기 때문이다. 살해자가 그 자체로서 그렇게 할 권력을 가진 상급자나 이러한 상급자의 대리인이 아니라면, 이 조건은 타당한 것이다. 이 사람이 저 사람을 죽여서는 아니 되기 때문이다. 그리고 그는 그의 행위가 그의 수장의 권위에 의해 사주되지 않았다면 대리인으로 불려서는 아니 된다.

---

526) Suárez, *A Defence of the Catholic and Apostolic Faith*, 823쪽.

527) Suárez, *A Defence of the Catholic and Apostolic Faith*, 780쪽.

수아레즈는 이 당연한 형법 논리를 즉각 파문된 군주에 대한 교황의 선고를 집행하는 문제에 적용한다.

> 그러나 이 모든 것은 어떤 죄인과 관련해 참이라면 군주의 경우에는 더욱 큰 이유로 확실하게 타당하게 여겨진다. 이 요건이 국가가 왕을 폐위했다는 사실에 의해 왕이 아무나 또는 모든 인물의 대리행위로 추방되고 강요되고 심지어 – 그가 저항하는 경우에도 – 사형에 처해진다는 자기의 의지를 선언하는 국가의 암묵적 또는 무언적 사주(implicit or tacit instigation)에 의해 충족된다고 아마 주장될 것이다. 하지만 이런 주장은 이성을 무시하고 지어낸 허구다. 왜냐하면 사적 개인인 이단자나 죄인에게 유죄를 선고할 때 판사는 바로 그 행위에 의해 모든 인물에게 그러한 개인을 처벌할 권력을 부여하지 않기 때문이다. 따라서 국가나 교황은 어떤 다른 방식으로 이단적이거나 폭군적인 왕에게 유죄를 선거할 때, 이러한 징벌 면허를 – 심지어 무언적이거나 암묵적인 방식으로도 – 모든 개개인에게 무차별적으로 부여하지 않는다. 이 결론은 참이다. 왜냐하면 다른 인물들에 대해서보다 더 쉽사리 왕에 대해 이런 면허의 존재를 가정한 어떤 정당한 이유도 없기 때문이다. 왜냐하면 선고의 실제적 집행에서 현명과 정당한 절차는 언제나 본질적으로 중요하기 때문이다. 나아가 다른 개인들에 대한 강압을 따라다니는 무질서와 월권의 위험보다 더 큰 위험이 군주나 왕의 인물에 대한 강압에 따라다닌다. 그러므로 교황이 어떤 왕이 이단적이라고 선언하고 그를 왕위에서 폐위하지만 선고의 집행에 관해 더 상세한 내용을 포함하지 않는 교령을 발령한다면, 다른 모든 군주는 즉각 폐위된 군주에 대해 전쟁을 벌일 권한을 부여받지 않는다. 왜냐하면 이 다른 군주들은 (우리는 이렇게 가정한다) 폐위된 군주의 세속적 상급자인 것도 아니고, 교황은 그의 교령의 효력만으로 그들에게 이러한 전쟁을 벌일 권한을 부여하는 것도 아니기 때문이다.[528]

여기까지 수아레즈는 법학적 상식에 따라 바르게 논변함으로써 참주나 이단군주에 대한 선고의 집행을 암살방식으로 수행하는 것을 깨끗이 배제하고 있다.

---

528) Suárez, *A Defence of the Catholic and Apostolic Faith*, 824-825쪽.

그러나 수아레즈는 여기서 방향을 돌려 교황의 파면 선고를 집행하는 국가가 다른 가톨릭국가의 도움을 받을 수 있다는 논변을 전개한다.

따라서 (…) 그 (파면된) 군주를 합법적으로 승계할 가톨릭 계승자만이 (교황의 선고에 대리집행자의 지명이 포함되지 않은 - 인용자) 이러한 정황에서 그럴(선고를 대리로 집행할) 권위를 부여받는다. 또는 이 계승자가 이것을 무시하거나 이러한 계승자가 존재하지 않는 경우에 왕국은 전체적 국가단체로서, 이 왕국이 가톨릭 국가단체라면, 문제의 권한을 승계할 것이다. 그러나 이 왕국 자체가 다른 군주들의 원조를 구한다면 그들은 이러한 원조를 제공할 수 있다. 이 사실은 자명한 것이다. 나아가 교황이 다른 군주들에게 폐위된 지배자의 왕국을 침입할 권한을 부여한다면(우리가 […] 제시한 사례들은 교황이 아주 빈번하게 이것을 했다는 것을 증명한다), 이러한 침입은 이러한 조건에서, 다른 군주들이 정당한 이유도, 필요한 권위도 결하지 않는 한에서, 정당하게 감행되어도 된다.529)

수아레즈는 여기서 이단군주의 파면에 국제연합군을 투입할 구실을 주는 무서운 종교정치적 논변을 전개하고 있다. 그는 '암살'을 배제하는 대신 '종교적 세계대전'을 택한 것이다. 이로써 중국에서 반입된 '인민에 의한 폭군방벌'은 완전히 교황에 의한 이단군주 파문·폐위의 논리로 둔갑해서 30년 종교전쟁의 이론적 전단戰端으로 변질되었고, 이로써 수아레즈의 폭군방벌 논변은 통째로 중세로 다시 퇴락하고 만다. 유럽에서 공맹철학은 18세기 계몽주의시대에 유럽 철학자들의 '숭배대상'이 되기 전에 이처럼 왜곡되고 변조되는 '생고생'의 시기를 겪었던 것이다.

수아레즈는 여기서 '참주(폭군)'와 '이단군주'를 따로 열거하고 있지만 이것은 정치적·종교적·법적 실익이 없다. 왜냐하면 세속적 폭군도 교황(기독교세계에서의 군주들의 유일한 상급자)의 심판을 받아야만 징벌될 수 있고, 또 교황이 순전히 세속적인 성격의 폭정도 가톨릭백성들의 영혼구제를 저해하는 종교문제로

---

529) Suárez, *A Defence of the Catholic and Apostolic Faith*, 825쪽.

둔갑시켜 '이단'이라는 종교적 유죄를 선고할 수 있기 때문이다. 이런 까닭에 수아레즈의 이론에 따라 개신교군주들은 폭군이든 아니든 교황에 의해 이중적 이유에서 이단선고를 받고 파면될 위험에 처하게 되었다. 그러나 개신교군주들은 이에 굴복하지 않았고 즉각 이에 격렬하게 저항하며 30년 종교전쟁(1618-1648)에 들어갔다. 그리고 개신교국가 영국이 오히려 수아레즈의 논법을 역이용해 1688년 개신교국가 네덜란드의 군대를 불러들여 가톨릭군주 제임스 2세를 추방하는 '불명예혁명(inglorious revolution)'을 일으키고 나중에 '명예혁명(Glorious Revolution)'이라고 불렀다. 이것은 수아레즈 이론의 정치적 부메랑이자 이 이론의 파탄인 셈이다.

■ 부캐넌·벨라르민·수아레즈의 정치이론에 대한 총평

부캐넌·벨라르민·수아레즈의 정치이론을 총평하면, 부캐넌은 성서나 전통 신학적 교리와 정면으로 배치되는, 또는 유럽의 역사에 전례가 없는, 따라서 가장 선명한 인간의 본성적 자유·평등론, 왕권민수론, 폭군방벌론의 3종 세트를 전개했고, 이런 까닭에 그는 유럽에서 18-19세기까지 이단적 '분홍글씨'로 낙인찍혀 철저히 매장당했다. 반면, 벨라르민은 원죄 이전의 순진무구 상태에서도 인간들 간의 지배·피지배 관계의 존재를 주장함으로써 원죄 없는 인간들의 자연적 자유와 평등도 부인했고 그레고리 1세 때문에 '본성적 평등'을 짧은 순간 인정하는 경우에도 그레고리처럼 당대의 신분제를 인정하고 정당화하는 말을 꺼내기 위한 화두로만 이용하고 폐기했으며, 정부형태 선택을 백성의 고유권한으로 인정했을지라도 간접적 왕권신수설을 견지했고 백성의 폭군방벌권을 배제했다. 수아레즈는 벨라르민과 달리 백성의 자연적 자유·평등을 일반적 전제로 인정했고 국가와 백성의 폭군방벌권을 인정했을지라도 교황의 파문·폐위 선고를 이 폭군방벌의 요건으로 삼음으로써 순식간에 백성들의 민본주의적 폭군방벌권을 교황의 종교적 이단군주심판·선고권으로 둔갑시키고 이 선고의 집행과 관련해 외국의 원조를 받는 것을 자명한 것으로 천명함으로써 가톨릭국가들이 개신교국가들에 대해 세계적 종교전쟁을 벌일 이론적 전단을 만들었다. 이 덕에 그는 교황청의 영웅으로 떠올랐다. 교황 그레고리 13세는 수아레즈의 로마강의 제1강에 참석하기도 했고, 바오로 5세는 영국 왕 제임스 1세의 논변을 논박하기 위해 그를 초빙하기도 했다. 이로 인해 가톨릭세계에서 그의 명성은 한때 하늘을 찔렀다. 그리하여 스페인 국왕 필립 2세는 포르투갈 코임브라대학교의 위신을 높이기 위해 그를 이 학교에 파견하기도 했다.

공맹의 무위이치·백성자치론·민본주의·폭군방벌론은 수아레즈에게서 중세적 전통교리 속으로 밀어 넣어져 뒤틀리고 훼절되다가 끝내 망가지고 말았고, 벨라르민에게서는 그 온전한 의미론적 싹이 교리에 눌려 제대로 피지도 못했다. 반면, 부캐넌에게서는 공맹의 논지가 거의 온전하게 펼쳐지는 것 같았다. 그러나 부캐넌 자체가 '주홍글씨'로 망가지고 매장되어, 유럽의 사상적 변동에 실질적 기여를 할 기회를 얻지 못했다. 유럽은 공자철학과 중국제도를 수용할 문명 수준에 아직 이르지 못했던 것이다.

이런 신학자들의 저작들과 별개로 중국문명권으로부터 서천西遷하는 음양의 정치사상적·국가제도적·문화적 영향은 철학으로부터 문화·예술에 이르기까지 다양한 분야에 걸쳐, 그리고 다양한 형태로 은연하게 스며들기도 하고 가시적으로 확산되기도 했다. 그리고 16세기 유럽에서 벌써 중국을 찬양하는 바로쉬·보댕·몽테뉴·보테로 등 거물급 스콜라철학자들의 목소리도 여기저기서 들리기 시작했다. 이것들은 '중국찬가'와 '공자열광'을 최고조로 끌어올리는 17·18세기 계몽주의의 도래를 예고하는 목소리들이었다.

3.5. 르네상스 말엽 중국찬양과 중국풍 예술의 대두

■바로쉬·보댕·몽테뉴·보테로 등 유럽 주류 사상가들의 중국찬양

1550년대에서 1580년대에 연이어 출간된 각종 중국 방문자들과 멘도자, 그리고 발리냐노·산데 등의 중국보고들의 작은 홍수 속에서 중국을 노골적으로 찬양하는 글들도 쏟아져 나오기 시작했다. 중국소식들은 모두 다 유럽인들

의 기독교적 자부심을 한껏 깨부수는 성질의 것들이었다. 그중에서도 기독교를
가장 위태롭게 하는 것은 중국역사의 '유구성'이었다. 유럽에서는 18세기 말까
지도 '세계의 태초'는 기원전 4000년경일 것이라는 견해가 견지되었다. 따라서
멘도자가 기술한, 기원전 4000년을 넘어가는 중국의 고대사는 유럽학계 변방에
서 '세계의 태초'라는 기독교적 도그마와 충돌했던 것이다. 결국 『성경』의 세계
창조 시점을 훨씬 넘어서는 중국의 고대에 관한 천문학적 수치들은 신빙성을
얻지 못했고, 고대 동방민족들의 이미 알려진 연대기처럼 동화적인 것으로
배격되고 만다. 엉뚱하게도 중국 고대사에 '노아의 홍수'가 빠져 있다는 지적만
이 무성했다. 그러나 동시에 이 때문에 『성경』의 신빙성이 부지불식간에 흔들
리기 시작했다. 이것은 『성경』의 기록이 세계사적 기록이 아니라 일부 지방의
지역역사에 불과하다는 혐의를 낳았고, 한편에서는 신의 계시를 들어 이런
혐의를 진압하려는 움직임이 일어났다. 이런 논란은 『성경』의 비판적 연구의
시발점이 되었으나, 역시 중국의 정신세계에 대한 깊은 관심으로 이어지지
않기는 마찬가지였다.530)

　　그러나 몇몇 철학자들은 남달랐다. 그중 일부는 중국문명을 노골적으로
찬양하기 시작했다. 가장 이른 시기부터 중국문명을 찬양한 유럽 학자는 포르
투갈의 역사학자 주앙 데 바로쉬(João de Barros, 1496-1570)였다. 그의 중국찬양은
1552년부터 시작되었다. 1552년부터 1615년까지 4차에 걸쳐 출간된 『아시아
의 시대』(1552, 1553, 1563, 1615)에서 그는 중국문명이 그리스·로마문명보다 훨씬
우월하다고 결론지었다. 그는 중국의 정치사회적 제도에 관해 많은 글을 썼고
인쇄술과 대포의 발명 같은 기술과학 분야의 업적들을 찬양했다. 중국문명을
헬레니즘보다 더 위대하다고 평가하는 바로쉬의 중국찬양은 고대 그리스문명
을 깊이 흠모하며 동경하던 르네상스시대의 휴머니스트의 필치에서 나온 것이
맞는지 의심스러울 정도였다.531)

---

530) 참조: Michael Albrecht, "Einleitung", XI-XII. Christian Wolff, *Rede über die praktische Philosophie
der Chinesen* [1721·1726] (Hamburg: Felix Meiner Verlag, 1985).

531) Gregory Blue, "China and Wester Social Thought in the Modern Period", 60쪽 각주7. Timothy
Brook and Gregory Blue, *China and Historical Capitalism. Genealogies of Sinological Knowledge*

프랑스의 장 보댕(Jean Bodin, 1530-1596)은 '중국은 덕스럽다'는 기존 관념을 새로이 확대했다. "스페인 사람들은 중국인들, 즉 가장 동방적인 인민이 가장 창의적이고 가장 예의 바른 반면, 브라질의 인민, 즉 가장 서방적인 인민은 가장 야만적이고 가장 잔인하다고 말해왔다."[532]

또한 중국문화에 대한 16세기 정보·지식은 몽테뉴·보테로 등 다른 사상가들에게도 영향을 미쳤다. 가령 부캐넌의 제자 몽테뉴(Michel de Montaigne, 1533-1592)는 유럽의 위대한 철학자 중에서 이 책을 읽고 르네상스시대에 중국을 열광적으로 찬양한 철학자였다. 1588년과 졸년인 1592년 사이 어느 땐가 멘도자의 책을 읽은 그는 사후에 출판된 에세이 「경험에 관하여(D'experience)」(1595)에서 직무를 소홀히 한 관리들을 징계하기만 하는 프랑스의 행정관행을 부적절하다고 생각하고 중국정부처럼 잘못한 관리를 벌할 뿐만 아니라 직무에 충실한 관리를 포상하기도 해야 한다는 의견을 피력했다.

기꺼이 내 자신을 걸고 나는 잘못한 행동 탓에 나를 처벌하는 것처럼 선행 때문에 나를 포상하는 법률을, 그리고 두려워할 이유만큼 내가 희망할 정당한 이유를 가질 수 있는 법률을 지킬 수 있을 것이다. 보장은 침범하지 않는 것보다 더 잘 행동하는 사람에게 충분한 화폐가 아니다. 우리의 법률은 우리에게 법률의 두 손 중 하나만을 제공하는데, 그것은 왼손이다. 법률의 힘을 빌리는 사람은 누구나 결국 그 법률에 의해 잃기만 한다. 중국에서는 우리에 대한 지식도, 우리의 지식과의 교류도 없는 그 왕국의 정책·공예·통치가 다양한 부분에서의 우리의 탁월한 사례들을 능가하고 그 왕국의 역사는 세계가 우리의 선조들이나 우리가 뚫고 들어가는 것보다 얼마나 훨씬 더 광대하고 다양한지를 우리에게 가르쳐준다. 군주가 지방의 상태를 시찰하도록 임명한 관리들은 자기 책임을 남용하는 지방관리들을 처벌하는 것만큼 올바로, 정직하게 각 지방에서 행동했거나 보통 이상의, 또는 의무의 요구 외의 어떤 일을

(Cambridge: Cambridge University Press, 1999).

532) Jean Bodin, *La république* (Paris: 1579), v. 5, 481쪽. Blue, "China and Wester Social Thought in the Modern Period", 59쪽에서 재인용.

행한 관리들을 폭넓은 재량권으로 포상한다. 거기서는 만인이 스스로를 현시하고
자기 자신을 보증할 뿐만 아니라 뭔가를 얻는다. 단순히 봉급만 받는 것이 아니라
넉넉한 포상을 받는 것이다.533)

몽테뉴는 원래 에세이에서도 벌만 주어서는 아니 되고 벌과 동시에 상도 주어
야 한다는 주장을 개진했었으나, 멘도자의 저작을 읽고 중국인들이 실제로
그 자신의 구상을 이미 까마득히 오래전부터 제도와 법률로 시행하고 있다는
것을 발견하고 놀라움 속에서 이를 인용하고 있는 것이다.534)

중국을 찬양한 또 다른 철학자는 정치와 도덕의 양립가능성을 부정한 마키아
벨리의 정치독트린에 대해 당대에 가장 영향력 있는 비판을 가한 지오반니
보테로(Giovanni Botero, 1544-1617)였다. 보테로는 중국을 번영하는 도시문화의 모델
로 보았고, 중국의 번영은 공인의 기술, 내부 수로의 중요성, 해양접근성 등에
기초한 것이라고 분석했다. 그리고 중국인들이 유럽제국과 달리 대외팽창을
자제하고 자의적 침략을 삼가는 것을 중국의 정치적 지혜로 평가했다.535) 중국
을 드나들게 된 예수회 신부들과의 의견차이 때문에 말년에 그는 중국을 부분
적으로 비판하기에 이르지만, 그래도 끝까지 중국예찬자로 남았다.536)

■지식의 광범한 보급과 새로운 사상세계의 형성

16세기 이전 유럽은 극동과 중국으로부터 주로 경제적·기술적·자연과학적
문물을 집중적으로 받아들이고 사상·철학·정치제도에 대해서는 부차적 관심
만 보였다. 그러나 중국의 이 경제적·과학기술적 영향만으로도 유럽에서는
격변이 일어났다. 이 영향으로 유럽의 경제와 과학기술이 급속히 발전하고
경제적 재력이 축적되면서 이를 기반으로 르네상스운동이 일어난 것이다. 이런

---

533) Michel de Montaigne, "Of Experience", 376쪽. *The Essays of Michael Lord of Montaigne* [1571-1592]
　　Vol. 3 in three volumes (London: Oxford University Press, 1906·1924).

534) Lovejoy, 'The Chinese Origin of a Romanticism", 103쪽.

535) Lovejoy, 'The Chinese Origin of a Romanticism", 103쪽.

536) Lovejoy, 'The Chinese Origin of a Romanticism", 103쪽.

흐름 속에서 16세기 후반부터는 부캐넌·벨라르민·수아레즈 등의 정치철학에서 보듯이 정치사상도 일정한 급진적 변화를 보였다. 중국으로부터 들어온 선진적 물질문명과 이것에 의해 야기된 경제적 홍기를 바탕으로 고대 그리스어와 고대 그리스 철학사상이 부흥하고, 순수수학이 소생했다. 이로써 신학으로부터 점차 방면되고 독립된 사상세계가 형성되었고, 철학과 정치사상도 조금씩 변화를 보이며 성서 및 중세교리와 마찰을 빚기 시작했다.

인쇄술과 제지술의 전파와 발달은 출판업의 발달을 가져왔으며, 출판업의 발달로 서적과 지식이 널리 보급되고 아래로 확산되었다. 서적과 지식의 확산으로 당연히 성직자가 아닌 속인 문인들도 집단으로 등장하게 된다. 문인·철학자 계층의 형성으로 유럽 전 지역에 걸쳐 수도원 바깥에서 대학이 창립되고 신학·교부철학과 분리된 속인적 철학과 학문이 홍기하기 시작했다.

철학자·역사가·수학자·과학자 등 이 시기의 문인들은 전 관심을 고대 그리스에 집중시키고 이 문화를 소생시켜 흡수하고 이를 바탕으로 라틴어로 번역된 『성경』과 플라톤·아리스토텔레스 원전의 오류와 그릇된 해석을 바로잡았으며, 플라톤·아리스토텔레스 철학의 왜곡과 오역에 근거한 기독교신학을 비판하고 교부들의 『성경』 해석의 독점권을 와해시켜 신학적 권위의 정통성을 나누어 가졌다. 동시에 고대 그리스의 비기독교 철학들을 이용해 이성적 휴머니즘과 인간적 감정의 자유공간을 확보했다.

이런 까닭에 르네상스시대 문인들은 성직자들과의 치열한 정통성 다툼으로 인해 아직 중국과 동아시아의 철학사상과 정치제도를 본격적으로 연구하고 공공연하게 수용할 사상적 자유가 없었다. 그뿐만 아니라 그들은 성직자들의 정통성 주장에 늘 이단혐의로 몰리는 처지라서 동아시아의 이교사상에 대한 관심을 앞장서 전파하기에는 아직도 너무 정통기독교적이었다. 자유문인과 교부들 간의 기독교적 정통성 싸움이 그만큼 치열했기 때문이다. 중국을 받아들일 수 있는 유일한 방법은 중국의 정치사상을 '암암리에' 수용하거나 '부지불식간에' 자기의 것으로 소화해 정통적 기독교 교리 속에 의식적·무식의적으로 짜깁기해 집어넣는 것이었다. 상론한 바와 같이 이런 암암리의 수용과 부지불식간의 짜깁기도 중세 말엽 부캐넌·벨라르민·수아레즈 등의 새로운 기독교 정치사상에서 보듯이 상당한 정치철학적 변화를 몰고 왔고, 이를 통해 17세기 바로크 사상이 준비될 수 있었던 것이다.

따라서 13세기부터 18세기에 걸쳐 500년 동안 진행된 유교문명의 서천西遷 과정은 유럽이 13-16세기에 주로 중국과 극동의 '물질문명'을 수입해 이것을 물적 기반으로 그리스·로마 고전문화를 부활시키는 르네상스를 일으키고 동시에 정치철학적 차원에서 16세기 후반에 중국의 정치문화와 정치제도를 '암암리에' 받아들여 '자연적 자유·평등론'·왕권민수론·폭군방벌론 등 '바로크 정치사상'을 일으켰다면, 17-18세기에는 중국과 극동의 '물질문명' 못지않게 '정신문명'을, 아니 특히 정신문명을 '공공연하게' 받아들여 계몽주의를 일으켜 유럽을 사상적·문화적·제도적으로 근대화했다고 정식화할 수 있다. 그리고 후기 르네상스에는 '바로크 예술사조'가 조응한 반면, 계몽주의에는 시누아즈리(중국풍 문화예술)에 영향을 받은 '로코코 예술사조'가 조응했다.

■ 다빈치와 보카치오의 중국풍 예술

르네상스시대 유럽인들은 중국의 물질적 풍요 외에 문화·예술에도 매료되었다. 르네상스시대 일부 예술작품에서는 중국의 영향이 아주 뚜렷하다. 가령 레오나르도 다빈치(Leonardo da Vinci, 1452-1519)의 불후의 명작 '모나리자'의 배경 그림은 중국풍의 산수화다.[537] 그리고 '암석들의 처녀'도 그 배경에 중국 운남성의 산수가 보인다. 지오반니 보카치오(Giovanni Boccacio, 1313-1375)의 『데카메론』(1351)의 제10일 세 번째 이야기는 거란(요나라)의 귀족 나탄(Nathan)이라는 사람의 덕을 칭송하고 있으며, 문예부흥 시기의 가장 뛰어난 궁정시인 보이아르도(Matteo Maria Boiardo, 1441-1494)는 『사랑하는 오를란도(Orlando Innamorato)』(1476-1483)라는 서사시에서, 셰익스피어에 깊은 영향을 미친 아리오스토(Ludovico Ariosto, 1474-1533)의 시문은 『광란의 오를란도(Orlando Furiose)』(1516-1532)라는 서사시에서 둘 다 가공인물인 야심적 중국황제 '그라다소(Gradasso)'와 '안겔리카(Angelica)'라는

---

537) Edwardes, *East-West Passage*, 89쪽.

공주를 소재로 하고 있다.[538]

안겔리카 시리즈의 서사시에서 압권은 스페인 황금기의 시인 루이스 데 소토 (Luis Barahona de Soto, 1548-1595)의 서사시 『안겔리카의 눈물(Las Lágrimas de Angélica)』 (1586)이었다. 이 서사시는 지리상의 탐험기에 극동을 주제로 한 스페인의 유일한 서사시 작품이다. 상상의 줄거리는 야인野人 여왕의 중국 침공과 그녀의 패배를 이야기한다. 중국 여왕 안겔리카와 그녀의 중국 사령관이 이들을 물리친 것이다. 시문 전체에 걸쳐 데 소토는 백성들의 민속문화적 묘사와 더불어 극동의 상세한 지도를 제시한다. 이 서사시에서 가장 현격한 것은 데 소토가 기독교를 끌어들이지 않고 어떤 유럽 인물도 그리지 않는다는 것이다. 시문은 지리적으로 중동으로부터 아시아로 이동하고 서유럽은 줄거리 전개에서 변두리에 남아 있다. 중국은 현장이자, 동방의 문명적 힘으로 여겨진다. 데 소토가 평생 동안 이 시로 받은 찬사는 당대의 식자들이 서사시의 주된 가정과 등장인물들의 전개가 그럴싸하다고 확신했다는 평가였다. 이 작품에 대한 비평적 칭찬은 16세기 후반 스페인 문사들이 극동에 대등하게 거대한 제국이 존재한다는 관념에 매료되었다는 것도 시사한다. 그들은 이 제국을 "스페인보다 더 강력한 제국"으로, 즉 "그들이 시적으로 그릴 수 있되 정복할 수 없는 제국"으로 여겼던 것이다.[539]

르네상스시대가 물론 중국에 대해 문예적 상상만을 남겨놓은 것은 아니다. 상론했듯이 부캐넌·벨라르민·수아레즈 등은 매우 돌발적인 사상적 변화를 보여주었고, 바로쉬·보댕·몽테뉴·보테로 등 철학자들은 중국의 정치문화에 대해 벌써 찬양조의 평가를 쏟아내기 시작했다. 르네상스 후기에 유럽에서는 이미 중국의 사상과 제도에 대한 찬양이 일반적으로 지배했다. 그러나 14-16세기에 유럽에 대한 극동의 영향은 이런 사상적·제도적 측면에 비해 경제적·물질적·기술적 측면이 압도적으로 우세했다. 바로쉬·보댕·몽테뉴·보테로 등의

---

538) Blue, "China and Wester Social Thought in the Modern Period", 58-59쪽.

539) 참조: Christina H. Lee, "Imaging China in a Golden Age Spanish Epic", 43-63쪽. Christina H. Lee (ed.), *Western Visions of the Far East in a Transpacific Age, 1522-1657* (London and New York: Routledge, 2012).

중국예찬과 부캐넌·벨라르민·수아레즈 등의 새로운 정치철학은 당시로서 매우 혁신적이고 선구적인 흐름이었지만 전체 르네상스운동에 비하면 아직 주변적·부수적 사조들이었다.

　르네상스, 즉 문예부흥을 일으켜 유럽을 중세의 암흑과 정체로부터 일깨운 것은 어디까지나 중국경제와 극동기술의 서천으로 인해 일어난 유럽의 경제발전과 국제적·정치사회적 세력관계의 대변동, 즉 영국·독일·프랑스의 정체에 대비되는 이탈리아·포르투갈·스페인의 상대적 부상, 그리고 기사·성직자집단의 상대적 약화와 문인·철학자들의 상대적 득세였다. 르네상스운동이 16세기 후반에 이르러 17세기 바로크시대의 사상과 문예를 준비할 수 있었던 것도 중국의 정치사상과 문예·예술을 암암리에 수용해 의식적·무의식적으로 짜깁기(패치워크)하고 접붙이기한 데서 비롯되었다. 이것은 17-18세기에 벌어진 중국문화의 공공연한 예찬과 대대적 수용에 비하면 약소한 것이었다.